INTRODUCTION
À L'ÉTUDE DU DROIT

INTRODUCTION À L'ÉTUDE DU DROIT

21e ÉDITION

Philippe Malinvaud (†)
Professeur émérite de l'université Panthéon-Assas (Paris II)

Nicolas Balat
Professeur à l'université de Lille

LexisNexis

141, rue de Javel – 75015 Paris

Avertissement de l'Éditeur

Toute utilisation ou traitement automatisé, par des tiers, de données personnelles pouvant figurer dans cet ouvrage sont formellement interdits.

DANGER
LE
PHOTOCOPILLAGE
TUE LE LIVRE

Le logo qui figure sur la couverture de ce livre mérite une explication. Son objet est d'alerter le lecteur sur la menace que représente pour l'avenir de l'écrit, tout particulièrement dans les domaines du droit, de l'économie et de la gestion, le développement massif du photocopillage.

Le Code de la propriété intellectuelle du 1er juillet 1992 interdit en effet expressément la photocopie à usage collectif sans autorisation des ayants droit. Or, cette pratique s'est généralisée dans les établissements d'enseignement supérieur, provoquant une baisse brutale des achats de livres au point que la possibilité même pour les auteurs de créer des œuvres nouvelles et de les faire éditer correctement est aujourd'hui menacée.

Siège social : 141, rue de Javel – 75015 Paris

ISBN 978-2-7110-3514-4

Avant-propos (21e édition)

Philippe Malinvaud a rédigé la première édition de cet ouvrage en 1970 sous le titre *Le cadre juridique des relations économiques*, publiée aux Librairies techniques et conçue comme le premier volet d'un travail qui en comportait un deuxième, intitulé *Les mécanismes juridiques des relations économiques*, dont la première édition paraissait la même année. La première édition de l'introduction au droit d'Alex Weill paraissait deux ans plus tôt (Dalloz), celle rédigée par Boris Starck deux ans plus tard (Librairies techniques), celle de Gérard Cornu dix ans plus tard (Montchrestien).

Pour sa deuxième édition en 1975, l'ouvrage devient *Le cadre juridique des relations économiques : Introduction au droit*, puis, à l'occasion de sa quatrième édition en 1986, *Introduction à l'étude du droit : cadre juridique des relations économiques*. Il trouve son titre actuel, *Introduction à l'étude du droit*, en 1998, lors de la huitième édition, et il intègre la collection « Manuels » de Litec, devenu LexisNexis, pour sa neuvième édition en 2002 (le second volet deviendra quant à lui le *Droit des obligations* de la même collection).

Le manuel, initialement à destination des économistes souhaitant s'ouvrir au droit, est ainsi devenu un ouvrage de référence, au succès jamais démenti, pour quiconque s'intéresse à la discipline. Cet historique explique la ligne directrice de l'ouvrage, maintenue tel un fil rouge depuis 1970 : comme le relevait un commentateur à l'occasion d'une recension de la deuxième édition, la formule choisie par Philippe Malinvaud consiste à « *retenir l'essentiel, à insister sur ce qui est le fondement-même du droit, sans que jamais le souci de simplification ne vienne trahir la réalité juridique* », au bénéfice des étudiants, auxquels la sobriété du propos offre d'acquérir « *les notions essentielles que, perdus dans des cours ou des livres trop complexes, ils ont souvent bien du mal à assimiler* » (R. Jambu-Merlin, *Revue internationale de droit comparé* 1977, p. 249).

En juriste éclectique et en observateur avisé, Philippe Malinvaud a suivi les évolutions fondamentales du droit pendant un demi-siècle. L'ouvrage est porté par la plume vive de son auteur ; et la synthèse n'empêchant aucunement l'étendue, le champ couvert est d'une amplitude considérable (circonstance aussi rare qu'appréciable au siècle de la spécialisation des juristes parfois à l'excès) : la théorie générale et les sources du droit, les personnes, les droits subjectifs, les biens, les obligations, la preuve, l'organisation judiciaire… En somme, l'ensemble des connaissances qui, selon ses mots mêmes, donnent au lecteur une « *culture juridique de base* », tout en permettant plusieurs niveaux d'approfondissement. L'ouvrage contient également de vraies prises de position, expression de la Doctrine avec une majuscule. Deux illustrations : pour l'auteur, depuis la première édition, il fait peu de doute que la jurisprudence est une source de droit (« *source importante du droit* » dans l'édition de 1970, « *source complémentaire informelle* » et « *source d'interprétation* » dans celle de 2020 – les étudiants de première année découvriront vite combien la position est sulfureuse !), ou que l'analyse économique du droit menée au détriment du droit français et au bénéfice des droits de *common law* comporte de nombreuses malfaçons et repose sur une philosophie et des données « *truffées d'erreurs* ».

Autant de raisons pour lesquelles ce manuel est depuis longtemps un essentiel aussi bien pour les étudiants qui souhaitent découvrir le droit que pour les juristes chevronnés, théoriciens ou praticiens, qui souhaitent l'approfondir.

Un ouvrage n'est jamais achevé. Depuis les années 2000, Philippe Malinvaud actualisait cette *Introduction* à un rythme biennal, devenu annuel à compter de 2015. Toutes les éditions intègrent des nouveautés et les mises à jour imposées par un droit en mouvement constant. Au tout début de l'année 2020, Philippe Malinvaud m'avait fait l'honneur de me faire savoir, ainsi qu'à l'éditeur, qu'après cinquante ans consacrés à mener seul l'ouvrage, il souhaitait que nous puissions travailler conjointement à compter de la 21e édition pour assurer sa continuation. L'auteur a hélas été emporté quelques semaines plus tard, et quelques jours après l'achèvement des épreuves d'une 20e édition dont le calendrier de parution a été tenu grâce aux échanges entre sa famille et l'éditeur. Le souhait de Philippe Malinvaud se transforme ainsi en legs avec charge : il s'agit désormais d'assurer la continuité de cet ouvrage, dans une discipline symbolique de la culture juridique française(1) dont Philippe Malinvaud fut l'un des plus grands représentants autant par ses écrits que par son œuvre au sein de l'Association Henri Capitant.

C'est peut-être le lieu de rappeler les propos d'un grand juriste romain, Gaïus : « En toute chose, le commencement est la partie la plus puissante »(2). L'introduction à l'étude du droit de Philippe Malinvaud en constitue sans nul doute une confirmation.

Il reste à exprimer un rêve tout à fait personnel, qu'il me semble que Philippe Malinvaud n'aurait pas démenti : « *les professeurs de droit civil seraient fort heureux si tous leurs étudiants de licence en connaissaient bien la substance* »... (R. Jambu-Merlin, préc.). À bon entendeur !

Nicolas Balat
31 mars 2021

(1) R. Cabrillac, *Avant-propos* : in *Qu'est-ce qu'une introduction au droit ?*, Dalloz, 2017, p. X. Si l'on doit peut-être à Pothier la première introduction au droit français, le premier cours d'introduction générale au droit dispensé aux étudiants de première année remonte à 1840 (C. Jallamion, *Une histoire des introductions au droit* : in *op. cit.*, p. 26-27). Le mouvement est lancé et c'est avec des monuments tels que l'introduction au droit d'Henri Capitant (1898), plus tard celle des frères Mazeaud (1955) ou celle de Carbonnier (1955), que le genre prend pleinement son envol.
(2) Digeste, 1, 2, 1 – trad. D. Mantovani.

Hommage (20e édition)

Philippe MALINVAUD est décédé le 28 mars 2020 à raison d'une infection par le Covid-19. Le 17 mars, il nous avait annoncé avoir fini la mise à jour du présent ouvrage. Nous – sa famille – avons été le témoin privilégié pendant plusieurs décennies de l'énergie considérable qu'il consacrait à ses écrits, soucieux à la fois de clarté, de précision et de synthèse, reflet de l'importance comme du plaisir qu'il avait à transmettre. Nous avons pour une fois mis la main à la pâte et relu quelques épreuves, en hommage à notre père, pour que cette 20e édition sous sa plume voie le jour malgré sa disparition.

Sommaire

TROISIÈME PARTIE

LES DROITS SUBJECTIFS

QUATRIÈME PARTIE

LA RÉALISATION DES DROITS EN JUSTICE

Introduction

1\. – **L'intérêt du droit.** Le droit français comprend un nombre considérable de règles qui couvrent les différentes branches de l'activité humaine. Pour des raisons logiques et de facilité, les juristes les regroupent par secteur, en droit civil, droit commercial, droit pénal, droit bancaire, droit des assurances, des transports, du travail, de la sécurité sociale, de la construction, de la propriété intellectuelle, du numérique, de l'environnement, etc.

La connaissance de ces règles est fondamentale pour toute personne dans la mesure où tout citoyen est nécessairement engagé dans la vie économique et sociale et où, à ce titre, il est amené à prendre des décisions. Cette connaissance est évidemment plus nécessaire au chef d'entreprise qu'au chef de famille, encore qu'on puisse être les deux à la fois.

Un couple peut, sans trop de risque se marier ou se « pacser », vivre, avoir des enfants, mourir enfin dans l'ignorance du droit familial, parce qu'il en connaît, de manière intuitive, des données élémentaires suffisantes, d'ailleurs rappelées par l'officier d'état civil lors du mariage, et par son notaire dans la vie courante du couple.

Un chef d'entreprise ou, plus largement, tout professionnel qui agit dans l'ignorance des règles de droit applicables à son activité court à chaque opération un risque d'autant plus grave qu'il en ignore l'existence : par exemple, il risque d'encourir la nullité du contrat passé, d'engager sa responsabilité civile ou pénale, de commettre des erreurs au plan fiscal ou social, etc.

Les considérations juridiques doivent donc intervenir dans la décision de tout professionnel, au même titre que les considérations techniques de production, de commercialisation, etc. Qu'importe par exemple de réaliser un gain de productivité de 5 % si par ailleurs, la méconnaissance du droit, et notamment du droit fiscal, entraîne un surcoût de 20 % ou plus ! Les grandes entreprises en ont tout à fait conscience et nombre d'entre elles, notamment les multinationales et parmi elles les GAFAM (Google, Apple, Facebook, Amazon, Microsoft), ne manquent pas de pratiquer ce qu'on appelle pudiquement l'optimisation fiscale, par exemple en basant leurs bénéfices dans les pays où ils sont le plus légèrement taxés, ce qui n'a pas manqué d'entraîner des réactions et des poursuites des pays lésés dans lesquels ils réalisent une partie de leurs bénéfices. Quant aux entreprises adeptes de l'ubérisation ou des plateformes numériques, elles doivent également se tenir au plus près des évolutions du droit : droit social avec le statut de leurs travailleurs, droit du numérique avec la réglementation des données personnelles, etc. Il arrive d'ailleurs qu'à jouer trop près des lignes, parfois même hors-jeu, elles soient lourdement sanctionnées : requalification en contrat de travail de la relation entre Uber et ses chauffeurs, condamnation de Google ou Amazon à des amendes de plusieurs dizaines de millions d'euros pour non-respect de la réglementation des *cookies*, etc.

2. – **La diversité des domaines du droit.** Cela étant, le droit est une matière d'une très grande étendue et en développement constant, au même titre par exemple que la médecine. Et, comme en médecine, il existe des juristes généralistes, et des spécialistes de telle ou telle branche. Ce phénomène de spécialisation se développe de plus en plus dans la mesure où les règles de droit sont de plus en plus nombreuses et complexes.

La connaissance, au moins dans les grandes lignes, de certaines de ces branches est indispensable, ne serait-ce que pour savoir si telle décision à prendre soulève des problèmes juridiques et s'il est utile de consulter un juriste sur les points susceptibles de faire difficulté. Sans tomber dans le travers des Américains qui ne font rien sans l'accord de leurs juristes, tout décideur doit s'entourer des conseils utiles, y compris de ceux des juristes.

Mais, pour accéder à la connaissance de quelque spécialité juridique que ce soit, il faut au préalable posséder un minimum de culture juridique : les notions fondamentales de la matière et la terminologie dans laquelle elle s'exprime. C'est dans le but de donner cette culture juridique de base qu'est conçue la présente introduction[(1)].

3. – **La langue française dans le droit.** Déjà en 1539, l'Ordonnance de Villers-Cotterêts – qui n'a pas été abrogée à ce jour – avait imposé l'usage du français dans les documents de procédure et dans les décisions de justice[(2)] ; à l'époque, c'était une réaction contre l'usage du latin. Aujourd'hui, l'usage du français est prescrit en France de manière générale dans un souci de protéger la langue contre l'intrusion de langues étrangères ou de mots étrangers.

La loi du 25 juin 1992 portant réforme de la Constitution a ajouté à l'article 2 de la Constitution de 1958 un alinéa par lequel il est proclamé que « La langue de la République est le français »[(3)]. C'est ainsi qu'on a soumis au Conseil constitutionnel la question de savoir si l'accord sur l'application de l'article 65 de la Convention sur la délivrance des brevets européens – qui n'oblige pas à traduire en français l'intégralité du brevet – n'était pas contraire à cet article[(4)]. Corrélativement, la loi du 4 août 1994 édicte que « langue de la République en vertu de la Constitution, la langue française est un élément fondamental de la personnalité et du patrimoine de la France » et elle pose en règle qu'elle est la « langue de l'enseignement, du travail, des échanges et des services publics »[(5)]. Cette même loi et ses textes d'application en ont tiré des conséquences en rendant obligatoire l'usage du français dans un grand nombre d'hypothèses, notamment dans les contrats de travail[(6)] et, dans un souci de protection des consommateurs, « dans la désignation, l'offre, la

(1) R. Cabrillac (ss dir.), *Qu'est-ce qu'une introduction au droit ?*, Dalloz, coll. « Thèmes et commentaires, Actes », 2017. – X. Lagarde, *Le métier de juriste. Une introduction générale au droit*, IRJS, 2020.

(2) V. X. Labbée, *François 1er devant le juge de Lille* : *JCP* 2008, act. 144. – Cass. 1re civ., 25 juin 2009 : *Contrats, conc. consom.* 2009, comm. 241, obs. L. Leveneur. – Cass. com., 27 nov. 2012 : *RDC* 2013, 495, obs. C. Pérès.

(3) Tirant de ce principe une première conséquence, le Conseil constitutionnel a décidé que les dispositions de la Charte européenne des langues régionales ou minoritaires étaient contraires à l'article 2 de la Constitution. – V. aussi Cons. const., 21 mai 2021, n° 2021-818 DC (loi relative à la protection patrimoniale des langues régionales et à leur promotion).

(4) Cons. const., 28 sept. 2006 (qui a admis la compatibilité) : *D.* 2007, p. 120, note M. Verpeaux ; et p. 1919, note J. Foyer.

(5) F.-X. Testu, *Le statut juridique de la langue française* : *Mél. Cornu*, PUF, 1994, p. 441.

(6) Mais la jurisprudence y a fait exception pour les manuels aéronautiques, l'utilisation d'une langue technique commune, en l'occurrence l'anglais, s'imposant en la matière pour des raisons de sécurité et de compatibilité avec les pratiques internationales : Cass. soc., 12 juin 2012 : *JCP* 2012, 797, obs. D. Corrignan-Carsin ; *D.* 2012, 1681.

présentation, le mode d'emploi ou d'utilisation, la description de l'étendue et des conditions de garantie d'un bien, d'un produit ou d'un service, ainsi que dans les factures et quittances (...) »[7].

De même, avait été introduite dans certains contrats, notamment de construction, la clause dite « Molière », imaginée par la mairie d'Angoulême, imposant l'usage du français ou la présence d'un interprète français lors de l'exécution de marchés publics. Cette clause, présentée comme un instrument de protection des travailleurs non francophones, était aussi et surtout un instrument de lutte contre le travail détaché de travailleurs étrangers. À ce titre elle a été jugée illégale[8].

Nombre de ces dispositions, qui tendaient à la défense de la langue française, sont apparues comme une entrave à la libre circulation des marchandises imposée par le droit de l'Union européenne et, à ce titre, ont encouru les foudres de la Cour de justice de l'Union européenne. Cela dit, les règles européennes autorisent des dérogations lorsqu'elles sont justifiées « par des raisons de moralité publique, d'ordre public, de sécurité publique, de protection de la santé et de la vie des personnes et des animaux ». C'est ainsi que désormais, l'article R. 412-7 du Code de la consommation prévoit que : « En application de l'article 15 du règlement (UE) n° 1169/2011 du Parlement du 25 octobre 2011 modifié concernant l'information des consommateurs sur les denrées alimentaires, les mentions d'étiquetage des denrées commercialisées sur le territoire national sont rédigées en langue française ». La question s'est également posée de savoir s'il est possible d'enseigner pour partie en anglais dans les universités françaises.

4. – **Le langage du droit.** Le droit français s'exprime en français mais, comme pour toute matière technique, le vocabulaire juridique comprend de nombreux mots ou expressions[9] qui ne peuvent être aisément compris par les profanes. Ainsi se plaît-on généralement à dénoncer le caractère désuet, archaïque et finalement obscur du langage juridique.

Sans être négligées, ces critiques doivent être relativisées. Certes, il convient de pourchasser les archaïsmes là où ils se manifestent, c'est-à-dire principalement dans les décisions de justice ; plusieurs circulaires ont ainsi tendu à réaliser une certaine modernisation du langage judiciaire. De même, il a été mis en place une Commission de terminologie et de néologie dont les travaux ont tendu à rendre le langage et la terminologie juridiques plus accessibles. Quant à la loi, elle doit être aussi claire que possible afin d'être bien comprise de ceux auxquels elle s'applique (V. *infra*, n° 20).

Mais l'exercice a des limites dans la mesure où le droit comporte nécessairement des notions, des institutions et des classifications qui n'ont pas de correspondant dans le langage courant. Ainsi qualifie-t-on parfois la langue juridique de savante par opposition à la langue profane. Il en va du droit comme de la médecine où les nerfs, les vaisseaux, les viscères ont tous des noms spécifiques ; et de même les

(7) J. Julien, *La langue française et le contrat : Mél. Ph. Le Tourneau*, Dalloz, 2007, p. 465. On notera toutefois qu'un avis de la Commission des pratiques commerciales (CEPC) n° 16-10 du 12 mai 2016 a admis qu'un contrat passé entre deux sociétés françaises pouvait être rédigé en anglais, ce qui va à l'encontre de l'article 2 de la Constitution de 1958 (*RTD civ.* 2016, 622, obs. H. Barbier).

(8) CE, 4 déc. 2017, n° 413336 : *Rec. CE* 2017. – Cass. 2e civ., 14 déc. 2017 : *D.* 2018, 71 ; *RTD civ.* 2018, 385, obs. H. Barbier.

(9) H. Roland, *Dictionnaire des expressions juridiques*, LexisNexis, 5e éd., 2020.

maladies. Face au patient qui se plaint d'avoir mal au ventre, le médecin doit faire un diagnostic entre une multiplicité d'affections possibles dont certaines portent des noms incompréhensibles pour le profane.

Au même titre que la médecine a sa langue, il y a un langage du droit[(10)], et sa maîtrise fait partie de l'apprentissage du métier de juriste[(11)]. De même que le médecin explique à son patient la nature de son affection, de même il appartient à l'avocat, au notaire ou, plus généralement au juriste d'expliquer à son client le sens de tel mot ou de telle expression employée dans une décision de justice ou dans un contrat.

Par ailleurs, le langage juridique s'exprime dans un certain style[(12)], qu'on retrouve plus particulièrement dans les décisions de justice, notamment dans celles qui émanent des plus hautes juridictions, la Cour de cassation, le Conseil d'État et le Conseil constitutionnel[(13)]. À cet égard on notera qu'en 2018 ces trois juridictions ont rénové le style de leurs décisions, notamment en abandonnant la formule classique de présentation « Attendu que… » et « Considérant que… »[(14)]. Allant au-delà de la simple terminologie, la Cour de cassation a décidé qu'à compter du 1er octobre 2019, la motivation de ses arrêts devrait comporter trois parties distinctes : la présentation des faits et de la procédure, l'examen des moyens du pourvoi et enfin le dispositif de l'arrêt[(15)].

5. – **La terminologie juridique.** Les mots du droit sont recensés dans des dictionnaires juridiques[(16)] qui expliquent le sens ou les sens de chaque mot, y compris en droit de l'Union européenne[(17)] ; on les trouve parfois également dans les dictionnaires classiques. En pratique, ils soulèvent des difficultés variables.

Les uns sont des mots tout à fait spécifiques, d'origine grecque ou latine, dont le profane ignore le sens. Ainsi parlera-t-on d'un contrat synallagmatique (c'est-à-dire comportant des obligations réciproques), d'un créancier chirographaire (c'est-à-dire dépourvu de garanties), de l'usucapion ou prescription acquisitive (acquisition d'un droit par l'écoulement d'un certain délai), du bail emphytéotique (bail de plus de dix-huit ans, soumis à des règles particulières), etc.

---

(10) H. Batiffol, *Observations sur la spécificité du vocabulaire juridique : Mél. Marty*, 1979, p. 35. – J.-L. Sourioux et P. Lerat, *Le langage du droit*, PUF, 1975. – J.-L. Sourioux, *Pour l'apprentissage du langage du droit : RTD civ.* 1999, p. 343. – Ph. Jestaz, *Le langage et la force contraignante du droit*, in *Autour du droit civil. Écrits dispersés. Idées convergentes*, Dalloz, 2005, p. 31. – J.-L. Sourioux, *Y a-t-il lieu de distinguer le langage du droit et le langage juridique : Mél. Malinvaud*, Litec, 2007, p. 577. – S. Akhouad-Barriga, *Réflexions sur le langage juridique et ses petits exercices d'application au droit de l'arbitrage : RTD civ.* 2015, 785. – A. Sériaux, *Le droit comme langage*, LexisNexis, 2020.

(11) X. Lagarde, *Le métier de juriste. Une introduction générale au droit*, IRJS, 2020.

(12) A.-B. Caire, *La magie du verbe juridique. Réflexions sur la force du langage du droit : RTD civ.* 2017, 321.

(13) Ph. Malaurie, *Le style des « Cours suprêmes » françaises : JCP* 2012, 689.

(14) M.-C. de Monteclerc, *Adieu Considérant, le juge administratif passe au style direct : AJDA* 2018, 2420. – P. Deumier, *Attendu que la phrase unique est progressivement abandonnée : RTD civ.* 2019, 67. – B. Pireyrre, *L'arbre qui cachait la forêt : JCP* 2019, 656.

(15) N. Molfessis, *La fin d'un monde, Tribune : JCP G* 2019, 447, 6. – V. aussi : *JCP G* 2019, 409. – S. Hortala, *La réforme de la rédaction des décisions de la Cour de cassation : JCP* 2020, 999.

(16) Le dictionnaire juridique le plus complet est le *Vocabulaire juridique* publié par le doyen G. Cornu sous l'égide de l'Association Henri Capitant (PUF, coll. « Grands dictionnaires », 8e éd., 2000 ; et coll. « Quadrige », 13e éd., mise à jour). – Il a été traduit en anglais : A. Levasseur et M.-E. Laporte-Legeais (ss dir.), *Dictionary of the Civil Code*, LexisNexis, 2014. – V. aussi, S. Guinchard et T. Debard, *Lexique des termes juridiques*, Dalloz, 25e éd., 2017. – R. Cabrillac (ss dir.), *Dictionnaire du vocabulaire juridique 2020*, LexisNexis, 11 éd., 2019.

(17) M.-C. Boutard-Labarde, *Propos communautaires autour de deux mots : vocabulaire juridique et définition : Mél. G. Cornu*, PUF, 1994, p. 25.

Les autres sont beaucoup plus trompeurs en ce qu'ils existent dans le langage courant et dans la langue juridique, mais avec des sens différents. Ce sont de faux amis pour les non-juristes. Ainsi en est-il de la lésion, de la cause[18], de la nullité, etc.

Tous ces mots ne sauraient être remplacés par des mots du langage courant. Il faut donc accepter l'idée que, quels que soient les efforts faits ou à faire pour rendre la langue du droit intelligible à tous, subsisteront toujours des difficultés de compréhension pour le profane, ce qui appelle et justifie l'intervention du juriste.

Les juristes eux-mêmes se trouvent confrontés à cette difficulté lorsqu'ils essaient de traduire un texte de droit français en une langue étrangère, ou réciproquement[19]. Il existe en effet un lien étroit entre la langue et le droit[20] ; chaque système de droit possède son propre langage et certaines notions n'ont pas leur exact correspondant dans un autre système. La difficulté est la même lorsque le législateur européen se propose d'harmoniser le droit dans les différents pays de l'Union européenne[21] ; pour tourner la difficulté, on utilisera souvent des mots du langage courant, mais ce avec un risque important d'imprécision et, par là même, d'interprétation différente suivant les pays[22]. Bien évidemment, la difficulté est encore plus grande lorsque le texte est rédigé en plusieurs langues[23].

On en a un bel exemple avec le mot même de droit pour lequel le *Vocabulaire juridique* (Association Capitant, 13e éd., ss dir. G. Cornu) retient sept sens. On se contentera des deux principaux qui permettent d'avancer dans la définition du droit : on oppose en effet traditionnellement le Droit objectif aux droits subjectifs ; le premier s'écrit avec une majuscule, les seconds avec une minuscule.

6. – **Le droit au sens de Droit objectif.** Dans ce premier sens, le Droit est un ensemble de règles régissant les relations de personnes vivant en société, et sanctionnées par une contrainte émanant de l'autorité publique. On parlera ainsi du droit du commerce, du droit du travail, et plus largement du droit français, du droit de l'Union européenne, etc.

Le droit est donc une règle de vie, une norme obligatoire pour tous correspondant à une certaine structure de la société qui s'y trouve soumise. C'est le reflet de la société à un moment donné et, dans un souci de prospective, certains auteurs

(18) Notion abandonnée dans la réforme du droit des contrats.

(19) O. Moréteau, *Les frontières de la langue et du droit : vers une méthodologie de la traduction juridique : RID comp.* 2009, p. 695. – M. Cornu et M. Moreau (ss dir.), *Traduction du droit et droit de la traduction*, Dalloz, coll. « Thèmes et commentaires », Actes, 2011. – S. Glanert, *De la traductibilité du droit*, Dalloz, 2011. – S. Monjean-Decaudin, *La traduction du droit dans la procédure judiciaire. Contribution à l'étude de la linguistique juridique*, thèse, Paris Ouest, Malaga, 2010. – G. Lardeux, *Terminologie et traduction des législations relatives au droit des contrats. L'exemple du BGB : RID comp.* 2012, 817.

(20) S. Glanert, *La langue en héritage : réflexions sur l'uniformisation des droits en Europe : RID comp.* 2006, p. 1231. – A. Levasseur, *Les maux des mots en droit comparé. L'avant-projet de réforme du droit des obligations en anglais : RID comp.* 2008, p. 819.

(21) G. Ajani et M. Ebers (ss dir.), *Uniform Terminology for European Contract Law*, éd. Nomos, Baden-Baden, 2005. – A.-S. Choné-Grimaldi, *Les maux de la traduction : nouvelles illustrations avec la directive ECN+ : D.* 2019, 544. – V. aussi *Projet de cadre commun de référence, Terminologie contractuelle commune*, SLC, 2008. – A. Tenenbaum, *Droit européen des contrats : mythe ou réalité ? L'enjeu et les difficultés d'une terminologie commune : RID comp.* 2009, p. 177.

(22) P. Richard, *Les apports de Wittgenstein à la réflexion comparative : RID comp.* 2005, p. 899. – P. Catala (ss dir.), *L'art de la traduction. L'accueil international de l'avant-projet de réforme du droit des obligations*, éd. Panthéon-Assas, 2011.

(23) D. Lamèthe et O. Moréteau, *L'interprétation des textes juridiques rédigés dans plus d'une langue : RID comp.* 2006, p. 327. – J.-J. Sueur (ss dir.), *Interpréter et traduire*, éd. Bruylant, 2007.

ont pu se demander « Où va le droit ? »[24]. Cette adéquation du droit à la structure sociale explique :

– d'une part, qu'il y ait un seul système juridique en France ; c'est le principe de l'unité de législation, qui subit toutefois quelques exceptions (par ex., pour l'Alsace-Moselle) ;

– d'autre part, qu'il y ait autant de systèmes juridiques que de pays, ce qui n'exclut pas entre les diverses législations des points communs soit spontanés, soit voulus dans une perspective concertée d'harmonisation ou d'unification du droit.

À cet égard, on notera que l'Union européenne édicte des règles de droit applicables à l'ensemble des pays qui la composent ; par là même, elle est un facteur de rapprochement des droits des différents pays européens et donc, à plus ou moins long terme, un facteur d'unification (V. *infra*, n° 85).

Le Droit apparaît comme une règle du jeu de la vie en société, conçue à l'échelle nationale ou même européenne dans certains domaines ; il poursuit un but de paix sociale qui sera obtenu si la règle est bien adaptée à la situation à régir et si elle n'est pas transgressée. Finalement, le Droit objectif d'un pays est constitué par l'ensemble des règles de droit qui s'y appliquent ; en ce premier sens Droit objectif et règles de droit sont synonymes.

Mais, ainsi qu'on le verra plus loin, les règles de droit peuvent venir de sources diverses, et pas seulement de la loi. Il s'ensuit que, si toute loi est une règle de droit, l'inverse n'est pas exact.

7. – **Le droit au sens de droits subjectifs.** Constitue un droit subjectif toute faculté ou prérogative individuelle reconnue et sanctionnée par une contrainte émanant de l'autorité publique, qui permet à son titulaire de faire, d'exiger ou d'interdire quelque chose. En bref, parmi les règles de droit constituant le Droit objectif, certaines ont pour objet ou pour effet d'ouvrir des prérogatives aux particuliers : par exemple, le droit pour un créancier d'exiger paiement de son débiteur ; le droit pour un inventeur d'exploiter son brevet ; le droit à indemnité de la victime d'un accident de la circulation, etc.

En ce sens, on peut dire que les droits subjectifs découlent de l'application du Droit objectif. Mais il faut immédiatement préciser que le Droit objectif n'a pas pour seul but de créer des droits subjectifs aux individus ; si, parmi les règles de droit, certaines ont effectivement cet objet, d'autres se bornent à imposer des comportements ou des devoirs pour des motifs d'intérêt général : par exemple, les règles relatives à l'organisation des tribunaux, des syndicats, des bourses des valeurs, etc.

8. – **Plan.** Afin de donner les éléments de base nécessaires à une bonne compréhension des phénomènes juridiques, on traitera ici successivement :

– des règles de droit, c'est-à-dire du Droit objectif ;

– des personnes qui peuvent être titulaires de droits subjectifs ;

– des droits subjectifs dont elles disposent ;

– de la réalisation de ces droits en justice.

---

(24) J. Commaille, *Où va le droit ? Repenser la légalité* : JCP 2018, 753. – R. Libchaber, *Où va le droit ? Là où la société le conduira* : JCP 2018, 813.

PREMIÈRE PARTIE

LE DROIT OBJECTIF : LES RÈGLES DE DROIT

9. – **Plan.** Toutes additionnées, les règles de droit constituent le système juridique français. Il va sans dire qu'elles sont nombreuses, peut-être trop nombreuses. Il suffit par exemple, pour s'en convaincre, de constater qu'il y avait, au 25 janvier 2021, 89 185 articles législatifs (dont 61,4 % sont codifiés) et 242 663 articles réglementaires (dont 36,7 % sont codifiés)(1). Encore faut-il préciser que ces textes, s'ils sont la source principale des règles de droit, n'en sont pas la source exclusive. Et, en dépit des critiques, ce mouvement d'inflation législative va croissant, d'année en année (V. *infra*, n° 96).

Par ailleurs, les règles de droit ont les objets les plus divers puisqu'elles s'étendent à toute activité humaine.

Elles soulèvent un premier problème, qui est de définition(2), ce qui amènera à déterminer les caractéristiques des règles de droit (Titre 1). Puis on verra d'où elles émanent (Titre 2) et comment on peut les classer (Titre 3).

(1) Indicateurs de suivi de l'activité normative, 10 mars 2021 (Secrétariat général du Gouvernement). – Sur une étude du Conseil d'État en 2018, P. Deumier, *Mesurer l'inflation normative* : *RTD civ.* 2018, 611.

(2) V. Ph. Jestaz, *Pour une définition du droit empruntée à l'ordre des beaux-arts. Éléments de Métajuridique amusante* : *RTD civ.* 1979, 480. – Ph. Jestaz, *Le droit*, Dalloz, coll. « Connaissance du droit », 11e éd., 2021. – Ph. Jestaz, *Les définitions du droit : pour une définition fonctionnelle* : *RTD civ.* 2020, 803. – J. Ghestin, *Les données positives du droit* : *RTD civ.* 2002, 11. – R. Libchaber, *L'ordre juridique et le discours du droit*, LGDJ, 2013 ; et dossier O. Beaud et a. : *D.* 2014, 984.

TITRE 1

LES CARACTÉRISTIQUES DES RÈGLES DE DROIT

10. - **Présentation générale.** L'étude du Droit objectif soulève toute une série d'interrogations.

En premier lieu, tout en limitant l'étude au droit français, on ne peut pas ignorer l'existence des droits étrangers. À cet égard, la discipline du droit comparé enseigne que les droits des divers États relèvent de familles différentes ; en l'occurrence, le droit français se rattache à la famille romano-germanique. Pour situer le droit français par rapport aux droits étrangers, il est tout d'abord nécessaire de présenter brièvement les grands systèmes de droit (Chapitre 1).

En deuxième lieu, et raisonnant dans un contexte purement français, on se demandera quel est le fondement du droit (Chapitre 2) : puise-t-il sa source dans la religion, dans la morale, dans les mœurs, ou dans un droit naturel qui s'imposerait à tous ?

En troisième lieu, on constatera que la règle de droit se distingue des autres règles applicables en société par certains caractères, spécialement par son caractère coercitif (Chapitre 3).

Enfin, sans trancher la question de savoir si le Droit est une science, un art ou une simple technique, on relèvera que le Droit présente une technicité qui appelle des professionnels spécialisés, des juristes formés à cette technique (Chapitre 4).

CHAPITRE 1

LES DIFFÉRENTS SYSTÈMES DE DROIT

11. - Droit français et droits étrangers. À la différence de la médecine qui est une science, le droit n'a pas vocation à l'universalité (1). Sous réserve de divergences tenant à l'évolution des pays, la médecine soigne de la même manière, avec les mêmes médicaments et les mêmes techniques, dans le monde entier. Il s'ensuit que, sauf à justifier d'une équivalence de diplômes, un médecin peut exercer son art, non seulement dans le pays où il a fait ses études, mais partout dans le monde.

Il n'en va pas de même du droit. Chaque État a son propre droit et ses propres institutions. C'est là une évidence lorsqu'il s'agit du droit constitutionnel qui est directement dépendant du régime politique du pays. La démocratie n'est pas au même stade dans tous les pays ; et même dans les États vivant en République, les institutions pourront être différentes suivant la manière dont le pouvoir est réparti entre le Président, la ou les assemblées et les pouvoirs locaux, suivant les modes d'élection, etc. Il en va de même du droit civil, qu'il s'agisse des règles du mariage, du divorce, des successions, ou des contrats et de la responsabilité. Chaque pays a son histoire et sa culture qui trouvent leur traduction au plan du droit.

Cette diversité ne manque pas de faire difficulté chaque fois que, à raison de la nationalité différente des cocontractants, ou du lieu de conclusion ou d'exécution du contrat, il pourra y avoir hésitation sur la loi applicable à la convention conclue entre les parties. Est-ce la loi de la nationalité de l'un des cocontractants, ou celle du lieu d'exécution du contrat, etc. ? C'est le problème bien connu des conflits de lois dans l'espace (V. *infra*, n°s 180 et s.).

12. - De l'intérêt du droit comparé. Si le droit comparé est enseigné en licence ou en master, il est néanmoins indispensable d'attirer dès maintenant l'attention sur l'intérêt de cette discipline (2).

(1) L. Vogel et a., *Unifier le droit : le rêve impossible ?*, éd. Panthéon-Assas, 2001.

(2) R. David, C. Jauffret-Spinosi et M. Goré, *Les grands systèmes de droit contemporains*, Précis Dalloz, 12e éd., 2016. – R. Legeais, *Grands systèmes de droit contemporain. Approche comparative*, LexisNexis, 3e éd., 2016. – Y.-M. Laithier, *Droit comparé*, Dalloz, 2009. – A. Gambaro, R. Sacco et L. Vogel, *Le droit de l'Occident et d'ailleurs*, LGDJ, 2011. – X. Blanc-Jouvan, *Réflexions sur l'enseignement du droit comparé* : *RID comp.* 1988, 751. – B. Fauvarque-Cosson, *L'enseignement du droit comparé* : *RID comp.* 2002, 293. – G. Bermann et B. Fauvarque-Cosson, *Le droit comparé et le droit international : alliés ou ennemis ?* : *RID comp.* 2003, 519. – B. Jaluzot, *Méthodologie du droit comparé* : *RID comp.* 2005, 29. – J. Husa, *Methodology of comparative law today : from paradoxes to flexibility* : *RID comp.* 2006, p. 1095. – R. Cabrillac, *Droit européen comparé des contrats*, LGDJ, 2012.

L'intérêt du droit comparé n'est pas seulement esthétique ou purement intellectuel[3]. Outre qu'il est parfois utilisé par le juge[4], il s'y attache aujourd'hui un intérêt pratique très fort dans la mesure où l'Union européenne s'oriente, au-delà des aspects purement économiques, vers une harmonisation, sinon même une unification, des droits des pays membres. Il est donc important de mesurer les différences entre les droits des pays de l'Union européenne et de voir si, et dans quelle mesure, il serait possible de les gommer progressivement, spécialement celles qui pourraient constituer des obstacles à la liberté des échanges et de la concurrence[5].

Par ailleurs, dans la mesure où le juge français doit tenir compte des *droits fondamentaux* consacrés au niveau européen, il doit connaître ces droits ; c'est la raison pour laquelle un « bureau de droit comparé » a été créé au sein du Service de la documentation, des études et du rapport (SDER) de la Cour de cassation.

Déjà, en dehors même des préoccupations européennes, des démarches ont été faites en ce sens. C'est ainsi qu'avant la guerre avait été établi un projet de Code franco-italien des obligations et des contrats, qui n'a pas connu de suites. Plus récemment, l'Institut international pour l'Unification du droit privé (UNIDROIT) a mis sur pied des « Principes relatifs aux contrats du commerce international »[6] qui n'ont aucune valeur obligatoire, mais qui sont parfois utilisés comme éléments de référence en matière d'arbitrage international[7]. De même, une « Commission pour le droit européen du contrat » a dégagé les « Principes du droit européen du contrat »[8]. De même encore, l'Académie des privatistes européens a publié un « avant-projet de Code européen des contrats » (1995-1997)[9]. Et depuis 2016, l'Association Henri Capitant et la Fondation pour le droit continental ont pris l'initiative d'élaborer plusieurs avant-projets en vue d'un futur code européen des affaires (V. *infra*, n° 269).

(3) B. Fauvarque-Cosson, *Le droit comparé : art d'agrément ou entreprise stratégique ? : Mél. Blanc-Jouvan*, SLC, 2005. – M.-C. Ponthoreau, *Le droit comparé en question(s). Entre pragmatisme et outil épistémologique : RID comp.* 2005, 7. – *L'avenir du droit comparé. Un défi pour les juristes du nouveau millénaire*, SLC, 2000. – E. Picard, *Le droit comparé est-il du droit ?*, in *Annuaire de l'Institut Villey*, 2009, vol. I, p. 173. – V. Turcey, *Le droit comparé, une discipline d'avenir*, in *Le droit comparé au XXIe siècle. Enjeux et défis*, SLC, 2015, p. 121.

(4) G. Canivet, *The use of Comparative law before the French private law courts*, éd. G. Canivet, M. Audenas et D. Favigrieve, The British Institute of international and comparative law. – G. Canivet, *La convergence des systèmes juridiques par l'action du juge : Mél. Blanc-Jouvan*, SLC, 2005. – G. Canivet, *L'influence de la comparaison des droits dans l'élaboration du droit de source juridictionnelle : Mél. Malinvaud*, Litec, 2007, p. 133. – C. Mialot, *L'utilisation du droit comparé par le Conseil d'État, un changement dans la fabrique du droit : AJDA* 2010, p. 1462. – K. Lenaerts, *La CJUE et la méthode comparative*, in *Le droit comparé au XXIe siècle. Enjeux et défis*, SLC, 2015, p. 35.

(5) H. Muir-Watt, *La fonction subversive du droit comparé : RID comp.* 2002, 503. – A. Garde et M. Haravon, *La circulation de l'information juridique en Europe : plus de moyens pour appréhender les différences : D.* 2006, chron. p. 405.

(6) B. Fauvarque-Cosson, *Les contrats du commerce international, une approche nouvelle : les principes d'Unidroit relatifs aux contrats du commerce international : RID comp.* 1998, p. 463. – P. Deumier, *Les Principes Unidroit ont dix ans : bilan en demi-teinte : RDC* 2004, 774. – B. Fauvarque-Cosson, *Les principes Unidroit relatifs aux contrats du commerce international : nouvelles perspectives, nouveaux enjeux*, in *Le Code de commerce 1807-2007, Livre duBicentenaire*, Dalloz, 2007. – B. Fauvarque-Cosson, *UNIDROIT, la CNUDCI et le droit international des contrats : RDC* 2012, 1355.

(7) E. Gaillard, *Du bon usage du droit comparé dans l'arbitrage international : Rev. arb.* 2005, p. 375. – P. Deumier, *L'utilisation par la pratique des codifications d'origine doctrinale : D.* 2008, chron. 494. – V. aussi, B. Audit, *Le choix des Principes d'Unidroit comme loi du contrat et le droit international privé : Mél. C. Jauffret-Spinosi*, Dalloz, 2013, p. 13.

(8) *Les principes du droit européen du contrat*, t. 1 *L'exécution, l'inexécution et ses suites*, Version française, Doc. fr., 1997. – *Principes du droit européen du contrat*, SLC, 2003.

(9) *Sur l'hypothèse d'un Code européen des contrats : les propositions de l'Académie des privatistes européens (Pavie) : Gaz. Pal.* 21-22 et 23-25 févr. 2003. – *Code européen des contrats*, Livre premier, Milano, Dott. A. Giuffrè editore, 2004.

Par ailleurs, tant l'avant-projet de réforme du droit des obligations dit « projet Catala » que la proposition de réforme dite « projet Terré » ont tenu compte des enseignements du droit comparé ; et ils ont débouché sur l'ordonnance n° 2016-131 du 10 février 2016 portant réforme du droit des contrats, du régime général et de la preuve des obligations.

Parallèlement à ces réalisations, le Parlement européen a lancé une étude tendant à rechercher si, au lieu de procéder au coup par coup par des règlements et directives (V. *infra*, n° 85), il n'y aurait pas lieu de renforcer la convergence des droits nationaux, soit par la mise au point de principes communs de droit des contrats, soit par l'adoption d'une nouvelle législation au niveau de l'Union européenne[10] (V. *infra*, n°s 266 et s.).

Cela dit, cette tâche d'harmonisation ou de rapprochement est d'autant plus difficile que les droits des pays de l'Union européenne se rattachent à des systèmes juridiques différents. Mais les juristes ont désormais pris conscience du rôle majeur que peut jouer ici le droit comparé si, par une approche historique et un changement de perspective, le droit comparé se pratique dans une visée d'harmonisation du droit privé[11].

13. – **Les grands systèmes juridiques.** Les comparatistes regroupent les législations en grands systèmes ou en grandes familles en fonction d'un certain nombre de paramètres : l'idéologie (le marxisme-léninisme des ex-pays soviétiques), la religion (pour les pays islamiques), et plus souvent aujourd'hui la technique juridique. Il y a nécessairement une part d'arbitraire dans les regroupements, ce qui explique que les classifications ont évolué dans le temps suivant que leur auteur privilégiait tel ou tel critère.

Pour s'en tenir aux droits occidentaux, donc en laissant de côté les droits orientaux (Chine[12], Japon, etc.), on classe habituellement les droits en quelques grandes familles : les droits romano-germaniques, les droits de *common law*, les droits socialistes et les droits religieux.

Il faut toutefois bien comprendre qu'au sein de chaque grande famille il peut y avoir des différences importantes ; tel est notamment le cas entre le droit français et le droit allemand qu'il est d'usage de regrouper au sein de la famille des droits romano-germaniques. Corrélativement, on a pu toutefois noter une certaine convergence des systèmes juridiques[13].

14. – **Les droits romano-germaniques.** Le fond commun de ces droits est le droit romain qui a été reçu en Allemagne aux XIVe-XVe siècles et qui, en France, constituait le « droit écrit ». On réunit généralement ces droits en un seul groupe pour l'opposer aux droits des pays de *common law*. Mais certains auteurs préfèrent y voir deux groupes distincts : les droits latins représentés par l'Italie, l'Espagne, le Portugal, la France et la Belgique ; et les droits germaniques comprenant l'Allemagne, l'Autriche, la Scandinavie, la Suisse.

(10) Communication de la Commission au Conseil et au Parlement européen concernant le droit européen des contrats : *JOCE* 13 sept. 2001.
(11) R. Zimmermann, *Le droit comparé et l'européanisation du droit privé* : *RTD civ.* 2007, p. 451.
(12) Sur la pensée juridique chinoise, V. O. Beydon, *Introduction à la pensée juridique chinoise*, éd. Larcier, préf. Ph. Simler.
(13) G. Canivet, *La convergence des systèmes juridiques du point de vue du droit privé français* : *RID comp.* 2003, 7.

À la vérité, à partir du même fond, ces droits ont évolué différemment, en fonction de leurs coutumes antérieures, de la religion, de leur culture. La France, qui s'est dotée d'un Code civil en 1804 réalisant ainsi son unification juridique interne, a entraîné dans son sillage la Belgique, le Luxembourg, les Pays-Bas (mais pour un temps seulement), l'Italie, l'Espagne, le Portugal, le Québec, la Louisiane, et un certain nombre de pays d'Amérique du Sud ; ce code a aussi déteint, sous l'influence des juristes français, sur le droit des anciennes colonies françaises. L'Allemagne a codifié son droit civil en 1900 dans le BGB dont se sont inspirées l'Autriche et la Suisse ; et, voici quelques années, elle a procédé à une recodification de son droit des obligations.

Pour l'essentiel, les droits des deux sous-groupes se caractérisent par une conception identique de la règle de droit, laquelle vient de la loi et présente un caractère général ; elle n'est pas une directive très précise et détaillée donnée au juge pour résoudre des cas concrets, mais une règle générale laissant au juge un certain pouvoir d'interprétation et d'appréciation, plus important toutefois en France qu'en Allemagne, pour l'appliquer aux cas concrets qui lui sont soumis. De cette conception il s'ensuit que la jurisprudence et la doctrine jouent un rôle important d'interprétation et de complément de la règle de droit.

Ce système a été récemment critiqué de manière très sévère par un rapport publié par la Banque mondiale au motif qu'il serait beaucoup moins performant au plan économique que le système de *common law*, ce qui a suscité une vive émotion et de multiples réactions (V. *infra*, n° 19).

15. – Les droits de *common law*[14]. Ce système qui a pris naissance en Angleterre, se retrouve aujourd'hui dans tous les pays de langue anglaise, c'est-à-dire aux États-Unis et dans tous les pays où l'Angleterre a développé son influence, Canada (à l'exception partielle du Québec), Australie, Nouvelle-Zélande, Afrique du Sud et un certain nombre de pays d'Asie du Sud Est.

Il se différencie fondamentalement des droits romano-germaniques en ce que, dans ce système, le droit est d'origine jurisprudentielle. En effet, historiquement, le droit anglais n'a jamais reçu le droit romain, donc n'a jamais raisonné sur la base d'un droit écrit composé de règles générales à appliquer à des cas d'espèce[15]. À la différence des droits romano-germaniques, la source principale du droit réside, non dans la loi, mais dans des décisions de justice, rendues au cas par cas, et qui constituent des « précédents » qui pourront être invoqués dans des affaires semblables.

De ce fait, le mode de raisonnement du juriste de *common law* est radicalement différent de celui d'un juriste français. Au lieu de rechercher dans la loi la règle de droit susceptible de s'appliquer au litige dont il est saisi, le juriste anglais va rechercher les précédents, c'est-à-dire les décisions rendues dans des affaires du même type, argumenter sur les ressemblances ou les différences des situations de fait qui seraient de nature à justifier que le juge retienne une même décision ou une décision différente. En bref, alors que le juriste romano-germanique déduit la solution par une application logique de la règle de droit contenue dans la loi, telle

(14) A.-J. Bullier, *La common law*, Dalloz, coll. « Connaissance du droit », 4e éd., 2016.
(15) M. Goré, *Brèves remarques sur l'insularité du droit anglais : Mél. Blanc-Jouvan*, SLC, 2005.

qu'interprétée par la jurisprudence, ou encore d'une théorie juridique, le juriste anglais procède de manière empirique et inductive en recherchant la solution qui lui paraît la plus raisonnable au regard des précédents et des opinions – éventuellement dissidentes – exposées par les juges dans des affaires comparables. C'est un droit plus opportuniste que logique, un droit des affaires et des marchands(16). Ainsi, enseigner la *common law*, c'est enseigner un processus de raisonnement conduisant vers une solution et non pas une règle de droit portant cette solution comme en droit français.

Il est de ce fait d'un accès difficile pour le juriste français qui a été formé suivant une autre méthode. Cette difficulté est aggravée par l'existence de concepts différents qui sont le plus souvent impossibles à traduire en français sans risque d'en trahir le sens ; par exemple un concept apparemment simple, comme la faute, aura un contenu différent dans l'un et l'autre droit(17).

Il faut toutefois ajouter cette précision que le droit anglais n'est plus, de nos jours, exclusivement judiciaire, et qu'il connaît désormais des lois. Mais on observera que ces lois répondent à une conception différente des nôtres : au lieu d'établir des principes ou des règles générales, elles prennent la forme d'une réglementation détaillée destinée à couvrir toutes les hypothèses susceptibles de se présenter(18).

Ces différences fondamentales entre la *common law* et le droit civil des pays romano-germaniques rendent particulièrement difficile la recherche de règles communes et donc d'une harmonisation des droits entre le Royaume-Uni et les pays continentaux(19), difficulté amplifiée à la suite du *Brexit* (V. *infra*, n° 80).

16. – Les droits socialistes. Il s'agit surtout, ou plutôt il s'agissait des droits des pays de l'Est, c'est-à-dire de l'URSS et de ses satellites, qui étaient inspirés de l'idéologie marxiste. Ils se caractérisaient par la socialisation de tous les moyens de production, et notamment du sol ; la propriété de ces biens appartenait à l'État, aux kolkhozes ou au parti, à l'exception des biens d'usage ou de consommation personnelle. De ce fait, ces droits étaient en opposition totale avec les droits des pays dits « capitalistes » où la règle était au contraire la liberté de l'appropriation privée.

Cette conception s'est effacée avec la fin du communisme et de l'URSS et il n'en reste que de très rares exemples – parfois édulcorés –, comme en Corée du Nord. Quant au droit des pays de l'Est, il a évolué vers celui des pays romano-germaniques. C'est ainsi que le droit de propriété privée est désormais reconnu cependant que la propriété de l'État va s'estompant au fur et à mesure du mouvement de privatisation ; en bref, on retrouve les principes de liberté du commerce, de l'industrie et de l'agriculture. Corrélativement le droit des contrats, qui était jusque là limité

(16) L'opposition avec les droits romano-germaniques n'est cependant pas irréductible. V. G. Canivet, *Influence croisée de la Common Law et du Droit civil : Louisiana Law Review*, vol. 63, Summer 2003, n° 4. – Y.-M. Morissette, *Les caractéristiques classiquement attribuées à la Common Law : RID comp.* 2013, 613.

(17) A. Albarian (ss dir.), *Les 100 mots du droit anglais, 100 notions fondamentales de doit anglais à l'épreuve du droit français*, Lamy, coll. « Axe Droit », 2013.

(18) E. Steiner, *Adoption en Angleterre du style législatif en vigueur sur le continent : espoirs déçus et perspectives d'avenir : RID comp.* 2006, p. 809.

(19) V. cep. B. Markesinis, *Construction de systèmes et résolution de problèmes concrets. Occasions manquées et naissantes pour une convergence méthodologique entre le droit français et le droit anglais : RTD civ.* 2005, 47. – V. aussi M. Grimaldi, *Le droit continental face à la mondialisation*, in *Études B. Oppetit*, Litec, 2009, p. 293.

aux rapports entre les particuliers, s'étend de manière générale à toutes les entreprises alors que précédemment les contrats des entreprises d'État étaient soumis à un régime très encadré dans un carcan de planification[20].

Cette évolution rend les anciens pays de l'Est, surtout ceux déjà intégrés à un pays occidental (l'Allemagne réunifiée) ou nouveaux membres de l'Union européenne tels que la Pologne, la République tchèque, la Hongrie, etc., très ouverts à l'adoption de règles de droit civil comparables à celles qu'on connaît en Europe de l'ouest.

17. – **Les droits religieux.** Tous les droits sont plus ou moins influencés par la religion, par exemple en ce qu'ils peuvent exclure le divorce ; mais ils ne sont pas pour autant des droits religieux. On entend par droit religieux un droit qui trouve sa source dans une religion. Tel est le cas par exemple du droit canonique, droit de l'Église catholique qui s'est jadis appliqué en France et qui régissait notamment le mariage. Mais désormais tous les droits européens se sont laïcisés, à commencer par le droit français depuis le Code civil de 1804.

Il subsiste aujourd'hui quelques exemples de droits religieux. Tel est le cas d'Israël qui applique la *Thora* au mariage et au divorce. Mais l'exemple le plus remarquable est celui du droit musulman qui s'applique dans certains États et où une partie du droit positif, plus ou moins importante suivant les États, est constituée par la *charia*[21].

Le droit est ici indissociable de la religion. Cela peut être à l'origine de certains conflits lorsque la règle juridique et la règle religieuse s'opposent. En France et dans tous les États de droit laïcs, les conflits éventuels doivent toujours se solder par la primauté des lois de la République[22].

18. – **Mondialisation[23] ou régionalisation du droit ?** Chaque État, étant souverain, a son propre droit : en France le droit français, en Allemagne le droit allemand, au Royaume-Uni le droit anglais, etc. Et intuitivement, du moins avant le développement de l'Union européenne, chacun éprouvait le sentiment que le droit devait être conçu au plan national, qu'il s'agisse de sa formation, de son contenu ou de son objet, c'est-à-dire des situations régies et des conflits réglés. On en déduisait traditionnellement que la politique sociale et économique d'un pays devait être régie par des institutions nationales et par le droit national du pays considéré.

(20) *Regards croisés sur le Code civil russe aujourd'hui : RID comp.* 2009, p. 479.

(21) P. Gannagé, *Observations sur la laïcisation partielle d'un système juridique. L'exemple des droits proche-orientaux : Mél. Malinvaud*, Litec, 2007, p. 227. – N. Bernard-Maugiron et J.-Ph. Bras, *La Charia*, Dalloz, coll. « À savoir », 2015.

(22) V., par ex., la décision de la Cour européenne des droits de l'homme du 31 juillet 2001 (CEDH, 3e sect., *Refah Partisi [Parti de la prospérité] et a. c/ Turquie : RTD civ.* 2001, p. 979, obs. J.-P. Marguénaud). Cette décision a été confirmée le 15 février 2003 par la Grande chambre de la CEDH qui a rappelé qu'en vertu de l'article 14 de la Convention « nul ne doit être autorisé à se prévaloir des dispositions de la Convention pour affaiblir ou détruire les idéaux et valeurs d'une société démocratique ». – V. aussi S. Jahel, *Chari'a et Convention européenne des droits de l'homme : Mél. A. Decocq*, Litec, 2006, p. 355. – T. Rambaud, *À l'heure de la mondialisation : le droit musulman à l'épreuve des droits fondamentaux : Rev. Fondation pour l'innovation politique, Revue 2050*, nov. 2008, n° 10, p. 96.

(23) *La mondialisation*, Trav. Assoc. H. Capitant, t. LXVI, Bruylant, 2016. – M. Delmas-Marty, *La mondialisation du droit : chances et risques : D.* 1999, chron. p. 43. – E. Locquin et C. Kessedjian (ss dir.), *La mondialisation du droit*, 2000. – J. Basedow, *Vie universelle, droit national ? À propos de la mondialisation du droit : Mél. X. Blanc-Jouvan*, 2005. – M.-C. Ponthoreau, *Trois interprétations de la globalisation juridique. Approche critique des mutations du droit public : AJDA* 2006, p. 20.

Ce sentiment général demeure fondé dans les domaines qui restent cantonnés à l'intérieur des frontières ; ainsi en est-il du droit des personnes (mariage, divorce, filiation, succession), ou celui des relations entre voisins, entre bailleurs et locataires, etc. Mais, parallèlement, on constate que certains problèmes d'ordre social et économique ont pris une dimension européenne et même mondiale. Par exemple, en matière de protection de l'environnement, la question du réchauffement de la planète dû à l'effet de serre ne peut être traitée qu'au plan mondial : l'effet de serre ne connaît pas de frontières, difficulté à laquelle l'Accord mondial de Paris de 2015 sur le climat (issu des travaux de la COP 21) veut apporter un début de réponse(24). Il en va de même de la diffusion des informations, des données ou des propositions sur Internet, et de la circulation des personnes et des biens qui entraînent une mondialisation du commerce. En bref, nombre de problèmes dépassent singulièrement les frontières et ne peuvent donc pas être réglés de manière satisfaisante au seul plan national.

Cette mondialisation des problèmes a parfois pu être traitée par des conventions internationales qui tendent à établir un droit uniforme, notamment pour les *droits de l'homme*. On peut citer à ce titre la Déclaration universelle des droits de l'homme adoptée en 1948 par l'assemblée plénière de l'ONU, qui a trouvé un large écho dans la Convention européenne des droits de l'homme (V. *infra*, n°s 86 et s.). S'agissant des contrats commerciaux internationaux, on citera la convention de Vienne sur la vente internationale de marchandises qui a été ratifiée par un grand nombre de pays, ou encore les diverses conventions sur le transport des personnes et des marchandises. Mais il faut bien reconnaître que ces conventions n'ont pas été ratifiées par tous les États souverains, États qui, par suite notamment de la décolonisation, sont désormais près de deux cents.

Corrélativement, des institutions internationales ont été mises en place dont la mission est de contribuer à l'unification ou à l'harmonisation du droit dans leur domaine. Certaines sont sous l'égide de l'ONU, par exemple l'Organisation internationale du travail (OIT), l'Organisation mondiale de la santé (OMS), ou encore l'UNESCO. Parmi les autres on peut citer l'Institut international de l'unification du droit (UNIDROIT), la Commission des Nations unies pour le droit du commerce international (CNUDCI), la Conférence de La Haye pour le droit international privé, ou encore l'Organisation mondiale du commerce (OMC).

En fait, l'harmonisation du droit la plus sensible est celle qui s'est réalisée au plan régional. Le meilleur exemple est celui de la Communauté européenne, devenue l'Union européenne, qui édicte dans de multiples domaines des *règlements* et des *directives* qui s'appliqueront aux vingt-sept pays de l'Union (V. *infra*, n°s 80 et s.) et qui se propose de réaliser une harmonisation du droit au niveau européen (V. *infra*, n°s 266 et s.).

Cet exemple a été pour partie imité en Amérique latine avec la création du MERCOSUR (Argentine, Brésil, Paraguay et Uruguay), et dans les pays francophones

(24) Sur l'effectivité des engagements climatiques de la France, CE, 19 nov. 2020, n° 427.301, *Cne de Grande-Synthe* : *JCP* 2020, 1334, note B. Parance et J. Rochfeld. – Pour le rôle précurseur des tribunaux néerlandais, Cour suprême des Pays-Bas, 20 déc. 2019, *Urgenda* : *D.* 2020, 1012.

de l'Afrique qui ont mis en place l'Organisation pour l'harmonisation du droit des affaires en Afrique (OHADA), mais avec une intégration plus limitée.

19. – **La question de l'attractivité économique du droit français : l'analyse économique du droit**(25). Voici une quinzaine d'années, la Banque mondiale, organisation qui a pour objet de lutter contre la pauvreté dans le monde, a publié – sans pour autant en prendre officiellement la paternité – trois rapports intitulés respectivement *Doing business in 2004 : Understanding regulation, Doing business in 2005 : Removing obstacles to growth* et *Doing business in 2006 : Creating jobs.* Conçus et rédigés par des économistes et non par des juristes, ces rapports procèdent à une analyse économique des divers droits mondiaux d'où ils concluent que le droit français(26), et plus généralement les systèmes de *civil law* – c'est-à-dire les droits d'inspiration romaniste – sont contre-productifs au plan économique, à l'inverse des systèmes de *common law* – c'est-à-dire les droits anglo-américains – qui seraient particulièrement performants pour le développement des affaires.

En bref, lorsqu'elles ont le choix de la loi applicable, les entreprises qui veulent faire des affaires auraient le plus grand intérêt à soumettre leurs contrats internationaux à la *common law*, c'est-à-dire au droit anglais ou au droit américain, et non à la loi française. Corrélativement, les pays qui entendent réformer leur droit économique devraient adopter un système de *common law* et ne s'inspirer en aucune manière du droit français(27).

Cette critique sans nuance du droit français n'a pas manqué de susciter des réactions de la part des juristes de *civil law*(28). Elle prête elle-même le flanc à la critique sur trois points qui ont été parfaitement mis en évidence par l'Association Henri Capitant(29), et qui sont relatifs à la méthode, aux chiffres retenus, et au principe même.

En premier lieu, elle repose sur une méthode économétrique – incompréhensible pour un non-mathématicien – qui se propose ici de vérifier le bien-fondé de

(25) C. Lepage-Jessua, *L'analyse économique du droit* : *RRJ* 1987, 409. – B. Lemennicier, *Économie du droit*, éd. Cujas, 1991. – A. Ogus et M. Faure, *Économie du droit : le cas français*, éd. Panthéon-Assas, 2003. – R. Lanneau, *Analyse économique et analyse juridique du droit : quelques clarifications* : *RRJ* 2008, 1865 et *RRJ* 2009, II, 557.

(26) Très précisément, le rapport 2006 classe la France à la 44e place en termes d'environnement juridique des affaires, c'est-à-dire derrière la Jamaïque, le Botswana, les îles Tonga et la Namibie... Depuis lors la France a fait de légers progrès et est passée au 38e rang en 2014, et au 27e en 2015.

(27) Les auteurs du rapport partent du postulat que le cadre juridique d'une économie, c'est-à-dire sa législation, en commande le développement, si bien que l'existence d'une législation adéquate serait un préalable indispensable au décollage économique d'un pays.

(28) B. Mallet-Bricout, *Libres propos sur l'efficacité des systèmes de droit civil* : *RID comp.* 2004, p. 865. – F. Rouvillois (ss dir.), *Le modèle juridique français : un obstacle au développement économique ?*, Dalloz, 2005. – G. Canivet, M.-A. Frison-Roche et M. Klein (ss dir.), *Mesurer l'efficacité économique du droit*, LGDJ, nov. 2005. – B. du Marais, *De Koror à Palikir : à la recherche du paradis du droit des affaires* : *D.* 2006, doctr. p. 1110. – V. aussi X. Lagarde, *Brèves réflexions sur l'attractivité économique du droit français des contrats* : *D.* 2005, chron. p. 2745. – B. du Marais (ss dir.), *Des indicateurs pour mesurer le droit ? Les limites des rapports* Doing Business, Doc. fr., 2006. – G. Cavalier, *Réflexions à partir de l'analyse économique de la culture (fiscale) civiliste* : *D.* 2001, p. 2018. – Comp. J.-F. Gaudreault-Desbiens, *La critique économiste de la tradition romano-germanique* : *RTD civ.* 2010, p. 683. *Regards civilistes sur l'analyse économique du droit* : *Rev. dr. H. Capitant* 2011, n° 1, p. 9.

(29) Association Henri Capitant des Amis de la Culture Juridique Française, *Les droits de tradition civiliste en question. À propos des Rapports Doing business de la Banque Mondiale* (2 vol.), SLC, 2006. – Le volume 1 est le rapport français ; le volume 2 réunit les contributions des groupes autres que le groupe français, soit cinquante-trois pays. – V. aussi sur le principe même de la mise en concurrence des droits, A. Raynouard, *La concurrence normative dans l'Union européenne* : *Mél. Ph. Le Tourneau*, Dalloz, 2007, p. 903.

deux hypothèses : d'une part la supériorité du marché sur l'intervention de l'État, et d'autre part l'infériorité du droit français par rapport à la *common law*. Or, ces hypothèses ne relèvent pas de l'évidence. Suivant le rapport, le droit français présenterait une infériorité structurelle tenant à ce qu'il repose sur des juges professionnels dépendant de l'État, sur une législation codifiée et sur une procédure écrite, par opposition à la *common law* qui repose sur des juges non professionnels supposés indépendants du pouvoir (le jury), sur des principes généraux et sur une procédure orale. C'est ce que s'emploient à démontrer les auteurs du rapport, mais avec la volonté bien arrêtée de démontrer ce dont il est évident qu'ils sont déjà convaincus, ce qui les amène à commettre de nombreuses erreurs.

En deuxième lieu, les données du droit français sur lesquelles ils se fondent sont soit obsolètes, soit truffées d'erreurs, ce qui démontre leur large méconnaissance du droit français. À cela il convient d'ajouter que le rapport s'attache essentiellement au nombre et à la durée des formalités administratives – dont il faut reconnaître qu'elles sont assez lourdes en France – et fort peu ou pas du tout au droit substantiel. Le contre-rapport établi par l'Association Capitant procède au recensement de ces erreurs sur sept points pris en considération par le rapport : la création d'entreprises, le droit du travail, l'enregistrement de la propriété[30] (c'est-à-dire la publicité foncière), l'obtention de crédits, la protection des investisseurs[31], le droit des faillites[32], et l'exécution des contrats.

En troisième lieu enfin, même en matière économique, on ne saurait juger la valeur d'un système juridique à l'aune d'un seul dénominateur commun qui serait la recherche du plus bas prix ou du moindre coût. Comme le relève le contre-rapport Capitant, « ce serait, de la part des juristes, trahir leur mission que d'abandonner la détermination du meilleur Droit aux seules mains des économistes : le "juste" vers lequel tend le droit depuis toujours, ne se confond pas avec le "tout économique". Si l'analyse économique du droit peut et doit être une source d'inspiration et de réflexion pour le juriste, elle ne saurait prétendre à l'hégémonie. Il est d'autres données qu'économiques, données sociales, morales, démographiques, etc. qui doivent être prises en compte dans l'élaboration de la règle de droit »[33].

On notera d'ailleurs que, en dépit du médiocre classement octroyé à la France par la Banque mondiale (31e rang en 2010, 26e en 2011, 29e en 2012, 38e en 2014), la France figure toujours dans les tout premiers rangs des pays pour le montant des investissements étrangers, ce qui démontre à l'évidence le caractère inadéquat

(30) On relèvera à cet égard que l'assurance-titre, c'est-à-dire l'assurance protégeant contre les contestations du titre de propriété est de 0,48 % de la valeur du bien acquis aux États-Unis, et de 0,0175 % en France, ce qui reflète la comparaison des risques (L. Galliez, *L'assurance-titre, mesure de l'insécurité* : *JCP* N 2010, 1241). Pour un examen exhaustif de la question, V. C. Bourdaire-Mignot et A. Chaigneau, *Pourquoi mesurer l'efficacité des transactions immobilières en France ?* : *JCP* N 2010, 1273, qui démontre l'inanité de la méthode retenue.

(31) G. Cavalier, *Les fusions acquisitions et analyse économique du droit : approche comparée France-États-Unis* : *D.* 2010, 2718.

(32) M. Haravon, *Doing Business 2009 : mesurer l'efficacité des faillites ?* : *D.* 2009, chron. p. 244. – S. Vermeille et A. Bézert, *L'analyse économique du droit au secours du droit des sûretés et du droit des procédures collectives* : *D.* 2014, 289.

(33) A. Raynouard et A.-J. Kerhuel, *L'évaluation des systèmes juridiques au cœur de la tourmente* : *D.* 2010, p. 2928 (qui préconisent comme critère la sécurité juridique). – L. Usunier, *Le rapport Doing Business 2012, la concurrence des systèmes juridiques et l'attractivité du droit français des contrats* : *RDC* 2012, 575.

et relatif des critères retenus pour opérer le classement[34]. Au demeurant, on relèvera que le classement du droit français varie considérablement suivant le domaine considéré : 149e rang en 2012 pour le transfert de propriété (où les formalités sont très importantes mais aussi gage de sécurité juridique) et 7e pour l'exécution des contrats, ce qui laisse penser que le système français en la matière est tout à fait satisfaisant. Enfin, en contrepoint du classement de ce rapport, il conviendrait de s'interroger sur l'importance à accorder à la sécurité juridique qui n'y est pas prise en compte[35].

Cela dit, on ne saurait occulter le fait que le droit français n'est pas à l'abri de critiques, que certaines sont fondées, touchant notamment la multiplicité des formalités administratives (92e rang en 2014 pour l'octroi d'un permis de construire), et qu'il convient d'en tenir compte dans les projets de réforme, ce dans la perspective tant de la simplicité pour le droit français que de l'attractivité pour les entreprises étrangères[36]. Certaines réformes ont déjà été faites, notamment celle du droit des contrats ou du droit des sûretés, d'autres sont en cours ou en projet, notamment celles de la publicité foncière et de la responsabilité civile, d'autres encore sont annoncées sur la simplification des normes.

20. – L'accessibilité et l'intelligibilité du droit. Si, suivant l'adage, « Nul n'est censé ignorer la loi » (V. *infra*, nos 123 et s.), encore faut-il que la loi et, plus généralement, les règles de droit soient accessibles à chacun et intelligibles. C'est devenu là une gageure par suite de l'extraordinaire inflation du droit, inflation qui s'est encore accrue avec les textes d'origine communautaire[37].

Néanmoins, après la *clarté* de la loi[38] qui constitue un *principe*, *l'accessibilité* et *l'intelligibilité* de la loi ont été promues par le Conseil constitutionnel comme étant un *objectif de valeur constitutionnelle*[39].

En ce qui concerne l'accessibilité, le principe en a été posé par la loi du 12 avril 2000 « relative aux droits des citoyens dans leurs rapports avec les administrations » dont l'article 2 dispose que « le droit de toute personne à l'information est précisé et garanti par le présent chapitre en ce qui concerne la liberté d'accès aux règles de droit applicables aux citoyens » ; et la loi poursuit : « la mise à disposition

(34) Corrélativement, on relèvera que la France est classée en premier de l'indice de transparence du marché immobilier de Jones Lang LaSalle.

(35) La Fondation pour le droit continental a lancé un appel à projet d'une étude relative à un index de la sécurité juridique (P. Papazian, *JCP* 2013, 37).

(36) P. de Montalivet, *La « marketisation » du droit. Réflexions sur la concurrence des droits* : D. 2013, 2923.

(37) Sur l'accessibilité du droit communautaire, V. M. Petite et a., *L'accessibilité du droit, la méthode communautaire* : *AJDA* 2004, 862. – G. Lebreton, *Langue française et accès au droit* : *RRJ* 2003, p. 1655. – A. Garde et M. Haravon, *La circulation de l'information juridique en Europe : plus de moyens pour appréhender les différences* : *D.* 2006, chron. p. 405.

(38) Cons. const., 10 juin 1998, n° 98-401 DC : *Rec. Cons. const.* 1998, p. 258.

(39) Cons. const., 16 déc. 1999, n° 99-421 : *JO* 22 déc. 1999 ; *RTD civ.* 2000, 186, obs. N. Molfessis. – Cons. const., 29 juill. 2004, n° 2004-500 DC : *JO* 7 août 2004, p. 13652. – M.-A. Frison-Roche et W. Baranès, *Le principe constitutionnel de l'accessibilité et de l'intelligibilité de la loi* : *D.* 2000, chron. p. 368. – V. Lasserre-Kiesow, *La compréhensibilité des lois à l'aube du XXIe siècle* : *D.* 2002, chron. p. 1157. – G. Koubi, *Lire et comprendre : quelle intelligibilité de la loi ?*, in *Le Titre préliminaire du Code civil*, Economica, 2003. – Ph. Dubois, *L'intelligibilité de la loi* : *Mél. Ph. Jestaz*, Dalloz, 2006. – E. Matutano, *La légistique à l'épreuve des exigences de clarté, d'accessibilité et d'intelligibilité de la loi* : *RRJ* 2006, 1791. – A. Jennequin, *L'intelligibilité de la norme dans les jurisprudences du Conseil constitutionnel et du Conseil d'État* : *RFDA* 2009, p. 913. – A. Desrayaud, *De la sûreté à la citoyenneté : l'accessibilité du Code civil de 1804* : *RTD civ.* 2012, 677. – P. Rrapi, *L'accessibilité et l'intelligibilité de la loi en droit constitutionnel*, Dalloz, coll. « Nouvelle Bibl. de thèses », 2014, préf. A. Roux.

et la diffusion des textes juridiques constituent une mission de service public au bon accomplissement de laquelle il appartient aux autorités administratives de veiller ». Sur ce premier point, on peut considérer que l'objectif a été à peu près respecté[(40)]. En effet, lois et textes réglementaires sont publiés au *Journal officiel*, sur papier (jusqu'au 31 décembre 2015) et sous forme électronique (V. *infra*, n° 120) ; chacun peut y avoir accès gratuitement sur le site Légifrance[(41)]. Ce n'est toutefois qu'une accessibilité partielle au droit dans la mesure où la jurisprudence – c'est-à-dire la manière habituelle de juger (V. *infra*, n°s 207 et s.) – fait partie du droit et où elle est d'accès difficile pour un simple citoyen malgré les progrès en matière de publication des décisions de justice (V. *infra*, n°s 225 et 226).

Cette accessibilité de la loi est également réalisée par la codification à droit constant, dont l'objet est de réunir dans un ordre logique les différents textes législatifs ou réglementaires relatifs à une matière déterminée (V. *infra*, n° 127). Et ces codes, qui peuvent être consultés sur le site Légifrance, sont mis à jour en permanence à l'occasion de chaque modification ; on dit qu'il y a alors « consolidation »[(42)].

En revanche, la clarté et l'intelligibilité de la loi ne sont pas toujours au rendez-vous. À cet égard, la qualité des textes est souvent inversement proportionnelle à leur quantité[(43)]. S'adressant aux citoyens, la loi devrait être intelligible pour ceux auxquels elle s'applique. Montesquieu[(44)] y pensait lorsqu'il écrivait que « les lois ne doivent point être subtiles : elles sont faites pour des gens de médiocre entendement ; elles ne sont point un art de logique, mais la raison simple d'un bon père de famille[(45)] ». À cet égard, dans la mesure où le droit français repose aussi sur la jurisprudence, spécialement celle de la Cour de cassation et du Conseil d'État, on peut souhaiter que les décisions de justice répondent également aux exigences d'accessibilité et d'intelligibilité de la loi.

(40) V. cep. G. Nicolau, *Inaccessibilité du droit : RRJ* 1998, p. 15.

(41) J. Cartron, *Légifrance, naissance de l'information juridique officielle sur le Web : RFDA* 1998, p. 689. – S. Borles, *Mieux communiquer le Droit. Réflexions à propos de la création de structures d'indexation de l'information judiciaire : JCP* 2006, I, 140.

(42) H. Moysan, *La consolidation des codes, lois, décrets : positions doctrinales d'éditeurs ou devoir de l'État ? : JCP* 2006, I, 196.

(43) N. Cuzacq, *La qualité de la loi : un oxymore en droit contemporain ? : RRJ* 2012, n° 1, p. 15. – H. Moysan, *Choc de simplification et poids de la pratique. Quand la complexité croissante du droit est nourrie par le technicisme formel de son écriture : JCP* 2014, 470.

(44) Montesquieu, *De l'esprit des lois*, Livre XXIX, chapitre XVI, « Choses à observer dans la composition des lois ».

(45) M. Vivant, *Considérations au fil de la plume sur la norme subtile : Mél. Ph. Le Tourneau*, Dalloz, 2007, p. 1059.

CHAPITRE 2

LE FONDEMENT ET L'INSPIRATION DU DROIT (1)

SECTION 1

LE DROIT FACE À LA JUSTICE

21. - **Le droit a-t-il pour objet de réaliser la justice ?** Voilà une question à laquelle on serait tenté de répondre d'emblée par l'affirmative, tant il est courant d'identifier le droit et la justice. Il convient néanmoins de prendre le temps de la réflexion.

D'entrée, on observera qu'un très grand nombre de règles de droit ont peu à voir avec ce qu'on ressent communément comme étant la justice. Ce sont toutes les règles de caractère technique qui tendent à organiser la vie en société. Il suffit d'en citer quelques exemples : les règles relatives à la circulation des véhicules, c'est-à-dire le Code de la route ; celles relatives à l'état civil, à la publicité des droits portant sur les immeubles, à l'organisation de la bourse des valeurs, des banques, etc. ; celles régissant la construction, etc.

Finalement, l'idée de justice est surtout prise en compte là où la règle tend à prévenir ou à régler les conflits entre les personnes, par exemple lorsque l'une a causé un dommage à l'autre, ou a mal exécuté ses obligations, etc. Sont donc concernées les règles de droit qui arbitrent entre les intérêts en présence. Ces règles doivent-elles être conformes à la justice ? Et comment peut-on contrôler qu'elles soient justes ? On bute immédiatement sur un problème de définition insoluble.

22. - **Qu'est-ce que la justice ?** La consultation des dictionnaires de la langue française n'est d'aucun secours dans la mesure où ils retiennent des définitions qui assimilent la justice au droit, conçu plus ou moins largement : « principe moral de conformité au droit positif ou naturel » (Robert), « caractère de ce qui est juste, équitable, conforme au droit, à la loi morale ou religieuse » (Larousse).

Le *Vocabulaire juridique* (Association Capitant, 13e éd., ss dir. G. Cornu) propose deux définitions, qui sont tout à fait éclairantes :

– « ce qui est positivement juste ; ce à quoi chacun peut légitimement prétendre (en vertu du Droit) ; en ce sens la justice consiste à rendre à chacun le

(1) Ph. Malaurie, *Notre droit est-il inspiré ? : Defrénois*, 2002, 1, 637, art. 37545. – F. Rouvière, *Le fondement du savoir juridique : RTD civ.* 2016, 279.

sien (*suum cuique tribuere*) et demander justice signifie réclamer son dû, son droit » ;

– « ce qui est idéalement juste, conforme aux exigences de l'équité et de la raison ; en ce sens la justice est tout à la fois un sentiment, une vertu, un idéal, un bienfait (comme la paix), une valeur ».

En bref, le droit est positivement juste, mais peut-être pas idéalement.

Mais alors, qu'est-ce qui est idéalement juste ? C'est un débat philosophique majeur(2). Les juristes se réfèrent à Aristote, qui distingue la *justice commutative* et la *justice distributive*(3).

La justice commutative, qui se situe dans les rapports d'individu à individu, tend à rétablir l'équilibre perturbé par l'action ou l'inaction de l'un : indemniser l'exact dommage causé, recevoir la contrepartie de la prestation ou de la chose fournie, etc.(4) ; en bref, à chacun son dû. La justice distributive tend à opérer entre les hommes la meilleure répartition des richesses et des charges de l'État.

Mais suivant quel critère doit-on y procéder ? Tout dépend de la société considérée, suivant qu'elle est plus ou moins libérale, ou plus ou moins socialiste. Schématiquement, dans un système purement libéral, à chacun suivant son travail et son mérite ; dans un système purement socialiste, à chacun suivant ses besoins. Il n'y a donc pas un critère, mais autant de critères qu'il y a de sociétés, l'équilibre se réalisant au sein de chacune. Dans le système français, on distingue souvent les mesures de justice libérale et les mesures de justice sociale, qui coexistent plus ou moins harmonieusement(5). De manière générale, on a pu relever que la réforme du droit des contrats – due à l'ordonnance du 10 février 2016 – introduit plus de justice sociale dans les relations contractuelles(6), par exemple en ouvrant la révision judiciaire des contrats devenus déséquilibrés par suite de circonstances imprévisibles (C. civ., art. 1195), mais elle ne laisse pas pour autant la justice libérale de côté, comme en témoigne notamment le principe de liberté contractuelle (C. civ., art. 1102).

À cela il faut ajouter que chacun conçoit la justice suivant sa sensibilité et, plus prosaïquement encore, suivant son intérêt égoïste ; ainsi ce qui paraîtra juste à l'un pourra paraître injuste aux yeux d'un autre. C'est entre ces conceptions différentes des membres de la société que l'État doit arbitrer en posant la règle de droit qui lui semblera la plus juste.

Le droit, qui est symbolisé par la balance de la justice dont les deux plateaux sont égaux, est ainsi équilibré entre les intérêts en présence ; mais un équilibre à géométrie variable et à mouvement perpétuel qui dépend de la société et de l'époque. C'est dans cette perspective évolutive que certains préconisent parfois la désobéissance civile, qui pourrait alors apparaître comme une source de droit(7). Il est donc vain pour un juriste de s'interroger sur l'adéquation du droit et de la justice. On laissera la question aux philosophes et aux moralistes.

(2) Par ex. M. J. Sandel, *Justice*, trad. P. Savidan, Albin Michel, 2016.
(3) V. aussi H. Kelsen, *Qu'est-ce que la justice ?*, préf. V. Lasserre, Markus Haller, mai 2012.
(4) F. Chénedé, *Les commutations en droit privé*, Economica, 2008, préf. A. Ghozi.
(5) N. Balat, *À propos du nouveau droit commun des contrats : Mél. Grimaldi*, Defrénois, 2020, p. 27.
(6) O. Penin, *La justice et la liberté dans la réforme du droit des contrats : Contrats, conc. consom.* 2017, étude 9.
(7) V. sur ce point R. Encinas de Munagorri, *La désobéissance civile : une source de droit ? : RTD civ.* 2005, 73.

SECTION 2

LE DROIT FACE À L'ÉQUITÉ

23. - **Droit, justice et équité.** Le droit est édicté par le législateur (au sens large), la justice est rendue par le juge. Dans ce paramètre, la question de l'équité se pose, non pas au niveau du législateur qui édicte la règle de droit, mais au niveau du juge qui doit l'appliquer à un litige particulier. Il n'y a donc pas lieu d'en traiter à propos des règles de droit ; si néanmoins il y est ici fait allusion, c'est pour répondre à l'interrogation spontanée de celui qui aborde le droit.

Par sa nature même, la règle de droit présente une certaine rigidité, plus ou moins grande suivant les cas, et il se peut donc que son application stricte à un cas particulier paraisse injuste, inéquitable. À la formule du Digeste romain selon laquelle *Jus est ars boni et æqui* (le droit est l'art du bon et de l'équitable), on pourrait répondre : *Dura lex, sed lex* (la loi est dure, mais c'est la loi). On peut néanmoins se demander si, et dans quelle mesure, il peut être permis au juge de tenir compte de l'équité pour modérer l'application de la règle de droit[(8)].

24. - **Le principe : le juge doit statuer en droit.** L'article 12 du Code de procédure civile pose la règle que « le juge tranche le litige conformément aux règles de droit qui lui sont applicables » ; il lui est même parfois fait obligation d'appliquer d'office des règles d'ordre public alors qu'elles ne sont pas invoquées par les parties au litige (V. *infra*, n° 536). Parallèlement, la Cour de cassation rappelle que « l'équité n'est pas une source de droit »[(9)].

Il n'en a pas toujours été ainsi. Jadis, les parlements de l'Ancien Régime se reconnaissaient le droit de statuer en équité. Il faut croire qu'ils n'ont pas toujours fait bon usage de cette latitude qu'ils s'étaient octroyé si l'on en juge par l'adage sulfureux qui s'y est attaché : « Dieu nous garde de l'équité des parlements ».

Il y a en effet un grand risque d'arbitraire à laisser le juge libre de s'affranchir de la règle de droit : la solution du litige dépend alors plus de l'humeur et de la sensibilité du juge que de la règle elle-même. Il s'ensuit également une grande insécurité dans la mesure où les citoyens ne peuvent plus prévoir les conséquences éventuelles de leurs manquements. Or, la prévisibilité de la règle de droit est un élément fondamental de la sécurité juridique (V. *infra*, n° 116) : pour agir, chacun doit savoir quelle règle s'applique à son action, et quelles conséquences s'attachent au non-respect de la règle[(10)].

---

(8) C. Drand, *L'équité en matière contractuelle selon les auteurs du droit français du XVIe au XVIIIe siècle* : *RDC* 2015, 611. – E. Agostini, *L'équité* : *D.* 1978, chron. p. 7. – P. Bellet, *Le juge et l'équité*, in *Études Rodière*, Dalloz, 1981, p. 9. – Ch. Albiges, *De l'équité en droit privé*, préf. R. Cabrillac, LGDJ, 2000. – F. Lafay, *La modulation du droit par le juge, Étude de droit privé et de sciences criminelles*, thèse, Lyon, 2004. – J. Fischer, *Le pouvoir modérateur du juge en droit civil français*, préf. Ph. Le Tourneau, PUAM, 2004. – Ph. Jestaz, *Équité*, in *Autour du droit civil. Écrits dispersés, Idées convergentes*, Dalloz, 2005, p. 3. – V. Bolard, *L'équité dans la réalisation méthodique du droit privé*, thèse, Paris I, 2006. – Sur l'utilisation de l'équité en droit public, V. M. Fouletier, *Recherches sur l'équité en droit public français*, préf. B. Pacteau, LGDJ, 2003.

(9) Cass. 2e civ., 10 juill. 2014, n° 13-19.498. – Cass. soc., 4 déc. 1996, n° 94-40.693, *Bull.* n° 421.

(10) G. Bolard, *L'impartialité du juge au risque de la loi ?* : *JCP* 2015, 1085.

25. – **Cas où la règle de droit invite le juge à tenir compte de l'équité.** Contrairement à la première impression qu'on pourrait en avoir, la règle de droit n'est pas toujours rigide et impérative. Sinon, si la règle était automatique, la justice pourrait être programmée et rendue par des ordinateurs, non par des juges. Or, certaines règles laissent une large marge d'appréciation au juge, lequel pourra dès lors laisser place à certaines considérations d'équité, parfois sans en dire le mot.

C'est presque toujours le cas en matière pénale. Jusqu'à une date récente, la loi édictait pour les crimes et les délits un minimum et un maximum de la peine : par exemple, de deux à cinq ans d'emprisonnement, et cela sauf circonstances atténuantes. Désormais, c'est un maximum qui est édicté, donc une limite supérieure, le juge demeurant libre de doser la peine en fonction des circonstances, donc de l'équité. On remarquera à cet égard que tout le monde n'a pas la même conception de l'équité : le plus souvent, la victime de l'infraction trouvera la peine trop légère, cependant que l'auteur, sa famille et ses amis, la considéreront trop sévère. Chacun dénoncera une justice de classes, ou à deux vitesses. On touche ici les limites de l'équité, qui est ressentie comme l'arbitraire du juge.

L'équité n'est pas non plus absente dans les règles de droit en matière civile : la loi y fait parfois renvoi, expressément ou implicitement.

Ainsi, l'article 1194 du Code civil (1135 ancien) dispose que « les contrats obligent non seulement à ce qui y est exprimé, mais encore à toutes les suites que leur donnent l'équité, l'usage ou la loi ». Ou encore, s'agissant des frais de justice que le plaideur perdant peut être condamné à payer à son adversaire en sus des *dépens*, l'article 700 du Code de procédure civile prévoit que le juge « tient compte de l'équité ou de la situation économique de la personne condamnée ».

Mais le renvoi à l'équité est le plus souvent implicite, notamment en matière de délais. Par exemple, l'article 1343-5 du Code civil (1244-1 ancien) donne le pouvoir au juge d'accorder des délais au débiteur, dans la limite de deux ans, « compte tenu de la situation du débiteur et en considération des besoins du créancier ».

Dans le même sens, et répondant à l'invitation de la Cour européenne des droits de l'homme, la Cour de cassation applique désormais le *principe de proportionnalité*, principe en vertu duquel la règle de droit peut être écartée par le juge dans tel cas particulier, lorsqu'elle conduit à des conséquences jugées excessives au plan de l'équité (V. *infra*, n° 509)[(11)]. Le principe fait ici échec à la règle de l'article 12 du Code de procédure civile et à l'adage *Dura lex, sed lex*.

On pourrait également en trouver une application dans l'article 1221 du Code civil – dû à la réforme du droit des contrats – qui dispose que l'exécution en nature ne peut être entreprise « s'il existe une disproportion manifeste entre son coût pour le débiteur de bonne foi et son intérêt pour le créancier »[(12)].

(11) Rappr. *Rapport du groupe de travail sur le contrôle de conventionnalité* : Cour de cassation, 2020, p. 5, se demandant si le contrôle de conventionnalité (V. *infra*, n° 79) de l'application de la règle de droit ne serait pas « une façon de faire renaître le jugement d'équité ».

(12) Contre-exemple : antérieurement à 2016, c'est explicitement sur la non-prise en compte de l'équité que le refus de la révision judiciaire du contrat pour imprévision était fondé : V. Cass. civ., 6 mars 1876 : *D.* 1876, 1, 193 (aff. du *Canal*

Au-delà du système français, l'article 4 du Code civil suisse dispose que « le juge applique les règles du droit et de l'équité, lorsque la loi réserve son pouvoir d'appréciation ou qu'elle le charge de prononcer en tenant compte soit des circonstances, soit de justes motifs ». Des formules équivalentes existent notamment dans les codes civils espagnol, costaricien et louisianais.

26. – **Cas où les plaideurs demandent au juge de statuer en équité.** Si, en vertu de l'article 12, alinéa 1, du Code de procédure civile, le juge doit statuer en droit, les parties à un litige peuvent l'en dispenser en lui conférant le pouvoir d'*amiable composition*. Cette faculté est prévue à la fois devant le juge étatique, et en matière d'arbitrage.

S'agissant d'un litige soumis à un juge étatique, le même article 12, en son alinéa 4, permet aux parties à un litige déjà né de « conférer au juge mission de statuer comme *amiable compositeur* », mais uniquement « pour les droits dont elles ont la libre disposition », c'est-à-dire dans les matières qui ne relèvent pas de l'ordre public. En pratique, cette faculté est très peu utilisée, ce qui tendrait à démontrer que les justiciables préfèrent que le juge étatique statue en droit[13].

Dans certains domaines, les plaideurs peuvent soumettre leur litige, non pas au juge étatique, mais à des *arbitres* choisis par eux à cet effet. Ce recours à l'arbitrage est assez fréquent en matière commerciale, dans les rapports entre professionnels et dans les contrats internationaux ; il s'accompagne souvent d'une clause d'amiable composition, autorisée par l'article 1478 du Code de procédure civile, auquel cas les arbitres doivent tenir compte de l'équité pour rendre leur sentence[14].

Un tel recours à l'amiable composition permet au juge ou à l'arbitre de modérer ou même d'écarter l'application de la règle de droit normalement applicable, ou d'une clause d'un contrat qui conduirait à des résultats contraires à l'équité[15].

27. – **Dérives et risques de l'équité.** L'équité expose à un double risque, l'arbitraire et l'insécurité : l'arbitraire car l'appréciation de ce qui est équitable dépend du juge saisi et, outre que les juges n'ont pas nécessairement tous la même conception de l'équité, cette conception n'est probablement pas partagée par l'ensemble des justiciables ; l'insécurité car, si l'appréciation de l'équité varie suivant le juge saisi, la solution de tout litige devient imprévisible. Or, la prévisibilité est l'élément majeur de la sécurité et de la paix publiques.

À cet égard, l'histoire conserve le souvenir – amusé parce qu'il est lointain (dans les années 1890) – du Président Magnaud, « le bon juge de Château-Thierry » qui rendait sous le seul sceau de l'équité des sentences régulièrement réformées en appel. Le « bon juge » n'est pas mort si l'on en juge par cette affaire, qui a défrayé la chronique, dans laquelle un tribunal a considéré que ne commet pas un vol la

de Craponne) : « il n'appartient pas aux tribunaux, quelque équitable que puisse leur paraître leur décision, de prendre en considération le temps et les circonstances pour modifier les conventions des parties ». – V. auj. C. civ., art. 1195.

(13) J.-P. Brouillaud, *Plaidoyer pour une renaissance de l'amiable composition : D.* 1997, chron. p. 234.

(14) É. Loquin, *L'amiable composition en droit comparé et international, Contribution à l'étude du non-droit dans l'arbitrage commercial*, Litec, 1981. – J.-D. Bredin, *L'amiable composition et le contrat : Rev. arb.* 1984, 259. – J. Paillusseau, *Arbitrage : le choix entre le droit et l'équité : JCP* 2006, I, 108.

(15) Si les arbitres amiables compositeurs choisissent d'appliquer la règle de droit, ils doivent s'expliquer sur la conformité de celle-ci à l'équité (Cass. 2e civ., 15 févr. 2001 : *D.* 2001, 2780, note N. Rontchevsky ; *JCP* 2002, II, 10038 et note Chabot).

mère de famille, bénéficiaire du seul RMI (revenu minimum d'insertion), qui dérobe dans un grand magasin, à la veille de Noël, pour plus de 4 000 F de jouets à l'intention de ses sept enfants[16].

Cela dit, même sans tomber dans les excès de l'équité, le juge n'applique jamais la règle de droit sans prendre en considération les éléments de fait, lesquels sont essentiels à la décision ; sur ce point, le juge dispose d'un pouvoir souverain d'appréciation des faits, souverain en ce sens qu'il ne peut pas faire l'objet d'un contrôle par la Cour de cassation.

Il lui arrive même parfois de remonter le syllogisme judiciaire à l'envers et, au lieu de partir de la règle de droit pour l'appliquer aux faits de l'espèce et en déduire une solution, de retenir la solution qui lui paraît intuitivement la plus juste, quitte à faire une interprétation biaisée de la règle de droit.

SECTION 3

LE DROIT FACE AUX AUTRES RÈGLES DE CONDUITE

28. – **Distinction de la règle de droit par rapport aux autres règles de conduite.** La règle de droit a pour objet d'organiser et de réglementer la vie en société. L'ermite n'a pas besoin de règles de droit dans la mesure où il vit seul, sans contact avec les autres. Ce besoin apparaît s'il descend à la ville, se mêle aux autres, circule dans la rue, noue des contacts avec ses semblables, procède à des achats, etc. La vie en société suppose en effet le respect d'un certain nombre de règles afin de prévenir les conflits et, s'ils surviennent, de les régler. Le droit organise la société et les rapports des hommes entre eux ; il établit une règle du jeu de la vie en société qui tend à réaliser un certain équilibre et à conférer à tous la sécurité. À défaut de telles règles, la société serait livrée à la loi du plus fort, c'est-à-dire à la violence.

On est alors invinciblement amené à un rapprochement avec les autres règles de conduite, qui découlent de la religion, de la morale, etc. En quoi les règles de droit s'en rapprochent-elles, ou s'en inspirent-elles, ou en diffèrent-elles[17] ?

29. – **Règles de droit et règles religieuses.** L'histoire, même contemporaine, révèle que, dans certains systèmes juridiques, les règles religieuses peuvent aussi être le droit du pays considéré. Ainsi en était-il jadis en France du droit canonique qui régissait notamment le droit du mariage. C'est toujours le cas aujourd'hui dans les États musulmans pour lesquels la *charia* est aussi la règle de droit.

La situation a radicalement changé dans la plupart des pays dont le droit est purement laïc. Tel est le cas de la France depuis le Code civil de 1804. Mais, même

(16) Comme on peut s'en douter, cette décision a été réformée en appel, la cour faisant toutefois et à juste titre preuve de mansuétude en prononçant une condamnation avec sursis.

(17) B. Feuillet, *L'éthique, un outil pour une redéfinition des liens entre le droit, la morale et la religion : Mél. F. Dekeuwer-Défossez*, Montchrestien, 2013.

si le droit français s'est élaboré en dehors de l'Église, cela n'empêche pas un certain nombre de convergences.

Ainsi la loi condamne-t-elle, au même titre que la règle religieuse, un certain nombre de comportements : tuer son prochain, voler, etc. Également, on peut considérer que l'interdiction du divorce qui a longtemps prévalu en France venait pour une large part du principe de l'indissolubilité du mariage, lequel subsiste encore aujourd'hui dans le droit de l'Église.

Ce même exemple, l'instauration du divorce, démontre aussi que les règles de droit divergent parfois des règles religieuses. Également, la prescription – à laquelle la loi fait échec pour les crimes contre l'humanité – conduit à absoudre les infractions pénales après l'expiration d'un certain temps, ce que la religion ne connaît pas. Plus encore, la loi favorise la contraception, et autorise l'avortement dans certaines conditions, contrairement aux règles de l'Église. De même la loi permet le mariage entre personnes du même sexe, ce que la religion interdit. Et on pourrait citer bien d'autres exemples.

Au-delà de ces exemples, il faut aussi rappeler que le droit embrasse l'ensemble des rapports sociaux alors que la religion, du moins la religion catholique, ne s'intéresse qu'à des domaines finalement limités. Cela dit, le droit ne saurait ignorer la religion, considérée non pas en tant que règle mais en tant que phénomène social plus ou moins dominant dans une société déterminée. Si la laïcité implique la neutralité et la non-discrimination à raison de la religion, elle suppose aussi une certaine tolérance à l'égard du phénomène religieux dans la mesure où il ne porte pas atteinte à l'ordre public[18]. La jurisprudence en fournit des exemples à propos du port de signes d'appartenance religieuse dans les établissements d'enseignement[19], ce qui a amené le législateur à réaffirmer le principe de laïcité dans la loi n° 2004-228 du 15 mars 2004[20]. Dans le même esprit, la loi n° 2010-1192 du 10 octobre 2010 a interdit la dissimulation du visage, ce qui visait en fait le port de la *burqa*, dans l'espace public[21].

De manière plus curieuse, la Cour européenne des droits de l'homme a posé le principe de laïcité comme une valeur de la société démocratique européenne, et ce alors que la Convention européenne de sauvegarde des droits de l'homme ne fait aucune référence au terme de laïcité[22].

---

(18) V. Lasserre, *Droit et religion* : *D.* 2012, 1072. – S. Ramaciotti, *Laïcité et droit privé*, thèse, Paris II, 2021, ss dir. Y. Lequette et L. Gannagé.

(19) B. Stirn, *Le Conseil d'État, l'école et la laïcité* : *Mél. F. Moderne*, Dalloz, 2004, p. 407.

(20) L. n° 2004-228, 15 mars 2004 encadrant, en application du principe de laïcité, le port de signes ou de tenues manifestant une appartenance religieuse dans les écoles, collèges et lycées publics : *JO* 17 mars 2004 ; *JCP* 2004, III, 20032. – Circ. 18 mai 2004 : *JO* 22 mai 2004 ; *JCP* 2004, III, 20046, circulaire dont la validité a été consacrée par un arrêt du Conseil d'État du 8 octobre 2004 (*RFDA* 2004, 977, concl. R. Keller). – Ph. Malaurie, *Laïcité, voile islamique et réforme législative, Loi n° 2004-228 du 15 mars 2004* : *JCP* 2004, I, 124. – Cl. Durand-Prinborgne, *La loi sur la laïcité, une volonté politique au sein des débats de société* : *RFDA* 2004, 704. – R. Libchaber, *À la croisée des interprétations : le voile et la loi* : *RTD civ.* 2004, 161. – O. Dord, *L'obscure clarté de la circulaire « Fillon » du 18 mai 2004* : *AJDA* 2004, 1523. – F. Bussy, *Le débat sur la laïcité et la loi* : *D.* 2004, chron. 2666. – Ph. Malaurie, *L'État et la religion (Le centenaire de la loi de 1905)* : *Defrénois* 2005, 1, 572, art. 38139. – B. Toulemonde, *Le port de signes d'appartenance religieuse à l'école : la fin des interrogations ?* : *AJDA* 2005, 2044.

(21) Son article 1er dispose : « Nul ne peut, dans l'espace public, porter une tenue destinée à dissimuler son visage » (pour les exceptions, V. art. 2 et Cons. const., 7 oct. 2010, n° 2010-613 DC, qui ajoute les lieux de culte). – V. A. Levade, *Épilogue d'un débat juridique : l'interdiction de la dissimulation du visage dans l'espace public validée !* : *JCP* 2010, 1043.

(22) CEDH, sect., 31 juill. 2001 et Gde ch., 13 févr. 2003, aff. *Refah Partisi (Parti de la prospérité)* : « la laïcité [est] assurément l'un des principes fondateurs de l'État qui cadrent avec la prééminence du droit et le respect des droits de

30. – **Règles de droit et règles morales**[23]. La distinction est ici beaucoup plus difficile à opérer dans la mesure où la morale est partout et est donc susceptible de trouver place là où la religion n'a rien à faire. La morale relève de la conscience, individuelle ou collective, et elle peut donc s'entendre non seulement de la morale au sens strict, qui concerne principalement l'individu, mais de la morale sociale qui tend à répondre aux besoins du groupe dans lequel vit l'individu.

De nombreux préceptes moraux sont consacrés par le droit. Ainsi en est-il du principe du respect de la parole donnée, de la loyauté qui interdit le dol dans la conclusion des contrats (C. civ., art. 1116 ancien et 1137 nouveau), de la bonne foi qui doit présider à leur conclusion et à leur exécution (C. civ., art. 1134 ancien et 1104 nouveau), et de la responsabilité en cas de faute (C. civ., art. 1382 ancien et 1240 nouveau). Dans un autre domaine, à tout âge l'enfant doit honneur et respect à ses père et mère (C. civ., art. 371), les époux se doivent respect, fidélité, secours, assistance (C. civ., art. 212), et ils assurent la direction *morale* et matérielle de la famille (C. civ., art. 213) ; quant à l'indigne de succéder, c'est celui qui, s'étant mal conduit envers le défunt, est déchu de ses droits successoraux (C. civ., art. 726 et s.).

La morale, dont le rôle a été mis en lumière et magnifié par de grands auteurs[24], est plus exigeante que le droit en ce qu'elle prône la charité. Le droit en offre un bon exemple en reconnaissant l'existence d'*obligations naturelles*, c'est-à-dire d'obligations simplement morales dont le créancier ne saurait obtenir l'exécution en justice, mais que le débiteur peut exécuter spontanément (V. *infra*, n° 455). Parfois la loi rejoint la morale lorsque, par exemple, elle instaure une protection particulière en faveur de ceux qu'elle considère être dans une position inférieure : les salariés par rapport aux patrons, les locataires par rapport aux propriétaires, les consommateurs par rapport aux fournisseurs, etc. ; ou encore lorsqu'elle instaure en matière successorale une égalité de situation entre les enfants légitimes et naturels.

D'autres fois, on a l'impression que le droit tire la morale en avant, notamment en matière de mœurs. Ainsi l'homosexualité, qui était réprouvée par la morale, est aujourd'hui consacrée par le droit qui, peut-être sous l'influence de la morale de l'Europe du Nord, a institué le pacte civil de solidarité (PACS) souvent utilisé par les couples homosexuels comme un substitut au mariage, et aujourd'hui le « mariage pour tous ».

À d'autres reprises encore, le droit prend ses distances avec la morale : il a ainsi été jugé que les publicités vantant à des fins commerciales les mérites de l'infidélité entre époux, qui sont immorales, ne sont pas pour autant illicites[25].

l'homme et de la démocratie ». V. A. Garay, *La laïcité, principe érigé en valeur de la Convention européenne des droits de l'homme* : D. 2006, chron. p. 103.

(23) H. Kelsen, *Qu'est-ce que la justice ?, Droit et morale*, préf. V. Lasserre, Markus Haller, mai 2012. – Ph. Le Tourneau, *Le droit et l'éthique*, in *Études X. Linant de Bellefonds*, Litec, 2007. – D. Bureau, F. Drummond et D. Fenouillet (ss dir.), *Droit et morale*, Dalloz, coll. « Thèmes et commentaires – Actes », 2011.

(24) G. Ripert, *La règle morale dans les obligations civiles*, 4e éd., 1949, qui relève l'interpénétration du droit et de la morale. – L. Josserand, *De l'esprit des droits et de leur relativité*, 1927, qui aboutit à identifier droit et morale.

(25) Cass. 1re civ., 16 déc. 2020, n° 19-19.387, *Bull.* (affaire « *Gleeden* »).

31. – Règles de droit et autres règles de conduite. On pense ici aux règles de bienséance, de courtoisie, de savoir-vivre, ou encore aux usages, y compris ceux relatifs à l'habillement, à la mode ; finalement, on vise ici ce qu'il est d'usage de faire dans une société donnée, ou dans un groupe donné.

On admet aisément qu'il ne s'agit pas là de règles de droit, que chacun est libre de se comporter comme il l'entend, au risque de passer pour un malotru et d'être rejeté par le milieu social. Mais on admettra aussi, corrélativement, qu'il est préférable de se conformer à ces règles de conduite si l'on souhaite s'intégrer au milieu dans lequel on vit. La multiplication des échanges internationaux, commerciaux comme personnels, en offre de nombreuses illustrations contemporaines. L'expression est bien connue qui, à Rome, invite à se comporter en romain.

Cela dit, certaines règles de conduite finissent parfois par être consacrées par le droit. Ainsi en est-il du pourboire, qui était laissé à la latitude de celui qui le donnait, et qui est maintenant devenu un service, tarifé par la loi et intégré dans le salaire.

De même, la courtoisie qui voulait jadis qu'on cède sa place dans les transports aux personnes âgées ou invalides est partiellement consacrée par la réglementation qui réserve certaines places aux handicapés ou aux femmes enceintes. Mais il s'agit plus ici de la prise en considération de certaines situations jadis négligées par le droit.

Parfois même, l'habillement, la coiffure, etc. pourront être pris en compte par le juge dans le cadre d'un litige entre un employeur et ses salariés. Il ne s'agit pas là d'imposer le port de certains vêtements comme cela peut être le cas dans certains pays (le port du *tchador* ou de la *burqa*), mais seulement de permettre à un employeur d'exclure certaines tenues vestimentaires ou capillaires qui seraient incompatibles avec la nature des fonctions exercées (par exemple le port d'un bermuda)(26).

32. – Règles de droit et compliance(27). Notion encore fuyante dans sa définition comme dans son contenu, la *compliance* est à rapprocher de la morale ou de l'éthique, dont elle constitue une déclinaison contemporaine dans l'entreprise. Elle désigne, *lato sensu*, la conformité à des règles et à des valeurs, ainsi que les processus et comportements visant à assurer leur respect.

Elle touche des domaines aussi divers que la prévention du blanchiment et de la corruption, le respect des règles de concurrence et des droits de l'homme dans l'entreprise, la préservation de l'environnement ou la protection des lanceurs d'alerte(28). La *compliance* a aujourd'hui vocation à intéresser toutes les branches du droit, droit civil compris(29).

---

(26) Cass. soc., 12 nov. 2008, n° 07-42.220 : *JCP S* 2009, 1200, note B. Bossu.

(27) M.-A. Frison-Roche, *Le droit de la compliance : D.* 2016, 1871 ; *Le droit de la compliance au-delà du droit de la régulation : D.* 2018, 1561. – J.-C. Magendie, *Éthique et conformité : Rev. sociétés* 2019, p. 730. – M.-E. Boursier, *Qu'est-ce que la compliance ? Essai de définition : D.* 2020, 1419. – J. Mestre, *Compliance : Rev. Lamy dr. civ.* mai 2020, n° 181, 6784. – K. Magnier-Merran, *La compliance : nouvel ordre moral ? : Mél. Storck*, Dalloz-Joly, 2021, p. 399. – M.-A. Frison-Roche (ss dir.), *Les outils de la compliance*, Dalloz, 2021. – V. aussi le « Code de la compliance » proposé par les éditions Dalloz.

(28) B. Teyssié, *Alerte, dénonciation, délation, variations sur un risque* : *JCP* 2021, 482.

(29) J. Mestre, *Compliance : Rev. Lamy dr. civ.* mai 2020, n° 181, 6784.

Notion hybride, elle englobe des règles de droit au sens classique mais ne s'y limite pas : forme renforcée d'éthique, elle emprunte également au droit souple (V. *infra*, n° 191), ainsi qu'aux notions de régulation et de responsabilité sociale des entreprises (RSE).

SECTION 4

DROIT NATUREL ET DROIT POSITIF

33. – **Aperçu sur le fondement philosophique du droit.** Plus que les juristes, les philosophes s'interrogent sur le fondement du droit. Le problème peut être présenté dans les termes suivants : dans quelle mesure le droit positif, c'est-à-dire le droit en vigueur dans un pays donné, doit-il être conforme à ce qu'on appelle le droit naturel, c'est-à-dire un droit idéal qui préexisterait à tous les droits ?

Deux thèses opposent sur ce point, d'une part les tenants du droit naturel, d'autre part les positivistes[30].

34. – **Le droit naturel**[31]. Suivant cette théorie, il y aurait au-dessus du droit positif des lois non écrites immuables et universelles s'imposant à toutes les sociétés et que les divers législateurs devraient donc respecter. On en cite toujours pour exemple l'interpellation d'Antigone qui, bravant l'interdiction de Créon d'enterrer son frère rebelle, invoque « les lois non écrites, inébranlables des dieux : ce n'est pas d'aujourd'hui ni d'hier, mais de toujours qu'elles vivent et nul n'en connaît l'origine » ; ce qui n'a pas empêché Antigone de connaître un sort funeste, Créon ayant préféré appliquer le droit positif plutôt que le droit naturel…

La théorie du droit naturel a connu une profonde évolution au cours des siècles, si bien que la notion même de droit naturel et son contenu apparaissent variables.

Suivant Aristote, le droit naturel est un principe supérieur inscrit dans la nature des choses. Pour saint Thomas d'Aquin, à côté de la loi divine inscrite dans l'Ancien et le Nouveau Testament, il y a la loi naturelle qui peut être découverte par la raison parce qu'elle a été inscrite par Dieu dans la conscience de l'homme.

Au XVIIe siècle, suivant Grotius, le droit naturel découle de la nature de l'homme, non de Dieu, et il est à la fois universel et immuable. C'est sur ce double caractère que les partisans de l'École du droit naturel se séparent, au vu de cette donnée que le droit positif varie d'une civilisation à une autre. Les uns, comme Stammler, considèrent que le droit naturel est à contenu variable. D'autres, comme Gény, continuent à reconnaître l'universalité et l'immutabilité du droit naturel, ce qui les oblige à en réduire considérablement le contenu.

À la suite de Gény, les juristes modernes n'y voient que quelques grands principes qui, en pratique, sont le plus souvent déjà consacrés dans le droit

(30) V. F. Chénedé, *De la conception du droit à la fonction de juriste*, in *La place du juriste face à la norme*, Trav. Assoc. H. Capitant, Journées nationales, t. XVI, Dalloz, 2012, p. 3.
(31) A. Sériaux, *Droit naturel et droit civil : RRJ* 2014, 1, p. 15.

positif[32]. On les retrouve notamment dans la Déclaration des droits de l'homme de 1789 et, plus près de nous, dans la Convention européenne des droits de l'homme de 1950[33] et dans la Charte des droits fondamentaux de l'Union européenne[34].

35. – **Le positivisme.** Le *positivisme juridique* consiste à affirmer que le droit positif se suffit à lui-même, qu'il tient son autorité de l'État qui l'a édicté, et qu'il n'y a pas au-dessus de lui un droit naturel auquel il devrait se conformer. C'est la doctrine de Ihering et de Kelsen.

S'éloignant de cette doctrine, le *positivisme sociologique* considère que le droit positif est l'expression de la *conscience collective* du groupe (Durkheim) ou de la *masse des consciences individuelles* des membres du groupe (Duguit) ; à ce titre il tend à améliorer les conditions de vie du groupe et à consacrer une solidarité sociale qui constitue le but de la règle de droit, et donc son fondement.

À la différence du positivisme juridique qui se suffit à lui-même, le positivisme sociologique invite à contrôler si la règle de droit répond ou non aux exigences de la solidarité sociale[35].

36. – **Intérêt pratique de la controverse.** Cet intérêt peut se situer à deux points de vue.

Le législateur doit-il s'inspirer du droit naturel pour établir le droit positif ? Telle était l'idée de Portalis pour qui les lois devaient être « prises dans la raison naturelle », mais elle n'a finalement pas été retenue dans le Code civil de 1804[36]. Les positivistes récusent cette idée et ils ont beau jeu à le faire dans la mesure où la plus grande incertitude règne sur le contenu du droit naturel. Mais dans le même temps, nul, fût-il positiviste, ne niera que le droit positif évolue et que cette évolution doit se faire dans le sens d'un progrès et de son utilité pour la collectivité. Sans être une référence au droit naturel, c'est néanmoins un appel à une certaine conception générale de la vie de la collectivité, donc à un projet politique qui est partagé, sinon par tous, du moins par la majorité de la société concernée.

Que décider lorsque, comme dans le cas d'Antigone, il y a conflit entre le droit positif et le droit naturel ? La supériorité du droit naturel confère-t-elle un droit à la désobéissance civile, sinon même à l'insurrection ? Le juriste ne saurait évidemment pas l'admettre ; le citoyen doit respecter la loi parce qu'elle est l'expression de la volonté de la majorité, et il ne peut la combattre que par les voies de la démocratie, c'est-à-dire par les urnes. À cela il faut ajouter que, le droit naturel n'étant défini nulle part, chacun pourrait invoquer un prétendu droit naturel pour ne pas se conformer aux lois du pays.

(32) Ph. Jestaz, *L'avenir du droit naturel ou le droit de seconde nature* : *RTD civ.* 1983, p. 233. – V. Forray, *Autour des méthodes jusnaturalistes* : *RRJ* 2006, 1193.

(33) E. Decaux, *Les droits de l'homme, entre droit naturel et évolution créatrice* : *Rev. dr.* Assas févr. 2015, n° 10, p. 195.

(34) A. Pecheul, *La Charte des droits fondamentaux de l'Union européenne* : *RFDA* 2001, 688. – F.-L. Benoît-Rohmer, *La Charte des droits fondamentaux de l'Union européenne* : *D.* 2001, doctr. p. 1483.

(35) A. Guigue, *Autour des méthodes positivistes* : *RRJ* 2006, 1175. – X. Magnon, *En quoi le positivisme – normativisme – est-il diabolique ?* : *RTD civ.* 2009, p. 269.

(36) B. Beignier, *Portalis et le droit naturel dans le Code civil* : *Rev. hist. fac. droit* 1988, n° 6, p. 77. – Ph. Malinvaud, *La loi dans ses rapports avec le droit naturel et la politique*, in *Le Discours et le Code. Portalis, deux siècles après le Code Napoléon*, Litec, 2004, p. 53. – S. Bloquet, *Quand la science du droit s'est convertie au positivisme* : *RTD civ.* 2015, p. 59.

Il en va différemment lorsque le droit naturel inspire une norme juridique, par exemple la Convention européenne des droits de l'homme, auquel cas il devient une règle de droit positif de caractère international qui s'impose aux divers pays. C'est ainsi que la Cour européenne des droits de l'homme pourra condamner telle disposition d'un droit positif national comme contraire à telle disposition de la Convention, mais sans pour autant faire référence au droit naturel.

CHAPITRE 3

LES CARACTÈRES DISTINCTIFS DE LA RÈGLE DE DROIT

37. – **Comment distinguer la règle de droit des autres règles de conduite[1] ?** La règle de droit apparaît comme une règle de conduite humaine qui permet, ordonne ou défend aux personnes se trouvant dans une certaine situation de se comporter d'une certaine manière. Cette définition est cependant imprécise car elle pourrait s'appliquer à toutes les règles de conduite dont certaines n'ont rien de juridique : préceptes religieux et moraux, règles de bienséance ou de courtoisie, savoir-vivre et usages mondains, etc.

Cela est si vrai que certaines règles de droit ne font que reprendre des règles religieuses ou morales. Tel est le cas de la plupart des infractions pénales : la loi interdit de tuer, de voler, de blesser son prochain, etc., au même titre que la religion ou la morale. Il en va de même de certaines règles civiles, par exemple l'obligation de fidélité entre époux, l'obligation d'élever ses enfants, etc. La règle de droit ne se distingue donc pas des autres règles par son objet, même si le droit réglemente par ailleurs des domaines qui sont totalement étrangers à la morale ou à la religion, par exemple le Code de la route.

On pourrait en revanche être tenté de caractériser la règle de droit par la forme qu'elle revêt. On ferait alors remarquer que, dans leur immense majorité, les règles de droit apparaissent sous la forme de lois, de décrets ou arrêtés, etc. qui sont souvent réunis dans des codes : Code civil, Code de commerce, Code pénal, etc. On dirait alors que le droit, c'est ce qui est dans les codes et les textes annexes. D'un point de vue pratique, on serait proche de la réalité car il y a finalement beaucoup de règles de droit inscrites dans des textes, ou dérivées de ces textes. Mais un tel critère formel est quelque peu frustrant pour l'esprit qui se satisferait mieux d'un critère tenant au fond, un critère intrinsèque qui permettrait de distinguer la règle de droit de toutes les autres règles de conduite sociale[2].

(1) P. Jestaz, *Définir le droit… ou l'observer* : *RTD civ.* 2017, 775.

(2) Autre approche : pour H. Motulsky, la spécificité de la règle de droit proviendrait de sa structure, composée d'une présupposition et d'un effet juridique (*Principes d'une réalisation méthodique du droit privé*, LGDJ, 1948). C'est l'analyse dite « structurale ».

On est alors conduit à mettre en valeur certains caractères de la règle de droit : caractère obligatoire, général et abstrait d'une part ; caractère coercitif d'autre part. Si les premiers se rencontrent souvent dans les autres règles de conduite, le dernier est spécifique à la règle de droit.

On observera toutefois qu'en marge de ce droit « dur » se développent des règles diverses de bonne conduite qui constituent ce qu'il est convenu d'appeler du droit « souple »[(3)], mais qui deviennent progressivement du droit « dur » lorsqu'elles sont reprises dans la loi ou consacrées par la jurisprudence (V. *infra*, n° 191).

SECTION 1

CARACTÈRE OBLIGATOIRE, GÉNÉRAL ET ABSTRAIT

38. – Caractère obligatoire. Le caractère obligatoire est le propre de toute règle. On le retrouve tout naturellement dans la règle de droit.

Ce caractère apparaît d'évidence lorsque la règle interdit tel comportement, par exemple lorsqu'elle définit et réprime les infractions pénales ou, plus généralement, lorsqu'elle interdit de causer un dommage à autrui. C'est une interdiction que la loi fait aux citoyens.

Il est tout aussi évident lorsque la règle prescrit certains comportements, par exemple lorsqu'elle oblige les employeurs à faire certaines déclarations et à verser certaines cotisations à la Sécurité sociale ou autres organismes sociaux ou fiscaux ; et de même lorsqu'elle décide solennellement dans l'article 1104 du Code civil que les contrats « doivent être négociés, formés et exécutés de bonne foi ». C'est un ordre qui est donné aux citoyens. Il importe peu à cet égard que l'ordre ne soit pas exprimé de manière extrêmement précise.

Lorsque la règle permet simplement de se comporter de telle ou telle manière, le caractère obligatoire apparaît moins clairement ; si la règle est simplement permissive, en quoi est-elle obligatoire ? Qu'en est-il par exemple du fameux article 544 du Code civil qui définit la propriété comme « le droit de jouir et disposer des choses de la manière la plus absolue » (« pourvu qu'on n'en fasse pas un usage prohibé par les lois ou par les règlements ») ? La règle est obligatoire, non pas pour le propriétaire qui est libre d'user de sa chose comme il l'entend, mais pour les autres qui doivent respecter ce droit de propriété et s'interdire tout comportement qui y porterait atteinte : ici encore, il est obligatoire de respecter ce que dit la règle.

39. – Caractère général. Par essence, la règle de droit est une disposition absolument impersonnelle qui a vocation à s'appliquer à un nombre indéterminé de personnes se trouvant dans telle situation déterminée. En définitive, elle vise non

(3) Pour une présentation du phénomène, V. C. Thibierge, *Le droit souple. Réflexion sur les textures du droit* : *RTD civ.* 2003, 599. Parmi ces sources de droit « souple » on peut citer à titre indicatif les avis, recommandations, circulaires, chartes diverses, communications, codes de conduite, etc. – V. aussi P. Sablière, *Une nouvelle source du droit. Les « documents référents »* : *AJDA* 2007, p. 66.

pas tant les personnes en elles-mêmes que les situations juridiques dans lesquelles elles se trouvent.

Par exemple, les textes sur le redressement judiciaire s'appliqueront à tous les commerçants en état de cessation de paiement : le caractère général ressort très clairement ici parce que la situation régie, hélas fréquente, intéresse une fraction significative de la population.

Les règles de droit connaissent toutefois divers degrés de généralité. Par exemple, entre celle qui s'applique à tous les contrats et celle qui vise les seuls contrats de travail, l'une est de *droit commun*, l'autre est de *droit spécial* (V. *infra*, n° 50).

Mais peu importe le nombre de personnes auxquelles la règle est susceptible de s'appliquer dès l'instant que celle-ci est conçue de manière générale. À la limite, on peut même concevoir une règle de droit générale qui, en fait, ne s'appliquera qu'à une seule personne. Tel est par exemple le cas des règles relatives au mode de désignation des titulaires d'une fonction par hypothèse unique, comme le Premier président de la Cour de cassation ou, mieux encore, le président de la République. À la vérité, la règle s'appliquera à tous les candidats mais elle aboutira à la désignation d'un titulaire unique.

Par ce caractère de généralité, la règle de droit se distingue des *mesures individuelles* prises par les autorités étatiques et visant une ou plusieurs personnes dénommées. C'est ainsi que ne sont pas des règles de droit les décisions gouvernementales que les journaux publient sous le titre de mesures individuelles : nominations de préfets, de généraux, de recteurs, de président ou directeur général de sociétés nationalisées, etc. Il en va de même des mesures de grâce, des amnisties visant des personnes dénommées, des autorisations de changement de nom, etc.

40. – **Caractère abstrait.** La règle de droit présente un caractère abstrait en ce qu'elle vise des situations générales, et non pas la situation précise dans laquelle se trouve telle ou telle personne.

En cela, la règle de droit se distingue radicalement des décisions de justice. En effet, les décisions de justice, émaneraient-elles de la Cour de cassation, ne sont pas des règles de droit, mais des mesures individuelles par lesquelles le pouvoir judiciaire donne un ordre qui met fin à un litige entre deux ou plusieurs personnes dénommées. Une telle décision judiciaire fait application d'une règle de droit à une situation particulière ; elle n'a de force juridique qu'entre les parties au procès, sans pouvoir être opposée aux tiers. C'est le principe de l'autorité relative de la chose jugée (C. civ., art. 1351 ancien et 1355 nouveau).

Autant dire qu'un jugement est tout le contraire d'une règle de droit puisque, étant un ordre particulier et concret, il n'a aucune vocation à s'appliquer en dehors du procès dans lequel il a été rendu. On verra cependant que la jurisprudence, c'est-à-dire la manière habituelle de juger en chaque matière, constitue une source de droit (V. *infra*, n°s 207 et s.).

La loi établit elle-même clairement la distinction lorsqu'elle précise qu'« il est défendu aux juges de prononcer par voie de disposition générale et réglementaire sur les causes qui leur sont soumises » (C. civ., art. 5) (V. *infra*, n° 209). C'est ce que l'on appelle l'interdiction des *arrêts de règlement*[4], arrêts que rendaient les parlements de l'Ancien Régime à une époque où ne s'était pas encore affermi le principe de la séparation des pouvoirs législatif et judiciaire.

Il est donc interdit au juge d'édicter des règles de droit. Cette interdiction n'est pas remise en cause par la procédure de saisine pour avis de la Cour de cassation instaurée par une loi du 15 mai 1991, qui tend à l'interprétation ou à l'application de la règle de droit et non pas à sa confection (V. *infra*, n° 151). En revanche, elle semble bien l'être par la Cour de justice de l'Union européenne lorsqu'interprétant le droit européen, « elle dit pour droit que (...) » et par la Cour de cassation lorsque cette dernière avalise cette interprétation[5].

SECTION 2

CARACTÈRE COERCITIF

41. – Nature étatique de la sanction. À elle seule, l'existence d'une sanction ne peut être considérée comme l'élément spécifique de la règle de droit. En effet, les autres règles de conduite sont également sanctionnées : les règles morales, par le remords ressenti dans le for intérieur ; les préceptes religieux, par diverses sanctions imposées par la hiérarchie ; les principes du savoir-vivre et les règles de bienséance, par la réprobation du milieu, qui peut aller jusqu'à l'exclusion du milieu.

Notre droit ayant, comme il est naturel, des fondements moraux et même religieux, il ne faut pas s'étonner que certaines règles soient à la fois morales, religieuses, et de droit. Il en est ainsi de la norme qui interdit de tuer, de voler, etc. Pareille coïncidence est fréquente dans la mesure où se recoupent les domaines du droit, de la morale et de la religion, mais elle n'enlève aucune valeur à l'affirmation que la règle de droit se reconnaît à sa sanction. Au surplus, il faut ajouter que le droit est généralement moins exigeant que la morale ou la religion.

Ce qui en définitive permet de distinguer la règle de droit, c'est l'autorité qui l'impose et qui la sanctionne. On dira qu'on est en présence d'une telle règle lorsque sa violation peut entraîner des poursuites administratives ou judiciaires déclenchées soit par des représentants de l'État (procureur de la République, agents du contrôle économique, administration fiscale), soit par des particuliers victimes des agissements reprochés.

On notera à cet égard que, nul ne pouvant se faire justice à soi-même[6], l'action en justice est, pour le citoyen (mais non pour l'Administration qui dispose souvent

(4) Sur cette pratique, V. Ph. Payen, *Les arrêts de règlement du Parlement de Paris au XVIIIe siècle*, PUF, 1997. – V. aussi Deteix, *Les arrêts de règlement*, thèse, Paris, 1930. – H. Sinay, *La résurgence des arrêts de règlement* : D. 1958, chron. p. 85. – B. Beignier, *Les arrêts de règlement* : *Droits* 1989, n° 9, p. 45. – A. Sériaux, *Le juge au miroir : l'article 5 du Code civil et l'ordre juridictionnel français contemporain* : *Mél. Ch. Mouly*, Litec, 1998, p. 171. – R. Libchaber, *Les articles 4 et 5 du Code civil ou les devoirs contradictoires du juge civil*, in *Le Titre préliminaire du Code civil*, Economica, 2003, p. 143. – O. Tournafond, *Considérations sur les nouveaux arrêts de règlement. À partir de quelques exemples tirés du droit des obligations et du droit des biens* : *Mél. Ph. Jestaz*, Dalloz, 2006, p. 547.

(5) J. Huet, *Union européenne et démocratie : prohibition des arrêts de règlement et avis de décès de l'article 5 du Code civil* : *JCP* 2011, 473.

(6) Nul n'a droit de faire à soi-même justice, Roland et Boyer, *Adages du droit français*, Litec, 4e éd., 1999, n° 287.

de moyens plus énergiques) le mode normal pour faire reconnaître et sanctionner ses droits. Et une fois ces droits consacrés par une décision judiciaire, il peut en obtenir l'exécution forcée. Autrement dit, si le droit interdit à chacun de se faire justice soi-même, il met à sa disposition l'appareil judiciaire et la contrainte étatique (V. *infra*, n°s 485 et s.).

On a pu toutefois relever dans le Code civil lui-même des règles non sanctionnées, ce qui amène à s'interroger sur leur nature[7].

42. – **Précision : la loi laisse parfois un choix entre plusieurs situations.** Il faut souligner ici que les lois réglementent des situations auxquelles on peut parfois se soustraire, échappant ainsi à l'application de la règle correspondante : par exemple, nul n'est contraint de se marier, ni d'ouvrir un commerce. D'autres fois, pour une même situation, le législateur ouvre un choix entre plusieurs moules juridiques ; c'est ainsi que les fondateurs d'une société de commerce peuvent opter entre diverses formules : société en nom collectif, en commandite simple ou par actions, société à responsabilité limitée, société anonyme, société par actions simplifiée, etc. ; de même, la réalisation d'une opération de construction pourra s'effectuer selon divers modes juridiques, le choix étant fonction de divers avantages – souvent fiscaux – et de l'intérêt qu'on leur porte ; de même encore, en matière fiscale, un salarié peut opter entre la déduction forfaitaire de 10 % ou la déduction des frais réels, etc.

User d'une option offerte n'est pas faire échec à l'autorité de la loi ; il est au contraire de bonne gestion pour un juriste d'optimiser ses choix[8]. Mais une fois le choix arrêté, la norme juridique correspondante devient d'emblée applicable. Cependant, toutes les règles de droit ne s'imposent pas avec la même force.

43. – **Lois impératives et lois supplétives.** Toute situation est régie par des règles de droit, mais elle peut l'être soit de manière impérative par la loi qui ne tolère alors aucun écart, soit de manière simplement supplétive, laissant au citoyen la latitude de l'écarter. On distingue ainsi entre les *lois impératives* et les *lois supplétives*[9].

La loi impérative (ou *prohibitive*, ou encore *d'ordre public*) est celle à l'application de laquelle on ne peut pas échapper par une convention contraire[10]. Tel est le cas de toutes les règles pénales, des règles du droit des personnes (mariage, filiation, état civil), du droit du travail, de celles relatives à la constitution des sociétés et même, pour une large part, à leur fonctionnement, etc. On peut à cet égard faire une observation générale suivant laquelle l'emprise des lois impératives devient tentaculaire, au détriment du domaine des lois supplétives de volonté.

Une loi est dite « supplétive » (ou *interprétative de volonté*), lorsque, bien que destinée à régir une situation précise, elle peut être écartée par une volonté contraire exprimée. Par exemple, la loi dispose que les époux mariés sans contrat

(7) N. Descot, *Les règles de droit civil non sanctionnées* : *RRJ* 2008/3, p. 1299.
(8) A. Masson et H. Bouthinon-Dumas, *L'approche « Law Management »* : *RTD com.* 2011, 233.
(9) C. Pérès-Dourdou, *La règle supplétive*, LGDJ, coll. « Droit privé », 2004, préf. G. Viney. – C. Pérès, *Règles impératives et supplétives dans le nouveau droit des contrats* : *JCP* 2016, 454.
(10) Sur le caractère supplétif ou impératif des lois susceptibles de dérogations conventionnelles en droit du travail, V. F. Bocquillon, *Loi susceptible de dérogation et loi supplétive : les enjeux de la distinction en droit du travail* : *D.* 2005, chron. p. 803.

de mariage sont soumis à un régime matrimonial que l'on appelle régime légal ; cette règle n'est que supplétive de volonté puisqu'on peut y déroger par un contrat de mariage. De même, ce n'est qu'à défaut de testament que la loi appelle, suivant un ordre déterminé par les affections présumées, les héritiers à la succession d'un défunt. De même encore, les règles générales de la vente ne sont applicables qu'en l'absence de clause dérogatoire dans le contrat ; cette affirmation doit toutefois être nuancée car, dans un souci de protection du consommateur, diverses lois ont rendu impératives certaines règles du droit de la vente qui jadis n'étaient que supplétives.

Ainsi, le caractère coercitif de la règle de droit connaît des degrés. Non seulement on peut se soustraire à la règle en évitant de tomber dans son domaine d'application, mais on peut aussi écarter, par une convention contraire, les règles normalement applicables, sauf celles impératives qui, il est vrai, deviennent de plus en plus nombreuses.

La difficulté est de distinguer entre les règles impératives et celles seulement supplétives.

Parfois, et c'est généralement le cas dans les textes récents, le législateur déclare que telle disposition est *d'ordre public*, c'est-à-dire impérative ; à titre d'illustration, l'article 1104 du Code civil le précise pour la bonne foi contractuelle ; ou encore, en matière de vente d'immeuble à construire, l'article L. 261-16 du Code de la construction et de l'habitation dispose que : « Toute clause contraire aux dispositions des articles L. 261-11 à L. 261-15 du présent code et à celles des articles 1642-1 et 1646-1 du Code civil (...), est réputée non écrite », ce qui signifie que ces règles protectrices de l'acquéreur sont d'ordre public et qu'elles ne peuvent être écartées par une clause du contrat de vente.

Mais, dans le silence de la loi, c'est le juge qui, saisi de la validité d'une clause contraire à une loi, devra décider du caractère impératif ou supplétif de la règle de droit écartée et en déduire la validité ou la nullité de la clause. À ce titre, il sera amené à interpréter la loi. Par exemple, la crise sanitaire liée au virus Covid-19 a ravivé un débat sur la force de l'article 1195 du Code civil, instituant un processus de révision des contrats devenus déséquilibrés à la suite de circonstances imprévisibles : est-il impératif ou supplétif[11] ? C'est finalement au juge que revient la réponse.

44. – **La diversité des sanctions : sanctions civiles et sanctions pénales**[12]. Dire qu'une règle de droit est sanctionnée, cela signifie qu'on peut en demander l'application en justice, qu'elle peut servir de fondement à un recours judiciaire. Suivant que la décision du juge aura été rendue en matière civile ou en matière pénale, la nature de la sanction sera différente.

En matière pénale, le terme de sanction convient à merveille puisqu'il s'agit toujours d'une peine infligée à celui dont le comportement antisocial se trouve incriminé par la loi pénale. Certaines sanctions pénales s'exercent sur les biens

(11) R. Libchaber, *Pour une impérativité raisonnée de la révision pour imprévision* : D. 2020, 1185.
(12) C. Chainais et D. Fenouillet (ss dir.), *Les sanctions en droit contemporain*, vol. 1, *La sanction, entre technique et politique*, Dalloz, 2012.

de l'individu (amendes plus ou moins élevées suivant l'infraction, confiscations) ; d'autres, plus graves, portent sur la personne même du coupable (peines privatives de liberté : emprisonnement, réclusion à temps ou à perpétuité). Enfin, ces peines principales sont parfois assorties de peines accessoires et de *mesures de sûreté* (privation de certains droits, déchéances, fermeture d'établissement, retrait du permis de conduire, etc.)[13].

On ajoutera que, dans la mesure fréquente où l'infraction pénale cause un préjudice non seulement à l'ordre social mais à des particuliers – par exemple, coups et blessures, vol, escroquerie ou abus de confiance – l'auteur encourra à la fois une sanction pénale (prison) et une sanction civile (restitution, dommages et intérêts) ; cela ne soulève qu'un problème de coordination des instances civile et pénale.

En matière civile, le terme de sanction est excessif. Il s'agira le plus souvent de réparer le préjudice subi par une personne du fait du comportement d'une autre, que cet autre soit un cocontractant ou un tiers. La décision judiciaire, après avoir exposé les *motifs*, va se terminer par un *dispositif* dans lequel il peut être décidé :

– d'annuler tel *acte juridique*, par exemple telle vente qui serait affectée d'un vice au motif qu'elle aurait été conclue par erreur, ou par une personne n'ayant pas la capacité nécessaire ;

– de condamner telle *partie* à un contrat à exécuter celui-ci conformément à ce qui a été convenu : ordre d'accomplir, livrer ou payer ce qui a été promis, ordre de libérer les lieux à l'expiration du bail, etc. ;

– de condamner telle personne à des *dommages-intérêts* correspondant au préjudice subi soit par un cocontractant victime de l'inexécution d'un contrat, soit par un tiers victime d'un accident en dehors de tout contrat, par exemple d'un accident de la circulation, etc.

La décision judiciaire précise qu'il pourra être fait appel à la force publique pour son exécution ; c'est l'objet de la *formule exécutoire* qui figure au bas de la décision. Cette allusion à la force publique vise non pas tant le commissaire de police (pour les expulsions par exemple) que les huissiers de justice, lesquels sont habilités à pratiquer les *voies d'exécution* sur les biens de celui qui aura été condamné : *saisie-attribution* sur les créances ou sur les comptes bancaires, saisie des rémunérations, *saisie-vente* des objets mobiliers, *saisie immobilière*, etc., toutes procédures tendant à faire payer les débiteurs récalcitrants.

45. – **Le caractère dissuasif des sanctions.** Sans pour autant noircir la nature humaine, il est bien certain que la peur du gendarme est le commencement de la sagesse. Certes, la très grande majorité des citoyens respecte les règles parce qu'ils sont gens honnêtes et de bonne foi, et probablement aussi parce que ces règles leur paraissent justes et de bon sens. Mais même les gens honnêtes ont leurs petites faiblesses et l'existence d'une sanction n'est pas étrangère au respect de la loi ; on peut en citer un exemple éclairant en ce qui concerne les infractions au Code de la route qui, semble-t-il, étaient plus fréquentes dans les quelques mois

(13) M. Brenaut, *Le renouveau des mesures de sûreté en droit pénal français*, thèse Paris 2, 2016, dir. Ph. Conte.

précédant l'élection du président de la République à raison de l'amnistie espérée… On constate également que la criminalité augmente chez les jeunes qui, n'ayant pas encore atteint la majorité pénale, ne sont pas susceptibles de sanctions aussi lourdes que pour les adultes.

Le plus souvent, la sanction étatique joue un rôle préventif et reste à l'état de menace. Ainsi, en fait et fort heureusement, la règle de droit est spontanément respectée ; et telle est bien en définitive la fonction de la sanction.

46. – **Les finalités du droit.** Le droit a pour objet d'organiser la vie en société, de régir les comportements des hommes entre eux de telle sorte que soit assurée la paix sociale.

Il s'ensuit qu'il doit y avoir une nécessaire correspondance entre le droit et les comportements qui sont d'usage dans un pays donné, c'est-à-dire finalement entre le droit et les mœurs, celles-ci étant entendues dans un sens large englobant tous les types de rapports entre les hommes.

Le droit organise et normalise les rapports qui revêtent un caractère essentiel pour assurer l'harmonie sociale, les autres continuant à relever de simples règles morales ou de conduite. Il joue un double rôle. D'une part, il consacre et réglemente ce qui se fait habituellement et qui apparaît comme le bon art de vivre ensemble ; et comme les comportements évoluent, le droit va évoluer pareillement. D'autre part, mais plus modestement, le droit s'élève parfois contre ce qui se fait et va ériger en règle ce qui devrait se faire parce que cela correspond mieux à un idéal de justice et de sagesse.

CHAPITRE 4

LA TECHNICITÉ DU DROIT

47. – **Les fins du raisonnement juridique.** L'application du droit est une réflexion à partir des faits pour remonter à la règle de droit qui leur est applicable. Pour être un bon juriste, il faut d'abord posséder un certain nombre de données juridiques (ou en tout cas savoir qu'elles existent et comment les rechercher), et surtout raisonner de manière logique. La science de l'application du droit est une technique pour laquelle l'esprit de géométrie doit s'accompagner de l'esprit de finesse(1).

Le raisonnement juridique peut poursuivre deux fins.

Le plus souvent, il va intervenir pour régler une situation conflictuelle, donc dans le cadre *contentieux* d'un litige, d'un procès qui sera arbitré par le juge. Par exemple, le propriétaire qui vient de se faire construire une maison constate un certain nombre de malfaçons et la question se pose de savoir si et dans quelle mesure il va pouvoir y faire remédier ou s'en faire indemniser par l'architecte et/ou les divers artisans ou entrepreneurs qui ont participé à la construction de la maison. Les avocats du propriétaire d'une part, des architectes et entrepreneurs d'autre part, vont apporter au juge un certain nombre d'éléments de fait et de droit qui constitueront des thèses contraires.

Mais le raisonnement juridique peut aussi se développer très en amont, avant tout litige, en dehors de tout *contentieux*, et donc avant toute action en justice ; tel sera le cas du juriste d'entreprise à qui sa direction demandera de concevoir et mettre en place un réseau de distribution d'une nouvelle gamme de produits. C'est précisément afin d'éviter tout contentieux qu'il recherchera les règles applicables et qu'il s'efforcera de déterminer les meilleures options au plan fiscal, commercial, social, etc.

48. – **La technique du raisonnement juridique(2) : le syllogisme(3).** Chacun connaît ce mode de raisonnement, qui repose sur la confrontation de deux

(1) Sur les deux conceptions possibles de la technique juridique, V. R. Encinas de Munagori, *Qu'est-ce que la technique juridique ? Observations sur l'apport des juristes au lien social* : D. 2004, chron. p. 711. – Ph. Jestaz, *Le beau droit*, in *Droit et esthétique* : *Arch. phil. dr.* 1995, t. 40, p. 15 ; et in *Autour du droit civil. Écrits dispersés. Idées convergentes*, Dalloz, 2005, p. 47.

(2) M.-L. Izorche, *Le raisonnement juridique, initiation à la logique et à l'argumentation*, PUF, coll. « Thémis », 2001. – P. Deumier (ss dir.), *Le raisonnement juridique. Recherche sur les travaux préparatoires des arrêts*, Dalloz, 2013. – F. Colonna d'Istria, *Le poids de la tradition dans l'argumentation juridique* : *RTD civ.* 2019, 727.

(3) P.-Y. Gautier, *Éloge du syllogisme* : *JCP* 2015, 902.

propositions, la majeure et la mineure, d'où on tire une conclusion. On en donne dans les classes de philosophie un exemple tout à fait éclairant :

– majeure : tous les hommes sont mortels ;

– mineure : Socrate est un homme ;

– conclusion : donc Socrate est mortel.

Dans le raisonnement juridique, la majeure est la règle de droit, la mineure les circonstances de fait contentieuses ou non contentieuses, et la conclusion est la solution retenue par le tribunal ou par le juriste d'entreprise. Par exemple :

– « Tout fait quelconque de l'homme, qui cause à autrui un dommage, oblige celui par la faute duquel il est arrivé, à le réparer » (C. civ., art. 1382 ancien et 1240 nouveau) ;

– Jacques a bousculé dans les escaliers de la faculté son camarade Paul qui s'est fracturé le fémur ;

– donc Jacques doit réparer le dommage subi par Paul.

Le raisonnement paraît imparable parce que, dans l'exemple choisi, la règle de droit est claire et les faits dommageables ne sont pas contestés. Il n'en va évidemment pas toujours ainsi. Parfois, le raisonnement va devoir s'exercer sur la règle de droit elle-même, puis sur les faits qui devront être prouvés, et peut-être même sur la *qualification* de la situation au regard du droit. Ainsi, pour s'en tenir à l'exemple considéré, le juge a dû qualifier la bousculade de *faute* de Jacques au sens de l'article 1240 du code (1382 ancien), ce qui ne relève peut-être pas de l'évidence.

En pratique, le syllogisme n'est pas toujours aisé à poser. La victime, qui raisonne uniquement en fait, va exposer un grand nombre de faits entre lesquels il va falloir trier pour ne retenir que ceux ayant une pertinence. Le juge, auquel les avocats vont présenter l'affaire sous des éclairages contraires, va partir des faits pertinents, les qualifier pour déterminer dans quelle catégorie juridique on se trouve (par ex., le dommage s'est-il produit dans le cadre d'un contrat ou au contraire en dehors de toute relation contractuelle) et, finalement rechercher quelle est la règle de droit applicable à cette catégorie.

Il faut enfin ajouter que ce mode de raisonnement n'est pas, en fait, aussi dogmatique qu'il apparaît. Le droit n'a pas la rigueur des mathématiques ; il y a aussi de l'art dans le droit, et cet art se manifeste par la prise en considération d'éléments tenant à la justice et à l'équité, lesquels permettent de prendre quelque latitude avec la rigueur du syllogisme.

Dans le domaine universitaire, l'argumentation juridique s'articule habituellement en deux parties et deux sous-parties ; c'est là un mode d'exposition qui, sans avoir une valeur universelle, présente de nombreuses vertus[4].

(4) B. Barraud, *L'usage du plan en deux parties dans les facultés de droit françaises* : *RTD civ.* 2015, 807.

SECTION 1

LE RAISONNEMENT SUR LA RÈGLE DE DROIT[5]

49. – **L'interprétation de la règle de droit.** Une fois que le juge a déterminé la règle de droit applicable, une première question peut se poser si cette règle n'est pas claire, ou si elle ne répond qu'imparfaitement à la situation de fait à trancher.

Il y aura alors un problème d'interprétation de la règle de droit pour déterminer si, et comment, elle s'applique à la situation considérée. On connaît en droit diverses méthodes d'interprétation ; suivant que la loi est ancienne ou récente, on s'attachera à la lettre ou à l'esprit du texte, on recherchera la volonté du législateur (qui a pu s'exprimer dans les travaux préparatoires) ou au contraire on l'interprétera en fonction des besoins de l'époque actuelle, etc. Ce sont là des questions que nous étudierons plus loin en détail (V. *infra*, n°s 134 et s.).

Mais, en dehors même de l'hypothèse de l'obscurité de la loi (V. *infra*, n° 224), il faut signaler un certain nombre de règles qui déterminent le raisonnement.

50. – **Les règles générales et les règles spéciales**[6]. Parmi les règles de droit, certaines sont exprimées de la manière la manière la plus générale, comme posant un principe ; tel est par exemple le cas de l'article 1240 du Code civil (1382 ancien) qui pose le principe de la responsabilité pour faute. De telles règles ont vocation à s'appliquer à toutes les situations, à l'exception de celles qui ont été expressément exclues. Par exemple, l'article 2224 du Code civil dispose que « les actions personnelles ou mobilières se prescrivent par cinq ans à compter du jour (...) ». Cette *prescription* quinquennale est une règle générale qui s'appliquera à toute action personnelle ou mobilière pour laquelle la loi n'a pas prévu de délai plus court. On parle de règles de droit commun (de la responsabilité, des contrats, de la prescription, etc.)[7].

D'autres sont des règles spéciales en ce qu'elles visent une situation plus spécifique (exemple : non pas tout contrat, mais seulement le contrat de consommation). Parfois, il s'agira d'une exception à une règle générale, auquel cas on dira qu'elle est de *droit étroit*, ou *d'interprétation stricte*[8] ; ce qui signifie que la règle spéciale, étant une exception à la règle générale, ne doit pas être étendue à d'autres situations non visées. Mais d'autres fois, la règle spéciale ne sera que l'application de la règle générale à une situation particulière ; auquel cas il n'y a plus lieu d'en faire une application stricte.

Finalement, cela revient très logiquement à opposer le principe et l'exception qui y déroge : le principe a vocation à s'appliquer de manière générale, cependant que le champ d'application de l'exception doit être strictement limité à ce qui est prévu.

51. – **Les définitions, énumérations et exemples.** La loi donne très fréquemment des définitions, ce qui présente l'important avantage de préciser la règle et

(5) F. Rouvière, *Apologie de la casuistique juridique* : *D.* 2017, 118.
(6) C. Goldie-Genicon, *Droit commun et droit spécial* : *Rev. dr. Assas* 2013, n° 7, p. 29.
(7) N. Balat, *Essai sur le droit commun*, LGDJ, coll. « Bibl. dr. privé », t. 571, 2016, préf. M. Grimaldi.
(8) Sur cette règle, V. Ph. Jacques, *D'adage en général et de l'interprétation stricte en particulier* : *RTD civ.* 2008, p. 431.

d'éviter les dérives éventuelles d'une interprétation par le juge(9). Jadis, les définitions étaient souvent très sommaires ; ainsi l'article 1582 du Code civil dispose que « La vente est une convention par laquelle l'un s'oblige à livrer une chose et l'autre à la payer ». Dans les lois modernes, elles sont souvent plus détaillées ; par exemple, l'article 1 de la loi du 31 décembre 1975 dispose que : « Au sens de la présente loi, la sous-traitance est l'opération par laquelle un entrepreneur confie par un sous-traité, et sous sa responsabilité, à une autre personne appelée sous-traitant, l'exécution de tout ou partie du contrat d'entreprise ou d'une partie du marché public conclu avec le maître de l'ouvrage ». Ou encore, l'article liminaire du Code de la consommation dispose que : « Pour l'application du présent code, on entend par consommateur : toute personne physique qui agit à des fins qui n'entrent pas dans le cadre de son activité commerciale, industrielle, artisanale, libérale ou agricole ».

En matière pénale, les définitions sont extrêmement nombreuses, car toutes les *incriminations* pénales sont – et doivent être – exactement définies par la loi. Et, le principe est qu'elles sont d'interprétation stricte ; telle est la règle en matière pénale pour des raisons bien compréhensibles.

Ce faisant, la loi définit une notion, un concept, celui de vente, de sous-traitance, de vol, d'escroquerie, etc.(10)

Parfois, au lieu de donner une définition, la règle de droit définit son domaine par une énumération. On distingue deux sortes d'énumérations. Tantôt elle est simplement énonciative, lorsqu'elle est précédée d'un « notamment » qui laisse entendre que la liste est donnée à titre d'exemple ; tantôt, faute de meilleure précision, elle est limitative.

D'autres fois, la loi va donner expressément un exemple, comme l'annonce la formule : « ainsi », « par exemple », « notamment ». En pareil cas, il est clair que l'exemple n'est pas limitatif ; en revanche, le cas cité en exemple revêt un caractère impératif pour le juge.

SECTION 2

LE RAISONNEMENT SUR LES FAITS

52. – **Le pouvoir d'appréciation du juge sur les faits.** À cet égard, il faut distinguer entre la Cour de cassation, juridiction suprême qui ne connaît en principe que des questions de droit, et les autres juridictions, dites *juridictions du fond* (ce qui englobe les divers tribunaux, cours d'appel, etc.), qui connaissent à la fois du droit et du fait.

Les faits soumis au juge peuvent être relatifs à des contrats, dont l'existence, le contenu ou l'exécution sont contestés ; ou à des situations de fait sans rapport avec un quelconque contrat. Les juges du fond disposent d'un *pouvoir souverain*

(9) A. Danis-Fatôme, *La définition légale : Mél. G. Viney*, LGDJ, 2008.
(10) D'autres notions sont plus résistantes à la définition par le droit. Tel est le cas de l'entreprise (C. Hannoun, *L'impossible définition de l'entreprise : Mél. Couret*, EFL-Dalloz, 2020, p. 25), notion au cœur de l'activité économique et sociale mais que le droit appréhende plus indirectement.

d'appréciation en ce qui concerne les éléments de fait. À supposer qu'ils se trompent, il n'est pas possible de critiquer cette erreur de fait devant la Cour de cassation car cette juridiction suprême a pour seul rôle de contrôler que les juges du fond procèdent de manière exacte à l'application de la règle de droit aux faits qu'ils ont souverainement retenus[11] (V. *infra*, n° 508).

53. – **La preuve des faits.** Si l'on raisonne dans le cadre d'un litige soumis aux tribunaux, la première difficulté rencontrée est celle de la preuve. Cette difficulté se décompose :

– qui doit prouver quoi ? C'est la question de la *charge de la preuve* ;

– par quels moyens la preuve doit-elle être rapportée ? C'est la question des *modes de preuve*.

Toutes ces questions seront développées plus loin (V. *infra*, n°s 544 et s.). Il suffit pour l'instant d'en donner un aperçu qui permette de comprendre le mécanisme du raisonnement juridique. De ce point de vue, la question la plus importante est celle de la charge de la preuve. La règle générale est qu'il incombe à chacune des parties de faire la preuve des faits qu'elle invoque à l'appui de son argumentation.

Mais parfois, il est dérogé à cette règle parce que la loi va poser une *présomption*, ou encore décider d'une *fiction*.

54. – **Les présomptions**[12]. La loi modifie (ou parfois simplement précise) la règle générale de la charge de la preuve en édictant une présomption. L'article 1349 ancien du Code civil en donnait une définition, qui s'applique indifféremment aux présomptions établies par la loi – les *présomptions légales* – et à celles retenues par les juges dans le cadre d'un litige – les *présomptions judiciaires ou de l'homme*. Bien qu'elle n'ait pas été reprise dans la loi nouvelle lors de la réforme du droit des contrats, cette définition – qui figure également dans le *Vocabulaire Capitant* – demeure valable :

> Les présomptions sont des conséquences que la loi ou le magistrat tire d'un fait connu à un fait inconnu.

Plus simplement, on dira que, de la constatation d'un fait connu (un enfant vient de naître d'une femme mariée), on déduit un fait inconnu, en tout cas non démontré (cet enfant a pour père le mari de la mère) ; c'est ce qu'exprime l'article 312 du Code civil : « L'enfant conçu ou né pendant le mariage a pour père le mari ».

Les présomptions légales sont fort nombreuses, mais elles n'ont pas toutes la même force. On oppose à cet égard les présomptions *simples* aux présomptions *irréfragables*.

Les *présomptions simples* sont susceptibles de preuve contraire, étant précisé que suivant la présomption considérée cette preuve contraire pourra être

(11) B. Hémery, *Pour un contrôle de la dénaturation des faits par la Cour de cassation : Mél. J. Boré*, Dalloz, 2007, p. 289.
(12) A.-B. Caire, *Les présomptions par-delà l'article 1349 du Code civil : RTD civ.* 2015, 311. – J. Traullé, *Le renouveau des présomptions en droit de la responsabilité civile : D.* 2021, 360.

administrée soit par tous moyens, soit par certains moyens seulement (dans ce dernier cas, on parle parfois de présomption *mixte*). En définitive, la présomption simple aboutit à un *renversement de la charge de la preuve*. Ces présomptions simples sont de très loin les plus nombreuses. Outre la présomption de paternité du mari, on peut citer la présomption de propriété qui bénéficie au simple possesseur, c'est-à-dire celui qui détient la chose en se comportant comme s'il en était propriétaire (V. *infra*, n° 435).

Le juge peut aussi utiliser ce type de raisonnement : par exemple, d'une trace de freinage de 100 mètres, il déduira la vitesse excessive du véhicule ; ou encore des traces d'ADN laissées sur la victime d'un viol, il déduira la participation au viol de tel individu qui présente cet ADN. Ces présomptions de l'homme sont toujours des présomptions simples, donc susceptibles de preuve contraire ; ce sont de véritables modes de preuve.

Les *présomptions irréfragables* sont beaucoup plus rares et elles ne sont pas susceptibles de preuve contraire. L'exemple le plus typique est la présomption de vérité qui s'attache à la chose jugée : lorsqu'un litige a été jugé par une décision qui n'est plus susceptible de voies de recours, la chose ainsi jugée bénéficie d'une présomption irréfragable de vérité, même si en fait elle est entachée d'une erreur[13]. C'est ce qu'exprime l'adage : *Res judicata pro veritate habetur*. Il s'ensuit que la présomption irréfragable va bien au-delà d'un simple renversement de la charge de la preuve ; une telle présomption vaut preuve : on est alors à la limite de la fiction[14].

55. – **Les fictions**[15]. Suivant le *Vocabulaire juridique* (Association Capitant, 13e éd., ss dir. G. Cornu), la fiction est un « artifice de technique juridique », « mensonge de la loi », « consistant à "faire comme si", à supposer un fait contraire à la réalité, en vue de produire un effet de droit ». En bref, cela revient à tenir pour vrai ce qui ne l'est pas.

Voilà qui peut paraître étrange, mais qui se justifie par le but poursuivi qui est hautement souhaitable pour des raisons de justice ou de paix sociale, ou pour le bon fonctionnement de la règle de droit. L'exemple le plus classique est celui suivant lequel « l'enfant simplement conçu est tenu pour né s'il y va de son intérêt » (*Infans conceptus pro nato habetur*), ce qui lui permet d'hériter de son père si, par l'effet de quelque maladie ou accident, celui-ci est décédé avant la naissance. De même encore, toujours en matière de succession, le partage de la succession n'intervient jamais le jour du décès, mais plusieurs mois ou plusieurs années après, les héritiers restant entre temps dans *l'indivision* ; on n'en considère pas moins que le partage a un *effet déclaratif*, en ce sens que chaque héritier est censé avoir reçu les biens mis dans son lot directement du défunt, effaçant ainsi fictivement ce qui a pu se passer pendant la période d'indivision.

On trouve également des fictions dans d'autres domaines. Certains mécanismes juridiques reposent sur des fictions. Ainsi en est-il de la *représentation* : lorsqu'un

(13) F. Bussy, *L'erreur judiciaire* : *D*. 2005, chron. p. 2552.
(14) V. Lasserre-Kiesow, *La vérité en droit civil* : *D*. 2010, chron. 907.
(15) A.-B. Caire (ss dir.), *Les fictions en droit. Les artifices du droit : les fictions*, Centre Michel de l'Hospital, Clermont-Ferrand, 2015.

contrat a été conclu par l'intermédiaire d'un représentant, d'un mandataire, les effets de ce contrat se produisent directement en la personne de celui qui était représenté à l'acte, comme s'il avait conclu l'acte lui-même directement. De même, lorsqu'un contrat a été subordonné à la réalisation d'une condition (par ex., j'achète l'appartement si je bénéficie du prêt que j'ai sollicité), il pourra être réputé conclu au jour même de l'acte bien que la condition ne se soit réalisée que plus tard : il y alors rétroactivité de la condition. De manière plus générale, chaque fois que la règle de droit consacre la *rétroactivité*, c'est sur la base d'une fiction.

Compte tenu de l'importance d'une telle décision, seul le législateur peut établir des fictions, car il est seul juge de l'opportunité de nier la réalité par un artifice juridique. C'est un mensonge de la loi, mais un mensonge que tout le monde connaît et qui est en quelque sorte la règle du jeu. On peut toutefois citer des fictions qui ne sont pas inscrites dans la loi et qui sont consacrées par un principe général du droit ; ainsi en est-il par exemple de la règle traditionnelle suivant laquelle « Nul n'est censé ignorer la loi », fiction suivant laquelle tous les citoyens sont censés connaître l'ensemble des règles de droit, ce qui est manifestement contraire à la réalité (V. *infra*, n° 123).

SECTION 3

LE RAISONNEMENT SUR LA QUALIFICATION

56. – **Qu'est-ce que la qualification ?** Une fois la situation de fait établie, il faut la qualifier au regard du droit pour déterminer quelle est la règle applicable. La qualification est au juriste ce que le diagnostic est au médecin. Le médecin relève les symptômes de son patient et, procédant à un rapprochement avec les symptômes recensés pour les diverses catégories de maladies, il va rattacher ceux de son patient à telle catégorie et, au sein de cette catégorie, à telle affection. Le juriste suit une méthode comparable : après avoir déterminé les faits de la situation, il va rechercher à quelles catégorie et sous-catégorie ces faits se rattachent, de manière à déterminer quelle est la règle de droit applicable à cette situation. Cette opération de diagnostic juridique est appelée qualification[16].

Par exemple, en matière pénale, le juge d'instruction saisi d'une affaire va rechercher si les faits reprochés à telle personne relèvent de la définition, donnée par le Code pénal, d'une infraction : de l'abus de confiance, de l'abus de biens sociaux, de la corruption, etc. ; ou encore de l'homicide involontaire, du meurtre (l'homicide est alors volontaire), ou de l'assassinat (meurtre avec préméditation). Suivant la qualification retenue, telle ou telle peine sera encourue.

En matière civile, en cas de dommage causé à une personne, il faudra rechercher s'il est intervenu dans l'exécution d'un contrat ou en dehors de tout contrat ; dans le premier cas, si une obligation contractuelle a été violée, et si elle était une

(16) F. Terré, *L'influence de la volonté individuelle sur les qualifications*, thèse, Paris, 1956. – Ph. Jestaz, *La qualification en droit civil : Droits* 1994, p. 45. – Th. Janville, *La qualification juridique des faits*, thèse, Paris II, 2002.

obligation de moyens ou de résultat, etc. ; dans le second cas, si le dommage a été causé directement par la personne recherchée ou par un de ses salariés, un enfant, un animal, etc., ou par l'intermédiaire d'une chose, un véhicule à moteur, un sol glissant, un produit, etc. La règle applicable dépendra de la qualification. Ou encore, exemple récent : le contrat de *séjour* avec un établissement d'hébergement pour personnes âgées dépendantes (EHPAD) n'est pas un contrat de *bail* et tout le régime juridique applicable s'en trouve impacté(17).

La qualification se définit ainsi comme l'« opération intellectuelle d'analyse juridique, outil essentiel de la pensée juridique, consistant à prendre en considération l'élément qu'il s'agit de qualifier (fait brut, acte, règle, etc.) et à le faire entrer dans une catégorie juridique préexistante (d'où résulte, par rattachement, le régime juridique qui lui est applicable) en reconnaissant en lui les caractéristiques essentielles de la catégorie de rattachement » (*Vocabulaire juridique*, Association Capitant, 13e éd., ss dir. G. Cornu). Les règles de droit se classent en catégories, sous-catégories, institutions, concepts, etc., qui bien souvent s'emboîtent les unes dans les autres comme des poupées russes.

L'art du juriste est un art fait d'ordre, de classement et d'analyse. Il analyse la situation pour déterminer dans quelle catégorie elle doit entrer et en déduire le régime juridique qui lui est applicable. Ainsi présenté, le droit pourrait apparaître comme une science exacte. Tel n'est pas le cas. Outre que les règles ne sont pas toujours très claires, qu'elles se chevauchent parfois, elles laissent souvent une certaine marge d'appréciation, d'incertitude diraient certains, que les usagers du droit peuvent utiliser sous le contrôle éventuel du juge(18).

57. – **La classification en catégories.** On classe les droits et les règles qui s'y appliquent en grandes catégories, ce qui est une manière assez simple de mettre de l'ordre dans le droit. De ce fait, il y a un certain arbitraire dans un tel classement, lequel, outre qu'il n'est ici que partiel, n'a pas de valeur générale.

Ainsi peut-on chapeauter le classement par la grande distinction entre le droit public et le droit privé. Dans une première approche, on dira que le droit privé régit les rapports entre *personnes privées*, cependant que le droit public s'applique aux rapports dans lesquels interviennent des *personnes publiques* – l'État, la Région, le département, la commune – ; les règles sont différentes dans l'un et l'autre cas, et aussi les juridictions compétentes pour connaître des litiges (juridictions de *l'ordre judiciaire* pour les personnes privées, juridictions de *l'ordre administratif* pour les personnes publiques).

Au sein du droit privé, on rencontre de très nombreuses catégories. S'agissant par exemple des droits, on distinguera :

– les *droits patrimoniaux* (V. *infra*, nos 398 et s.), qui constituent le *patrimoine*, qui ont une valeur au sens monétaire du terme, qui sont donc évaluables en argent ; et les droits *extrapatrimoniaux* (V. *infra*, nos 358 et s.), tels que le droit à l'honneur, au respect de la vie privée, au secret des correspondances, etc. ;

(17) Cass. 3e civ., 3 déc. 2020, n° 20-10.122, *Bull.*

(18) C. Xavier, *La qualification des faits est-elle une question de fait ou une question de droit ? : Mél. J. Boré*, Dalloz, 2007, p. 511.

– parmi les droits patrimoniaux, on trouvera les *droits réels* (V. *infra*, n°s 406 et s.), c'est-à-dire ceux qui portent directement sur des choses (*res*, *rei*, la chose en latin) tels que le droit de *propriété*, le droit *d'usufruit*, etc., et les *droits personnels ou de créance* (V. *infra*, n°s 449 et s.) qui s'exercent sur des personnes, par exemple les *dettes de sommes d'argent* ou toutes autres *obligations de faire* ou *de ne pas faire* souscrites au profit d'un cocontractant ;

– poursuivant cette déclinaison des catégories, on pourrait préciser que les *obligations*, conçues au sens d'un lien de droit unissant une personne à une autre, peuvent trouver leur source dans un *contrat*, ou en dehors de tout contrat ; que les contrats, s'ils sont tous soumis à des règles générales de base, sont par ailleurs fort nombreux et obéissent chacun à des règles particulières, etc.

58. – Les concepts et les notions(19). Certains grands concepts ont une valeur universelle et se retrouvent à peu près dans tous les droits. La catégorie des concepts n'est nullement figée. En effet, le droit ne cesse de sécréter de nouveaux concepts qui émergent de réalités de la vie sociale, de la pratique, de la doctrine, de la jurisprudence, etc.(20) À chacun de ces concepts correspond un régime juridique.

Ainsi en est-il du *contrat* que l'article 1101 du Code civil définit de manière très générale comme « un accord de volonté entre deux ou plusieurs personnes destiné à créer, modifier, transmettre ou éteindre des obligations ». Et de même du droit de *propriété*, défini par l'article 544 du Code civil, encore que ce droit ait pu être nié ou réduit à la portion congrue dans les systèmes socialistes. Mais certains concepts peuvent être propres à un système juridique, sinon même à un droit. Par exemple la *copropriété* par appartements à laquelle les Français sont habitués n'existe pas partout ; ou en tout cas, elle sera réglementée d'une certaine manière dans un pays, d'une autre manière ailleurs. Il en va de même *a fortiori* des *sûretés* (V. *infra*, n°s 444 et s.), c'est-à-dire des garanties qui peuvent être prises par un *créancier* pour assurer le paiement de sa *créance* : *hypothèque*, *gage* ou *nantissement*, *privilèges* divers. À l'inverse, le droit français ne connaît pas certains concepts de droits étrangers, par exemple le *trust* du droit anglo-saxon (il connaît la fiducie, qui s'en distingue sur divers aspects), cependant qu'il en a adopté d'autres, spécialement en matière de droit des affaires, tout en les francisant : *leasing* (crédit-bail), *factoring* (affacturage), *franchising* (franchisage), etc.

Si l'on s'attache maintenant au domaine des contrats(21), ils sont soumis par l'article 1128 du Code civil à un certain nombre de conditions touchant au *consentement* des parties, à leur *capacité* de contracter, et à un *contenu licite et certain* (à la place du *contenu*, l'ancien article 1108 visait *l'objet* et la *cause*) ; et s'agissant du consentement, il doit être exempt de tout *vice*, notamment *d'erreur*, de *dol* ou de *violence*. Il en va de même d'un certain nombre de mécanismes juridiques,

(19) R. Demogue, *Les notions fondamentales du droit privé*, Paris, Arthur Rousseau, 1911. – J. Rochfeld, *Les grandes notions du droit privé*, 2e éd., PUF, coll. « Thémis droit », 2013. – V. aussi, N. Dissaux, *Les standards doctrinaux : Rev. dr. Assas* févr. 2014, n° 9, p. 36.

(20) J.-L. Bergel, *À la recherche de concepts émergents en droit : D.* 2012, 1567. – F. Rouvière et a., *Les concepts en droit : usages et identité : RRJ* 2012, n° spécial, p. 2167 et s.

(21) P. Rémy-Corlay et D. Fenouillet (ss dir.), *Les concepts contractuels français à l'heure des Principes du droit européen des contrats*, Dalloz, 2003.

qu'on rencontre notamment en droit des obligations : *paiement*, *novation*, *délégation*, *subrogation*, *cession de créance*, *prescription*, etc. Ce sont là autant de concepts juridiques, dont les uns sont définis par la loi, les autres non, ce qui laisse au juge le soin de les définir.

Par ailleurs, l'application de certaines règles de droit repose sur des notions assez floues, nommément mentionnées dans la loi, mais sans autre précision, si bien que leur contenu devra être déterminé par le juge au cas par cas, ce qui lui confère un large pouvoir d'appréciation. On les qualifie parfois de standards juridiques, ou encore de notions-cadres, que certains voudraient distinguer des notions simplement indéterminées(22).

Ainsi en est-il de la notion de *bonne foi* : « les contrats doivent être négociés, formés et exécutés de bonne foi » (C. civ., art. 1104 ; V. aussi art. 1134 ancien) ; *d'ordre public* et de *bonnes mœurs* : « on ne peut déroger par des conventions particulières aux lois qui intéressent l'ordre public et les bonnes mœurs » (C. civ., art. 6), étant précisé que la notion de bonnes mœurs n'a pas été reprise dans la réforme du droit des contrats ; de *garde* de la chose : « On est responsable non seulement du dommage que l'on cause par son propre fait, mais encore de celui qui est causé par le fait des personnes dont on doit répondre, ou des choses que l'on a sous sa garde » (C. civ., art. 1384 ancien et 1242 nouveau) ; de *bon père de famille*(23), notion récemment remplacée par celle de « raisonnable(24) » : dans le bail, le preneur est tenu « d'user de la chose louée [en bon père de famille] raisonnablement »(25) (C. civ., art. 1728), ce qui laisse au juge une grande liberté d'appréciation des faits.

C'est à ces divers concepts et notions que le juge va se référer lorsque, ayant à trancher un litige, il procède à la qualification des faits. Les faits exposés révèlent-ils une erreur dans la conclusion du contrat, ou un dol, tels qu'ils sont définis par la loi et interprétés par la jurisprudence ? Qui était gardien de la chose au moment du dommage : était-ce le propriétaire ou telle autre personne à qui il en avait transféré *l'usage, la direction et le contrôle* suivant la formule de la jurisprudence ?

59. – Le vocabulaire du droit. Dès les premières pages de ce livre, nous avons indiqué qu'il y a un langage du droit (V. *supra*, n° 4). Et tout au long des précédents numéros, nous nous sommes efforcés de mettre en italique tous les mots du droit rencontrés. Comme le lecteur a pu s'en rendre compte, ils sont extrêmement nombreux. On ne demandera évidemment pas à l'étudiant de première année de les connaître tous, mais simplement de se familiariser progressivement avec eux et d'en découvrir le sens tout au long de ses années d'études. La qualité de la qualification est à ce prix.

Les mots les plus trompeurs sont ceux qui existent dans le langage courant, mais généralement avec un autre sens que dans la langue juridique. Ce sont de faux amis : le *terme*, la *condition*, *l'erreur*, le *dol*, la *lésion*, la *garde*, la *compensation*, etc. Le sens

(22) P. Hénaff, *L'unité des notions-cadre* : *JCP* 2005, I, 189.

(23) S. Darmaisin, *À la recherche du bon père de famille* : *Mél. Ph. Le Tourneau*, Dalloz, 2007, p. 297.

(24) M. Lagelée-Heymann, *Le « raisonnable » dans le nouveau droit des contrats* : *RDC* 2018, 473.

(25) C'est au nom de l'égalité des sexes – qui n'était pourtant nullement en cause – que la référence au bon père de famille a été remplacée par celle de « raisonnable », plutôt d'origine anglo-saxonne (J. Huet, *Adieu bon père de famille* : *D.* 2014, 505). Comp. toutefois C. civ., art. 1112 ancien, qui mentionnait depuis 1804 la « personne raisonnable ».

pourra être proche de celui du langage courant, mais souvent beaucoup plus précis et technique. Parfois même, le risque de confusion est encore plus grand lorsque le même mot a plusieurs sens dans la langue juridique (on parle alors de polysémie) si bien qu'on ne peut saisir son sens véritable qu'en fonction du contexte.

Les mots spécifiques de la langue juridique sont finalement moins perturbants. Ou bien on en connaît le sens, et ils ne soulèvent aucun problème ; ou bien on ne le connaît pas, et il suffit alors d'en rechercher la définition soit dans la loi, soit dans les manuels, soit dans les Vocabulaires juridiques.

Il est important de toujours utiliser le mot juste, pour ne pas risquer l'ambiguïté, sinon même le contresens, et par là même susciter l'incompréhension chez l'interlocuteur. Pour s'entendre, il faut que tout le monde parle la même langue, ici la langue du droit. Ceci soulève une difficulté toute particulière dans les rapports internationaux. En effet, il est souvent très difficile, et parfois même impossible, de traduire certains mots du droit dans une langue étrangère ; cela se produit chaque fois que le concept ou la notion du droit français n'existe pas dans le droit étranger considéré ou, pire encore, lorsqu'il existe mais avec un sens différent[(26)].

(26) S. Chatillon, *Droit et langue : RID comp.* 2002, 687.

TITRE 2

LES SOURCES DU DROIT

60. – La diversité des sources(1). Il ne s'agit pas ici de rechercher le pourquoi des règles de droit positif qui nous régissent. Sans doute ont-elles toutes un fondement (V. *supra*, nos 21 et s.), tantôt philosophique, tantôt contingent, matériel. C'est ainsi que les données sociales et économiques imposent une remise à jour incessante de nombreux textes et on pourrait sans difficulté exhumer des règles dont le fondement a disparu ou a été oublié au cours des temps ; mais c'est le propre du droit de suivre l'évolution et non de la précéder.

Quand on parle des sources du droit, on s'interroge seulement sur le point de savoir comment, à l'époque actuelle, on crée du droit.

Il est en général répondu que ces sources sont nombreuses et diffuses, parce qu'on y fait entrer tout ce qui, même indirectement, peut entraîner soit une règle de droit nouvelle, soit un sens nouveau à une règle préexistante. En ce sens, on dira que la jurisprudence, c'est-à-dire la manière habituelle de juger, est une source de droit parce que, en appliquant les textes à la situation litigieuse, le juge est amené à procéder à des ajustements ou à des additions non prévus à l'origine. De même, les tribunaux sanctionnent, outre les règles textuelles, certains grands principes qui nous viennent d'un lointain passé, certaines règles non écrites issues de la tradition, des usages, de la coutume. De même encore, il arrive que le droit suinte de la doctrine ou de la pratique, ou des usagers eux-mêmes qui créent de toutes pièces ou importent des formules juridiques nouvelles pour répondre à des besoins d'apparition récente.

(1) Ph. Jestaz, *Source délicieuse (Remarques en cascades sur les sources du droit) : RTD civ.* 1993, p. 73. – J. Vanderlinden, *Contribution en forme de mascaret à une théorie des sources du droit au départ d'une source délicieuse : RTD civ.* 1995, p. 69. – F. Osman, *Avis, directives, codes de bonne conduite, recommandations, déontologie, éthique, etc. : réflexion sur la dégradation des sources privées du droit : RTD civ.* 1995, p. 509. – F. Zenati, *L'évolution des sources du droit dans les pays de droit civil : D.* 2002, chron. p. 15. – J. Ghestin, *Les données positives du droit : RTD civ.* 2002, p. 11. – M. Lehot, *Propositions pour une rénovation de la théorie générale des sources du droit : RRJ* 2003/4, 2335. – C. Thibierge, *Sources du droit et sources de droit : une cartographie : Mél. Ph. Jestaz*, Dalloz, 2006, p. 519. – Ph. Malinvaud, *Les sources du droit de la construction. À propos du renouvellement des sources du droit : Mél. Ph. Jestaz*, Dalloz, 2006, p. 343. – V. aussi *Le renouvellement des sources du droit des obligations : Journées nationales Assoc. H. Capitant*, LGDJ, 1996. – V. Lasserre-Kiesow, *L'ordre des sources ou le renouvellement des sources du droit : D.* 2006, chron. p. 2279. – Ph. Malaurie, *La révolution des sources*, Defrénois, 2006,1, p. 1552, art. 38465. – *Les sources du droit : aspects contemporains*, Actes du colloque de Beyrouth, 11-12 mai 2006, SLC, 2007. – S. Gerry-Vernières, *Les « petites » sources du droit. À propos des sources étatiques non contraignantes*, Economica, 2012, préf. N. Molfessis. – R. Libchaber, *Les transformations dans les sources du droit : Rev. dr. Assas* févr. 2015, n° 10, p. 7. – P. Jestaz, *Les sources du droit*, Dalloz, coll. « Connaissance du droit », 2e éd., 2015.

En bref, le droit est plus grand, plus large, plus étendu que les textes qui en sont les sources formelles. Ces textes demeurent cependant la source primordiale du droit. Les « lobbies » le savent bien, qui font le siège des parlementaires ou des cabinets ministériels, c'est-à-dire des lieux ou des gens imprégnés de cette autorité publique d'où naîtront les lois et règlements. C'est donc à ces textes qu'il convient de donner la première place, sans pour autant négliger les autres sources dont l'importance est parfois délicate à apprécier.

61. – **Sources nationales et sources internationales.** *A priori*, on pourrait penser que, chaque pays étant souverain, les sources du droit sont nécessairement nationales. Ce serait ignorer que les pays ne vivent pas repliés sur eux-mêmes, qu'ils sont membres d'organisations internationales, par exemple l'ONU, et qu'en toute hypothèse ils peuvent conclure entre eux des conventions et des traités (V. *supra*, n° 18).

Ce phénomène d'internationalisation s'est considérablement accentué depuis un demi-siècle et s'est traduit par une multiplication des traités et conventions, parmi lesquels il faut faire une place à part aux conventions-cadres. Spécialement, la France est membre de l'Union européenne, laquelle édicte des règlements et directives applicables à tous les États membres (V. *infra*, n° 85). De même la France a adhéré à la Convention européenne des droits de l'homme, dont les dispositions s'imposent au législateur et au juge français (V. *infra*, n° 94).

Ces sources internationales ne doivent pas être toutes placées sur un même plan. Certaines n'ont qu'une portée relativement limitée : ainsi un traité bilatéral entre deux États portant sur la reconnaissance des diplômes de médecins, d'architectes, etc. D'autres, comme le traité de Rome qui a institué la Communauté européenne, aujourd'hui l'Union européenne, est un traité-cadre mettant en place des organes collectifs communs à vingt-sept États (le Parlement européen, la Commission européenne, etc.) auxquels a été transféré le pouvoir de légiférer dans certains domaines, ce qui emporte par là même d'importants transferts de compétence que certains analysent comme des abandons de souveraineté. De même l'adhésion de la France à la Convention européenne des droits de l'homme entraîne l'obligation de respecter les nombreux principes inscrits dans cette Convention.

Outre ces textes de valeur supranationale, il existe aussi des juridictions supranationales dont les décisions ou les interprétations s'imposent en France.

62. – **Plan.** On envisagera d'abord les sources formelles du droit, c'est-à-dire celles qui prennent la forme de textes, qui constituent l'essentiel de notre droit. On examinera ensuite les autres sources du droit dont l'importance est loin d'être négligeable : les principes généraux du droit, la coutume, la jurisprudence, la pratique, la doctrine, même si certaines – comme les trois dernières – sont généralement considérées comme de simples autorités, des sources par voie d'interprétation.

CHAPITRE 1

LES SOURCES FORMELLES : LES TEXTES

63. – Plan. Les textes sont classés suivant un principe hiérarchique. Après avoir étudié les textes dans cette hiérarchie, on examinera successivement leurs conditions d'application, leur interprétation, leur application dans le temps et dans l'espace.

SECTION 1

LES TEXTES DANS LEUR HIÉRARCHIE

64. – Classification et hiérarchie des textes. Par textes, on entend les règles écrites émanant des autorités politiques et administratives, en principe nationales, mais aussi parfois internationales. On classera les textes suivant l'autorité qui leur est attachée. Le système français connaît à cet égard un principe hiérarchique[1] suivant lequel aucun texte ne peut aller à l'encontre d'un autre qui lui serait supérieur. Cette articulation est souvent représentée par la figure d'une pyramide, héritée de la théorie de Hans Kelsen[2].

Pour s'en tenir à une présentation générale, on trouvera ainsi, dans l'ordre résultant de la Constitution :

– la Constitution française ;

– les traités internationaux et les lois de l'Union européenne ;

– les lois organiques ;

– les lois ordinaires qui émanent du Parlement, constitué de l'Assemblée nationale et du Sénat ; se situent sur le même plan les décisions du président de la République à objet législatif (art. 16), les ordonnances du Gouvernement après leur ratification (art. 38) et les lois référendaires (art. 11) ;

– les décrets autonomes du Premier ministre (art. 37) et les décisions du président de la République à objet réglementaire (art. 16) ;

– les décrets d'application du Premier ministre (art. 21) ;

(1) M. Monin, *1989, Réflexions à l'occasion d'un anniversaire : trente ans de hiérarchie des normes : D.* 1990, chron. p. 27. – P. Puig, *Hiérarchie des normes : du système au principe : RTD civ.* 2001, p. 749. – V. Lasserre-Kiesow, *L'ordre des sources ou le renouvellement des sources du droit : D.* 2006, chron. p. 2279. – P. Amselek, *Une fausse idée claire : la hiérarchie des normes juridiques : RRJ* 2007, 557.

(2) H. Kelsen, *Théorie pure du droit*, trad. C. Eisenmann, Dalloz, 1962.

– les arrêtés interministériels ou ministériels et ensuite les arrêtés préfectoraux et les arrêtés municipaux.

65. – **L'organisation du principe hiérarchique.** Jusqu'à la Constitution du 4 octobre 1958 qui nous régit aujourd'hui, l'ordre ci-dessus ne faisait pas problème car il y avait alors une totale séparation des pouvoirs législatif et exécutif. Seul le Parlement détenait le pouvoir de légiférer, d'édicter des lois, cependant que le Gouvernement pouvait seulement, dans le respect de la loi, édicter des décrets ou des arrêtés tendant à son application. Il y avait donc une stricte hiérarchie entre la loi et les textes qui en faisaient application, hiérarchie parfois égratignée par certaines pratiques de gouvernement, les *décrets-lois*.

Il n'en est plus ainsi désormais car, en vertu de la Constitution de 1958, le pouvoir de légiférer est partagé entre le Parlement et le Gouvernement suivant le domaine dans lequel on se trouve. Ainsi sont placés sur un pied d'égalité les lois ordinaires votées par les assemblées et les décrets autonomes pris par le pouvoir exécutif ; ces textes sont en quelque sorte *ex aequo*, ce qui soulève des difficultés de délimitation d'autant plus délicates que le principe hiérarchique n'a pas totalement disparu.

À ces difficultés s'ajoutent celles tenant au fait que, parallèlement aux autorités françaises, les instances européennes sont habilitées à prendre des *règlements* et des *directives* qui s'imposeront en France et prendront le pas sur les lois ordinaires.

66. – **Le contrôle du principe hiérarchique.** Afin d'assurer le respect de la hiérarchie des textes, il est institué divers contrôles :

– contrôle de la constitutionnalité, c'est-à-dire de la conformité des lois à la Constitution, qui est exercé par le Conseil constitutionnel (V. *infra*, nos 71 et 76) ;

– contrôle de la conventionnalité, c'est-à-dire de la conformité des lois et autres textes aux traités et aux diverses conventions, notamment européennes, qui est exercé par les juridictions ordinaires de l'ordre administratif ou de l'ordre judiciaire (V. *infra*, n° 79) ;

– contrôle de la légalité des actes administratifs (décrets d'application, arrêtés) par rapport à la loi, qui est exercé par le Conseil d'État, de même que le contrôle de leur constitutionnalité dans certains cas (V. *infra*, n° 113).

La description de ces contrôles sera faite à l'occasion de l'étude de la norme à respecter, le contrôle de la constitutionnalité avec la Constitution, etc.

67. – **Plan.** On présentera successivement la Constitution, les textes de nature supranationale que sont les traités internationaux et les conventions, la loi et enfin les règlements administratifs.

SOUS-SECTION 1

LA CONSTITUTION

68. – **La notion de constitution.** Au lendemain de la Révolution française, le 3 septembre 1791, la France s'est dotée d'une Constitution qui est un pacte écrit fixant les règles régissant l'exercice du pouvoir ainsi que l'organisation et le fonctionnement des institutions. Diverses constitutions se sont ensuite succédé à

l'occasion des changements de régime. Pour s'en tenir à la période récente, on citera la Constitution de la IVe République du 27 octobre 1946 à laquelle a succédé la Constitution du 4 octobre 1958 de la Ve République actuellement en vigueur.

La Constitution se situe au sommet de la hiérarchie des normes à raison de divers facteurs :

– sa procédure d'élaboration : la loi constitutionnelle peut émaner soit directement du peuple consulté par voie de référendum, soit du Congrès, c'est-à-dire de la réunion des deux Chambres du Parlement ;

– son objet, qui est l'organisation du pouvoir entre les diverses autorités de l'État, président de la République, Premier ministre, les diverses assemblées, etc., et qui constitue le pacte social régissant les rapports des gouvernants et des gouvernés.

69. – Le contenu de la Constitution. Après un préambule composé de deux alinéas[3], la Constitution comporte plus de cent articles répartis en dix-sept titres (un titre XI bis étant consacré au Défenseur des droits). On y trouve les règles relatives à la Souveraineté, au Président de la République, au Gouvernement, au Parlement, aux rapports entre le Gouvernement et le Parlement, aux traités et accords internationaux, au Conseil constitutionnel, à l'autorité judiciaire, à la Haute Cour de justice, au Conseil économique, social et environnemental, aux collectivités territoriales, aux Communautés européennes et à l'Union européenne, etc. L'étude de ces questions relève pour l'essentiel du droit constitutionnel.

70. – Le bloc de constitutionnalité. Le Conseil constitutionnel[4], qui a pour mission de contrôler la constitutionnalité des lois, a étendu son contrôle en reconnaissant valeur constitutionnelle à d'autres règles[5] que la doctrine range désormais sous l'intitulé de *bloc de constitutionnalité*[6].

Il s'agit tout d'abord du Préambule de la Constitution de 1958 et, par voie de conséquence, des trois documents auxquels il renvoie : la Déclaration des droits de l'homme et du citoyen du 26 août 1789, le Préambule de la Constitution du 27 octobre 1946 et la Charte de l'environnement de 2004. C'est par exemple sur ce préambule que le Conseil constitutionnel a fondé sa décision du 16 juillet 1971 relative à la liberté d'association, et de la Déclaration de 1789 qu'il a tiré le respect de la liberté du mariage[7] ainsi que le droit d'accès à Internet[8].

(3) Un décret du 9 avril 2008 a mis en place un comité de réflexion sur ce préambule chargé de dresser un état des lieux des droits fondamentaux actuellement garantis par la Constitution et de faire éventuellement des propositions pour y ajouter de nouveaux principes. Dans son rapport remis le 17 décembre 2008, ce comité présidé par Mme Simone Veil préconise de ne pas modifier le préambule. Il estime que l'arsenal constitutionnel des droits fondamentaux est suffisant, bien que méconnu, et qu'il est préférable d'exploiter les richesses de la Constitution, notamment en matière de lutte contre les inégalités, avant de vouloir les renforcer. – V. aussi M. Verpeaux, *L'horizon indépassable. Premières remarques sur le rapport du Comité Veil : JCP* 2009, I, 105. – J.-F. Feldman, *Le comité de réflexion sur le Préambule de la Constitution et la philosophie des droits de l'homme : D.* 2009, p. 1036.

(4) P. Avril, *Qu'est-ce que le Conseil constitutionnel a apporté à la Ve République ? : Mél. Verpeaux*, Dalloz, 2020, p. 121.

(5) Certains auteurs considèrent toutefois que les normes de référence du contrôle de la constitutionnalité ne sont pas toujours nécessairement des normes constitutionnelles : C. Geslot, *Normes constitutionnelles et normes de référence du contrôle de la constitutionnalité des lois : JCP* 2007, I, 149.

(6) A. Roblot-Troizier, *Contrôle de constitutionnalité et normes visées par la Constitution française. Recherches sur la constitutionnalité par renvoi*, Dalloz, 2007, coll. « Nouvelle Bibl. de thèses », préf. M. Verpeaux.

(7) Pour un exemple, V. Cons. const., 20 nov. 2003 : *D.* 2004, 1405 et note O. Lecocq.

(8) Cons. const., 10 juin 2009, n° 2009-580 DC : *AJDA* 2009, p. 1132, obs. S. Brondel. – L. Marino, *Le droit d'accès à Internet, nouveau droit fondamental : D.* 2009, p. 2045.

Le premier alinéa de ce préambule a été modifié par la loi constitutionnelle n° 2005-205 du 1er mars 2005(9) de manière à y intégrer, sous la forme d'un renvoi, la Charte de l'environnement de 2004. Ainsi, tout en restant en dehors de la Constitution, la Charte de l'environnement fait désormais partie du bloc de constitutionnalité(10) si bien que les droits et devoirs définis dans cette Charte ont valeur constitutionnelle(11) et que la protection de l'environnement est un objectif à valeur constitutionnelle(12). C'est sur ce fondement que dans le débat relatif à l'environnement dans la Constitution, le Conseil d'État a rappelé que sa protection occupe déjà la plus haute place dans la hiérarchie des normes(13).

Préambule. – Le Peuple français proclame solennellement son attachement aux droits de l'homme et aux principes de la souveraineté nationale tels qu'ils ont été définis par la Déclaration de 1789, confirmée et complétée par le préambule de la Constitution de 1946, ainsi qu'aux droits et devoirs définis dans la Charte de l'environnement de 2004.

Plus largement, le Conseil constitutionnel a accordé valeur constitutionnelle aux principes fondamentaux reconnus par les lois de la République(14), ce qui a étendu considérablement le domaine du contrôle de la constitutionnalité et fait pénétrer le droit constitutionnel dans les diverses branches du droit(15). Cela dit, ces droits

(9) *JO* 2 mars 2005 ; *JCP* 2005, III, 20011.

(10) J.-L. Pissaloux, *La constitutionnalisation non sans risque du droit de l'environnement : Gaz. Pal.* 12-13 janv. 2005, 1, doctr. – A. Peri, *La Charte de l'environnement : reconnaissance du droit à l'environnement comme droit fondamental : LPA* 24 févr. 2005, p. 8. – M. Verpeaux, *La charte de l'environnement ou le triomphe de l'obstination : JCP* 2005, act. 183. – M. Prieur, *L'environnement entre dans la Constitution : LPA* 7 juill. 2005, p. 14. – O. Carton, *De l'inutilité d'une constitutionnalisation du droit de l'environnement : LPA* 2 sept. 2005, p. 3. – J. Rochfeld, *Droit à un environnement équilibré. Loi constitutionnelle n° 2005-205 du 1er mars 2005 relative à la Charte de l'environnement : RTD civ.* 2005, 470. – Sur l'application directe de la Charte, V. R. Encinas de Munagorri, *in RTD civ.* 2005, 556. – V. aussi M. Prieur, *La Charte de l'environnement. Les nouveaux droits : AJDA* 2005, 1157. – Y. Jégouzo, *De certaines obligations environnementales : prévention, précaution et responsabilité : AJDA* 2005, 1164. – B. Mathieu, *La portée de la Charte pour le juge constitutionnel : AJDA* 2005, 1170. – N. Chahid-Nouraï, *La portée de la Charte pour le juge ordinaire : AJDA* 2005, 1175. – V., à propos de l'utilisation de la Charte par le juge pénal : J.-Ph. Feldman, *Les « faucheurs d'OGM » et la Charte de l'environnement sur le jugement du Tribunal correctionnel d'Orléans du 9 décembre 2005 : D.* 2006, chron. p. 814. – Sur la portée juridique de la Charte de l'environnement, V. CE, 19 juin 2006 et CE, 6 avr. 2006 : *AJDA* 2006, p. 1584, obs. C. Landais et F. Lenica.

(11) Cons. const., 19 juin 2008, n° 2008-564 DC (à propos de la loi relative aux OGM). – CE, 3 oct. 2008, n° 297931, *Cne d'Annecy : RFDA* 2008, p. 1147, concl. Y. Aguila et note L. Janicot. – Cons. const., 8 avr. 2011, n° 2011-116 QPC.

(12) Cons. const., 31 janv. 2020, n° 2019-823 QPC : *RD imm.* 2020, 117.

(13) CE, 14 janv. 2021, avis sur le projet de loi constitutionnelle relatif à la préservation de l'environnement, n° 401868, § 4. Il ajoute que l'article 1er de la Constitution n'a pas, en principe, vocation à accueillir l'énoncé de politiques publiques (§ 6).

(14) J. Rivero, *Les « principes fondamentaux reconnus par les lois de la République » : une nouvelle catégorie constitutionnelle : D.* 1972, chron. p. 265. – B. Mathieu et M. Verpeaux, *La reconnaissance et l'utilisation des principes fondamentaux reconnus par les lois de la République par le juge : D.* 1997, chron. p. 219. – B. Genevois, *Une catégorie de principes de valeur constitutionnelle : les principes fondamentaux reconnus par les lois de la République : RFDA* 1998, p. 477. – F. Moderne, *Actualité des principes généraux du droit : RFDA* 1998, p. 495. – M. Verpeaux, *Les principes fondamentaux reconnus par les lois de la République ont-ils encore un avenir ? : D.* 2004, chron. p. 1537.
Mais corrélativement, le Conseil n'a pas accordé valeur constitutionnelle à certains autres principes : N. Merley, *La non-consécration par le Conseil constitutionnel de principes fondamentaux reconnus par les lois de la République : RFDA* 2005, 621. – F. Moderne, *La liberté contractuelle est-elle vraiment et pleinement constitutionnelle ? : RFDA* 2006, p. 2.

(15) F. Luchaire, *Les fondements constitutionnels du droit civil : RTD civ.* 1982, p. 245. – L. Favoreu, *La constitutionnalisation du droit : Mél. Drago*, 1996, p. 25. – N. Molfessis, *Le Conseil constitutionnel et le droit privé*, LGDJ, coll. « Droit privé », t. 287, 1997, préf. M. Gobert. – Ch. Geiger, *Les droits fondamentaux, garanties de la cohérence du droit de la propriété intellectuelle ? : JCP* 2004, I, 150.

fondamentaux sont ici conçus de manière beaucoup plus restrictive qu'en droit privé[16].

C'est ainsi qu'ont été consacrés à ce titre les principes de la liberté d'association (1971), des droits de la défense (1976), de la liberté individuelle (1977), de la liberté de conscience (1977), de la liberté d'expression[17], de la liberté de l'enseignement (1977), de la liberté du commerce et de l'industrie et de la libre concurrence[18], de la liberté d'entreprendre[19], de l'indépendance de la juridiction administrative (1980), de la sauvegarde de la personne humaine contre toute forme d'asservissement ou de dégradation, de la dignité de la personne humaine édictée par l'article 16 du Code civil[20], de l'intérêt supérieur de l'enfant[21] de l'indépendance des professeurs d'université[22] (1984) et des universités (2009), de l'inaliénabilité et de l'imprescriptibilité du domaine public[23], de la compétence réservée à la juridiction administrative en matière d'actes administratifs (1987), de la compétence du juge judiciaire en matière d'atteintes à la propriété immobilière privée (1989), d'une justice pénale spécifique pour les mineurs (2002), de la survie du droit local d'Alsace-Moselle (2011).

Le Conseil a également conféré valeur constitutionnelle à la « fraternité » qui figure dans la devise de la République et en a déduit que l'aide apportée à la circulation d'un étranger en situation irrégulière, motivée par un but humanitaire, ne doit pas être sanctionnée pénalement[24].

En revanche, le principe de sécurité juridique n'a pas été retenu comme étant un principe constitutionnel[25], ce malgré une importante doctrine en ce sens[26] ; cela

(16) X. Dupré de Boulois, *Les notions de liberté et de droits fondamentaux en droit privé* : *JCP* 2007, I, 211. – S. Chassagnard-Pinet, *Les droits fondamentaux à l'épreuve du lien contractuel. Contrat et convention européenne des droits de l'homme* : *Mél. Ph. Le Tourneau*, Dalloz, 2007, p. 225. – E. Dreyer, *Du caractère fondamental de certains droits* : *RRJ* 2006, 551. – N. Mathey, *Les droits et libertés fondamentaux des personnes morales de droit privé* : *RTD civ.* 2008, p. 205.

(17) Cons. const., 28 févr. 2012 : *D.* 2012, 987 et note J. Roux (à propos de la loi sur le génocide arménien).

(18) M. Kdhir, *Le principe de la liberté du commerce et de l'industrie. Mythe ou réalité ?* : *D.* 1994, chron. p. 30. – C. Chapalaune, *Le principe de la liberté du commerce et de l'industrie. Cinq ans de jurisprudence de la chambre commerciale*, Rapp. C. cass. 2001, p. 83.

(19) Cons. const., 27 mars 2014, n° 2014-692 DC, *Loi Florange*.

(20) Cons. const., 27 juill. 1994, n°s 94-343/344 DC. – Cass. 1re civ., 26 sept. 2018 : *D.* 2018, 1913 ; *JCP* 2019, 12, note J.-C. Saint-Pau ; *RTD civ.* 2018, 863, obs. A.-M. Leroyer. – A. Pena, *L'entrée de la fraternité en droit administratif : entre acceptation du principe et restriction procédurale* : *D.* 2019, 774.

(21) Cons. const., 21 mars 2019, n° 2018-768 QPC : *D.* 2019, 742, P. Parinet. – H. Fulchiron, *La constitutionnalisation de l'intérêt supérieur de l'enfant* : *D.* 2019, 709.

(22) On peut se demander si ce principe n'a pas été remis en cause par la décision n° 2010-20/21 QPC du Conseil constitutionnel du 6 août 2010. – V. en ce sens B. Mathieu, *De la disparition d'un principe constitutionnel : l'indépendance des professeurs d'université* : *JCP* 2010, 862. – F. Melleray, *Le Conseil constitutionnel au secours de la loi relative aux libertés et responsabilité des universités* : *D.* 2010, p. 2335. – V. CEDH, 27 mai 2014, n° 346/04, *Mustapha Erdogan et a. c/ Turquie* : *JCP* 2014, 491.

(23) Cons. const., 26 oct. 2018, n° 2018/743 : *JCP* 2019, 212, note H. de Gaudemar.

(24) Cons. const., 6 juill. 2018, nos 2018-717/718 QPC : *D.* 2018, 1894, note C. Saas ; *AJDA* 2018, 1781, note J. Roux ; *AJDA* 2018, 1786, note V. Tchen. – Cons. const., 6 sept. 2018, n° 2018-770 DC : *AJDA* 2018, 2401, note P. Mouzet. – Cass. crim., 12 déc. 2018 : *D.* 2019, 49, note A. Dejean de la Bâtie. – V. D. Mazeaud, *Fraternité, le Conseil constitutionnel écrit ton nom, Tribune* : *D.* 2018, n° 9. – M. Borgetto, *La fraternité devant le Conseil constitutionnel* : *JCP* 2018, 876.

(25) Cons. const., 11 févr. 2011, n° 2010-102 QPC, *M. Pierre L.* : *AJDA* 2011, 303.

(26) B. Mathieu, *La sécurité juridique : un principe constitutionnel clandestin mais efficient* : *Mél. P. Gélard*, 2000, p. 301. – L. Vapaille, *Le principe de sécurité juridique, réalité et avenir en droit administratif français* : *LPA* 1999, n° 158, p. 18. – M. Fromont, *Le principe de sécurité juridique* : *AJDA* 20 juin 1996, n° spécial, p. 178. – M. Heers, *La sécurité juridique en droit administratif français : vers une consécration du principe de confiance légitime ?* : *RFDA* 1995, p. 963. – A. Cristau, *L'exigence de sécurité juridique* : *D.* 2002, chron. p. 2814. – A.-L. Valembois, *La constitutionnalisation de l'exigence de sécurité juridique en droit français*, LGDJ, 2005, préf. B. Mathieu. – V. aussi Cass. 2e civ., 20 janv. 2003 : *D.* 2003, 2722 et note E. Ben Merzouk. V. *infra*, n° 116.

dit, le Conseil s'en inspire en protégeant non seulement les situations légalement acquises, mais aussi les « effets qui peuvent légitimement être attendus de telles situations », ce qui est une référence à l'idée de « confiance légitime »(27).

De même, mais indirectement, le Conseil constitutionnel a consacré la valeur constitutionnelle de la liberté contractuelle(28).

Allant plus loin encore, à l'occasion de l'examen des lois de nationalisation, le Conseil constitutionnel a reconnu valeur constitutionnelle au droit de propriété en des termes particulièrement solennels : les principes « énoncés par la Déclaration des droits de l'homme ont pleine valeur constitutionnelle tant en ce qui concerne le caractère fondamental du droit de propriété dont la conservation constitue l'un des buts de la société politique et qui est mis au même rang que la liberté, la sûreté et la résistance à l'oppression qu'en ce qui concerne les garanties données aux titulaires de ce droit et les prérogatives de la puissance publique »(29). Plus récemment, le Conseil constitutionnel a consacré de manière étonnante un droit de propriété des créanciers, également protégé constitutionnellement (à propos de la loi relative à l'entrepreneur individuel à responsabilité limitée)(30). Plus généralement, la jurisprudence du Conseil constitutionnel s'exerce sur des domaines relevant du droit privé, dont elle devient l'une des sources(31).

Parallèlement, le Conseil constitutionnel a également censuré une loi par référence à une directive communautaire au motif, non que les directives auraient valeur constitutionnelle, mais que l'article 88-1 pose une exigence constitutionnelle de transposition des directives, transposition qui ne saurait être que conforme(32).

Cette extension progressive du contrôle du Conseil constitutionnel suscite aujourd'hui la crainte d'un « gouvernement des juges » souvent dénoncé(33).

Cela dit, il convient de rappeler que le Conseil constitutionnel ne connaît que du contentieux constitutionnel ; à ce jour il n'est donc pas une Cour suprême qui contrôlerait l'application du droit par la Cour de cassation et le Conseil d'État et

(27) Cons. const., 19 déc. 2013. Sur la position du Conseil d'État et de la Cour de cassation, V. *infra*, n° 116.

(28) Cons. const., 13 juin 2013, n° 2013-672 DC : *JCP* 2013, 929, note J. Ghestin ; *JCP* 2013, 974, n° 1, obs. M. Mekki.

(29) Cons. const., 16 janv. 1982 : *D.* 1983, p. 169, note L. Hamon ; *JCP* 1982, II, 19788, note Nguyen Vinh et Franck ; *Gaz. Pal.* 1982, 1, 67, note A. Piedelièvre et J. Dupichot. Le Conseil d'État y voit par ailleurs une liberté fondamentale au sens de l'article L. 521-2 du Code de justice administrative : CE, 2 juill. 2003 : *JCP* 2003, II, 10180, note J. Martin et P. Y. Nauleau.

(30) Cons. const., 10 juin 2010 : *D.* 2010, p. 2553, note S. Mouton.

(31) M. Frangy, *Constitution et droit privé*, Economica, 1992. – N. Molfessis, *Les sources constitutionnelles du droit des obligations*, in *Le renouvellement des sources du droit des obligations*, LGDJ, 1997, p. 65. – E. Zoller, *Le Code civil et la Constitution*, in *1804-2004, Le Code civil, Un passé, un présent, un avenir*, Dalloz, 2004, p. 975. – Dossier « Le Conseil constitutionnel et le droit des biens et des obligations, in *Nouv. Cah. Cons. const.* 31-2011 : N. Molfessis, *Sur trois facettes de la jurisprudence du Conseil constitutionnel*, p. 7 ; P. Deumier et O. Gout, *La constitutionnalisation de la responsabilité civile*, p. 21 ; J.-F. de Montgolfier, *Le Conseil constitutionnel et la propriété privée des personnes privées* ; P.-Y. Gandoun, *Le Conseil constitutionnel et le contrat*, p. 51.

(32) Cons. const., 10 juin 2004, n° 2004-496 DC, *Loi pour la confiance dans l'économie numérique* : *Rec. Cons. const.* 2004, p. 101 ; *JCP* 2004, II, 10117. – Cons. const., 30 mars 2006, n° 2006-535 DC, *Loi pour l'égalité des chances* : *JCP* 2006, II, 10064 et note G. Drago. – Cons. const., 30 nov. 2006, n° 2006-543 DC : *D.* 2007, p. 1760 et note M. Verpeaux. – X. Magnon, *La directive communautaire comme paramètre du contrôle de constitutionnalité des lois : une exception d'interprétation stricte à la jurisprudence IVG* : *D.* 2006, chron. p. 2878. – R. Encinas de Munagorri, *Le contrôle de constitutionnalité des lois non conformes aux directives communautaires* : *RTD civ.* 2007, p. 80.

(33) Ainsi le Conseil constitutionnel a censuré le 12 janvier 2002, au nom de la liberté d'entreprendre, certaines dispositions du projet de loi de modernisation sociale restreignant les licenciements pour motif économique, ce qui a été très critiqué par la classe politique comme une immixtion du juge constitutionnel dans le domaine de la politique économique et sociale. V. D. de Béchillon, *Le gouvernement des juges : une question à dissoudre* : *D.* 2002, chron. p. 973. – E. Lambert, *Le gouvernement des juges*, rééd. Dalloz, 2005, préf. F. Moderne. – C. Tukov, *La 5e mue du Conseil constitutionnel ? Point sur l'État de droit et le gouvernement des juges* : *JCP* 2013, 220.

qui leur serait hiérarchiquement supérieure[34]. On notera que, comme le Conseil d'État, le Conseil constitutionnel n'utilise plus désormais dans ses décisions la formule traditionnelle « Considérant que... », ce qui constitue un allégement de forme. Depuis 2016 le Conseil publie chaque année un rapport d'activité[35]. Par ailleurs, le Conseil s'est récemment doté d'un service de communication[36].

71. – **Le contrôle *a priori* de la constitutionnalité des lois.** Un tel contrôle *a priori* n'a pas toujours existé. Il a été institué par la Constitution de 1958 qui a conféré compétence exclusive à cet effet au Conseil constitutionnel (Const. 4 oct. 1958, Titre VII, art. 56 et s.). Le Conseil comprend neuf membres nommés[37], dont le mandat est de neuf ans et n'est pas renouvelable. Trois sont nommés par le président de la République, trois par le président de l'Assemblée nationale et trois par le président du Sénat ; le président est nommé par le président de la République et a voix prépondérante en cas de partage[38]. On peut s'interroger sur la pertinence de cette procédure de désignation si, par le biais du contrôle *a posteriori* qui lui a été reconnu (V. *infra*, nos 72 et s.), le Conseil constitutionnel était appelé à devenir une Cour suprême en charge notamment du contrôle de l'interprétation de la loi par les juges ordinaires. Il conviendrait alors que les juges de cette Cour suprême soient tous des juristes et qu'ils soient choisis à raison de leur compétence, non sur des critères politiques[39] comme c'est généralement le cas.

Outre le contentieux des élections des députés et des sénateurs (Const. 4 oct. 1958, art. 59), le Conseil constitutionnel a pour fonction de contrôler la conformité des lois à la Constitution, ce avant leur promulgation. Ce contrôle *a priori* de la constitutionnalité est toutefois limité à deux points de vue.

D'une part, sa compétence n'est pas générale. Y échappent les *lois référendaires*, c'est-à-dire celles adoptées par référendum qui, n'émanant pas du Parlement, sont considérées comme étant l'expression directe de la souveraineté nationale. De même le Conseil n'a pas compétence pour contrôler les lois portant révision de la Constitution[40], qu'elles résultent d'un référendum ou du vote du Congrès. Y échappent également les lois transposant exactement une directive communautaire car un tel contrôle conduirait nécessairement le Conseil constitutionnel à se prononcer sur la constitutionnalité de la directive elle-même alors qu'il appartient au seul juge communautaire (*CJUE*) « de contrôler le respect par une directive communautaire tant des compétences définies par les traités que des droits fondamentaux garantis par l'article 6 du Traité sur l'Union

(34) M. Guillaume, *Avec la QPC, le Conseil constitutionnel est-il devenu une Cour suprême ?* : *JCP* 2012, 722.

(35) M. Verpeaux, *Le Conseil constitutionnel, au rapport...* : *JCP* G 2017, 1216 ; *Les innovations et continuités du cru 2019. À propos du rapport d'activité 2019 du Conseil constitutionnel* : *JCP* 2019, 1075.

(36) M. Disant, *La nouvelle communication du Conseil constitutionnel* : *JCP* 2018, 536.

(37) En sus de ces neuf membres, font de droit partie à vie du Conseil constitutionnel les anciens présidents de la République (art. 56, al. 2). En pratique, aucun ancien président de la République n'avait participé aux travaux du Conseil avant M. Giscard d'Estaing. Il a été envisagé que cette participation des anciens présidents soit supprimée pour l'avenir, mais sans rétroactivité.

(38) A. Roux, *Le nouveau Conseil constitutionnel. Vers la fin de l'exception française ?* : *JCP* 2008, I, 175.

(39) D. Rousseau, *Pour un nouveau mode de désignation des membres du Conseil constitutionnel. Ultime plaidoirie* : *JCP* 2011, suppl. au n° 26, p. 23. – B. Génevois et a., *Réformer la composition du Conseil constitutionnel ?* : *Rev. dr. Assas* févr. 2012, n° 5, p. 88. – P. Deumier, *Le Conseil constitutionnel, juridiction impartiale et indépendante ?* : *RTD civ.* 2012, 481. V. aussi P. Wachsmann, *Éditorial* : *D.* 21 févr. 2019, n° 6.

(40) Cons. const., 26 mars 2003, n° 2003-469 DC : *JCP* 2003, II, 10066 et note J.-Cl. Zarka ; *RTD civ.* 2003, 563, obs. R. Libchaber ; *RFDA* 2003, 792, obs. L. Favoreu. – Cons. const., 2 mars 2004, n° 2004-492 DC : *JCP* 2004, II, 10048 et note J.-Cl. Zarka.

européenne »[41]. Le Conseil d'État s'est prononcé dans le même sens lorsqu'il a été saisi d'une demande en annulation pour inconstitutionnalité d'un décret transposant une directive européenne[42].

D'autre part, le contrôle n'est pas systématique, l'article 61 limitant la possibilité de saisir le Conseil. Le Conseil ne peut pas se saisir lui-même ; les lois ne peuvent lui être déférées que par le président de la République, le Premier ministre, le président de l'Assemblée nationale, le président du Sénat ou soixante députés ou soixante sénateurs[43]. Cette saisine n'est possible qu'avant la promulgation de la loi critiquée, si bien qu'il s'agit d'un contrôle *a priori*. Il s'ensuit que, jusqu'à la réforme de la Constitution mise en œuvre par la loi organique du 10 décembre 2009, si une loi n'avait pas été soumise au contrôle du Conseil, elle pouvait être contraire à la Constitution sans que nul ne puisse la soumettre ni au Conseil constitutionnel, ni *a fortiori* aux tribunaux ordinaires[44]. Toutefois, le Conseil constitutionnel accepte de contrôler les dispositions d'une loi déjà promulguée lorsque sa portée est affectée par une loi nouvelle dont il est saisi[45].

Lorsque le Conseil constitutionnel déclare une disposition inconstitutionnelle, elle « ne peut être promulguée, ni mise en application » (Const. 4 oct. 1958, art. 62, al. 1). Souvent l'inconstitutionnalité ne visera que quelques articles d'une loi, lesquels devront être retranchés de la loi et celle-ci pouvant donc être promulguée pour le surplus. Le Conseil peut, à cette occasion, être amené à modifier en conséquence certains passages du texte conservé[46]. Le Conseil s'est même reconnu le pouvoir de ne reconnaître la conformité de la loi à la Constitution que sous réserve de donner telle ou telle interprétation à certaines de ses dispositions[47].

La décision une fois rendue est revêtue de l'autorité absolue de la chose jugée[48] ; elle n'est susceptible d'aucun recours[49]. Elle s'impose « aux pouvoirs publics et à

(41) Cons. const., 10 juin 2004, n° 2004-496 DC : *JCP* 2004, II, 10116 et note J.-Cl. Zarka ; *AJDA* 2004, 1537, note M. Gautier et F. Melleray ; *AJDA* 2004, 2261 et la note ; *D.* 2005, 199, 1re esp., note S. Mouton ; *RTD civ.* 2004, 605, obs. R. Encinas De Munagorri. – Cons. const., 29 juill. 2004 : *JCP* 2004, II, 10167 et note Ch. Galloux. – V. B. Mathieu, *Le Conseil constitutionnel conforte la construction européenne en s'appuyant sur les exigences constitutionnelles nationales* : *D.* 2004, p. 1739. – B. Genevois, *Le Conseil constitutionnel et le droit communautaire dérivé. À propos de la décision n° 2004-496 du 10 juin 2004* : *RFDA* 2004, 651. – D. Chamussy, *Le Conseil constitutionnel, le droit communautaire et la sécurité juridique* : *AJDA* 2004, 1937. – D. Bailleul, *Quand le juge ressemble au constituant* : *D.* 2004, chron. p. 3089. – P.-Y. Monjal, *La Constitution, toute la Constitution, rien que le droit communautaire... (Remarque à vif à propos de la décision du Conseil constitutionnel du 10 juin 2001, n° 2004-496* : *LPA* 12 août 2004, p. 16. – Th. Georgopoulos, *Le Conseil constitutionnel face à la directive communautaire : trois destinataires pour un message ambivalent* : *LPA* 15 nov. 2005, p. 3. – V. cep. J. Roux, *La Cour de justice et le contrôle incident de constitutionnalité des directives de l'Union : remarques sur un* obiter dictum : *D.* 2010, p. 2524.

(42) Sur le contrôle exercé par la juridiction administrative de la compatibilité des lois avec la Constitution, V. J.-B. Dubrulle, *La compatibilité des lois avec la Constitution : un contrôle de constitutionnalité ?* : *AJDA* 2007, p. 127. – CE, ass., 8 févr. 2007, n° 287110, *Sté Arcelor Atlantique et Lorraine* : *RTD civ.* 2007, p. 299, obs. P. Rémy-Corlay ; *D.* 2007, p. 2272 et note M. Verpeaux ; *JCP* 2007, I, 10049 et note P. Cassia ; *AJDA* 2007, p. 577, obs. F. Lenica et J. Boucher ; *RFDA* 2009, p. 800, concl. M. Guyomar. – P. Deumier, *Constitution et droit communautaire dérivé : la voix du Conseil d'État dans le dialogue des juges* : *D.* 2007, chron. p. 2742.

(43) H. Roussillon, *La saisine du Conseil constitutionnel, Contribution à un débat* : *RID comp.* 2002, 487.

(44) CE, 3 févr. 1978, *CFDT et CGT* : *AJDA* 1978, p. 388, note M. Durupty. – Cass. 1re civ., 12 mai 2004, *Bull.* n° 136, p. 111.

(45) J. Bonnet, *L'amorce d'une « véritable révolution juridique » : la réponse du juge ordinaire et du Parlement à la censure par le Conseil constitutionnel d'une loi promulguée* : *RFDA* 2005, 1049.

(46) S. Sallès, *Le conséquentialisme dans la jurisprudence du Conseil constitutionnel*, LGDJ, 2016. – M. Charité, *Quand le Conseil constitutionnel réécrit la loi* : *AJDA* 2018, 261.

(47) V. par ex., Cons. const., 13 mars 2003, n° 2003-467 DC : *JO* 19 mars 2003, p. 4789 (pour la loi du 18 mars 2003 relative à la sécurité intérieure). Sur l'autorité des réserves d'interprétation, V. P. Catala, *Turbulences dans les sources du droit* : *Mél. Sassi Ben Halima*, Tunis, 2005.

(48) CE, 15 mai 2013, n° 340554, *Cne de Gurmençon* : *AJDA* 2013, 1639, concl. A. Lallet.

(49) Lorsque le Conseil constitutionnel a rendu une décision en application de l'article 61, al. 2, il ne peut être saisi d'un nouveau recours contre le même texte (Cons. const., 4 juill. 2001 : *D.* 2001, 3374, note B. Mathieu et M. Verpeaux).

toutes les autorités administratives et juridictionnelles » (Const. 4 oct. 1958, art. 62, al. 2)[(50)].

72. – **Le contrôle *a posteriori* de la constitutionnalité : la question prioritaire de constitutionnalité (QPC).** Le contrôle *a posteriori* de la constitutionnalité des lois a été introduit en droit français par la loi organique du 10 décembre 2009, relative à l'application de l'article 61-1 de la Constitution, loi validée par le Conseil constitutionnel sous trois réserves d'interprétation[(51)].

Depuis le 1er mars 2010, il est ainsi permis à tout plaideur de soulever devant tout juge français ce que la loi dénomme une « question prioritaire de constitutionnalité » (QPC) ; cette voie de droit est ouverte au justiciable pour faire reconnaître qu'une loi[(52)] applicable au litige auquel il est partie est contraire à la Constitution et en solliciter l'abrogation par le Conseil constitutionnel[(53)].

La recevabilité d'une QPC est soumise à trois conditions cumulatives[(54)] :

– la disposition législative contestée doit être applicable au litige ou à la procédure, ou constituer le fondement des poursuites ;

– elle ne doit pas déjà avoir été déclarée conforme à la Constitution dans les motifs ou le dispositif d'une décision du Conseil constitutionnel, sauf changement des circonstances de fait ou de droit ;

– elle doit présenter un caractère sérieux.

Cette procédure peut mobiliser jusqu'à trois juges successifs[(55)] :

– le juge du fond devant qui est invoquée la non-conformité à la Constitution d'une loi applicable au litige ;

---

(50) Cass. soc., 25 mars 1998, *Bull.* n° 175, p. 128. – Cass. 1re civ., 6 juill. 2005, *Bull.* n° 304, p. 253. – V. Braquet-Brehant, *L'article 62, alinéa 2, de la Constitution du 4 octobre 1958. Contribution à l'étude de l'autorité des décisions du Conseil constitutionnel*, LGDJ, 2005. La Cour de cassation a toutefois limité la portée de cette disposition en précisant qu'une décision du Conseil constitutionnel ne s'imposait aux autres juridictions qu'en ce qui concerne le texte soumis à l'examen du Conseil. Ainsi, ayant à trancher le point de savoir si le président de la République pouvait être entendu en qualité de témoin ou être poursuivi devant une juridiction de l'ordre judiciaire, la Cour de cassation a décidé qu'elle n'était pas tenue par la décision du Conseil constitutionnel du 22 janvier 1999 qui avait écarté la possibilité de déférer le président de la République à la Cour pénale internationale pour y répondre des crimes de la compétence de cette cour (Cass. ass. plén., 10 oct. 2001 : *D.* 2002, p. 237, note Ch. Debbasch ; *D.* 2002, p. 674, note J. Pradel ; *JCP* 2002, II, 10024, note Cl. Franck ; *RTD civ.* 2002, 169, obs. N. Molfessis. – O. Jouanjan et P. Wachsmann, *La Cour de cassation, le Conseil constitutionnel et le statut pénal du chef de l'État, À propos de l'arrêt rendu par l'assemblée plénière de la Cour de cassation le 10 octobre 2001* : *RFDA* 2001, 1169). Cela dit, la Cour de cassation n'en a pas moins statué dans le même sens que le Conseil constitutionnel en décidant que, pendant la durée de son mandat, le président de la République ne peut être entendu comme témoin assisté, ni être mis en examen, cité ou renvoyé pour une infraction quelconque devant une juridiction pénale de droit commun.

(51) P. Bon, *La question prioritaire de constitutionnalité après la loi organique du 10 décembre 2009* : *RFDA* 2009, 1107. – G. Drago, *Vers la question prioritaire de constitutionnalité* : *JCP* 2010, n° 2. – *La question prioritaire de constitutionnalité* : *AJDA* 2010, dossier p. 74. – C. Pérès, *La question prioritaire de constitutionnalité et le contrat* : *RDC* 2010, 539. – J.-B. Perrier (ss dir.), *La question prioritaire de constitutionnalité*, PUAM, 2011. – B. Mathieu, *Question prioritaire de constitutionnalité*, LexisNexis, coll. « Actualité », févr. 2013. – *La QPC, une question pour la démocratie*, colloque Hôtel de Lassay, 5 avr. 2013 : *JCP* 2013, suppl. au n° 2934, 15 juill. 2013.

(52) Loi, par opposition à un décret (Cons. const., 30 sept. 2011, n° 2011-169 QPC), mais y compris les lois du pays de Nouvelle-Calédonie (Cons. const., 9 déc. 2011, n° 2011-205 QPC). Mais qu'en est-il des ordonnances ? V. A. Jennequin, *La question prioritaire de constitutionnalité à l'épreuve des ordonnances* : *AJDA* 2010, p. 2300. Il convient de distinguer suivant que l'ordonnance a été ratifiée auquel cas elle devient loi, ou non ratifiée auquel cas le texte n'a qu'un caractère réglementaire : CE, 11 mars 2011, req. n° 341658, *M. Benzoni*.

(53) *La question prioritaire de constitutionnalité. Premier bilan et prospective. Actes du colloque du 22 septembre 2010* : *JCP* G 29 nov. 2010, suppl. au n° 48.

(54) P. Bon, *La question prioritaire de constitutionnalité. Premières questions, premières précisions* : *RFDA* 2010, p. 679.

(55) Dans le cas où le Conseil constitutionnel serait lui-même saisi comme juge du fond, par exemple en matière de contentieux électoral, il examinerait directement le bien-fondé de la QPC posée : Cons. const., 12 janv. 2012 : *D.* 2012, 327 et note P. Cassia.

– la Cour de cassation[56] ou le Conseil d'État, suivant l'ordre de juridiction auquel appartient le juge du fond, qui jouent un rôle de filtre de manière à ne renvoyer la question devant le Conseil constitutionnel que s'il s'agit d'une « question nouvelle[57] ou présentant un caractère sérieux[58] » ; ils disposent à cet effet d'un délai de trois mois pour statuer sur le bien-fondé du renvoi ;

– le Conseil constitutionnel enfin qui, seul juge de la constitutionnalité, peut décider de l'inconstitutionnalité de la loi déférée et de son éventuelle abrogation avec effet à l'égard de tous[59]. On notera que le Conseil s'est autorisé à se saisir d'office d'une question non soulevée par l'auteur d'une QPC, ce qui peut être un moyen pour lui de surmonter le filtre de la Cour de cassation[60].

Si, à la suite de ce contrôle, une disposition est déclarée inconstitutionnelle, elle est abrogée à compter de la publication de la décision du Conseil constitutionnel ou de toute date ultérieure que le Conseil aura fixée[61]. C'est ainsi que le Conseil constitutionnel a censuré un certain nombre de dispositions relatives à la garde à vue tout en reportant au 1er juillet 2011 la date d'abrogation des dispositions concernées, ce en vue de permettre au législateur de prendre de nouvelles dispositions conformes à la Constitution[62] et, de surcroît, conformes à la Convention européenne des droits de l'homme comme l'a jugé ultérieurement la Cour de cassation[63]. En revanche, la décision déclarant inconstitutionnelle la définition du harcèlement sexuel n'a pas bénéficié d'un tel report, ce qui a suscité un tollé chez les victimes et les associations qui les défendaient[64].

Si des personnes ont subi des dommages directement du fait de l'application de la loi avant son abrogation, elles pourront en demander réparation devant le juge administratif, qui admet la responsabilité de l'État du fait des lois inconstitutionnelles[65].

En pratique, le contrôle de la constitutionnalité par QPC a connu un vif succès[66], à un point tel qu'on a pu évoquer l'abus du droit de soulever une QPC[67].

(56) L'examen des QPC qui était initialement confié à une formation spéciale de la Cour de cassation lui a été retiré (L. org. 22 juill. 2010) pour être attribué à la chambre qui connaît des pourvois dans la matière considérée (D. n° 2010-1216, 15 oct. 2010).

(57) Sur la notion de question nouvelle, V. CE, 8 oct. 2010, n° 338505.

(58) V. Goesel-Le Bihan, *Les griefs susceptibles d'être utilement invoqués dans le cadre d'une QPC* : *JCP* 2015, 807.

(59) Pour l'examen des QPC, le Conseil constitutionnel a adopté un règlement spécifique de procédure du 4 février 2010 : *JO* 18 févr. 2010, p. 2986. – M. Guillaume, *La procédure suivie devant le Conseil constitutionnel pour les questions prioritaires de constitutionnalité* : *JCP* 2011, suppl. au n° 41, 5. – M.-A. Granger, *Secret et publicité dans la procédure de la question prioritaire de constitutionnalité devant le Conseil constitutionnel* : *JCP* 2012, 877.

(60) B. Mathieu, *Saisine d'office* : *JCP* 2011, 881.

(61) V. Cons. const., communiqué 15 avr. 2011 sur les effets dans le temps des questions prioritaires de constitutionnalité. Sur l'effet dans le temps des décisions QPC, V. P. Deumier, *Effet constitutionnel différé* versus *effet conventionnel immédiat* : *RTD civ.* 2018, 620.

(62) Cons. const., 30 juill. 2010, n° 2010-14/22 QPC. – Cons. const., 6 août 2010, n° 2010-30/34/35/47/48/49/50 QPC. – P. Puig, *Le Conseil constitutionnel et la modulation dans le temps des décisions QPC* : *RTD civ.* 2010, 517. – Sur les difficultés soulevées par cette pratique, V. P. Deumier, note ss Cass. 1re civ., 28 janv. 2015 : *JCP* 2015, 361.

(63) Cass. crim., 19 oct. 2010, 3 arrêts. On peut toutefois se demander si un tel report à une date ultérieure trouverait grâce aux yeux de la CEDH : CEDH, 13 janv. 2011, 4 arrêts, n° 17792/07, n° 20008/07, n° 27360/04, n° 6587/04.

(64) Cons. const., 4 mai 2012, n° 2012-240 QPC : *D.* 2012, 1189.

(65) CE, ass., 24 déc. 2019, nos 425.981, 425.983 et 428.162, *Sté hôtelière Paris Eiffel Suffren*, *Sté Paris Clichy* et *M. A. B.* : *D.* 2020, 746, note J. Roux ; *JCP* 2020, 211, note Y. Aguila et G. Froger.

(66) B. Mathieu, *Question prioritaire de constitutionnalité. Jurisprudence du 1er mars au 2 juillet 2010* : *JCP* 2010, n° 801. – B. Mathieu, *Un état des lieux sans concessions. À propos du rapport d'évaluation de la QPC du 5 octobre 2010* : *JCP* 2010, 1136. – D. Delcourt, *La question prioritaire de constitutionnalité : chronique d'un succès programmé* : *RRJ* 2010, 1249. Suivant le bilan dressé par le Conseil constitutionnel pour 2010 à 2012, sur 1 520 QPC posées par des requérants, 314 ont été renvoyées au Conseil constitutionnel (137 par le Conseil d'État, 177 par la Cour de cassation). Le Conseil constitutionnel a rendu 255 décisions portant sur 297 QPC : 137 étaient des décisions de conformité, 70 de non-conformité partielle ou totale, et 10 de non-lieu.

(67) N. Balat et P.-Y. Gautier, *De l'abus du droit de soulever une question prioritaire de constitutionnalité* : *JCP* 2019, 588.

L'engouement a semblé aller en s'atténuant, du moins devant le juge judiciaire(68). Après dix ans d'application, certains ont dressé un bilan contrasté quant aux justiciables(69). Devant les juridictions administratives, les QPC concernent en premier lieu la matière fiscale, puis le droit social et enfin le droit des collectivités territoriales. S'agissant des juridictions de l'ordre judiciaire, il a semblé que, à la différence du Conseil d'État, la Cour de cassation manifestait initialement une certaine réticence à la mise en œuvre de cette nouvelle procédure. Tel n'est plus le cas aujourd'hui ainsi que cela résulte d'un bilan quantitatif et qualitatif de la QPC(70).

73. – **Les difficultés d'application de la QPC : caractère prioritaire et droit de l'Union européenne.** La première difficulté soulevée a été relative à l'articulation du contrôle de la constitutionnalité des lois par le Conseil constitutionnel par voie de QPC et du contrôle de la conformité des lois au droit de l'Union européenne(71) qui n'est exercé que par les juridictions ordinaires (V. *infra*, n° 79). Les premiers commentateurs de la loi organique avaient émis des doutes sur la conformité du caractère prioritaire de la QPC au regard du droit de l'Union(72) qui pouvait être de nature à empêcher ou retarder le contrôle de la conventionnalité.

Dans le sillage de cette idée, la Cour de cassation, saisie d'une QPC selon laquelle un article du Code de procédure pénale, du fait de sa contrariété au droit de l'Union, serait inconstitutionnel, a posé directement cette question préjudicielle à la Cour de justice de l'Union européenne(73). Cette saisine a suscité un tollé dans les rangs des ardents défenseurs de la QPC et provoqué un extraordinaire psychodrame à l'occasion duquel la Cour de cassation, accusée de vouloir saborder la réforme, a été vouée aux gémonies en des termes qui dépassaient parfois sensiblement les limites de la critique courtoise.

Il est vrai que la question posée par la Cour de cassation reposait sur une hypothèse peu vraisemblable, celle où le Conseil constitutionnel jugerait la disposition nationale attaquée conforme au droit de l'Union européenne ; or, à ce jour du moins, le Conseil constitutionnel ne s'est jamais reconnu le droit de contrôler la conventionnalité des lois.

Curieusement, la question préjudicielle posée par la Cour de cassation a reçu en premier une réponse, sous forme d'*obiter dictum*, du Conseil constitutionnel(74) et du Conseil d'État(75). En substance, le Conseil constitutionnel rappelait qu'il n'exerce que le contrôle de la constitutionnalité, pas celui de la conventionnalité qui

(68) Rapport du groupe de travail commun au Conseil d'État et à la Cour de cassation sur la QPC, 2018.

(69) S. Benzina, *Dix ans de QPC – Au-delà de la communication du Conseil constitutionnel : Blog Jus Politicum* 17 déc. 2020. Comp. L. Fabius, *Le Conseil constitutionnel célèbre les dix ans de la question prioritaire de constitutionnalité (QPC) : D.* 2020, 2336.

(70) Rapport du groupe de travail sur la QPC, préc., 2018. – P. Deumier, *QPC et jeux d'interprétation : RTD civ.* 2018, 615.

(71) La question se pose également de l'articulation de ce contrôle avec le contrôle au regard de la Convention EDH. – V. M. Guillaume, *Question prioritaire de constitutionnalité et Convention européenne des droits de l'homme : Mél. J.-P. Costa*, Dalloz, 2011. – Pour une application, V. M. Guyomar, concl. ss T. confl., 13 déc. 2010 : *AJDA* 2011, 439.

(72) B. Genevois, *RFDA* 2010, 1. – P. Cassia, *AJDA* 2009, 2193.

(73) Cass. QPC, 16 avr. 2010, n° 10-40.002 : *JCP* 2010, n° 464, obs. B. Mathieu ; *JCP* 2010, n° 563, note J.-F. Akandji-Kombé. – P. Cassia et E. Saulnier-Cassia, *Imbroglio autour de la question prioritaire de constitutionnalité (QPC) : D.* 2010, 1234 ; *RFDA* 2010, p. 445, avis M. Domingo ; p. 449, note M. Gautier ; p. 458, note P. Gaïa.

(74) Cons. const., 12 mai 2010, n° 2010-605 DC, *Jeux d'argent et de hasard en ligne : D.* 2010, 1321, note A. Levade ; *JCP* 2010, n° 576 et note B. Mathieu.

(75) CE, 14 mai 2010, n° 312305, *Rujovic* (décision suivant laquelle les lois autorisant la ratification d'un traité ne peuvent faire l'objet d'une QPC).

appartient aux juges administratifs et judiciaires, qu'il est toujours possible d'appliquer immédiatement le droit de l'Union en cas de besoin et que la transmission d'une QPC n'interdit pas le renvoi préjudiciel, éventuellement dans le même temps. Le Conseil d'État se prononce dans le même sens, ajoutant que le juge administratif est « juge de droit commun de l'application du droit de l'Union ». Ainsi rapidement instruite sur l'état du droit en France, la Cour de justice de l'Union européenne a répondu :

– que la procédure de QPC n'est contraire au droit de l'Union que si elle empêche les juridictions nationales de saisir la Cour de justice de l'Union européenne d'une question préjudicielle ;

– qu'elle lui est conforme si elle respecte le pouvoir du juge national : de saisir à tout moment la Cour d'une question préjudicielle, d'adopter toute mesure nécessaire afin d'assurer la protection juridictionnelle provisoire des droits de l'Union, de laisser inappliquée, à l'issue de la procédure de QPC, la disposition nationale en cause qui serait contraire au droit de l'Union[76].

De ces péripéties, on retiendra que le justiciable a le choix d'inviter son juge à procéder à un contrôle de la constitutionnalité ou à un contrôle de la conventionnalité, ou les deux[77] et que, en dehors de toute controverse, il y a un réel problème d'articulation entre les divers mécanismes[78].

74. – **Les difficultés d'application de la QPC : le filtrage n'est-il pas déjà un contrôle de la constitutionnalité ?** Pour éviter que le Conseil constitutionnel ne soit submergé par les plaideurs, la loi organique a instauré un double filtrage. Le premier filtre, exercé par le juge du fond devant lequel le plaideur soulève l'inconstitutionnalité de la loi, vise seulement à écarter les questions fantaisistes ou à but dilatoire. Le second est exercé par une cour suprême, la Cour de cassation ou le Conseil d'État, suivant que l'affaire relève des juridictions de l'ordre judiciaire ou des juridictions administratives ; ce filtre tend à s'assurer que la question soulevée « est nouvelle ou présente un caractère sérieux ».

Si la nécessité d'un filtre n'est pas contestable, encore faut-il que son exercice ne verse pas dans l'abus. La question se pose pour les décisions de refus de transmettre la QPC pour défaut de sérieux. Il est évident qu'en pareil cas la Cour suprême saisie exerce un contrôle « négatif » de la constitutionnalité en ce que son refus de transmettre repose sur sa conviction que la loi critiquée est parfaitement conforme à la Constitution ; la Cour le dit parfois clairement[79]. Elle ne transmet la QPC au

(76) F. Donnat, *La Cour de justice et la QPC : chronique d'un arrêt prévisible et imprévu* : D. 2010, 1640. – Sur l'ensemble de la question, V. P. Deumier, *QPC : la question fondamentale du pouvoir d'interprétation (à propos du caractère prioritaire)* : *RTD civ.* 2010, 499, dont les développements ont été ici résumés. – P. Fombeur, *Question prioritaire de constitutionnalité, droit constitutionnel et droit de l'Union européenne* : D. 2010, 1229.

(77) V. Kirsey et H. Portelli, *Droits fondamentaux : du bon usage de la guerre des juges par le justiciable* : JCP 2010, n° 799.

(78) D. Mainguy, *La contestation du contrôle de conformité des lois. Brèves remarques d'un privatiste* : JCP 2010, n° 803. – H. Croze, *L'application immédiate du droit de l'Union européenne : un obstacle à la transmission d'une QPC ? À propos de Cass. QPC, 29 juin 2010* : JCP 2010, n° 930. – G. Lucazeau, *Constitution, Convention ou traité* : JCP 2010, n° 716. – J.-F. Akandji-Kombé, *Le juge (du fond), les parties et la question prioritaire de constitutionnalité* : D. 2010, 1725. – H. Labayle, *Question prioritaire de constitutionnalité et question préjudicielle : ordonner le dialogue des juges ?* : RFDA 2010, p. 659. – Ph. Manin, *La question prioritaire de constitutionnalité et le droit de l'Union européenne. Un bilan provisoire* : AJDA 2010, p. 2188. – A. Levade, *La « guerre des trois » n'aura pas lieu ! Sur l'improbabilité des conflits* : JCP 2011, suppl. au n° 23, p. 16.

(79) Ainsi en est-il de Cass. QPC, 7 mai 2010, n° 09-80.774 où la Cour écrit que la disposition critiquée « ne porte pas atteinte aux principes constitutionnels de liberté d'expression et d'opinion ». – V. aussi Cass. QPC, 31 mai 2010, n° 10-80.637.

Conseil constitutionnel que là où est estimé qu'il y a doute[80]. Néanmoins, ces arrêts de non-renvoi ne se sont vu reconnaître qu'une simple autorité relative de la chose jugée[81].

Ce faisant, la Cour suprême saisie exerce le rôle de filtre qui lui a été dévolu et qui, en définitive, fait d'elle une sorte de juge de droit commun de la constitutionnalité[82]. À cet égard, il a été émis le souhait que les décisions de refus soient très solidement motivées et qu'elles puissent être soumises en appel au Conseil constitutionnel ; mais sur ce dernier point, à l'occasion d'un premier bilan présenté le 1er septembre 2010 devant la commission des lois de l'Assemblée nationale, le vice-président du Conseil d'État a considéré qu'il n'était pas utile, au moins à court terme, d'introduire un mécanisme d'appel[83].

On peut également se poser la question de savoir si une condamnation pour non-conventionnalité d'une disposition n'est pas un indice devant conduire à soumettre une QPC au Conseil constitutionnel. Ainsi en a-t-il été de la rétroactivité édictée par la loi anti-Perruche qui, déclarée inconventionnelle par la Cour européenne des droits de l'homme (V. *infra*, n° 164), a finalement été condamnée comme inconstitutionnelle et a été abrogée[84]. Mais, corrélativement on relèvera que la Cour de cassation a considéré, dans un premier temps, que la non-motivation des arrêts de cour d'assises était conventionnelle[85] et, dans un second temps, a refusé de transmettre une QPC sur ce point[86], comme si le brevet de conventionnalité qu'elle avait décerné – et qui a été finalement confirmé par la Cour de justice de l'Union européenne (V. *infra*, n° 505) – valait également brevet de constitutionnalité[87].

75. – **Les difficultés d'application de la QPC : le contrôle s'étend-il à l'interprétation de la loi ?** C'est là une question qui ne se pose pas lorsque le Conseil constitutionnel exerce son contrôle *a priori* puisque la loi, n'étant pas encore applicable, n'a pas pu faire l'objet d'une quelconque interprétation. Cela dit, même dans ce cas, le Conseil ne se prive pas parfois de donner son visa à la loi sous certaines réserves d'interprétation.

En revanche, la question se pose constamment en présence du contrôle *a posteriori* d'une loi qui a déjà fait l'objet de nombreuses applications par la jurisprudence. À cette question, la Cour de cassation a dans un premier temps répondu négativement en refusant de transmettre une QPC relative à la non-motivation des arrêts de cour d'assises[88] au motif que « la question posée tend en réalité, à contester

(80) Saisie de cette question, la Cour EDH a considéré que, si elles sont bien motivées, ces décisions de non-renvoi ne sont pas arbitraires et ne portent donc pas une atteinte injustifiée au droit d'accès au Conseil constitutionnel : CEDH, Gde ch., 25 août 2015, nos 3569/12, 9145/12, 9161/12 et 37791/13, *Renard et a. c/ France* : *JCP* 2015, 1257, note F. Sudre ; *D.* 2015, 230, note A.-C. Méric et T. Larroturou.

(81) N. Jacquinot, *L'utilisation par les juges du fond des arrêts de non-renvoi d'une QPC* : *AJDA* 2012, 2097.

(82) Cass. ass. plén., 20 mai 2011, 4 arrêts : *D.* 2011, 1775 et note N. Maziau.

(83) On relèvera à cet égard que, à l'occasion d'une QPC, la Cour de cassation a pu préciser son interprétation de la loi dans un sens qui la rendait conforme à la Constitution et à la Convention EDH : N. Maziau, *Nouveaux développements dans la mise en œuvre de la QPC : le filtre au service des évolutions jurisprudentielles de la Cour de cassation* : *D.* 2011, 2811.

(84) Cons. const., 11 juin 2010, n° 2010-2 QPC.

(85) Cass. crim., 14 oct. 2009 : *D.* 2009, chron. 2778, note J. Pradel.

(86) Cass. QPC, 19 mai 2010, n° 09-83.328.

(87) Sur l'ensemble de la question, V. P. Deumier, *QPC : la question fondamentale du pouvoir d'interprétation (à propos du filtrage)* : *RTD civ.* 2010, 504.

(88) Cass. QPC, 19 mai 2010, n° 09-82.582. – H. Nico, *La Cour de cassation élude la QPC relative à la motivation des arrêts de cours d'assises* : *D.* 2010, 2236.

non la constitutionnalité des dispositions qu'elle vise, mais l'interprétation qu'en a donnée la Cour de cassation ». Cette position reposait sur une interprétation littérale de la loi organique qui institue un contrôle de la constitutionnalité d'une « disposition législative ». La Cour de cassation décidait ainsi fermement que la QPC ne pouvait porter que sur la constitutionnalité d'un texte de loi, pas sur l'interprétation qui en serait faite par les juges. À l'inverse, le Conseil d'État se montrait ouvert[89] à l'idée que l'interprétation d'un texte puisse faire l'objet d'un contrôle de constitutionnalité.

Cette position de la Cour de cassation a été très généralement critiquée[90]. Il a été fait observer qu'on ne saurait sans artifice dissocier la loi de l'interprétation qui en est faite et de son application, dès lors que cette interprétation émane d'une Cour suprême[91] : l'interprétation fait corps avec la loi interprétée, l'ensemble constituant ce que les constitutionnalistes italiens dénomment le « droit vivant »[92]. Elle a été en outre contredite par le Conseil constitutionnel dans une décision du 6 octobre 2010 qui énonce qu'« en posant une question prioritaire de constitutionnalité, tout justiciable a le droit de contester la constitutionnalité de la portée effective qu'une interprétation jurisprudentielle constante confère à cette disposition »[93].

Revenant sur sa position, la Cour de cassation a finalement décidé de renvoyer au Conseil constitutionnel la QPC portant sur la non-motivation des arrêts d'assises, pratique admise par la Cour de cassation[94].

On peut penser que la position restrictive de la Cour de cassation s'expliquait par son souci de ne pas soumettre son pouvoir d'interprétation de la loi au Conseil constitutionnel. Il y a ici une difficile conciliation à opérer entre les pouvoirs du juge ordinaire à qui il incombe, lorsque nécessaire, d'interpréter la loi dans le respect de la Constitution et la mission du Conseil constitutionnel de contrôler la constitutionnalité des lois[95].

C'est là une difficulté à laquelle ont été confrontés d'autres systèmes européens, notamment la Belgique et l'Italie. Un auteur propose de retenir une formule nuancée, tirée des exemples européens : si l'interprétation jurisprudentielle « met en péril la disposition, alors qu'il serait possible de la sauver par une autre lecture, les cours retiennent généralement l'interprétation conforme et valident la loi »[96].

(89) À propos de l'interprétation nouvelle d'un texte : CE, 20 déc. 2018, n° 418637, *Cne de Chessy* : *AJDA* 2019, 12, obs. M.-C. de Montecler ; *AJDA* 2019, 1395, note V. Barbé.

(90) D. de Béchillon, *L'interprétation de la Cour de cassation ne peut pas être complètement tenue à l'écart du contrôle de constitutionnalité des lois* : *JCP* 2010, n° 676. – N. Molfessis, *La jurisprudence* supra-constitutionem : *JCP* 2010, n° 1039. – P. Deumier, *QPC : la question fondamentale du pouvoir d'interprétation (à propos du contrôle de l'interprétation de la loi)* : *RTD civ.* 2010, 508. – J.-H. Robert et H. Matsopoulou, notes ss Cass. QPC, 11 juin 2010, n° 09-87.884 : *JCP* 2010, n°s 1030 et 1031 (QPC sur la constitutionnalité de la responsabilité pénale des personnes morales). – B. Mathieu, *La question de l'interprétation de la loi au cœur de la QPC* : *JCP* 2010, 1071 ; *RTD civ.* 2010, 810, obs. Ph. Théry.

(91) Seule une interprétation jurisprudentielle par une juridiction suprême peut faire l'objet d'une QPC, pas une interprétation faite par les juges du fond : Cons. const., 8 avr. 2011, n° 2011-120 QPC.

(92) N. Maziau, *Brefs commentaires sur la doctrine du droit vivant dans le cadre du contrôle incident de constitutionnalité* : *D.* 2011, p. 529.

(93) Cons. const., 6 oct. 2010, n° 2010-39 QPC : *D.* 2010, p. 2744 et note F. Chénedé ; *JCP* 2010, 1145, note A. Gouttenoire et C. Radé ; *RTD civ.* 2011, 90, obs. P. Deumier.

(94) Cass. crim., 19 janv. 2011 : *D.* 2011, p. 447, obs. S. Lavril et p. 800, note J.-B. Perrier.

(95) V. sur ce point F. Boucard, *La question prioritaire de constitutionnalité et les cours suprêmes* : *JCP* 2010, n° 804. – P. Deumier, préc. – P. Puig, *L'interprétation, entre « disposition législative » et « règle jurisprudentielle »* : *RTD civ.* 2015, p. 85.

(96) P. Deumier, préc., p. 512. – N. Maziau, *Le revirement de jurisprudence dans la procédure de QPC* : *D.* 2012, 1833.

Pour l'instant, le Conseil constitutionnel semble vouloir recourir à la technique de la réserve d'interprétation, comme il le fait régulièrement en matière de contrôle *a priori*[97].

La question s'est également posée de savoir si le contrôle par QPC pouvait s'exercer sur les « constructions jurisprudentielles » établies par une Cour suprême en dehors de toute référence à une loi[98]. Sur ce point, la Cour de cassation s'est prononcée par la négative[99], notamment pour la théorie de l'apparence[100].

76. – **Le contrôle de la constitutionnalité des traités et accords internationaux.** En application de l'article 53 de la Constitution, les traités et accords internationaux « ne prennent effet qu'après avoir été ratifiés ou approuvés ». Cela signifie qu'ils doivent faire l'objet d'une loi de ratification ou d'approbation.

À supposer que le traité faisant l'objet de cette procédure comporte des dispositions contraires à la Constitution, il peut à cette occasion être soumis au Conseil constitutionnel dans les mêmes conditions que toute loi ordinaire (V. *supra*, n° 71). Si le Conseil relève son inconstitutionnalité, l'article 54 dispose que « l'autorisation de ratifier ou d'approuver l'engagement international en cause ne peut intervenir qu'après révision de la Constitution ». Ainsi a-t-il fallu modifier la Constitution pour pouvoir ratifier le traité de Maastricht, celui d'Amsterdam, celui de Rome « établissant une Constitution pour l'Europe »[101], constitution qui finalement n'a pas été adoptée, et celui de Lisbonne qui a instauré un « traité simplifié »[102].

Ces dispositions manifestent clairement la supériorité de la Constitution sur les engagements internationaux.

Toutefois, si le Conseil constitutionnel n'a pas été saisi en temps utile de la constitutionnalité du traité, il peut s'avérer que ledit traité ne soit pas conforme à la Constitution. Doit-on alors faire prévaloir le traité ou la Constitution ? Pour prendre un exemple, un plaideur peut-il critiquer une disposition à valeur constitutionnelle au motif qu'elle serait contraire à un traité régulièrement ratifié par la France ? Suivant en cela le Conseil d'État[103], la Cour de cassation a proclamé la supériorité de la Constitution, en l'espèce la loi organique du 19 mars 1999 relative à la Nouvelle-Calédonie, sur la Convention européenne des droits de

(97) Cons. const., 18 juin 2010, n° 2010-8 QPC.

(98) V. E. Sagalovitsch, *Des effets de la QPC sur les arrêts de règlement* : *AJDA* 2011, 705.

(99) Cass. 1re civ., 27 sept. 2011 : *JCP* 2011, 1197, note F. Chénedé ; *D.* 2011, 2707, note A. Levade. – V. aussi Cass. 3e civ., 15 févr. 2018 : *JCP G* 2018, 385, avis av. gén. Sturlèse, et 386, note J. Monéger ; *RDC* 2018, 220, note J.-B. Seube.

(100) Cass. 3e civ., 30 mars 2017 : *D.* 2017, 1344 et note T. Lakssimi.

(101) Cons. const., 19 nov. 2004, n° 2004-505 DC : *AJDA* 2005, p. 211, note O. Dord, et p. 219, note D. Chamussy. – M. Verpeaux, *La voie de la ratification de la « constitution européenne » est ouverte. Cons. const., 19 nov. 2004, n° 2004-505 DC* : *JCP* 2004, aperçu rapide 676, p. 2348. – D. Chagnollaud, *La Constitution française ne peut pas être révisée par voie de directives... (après la décision n° 2004-505 DC du 19 nov. 2004, Traité établissant une Constitution pour l'Europe)* : *D.* 2005, p. 4. – Ch. Maugüe, *La décision n° 2004-505 DC du 19 nov. 2004 du Conseil constitutionnel français, Présentation générale* : *RFDA* 2005, 30. – P. Cassia et E. Saulnier-Cassia, *Le Traité établissant une Constitution pour l'Europe et la Constitution française. À propos de la décision n° 2004-505 DC du 19 nov. 2004 du Conseil constitutionnel et du projet de loi constitutionnelle* : *JCP* 2005, I, 108. – M. Verpeaux, *La loi constitutionnelle du 1er mars 2005 modifiant le titre XV de la Constitution, ou la livraison* : *D.* 2005, chron. p. 2485. – G. Alberton, *Et le Conseil constitutionnel ouvrit la boîte de Pandore... (ou les répercussions de la décision rendue le 19 novembre 2004 sur le juge ordinaire)* : *AJDA* 2006, p. 593.

(102) Cons. const., 20 déc. 2007, n° 2007-560 DC.

(103) CE, ass., 30 oct. 1998, *Sarran* : *D.* 2000, p. 152, note E. Aubin ; *RFDA* 1999, p. 89, obs. B. Mathieu et M. Verpeaux.

l'homme[104]. Cette solution, parfaitement logique au regard des dispositions de la Constitution et de la hiérarchie des normes, entre en contradiction avec la position de la Cour de justice de l'Union européenne qui prône la supériorité du traité sur la Constitution.

Sur ce dernier point, le Conseil constitutionnel s'est prononcé dans le sens d'une primauté du droit communautaire, mais en se fondant sur l'article 88-1 de la Constitution suivant lequel « la République participe à l'Union européenne ». Dans sa décision n° 496 DC du 10 juin 2004, il considère que l'article 88-1 implique que la France respecte les obligations résultant de ses engagements européens, notamment quant à la transposition des directives européennes (V. *supra*, n° 71).

C'est dans le droit fil de cette jurisprudence que se situe l'arrêt *Arcelor* du 8 février 2007[105]. Dans cette affaire, le Conseil d'État était saisi du contrôle de la constitutionnalité d'un acte réglementaire transposant les « dispositions précises et inconditionnelles » d'une directive. Le Conseil d'État a admis sa compétence par application cumulative des articles 55 et 88-1 de la Constitution. Mais, à la suite d'un raisonnement d'une extrême complexité, le Conseil d'État décide que, le droit communautaire, aujourd'hui dénommé droit de l'Union européenne, comportant en l'espèce les mêmes principes que la Constitution française, l'appréciation de la constitutionnalité doit s'opérer par référence au droit de l'Union européenne, et par la Cour de justice saisie d'une question préjudicielle[106].

Des raisonnements d'une pareille complexité, s'ils ravissent les spécialistes de la matière, sont parfaitement incompatibles avec les principes d'accessibilité et d'intelligibilité de la loi et, plus largement, du droit[107]. On ne saurait ici faire longtemps l'économie d'une simplification du droit, laquelle postule qu'on se prononce clairement sur la hiérarchie des normes et, en l'espèce, sur la primauté du droit de l'Union européenne. Telle ne paraît pas être la voie actuellement suivie.

Cette primauté du droit européen sur l'ensemble des normes nationales, y compris constitutionnelles, était posée en principe par l'article 1-6 du traité

(104) L'attendu principal manifeste une position de principe sans ambiguïté : « que la suprématie conférée aux engagements internationaux ne s'appliquant pas dans l'ordre interne aux dispositions de valeur constitutionnelle, le moyen tiré de ce que les dispositions de l'article 188 de la loi organique seraient contraires au Pacte international relatif aux droits civils et politiques et à la Convention européenne de sauvegarde des droits de l'homme et des libertés fondamentales doit être écarté » (Cass. ass. plén., 2 juin 2000 : *JCP* 2001, II, 10453, note A.-C. de Foucauld). Cette position, vivement approuvée par certains auteurs (B. Beignier et St. Mouton, *La Constitution et la Convention européenne des droits de l'homme, rang et fonction : D.* 2001, chron. p. 1636), est critiquée par d'autres comme contraire à l'évolution du droit et à l'ordre communautaire et international (B. de Lamy et P. Deumier, *La hiérarchie des normes : une pyramide à géométrie variable : LPA* 9 oct. 2000. – A.-C. de Foucauld, note préc. – R. Libchaber, *La vision du monde de la Cour de cassation* : obs. in *RTD civ.* 2000, p. 672. – O. Gohin, *La Constitution française contre les droits de l'homme (le précédent de la restriction du suffrage universel en Nouvelle-Calédonie) : Mél. Pactet*, Dalloz, 2003.

(105) CE, ass., 8 févr. 2007, n° 287110, *Sté Arcelor Atlantique et Lorraine : RTD civ.* 2007, p. 299, obs. P. Rémy-Corlay ; *D.* 2007, p. 2272 et note M. Verpeaux ; *JCP* 2007, I, 10049 et note P. Cassia ; *AJDA* 2007, p. 577, obs. F. Lenica et J. Boucher ; *RFDA* 2007, 384, concl. M. Guyomar ; *eod. loc.*, 2007, 578 et note X. Magnon. – A. Levade, *Le Palais-Royal aux prises avec la constitutionnalité des actes de transposition des directives communautaires : RFDA* 2007, 564.

(106) V. P. Deumier, *Constitution et droit communautaire dérivé : la voix du Conseil d'État dans le dialogue des juges : D.* 2007, chron. p. 2742.

(107) Pour une évolution de cet ésotérisme, V. D. Peano, *Qualité et accessibilité des décisions des juridictions administratives : AJDA* 2011, 612.

portant Constitution européenne en ces termes : « La Constitution et le droit adopté par les institutions priment le droit des États membres ». Et le Conseil constitutionnel avait considéré que cette disposition n'appelait pas, préalablement à son introduction dans l'ordre juridique interne, de révision de la Constitution car, à ses yeux, la portée du principe de primauté du droit de l'Union européenne demeurait inchangée par rapport à ce que reconnaît déjà l'article 88-1 de la Constitution[(108)].

En revanche, le traité de Lisbonne ne fait aucune référence à une quelconque primauté du droit de l'Union. On la retrouve seulement dans la déclaration annexe n° 27 à laquelle s'ajoute un avis du service juridique du Conseil en date du 22 juin 2007 qui qualifie le principe de primauté de « principe fondamental » du droit de l'Union européenne. Les déclarations annexes n'ayant pas de valeur juridique, et l'avis d'un service juridique encore moins, il est à redouter que certaines juridictions suprêmes nationales persistent dans leur refus d'admettre la primauté du droit de l'Union sur leur Constitution nationale[(109)].

SOUS-SECTION 2

LES TRAITÉS ET ACCORDS INTERNATIONAUX

77. – **Distinction entre les traités et accords internationaux.** En principe, les traités et les accords internationaux sont régis de la même manière par la Constitution dans les articles 52 et suivants. Ils peuvent être *bilatéraux* ou *multilatéraux* suivant qu'ils s'appliquent à deux ou plusieurs pays. Mais en toute hypothèse, lorsqu'ils ont été régulièrement ratifiés ou approuvés, ils se situent dans la hiérarchie des normes entre la Constitution et les lois ordinaires. Ils doivent être conformes à la Constitution, mais corrélativement les lois internes ne peuvent aller à l'encontre de leurs dispositions.

Cela dit, même s'ils sont soumis aux mêmes principes, tous les traités et accords internationaux n'ont pas la même portée (V. *supra*, n° 61). Alors qu'on ne saurait d'évidence examiner les dispositions des multiples traités et accords ratifiés ou approuvés par la France[(110)], il convient de faire une place à part au droit de l'Union européenne et à la Convention européenne des droits de l'homme qui sont l'un et l'autre des sources importantes de droit.

(108) Cons. const., 19 nov. 2004, n° 2004-505 DC : *JCP* 2005, II, 10043 et note Cl. Frank. – V. E. Bruce, *La primauté du droit communautaire (Retour sur la portée de l'article 88-1 de la Constitution dans la jurisprudence récente du Conseil constitutionnel) : LPA* 27 sept. 2003, p. 3. – B. Genevois, *Le Conseil constitutionnel et la primauté du droit communautaire : RFDA* 2005, 239. – P. Cassia, *Le juge administratif, la primauté du droit de l'Union européenne et la Constitution française : RFDA* 2005, 465. – B. Mathieu, *La « Constitution » européenne ne menace pas la République. Observations sur la décision 2004-505 DC, Traité portant Constitution pour l'Europe : D.* 2004, point de vue p. 3075. – Fl. Chaltiel, *Les perspectives du principe de primauté du droit communautaire : LPA* 20 oct. 2005, p. 5.

(109) V. pour un cas de figure proche, CE, ass., 21 avr. 2021, n° 393099, *French Data Network et a.* : *infra*, n° 150 (primauté de la Constitution sur le droit de l'Union tel qu'interprété par la CJUE).

(110) Pour une suggestion de codification de ces normes, V. C. Kessedjian, *La mondialisation du droit : défi pour la codification*, in *1804-2004, Le Code civil. Un passé, un présent, un avenir*, Dalloz, 2004, p. 917.

§ 1. – Le principe de la supériorité du traité ou de l'accord international sur la loi interne

78. – **Les conditions de la supériorité.** On pourrait penser que les dispositions de tout traité deviennent, du fait même de la ratification, immédiatement applicables dans les pays signataires. Tel n'est pas toujours le cas. Il convient à cet égard de faire une distinction en fonction de l'intention des auteurs du traité, suivant qu'ils ont voulu que les dispositions du traité deviennent d'emblée le droit positif interne, ou qu'ils se sont simplement engagés à prendre les mesures nécessaires pour transposer ces dispositions dans le droit interne.

Dans le premier cas, les dispositions du traité sont directement applicables et elles rendent caduques les règles du droit interne qui leur seraient contraires ; ici, le principe hiérarchique joue à plein(111). Suivant le Conseil d'État, « une stipulation [d'un traité] doit être reconnue d'effet direct par le juge administratif lorsque, eu égard à l'intention exprimée des parties et à l'économie générale du traité invoqué, ainsi qu'à son contenu et à ses termes, elle n'a pas pour objet exclusif de régir les relations entre États et ne requiert l'intervention d'aucun acte complémentaire pour produire des effets à l'égard des particuliers »(112).

Dans le second cas, tant que l'État signataire n'a pas traduit dans son droit interne les dispositions du traité, supposées plus favorables que le droit interne, les particuliers ne peuvent invoquer l'application de ses dispositions. C'est ce qui a été longtemps jugé à propos de la Convention de New York relative aux droits de l'enfant(113) avant un revirement de jurisprudence(114).

De même, si les résolutions du Conseil de sécurité des Nations unies s'imposent aux États membres, elles n'ont, en France, pas d'effet direct tant que les prescriptions qu'elles édictent n'ont pas été rendues obligatoires ou transposées en droit interne(115).

Lorsque les dispositions du traité sont directement applicables, ou lorsqu'elles ont été traduites dans la loi interne, elles prévalent sur les règles antérieures du droit interne qui se trouvent ainsi abrogées. La solution découle des principes généraux en matière d'interprétation, sans qu'il soit nécessaire de faire appel à la hiérarchie des normes : la loi nouvelle abroge la loi ancienne.

(111) R. Encinas de Munagorri, *Qu'est-ce qu'un texte directement applicable ? À propos de la Convention internationale de New York sur les droits de l'enfant et de la Charte constitutionnelle de l'environnement* : *RTD civ.* 2005, 556. – B. Taxil, *Les critères de l'application directe des traités internationaux aux États-Unis et en France* : *RID comp.* 2007, p. 157.

(112) CE, ass., 11 avr. 2012, req. n° 322336, *Groupe d'information et de soutien des immigrés et a.* : *AJDA* 2012, 936, note X. Domino et A. Bretonneau ; *D.* 2012, 1712, note B. Bonnet ; *RTD civ.* 2012, 487, obs. P. Deumier.

(113) Selon la Cour de cassation, cette convention n'était pas directement applicable dès lors que son contenu n'était pas repris dans une loi interne : Cass. 1re civ., 10 mars 1993 : *D.* 1993, p. 361, note J. Massip. – Cass. 1re civ., 2 juin 1993, *Bull.* n° 195. – Cass. 1re civ., 15 juill. 1993 : *JCP* 1994, II, 22219, note Benhamou. Cette solution a été critiquée par divers auteurs : M.-C. Rondeau-Rivier : *D.* 1993, chron. p. 203. – Cl. Neyrinck et Martin : *JCP* 1993, I, 3677. Le Conseil d'État a retenu une position différente : CE, 10 mars 1995 : *D.* 1995, p. 617, note Benhamou. – CE, 23 avr. 1997 : *D.* 1998, p. 15, concl. Abraham. – CE, 22 sept. 1998 : *JCP* 1998, II, 10052, note Gouttenoire.

(114) Cass. 1re civ., 14 juin 2005 et 18 mai 2005, *Bull.* n° 211 et n° 245 ; *D.* 2005, 1909 et note V. Egea ; *JCP* 2005, II, 10081 ; *Defrénois* 2005, 1, 1418, art. 38230 et note J. Massip ; *RTD civ.* 2005, p. 750, obs. P. Rémy-Corlay (qui a admis l'application directe de la Convention des Nations unies du 26 janvier 1990). – Cass. 1re civ., 8 et 22 nov. 2005 : *D.* 2006, p. 554 et note F. Boulanger. – Cass. 1re civ., 7 avr. 2006, *Bull.* n° 195, p. 171 ; *RTD civ.* 2006, p. 273, obs. P. Rémy-Corlay. – CE, 27 juin 2008, n° 291561, *Mme E.* – P. Courbe, *L'application directe de la Convention des Nations unies sur les droits de l'enfant* : *D.* 2006, chron. p. 1487.

(115) Cass. 1re civ., 25 avr. 2006 : *JCP* 2006, II, 10179 et note J.-G. Mahinga.

La question se pose en des termes différents lorsqu'une loi nouvelle contrevient à un traité préexistant, auquel cas le conflit ne peut être résolu qu'en termes de hiérarchie des normes. Une loi ultérieure peut-elle aller à l'encontre des dispositions d'un traité ? On l'a pendant longtemps soutenu au motif que le traité n'avait d'autre valeur que celle de la loi qui l'avait ratifié et, de ce fait, introduit dans le droit français ; or il est de principe que ce qu'une loi a fait, une loi postérieure peut le défaire. Mais cette solution était contraire à l'article 55 de la Constitution qui proclame que « les traités ou accords régulièrement ratifiés ou approuvés ont, dès leur publication, une autorité supérieure à celle des lois, sous réserve, pour chaque accord, de son application par l'autre partie ». Aussi la jurisprudence a-t-elle finalement décidé que le traité l'emportait sur toute disposition législative ou réglementaire postérieure ; telle est la solution qui a été consacrée d'abord par la Cour de cassation dans l'arrêt *Jacques Vabre*, puis par le Conseil d'État dans l'arrêt *Nicolo*. Faisant application de cette jurisprudence, la chambre sociale de la Cour de cassation a décidé que le contrat « nouvelles embauches » était contraire à la Convention n° 158 de l'OIT(116).

Cette solution a des conséquences très importantes en matière européenne. Ainsi qu'on le verra plus loin, les directives européennes doivent être transposées dans le droit interne de chacun des pays de l'Union européenne. Une fois la directive transposée, le législateur français n'est pas libre de modifier par la suite comme il l'entend la loi de transposition ; il ne peut le faire que dans le respect de la directive. Autrement dit, dans tous les domaines régis par le droit européen, le législateur français et donc la France transfère une partie de sa compétence, voire abdique une partie de sa souveraineté. Cette considération est d'autant plus importante que la tendance actuelle est à l'harmonisation totale, ce qui interdit à l'État d'aller plus loin ou moins loin que la directive à transposer(117).

79. – **Le contrôle de la conventionnalité.** On entend par là le contrôle de la conformité des textes internes aux traités et accords internationaux. Tout en proclamant la supériorité de ces traités et accords sur la loi ordinaire, l'article 55 de la Constitution n'organise pas expressément de contrôle. Y a-t-il un contrôle et, dans l'affirmative, qui va l'exercer ?

La question s'est tout d'abord posée de savoir si ce contrôle ne relevait pas du Conseil constitutionnel. C'est ainsi qu'un recours avait été formé devant le Conseil contre la loi Veil du 17 janvier 1975 sur l'interruption volontaire de grossesse qui était critiquée comme contraire à l'article 2 de la Convention européenne de sauvegarde des droits de l'homme et des libertés fondamentales qui édicte que « le droit de toute personne à la vie est protégé par la loi ». Mais le Conseil constitutionnel ne s'est pas reconnu ce pouvoir(118).

(116) Cass. soc., 1er juill. 2008 : *D.* 2008, p. 1986 et note S. Maillard.

(117) J. Rochfeld, *Les ambiguïtés des directives d'harmonisation totale : la nouvelle répartition des compétences communautaire et interne* : *D.* 2009, chron. p. 2047.

(118) Cons. const., 15 janv. 1975 : *D.* 1975, p. 529, note L. Hamon ; *AJDA* 1975, p. 134, note J. Rivero. – Cons. const., 12 mai 2010, n° 2010-605 DC. En revanche, à l'occasion du contrôle de la constitutionnalité d'une loi, il arrive que le Conseil constitutionnel prenne en compte les exigences de la Convention européenne (V. B. Mathieu, *De quelques exemples récents de l'influence des droits européens sur le juge constitutionnel français. À propos des décisions 2002-458 DC et 2001-455 DC* : *D.* 2002, chron. p. 1439).

Ce sont donc les juridictions ordinaires qui ont été saisies de la difficulté. Ainsi les juges ont eu à connaître de litiges dans lesquels il leur était demandé d'écarter l'application de la loi française au motif qu'elle était contraire à une disposition d'un traité régulièrement ratifié. Si la loi était antérieure au traité, il n'y avait aucune difficulté car les juges se bornaient à constater qu'en ratifiant le traité, le législateur avait par là même abrogé la loi antérieure contraire. Mais si la loi était postérieure au traité, ils étaient invités à porter un jugement sur une loi en violation du principe de la séparation des pouvoirs législatif et judiciaire. C'est ce que finalement la Cour de cassation a admis, par application de l'article 55 de la Constitution, dans le célèbre arrêt *Jacques Vabre*[(119)]. Après s'être longtemps prononcé en sens contraire, le Conseil d'État l'a lui aussi admis dans l'arrêt *Nicolo*[(120)] même si, par ailleurs, il manifeste une certaine réticence à tirer pleinement les conséquences de la supériorité des traités et accords internationaux sur les lois[(121)]. Ces solutions sont maintenant bien acquises[(122)] ; elles ont été synthétisées dans un rapport de la Cour de cassation sur le contrôle de conventionnalité[(123)]. En bref, le juge peut, par ce biais, sanctionner toute loi française[(124)], y compris les lois organiques[(125)], et ce contrôle s'étend également à l'application faite de la loi par une décision de justice[(126)]. Il peut alors y avoir lieu à responsabilité du législateur du fait des lois inconventionnelles[(127)] (V. *infra*, n°s 85 *in fine* et 165 *in fine*).

À la différence du contrôle *a priori* de la constitutionnalité exercé par le Conseil constitutionnel, le contrôle de la conventionnalité n'est pas un contrôle *par voie d'action* tendant à faire prononcer la non-conformité d'une loi à un traité ou à un accord international. Le contrôle est ici indirect dans la mesure où, à l'occasion d'un litige, l'une des parties invite le juge, *par voie d'exception*, à écarter l'application de la loi française contraire aux dispositions du traité. Mais le résultat est finalement voisin, à ceci près que la loi inconventionnelle survit[(128)].

(119) Cass. ch. mixte, 24 mai 1975 : *D.* 1975, p. 497 et concl. Touffait ; *JCP* 1975, II, 18180 *bis* et concl. Touffait. – F.-J. Jeantet, *La Cour de cassation et l'ordre juridique communautaire* : *JCP* 1975, I, 2743. – P. Jestaz, J.-P. Marguénaud et C. Jamin, *Révolution tranquille à la Cour de cassation* : *D.* 2014, 2061. – S. Guinchard, F. Ferrand et T. Moussa, *Une chance pour la France et le droit continental : la technique de cassation, vecteur particulièrement approprié au contrôle de conventionnalité* : *D.* 2015, 278.

(120) CE, ass., 20 oct. 1989, *Nicolo* : *JCP* 1989, II, 21371, concl. P. Frydman ; *D.* 1990, p. 135, note P. Sabourin. – CE, ass., 28 févr. 1992 : *Gaz. Pal.* 1993, 2, 364, note J.-L. Clergerie. – L. Favoreu et L. Dubouis, *Le juge administratif, le traité et la loi postérieure (nouvelles contributions doctrinales)* : *RFDA* 1989, p. 993. – H. Calvet, *Le Conseil d'État et l'article 55 de la constitution : une solitude révolue* : *JCP* 1990, I, 3429. – R. Kovar, *Le Conseil d'État et le droit communautaire : de l'état de guerre à la paix armée (à propos de l'arrêt du 20 octobre 1989, Nicolo)* : *D.* 1990, chron. p. 57. – R. Kovar, *Le Conseil d'État et le droit communautaire : des progrès mais peut mieux faire* : *D.* 1992, chron. p. 207.

(121) V. D. Bailleul, *Le juge administratif et la conventionnalité de la loi. Vers une remise en question de la jurisprudence Nicolo ?* : *RFDA* 2003, 876.

(122) Par ex., la Cour de cassation a décidé que les sanctions pénales édictées par la loi française en cas de publication des sondages d'opinion dans la semaine précédant un vote ne sont pas applicables car incompatibles avec l'article 10.2 de la Convention européenne des droits de l'homme qui institue la liberté de recevoir et de communiquer des informations (Cass. crim., 4 sept. 2001 : *D.* 2001, inf. rap. p. 2723).

(123) Rapport du groupe de travail de la Cour de cassation sur le contrôle de conventionnalité, nov. 2020, qui distingue le contrôle de la règle (« in *abstracto* ») et le contrôle de l'application de la règle (« in *concreto* ») : *JCP* 2020, 1301, chron. F. Marchadier.

(124) P. Catala, *Turbulences dans les sources du droit* : *Mél. Sassi Ben Halima*, préc. Même le Tribunal des conflits a été amené à exercer ce contrôle de la conventionnalité, mais bien évidemment dans les limites de sa compétence : T. confl., 13 déc. 2010, n° 3800, *Sté Green Yellow et a. c/ EDF* : *AJDA* 2011, 439, concl. M. Guyomar et note L. Richer.

(125) CE, 6 avr. 2016, n° 380570, *M. Blanc et a.* : *AJDA* 2016, 948.

(126) Cass. 1re civ., 9 nov. 2016, n° 15-25.068.

(127) CE, ass., 8 févr. 2007, n° 279522, *Gardedieu*. – V. *La responsabilité du fait des lois inconstitutionnelles ou inconventionnelles* : *RFDA* 2019, 391, dossier.

(128) K. Michelet, *La loi inconventionnelle* : *RFDA* 2003, 23.

§ 2. – Le droit de l'Union européenne

80. – **Les traités : du Marché commun aux Communautés européennes et à l'Union européenne.** Plusieurs traités ont contribué à la création du Marché commun, aujourd'hui devenu l'Union européenne, qui avait pour objet la constitution d'un marché unique entre les États signataires, impliquant une union douanière, une libre circulation des produits et des services, une protection de la libre concurrence, ainsi qu'une harmonisation des politiques économiques générales et la mise en œuvre de politiques sectorielles communes :

– le traité de Paris du 18 avril 1951 instituant la Communauté européenne du charbon et de l'acier (CECA) ;

– les traités de Rome du 25 mars 1957 instituant l'un la Communauté européenne de l'énergie atomique (CEEA Euratom), l'autre la Communauté économique européenne (CEE), c'est-à-dire le Marché commun qui réunissait à l'époque le Benelux, l'Allemagne fédérale, la France et l'Italie[(129)] ;

– le traité de Bruxelles du 8 avril 1965 unifiant les diverses institutions : le Conseil, la Commission, puis plus tard le Parlement européen élu au suffrage universel direct ;

– l'Acte unique européen des 17-22 février 1986 réalisant l'achèvement du marché intérieur et prévoyant la libre circulation des personnes, des biens et des capitaux à l'échéance du 31 décembre 1992 ;

– le traité de Maastricht emportant d'importants transferts de compétence et, notamment en matière économique et monétaire, la mise en place d'une Banque centrale européenne (BCE) et d'une monnaie unique, l'Écu devenu aujourd'hui l'euro qui a cours légal depuis le 1er janvier 2002 ;

– le traité d'Amsterdam du 2 octobre 1997 emportant à nouveau d'autres transferts de compétence et qui a nécessité une révision de la Constitution.

L'Union européenne réunissait alors quinze pays ; outre les six d'origine, sont devenus membres de l'Union d'abord le Royaume-Uni (aujourd'hui sorti de l'Union : c'est le *Brexit*)[(130)], l'Irlande, le Danemark, puis la Grèce, l'Espagne, le Portugal, et enfin la Suède, la Finlande et l'Autriche. Ce chiffre est passé à vingt-cinq le 1er mai 2004 à la suite de l'admission de dix nouveaux pays : l'Estonie, Chypre, la Lettonie, la Lituanie, la Hongrie, Malte, la Pologne, la République tchèque, la Slovénie et la Slovaquie. Deux autres pays, la Bulgarie et la Roumanie, sont devenus membres le 1er janvier 2007, et un troisième, la Croatie, en juillet 2013.

Les règles de droit édictées par l'Union européenne vont donc s'appliquer de la même manière à ces différents pays, réalisant de ce fait une harmonisation des divers droits nationaux. Elles s'appliqueront aussi de plein droit à tous les pays qui viendraient les rejoindre[(131)].

(129) V. *Cinquantenaire du traité de Rome.* Dossier spécial : *JCP* 2007, act. 123 et I, 121 et s.

(130) Il a été la source de nombreuses difficultés juridiques (V. par ex. la question de la validité des contrats conclus avec les assureurs britanniques, qui ont perdu leur agrément européen, G. Parleani, *Brexit et contrats d'assurance : D.* 2021, 439).

(131) L. Moccia, *Du « marché » à la « citoyenneté » : à la recherche d'un droit privé européen durable et de sa base juridique : RID comp.* 2004, 291.

On a pu ainsi se demander si, dans un avenir plus ou moins lointain, l'Union européenne ne deviendrait pas un État[132].

81. – **Les traités (suite) : le projet de Constitution européenne et le traité de Lisbonne.** Le projet de Constitution européenne – dont on pouvait se demander s'il s'agissait d'un traité international ou d'une véritable Constitution[133] – préparé sous la présidence de M. Giscard d'Estaing, a subi de sérieux avatars ; d'abord repoussé sous la pression notamment de l'Espagne et de la Pologne, le projet a finalement été adopté, après modifications, le 18 juin 2004[134]. Ce Traité portant Constitution européenne, qui comportait dans une seconde partie la Charte des droits fondamentaux de l'Union européenne[135], ne devait être applicable qu'après ratification par l'ensemble des États membres. Mais, la France et les Pays-Bas ayant rejeté par référendum cette Constitution, le processus de ratification – qui avait été mené à bien pour dix-huit États – s'est trouvé interrompu[136].

À la suite de cet échec, le Conseil européen a lancé le principe d'un traité simplifié devant permettre de sortir de la crise[137]. Ce traité a été signé le 13 décembre 2007 à Lisbonne, et il a été soumis à la ratification des divers États membres[138]. Il est entré en vigueur le 1er décembre 2009.

Ce nouveau traité, souvent qualifié de simplifié, ou modificatif, ou encore réformateur, se présente en la forme comme une simple révision des traités actuels qui sont placés sur un pied d'égalité : le Traité sur l'Union européenne, qui conserve sa dénomination, et le Traité instituant la Communauté européenne qui devient le Traité sur le fonctionnement de l'Union européenne. Ainsi l'Union européenne se substitue à la Communauté et détient seule la personnalité juridique. Les divers symboles à connotation constitutionnelle qui figuraient dans le projet de Constitution disparaissent (le drapeau, l'hymne, la devise, etc.) ; et de même des dénominations, par exemple lois, lois-cadres, etc., au profit du maintien des règlements, directives et décisions.

Mais quant au fond, la plupart des dispositions nouvelles retenues dans le projet de Constitution sont reprises dans le traité, qu'il s'agisse des institutions ou du fond du droit[139]. De même, la Charte des droits fondamentaux, sans être pour

(132) A. Laquieze et A. Paynot, *L'Union européenne tend-elle à devenir un État ?* : *Rev. Fondation pour l'innovation politique*, 2004. – Y. Lequette, *De la France et de l'Europe : la Nation ou l'Empire ?*, in *Études B. Oppetit*, Litec, 2009, p. 411.

(133) M. Clapie, *Traité ou Constitution ? À propos du projet de Constitution de l'Union européenne* : *D.* 2004, chron. p. 1176. Sur les liens entre l'adoption d'une Constitution et la naissance d'un État européen, V. J.-L. Halpérin, *L'Union européenne, un état en voie de constitution* : *D.* 2004, chron. p. 219. – J.-F. Feldman, *Sur le « projet de traité établissant une Constitution pour l'Europe »* : *D.* 2004, point de vue p. 1531. – J.-B. d'Onorio, *La pseudo « Constitution européenne » : de l'abus de langage à l'abus de droit* : *D.* 2005, chron. p. 1307. – J.-L. Quermonne, *L'émergence d'un droit constitutionnel européen* : *RID comp.* 2000, p. 581.

(134) M. Cardon, *Accord sur le Traité établissant une Constitution pour l'Europe* : *JCP* 2004, act. 385, p. 1409.

(135) F. Sudre, *Les approximations de la décision n° 2004-505 DC du Conseil constitutionnel « sur la Charte des droits fondamentaux de l'Union ». Réflexions critiques* : *RFDA* 2005, 34. – P. Rodière, *Les droits sociaux fondamentaux à l'épreuve de la Constitution européenne* : *JCP* 2005, I, 136.

(136) V. Heuzé, *L'Europe désenchantée* : *JCP* 2005, I, 157. – V. aussi B. Mathieu, M. Verpeaux et F. Mélin-Soucramanien (ss dir.), *Constitution et construction européenne*, Dalloz, 2005. – B. Mathieu et M. Verpeaux, *Une constitution pour quelle Europe ? Brèves réflexions à l'occasion d'un anniversaire* : *JCP* 2007, act. 128. – Nguyen Van Tuong, *Existe-t-il une nouvelle chance pour la Constitution européenne ?* : *JCP* 2007, I, 129.

(137) J.-Cl. Zarka, *L'accord sur le projet de « traité institutionnel simplifié »* : *D.* 2007, p. 1885.

(138) C. Blumann, *Traité modificatif : peut-être la sortie du tunnel* : *JCP* 2007, I, 209. – B. Mathieu, *Le traité de Lisbonne et la Constitution, ou comment régler le passif du « traité constitutionnel »* : *JCP* 2008, I, 116.

(139) M. Guillaume, *La Constitution et le traité de Lisbonne du 13 décembre 2007* : *LPA* 25-26 déc. 2007, p. 3. – F. Chaltiel, *Le traité de Lisbonne : de l'élaboration à la signature et la structure* : *LPA* 9 janv. 2008, p. 5. – F. Chaltiel, *Le processus de*

autant intégrée au traité, se voit désormais reconnaître une valeur obligatoire identique[(140)] (art. 6) (V. *infra*, n° 82).

Le Conseil constitutionnel ayant jugé à juste titre que ces diverses modifications étaient incompatibles avec la Constitution[(141)], cette dernière a été modifiée en conséquence par la loi constitutionnelle n° 2008-103 du 4 février 2008 modifiant le titre XV de la Constitution.

82. – **La Charte des droits fondamentaux de l'Union européenne.** Pour être complet, il convient de mentionner la Charte des droits fondamentaux de l'Union européenne proclamée à Nice le 7 décembre 2000 par le Parlement européen, la Commission et le Conseil, qui recense les droits dont le respect s'impose à l'Union, afin de les rendre plus lisibles pour le citoyen européen[(142)]. Empruntant largement à la Convention européenne des droits de l'homme pour la définition des droits civils et politiques, la Charte innove par la place importante qu'elle accorde aux droits économiques et sociaux. Intégrée dans la seconde partie du Traité portant Constitution européenne – qui n'a pas été ratifié – elle est aujourd'hui reprise sous forme de renvoi par le traité de Lisbonne. Le texte comprend cinquante-quatre articles précédés d'un bref préambule. Les droits sont regroupés en six grands chapitres : Dignité, Liberté, Égalité, Solidarité, Citoyenneté et Justice. Ces six chapitres sont complétés par un septième qui comporte les dispositions finales.

Ces droits fondamentaux sont exprimés de manière très générale, ce qui laisse au juge une très grande liberté d'interprétation, et donc d'extension de ces droits[(143)]. L'usage qu'en ont fait la Cour européenne, le Conseil d'État et la Cour de cassation dans la mise en œuvre du principe de proportionnalité (V. *infra*, n° 509) a suscité de sérieuses réserves[(144)].

Avant même qu'elle n'ait acquis force obligatoire, la Charte a été intégrée dans des considérants d'actes de droit dérivé, ce qui a permis à la Cour de justice de l'Union européenne de la retenir parmi les normes de droit au regard desquelles la légalité des actes communautaires peut être contrôlée[(145)].

---

décision : LPA 18 janv. 2008, p. 3. – A. Berramdane, *Le traité de Lisbonne et le retour des États : JCP* 2008, I, 122. – J.-P. Jacqué, *Le traité de Lisbonne. Une vue cavalière : RTDE* 2008, p. 439. – F. Picod, *Le nouveau cadre institutionnel de l'Union européenne : JCP* 2010, doctr. 400.

(140) Sur la compatibilité de la Charte avec la Convention européenne, V. C. Roth et F. Burgaud, *Charte des droits fondamentaux* vs *Convention européenne : dommages collatéraux en vue : D.* 2013, 1977.

(141) Cons. const., 20 déc. 2007, n° 2007-560 DC : *JO* 29 déc. 2007. – F. Chaltiel, *La décision du Conseil constitutionnel relative au traité de Lisbonne : autorité de la chose jugée et contribution à la définition de l'Union : LPA* 4 janv. 2008, p. 3.

(142) F. Picod, C. Rizcallah et S. Van Drooghenbroeck (ss dir.), *Charte des droits fondamentaux de l'union européenne. Commentaire article par article*, Bruylant, coll. « Droit de l'Union européenne », 2e éd., 2020. – Fl. Benoît-Rohmer, *La Charte des droits fondamentaux de l'Union européenne : D.* 2001, doctr. p. 1483. – A. Pecheul, *La Charte des droits fondamentaux de l'Union européenne : RFDA* 2001, p. 688. – J. Dutheil de la Rochère, *La Charte des droits fondamentaux de l'Union européenne : Mél. B. Jeanneau*, 2002. – L. Burgorgue-Larsen, *La « force de l'évocation » (ou le fabuleux destin de la Charte des droits fondamentaux de l'Union européenne : Mél. Pactet*, Dalloz, 2003. – M.-C. Ponthoreau, *Le principe de l'indivisibilité des droits. L'apport de la Charte des droits fondamentaux de l'Union européenne à la théorie générale des droits fondamentaux : RFDA* 2003, 928. Pour une critique de la Charte, V. G. Lebreton, *Critique de la Charte des droits fondamentaux de l'Union européenne : D.* 2003, chron. p. 2319. – L. Burgorgue-Larsen (ss dir.), *La France face à la Charte des droits fondamentaux de l'Union européenne*, préf. G. Braibant, Bruylant, 2005. – V. aussi E. Dreyer, *La fonction des droits fondamentaux dans l'ordre juridique : D.* 2006, chron. p. 748.

(143) C-M. Péglion-Zika, *Existe-t-il un droit de l'homme à hériter ? : RTD civ.* 2018, 1.

(144) V. par ex., B. Mathieu, Tribune : *Le Figaro* 18 nov. 2016. Et en sens inverse, C. Jamin, *Les droits fondamentaux en mal d'enracinement*, Éditorial : *D.* 2016, n° 44.

(145) CJCE, 27 juin 2006, aff. C-540/03 : *AJDA* 2006, p. 2285 et note L. Burgorgue-Larsen. – P. Cassia et S. Von Coester, *L'application de la Charte des droits fondamentaux de l'Union européenne par le juge national : JCP* 2012, 298. – V. Rapport

83. – **Droit primaire et droit dérivé.** On appelle *droit de l'Union européenne primaire* (ou *originaire*) celui contenu dans les traités, accords ou conventions, y incluse la Charte des droits fondamentaux[146]. Comme on l'a vu précédemment (V. *supra*, n° 76), il est supérieur à la loi interne qui doit donc s'y conformer. Mais, pour le Conseil constitutionnel et le Conseil d'État, il est inférieur à la Constitution, ce qui le soumet au contrôle de la constitutionnalité ; toutefois ce contrôle n'a qu'un effet limité : il ne peut conduire au rejet du traité, la France étant tenue par ses engagements internationaux, mais seulement à une éventuelle révision de la Constitution. Cela ressort clairement de la formule utilisée par le Conseil constitutionnel dans sa décision relative au traité de Lisbonne : « L'autorisation de ratifier le traité modifiant le Traité sur l'Union européenne et le Traité instituant la Communauté européenne ne peut intervenir qu'après révision de la Constitution ». C'est finalement la Constitution qui devra s'adapter au traité, et non pas l'inverse[147].

Parallèlement, les institutions européennes ont, en vertu des traités et sous réserve du *principe de subsidiarité*[148], pouvoir d'édicter des règles dans divers domaines, règles qui, directement ou indirectement, vont s'appliquer dans les divers pays de l'Union. On parle alors de *droit de l'Union européenne dérivé.*

Ce droit dérivé s'est considérablement développé et il est devenu partie intégrante du droit de chacun des pays, et notamment de la France. Il y a donc aujourd'hui en droit français un nombre très important de règles de droit qui sont d'origine européenne, et ce phénomène s'accentue au fil du temps. Il suffit pour s'en convaincre d'indiquer que la Commission européenne avait envisagé de mettre sur pied un Code civil européen des contrats[149], ce qui a suscité un émoi important chez les juristes (V. *infra*, n° 266).

Ce droit dérivé bénéficie de la même supériorité sur la loi ordinaire que le droit de l'Union européenne primaire : cette supériorité a été reconnue par le Conseil d'État aussi bien aux directives qu'aux règlements[150]. Et depuis la décision du Conseil constitutionnel n° 496 DC du 10 juin 2004, il échappe au contrôle de la constitutionnalité[151] (V. *supra*, n°s 71 et 76).

84. – **Les organes de l'Union européenne ayant pouvoir de légiférer.** Les principaux organes sont :

– le Conseil européen, organe supérieur composé des chefs d'État ou de Gouvernement des différents pays, qui a pour mission de donner l'impulsion nécessaire au développement de l'Union et de définir les orientations de celle-ci ;

2015 sur l'application de la Charte des droits fondamentaux de l'Union européenne : Doc. COM (2016), 265 final, 19 mai 2016. V. aussi CEDH, Gde ch. 23 mai 2016 : *JCP* 2016, 898, note L. Milano.

(146) B. Genevois, *La Convention européenne de droits de l'homme et la Charte des droits fondamentaux de l'Union européenne : complémentarité ou concurrence ?* : *RFDA* 2010, p. 437. – F. Picod et a. (ss dir.), *Charte des droits fondamentaux de l'Union européenne*, Bruylant, coll. « Droit de l'Union européenne », févr. 2018.

(147) H. Labayle et J.-L. Sauron, *La Constitution française à l'épreuve de la Constitution pour l'Europe* : *RFDA* 2005, 1.

(148) TUE, art. 5.

(149) Comm. CE, communication au Conseil et au Parlement européen concernant le droit européen des contrats : *JOCE* 13 sept. 2001.

(150) Pour les règlements : CE, 24 sept. 1990, *Boisdet* : *Rec. CE* 1990, p. 251 ; *RFDA* 1991, p. 172, note Dubouis. – Pour les directives : CE, 28 févr. 1992, *Rothman* : *JCP* 1992, II, 21859, note Teboul ; *Gaz. Pal.* 1992, 2, 741, concl. Mme Laroque.

(151) H. Labayle, *Le contrôle de la constitutionnalité du droit dérivé de l'Union européenne. L'entraide judiciaire européenne au Palais Royal* : *RFDA* 2003, 442.

– le Conseil de l'Union européenne, composé par les délégués des États membres (en fait les ministres des Affaires étrangères), qui a le pouvoir d'édicter des *règlements* et des *directives*, qui sont les unes et les autres des règles de droit ; mais en principe il ne se prononce que sur proposition de la Commission ;

– la Commission, composée de membres désignés par les différents pays, qui veille à l'application des traités et a une mission générale d'initiative ; la Commission dispose d'un monopole de proposition si bien qu'elle est le rouage essentiel de l'élaboration des textes européens(152) ;

– le Parlement européen, dont les membres sont élus au suffrage universel depuis 1979, dispose d'un pouvoir législatif comparable à celui du Conseil de l'Union, ainsi que d'un pouvoir de contrôle politique et d'un pouvoir budgétaire.

On constate ainsi que le pouvoir de légiférer est détenu par la Commission, composée de membres nommés par le Conseil européen sur proposition des États membres (et de fonctionnaires), le Conseil de l'Union européenne, composé de politiques, et le Parlement européen, seul composé de membres élus, les deux derniers organes décidant sur proposition du premier(153).

À ces organes, il faut ajouter la Cour de justice de l'Union européenne (CJUE), qui siège à Luxembourg, et qui était dénommée avant le traité de Lisbonne la Cour de justice des Communautés européennes (CJCE). Outre diverses attributions consultatives, la Cour est dotée de deux types de pouvoirs. D'une part, elle est une juridiction de jugement qui peut être saisie par toute personne pour ce qui concerne la validité et le respect des règles européennes. D'autre part, elle peut être saisie par une juridiction nationale qui, ayant à se prononcer dans un litige relevant d'une disposition de droit de l'Union européenne, sursoit à statuer et sollicite de la Cour son avis sur le sens ou la portée de ladite règle. De ce fait, la Cour exerce un pouvoir, non de légiférer, mais d'interpréter la loi de l'Union européenne à l'intention des juridictions nationales. Elle est amenée, dans ce cadre, à rendre un certain nombre d'arrêts fondateurs, qui font partie intégrante du droit de l'Union. On peut se demander si, ce faisant, la Cour de justice de l'Union européenne n'édicte pas des arrêts de règlement(154).

85. – Les règles de l'Union européenne : règlements, directives, décisions, recommandations, avis. Le droit de l'Union européenne comprend des règles dont la portée diffère et qui devaient être simplifiées dans la Constitution européenne(155).

Le *règlement* est l'équivalent de la loi dans l'ordre juridique interne : c'est une « loi européenne » suivant la terminologie qui avait été retenue dans le projet de Constitution pour l'Europe. À la différence d'une directive, il s'applique directement dans tous les États membres, sans qu'il y ait besoin d'une quelconque transposition ; par là même, le règlement ne laisse aucune latitude aux États membres : il est

(152) P.-A. Feral, *La nouvelle Commission européenne : pour faire quoi, comment et combien de temps ? : JCP* 2004, I, 191.
(153) Ainsi a-t-on pu, non sans raison, dénoncer l'eurocratie : B. Oppetit, *L'eurocratie ou le mythe du Législateur suprême : D.* 1990, chron. p. 73.
(154) J. Huet, *Union européenne et démocratie : prohibition des arrêts de règlement et avis de décès de l'article 5 du Code civil : JCP* 2011, 473.
(155) P.-Y. Monjal, *Les instruments normatifs de l'Union dans le projet de Constitution européenne : les limites de la simplification : AJDA* 2003, 2177.

obligatoire en toutes ses dispositions. Suivant le 28e rapport annuel de la Commission européenne sur le contrôle de l'application du droit communautaire, on recensait fin 2010 quelque 8 400 règlements.

Il en va différemment de la *directive*, qui est une sorte de loi-cadre(156) que chacun des pays a l'obligation de transposer dans son ordre juridique dans le délai imposé(157). C'est dire que la directive impose un résultat, mais laisse chaque pays libre de la forme et des moyens pour l'intégrer, ce qui donne une certaine souplesse permettant de mieux tenir compte des éventuelles difficultés d'intégration dans l'ordre juridique. Il n'en reste pas moins que « les autorités nationales (...) sont tenues d'adapter leur réglementation et leur législation aux directives qui leur sont destinées (...) et ne peuvent légalement après l'expiration des délais impartis, laisser subsister des dispositions réglementaires qui ne seraient plus compatibles avec les objectifs définis par ces directives »(158). Si la directive n'est pas transposée dans le délai(159), ou si elle l'est inexactement, l'État membre considéré pourra être condamné pour manquement par la Cour de justice(160). Le 28e rapport mentionnait quelque 2 000 directives fin 2010.

La directive est donc obligatoire pour chaque État membre mais, en cas de manquement d'un État, l'est-elle pour un juge de ce pays ? En bref, un plaideur peut-il en pareil cas demander au juge français d'appliquer directement les dispositions d'une directive qui n'a pas encore été transposée ? C'est la question de l'effet direct des directives. À la différence de la Cour de justice(161), les juridictions françaises ont longtemps considéré que la directive n'avait pas d'effet direct(162). Atténuant les effets de cette solution, la jurisprudence décidait toutefois que le juge national saisi était tenu d'interpréter les dispositions de son droit national applicables « dans toute la mesure du possible à la lumière du texte et de la finalité de la directive »(163)(164).

---

(156) Dans le projet de Constitution pour l'Europe, l'appellation de loi-cadre se substituait à celle de directive.

(157) V. C. Zolynski, *Méthode de transposition des directives communautaires. Étude à partir de l'exemple du droit d'auteur et des droits voisins*, Dalloz, coll. « Nouvelle Bibl. de thèses », 2007, préf. P.-Y. Gautier.

(158) CE, ass., 3 févr. 1989, *Alitalia : Rec. CE* 1989, p. 44. – G. Alberton, *Les autorités administratives françaises : obligations de faire et de ne pas faire (sur l'application des normes communautaires en droit interne) : RFDA* 2002, 1.

(159) Suivant une communication de la ministre déléguée aux Affaires européennes du 19 juillet 2006, le déficit de transposition français se situait à 1,9 % à la fin du mois de mai 2006 alors qu'il était de 2,4 % en mai 2005 (V. « Tableau d'affichage du marché intérieur » publié le 18 juillet 2006 par la Commission européenne : *D.* 2006, p. 1910). En 2007, ce déficit est passé à 1,2 % (CE, communiqué IP/07/991, 2 juill. 2007).

(160) Tel a été par exemple le cas de la France qui a intégré avec plus de dix ans de retard la directive du 25 juillet 1985 sur la responsabilité du fait des produits défectueux, dans les articles 1386-1 à 1386-18 du Code civil. Et la France a été à nouveau condamnée pour l'avoir incorrectement transposée (CJCE, 25 avr. 2002, aff. C-52/00, *Commission c/ République française : JCP* 2002, act. 243, p. 919 ; *D.* 2002, 1670 et note C. Rondey ; *D.* 2002, 2462 et note Ch. Larroumet ; *D.* 2002, somm. 2935, obs. J.-P. Pizzio ; *Contrats, conc. consom.* juill. 2002, comm. 117 et note G. Raymond. – V. G. Viney, *L'interprétation par la CJCE de la directive du 25 juillet 1985 sur la responsabilité du fait des produits défectueux : JCP* 2002, I, 177).

(161) CJCE, 17 déc. 1970, aff. C-33/70, *Sté Sace c/ Min. Fin. République italienne.* – CJCE, 4 déc. 1974, aff. C-41/74, *Van Duyn c/ Home Office.*

(162) CE, ass., 22 déc. 1978, n° 11604, *Min. Intérieur c/ Cohn-Bendit : Rec. CE* 1978, p. 524 ; *AJDA* 1979, p. 27, obs. O. Dutheillet de Lamothe et Y. Robineau.

(163) CJCE, 14 juill. 1994, aff. C-91/92, *Paola Faccini Dori c/ Recreb Srl : JCP* 1995, II, 22358, note P. Level ; *Contrats, conc. consom.* 1994, p. 14, note G. Raymond. – Cass. 1re civ., 15 mai 2007, *Bull.* n° 186. – P. Pescatore, *L'effet des directives communautaires : une tentative de démythification : D.* 1980, chron. p. 171. – M. Groux, *L'« invocabilité » en justice des accords internationaux des Communautés européennes : RTDE* 1983, p. 205. – C. Bergerès, *L'applicabilité directe des conventions internationales conclues par la CEE : D.* 1984, chron. p. 105. – Ph. Manin, *L'invocabilité des directives : quelques interrogations : RTDE* 1990, p. 669. – D. Mainguy, *Les directives non transposées : libres propos sur une étrange lumière : Mél. Ch. Mouly*, Litec, 1998, p. 89. – P. Cassia, *L'invocabilité des directives communautaires devant le juge administratif : la guerre des juges n'a pas eu lieu : RFDA* 2002, 20.

(164) Il y est cependant fait exception dans le cas où la directive n'est pas contraignante et laisse à l'État membre une faculté d'option pour l'adaptation de son droit national au droit de l'Union européenne : Cass. 1re civ., 15 mai 2007, *Bull.* n° 185 ; *D.* 2007, act. jurispr. p. 1592, obs. I. Gallmeister ; *D.* 2007, pan. p. 2906, obs. Ph. Brun ; *JCP* 2007, I, 185, nos 7

Revenant sur ce refus de l'effet direct par un arrêt d'assemblée du contentieux du 30 octobre 2009, le Conseil d'État a permis à un particulier d'invoquer des dispositions de directives qui, non transposées à temps, sont précises et inconditionnelles, ouvrant ainsi la voie à l'application directe par le juge de la directive[(165)].

Une *décision* de l'Union européenne est obligatoire dans tous ses éléments. Mais, à la différence du règlement et de la directive qui sont des règles générales et abstraites applicables à tous, la décision ne s'adresse qu'à son destinataire qui peut être un individu, une entreprise ou un État membre.

Par ailleurs, les organes de l'Union européenne peuvent également émettre des *recommandations* ou des *avis*, qui n'ont alors pas de force contraignante.

Affirmant le « principe fondamental de la primauté de l'ordre juridique communautaire »[(166)], la Cour de justice le fonde sur « le transfert opéré par les États, de leur ordre juridique interne au profit de l'ordre juridique communautaire » entraînant « une limitation définitive de leurs droits souverains » et sur la nécessaire unité de l'ordre juridique de l'Union européenne ; elle en conclut que « à la différence des traités internationaux ordinaires, le Traité de la CEE a institué un ordre juridique propre intégré au système juridique des États membres lors de l'entrée en vigueur du traité et qui s'impose à leurs juridictions »[(167)]. C'est finalement ce qu'a admis la Cour de cassation[(168)], et ce que reconnaît implicitement le Conseil constitutionnel dans sa décision n° 2004-496 DC du 10 juin 2004[(169)] (V. *supra*, n° 71).

C'est dire que le droit français est de plus en plus envahi par le droit de l'Union européenne et que, dans la mesure où ces règles ont prééminence sur les règles nationales, la France, comme les autres pays de l'Union européenne, a transféré une partie de sa compétence, sinon même abdiqué une bonne part de sa souveraineté. La seule limite réside dans le principe de subsidiarité énoncé à l'article 5 du traité.

En cas de violation du droit de l'Union européenne, l'État membre encourt deux types de sanctions. D'une part, la Commission peut agir en manquement contre l'État devant la Cour de justice, non seulement pour la non-intégration des normes européennes applicables, mais encore lorsqu'une juridiction ou une administration interprète une loi nationale dans un sens contraire au droit de l'Union européenne[(170)]. D'autre part, l'État est obligé de réparer les dommages causés au

---

et 8, obs. Ph. Stoffel-Munck (à propos du risque de développement en matière de responsabilité du fait des produits défectueux).

(165) CE, ass., 30 oct. 2009, n° 298348, *Mme Perreux* : *AJDA* 2009, p. 2385, obs. S.-J. Liéber et D. Botteghi ; *RFDA* 2009, p. 1125, concl. M. Guyomar et note P. Cassia ; *JCP* 2009, n° 542, note S. et V. Corneloup. – L. Coutron, *La lente conversion du Conseil d'État à l'effet direct des directives* : *AJDA* 2010, p. 1412.

(166) CJCE, 10 oct. 1973, aff. C-34/73, *Variola* : *Rec. CJCE* 1973, I, p. 981.

(167) CJCE, 15 juill. 1964, aff. C-6/64, *Costa* : *Rec. CJCE* 1964, I, p. 1141. – C. Picheral, *L'ordre public européen. Droit communautaire et droit européen des droits de l'homme*, Doc. fr., 2002. – E. Bruce, *La primauté du droit communautaire (Retour sur la portée de l'article 88-1 de la Constitution dans la jurisprudence récente du Conseil constitutionnel)* : *LPA* 27 sept. 2003, p. 3. – F. Chaltiel, *Les perspectives du principe de primauté du droit communautaire* : *LPA* 20 oct. 2005, p. 5.

(168) D. Simon, *La contribution de la Cour de cassation à la construction juridique européenne : Europe du droit, Europe des juges*, in Rapp. C. cass. 2006, p. 79. – *La Cour de cassation et la construction juridique européenne, eod. loc.*, p. 93.

(169) V. aussi, L. Xenou, *Les principes généraux du droit de l'Union européenne et la jurisprudence française*, thèse, Paris II, 2014. – J.-S. Bergé et G. Canivet, *La pratique du droit de l'Union européenne. Réflexions autour de cas*, Dalloz, coll. « Thèmes et commentaires – Actes », 2016.

(170) CJCE, 9 déc. 2003, aff. C-129/00, *Comm. CE c/ République italienne*. – CJCE, 4 oct. 2018, aff. C 416/17, *Comm. c/ France*.

justiciable par cette violation[171], y compris lorsqu'elle résulte d'une décision de justice rendue en dernier ressort[172]. Toutefois, il n'y a lieu à responsabilité de l'État membre que si la règle violée avait pour objet de conférer des droits aux particuliers, si la violation est suffisamment caractérisée et s'il existe un lien de causalité entre la violation et le préjudice invoqué[173].

§ 3. – Le droit européen des droits de l'homme[174]

86. – **La Convention européenne des droits de l'homme**[175]. Le droit de l'Union européenne qu'on vient de présenter a été conçu, au moins à l'origine, comme un droit des marchands tendant à réaliser une libre concurrence au sein des pays constituant le Marché commun, qui de six sont passés à neuf, puis à douze, à quinze, à vingt-huit et désormais à vingt-sept (à la suite du *Brexit*) réunis au sein de l'Union européenne. Ce n'est que par la suite que cette union, au départ économique et monétaire, s'est fixé des objectifs plus ambitieux. C'est ainsi qu'a été proclamée le 7 décembre 2000 la Charte des droits fondamentaux de l'Union européenne, qui emprunte beaucoup à la Convention européenne des droits de l'homme[176], qui figurait dans la Constitution européenne mais qui n'avait pas de force obligatoire[177] avant que n'entre en vigueur le traité de Lisbonne.

La protection des droits de l'homme a été conçue dans un cadre différent, qu'il soit national ou international[178].

Historiquement, elle est apparue en France dans la Déclaration des droits de l'homme de 1789. Elle a été reprise par la suite par les Nations unies, spécialement dans la Déclaration universelle des droits de l'homme de 1958.

Au niveau européen, elle s'est concrétisée dans la Convention européenne de sauvegarde des droits de l'homme et des libertés fondamentales, signée à Rome le 4 novembre 1950, entrée en vigueur le 3 septembre 1953 et ratifiée par la France le 30 décembre 1973. Il s'agit d'une convention mise en place dans

(171) Sur la responsabilité du fait des lois, V. *infra*, n° 165 *in fine*.

(172) En revanche, la décision judiciaire qui a acquis l'autorité de la chose jugée ne peut être réexaminée, même si elle est contraire au droit communautaire : CJCE, 16 mars 2006 : *JCP* 2006, II, 10174 et note A. Kostova-Bourgeix ; *RTD civ.* 2006, p. 728, obs. P. Rémy-Corlay.

(173) CJCE, 30 sept. 2003 : *D.* 2003, inf. rap. p. 2546.

(174) J.-F. Renucci, *Droit européen des droits de l'homme*, LGDJ, 2010. – D. Gutmann, *Les droits de l'homme sont-ils l'avenir du droit ? : Mél. Terré*, PUF, Dalloz, JurisClasseur, 1999, p. 329. – Sur le caractère international des droits de l'homme, cf. V. Renaudie, *Les USA pays des droits de l'homme ? Un instrument universel de protection des droits de l'homme méconnu : le* US alien tort claim act : *RID comp.* 2004, 603. – O. Dutheillet de Lamothe, *La Convention européenne et le droit constitutionnel* : *RID comp.* 2008, p. 293. – X. Souvignet, *La prééminence du droit dans le droit de la Convention européenne des droits de l'homme*, préf. E. Picard, Bruylant, 2012. – E. Decaux, *Les droits de l'homme, entre droit naturel et évolution créatrice* : *Rev. dr. Assas* févr. 2015, n° 10, p. 195. – F. Sudre, *La Convention EDH a 65 ans. Un acquis remarquable, un avenir incertain* : *JCP* 2018, 1036.

(175) *La Convention européenne des droits de l'homme*, texte intégral et protocoles présentés par F. Moderne, Dalloz, 4e éd., 2019.

(176) Sur l'autonomie de l'interprétation de la Charte européenne des droits fondamentaux par rapport à la Convention EDH, V. CJUE, 26 févr. 2013, n° C-617/10 : *RTD civ.* 2014, 812, obs. L. Usunier.

(177) V. par ex., CE, 5 janv. 2005 : *D.* 2005, inf. rap. p. 521 ; *AJDA* 2005, 845 et note L. Burgorgue-Larsen ; *RFDA* 2005, 67 et note B. Bonnet ; *RTD civ.* 2005, 61, obs. P. Deumier.

(178) Sur ce phénomène, V. D. Cohen, *Le droit à… : Mél. Terré, op. cit.*, p. 393. – M. Pichard, *Le droit à… Étude de législation française*, Economica, 2006, préf. M. Gobert.

le cadre du Conseil de l'Europe qui réunit quarante-sept pays d'Europe, et non pas seulement ceux qui ont adhéré à l'Union européenne. L'Union européenne elle-même a récemment souhaité adhérer à la Convention, si bien que les actes de l'Union auraient alors pu être soumis au contrôle exercé par la Cour européenne des droits de l'homme au regard des droits garantis par la Convention européenne de sauvegarde des droits de l'homme et des libertés fondamentales(179). Mais une telle adhésion a été, en l'état, jugée incompatible avec les règles de l'Union européenne par la Cour de justice de l'Union européenne(180), si bien que cette adhésion a été retardée.

Cette convention, qui a été complétée par plusieurs protocoles additionnels, est applicable dans quarante-sept États d'Europe. Elle définit un certain nombre de droits et en assure le contrôle par une juridiction de caractère international, la Cour européenne des droits de l'homme (CEDH).

Ces droits intéressent principalement les personnes physiques, mais certains d'entre eux concernent également les personnes morales(181). C'est ainsi que, s'agissant du droit au respect de ses biens prévu par le Protocole n° 1, la protection s'étend aux personnes morales, ce qui marque une évolution surprenante de la notion initiale des droits de l'homme(182).

Toutefois, un arrêt du Conseil d'État du 23 mai 2007 a dénié aux personnes publiques le droit de se prévaloir de la Convention(183).

87. – **Les droits garantis par la Convention.** Pour l'essentiel, ces droits sont les droits civils et politiques, les libertés fondamentales, et non pas les droits économiques et sociaux qui, eux, ont été pris en compte dans la Charte des droits fondamentaux de l'Union européenne(184). Pratiquement, la Convention tend à mettre en place un « ordre public européen pour la protection des êtres humains »(185). On en fera une présentation très succincte.

Les uns concernent la personne physique : le *droit à la vie*(186), ce qui interdit la peine de mort (Protocoles n° 6 et n° 13), la torture et les peines ou traitements

(179) D. 2011, 444, obs. C. Fleuriot. – G. Ress, *L'adhésion de l'Union européenne à la Convention européenne des droits de l'homme : Mél. J.-P. Costa*, Dalloz, 2011.

(180) Avis n° 2/13, 18 déc. 2014. – F. Picod, *La Cour de justice a dit non à l'adhésion de l'Union européenne à la Convention européenne des droits de l'homme : JCP* 2015, 145. – H. Gaudin, *Si proches, si lointaines… L'Union européenne face à la Convention européenne des droits de l'homme* : AJDA 2015, 1079. – L. Usunier, obs. à *RTD civ.* 2015, 335.

(181) E. Decaux, *L'applicabilité des normes relatives aux droits de l'homme aux personnes morales de droit privé : RID comp.* 2002, 549. – Cass. com., 8 juill. 2003 : *Defrénois* 2003, 1, 1058, art. 37800 et note R. Crone (droit d'une personne morale au respect de ses biens et à ce que sa cause soit entendue par un tribunal indépendant et impartial).

(182) B. Edelman, *La Cour européenne des droits de l'homme et l'homme du marché : D.* 2011, 897.

(183) CE, 23 mai 2007, *Dpt des Landes et a.* – X. Dupré de Boulois, *Les personnes publiques et la Convention européenne des droits de l'homme : un peu, beaucoup, pas du tout ?* : AJDA 2008, 1036.

(184) Pour une extension, V. T. Rambaud, *Les droits sociaux comme droits fondamentaux : RID comp.* 2014, n° 2, p. 605.

(185) CEDH, 23 mars 1995, *Loizidou*, série A, n° 310. – C. Picheral, *L'ordre public européen. Droit communautaire et droit européen des droits de l'homme*, Doc. fr., 2002.

(186) C. Puigelier, *Qu'est-ce qu'un droit à la vie ? : D.* 2003, chron. p. 2781. – M. Afrouk, *L'article 2 de la Convention européenne des droits de l'homme dans la jurisprudence administrative : RFDA* 2011, 1153. – R. Parizot, *Prévention du meurtre : la Cour européenne des droits de l'homme va-t-elle trop loin ? : D.* 2013, 188. De l'avis de la CEDH, le point de départ du droit à la vie, et notamment le point de savoir si le fœtus est une personne, relève de l'appréciation des États (CEDH, 8 juill. 2004, req. n° 53924, *V. c/ France.* – V. aussi CEDH, 9 oct. 2007, *Saoud c/ France : JCP* 2008, II, 10012 et note J.-B. Thierry. – CEDH, 16 oct. 2008, *Rinolde c/ France : JCP* 2008, II, 10196 et note B. Belda).

inhumains ou dégradants (art. 3)[187], l'esclavage (art. 4.1)[188], le travail forcé[189] ou obligatoire ; mais ce droit à la vie ne fait pas obstacle à l'avortement thérapeutique ; le droit à la liberté et à la sûreté, notamment liberté de circuler, de choisir sa résidence.

D'autres concernent la *liberté d'expression* : liberté d'opinion et de son expression, liberté de recevoir et de communiquer des informations (art. 10)[190], liberté de pensée, de conscience et de religion (art. 9.1), liberté de réunion pacifique et d'association[191][192], y inclue la liberté syndicale[193] (art. 11.1) ; le droit au respect du domicile, de la vie privée et familiale[194], et de la correspondance, le droit de se marier et de fonder une famille[195] ; le droit à l'« autonomie de la personne »[196] ; le droit au respect de ses biens, c'est-à-dire du droit de propriété[197] ; et peut-être prochainement le droit de gagner sa vie par le travail[198].

(187) Ce qui interdit les peines de perpétuité réelle, sans possibilité de réexamen (CEDH, Gde ch., 9 juill. 2013 : *D.* 2013, 2081, note J.-F. Renucci). On peut également se demander si la rétention de sûreté introduite par la loi du 25 février 2008 est bien conforme aux articles 3, 5 et 7 de la Convention : D. Roets, *La rétention de sûreté à l'aune du droit européen des droits de l'homme : D.* 2008, chron. p. 1840.

(188) Pour un exemple, V. CEDH, 2e sect., 26 juill. 2005, *Siliadin c/ France : D.* 2006, p. 346 et note D. Roets ; *AJDA* 2005, p. 1890, obs. J.-F. Flauss ; *RTD civ.* 2005, p. 740, obs. J.-P. Marguénaud.

(189) Cass. crim., 13 janv. 2009 : *D.* 2009, p. 1935 et note B. Lavaud-Legendre.

(190) J. Mazars, *La liberté d'expression, la loi et le juge*, Rapp. C. cass. 2001, p. 171. Ainsi, la Cour de cassation a décidé que la loi du 19 juillet 1977 interdisant la publication, la diffusion et le commentaire des sondages d'opinion pendant la semaine précédant chaque tour de scrutin et pendant le scrutin lui-même, était incompatible avec l'article 10 de la Convention européenne (Cass. crim., 4 sept. 2001 : *JCP* 2001, II, 10623, concl. D. Commaret, note A. Lepage : *D.* 2001, inf. rap. p. 2723 ; *RTD civ.* 2002, 186, obs. R. Libchaber ; *D.* 2002 somm. p. 1794, obs. B. de Lamy). Prenant acte de cette incompatibilité, la loi n° 2002-214 du 19 février 2002 (*JO* 20 févr. 2002, p. 3257) a limité l'interdiction à la veille et au jour du scrutin. – V. aussi CEDH, 7 juin 2007, *Dupuis et a. c/ France : JCP* 2007, II, 10127 et note E. Derieux. – V. aussi D. Kuri et J.-P. Marguénaud, *Le droit à la liberté d'expression des universitaires : D.* 2010, 2921.

(191) C'est ainsi que, sous le double visa de l'article 11 de la Convention EDH et de l'article 4 de la loi du 1er juillet 1901, la Cour de cassation a, au nom de la liberté d'association, déclaré nulle la clause d'un bail commercial faisant obligation au preneur d'adhérer à une association des commerçants du centre commercial et à maintenir son adhésion pendant toute la durée du bail (Cass. 3e civ., 12 juin 2003 : *JCP* 2003, II, 10190 et note F. Auque ; *Constr.-Urb.* 2003, comm. 274, obs. D. Sizaire ; *AJDI* 2003, 663 et note J.-P. Blatter ; *D.* 2003, 1694 et note Y. Rouquet ; *D.* 2004, 367 et note C.-M. Benard ; *RTD civ.* 2003, 771, obs. J. Raynard ; *RDC* 2004, 231, obs. J. Rochfeld. De même la liberté de réunion et d'association interdit d'interdire les marches pour les droits des homosexuels : CEDH, 21 oct. 2010, n° 4916/07, *Alekseyev c/ Russie*).

(192) CEDH, 31 janv. 2013, 3 arrêts, n° 50471/07, *Assoc. Culturelle du Temple pyramide c/ France* ; n° 50615/07, *Assoc. des chevaliers du lotus d'or c/ France* ; n° 25502/07, *Église évangélique missionnaire et Salaûn c/ France.*

(193) L'article 11, s'il couvre la liberté syndicale, ne garantit pas expressément le droit de grève, mais l'interdiction de la grève a néanmoins été sanctionnée par la CEDH dans le cas où elle a pu être considérée comme une restriction à la liberté d'association (CEDH, 10 janv. et 27 juin 2002 : *D.* 2003, 939).

(194) *Le droit au respect de la vie familiale au sens de la Convention européenne des droits de l'homme*, Bruylant, 2003. La CEDH en tire cette conséquence que, s'agissant des détenus, l'enregistrement des conversations tenues au parloir constitue une ingérence dans leur vie privée (CEDH, 2e sect., 20 déc. 2005 : *D.* 2006, p. 764 et note D. Roets). Mais V. *contra* : Cass. crim., 12 déc. 2000 : *Bull. crim.* 2000, n° 362 ; *D.* 2001, p. 1340, note D. Mayer et J.-F. Chassaigne. – Cass. crim., 1er mars 2006 : *D.* 2006, p. 1504 et note J. Pradel. – Pour une application en matière de droit à un environnement non dangereux, V. CEDH, 2 nov. 2006 : *D.* 2007, p. 1324 et note J.-P. Marguénaud.

(195) Néanmoins, la CEDH a considéré que l'impossibilité légale pour les homosexuels de se marier n'était pas incompatible avec la Convention : CEDH, 24 juin 2010, n° 30141/04, *Schalk et Kopf c/ Autriche : JCP* 2010, act. 768, obs. C. Picheral ; *JCP* 2010, 1013 et note H. Fulchiron ; *RTD civ.* 2010, p. 738, obs. J.-P. Marguénaud, et p. 765, obs. J. Hauser. Mais sur la question de savoir si une femme homosexuelle peut adopter l'enfant biologique de sa compagne, V. Cons. const., 6 oct. 2010, n° 2010-39 QPC qui admet la conformité à la Constitution de l'article 365 du Code civil. – V. aussi *infra*, nos 367 et 369.

(196) Droit qui, selon la CEDH, interdirait au droit pénal d'« intervenir dans le domaine des pratiques sexuelles consenties qui relèvent du libre arbitre des individus », cautionnant ainsi les pratiques sado-masochistes (V. M. Fabre-Magnan, *Le sadisme n'est pas un droit de l'homme* [CEDH, 1re sect., 17 févr. 2005, req. nos 42758/98 et 45558/99, *K.A. et A.D. c/ Belgique*] : *D.* 2005, chron. p. 2973).

(197) CEDH, 13 juin 1979, *Marckx c/ Belgique*, série A, n° 31 : « en reconnaissant à chacun le droit au respect de ses biens, l'article 1er garantit en substance le droit de propriété ». Sur la notion – extensive – de bien au sens de la CEDH, V. C. Quézel-Ambrunaz, *L'acception européenne du « bien » en mal de définition : D.* 2010, p. 2024.

(198) J.-P. Marguénaud et J. Mouly, *Le droit de gagner sa vie par le travail devant la Cour européenne des droits de l'homme : D.* 2006, p. 477.

88. – Les droits garantis par la Convention (suite). Liberté de religion et principe de laïcité. En jurisprudence la question s'est posée de savoir si la manifestation par une personne de son appartenance religieuse était compatible avec le principe de laïcité[199]. Sur ce point, la Cour européenne des droits de l'homme a décidé que la réglementation du port du voile islamique dans les universités en Turquie n'était pas contraire aux droits de l'homme[200] ; et de même dans les écoles en France[201]. La Cour a également validé l'interdiction faite en France à tous les agents publics de porter tout insigne religieux ostentatoire[202]. En revanche, la présence de crucifix dans les salles de classe d'écoles publiques italiennes a été jugée compatible avec la liberté de religion[203].

On n'a pas manqué de s'interroger également sur le point de savoir si la loi du 11 octobre 2010 interdisant la dissimulation du visage dans l'espace public était ou non compatible avec l'article 9 relatif à la liberté de religion[204] ; la Cour européenne des droits de l'homme a répondu par l'affirmative[205]. Sur ce point, amenée à statuer sur la conventionnalité de l'infraction de dissimulation du visage dans l'espace public, la chambre criminelle a invoqué la notion de « vivre ensemble » pour justifier l'atteinte portée par cette incrimination à l'article 9 de la Convention EDH[206]. En revanche, cette loi a été condamnée par le Comité des droits de l'homme de l'ONU le 23 octobre 2018 comme violant les droits humains[207].

89. – Les droits garantis par la Convention (suite). Principe de non-discrimination. La Convention européenne pose également, en son article 14, le *principe de non-discrimination*[208] en déclarant que : « La jouissance des droits et

(199) V. Lasserre, *Droit et religion : D.* 2012, 1072. – A. Debet, *Signes religieux et jurisprudence européenne : Arch. phil. dr.* 2005, p. 221 et s. Sur le droit de manifester librement sa religion, V. N. Chauvin, *Le port du foulard islamique par une enseignante (à propos de la décision de la Cour européenne des droits de l'homme du 15 février 2001, Mme Dahlab c/ Suisse) : RFDA* 2003, 536. – A. Garay et E. Tawil, *Tumulte autour de la laïcité : D.* 2004, chron. p. 225.

(200) CEDH, 26 juin 2004 : *D.* 2005, 204 et note G. Yildirim ; *JCP* 2005, II, 10016 et note B. Bonnet. – CEDH, Gde ch., 10 nov. 2005 : *D.* 2005, inf. rap. p. 2899 ; *AJDA* 2006, p. 315 et note G. Gonzalez. – CEDH, 23 févr. 2010, n° 41135/98, *Ahmet Arslon et a. c/ Turquie : JCP* 2010, 514, note G. Gonzalez.

(201) CEDH, 4 déc. 2008, nos 31645/04 et 27058/05, *Korvanci c/ France* et *Dogru c/ France*. – CEDH, 30 juin 2009, n° 43563/08, *Mlle Tuba Aktas c/ France : AJDA* 2009, p. 2077 et note G. Gonzalez. – V. aussi J. Flauss, *L'interdiction des minarets devant la Cour européenne des droits de l'homme : D.* 2010, chron. p. 452.

(202) CEDH, 5e sect., 26 nov. 2015 : *JCP* 2016, 97, note G. Gonzalez ; *D.* 2015, 2506. V. aussi CJUE, 14 mars 2017 : *D.* 2017, 947 et note J. Mouly. – CEDH, 11 juill. 2017 : *RTD civ.* 2017, 823, obs. J.-P. Marguénaud. – Cass. soc., 22 nov. 2017 : *D.* 2018, 218, note J. Mouly, pour l'interdiction de tout signe religieux dans une entreprise.

(203) CEDH, Gde ch., 18 mars 2011, n° 30814/06, *Lautsi et a. c/ Italie : RTD civ.* 2011, 303, obs. J.-P. Marguénaud, renversant la solution retenue dans la même affaire par CEDH, 3 nov. 2009 : *D.* 2009, 2872, obs. P. Muzni.

(204) De même, il a été jugé que l'interdiction stricte faite à l'ensemble des agents publics français de manifester leurs convictions religieuses, notamment par le port du voile, n'est pas contraire à l'article 9 de la Convention : CEDH, 5e sect., 26 nov. 2015, n° 64846/11 : *D.* 2015, 2506. V. aussi CJUE, 14 mars 2017 : *D.* 2017, 947 et note J. Mouly. – CEDH, 11 juill. 2017 : *RTD civ.* 2017, 823, obs. J.-P. Marguénaud. – Cass. soc., 22 nov. 2017 : *D.* 2018, 218, note J. Mouly, pour l'interdiction de tout signe religieux dans une entreprise.

(205) CEDH, 18 sept. 2018, n° 3413/09, *Lachiri c/ Belgique : RTD civ.* 2018, 864, obs. A.-M. Leroyer. – V. A. Levade, *Épilogue d'un débat juridique : l'interdiction de la dissimulation du visage dans l'espace public validée ! : JCP* 2010, n° 1043. – CEDH, Gde ch., 1er juill. 2014, n° 43835/11, *SAS c/ France : JCP* 2014, 974 et note A. Levade. – B. Bonnet, *La Cour EDH et l'interdiction de la dissimulation du visage dans l'espace public : JCP* 2014, 835. – C. Chassane, *La CEDH et la loi du 10 octobre 2010 : une validation en demi-teinte de la loi prohibant la dissimulation du visage dans l'espace public : D.* 2014, 1701. – P. Gervier, *L'interdiction de dissimulation du visage dans l'espace public : AJDA* 2014, 1866. – S. Hennette-Vauchez, *Le niquab de retour à Strasbourg : D.* 2017, 1926.

(206) Cass. crim., 9 déc. 2014, n° 14-80.873.

(207) *D.* 2018, 2090. – J. Mouly, *L'affaire* Baby Loup *devant le Comité onusien des droits de l'homme : vers une révision déchirante de la jurisprudence interne : D.* 2018, 2097. – J. Klein, *Affaire* Baby Loup *: impact de l'avis du Comité de l'ONU : D.* 2019, 120. – T. Onillon, *La valeur des constatations du Comité des droits de l'homme de l'ONU : AJDA* 2019, 1040.

(208) *Contrats et discriminations, Débats : RDC* 2010, 1433.

libertés reconnus dans la présente Convention doit être assurée, sans distinction aucune, fondée notamment sur le sexe[(209)], la race, la couleur, la langue, la religion[(210)], les opinions politiques ou toutes autres opinions, l'origine nationale[(211)] ou sociale[(212)], l'appartenance à une minorité nationale, la fortune, la naissance ou toute autre situation »[(213)]. Ce principe risque parfois d'entrer en conflit avec celui de la liberté d'expression, ce qui soulève un problème de coordination[(214)]. Il reste aussi à déterminer si ce principe interdit également la discrimination positive, par exemple dans le recrutement de certaines écoles[(215)].

90. – **Les droits garantis par la Convention (suite). Le droit à un procès équitable.** Finalement, les dispositions de la Convention les plus fréquemment invoquées sont probablement celles de l'article 6 qui, en matière procédurale, consacrent le droit de chacun à un procès équitable : « Toute personne a droit à ce que sa cause soit entendue équitablement, publiquement et dans un délai raisonnable, par un tribunal indépendant et impartial établi par la loi, qui décidera, soit des contestations sur ses droits et obligations de caractère civil, soit du bien-fondé de toute accusation en matière pénale dirigée contre elle ». On retrouvera cette question et on la développera à propos de l'organisation judiciaire et des grands principes de procédure civile (V. *infra*, n°s 528 et s.). Il suffit pour l'instant d'indiquer que cette disposition a obligé la France à modifier certaines règles relatives à la composition des juridictions et à corriger certaines mauvaises habitudes quant à la lenteur des procédures.

Toutes ces dispositions de la Convention font partie intégrante du droit français, en application de l'article 55 de la Constitution[(216)]. À ce titre, elles sont directement applicables par le juge français (V. *infra*, n° 94) et leur violation peut entraîner la responsabilité de leurs auteurs[(217)]. Elles doivent être comprises et interprétées à la lumière des décisions de la Cour européenne des droits de l'homme qui est l'organe

(209) CJUE, 1er mars 2011, aff. C-236/09, *Assoc. belge des consommateurs Test-Achats et a.*, qui interdit toute discrimination en matière d'assurance : *JCP* 2011, 465 et note crit. L. Mayaux.

(210) CEDH, 2e sect., 16 déc. 2003 : *D.* 2004, 1261 et note F. Boulanger ; *JCP* 2004, II, 10122 et note A. Gouttenoire.

(211) Pour une application en matière de changement de nom, V. CEDH, 2 oct. 2003 : *D.* 2004, 1476 et note M. Audit.

(212) D. Roman, *La discrimination fondée sur la condition sociale, une catégorie manquante du droit français* : *D.* 2013, 1911.

(213) La France en a fait application en sanctionnant pénalement les discriminations (C. pén., art. 225-1 et s. ; C. santé publ., art. L. 1110-3). La même idée a inspiré la loi n° 2001-1066 du 16 novembre 2001 relative à la lutte contre les discriminations : *JO* 17 nov. 2001, p. 18311 ; *JCP* 2001, III, 20586). Cette loi a pour objet de renforcer le dispositif de lutte contre les discriminations dans les milieux du travail, qu'il s'agisse des entreprises ou de la fonction publique. De même, la loi du 17 janvier 2002 sur la modernisation sociale édicte (art. 158) que « aucune personne ne peut se voir refuser la location d'un logement en raison de son origine, son patronyme, son apparence physique, son sexe, sa situation de famille, son état de santé, son handicap, ses mœurs, son appartenance ou sa non-appartenance vraie ou supposée à une ethnie, une nation, une race ou une religion déterminée » (V. J. Lafond, *Peut-on choisir son locataire ?* : *JCP* N 2002, 1638. – T. Aubert-Monpeyssen, *Discrimination dans l'accès au logement dans le secteur locatif privé* : *Mél. R. Saint-Alary*, 2006, p. 89). L'article 14 de la Convention européenne des droits de l'homme est aujourd'hui complété par le Protocole additionnel n° 12 portant interdiction générale de discriminer, du 27 juin 2000 (V. G. Gonzalez : *RFDA* 2002, p. 113). Sur l'ensemble de la question, V. *Les discriminations dans la jurisprudence de la Cour de cassation*, in Rapp. C. cass. 2008, p. 61 et s. – *Le principe de non-discrimination* : *RFDA* 2010, dossier p. 301.

(214) V., par ex., P. Mbongo, *L'incrimination des opinions « sexistes » et la liberté d'expression* : *D.* 2002, chron. p. 427.

(215) V. not. pour l'accès à l'École des sciences politiques. V. M. Long, *Discrimination positive et accès à Sciences Po Paris* : *RFDA* 2004, 688.

(216) G. Helleringer et K. Garcia, *Le rayonnement des droits de l'Homme et des droits fondamentaux en droit privé* : *RID comp.* 2010, n° 2, p. 283.

(217) X. Philippe, *Les dommages-intérêts pour violation des droits de l'homme* : *RID comp.* 2014, n° 2, p. 529.

de contrôle du respect par les États des règles établies par la Convention[218]. À cet égard, il a été avancé que la Cour européenne des droits de l'homme irait parfois jusqu'à s'affranchir de la Convention et à « inventer » de nouveaux droits de l'homme[219].

91. - **Le contrôle du respect de la Convention ; la Cour européenne des droits de l'homme.** En dehors de tout contrôle, on notera que, en application du Protocole n° 16 à la Convention européenne des droits de l'homme[220], la Cour pourra désormais être saisie par les plus hautes juridictions d'un État contractant, de demandes d'avis consultatifs sur des questions de principe relatives à l'interprétation ou à l'application des droits et libertés définis par la Convention[221]. L'objectif de ce mécanisme – qui a suscité diverses critiques[222] – est de réduire le nombre des requêtes individuelles portées devant la Cour, requêtes qui deviendront sans objet dès lors que des questions de principe relatives à l'interprétation ou à l'application de la Convention auront pu être éclaircies par des avis de la Cour.

S'agissant des contrôles, il en existe de deux types. D'une part, le Secrétaire général du Conseil de l'Europe peut demander à tout État contractant « les explications requises sur la manière dont son droit interne assure l'application effective de toutes les dispositions » de la Convention (art. 52). D'autre part, il est institué au niveau européen une juridiction spéciale, la Cour européenne des droits de l'homme, chargée de sanctionner les manquements par les États aux dispositions de la Convention. Toutefois, en vertu du principe de subsidiarité[223], principe formellement inséré dans le Préambule de la Convention par l'article 1 du Protocole n° 15[224], la Cour ne peut et ne doit intervenir qu'en cas de défaillance des autorités nationales à assurer le respect des droits consacrés par la Convention.

Art. 1. – À la fin du préambule de la Convention, un nouveau considérant est ajouté et se lit comme suit :

« Affirmant qu'il incombe au premier chef aux Hautes Parties contractantes, conformément au principe de subsidiarité, de garantir le respect des droits et libertés définis dans la présente Convention et ses protocoles, et que, ce faisant, elles jouissent d'une marge d'appréciation, sous le contrôle de la Cour européenne des Droits de l'Homme instituée par la présente Convention ».

(218) F. Chénedé, *Le droit à l'épreuve des droits de l'homme : Mél. G. Champenois*, Defrénois, 2012.

(219) B. Edelman, *La Cour européenne des droits de l'homme : une juridiction tyrannique ? : D.* 2008, chron. p. 1946. – F. Sudre, *La réécriture de la Convention par la CEDH : Mél. J.-P. Costa*, Dalloz, 2011.

(220) Protocole qui est entré en vigueur le 1er août 2018 pour les pays signataires.

(221) Pour un premier exemple, V. Cass. ass. plén., 5 oct. 2018, n° 10-19.053 : *RTD civ.* 2018, 847, obs. J.-P. Marguénaud.

(222) T. Larrouturou, *Protocole n° 16 à la Convention européenne des droits de l'homme et demandes d'avis aux cours suprêmes : saisine sur saisine ne vaut : D.* 2018, 1502.

(223) J.-P. Costa, *Le principe de subsidiarité et la protection européenne des droits de l'homme : D.* 2010, p. 1364, et J.-M. Sauvé : *D.* 2010, p. 1368.

(224) F. Sudre, *La subsidiarité, « nouvelle frontière » de la Cour européenne des droits de l'homme. À propos des Protocoles 15 et 16 à la Convention : JCP* 2013, 1086. – G. Gonzalez, *Bénie soit la subsidiarité (À propos du rapport d'activité 2017 de la Cour EDH) : JCP G* 2018, 169.

La Cour, composée de juges élus de la nationalité des divers États contractants, siège à Strasbourg. Elle comporte plusieurs formations : des chambres de sept juges, et la Grande chambre de dix-sept juges qui se prononce soit directement sur saisine de l'une des chambres, soit en appel d'une décision d'une chambre. En revanche, la Cour ne comprend pas de ministère public(225).

La Cour peut être saisie pour manquement aux dispositions de la Convention, soit sur plainte d'un État contractant (art. 33), soit « d'une requête individuelle par toute personne physique, toute organisation non gouvernementale ou tout groupe de particuliers qui se prétend victime d'une violation par l'une des Hautes Parties contractantes des droits reconnus dans la Convention ou ses protocoles » (art. 34)(226). Cette faculté ouverte d'exercer un recours individuel est extrêmement importante, en fait et en droit, dans la mesure où elle permet à tout plaideur mécontent d'une décision rendue en dernier ressort par une juridiction nationale(227), fût-ce la Cour de cassation, de saisir la Cour européenne au motif que soit la loi appliquée, soit la manière dont elle a été appliquée, viole les droits reconnus par la Convention. La multiplication des recours individuels a conduit à restructurer la Cour européenne (Protocole n° 11), qui siège désormais de manière permanente(228) ; mais cette réforme s'est avérée insuffisante si bien que la recevabilité des requêtes individuelles a dû être restreinte(229) par le Protocole n° 14 qui est entré en vigueur le 1er juin 2010(230).

92. - ***Quid* en cas de violation de la Convention ?** Si la Cour décide qu'il y a eu violation de la Convention, cette décision n'emporte pas *ipso facto* modification de la solution retenue par la décision de justice nationale, sauf si le droit interne le prévoit(231). Tel est le cas de la loi n° 2000-516 du 15 juin 2000 qui a mis en place une procédure de réexamen d'une décision pénale consécutif au prononcé d'un arrêt de la Cour européenne(232) ; et de même de l'article L. 452-1 du Code de l'organisation judiciaire pour les décisions rendues en matière d'état des personnes(233) qui met en place une cour de réexamen des pourvois(234).

(225) J. Pradel, *Plaidoyer en faveur d'un ministère public près la Cour européenne des droits de l'homme* : *D.* 2012, 1134.

(226) La CEDH a mis en ligne le 13 décembre 2010 un guide pratique sur la recevabilité des requêtes, guide destiné à endiguer le flot de requêtes manifestement irrecevables qui sont adressées à la Cour.

(227) Ce qui suppose que le demandeur a épuisé toutes les voies de recours internes (pour une application, V. CEDH, 8 févr. 2018, n° 22612/15 : *D.* 2018, 357).

(228) J.-P. Marguénaud, *La Cour européenne des droits de l'homme renouvelée* : *D.* 1999, chron. p. 221. En outre, pour limiter l'engorgement dont souffre la CEDH, un protocole additionnel prévoit qu'une requête individuelle peut être déclarée irrecevable « lorsque le requérant n'a subi aucun préjudice important et si l'affaire ne soulève aucune question grave relative à l'interprétation ou à l'application de la Convention ou de ses protocoles, ni une question grave de caractère général ». V. F. Benoît-Rohmer, *Il faut sauver le recours individuel* : *D.* 2003, chron. p. 2584.

(229) En ajoutant notamment la condition de « préjudice important ». Suivant la CEDH, 84 % des 41 184 requêtes traitées par la Cour en 2010 ont été déclarées irrecevables, dont 60 % pour défaut manifeste de fondement.

(230) Il restera à voir s'il permet à la Cour d'atteindre un équilibre entre les nouvelles requêtes et les cas traités et de réduire le nombre des affaires en instance (environ 120 000 à mi-2010). V. E. Decaux, *L'entrée en vigueur du protocole n° 14 de la Convention EDH.* Too late and too little… : *JCP* 2010, 616.

(231) F. Lazaud, *L'exécution par la France des arrêts de la Cour européenne des droits de l'homme*, PUAM, 2006. – V. aussi L. Sermet, *La surveillance de l'exécution des arrêts de la Cour européenne des droits de l'homme, entre ombre et lumière. Du premier rapport annuel du Comité des ministres sur l'exécution des arrêts* : *JCP* 2008, act. 281.

(232) CPP, art. 626-1 et s. – V. Cass. ass. plén., 24 oct. 2003 : *D.* 2003, inf. rap. p. 2805. – Cass. ass. plén., 4 juill. 2008 : *D.* 2008, act. 513, obs. J.-Y. Maréchal. – E. Dreyer, *À quoi sert le réexamen des décisions pénales après condamnation à Strasbourg ?* : *D.* 2008, chron. p. 1705.

(233) F. Chénedé, *Réexamen d'une décision civile après condamnation par la CEDH* : *AJF* janv. 2016, 595.

(234) *JCP* 2018, 240 ; *D.* 2018, 418.

Certains auteurs soutiennent qu'il doit en être de même de manière générale en matière civile[235], mais la Cour de cassation s'est prononcée en sens inverse[236], et le Conseil d'État également[237]. On relèvera toutefois une évolution du Conseil d'État qui pose désormais pour principe que « le constat par la Cour EDH d'une méconnaissance des droits garantis par la Convention constitue un élément nouveau qui doit être pris en considération par l'autorité [nationale] investie du pouvoir de sanction »[238].

Cela dit, si le droit interne ne permet pas d'effacer les conséquences de la violation, la Cour européenne pourra accorder à la partie lésée « une satisfaction équitable », c'est-à-dire une sorte d'amende civile à laquelle l'État sera condamné et qui ne correspond pas nécessairement à la réparation du préjudice subi[239]. On peut se demander si cette solution ne fait pas désormais double emploi avec la jurisprudence du Conseil d'État suivant laquelle la responsabilité de l'État du fait des lois peut être engagée pour réparer l'ensemble des préjudices qui découlent de l'application d'une loi adoptée en méconnaissance d'une convention internationale, et notamment de la Convention européenne des droits de l'homme[240].

93. – **La jurisprudence de la Cour européenne.** Les décisions prises par la Cour européenne font application de la Convention à tel ou tel cas particulier et, ce faisant, elles apportent des solutions qui constituent autant de règles nouvelles[241]. À ce titre, elles apparaissent comme une sorte de droit dérivé[242]. Par exemple, c'est en application du droit au respect de ses biens consacré par l'article 1 du Protocole n° 1 (combiné avec l'article 14 de la Convention européenne des droits de l'homme) que la Cour a condamné la discrimination successorale opérée par l'ancien article 760 du Code civil au détriment des enfants adultérins[243]. De même, c'est en application de la liberté d'association que la Cour a condamné les dispositions de la loi « Verdeille » du 10 juillet 1964 contraignant certains propriétaires à adhérer aux associations communales de chasse agréées[244].

De même encore, c'est en application de la liberté d'expression consacrée par l'article 10 de la Convention que la Cour a condamné l'article 36 de la loi du

(235) P.-Y. Gautier, *De l'obligation pour le juge civil de réexaminer le procès après une condamnation par la CEDH* : *D.* 2005, chron. p. 2773. – P.-Y. Gautier, *D.* 2012, 2952.

(236) Cass. soc., 30 sept. 2005 : *D.* 2005, 2800 ; *JCP* 2006, II, 10180 et note Ph. Bonfils.

(237) CE, 12 févr. 2004 : *D.* 2004, 1414, concl. R. Schwartz. – CE, 4 oct. 2012, n° 328502 A : *D.* 2012, 2459.

(238) CE, ass., 30 juill. 2014, n° 358564 : *JCP* 2014, 1089, note L. Milano.

(239) Allant encore plus loin, un récent arrêt de la CEDH a donné à un État un délai de trois mois pour élaborer une loi, à défaut de quoi il devrait verser à la victime une indemnité de 40 000 € : CEDH, 2e sect., 11 sept. 2007, *L. c/ Lituanie* : *RTD civ.* 2007, p. 737, obs. J.-P. Marguénaud.

(240) CE, 8 févr. 2007, n° 279522, *Gardedieu* : *D.* 2007, act. jurispr. p. 659 ; *AJDA* 2007, p. 585, obs. F. Lenica et J. Boucher. – G. Clamour, *Le sens des responsabilités… à propos de l'arrêt* Gardedieu : *D.* 2007, chron. p. 1214.

(241) F. Sudre, *À propos du dynamisme interprétatif de la Cour européenne des droits de l'homme* : *JCP* 2001, I, 335. – Sur les limites du pouvoir d'interprétation de la CEDH, V. J.-F. Renucci, *Les frontières du pouvoir d'interprétation des juges européens* : *JCP* 2007, act. 120.

(242) J.-P. Costa, *Les droits et obligations de caractère civil selon la jurisprudence de la Cour européenne des droits de l'homme* : *Mél. P. Julien*, Edilaix, 2003.

(243) CEDH, 1er févr. 2000, aff. *Mazurek* : *JCP* 2000, II, 10286, note A. Gouttenoire-Cornut et F. Sudre ; *RTD civ.* 2000, p. 429, obs. J.-P. Marguénaud. Depuis lors, l'article 760 du Code civil a été abrogé par la loi du 3 décembre 2001 relative aux droits du conjoint survivant et des enfants adultérins. Sur l'application dans le temps de cette loi, V. CEDH, Gde ch., 7 févr. 2013, n° 16574/08 : *JCP* 2013, 242, obs. F. Sudre ; *JCP* N 2013, 1061, note S. Le Chuiton.

(244) CEDH, 29 avr. 1999, *Chassagnon* : *JCP* 1999, II, 10172 et note J. de Malafosse. – E. Alfandari, *L'adhésion forcée à une association de chasse est condamnée par la Cour européenne des droits de l'homme* : *D.* 2000, chron. p. 141. Pour une application, V. TA Poitiers, 28 mai 2003 : *D.* 2003, 2531 et concl. D. Artus.

29 juillet 1981 relatif au délit d'offense aux chefs d'État étrangers qui confère à ces derniers un privilège exorbitant les mettant à l'abri de toute critique(245).

Par ailleurs, à la différence des juridictions nationales, la Cour européenne rend également des arrêts de règlement, qualifiés d'arrêts pilotes(246). Ainsi, à l'occasion d'un litige dont elle est saisie, et qui peut concerner des milliers de personnes dans un pays déterminé, la Cour invitera ce pays à prendre les dispositions nécessaires pour modifier sa législation de manière à la rendre compatible avec la règle européenne violée et à donner de ce fait satisfaction aux personnes se trouvant dans la même situation que le requérant bénéficiaire direct de la décision(247).

Au travers de sa jurisprudence, la Cour européenne des droits de l'homme fait émerger une certaine conception de l'homme au sens des droits de l'homme, une conception parfois mercantile qu'on peut ne pas partager(248).

94. – La supériorité du droit européen et son intégration en droit français. La Convention européenne ne comporte pas de disposition prescrivant la manière de procéder en vue de son application en droit interne, ce qui laisse une grande latitude aux États contractants. En droit français, le principe est posé par l'article 55 de la Constitution qui confère aux traités et accords internationaux la supériorité sur le droit interne, à l'exception toutefois des règles internes ayant valeur constitutionnelle(249) (V. *supra*, n° 78). La règle s'applique à la Convention européenne des droits de l'homme au même titre qu'à tout autre traité, et notamment à ceux relatifs à l'Union européenne(250).

C'est en ce sens que se prononce la jurisprudence française(251) pour les *dispositions de la Convention*. À la différence des directives européennes, qui doivent faire l'objet d'une transposition (V. *supra*, n° 85), les dispositions de la Convention s'appliquent directement en droit français : elles ont, dit-on, un effet direct. C'est ainsi que les juges français font souvent application de l'article 6 de la Convention relatif à l'exigence d'un procès équitable(252).

---

(245) CEDH, 25 juin 2002, *Colombani c/ France* : *D.* 2002, 715, note B. Beignier et B. de Lamy ; *JCP* 2003, II, 10136 et note L. Pech.

(246) Cette nouvelle procédure a été codifiée dans l'article 61 du règlement de la CEDH. V. CEDH, communiqué 26 mars 2011. – J.-F. Renucci, N. Fricero et Y. Strickler, *L'arrêt pilote : le pragmatisme au service des droits de l'homme* : *D.* 2013, 201.

(247) CEDH, Gde ch., 19 juin 2006, *Hutten-Gapska c/ Pologne* : *RTD civ.* 2006, p. 719, obs. J.-P. Marguénaud. – CEDH, Gde ch., 28 avr. 2008, *Hutten-Czapska c/ Pologne* : *RTD civ.* 2008, p. 641, obs. J.-P. Marguénaud ; *AJDA* 2008, p. 1930, obs. J.-F. Flauss. – CEDH, 12 oct. 2010, n°s 30767/05 et 33800/06, *Atanasin et a. c/ Roumanie*. – CEDH, 3 avr. 2012, n° 5444710, *Michelioudakis c/ Grèce*. – CEDH, 8 janv. 2013, *Torreggiano et a. c/ Italie* : *JCP* 2013, 319, note F. Lafaille. – CEDH, 25 avr. 2017, n° 61467/12, *Remzives et a. c/ Roumanie* : *JCP* 2017, 579.

(248) B. Edelman, *La Cour européenne des droits de l'homme et l'homme du marché* : *D.* 2011, 897.

(249) CE, ass., 30 oct. 1998, *Sarran* : *Rec. CE* 1998, p. 369. – Cass. ass. plén., 2 juin 2000, *Fraisse*, n° 99-60.274, *Bull.* n° 4, p. 7. Mais la CEDH se prononce en sens contraire et contrôle la conformité à la Convention EDH des règles constitutionnelles : CEDH, 11 janv. 2005, *Py c/ France* : *RFDA* 2006, p. 139, note A. Roblot-Troizier et J.-G. Sorbara.

(250) CEDH, 30 juin 1993 : *D.* 1994, 181 et note J.-P. Marguénaud. Un problème peut se poser en cas de conflit entre la Convention européenne des droits de l'homme et une autre convention internationale (V. L. François, *La Convention européenne des droits de l'homme est-elle supérieure aux conventions bilatérales reconnaissant les répudiations musulmanes ?* : *D.* 2002, chron. p. 2958).

(251) R. Merle, *La Convention européenne des droits de l'homme et la justice pénale française* : *D.* 1981, chron. p. 227. – P. Estoup, *La Convention européenne des droits de l'homme et le juge français* : *Gaz. Pal.* 1990, 1, doctr. p. 110. – A. Gouron-Mazel, *La Cour de cassation face à la Convention européenne des droits de l'homme* : *JCP* 1996, I, 3937.

(252) V. Lamanda, *Le juge judiciaire, juge naturel de la Convention de sauvegarde des droits de l'homme et des libertés fondamentales* : *Mél. J.-P. Costa*, Dalloz, 2011.

Mais doivent-ils également se conformer aux solutions résultant des décisions rendues par la Cour européenne des droits de l'homme ?

En théorie, il faudrait répondre par la négative. En effet, à la différence de la Cour de justice de l'Union européenne qui rend des arrêts d'interprétation et « dit pour droit que (...) », la Cour européenne des droits de l'homme se borne à condamner l'État qui méconnaît les dispositions de la Convention ; au plan du droit, les motifs de cette condamnation ne s'imposent pas au juge national qui demeure libre de se prononcer en sens contraire.

En pratique, le juge français[253], y compris la Cour de cassation[254], s'est toujours incliné devant la jurisprudence de la Cour européenne car, s'il ne le faisait pas, il exposerait la France à des condamnations systématiques[255]. C'est notamment ce que la Cour de cassation a fait en permettant aux transsexuels la modification de leur état civil, procédant ainsi à un revirement de jurisprudence[256]. Au surplus, on conviendra qu'il est très désagréable pour la plus haute juridiction d'un pays de se faire sanctionner par une juridiction *supra* nationale[257]. Cette mésaventure est survenue à la France en matière d'écoutes téléphoniques, ce qui a finalement conduit à une réforme du droit français par la loi du 10 juillet 1991[258].

Finalement, la Cour de cassation, statuant en assemblée plénière, a posé le principe de l'autorité interprétative des arrêts de la Cour européenne des droits de l'homme. Elle a ainsi décidé que « les États adhérents sont tenus de respecter les décisions de la Cour européenne des droits de l'homme, sans attendre d'être attaqués devant elle ni d'avoir modifié leur législation »[259]. En bref, la jurisprudence de la Cour européenne est une source du droit français[260].

Il s'ensuit que la Convention européenne des droits de l'homme et les décisions prises par la Cour européenne peuvent avoir une influence très importante sur le droit interne français, y compris sur le droit civil[261] (V. *infra*, n° 267). À cet égard

(253) V. TGI Montpellier, 2 mai 2000 : *Defrénois* 2000, 1, 1435, art. 37275, note J. Massip, qui décide d'écarter l'application de l'article 760 du Code civil par référence à l'arrêt *Mazurek*.

(254) D. Simon, *La contribution de la Cour de cassation à la construction juridique européenne : Europe du droit, Europe des juges*, in Rapp. C. cass. 2006, p. 79. – G. Canivet, *La Cour de cassation et la Convention européenne des droits de l'homme*, in *Cinquantième anniversaire de la CEDH*, Bruxelles, Bruylant, 2002, p. 257.

(255) G. Canivet, *La Cour de cassation et la Convention européenne des droits de l'homme*, in *Cinquantième anniversaire de la Convention européenne des droits de l'homme*, Bruylant, 2002, p. 257. – J.-Cl. Bonichot, *Le Conseil d'État et la Convention européenne des droits de l'homme*, *ibid.*, p. 239. – Ph. Malaurie, *La Convention européenne des droits de l'homme et le droit civil français : JCP* 2002, I, 1678. – V. Lamanda, *La Convention européenne et la Cour de cassation : RID comp.* 2008, p. 325 ; et J.-L. Nadal, id. : *RID comp.* 2008, p. 337.

(256) Cass. 1re civ., 21 mai 1990 : *JCP* 1990, II, 21588, rapp. J. Massip et concl. Mme Flipo, qui refusait la modification de l'état civil. – CEDH, 25 mars 1992 : *JCP* 1992, II, 21955, note Th. Garé ; *D.* 1993, p. 101, note J.-P. Marguénaud, qui condamne la France pour violation de l'article 8. – Cass. ass. plén., 11 déc. 1992 : *JCP* 1993, II, 21991, concl. Jéol, note G. Mémeteau, qui s'aligne sur la position de la CEDH. – Cl. Lombois, *La position française sur le transsexualisme devant la Cour européenne des droits de l'homme : D.* 1992, chron. p. 323.

(257) Pour un exemple, V. Ch. Hugon, *Le contrôle par la Cour européenne des droits de l'homme du retrait des pourvois de la Cour de cassation : D.* 2001, doctr. p. 3369.

(258) CEDH, 24 avr. 1990, aff. *Kruslin : D.* 1990, p. 353, note J. Pradel. – J. Pradel, *Écoutes téléphoniques et Convention européenne des droits de l'homme (À propos de Cass. ass. plén., 24 nov. 1989 : D. 1990, p. 34) : D.* 1990, chron. p. 15. – R. Koering-Joulin, *De l'art de faire l'économie d'une loi (à propos de l'arrêt Kruslin et de ses suites) : D.* 1990, chron. p. 187. – P. Kayser, *La conformité à la Convention européenne des droits de l'homme et à la Constitution de la France des écoutes téléphoniques administratives : D.* 1991, chron. p. 17.

(259) Cass. ass. plén., 15 avr. 2011 : *D.* 2011, 1080 ; *RTD civ.* 2011, 725, obs. J.-P. Marguénaud.

(260) Sur l'exécution effective des arrêts de la CEDH, V. Rapport annuel 2011 : *D.* 2012, 1481, obs. C. Demunck.

(261) A. Debet, *L'influence de la Convention européenne des droits de l'homme sur le droit civil*, Dalloz, 2002. – O. Lucas, *La Convention européenne des droits de l'homme et les fondements de la responsabilité civile : JCP* 2002, I, 111. – F. Marchadier, *La réparation des dommages à la lumière de la Convention européenne des droits de l'homme : RTD civ.* 2009, p. 245.

on relèvera que, dans un arrêt, la chambre sociale de la Cour de cassation n'a pas hésité à mentionner en visa un arrêt de la Cour européenne des droits de l'homme, comme s'il s'agissait d'une règle de droit[262].

SOUS-SECTION 3

LES LOIS[263]

95. – **Distinction de la loi et du règlement**[264]. Jusqu'à la Constitution du 4 octobre 1958 qui nous régit aujourd'hui, la distinction entre la loi et le règlement était simple car elle reposait sur le principe de la séparation des pouvoirs législatif et exécutif. Seul le Parlement (les assemblées élues) détenait le pouvoir de légiférer et tous les textes étaient des lois au sens strict du terme, c'est-à-dire des actes émanant du pouvoir législatif. Quant au Gouvernement, il pouvait seulement, dans le respect de la loi, édicter des décrets ou arrêtés tendant à son application. Il y avait donc une stricte hiérarchie entre la loi et ses éventuels règlements d'application.

Mais dans les faits, cette hiérarchie a souvent été bousculée par des pratiques contraires. Sous la IIIe République, il est fréquemment arrivé que le Parlement, partagé entre des majorités de circonstance, soit incapable de réaliser des réformes que tout le monde considérait cependant nécessaires. Il conférait alors au Gouvernement, par une loi portant délégation sur des matières particulières, le droit de légiférer par décret. Ces décrets, dits *décrets-lois*, avaient force de loi ; ils devaient toutefois être soumis dans un certain délai à ratification par le Parlement. Bien qu'expressément condamnée par la Constitution de 1946[265], cette pratique a néanmoins survécu sous des formes diverses, notamment aujourd'hui par le biais des ordonnances de l'article 38 (V. *infra*, n° 107).

Prenant acte de cette réalité de la pratique, la Constitution de 1958 a finalement partagé le pouvoir de légiférer entre le Parlement et le Gouvernement, en déterminant dans les articles 34 et suivants de la Constitution le domaine de la loi et celui du règlement ; ce partage de compétence soulève d'importantes difficultés de délimitation[266].

Par ailleurs, mais dans un certain nombre d'hypothèses seulement, la Constitution permet au Gouvernement d'intervenir dans le domaine de la loi par des *ordonnances* qui ont en définitive valeur de loi.

Qu'il s'agisse de lois, d'ordonnances ou de règlements, les textes se doivent d'être compris de tous, ce qu'a rappelé le Conseil constitutionnel en faisant de

(262) Cass. soc., 13 juin 2007 : *JCP* 2007, act. 287 ; *RTD civ.* 2007, p. 536, obs. P. Deumier. – V. aussi J. Mouly et J.-P. Marguénaud, *La chambre sociale de la Cour de cassation, pionnière de la diffusion de la Convention EDH en France : JCP* 2008, I, 221.

(263) R. Drago (ss dir.), *La confection de la loi*, PUF, 2005. – C. Puigelier (ss dir.), *La loi*, Economica, 2005. – J.-L. Sourioux, *Le bon législateur selon Portalis : Mél. Ph. Jestaz*, Dalloz, 2006. Sur la responsabilité des lois, lorsque la loi cause un dommage présentant un caractère grave et spécial, V. CE, ass., 14 janv. 1938, *SA des produits laitiers La Fleurette : Rec. CE* 1938, p. 26. – CE, 2 nov. 2005, *Coopérative agricole Ax'ion : RFDA* 2006, 349, concl. M. Guyomar et note Ch. Guettier.

(264) A. Haquet, *La loi et le règlement*, LGDJ, coll. « Systèmes », 2007.

(265) Art. 13 : « L'Assemblée nationale vote seule la loi. Elle ne peut déléguer ce droit ».

(266) J.-Ph. Feldman, *Sur la proposition de loi constitutionnelle « tendant à renforcer l'autorité de la loi » : D.* 2005, chron. p. 399. – P. Deumier, *Les qualités de la loi : RTD civ.* 2005, 93.

l'accessibilité et de l'intelligibilité de la loi[267] (au sens large) un « objectif de valeur constitutionnelle »[268] (V. *supra*, n° 20). Cet objectif n'est hélas pas toujours atteint, ce qui nuit gravement à la sécurité juridique (V. *infra*, n° 116).

En pratique, l'accessibilité de la loi est souvent rendue difficile à raison de l'inflation et de la dispersion des textes ; afin d'y remédier, le Gouvernement a décidé d'organiser ces textes dans des codes et de procéder à ce qu'il est convenu d'appeler une *codification à droit constant*. C'est là un progrès, mais qui n'échappe pas à la critique (V. *infra*, n° 127).

96. – L'inflation législative. Tacite dénonçait déjà les méfaits de l'inflation législative : *corruptissima respublica plurimae leges* (la république la plus dégradée est celle qui a le plus de lois). Hélas, au XVIe siècle, Montaigne relevait encore que « nous avons en France plus de lois que tout le reste du monde ensemble[269] ». Depuis lors, la situation n'a cessé de s'aggraver ; à cet égard le législateur moderne ferait bien de relire les sages conseils de Portalis[270].

Voici des lustres que la doctrine dénonce en vain l'inflation législative[271], qu'il s'agisse des lois proprement dites, des textes réglementaires, des circulaires, des avis, etc., auxquels il faut aujourd'hui ajouter les textes d'origine européenne. Ces textes s'accroissent tout à la fois en nombre et en volume. Le phénomène est aggravé par le fait que, parfois, vont être glissées dans une loi des dispositions qui n'ont qu'un lointain rapport avec son objet ; ce qui nuit d'autant à l'accessibilité de la loi dans la mesure où ces dispositions risquent d'échapper à la vigilance de ceux qu'elles concernent.

Cela dit, l'inflation législative reste difficile à mesurer en dépit des outils statistiques existants[272]. Suivant une étude du Conseil d'État du 3 mai 2018, il y avait, au 25 janvier 2018, 80 267 articles législatifs (dont 63,6 % sont codifiés) et 240 191 articles réglementaires (dont 38,1 % sont codifiés). Selon les chiffres diffusés par le Gouvernement, au 25 janvier 2021, 89 185 articles législatifs et 242 663 articles réglementaires étaient en vigueur, ce qui est considérable. Corrélativement, le nombre de codes figurant sur le site de Légifrance est d'un peu moins de quatre-vingts, ce qui semble conforme à la réalité, laquelle dépend aussi de la méthode de comptabilisation suivie.

Ce pullulement des textes s'explique pour partie par la multiplication des rapports sociaux, mais aussi par le souci de répondre à une demande du public qui est gourmand de lois. Il suffit que des événements suscitent un battage médiatique

---

(267) Comme le soulignait déjà Montesquieu, « Le style des lois doit être simple (…) Les lois ne doivent point être subtiles ; elles sont faites pour des gens de médiocre entendement » (*L'esprit des lois*, 1748, XXIX, 16). – V. aussi G. Cornu, *L'art d'écrire la loi*, in *Le Code civil*, *Pouvoirs*, éd. du Seuil, 2003.

(268) M.-A. Frison-Roche et W. Baranes, *Le principe constitutionnel de l'accessibilité et de l'intelligibilité de la loi* : D. 2000, chron. p. 361. – V. Lasserre-Kiesow, *La compréhensibilité des lois à l'aube du XXIe siècle* : D. 2002, chron. p. 1157. – G. Koubi, *Lire et comprendre : quelle intelligibilité de la loi ?*, in *Le Titre préliminaire du Code civil*, Economica, 2003.

(269) *Essais*, Livre troisième, chapitre XIII.

(270) J.-L. Sourioux, *Le bon législateur selon Portalis* : *Mél. Ph. Jestaz*, Dalloz, 2006, p. 515.

(271) R. Savatier, *L'inflation des lois et l'indigestion du corps social* : D. 1977, chron. p. 43. – E. Grass, *L'inflation législative a-t-elle un sens ?* : *RDP* 2003, 139. – J.-Cl. Zarka, *À propos de l'inflation législative* : D. 2005, point de vue p. 660. – A. Outin-Adam et A.-M. Reita-Tran, *Excès et dérives dans l'art de légiférer. Quelques réflexions axées sur le droit des affaires* : D. 2006, chron. p. 2919. – Y. Benhamou, *Réflexions sur l'inflation législative* : D. 2010, 2303. – S. Prayer, *Le discours et la lettre contre l'inflation normative* : *RRJ* 2014-1, 49. – B. Teyssié, *Les Tables de la loi, variations profanes* : *JCP* 2020, 1118.

(272) V. particulièrement les indicateurs de suivi de l'activité normative établis par le Secrétariat général du Gouvernement.

pour qu'immédiatement le Gouvernement décide d'y répondre par une loi, alors que les textes existants auraient peut-être suffi pour traiter le problème. Cette propension était déjà stigmatisée par le Conseil d'État dans son rapport annuel présenté le 20 juin 1991 mettant notamment en garde le Gouvernement contre « deux tendances regrettables (...) La première consiste à attacher plus de prix à l'importance apparente d'une loi qu'à son contenu réel. Elle conduit à réécrire en termes différents et souvent plus ambitieux mais plus imprécis des dispositions qui existent déjà dans la législation ». Le conseil a été suivi ainsi qu'en témoigne une circulaire du 26 août 2003(273) « relative à la maîtrise de l'inflation normative et à l'amélioration de la qualité de la réglementation » dans laquelle le Premier ministre déclarait : « Il convient, avant toute proposition nouvelle, de vérifier qu'une plus grande attention à l'application effective des textes en vigueur ne répond pas aux besoins identifiés ». Mais c'était là peine perdue car tout Gouvernement préfère être taxé d'activisme plutôt que d'immobilisme : l'agitation prend le pas sur la réflexion(274). C'est ainsi que le Conseil d'État a à nouveau dénoncé cette dérive législative dans son rapport annuel présenté en 2006, et fait de nouvelles propositions pour y remédier(275). C'est dans le même esprit qu'une circulaire du 26 juillet 2017 dispose que « toute nouvelle norme réglementaire doit être compensée par la suppression ou, en cas d'impossibilité avérée, la simplification d'au moins deux normes existantes(276) ». Si l'on rapproche le nombre de textes applicables de l'adage suivant lequel « Nul n'est censé ignorer la loi », on reste quelque peu rêveur ; et on est amené à conclure que l'adage n'est plus aujourd'hui qu'une fiction.

Corrélativement, dans une perspective de communication, sinon même électoraliste, les gens au pouvoir affectionnent les grandes proclamations de principe : on affirmera un droit au logement, un droit à l'égalité des chances, un droit à la parité, etc., mais sans prendre les dispositions normatives permettant de leur donner un réel effet. Ou encore on utilisera la loi à des fins totalement étrangères à la fonction de la loi : reconnaissance officielle de tel génocide, repentance pour tel comportement de la Nation dans le passé (esclavage), ou à l'inverse autosatisfaction (les aspects positifs de la colonisation), etc. Il s'agit là de « lois de mémoire », ou de « lois mémorielles » par lesquelles le législateur entend rappeler de grands événements(277).

97. – **Ce que doit être la loi : la sanction des « neutrons législatifs » et des « cavaliers législatifs ».** La loi se définit différemment suivant qu'on se place au plan de la forme ou à celui du fond. Au plan formel, la loi est un acte voté par le Parlement. Mais au plan matériel, c'est une règle générale et abstraite qui, à ce titre, a et doit avoir un caractère normatif ; par ailleurs, s'il s'agit d'une loi ordinaire, son domaine est délimité par l'article 34 de la Constitution.

(273) *JO* 29 août 2003.

(274) S. Prayer, *Le discours et la lutte contre l'inflation normative* : *RRJ* 2014, 1, p. 49.

(275) J. de Clausade, *La loi protège-t-elle encore le faible lorsqu'elle est aussi complexe, foisonnante et instable ?* : *JCP* 2006, I, 121.

(276) H. Moysan, *La nouvelle légistique réglementaire : changement ou continuité ?* : *JCP* 2017, 1304.

(277) V. C. Amson, *Les « lois de mémoire » : aspects juridiques d'une pratique discutable* : *RRJ* 2006, 2221. – V., pour la condamnation du génocide arménien : Cons. const., 28 févr. 2012 : *D.* 2012, 987, note J. Roux ; *RRJ* 2012-3, p. 1083, note A. Fargues ; *RTD civ.* 2012, 78, obs. P. Deumier. Et pour celle de l'esclavage : Cass. crim., 5 févr. 2013 : *D.* 2013, 805, note P. Egea.

Or, la pratique révèle une double dérive du législateur : d'une part, la loi est souvent bavarde, en ce sens qu'elle parle pour ne rien dire, qu'elle se complait dans des proclamations ou des incantations sans valeur normative ; d'autre part, s'agissant de la loi ordinaire, elle sort parfois de son domaine pour empiéter sur celui du règlement. Cette double dérive a été sanctionnée par le Conseil constitutionnel dans sa décision du 21 avril 2005[278].

À la vérité, la sanction était prévisible, pour ne pas dire annoncée. En effet, dans une première décision du 29 juillet 2004[279], le Conseil constitutionnel avait déjà posé le principe de normativité de la loi et censuré à ce titre un article de la loi organique relative à l'autonomie financière des collectivités locales motif pris de sa portée normative incertaine et de son caractère tautologique (en ce qu'il se bornait à reprendre le contenu de l'article 72-2 de la Constitution). Puis, lors de la cérémonie des vœux pour 2005 au président de la République, et reprenant des propos du président de l'Assemblée nationale, le président du Conseil constitutionnel, Pierre Mazeaud, avait très vivement dénoncé les dérives législatives, affirmant clairement sa volonté de voir censurer les « neutrons législatifs »[280].

La loi Avenir de l'école allait lui en fournir l'occasion dans la mesure où elle réalisait la quintessence des travers du législateur. C'est ainsi que le Conseil a déclaré contraire à la Constitution l'article 7.II de la loi au motif que « ces dispositions sont manifestement dépourvues de toute portée normative ». Ce fameux article 7. II était en effet un tissu de poncifs et de lapalissades qui auraient mieux trouvé leur place dans un discours électoral que dans une loi : « L'objectif de l'école est la réussite de tous les élèves. Compte tenu de la diversité des élèves, l'école doit reconnaître et promouvoir toutes les formes d'intelligence pour leur permettre de valoriser leurs talents. La formation scolaire, sous l'autorité des enseignants et avec l'appui des parents, permet à chaque élève de réaliser le travail et les efforts nécessaires à la mise en valeur et au développement de ses aptitudes, aussi bien intellectuelles que manuelles, artistiques et sportives. Elle contribue à la préparation de son parcours personnel et professionnel ».

Outre cette superbe proclamation, la loi comportait également des dispositions « de portée normative incertaine » pour lesquelles le Conseil a procédé à des réserves d'interprétation afin d'en préciser le sens. Corrélativement la même décision se prononce sur la sanction en cas de non-respect des domaines de la loi et du règlement (V. *infra*, n° 105).

Manifestement cette condamnation des lois bavardes par le Conseil constitutionnel n'a pas été entendue. On retrouve en effet les mêmes travers en 2013

(278) Cons. const., 21 avr. 2005, n° 2005-512, *Loi d'orientation et de programme pour l'avenir de l'école* : LPA 20 mai 2005, p. 3, note J.-E. Schoettl. – B. Mathieu, *Le Conseil constitutionnel censure les lois trop « verbeuses »* : JCP 2005, act. 250. – M. Verpeaux, *Neutrons législatifs et dispositions réglementaires : la remise en ordre imparfaite* : D. 2005, chron. p. 1886. – J.-Cl. Zarka, *La décision n° 2005-512 du 21 avril 2005 (loi Fillon) du Conseil constitutionnel : une censure partielle prévisible* : D. 2005, chron. p. 1372. – P. Deumier, *Qu'est-ce qu'une loi ? Ce n'est ni un programme politique, ni un règlement* : RTD civ. 2005, 564. – G. Glenard, *La loi ordinaire (à propos de la décision du Conseil constitutionnel n° 2005-512 DC du 21 avril 2005, Loi d'orientation et de programmation sur l'avenir de l'école)* : RFDA 2005, 922.

(279) Cons. const., 29 juill. 2004, n° 2004-500 DC, *Loi organique prise en application de l'article 72-2 de la Constitution relative à l'autonomie financière des collectivités territoriales* : LPA 13 août 2004, p. 12, note J.-E. Schoettl.

(280) P. Mazeaud, *La loi ne doit pas être un rite incantatoire* : JCP 2005, act. 70, p. 245 ; AJDA 10 janv. 2005, p. 13. – V. aussi pour l'action du Conseil constitutionnel, Ogier-Bernaud et C. Severino, *Droit constitutionnel jurisprudentiel : panorama 2005* : D. 2006, pan. p. 826 (V. spéc. I).

dans la loi « d'orientation et de programmation pour la refondation de l'école de la République » qui occupe quarante pages du *Journal officiel*(281). On ne peut que rappeler ici les sages conseils de Fénelon : « Le bon esprit consiste à retrancher tout discours inutile et à dire beaucoup en peu de mots » ; le législateur d'aujourd'hui fait exactement l'inverse(282).

S'agissant de l'exigence de normativité de la loi, on citera le nouvel article 515-14 du Code civil, dû à la loi du 16 février 2015 relative à la modernisation et à la simplification du droit, qui proclame : « Les animaux sont des êtres vivants doués de sensibilité », proclamation de nature symbolique qui, au moins à ce jour, n'a aucune valeur normative. Les exemples dans le même sens sont nombreux, comme en témoigne encore la reconnaissance à l'article L. 110-1 du Code de l'environnement, par la loi du 29 janvier 2021, que les « sons et odeurs » caractérisent aussi les espaces, ressources et milieux naturels. La loi est-elle le lieu adéquat pour de telles déclarations, bien souvent non suivies d'actions véritables ?

Par ailleurs, on rappellera que le Conseil constitutionnel condamne aussi les « cavaliers législatifs », c'est-à-dire les dispositions insérées par facilité dans une loi alors qu'elles n'ont aucun rapport avec l'objet de celle-ci(283).

Il arrive également que le législateur se trompe, ce qui se produit notamment lorsqu'il édicte une loi contraire à la Constitution ou à la Convention européenne des droits de l'homme ou à tout autre traité, auquel cas la loi pourra être sanctionnée (V. *supra*, nos 71 et s., et n° 79)(284).

98. – **Le lobbying dans l'élaboration de la loi.** Le lobbying (de *lobby*, couloir) a toujours existé, spécialement dans les pays anglo-saxons. En revanche il paraissait tout à fait contraire à la conception française traditionnelle de la loi qui est présentée comme l'expression de l'intérêt général. Or, par définition même, un lobby – on dira plus volontiers aujourd'hui un groupe d'intérêt ou un groupe de pression – défend les intérêts particuliers des membres du groupe. Mais tout groupe d'intérêt suscite aussi son contraire : aux syndicats patronaux s'opposent les syndicats ouvriers ; aux fabricants et fournisseurs s'opposent les associations de consommateurs ; aux industriels réputés pollueurs s'opposent les défenseurs de l'environnement, etc. Chacun choisit son camp et tente de convaincre le pouvoir politique de prendre des dispositions dans tel ou tel sens. Certains, qui tenteront de rallier l'opinion publique, seront ressentis comme bons parce qu'ils défendent un plus grand nombre de personnes, les consommateurs, les défenseurs de l'environnement, etc. ; et d'autres seront regardés avec une certaine suspicion parce qu'ils sont considérés comme défendant des intérêts égoïstes, ceux des professionnels, des patrons.

(281) B. Toulemonde, *Loi sur l'école : le bavardage continue !* : *AJDA* 2013, 1937. – F. Lefebvre-Rangeon, *L'exigence de normativité de la loi. Quel bilan, dix ans après la décision « Avenir de l'école »* : *AJDA* 2015, 1028.

(282) V. H. Croze, *Loi « Macron » : grosse loi ou grande loi* : *JCP* 26 oct. 2015, suppl. au n° 44.

(283) C'est ainsi, par exemple, que le Conseil constitutionnel a censuré sept « cavaliers » dans la loi portant réforme de la protection juridique des majeurs : Cons. const., 1er mars 2007, n° 2007-552 DC ; et vingt-sept cavaliers (sur 39 articles…) de la loi portant adaptation de la procédure pénale au droit de l'Union européenne : Cons. const., 13 août 2015, n° 2015-719 DC. – V. aussi la censure de nombreux « cavaliers » dans la loi Égalité, citoyenneté (Cons. const., 26 janv. 2017, n° 2016-745 DC. – B. Mathieu, *Le Conseil constitutionnel poursuit la chasse aux « cavaliers législatifs »* : *JCP* N 2009, 399) et de 20 « cavaliers » dans la loi ÉLAN (évolution du logement, de l'aménagement et du numérique) du 23 novembre 2018 (Cons. const., 15 nov. 2018, n° 2018-772 DC).

(284) C. Jarrosson, *Le législateur peut-il avoir tort ?*, in *Études B. Oppetit*, Litec, 2009, p. 349.

Au total, on peut penser ou espérer que la loi – au sens large – réalisera un juste équilibre entre les intérêts des uns et ceux des autres(285).

Ces lobbys sont depuis longtemps bien établis auprès des instances européennes. Ils ont été officiellement reconnus en France devant l'Assemblée nationale et le Sénat qui ont amorcé à cet effet une sorte de statut des lobbys(286), statut qui a finalement été édicté par la loi n° 2016-1691 du 9 décembre 2016(287). Cette loi en a retenu une définition assez étroite en ne visant que les personnes physiques et les personnes morales de droit privé et certains organismes « dont un dirigeant, un employé ou un membre a pour activité principale ou régulière d'influer sur la décision publique, notamment sur le contenu d'une loi ou d'un acte réglementaire en entrant en communication » avec les pouvoirs publics. Sont en revanche exclus de la catégorie : les élus, les partis et groupements politiques, les organisations syndicales de salariés ou d'employeurs, les associations à objet cultuel et les associations représentatives des élus. Si le lobbying n'est pas leur « activité principale ou régulière » il n'en est pas moins une activité occasionnelle plus ou moins fréquente suivant les cas.

Les lobbys exercent aussi leur action au plan médiatique pour s'attirer la sympathie de l'opinion publique, et plus discrètement auprès des divers ministères.

On en citera un exemple récent qui a abouti à l'insertion dans le Code civil d'un article 515-14 proclamant : « Les animaux sont des êtres vivants doués de sensibilité ». Derrière cette proclamation symbolique se trouvait la Fondation 30 millions d'Amis qui, le lendemain même du vote de la loi publiait un placard dans un quotidien se réjouissant « de cette avancée décisive » et remerciant en ces termes tous ceux qui l'avaient aidée : « Aux 24 intellectuels qui ont soutenu notre manifeste, aux 770 000 signataires de la pétition et aux élus qui ont défendu cette réforme, nous adressons un grand merci ». Quel parlementaire soucieux de sa réélection risquerait de se mettre à dos 30 millions d'Amis, vingt-quatre intellectuels de renom et 770 000 pétitionnaires qui sont autant d'électeurs(288)... Autre exemple, également tout récent, mais plus discret car non revendiqué : le lobby des assurances a réussi à faire insérer dans le Code de la construction et de l'habitation un article L. 111-13-1 (devenu L. 123-2) destiné à brider une éventuelle jurisprudence redoutée sur la responsabilité des constructeurs – et de leurs assureurs – en matière de performance énergétique. On a pu dire que ce texte « était venu de nulle part » (*sic*)...

99. – **Les méthodes musclées de mise à l'écart du droit : les ZAD.** Il y a ZAD et ZAD. Jusqu'à une date récente, les ZAD désignaient uniquement, en matière

(285) J. Lapousterle, *L'influence des groupes de pression sur l'élaboration des normes*, Dalloz, préf. P.-Y. Gautier, 2009. – M. Mekki, *L'influence normative des groupes d'intérêt : force vive ou force subversive ? : JCP* 2009, n°s 370 et 392. – F. Fages et F. Rouvillois, *Lobbying : la nouvelle donne constitutionnelle : D.* 2010, chron. p. 277. – G. Houillon, *Corruption et conflits d'intérêts : le lobbying en perspective : RRJ* 2012, 1, p. 35. – L. Vallée, *Élaboration de la norme et influences : Justice & cassation* 2012, 99. – M. Mekki, *Réseau, lobbies et conflits d'intérêts, Rev. dr.* Assas déc. 2017, n° 15, p. 48.

(286) P. Deumier, *Reconnaissance du lobbying en France : RTD civ.* 2010, p. 62. – Ph. Portier, *L'avocat lobbyiste, quelles perspectives ? : JCP* 2014, 1096. – L'activité de lobbying peut même être exercée par des avocats (RIN, art. 6.2.3).

(287) J.-M. Brigant, *La loi relative à la transparence, à la lutte contre la corruption et à la modernisation de la vie économique : JCP G* 2017, 3. – F. Jourdan, *En matière de lobbying, la transparence progresse lentement : JCP* 2018, 728.

(288) V. aussi N. Molfessis, *La raison d'être animal*, éditorial : *JCP* 2020, 151.

d'urbanisme, les zones dites d'aménagement différé. L'acronyme a été subtilement récupéré par des groupes violents qui se font les champions des « zones à défendre ». Mouvement sympathique à l'origine animé par José Bové, paysan devenu homme politique, qui défendait les paysans du Larzac, il est devenu un repaire de personnages plus ou moins altermondialistes, écologistes et extrémistes dont l'activité principale, sinon exclusive, est de faire échec par la force à des projets d'aménagement du territoire considérés par eux – à tort ou à raison – comme néfastes pour le pays. L'exemple le plus emblématique, mais pas le seul, est l'occupation « sauvage » du site destiné à recevoir l'aéroport de Notre-Dame-des-Landes, près de Nantes, qui a pendant longtemps fait la une des quotidiens. Au nom d'une « juste cause » à leurs yeux, ils se sont opposés par tous moyens à la mise en œuvre du projet, faisant fi des autorisations administratives obtenues et du référendum organisé localement. Ils ont finalement obtenu gain de cause, le projet ayant été abandonnée par le Gouvernement.

C'est là une forme de lobbying, non pas discret mais violent, pour faire pression soit sur les autorités compétentes, soit sur le législateur, et même plus simplement sur l'opinion publique ; autant dire un phénomène socio-politique qui semble difficilement compatible avec les principes démocratiques qui irriguent le droit français. La ZAD devient ainsi de fait une zone de non-droit, une ZND.

On peut se demander s'il n'en va pas de même d'autres mouvements contemporains, tel celui des « gilets jaunes »[289].

100. – Les lois de circonstances : Covid-19 et droit. Les lois de circonstances – parfois qualifiées de droit d'exception –, désignent les règles édictées en considération de circonstances de fait exceptionnelles impliquant un trouble d'une gravité particulière[290] : suspension des délais pendant la Révolution ou les guerres, maintien d'une partie du droit applicable dans un territoire reconquis (en Alsace-Moselle : V. *infra*, n° 182), etc.

La crise sanitaire liée au virus Covid-19, dit « Coronavirus », a remis sur le devant de la scène juridique ce modèle de droit spécial que l'on ne connaissait plus que de manière anecdotique depuis la fin des guerres mondiales[291].

En conséquence de cette crise ont été prises des lois d'urgence sanitaire[292], secondées par de nombreuses mesures d'adaptation du droit (exemples : suspension de délais[293], adaptation du droit des entreprises en difficulté[294] et des règles de fonctionnement des juridictions[295], etc.), dont certaines ont d'ailleurs vocation à perdurer (il en est ainsi de la procuration notariée à distance[296], V. *infra*, n° 567).

(289) V. M. Vivant, *L'État de non-droit : D.* 18 avr. 2019, n° 14, éditorial.

(290) J. Ellul, *Sur l'artificialité du droit et le droit d'exception (suite) : Arch. phil. dr.* 1965, t. 10, p. 191 et s., spéc. p. 203 : « en cas de crise, en cas de trouble, en cas de guerre, il faut créer des règles juridiques (que l'on reconnaît exceptionnelles) différentes (…) des règles du droit commun ». – Rappr. de la notion de loi spéciale en droit québécois.

(291) V. N. Molfessis, *Le risque du Far-West : JCP* 2020, 443. – A. Denizot, *Covid-19, entre droit de la peur et peur du droit : RTD civ.* 2020, 703. – A. Vidal-Naquet, *Le droit, grand perdant de la crise liée au coronavirus : Le Monde* 26 déc. 2020, p. 26.

(292) Not. L. n° 2020-290, 23 mars 2020 d'urgence pour faire face à l'épidémie de Covid-19 : *JO* 24 mars ; L. n° 2021-160, 15 févr. 2021 prorogeant l'état d'urgence sanitaire : *JO* 16 févr.

(293) Ord. n° 2020-306, 25 mars 2020. – Ord. n° 2020-427, 15 avr. 2020. – Ord. n° 2020-560, 13 mai 2020.

(294) Ord. n° 2020-596, 20 mai 2020 : *JO* 21 mai. – Ord. n° 2020-1443, 25 nov. 2020 : *JO* 26 nov.

(295) Ord. n° 2020-1400, 18 nov. 2020 : *JO* 19 nov.

(296) D. n° 2020-1422, 20 nov. 2020 : *JO* 21 nov.

La crise du Covid-19 l'a illustré, ces périodes d'exception s'accompagnent souvent d'un vacillement de certaines garanties de l'État de droit et de restrictions fortes apportées aux libertés[297], telle celle d'aller et venir durant les confinements sanitaires ou sous les couvre-feux, où les déplacements ont été conditionnés (attestations de déplacement dérogatoire, « passe sanitaire »...), parfois si strictement qu'ils en devenaient pratiquement interdits[298]. Elle témoigne de ce que la frontière entre un régime libéral d'exercice des libertés (autorisé sauf interdiction) et un régime plus strict (interdit sauf autorisation) peut être ténue[299]. À moins d'y voir, en changeant de prisme (mais en mettant beaucoup de droits fondamentaux à distance), des mesures permettant un exercice des libertés adapté au contexte d'une « démocratie sanitaire » ?

Ces mesures, prises dans l'urgence et sur le fondement de l'urgence, ont consacré une nette prééminence de l'exécutif et de l'action gouvernementale sur le pouvoir législatif du Parlement[300].

Les juridictions ont été amenées à appliquer ce droit d'exception et à en juger la conformité aux normes supérieures[301]. En particulier, le Conseil d'État a été saisi de nombreux recours (près d'un millier entre mars 2020 et mars 2021)[302]. Il a par exemple avalisé les confinements[303], l'arrêt avant terme du championnat de football professionnel et ses conséquences[304], la fermeture des cinémas, théâtres et salles de spectacle[305], l'interdiction des cours en « présentiel » à l'université[306] ou, dans une certaine mesure, la limitation des rassemblements dans les lieux de culte[307] ; mais il a considéré non conforme aux droits fondamentaux l'interdiction de soins funéraires (V. *infra*, n° 362)[308]. Il a encore jugé que l'obligation de se munir d'un document justifiant une sortie était licite, mais que l'attestation de déplacement dérogatoire pouvait être remplacée par tout document justificatif équivalent[309] : en d'autres termes, un justificatif peut être rendu obligatoire, mais pas nécessairement le formulaire mis à disposition par les pouvoirs publics.

(297) D. Roman, *Coronavirus : des libertés en quarantaine ? : JCP* 2020, 372. – P. Wachsmann, *Les libertés et les mesures prises pour lutter contre la propagation du covid-19 : JCP* 2020, 621.

(298) V. C. Grossholz, *La liberté de sortir de son domicile : JCP* 2020, 1188.

(299) CNCDH, avis « État d'urgence sanitaire et État de droit », 28 avr. 2020 : *JO* 3 mai.

(300) Par ex. C. Hédon, *Jusqu'à la fin de l'état d'urgence sanitaire, le Parlement donne tout simplement un « blanc-seing » au Gouvernement : JCP* 2021, 248, entretien.

(301) V. not. Cons. const., 26 mars 2020, n° 2020-799 DC : compte tenu des « circonstances particulières », il n'y a pas lieu de juger non conforme à la Constitution la loi organique d'urgence pour faire face à l'épidémie de Covid-19. – Cons. const., 11 mai 2020, n° 2020-800 DC. – Cons. const., 19 nov. 2019, n° 2020-866 QPC (procédure civile sans audience : conformité à la Constitution).

(302) B. Bonnet, *Le Conseil d'État et le covid-19 : JCP* 2020, 656. – B. Lasserre, *Au-delà des chiffres du « contentieux Covid » : LJA* 2021, n° 63.

(303) CE, 22 déc. 2020, n° 439.800.

(304) CE, 9 juin 2020, n°s 440809 et s., *Ligue 1 de football*. – CE, 9 juill. 2020, n° 441559 – CE, 23 oct. 2020, n° 440810.

(305) CE, 23 déc. 2020, n°s 447698 et s.

(306) CE, 10 déc. 2020, n° 447015, *M. Cassia et a.*

(307) CE, 7 nov. 2020, n° 445825, *Assoc. Civitas et a.* – Comp. CE, 29 nov. 2020, n° 446930 (jauge de trente personnes). – Sur les deux décisions : *JCP* 2020, 1428, note G. Gonzalez.

(308) CE, 22 déc. 2020, n° 439.804.

(309) CE, 22 déc. 2020, n° 439.956, mentionné aux tables du recueil.

Sur les attestations de déplacement dérogatoire
(CE, 22 déc. 2020)

« 1. L'émergence d'un nouveau coronavirus (covid-19), de caractère pathogène et particulièrement contagieux, et sa propagation sur le territoire français ont conduit le ministre des solidarités et de la santé à prendre, par plusieurs arrêtés à compter du 4 mars 2020, des mesures sur le fondement des dispositions de l'article L. 3131-1 du code de la santé publique. Par un décret du 16 mars 2020 motivé par les circonstances exceptionnelles découlant de l'épidémie de covid-19, modifié par un décret du 19 mars 2020, le Premier ministre a interdit le déplacement de toute personne hors de son domicile, sous réserve d'exceptions limitativement énumérées et devant être dûment justifiées, à compter du 17 mars à 12h, sans préjudice de mesures plus strictes susceptibles d'être arrêtées par le représentant de l'État dans le département. Le législateur, par l'article 4 de la loi du 23 mars 2020 d'urgence pour faire face à l'épidémie de covid-19, a déclaré l'état d'urgence sanitaire pour une durée de deux mois à compter du 24 mars 2020. Par un décret du 23 mars 2020 pris sur le fondement de l'article L. 3131-15 du code de la santé publique issu de la loi du 23 mars 2020, le Premier ministre a réitéré les mesures précédemment édictées tout en leur apportant des précisions ou restrictions complémentaires. (…)

6. (…) l'obligation, pour les personnes souhaitant bénéficier des exceptions à l'interdiction de sortir, de se munir d'un document leur permettant de justifier que leur déplacement entrait bien dans le champ de ces exceptions ne prévoit aucun formalisme particulier, de sorte que tout document apportant des justifications équivalentes peut être produit à cette fin. L'obligation de se munir d'un tel document, qui est dépourvue d'ambiguïté et contribue à garantir le respect des mesures de confinement, ne conduit (…) pas (…) à méconnaître les principes de légalité des délits et des peines et de nécessité des peines. »

Le Conseil d'État a également décidé que si le Gouvernement pouvait, à titre indicatif, préciser certains motifs impérieux justifiant les déplacements, ces précisions ne peuvent en revanche faire obstacle à ce qu'une personne se prévale de raisons autres que celles énumérées, et qu'elles ne peuvent en aucune circonstance empêcher une personne de rejoindre son lieu de résidence[(310)] ; la situation est quelque peu différente pour les déplacements entre la France et l'étranger[(311)].

Les tribunaux ont également trouvé dans des instruments généraux préexistants les outils pour résoudre certaines difficultés (en particulier, pour le droit des contrats, le jeu de la force majeure, qui suppose un événement imprévisible, irrésistible et extérieur – V. *infra*, n° 479 –, ou encore la théorie de l'imprévision – V. *supra*, n° 25).

§ 1. – Les lois proprement dites

101. – **Lois constitutionnelles, lois organiques, lois ordinaires, lois référendaires.** La Constitution distingue trois catégories de lois, qui diffèrent à raison de leur objet et de leur procédure.

(310) CE, 12 mars 2021, n° 449.908, *Sté Antillaise de location de véhicules automobiles*.
(311) CE, 12 mars 2021, n°s 449743 et 449830, *M. B… et Union des Français de l'étranger*.

Les *lois constitutionnelles* ont pour objet de mettre en place ou modifier la Constitution. Elles peuvent émaner soit directement du peuple, consulté par voie de référendum, soit du Congrès, c'est-à-dire de la réunion des deux chambres du Parlement (V. *supra*, n° 68). Ayant valeur constitutionnelle, elles sont en haut de la hiérarchie des textes.

Les *lois organiques* ont pour objet de fixer les modalités d'organisation et de fonctionnement des pouvoirs publics. Elles font l'objet d'une procédure particulière fixée par les articles 46 et 61 de la Constitution ; elles sont supérieures aux lois ordinaires qui doivent leur être conformes.

Les *lois ordinaires* sont toutes celles prises dans des domaines autres que ceux relevant des lois constitutionnelles ou des lois organiques. Elles ont toutes la même force juridique, même si certaines ont des objets spécifiques (lois de finances, lois de programme, lois d'orientation, lois-cadres).

> **Art. 34. –** (...) Les lois de finances déterminent les ressources et les charges de l'État dans les conditions et sous les réserves prévues par une loi organique.
>
> Les lois de financement de la Sécurité sociale déterminent les conditions générales de son équilibre financier et, compte tenu de leurs prévisions de recettes, fixent ses objectifs de dépenses, dans les conditions et sous les réserves prévues par une loi organique.
>
> Des lois de programmation déterminent les objectifs de l'action de l'État.

Les *lois référendaires* peuvent intervenir en toutes matières, y compris en matière constitutionnelle. Elles se distinguent des autres par le fait qu'elles sont adoptées par *référendum*, et non par le Parlement ; de ce fait on considère que, à raison de leur origine, elles doivent échapper au contrôle de la constitutionnalité (V. *supra*, n° 71)(312).

Enfin, et en dehors de toute classification, le législateur a inventé la loi *à l'essai* pour une certaine durée à l'expiration de laquelle il décidera de la pérenniser ou d'y mettre fin(313).

102. – **Lois ordinaires : procédure d'élaboration**(314). L'initiative des lois appartient concurremment (Const. 4 oct. 1958, art. 39) :

– au Premier ministre, c'est-à-dire en fait au Gouvernement, qui dépose un *projet de loi*, lequel doit faire l'objet d'une étude d'impact(315) dont hélas la qualité laisse souvent à désirer(316) ;

(312) Nguyen van Tuong, *Une loi référendaire est-elle soumise au contrôle de constitutionnalité ?* : *D.* 1996, chron. p. 17.

(313) C. Pomard, *La loi expérimentale : scepticisme autour d'une technique législative en quête d'identité* : *RRJ* 2012, 4, p. 1605. – A. Denizot, *L'expérimentation à foison* : *RTD civ.* 2019, 657.

(314) M. Verpeaux, *Le nouveau droit parlementaire est arrivé. À propos de la loi organique du 15 avril 2009* : *JCP* 2009, n° 144.

(315) A. Hacquet, *Les études d'impact des projets de loi : espérances, scepticisme et compromis* : *AJDA* 2009, p. 1986. – Y. Jégouzo, *L'étude d'impact : formalité ou garantie de la qualité des lois ?* : *AJDA* 2012, tribune 1425. – B.-L. Combrade, *L'obligation d'étude d'impact des projets de loi*, vol. 163, Dalloz, coll. « Nouvelle Bibl. de thèses », 2017. Le Conseil constitutionnel a consacré l'obligation de l'étude d'impact pour les projets de loi dans sa décision n° 2014-12 FNR du 1er juillet 2014.

(316) Pour y pallier, on a envisagé la possibilité de confier ces études d'impact à des organismes privés. V. Prop. de loi Sénat, 7 mars 2018 : *AJDA* 2018, 472. – B.-L. Combrade, *Faut-il s'inquiéter de l'externalisation de l'évaluation législative ?* : *AJDA* 2018, 2417.

– et sous certaines réserves aux membres du Parlement qui peuvent déposer des *propositions de loi*.

La loi est votée par le Parlement (Const. 4 oct. 1958, art. 24), c'est-à-dire par l'Assemblée nationale et le Sénat. À défaut d'accord sur un texte identique après deux lectures par chaque assemblée, ou sur le texte de compromis établi par une commission mixte paritaire, le Gouvernement peut demander à l'Assemblée nationale de statuer définitivement (Const. 4 oct. 1958, art. 45). Il ressort de cette règle que, sous la Vᵉ République, l'Assemblée nationale a prééminence sur le Sénat.

Cela dit, le législateur actuel tend à consulter, sous des formes diverses non prévues par les textes (consultations publiques, référendums locaux, etc.), la société civile, c'est-à-dire les citoyens sur les questions qui lui paraissent particulièrement sensibles(317).

Mais en marge des textes constitutionnels, le meilleur côtoie parfois le pire. D'autres pratiques contemporaines se révèlent beaucoup plus contestables, telle celle tendant à sous-traiter une partie de l'élaboration de la loi à des prestataires privés, sans que le Conseil constitutionnel y ait véritablement trouvé à redire(318). Cette « externalisation », privatisation partielle de la rédaction de la loi, affaiblit d'autant la valeur et la légitimité de cette dernière et de l'Etat(319).

103. – Domaine des lois ordinaires : le principe. Sous les précédentes Républiques, le Parlement avait une entière liberté d'édicter des lois en tous domaines. La loi avait une vocation générale à réglementer toute activité en tout secteur ; et là où la loi intervenait, les décrets et autres règlements lui devaient un respect absolu.

Telle n'est plus la situation de nos jours où l'article 34 énonce, de manière limitative, les matières réservées à la loi ; toutes les autres sont par voie de conséquence du domaine réglementaire qui devient ainsi la règle (Const. 4 oct. 1958, art. 37), cependant que le domaine législatif apparaît comme l'exception.

Malgré son caractère d'exception, la compétence législative s'étend à des matières fort étendues et importantes.

Parmi ces matières réservées à la loi, l'article 34 de la Constitution fait une distinction entre les matières intégralement législatives et celles législatives pour leurs seuls principes fondamentaux. Ce texte soulève plus de difficultés qu'il n'en résout dans la mesure où certaines matières relèvent pour partie de l'une et pour partie de l'autre catégorie.

104. – Les matières intégralement législatives. On veut dire par là, non pas qu'il est interdit au Gouvernement d'édicter ici des règlements mais que ces règlements, s'ils interviennent, doivent être subordonnés à la loi dont ils ne font qu'assurer

(317) Par ex., les lois Grenelle de l'environnement, la réforme du droit des contrats, celle des sûretés, la loi pour une République numérique, la création de l'aéroport de Notre-Dame-des-Landes à Nantes, etc. V. Lasserre, *Investiture de la société civile au Parlement. Analyse d'une nouvelle méthode législative : JCP* 2016, 181. – Q. Moncet, *La législation participative : JCP* 2016, suppl. n° 7, p. 5.

(318) V. le marché public pour la rédaction de l'exposé des motifs et de l'étude d'impact d'une loi, remporté par un cabinet d'avocats : P. Deumier, *Quand la loi est rédigée par des prestataires privés : RTD civ.* 2020, 581. – Et Cons. const. 20 déc. 2019, n° 2019-794 DC, *Loi d'orientation des mobilités*.

(319) P. Deumier, obs. préc., *RTD civ.* 2020, 581.

l'exécution. En bref, c'est affirmer qu'en ces matières le principe hiérarchique entre la loi et le décret joue à plein.

Dans ce domaine réservé à la loi figurent : les droits civiques et les garanties fondamentales accordées aux citoyens pour l'exercice des libertés publiques ; les nationalisations d'entreprises ; la détermination des crimes et des délits (mais non des contraventions) ainsi que les peines qui leur sont applicables, la procédure pénale, la nationalité, l'état et la capacité des personnes, les régimes matrimoniaux, les successions et les libéralités. Ce sont là des questions fondamentales puisqu'on y trouve presque tout le droit pénal et une fraction importante du droit civil.

Art. 34. – La loi fixe les règles concernant :

– les droits civiques et les garanties fondamentales accordées aux citoyens pour l'exercice des libertés publiques ; la liberté, le pluralisme et l'indépendance des médias ; les sujétions imposées par la Défense nationale aux citoyens en leur personne et en leurs biens ;

– la nationalité, l'état et la capacité des personnes, les régimes matrimoniaux, les successions et libéralités ;

– la détermination des crimes et délits ainsi que les peines qui leur sont applicables ; la procédure pénale ; l'amnistie ; la création de nouveaux ordres de juridiction et le statut des magistrats ;

– l'assiette, le taux et les modalités de recouvrement des impositions de toutes natures ; le régime d'émission de la monnaie.

La loi fixe également les règles concernant :

– le régime électoral des assemblées parlementaires, des assemblées locales et des instances représentatives des Français ainsi que les conditions d'exercice des mandats électoraux et des fonctions électives des membres des assemblées délibérantes des collectivités territoriales ;

– la création de catégories d'établissements publics ;

– les garanties fondamentales accordées aux fonctionnaires civils et militaires de l'État ;

– les nationalisations d'entreprises et les transferts de propriété d'entreprises du secteur public au secteur privé.

105. – **Les matières législatives pour les principes fondamentaux.** Il faut pour ces matières, faire une distinction, ô combien délicate, entre ce qui est principe fondamental, et ce qui ne l'est pas, c'est-à-dire les règles techniques d'application. Sous réserve de cette difficulté, on est en présence non pas d'une véritable hiérarchie entre la loi et le décret, mais d'un partage de compétence entre le Parlement qui doit se borner à formuler dans la loi les principes fondamentaux et le Gouvernement qui est libre d'en déterminer par voie de décrets les modalités d'application.

Ces matières confiées concurremment à la loi et au décret relèvent pour l'essentiel du domaine économique et social : ainsi, le régime de la propriété et des droits réels, le régime des obligations civiles et commerciales, le droit du travail, le droit syndical et la Sécurité sociale.

> **Art. 34.** – (...) La loi détermine les principes fondamentaux :
> – de l'organisation générale de la Défense nationale ;
> – de la libre administration des collectivités territoriales, de leurs compétences et de leurs ressources ;
> – de l'enseignement ;
> – de la préservation de l'environnement ;
> – du régime de la propriété, des droits réels et des obligations civiles et commerciales ;
> – du droit du travail, du droit syndical et de la Sécurité sociale.

Si, à l'occasion d'une proposition de loi ou d'un amendement à un projet de loi, le Parlement empiète sur le domaine du règlement, l'article 41 de la Constitution prévoit que le Gouvernement ou le président de l'assemblée saisie peut s'y opposer en invoquant l'irrecevabilité. Mais, si l'irrecevabilité n'a pas été invoquée et si la loi est finalement votée, le Conseil constitutionnel considérait depuis 1982 que de tels empiétements n'appelaient pas de censure ; en revanche, en application de l'article 37 de la Constitution, le Gouvernement est libre de modifier cette loi par simple décret[(320)].

Il est toutefois apparu que le Parlement avait une fâcheuse tendance à empiéter sur le domaine réglementaire, ce qui a entraîné une inflation législative regrettable. Corrélativement l'expérience démontre que, tout en étant conscient de cet empiétement, le Gouvernement utilise peu la procédure d'irrecevabilité de l'article 41. Face à cette situation, le Conseil constitutionnel a, dans sa décision n° 2005-512 DC du 21 avril 2005 (V. *supra*, n° 97 et les références citées), procédé au « déclassement » des dispositions de la loi présentant un caractère réglementaire. Ainsi les dispositions empiétant sur le domaine réglementaire ne sont pas censurées pour inconstitutionnalité ; elles sont déclassées en règlement.

Prenant acte de cette condamnation, le Premier ministre a pris une circulaire enjoignant aux différents ministres de veiller à ce que les projets de loi soient exempts de toute disposition réglementaire ou non normative[(321)].

§ 2. – Les ordonnances

106. – L'exception à la compétence exclusive de la loi : les ordonnances. La Constitution de 1958 prévoit un certain nombre d'hypothèses dans lesquelles le Gouvernement est autorisé à réglementer des matières qui relèvent normalement de la loi : on parle alors *d'ordonnances*. Il y a là une nouvelle atteinte portée non à la primauté de la loi, mais bien plutôt à son domaine qui se trouve rétréci comme une peau de chagrin.

C'est ainsi que, pendant les quatre mois qui ont suivi la promulgation de la Constitution, son article 92 autorisait le Gouvernement à prendre en toutes matières par

(320) Cons. const., 30 juill. 1982, n° 82-143 : *Rec. Cons. const.* 1982, p. 57. Cette modification suppose toutefois que le Conseil constitutionnel ait déclaré le caractère réglementaire de la matière traitée par la loi.
(321) Circ. 19 janv. 2006 : *JO* 20 janv. 2006, p. 1002.

voie d'ordonnances toutes mesures nécessaires soit pour la mise en place des institutions, soit pour la vie de la Nation, la protection des citoyens ou la sauvegarde des libertés ; formule bien vague qui a été largement utilisée par le pouvoir de l'époque.

De manière non plus transitoire mais permanente, d'autres articles de la Constitution ouvrent la possibilité de légiférer par ordonnances dans diverses circonstances dont l'expérience prouve qu'elles sont de plus en plus fréquentes.

107. – **Les ordonnances de l'article 38**[322]. L'article 38 de la Constitution permet au Gouvernement, pour l'exécution de son programme, de demander au Parlement une délégation de pouvoirs, pour un temps limité, en vertu de laquelle pourront être prises par ordonnances des mesures qui sont de la compétence de la loi[323].

Il en a été fait usage à plusieurs reprises par le Gouvernement à la suite des élections législatives de 1981, puis en 1986[324], et désormais de manière systématique et parfois abusive[325]. Elles sont souvent utilisées pour rattraper le retard pris par le Parlement, par exemple pour transposer des directives européennes dans les délais imposés[326], ou pour simplifier le droit[327], ou encore pour procéder à des codifications (V. *infra*, n° 127). Plus récemment, le Gouvernement y a recouru pour faire des réformes importantes, sans connotation politique comme la réforme du droit des contrats, qui aurait été plus difficile à réaliser par le Parlement.

> **Art. 38. –** Le Gouvernement peut, pour l'exécution de son programme, demander au Parlement l'autorisation de prendre par ordonnances, pendant un délai limité, des mesures qui sont normalement du domaine de la loi.
>
> Les ordonnances sont prises en Conseil des ministres après avis du Conseil d'État. Elles entrent en vigueur dès leur publication mais deviennent caduques si le projet de loi de ratification n'est pas déposé devant le Parlement avant la date fixée par la loi d'habilitation. Elles ne peuvent être ratifiées que de manière expresse.
>
> À l'expiration du délai mentionné au premier alinéa du présent article, les ordonnances ne peuvent plus être modifiées que par la loi dans les matières qui sont du domaine législatif.

On relèvera par exemple que des textes aussi importants que la réforme du droit de la filiation, celle des sûretés, et celle du droit des contrats, du régime général et de la preuve des obligations (Ord. 10 févr. 2016) ont été pris par ordonnances[328].

(322) C. Boyer-Merentier, *Les ordonnances de l'article 38 de la Constitution du 4 octobre 1958*, PUAM, 1996, préf. L. Favoreu.

(323) Sur la portée des lois d'habilitation, V. CE, sect., 5 mai 2006 : *RFDA* 2006, p. 678, concl. R. Keller et note C. Boyer-Mérentier.

(324) J.-P. Rist, *L'article 38 de la Constitution du 4 octobre 1958 et son utilisation*, thèse, Paris II, 1987.

(325) Y. Gaudemet, *Sur l'abus ou sur quelques abus de la législation déléguée : Mél. P. Pactet*, Dalloz, 2003, p. 617. – P. Delvolvé, *L'été des ordonnances : RFDA* 2005, 909. – L. Leveneur et Y. Robineau, *Le recours aux ordonnances en droit privé : Rev. dr. Assas* 2013, n° 12, p. 9.

(326) On peut en citer pour exemple l'ordonnance n° 2001-741 du 23 août 2001 portant transposition de neuf directives communautaires en matière de droit de la consommation (*JO* 25 août 2001, p. 13645). Cette technique d'intégration du droit communautaire dans l'ordre juridique interne est très critiquable. S'agissant en effet souvent de questions importantes, il est regrettable que l'adaptation du droit communautaire soit réalisée par les seuls services du ministère concerné, sans faire l'objet d'aucun débat et d'aucune discussion devant le Parlement.

(327) L. n° 2003-591, 2 juill. 2003 habilitant le Gouvernement à simplifier le droit : *JO* 3 juill. 2003 ; *D.* 2003, législ. 1810. – V. P. Gonod, *La simplification du droit par ordonnances : AJDA* 2003, 1652. – N. Molfessis, obs. in *RTD civ.* 2004, 155. – V. aussi L. n° 2004-1343, 9 déc. 2004, de simplification du droit.

(328) Sur l'autorité des rapports relatifs à ces ordonnances, V. P. Puig, *RTD civ.* 2017, 84.

Avant ratification par le Parlement, ces ordonnances ont la qualité d'actes réglementaires et, à ce titre, elles peuvent être attaquées devant le Conseil d'État pour illégalité ou excès de pouvoir si elles excèdent les limites de l'habilitation(329). Mais une fois ratifiées par le Parlement, elles perdent leur caractère réglementaire pour emprunter celui de la loi ; elles ne sont plus alors susceptibles d'être attaquées devant le Conseil d'État car cette juridiction n'a pas de compétence à l'égard des actes ayant valeur législative.

En fait, dans un passé récent, de nombreuses ordonnances n'avaient pas fait l'objet d'une ratification expresse par le Parlement dans le délai imparti, si bien qu'on s'interrogeait sur le point de savoir si elles avaient pu être implicitement ratifiées(330) ; pareille question ne se pose plus depuis que la loi constitutionnelle du 23 juillet 2008 a édicté que les ordonnances ne pouvaient être ratifiées que de manière expresse. Au-delà, le régime des ordonnances non ratifiées, qui sont un hybride juridique, continue de poser certaines difficultés. Le Conseil constitutionnel et le Conseil d'État ont jugé que leur contestation au regard des droits et libertés que la Constitution garantit doit prendre la forme d'une QPC, et ce, en dépit de leur caractère d'actes administratifs(331).

Au bout du compte, le nombre et l'importance des matières réglées par ordonnance sont tels qu'on peut sérieusement se demander si, en marge des règles constitutionnelles, le pouvoir législatif n'a pas été largement transféré au Gouvernement ou à l'Administration par un Parlement incapable de l'exercer pleinement(332). C'est ainsi qu'entre 2012 et 2018, 346 lois ont été adoptées et dans le même temps 350 ordonnances ont été publiées(333). Et pour la seule année 2020 : 47 lois, contre 125 ordonnances (dont 99 relatives à la crise sanitaire)(334).

108. – Les ordonnances de l'article 16. L'article 16 de la Constitution permet au président de la République de prendre « les mesures exigées par les circonstances » « lorsque les institutions de la République, l'indépendance de la Nation, l'intégrité de son territoire ou l'exécution de ses engagements internationaux sont menacées d'une manière grave et immédiate et que le fonctionnement régulier des pouvoirs publics constitutionnels est interrompu ». L'énoncé même de ces circonstances explique que la plupart des mesures prises en vertu de ce texte aient concerné le droit pénal.

Ces ordonnances sont susceptibles de recours pour excès de pouvoir devant le Conseil d'État si elles portent sur des matières relevant du pouvoir réglementaire, c'est-à-dire de l'article 37 de la Constitution ; à l'inverse, elles échappent à ce contrôle si elles interviennent dans le domaine législatif tel que défini par l'article 34 de la Constitution.

---

(329) CE, 3 nov. 1961, *Damiani* : *D.* 1961, p. 723.

(330) C. Rojinsky, *Les ordonnances oubliées de la onzième législature* : *JCP* 2003, act. 109, p. 329, qui signale cinquante-quatre ordonnances non ratifiées expressément. Pour un exemple, relatif au contrat nouvelle embauche (CNE), V. T. confl., 19 mars 2007, *Bull.* n° 7 ; *D.* 2007, act. jurispr. p. 944 ; *AJDA* 2007, p. 1357 et note M. Verpeaux.

(331) Cons. const., 28 mai 2020, n° 2020-843 QPC et 3 juill. 2020, n° 2020-851/852 QPC, et CE, ass., 16 déc. 2020, n° 440258 : *AJDA* 2021, 258, note C. Malverti et C. Beaufils. – P. Avril et a., *Le régime juridique des ordonnances non ratifiées. Réflexion sur une chauve-souris juridique* : *JCP* 2020, 1267. – P. Deumier, *Les ordonnances non ratifiées ou la pyramide baroque* : *RTD. civ.* 2020, 596.

(332) N. Molfessis, *Les ordonnances de la XIIe Législature (2002-2007). L'avènement de la « législation administrative »* : *JCl. Administratif* sept. 2007, Fasc. 36, Dossier spécial législation. – Rappr. M. Vivant, *Entre Montesquieu et le Journal officiel*, éditorial : *D.* 2021, 521.

(333) Sénat, Communiqué, 13 juin 2019.

(334) Indicateurs de suivi de l'activité normative 2021 (Secrétariat général du Gouvernement). – P. Deumier, *Le printemps des ordonnances* : *RTD civ.* 2020, 592.

SOUS-SECTION 4

LES RÈGLEMENTS ADMINISTRATIFS

109. – **Le pouvoir réglementaire**(335). Si le pouvoir législatif appartient au Parlement, le pouvoir réglementaire revient à l'exécutif, c'est-à-dire au président de la République et au Premier ministre.

Il s'exerce sous la forme de *décrets*(336) qui peuvent édicter soit des mesures individuelles (par ex., la nomination à certaines fonctions, les promotions, etc.), soit des dispositions générales de caractère réglementaire.

Avant la Constitution de 1958, ce pouvoir réglementaire était toujours subordonné à la loi dont il ne pouvait qu'assurer l'application. Il n'en est plus désormais de même, l'article 34 limitant la compétence du législateur à certaines matières, les autres relevant du pouvoir réglementaire et faisant l'objet de *règlements autonomes*. En revanche, lorsqu'il intervient dans un domaine réservé à la loi, et sous réserve de l'hypothèse des ordonnances (V. *supra*, nos 106 et s.), il ne peut s'agir que de *règlements d'application*.

§ 1. – Les règlements autonomes

110. – **Domaine du règlement autonome.** Toutes les matières qui ne sont pas réservées à la loi par l'article 34 de la Constitution, relèvent du domaine réglementaire.

> **Art. 37.** – Les matières autres que celles qui sont du domaine de la loi ont un caractère réglementaire.
> Les textes de forme législative intervenus en ces matières peuvent être modifiés par décrets pris après avis du Conseil d'État. Ceux de ces textes qui interviendraient après l'entrée en vigueur de la présente Constitution ne pourront être modifiés par décret que si le Conseil constitutionnel a déclaré qu'ils ont un caractère réglementaire en vertu de l'alinéa précédent.

Lorsqu'il agit dans ces matières réglementaires où il a seul compétence, le Gouvernement n'est tenu que de respecter la Constitution, non les lois qui auraient pu être promulguées sous l'empire d'une précédente constitution ou même de la Constitution actuelle. Il n'est plus alors question de hiérarchie mais d'égalité entre la loi et le décret, chacun ayant compétence dans son domaine propre : d'où les expressions de règlements autonomes ou décrets législatifs qui manifestent clairement l'indépendance du décret par rapport à la loi.

(335) B. Plessix, *La naissance du pouvoir réglementaire (1789-1799)* : *Mél. Verpeaux*, Dalloz, 2020, p. 91.

(336) En la forme, on distingue : les décrets simples, signés par le Premier ministre avec le contreseing d'un ou plusieurs ministres ; les décrets en Conseil des ministres, signés par le président de la République après délibération en Conseil des ministres, avec le contreseing de tous les ministres ; les décrets en Conseil d'État, pris après avis du Conseil d'État.

111. – Contrôle du règlement autonome. Puisque, dans son domaine, le règlement autonome n'a pas à respecter la loi, il n'y a pas lieu à contrôle de la légalité, sous la réserve évidente que le pouvoir réglementaire ne soit pas sorti de son domaine pour empiéter sur celui du législatif. Cela dit, ces règlements autonomes sont bien évidemment soumis à la Constitution, aux traités, et aux principes généraux du droit[337] dans la mesure où ces derniers peuvent être considérés comme relevant du domaine de la loi.

Les règlements étant des actes administratifs, leur contrôle ne relève pas du Conseil constitutionnel, mais du Conseil d'État. Si, par exemple, un règlement intervenait dans le domaine réservé à la loi, il pourrait être annulé pour excès de pouvoir par le Conseil d'État.

§ 2. – Les règlements d'application

112. – Domaine et forme des règlements d'application. Il s'agit ici des actes du pouvoir réglementaire tendant à l'application d'une loi intervenant dans l'un des domaines visés à l'article 34. Parfois, la loi elle-même prévoit que des décrets d'application devront être pris dans un certain délai ; et, bien souvent, la loi – ou certaines de ses dispositions – ne pourront être appliquées qu'une fois les décrets publiés (V. *infra*, n° 121). Mais en dehors même de cette hypothèse, le Gouvernement peut de sa propre initiative édicter des mesures d'application d'une loi dans le cadre de sa mission d'exécution des lois (Const. 4 oct. 1958, art. 21).

L'exercice du pouvoir réglementaire comporte, non seulement le droit, mais aussi l'obligation de prendre dans un délai raisonnable les mesures qu'implique nécessairement l'application de la loi[338], hors le cas où le respect des engagements internationaux de la France y ferait obstacle[339]. Il s'ensuit que le Gouvernement ne peut pas faire échec à l'application de la loi en s'abstenant de prendre les textes réglementaires nécessaires à son application[340].

De manière plus générale, lorsqu'une loi crée une situation juridique nouvelle, il appartient à l'autorité investie du pouvoir réglementaire, afin d'assurer la pleine application de la loi, de tirer toutes les conséquences de cette situation nouvelle en apportant, dans un délai raisonnable, les modifications à la réglementation applicable qui sont rendues nécessaires par les exigences inhérentes à la hiérarchie des normes[341].

Dans certains cas, l'application immédiate de la loi nouvelle risquerait de porter une atteinte grave aux situations en cours. À cet effet, le Conseil d'État reconnaît

(337) CE, 26 juin 1959, *Syndicat général des ingénieurs-conseils* : *D.* 1959, p. 541, note L'Huillier ; *S.* 1959, p. 202, note R. Drago.

(338) D. de Béchillon, *À propos de l'obligation faite au gouvernement de prendre les règlements d'exécution des lois* : *AJDA* 2009, p. 686.

(339) CE, 7 juill. 2004, n° 250688, *Danthony* : *D.* 2004, inf. rap. p. 2196.

(340) G. Larcher, *Du vote de la loi à son application : vers une fracture réglementaire ?* : *Dr. adm.* 2004, chron. p. 3. C'est ainsi que le Conseil d'État a annulé le décret d'application du 18 novembre 1984 au motif qu'il paralysait partiellement l'application de l'article 1799-1 du Code civil relatif à la protection des entrepreneurs contre l'insolvabilité des maîtres de l'ouvrage (CE, 7 oct. 1998 : *JCP* 1999, II, 10050 et note Ch. Cutajar). À la suite de cette annulation, le Gouvernement a dû prendre un nouveau décret du 30 juillet 1999 pour procéder à une application correcte de la loi. Pour une analyse du phénomène, V. P. Deumier, *RTD civ.* 2011, 499.

(341) CE, 5 avr. 2006, n° 235776 : *JCP* 2006, IV, 2029. – B. Huglo, *Une nouvelle obligation : celle de bien réglementer ?* : *AJDA* 2009, p. 20.

aujourd'hui l'obligation pour le pouvoir réglementaire d'édicter des mesures transitoires lorsque la sécurité juridique l'exige[342] (V. *infra*, n° 164).

Cela dit, et même en dehors de toute mauvaise volonté du Gouvernement, on déplore le retard souvent mis à publier les décrets, retard qui serait de l'ordre de dix à douze mois[343]. Afin de remédier à ce retard, le Premier ministre a pris une circulaire du 28 février 2008 pour l'application des lois[344] aux termes de laquelle le Gouvernement devait se montrer exemplaire dans l'application des lois votées et prendre les décrets d'application dans les six mois de la promulgation de la loi.

Certains règlements doivent être pris par *décrets*, soit décrets en Conseil d'État, soit décrets simples[345]. Mais, là où un décret n'est pas obligatoire, on peut recourir à d'autres actes de caractère réglementaire, les *arrêtés* qui sont pris par des autorités subordonnées, par exemple un ministre (arrêté ministériel), un préfet (arrêté préfectoral), un maire (arrêté municipal), chacun ne pouvant bien évidemment agir que dans la limite de ses compétences, notamment au plan territorial.

La connaissance des décrets d'application d'une loi est en pratique aussi nécessaire que la connaissance de la loi elle-même. Quant aux arrêtés, si nombre d'entre eux édictent des mesures individuelles (nominations par exemple), certains posent des règles générales importantes, notamment en matière économique et sociale. Souvent ce sont des textes de ce genre qui donnent l'estampille officielle et la valeur juridique à des règles professionnelles ou corporatives élaborées au sein de la profession (C. déont. méd., par exemple, normes AFNOR, etc.).

113. – Le contrôle de la légalité. Intervenant dans le domaine de la loi, les décrets et arrêtés sont subordonnés à la loi dont ils assurent l'exécution et ne peuvent aller à son encontre : c'est le *principe de légalité*. La primauté de la loi est assurée par deux procédés de contrôle de la légalité, qui sont à la disposition des particuliers : le recours pour excès de pouvoir et l'exception d'illégalité.

Le *recours pour excès de pouvoir* est un recours tendant à l'annulation d'un décret ou d'un arrêté ; en cas d'irrégularité, il va donc conduire à l'annulation à l'égard de tous, et pas seulement du demandeur, de l'acte jugé illégal. S'agissant de critiquer un acte de caractère réglementaire, l'action ne peut être intentée que devant une juridiction administrative, non devant une juridiction de l'ordre judiciaire. Ce recours doit être exercé dans un délai très bref, deux mois à compter de la publication de l'acte critiqué ; à défaut, l'acte ne peut plus être annulé, mais son application peut encore être écartée par l'exception d'illégalité.

(342) F. Train, *L'influence du droit communautaire sur le droit administratif français en matière de droit transitoire* : AJDA 2010, p. 1305.

(343) Suivant une communication présentée par le Premier ministre au Conseil des ministres du 26 juillet 2006, 65 % des décrets d'application des lois votées sous la législature auraient été pris, au lieu de 54 % l'année précédente (*D.* 2006, p. 1580). Corrélativement, le rapport du Sénat 2007-2008 relève que cinquante-six lois ont été promulguées, dont trente-sept nécessitaient la publication de décrets ou arrêtés d'application ; et sur ces trente-sept lois votées entre le 1er octobre 2007 et le 30 septembre 2008, dix-sept n'étaient pas complètement applicables au 30 septembre 2008. Pour l'année 2009-2010 le résultat est plus médiocre ; mais il convient de préciser qu'à elle seule, la loi Grenelle II a prévu la publication de 172 mesures réglementaires (Sénat, communiqué 10 janv. 2011). Pour l'année 2010-2011, sur trente-trois lois appelant des mesures d'application, au 31 décembre 2011, vingt et une lois étaient partiellement mises en application, huit totalement et quatre non mises en application (rapport annuel du Sénat).

(344) *JO* 7 mars 2008, p. 4233. – J.-M. Pontier, *L'application des lois, un effort toujours recommencé* : JCP 2008, act. 223.

(345) D. Guihal, *La répartition entre décret en Conseil d'État et décret simple* : AJDA 2010, p. 1308.

L'exception d'illégalité tend non pas à faire annuler, mais seulement à écarter l'application à un particulier d'un acte illégal sur le fondement duquel il est poursuivi. N'étant enfermée dans aucun délai, elle est perpétuelle. Une telle exception peut être librement invoquée au cours d'un litige devant une juridiction administrative. Si en revanche le procès se déroule devant une juridiction de l'ordre judiciaire, il s'agit pour le juge d'une *question préjudicielle* et il devra en principe *surseoir à statuer* jusqu'à ce que la juridiction administrative saisie par les parties ait statué sur la légalité ; il en va toutefois différemment et le juge de l'ordre judiciaire est compétent si la question se pose devant une juridiction pénale ou, même devant une juridiction civile, si l'acte réglementaire critiqué porte atteinte à un droit fondamental de la personne (liberté individuelle, inviolabilité du domicile, respect du droit de propriété, etc.).

En pratique, si tous ceux à qui s'applique l'acte irrégulier invoquent l'exception d'illégalité, cet acte, bien que non susceptible d'être annulé, se trouve en fait paralysé dans son application si bien que le pouvoir exécutif sera amené à le modifier.

Exceptionnellement, le Conseil d'État peut être amené à exercer un contrôle de la constitutionnalité d'un décret. Tel est le cas des décrets dont l'objet est de transposer en droit interne une directive européenne ; il applique alors les mêmes principes que le Conseil constitutionnel pour le contrôle de la constitutionnalité de la loi (V. *supra*, n° 71).

114. – Circulaires, instructions ministérielles, réponses ministérielles, etc. Les ministères établissent souvent des circulaires, des instructions ministérielles, ou encore font des réponses ministérielles à des questions écrites de parlementaires.

Ces divers actes ne sont pas des textes au sens ici retenu et ils ne sont pas à proprement parler des sources du droit. Ils font une interprétation de la loi ou du règlement et sont à ce titre des sources d'interprétation. On ne fera ici que les signaler, en se réservant d'en traiter plus longuement à propos de l'interprétation de la règle de droit (V. *infra*, n°s 146 et s.).

115. – Conclusion : de la complexité à la simplification du droit(346). L'expérience démontre que le droit est de plus en plus touffu et de plus en plus complexe. En dépit des proclamations officielles, le phénomène paraît irréversible : lois, décrets et règlements de toutes sortes s'empilent les uns sur les autres. Lorsqu'un texte est abrogé, il est immédiatement remplacé par un autre : suivant la formule classique que l'on retrouve dans la plupart des lois récentes, « la présente loi abroge et remplace... ».

Comme on a pu l'observer, « si le droit, œuvre de culture ou de civilisation peu importe ici, n'est pas simple, c'est qu'il ne peut pas l'être, même dans les sociétés archaïques. Que de fois les juristes, ces empêcheurs de danser en rond, se voient reprocher par les profanes d'être trop compliqués et trop éloignés du réel ! Comme si le réel était simple ! À qui la faute sinon aux êtres humains eux-mêmes, dont une psychologie des plus anciennes a démontré depuis longtemps la complexité des âmes, des esprits et des comportements sociaux »(347).

(346) J. Béguin, *Peut-on remédier à la complexité croissante du droit ? : Mél. Blaise*, Economica, 1995, p. 1. – L. Leveneur, *Simplifier le droit : Contrats, conc. consom.* 2003, repère 9. – R. Libchaber et N. Molfessis, *Simplification du droit et déclin de la loi : RTD civ.* 2004, 155. – A. Maucour-Isabelle, *La simplification du droit : des réformes sans définition matérielle :* AJDA 2005, 303. – Rapport du Conseil d'État 2006, *Sécurité juridique et complexité du droit*. – M. Meyer-Gast, *La simplification du droit : RRJ* 2005, 1183 ; *Les organismes chargés de la simplification normative :* JCP 2015, suppl. au n° 4, p. 5.
(347) J. Moreau et F. Terré, *La simplification du droit*, in *Études J. Béguin*, p. 533.

Mais, s'il ne peut être simple, le droit pourrait souvent être moins compliqué, ou en tout cas rendu d'accès plus facile. Déjà, sous l'Ancien Régime, c'est dans cette perspective qu'on s'était employé à rédiger et regrouper les coutumes ; puis, sous l'impulsion de Napoléon, on a codifié, balayant du même coup la plupart des textes antérieurs.

Aujourd'hui, le discours officiel prône la *simplification* du droit[348]. Saisi du contrôle de la constitutionnalité d'une loi de simplification, le Conseil constitutionnel y a vu, dans sa décision du 26 juin 2003, un moyen de répondre à l'objectif de valeur constitutionnelle d'accessibilité et d'intelligibilité de la loi (V. *supra*, n° 20) : « qu'en l'espèce, l'encombrement de l'ordre du jour parlementaire fait obstacle à la réalisation, dans des délais raisonnables, du programme du Gouvernement tendant à simplifier le droit et à poursuivre sa codification ; que cette double finalité répond à l'objectif de valeur constitutionnelle d'accessibilité et d'intelligibilité de la loi ».

En définitive, l'idée est que la simplification passe par une codification (V. *infra*, n° 127), c'est-à-dire une organisation rationnelle des multiples textes concernant le même domaine. Et, comme le Parlement ne dispose pas du temps nécessaire pour examiner dans le détail cette codification, il habilite le Gouvernement à y procéder par ordonnances. Pareille délégation de pouvoir a ainsi été donnée au Gouvernement par la loi n° 99-1071 du 16 décembre 1999 qui visait une codification à droit constant. Allant plus loin, la loi n° 2003-591 du 2 juillet 2003 a habilité le Gouvernement à *simplifier* le droit dans le cadre d'une codification à droit inconstant. Et, plus récemment, la loi n° 2004-1343 du 9 décembre 2004, dite « de simplification du droit » a confié le soin au Gouvernement de prendre par ordonnances une série de dispositions portant sur divers sujets et tendant à nouveau à simplifier le droit.

On procède donc à une simplification par deux voies. D'une part, une simplification en la forme en ce que les multiples textes – tant réglementaires que législatifs – régissant une matière sont réunis et organisés de manière globale dans un code spécifique dont la consultation est plus facile qu'une recherche tous azimuts dans des textes dispersés[349]. D'autre part, et éventuellement à l'occasion de cette codification, on va procéder à une simplification de fond, c'est-à-dire de la règle de droit elle-même ; pour n'en donner qu'un exemple, l'ordonnance du 8 juin 2005 a aligné le délai de prescription de la responsabilité des sous-traitants sur celui des constructeurs eux-mêmes (C. civ., art. 1792-4-2).

À ces deux voies classiques, il faudrait en ajouter une troisième, apportée par une nouvelle loi relative à la simplification du droit : l'obligation légale d'abroger les règlements illégaux ou devenus sans objet[350].

(348) B. Delaunay, *Les lois de simplification du droit* : *LPA* 24 mai 2007, p. 20. – B. Seiller, *Les limites de la simplification* : *LPA* 24 mai 2007, p. 28.

(349) A. Zaradny, *Codification et simplification du droit* : *LPA* 24 mai 2007, p. 9.

(350) L. n° 2007-1787, 20 déc. 2007, qui a suscité des réactions contrastées, les unes approbatives (E. Blanc, *L'obligation légale d'abroger les règlements illégaux ou devenus sans objet* : *AJDA* 2008, p. 399), A.-M. Leroyer, obs. in *RTD civ.* 2008, 182, les autres critiques (B. Seiller, *Pourquoi ne rien voter quand on peut adopter une loi inutile ?* : *AJDA* 2008, p. 402). En fait, cette disposition ne fait que consacrer la jurisprudence *Alitalia* suivant laquelle « l'autorité compétente, saisie d'une demande tendant à l'abrogation d'un règlement illégal, est tenue d'y déférer, soit que ce règlement ait été illégal dès la date de sa signature, soit que l'illégalité résulte de circonstances de droit ou de fait postérieures à cette date » (CE, ass., 20 févr. 1989, Cie *Alitalia* : *Rec. CE* 1989, p. 44 ; *AJDA* 1989, 387 et note O. Fouquet ; *RFDA* 1989, 391, concl. N. Chahid-Nouraï, notes O. Beaud et L. Dubouis).

Enfin, pour répondre à l'attente des citoyens, le législateur multiplie les lois de simplification dans de nombreux domaines ; mais par-delà les mots, cet objectif est trop rarement atteint[351]. À cet égard on observera que le Conseil d'État a traité à trois reprises cette question dans son étude annuelle : en 1991 déjà, puis en 2006 et enfin en 2016 sous l'intitulé « Simplification et qualité du droit » ; ce qui laisse penser que l'objectif de simplification n'est toujours pas atteint.

116. – De la sécurité juridique[352]. La sécurité juridique est un thème d'actualité[353]. On veut dire par là que les citoyens doivent d'une part avoir un accès aisé à la connaissance des règles de droit applicables à leurs actions (V. *supra*, n° 20) et, d'autre part, pouvoir compter sur une certaine stabilité de ces règles, spécialement de celles relatives aux contrats qu'ils ont conclus et dont les effets continuent à se dérouler dans le temps. Suivant la formule d'un auteur[354], « la sécurité, c'est en somme tout à la fois savoir et prévoir ». En bref, il y aurait un droit à la *sécurité juridique*, droit qui serait mis en cause si le citoyen n'était pas à même de connaître l'environnement juridique dans lequel il agit, ou si cet environnement sur lequel il a fondé son action se trouvait modifié par une loi nouvelle ou par une interprétation nouvelle de la loi[355]. Sa *confiance légitime* serait alors trompée.

Cette même idée a été reprise dans le rapport de la commission Attali qui affirme clairement comme objectif de « simplifier et stabiliser les normes », soulignant que « la complexité du droit crée une insécurité juridique préjudiciable aux citoyens, notamment les plus modestes, aux entreprises et à la croissance »[356].

Si, par exemple, un citoyen a investi une certaine somme d'argent dans un placement défiscalisé, n'est-il pas injustement trompé si le législateur, après avoir appâté le contribuable, supprime l'avantage fiscal ? En pareil cas, est-il possible, au nom d'un principe de sécurité juridique, de critiquer la loi devant le Conseil constitutionnel ou devant toute autre juridiction ?

En fait, nombre de règles du droit français s'expliquent, au moins pour partie, par l'idée de sécurité juridique. Tel est le cas de l'article 2 du Code civil qui pose le principe de la non-rétroactivité de la loi (V. *infra*, n° 157) ; ou encore de la règle suivant laquelle le juge statue en droit et non pas en équité car l'appréciation de l'équité dépend de chaque juge, ce qui interdit toute prévisibilité. La question s'est également posée à propos des revirements de jurisprudence dont on s'est demandé s'ils ne devaient pas, comme la loi, être soumis au principe de la non-rétroactivité (V. *infra*, n° 178).

(351) V. par ex. B. Lecourt, *Réflexions sur la simplification du droit des affaires : RTD com.* 2015, 1.

(352) Rapport du Conseil d'État 1991, *De la sécurité juridique.* – Rapport du Conseil d'État 2006, *Sécurité juridique et complexité du droit*, p. 229. – O. Dutheillet de Lamothe, *La sécurité juridique : le point de vue du juge constitutionnel*, in Rapport du Conseil d'État 2006, p. 369. – N. Molfessis, *Combattre l'insécurité juridique ou la lutte du système juridique contre lui-même*, in Rapport du Conseil d'État 2006, p. 391. – P. Muzni, *Quelques considérations en faveur d'une meilleure prévisibilité de la loi : D.* 2006, chron. p. 2214. – T. Piazzon, *La sécurité juridique*, Defrénois, coll. « Doctorat et Notariat », 2009. – B. Teyssié, *L'impératif de sécurité juridique : Mél. J. Foyer*, Economica, 2007, p. 985. – A. Levade et a., *La sécurité juridique : JCP* 2013, suppl. au n° 27, p. 8. – R. Lanneau, *La sécurité juridique, un essai de théorisation : RRJ* 2013, 2, p. 1109.

(353) C'était le thème du 111e Congrès des notaires de France (Strasbourg, 10-13 mai 2015).

(354) B. Pacteau, *La sécurité juridique, un principe qui nous manque ? : AJDA* 1995, 151.

(355) X. Lagarde, *Jurisprudence et insécurité juridique : D.* 2006, chron. p. 678.

(356) J. de Clausade et J.-M. Darrois, *Pour libérer la croissance, il faut simplifier et stabiliser les normes : JCP* 2008, I, 115.

Néanmoins, à ce jour, malgré les suggestions faites par une partie de la doctrine(357), le Conseil constitutionnel n'a pas consacré la sécurité juridique comme principe constitutionnel. Certains proposent d'y voir une *exigence de valeur constitutionnelle*(358) au même titre que l'accessibilité et l'intelligibilité de la loi ont été reconnues comme étant un *objectif de valeur constitutionnelle* (V. *supra*, n° 20).

En revanche, la deuxième chambre civile de la Cour de cassation a reconnu l'existence de ce principe(359), cependant que la première chambre civile s'est prononcée en sens contraire, tout du moins à propos des revirements de jurisprudence, en décidant que « la sécurité juridique ne saurait consacrer un droit acquis à une jurisprudence figée, l'évolution de la jurisprudence relevant de l'office du juge dans l'application du droit »(360). C'est donc une sécurité juridique toute relative dans la mesure où la jurisprudence est en constante évolution.

Quant au Conseil d'État, il a fait application de ce principe(361), notamment en décidant de reporter les effets d'une décision d'annulation d'un acte administratif(362), en annulant un décret au motif qu'il portait atteinte à ce principe en ne prévoyant pas de dispositions transitoires pour aménager le passage d'un régime à un autre(363), et en matière d'application dans le temps des règles relatives aux délais de prescription(364).

Ce principe de la sécurité juridique a été également retenu récemment par le Tribunal suprême de Monaco(365).

SECTION 2

LES CONDITIONS D'APPLICATION DES TEXTES

117. - Énoncé des conditions. Plan. À la différence des règles d'origine coutumière ou jurisprudentielle, les textes ne deviennent pas obligatoires du seul fait

(357) B. Mathieu, *La sécurité juridique : un principe constitutionnel clandestin mais efficient : Mél. P. Gélard*, 2000, p. 301. – L. Vapaille, *Le principe de sécurité juridique, réalité et avenir en droit administratif français : LPA* 1999, n° 158, p. 18. – M. Fromont, *Le principe de sécurité juridique : AJDA* 20 juin 1996, n° spécial, p. 178. – M. Heers, *La sécurité juridique en droit administratif français : vers une consécration du principe de confiance légitime ? : RFDA* 1995, p. 963.

(358) V. en ce sens : A. Cristau, *L'exigence de sécurité juridique : D.* 2002, chron. p. 2814. – A.-L. Valembois, *La constitutionnalisation du principe de sécurité juridique en droit français*, thèse, Dijon, 2003.

(359) Cass. 2e civ., 20 janv. 2003 : *D.* 2003, 2722 et note crit. E. Ben Merzouk.

(360) Cass. 1re civ., 21 mars 2000, *Bull.* n° 97 ; *D.* 2000, p. 593, note Ch. Atias ; *RTD civ.* 2000, p. 666, obs. N. Molfessis. – Cass. 1re civ., 9 oct. 2001 : *D.* 2001, p. 3470, rapp. P. Sargos, note D. Thouvenin ; *JCP* 2002, II, 10045, note D. Cachard ; obs. R. Libchaber in *RTD civ.* 2002, 176. – Cass. 3e civ., 2 oct. 2002, *Bull.* n° 200, p. 170 ; *D.* 2003, p. 513 et note Ch. Atias. – V. S. Becqué-Ickowicz, *Brèves remarques sur l'obligation d'information des professionnels et la portée des revirements de jurisprudence (À propos de Cass. 1re civ., 25 nov. 1997 et 9 oct. 2001) : Defrénois* 2003, 1, 521, art. 37710.

(361) *Légalité et sécurité juridique, un équilibre rompu ? : AJDA* 2019, dossier p. 1086.

(362) CE, 11 mai 2004, *Assoc. AC ! et a. : D.* 2004, inf. rap. p. 1499. – V. B. Mathieu, *Le juge et la sécurité juridique : vues du Palais-Royal et du quai de l'Horloge : D.* 2004, point de vue p. 1603. – F. Dieu, *La modulation des effets des annulations contentieuses ou comment concilier principe de légalité et principe de sécurité juridique : AJDA* 2006, p. 2428. – F. Chaltiel, *Le principe de sécurité juridique et l'office du juge (À propos de l'arrêt* Techna *du 27 octobre 2006) : LPA* 2 janv. 2007, p. 3. – V. aussi obs. F. Lenica et J. Boucher, ss CE, sect., 13 déc. 2006, *Mme Lacroix : AJDA* 2007, p. 358.

(363) CE, ass., 24 mars 2006, n° 288460, *Sté KPMG et a. : JCP* 2006, II, 10113 et note J.-M. Belorgey ; *D.* 2006, 1224 ; *AJDA* 2006, 1028, obs. Ch. Landais et F. Lenica ; *RFDA* 2006, 463, concl. Y. Aguila ; *RTD civ.* 2006, 527, obs. R. Encinas de Munagori ; *RDC* 2006, p. 856, obs. P. Brunet, et p. 1038, obs. C. Pérès ; *Defrénois* 2006, 1, 1868, art. 38498, n° 73, obs. R. Libchaber. – V. P. Cassia, *La sécurité juridique, un « nouveau » principe général du droit aux multiples facettes : D.* 2006, chron. p. 1190. – F. Moderne, *Sécurité juridique et sécurité financière : RFDA* 2006, p. 483.

(364) CE, 21 janv. 2015, n° 382902, *EURL 2B : AJDA* 2015, 880, note G. Eveillard.

(365) TS Monaco, 29 nov. 2018, n° 2018-08, *SAM Caroli immo c/ Min. État : JCP* 2019, 175, note M. Disant.

qu'ils ont été élaborés conformément aux procédures requises. Diverses conditions s'y ajoutent, qui peuvent varier suivant qu'il s'agit d'une loi ou d'un règlement.

En principe, le texte n'a *force obligatoire* que s'il a été *promulgué* et *publié*. Peu importe en revanche qu'il ait été ou non *codifié*, c'est-à-dire intégré dans un code.

Bien que les textes aient vocation à s'appliquer indéfiniment, ils peuvent faire l'objet d'une *abrogation*, ce qui met alors fin à leur force obligatoire.

SOUS-SECTION 1

LA PROMULGATION

118. – **La promulgation de la loi.** À elle seule, la volonté du Parlement est insuffisante pour rendre une loi applicable. Une loi ne peut entrer en vigueur que si elle a été promulguée et publiée, la *promulgation* précédant nécessairement la *publication*.

La promulgation prend la forme d'un décret par lequel le président de la République atteste l'existence et la régularité de la loi et en ordonne la publication et l'exécution[(366)].

Le président de la République doit promulguer la loi dans les quinze jours qui suivent la transmission du texte voté au Gouvernement (Const. 4 oct. 1958, art. 10) ; il peut toutefois, dans ce délai de quinze jours, demander une nouvelle délibération de la loi ou de certains de ses articles. Tant que le décret de promulgation n'est pas intervenu, la loi peut être soumise au contrôle du Conseil constitutionnel par le président de la République, ou le Premier ministre, ou le président de l'Assemblée nationale, ou le président du Sénat, ou par soixante députés ou soixante sénateurs (V. *supra*, n° 71) ; auquel cas la promulgation ne pourra intervenir qu'après la décision du Conseil constitutionnel.

Suivant l'usage la date de la loi est celle de sa promulgation[(367)] ; pour distinguer les lois dont plusieurs peuvent être promulguées le même jour, on les désigne à la fois par leur date et par un numéro d'ordre au sein de chaque année : par exemple, la loi n° 2001-1135 du 3 décembre 2001 *relative aux droits du conjoint survivant et des enfants adultérins et modernisant diverses dispositions de droit successoral*.

Parfois, mais par simple facilité de langage, on désignera une loi par le nom du parlementaire ou de la personnalité qui a été à son origine : ainsi a-t-on pu parler par exemple de la loi Badinter (en fait la loi n° 85-677 du 5 juillet 1985 relative à la réparation des accidents de la circulation) ; ou encore, et toujours par mesure de simplicité, on retiendra le sigle correspondant à l'objet de la loi : ainsi la loi SRU (solidarité et renouvellement urbain), la loi NRE (nouvelles régulations économiques), la loi ÉLAN (évolution du logement, de l'aménagement et du numérique) ou encore la loi Grenelle de l'environnement (1 et 2), etc.

119. – **Y a-t-il une promulgation des décrets ?** Aucune règle de droit ne dispose que les décrets sont soumis à promulgation.

(366) G.-J. Guglielmi, *Distinguer la promulgation de la publication*, in *Le Titre préliminaire du Code civil*, Economica, 2003, p. 59.

(367) J. Boisson, *La difficile détermination de la date de la loi. Réflexions à partir d'une technique d'abrogation inédite : « l'abrogation par anticipation »* : *RTD civ.* 2019, 243.

Certains auteurs considèrent qu'étant l'œuvre du pouvoir exécutif, les décrets sont exécutoires par nature et ne nécessitent donc pas de formalité comparable à la promulgation de la loi. D'autres font observer que le plus souvent les décrets pris par le président de la République ou par le Premier ministre font l'objet d'un contreseing, ce qui pourrait être compris comme une authentification.

En fait, il n'existe pas de promulgation pour les actes réglementaires, qu'il s'agisse des décrets ou des arrêtés ministériels, préfectoraux ou municipaux. En revanche, comme les lois, ils sont soumis à publication en application du décret du 5 novembre 1870 ; à défaut de publication, un décret ne saurait avoir de force obligatoire[(368)].

SOUS-SECTION 2

LA PUBLICATION

120. - **Modalités de la publication.** Si la promulgation est l'ordre d'exécuter la loi, la publication a pour objet de porter le texte à la connaissance du public auquel il va s'appliquer[(369)]. Suivant la formule de l'ancien article 1 du Code civil, qui était demeuré inchangé jusqu'à l'ordonnance du 20 février 2004, les lois « seront exécutées dans chaque partie du Royaume [lire : de la République], du moment où la promulgation pourra en être connue ».

Le principe de la publication est général[(370)], mais ses modalités – qui figurent à l'article 1 du Code civil – ont été profondément modifiées par l'ordonnance du 20 février 2004[(371)] dont l'entrée en vigueur a été fixée au 1er juin 2004. Jusqu'alors, les lois, décrets et ordonnances étaient publiés au *Journal officiel* (*JO*), paraissant chaque jour sur papier, dont c'était précisément la fonction. En revanche, les arrêtés pouvaient être publiés soit au *Journal officiel*, soit dans des recueils administratifs établis à cet effet, soit par tout autre moyen équivalent ; ainsi y a-t-il des *Bulletins officiels* (*BO*) pour chaque ministère, des *Recueils des arrêtés* pour chaque préfecture, des *Registres de la commune* pour chaque commune.

Depuis le 1er juin 2004, les lois, les ordonnances, les décrets « et, lorsqu'une loi ou un décret le prévoit, les autres actes administratifs », faisaient l'objet d'une double publication, le même jour, sur papier et sous forme électronique[(372)]. Le *Journal officiel* revêtait alors deux formes qui avaient la même valeur. Finalement, depuis le 1er janvier 2016, la forme papier a été abandonnée et il ne subsiste plus désormais que la forme électronique.

Toutefois, deux catégories d'actes administratifs échappaient à cette double publication : d'une part les actes individuels qui, sauf exception prévue par décret

(368) CE, 28 déc. 2007, *C. c/ Min. Défense* : *JCP* 2008, II, 10066 et note U. Ngampio-Obele-Bele.

(369) G.-J. Guglielmi, *Distinguer la promulgation de la publication*, in *Le Titre préliminaire du Code civil*, Economica, 2003, p. 59. – D. Bourcier, *De la publicité à la connaissance des lois. Un changement de perspective* : *ibid.*, p. 81.

(370) La jurisprudence a retenu un « principe général selon lequel les actes administratifs ne sont opposables aux tiers que lorsqu'ils ont été effectivement publiés » (G. Braibant, concl. ss CE, 19 juin 1959 : *D.* 1959, p. 372. En outre, lorsque les actes administratifs édictent des mesures individuelles, ils ne peuvent produire leur effet que s'ils ont été notifiés à ceux qu'ils visent ; il ne saurait alors être suppléé à cette notification par la simple publication.

(371) O. Guillaumont, *La réforme des règles d'entrée en vigueur des lois et règlements. Ord. n° 2004-164, 20 févr. 2004* : *JCP* 2004, act. 138, p. 433 ; *RTD civ.* 2004, 585, obs. R. Encinas de Munagorri.

(372) R. Desgorces, *Les modes de publication des lois*, in *Études X. Linant de Bellefonds*, Litec, 2007.

en Conseil d'État, n'étaient pas publiés sous forme électronique (Ord., art. 4)[373] ; d'autre part, et à l'inverse, les actes réglementaires définis par décret en Conseil d'État[374] qui étaient publiés au seul *Journal officiel* sous forme électronique (Ord., art. 5)[375].

Parallèlement, mais au plan européen, il existe un *Journal officiel de l'Union européenne* (*JOUE*) dans lequel sont publiés notamment les *règlements* édictés par l'Union européenne ; ce *Journal officiel*, d'abord publié en version papier, a été complété par une version électronique qui fait foi et qui produit ses effets depuis le 1er juillet 2013.

121. - **Date d'entrée en vigueur de la loi**[376]. Les règles d'entrée en vigueur des lois et règlements ont, elles aussi, été modifiées par l'ordonnance du 20 février 2004.

Désormais, l'article 1 du Code civil, dans sa nouvelle rédaction, prévoit que les lois et les actes administratifs publiés au *Journal officiel* « entrent en vigueur à la date qu'ils fixent ou, à défaut, le lendemain de leur publication ». Et, en cas d'urgence, lois et actes administratifs entrent en vigueur dès leur publication, cette décision étant prise, pour les lois par le décret de publication et, pour les actes administratifs par disposition spéciale du Gouvernement. C'est dire que, de manière générale, l'entrée en vigueur des textes sera plus rapide que par le passé[377].

En revanche, dans deux hypothèses, l'entrée en vigueur de la loi nouvelle sera retardée à une date ultérieure.

C'est tout d'abord le cas lorsque la loi nouvelle vient modifier un panneau entier du droit, par exemple réforme de la filiation, ou des régimes matrimoniaux, ou des sociétés ou du droit des contrats. En pareil cas, c'est la loi elle-même qui, comme jadis mais en application de l'article 1 du Code civil, fixera la date de mise en vigueur, souvent à l'expiration d'un délai de l'ordre de six mois[378] permettant aux praticiens et usagers de se familiariser avec la réforme. C'est ainsi, par exemple, que l'ordonnance du 10 février 2016 portant réforme du droit des contrats, du régime et de la preuve des obligations, ne s'applique qu'aux contrats conclus à partir du 1er octobre 2016.

C'est également le cas – qui peut se combiner avec le précédent – où la loi nouvelle appelle des décrets d'application qui, d'évidence, nécessitent un certain temps de préparation. Consacrant sur ce point les solutions jurisprudentielles antérieures, l'article 1 nouveau du Code civil édicte que l'entrée en vigueur des « dispositions dont l'exécution nécessite des mesures d'application est reportée à la date d'entrée en vigueur de ces mesures ». Il arrivait jadis que, soit par négligence, soit de propos délibéré afin de paralyser une loi adoptée contre sa volonté, le Gouvernement ne

(373) La liste de ces actes individuels ne pouvant faire l'objet d'une publication sous forme électronique au *Journal officiel* est fixée par le décret n° 2004-459 du 28 mai 2004 (*JO* 29 mai 2004, p. 9583 ; *JCP* N 2004, 1292).

(374) D. n° 2004-617, 29 juin 2004 relatif aux modalités et effets de la publication sous forme électronique de certains actes administratifs au *Journal officiel* de la République française : *JO* 30 juin 2004, p. 11849 ; *D.* 2004, législ. 2123.

(375) Sur la légalité de cette procédure, V. CE, 9 nov. 2005, *Meyet* : *D.* 2006, inf. rap. p. 179 ; *RFDA* 2006, p. 535, concl. F. Donnat.

(376) O. Dutheillet de Lamothe, *Les règles d'entrée en vigueur des lois* : *JCP* 2017, 492.

(377) O. Guillaumont, *La réforme des règles d'entrée en vigueur des lois et règlements, Ord. n° 2004-164, 20 févr. 2004* : *JCP* 2004, act. 138. – J. Huet, *Le nouvel article 1 du Code civil : une réforme confuse et timorée* : *Mél. Ph. Le Tourneau*, Dalloz, 2007, p. 439.

(378) La loi dispose généralement qu'elle entrera en vigueur le premier jour du septième mois suivant celui de sa publication au *JO*.

prenne pas les textes d'application, ce qui entraînait un blocage de la loi. Cette pratique déviante a été depuis lors condamnée par le Conseil d'État (V. *supra*, n° 112).

122. – **Rectification des erreurs commises dans la publication. La pratique des *errata*.** Il arrive parfois que, postérieurement à la publication, on s'aperçoive que le texte publié comporte des erreurs. Plutôt que de recourir à un texte rectificatif qui devrait satisfaire aux mêmes règles de forme, de procédure et de fond que le texte rectifié, le Gouvernement préfère souvent corriger l'erreur ou l'omission par voie d'*erratum* inséré au *Journal officiel*[379]. Cette pratique des *errata* a donné lieu à de nombreux abus en ce qu'elle a été utilisée par l'Administration pour corriger des erreurs de fond commises par l'auteur du texte.

La question se pose alors de savoir si les juges, qui sont tenus d'appliquer les textes, sont également tenus par les *errata* alors qu'ils n'émanent pas de l'auteur de l'acte, mais de l'Administration qui n'a aucun pouvoir à cet effet.

Il faut distinguer suivant les hypothèses. S'il s'agit d'une erreur matérielle évidente, le juge doit tenir compte de l'*erratum*.

Il y a en revanche difficulté si l'erreur touche au fond, et si l'*erratum* conduit à modifier le sens ou la portée du texte publié ; en pareil cas, la jurisprudence est assez hostile à prendre en compte les rectificatifs. En bonne logique, on peut admettre la valeur de l'*erratum* si l'erreur est une erreur de transcription et si le rectificatif aboutit à restituer le texte dans sa teneur d'origine : par exemple, la loi telle qu'elle a été réellement votée par le Parlement, ainsi que cela résulte des travaux parlementaires.

L'*erratum* ne saurait en revanche être pris en considération s'il a pour objet de réparer une erreur commise par l'auteur du texte, qu'il s'agisse du Parlement ou du pouvoir exécutif. En pareil cas, c'est à cet auteur qu'il incombe de revoir sa copie et d'adopter suivant la procédure et les formes requises un nouveau texte, cette fois-ci exempt d'erreur. Par exemple, le Parlement peut réparer son erreur en votant une loi rectificative.

À cet égard, il y a une différence fondamentale entre un *erratum* et une loi rectificative. L'*erratum* s'incorpore au texte publié et s'applique donc rétroactivement à la date de la publication du texte rectifié ; c'est là une exception au principe de la non-rétroactivité (V. *infra*, n°s 156 et s.). À l'inverse, une loi rectificative ne s'applique que du jour de sa publication, sauf à l'édicter expressément rétroactive à telle date antérieure, ce qui n'est possible qu'en cas d'erreur manifeste[380] (V. *infra*, n° 164).

123. – **« Nul n'est censé ignorer la loi » : une fiction nécessaire.** Tout texte régulièrement promulgué et/ou publié devient obligatoire pour tous, et nul ne saurait se soustraire à son application sous prétexte d'ignorance. C'est ce que signifie la maxime « Nul n'est censé ignorer la loi »[381].

(379) Fréjaville, *La pratique des* errata *au Journal officiel* : *JCP* 1948, I, 677.

(380) La jurisprudence récente en fournit un bon exemple. Lors de la codification du Code de commerce par la loi du 17 décembre 1991, le législateur avait supprimé par inadvertance l'article 631 ancien du Code de commerce, ce qui aboutissait de fait à la suppression des tribunaux de commerce. L'erreur n'étant apparue que longtemps plus tard, le Parlement a rétabli rétroactivement l'article 631 à la date de la loi rectifiée, à défaut de quoi les milliers de décisions rendues entre temps par les tribunaux de commerce auraient été réduites à néant (Paris, 1re ch. D, 17 oct. 2001 : *D.* 2001, p. 3438, obs. A. Lienhard).

(381) E. Dereux, *Étude critique de l'adage « Nul n'est censé ignorer la loi »* : *RTD civ.* 1907, p. 519. – J. Carbonnier, *La maxime « Nul n'est censé ignorer la loi » en droit français* : *RID comp.* 1984, p. 321. – F. Terré, *Le rôle de la maxime « Nul n'est censé ignorer... »*, in *Études de droit contemporain*, 1986, t. 1, p. 91. – Roland et Boyer, *Adages du droit français*,

Bien que cet adage ne vise que la loi, la règle s'applique à l'ensemble des normes juridiques, qu'il s'agisse de lois, de décrets, d'ordonnances, d'arrêtés, etc. Elle s'applique également à la jurisprudence dans la mesure où celle-ci est source de droit.

Au plan de la technique juridique, on peut l'analyser comme une *présomption irréfragable* (V. *supra*, n° 54) de connaissance de la règle de droit, dès l'instant que celle-ci a été portée à la connaissance du public par sa publication. Mais chacun sait bien que cette présomption ne correspond nullement à la réalité et que, bien souvent, les usagers apprennent la règle de droit tardivement et à leurs dépens. Même les praticiens du droit – dont le *Journal officiel* n'est généralement pas le livre de chevet – ne sauraient prétendre connaître l'ensemble des règles du droit positif ; au mieux, ils connaissent la matière dont ils sont spécialistes et qu'ils pratiquent habituellement.

Il en résulte que, plus qu'une présomption, la règle pose une véritable *fiction* (V. *supra*, n° 55). Mais elle est nécessaire, et justifiée par la stabilité sociale car l'application de la loi ne peut dépendre ni de la volonté de la connaître, ni de sa connaissance effective par les sujets de droit À défaut d'une telle règle, la loi ne répondrait plus à sa fonction d'application générale si individuellement tel ou tel pouvait en écarter l'application au prétexte de son ignorance.

Cela dit, il est aujourd'hui possible à chacun, sinon de connaître l'ensemble du droit français, du moins d'y avoir accès. Il suffit pour cela d'un ordinateur et d'une connexion Internet pour consulter les sites spécialisés à cet effet, notamment le site Légifrance qui intègre en principe toutes les règles de droit et l'essentiel de la jurisprudence – site dont la refonte en 2020 a causé maints déboires aux utilisateurs[(382)]. On peut ainsi accéder à la connaissance de la règle de droit, si bien que la fiction légale peut devenir réalité[(383)]. Encore faut-il bien évidemment avoir accès à Internet[(384)].

On peut toutefois se demander si la présomption de connaissance de la loi est toujours fondée lorsque la loi est obscure ou imprécise. En pareil cas, elle pourrait être jugée non conforme à l'article 6-1 de la Convention européenne des droits de l'homme en application duquel la Cour européenne considère que tout citoyen doit pouvoir disposer de renseignements suffisants sur les normes juridiques applicables à ses actes, c'est-à-dire sur des règles suffisamment précises et constantes lui permettant de prévoir, à un degré raisonnable dans les circonstances de la cause, les conséquences de nature à dériver d'un acte déterminé[(385)].

op. cit., n° 291. – P. Deumier, *La publication de la loi et le mythe de sa connaissance* : *LPA* 3 mars 2000, p. 6. – A. Akam Akam, *Libres propos sur l'adage « Nul n'est censé ignorer la loi »* : *RRJ* 2007, 31.

(382) A. Bénabent, *Légifrance-20*, éditorial : *D.* 2020, 2393. – Ph. Conte, *LégiGoogle* : *JCP* 2020, 1440. – A. Hontebeyrie, *Quelques suggestions pour la version modernisée de Légifrance* : *D.* 2021, 358. – V. aussi B. Dondero et C. Tabourot, *Peut-on se fier à Légifrance ?* : *Mél. Couret*, EFL-Dalloz, 2020, p. 887.

(383) D. Bourcier, *De la publicité à la connaissance des lois. Un changement de perspective*, in *Le Titre préliminaire du Code civil*, Economica, 2003, p. 81. – E. Cartier, *Publicité, diffusion et accessibilité de la règle de droit dans le contexte de la dématérialisation des données juridiques* : *AJDA* 2005, 1092. – F. Rouvière, *Qualité de l'information et diffusion informatique du droit* : *RRJ* 2006, 2745.

(384) P. Sablière, *Nul n'est-il censé ignorer Internet ?* : *AJDA* 2010, p. 127. – S. Turgis, *L'accès au droit par Internet* : *AJDA* 2015, 142.

(385) Paris, 9 nov. 2000 : *D.* 2001, inf. rap. p. 285.

124. – **Exceptions à la règle.** La fiction de connaissance de la règle de droit connaît un certain nombre d'assouplissements ou exceptions.

Tout d'abord, on rappellera la distinction entre les lois impératives et les lois supplétives (V. *supra*, n° 43). Si les premières sont vraiment obligatoires, on peut écarter l'application des autres en exprimant une volonté contraire. Cette mise à l'écart de la loi supplétive, qui est généralement faite en connaissance de cause, peut aussi l'être par ignorance ; à l'extrême, on pourrait dire qu'il n'est pas nécessaire de connaître les règles simplement supplétives puisqu'on n'est pas contraint de les appliquer.

En deuxième lieu, *en matière pénale*, l'article 122-3 du Code pénal fait de l'*erreur inévitable* une *cause d'irresponsabilité* : « N'est pas pénalement responsable la personne qui justifie avoir cru, par une erreur sur le droit qu'elle n'était pas en mesure d'éviter, pouvoir légitimement accomplir l'acte ». Mais la jurisprudence en fait une application si étroite que l'erreur est ici très rarement admise[386].

En troisième lieu, et cette fois-ci *en matière civile, l'erreur de droit* peut être invoquée, non pas pour échapper à la loi, mais pour demander la nullité d'un contrat conclu à la suite d'une telle erreur. Interprétant l'article 1109 ancien du Code civil qui fait de l'erreur un vice du consentement, la jurisprudence a considéré en effet que l'erreur vicie le consentement de la même manière, qu'elle porte sur la règle de droit ou sur les circonstances de fait[387]. Cette jurisprudence a été consacrée dans l'article 1132 nouveau qui retient de la même manière « l'erreur de droit ou de fait ». Par exemple, le propriétaire qui offre de vendre et vend l'appartement à son locataire, croyant à tort que ce dernier bénéficie d'un droit de préemption, peut demander la nullité de la vente intervenue à la suite de cette offre faite par erreur[388]. Parfois même, la jurisprudence décide qu'une situation établie contrairement à la loi doit être validée si elle a été établie dans l'ignorance collective et invincible de la règle ; c'est ce qu'on exprime par la maxime *Error communis facit jus*[389].

Enfin, et toujours en matière contractuelle, dans un souci d'information du consommateur, du locataire, etc., la loi impose parfois de reproduire expressément dans le contrat tel ou tel article d'une loi. Il s'agit là d'une condition de forme sanctionnée par la nullité du contrat. Cette technique, assez souvent utilisée par le législateur moderne pour protéger la partie faible dans un contrat, va directement à l'encontre de la fiction de connaissance de la loi ; elle repose en effet sur une présomption d'ignorance de la loi par la partie faible, qui ne peut être écartée que par la reproduction de la loi dans le contrat.

(386) V. par ex. Cass. crim., 12 sept. 2006 : *D.* 2007, 1625, obs. C. Mascala ; *AJDI* 2006, 838, obs. Allain ; *RD imm.* 2006, 491, obs. G. Roujou de Boubée.

(387) R. Decottignies, *L'erreur de droit* : *RTD civ.* 1951, p. 309.

(388) Cass. 3e civ., 24 mai 2000 : *D.* 2001, somm. p. 1135, obs. D. Mazeaud.

(389) H. Mazeaud, *La maxime « Error communis facit jus »* : *RTD civ.* 1924, p. 929.

SOUS-SECTION 3

LA CODIFICATION

125. – Le phénomène de codification[390]. La France, imitée sur ce point par de nombreux pays[391] (mais non par l'Angleterre)[392] a réuni, pour des raisons de commodité et d'esthétique, la plupart des textes importants dans des codes qui sont des ensembles structurés divisés en parties, chapitres, titres, sections, etc., au sein desquels les textes sont numérotés article par article. Dans la mesure où de très nombreux textes ont ainsi été codifiés, c'est principalement par la consultation des codes que les juristes, et notamment les étudiants en droit, accèdent à la connaissance des règles de droit.

En pratique, il faut distinguer deux types de codifications, suivant que la codification concerne les lois seulement et s'accompagne d'une réforme du droit existant, ou qu'elle ne réalise qu'un classement thématique des règles en vigueur, qu'il s'agisse de lois ou de textes de nature réglementaire. Relèvent du premier type les codifications napoléoniennes, du second les codifications à droit constant qui se multiplient de nos jours.

Dans l'un et l'autre cas, l'insertion d'un texte dans un code ne lui confère aucune supériorité sur les très nombreux textes restés en dehors de la codification (la part des textes codifiés, à peu près constante chaque année, représente un peu plus de 60 % des articles législatifs et autour de 35 % des articles réglementaires)[393]. Un code est une simple organisation technique : les lois, ordonnances, décrets et arrêtés qui y figurent n'ont d'autre valeur que celle précisée plus haut (V. *supra*, n°s 95 et s.). C'est ainsi qu'ils peuvent être modifiés ou abrogés comme n'importe quel texte : il faut et il suffit de respecter la procédure requise, laquelle varie suivant la nature du texte : loi, décret, arrêté (V. *infra*, n°s 128 et s.).

Les codes sont publiés, d'une part par des organismes officiels dépendant du Gouvernement (La Documentation française), d'autre part par des éditeurs privés (par ex., LexisNexis, Dalloz) qui y ajoutent des commentaires ou des annotations bibliographiques ou jurisprudentielles, et qui y font souvent figurer – à l'endroit qui leur paraît le mieux choisi – des textes officiellement non codifiés. Mais on peut aussi les trouver sur Internet, notamment sur le site Légifrance.

Ces (vrais) codes, qui dépendent tous de l'initiative des pouvoirs publics et dont les éditeurs privés proposent des versions enrichies, ne doivent pas être confondus avec d'autres « codes » non officiels (parfois qualifiés de « codes éditeurs »), qui n'ont en eux-mêmes pas d'existence juridique et sont des regroupements de

(390) F. Zenati, *Les notions de code et de codification (contribution à la définition du droit écrit) : Mél. Ch. Mouly*, Litec, 1998, p. 217. – B. Oppetit, *De la codification : D.* 1996, chron. p. 33. – R. Cabrillac, *Les codifications*, PUF, 2002 ; *Le symbolisme des codes : Mél. Terré, op. cit.*, p. 211. Pour une vision historique de la codification, V. C. Lecomte, *De la difficulté de codifier : LPA* 13 nov. 2003, p. 4 ; *P. Bourdieu et la codification : regards d'un juriste de droit public : RFDA* 2004, 1062.

(391) Sur la codification à l'étranger, V. L. Vogel et a., *Le monde des Codes civils*, in *1804-2004, Le Code civil, Un passé, un présent, un avenir*, Dalloz, 2004, p. 789.

(392) Sur l'échec de la codification en Angleterre et, plus généralement, dans les pays de *common law*, V. R. Sefton-Green, *Les codes manqués : RTD civ.* 2005, 539.

(393) V. les indicateurs de suivi de l'activité normative publiés annuellement par le Secrétariat général du Gouvernement.

textes à la seule initiative d'un éditeur : code de l'animal (LexisNexis), code notarial (LexisNexis), code de la *compliance* (Dalloz), etc.

126. – **Les codifications réformes de type napoléonien.** C'est Napoléon qui a pris l'initiative de codifier le droit français. Mais, à l'époque, ce droit n'était pas uniforme si bien que la codification a eu un double objet : d'une part unifier et réformer le droit français dans certains domaines, d'autre part présenter ce droit sous la forme d'un exposé thématique découpé en livres, titres, chapitres, sections, etc. La codification n'était donc pas une compilation de textes existants, mais une réforme d'ensemble.

C'est ainsi qu'ont été publiés et mis en vigueur le Code civil des Français(394) (1804), ensuite appelé Code Napoléon puis à nouveau Code civil, le Code de procédure civile (1806), le Code de commerce (1807), le Code d'instruction criminelle (1808) et le Code pénal (1810).

Bien entendu, ces codes ne sont pas restés figés dans leur état initial. Le Code civil est certainement celui qui a été le moins touché : si de nombreux articles subsistent, beaucoup ont été modifiés ou remplacés par d'autres qui ont pris leur place, spécialement en droit de la famille et plus récemment en droit des contrats (V. *infra*, nos 262 et s.). Probablement faudrait-il aujourd'hui le recodifier, comme cela a été fait, au moins pour partie, pour d'autres codes. Ainsi en a-t-il été du Code de procédure pénale (1957, et 2000 pour les *principes fondamentaux du procès pénal*), du Nouveau Code de procédure civile (NCPC, 1975) désormais renommé Code de procédure civile, du Code pénal (1992) et plus récemment du Code de commerce(395) (2000)(396).

Ces recodifications ne vont pas toujours sans problèmes(397). On dénonce souvent le fait qu'elles sont pour une trop large part l'œuvre du Gouvernement ou de l'Administration, en dehors de tout contrôle effectif du Parlement dont le rôle se trouve ainsi marginalisé ; mais cette critique s'adresse surtout aux codifications modernes à droit constant.

127. – **Les codifications modernes « à droit constant »**(398)**.** L'époque moderne se caractérise par une multiplication considérable des textes, qu'il s'agisse des lois ou des dispositions réglementaires d'application (V. *supra*, n° 96). Dans un souci de faciliter la connaissance de ces textes épars, le Gouvernement a entrepris de les codifier. Mais, sauf exception, il s'agit ici d'une simple compilation des textes existants, en dehors de toute réforme(399). Ce type de codification, qui soulève parfois

(394) Une réédition de ce code a été publiée par Dalloz à l'occasion du Bicentenaire du Code civil.

(395) B. Oppetit, *L'expérience française de codification en matière commerciale* : *D.* 1990, chron. p. 1. – F. Terré et A. Outin-Adam, *Codifier est un art difficile (à propos d'un… « Code de commerce »)* : *D.* 1994, chron. p. 99. – D. Bureau et N. Molfessis, *Le nouveau Code de commerce ? Une mystification* : *D.* 2001, chron. p. 361. La partie réglementaire de ce code a été publiée en annexe du décret n° 2007-431 du 25 mars 2007. – V. C. Arrighi de Casanova et J. Théry-Schultz, *Élaboration de la partie réglementaire du code de commerce* : *D.* 2007, chron. p. 1221.

(396) Le Code de commerce a fait l'objet d'une refonte partielle par l'ordonnance n° 2019-359 du 24 avril 2019. V. N. Dissaux et R. Loir, *Réforme d'ampleur du droit des relations commerciales* : *JCP* 2019, 589.

(397) R. Cabrillac, *Recodifier* : *RTD civ.* 2001, p. 833.

(398) F. Zenati-Castaing, *L'avenir de la codification* : *RID comp.* 2011, 356.

(399) La Cour de cassation en a déduit, pour la codification du statut des baux commerciaux, que la nouvelle rédaction ne devait pas entraîner une interprétation du texte différente de celle antérieure (Cass. 1re civ., 27 févr. 2001 : *D.* 2001, 1025, obs. A. Lienhard. – Cass. 3e civ., 19 mars 2003, *Bull.* n° 68, p. 62 ; *D.* 2004, 561 et note Cl. Grare).

d'importantes difficultés[400] et comporte à l'occasion d'évidentes erreurs[401], présente divers caractères originaux.

La codification porte non seulement sur les lois, comme pour les codes classiques, mais également sur les dispositions réglementaires d'application. Les textes sont alors regroupés en deux parties, L. pour loi et R. pour règlement, chacune portant sa propre numérotation (L. 111 par exemple, et R. 111 pour le texte d'application correspondant) ; parfois même il y a une partie A pour les arrêtés (Code des assurances).

La codification s'opère « à droit constant », du moins pour les codes postérieurs à 1989. Mais, dans son dernier état, cette notion est entendue de manière assez large : « Les dispositions codifiées sont celles en vigueur au moment de la publication [du code], sous la seule réserve des modifications qui seraient rendues nécessaires pour assurer le respect de la hiérarchie des normes et de la cohérence rédactionnelle des textes ainsi rassemblés et harmoniser l'état du droit (...) ». Le critère de la cohérence et de l'harmonisation ouvre en fait la possibilité de modifier les textes d'origine prétendus codifiés à droit constant[402].

Allant plus loin encore, la loi n° 2003-591 du 2 juillet 2003 habilitant le Gouvernement à simplifier le droit (art. 34)[403] a prévu une codification « à droit inconstant » ou « dynamique »[404] de certains domaines[405], ce qui a entraîné un large dessaisissement du Parlement. À cet égard, le Conseil d'État a précisé que le Gouvernement n'est pas tenu, dans l'exercice de son pouvoir réglementaire, par un principe de codification à droit constant, mais que, lorsqu'il institue de nouvelles dispositions dans le cadre d'une codification, il doit respecter le formalisme qui s'impose à l'édiction de la nouvelle norme qu'il adopte[406].

La codification est l'œuvre intellectuelle, non du Parlement, mais de commissions désignées par l'Administration[407] qui, si elles peuvent être compétentes pour effectuer une tâche administrative de classement des textes, n'ont aucune légitimité pour les modifier à cette occasion.

En principe, la partie législative de ces divers codes devrait être soumise au Parlement et faire l'objet d'une loi. Or, sous prétexte de l'engorgement de l'ordre du jour du Parlement, le Gouvernement s'est fait habiliter à procéder par ordonnance de l'article 38 (V. *supra*, n° 107), avec l'aval du Conseil constitutionnel[408], pour l'adoption de la partie législative de neuf codes, dont certains fort importants

(400) N. Ferrier, *Les incertitudes du régime de l'usure liées à sa codification. Contribution à l'analyse critique de la « codification-compilation » : RTD com.* 2005, 219.

(401) C. Lebel, *Les avatars de la codification à droit constant : JCP* 2010, n° 404.

(402) A. Lienhard et C. Rondet, *Incidences juridiques et pratiques des codifications à droit constant (à propos du nouveau Code de commerce) : D.* 2000, chron. p. 521.

(403) *JO* 3 juill. 2003, p. 11192. – V. P. Gonod, *La simplification du droit par ordonnances : AJDA* 2003, 1652.

(404) V. N. Molfessis, obs. in *RTD civ.* 2004, 159.

(405) Codification de la législation relative à l'artisanat, aux domaines des personnes de droit public, à la défense ; et modification du Code monétaire et financier.

(406) CE, 12 févr. 2007, n° 285464, *Fédération de l'hospitalisation privée.*

(407) Sur l'exécution de cette tâche, V. J. Arrighi De Casanova, *Le Conseil d'État et les travaux de (re) codification*, in *Le Code civil, 1804-2004, Livre du Bicentenaire*, p. 141. – G. Braibant et A. Zaradny, *L'action de la Commission supérieure de codification : AJDA* 2004, 1856. – H. Moysan, *La primauté donnée aux questions de légistique. À propos du rapport annuel 2009 de la Commission supérieure de codification : JCP* 2010, n° 889.

(408) M. Verpeaux, *La codification devant le Conseil constitutionnel : AJDA* 2004, 1849. – J.-E. Schoettl, *Codification par ordonnance : AJDA* 2000, p. 31.

comme le Code de commerce[409], le Code rural et de la pêche maritime, le Code de l'environnement, le Code de la santé publique, le Code monétaire et financier, etc. (L. n° 99-1071, 16 déc. 1999). Plus récemment, c'est aussi par ordonnance qu'a été publiée la partie législative du Code des transports[410] ou celle du Code de la justice pénale des mineurs. L'intervention du Parlement est alors repoussée aux extrémités du processus de codification : en amont par l'habilitation du Gouvernement, en aval pour la ratification de l'ordonnance (avec des modifications éventuellement)[411].

Enfin, dans la mesure où ils comprennent l'ensemble de la matière, y compris les textes réglementaires d'application, ces codes se trouvent modifiés et mis à jour en permanence chaque fois qu'une modification législative ou réglementaire intervient dans leur domaine ; il y a alors « consolidation »[412].

La codification à droit constant a donné lieu à un certain nombre de décisions qui ont mis en place une ébauche de régime juridique de ce phénomène[413].

À ce jour, ont été ainsi publiés plus de soixante-dix codes qui figurent sur le site Légifrance[414] : Codes du travail[415], des assurances[416], de l'urbanisme, de la construction et de l'habitation, de la consommation, de la propriété intellectuelle, de l'environnement, des marchés publics ; et plus récemment du sport[417], du cinéma et de l'image animée[418], des procédures civiles d'exécution[419], de la justice pénale des mineurs (entrée en vigueur : septembre 2021)[420], etc.[421] ; d'autres ont été refondus, comme le Code de l'organisation judiciaire ; d'autres encore sont

(409) C. Arrighi de Casanova et O. Douvreleur, *La codification par ordonnances. À propos du Code de commerce* : *JCP* 2001, I, 285. – Sur les erreurs commises à cette occasion et sur leur rattrapage, V. par ex. J. Monéger, *La loi Murcef et la révision du statut des baux commerciaux à droit constant* : *JCP* N 2002, 1211. – F. Terré et A. Outin-Adam, *Si l'on voulait un code de commerce* : *D.* 2007, chron. p. 1377.

(410) Ph. Delebecque, *Le code – à droit constant – des transports : une œuvre monumentale encore perfectible* : *D.* 2010, p. 2715.

(411) Ex. pour le Code de la justice pénale des mineurs : L. n° 2021-218, 26 févr. 2021 : *JO* 27 févr. : *JCP* 2021, 391, étude Ph. Bonfils.

(412) Pour une critique de la codification à droit constant, V. H. Moysan, *La codification à droit constant ne résiste pas à l'épreuve de la consolidation* : *JCP* 2002, I, 147, et *Dr. adm.* 2002, chron. 7. – F. Terré et A. Outin-Adam, *L'année d'un bicentenaire* : *D.* 2004, chron. p. 12. – H. Moysan, *La consolidation des codes, lois, décrets : positions doctrinales d'éditeurs ou devoirs de l'État ? (objectif de valeur constitutionnelle d'accessibilité et d'intelligibilité de la loi)* : *LPA* 29 sept. 2005, p. 11, et *JCP* 2006, I, 196. – L. Dardailhon, *La technique de consolidation du droit* : *RRJ* 2006, 2653. – H. Moysan, *La loi, en quelques maux* : *JCP* 2018, 261.

(413) N. Molfessis, *L'avènement du droit de la codification à droit constant* : *RTD civ.* 2002, 592.

(414) N. Molfessis, *Le Code civil et le pullulement des codes*, in *1804-2004, Le Code civil. Un passé, un présent, un avenir*, Dalloz, 2004, p. 309. Le rapport 2006 du Conseil d'État indique qu'il y a cinquante-neuf codes sur le site Légifrance ; mais ce nombre est porté à quatre-vingt-un dans la version « experte » de ce site. V., sur la méthode de comptabilisation : H. Moysan, *À propos de l'inflation des chiffres mesurant l'inflation des lois* : *D.* 2007, chron. p. 3029.

(415) Ch. Radé, *Le Code du travail nouveau est arrivé* : *D.* 2008, étude p. 1214. – N. Ferrier, *À propos de la recodification prétendument à droit constant du droit du travail : une pierre dans un « jardin à la française »* : *D.* 2008, chron. p. 2011.

(416) J. Bigot, *Pour une modernisation du Code des assurances* : *JCP* 2011, 1370.

(417) I. de Silva, *L'adoption du code du sport, consécration pour le droit du sport ?* : *AJDA* 2007, 1623.

(418) Ord. n° 2009-901, 24 juill. 2009 : *JO* 25 juill.

(419) J.-B. Donnier, *Entre accomplissement et inachèvement. À propos de la publication de la partie réglementaire du Code des procédures civiles d'exécution* : *JCP* 2012, 754.

(420) Ord. n° 2019-950, 11 sept. 2019 : *JO* 13 sept., et L. n° 2021-218, 26 févr. 2021 : *JO* 27 févr. – Ph. Bonfils, *Première approche de la justice pénale des mineurs* : *AJP* 2019, 476, et *Ratification de l'ordonnance portant création de la partie législative du Code de la justice pénale des mineurs* : *JCP* 2021, 391.

(421) Il a été récemment émis le souhait de codifier le droit international privé : J.-F. Sagaut et M. Cagniart, *Lettre ouverte pour une codification du droit international privé français* : *LPA* 27 janv. 2006, p. 3. – V. aussi A. Bodenes-Constantin, *La codification du droit international privé*, Defrénois, coll. « Thèses », 2006. – V. aussi J.-L. Vallens et R. Sorieul, *Codifier le droit international privé en matière de procédures collectives ?* : *D.* 2007, chron. p. 1225.

en refonte ou en projet ainsi qu'il résulte du programme de codification « pour les prochaines années » établi par le Gouvernement(422). Certains ont également fait l'objet d'une re-codification (Code de l'urbanisme en 2015, Code de la consommation en 2016).

Une démarche comparable a été initiée par l'Union européenne pour faciliter l'accessibilité au droit qui en émane(423).

SOUS-SECTION 4

L'ABROGATION DES TEXTES

128. – La permanence des textes sauf abrogation. En principe, les lois et règlements ont vocation à s'appliquer sans limite dans le temps, même si en fait on sait bien qu'un jour ou l'autre ils peuvent être abrogés. Mais précisément, ils demeureront en vigueur tant qu'ils ne seront pas abrogés.

Il n'en va différemment que dans le cas où la loi a été édictée pour une durée déterminée, hypothèse qui se rencontre notamment en matière fiscale. Par exemple, telle imposition ou tel taux aura été stipulé applicable pour l'année 2016 ; auquel cas la loi cesse de s'appliquer le 31 décembre 2016, sauf si le Parlement décide par une nouvelle loi de proroger la mesure. Il en va de même lorsque le législateur édicte des *mesures transitoires* dans l'attente de l'application d'une loi nouvelle. De même encore, l'article 37-1 de la Constitution, dû à la loi constitutionnelle n° 2003-276 du 28 mars 2003, prévoit que « la loi et le règlement peuvent comporter, pour un objet et une durée limités, des dispositions de caractère expérimental ».

Hormis le cas de *dispositions à caractère temporaire*, le texte ne cesse de s'appliquer que s'il est abrogé par l'autorité compétente.

129. – L'autorité compétente pour abroger. Les textes étant soumis à un principe hiérarchique (V. *supra*, n°s 64 et s.), ce même principe se retrouve en matière d'abrogation.

Il s'ensuit par exemple qu'une loi ordinaire ne peut être abrogée que par une autre loi ordinaire, ou par une loi de nature supérieure (une loi constitutionnelle), ou par un traité ; mais pas par un décret sauf si la loi est intervenue dans un domaine réservé au règlement par l'article 37 de la Constitution (V. *supra*, n° 105). Au cas où une loi est abrogée, il en résulte que les règlements d'application de cette loi deviennent caducs, puisque sans objet.

Réciproquement, un règlement autonome ne peut être abrogé que par un autre règlement autonome, ou par un traité, mais pas par une loi ordinaire. De même, au sein des règlements, un décret peut abroger un arrêté, mais pas l'inverse.

130. – Les formes de l'abrogation. Il y aura abrogation lorsqu'un texte nouveau vient mettre fin à l'application du texte ancien. Cette abrogation peut être expresse ou tacite.

(422) Circ. n° 5643/SG, 27 mars 2013 : *AJDA* 2013, 715.
(423) M. Petite et a., *L'accessibilité du droit, la méthode communautaire* : *AJDA* 2004, 1862.

L'abrogation est *expresse* lorsqu'elle figure en toutes lettres dans le texte nouveau, généralement sous une formule du type : « les articles n^{os}... du Code... ou de la loi n° ... sont abrogés » ; ou encore « ... sont remplacés par les articles suivants... ». On cite toujours comme exemple d'abrogation le célèbre article 7 de la loi du 30 ventôse an XII qui promulguait le Code civil.

Loi du 30 ventôse an XII, contenant la réunion des lois civiles en un seul corps de lois, sous le titre de Code civil des Français.

Art. 7. – À compter du jour où ces lois sont exécutoires, les lois romaines, les ordonnances, les coutumes générales ou locales, les statuts, les règlements, cessent d'avoir force de loi générale ou particulière dans les matières qui sont l'objet desdites lois composant le présent code.

L'abrogation est *tacite* dans le cas où, en dehors de toute abrogation formelle, un texte se trouve contredit par un autre plus récent. Les deux textes étant inconciliables, on va tout naturellement privilégier le plus récent dont on considérera à juste titre qu'il reflète la volonté du législateur.

L'abrogation tacite est rarement totale. Elle n'opère en effet que dans la mesure où il y a véritablement une incompatibilité absolue entre les deux textes. À cet égard, on distingue classiquement suivant que les textes successifs édictent des règles générales ou des règles spéciales.

Si les deux textes édictent dans le même domaine des règles générales qui sont incompatibles, alors il y a bien abrogation tacite totale de l'ancien texte par le nouveau.

Si le texte ancien édicte une règle générale, cependant que le texte nouveau ne le contredit que par une règle spéciale, la jurisprudence considère que la règle générale subsiste et qu'il lui est simplement apporté une exception par le texte nouveau sur le point particulier visé. *Specialia generalibus derogant*, dira-t-on : la règle spéciale déroge à la règle générale.

Il y a plus d'hésitation dans le cas où le texte ancien édicte une règle spéciale et où le nouveau pose un principe général contraire. Le législateur a-t-il voulu abroger la règle spéciale ancienne, ou la laisser subsister auquel cas elle deviendrait une exception à la règle générale nouvelle ? Là encore, et sous réserve de l'interprétation de la volonté du législateur, la tendance est de privilégier le maintien de la loi spéciale antérieure comme une exception au principe nouvellement posé.

Cela dit, notre droit comporte un certain nombre de textes devenus totalement obsolètes. Comme ces lois ne peuvent être abrogées par désuétude (V. *infra*, n° 132) le législateur intervient parfois pour les éliminer[424].

131. – L'abrogation par le Conseil constitutionnel (QPC). Le contrôle de la constitutionnalité par QPC institué par la loi organique du 10 septembre 2009 peut se traduire par l'abrogation d'une loi ou de partie d'une loi si le Conseil constitutionnel la juge contraire à la Constitution.

(424) V. L. n° 2019-1332, 11 déc. 2019 qui abroge totalement ou partiellement quarante-neuf lois adoptées entre 1819 et 1940 et qui ne sont plus mises en œuvre.

C'est là une nouvelle forme d'abrogation de la loi qu'il convient de rappeler (V. *supra*, n° 72) ; ici la loi censurée est abrogée à compter de la publication de la décision du Conseil constitutionnel, ou à compter d'une date ultérieure retenue par le Conseil.

Il en va différemment dans le cas où une loi est censurée par le juge ordinaire comme contraire à telle ou telle convention internationale. En effet, en pareil cas l'application de la loi est écartée par voie d'exception dans un litige particulier ; elle n'est pas abrogée (V. *supra*, n° 79).

132. – **Peut-il y avoir abrogation de la loi par désuétude ?** Le fait qu'une loi ne soit pas appliquée pendant de nombreuses années ne vaut-il pas abrogation par désuétude ?

En droit, la réponse à cette question précise ne fait aucun doute : une loi ne peut être abrogée que par l'autorité compétente (V. *supra*, n° 129). Elle ne cesse pas d'être en vigueur du seul fait qu'elle n'est pas respectée et que personne n'en a demandé l'application devant un juge. Si, à l'occasion d'un litige, un plaideur invoque le bénéfice de la loi tombée en désuétude, le juge ne peut refuser de l'appliquer[(425)].

On en cite classiquement pour exemple le décret-loi du 2 mars 1848 qui prohibait le *marchandage*[(426)] et qui, après un demi-siècle de mise en sommeil, a été à nouveau appliqué sans hésitation par les juges[(427)].

La question se pose dans des termes différents s'il n'y a pas seulement désuétude de la loi, et s'il s'est instauré des pratiques ou une *coutume* contraire. Il y a alors conflit entre deux sources de droit, la loi et la coutume ; ce conflit sera étudié avec la coutume (V. *infra*, n° 203).

133. – **Les effets de l'abrogation.** L'abrogation résultant le plus souvent d'une loi qui édicte une règle nouvelle, tout naturellement la règle nouvelle s'appliquera désormais seule. Mais qu'en est-il lorsque la loi nouvelle se borne à abroger une loi ancienne qui, elle-même, abrogeait un texte antérieur ? La loi très ancienne va-t-elle être à nouveau applicable ? Cette apparente logique semble devoir être écartée[(428)].

SECTION 3

L'INTERPRÉTATION DES TEXTES[(429)]

134. – **Cas où il y a lieu à interprétation des textes.** Diverses hypothèses peuvent se présenter dans lesquelles il apparaît nécessaire de procéder à une interprétation du texte en vue de l'appliquer à la situation considérée. C'est d'ailleurs

(425) Cass. ch. réunies, 10 mars 1960 : *JCP* 1960, II, 11569 *bis*, note Vivez.
(426) En droit, le marchandage n'est pas l'action de marchander, mais un « contrat de sous-entreprise, ayant essentiellement pour objet la fourniture de main-d'œuvre et qui conduit à une exploitation spéculative de la main d'œuvre » (*Vocabulaire juridique*, Assoc. Capitant, 13e éd., ss dir. G. Cornu).
(427) Cass. ch. réunies, 31 janv. 1901 : *DP* 1901, 1, 169.
(428) P. Deumier, *Abrogation sur abrogation ne vaut* : *RTD civ.* 2010, p. 55.
(429) Y. Paclot, *Recherche sur l'interprétation juridique*, thèse, Paris II, 1988.

une obligation qui est imposée au juge par l'article 4 du Code civil, à peine de déni de justice (V. *infra*, n° 224).

> **Art. 4.** – Le juge qui refusera de juger, sous prétexte du silence, de l'obscurité ou de l'insuffisance de la loi, pourra être poursuivi comme coupable de déni de justice.

La première hypothèse est celle où le texte susceptible de s'appliquer n'est pas clair, ce qui n'est hélas pas rare ; par exemple, il présente des obscurités ou des ambiguïtés, ou encore – pour les textes d'origine européenne – il est rédigé en plusieurs langues(430).

La deuxième tient au fait que, comme c'est le plus souvent le cas, le texte, bien que clair, est exprimé de manière générale et abstraite, si bien que, faute de précision, on peut se demander si et comment il doit s'appliquer à telle situation concrète particulière qui n'entre pas directement dans les prévisions du texte. Par exemple, il se réfère à des standards, tels que le comportement en « bon père de famille » (aujourd'hui devenu le comportement « raisonnable »), qui ne sont pas définis et qui ne peuvent d'ailleurs pas l'être, si bien que le juge devra apprécier si tel comportement critiqué est ou non conforme au standard. En toute hypothèse la diversité des situations concrètes est telle qu'elle ne pourra jamais être appréhendée totalement par les textes, et ce en dépit du souci toujours croissant du législateur d'aller dans le détail.

La troisième est celle où la situation considérée n'est visée par aucun texte et où, néanmoins, l'article 4 oblige le juge à statuer. Mais suivant quelles règles ? Le juge devra rendre la sentence la plus équitable compte tenu des circonstances de fait(431). À la vérité, il ne s'agit plus ici d'interprétation, mais de création de la règle de droit, à moins que le juge ne puisse se référer, éventuellement de manière artificielle, à tel article de loi, ou à tel principe général du droit, ou à tel usage.

En revanche, il n'y a pas lieu à interprétation si le texte est clair, ce suivant la maxime *Interpretatio cessat in claris*. Tel est du moins le principe, même s'il arrive parfois que le juge prenne des libertés avec des règles claires. À cela on pourrait ajouter qu'il peut toujours y avoir discussion sur le point de savoir si une règle est claire...

135. – **Les textes susceptibles d'interprétation.** Tous les textes, quelle que soit leur origine, peuvent donner lieu à interprétation.

En pratique, il s'agit le plus souvent de lois. Mais la question se pose dans les mêmes termes pour les règlements dont l'interprétation peut faire difficulté ; le juge l'interprétera alors suivant les mêmes règles que pour une loi.

(430) D. Lamèthe et O. Moréteau, *L'interprétation des textes juridiques rédigés dans plus d'une langue : RID comp.* 2006, p. 327.

(431) Dans son projet de Livre préliminaire, Portalis proposait expressément de se référer à l'équité : « Lorsque la loi ne présente pas de disposition qu'on puisse appliquer, le juge devient un ministre d'équité ; il ne peut pas refuser de juger sous le prétexte du silence, de l'obscurité ou de l'insuffisance de la loi écrite : il applique alors la loi immuable et éternelle de la raison ». Cette référence à l'équité a finalement été écartée si bien qu'on n'en retrouve pas mention dans l'article 4.

On a pu en revanche hésiter pour l'interprétation des traités et conventions internationales. Cette interprétation relève-t-elle des juridictions nationales ou d'autres organismes, diplomatiques ou internationaux ?

La Cour de cassation décide aujourd'hui qu'il est de l'office du juge d'interpréter les traités internationaux, sans qu'il soit nécessaire de solliciter l'avis d'une autorité non juridictionnelle[(432)], sauf lorsque les dispositions soumises à interprétation mettent en jeu des questions de droit public international ou l'ordre public international[(433)]. Le Conseil d'État s'est également prononcé dans le même sens[(434)]. Plus généralement, on observera que toutes les juridictions interprètent sans hésiter la Convention européenne des droits de l'homme, notamment son article 6-1 relatif à l'exigence d'un procès équitable, éventuellement en se référant à la jurisprudence de la Cour européenne des droits de l'homme.

En revanche, il en va différemment des textes de l'Union européenne, qui relèvent de l'interprétation exclusive de la Cour de justice de l'Union européenne (V. *infra*, n° 150).

136. - **Plan.** On exposera d'abord les règles en matière d'interprétation, avant de présenter les autorités qui procèdent à l'interprétation des textes et qui, à cet égard, peuvent être considérées comme des sources de droit, mais des sources d'interprétation.

SOUS-SECTION 1

LES RÈGLES D'INTERPRÉTATION

137. - **Origine des règles d'interprétation.** À la différence de certains autres droits, le droit français n'a pas édicté de règles générales d'interprétation des textes. Il existe bien dans le Code civil des règles d'interprétation, mais elles ne concernent que les contrats (C. civ., art. 1156 et s. anciens et 1188 et s. nouveaux), pas les règles de droit ; on peut toutefois s'en inspirer pour interpréter les textes.

Finalement, les règles à appliquer ont été progressivement dégagées par la pratique, par l'expérience, mais aussi et surtout par la doctrine qui a proposé des méthodes d'interprétation. On oppose à cet égard deux grandes écoles, l'École de l'exégèse et celle de la libre recherche scientifique.

Quelles que soient leurs différences, l'une et l'autre école considèrent que l'interprétation doit partir du texte même. Et, s'agissant de raisonner sur les textes, elles adoptent un certain nombre de procédés identiques.

Cette question de l'interprétation a été récemment revisitée par un auteur qui est remonté jusqu'à la publication du Code civil de 1804[(435)].

---

(432) Cass. 1re civ., 7 juin 1989 : *JCP* 1990, II, 21448, note J.-P. Rémery.
(433) Cass. 1re civ., 18 nov. 1986, *Bull.* n° 269.
(434) CE, 29 juin 1990, *Groupement d'information et de soutien des travailleurs immigrés* : *JCP* 1990, II, 21579.
(435) S. Bloquet, *La loi et son interprétation à travers le Code civil (1804-1880)*, LGDJ, coll. « Bibl. d'histoire de droit et droit romain », t. 33, 2017, préf. C. Jamin.

§ 1. – Les écoles d'interprétation

138. – L'École de l'exégèse[(436)]. Suivant le *Petit Larousse*, l'exégèse est la « science qui consiste à établir, selon les normes de la critique scientifique, le sens d'un texte ou d'une œuvre littéraire ». Pour l'École de l'exégèse, l'interprétation d'un texte consiste à en rechercher le sens ; l'étude doit donc être menée sur le texte lui-même.

Cette école est apparue au lendemain de la promulgation des premiers codes, spécialement du Code civil de 1804 qui a longtemps été considéré comme un monument de la Raison, comme le symbole d'une législation parfaitement aboutie. D'où, en cas d'obscurité ou d'insuffisance de la loi, l'importance attachée à la recherche du sens du texte.

Contrairement à la présentation qui en est parfois faite, la méthode exégétique ne se ramène pas à l'interprétation littérale du texte. Bien au contraire, elle tend, au-delà de la lettre du texte, à rechercher l'intention du législateur, la *ratio legis*, et donc à faire prévaloir l'esprit de la loi sur la lettre du texte. C'est, appliquée à la loi, la transposition de l'idée que les rédacteurs du Code civil avaient inscrite dans l'article 1156 ancien pour l'interprétation des contrats : « On doit dans les conventions rechercher quelle a été la commune intention des parties contractantes, plutôt que de s'arrêter au sens littéral des termes » ; cette idée a été très exactement reprise dans l'article 1188, alinéa 1er nouveau.

Ainsi, en cas d'obscurité, l'interprète est invité à rechercher l'intention du législateur, et donc à consulter l'« exposé des motifs » de la loi, éventuellement les « travaux préparatoires »[(437)] qui sont publiés au *Journal officiel*, et plus généralement tout document dans lequel on pourrait retrouver ce qu'a voulu le législateur. D'évidence, cette méthode s'applique principalement à la loi, beaucoup plus difficilement aux textes réglementaires qui ne font pas l'objet de documents préparatoires publiés.

On ne saurait mieux décrire cette méthode qu'en rappelant la définition qu'en donne le *Vocabulaire juridique* (Association Capitant, 13e éd. ss dir. G. Cornu) : « méthode d'interprétation de la loi (nommée méthode exégétique ou interprétation exégétique) dont le principe est de rechercher ce qu'a voulu dire l'auteur du texte à partir de celui-ci, du contexte, des travaux préparatoires et de l'objectif général de la loi, d'en dégager le sens d'après l'intention du législateur, afin d'en régler la portée sur la *ratio legis*, de manière à appliquer la règle dans la plénitude de sa raison d'être, en en faisant au besoin prévaloir l'esprit sur la lettre ».

Le déclin de l'École de l'exégèse est dû à deux causes. D'une part, dans son admiration pour les codifications napoléoniennes, elle part du principe que tout est dans la loi et qu'il suffit donc d'aller rechercher la volonté du législateur pour trouver la solution à tous les problèmes ; or chacun sait bien que la loi ne règle pas tout. D'autre part et surtout, elle est devenue largement obsolète du fait du vieillissement des textes soumis à interprétation et qui n'ont pas été renouvelés ou mis à jour

(436) J. Bonnecase, *L'École de l'Exégèse en droit civil*, 2e éd., 1924. – Ph. Rémy, *Éloge de l'exégèse* : *RRJ* 1982, p. 254.
(437) H. Capitant, *L'interprétation des lois d'après les travaux préparatoires* : *DH* 1935, chron. p. 77. – M. Courderc, *Les travaux préparatoires de la loi ou la remontée des enfers* : *D.* 1975, chron. p. 249.

tout au long du XIXe siècle. Les critiques avaient alors beau jeu de soutenir qu'il était absurde de rechercher la volonté du législateur de 1804 pour régler des problèmes tels que les accidents industriels ou les accidents de la circulation qui n'avaient pas pu être imaginés à cette époque.

139. – L'École de la libre recherche scientifique. C'est l'école initiée par Gény[(438)] au début du XXe siècle. Sans dénier l'intérêt de la recherche de l'intention du législateur, Gény met l'accent sur le fait qu'au-delà d'un certain seuil de vieillissement des textes, l'interprète doit se rendre à l'évidence que le législateur n'a rien prévu, qu'il n'a pas pu avoir d'intention pour régler une situation nouvelle et qu'il est donc artificiel et divinatoire de rechercher cette intention ou de vouloir la transposer au jour d'aujourd'hui.

Il n'y a plus alors matière à interprétation puisqu'il n'y a pas de texte régissant la situation considérée ; dans le silence de la loi, et pour éviter le déni de justice de l'article 4 du Code civil, le juge est invité à procéder à une « libre recherche scientifique ». C'est reconnaître au juge un pouvoir créateur de droit, lorsque du moins aucun texte ne peut servir de base à son raisonnement.

Cela dit, libre recherche scientifique ne doit pas être compris comme synonyme d'arbitraire. Afin de rendre une décision équitable, le juge doit s'attacher au contexte de l'époque à laquelle il statue, en cerner les réalités sociales, économiques et psychologiques, et poser la règle qui semble la plus adaptée aux besoins actuels.

140. – La position actuelle en matière d'interprétation. On observera tout d'abord que la jurisprudence ne consacre expressément ni la méthode de l'exégèse, ni celle de la libre recherche scientifique ; confronté à une situation non réglée par les textes, le juge détermine la solution qui lui paraît la plus adaptée et la plus équitable, et pour la justifier en droit, il s'inspire, suivant les circonstances, de l'une ou de l'autre méthode.

Ainsi, pour l'interprétation des règlements, elle décide que le juge doit rechercher le sens le plus conforme aux lois pour l'application desquelles ils ont été pris[(439)].

En doctrine, on considère généralement que l'opposition entre les deux méthodes n'est pas aussi tranchée qu'on se plaît parfois à le dire et qu'il y a place pour l'une et pour l'autre suivant l'ancienneté des textes et leur qualité.

S'agissant des textes récents, et spécialement des grandes réformes que la législation française a connues depuis les années 1960, on s'accorde à considérer qu'il y a toujours lieu de faire l'exégèse des textes et de rechercher la volonté du législateur ; ce qui ne va d'ailleurs pas à l'encontre de l'École de la libre recherche scientifique qui admettait le bien-fondé de la méthode là où les textes n'étaient pas obsolètes.

(438) F. Gény, *Méthodes d'interprétation et sources en droit privé positif, Essai critique*, 1899 ; 2e éd., 1932. – Ch. Jamin, *L'oubli et la science, Regard partiel sur l'évolution de la doctrine privatiste à la charnière des XIXe et XXe siècles : RTD civ.* 1994, p. 815. – Ph. Jestaz, *François Gény : une image française de la loi et du juge*, in *François Gény, Mythe et réalités. 1899-1999, Centenaire de Méthodes d'interprétation et sources en droit privé positif, Essai critique : D.* 2000, p. 37. – D. Gutman, *La fonction sociale de la doctrine juridique. Brèves réflexions à propos d'un ouvrage collectif sur Méthode d'interprétation et sources en droit privé positif. Essai critique : RTD civ.* 2002, 455. – M. Auberger, *Un autre regard sur François Gény : RTD civ.* 2010, p. 261. – C. Thomasset, *Épilogue : l'actualité de François Gény et son œuvre : RTD civ.* 2010, p. 279.

(439) Cass. 1re civ., 20 mars 2007, *Bull.* n° 120.

Mais il ne faut pas à toute force, et artificiellement, rechercher la volonté du législateur pour régler des situations auxquelles le législateur n'a pas pensé ou qu'il n'a pas traitées. La loi ne peut pas tout régler, et tout régler avec précision ; il appartient alors à l'interprète de rechercher la solution la mieux adaptée au contexte social, économique et psychologique de l'époque(440).

§ 2. – Les procédés techniques d'interprétation

141. – **Définition.** Il s'agit de procédés fondés sur la logique, qui tendent tous à rechercher dans la loi l'intention du législateur et la *ratio legis* qui fonde la loi. Simples directives d'interprétation, elles ne sont nulle part inscrites dans la loi ; ce sont donc des règles non écrites relevant de l'usage ou encore, peut-être, des principes généraux(441).

De surcroît ces recettes ne doivent pas être tenues pour impératives ; certaines notamment, comme l'argument *a contrario*, doivent être maniées avec une grande circonspection et souvent même écartées.

Dans la pratique, elles apparaissent sous la forme de maximes ou d'arguments. On se limitera à présenter les plus connus.

142. – **Les maximes**(442). On rappellera d'abord une maxime déjà rencontrée à propos de l'abrogation des lois (V. *supra*, n° 130) : *specialia generalibus derogant*, en vertu de laquelle on considère qu'une loi nouvelle sur un point particulier déroge à la règle générale antérieure ; on en déduit que c'est une exception à la règle générale qui subsiste(443). On admet aussi la réciproque : *generalia specialibus non derogant*, à savoir qu'une loi nouvelle posant un principe général laisse subsister les règles spéciales plus anciennes qui apparaissent alors soit comme un exemple, soit comme une exception à la loi nouvelle. Il s'ensuit que cette maxime ne permet pas de régler de manière sûre les conflits de règles ou de normes(444).

Autre maxime, « il ne faut pas distinguer là où la loi ne distingue pas » (*Ubi lex non distinguit, nec nos distinguere debemus*) : ainsi, lorsqu'une loi est exprimée en termes généraux, on ne saurait en limiter le domaine et l'écarter pour telle situation particulière. En application de cette maxime, la Cour de cassation sanctionnera les juges du fond au motif qu'ils ont ajouté à la loi une condition qu'elle ne comporte pas(445).

Mais, et c'est la démonstration du caractère contingent de ces directives d'interprétation, la maxime ci-dessus apparaît contredite par une autre : « la loi cesse

(440) P. Sargos, *Les sept piliers de la sagesse du droit, 12 janvier 1815-12 janvier 2015 : JCP* G 2015, 34.
(441) *Concepts, intérêts et valeurs dans l'interprétation du droit positif*, Trav. Assoc. H. Capitant, t. LXVII, 2017.
(442) Sur l'interprétation des maximes et adages, V. Ph. Jacques, in *RTD civ.* 2008, p. 431.
(443) A. Siri, *Lex posterior derogat priori & Specialia generalibus derogant. Contribution à l'étude des modes de résolution des conflits de normes en droit français : RRJ* 2009, 1781. – C. Goldie-Genicon, *Droit commun et droit spécial : Rev. dr. Assas* 2013, n° 7, p. 29.
(444) G. Lardeux, *Specialia generalibus derogant ou la simplicité apparente des fausses évidences : RDC* 2008, 1251. – C. Goldie-Genicon, *Contribution à l'étude des rapports entre le droit commun et le droit spécial*, préf. Y. Lequette, LGDJ, 2009. – N. Balat, *Essai sur le droit commun*, préf. M. Grimaldi, LGDJ, 2016. – V. Cass. com., 5 juill. 2016 : *RTD civ.* 2016, 837, obs. H. Barbier. – Cass. 3e civ., 26 janv. 2017 et Cass. com., 28 févr. 2017 : *RTD civ.* 2017, 372, obs. H. Barbier.
(445) C. Atias, *La condition ajoutée à la loi par le juge (là où la loi ne distingue pas, nous ne devons pas non plus distinguer) : D.* 2009, p. 2654.

là où cessent ses motifs » (*cessante ratione legis cessat ejus dispositio*). On entend par là qu'une loi ne doit pas être appliquée à une situation qui, à s'en tenir à la lettre du texte, pourrait entrer dans le champ d'application de la loi, mais qui irait à l'encontre de son esprit ; en bref, l'esprit de la loi doit prévaloir sur sa lettre. Mais on peut appliquer concurremment les deux maximes, sauf à considérer que la première est le principe (une règle générale doit être appliquée de manière générale), et la seconde l'exception (sauf aux hypothèses qui conduiraient à aller à l'encontre de l'esprit de la loi).

De même encore, on dira que « les exceptions sont d'application stricte ». On veut dire par là que les règles qui posent des exceptions à un principe général doivent être interprétées strictement, c'est-à-dire ne doivent pas être étendues au-delà de la lettre du texte. Encore faut-il être bien certain d'être en présence d'une exception, et non pas d'une règle différente qui présenterait elle aussi un caractère général[(446)].

143. – **Les arguments.** Parmi les treize arguments recensés[(447)], on retiendra seulement les trois les plus fréquemment utilisés. Ils s'appliquent au cas où le juge a à connaître d'une situation non réglée par la loi, cependant que la loi règle des situations qui peuvent être comparées ou opposées à la première. La comparaison ou l'opposition des situations doit conduire, soit à appliquer la même règle en cas d'analogie ou *a fortiori*, soit au contraire à l'exclure par *a contrario*.

L'argument d'analogie ou *a pari* va amener à appliquer par voie d'analogie la règle légale à la situation non visée, si celle-ci apparaît identique ou tout à fait comparable à celle visée par la loi. Parfois, la loi elle-même y invite (C. civ., art. 1578, al. 2) ; mais, même en l'absence de toute invitation, le simple raisonnement logique doit y conduire.

L'argument *a fortiori* (à plus forte raison) repose sur le même raisonnement que ci-dessus : par exemple, à supposer qu'une loi écarte, en cas de faute lourde, l'application d'une clause de limitation de responsabilité, *a fortiori* doit-elle être écartée en cas de faute intentionnelle, même si la loi ne le dit pas.

L'argument *a contrario* consiste à considérer que, si la loi vise certaines hypothèses, il faut en déduire qu'elle a entendu exclure les hypothèses non visées. D'évidence, l'argument *a contrario* entre en contradiction avec les arguments *a pari* et *a fortiori*. En effet, dès l'instant que la loi vise une situation précise et non les situations comparables, on peut aussi bien raisonner *a contrario* que *a pari* ou *a fortiori*. Pour régler cette difficulté, on enseigne classiquement que l'argument *a contrario* doit être appliqué aux seules règles qui posent des exceptions, non aux règles générales ; en effet, appliqué à une règle d'exception, l'argument *a contrario* permet de revenir à l'application du principe pour les hypothèses non visées dans l'exception, ce qui est logique. Finalement, on aboutit ainsi au même résultat que celui auquel conduit la maxime suivant laquelle les exceptions sont d'interprétation stricte ; mais on retrouve aussi la même difficulté, celle de savoir si la règle considérée est une règle générale ou une exception.

(446) M. Lebeau, *De l'interprétation stricte des lois. Essai de méthodologie*, Defrénois, coll. « Thèses », t. 48, 2012.
(447) Roland et Boyer, *Introduction au droit*, n° 366.

SOUS-SECTION 2

LES AUTORITÉS EN MATIÈRE D'INTERPRÉTATION

144. – **Les sources d'interprétation.** Si interpréter un texte, c'est rechercher l'intention de son auteur, on devrait en conclure que l'autorité pour interpréter doit revenir à l'auteur du texte considéré ; n'est-ce pas lui qui est le mieux à même de préciser ce qu'il a voulu dire ?

Tel est bien le cas pour les jugements. Dans le cas où une décision judiciaire soulève des problèmes d'interprétation, l'article 461 du Code de procédure civile prévoit que chacune des parties peut formuler une demande en interprétation et qu'« il appartient à tout juge d'interpréter sa décision si elle n'est pas frappée d'appel ». De même, l'article 1485 dispose que, si la sentence dessaisit le tribunal arbitral, « à la demande d'une partie, le tribunal arbitral peut interpréter la sentence (...) ». On ajoutera que les juges n'en ont pas l'exclusivité et que, en dehors même de toute demande en interprétation, la doctrine ne se prive pas d'interpréter les décisions de justice, par exemple dans des *notes* ou *commentaires* d'arrêts publiés dans les revues juridiques.

Si l'on appliquait cette même règle aux textes, on serait amené à dire qu'il appartient au Parlement d'interpréter la loi, au pouvoir réglementaire à ses divers échelons d'interpréter les ordonnances, décrets, arrêtés, etc.

Tel n'est pas le cas. Ou, plus exactement, si le Parlement et le pouvoir réglementaire interviennent parfois pour donner une interprétation des textes, l'autorité pour interpréter les textes revient principalement au juge et à la doctrine. On remarquera en outre que, si le juge et la doctrine appliquent les règles d'interprétation exposées plus haut (V. *supra*, n°s 137 et s.), le Parlement et le pouvoir réglementaire n'observent aucune règle particulière.

§ 1. – L'interprétation des lois par le Parlement

145. – **Les lois interprétatives.** Le législateur s'autorise parfois, par une loi interprétative, à préciser le sens d'une loi antérieure qui pouvait paraître ambiguë ou obscure. En pareil cas, la loi interprétative fait corps avec la loi interprétée, ce qui se traduit par une application rétroactive de la loi interprétative à la date de la loi interprétée ; il est alors fait exception au principe de la non-rétroactivité de la loi[448] (V. *infra*, n° 163).

La technique de la loi interprétative est souvent utilisée pour redresser l'interprétation faite de la loi par la jurisprudence, qui ne serait pas conforme à l'intention du législateur. Au-delà de l'aspect purement scientifique de la question, il y a bien évidemment des intérêts financiers en jeu et, en pratique, la loi interprétative est généralement prise par le Parlement à la demande de groupes de pression (les banques, les compagnies d'assurance, les services de l'État, etc.) afin de briser une

(448) N. Molfessis, *La notion de loi interprétative* : *RTD civ.* 2002, 599.

jurisprudence défavorable à leurs intérêts. À cet égard, la loi interprétative s'apparente alors à une loi de validation et risque d'être soumise au même régime (V. *infra*, n°s 160 et 166).

Si le législateur déclare expressément que la loi est interprétative, le juge devrait normalement s'incliner devant cette qualification, mais tel n'est pas toujours le cas. On peut en citer pour exemple l'article 87-I de la loi du 12 avril 1996 relative à l'affaire des tableaux d'amortissement, qui a néanmoins été considérée comme une loi de validation et a été soumise au contrôle imposé par la Cour européenne des droits de l'homme pour ce type de loi (V. *infra*, n° 162). En revanche, à défaut de précision dans la loi sur sa date d'application ou sur son caractère rétroactif, il appartient au juge de dire s'il s'agit d'une loi interprétative, et si en conséquence elle doit s'appliquer rétroactivement à la date de la loi interprétée.

Suivant la jurisprudence, « une loi ne peut être considérée comme interprétative qu'autant qu'elle se borne à reconnaître sans rien innover un état de droit préexistant qu'une définition imparfaite a rendu susceptible de controverse »[(449)]. Ainsi, a été jugé interprétatif l'article 26 de la loi du 11 décembre 2001 qui interprétait l'article L. 145-38 du Code de commerce comme interdisant la révision à la baisse des loyers commerciaux[(450)] ; ou encore l'article 3 de la loi du 30 décembre 2002, relative à la responsabilité civile médicale, modifiant l'article 101 de la loi du 4 mars 2002 relatif à l'application dans le temps de cette loi[(451)].

Dans la pratique, le législateur peut être tenté de qualifier d'interprétative, afin de lui donner un effet rétroactif, une loi qui est en réalité une loi rectificative ou une loi de validation. Mais la Cour de cassation a décidé que, quelle que soit la qualification retenue, le juge pouvait contrôler sa régularité au regard de l'article 6, § 1, de la Convention européenne des droits de l'homme (V. *infra*, n° 163).

§ 2. – L'interprétation des textes par le pouvoir réglementaire[(452)]

146. – Les circulaires administratives[(453)]. Les circulaires administratives sont bien des textes au sens matériel du terme mais, à la différence des arrêtés, elles ne créent pas des règles de droit. Elles émanent de l'Administration, c'est-à-dire

(449) Cass. soc., 14 juin 1989, *Bull.* n° 442. – Cass. com., 2 oct. 2001 : *D.* 2001, p. 3044, obs. A. Lienhard. – Cass. 1re civ., 18 oct. 2005, *Bull.* n° 365, p. 303.

(450) « En complétant le troisième alinéa de l'article L. 145-38 C. com. (…) le législateur, sans rien innover n'a fait que préciser par une référence expresse à l'article L. 145-33 C. com., le caractère dérogatoire de cet alinéa qui donnait lieu à un abondant contentieux » : Cass. 3e civ., 27 févr. 2002, *Bull.* n° 53, p. 46 ; *D.* 2002, p. 1142, obs. Y. Rouquet ; *RTD civ.* 2002, 599, obs. N. Molfessis ; *RTD com.* 2002, 269, obs. J. Monéger. Entrant en rébellion contre la Haute juridiction, la cour de Versailles a néanmoins décidé de contrôler au regard de la Convention européenne la loi déclarée interprétative par la Cour de cassation : Versailles, 12e ch., 6 févr. 2003 : *D.* 2003, 720 et note P.-Y. Gautier ; *D.* 2003, 832, obs. Y. Rouquet ; *RTD civ.* 2003, 766, obs. J.-P. Marguénaud. Et elle a été approuvée par l'assemblée plénière de la Cour de cassation dans son arrêt du 23 janvier 2004 (V. *infra*, n° 163).

(451) Cass. 1re civ., 4 avr. 2006, *Bull.* n° 191.

(452) J.-M. Olivier, *Les sources administratives du droit privé*, thèse, Paris II, 1981 ; *Les sources administratives du droit des obligations*, in *Le renouvellement de sources du droit des obligations*, Economica, 1997, p. 109.

(453) P. Combeau, *Réflexions sur les fonctions juridiques de l'interprétation administrative* : *RFDA* 2004, 1069. – F. Chaltiel, *Actualité des circulaires* : *AJDA* 2011, 1930.

en fait de tel ou tel ministère, et jusqu'au 31 décembre 2018 elles étaient publiées sur le site « circulaires.gouv.fr. »(454). À défaut de publication, elles devaient être considérées comme abrogées. La publication des circulaires et instructions a été modifiée par le décret n° 2018-1047 du 30 novembre 2018. En application de ce texte, qui est entré en vigueur le 1er janvier 2019, les circulaires et instructions signées avant cette date sont réputées abrogées au 1er mai 2019 si elles n'ont pas, à cette dernière date, été publiées sur les supports prévus par les nouvelles dispositions du Code des relations entre le public et l'administration (Livre 3, Titre 1, Chapitre II, Section 2)(455).

Les circulaires ont pour unique objet de préciser et de faire connaître aux différents services du ministère l'interprétation officielle que le ministre donne de tel ou tel texte de loi, ou de tel règlement. C'est donc bien une interprétation de l'Administration, étant précisé qu'il lui est loisible d'édicter des circulaires mais qu'elle n'en a jamais l'obligation(456).

L'interprétation retenue par une circulaire s'impose aux agents du ministère parce qu'ils doivent obéissance à leurs supérieurs, mais elle n'en est pas pour autant une règle de droit. Sur ce point, il y a divergence entre la jurisprudence judiciaire et la jurisprudence administrative.

Pour le juge judiciaire, une circulaire n'est qu'une interprétation, pas une règle de droit. Il s'ensuit qu'elle n'a pas de force obligatoire et qu'elle ne saurait être invoquée devant une juridiction de l'ordre judiciaire, sinon comme une simple référence à l'autorité administrative. Le juge est donc libre de ne pas se ranger à l'interprétation de l'Administration(457).

Il en va différemment pour le juge administratif, lequel distingue entre les circulaires suivants qu'elles ont, ou non, un caractère normatif. Le Conseil d'État jugeait traditionnellement ainsi : si elles ne font qu'interpréter la règle de droit, ce sont de simples circulaires *interprétatives*, non soumises à un contrôle de légalité, sauf dans le cas où l'interprétation prescrite réitérerait « une règle contraire à une norme juridique supérieure ». Si, à l'inverse, elles ajoutent à la loi et la complètent, ce sont des *circulaires réglementaires* qui, ayant valeur normative, peuvent être invoquées devant le juge(458) ou attaquées pour *excès de pouvoir*(459).

(454) D. n° 2008-1281, 8 déc. 2008. – P. Deumier, *Les circulaires sortent de l'ombre : circulaires.gouv.fr.* : *RTD civ.* 2009, p. 487. – H. Moysan, *Des effets de la publication ou de la non-publication des circulaires et instructions sur le site « circulaires.gouv.fr. »* : *JCP* 2010, n° 915. – P. Combeau et S. Formery, *Le décret du 8 décembre 2008 : un nouvel éclairage sur le « droit souterrain »* : *AJDA* 2009, p. 809. – H. Moysan, *Politique normative de l'État : qui trop embrasse, mal étreint ?* : *JCP* 2011, 801.

(455) H. Moysan, *Le régime de publication des circulaires et instructions : entre tentative de rationalisation et incertitudes persistantes* : *JCP* 2018, 1308.

(456) CE, 14 oct. 2020, n° 434802 (« circulaires, instructions, recommandations, notes, présentations ou interprétations du droit positif »).

(457) V. par ex., Riom, 5 mars 1969 et, en sous-note : Paris, 30 oct. 1968 : *Gaz. Pal.* 1969, 2, 242. À l'inverse, d'autres décisions retiennent l'interprétation de l'Administration : Cass. 1re civ., 23 mai 1966, *Bull.* n° 311. – Cass. 3e civ., 24 oct. 1972 : *D.* 1972, p. 222. – Cass. soc., 31 mai 1981, *Bull.* n° 424.

(458) P. Deumier, *La « doctrine administrative » : une interprétation opposable* : *RTD civ.* 2006, p. 69.

(459) CE, 29 janv. 1954, *Notre Dame du Kreisker* : *RPDA* 1954, p. 50, concl. Tricot. – CE, 18 déc. 2002, *Mme Duvignères* : *Rec. CE* 2002, p. 463 ; *RFDA* 2003, 280 et concl. P. Fombeur ; et note J. Petit : *RFDA* 2003, 510 : « Les circulaires impératives sont des actes faisant grief ». – F. Donnat et D. Casas, *Les dispositions impératives à caractère général d'une circulaire ou d'une instruction font grief* : *AJDA* 2003, p. 487. – J. Guez, *La « normalisation » du recours pour excès de pouvoir contre les circulaires et instructions administratives* : *AJDA* 2005, p. 2445.

Par un arrêt du 12 juin 2020, le Conseil d'État a affiné la formule et s'attache désormais à rechercher si elles ont des *effets notables* sur la situation des sujets de droit, rapprochant le régime des circulaires de celui des actes de droit souple (V. *infra*, n° 191)[(460)].

Dans la pratique, les circulaires sont très nombreuses, et parfois fort importantes notamment en matière économique. L'une des plus célèbres a été la circulaire Fontanet par laquelle le ministre exprimait la définition officielle du délit de refus de vendre à l'intention des agents du contrôle économique chargés de la poursuite de cette infraction. Inutile de préciser l'importance pratique d'une telle circulaire (et les inconvénients qu'elle a pu entraîner pour les commerçants poursuivis), même si elle n'avait pour le juge pénal aucune valeur obligatoire.

147. – Les instructions ministérielles. Comme leur nom l'indique, les instructions ministérielles sont des lignes directrices données par un ministre à ses services relativement à la manière d'appliquer la loi. Ce sont donc des documents internes à un département ministériel qui, *a priori*, ne devraient présenter qu'un intérêt médiocre pour les usagers du droit.

Mais, en fait, certaines instructions ministérielles, spécialement celles qui, en matière fiscale, émanent de la Direction générale des impôts (DGI), ont une importance considérable, proche de celle de la loi. Il n'est pas rare, en effet, de voir la DGI donner pour instruction à ses services de ne pas appliquer tel texte de loi qui n'est pourtant pas abrogé, ou de l'appliquer d'une manière qui n'est pas la plus conforme à la lettre du texte. En cela elles peuvent apparaître comme une sorte d'interprétation de la règle de droit.

Ces instructions sont publiées dans les mêmes conditions que les circulaires (V. *supra*, n° 146) et les plus importantes sont reprises dans les revues spécialisées.

148. – Les recommandations et avis[(461)]. Les rescrits. Les recommandations émanent d'organismes indépendants institués par la loi et dont les membres sont désignés par le pouvoir réglementaire. Parmi les plus connues, on peut citer la Commission des opérations de bourse (COB)[(462)] aujourd'hui intégrée dans l'Autorité des marchés financiers (AMF), la Commission nationale Informatique et Libertés (CNIL), ou encore la Commission des clauses abusives[(463)].

Les *recommandations* qu'elles formulent ne sont pas à proprement parler des interprétations de la règle de droit, mais plutôt des suggestions de comportement

(460) CE, 12 juin 2020, n° 418142, *GISTI* : *AJDA* 2020, 1196, obs. M.-C. de Montecler ; *RFDA* 2020, 785, concl. G. Odinet : « Les documents de portée générale émanant d'autorités publiques, (…) tels que les circulaires, instructions, recommandations, notes, présentations ou interprétations du droit positif peuvent être déférés au juge de l'excès de pouvoir lorsqu'ils sont susceptibles d'avoir des effets notables sur les droits ou la situation d'autres personnes que les agents chargés, le cas échéant, de les mettre en œuvre. Ont notamment de tels effets ceux de ces documents qui ont un caractère impératif ou présentent le caractère de lignes directrices ».

(461) F. Osman, *Avis, directives, codes de bonne conduite, recommandations, déontologie, éthique, etc. : réflexion sur la dégradation des sources privées du droit* : *RTD civ.* 1995, p. 509.

(462) Renouvelant le paysage des sources d'interprétation, la COB a innové en publiant un « communiqué » qui, à certains égards, s'apparentait à une réponse ministérielle ; cette initiative a été sévèrement critiquée (J.-J. Daigre, *Une nouvelle source du droit, le communiqué ? À propos d'un communiqué de la COB du 4 mai 1999* : *JCP* 1999, act. 27, p. 1277).

(463) L. Leveneur, *La Commission des clauses abusives et le renouvellement des sources du droit des obligations*, in *Le renouvellement des sources du droit des obligations*, Economica, 1997, p. 155.

ou des directives ne présentant pas en droit de caractère obligatoire, ni pour ceux dont elles condamnent les pratiques, ni pour le juge qui serait saisi d'un litige. Par exemple, analysant les contrats types d'abonnement utilisés par les opérateurs en matière de télécommunication (les téléphones mobiles), la Commission des clauses abusives va recommander d'éliminer de ces contrats telles clauses qui lui paraissent abusives au regard de la loi. De telles recommandations peuvent servir à l'élaboration de décrets d'application. Mais elles peuvent aussi être invoquées à titre d'argument devant le juge, par exemple à l'appui d'une demande en nullité d'une clause critiquée comme abusive.

De ces recommandations on peut rapprocher les *avis* ; parmi ceux-ci on peut citer les avis du Conseil d'État, ceux de la Commission des clauses abusives et du Conseil de la concurrence, ou encore ceux du Conseil économique, social et environnemental[(464)].

Entre dans la même catégorie le *rescrit*, pratiqué en matière fiscale et boursière ; il s'agit d'un avis, donné par l'administration fiscale ou par l'AMF, sur la conformité d'une situation à la règle de droit ; un tel avis, lorsqu'il est favorable, vaut accord de l'Administration et met ainsi son bénéficiaire à l'abri des poursuites[(465)]. Cette formule du rescrit a été récemment étendue en droit de la consommation pour sécuriser les professionnels, en posant une interprétation des textes[(466)].

149. – Les réponses ministérielles aux questions écrites des parlementaires[(467)]. Cette procédure, qui a été conçue à l'origine comme un instrument de contrôle des parlementaires sur l'action du Gouvernement, a été largement détournée de son but. Aujourd'hui, ces questions écrites sont devenues le moyen pour un parlementaire, à la demande d'un électeur, d'obtenir du ministère concerné une interprétation de la loi sur un point précis qui intéresse cet électeur. En définitive, c'est une sorte de consultation juridique qui va pouvoir être utilisée devant le juge, non seulement par l'électeur qui est à l'origine de la question, mais aussi par tous ceux qui se trouvent dans la même situation. Ces réponses ministérielles connaissent en effet une large diffusion puisqu'elles sont publiées au *Journal officiel*, et bien souvent reprises dans les revues professionnelles intéressées par la question traitée.

Bien entendu, l'interprétation du ministre est toujours donnée « sous réserve de l'appréciation souveraine des tribunaux », ce qui indique suffisamment qu'elle n'est nullement contraignante pour le juge. Cela dit, émanant en fait non du ministre lui-même mais des juristes du ministère, elle peut être tout à fait convaincante et, par suite, faire impression sur le juge qui la fera sienne. Il s'ensuit qu'en pratique

(464) Th. Revet (ss dir.), *L'inflation des avis en droit*, Economica, 1998.

(465) B. Oppetit, *La résurgence du rescrit : D.* 1991, chron. p. 105. Sur une évolution future du rescrit, V. *Le contrat, mode d'action publique et de production des normes*, Rapport public du Conseil d'État, Doc. fr., 2008 ; *RDC* 2009, p. 17, obs. C. Pérès. V. aussi l'étude du Conseil d'État sur « le rescrit : sécuriser les initiatives et les projets », qui propose d'étendre la pratique du rescrit (J.-M. Pastor, *Le Conseil d'État plébiscite le rescrit : AJDA* 2014, 708). – H. Colombet, *Le rescrit et la participation des usagers à la production de la doctrine administrative : JCP* 2016, 133. – L. Badrone, *Le rescrit fiscal, instrument de sécurité juridique pour les contribuables : Administrer* avr. 2016, p. 16.

(466) S. Castagné, *Le rescrit en droit de la consommation opérationnel depuis le 1er octobre 2017 : Contrats, conc. consom.* 2017, focus 71.

(467) B. Oppetit, *Les réponses ministérielles aux questions écrites des parlementaires et l'interprétation des lois : D.* 1974, chron. p. 107.

ces interprétations émanant du ministère jouent un rôle très important ; elles présentent en outre cet avantage de formuler très rapidement une interprétation officielle, alors qu'il faut souvent attendre de nombreuses années avant qu'une jurisprudence ne se forme sur le sens d'un texte ambigu ou obscur.

Étant dépourvue de toute force juridique, la réponse ministérielle ne constitue pas une décision administrative susceptible d'être attaquée pour excès de pouvoir et elle ne lie même pas l'Administration, sauf en matière fiscale où les réponses ministérielles ont quasiment valeur de loi[468]. En pratique, ces opinions émises par l'autorité administrative jouent un rôle très important, et ceci même en dehors du domaine fiscal.

§ 3. – L'interprétation des textes par le juge

150. – **Le recours en interprétation du droit de l'Union européenne devant la Cour de justice de l'Union européenne (CJUE).** Le juge français doit appliquer le droit de l'Union, mais il n'a pas le pouvoir de l'interpréter[469]. L'interprétation relève du pouvoir exclusif de la Cour de justice de l'Union européenne, qui dispose donc d'un monopole à cet égard.

Il s'ensuit que, si le juge français se trouve confronté à une difficulté d'interprétation du droit communautaire applicable, il doit surseoir à statuer et demander l'interprétation de la CJUE pour rendre sa décision au fond[470]. On exprime cela en disant que la difficulté d'interprétation est une *question préjudicielle*.

Le recours en interprétation est obligatoire si la décision à rendre par la juridiction française saisie n'est pas susceptible d'appel devant une juridiction interne supérieure ; il est facultatif dans le cas contraire.

Toutefois, le recours n'est nécessaire que s'il existe véritablement une difficulté d'interprétation. Suivant la CJUE[471], il n'y a pas matière à recours dans les trois hypothèses suivantes :

– la non-pertinence de la déduction du droit communautaire en l'espèce ;
– l'existence d'un précédent dans un cas semblable ;
– l'évidence de l'interprétation qui ne laisse place à aucun doute raisonnable.

L'interprétation retenue par la CJUE s'impose non seulement au juge national qui l'a saisi, mais aussi à toutes les juridictions des pays de l'Union européenne pour les affaires semblables dont elles pourraient avoir à connaître (autrement dit, elle constitue

(468) Même lorsqu'elles font une interprétation déformante de la règle de droit : pour un exemple de réponse ministérielle exprimant une opinion *contra legem*, V. M. Cozian, *Les extravagances de l'autonomie du droit fiscal : l'exemple du régime fiscal du salaire versé au conjoint* : *JCP* CI 1974, II, 11243.

(469) Le juge français a en revanche, dans la mesure du possible, l'obligation d'interpréter le droit interne dans un sens conforme au droit de l'Union ayant un effet direct : par ex. Cass. crim., 25 nov. 2020, n° 18-86.955, *Bull.*, pt 28. – CJUE, 24 juin 2019, aff. C-573/17, *Popławski*, pt 57. – Sur la portée du principe d'interprétation conforme, V. déjà *Bull. inf. C. cass.* 1er août 2005, n° 624.

(470) CJUE, 4 oct. 2018, aff. C-416/17, *Comm. c/ France* : *AJDA* 2018, 1933. Un tel recours a même été exercé par le Conseil constitutionnel (*Vers un nouveau « dialogue des juges » constitutionnel et européen* : *RTD civ.* 2013, 564, obs. P. Puig).

(471) CJCE, 6 oct. 1982, *CILFIT* : *Rec. CJCE* 1982, I, p. 3415. V., dans un sens plus restrictif, CJUE, 4 oct. 2018, aff. C-416/17, *Comm. c/ France* : *AJDA* 2018, 2280. – S. Gervasoni, *CJUE et Cours suprêmes : repenser les termes du dialogue des juges ?* : *AJDA* 2019, 150.

un précédent dans un cas semblable au sens ci-dessus). Toutefois, le Conseil d'État a récemment entrepris de s'assurer que le respect du droit de l'Union tel qu'interprété par la CJUE ne compromettait pas les exigences constitutionnelles, ce qui est une forme de résistance à celle-ci[(472)] (sur la primauté de la Constitution, V. *supra*, n° 76).

151. – **La saisine pour avis de la Cour de cassation sur l'interprétation du droit interne[(473)], d'une convention ou d'un accord collectif.** La Cour de cassation est la juridiction suprême française dans l'ordre judiciaire et son rôle est d'assurer l'unité d'interprétation (V. *infra*, n° 214). Mais, en marge de son rôle juridictionnel qui constitue sa fonction principale, elle s'est vu confier un rôle consultatif par une loi n° 91-491 du 15 mai 1991 (codifiée aux articles L. 441-1 et s. du Code de l'organisation judiciaire) qui, s'inspirant d'une procédure instituée devant le Conseil d'État par une loi n° 87-1127 du 31 décembre 1987[(474)], a créé la procédure de *saisine pour avis*.

> **Art. L. 441-1. –** Avant de statuer sur une question de droit nouvelle, présentant une difficulté sérieuse et se posant dans de nombreux litiges, les juridictions de l'ordre judiciaire peuvent, par une décision non susceptible de recours, solliciter l'avis de la Cour de cassation.
>
> Elles peuvent, dans les mêmes conditions, solliciter l'avis de la commission paritaire mentionnée à l'article L. 2232-9 du Code du travail ou de la Cour de cassation avant de statuer sur l'interprétation d'une convention ou d'un accord collectif présentant une difficulté sérieuse et se posant dans de nombreux litiges.

Il n'y a évidemment pas lieu à avis si la question posée a déjà été tranchée par un arrêt de la Cour de cassation, auquel cas il ne s'agit pas d'une question de droit nouvelle[(475)]. L'avis demandé ne peut porter que sur une question de droit, non sur une question supposant l'examen des circonstances de l'espèce[(476)].

Cette saisine peut être faite par tout juge du fond, y compris en matière pénale (L. 25 juin 2001, art. 26-I, 2), mais elle est facultative. L'avis rendu par la Cour de cassation ne lie ni la juridiction du fond saisie, ni les plaideurs qui demeurent libres de former un pourvoi en cassation contre une décision qui se serait conformée à l'avis de la Cour de cassation. Toutefois, il est bien évident que cet avis a, en fait sinon en

(472) CE, ass., 21 avr. 2021, n° 393099, *French Data Network et a.* (résistant à CJUE 6 oct. 2020, aff. C-511/18, *La Quadrature du Net*). – *Contra* : Cour constit. de Belgique, 22 avr. 2021, n° 57/2021 : *Dalloz actualité* 28 avr. 2021, obs. M.-C. de Montecler.

(473) A.-M. Morgan de Rivery-Guillaud, *La saisine pour avis de la Cour de cassation* : *JCP* 1992, I, 3576. – F. Zenati, *La saisine pour avis de la Cour de cassation* : *D.* 1992, chron. p. 247. – L. Cadiet, *L'attribution à la Cour de cassation d'une fonction consultative* : *JCP* 1992, I, 3587. – P. Chauvin, *La saisine pour avis*, in *L'image doctrinale de la Cour de cassation*, 1994, p. 109. – G. Rouhette, *Une fonction consultative pour la Cour de cassation* : *Mél. A. Breton et F. Derrida*, 1991, p. 343. – H.-M. Darnanville, *La saisine pour avis du Conseil d'État et de la Cour de cassation* : *AJDA* 2001, 416.

(474) F. Brenet et A. Claeys, *La procédure de saisine pour avis du Conseil d'État : pratique contentieuse et influence en droit positif* : *RFDA* 2002, 1525. – H. Hoepffner, *Les avis du Conseil d'État* : *RFDA* 2009, p. 895. – H. Berhali-Bernard, *Les avis contentieux du Conseil d'État : remarques sur vingt années de pratique* : *AJDA* 2010, p. 364. Sur le point de savoir si cette procédure ne va pas à l'encontre du principe d'impartialité découlant de l'article 6, § 1, de la Convention européenne des droits de l'homme, V. L. Calandri, *L'avis juridictionnel du Conseil d'État et le principe d'impartialité. Chronique d'une incompatibilité annoncée ?* : *JCP* 2007, I, 114.

(475) Avis, 7 juin 2004, *Bull.* n° 3.

(476) Cass., avis, 23 mai 2016, n° 70002.

droit, une autorité très importante alors surtout qu'il émane d'une formation spéciale de la cour (COJ, art. L. 441-2) (V. aussi *infra*, n° 217).

> **Art. L. 441-2.** – La chambre compétente de la Cour de cassation se prononce sur la demande d'avis.
> Lorsque la demande relève normalement des attributions de plusieurs chambres, elle est portée devant une formation mixte pour avis.
> Lorsque la demande pose une question de principe, elle est portée devant la formation plénière pour avis.
> La formation mixte et la formation plénière pour avis sont présidées par le premier président ou, en cas d'empêchement, par le doyen des présidents de chambre.

Même si elle a pu être critiquée au motif qu'elle dénaturerait la fonction de la Cour de cassation, la procédure de saisine pour avis présente l'immense avantage de résoudre très en amont les difficultés d'interprétation, de prévenir les divergences d'interprétation par les juges du fond et d'éviter une multiplication du contentieux[477].

Les avis sont publiés au *Bulletin des arrêts de la Cour de cassation*, ce qui leur donne une diffusion importante. On constate qu'en pratique il y a très peu de saisines pour avis, si bien que cette fonction consultative demeure très mineure par rapport à la fonction contentieuse[478].

En marge de ces avis réglementés, le Service de la documentation, des études et du rapport de la Cour de cassation a pris l'initiative de répondre à diverses questions de droit soulevées par de nombreux textes, notamment par la loi du 26 juillet 2005 de sauvegarde des entreprises. Sans porter le nom d'avis, ces opinions n'en sont pas moins publiées sur le site de la Cour de cassation et elles ne manqueront pas d'orienter la jurisprudence des juges du fond[479].

152. – **L'interprétation de la loi imposée par le Conseil constitutionnel.** Comme on l'a indiqué à propos du contrôle de la constitutionnalité des lois (V. *supra*, n° 71), le Conseil constitutionnel s'est attribué le pouvoir de ne reconnaître la conformité de la loi à la Constitution que sous réserve de donner telle ou telle interprétation aux dispositions de la loi nouvelle.

En pareil cas, le Conseil constitutionnel impose d'emblée une certaine interprétation de la loi, à peine d'inconstitutionnalité. On est ainsi amené à considérer que cette interprétation fait corps avec la loi elle-même et s'impose aux juges qui auront à l'appliquer[480]. C'est en ce sens que se prononce le Conseil d'État[481], cependant que la Cour de cassation n'a pas pris de position explicite sur cette question.

(477) P. Deumier, *La saisine pour avis : fixer la jurisprudence en amont ?* : D. 2019, 1622.
(478) Le rapport de la Cour de cassation pour 2003 fait état de deux demandes d'avis en 2003, contre huit en 2002. R. Libchaber, *La saisine pour avis, une procédure singulière dans le paysage jurisprudentiel* : *RTD civ.* 2003, 157. – C. Pelletier, *Quinze ans après : l'efficacité des avis de la Cour de cassation* : *Mél. Ph. Jestaz*, Dalloz, 2006.
(479) N. Molfessis, *Les avis spontanés de la Cour de cassation* : *D.* 2007, chron. p. 37.
(480) Certains auteurs se prononcent en sens contraire et considèrent que la réserve d'interprétation ne prive pas les juges ordinaires de leur pouvoir d'interprétation de la loi : V. Th. Di Manno, *La légitimité de la jurisprudence du Conseil constitutionnel*, Economica, 1999. – V. aussi P. Catala, *Turbulences dans les sources du droit* : *Mél. Sassi Ben Halima*, Tunis, 2005.
(481) CE, 15 mai 2013, req. n° 340554 qui décide que les réserves d'interprétation formulées par le Conseil constitutionnel sont revêtues de l'autorité absolue de la chose jugée.

Par ailleurs, on rappellera que, à l'occasion de l'examen d'une question prioritaire de constitutionnalité, le Conseil constitutionnel peut être amené à contrôler la constitutionnalité, non seulement de la loi, mais de l'interprétation faite de la loi par la Cour de cassation ou le Conseil d'État (V. *supra*, n° 75). Ce faisant, là encore il peut formuler des réserves d'interprétation.

153. – **La jurisprudence. Renvoi.** C'est principalement aux diverses juridictions qu'incombe le rôle d'interpréter la loi. De l'ensemble des décisions de justice se dégage la jurisprudence, c'est-à-dire la manière habituelle qu'ont les juges de trancher les différentes difficultés que soulève l'application des règles de droit, et notamment leur interprétation.

En cela, la jurisprudence est à la fois interprétation de la règle et, par les adaptations qu'elle requiert pour son application aux cas concrets, source de règles de droit. On la traitera donc parmi les sources du droit autres que les textes (V. *infra*, n°s 207 et s.).

§ 4. – L'interprétation des textes par la doctrine

154. – **Renvoi.** La doctrine peut être définie comme l'ensemble des opinions publiées par la communauté des juristes. Ces opinions portent notamment sur l'interprétation de la règle de droit.

Mais, dans la mesure où, comme la jurisprudence, elle est à tout le moins une autorité, sinon une source de droit, on en traitera parmi les sources de droit autres que les textes (V. *infra*, n°s 228 et s.).

SECTION 4

L'APPLICATION DES TEXTES DANS LE TEMPS (482)

155. – **Position de la question : conflits de lois dans le temps et droit transitoire.** L'étude des règles relatives à l'abrogation (V. *supra*, n°s 128 et s.) pourrait laisser supposer qu'un conflit est impossible entre deux textes qui se succéderaient dans le temps pour régler le même objet : le plus récent deviendrait obligatoire au moment même où l'autre cesserait de s'appliquer, sans qu'il y ait ni blanc, ni chevauchement. Sous cette apparente simplicité se dissimulent parfois de graves *conflits de lois dans le temps*.

Il suffit de présenter quelques exemples pour prendre conscience de la difficulté. Les règles du divorce ont été profondément modifiées par une loi du 11 juillet 1975 qui a édicté de nouvelles causes du divorce, puis par une loi du 30 juin 2000 qui a remanié les dispositions relatives à la prestation compensatoire, à nouveau par une

(482) P. Roubier, *Le droit transitoire*, Dalloz-Sirey, 2e éd., 1960. – P. Level, *Essai sur les conflits de lois dans le temps*, LGDJ, 1959. – E.-L. Bach, *Contribution à l'étude du problème de l'application des lois dans le temps : RTD civ.* 1969, p. 405 et s. – J. Héron, *Étude structurale de l'application de la loi dans le temps (à partir du droit civil) : RTD civ.* 1985, p. 227. – Th. Bonneau, *La Cour de cassation et l'application de la loi dans le temps*, PUF, 1990. – P. Fleury-Le Gros, *Contribution à l'analyse normative des conflits de lois dans le temps en droit privé interne*, Dalloz, 2005.

loi du 26 mai 2004 elle-même modifiée par une loi du 18 novembre 2016 qui a institué le divorce – par consentement mutuel – sous signature privée contresigné par avocats. À supposer qu'un couple marié avant 1975 divorce aujourd'hui, les règles applicables à ce divorce sont-elles celles du jour de leur mariage, ou celles du jour du divorce ? Notamment vont-ils pouvoir divorcer par consentement mutuel alors que cette cause n'existait pas lors de leur mariage ?

Autre exemple, un peu plus complexe : une loi du 3 décembre 2001 a aligné la vocation successorale des enfants adultérins sur celle des enfants légitimes ; cette loi nouvelle va-t-elle pouvoir être invoquée par les enfants adultérins nés avant sa mise en vigueur ? Et, dans l'affirmative, va-t-elle s'appliquer dans le cas où le décès du père adultérin est intervenu avant le 3 décembre 2001, et où la succession s'est donc ouverte avant la mise en vigueur de la loi nouvelle ?

Autre exemple, dans un domaine tout à fait différent : à supposer qu'une loi nouvelle vienne abaisser d'un cran le taux d'intérêt jugé usuraire, cette loi s'appliquera-t-elle uniquement aux contrats de prêt postérieurs ou aussi à ceux déjà conclus antérieurement ?

Ces conflits de lois dans le temps ne sont pas réglés par les dispositions relatives à la promulgation, à la publication et à l'abrogation des lois, lesquelles se bornent à dire à quelle date la loi nouvelle entre en vigueur. Ici, la question est différente : elle n'est pas de savoir à quelle date la loi nouvelle s'applique, mais à quelles situations ; autrement dit, quels sont les domaines respectifs d'application de la loi ancienne et de la loi nouvelle ? C'est un problème de *droit transitoire* ; on le résout par application du principe de la non-rétroactivité des lois ; à cet égard on a pu regretter que les règles de droit transitoire n'aient pas été codifiées, comme l'avait souhaité le doyen Roubier(483).

156. – **Le principe de la non-rétroactivité.** Ce principe est posé en termes généraux par l'article 2 du Code civil :

> **Art. 2.** – La loi ne dispose que pour l'avenir ; elle n'a point d'effet rétroactif.

L'article 112-1 du Code pénal en fait l'application aux lois pénales(484) :

> **Art. 112-1.** – Sont seuls punissables les faits constitutifs d'une infraction à la date à laquelle ils ont été commis.
>
> Peuvent seules être prononcées les peines légalement applicables à la même date.
>
> Toutefois, les dispositions nouvelles s'appliquent aux infractions commises avant leur entrée en vigueur et n'ayant pas donné lieu à une condamnation passée en force de chose jugée lorsqu'elles sont moins sévères que les dispositions anciennes (V. *infra*, n° 160).

(483) N. Bareït, *Un projet oublié : la codification du droit transitoire : RTD civ.* 2015, 551.
(484) T. Piazzon, *Le principe de la non-rétroactivité de la loi pénale*, in *Code pénal et Code d'instruction criminelle. Livre du bicentenaire*, Dalloz, 2010. La question se pose également de savoir s'il faut appliquer cette règle aux revirements de jurisprudence : V. D. Rebut, *Les revirements de jurisprudence en matière pénale*, in *Les revirements de jurisprudence*, Litec, 2005, p. 95. C'est la solution retenue par la CEDH : CEDH, 10 oct. 2006 : *D.* 2007, 124 et note D. Roets.

Le principe tient donc en deux propositions, qui sont grammaticalement liées dans l'article 2.

D'une part la loi n'a pas d'effet rétroactif. On entend par là qu'elle ne peut pas s'appliquer à des faits qui ont été accomplis antérieurement, ce qui est confirmé par l'alinéa 1 de l'article 112-1 du Code pénal : par exemple la loi du 17 juin 1998 qui incriminait le harcèlement sexuel (C. pén., art. 222-33) ne pouvait pas s'appliquer à un tel comportement accompli avant son entrée en vigueur parce qu'à l'époque ce n'était pas une infraction.

D'autre part, la loi ne dispose que pour l'avenir ; le « que » a tout d'abord une connotation négative qui vient renforcer le principe de non-rétroactivité ; mais la suite du texte apporte une précision positive : la loi nouvelle va s'appliquer pour l'avenir, c'est-à-dire aux situations juridiques nées postérieurement à sa mise en vigueur. Ainsi, la loi du 3 décembre 2001 conférant de nouveaux droits au conjoint survivant s'appliquera aux successions ouvertes postérieurement à la mise en vigueur de cette loi.

La mise en œuvre de ces deux propositions est souvent très difficile parce que les situations concrètes sont également compliquées. Il en est spécialement ainsi dans le cas de situations juridiques qui se poursuivent dans le temps, par exemple :

– le mariage qui va se poursuivre éventuellement pendant de longues années : faut-il appliquer (et dans l'affirmative, comment) à un couple les lois survenant au cours du mariage qui viendraient modifier les pouvoirs respectifs des époux ?

– les contrats dont l'exécution s'échelonne sur une longue durée, par exemple un bail à usage d'habitation conclu en 1980 et qui se poursuit encore aujourd'hui va-t-il se voir appliquer, et comment, les lois successives relatives aux droits et obligations des locataires et des bailleurs (L. 22 juin 1982, L. 23 déc. 1986, L. 6 juill. 1989, etc.) ?

Pour résoudre la difficulté et décider si et comment appliquer la loi nouvelle aux situations en cours, il faut interpréter l'article 2. Avant de procéder à cette interprétation, il est important de déterminer le fondement du principe de la non-rétroactivité, sa *ratio legis*.

157. – **Le fondement du principe.** Le principe tire un trait entre le passé et l'avenir : non-rétroactivité de la loi nouvelle pour le passé, application immédiate pour l'avenir. La ligne de partage repose sur un double fondement, sur deux critères antagonistes entre lesquels il faut arbitrer.

Le premier est le besoin de *sécurité juridique*. Le droit a pour fin d'organiser la vie en société, de régler les rapports entre les personnes de telle sorte que soient assurées la stabilité et la paix sociales. Comment cela serait-il possible si les actes qui ont été accomplis et les situations qui ont été acquises conformément à la loi alors en vigueur pouvaient être remis en cause par une loi nouvelle ? Plus encore, notamment en matière de contrat, toute décision est nécessairement prise en considération des règles de droit applicables ; cette prévisibilité serait déjouée s'il était possible de changer la règle du jeu en cours de partie. Ce besoin de sécurité et de prévisibilité juridiques conduit tout naturellement à privilégier le maintien des situations acquises ; mais il ne faut pas qu'il conduise au maintien indéfini de la loi ancienne.

Le second est le besoin de *progrès social*. Il est naturel de penser que la loi nouvelle est meilleure que la loi ancienne ou, en tout cas, qu'elle correspond mieux à l'état des mœurs, aux besoins économiques et sociaux de l'époque. La loi ne peut pas être figée ; elle doit évoluer en fonction du contexte économique, social, psychologique, etc. Ainsi, les lois sur les rapports entre époux, sur le divorce, sur la filiation, sur les successions, etc. ont été modifiées parce que les mœurs ayant évolué, ces rapports eux-mêmes ne sont plus ce qu'ils étaient jadis. De même, le besoin de protection des consommateurs, des locataires, des salariés, etc., est apparu progressivement comme une nécessité sociale. Ce besoin de progrès social conduit tout naturellement à privilégier une application, sinon rétroactive, du moins immédiate de la loi nouvelle.

L'arbitrage entre ces deux critères antagonistes ne dépend pas du hasard, ou de l'arbitraire du juge. L'appréciation variera suivant les situations réglées par la loi nouvelle, suivant notamment que la loi nouvelle modifie les conditions ou les effets d'une situation, et suivant que cette situation est une situation légale ou contractuelle (V. *infra*, n°s 170 et s.).

158. – L'autorité du principe. Plan. Le principe de la non-rétroactivité ne s'impose pas de manière générale au législateur qui, en droit, dispose d'une certaine liberté d'y déroger ; mais en fait il s'y conforme et, sauf circonstances exceptionnelles, il ne l'écarte qu'à bon escient et dans le respect des critères ci-dessus dégagés.

En revanche, le principe s'impose au juge de manière impérative. Mais, afin de l'appliquer, le juge est amené à l'interpréter et, suivant les situations à régir, il l'interprète soit dans le sens de *la survie de la loi ancienne*, soit dans celui de *l'application immédiate de la loi nouvelle*.

SOUS-SECTION 1

LE PRINCIPE DE LA NON-RÉTROACTIVITÉ ET LE LÉGISLATEUR[(485)]

§ 1. – Le principe de la non-rétroactivité s'impose-t-il au législateur ?

159. – Le principe de la non-rétroactivité est-il un principe constitutionnel ? Si le principe figurait dans la Constitution, le législateur serait tenu de le respecter, sauf à encourir la censure du Conseil constitutionnel. S'il ne résulte que de l'article 2 du Code civil, c'est-à-dire d'une simple loi, le législateur, qui est libre d'abroger cet article 2, est *a fortiori* libre d'y déroger dans telle ou telle circonstance particulière s'il l'estime opportun : qui peut le plus peut le moins. La vérité est entre ces deux propositions.

Si le principe figurait bien dans la Constitution du 5 fructidor an III[(486)], il n'a pas été repris depuis dans les diverses constitutions et il n'est pas mentionné dans la Constitution de la Ve République. On ne le retrouve plus aujourd'hui que dans l'article 2 du Code civil et dans l'article 112-1 du Code pénal[(487)].

(485) Ph. Malinvaud, *L'étrange montée du contrôle du juge sur le législateur*, in *1804-2004. Le Code civil, Un passé, un présent, un avenir*, Dalloz, 2004, p. 671.
(486) « Aucune loi ni criminelle, ni civile ne peut avoir d'effet rétroactif. »
(487) Pour une application, V. Cass. crim., 7 mars 2012 : *RDC* 2012, 1327, obs. R. Ollard.

Le Conseil constitutionnel l'a néanmoins réintroduit en matière pénale par le biais de la Déclaration des droits de l'homme et du citoyen de 1789 qui est désormais considérée comme faisant partie du *bloc de constitutionnalité* (V. *supra*, n° 70) ; et, en application de l'article 8 de la Déclaration, le Conseil a décidé que le principe de la non-rétroactivité avait valeur constitutionnelle en matière pénale[(488)]. C'est dire que le législateur ne peut pas déclarer une loi pénale nouvelle rétroactivement applicable[(489)]. On ajoutera que, toujours en matière pénale, ce principe est également consacré par l'article 7 de la Convention européenne des droits de l'homme qui s'impose au législateur français (V. *supra*, n° 94 et *infra*, n° 160).

Plus récemment, et en matière civile cette fois-ci, le Conseil constitutionnel a apporté une limitation au pouvoir du législateur de faire échec au principe de la non-rétroactivité, sans pour autant faire de celui-ci un principe constitutionnel. Il l'a d'abord décidé en matière fiscale[(490)], puis de manière générale dans toutes matières autres que le droit pénal[(491)] :

> Que le principe de non-rétroactivité des lois n'a valeur constitutionnelle, en vertu de l'article 8 de la Déclaration des droits de l'homme et du citoyen, qu'en matière répressive ; que si, dans les autres matières, le législateur a la faculté d'adopter des dispositions rétroactives, il ne peut le faire qu'en considération d'un motif d'intérêt général suffisant et sous réserve de ne pas priver de garanties légales des exigences constitutionnelles.

S'il a été proposé d'inscrire cette règle jurisprudentielle dans la Constitution[(492)], pour l'heure, sauf en matière pénale, et sous réserve de respecter les conditions ci-dessus, le législateur demeure libre de décider du champ d'application d'une loi nouvelle sans respecter le principe de la non-rétroactivité[(493)].

Le principe de la non-rétroactivité s'impose aussi au pouvoir réglementaire, non parce qu'il est inscrit dans l'article 2 du Code civil, mais en tant que principe général du droit. Il s'ensuit que de nouvelles dispositions réglementaires ne sauraient s'appliquer à des situations juridiques constituées avant leur entrée en vigueur[(494)].

(488) Cons. const., 19 et 20 janv. 1981 : *D.* 1982, p. 441 ; *JCP* 1981, II, 19701. – Cons. const., 18 janv. 1985 : *D.* 1986, p. 425.

(489) V. par ex., condamnant l'application rétroactive de la rétention de sûreté : Cons. const., 21 févr. 2008, n° 2008-562 DC : *JCP* 2008, act. 145, obs. P. Mistretta ; *JCP* 2008, act. 166, obs. B. Mathieu. – Y. Mayaud, *La mesure de sûreté après la décision du Conseil constitutionnel 2008-562 DC du 21 février 2008* : D. 2008, chron. 1359. – V. *contra*, Cass. crim., 16 déc. 2009 : D. 2010, p. 471 et note J. Pradel (solution qui semble condamnée par CEDH, 17 déc. 2009, n° 19359/04, *M. c/ Allemagne*, cité *infra*).

(490) Cons. const., 28 déc. 1995 : *Rec. Cons. const.* 1995, p. 646. – Cons. const., 18 déc. 1998 : *JO* 27 déc. 1998. – J. Buisson, *Non-rétroactivité des lois et droit fiscal*, in *Le Titre préliminaire du Code civil*, Economica, 2003, p. 99.

(491) Cons. const., 18 déc. 2001 : *JO* 26 déc. 2001, p. 20582. Cette décision censure la mesure de financement de la réduction du temps de travail (RTT) qui conduisait à ponctionner rétroactivement les comptes de l'exercice 2000 de la Sécurité sociale ; prenant acte de cette censure, le législateur a par la suite ponctionné – de manière non rétroactive – les comptes de l'exercice 2001… – V. Th. Bonneau, *La Cour de cassation, la Constitution et l'application de la loi dans le temps en matière non répressive : les principes reconnus par le Conseil constitutionnel*, in *La Cour de cassation et la Constitution de la République*, PUAM, 1995, p. 129.

(492) Proposition n° 73 du Comité de réflexion et de proposition sur la modernisation et le rééquilibrage des institutions de la Ve République (Comité Balladur) : « Sauf motif déterminant d'intérêt général, la loi ne dispose que pour l'avenir ». Il avait été envisagé d'introduire cette disposition dans la loi constitutionnelle du 23 juillet 2008, mais l'idée a finalement été écartée par le Sénat dans le texte final (A. Marais, in *RDC* 2009, p. 230).

(493) X. Prétot, *Le législateur peut-il encore conférer un effet rétroactif à une loi non répressive ? Libres propos sur une jurisprudence constitutionnelle ambiguë : Mél. P. Pactet*, Dalloz, 2003, p. 817.

(494) CE, 13 déc. 2006, *Mme Lacroix* : *AJDA* 2007, p. 358, obs. F. Lenica et J. Boucher. – CE, 16 juin 2008, n° 296578, *Fédération des syndicats dentaires libéraux et a.*

160. – **Le principe de la non-rétroactivité est-il consacré par la Convention européenne des droits de l'homme ?** La Convention européenne de sauvegarde des droits de l'homme et des libertés fondamentales s'applique directement en droit français et a supériorité sur le droit interne. Elle pose le principe de la non-rétroactivité de la loi, mais seulement en matière pénale, dans son article 7 « **Pas de peine sans loi** »[495]. En revanche, elle a admis la rétroactivité pour des mesures de sûreté, en l'espèce l'hospitalisation d'office, dès lors qu'en l'absence d'infraction il ne s'agit pas d'une peine, mais d'une mesure à but préventif et curatif dénuée de caractère répressif[496].

Art. 7. – 1. Nul ne peut être condamné pour une action ou une omission qui, au moment où elle a été commise, ne constituait pas une infraction d'après le droit national ou international. De même il n'est infligé aucune peine plus forte que celle qui était applicable au moment où l'infraction a été commise.

2. Le présent article ne portera pas atteinte au jugement et à la punition d'une personne coupable d'une action ou d'une omission qui, au moment où elle a été commise, était criminelle d'après les principes généraux de droit reconnus par les nations civilisées.

Mais on ne trouve pas l'équivalent en matière civile. C'est donc de manière indirecte, par le biais de l'article 6, § 1, que la Cour européenne des droits de l'homme a abordé le problème des lois rétroactives : « Toute personne a droit à ce que sa cause soit entendue équitablement, publiquement et dans un délai raisonnable, par un tribunal indépendant et impartial, établi par la loi, qui décidera, soit des contestations sur ses droits et obligations de caractère civil, soit du bien-fondé de toute accusation en matière pénale dirigée contre elle ».

A *priori*, on voit mal en quoi cette disposition a vocation à régler la question de la non-rétroactivité des lois. Mais tout s'éclaire lorsqu'on sait que la Cour de Strasbourg a été saisie de la conventionnalité de lois de validation, c'est-à-dire de lois, qui par leur nature même, vont rétroactivement valider des actes – publics ou privés – que la jurisprudence déclarait nuls par interprétation de la loi alors en vigueur. Les lois de validation vont ainsi modifier les règles de droit applicables à des litiges dont certains sont pendants devant un juge ; de ce fait, elles risquent aussi de porter atteinte à des droits de créance acquis en vertu de la loi telle qu'interprétée par la jurisprudence. Une telle modification des données du litige a été jugée incompatible par la Cour européenne avec le droit à un procès équitable inscrit dans l'article 6[497].

(495) Pour une application relative à une nouvelle définition de la récidive, V. CEDH, 10 nov. 2004, *Achour c/ France* : *D.* 2004, inf. rap. p. 3115 ; *D.* 2006, p. 53 et note D. Zerouki-Cottin.
(496) CEDH, 3 sept. 2015, n° 42875/10, *Berland c/ France*. – Mais il en va différemment dans le cas où la mesure de sûreté apparaît comme une sanction : CEDH, 17 déc. 2009, n° 19359/04, *M. c/ Allemagne* : *JCP* 2010, n° 334, obs. M. Giacopelli ; *D.* 2010, p. 737 et note J. Pradel.
(497) CEDH, 23 oct. 1997, *National et Provincial Building Society c/ Royaume-Uni* : *Rec. CEDH* 1997, 2325 ; *RFDA* 1998, 990 et note L. Sermet.

> « Si, en principe, le pouvoir législatif n'est pas empêché de réglementer en matière civile, par de nouvelles dispositions à portée rétroactive, des droits découlant des lois en vigueur, le principe de prééminence du droit et la notion de procès équitable résultant de l'article 6, paragraphe 1, de la Convention, s'opposent, sauf pour d'impérieux motifs d'intérêt général, à l'ingérence du pouvoir législatif dans l'administration de la justice afin d'influer sur le dénouement judiciaire d'un litige ».

Et dans un autre arrêt, elle ajoute même que la décision du Conseil constitutionnel « ne suffit pas à établir la conformité de la validation avec les dispositions de la Convention »(498). En bref, une loi de validation peut être conforme à la Constitution, mais nulle au regard de la Convention(499).

Pour fonder ses décisions, la Cour européenne se réfère aux principes de sécurité juridique ou de confiance légitime qui sont impliqués par le droit à un procès équitable. De même qu'on ne doit pas changer de règle du jeu en cours de partie, on ne saurait non plus modifier la loi en cours de litige et la rendre applicable aux affaires pendantes au risque de porter atteinte à des droits acquis. La Cour européenne y apporte néanmoins une exception en cas d'« impérieux motifs d'intérêt général ». Il ne suffit donc pas, comme l'exige le Conseil constitutionnel, que la loi rétroactive trouve son fondement dans l'intérêt général ; il faut que cet intérêt général soit impérieux.

Un tel contrôle de la conventionnalité n'est pas réservé à la Cour européenne. En effet, les dispositions de la Convention s'appliquant directement en droit français et ayant supériorité sur la loi interne, les juges français, tant de l'ordre administratif que de l'ordre judiciaire, sont amenés à appliquer l'article 6 de la Convention tel qu'interprété par la Cour européenne. De ce fait, et à l'encontre du principe de la séparation des pouvoirs, le juge pourra être amené à censurer le législateur en contrôlant la réalité des impérieux motifs d'intérêt général qui fondent la loi.

Certes, on observera que ces décisions sont relatives à des lois de validation, dont la finalité est souvent discutable, mais les solutions posées à cette occasion ont vocation à s'appliquer à toutes les lois susceptibles d'avoir une incidence sur les affaires judiciaires en cours. C'est dire que sont concernées, non seulement les lois de validation, mais les lois interprétatives et même les lois stipulées rétroactives ou d'application immédiate. En bref, c'est le principe même de la liberté du législateur de faire des lois rétroactives qui est remis en cause par la Cour européenne, mais seulement dans la mesure où la loi stipulée rétroactive s'appliquerait à des affaires judiciaires pendantes(500).

(498) CEDH, 28 oct. 1999, *Zielinski, Pradal, Gonzalès et a. c/ France* : *Rec. CEDH* 1999, VII, 95 ; *D.* 2000, somm. p. 184, obs. N. Fricero ; *RTD civ.* 2000, 436, obs. J.-P. Marguénaud ; *RTD civ.* 2000, 629, obs. R. Perrot. – V. B. Mathieu, *Les validations législatives devant le juge de Strasbourg : une réaction rapide du Conseil constitutionnel mais une décision lourde de menaces pour l'avenir de la juridiction constitutionnelle. À propos des décisions de la Cour européenne des droits de l'homme du 28 oct. 1999 et du Conseil constitutionnel nos 99-422 et 99-425 DC* : *RFDA* 2000, 289. – X. Prétot, *Les validations législatives : de la Constitution à la Convention européenne des droits de l'homme* : *RDP* 1998, 11. – X. Prétot, *Les validations législatives et le droit au procès équitable* : *RDP* 2001, 23. – L. Milano, *Les lois rétroactives, illustration de l'effectivité du dialogue des juges* : *RFDA* 2006, 447.

(499) P. Deumier, *Les lois de validation et le dialogue des juges* : *RTD civ.* 2014, 604.

(500) En revanche, la loi de validation s'appliquera aux affaires non encore soumises au juge à la date de la loi, ou à un stade non encore contentieux : Cass. 2e civ., 6 avr. 2004, *Bull.* n° 152, p. 127 ; *Dr. soc.* juin 2004, obs. X. Prétot ; *D.* 2004, inf. rap. p. 1640.

§ 2. – Les lois normalement rétroactives

161. – Les lois pénales plus douces. Certaines lois sont normalement rétroactives en ce sens que, loin de porter atteinte à la stabilité sociale, elles apportent un mieux-être conforme tant à l'intérêt général qu'aux intérêts particuliers. Aussi bien peut-on s'interroger sur l'application rétroactive de telles lois, même en matière civile[501].

Toutefois, à ce jour, la rétroactivité *in mitius* ne s'applique qu'aux lois pénales nouvelles plus douces, c'est-à-dire celles qui modifient une infraction ou qui diminuent la peine encourue, y compris pour une contravention[502] ; faisant exception au principe de la non-rétroactivité, de telles lois vont s'appliquer, non seulement aux infractions commises postérieurement, mais également aux délinquants qui, ayant commis l'infraction sous une loi antérieure plus sévère, n'ont, en raison des délais inhérents à toute procédure, pas encore fait l'objet d'une condamnation définitive[503].

Il est juste et normal que soit appliquée ici, non pas la loi ancienne dont les pénalités ont été jugées excessives, mais la loi nouvelle considérée comme meilleure. Cette règle, dite de la rétroactivité *in mitius* de la loi pénale, figure aujourd'hui à l'article 112-1, alinéa 3, du Code pénal (V. le texte reproduit *supra*, n° 156), mais on admet qu'elle a valeur constitutionnelle[504]. Elle s'applique non seulement aux peines principales, mais aussi aux peines accessoires, par exemple à l'interdiction d'exercer une profession commerciale pendant un certain délai[505], aux peines alternatives[506] et, dans une certaine mesure, aux sanctions administratives[507].

La Cour de cassation a ainsi annulé des condamnations prononcées à l'encontre d'élus locaux en application de la loi ancienne, au motif qu'était immédiatement applicable la loi du 10 juillet 2000 qui limitait la responsabilité pénale des élus locaux, des directeurs d'école, etc. au cas où ils ont, « soit violé de façon manifestement délibérée une obligation particulière de prudence ou de sécurité prévue par la loi ou le règlement, soit commis une faute caractérisée et qui exposait autrui à un risque d'une particulière gravité qu'elles ne pouvaient ignorer » (C. pén., art. 121-3, al. 4)[508].

(501) P.-Y. Gautier, *Pour la rétroactivité* in mitius *en matière civile : Mél. J. Héron*, LGDJ, 2008.

(502) Cass. crim., 12 juill. 2016, n° 16-80.001.

(503) A. Huet, *Une méconnaissance du droit international (à propos de la rétroactivité in mitius)* : *JCP* 1987, I, 3293. – A. Dekeuwer, *La rétroactivité* in mitius *en droit pénal. Un principe encore et toujours contesté* : *JCP* 1997, I, 4065.

(504) Cons. const., 19-20 janv. 1981, n° 80-127 DC : *Rec. Cons. const.* 1981, p. 15 ; *AJDA* 1981, 275, note J. Rivero, et 278, note Ch. Gournay ; *JCP* 1981, II, 19701 et note C. Franck ; *RDP* 1981, 651, obs. L. Philip. – V. aussi CEDH, 27 sept. 1995, *Gragnic c/ France*, série A, 325 B.

(505) Cass. ass. plén., 22 nov. 2002 : *JCP* 2003, II, 10042 et note W. Jeandidier. – Cass. crim., 6 janv. 2004 : *D.* 2004, inf. rap. p. 397. – Cass. crim., 16 déc. 2009 : *D.* 2010, p. 147, obs. X. Delpech.

(506) Sur la rétroactivité de la peine de contrainte pénale, V. Cass. crim., 14 avr. 2015 : *D.* 2015, 1307, note S. Detraz.

(507) J. Petit, *La rétroactivité in mitius* : *AJDA* 2014, 486. – CE, ass., 16 févr. 2009, n° 274000, *Sté Atom*, concl. Cl. Legras : *RFDA* 2009, p. 259. Toutefois, en cas d'abrogation d'un texte imposant une sanction administrative, la rétroactivité *in mitius* ne s'appliquera que si la sanction a été jugée inutile ou excessive : CE, sect., 16 juill. 2010, n° 294239, *M. Colomb* : *JCP* 2010, n° 1099, note D. Costa. Mais en sens contraire, le Comité des droits de l'homme des Nations unies considère que la rétroactivité in *mitius* doit s'appliquer *a fortiori* à une loi « prévoyant une suppression de peine pour un acte qui ne constitue plus une infraction (A. Huet, *La France, le Comité des droits de l'homme de l'ONU et la rétroactivité de la loi pénale plus douce* : *D.* 2010, p. 2865).

(508) Cass. crim., 5 sept. 2000 : *JCP* 2001, II, 10507, note J.-Y. Chevallier. V. aussi Cass. crim., 15 mai 2007, n° 06-80.312 (pour les infractions relatives à la durée du travail dans les transports routiers de marchandises). – Cass. crim., 24 janv. 2012, n° 11-84.045, pour les ventes en soldes en dehors des périodes autorisées.

De même, elle a appliqué rétroactivement l'article 122-1, alinéa 2 du Code pénal (L. 15 août 2014, entrée en vigueur le 1er octobre 2014) prévoyant une réduction des peines encourues en cas de trouble psychique ou neuro-psychique(509).

La règle de la rétroactivité *in mitius* doit cependant être tempérée par une double observation : d'une part, sauf dans les hypothèses simples, il est souvent difficile de dire si la loi nouvelle est plus douce que la loi ancienne(510) ; d'autre part, en principe, la rétroactivité ne joue pas au profit des contrevenants pour les textes réglementaires en matière économique ou fiscale(511).

Par ailleurs, on observera que la règle de la rétroactivité *in mitius* est également consacrée par la Convention européenne des droits de l'homme. Mais elle n'a pas en droit européen le même champ d'application qu'en droit interne français ; notamment le droit européen consacre une conception large de la « loi pénale » incluant la jurisprudence, et une notion de « peine » différente de celle du droit français(512).

162. – **Les lois relatives à la compétence judiciaire et aux règles de procédure(513).** Les lois déterminant de nouvelles règles de compétence ou de procédure s'appliquent immédiatement à toutes les instances judiciaires en cours ; aussi dit-on souvent qu'elles sont rétroactives.

La formule est très excessive et il n'y a pas ici véritablement atteinte au principe de la non-rétroactivité car semblable loi s'applique, non aux faits ou actes antérieurs qui font l'objet du procès, mais à des actes de procédure qui leur sont postérieurs. En toute hypothèse, s'agissant de textes qui par définition même contribuent à une meilleure organisation et administration de la justice, leur application immédiate ne peut nuire à personne. La *ratio legis* conduit donc à les appliquer sans attendre(514).

163. – **Les lois interprétatives.** La jurisprudence définit la loi interprétative comme celle qui « se borne à reconnaître sans rien innover un état de droit préexistant qu'une définition imparfaite a rendu susceptible de controverse »(515) (V. *supra*, n° 145 sur le pouvoir du Parlement d'interpréter les lois). Il est de principe que la

(509) Cass. crim., 15 sept. 2015 : *JCP* 2015, 1209, note V. Peltier.

(510) D. Al Bcheraoui, *Du caractère plus doux ou plus sévère de certaines dispositions du nouveau Code pénal : JCP* 1994, I, 3767. – V., par ex., Cass. crim., 14 sept. 2010, n° 10-80.718.

(511) J. Borricand, *La non-rétroactivité des textes réglementaires en matière économique et fiscale : D.* 1978, chron. p. 275. – A. Huet, *La rétroactivité in mitius des textes réglementaires en matière économique (Dissonances sur une question simple) : JCP* 1989, I, 3378. – V. Cons. const., 3 déc. 2010, n° 2010-74 QPC (*JCP* 2011, 82 et note crit. E. Dreyer), qui, tout en rappelant la valeur constitutionnelle du principe, réserve les cas dans lesquels la suppression d'une incrimination ou son remplacement par une incrimination moins sévère ne correspondrait pas à un adoucissement de la loi pénale, mais à un changement de la réglementation économique applicable dont la loi pénale ne serait pas séparable.

(512) D. Roets, *L'application de la loi pénale dans le temps et la Convention européenne des droits de l'homme : D.* 2004, chron. p. 1991. – D. Rebut, *Les revirements de jurisprudence en matière pénale*, in *Les revirements de jurisprudence*, Litec, 2005, p. 95. V. aussi Cass. crim., 7 juin 2017, n° 15-87.214.

(513) M.-E. Roujou de Boubée, *La loi nouvelle et le litige : RTD civ.* 1968, p. 479. – F. Gianviti, *Application dans le temps des lois judiciaires et de preuve*, thèse, Paris, 1969. – J. Normand, *L'application dans le temps des lois de droit judiciaire privé au cours de la dernière décennie : Mél. Raynaud*, 1985, p. 555. – G. Bolard, *Droit transitoire et procédure civile : Mél. J. Foyer*, 1997, p. 439.

(514) TGI Paris, ord., 8 oct. 2002 : *D.* 2003, 1928, note B. Moreau et S. Sihvola ; *JCP* 2004, II, 10014 et note F. Fages ; *Rev. arb.* 2003, 199 et note L. Jaeger ; *RTD com.* 2003, 695, obs. É. Loquin. – CA Orléans, 18 mars 2004 : *JCP* 2004, II, 10103, note crit. Th. Le Bars et P. Calle ; *Rev. arb.* 2004, 391 et note crit. D. Bureau. – Cass. 1re civ., 22 nov. 2005 : *D.* 2005, p. 277, note crit. Th. Le Bars et P. Calle ; *JCP* 2006, II, 10015 et note E. Cornut ; *Rev. arb.* 2005, p. 1011 et note crit. D. Bureau ; *Defrénois* 2006, 1, 590, art. 38365, n° 24, obs. crit. R. Libchaber (application immédiate, sinon même rétroactive, de la loi du 15 mai 2001 consacrant la validité de la clause compromissoire dans les contrats conclus à raison d'une activité professionnelle).

(515) Cass. soc., 14 juin 1989, *Bull.* n° 442. – Cass. com., 2 oct. 2001 : *D.* 2001, p. 3044, obs. A. Lienhard.

loi interprétative, faisant corps avec la loi interprétée, s'applique à la date de la loi interprétée, si bien qu'il y a rétroactivité[(516)].

Si le législateur déclare expressément que telle loi est interprétative, le juge devrait normalement s'incliner, même si en l'espèce le législateur a inexactement qualifié d'interprétative une loi qui est en réalité une loi modificative de la loi antérieure ; mais tel n'est pas toujours le cas[(517)]. À défaut de précision dans la loi sur son caractère rétroactif, il appartient au juge de dire si ladite loi est ou non une loi interprétative, et si en conséquence elle doit s'appliquer rétroactivement à la date de la loi interprétée.

La vérité oblige à dire que le recours à une loi interprétative est souvent utilisé par le législateur soit pour briser une interprétation jurisprudentielle en voie de constitution[(518)], soit même pour modifier (rétroactivement) le sens d'une loi déjà publiée[(519)].

Certaines lois interprétatives sont tout à fait bénéfiques dans la mesure où elles brisent une jurisprudence manifestement contraire à la règle de droit[(520)]. D'autres sont plus discutables.

On peut en citer pour exemple l'article 87-I de la loi du 12 avril 1996 qui, venant briser une jurisprudence très sévère pour les banques, décide que, « sous réserve des décisions de justice passées en force de chose jugée, les offres de prêt mentionnées à l'article L. 312-7 du Code de la consommation et émises avant le 31 décembre 1994 sont réputées régulières au regard des dispositions relatives à l'échéancier des amortissements prévues par le 2° de l'article L. 312-8 du même code, dès lors qu'elles ont indiqué le montant des échéances de remboursement du prêt, leur périodicité, leur nombre ou la durée du prêt, ainsi que, le cas échéant, les modalités de leurs variations »[(521)]. En définitive, dans cette affaire dite des « tableaux d'amortissement », la loi a rétroactivement validé des prêts à la consommation qui, sans elle, auraient été annulés compte tenu de l'interprétation contraire retenue par la jurisprudence[(522)].

En pareil cas, la loi interprétative apparaît comme une loi de validation[(523)] : en effet, elle tend à briser une interprétation jurisprudentielle et, l'interprétation du législateur se substituant à celle antérieure de la jurisprudence, la loi ainsi interprétée s'appliquera à tous les litiges en cours. Comme la loi de validation, la loi

(516) N. Molfessis, *La notion de loi interprétative : RTD civ.* 2002, 599.

(517) En pareil cas certains arrêts écartent la qualification inexacte (Cass. soc., 20 mai 1958 : *Gaz. Pal.* 1958, 2, 60. – Cass. soc., 16 mai 1957 : *Gaz. Pal.* 1957, 2, 131).

(518) Cass. 1re civ., 17 févr. 2016 : *JCP* 2016, 396, note J. Knetsch (qui a considéré que l'article de loi critiqué répond à d'impérieux motifs d'intérêt général [Conv. EDH, art 6, § 1] et ne constitue pas une atteinte disproportionnée au droit au respect des biens (Conv. EDH, Prot. add. n° 1, art. 1]).

(519) Pour un exemple assez odieux de cette pratique gouvernementale en matière de comptabilité des entreprises : M. Cozian, *Les tribulations de la provision pour congés payés : JCP* 1970, I, 2367. – Ph. Malaurie, *La jurisprudence combattue par la loi. La loi combattue par la jurisprudence : Defrénois* 2005, 1, 1205, art. 38203.

(520) L. n° 2010-737, 1er juill. 2010 qui venait briser une jurisprudence manifestement mal venue mais qui ne se déclarait pas interprétative et que la Cour de cassation elle-même a spontanément considéré comme ayant un caractère interprétatif (Cass. 3e civ., 12 sept. 2012 : *D.* 2012, 2171 ; *RD imm.* 2012, 627, obs. D. Tomasin. – V. aussi J.-M. Berly, *Le recours de la caution et les affaires en cours : RD imm.* 2011, 109).

(521) Cass. 1re civ., 20 juin 2000, 2 arrêts : *D.* 2000, 699 et note M.-L. Niboyet ; *RTD civ.* 2000, 670, obs. N. Molfessis ; *RFDA* 2000, 1189 et concl. J. Sainte-Rose. – Cass. 1re civ., 29 avr. 2003 : *D.* 2003, 1435 et obs. Avena-Robardet.

(522) M.-C. Alexis et J.-F. Roux, *Éclairage sur une pratique contestable : les lois de validation affectant les intérêts des consommateurs : Contrats, conc. consom.* 2001, chron. 11.

(523) Ph. Malinvaud, *L'étrange montée du contrôle du juge sur les lois rétroactives*, in *1804-2004, Le Code civil, Un passé, un présent, un avenir*, Dalloz, 2004, p. 671.

interprétative constitue alors une ingérence du pouvoir législatif dans l'administration de la justice afin d'influer sur le dénouement judiciaire des litiges.

Cette similitude entre les deux types de lois est telle que, parfois, on peut hésiter sur la qualification. Par exemple, l'article 87-I de la loi du 12 avril 1996 relative à l'affaire des tableaux d'amortissement était à bien des égards une loi interprétative. Et cependant cette disposition a été considérée comme une loi de validation et critiquée par certains comme contraire à l'article 6, § 1, de la Convention européenne. Elle n'en a pas moins reçu le visa du Conseil constitutionnel d'abord(524), puis à plusieurs reprises de la première chambre civile de la Cour de cassation. Modifiant sa motivation initiale(525) et reprenant les conditions posées par la Cour européenne des droits de l'homme, la cour a validé la loi au motif « qu'obéit à d'impérieux motifs d'ordre général l'intervention du législateur destinée, par l'adoption de la loi du 12 avril 1996, à aménager les effets d'une jurisprudence de nature à compromettre la pérennité des activités bancaires dans le domaine du crédit immobilier »(526), et même « l'équilibre financier de l'ensemble des établissements de crédit »(527). Cette nouvelle motivation n'a cependant pas convaincu la Cour européenne des droits de l'homme qui a considéré que la loi du 12 avril 1996, art. 87-I, n'était pas justifiée par d'impérieux motifs d'intérêt général ainsi que l'exige le principe de la prééminence du droit, qu'elle faisait peser une « charge anormale et exorbitante » sur les emprunteurs et qu'elle violait l'article 1 du Protocole n° 1 de la Convention européenne(528).

Il est donc désormais loisible à un justiciable d'invoquer soit devant un juge national, soit devant la Cour européenne, la non-conventionnalité d'une loi interprétative au regard de l'article 6, § 1, de la Convention. La jurisprudence en fournit un exemple à propos de la révision à la baisse des loyers commerciaux. Allant à l'encontre de la jurisprudence de la troisième chambre civile de la Cour de cassation, la cour d'appel de Versailles avait écarté l'application d'une loi interprétative (citée *supra*, n° 145) au motif qu'elle ne répondait pas au critère retenu par la Cour européenne, qu'elle n'était pas justifiée par d'impérieux motifs d'ordre général(529). Le pourvoi formé contre cet arrêt a été rejeté par l'arrêt de l'assemblée plénière de la Cour de cassation du 23 janvier 2004 au motif que, « si le législateur peut adopter, en matière civile, des dispositions rétroactives, le principe de la prééminence du droit et la notion de procès équitable consacrés par l'article 6 de la Convention EDH, s'opposent, sauf pour d'impérieux motifs d'intérêt général, à l'ingérence du pouvoir législatif dans l'administration de la justice afin d'influer sur le dénouement judiciaire des litiges ; que cette règle générale s'applique quelle que soit la

(524) Cons. const., 9 avr. 1996 : *D.* 1998, somm. p. 150, obs. Gaïa.
(525) Cass. 1re civ., 20 juin 2000, 2 arrêts, *Bull.* n° 191 ; *D.* 2000, 699 et note M.-L. Niboyet ; *JCP* 2001, II, 10454 et note A. Gourio ; *RTD civ.* 2000, 670, obs. N. Molfessis. – Cass. 1re civ., 13 nov. 2002, *Bull.* n° 268.
(526) Cass. 1re civ., 29 avr. 2003 : *D.* 2003, 1435, obs. Avena-Robardet ; *Defrénois* 2003, art. 37810, obs. E. Savaux.
(527) Cass. 1re civ., 9 juill. 2003 : *JCP* 2004, II, 10016 et note X. Prétot.
(528) CEDH, 14 févr. 2006, *Lecarpentier c/ France* : *D.* 2006, act. jurispr. 717 ; *JCP* 2006, II, 10171 et note M. Thioye ; *LPA* 3 mai 2006, p. 12, obs. E. Garaud ; *RTD civ.* 2006, 261, obs. J.-P. Marguénaud ; *RDC* 2006, 879, obs. A. Debet, et 289, obs. T. Revet ; *RD imm.* 2006, 458, obs. H. Heugas-Darraspen. – V. aussi CEDH, 12 juin 2007, *Ducret c/ France* : *D.* 2007, act. jurispr. p. 2030 ; *Contrats, conc. consom.* 2007, comm. 288, obs. G. Raymond. – Sur la prise en considération de cette jurisprudence par la Cour de cassation, V. Cass. 1re civ., 30 sept. 2010 : *JCP* 2010, act. 995, obs. C. Boismain.
(529) Versailles, 12e ch., 6 févr. 2003 : *D.* 2003, 720 et note P.-Y. Gautier ; *D.* 2003, 832, obs. Y. Rouquet.

qualification formelle donnée à la loi et même lorsque l'État n'est pas partie au procès ». Et, considérant « qu'il ne résulte ni des termes de la loi, ni des travaux parlementaires que le législateur ait entendu répondre à un impérieux motif d'intérêt général pour corriger l'interprétation juridictionnelle de l'article L. 145-38 du Code de commerce et donner à cette loi nouvelle une portée rétroactive dans le but d'influer sur le dénouement des litiges en cours », l'arrêt écarte l'application de la loi aux instances en cours[(530)]. Depuis lors, la troisième chambre civile a modifié sa position pour adopter celle de l'assemblée plénière[(531)].

§ 3. – Les dispositions transitoires[(532)]

164. – **Fréquence et normalité des dispositions transitoires.** Très souvent, spécialement dans les lois importantes, la loi détermine elle-même la manière dont elle va s'appliquer aux situations en cours. Ces *dispositions transitoires* se substituent dans ce cas particulier aux règles du *droit transitoire*, telles qu'elles résulteraient de l'application du principe de la non-rétroactivité[(533)]. Il ne faut pas en déduire pour autant que les dispositions transitoires font systématiquement échec à ce principe ; on dira plutôt qu'elles l'aménagent en fonction de l'objectif poursuivi par la loi nouvelle, de sa *ratio legis*.

On en prendra pour exemple la loi du 3 décembre 2001, qui a modifié les droits du conjoint survivant et des enfants adultérins[(534)].

Dans son article 25-I, la loi détermine sa date d'entrée en vigueur en posant un principe et des exceptions : le principe est que l'application de la loi est retardée au « premier jour du septième mois suivant sa publication au *Journal officiel* » ; autrement dit, il est accordé un délai de six mois aux praticiens pour se familiariser avec la loi nouvelle. Mais il y est immédiatement fait exception pour un certain nombre de dispositions qui entreront en vigueur à la date normale, c'est-à-dire à l'époque un jour franc après la publication du *Journal officiel* à Paris (V. *supra*, n° 121).

(530) Cass. ass. plén., 23 janv. 2004 : *JCP* 2004, II, 10030 et note M. Billiau ; *D.* 2004, 1108 et note P.-Y. Gautier ; *LPA* 28 avr. 2005, p. 8 et note G. Mecarelli ; *RTD civ.* 2004, 371, obs. J. Raynard ; et 598 et 603, obs. P. Deumier ; *RDC* 2004, 699, obs. G. Lardeux ; et 791, obs. A. Marais ; *RTD com.* 2004, 74, obs. J. Monéger ; *Defrénois* 2004, 1, 525, art. 37917, n° 1, obs. L. Ruet. – V. aussi, G. Canivet, *L'apport de l'article 6 de la Convention européenne de sauvegarde des droits de l'homme à la théorie des conflits d'application de la loi dans le temps. À propos de l'arrêt de l'assemblée plénière de la Cour de cassation du 23 janvier 2004* : *Justice & cassation* 2005, p. 290. – Ph. Malinvaud, art. préc. – X. Prétot, *Le législateur peut-il s'opposer rétroactivement à la jurisprudence ? Ou de la disparition des lois interprétatives* : *RJS* 2004, chron. 343. – B. Mathieu, *La Cour de cassation et le législateur : ou comment avoir le dernier mot. À propos de l'arrêt de l'assemblée plénière de la Cour de cassation du 23 janvier 2004* : *RFDA* 2004, 224.

(531) Cass. 3e civ., 7 avr. 2004, *Bull.* n° 81, p. 75 ; *LPA* 22 juill. 2005, p. 12 et note S. Chassagnard ; *D.* 2004, 1310 ; *JCP* 2004, IV, 2187. On notera en revanche un arrêt en sens contraire rendu le 29 janvier 2004 par la Cour de Versailles : V. A. Morin, *Révision et loi MURCEF : la Cour de Versailles fait de la résistance* : *AJDI* 2004, 960.

(532) F. Dekeuwer-Défossez, *Les dispositions transitoires dans la législation contemporaine*, LGDJ, 1977, préf. M. Gobert. – G. Eveillard, *Les dispositions transitoires en droit public français*, Dalloz, coll. « Nouvelle Bibl. de thèses », 2007.

(533) S. Gaudemet, *L'article 2 du Code civil et les sources du droit. Dialogue entre l'article 2 et les dispositions transitoires* : *Rev. dr. Assas.* oct. 2020, n° 20, p. 73 et s.

(534) M.-C. Forgeard, *Remarques sur les dispositions transitoires de la loi du 3 décembre 2001*, art. 25 II, 1° et 2° : *Defrénois* 2002, 1, 1195, art. 37602. – Ch. Jubault, *Contribution à l'étude théorique et pratique de l'article 25 de la loi du 3 décembre 2001* : *Defrénois* 2003, 1, 275, art. 37679.

Puis, dans son article 25-II, la loi détermine son champ d'application dans le temps. Et là encore elle pose un principe et une exception. Le principe est celui de la non-rétroactivité : la loi s'appliquera aux successions ouvertes à compter de la date de son entrée en vigueur (c'est-à-dire aux décès survenant à compter du 1er juillet 2002). Mais elle y fait échec pour les nouveaux droits accordés aux enfants adultérins qui vont s'appliquer rétroactivement aux successions qui étaient déjà ouvertes à la date de la publication de la loi et qui n'avaient pas, à cette date, fait l'objet d'un partage. En définitive, la loi distingue entre les nouveaux droits du conjoint survivant qui s'appliqueront conformément au principe de la non-rétroactivité, et ceux des enfants adultérins qui s'appliqueront rétroactivement (sous réserve des accords amiables déjà intervenus et des décisions judiciaires irrévocables). Pourquoi cette différence ? Parce qu'il est apparu impérieux de mettre fin d'urgence à la situation discriminatoire dont les enfants adultérins souffraient par rapport aux enfants légitimes.

De même, la loi « anti-Perruche » du 4 mars 2002 stipulait que ses dispositions sur la réparation du handicap de naissance causé par une faute médicale « sont applicables aux instances en cours(535), à l'exception de celles où il a été irrévocablement statué sur le principe de l'indemnisation »(536). Mais cette disposition de la loi a été expressément condamnée par la Cour européenne des droits de l'homme comme violant le droit au respect des biens consacré par l'article 1er du Protocole n° 1 de la Convention EDH(537) (V. *infra*, n° 165). Et elle a également été jugée contraire à la Constitution(538).

Ces dispositions transitoires fournissent donc déjà des exemples de lois expressément rétroactives. Mais elles peuvent aussi jouer le rôle inverse en retardant l'application de la loi nouvelle aux situations contractuelles en cours(539), notamment au nom de la sécurité juridique(540). C'est ainsi, par exemple, que l'article 9 de l'ordonnance du 10 février 2016 portant réforme du droit des contrats et des obligations prévoit que ses dispositions entrent en vigueur le 1er octobre 2016, tout en précisant que les contrats conclus avant cette date demeurent soumis à la loi ancienne. De telles mesures sont particulièrement bénéfiques lorsque la loi nouvelle porte sur un domaine tellement vaste qu'il convient de laisser aux praticiens le temps de l'assimiler. C'est ainsi que, dans le même esprit, le Conseil constitutionnel a censuré

(535) Sur la notion d'instance en cours, V. CE, 13 mai 2011, n° 329290, *Mme L.*, et CE, 13 mai 2011, n° 317808, *Mme D. et M. V.*

(536) Sur les difficultés d'application dans le temps, V. CE, avis, 6 déc. 2002 : *RFDA* 2003, 339 et note J. Petit ; *JCP* 2003, IV, 1048 ; *D.* 2003, inf. rap. p. 41. – Ph. Malaurie, *L'handicap de l'enfant : un droit désemparé. À propos de l'avis du Conseil d'État du 6 décembre 2002* : *JCP* 2003, I, 110. – V. égal. Cass., avis, 22 nov. 2002 : *D.* 2003, 1196 et note D. Dendoncker.

(537) CEDH, Gde ch., 6 oct. 2005, n° 1513/03, *Draon c/ France*, et n° 11810/103, *Maurice c/ France* : *D.* 2005, inf. rap. p. 2547.

(538) Cons. const., 11 juin 2010, n° 2010-2 QPC : *D.* 2010, p. 1976 et note D. Vigneau ; et p. 1980, note V. Bernaud et L. Gay.

(539) On notera à cet égard que, au nom de la sécurité juridique et de la confiance légitime, le Conseil d'État a annulé un décret déclarant de nouvelles dispositions immédiatement applicables, au motif que le décret aurait dû prévoir des mesures transitoires : CE, 24 mars 2006, *Sté KPMG* : *D.* 2006, 1224. – CE, 13 déc. 2006 : *D.* 2007, 847 et note O. Bui-Xuan ; *RFDA* 2007, 275 et note G. Eveillard ; *RDC* 2007, 1091, obs. C. Pérès. – CE, 19 juill. 2010, req. n° 334155, *Min. Défense*. – V. aussi P. Cassia, *La sécurité juridique, un « nouveau » principe général du droit aux multiples facettes* : *D.* 2006, chron. p. 1190.

(540) G. Eveillard, *Sécurité juridique et dispositions transitoires* : *AJDA* 2014, 492.

une disposition législative au motif qu'elle ne comportait pas de dispositions transitoires[541].

Il arrive aussi que certaines dispositions transitoires soient écartées ou complétées par la Cour de cassation, ce qui est plus étonnant. Ainsi, dans son avis du 16 février 2015, la Cour de cassation n'a pas hésité à ajouter des hypothèses à la liste des dispositions de la loi ALUR immédiatement applicables[542] ; cela dit, ces avis n'ont pas de caractère obligatoire (V. *supra*, n° 151).

§ 4. – Les lois expressément rétroactives

165. – **Les lois expressément rétroactives en général.** Suivant la jurisprudence du Conseil constitutionnel, le législateur est libre d'édicter des lois expressément rétroactives, mais sous deux réserves (V. *supra*, n° 159) :

– d'une part, cette liberté est écartée en matière pénale, la non-rétroactivité ayant alors valeur de principe constitutionnel ;

– d'autre part, cette liberté est encadrée dans les autres matières, puisqu'il ne peut adopter des dispositions rétroactives « qu'en considération d'un motif d'intérêt général suffisant et sous réserve de ne pas priver de garanties légales des exigences constitutionnelles ».

Dans le passé, le législateur en a parfois fait un usage contestable. L'exemple le plus souvent cité est celui du décret du 17 nivôse an II qui déclarait applicables rétroactivement au 14 juillet 1789 les règles nouvelles de dévolution des biens laissés par des personnes décédées sans testament. En application de cette loi, il fallut annuler et refaire les partages successoraux de plusieurs années, ce qui entraîna une perturbation sociale tellement profonde que – pour éviter que de tels exemples ne se reproduisent – le principe de la non-rétroactivité fut introduit dans la Constitution de l'an III.

Plus près de nous, et plus grave encore parce qu'intervenue en matière pénale, l'ordonnance du 27 août 1944 a puni, comme crime d'indignité nationale, des actes commis antérieurement à sa mise en vigueur. Si odieux que puissent apparaître certains comportements, on éprouve quelque gêne à les voir condamnés rétroactivement par une loi pénale, à moins que, suivant la formule de l'article 7 de la Convention européenne des droits de l'homme, ces comportements apparaissent criminels « d'après les principes généraux de droit reconnus par les nations civilisées ».

Mais on peut aussi citer des hypothèses de lois expressément rétroactives bénéfiques. Ainsi, la loi du 21 juin 1843, qui dispensait certains actes notariés d'une formalité nécessaire mais tombée en désuétude depuis de longues années, a donné rétroactivement validité à de très nombreux actes notariés dont la nullité aurait entraîné un trouble social indéniable.

De même, la loi du 5 juillet 1985 tendant à l'amélioration de la situation des victimes d'accidents de la circulation a été déclarée applicable aux procédures

(541) Cons. const., 8 déc. 2016, n° 2016-741 DC.
(542) Cass., avis, 16 févr. 2015, n° 14-70.011, rapp. R. Parneix et avis Y. Charpenel : *RTD civ.* 2015, 569, obs. P. Deumier.

en cours, ainsi qu'aux accidents survenus dans les trois années précédant la publication de la loi et n'ayant pas donné lieu à l'introduction d'une instance en justice.

De manière générale, le législateur moderne use avec modération et sagesse de sa faculté d'édicter des lois expressément rétroactives et ce en considération de l'intérêt général comme l'y invite le Conseil constitutionnel ; et sans jamais remettre en cause des actes ou des situations qui ont produit tous leurs effets ou qui ont été consacrés par des décisions de justice définitives.

Il le fait assez souvent dans le cadre de dispositions transitoires, comme on l'a vu pour les nouveaux droits accordés aux enfants adultérins par la loi du 3 décembre 2001 (V. *supra*, n° 164).

Il le fait également parfois dans le souci d'appliquer, non pas rétroactivement mais immédiatement, aux effets d'une situation contractuelle une loi nouvelle considérée comme impérative ou d'ordre public (V. *infra*, n° 174).

Là encore, on pourrait s'interroger sur la conformité de telles lois aux principes de la Convention européenne, et notamment à son article 6, § 1. On en prendra pour exemple le titre I de la loi du 4 mars 2002 qui règle la responsabilité des professionnels et des établissements de santé à l'égard des enfants nés handicapés et de leurs parents. En fait, ce titre I avait pour objet de briser la jurisprudence *Perruche*, établie par plusieurs arrêts de l'assemblée plénière de la Cour de cassation[543], qui avait suscité une grande émotion dans le public et une vive polémique au plan tant éthique et philosophique que juridique ; ce qui a valu à la loi d'être parfois qualifiée de loi *anti-Perruche*[544]. La loi faisait en outre échec au principe de la non-rétroactivité, les dispositions de l'article 1 de la loi étant déclarées « applicables aux instances en cours, à l'exception de celles où il a été irrévocablement statué sur le principe de l'indemnisation ».

C'est assez dire que le législateur intervenait dans des instances en cours. Cela dit, la jurisprudence *Perruche* étant fondée sur les règles de droit commun de la responsabilité, la loi qui la brisait n'était ni de validation ni interprétative ; c'était tout simplement une loi nouvelle d'application immédiate, donc rétroactivement applicable à des actes intervenus antérieurement à la loi.

Consulté pour avis sur la conventionnalité de la loi, le Conseil d'État s'était prononcé pour l'affirmative tant en ce qui concerne le fond du droit que l'application immédiate[545]. Hélas l'application rétroactive de la loi a entraîné des effets pervers. En effet, dans certaines affaires en cours, des demandeurs en responsabilité ont été déboutés sur le fondement de l'article 1, disposition immédiatement

(543) Cass. ass. plén., 17 nov. 2000 : *JCP* 2000, II, 10438, rapp. P. Sargos, concl. J. Sainte-Rose et note F. Chabas ; *D.* 2001, 332, note D. Mazeaud et note P. Jourdain. – Cass. ass. plén., 13 juill. 2001, 3 arrêts : *JCP* 2001, II, 10601, concl. J. Sainte-Rose et note F. Chabas ; *D.* 2001, 23, 25 et note P. Jourdain. – Cass. ass. plén., 28 nov. 2001, 2 arrêts : *JCP* 2002, II, 10018, concl. J. Sainte-Rose et note F. Chabas.

(544) V. C. Byk, *La jurisprudence est-elle une source du droit des sciences de la vie ?* : *Gaz. Pal.* 27-29 avr. 2003.

(545) Sur ce dernier point, il retient que « les motifs d'intérêt général que le législateur a pris en compte pour édicter les règles des trois premiers alinéas du I justifient, au regard des stipulations mentionnées dans la demande d'avis, que par le dernier alinéa du même I il ait décidé d'appliquer les dispositions nouvelles aux situations apparues antérieurement et aux instances en cours, tout en réservant, comme il le devait, les décisions juridictionnelles passées en force de chose jugée » : CE, avis, 6 déc. 2002 : *RFDA* 2003, 339 et note J. Petit. – Ph. Malaurie, *L'handicap de l'enfant : un droit désemparé. À propos de l'avis du Conseil d'État du 6 décembre 2002* : *JCP* 2003, I, 110.

applicable, mais sans pouvoir bénéficier de la « solidarité de l'ensemble de la collectivité nationale » prévue à l'article 2 et non encore mise en place. On pouvait se demander si une telle solution était bien conforme aux principes de la Convention européenne[(546)]. Saisie de cette question, la Cour européenne a effectivement considéré que l'application de cette disposition aux instances en cours violait le droit au respect des biens consacré par l'article 1 du Protocole n° 1 de la Convention EDH[(547)]. Par trois arrêts du 24 janvier 2006, la Cour de cassation s'est prononcée dans le même sens[(548)], et le Conseil d'État s'est rallié à cette solution[(549)].

Finalement, la Cour de cassation a opté pour l'interprétation selon laquelle la loi ne s'appliquait pas aux dommages survenus antérieurement à son entrée en vigueur, c'est-à-dire aux naissances survenues avant le 7 mars 2002, même si la date de la demande en justice était postérieure[(550)]. Mais le Conseil d'État s'est prononcé en sens contraire[(551)].

Cet exemple est emblématique, mais on pourrait en citer bien d'autres[(552)]. La jurisprudence administrative en a tiré cette conséquence que l'État engage sa responsabilité du fait d'une loi adoptée en méconnaissance de ses engagements internationaux, et notamment du droit européen[(553)].

(546) Ph. Malinvaud, *L'étrange montée du contrôle par le juge des lois rétroactives*, in *1804-2004, Le Code civil, un passé, un présent, un avenir*, Dalloz, 2004, p. 671.

(547) CEDH, 6 juill. 2004, *Maurice et a. c/ France* : *RTD civ.* 2004, 797, obs. J.-P. Marguénaud (décision sur la recevabilité). – Et sur le fond : CEDH, Gde ch., 6 oct. 2005, n° 1513/03, *Draon c/ France*, et n° 11810/103, *Maurice c/ France* : *JCP* 2006, II, 10061 et note A. Zollinger ; *D.* 2005, inf. rap. p. 2547 ; *RTD civ.* 2005, p. 744. obs. J.-P. Marguénaud, et 798, obs. Th. Revet. Ce litige s'est finalement terminé par une transaction qui a été validée par la CEDH : CEDH, 21 juin 2006, *Draon c/ France* et *Maurice c/ France* : *JCP* 2006, II, 10162 et note A. Zollinger.

(548) Cass. 1re civ., 24 janv. 2006 : *D.* 2006, inf. rap. p. 325, obs. I. Gallmeister ; *JCP* 2006, II, 10062, note A. Gouttenoire et S. Porchy-Simon ; *RDC* 2006, 885, obs. A. Marais ; *LPA* 15 juin 2007, et note M. Pichard. – V. aussi Cass. 1re civ., 21 févr. 2006, *Bull.* n° 94 ; *JCP* 2006, II, 10062, 4e esp., note A. Gouttenoire et S. Porchy-Simon ; *LPA* 31 mars 2006, p. 13 et note S. Prigent ; *Contrats, conc. consom.* 2006, comm. 76, obs. L. Leveneur. – Cass. 1re civ., 8 juill. 2008 : *JCP* 2008, II, 10166, avis av. gén. C. Mellottée et note P. Sargos ; *D.* 2008, p. 2765 et note S. Porchy-Simon ; *Contrats, conc. consom.* 2008, comm. 266, obs. L. Leveneur ; *RDC* 2008, p. 909, obs. A. Marais ; *ibid.* 2009, p. 96, obs. J.-S. Borghetti. – V. S. Monnier, *Les rapports antagonistes entre la jurisprudence et la loi dans le domaine de la réparation du préjudice lié à la naissance d'un enfant handicapé : LPA* 17 mars 2006, p. 6. – C. Coulon, *La résistance de la Cour de cassation à l'application du dispositif anti-Perruche : Rev. Lamy dr. civ.* janv. 2009, p. 17.
Corrélativement, la Cour de cassation a décidé que la loi du 30 décembre 2002, qui venait interpréter et modifier la loi du 4 mars 2002 n'était pas non plus d'application rétroactive : Cass. 1re civ., 16 oct. 2008 : *D.* 2008, act. jurispr. 2719.

(549) CE, 24 févr. 2006, n° 250704, *M. et Mme L.* : *D.* 2006, inf. rap. p. 812.

(550) Cass. 1re civ., 15 déc. 2011 : *JCP* 2012, 72, concl. P. Chevalier et note P. Sargos ; *JCP* 2012, 530, n° 9, obs. C. Bloch ; *D.* 2012, 323 et note D. Vigneau ; *RTD civ.* 2012, 75, obs. P. Deumier. – N. Maziau, *Constitutionnalité et conventionnalité au regard des motifs de la décision n° 2012-2 QPC du Conseil constitutionnel (À propos de l'arrêt rendu par la Cour de cassation, 1re ch. civ. le 15 févr. 2011 sur le dispositif transitoire de la législation « anti-Perruche »)* : *D.* 2012, 297.

(551) CE, ass., 13 mai 2011, *Mme Lazare* : *RFDA* 2011, 772, concl. J.-Ph. Thiellay, et 806, note M. Verpeaux ; *AJDA* 2011, 1136, obs. X. Domino et A. Bretonneau ; *RTD civ.* 2012, 71, obs. P. Deumier. – CE, 31 mars 2014 : *JCP* 2014, 665, note A. Zollinger ; *D.* 2014, 1578, note Ch.-E. Bucher.

(552) La question s'est notamment posée pour la loi n° 2002-303 du 4 mars 2002 relative aux droits des malades et à la qualité du service de santé, en ce qu'elle réglait le sort fait aux infections nosocomiales : Cass. 1re civ., 18 oct. 2005 : *LPA* 3 août 2007 et note C. Lazarus. Et le Conseil d'État a considéré que les dispositions de l'article L. 1142-11 du Code de la santé publique, qui créait un nouveau régime de prise en charge par la solidarité nationale des dommages résultant des infections nosocomiales, ne sauraient avoir d'effet rétroactif : CE, 13 juill. 2007, *Oniam* : *JCP* 2007, act. 358.
La question s'est pareillement posée à propos de l'article 73, § 1, de la loi n° 2003-1199 du 18 décembre 2003, modifiant l'article L. 245-1 du Code de la sécurité sociale, qui était déclaré applicable aux instances en cours. Cette disposition a été validée au regard de l'article 6, § 1, de la Convention européenne des droits de l'homme, au motif qu'elle obéissait à d'impérieux motifs d'intérêt général, caractérisés par la nécessité d'éviter le développement d'un contentieux de nature à mettre en péril le recouvrement des cotisations de sécurité sociale et par suite la pérennité du système de protection sociale : Cass. 2e civ., 8 nov. 2006, *Bull.* n° 302. – M. Voxeur et T. Ngo Ky, *La Cour de cassation « valide » la validation législative des contrôles URSSAF concernant l'industrie pharmaceutique* : *D.* 2007, 877.

(553) CE, ass., 8 févr. 2007, n° 279522, *Gardedieu* : *JCP* 2007, II, 10045 et note M.-C. Rouault ; *D.* 2007, act. jurispr. 659 ; *AJDA* 2007, 585, obs. F. Lenica et J. Boucher ; *RFDA* 2007, 361, concl. L. Derepas ; *RTD civ.* 2007, 297, obs.

166. – **Le cas des lois de rétablissement.** Parmi les lois expressément rétroactives, certaines apparaissent plus suspectes que d'autres.

À cet égard, les *lois de rétablissement* n'appellent guère de critiques. Il s'agit de lois tendant à rattraper une erreur commise par le législateur, notamment lors d'une codification à droit constant. Par exemple, une loi du 15 mai 2001 a rétabli rétroactivement l'article 631 de l'ancien Code de commerce qui avait été malencontreusement oublié lors de la publication en 1991 du nouveau Code de commerce ; il a ainsi réparé une erreur qui, sans cette rétroactivité, aurait pu avoir des conséquences cataclysmiques en permettant de remettre en cause les décisions rendues pendant dix années par les tribunaux de commerce[(554)].

Peuvent être assimilées aux lois de rétablissement celles qui, prenant acte d'une condamnation de la France par la Cour de justice de l'Union européenne pour transposition incorrecte d'une directive européenne, apportent à la loi de transposition les modifications nécessaires, et ce de manière rétroactive[(555)].

167. – **Le cas des lois de validation.** Les *lois de validation*, parfois appelées lois confirmatives[(556)], suscitent d'importantes réserves ; elles ont pour objet de conférer rétroactivement validité à des actes passés ou à des situations réalisées sous l'empire de la loi ancienne et qui seraient nuls au regard de cette loi. En définitive, il s'agit de régulariser des actes ou des situations dont la nullité risquerait d'entraîner un trouble à l'intérêt général.

C'est là une pratique très ancienne qui, pendant longtemps, n'a guère suscité de critiques. On cite habituellement comme exemple la loi du 21 juin 1843 qui, en dispensant les actes notariés d'une formalité nécessaire mais tombée en désuétude, a permis de valider rétroactivement un grand nombre d'actes notariés dont la nullité aurait entraîné un trouble social considérable.

Elle est souvent utilisée pour réparer des erreurs administratives, par exemple pour valider des nominations de magistrats dont il apparaissait après coup qu'elles étaient irrégulières, et pour valider par là même les actes accomplis par ces magistrats dans l'exercice de leurs fonctions.

Elle est également utilisée pour valider des actes privés, des contrats ou conventions que la jurisprudence aurait déclarés nuls par interprétation de la loi applicable. Ces lois ont souvent été critiquées devant les tribunaux et, finalement, devant la Cour européenne, au motif qu'elles étaient inspirées, non par « d'impérieux motifs d'intérêt général » comme l'exige la Cour européenne, mais par des intérêts financiers soit de l'État[(557)], soit de groupes de pression qui avaient obtenu le vote de la loi de validation[(558)].

J.-P. Marguénaud. – V. aussi D. Pouyaud, *Le fondement de la responsabilité du fait des lois en cas de méconnaissance des engagements internationaux : RFDA* 2007, 525.

(554) Paris, 1re ch. D, 17 oct. 2001 : *D.* 2001, p. 3438, obs. A. Lienhard. – Cass. com., 14 déc. 2004 : *D.* 2005, 146, obs. A. Lienhard.

(555) Tel a été le cas de l'article 29 de la loi de « simplification du droit » du 9 décembre 2004 qui a modifié les articles 1386-2, 1386-7 et 1386-12 du Code civil que la Cour de justice des Communautés européennes avait jugé non conformes à la directive transposée. L'article 29-II précise que les nouvelles dispositions seront rétroactivement applicables à la date de la mise en vigueur de la loi de transposition, sous réserve des litiges ayant donné lieu à une décision définitive.

(556) H. Roland et L. Boyer, *Introduction au droit*, Litec, 2003, n° 643.

(557) Ce qui, en soi, est insuffisant : CEDH, 25 nov. 2010, req. n° 20429/07, *Lilly France c/ France.*

(558) V. M.-C. Alexis et J.-F. Roux, *Éclairage sur une pratique contestable : les lois de validation affectant les intérêts des consommateurs : Contrats, conc. consom.* 2001, chron. 11.

Le Conseil constitutionnel, qui exerce un contrôle de la constitutionnalité et non pas de la conformité à la Convention européenne, reconnaît au législateur le pouvoir d'adopter des mesures de validation, à la condition que celles-ci répondent à des motifs d'intérêt général et respectent le principe de l'autorité de la chose jugée(559). En pratique, le Conseil constitutionnel n'exerce donc qu'un contrôle léger, se contentant de vérifier que la loi de validation répond bien à un « but d'intérêt général suffisant » ; il s'ensuit que peu de lois de validation sont censurées par le Conseil(560).

Il en va différemment des juridictions ordinaires qui vérifient, non plus la constitutionnalité, mais la conventionnalité des lois de validation, en appliquant les critères retenus par la Cour européenne(561).

C'est ainsi que le Conseil d'État a, à plusieurs reprises, écarté l'application d'une loi de validation au motif qu'elle n'était pas justifiée par un « impérieux motif d'intérêt général » susceptible de rendre la validation législative compatible avec l'article 6, § 1, de la Convention(562).

Les juridictions de l'ordre judiciaire ont été également saisies, ce qui n'a pas manqué de les embarrasser dans la mesure où elles se trouvaient invitées par les justiciables à censurer la loi elle-même. En effet, dans sa mission de faire prévaloir les principes de la Convention européenne sur la loi française, le juge doit au préalable vérifier si le critère posé la Cour européenne est ou non satisfait : la loi de validation critiquée est-elle justifiée par d'« impérieux motifs d'intérêt général ». C'est là non pas une question de fait relevant du pouvoir souverain des juges du fond, mais une question de droit dont le contrôle relève de la Cour de cassation. C'est en ce sens que s'est prononcée l'assemblée plénière de la Cour de cassation dans deux arrêts du 24 janvier 2003(563). En fait, faisant preuve d'une très grande prudence, la Cour de cassation avait jusqu'ici le plus souvent considéré que la loi de validation critiquée obéissait « à d'impérieux motifs d'ordre général »(564).

Rompant avec cette réserve, l'arrêt de l'assemblée plénière du 23 janvier 2004 a écarté l'application d'une loi interprétative aux affaires en cours. Toutefois, à la différence de l'arrêt d'appel qui fustigeait le Parlement pour avoir cédé à la pression de certains intérêts, la Cour de cassation se réfère à l'intention même du législateur

(559) F. Luchaire, *Le Conseil constitutionnel et les lois de validation* : *RDP* 1998, 23. – B. Mathieu, *Les validations législatives devant le juge de Strasbourg : une réaction rapide du Conseil constitutionnel mais une décision lourde de menaces pour l'avenir de la juridiction constitutionnelle* : *RFDA* 2000, 288. – B. Mathieu, *De quelques exemples récents de l'influence des droits européens sur le juge constitutionnel français. À propos des décisions 2002-458 DC et 2001-455 DC* : *D.* 2002, chron. p. 1439.

(560) V. par ex., Cons. const., 28 déc. 1995, n° 95-369 DC : *Rec. Cons. const.* 1995, p. 257 ; *AJDA* 1996, 369, chron. O. Schrameck. – V. aussi J.-P. Lay, *La décision du Conseil constitutionnel du 28 décembre 1995 et la transmission des entreprises* : *D.* 1996, chron. p. 193. – Cons. const., 11 déc. 2003, n° 2003-486 DC : *AJDA* 2003, 2347 ; *D.* 2004, somm. p. 1270, obs. D. Ribes.

(561) Ph. Malinvaud, *L'étrange montée du contrôle par le juge des lois rétroactives*, in *1804-2004, Le Code civil, un passé, un présent, un avenir*, Dalloz, 2004, p. 671.

(562) CE, 28 juill. 2000, *M. Tête, Assoc. du collectif pour la gratuité contre le racket* : *AJDA* 2000, 796 ; *RFDA* 2001, 121 et concl. Savoie. – CE, 11 juill. 2001, *Préau* : *RFDA* 2001, 1047 et concl. C. Bergeal. – CE, 21 déc. 2007, *Fédération de l'hospitalisation privée* : *AJDA* 2008, p. 2280 et note H. Ribal (objectif de ne pas aggraver le déficit de l'assurance maladie). – CE, 10 nov. 2010, *Cnes de Palavas-les-Flots et de Lattes* : *RFDA* 2011, 124 ; *RTD civ.* 2011, 501, obs. P. Deumier.

(563) Cass. ass. plén., 24 janv. 2003, *Bull.* nos 2 et 3 ; *D.* 2003, 1648 et note S. Paricard-Pioux. – V. aussi B. Mathieu, *Remarques sur un conflit de légitimité entre le juge et le législateur dans la détermination de l'intérêt général et la protection de la sécurité juridique. À propos de la décision de l'assemblée plénière de la Cour de cassation du 24 janvier 2003* : *RFDA* 2003, 470.

(564) Cass. 1re civ., 20 juin 2000, 2 arrêts, *Bull.* n° 191 ; *D.* 2000, 699 et note M.-L. Niboyet ; *JCP* 2001, II, 10454 et note A. Gourio ; *RTD civ.* 2000, 670, obs. N. Molfessis. – Cass. 1re civ., 13 nov. 2002, *Bull.* n° 268. – Cass. 1re civ., 29 avr. 2003 : *D.* 2003, 1435, obs. V. Avena-Robardet ; *Defrénois* 2003, art. 37810, obs. E. Savaux. – Cass. ass. plén., 24 janv. 2003, préc.

pour dire « qu'il ne résulte ni des termes de la loi, ni des travaux parlementaires que le législateur ait entendu répondre à un impérieux motif d'intérêt général pour corriger l'interprétation juridictionnelle de l'article L. 145-38 du Code de commerce (...) » (V. *supra*, n° 163 relatif aux lois interprétatives et les références citées).

De même, à la suite de la condamnation par la Cour européenne des droits de l'homme de l'article 29 de la loi du 19 janvier 2000 – relatif à l'affaire des « heures d'équivalence » – qui validait rétroactivement les dispositions d'un texte antérieur(565), la Cour de cassation a écarté l'application de cet article 29 aux instances en cours à la date de son entrée en vigueur(566) cependant que, dans un premier temps, elle a admis son application aux instances initiées postérieurement(567). Et finalement elle a écarté totalement l'application de l'article 29 même aux instances postérieures au motif qu'elle porte une atteinte au droit au respect des biens au sens de l'article 1er du Protocole n° 1 à la Convention européenne des droits de l'homme(568).

SOUS-SECTION 2

LE PRINCIPE DE LA NON-RÉTROACTIVITÉ ET LE JUGE

168. – Comment comprendre et appliquer le principe de la non-rétroactivité ? La difficulté est grande pour le juge qui doit résoudre un conflit de lois dans le temps. Il n'a en effet à sa disposition aucune directive autre que celle de l'article 2 du Code civil dont on s'accordera à penser qu'elle soulève plus de problèmes qu'elle n'en résout : « la loi ne dispose que pour l'avenir ; elle n'a point d'effet rétroactif ». Comment faut-il faire en pratique pour se conformer à la règle ?

On prendra pour exemple le cas où la loi nouvelle modifie les règles relatives aux effets d'un acte ou d'une situation juridique ; ces effets, lorsqu'ils se prolongent dans le temps, auront commencé sous une loi pour se poursuivre sous une autre : laquelle sera applicable ? Jusqu'à quand ? À partir de quand ?

Si, par exemple, une loi nouvelle vient abaisser d'un cran le taux d'intérêt jugé usuraire, comment s'appliquera-t-elle à un prêt d'argent stipulé jadis et légalement à un taux plus élevé ? On peut proposer trois solutions :

– soit, par application de la loi antérieure, décider le maintien du taux d'intérêt prévu conventionnellement – et devenu usuraire – jusqu'à l'expiration du contrat ; on dira qu'il y a *survie de la loi ancienne* ;

– soit, à l'inverse, décider que tant les intérêts à échoir que les intérêts échus et non encore payés au jour de la loi nouvelle devront être baissés d'un cran ; il y a alors *rétroactivité de la loi nouvelle* et, en ce qui concerne les intérêts échus, on peut parler d'une atteinte portée par la loi à des *droits acquis* de manière définitive ;

(565) CEDH, 9 janv. 2007, *Aubert et a. c/ France* : *RDC* 2007, 477, obs. A. Debet.
(566) Cass. soc., 13 juin 2007, 2 arrêts : *D.* 2007, 2439 et note C. Pérès ; *RTD civ.* 2007, 536, obs. P. Deumier. À noter que l'arrêt reprend à son compte la motivation retenue par la CEDH, et mentionne même à son visa l'arrêt de la CEDH.
(567) Cass. soc., 5 juin 2008, n° 06-46.295.
(568) Cass. soc., 21 mars 2012, n° 04-47.532.

– soit enfin décider que les intérêts échus au jour de la loi nouvelle seront payés à l'ancien taux cependant que ceux à échoir seront payés au nouveau taux. Ici, il y a *application immédiate* de la loi nouvelle à la situation en cours.

Comment le juge doit-il appliquer la loi nouvelle pour ne pas lui faire produire un effet rétroactif ? Quand peut-on dire qu'il y a rétroactivité au sens de l'article 2 du Code civil ?

La doctrine se partage entre deux écoles qui, l'une et l'autre, ont proposé des critères. Quant à la jurisprudence, sans jamais se référer expressément à l'une ou l'autre conception, elle fait preuve d'éclectisme et adopte des solutions qui varient suivant la situation à régler.

§ 1. – L'interprétation de l'article 2 par la doctrine

169. – **La théorie des droits acquis.** C'est la théorie qui est apparue la première ; on dira d'elle qu'elle est classique, traditionnelle, et pour tout dire conservatrice. Elle repose sur la distinction entre les *droits acquis* et les *simples expectatives*.

Les droits acquis sont ceux qui, au moment où la loi nouvelle intervient, sont définitivement entrés dans le patrimoine d'une personne ; le principe de la non-rétroactivité s'oppose à ce que de tels droits soient remis en cause. Par exemple, lorsqu'une personne décède, la succession s'ouvre au jour du décès, et se trouvent appelés à la succession tous ceux désignés par la loi en vigueur à cette date : ces héritiers ont un droit acquis à la succession.

Mais tant que le décès n'est pas intervenu, les héritiers désignés par la loi n'ont qu'un *droit éventuel* à être appelés à la succession, ils n'ont qu'une simple expectative qui peut être modifiée ou supprimée par une loi nouvelle.

En bref, le législateur doit respecter les droits acquis ; il peut en revanche remettre en cause les simples expectatives car, à défaut, cela reviendrait à dire qu'une loi ne peut jamais être modifiée. La jurisprudence a jadis utilisé cette distinction et la terminologie qui s'y attache[(569)].

Cette théorie a été critiquée, à juste titre, au motif qu'elle était conçue pour des situations contractuelles et qu'elle portait à faux pour les situations légales. Plus généralement, il n'est légitime de raisonner en termes de droits acquis qu'à propos des lois qui ont pour but de conférer des droits aux particuliers. Or, nombreuses sont les lois qui poursuivent un objectif différent, qui, par exemple, imposent certaines conduites sociales dans un but d'intérêt général. Il suffit de prendre quelques exemples pour s'en convaincre.

Par exemple, une personne mariée avant la loi du 27 juillet 1884 qui a rétabli le divorce en France pouvait-elle invoquer un droit acquis à l'indissolubilité du mariage pour s'opposer à une demande en divorce de son conjoint ? Ou encore un homme, ayant fait un enfant à une femme avant la loi du 16 novembre 1912 qui a ouvert l'action en recherche de paternité naturelle, pouvait-il opposer à une telle demande qu'il avait

(569) Cass. civ., 20 févr. 1917 : *DP* 1917, 1, 81, concl. Sarrut, note H. Capitant ; S. 1917, 1, 73, note Lyon-Caen. – Cass. ch. réunies, 13 janv. 1932 : *DP* 1932, 1, 18, rapp. Pilon.

un droit acquis à la tranquillité ? Intuitivement, on inclinerait à répondre par la négative, mais l'inverse pourrait tout aussi bien être soutenu ; or, le propre d'un critère est de pouvoir donner des résultats sûrs, fiables et prévisibles, ce qui n'est pas le cas ici. En réalité, la distinction proposée ne cadre pas avec ce type de loi, c'est-à-dire avec les lois qui édictent un statut légal, par exemple le droit de la filiation, le droit du mariage, etc.

170. – **La théorie de l'effet immédiat de la loi nouvelle.** C'est la thèse de Paul Roubier(570), qui a été conçue en contrepoint de la théorie des droits acquis, et sur le constat de ses insuffisances. Elle représente la théorie moderne, à laquelle se sont ralliés la plupart des auteurs, mais qui est également parfois critiquée aujourd'hui.

Abandonnant la distinction antérieure, Roubier part de l'idée que les lois régissent, non des *droits subjectifs*, mais des *situations juridiques*. Si la loi change, il faut lui appliquer distributivement les deux propositions de l'article 2 du Code civil. La loi nouvelle ne devant pas avoir d'effet rétroactif, la loi ancienne s'applique aux seuls effets passés de la situation ; la loi nouvelle s'appliquant pour l'avenir, elle doit s'appliquer immédiatement aux effets à venir de la situation. Il faut donc établir une ligne de partage entre le passé et l'avenir ; d'où l'appellation donnée à cette théorie de l'effet immédiat de la loi nouvelle.

L'inconvénient de la théorie est que, si elle répond parfaitement aux situations d'origine légale, elle s'adapte mal aux situations contractuelles pour lesquelles les effets devraient se poursuivre tels qu'ils avaient été légitimement prévus par les cocontractants, c'est-à-dire par application de la loi ancienne(571).

171. – **La combinaison des théories.** La doctrine moderne considère aujourd'hui que les deux théories ne sont pas incompatibles. L'une n'exclut pas l'autre ; elles doivent être combinées, la théorie de l'effet immédiat s'appliquant au cas où une loi nouvelle vient modifier les effets d'une situation légale, celle des droits acquis conduisant en revanche à la survie de la loi ancienne pour régir les effets d'une situation contractuelle mise en place antérieurement. C'est finalement la trame générale des solutions retenues par la jurisprudence.

§ 2. – L'application de l'article 2 par la jurisprudence(572)

172. – **Les distinctions à opérer.** En pratique, la difficulté des conflits de lois dans le temps tient au fait qu'il est parfois difficile de dater exactement un événement juridique par rapport à la date de la loi nouvelle.

Là où il n'y a pas de problème de datation, il n'y a pas non plus de difficulté à appliquer le principe de la non-rétroactivité. Par exemple, si un acte – mariage, contrat, etc. – a été conclu à une certaine date, il est évident qu'il doit respecter les conditions de forme et de fond imposées par la loi à cette date-là ; sa validité ne

(570) P. Roubier, *Les conflits de lois dans le temps*, 1re éd., 1929. – P. Roubier, *Le droit transitoire*, 2e éd., 1960.
(571) G. Casu, *Faut-il encore enseigner Roubier ? Méthode scientifique et méthode pragmatique en matière d'application de la loi nouvelle aux contrats en cours* : *RTD civ.* 2019, 785.
(572) Th. Bonneau, *La Cour de cassation et l'application de la loi dans le temps*, PUF, 1990.

saurait être remise en cause au motif qu'une loi nouvelle serait venue modifier l'une ou l'autre de ces conditions. De même, si un contrat a transféré la propriété d'un bien conformément aux règles en vigueur à sa date, cet effet du contrat est définitivement acquis, même si une loi nouvelle venait par la suite soumettre le transfert de propriété à telle autorisation administrative qui n'était pas requise à l'époque du contrat.

Il y a en revanche problème lorsqu'on est en présence d'une situation dont les effets se poursuivent dans le temps, par exemple un mariage, un contrat de bail, etc., et lorsqu'une loi nouvelle vient réglementer différemment ces effets. Certains effets vont s'être produits sous l'empire de la loi ancienne, d'autres sous l'empire de la loi nouvelle. Va-t-on appliquer la loi ancienne jusqu'à la fin de la situation, c'est-à-dire jusqu'au décès ou au divorce pour le mariage, jusqu'à la fin du bail pour le bail ? Ou bien va-t-on passer de la loi ancienne à la loi nouvelle, et alors suivant quelle ligne de partage ?

La jurisprudence a été ainsi amenée à opérer des distinctions suivant que la loi nouvelle modifie :

– les conditions de constitution d'une situation juridique ;
– les effets d'une situation juridique légale ;
– les effets d'une situation juridique contractuelle.

A. – Loi nouvelle et conditions de constitution d'une situation juridique

173. – **La loi applicable aux conditions de constitution d'une situation juridique.** Ici, il n'y a en principe pas de difficulté dans la mesure où l'acte ou le fait constitutif d'une situation juridique peut être parfaitement daté dans le temps. Il suffit alors de comparer deux dates, celle de la constitution de la situation juridique, et celle de l'entrée en vigueur de la loi nouvelle. Suivant que l'acte ou le fait constitutif est antérieur ou postérieur à l'entrée en vigueur de la loi nouvelle, c'est la loi ancienne ou la loi nouvelle qui doit être retenue pour déterminer quelles sont les conditions de constitution de la situation[573].

Par exemple, sous l'empire de la loi ancienne, le mariage des parents d'un enfant adultérin ne permettait pas de légitimer cet enfant, ce qu'a ensuite permis une loi du 5 juillet 1956. Il s'ensuit qu'un mariage survenu avant la mise en vigueur de cette loi n'a pu produire cet effet de légitimation[574] ; sinon il y aurait eu application rétroactive de la loi nouvelle, ce qui est interdit au juge.

Seul le législateur en a le pouvoir, et c'est ainsi qu'il peut déclarer une loi expressément rétroactive (V. *supra*, n° 165). Par exemple, sous réserve des décisions de justice passées en force de chose jugée, la loi du 3 janvier 1972 a validé les reconnaissances d'enfants adultérins faites antérieurement à cette date, alors qu'elles étaient nulles en application de la loi ancienne sous laquelle elles étaient intervenues.

(573) Pour des applications, V. Cass. com., 9 juin 2009, n° 08-12.904, *Bull.* n° 76 : *D.* 2009, p. 1599, obs. C. Manara. – Cass. 1re civ., 3 mars 2021, n° 19-19.000, *Bull.* : *D.* 2021, 830, note approb. F. Chénedé. – V. cep. une espèce curieuse où un contrat d'assurance conclu le 7 novembre 2008 a été annulé pour illicéité au motif qu'il était contraire, non à l'article 16-1-1 du Code civil (lui-même dû à une loi du 19 décembre 2008), mais à un « principe » préexistant à cette loi : Cass. 1re civ., 29 oct. 2014 : *D.* 2015, 242, note A.-S. Epstein, et note D. Mainguy.

(574) Cass. 1re civ., 29 avr. 1960 : *D.* 1960, p. 294, note G. Holleaux.

La mise en œuvre de la règle ci-dessus ne soulève pas de difficulté lorsque la constitution de la situation juridique résulte d'un *acte instantané*, par exemple d'un contrat. Il en va différemment lorsque la situation juridique découle d'un processus successif qui s'étend dans le temps, et où la loi est modifiée en cours de constitution de cette situation juridique.

Ainsi en est-il des lois qui modifient les délais de *prescription*, qu'il s'agisse de prescription extinctive (perte d'un droit au-delà d'un certain délai) ou acquisitive (acquisition d'un droit par l'écoulement d'un certain temps). La loi nouvelle va s'appliquer immédiatement, mais il va falloir tenir compte du délai déjà écoulé : par exemple, si la loi nouvelle fixe un délai plus long, on ajoutera le délai déjà couru sous l'empire de la loi ancienne à celui restant à courir pour atteindre la nouvelle durée fixée. Et, à l'inverse, si la loi réduit la durée d'une prescription, la prescription réduite commence à courir du jour de l'entrée en vigueur de la loi nouvelle, sans que la durée totale puisse excéder le délai prévu par la loi antérieure(575). Telle est la règle qu'a consacrée la loi du 17 juin 2008 dans l'article 2222 du Code civil.

B. – Loi nouvelle et effets d'une situation juridique légale

174. – **La loi applicable aux effets d'une situation juridique légale.** Une loi nouvelle peut modifier (ou supprimer, ou créer) les effets d'une situation légale, d'un statut légal. On entend par situation légale toute situation juridique dont les effets – présents et futurs – sont déterminés impérativement par la loi, en dehors de toute volonté des intéressés : ainsi la situation de gens mariés, le statut de propriétaire, etc. Les effets de telles situations n'étant pas à la disposition des individus, on en déduit qu'ils peuvent être modifiés à tout instant par un texte nouveau qui deviendra immédiatement applicable.

Le principe de la non-rétroactivité tient ici en deux propositions correspondant aux deux points de l'article 2 :

– les effets déjà accomplis demeurent soumis à la loi ancienne et ne peuvent pas être remis en cause par la loi nouvelle ; il n'y a donc pas rétroactivité de la loi nouvelle ;

– en revanche, il va y avoir *application immédiate de la loi nouvelle aux effets à venir* de la situation légale en cours, et ce même lorsque cette situation fait l'objet d'une instance judiciaire(576).

Par exemple, l'ordonnance du 10 février 2016 a retouché certaines règles relatives à l'indemnité due par la personne qui profite d'un enrichissement injustifié (V. *infra*, n° 482) ; la jurisprudence a posé, à propos d'une situation constituée avant 2016 mais liquidée après, que « si la loi applicable aux conditions d'existence de l'enrichissement injustifié est celle du fait juridique qui en est la source, la loi

(575) Cass. 1re civ., 28 nov. 1973 : *D.* 1974, p. 112 et note J. Massip. – Cass. com., 13 juin 1995, *Bull.* n° 179. – Cass. soc., 22 nov. 2001, *Bull.* n° 356. – Cass. 3e civ., 13 nov. 2008 : *D.* 2008, p. 2939, obs. G. Forest. – Cass. 3e civ., 8 sept. 2010 : *RD imm.* 2010, p. 548, obs. H. Périnet-Marquet. – Comp., sur l'application dans le temps du délai « butoir » de l'art. 2232 du Code civil, selon lequel les droits sont éteints vingt ans après leur naissance, Cass. 3e civ., 1er oct. 2020, n° 19-16.986, *Bull.* : *D.* 2021, 186, obs. crit. L. Andreu.

(576) Cass. 2e civ., 7 mai 2003, n° 01-16.554, *Bull.* n° 139 : *JCP* 2003, II, 10135, note R. Desgorces. – V. par ex. pour l'application immédiate de la loi sur l'archéologie préventive à la découverte de la grotte de Cosquer : TA Marseille, 12 avr. 2007, n° 0307735, *M. Henri Cosquer.*

nouvelle s'applique immédiatement à la détermination et au calcul de l'indemnité »[577].

Ou encore, la réforme des régimes matrimoniaux du 13 juillet 1965 a obligé le mari, dans les régimes de communauté, à obtenir le consentement de son épouse pour « aliéner (...) les immeubles, fonds de commerce et exploitations dépendant de la communauté » (C. civ., art. 1424, à nouveau modifié, au moins en la forme, par la loi du 23 décembre 1985). Cette règle nouvelle a été immédiatement applicable à tous les gens mariés, sans que les maris ayant convolé avant la réforme puissent invoquer un droit acquis à l'omnipotence, c'est-à-dire en définitive à ce que la loi ne change pas... Mais la règle ne s'est appliquée qu'aux aliénations intervenant postérieurement à la mise en vigueur de la loi, et non pas rétroactivement à celles intervenues sous l'empire de la loi ancienne. Il n'était donc pas possible de demander, par application de la loi nouvelle, l'annulation des aliénations antérieures à la mise en vigueur de la loi. Sinon, il y aurait eu rétroactivité si l'on avait pu remettre en cause des effets entièrement réalisés sous l'empire de la loi ancienne.

C. – Loi nouvelle et effets d'une situation juridique contractuelle

175. – **Le principe de la survie de la loi ancienne.** Lorsqu'une loi nouvelle vient modifier les effets de tel ou tel type de contrat, le principe est qu'elle s'applique aux effets des contrats qui seront conclus postérieurement à sa mise en vigueur, cependant que les effets des contrats antérieurement conclus demeurent soumis à la loi ancienne, qu'il s'agisse des effets déjà accomplis ou de ceux restant à accomplir. Suivant la formule de la jurisprudence, « les effets d'un contrat sont régis, en principe, par la loi en vigueur à l'époque où il a été passé (...) »[578]. La *survie de la loi ancienne* fait échec à l'application immédiate de la loi nouvelle ; ou, plus exactement, la loi nouvelle s'applique immédiatement, mais aux seuls contrats à venir, pas aux effets des situations contractuelles en cours. Suivant la formule du Conseil d'État « une disposition législative ou réglementaire nouvelle ne peut s'appliquer à des situations contractuelles en cours à sa date d'entrée en vigueur, sans revêtir par là même un caractère rétroactif »[579].

La raison de cette survie tient au fait qu'un contrat est un acte de prévision accompli en fonction de certaines données au nombre desquelles figure la législation relative aux effets de ce contrat[580]. Dès lors, l'économie du contrat serait bouleversée si une loi nouvelle pouvait porter atteinte aux effets légitimement voulus par les parties dans le cadre d'une loi antérieure. La stabilité des contrats sur laquelle repose la confiance et donc le commerce postule que le législateur – pas plus que le juge – ne puisse modifier les effets des contrats. Dans la terminologie ancienne, on dirait que les cocontractants ont un *droit acquis* à ce qu'une loi nouvelle ne puisse remettre en question ce qui a été décidé d'un commun accord. Ainsi en a-t-il été jugé à propos des lois limitant le taux d'intérêt, de certains textes en matière de

(577) Cass. 1re civ., 3 mars 2021, n° 19-19.000, *Bull.* : *D.* 2021, 830, note approb. F. Chénedé.
(578) Cass. civ., 7 juin 1901 : *DP* 1902, I, 105.
(579) CE, ass., 24 mars 2006, *KPMG* : *D.* 2006, 1190, note P. Cassia ; *JCP* 2006, II, 10113, note J.-P. Belorgey ; *RTD civ.* 2006, 527, obs. R. Encinas de Munagori ; *RDC* 2006, 856, obs. P. Brunet, et 1038, obs. C. Pérès.
(580) H. Lécuyer, *Le contrat, acte de prévision : Mél. Terré, op. cit.*, p. 643.

bail[(581)] ou modifiant les effets des contrats d'édition[(582)]. Cette solution a été expressément retenue par l'ordonnance du 10 février 2016 portant réforme du droit des contrats, du régime général et de la preuve des obligations, applicable aux contrats conclus à compter du 1er octobre 2016.

176. - **Exception au nom de l'ordre public.** Le principe de la survie de la loi ancienne pour les contrats en cours souffre une importante exception au nom de l'ordre public.

À vrai dire, toute loi nouvelle d'ordre public ne s'applique pas par cela seul aux effets des contrats en cours[(583)] ; sinon, comme toutes les lois impératives sont d'ordre public, le principe de la survie de la loi ancienne serait à peu près lettre morte. Par exemple, le statut des agents commerciaux, bien qu'impératif, n'a pas été jugé applicable aux contrats en cours[(584)].

Mais, parmi les lois impératives, il en est dont l'application immédiate aux contrats en cours doit passer avant le respect de la stabilité des contrats. C'est le cas, par exemple, des lois poursuivant des buts économiques ou sociaux qui ne peuvent être atteints que par une application générale et immédiate.

Parfois, c'est le législateur lui-même qui déclare expressément la loi nouvelle applicable aux contrats en cours ; on est alors en présence d'une loi expressément rétroactive (V. *supra*, n° 165).

D'autres fois, c'est la jurisprudence qui, en dehors de toute indication dans la loi, fait échec au principe de la survie de la loi ancienne ; en effet, ce principe n'étant pas inscrit dans la loi, le juge est libre d'y déroger. À cet effet, les juges s'appuient souvent sur la volonté tacite du législateur découlant soit des termes de la loi, soit des motifs particulièrement impérieux d'ordre public qui l'ont inspirée. Ont été à ce titre jugées nulles des clauses de paiement en or stipulées en conformité avec le droit positif antérieur, mais interdites par la loi nouvelle. Il en a été de même pour certaines clauses des contrats de travail qui se sont trouvées contredites par les textes nouveaux relatifs au délai-congé et aux congés payés ; plus généralement, et à supposer que la loi ne le prévoie pas expressément, les juges ont une tendance à appliquer immédiatement aux contrats de travail en cours les grandes lois sociales qui accordent des droits nouveaux aux salariés.

De même, plus récemment, s'agissant des baux commerciaux, la Cour de cassation a décidé que « les effets légaux du contrat étaient régis par la loi en vigueur au moment où ils se produisaient, et non par la loi ancienne sous l'empire de laquelle le contrat avait été conclu »[(585)] ; ou encore la loi du 15 mai 2001 modi-

(581) Cass. 1re civ., 30 oct. 1967 : *JCP* 1968, II, 15530, note P. L. ; *Gaz. Pal.* 1968, 1, 23. – Rappr. Cass. 3e civ., 19 mars 1969 : *JCP* 1970, II, 16361, note J.-Ph. Lévy.

(582) Cass. 1re civ., 4 déc. 2001, *Bull.* n° 307, p. 195 (« attendu qu'en l'absence de disposition expresse de la loi prévoyant son application immédiate et à défaut de considérations d'ordre public particulièrement impératives, les contrats d'édition demeurent soumis à la loi en vigueur lors de leur conclusion »).

(583) Cass. 1re civ., 17 mars 1998, *Bull.* n° 115, p. 76 ; *RTD civ.* 1999, 378, obs. J. Mestre (« qu'en se déterminant ainsi, sans caractériser les raisons d'une application immédiate de la loi que sa nature d'ordre public ne pouvait à elle seule justifier, la cour d'appel a violé les textes susvisés »).

(584) Cass. com., 15 juin 1962, *Bull.* n° 314, p. 258.

(585) Cass. 3e civ., 18 févr. 2009 : *D.* 2009, p. 1450 et note G. Lardeux. – Cass. 3e civ., 9 févr. 2017 : *RDC* 2017, 227, note crit. Y.-M. Laithier. – V. aussi, sur la loi « Pinel » du 18 juin 2014 et le réputé non-écrit de certaines clauses, Cass. 3e civ., 19 nov. 2020, n° 19-20.405, *Bull.*

fiant l'article L. 441-6 du Code de commerce et prévoyant des pénalités de retard pour non-paiement des factures a été jugée d'application immédiate aux contrats en cours[(586)].

La question se pose également pour les contrats administratifs devant la juridiction administrative[(587)].

Certains auteurs rattachent cette exception, non pas à l'idée d'ordre public, mais à celle de statut légal, notamment en ce qui concerne le contrat de travail. À la vérité, les deux critères peuvent être combinés, mais bien souvent les juges se déterminent au vu de simples considérations d'opportunité.

Par ce biais de l'ordre public ou du statut légal, on note une tendance actuelle à une application immédiate de la loi nouvelle, présumée meilleure donc plus juste[(588)]. Au besoin de sécurité qui postule la survie de la loi ancienne s'oppose un besoin de justice qui réclame une application immédiate de la loi nouvelle. Même si le glissement auquel on assiste va s'accélérant, en ce qui concerne les lois modifiant les effets des contrats, la règle demeure très fermement celle de la survie de la loi ancienne.

177. – **Conclusion : unité ou pluralité de législation.** La règle est qu'en France tous les citoyens sont soumis à une seule et même règle de droit ; c'est ce qu'on appelle le *principe de l'unité de législation*. L'application des lois dans le temps soulève une difficulté à cet égard.

S'agissant de la constitution d'une situation juridique ou des effets des situations légales, il n'y a jamais qu'une seule loi applicable à la fois, la loi nouvelle succédant immédiatement à la loi ancienne ; il s'ensuit que tous les gens se trouvant dans ces situations sont soumis à la même législation : il y a unité de législation dans le temps. Il ne serait pas acceptable que, suivant leur tranche d'âge, les gens soient soumis à des règles différentes pour ce qui concerne par exemple les rapports entre époux, la filiation, etc.

Au contraire, s'agissant des effets des situations contractuelles, toute loi nouvelle entraîne en principe (sous réserve de l'ordre public) une dualité de législation, la loi ancienne survivant jusqu'à expiration des contrats en cours, la loi nouvelle régissant les effets des contrats nouvellement conclus. Cette dualité n'est pas gênante parce que, à la différence des situations légales qui sont régies impérativement par la loi, les contrats et leurs effets dépendent pour l'essentiel de la liberté des conventions, sauf là où il y a un statut légal. Dès lors, les contrats étant par nature divers dans leurs effets, il n'est pas choquant qu'ils puissent échapper au principe de l'unité de législation.

178. – **Les revirements de jurisprudence et l'application de la loi dans le temps. Le principe.** On parle de revirement de jurisprudence dans le cas où,

(586) Cass. com., 3 mars 2009 : *Contrats, conc. consom.* 2009, comm. 156, obs. L. Leveneur.

(587) CE, ass., 8 avr. 2009, *Cne d'Olivet* : *RFDA* 2009, p. 449, concl. E. Geffray ; *RTD civ.* 2010, p. 58, obs. P. Deumier. – V. E. Saillant, *L'application des règles nouvelles aux contrats en cours* : *AJDA* 2014, 509.

(588) On peut citer en ce sens la jurisprudence qui a déclaré applicable aux contrats de sous-traitance en cours la loi du 31 décembre 1975 accordant au sous-traitant une action directe en paiement contre le maître de l'ouvrage, au motif que « l'action directe (…) trouve son fondement dans la volonté du législateur et non dans les contrats conclus entre les parties, contrats desquels il n'est résulté pour elles aucun droit acquis (…) » (Cass. ch. mixte, 13 mars 1981, *Bull.* n° 3). V. S. Mercoli, *La rétroactivité dans le droit des contrats*, PUAM, 2001, préf. G. Goubeaux.

une position ayant été déterminée clairement et fermement par la jurisprudence – c'est-à-dire en fait par la Cour de cassation – en application de la loi, cette position est un jour modifiée par la Cour de cassation qui, désormais, va statuer différemment(589). En pratique, ces revirements sont rares, et ils trouvent leur justification dans le fait que la solution antérieure retenue en fonction d'un certain contexte ne répond plus aux besoins de l'époque actuelle(590) ou dans le fait que le juge décide d'adopter une nouvelle lecture du droit(591). Cela dit, la question se pose dans les mêmes termes pour les simples évolutions de la jurisprudence, qui sont beaucoup plus fréquentes(592).

Mais, au même titre que la modification de la loi, le revirement de jurisprudence ou son évolution peut être un facteur de bouleversement pour les relations juridiques en cours. Exemple en matière contractuelle : les parties à un contrat se sont engagées en tenant compte du droit positif, à savoir la règle de droit en vigueur au moment de la conclusion du contrat telle qu'elle est interprétée par la jurisprudence. Le changement d'orientation de celle-ci modifie par conséquent le régime applicable au contrat, ce qui va directement à l'encontre du besoin de sécurité(593).

On en prendra pour exemple le revirement de jurisprudence qui a conduit à ajouter une condition supplémentaire (une contrepartie financière) pour la validité des clauses de non-concurrence(594) ; d'où il suit que toutes les clauses stipulées antérieurement sont devenues nulles. Et la Cour de cassation n'a pas hésité à prononcer leur nullité, en écartant l'argument tiré de l'article 6, § 1, de la Convention européenne des droits de l'homme, au motif que l'exigence d'une contrepartie financière à la clause de non-concurrence répond à l'impérieuse nécessité d'assurer la sauvegarde et l'effectivité de la liberté fondamentale d'exercer une activité professionnelle(595).

La question se pose alors tout naturellement de savoir si, comme la loi, la jurisprudence ne devrait pas être soumise au principe de la non-rétroactivité et ne s'appliquer que pour l'avenir(596).

Telle n'est pas à ce jour la solution retenue par la Cour de cassation. La position nouvelle adoptée par le revirement de jurisprudence est en principe immédiatement appliquée à tous les litiges en cours ou à venir, quelle que soit la date des

(589) J.-F. Casile, *Retour sur les conditions d'existence du revirement de jurisprudence en droit privé* : *RRJ* 2004, 639.

(590) Parfois la Cour de cassation s'en explique de manière expresse : Cass. com., 8 févr. 2011 : *D.* 2011, 1314, note N. Molfessis et J. Klein ; *RTD civ.* 2011, 493, obs. P. Deumier.

(591) Pour une motivation en ce sens, Cass. 2e civ., 26 nov. 2020, n° 18-22.069, *Bull.* : *JCP* 2021, 44, note G. Deharo.

(592) D. Mainguy, *L'interprétation de l'interprétation. Variations normatives II (v. 3°)* : *JCP* 2011, 603.

(593) J. Rivero, *Sur la rétroactivité de la jurisprudence* : *AJDA* 1968, p. 15. – G. Drouot, *La rétroactivité de la jurisprudence*, thèse, Paris II, 2014.

(594) Cass. soc., 10 juill. 2002 : *D.* 2002, 2491 et note Y. Serra ; *JCP* 2002, II, 10162 et note F. Petit.

(595) Cass. soc., 17 déc. 2004, *Bull.* n° 346 ; *RTD civ.* 2005, 159, obs. P.-Y. Gautier, et 625, obs. Ph. Théry ; *RDC* 2005, 871, obs. A. Debet. – V. aussi R. Encinas de Munagorri, *Faut-il annoncer un revirement de jurisprudence par voie de presse ?*, obs. in *RTD civ.* 2004, 590.

(596) P. Voirin, *Les revirements de jurisprudence et leurs conséquences* : *JCP* 1959, I, 1467. – D. Landraud, *À propos des revirements de jurisprudence* : *JCP* 1982, I, 3093. – Ch. Mouly, *Le revirement pour l'avenir* : *JCP* 1994, I, 3776. – G.-X. Bourin, *Échec aux conséquences funestes des revirements en droit pénal* : *Gaz. Pal.* 1995, 2, doctr. p. 599. – R. de Gouttes, *Le parquet général de la Cour de cassation et la problématique des effets rétroactifs des revirements de jurisprudence* : *Mél. J. Boré*, Dalloz, 2007, p. 247. – P. Fleury-Le Gros, *De l'application de la loi dans le temps à l'application de la jurisprudence dans le temps : le paradoxe de l'échelle de verre* : *Mél. J. Héron*, LGDJ, 2008. – C. Malpel-Bouyjou, *L'office du juge judiciaire et la rétroactivité*, Dalloz, coll. « Nouvelle Bibl. de thèses », 2014.

faits ou des situations à juger. Selon la Cour de cassation, « la sécurité juridique ne saurait consacrer un droit acquis à une jurisprudence figée, l'évolution de la jurisprudence relevant de l'office du juge dans l'application du droit »[(597)]. En bref, il s'agit de trouver un équilibre entre l'impératif de sécurité juridique et la nécessaire flexibilité de l'interprétation jurisprudentielle[(598)]. L'assemblée plénière de la Cour a pu estimer à cet égard qu'« un revirement de jurisprudence, dès lors qu'il donne lieu à une motivation renforcée, satisfait à l'impératif de prévisibilité »[(599)], ce qui reste assez discutable.

À l'appui de cette position de principe, on peut faire valoir divers arguments. Pour l'essentiel, on retiendra que le principe de la non-rétroactivité s'applique aux règles de droit, et que la jurisprudence ne peut précisément pas poser de telles règles puisque l'article 5 du Code civil le lui interdit en prohibant les arrêts de règlement.

La jurisprudence ne fait qu'adapter la règle de droit à des cas particuliers. Au demeurant, on observera que, par définition même, la Cour de cassation statue toujours dans des affaires dont les faits se sont déroulés plusieurs années auparavant ; ainsi, la position nouvelle qu'elle adopte lors d'un revirement s'applique en quelque sorte rétroactivement à la date des faits de l'espèce. En définitive, dans la mesure où la jurisprudence ne fait qu'interpréter la loi en vue de l'appliquer, les revirements de jurisprudence s'apparentent aux lois interprétatives (V. *supra*, n° 145) ; comme une loi interprétative, la jurisprudence fait corps avec le texte interprété et s'applique donc à la date de mise en vigueur de ce texte[(600)]. Cette solution soulève toutefois des difficultés renforcées lorsque le revirement se situe en matière pénale[(601)].

179. - **Les revirements de jurisprudence et l'application de la loi dans le temps. L'infléchissement du principe.** C'est dans ce contexte que, à la demande du Premier président de la Cour de cassation, un groupe de travail présidé par M. Molfessis a procédé à l'étude de cette question et a remis le 30 novembre 2004 son rapport dans lequel il suggère une procédure permettant à la Cour de cassation de moduler dans le temps les effets de ses revirements[(602)]. La publication de

(597) Cass. 1re civ., 21 mars 2000, *Bull.* n° 97 ; *D.* 2000, p. 593, note Ch. Atias ; *RTD civ.* 2000, p. 666, obs. N. Molfessis. – Cass. 1re civ., 9 oct. 2001 : *D.* 2001, p. 3470, rapp. P. Sargos, note D. Thouvenin ; *JCP* 2002, II, 10045, note D. Cachard ; obs. R. Libchaber in *RTD civ.* 2002, 176. – Cass. 3e civ., 2 oct. 2002, *Bull.* n° 200, p. 170 ; *D.* 2003, 513 et note Ch. Atias. – V. S. Becqué-Ickowicz, *Brèves remarques sur l'obligation d'information des professionnels et la portée des revirements de jurisprudence (À propos de Cass. 1re civ., 25 nov. 1997 et 9 oct. 2001)* : *Defrénois* 2003, 1, 521, art. 37710. – V. pour une application récente, Cass. ass. plén., 2 avr. 2021, n° 19-18.814, *Bull.* (reconnaissance, pour des faits survenus entre 1982 et 1995, d'un préjudice d'anxiété sur le fondement d'une jurisprudence dégagée en 2019).

(598) F. Pollaud-Dulian, *À propos de la sécurité juridique* : *RTD civ.* 2001, p. 487. – X. Lagarde, *Jurisprudence et insécurité juridique* : *D.* 2006, chron. p. 678 (qui propose divers moyens de nature à éviter la création d'une insécurité juridique par la jurisprudence).

(599) Cass. ass. plén., 2 avr. 2021, n° 19-18.814, *Bull.*

(600) Th. Bonneau, *Brèves remarques sur la prétendue rétroactivité des arrêts de principe et des arrêts de revirement* : *D.* 1995, chron. p. 24. – W. Dross, *La jurisprudence est-elle seulement rétroactive ?* : *D.* 2006, p. 472.

(601) D. Roets, *L'application de la loi pénale dans le temps et la Convention européenne des droits de l'homme* : *D.* 2004, chron. p. 1991. – D. Rebut, *Les revirements de jurisprudence en matière pénale*, in *Les revirements de jurisprudence*, Litec, 2005, p. 95. Il a toutefois été jugé que, pour apprécier l'existence d'une infraction pénale, il convient de se référer à l'état du droit au jour où les faits ont été commis, donc à la situation avant le revirement de jurisprudence, lorsque ce revirement est défavorable à la personne poursuivie : CA Toulouse, 13 nov. 2007 : *JCP* 2008, II, 10114 et note O. Mouysset.

(602) *Les revirements de jurisprudence*, Litec, 2005.

ce rapport a entraîné des réactions qui, sauf exception(603), ont été soit franchement hostiles(604) aux propositions faites d'un revirement pour l'avenir, soit à tout le moins très réservées(605).

La situation n'en a pas moins évolué dans le sens d'un infléchissement du principe(606). C'est ainsi que la Cour de cassation en assemblée plénière, a pu décider d'écarter l'application immédiate d'une nouvelle règle de prescription issue d'un revirement de jurisprudence, au motif qu'une telle application « dans l'instance en cours aboutirait à priver la victime d'un procès équitable au sens de l'article 6, § 1, de la Convention EDH, en lui interdisant l'accès au juge »(607). Mais, ce faisant, on est conduit à considérer que la Cour de cassation établit une règle pour l'avenir et, de ce fait, rend un arrêt de règlement(608).

La première chambre civile de la Cour de cassation se montrait cependant plus réservée : reprenant pour partie sa formule antérieure, elle a décidé que « la sécurité juridique, invoquée sur le fondement du droit à un procès équitable pour contester l'application d'une évolution de la jurisprudence, ne saurait consacrer un droit acquis à une jurisprudence figée, dès lors que la partie qui s'en prévaut n'est pas privée du droit à l'accès au juge »(609) ; mais cette position s'est largement infléchie dans un arrêt qui est passé quelque peu inaperçu(610). Les autres chambres de la Cour de cassation recourent désormais régulièrement à la technique du revirement pour l'avenir(611).

Dans le même sens que l'assemblée plénière de la Cour de cassation, le Conseil d'État a fait application du principe de sécurité juridique en décidant de reporter

(603) P. Morvan, *Le revirement de jurisprudence pour l'avenir : humble adresse aux magistrats ayant franchi le Rubicon* : *D.* 2005, chron. p. 247. – Ch. Radé, *De la rétroactivité des revirements de jurisprudence* : *D.* 2005, chron. p. 988.

(604) V. Heuzé, *À propos du rapport sur les revirements de jurisprudence. Une réaction entre indignation et incrédulité* : *JCP* 2005, I, 130. – P. Sargos, *L'horreur économique dans la relation de travail (libre propos sur le rapport sur les revirements de jurisprudence)* : *Dr. soc.* 2005, 123. – G. Cornu, *Introduction. Les personnes. Les biens*, 12e éd., n° 446. – W. Dross, *La jurisprudence est-elle seulement rétroactive ? (À propos de l'application dans le temps des revirements de jurisprudence)* : *D.* 2006, chron. p. 472.

(605) R. Encinas de Munagorri et P. Deumier, *Faut-il différer l'application des règles jurisprudentielles nouvelles ?* : *RTD civ.* 2005, 83. – V. aussi la tribune libre publiée à la *RTD civ.* 2005, « À propos de la rétroactivité de la jurisprudence », et notamment : J.-L. Aubert, *Faut-il « moduler » dans le temps les revirements de jurisprudence ?.... j'en doute*, p. 300 ; X. Bachellier et M.-N. Jobard-Bachellier, *Les revirements de jurisprudence*, p. 304 ; Ph. Malinvaud, *À propos de la rétroactivité des revirements de jurisprudence*, p. 312 ; Y.-M. Serinet, *Par elle, avec elle et en elle ? La Cour de cassation et l'avenir des revirements de jurisprudence*, p. 328. – X. Lagarde, *Jurisprudence et insécurité juridique* : *D.* 2006, 681.

(606) A. Marais, *Le temps, la loi et la jurisprudence : le bon, la brute et le truand* : *Mél. M.-S. Payet*, Dalloz, 2012, p. 383, spéc. p. 413. – O. Mamoudy, *La modulation dans le temps des effets des décisions de justice en droit français*, thèse, Paris I, 2014. – G. Drouot, *La rétroactivité de la jurisprudence. Recherche sur la lutte contre l'insécurité en droit privé*, thèse, Paris II, 2014.

(607) Cass. ass. plén., 21 déc. 2006, *Bull.* n° 15 ; *JCP* 2007, II, 10040 et note E. Dreyer ; *JCP* 2007, II, 10111 et note X. Lagarde ; *D.* 2007, 835 et note P. Morvan ; *RTD civ.* 2007, 168, obs. Ph. Théry. Sur l'ensemble de la question, V. P. Deumier, *Évolutions du pouvoir de modulation dans le temps : fondement et mode d'emploi d'un nouveau pouvoir des juges* : *RTD civ.* 2007, 72.

(608) V. en ce sens, A. Marais, art. préc., p. 425.

(609) À propos de l'application immédiate de la jurisprudence mettant à la charge du médecin, en matière d'infection nosocomiale, une obligation de résultat : Cass. 1re civ., 11 juin 2009, 2 arrêts : *D.* 2009, act. jurispr. 175, obs. I. Gallmeister ; *JCP* 2009, n° 237, note X. Lagarde ; *D.* 2009, p. 2599 ; *Contrats, conc. consom.* 2009, comm. 240, obs. L. Leveneur. – N. Molfessis, *La Cour de cassation face à la modulation dans le temps des revirements de jurisprudence* : *D.* 2009, chron. p. 2567.

(610) Civ. 1re, 6 avr. 2016, *D.* 2017, 181, obs E. Dreyer ; *RTD civ.* 2017, 77, obs. P. Deumier.

(611) Par ex. Cass crim., 25 nov. 2020, n° 18-86.955, *Bull.* (sur le fondement de l'art. 7 Conv. EDH) : *JCP* 2021, 17, note D. Rebut et 27, étude J.-C. Saint-Pau. – Cass. com., 21 mars 2018 : *JCP* 2018, 541, note P. Deumier et 544, note M. Behar-Touchais (sur le fondement de l'art. 6 Conv. EDH).

les effets d'une décision d'annulation d'un acte administratif[(612)][(613)] ; et plus récemment en admettant de limiter l'effet rétroactif d'un revirement de jurisprudence afin de ne pas porter atteinte à ce droit fondamental qu'est le droit au recours[(614)] ; ou encore afin de ne pas porter atteinte à un bien protégé par l'article 1 du premier Protocole additionnel à la Convention européenne des droits de l'homme[(615)].

Toujours dans le même sens, le Conseil constitutionnel s'est abstenu de censurer une disposition législative inconstitutionnelle, tout en invitant le législateur à procéder à sa régularisation pour les années à venir[(616)]. De même, il a reporté au 1er janvier 2009 les effets de la déclaration d'inconstitutionnalité de la loi relative aux OGM afin de permettre au législateur de corriger les causes de celle-ci[(617)] ; et au 1er juillet 2011 la date d'abrogation des dispositions inconstitutionnelles relatives à la garde à vue[(618)]. Plus récemment il a précisé un certain nombre de principes en la matière[(619)].

De la même manière, la Cour de justice de l'Union européenne a décidé de reporter, pour une période de dix mois, les effets d'un arrêt prononçant l'invalidité de certaines décisions de la Commission européenne en matière de quotas d'émission de gaz à effet de serre, ce pour tenir compte de « graves répercussions sur un nombre élevé de rapports juridiques établis de bonne foi »[(620)].

Enfin, la Cour européenne des droits de l'homme elle-même[(621)] a déjà eu l'occasion de se prononcer dans le sens d'un assouplissement de l'application

(612) CE, 11 mai 2004, *Assoc. AC ! et a.* : *JCP* 2004, II, 10189 et note J. Bigot ; *D.* 2004, inf. rap. p. 1499. – V. B. Mathieu, *Le juge et la sécurité juridique : vues du Palais-Royal et du quai de l'Horloge* : *D.* 2004, point de vue p. 1603. – J.-H. Stahl, *Note à l'attention de Monsieur le Président de la section du Contentieux* : *RFDA* 2004, 438. – Ch. Devys, *Conclusions sur Conseil d'État, Assemblée, 11 mai 2004, Association AC ! et a.* : *RFDA* 2004, p. 454. – H. Labayle, *La Cour de justice des Communautés européennes et la modulation des effets de sa jurisprudence : autres lieux ou autres mœurs ?* : *RFDA* 2004, p. 663. – A. Met-Domestici, *La modulation des effets dans le temps d'une annulation pour excès de pouvoir par le juge administratif* : *RRJ* 2005, 821. – CE, 25 févr. 2005, n° 247866, *France Télécom*. – CE, 11 janv. 2006, *Assoc. des familles victimes du saturnisme (AFUS)* : *Rec. CE* 2006, p. 11 ; *AJDA* 2006, 116. – F. Dieu, *La modulation des effets des annulations contentieuses ou comment concilier principe de légalité et principe de sécurité juridique* : *AJDA* 2006, 2428. – CE, 27 oct. 2006 : *D.* 2007, 621 et note P. Cassia. – CE, 12 déc. 2007, n° 296072, *M.S.* : *AJDA* 2008, 638, concl. M. Guyomar (pour l'annulation de la nomination d'un magistrat dont la rétroactivité aurait entraîné la nullité des jugements et procédures auxquels il avait concouru).
Et, corrélativement, le Conseil d'État a décidé que, sous réserve des actions contentieuses engagées, les effets de la disposition annulée doivent être réputés définitifs : CE, 21 nov. 2008, n° 305292, *Assoc. des hôpitaux privés sans but lucratif et a.* – V. aussi CE, 19 déc. 2008, n° 312553, *M. Kierzkowski-Chatal*. – O. Mamoudy, *D'AC ! à M6 en passant par Danthony* : *AJDA* 2014, 501.

(613) Mais en revanche il a été conduit à renoncer à la modulation dans le temps des effets d'une annulation contentieuse (CE, 28 mai 2014, req. n° 324852, *Assoc. Vent de colère !* : *AJDA* 2014, 1784) pour tenir compte d'un arrêt de la CJUE (CJUE, 19 déc. 2013, aff. C-262/12 : *AJDA* 2014, 336 ; *D.* 2014, 13).

(614) CE, 16 juill. 2007, n° 291545, *Sté Tropic Travaux signalisation* : *JCP* 2007, act. 355 ; *AJDA* 2007, 1577, note F. Lenica et J. Boucher ; *D.* 2007, act. jurispr. 2106 ; *RTD civ.* 2007, 534, obs. P. Deumier ; *LPA* 17 oct. 2007, p. 10 et note F. Buy. – F. Moderne, *Sur la modulation dans le temps des effets des revirements de jurisprudence. À propos de l'arrêt d'assemblée 16 juillet 2007, Sté Tropic Travaux* : *RFDA* 2007, 917.
En revanche, si le droit au recours n'est pas en cause, le Conseil d'État retient toujours le principe de l'effet immédiat des revirements de jurisprudence : CE, 2 sept. 2009, n° 297013, *Assistance publique de Marseille*.

(615) CE, 22 oct. 2014, n° 368904.

(616) Cons. const., 15 déc. 2005, n° 2005-528 DC.

(617) Cons. const., 19 juin 2008, n° 2008-564 DC : *AJDA* 2008, p. 1232, obs. S. Brondel ; *JCP* 2008, II, 10138 et note A. Levade ; *AJDA* 2008, p. 1614 et note O. Dord.

(618) Cons. const., 30 juill. 2010, n° 2008-14/22 QPC : *RTD civ.* 2010, p. 517, obs. P. Puig. – Et dans le même sens : Cass. crim., 19 oct. 2010, 3 arrêts : *JCP* 2010, n° 1104, obs. H. Matsopoulou.

(619) Cons. const., 1er août 2013, n° 2013-336 QPC, *Sté Natixis Asset Management* : *D.* 2013, 1967 ; *RTD civ.* 2014, 71, note P. Deumier. – O. Dutheillet de Lamothe, *L'effet dans le temps des décisions rendues en matière de QPC. Les enseignements de l'affaire* Fort Locker : *JCP* 2018, 89.

(620) CJUE, 28 avr. 2016, aff. jtes C-191/14, C-192/14, C-389/14 à C-393/14 : *JCP* 2016, 571.

(621) CEDH, 27 sept. 1990, *Cossey c/ Royaume-Uni*, série A, n° 184, p. 14, § 35. – CEDH, 18 janv. 2001, req. n° 27238/95, *Chapman c/ Royaume-Uni*, § 70 : « Sans être formellement tenue de suivre l'un quelconque de ses arrêts antérieurs,

immédiate de ses propres solutions, afin de respecter les principes de sécurité juridique et de confiance légitime dans les solutions admises. Mais elle ne condamne nullement pour autant le principe de l'effet « rétroactif » qui est inhérent à toute jurisprudence[(622)], et elle invite seulement à tenir compte du contexte juridique en vigueur lors de l'intervention de la mesure litigieuse[(623)]. En revanche, la Cour européenne est allée beaucoup plus loin en matière pénale en décidant que l'article 7 de la Convention – qui pose le principe de la légalité des délits et des peines – prohibait l'application rétroactive du droit pénal, que ce droit soit d'origine législative ou jurisprudentielle ; c'est dire qu'une sanction pénale basée sur un revirement de jurisprudence imprévisible est contraire au principe de l'article 7[(624)].

SECTION 5

L'APPLICATION DES TEXTES DANS L'ESPACE

180. – Position du problème. Une fois délimitée la sphère d'application d'un texte dans le temps, il convient de déterminer son domaine dans l'espace : où sont, par exemple, les frontières au-delà desquelles le système juridique français perd sa force obligatoire ?

À première vue, la question paraît anodine et de pure forme. On serait tenté de répondre qu'un conflit de lois dans l'espace est impossible parce que la loi française est seule applicable en France et la loi étrangère seule applicable à l'étranger. En bref, il y aurait une *territorialité de la loi* au sein des frontières, qui exclurait tout conflit possible entre deux lois concurrentes.

Ce n'est hélas pas aussi simple que cela car nombre de situations présentent un caractère international, un *élément d'extranéité*, et cela est d'autant plus fréquent de nos jours que les relations internationales se sont considérablement développées. Il arrive ainsi que plusieurs lois, l'une française, l'autre étrangère, puissent prétendre régir la même situation.

Si, par exemple, un Français a un accident de voiture en Espagne, la loi applicable à cet accident sera-t-elle la loi française sur les accidents de la circulation ou la loi espagnole ? Faudra-t-il en outre distinguer suivant qu'il est entré en collision avec un camion conduit par un espagnol, ou une voiture d'un touriste français, allemand, suédois, etc. ?

De même, si un Algérien se marie en France avec une Belge, quelle loi – algérienne, belge, française – va régir la formation du mariage, ses effets, les pouvoirs

la Cour considère qu'il est dans l'intérêt de la sécurité juridique, de la prévisibilité et de l'égalité devant la loi qu'elle ne s'écarte pas sans motif valable des précédents. La Convention étant avant tout un mécanisme de défense des droits de l'homme, la Cour doit cependant tenir compte de l'évolution de la situation dans les États contractants et réagir, par exemple, au consensus susceptible de se faire jour quant aux normes à atteindre ». – K. Lucas-Alberni, *Le revirement de jurisprudence de la Cour européenne des droits de l'homme*, ss. dir. F. Sudre, Bruylant, 2008.

(622) CEDH, 18 déc. 2008, n° 20153/04, *Unedic c/ France* : *AJDA* 2009, 872, obs. J.-F. Flauss. – CEDH, 5e sect., n° 23228/08, *Legrand c/ France*. – A. Marais, *Modulation dans le temps des revirements de jurisprudence. Requiem européen en si(x) bémol(s)* : *JCP* 2011, 742.

(623) CEDH, 17 janv. 2006 : *JCP* 2007, I, 10152 et note K. Lucas-Alberni.

(624) CEDH, 10 oct. 2006, n° 40403/02, *Pessino c/ France* : *JCP* 2007, II, 10092 et note D. Zerouki-Cottin ; *D.* 2007, 124 et note D. Roets.

respectifs des époux, etc. ? De même encore, quelle loi va régir les conditions et les effets d'un contrat passé à Paris entre un groupe américain, une banque anglaise et une firme hollandaise ?

De même encore, pour sacrifier à l'actualité, le testament de Johnny Hallyday, qui vivait pour partie en France et pour partie aux États-Unis, est-il soumis à la loi française, ou à la loi américaine ?

Dans chacun de ces cas, on est en présence d'un *conflit de lois dans l'espace* que le juge va devoir régler en appliquant la *règle de conflit*. Et cette règle de conflit, il peut la trouver soit dans une convention internationale, soit dans la loi (mais sa propre loi ou une loi étrangère ?), soit dans la jurisprudence qui s'est formée sur la question.

De tels conflits de lois dans l'espace se produisent, très rarement entre deux lois françaises, souvent entre la loi française et une loi étrangère.

SOUS-SECTION 1

CONFLIT DANS L'ESPACE ENTRE DEUX LOIS FRANÇAISES

181. – **Le principe de l'unité de législation.** On conçoit que deux lois françaises, l'une succédant à l'autre, puissent entrer en conflit dans le temps (V. *supra*, n°s 155 et s.).

En revanche, on se représente assez mal comment elles pourraient entrer en conflit dans l'espace alors que nous vivons sous le *principe de l'unité de législation* depuis 1804, date à laquelle une loi uniforme a abrogé et remplacé les multiples coutumes jadis territorialement applicables. Or, un conflit de lois dans l'espace suppose qu'il soit fait échec au principe de l'unité de législation et que deux lois françaises, régissant le même objet, coexistent sans que l'une ait, même tacitement, abrogé l'autre.

On pourrait tout d'abord penser à un conflit entre une loi française et une norme édictée par l'Union européenne portant sur le même objet et applicable dans tous les États membres. Mais un tel conflit se règle par le principe hiérarchique qui donne prééminence au traité international, donc à la loi communautaire (V. *supra*, n° 78).

En pratique, un conflit de lois dans l'espace peut se produire là où il a été fait échec au principe de l'unité de législation, c'est-à-dire en Alsace-Moselle et dans les territoires et pays d'outre-mer.

182. – **L'exception de l'Alsace-Moselle.** Lors du retour de ce qu'on appelait alors l'Alsace-Lorraine à la France en 1918, on a laissé subsister dans les trois départements du Bas-Rhin, du Haut-Rhin et de la Moselle, une partie de la législation antérieure qui constitue aujourd'hui un « droit local(625) ».

Ce droit local, dont le domaine a été progressivement réduit mais dont la survie a été érigée en principe fondamental reconnu par les lois de la République(626), concerne pour l'essentiel le système dit du *Livre foncier*, mécanisme très élaboré de publicité de la constitution des droits réels et des transferts de propriété, qui est justement réputé ; le contrat d'assurance, le statut des associations et des fondations,

(625) A. Tani, *L'avenir du droit local alsacien-mosellan : renaître ou disparaître* : *JCP* 2019, 878, 6. V. aussi *Code du droit local alsacien-mosellan 2020*, LexisNexis.
(626) Cons. const. 5 août 2011, n° 2011-157 QPC.

le régime des cultes, etc. Mais, pour tout le reste, la législation française y est applicable de la même manière que dans les autres provinces françaises.

Il n'en demeure pas moins que l'existence de ce droit local peut susciter des conflits de lois dans l'espace, conflits pour lesquels ont été établies des règles par les lois du 24 juillet 1921 et du 1er juin 1924.

183. – **L'exception des départements, territoires et pays d'outre-mer.** Il faut soigneusement distinguer entre ces diverses entités.

En ce qui concerne les *départements et les régions d'outre-mer*, c'est-à-dire Martinique, Guadeloupe, Guyane, La Réunion, et Mayotte(627) (depuis 2011), la législation française postérieure à 1946 y est applicable de plein droit ; c'est le principe dit « d'assimilation législative ». Toutefois, les lois et règlements y applicables « peuvent faire l'objet d'adaptations tenant aux caractéristiques et contraintes particulières de ces collectivités » (Const. 4 oct. 1958, art. 73). Plus encore, en application de la loi constitutionnelle n° 2003-276 relative à l'organisation décentralisée de la République(628), ces collectivités (à l'exception de La Réunion) peuvent être autorisées par une loi organique à fixer elles-mêmes les règles applicables sur leur territoire dans un nombre limité de matières (Const. 4 oct. 1958, art. 73, al. 3 et 4).

S'agissant des *collectivités d'outre-mer* (Polynésie française, Terres australes et antarctiques, Wallis et Futuna, etc.), qui sont visées à l'article 74 de la Constitution, c'est le principe de « spécialité législative » qui s'applique : les lois françaises ne leur sont applicables que dans les conditions déterminées par une loi organique. En outre, parmi ces collectivités, il faut faire une place à part à la *Nouvelle-Calédonie* qui bénéficie d'un statut particulier (Const. 4 oct. 1958, art. 76 et s.), et qui est désormais dotée d'une constitution propre lui conférant une très large autonomie, caractérisée notamment par l'existence de « lois du pays ».

SOUS-SECTION 2

CONFLIT DANS L'ESPACE ENTRE LA LOI FRANÇAISE ET UNE LOI ÉTRANGÈRE

184. – **Position du problème.** En admettant même qu'il y ait unité de législation sur le territoire français, la loi interne française ne sera pas toujours applicable ; il arrivera que le juge français doive appliquer une loi étrangère et que, réciproquement, le juge étranger soit amené à recevoir la loi française.

Cela s'explique sans peine lorsqu'on cherche à définir le champ d'application dans l'espace d'un texte français ou étranger. Raisonnant à partir de notre système juridique national, doit-on dire qu'il s'applique à tous les Français, même ceux résidant à l'étranger (système de la *personnalité de la loi*) ? ou, à l'inverse, qu'il s'applique sur tout le

(627) À ce jour, le Code civil n'y est applicable que sous certaines conditions que la loi a insérées de manière fort critiquable dans le Code civil lui-même qui se trouve ainsi doté d'un appendice aussi inesthétique qu'injustifié (art. 2489 à 2534). V. sur ce point R. Cabrillac et J.-B. Seube, *Pitié pour le Code civil ! (à propos de l'ordonnance n° 2002-1476 du 19 décembre 2002)* : D. 2003, chron. p. 1058.
(628) *JO* 29 mars 2003.

territoire français, y compris aux étrangers qui y résideraient (système de la *territorialité de la loi*) ? La réponse à ces interrogations, c'est-à-dire la détermination de la loi – française ou étrangère – applicable présente un intérêt considérable à notre époque. Compte tenu de l'accroissement constant de la mobilité des personnes et des échanges commerciaux internationaux, se trouvent multipliées les occasions de conflits de lois, et une discipline spéciale s'est créée : le *droit international privé* dont l'objet est de régir les rapports des particuliers entre eux lorsqu'il existe un *élément d'extranéité*.

Cet élément d'extranéité peut tenir par exemple :

– à la nationalité étrangère de l'une des parties (ou des deux parties) ;

– au lieu de situation des biens faisant l'objet d'un litige, au lieu de survenance d'un événement générateur de droits, au lieu de conclusion ou d'exécution d'un contrat, etc., suivant que ce lieu est situé en France ou à l'étranger.

Illustration

Exemple topique (Cass. 1re civ., 18 nov. 2020, n° 19-17.924, *Bull.*) : un coureur cycliste de nationalité australienne résidant à Monaco est renversé en Italie par un véhicule conduit par une ressortissante française, assurée par une société française ; quelle est la loi applicable à une demande de provision formée en référé devant les tribunaux français ?

On sera ainsi en présence d'un conflit de lois qui devra être réglé par le juge saisi du litige.

On peut noter que l'existence de certaines *conventions internationales de droit uniforme*, qui énoncent directement une même solution pour tous les États parties, limite ponctuellement la difficulté (il en existe pour la vente internationale de marchandises, pour les transports internationaux, etc. : V. aussi *supra*, n° 18).

185. – **La recherche de la règle de conflit par le juge saisi.** Dans chaque pays il existe des règles de conflit ; ces règles n'étant pas les mêmes partout, la loi déclarée applicable pourra être différente suivant que le juge saisi sera un juge français ou un juge étranger.

De telles distorsions sont de nature à inciter l'une des parties à saisir tel juge étranger pour obtenir l'application de telle règle de droit qui lui est plus favorable. Pour éviter cette pratique regrettable, dite du *forum shopping*, il serait évidemment souhaitable d'unifier les règles de conflit. De nombreuses tentatives ont été faites en ce sens, et de nombreux projets ont été préparés par la Conférence de droit international privé de La Haye, mais peu d'entre eux ont abouti. En revanche, plusieurs conventions ont été conclues au niveau européen et le droit de l'Union s'est par la suite largement emparé de la question. On citera principalement :

– en matière de conflits de juridictions, la convention de Bruxelles du 27 septembre 1968 sur la compétence judiciaire et l'effet des jugements en matière civile et commerciale, qui est devenue le règlement CE n° 44/2001, modifié par le règlement UE n° 1215/2012 du 12 décembre 2012[629] ;

(629) L. d'Avout, *La refonte du règlement Bruxelles I (règlement UE n° 1215/2012 du 12 décembre 2012)* : D. 2013, 1014.

– en matière de conflits de lois, la convention de Rome du 19 juin 1980 sur la loi applicable aux obligations contractuelles, qui est entrée en vigueur le 1er avril 1991 (630) et qui, modernisée et transformée en règlement de l'Union européenne, est devenue le règlement dit *Rome I* sur la loi applicable aux obligations contractuelles (631) ; un règlement dit *Rome II* concerne quant à lui les obligations extra-contractuelles (632).

À supposer qu'un juge soit saisi d'un litige soulevant un conflit de lois, il devra rechercher quelle est, dans son droit national, la règle de conflit applicable à l'espèce. À supposer qu'il s'agisse d'un juge français, cette règle de conflit conduit-elle à soumettre le litige à la loi française ou à telle loi étrangère ?

Ainsi qu'on l'exposera très brièvement dans les développements suivants, la règle de conflit dépend du domaine dans lequel se situe le litige : s'agit-il d'une question touchant au mariage ou à la filiation (c'est-à-dire à *l'état des personnes*), ou bien à un contrat (*acte juridique*), à un accident (*fait juridique*), à un immeuble, etc. Le juge saisi devra donc qualifier la situation litigieuse pour déterminer la catégorie dans laquelle elle entre et, par suite, la loi française ou étrangère applicable.

186. – **Origine des règles françaises de conflit de lois dans l'espace.** En France, un texte, l'article 3 du Code civil, réglemente la matière de façon générale. Encore est-il fort bref puisqu'il ne comprend que trois alinéas ; cela s'explique par le fait que ce texte date de 1804, une époque où les relations entre citoyens de nationalités différentes n'étaient guère développées.

Art. 3. – Les lois de police et de sûreté obligent tous ceux qui habitent le territoire.

Les immeubles, même ceux possédés par des étrangers, sont régis par la loi française.

Les lois concernant l'état et la capacité des personnes régissent les Français, même résidant en pays étrangers.

L'article 3 du Code civil est de toute évidence insuffisant pour régler tous les conflits possibles. Aussi le législateur est-il intervenu à de nombreuses reprises pour édicter des règles de conflits dans certains domaines, par exemple en matière de divorce (C. civ., art. 309), de filiation (C. civ., art. 311-14 et s.), d'adoption (C. civ., art. 370-3 et s.) et de régime matrimonial (C. civ., art. 1397-2 et s.).

(630) D. n° 91-242, 28 févr. 1991 portant publication de la convention sur la loi applicable aux obligations contractuelles signée à Rome le 19 juin 1980 : *JO* 3 mars 1991 ; *Gaz. Pal.* 1991, 1, législ. 250.

(631) *Règlement n° 593/2008/CE du 17 juin 2008 sur la loi applicable aux obligations contractuelles (Rome I)* : D. 2008, act. législ. p. 1815, obs. L. Dargent. – S. Bollée, S. Lemaire et a., *Le règlement n° 593/25008 du 17 juin 2008 sur la loi applicable aux obligations contractuelles, dit « Rome I »* : D. 2008, dossier p. 2155. – M.-E. Ancel, *Le règlement Rome I, nouvelle pièce du système communautaire de droit international privé* : *Rev. Lamy dr. civ.* oct. 2008, p. 7. – S. Corneloup, *La loi applicable aux obligations contractuelles* : *JCP* 2008, I, 205. – S. Lemaire, *Le règlement Rome I du 17 juillet 2008 et les contrats internationaux de l'administration* : *AJDA* 2008, p. 2042. – P. Deumier et J.-B. Racine, *Règlement Rome I : le mariage entre la logique communautaire et la logique conflictuelle* : *RDC* 2008, p. 1309. – C. Nourissat, *Le nouveau droit communautaire des contrats internationaux (Rome I)* : *Defrénois* 2009, 1, 2017, art. 39019.

(632) G. Légier, *Le règlement Rome II sur la loi applicable aux obligations extracontractuelles* : *JCP* 2007, act. 348, et *JCP* 2007, I, 207. – L. d'Avout, T. Azzi et a., *Le règlement n° 864/2007 du 11 juillet 2007 sur la loi applicable aux obligations non contractuelles, dit « Rome II »* : *D.* 2009, p. 1619.

Certaines questions sont également régies par des conventions internationales de droit international privé (V. *supra*, n° 185).

Mais beaucoup de domaines n'ont pas fait l'objet d'une réglementation particulière. Dans le silence de la loi, la jurisprudence a été amenée à dégager des solutions originales pour les cas non réglés par le législateur. Les juges français ont à cet égard accompli une œuvre considérable en mettant sur pied – à partir de rien ou presque – un ensemble très complet et cohérent de règles de conflits de lois dans l'espace.

Ces règles se rattachent à deux grandes tendances : les unes retiennent la compétence de la loi territoriale (système de la *territorialité de la loi*), les autres la compétence de la loi personnelle des parties (système de la *personnalité de la loi*).

187. – **Les règles de conflit françaises retenant la territorialité de la loi.** Il est des domaines où la loi va s'appliquer de manière générale sur tout le territoire français, quelle que soit la nationalité des personnes concernées.

Ainsi en est-il tout d'abord de la *loi pénale* française, c'est-à-dire des « lois de police et de sûreté » visées à l'alinéa 1 de l'article 3. La loi française va s'appliquer à toutes les infractions commises sur le territoire français, même par les étrangers qui ne sauraient faire valoir que le comportement incriminé par la loi française est une coutume légale dans leur pays (par ex., l'excision). D'où la tentation que peuvent éprouver certains nationaux de se délocaliser, par exemple de faire immatriculer les navires dans des pays où les lois sociales ou fiscales sont moins exigeantes que la loi française (*pavillons de complaisance*).

Ainsi en est-il également des *immeubles* visés par l'alinéa 2 de l'article 3, auxquels on a par la suite ajouté les *meubles* (sauf en matière de succession). S'appliqueront donc aux meubles et immeubles situés en France toutes les règles dites du *statut réel*, c'est-à-dire celles relatives à la définition du droit de propriété (et autres droits sur les choses), aux prérogatives y attachées, aux modes d'acquisition, etc. Et, réciproquement, si le bien est situé à l'étranger, le juge français lui appliquera la loi étrangère.

S'agissant des *faits juridiques*, et plus précisément de la *responsabilité civile* en cas de dommages, on appliquera la loi du lieu où le dommage a été causé, c'est-à-dire en général le lieu de l'accident.

De même, s'agissant des *actes juridiques*, par exemple des *contrats* entre personnes de nationalités différentes, les *règles de forme* à observer sont celles du lieu de l'acte (*locus regit actum*, dit-on) ; en revanche, on considère que les parties sont libres de soumettre leur contrat à telle loi de leur choix pour ce qui concerne les conditions de fond et les effets de l'acte : c'est, dit-on, la *loi d'autonomie*. Par exemple, un marché passé par une entreprise française pour la réalisation d'une université à Tachkent pourra être soumis à la loi française plutôt qu'à la loi ouzbèke.

188. – **Les règles de conflit françaises retenant la personnalité de la loi.** Il s'agit essentiellement de ce qu'on appelle le *statut personnel*, c'est-à-dire les règles relatives à *l'état des personnes* (l'état civil, le nom, le domicile), au mariage et à la filiation. C'est ce qu'édicte l'article 3 pour les Français : la loi française s'applique

sur ces points à tous les Français, même lorsqu'ils résident à l'étranger ; mais la jurisprudence étend la règle aux étrangers et décide donc que la loi étrangère va s'appliquer à tous les nationaux de ce pays, même résidant en France ou en tout autre pays.

Cette règle s'explique par diverses raisons. On peut tout d'abord faire valoir que le statut personnel est attaché à la personne et qu'il ne saurait varier au gré des déplacements de chacun par-delà les frontières. Mais elle se justifie surtout par des raisons tenant à l'ordre public et à la défense de la loi française ; s'il suffisait en effet de franchir une frontière pour échapper aux règles du droit français, la règle de droit française serait vite réduite à néant : par exemple, deux Français de même sexe auraient pu aller se marier en Belgique ou en Finlande alors qu'avant la loi sur le « mariage pour tous », en France ils ne pouvaient que se « pacser ».

Cela dit, décidant désormais que le mariage entre personnes de même sexe est d'ordre public en matière internationale – ce qui n'est pas évident au regard du caractère très récent de son admission en droit français –, la Cour de cassation a écarté la loi marocaine pour décider valable le mariage entre un Français et un Marocain(633).

189. – **L'application de la loi étrangère par le juge français(634).** Lorsqu'une situation litigieuse présente un élément d'extranéité, la règle de conflit de lois peut amener le juge français saisi du litige à appliquer une loi étrangère ; et réciproquement, un juge étranger peut avoir à appliquer la loi française.

Pendant longtemps, on a considéré que la loi étrangère n'était pas véritablement une règle de droit comme la loi française, mais un simple élément de fait. Cette différence choquante faite entre la loi française et la loi étrangère a aujourd'hui disparu à la suite d'un revirement de jurisprudence(635).

Désormais, lorsque le juge français reconnaît applicable un droit étranger, il a l'obligation d'en rechercher la teneur(636), même d'office(637), et de donner à la question litigieuse une solution conforme au droit positif étranger, sauf si elle apparaît contraire à l'ordre public international français(638). Il peut l'appliquer d'office, et il

(633) Cass. 1re civ., 28 janv. 2015 : *D.* 2015, 464, note H. Fulchiron ; *JCP* 2015, 318, note crit. L. Gannagé ; *RTD civ.* 2015, 91, obs P. Puig.

(634) M. Ancel, *Le juge français et la mise en œuvre du droit étranger*, Rapp. C. cass. 1997, p. 33. – B. Fauvarque-Cosson, *Le juge français et le droit étranger : D.* 2000, chron. p. 125. – A. Boize, *L'application de la loi étrangère par le juge français : le point de vue d'un processualiste : D.* 2001, chron. p. 1818. – F. Mélin, *La connaissance de la loi étrangère par les juges du fond (recherches sur l'infériorité procédurale de la loi étrangère dans le procès civil)*, PUAM, 2002. – G. Bolard, *Les tribulations de la loi étrangère devant le juge français : Mél. Ponsard*, Litec, 2003, p. 103. – A. Bolze, *Cent ans d'application de la loi étrangère par le juge français : Mél. J. Foyer*, Economica, 2007, p. 87. – S. Corneloup, *L'application de la loi étrangère : RID comp.* 2014, n° 2, p. 363. – C. Witz (ss dir), *Application du droit étranger par le juge national. Allemagne, France, Belgique, Suisse*, SLC, coll. « Droit comparé et européen », vol. 15, 2014.

(635) Cass. 1re civ., 11 et 18 oct. 1988 : *JCP* 1989, II, 21327, note P. Courbe : *JCP* 1989, II, 2139, note J. Prévault.

(636) Cass. 1re civ., 27 janv. 1998 : *JCP* 1998, II, 10098, note H. Muir-Watt. – Cass. 1re civ., 24 nov. 1998 : *D.* 1999, p. 337, note M. Menjucq. – Cass. 1re civ., 19 oct. 1999 : *D.* 2000, p. 904, note Ph. Gouband. – Cass. 1re civ., 18 sept. 2002, *Bull.* n° 202, p. 156. – Cass. 1re civ., 13 nov. 2003, *Bull.* n° 225, p. 178 ; *D.* 2003, inf. rap. p. 2930 ; *JCP* 2004, IV, 1004. – Cass. 1re civ., 16 nov. 2004, *Bull.* n° 269, p. 225. – Cass. 1re civ. et Cass. com., 28 juin 2005, *Bull.* n° 289, p. 240 et *Bull.* n° 138, p. 147 ; *D.* 2005, 2853 et note N. Bouche. – Cass. 1re civ., 22 nov. 2005, *Bull.* n° 425, p. 355. – G. Lardeux, *La reconnaissance du statut de règle de droit à la règle de conflit de lois : D.* 2003, chron. p. 1513. – Cass. 1re civ., 14 févr. 2006, *Bull.* n° 68. – Cass. 1re civ., 23 janv. 2007, *Bull.* n° 31. – Cass. 1re civ., 30 janv. 2007, *Bull.* n° 44. – Cass. 1re civ., 11 févr. 2009, n° 07-13.088. – Cass. 1re civ., 23 nov. 2011 : *D.* 2012, 638, obs. B. Vassalo. – Cass. 1re civ., 1er juin 2016, n° 15-13.221. – Cass. 1re civ., 4 janv. 2017, n° 16-10.754.

(637) Cass. com., 24 juin 2014, n° 10-27.648.

(638) Cass. 1re civ., 6 déc. 2005, *Bull.* n° 468 : *D.* 2005, inf. rap. p. 98. – Exemple : la loi étrangère qui ne permet pas l'établissement d'une filiation hors mariage (Cass. 1re civ., 16 déc. 2020, n° 19-20.948, *Bull.*).

doit même le faire lorsque la loi étrangère porte sur des droits indisponibles[639]. Toutefois, l'application faite par les juges du fond du droit étranger, quelle qu'en soit la source, légale ou jurisprudentielle, échappe, sauf dénaturation[640], au contrôle de la Cour de cassation[641] ; il faut donc comprendre que la loi étrangère n'est pas tout à fait assimilée à la loi française[642].

Cela dit, s'il est impossible d'obtenir la preuve du contenu de la loi étrangère, le juge français peut, même en matière de droits indisponibles, faire application de la loi française à titre subsidiaire[643].

(639) Cass. 1re civ., 26 mai 1999, 2 arrêts, *Bull.* nos 172 et 174 ; *JCP* 1999, II, 10916, note F. Mélin. – Cass. 1re civ., 14 juin 2005, *Bull.* n° 243, p. 206. – Cass. 1re civ., 11 févr. 2009, n° 08-10.387.

(640) Pour une application, V. Cass. 1re civ., 14 févr. 2006, *Bull.* n° 67.

(641) Cass. 1re civ., 3 juin 2003, *Bull.* n° 133, p. 105 ; *D.* 2003, inf. rap. p. 1666. – Cass. 1re civ., 16 nov. 2004, *Bull.* n° 268, p. 224.

(642) M. Nicod, *Un droit venu d'ailleurs : la loi étrangère désignée par la règle de conflit : Mél. Ph. Jestaz*, Dalloz, 2006.

(643) Cass. 1re civ., 21 nov. 2006, *Bull.* n° 500 (pour la loi biélorusse).

CHAPITRE 2

LES SOURCES COMPLÉMENTAIRES INFORMELLES

190. – **Présentation générale.** Il est évident que les textes, qu'ils émanent du législateur ou du pouvoir réglementaire, sont la source primordiale du droit. Les textes se proclamant la seule source « légale », il peut paraître singulier de dire qu'il y a d'autres sources de droit, qui seraient complémentaires des textes.

Et pourtant, il est certain que, parallèlement à la loi et au règlement, il existe d'autres règles. Peu importe qu'elles ne revêtent pas la forme habituelle de la règle de droit, c'est-à-dire des textes écrits présentés sous la forme de lois ou de règlements.

Il suffit pour s'en convaincre de constater que les juges appliquent parfois des règles qui ne figurent nulle part : par exemple, jadis, aucun texte ne déclarait que l'enfant légitime porte le nom de son père ; ni que nul ne doit s'enrichir injustement au détriment d'autrui. Ce sont néanmoins des règles de droit qui ont la même force obligatoire que les autres. Avalisant cette extension, l'article 1020 du Code de procédure civile impose désormais à la Cour de cassation de viser, non plus « le texte de loi » mais « la règle de droit » sur laquelle la cassation est fondée (D. 22 mai 2008). De même, en étudiant les conflits de lois dans l'espace, on a constaté que, dans le silence de la loi, la jurisprudence a été amenée à poser un grand nombre de règles de conflits si bien que le droit international privé s'est constitué pour une large part avec des règles jurisprudentielles[1].

Quant à leur origine, il convient de distinguer. Les unes sont des *sources directes*, en ce sens qu'elles ne dérivent pas de la loi : il s'agit des principes généraux du droit et de la coutume. Les autres sont des *sources d'interprétation*, en ce sens qu'elles enrichissent la loi et la complètent par voie d'interprétation : il s'agit de la jurisprudence, de la doctrine et de la pratique.

191. – **Aperçu sur le droit souple (ou *soft law*)**[2]. De quoi s'agit-il ? Un certain nombre d'auteurs font observer que, à côté du droit « dur », c'est-à-dire du droit positif objectif tel que décrit dans le présent manuel, il existe du droit « souple » ;

(1) V. B. Ancel et Y. Lequette, *Les grands arrêts de la jurisprudence française de droit international privé*, Dalloz, 5e éd., 2006, préf. H. Batiffol.
(2) P. Deumier et J.-M. Sorel (ss dir.), *Regards croisés sur la soft law en droit interne, européen et international*, LGDJ, 2018.

souple en ce sens que, à la différence du droit dur ou du droit tout court, il n'est ni obligatoire, ni sanctionné, mais il existe et il est parfois (souvent ?) spontanément respecté.

En effet, certains organismes ou institutions, publics (notamment les fameuses « autorités administratives indépendantes »)(3) ou privés(4), émettent des avis, des directives ou lignes directrices, des recommandations, etc. (la terminologie est extrêmement variable) qui deviendront peut-être un jour du droit dur mais qui, pour l'instant, restent à un stade pré-juridique. Un colloque tenu sous l'égide de l'Association Henri Capitant a ainsi retenu à ce titre les codes de conduite privés, les codifications privées, les avis et recommandations des autorités administratives indépendantes, les Livres verts et les Livres blancs de la Commission européenne(5).

Mais cette liste n'est nullement exhaustive alors surtout qu'on chercherait vainement une liste des auteurs potentiels de ce droit souple et, par voie de conséquence, une liste des règles de droit souple(6).

On pourrait en citer comme exemple certaines normes AFNOR, notamment la Norme AFNOR P 03.001 qui édicte un « Cahier des clauses administratives générales applicable aux travaux de bâtiment faisant l'objet de marchés privés ». Cette norme n'est pas obligatoire, sauf si les parties au marché la mentionnent parmi les pièces contractuelles(7). Or, en pratique il y est très fréquemment fait référence dans les marchés privés.

Le droit souple a trouvé une consécration en droit public, dans le Rapport annuel du Conseil d'État pour 2013(8) ; c'est là une promotion alors que précédemment le Conseil d'État ne parlait que de droit « mou », terme sensiblement moins flatteur(9). Cette consécration s'est concrétisée dans le contentieux des autorités de régulation, par plusieurs décisions du Conseil d'État(10) qui ont admis de contrôler la légalité d'avis ou communiqués de l'Autorité des marchés financiers (AMF), de l'Autorité de la concurrence et du Conseil supérieur de l'audiovisuel(11) (CSA), sous certaines conditions strictes. Cette position a été confirmée concernant notamment des prises de position de la Commission nationale de l'informatique et des libertés(12) (CNIL) et

(3) Ces AAI ont fait l'objet d'un rapport parlementaire, dit « rapport *Dosière-Vanneste* », qui a été diversement commenté : M.-A. Frison-Roche, *Autorités administratives incomprises (AAI)* : *JCP* 2010, act. 1166. – J.-B. Auby, *La façon de comprendre les AAI* : *JCP* N 2010, 1260.

(4) C. Coupet, *Les normes d'origine privée. Réflexions à partir des recommandations de l'Autorité de régulation professionnelle de la publicité et du Code AFEP-MEDEF* : *RTD com.* 2015, 437.

(5) *Le droit souple*, Journée nationale de l'Association Capitant, Dalloz, 2009.

(6) V. toutefois S. Gerry-Vernières, *Les « petites » sources du droit (À propos des sources étatiques non contraignantes)*, Economica, 2012, préf. N. Molfessis. – L. Maurin, *Le droit souple et la responsabilité civile* : *RTD civ.* 2015, 517. – S. Cassella, V. Lasserre et B. Lecourt, *Le droit souple démasqué. Articulation des normes privées, publiques et internationales*, Pedone, coll. « Colloques », 15 févr. 2018.

(7) C. Charbonneau, *La réception par la jurisprudence de la norme AFNOR P 03-001* : *RD imm.* 2009, 628.

(8) E. Nicolas et M. Robineau, *Prendre le droit souple au sérieux ? À propos de l'étude annuelle du Conseil d'État pour 2013* : *JCP* 2013, 1116.

(9) Ch. Vigouroux, *Du droit « mou » au droit « souple »* : *AJDA* 2013, 1825.

(10) CE, ass., 21 mars 2016, n°s 368082, 368083 et 368084, *Fairvesta* : *AJDA* 2016, 717 ; *JCP* 2016, 623, note T. Perroud ; *RTD civ.* 2016, 571, obs. P. Deumier. – CE, ass., 21 mars 2016, n° 390023, *Numericable* : *JCP* 2016, 368, obs. L Erstein. – *Adde* CE, 12 juin 2020, n° 418142, *GISTI* : *AJDA* 2020, 1196, obs. M.-C. de Montecler ; *RFDA* 2020, 785, concl. G. Odinet.

(11) CE, 10 nov. 2016, n° 384691.

(12) CE, 16 oct. 2019, n° 433069, *Associations La Quadrature du net et Caliopen.*

de l'Autorité nationale des jeux[13] (ANJ). Elle n'est, du reste, pas limitée aux actes des autorités de régulation[14].

En droit privé, on a pu considérer comme du droit souple l'application de manière anticipée par le juge de certaines dispositions de la réforme du droit des contrats qui n'étaient pas encore applicables[15], ou encore le principe *comply or explain* (« se conformer ou expliquer »), selon lequel si une entreprise veut se dispenser d'appliquer un code de bonne conduite, elle doit s'en expliquer publiquement.

À la vérité, il est bien difficile de considérer sans nuance qu'on est encore dans le domaine du droit ; on est plutôt dans celui de la prospective, d'une prospective intéressante qui a le mérite d'avoir retenu l'attention et d'avoir acquis une certaine notoriété, ce qui justifie qu'il en soit ici fait état dans cet aperçu[16]. En un sens, le droit souple participe à l'élaboration du droit dur[17], mais avec un taux de déchet assez considérable ; en bref, droit souple et droit dur ne se situent pas sur la même longueur d'onde.

SECTION 1

LES SOURCES DIRECTES NON ÉCRITES

SOUS-SECTION 1

LES PRINCIPES GÉNÉRAUX DU DROIT

192. – **Qu'est-ce qu'un principe général du droit ?** Le terme de principe est souvent employé dans la langue juridique mais dans des sens divers ; souvent on lui accolera un qualificatif qui le précise.

Ainsi, en droit constitutionnel, on connaît les *principes fondamentaux reconnus par les lois de la République* (V. *supra*, n° 70). Ou encore, en droit international, on se réfère aux *principes généraux du droit reconnus par les nations civilisées* (Statut CIJ, art. 38). On en trouve également en droit communautaire ou européen[18].

Raisonnant uniquement en droit interne, et plus spécialement en droit privé[19], on définira le principe général du droit comme une règle juridiquement obligatoire bien que non écrite dans un texte législatif[20].

(13) CE, 8 mars 2021, n° 431786, *Association française du jeu en ligne*.

(14) V. pour une « note d'actualité » de la direction centrale de la police aux frontières, CE, 12 juin 2020, n° 418142, *GISTI* : *AJDA* 2020, 1196, obs. M.-C. de Montecler ; *RFDA* 2020, 785, concl. G. Odinet ; V. aussi *supra*, n° 146.

(15) Cass. soc., 21 sept. 2017, Cass. 1re civ., 20 sept. 2017 et Cass. com., 5 juill. 2017 : *RTD civ.* 2017, 837, obs. H. Barbier. – Cass. 3e civ., 6 déc. 2018 : *RTD civ.* 2019, 317, note H. Barbier.

(16) C. Thibierge, *Le droit souple. Réflexion sur les textures du droit* : *RTD civ.* 2003, p. 599. – J.-M. Jacquet, *L'émergence du droit souple*, in *Études B. Oppetit*, Litec, 2009, p. 331.

(17) C. Thibierge, *Sources du droit, sources de droit : une cartographie* : *Mél. Ph. Jestaz*, Dalloz, 2006, p. 519.

(18) J.-P. Spitzer, *Les principes généraux de droit communautaire dégagés par la Cour de justice des Communautés européennes* : *Gaz. Pal.* 1986, doctr. p. 732. – L. Xenou, *Les principes généraux du droit de l'Union européenne et la jurisprudence française*, thèse, Paris II, 2014.

(19) En droit public, V. F. Moderne, *Actualité des principes généraux du droit* : *RFDA* 1998, 495. – J.-M. Maillot, *La théorie administrative des principes généraux du droit. Continuité et modernité* : *D.* 2003.

(20) J. Boulanger, *Principes généraux du droit et droit positif* : *Mél. Ripert*, 1950, t. I, p. 515. – M. Voisset, *La reconnaissance de l'existence des principes généraux du droit par le Conseil constitutionnel* : *JCP* 1969, I, 2290 bis. – G. Lyon-Caen, *Du rôle des principes généraux du droit civil en droit du travail* : *RTD civ.* 1974, p. 229. – R. Rodière, *Les principes généraux du*

193. – **Origine et destin des principes généraux du droit.** Les lois sont votées par le Parlement, promulguées par le président de la République, et publiées au *Journal officiel*. Mais d'où viennent les principes généraux, et où les trouve-t-on ?

Les principes nous viennent principalement d'une longue tradition qui a nourri les juristes de l'Ancien droit, et qui s'est transmise aux générations successives. Tantôt ils prennent la forme de maximes ou d'adages(21), en français ou en latin(22) ; tantôt ils s'écrivent dans la langue de tous les jours.

La plupart des principes de l'Ancien droit ont été intégrés dans des textes, spécialement dans le Code civil de 1804. Tel était d'ailleurs le but du code, ainsi que le soulignait Portalis dans son discours préliminaire prononcé le 1er janvier 1801, lors de la présentation devant le Conseil d'État du projet de Code civil : « L'office de la loi est de fixer, par de grandes vues les maximes générales du droit, d'établir des principes féconds en conséquences, et non de descendre dans le détail des questions qui peuvent naître sur chaque matière… La science du législateur consiste à trouver dans chaque matière les principes les plus favorables au bien commun ». On en citera pour exemple la règle « En fait de meubles, la possession vaut titre », codifiée dans l'actuel article 2276 ; ou encore le principe de l'effet relatif du contrat (*Res inter alios acta*…), qu'on retrouve dans l'article 1199 (1165 ancien). Il s'agit alors d'un principe consacré dans la loi. D'autres, sans avoir été expressément repris, l'ont été par les applications que le code en faisait : tel fut longtemps le cas du principe selon lequel la prescription ne court pas contre celui qui est empêché d'agir (*Contra non valentem*…)(23), avant sa consécration aux articles 2234 du Code civil et 9-3 du Code de procédure pénale.

Par la suite, d'autres principes ont été dégagés par la doctrine ou par la jurisprudence. Mais là encore certains d'entre eux ont été absorbés par la loi. Ainsi, en procédure civile, le *principe de la contradiction* a été inscrit dans l'article 16 du Code de procédure civile, le principe du respect de la personne humaine et de sa dignité dans l'article 16 du Code civil, etc.

De même, et plus récemment, le *principe de précaution*, qui apparaissait plus comme un principe moral et politique ou comme un standard de jugement que comme une règle juridique(24), a été inscrit dans la loi n° 95-101 du 2 février 1995

---

droit privé français, Journées de la société de législation comparée, 1980, vol. 2, p. 309. – P. Morvan, *Le principe de droit privé*, thèse, Paris II, éd. Panthéon-Assas, 1999. – M. de Béchillon, *La notion de principe général en droit privé*, PUAM, 1998. – Ph. Jestaz, *Principes généraux, adages et sources du droit en droit français*, in *Autour du droit civil. Écrits dispersés. Idées convergentes*, Dalloz, 2005, p. 221. – S. Caudal (ss dir.), *Les principes en droit*, Economica, 2008.

(21) H. Roland et L. Boyer, *Adages du droit français*, Litec, 4e éd., 1999. – J. Hilaire, *Adages et maximes en droit français*, Dalloz, 2013.

(22) H. Roland et L. Boyer, *Locutions latines du droit français*, Litec, 4e éd., 1998. – P. Duparc-Portier et A. Masson, *De l'usage des adages latins en pays de* common law *et en pays de* civil law : *Rev. Lamy dr. civ.* sept. 2006, p. 66. – H. Roland, *Lexique juridique des expressions latines*, LexisNexis, 6e éd., 2014.

(23) J. Carbonnier, *La règle* contra non valentem agere non currit præscriptio : *Rev. crit. législ. et jur.* 1937, 155.

(24) P. Kourislky et G. Viney, *Le principe de précaution*, Doc. fr., 1999. Un auteur soutient toutefois que la Cour de justice des Communautés européennes l'aurait implicitement consacré en principe général du droit, et que le Conseil d'État aurait reconnu sa « juridicité » (J.-M. Favret, *Le principe de précaution ou la prise en compte par le droit de l'incertitude scientifique et du risque virtuel* : D. 2001, chron. p. 3462). – V. aussi G.-J. Martin, *Précaution et évolution du droit* : D. 1995, chron. p. 299. – L. Baghestani-Perrey, *Le principe de précaution : nouveau principe fondamental régissant les rapports entre le droit et la science* : D. 1999, chron. p. 457. – J.-P. Desideri, *La précaution en droit privé* : D. 2000, chron. p. 238. – P. Sargos, *Approche judiciaire du principe de précaution en matière de relation médecin/patient* : JCP 2001, I, 226. – J.-P. Cot, *Le principe de précaution en droit européen et international* : *Liber amicorum J. Waline*, Dalloz, 2002. – B. Mathieu, *L'avenir du principe de précaution ?* : JCP 2001, act. p. 2025. – D. Truchet, *Douze remarques simples sur le principe de précaution* : JCP 2002,

relative au renforcement de la protection de l'environnement, puis dans la Charte de l'environnement de 2004 à laquelle il est désormais fait référence dans le Préambule de la Constitution (25). Il est donc devenu un principe à valeur constitutionnelle.

Ou encore, la chambre commerciale de la Cour de cassation a consacré le principe – dit de l'estoppel – suivant lequel « nul ne peut se contredire au détriment d'autrui » (26). Mais ce principe est pour partie contredit par les articles 72 et 563 du Code de procédure civile (27) ; et il a été écarté par d'autres formations de la Cour de cassation (28).

Au plan de l'évolution, on assiste à un double phénomène : dans un premier temps apparition du principe, puis dans un second, absorption du principe par la loi (29).

À ce jour, divers principes sont en voie de formation, mais sans qu'on puisse dire avec certitude qu'ils deviendront des principes généraux du droit. On peut ici citer le *principe de proportionnalité* (30), qui a été récemment consacré par la Cour de cassation (V. *infra*, n° 509) et qui, à certains égards, a été mis en œuvre dans l'article 1221 nouveau du Code civil par l'ordonnance du 10 février 2016 (31).

194. – **Consécration et champ d'application des principes.** En vertu de quel critère va-t-on décider qu'on est en présence d'un principe général du droit ? En

act. p. 138. – M. Franc, *Traitement juridique du risque et principe de précaution : AJDA* 2003, 360. – J. Cazala, *Le principe de précaution en droit international. Étude d'un mode conventionnel de gestion de l'incertitude scientifique*, thèse, Paris II, 2003. – A. Gossement, *Le principe de précaution : essai sur l'incidence de l'incertitude scientifique sur la décision et la responsabilité publiques*, L'Harmattan, 2003. – Y. Jégouzo, *Le principe de précaution ne s'appliquera qu'en cas de réelle incertitude scientifique* : D. 2003, chron. p. 1848. – D.-M. Depincé, *Le principe de précaution*, thèse, Montpellier, 2004. – D. Tapinos, *Le principe de précaution en droit privé*, thèse, Paris II, 2005. – Par ex., c'est en application du principe de précaution que certains maires s'étaient opposés à l'installation d'antennes pour le téléphone mobile : V. CE, réf., 22 août 2002 : *JCP* 2003, II, 10012 et note P. Moreau. – V. aussi F. G. Trébulle, obs. in *RD imm.* 2004, 73.

De nombreuses études ont été consacrées aux liens entre le principe de précaution et la responsabilité : P. Jourdain, *Principe de précaution et responsabilité civile : LPA* 30 nov. 2000, n° 239, p. 51 et s. – D. Mazeaud, *Responsabilité civile et précaution : Resp. civ. et assur.* juin 2001, n° 6 *bis*, p. 72. – C. Thibierge, *Avenir de la responsabilité, responsabilité de l'avenir* : D. 2004, chron. p. 577. – M. Boutonnet, *Le principe de précaution en droit de la responsabilité civile*, LGDJ, 2005, préf. C. Thibierge. – G-J. Martin, *Principe de précaution, prévention des risques et responsabilité : quelle novation, quel avenir ? : AJDA* 2005, 2222. – M. Poumarède, *Précaution et responsabilité : de la règle au principe (et inversement) : RTD civ.* 2019, 465.

(25) A.-M. Leroyer, *Principe de précaution. Loi constitutionnelle n° 2005-205 du 1er mars 2005 relative à la Charte de l'environnement : RTD civ.* 2005, 490. – D. Chagnollaud, *Le principe de précaution est-il soluble dans la loi ? À propos de l'article 5 de la charte de l'environnement* : D. 2004, chron. p. 1103. – L. Baghestany-Perrey, *La constitutionnalisation du principe de précaution dans la Charte de l'environnement ou la consécration d'un principe à effet direct : LPA* 30 juill. 2004, p. 4. – C. Noiville et *alii*, *Principe de précaution* : D. 2007, dossier p. 1514.

(26) Cass. com., 20 sept. 2011 : *D.* 2011, 2345, obs. X. Delpech ; *JCP* 2011, 1250, note D. Houtcieff ; *RTD civ.* 2011, 760, obs. B. Fages. – Cass. com., 3 juill. 2012 : *D.* 2012, 2942, note S. Pierre-Maurice. – Sur la portée du principe, V. Cass. 1re civ., 24 sept. 2014 : *D.* 2014, 1945 ; *JCP* 2014, 1141, note D. Houtcieff. – Cass. com., 10 févr. 2015 : *RTD civ.* 2015, 452, obs. N. Cayrol. – Cass. 3e civ., 22 juin 2017 : *RTD civ.* 2017, 725, obs. N. Cayrol. – C. Maréchal, *L'estoppel à la française consacré par la Cour de cassation comme principe général du droit* : D. 2012, 167. – L. Usunier, *Mitigation of damages v. estoppel : la circulation des modèles anglo-américains à la Cour de cassation* : RDC 2013, 701. – S. Pierre-Maurice, *L'adage, outil de communication à la disposition de la Cour de cassation ? L'exemple de l'adage procédural « Nul ne peut se contredire au détriment d'autrui »* : RRJ 2013-2, 689. – G. Bolard, *Le droit de se contredire au détriment d'autrui* : *JCP* 2015, 146.

(27) Cass. com., 10 févr. 2015 : *JCP* 2015, 470, note N. Fricero.

(28) Cass. soc., 22 sept. 2015 et Cass. 1re civ., 28 oct. 2015 : *JCP* 2016, 80, note D. Chollet.

(29) P. Sargos, *Les principes généraux du droit privé dans la jurisprudence de la Cour de cassation. Les garde-fous des excès du droit : JCP* 2001, I, 306. – N. Molfessis, *La notion de principe dans la jurisprudence de la Cour de cassation : RTD civ.* 2001, p. 699.

(30) *Existe-t-il un principe de proportionnalité en droit privé ?, Travaux du Colloque du 20 mars 1998 : LPA* 30 sept. 1998, n° 117. – S. Le Gac-Pech, *La proportionnalité en droit privé des contrats*, LGDJ, 2000. – F. Terré, *La proportionnalité comme principe ? : JCP* 2009, étude 31. – A. Bénabent, *Un culte de la proportionnalité... un brin disproportionné ?* : D. 2016, 137. – F. Chénedé, *Contre-révolution tranquille à la Cour de cassation* : D. 2016, 796. – S. Le Gac-Pech, *Sauvons le contrôle de proportionnalité de la sanction* : *JCP* 2016, 991.

(31) Plus largement, G. Lardeux, Le contrôle de proportionnalité des sanctions en matière contractuelle : JCP 2021, 502.

pratique, c'est par le biais de la jurisprudence, lorsque le juge va fonder sa solution sur une règle non écrite qui va alors accéder au rang de principe. Dans un premier temps, il ne sera peut-être fait référence au principe que dans le corps de la décision ; puis, un jour, le juge le posera en règle de droit. Ainsi, les principes vont être officiellement reconnus au travers des décisions de jurisprudence qui les consacrent.

On en prendra un exemple en droit privé. Comme on le verra plus loin, les arrêts de cassation rendus par la Cour de cassation sont toujours précédés de la référence à la règle de droit appliquée : « Vu l'article X du Code civil », ce qu'on appelle le *visa*[32] ; lorsque la cour se fonde sur un principe non écrit, elle va le mentionner dans son visa : « Vu le principe suivant lequel nul ne doit causer à autrui un trouble anormal de voisinage »[33]. Voilà un principe général qui n'est inscrit dans aucun texte ; il figure toutefois dans le projet de réforme de la responsabilité civile (art. 1244).

Il en va de même du Conseil d'État et du Conseil constitutionnel. Il s'ensuit qu'il existe des principes généraux du droit privé, d'autres du droit public[34], et certains reconnus comme ayant valeur constitutionnelle. Ce ne sont pas nécessairement les mêmes, mais les éventuelles distorsions sont sans inconvénient pratique. En effet, ils n'ont pas le même champ d'application, si bien qu'ils ne sont pas susceptibles d'entrer en conflit.

Les principes généraux du droit privé sont ceux consacrés par la Cour de cassation ; ils ne s'appliquent qu'aux relations entre personnes privées. Sur ce point on formulera deux observations. D'une part, une simple solution donnée par la jurisprudence n'est pas un principe ; par exemple, lorsqu'une décision mentionne : « Vu l'article 1147 (ancien) du Code civil. Attendu que le sous-traitant est tenu d'une obligation de résultat à l'égard de l'entrepreneur principal », elle exprime une solution sur un point particulier, pas un principe général. D'autre part, une règle n'accède au rang de principe que si elle a été consacrée à plusieurs reprises, et sans équivoque, par la jurisprudence[35].

Les principes généraux du droit public sont ceux consacrés par le Conseil d'État ; ils ne s'appliquent qu'aux relations dans lesquelles intervient l'État ou l'une de ses subdivisions. Ils sont fort nombreux parce que la juridiction administrative décide que les règles de droit privé inscrites dans les divers codes ne sont pas directement applicables en droit public ; elle a donc été amenée à consacrer, aux lieu et place de ces règles, des principes généraux du droit public qui, dans de nombreux cas, s'inspirent des règles qui figurent dans le Code civil, le Code du travail, etc.

Les principes généraux à valeur constitutionnelle sont ceux consacrés comme tels par le Conseil constitutionnel. On citera pour exemple le principe de sauvegarde

(32) P. Morvan, *Les visas de principes dans la jurisprudence de la Cour de cassation : inventaire d'un droit « hors-la-loi » : LPA* 8 juin 2005, p. 5.

(33) Cass. 3e civ., 13 nov. 1986, *Bull.* n° 172.

(34) G. Jeze, *Les principes généraux du droit administratif*, Dalloz, 2005. – F. Moderne, *Actualité des principes généraux du droit : RFDA* 1998, 495.

(35) Plusieurs définitions ont été proposées pour les principes généraux du droit privé. Pour M. Sargos (art. préc.), c'est « une norme non écrite qui s'impose par sa généralité, sa rationalité et son équité et qui est en principe distincte des normes issues du bloc de constitutionnalité ». – Pour M. Gridel (*La Cour de cassation française et les principes généraux du droit privé : D.* 2002, chron. p. 228 et 345), « les principes généraux du droit sont des axiomes à prétention normative, assis sur ces sources matérielles du droit que sont tantôt la tradition ou l'ordre social, tantôt la raison ou l'équité, sans lien nécessaire avec un texte précis, et fertiles en virtualités d'application ».

de la dignité de la personne humaine[36], ou celui de la non-rétroactivité en matière pénale (V. *supra*, n° 159). Mais ces principes sont posés à l'intention du législateur qui doit les respecter lorsqu'il édicte des lois nouvelles ; ils ne s'imposent pas directement aux juridictions, notamment à la Cour de cassation[37].

195. – Exemples de principes généraux du droit privé. À titre d'illustration, on présentera ici une liste – non exhaustive – de règles non écrites qui sont considérées comme des principes généraux du droit privé :

– *error communis facit jus* : l'erreur commune est créatrice de droit[38] et couvre les irrégularités éventuellement commises par les parties à un contrat ;

– nul ne droit causer à autrui un trouble anormal de voisinage, qui permet la réparation des troubles de voisinage, même là où il n'y aurait pas lieu à responsabilité suivant les règles de droit commun[39] ;

– le principe qui défend de s'enrichir sans cause au détriment d'autrui, qui fonde la théorie de l'enrichissement injustifié[40], désormais consacrée dans l'article 1303 du Code civil ;

– *fraus omnia corrumpit* : la fraude fait échec à toutes les règles[41] ;

– le principe suivant lequel « les biens des personnes publiques sont insaisissables »[42] ;

– en matière d'arbitrage, le principe selon lequel il appartient à l'arbitre de statuer sur sa propre compétence[43] (principe dit de compétence-compétence).

On pourrait également citer de très importants principes en matière de responsabilité civile, que la jurisprudence rattache formellement à des dispositions du Code civil, mais qui sont en fait une extrapolation que ces textes n'impliquaient pas nécessairement. Ainsi en est-il du principe général de responsabilité du fait des choses affirmé en 1930, voire du principe général de responsabilité délictuelle du fait d'autrui[44] qui sont tirés de l'article 1384, alinéa 1er ancien (devenu article 1242, al. 1er) ; ou encore du principe général de la responsabilité contractuelle du fait d'autrui, du principe de la réparation intégrale du préjudice, etc.

SOUS-SECTION 2

LA COUTUME

196. – La coutume, source du droit. Avant la Révolution de 1789, la coutume était la principale source de droit, cependant que les lois étaient fort peu nombreuses. Ce droit d'origine coutumière a été supprimé en bloc par la loi du

(36) Cons. const., 27 juill. 1994 : *D.* 1995, p. 237, note B. Mathieu.
(37) N. Molfessis, *Le Conseil constitutionnel et le droit privé*, LGDJ, 1997.
(38) Cass. civ., 18 janv. 1830 : *S.* 1830, p. 429. – Cass. civ., 26 janv. 1897, *Bull.* n° 12. – Cass. 1re civ., 22 juill. 1986, *Bull.* n° 214.
(39) Cass. 3e civ., 13 nov. 1986, *Bull.* n° 172.
(40) Cass. civ., 15 juin 1892, *Patureau-Miran* : *DP* 1892, 1, 596.
(41) Cass. com., 23 nov. 1966, *Bull.* n° 450. – Cass. 1re civ., 25 mai 1992, *Bull.* n° 149.
(42) Cass. 1re civ., 21 déc. 1987, *Bull.* n° 348.
(43) V. par ex. Cass. 1re civ., 26 juin 2001 : *Rev. arb.* 2001, p. 529, note E. Gaillard.
(44) M. Josselin-Gall, *La responsabilité du fait d'autrui sur le fondement de l'article 1384, alinéa 1. Une théorie générale est-elle possible ?* : *JCP* 2000, I, 268.

30 ventôse an XII qui promulguait le Code civil et déclarait abrogées toutes les coutumes contraires. Il n'en subsiste plus que des parcelles, dans la mesure où elles ne sont pas incompatibles avec les textes successivement intervenus depuis cette date ; il est en effet hors de doute qu'un texte peut abroger une coutume.

Depuis lors, c'est-à-dire depuis plus de deux siècles, de nouvelles coutumes se sont formées qui font aujourd'hui partie intégrante de notre droit positif. Il est en effet unanimement admis que les coutumes sont des règles de droit, même si la discussion reste ouverte sur leur autorité par rapport à la loi (infériorité ou égalité), et spécialement sur le point de savoir si une coutume peut aller à l'encontre de la loi (V. *infra*, n° 203).

En revanche, il est bien clair aussi que, à la différence de l'Ancien Régime, notre système juridique légaliste fait de la loi – ou plus généralement des textes – la source majeure de la règle de droit. La coutume n'est qu'une source accessoire et secondaire, mais qui ne doit pas cependant être négligée ou méconnue[45]. Avant de s'interroger sur le rôle et la force obligatoire de la coutume, il convient au préalable d'en bien cerner la notion.

§ 1. – La notion de coutume

A. – Définition de la coutume

197. – **Distinction de l'usage et de la coutume.** Faute d'une définition légale, il existe une assez grande incertitude sur ce qu'il faut comprendre sous le terme de coutume. Selon certains, qui lui donnent un sens très large, seraient coutumières toutes les règles de droit non textuelles : les principes généraux du droit (coutume savante, dit-on), la jurisprudence (coutume des tribunaux), outre la coutume au sens étroit (dite populaire). On s'en tiendra à ce sens étroit, retenu par la majorité des auteurs, et on traitera séparément les principes généraux du droit (V. *supra*, n°s 192 et s.) et la jurisprudence (V. *infra*, n°s 207 et s.).

Même ainsi limitée, la coutume soulève encore un problème de définition en ce qu'elle est difficile à distinguer de l'usage[46] : en principe, on dira qu'à la différence de la coutume, l'usage n'est pas obligatoire. À la vérité, l'usage – c'est-à-dire ce qui se fait habituellement – est un passage obligé qui est à la source de la coutume ; on dira qu'on est en présence d'une coutume lorsque l'usage, étant devenu suffisamment fréquent et régulier, est ressenti par la collectivité comme obligatoire.

Mais, en présence d'une pratique constante, il est bien difficile de dire s'il s'agit encore d'un simple usage, ou déjà d'une coutume. Il existe en effet des pratiques constantes qui n'ont jamais atteint le stade de l'obligatoire, par exemple la pratique des étrennes, du pourboire, des cadeaux d'usage, ou encore de l'usage des patrons de payer la part ouvrière des cotisations de sécurité sociale des gens de maison, etc.

(45) F. Zenati-Castaing, *Le Code civil et la coutume : Mél. Ph. Jestaz*, Dalloz, 2006, p. 607. – F. Terré, *Coutume et commerce*, in *Le Code de commerce, 1807-2007, Livre du Bicentenaire*, Litec, 2007. – Y. Jeanclos, *Coutume et loi : une approche logistique du droit : Mél. Wiederkehr*, Dalloz, 2009, p. 429.
(46) S. Gerry-Vernières, *Les usages : Rev. dr. Assas* déc. 2017, n° 15, p. 56.

Et certains ne le deviendront jamais, comme les usages mondains, ou ceux dictés par la mode, etc.

À l'inverse, il est des usages qui conservent cette appellation alors qu'ils sont traditionnellement considérés comme obligatoires ; tel est le cas par exemple des usages du commerce, ce qui complique singulièrement la distinction[47].

Au plan pratique, on ne pourra véritablement affirmer qu'un usage est devenu une coutume que le jour où la jurisprudence l'appliquera comme étant une règle de droit, consacrant ainsi tout à la fois son caractère obligatoire et sa nature de coutume. On définira alors la coutume par la réunion de deux éléments, l'un matériel, l'autre psychologique.

B. – Les éléments constitutifs de la coutume

198. – L'élément matériel. L'*élément matériel* réside dans un usage *constant* et *général*.

L'idée de constance sous-entend une certaine ancienneté, un ancrage dans le temps. Il faut une pratique suffisamment répétée car, suivant l'adage populaire, « Une fois n'est pas coutume »[48]. Cela dit, à la différence de l'Ancien droit qui fixait un délai de quarante ans, le droit moderne ne pose aucune condition précise de temps, et fort heureusement car on pourrait débattre à l'infini du point de départ : quand l'usage est-il apparu pour la première fois ? En cas de contestation sur l'ancienneté de l'usage, c'est aux tribunaux qu'il appartiendra de se prononcer, et au cas par cas.

L'idée de généralité doit être comprise en ce sens qu'une règle de droit doit être exprimée de manière générale. Mais, au même titre que la loi, elle peut ne viser que certains professionnels, ceux auxquels elle s'applique. Ce sera très souvent le cas pour les usages du commerce qui concernent certaines activités précises, ou encore pour les usages locaux en matière immobilière. À l'inverse, on pourrait également citer le cas de pratiques très générales qui sont devenues des coutumes : par exemple, le fait qu'en se mariant la femme adoptait le nom de son mari.

199. – L'élément psychologique. L'*élément psychologique* réside dans la croyance chez les sujets de droit au caractère obligatoire de l'usage auquel ils se conforment spontanément. En définitive, la coutume naît d'une erreur de droit : à force d'observer toujours les mêmes usages, on finit un jour par croire à leur caractère obligatoire ; ce jour-là, l'usage devient coutume, c'est-à-dire une sorte de loi imaginaire que tout le monde observe.

On a parfois nié l'existence de cet élément psychologique. Ce qui ferait le caractère obligatoire de la coutume, ce ne serait pas la conviction qu'on en a, mais sa

(47) M. Pédamon, *Y a-t-il lieu de distinguer les usages et les coutumes en droit commercial ?* : *RTD com.* 1959, p. 335 – Combacau et a., *La coutume* : *Droits* 1986, n° 3. – P. Deumier, *Le droit spontané*, Economica, 2002. – P. Deumier, *De l'usage prudent des « usages honnêtes ». Réflexions sur un – éventuel – malentendu* : *Mél. Ph. Jestaz*, Dalloz, 2006, p. 119.

(48) Par dérogation à cette règle, la jurisprudence a jadis admis la force obligatoire des Accords de Grenelle qui réglaient le conflit social surgi à l'occasion des événements de mai 1968. Ces accords ont été appliqués de manière générale dans toute la France alors qu'ils n'avaient été signés que par certaines organisations. Certains ont fait appel à l'idée de coutume instantanée pour expliquer ce phénomène et cette jurisprudence. Paris, 13 avr. 1970 : *JCP* 1970, II, 16471, obs. G. Lyon-Caen ; *D.* 1971, p. 13, note J. Savatier. – Cons. prud'h. Rouen, 16 déc. 1970 : *JCP* 1971, II, 16623. – B. Starck, *À propos des « Accords de Grenelle ». Réflexions sur une source informelle du droit* : *JCP* 1970, I, 2363.

consécration par la jurisprudence. Autrement dit, c'est la jurisprudence qui déciderait qu'un usage devient obligatoire. Cette opinion méconnaît l'originalité de la coutume et conduit à conférer au juge un pouvoir qu'il n'a pas.

§ 2. – Rôle et force obligatoire de la coutume

200. – **Évolution historique.** Dans l'Ancien droit, les coutumes avaient valeur de loi, au même titre que les ordonnances royales ou les règles du droit canonique. Aujourd'hui, alors que nous vivons dans un système légaliste dominé par le principe de la hiérarchie des normes (V. *supra*, n°s 64 et s.), la question se pose dans des termes différents.

Dès l'instant qu'on admet l'existence de règles de droit d'origine coutumière, la question se pose de savoir comment ces règles de droit se situent dans la hiérarchie des normes ; sont-elles à l'égal de la loi, ou inférieures à la loi ?

Il faut tout d'abord faire un sort à part aux coutumes qui n'auraient pas été abrogées par la loi du 30 ventôse an XII en matière civile, et par la loi du 15 septembre 1807 en matière commerciale. On sait en effet que ces lois, qui promulguaient respectivement le Code civil et le Code de commerce, laissaient survivre les coutumes et usages antérieurs non contraires aux nouvelles dispositions, lesquels sont donc l'équivalent de la loi.

Qu'en est-il en revanche des coutumes qui se sont constituées depuis lors ?

Il arrive parfois que la coutume soit reprise dans une loi (ou dans une convention collective) dont la force obligatoire s'étend à elle ; ici la coutume s'efface en devenant loi. Mais, en dehors même de toute consécration législative, les tribunaux reçoivent les règles coutumières et en sanctionnent la violation ; cette intervention de la jurisprudence ne fait que constater l'existence de la coutume, elle ne la crée pas, ni ne transforme sa nature. Quelle est alors sa force obligatoire ?

On distingue classiquement trois hypothèses suivant que la loi elle-même renvoie à la coutume, que la coutume intervient dans un domaine non réglementé par la loi, ou qu'elle va à l'encontre de la loi.

201. – **Le renvoi fait par la loi à la coutume : coutume *secundum legem*.** Parfois c'est la loi elle-même qui procède par *renvoi* à la coutume, ce qu'on rencontre en matière contractuelle et pour le régime de la propriété. En pareil cas, ce renvoi confère à la coutume la même force que la loi, laquelle pourra être tantôt impérative, tantôt simplement supplétive de volonté.

Ainsi, en matière contractuelle, les articles 1135, 1159 et 1160 anciens du Code civil prescrivaient au juge d'interpréter les contrats en fonction de ce qui est d'usage dans le pays ou dans le type de contrat considéré. Interprétant les conventions par rapport à ce qui se fait habituellement, on suppose qu'en l'absence de clause contraire, les parties ont entendu se référer aux usages ; ces usages, dits *conventionnels*, jouent en quelque sorte le rôle d'une loi supplétive de volonté dont le législateur aurait confié l'élaboration à la pratique. Cette référence aux usages n'a pas été reprise dans les textes nouveaux issus de la réforme du droit des contrats ; mais, dans la mesure où l'article 1188 nouveau invite le juge à interpréter les contrats

« d'après la commune intention des parties », celui-ci demeure libre de considérer que les parties ont entendu se référer aux usages en la matière.

Par ailleurs, il existe également des usages impératifs en certaines matières ; tel est le cas des usages locaux auxquels la loi renvoie en ce qui concerne la propriété immobilière :

– C. civ., art. 645 relatif à l'usage des eaux par les riverains, qui prescrit que, « dans tous les cas, les règlements particuliers et locaux sur le cours et l'usage des eaux doivent être observés » ;

– C. civ., art. 663 qui édicte que « la hauteur de la clôture sera fixée suivant les règlements particuliers ou les usages constants et reconnus » ;

– C. civ., art. 671 qui décide que les plantations en limite de propriété devront être faites « à la distance prescrite par les règlements particuliers actuellement existant, ou par des usages constants et reconnus ».

Dans ces hypothèses, la loi ne fixe des hauteurs ou distances qu'à défaut d'usages ou de règlements particuliers dans le pays. On dit que ce sont des *usages réglementaires*, parce qu'ils complètent la loi comme le feraient de véritables règlements d'application.

Enfin, selon certains auteurs(49), c'est encore à la coutume ou aux usages que la loi renvoie lorsqu'elle fait référence au *bon père de famille* (notion aujourd'hui remplacée par celle de « raisonnable »), ou aux *bonnes mœurs* (notion abandonnée dans la réforme du droit des contrats). Mais d'autres auteurs considèrent que la définition de ces standards de comportement laisse trop de place à la subjectivité du juge et que, ce faisant, le juge ne peut pas se référer à des données objectives qui constitueraient un usage constant et général.

202. – La coutume dans le silence de la loi : coutume *praeter legem*. Outre ce pouvoir délégué par la loi, la coutume a vocation à s'appliquer là où la loi est incomplète, ou absente.

Cette solution a été jadis critiquée au motif que le Parlement serait seul dépositaire de la souveraineté nationale et qu'il aurait donc le monopole de la règle de droit. En pratique, ce *pouvoir autonome* de la coutume se fonde sur la volonté des rédacteurs du Code civil et se justifie par son utilité. En effet, à défaut de loi, la coutume présente l'avantage d'offrir une règle de conduite reconnue par tous et qui confère ainsi une sécurité juridique.

On en cite classiquement deux exemples en droit civil. Le plus connu est celui du nom d'usage de la femme mariée. La règle que la femme mariée prend le nom de son mari est en effet une règle coutumière qui n'a jamais été inscrite dans le Code civil ; elle a été indirectement consacrée par une loi du 6 février 1993 qui, prenant acte de l'existence de cette coutume, a décidé qu'en cas de divorce « chacun des époux reprend l'usage de son nom » (C. civ., art. 264 ancien) (V. *infra*, n° 333). Aujourd'hui la loi décide que « chacun des époux peut porter, à titre d'usage, le nom de l'autre époux » (C. civ., art. 225-1) et qu'en cas de divorce « chacun des époux perd l'usage du nom de son conjoint » (C. civ., art. 264). Le second exemple

(49) G. Cornu, *Droit civil. Introduction au droit*, Montchrestien, 13e éd., 2007, n° 434.

est relatif à la preuve de la qualité d'héritier qui peut être faite par un acte de notoriété, acte qui est issu de la pratique notariale et qui a finalement été consacré dans l'article 730-1 du Code civil comme mode de preuve par la loi du 3 décembre 2001.

On connaît de nombreux exemples de coutumes en matière commerciale : par exemple, les règles du contrat bancaire de compte courant et, dans le domaine des contrats commerciaux, les usages généraux.

Mais souvent, dans ces matières, la coutume n'a pas le temps de s'établir ; l'usage en voie de formation dans la pratique est très rapidement rendu caduc par l'intervention d'un texte qui l'absorbe et le réglemente : par exemple, les règles du crédit-bail et celles des offres publiques d'achat (OPA).

203. – **La coutume peut-elle aller à l'encontre de la loi ? Coutume *contra legem*.** Dans les deux précédentes hypothèses, il n'y avait pas de conflit entre la loi et la coutume, cette dernière n'intervenant que par renvoi de la loi, ou dans le silence de la loi. Ici, la question se pose en des termes différents : comment doit-on résoudre le conflit entre une loi et une coutume qui sont incompatibles ?

C'est là un problème de hiérarchie des normes. Le principe relève de l'évidence : la loi est supérieure à la coutume ; il s'ensuit qu'un texte peut abolir une coutume alors qu'une coutume ne peut pas abroger un texte. Si la solution est certaine, sa mise en œuvre appelle quelques précisions et nuances.

Qu'un texte puisse abolir une coutume, cela ne fait aucun doute. Les tribunaux, tenus de respecter la loi, écarteront la coutume contraire ; mais ils peuvent aussi user de leur pouvoir d'interprétation pour décider qu'il n'y a pas de réelle incompatibilité entre la loi et la coutume. Par exemple la jurisprudence a décidé que la règle selon laquelle la solidarité ne se présume pas, posée par le Code civil (art. 1202 ancien et 1310 nouveau), devait être appliquée aux seuls rapports civils, et qu'elle n'avait donc pas abrogé la coutume contraire en matière commerciale. Le problème se pose dans les mêmes termes qu'entre deux lois successives : la loi nouvelle n'abroge la loi ancienne (ici la coutume antérieure) que dans la mesure où il y a une incompatibilité absolue entre les deux textes (V. *supra*, n° 130). Ce faisant, la supériorité de la loi a bien été consacrée, mais la jurisprudence a laissé survivre la coutume dans la limite où elle n'était pas contraire à la loi, si bien que cette règle coutumière subsiste encore aujourd'hui. Cela dit, l'abrogation de la coutume ne va pas toujours sans heurts ; on en citera pour exemple les textes qui, en application de directives européennes, ont modifié la coutume relative aux méthodes et périodes de chasse pour certains gibiers, comme la palombe ou le gibier d'eau. Il n'est pas aisé de changer des habitudes ancestrales.

Qu'une coutume ne puisse abroger un texte est également certain ainsi que le rappelle une jurisprudence constante(50). Tel est du moins le principe, mais il convient d'en relativiser la portée, laquelle diffère suivant que la coutume qui se forme est contraire à une loi supplétive ou à une loi impérative (V. *supra*, n° 43).

La coutume peut librement aller à l'encontre d'une *loi supplétive de volonté*. En effet, la loi supplétive pouvant être écartée par une clause contraire, *a fortiori*

(50) Cass. ch. réunies, 10 mars 1960 : *JCP* 1960, II, 11569 bis, note Vivez (sur le collage du vin par ferrocyanure de potassium). – Cass. crim., 12 avr. 1960 : *JCP* 1960, II, 11765, note R. Rodière (en matière de coordination des transports).

peut-elle l'être d'une manière générale par une coutume contraire. À la vérité, il n'y a pas ici incompatibilité entre la loi et la coutume puisque la loi n'est pas impérative.

S'il s'agit au contraire d'une *loi impérative*, elle ne saurait être écartée par une pratique ou une coutume contraire. Le principe est qu'il n'y a pas d'abrogation des lois par désuétude (V. *supra*, n° 132). Si, à l'occasion d'un litige, un plaideur invoque le bénéfice d'une loi prétendument tombée en désuétude, le juge ne peut refuser de l'appliquer(51). Mais, si personne n'en demande jamais plus l'application, la loi, serait-elle impérative, finit par tomber dans l'oubli ; si elle n'est pas abrogée en droit, elle n'est pas non plus appliquée en fait.

Cela dit, on peut néanmoins citer un exemple d'une pratique *contra legem* qui est pourtant validée par la jurisprudence ; il s'agit du *don manuel*, c'est-à-dire de la donation de la main à la main, qui paraît incompatible avec l'article 931 du Code civil qui édicte que, « sous peine de nullité », les donations doivent être faites par acte notarié.

204. – La coutume peut-elle aller à l'encontre d'un traité ? On pense ici principalement à une coutume qui serait contraire à une disposition du droit de l'Union européenne. Une telle coutume peut-elle subsister, alors qu'en vertu du principe hiérarchique le traité international a supériorité sur la loi française (V. *supra*, n°s 78 et s.) ?

L'opinion a été soutenue(52). Spécialement, on a fait valoir que la supériorité des traités repose sur l'article 55 de la Constitution qui vise uniquement la loi, laquelle doit être entendue au sens formel de texte voté par le Parlement ; que le traité ne peut pas avoir de prise sur la coutume, droit non écrit qui exprime la culture d'un peuple.

Cette position est néanmoins difficile à tenir. En effet, le traité est supérieur à la loi, qui est elle-même supérieure à la coutume ; comment le traité ne pourrait-il avoir précellence sur la coutume ? Même à s'en tenir à une interprétation étroite de l'article 55, on serait conduit à admettre que, en cas de coutume française contraire aux dispositions européennes, la France pourrait être condamnée pour avoir laissé subsister dans son droit une telle coutume qu'elle pouvait abroger par une loi.

205. – Conclusion : intérêt de la coutume comme source du droit. Si, à ce jour, la coutume apparaît bien comme une source du droit, il ressort de l'étude qu'elle est devenue une source très secondaire, simplement complémentaire de la règle de droit. Ce déclin de la coutume s'explique aisément.

Par définition même, la coutume ne peut se former que lentement ; elle est le fruit qui mûrit doucement au fil des usages. Si elle a été parfaitement adaptée à une société qui évoluait jadis à un rythme très lent, elle est de nos jours un outil peu conforme aux besoins d'une société en rapide évolution. À cet égard, elle ne saurait rivaliser avec la loi qui peut réagir immédiatement en fonction des impératifs du temps.

---

(51) Cass. ch. réunies, 10 mars 1960, préc.
(52) J. Carbonnier, *Variations sociologiques : Mél. Levasseur*, Gazette du Palais et Litec, 1992. – G. Cornu, *Introduction au droit*, Montchrestien,13e éd., 2007, n° 263.

Mais, d'un autre côté, la coutume présente cet avantage de répondre plus exactement aux besoins de la société qu'elle régit. Ceci explique son développement dans les pratiques professionnelles et commerciales.

Corrélativement, elle conservera toujours un intérêt pour pallier les insuffisances de la loi. Ce besoin est particulièrement impérieux dans le domaine international. Ainsi voit-on, en droit international public, percer une coutume internationale. De même, dans les relations commerciales internationales, une longue controverse se poursuit sur le point de savoir s'il existe un droit coutumier des affaires, une *lex mercatoria* que les arbitres devraient appliquer(53) ; mais on peut aussi se demander si ce droit coutumier ne se trouve pas représenté par les Principes d'Unidroit relatifs aux contrats du commerce international.

SECTION 2

LES SOURCES D'INTERPRÉTATION

206. - **Les autorités en matière d'interprétation.** L'interprétation des textes peut être le fait de diverses autorités(54) : le législateur lui-même, le pouvoir réglementaire, le juge, la doctrine et la pratique.

Si le législateur est une source de droit lorsqu'il fait la loi, il joue un rôle différent lorsqu'il interprète cette loi. En interprétant, il n'ajoute rien à la loi interprétée ; suivant la formule de la jurisprudence, la *loi interprétative* est celle qui « se borne à reconnaître, sans rien innover, un état de droit préexistant qu'une définition imparfaite a rendu susceptible de controverse ». Cela est si vrai que la loi interprétative fait corps avec la loi interprétée et s'applique rétroactivement à la date de cette dernière (V. *supra*, n°s 145 et 163). À cette hypothèse on peut assimiler le cas où le Conseil constitutionnel, statuant sur la constitutionnalité d'une loi, subordonne cette constitutionnalité à la condition que telle interprétation soit donnée à la loi (V. *supra*, n°s 71 et 152).

Le pouvoir réglementaire se fait aussi l'interprète de la loi, par des *circulaires*, des *instructions ministérielles*, des *recommandations*, des *réponses ministérielles*, etc. (V. *supra*, n°s 146 et s.). Mais si parfois il ajoute à la loi, l'interprétation administrative n'a pas de force obligatoire.

Les véritables sources d'interprétation sont la jurisprudence, qui est une source officielle, et subsidiairement la doctrine et la pratique, qui sont des sources privées. Ces sources de droit ne se situent pas au niveau des sources directes que sont les textes, ni même les principes et la coutume ; selon certains auteurs, ce ne seraient pas des sources, mais de simples autorités.

On envisagera successivement la jurisprudence, la doctrine et la pratique.

(53) Ph. Fouchard, E. Gaillard et B. Goldman, *Traité de l'arbitrage commercial international*, Litec, 1996, n°s 1443 et s.
(54) J. Chevallier, *L'interprétation des lois*, in *Le Titre préliminaire du Code civil*, Economica, 2003, p. 125.

SOUS-SECTION 1

LA JURISPRUDENCE

207. - Présentation[55]. La jurisprudence dont il sera ici question est celle des juridictions françaises, spécialement des juridictions de l'ordre judiciaire[56], et non pas celle des juridictions de l'Union européenne ou internationales. On se bornera à rappeler ici que la Cour de justice de l'Union européenne a le monopole de l'interprétation des règles européennes et que son interprétation s'impose en droit français (V. *supra*, n° 150).

Si on raisonne en pur droit français, une décision judiciaire prise isolément n'est qu'une mesure individuelle à laquelle il manque généralité et abstraction pour prétendre être une règle de droit (V. *supra*, n° 40). Mais, considérées dans leur ensemble, les décisions judiciaires révèlent, pour chaque type de litiges, une manière habituelle de juger qu'on appelle *jurisprudence*[57].

Si on s'attache au contenant, on dira que la jurisprudence est constituée par l'ensemble des décisions de justice rendues dans tel domaine, ou dans telle branche du droit. Si on s'attache au contenu, on dira que la jurisprudence est la manière habituelle de juger, c'est-à-dire d'appliquer la règle de droit, dans tel ou tel domaine ou, plus généralement en tous domaines. C'est ce dernier sens que l'on retiendra. En bref, la jurisprudence est la règle de droit telle qu'elle est appliquée par les tribunaux lorsqu'ils sont saisis d'un litige.

Une fraction importante de la doctrine considère que la jurisprudence n'est pas une véritable source du droit[58], mais une simple *autorité*. Cependant la plupart des auteurs y voient une véritable source du droit[59]. L'opposition entre les deux opinions n'est peut-être pas aussi irréductible qu'il paraît. En droit, il est bien exact que le pouvoir judiciaire ne comprend pas celui d'édicter des règles de droit ; mais en fait on constate que le juge ne peut appliquer la règle sans y ajouter quelque chose – une interprétation, une adaptation, etc. – que cet ajout constitue du droit et s'incorpore à la règle. Finalement la doctrine elle-même reconnaît et consacre ce pouvoir de la jurisprudence dans la mesure où, dans ses écrits (manuels et traités,

---

(55) V. Forray, *La jurisprudence, entre crise des sources du droit et crise du savoir des juristes : RTD civ.* 2009, p. 463.

(56) Pour les juridictions de l'ordre administratif, V. B. Genevois, *Le Conseil d'État et l'interprétation de la loi : RFDA* 2002, 877.

(57) C. Atias, *D'une vaine discussion sur une image inconsistante : la jurisprudence en droit privé : RTD civ.* 2007, 23.

(58) J. Carbonnier, *Introduction*, n° 144. – G. Cornu, *Introduction*, n° 440. – J.-L. Aubert et E. Savaux, *Introduction*, n° 172.

(59) P. Esmein, *La jurisprudence et la loi : RTD civ.* 1952, p. 17 et s. – J. Boulanger, *Notations sur le pouvoir créateur de la jurisprudence : RTD civ.* 1961, p. 417 et s. – O. Dupeyroux, *La jurisprudence, source abusive de droit : Mél. Maury*, Dalloz, 1960, p. 349. – Ph. Malaurie, *La jurisprudence combattue par la loi : Mél. Savatier*, Dalloz, 1964, p. 603. – *Les réactions de la doctrine à la création du droit par les juges*, Trav. assoc. H. Capitant, 1980. – F. Terré et a., *La jurisprudence : Arch. phil. dr.* 1985, t. 30. – Ph. Jestaz, *La jurisprudence : réflexions sur un malentendu : D.* 1987, chron. p. 11. – Ph. Jestaz, *La jurisprudence, ombre portée du contentieux : D.* 1989, chron. p. 149. – F. Zenati, *La jurisprudence*, Dalloz, 1991. – J.-L. Aubert et a., *La jurisprudence aujourd'hui : libres propos sur une institution controversée : RTD civ.* 1992, p. 337. – M. Gobert, *La jurisprudence, source du droit triomphante mais menacée : RTD civ.* 1992, 344. – D. Tricot et a., *D'autres propos sur la jurisprudence : RTD civ.* 1993, p. 87. – M.-A. Frison-Roche et S. Bories, *La jurisprudence massive : D.* 1993, chron. p. 287. – Ch. Beroujon, *Contentieux au singulier et jurisprudence au pluriel : RTD civ.* 1995, p. 579. – A. Sériaux, *Le juge au miroir. L'article 5 du Code civil et l'ordre juridictionnel français contemporain : Mél. Mouly*, Litec, 1998, p. 171. – Th. Bonneau, *Variations sur la jurisprudence « source du droit triomphante mais menacée » : Mél. M. Gobert*, Economica, 2004, p. 127. – C. Puigelier, *La création du droit (Libres propos sur la norme jurisprudentielle) : RRJ* 2004, 17. – Ph. Malaurie, *Les précédents et le droit : RID comp.* 2006, 319. – L. Bach, *La jurisprudence est-elle, oui ou non, une source de droit ? (Tentative pour mettre fin à cette lancinante interrogation) : Mél. J. Héron*, LGDJ, 2008.

commentaires divers), elle expose les solutions jurisprudentielles comme faisant partie intégrante de la règle de droit[60]. Il est néanmoins des limites à ce pouvoir du juge[61].

En tout cas, quelle que soit l'opinion que l'on retienne, qu'on voie dans la jurisprudence une autorité « considérable » suivant la formule du doyen Carbonnier, ou une source du droit, nul ne peut prétendre à la connaissance du droit s'il ignore la jurisprudence, le rôle du juge s'étant au demeurant considérablement amplifié et diversifié au XXIe siècle[62].

Sa formation explique le mécanisme de sa force obligatoire.

§ 1. – La formation de la jurisprudence

208. – **De la décision judiciaire à la jurisprudence.** Le juge saisi d'un litige doit le trancher « conformément aux règles de droit qui lui sont applicables » (CPC, art. 12) ; et la décision qu'il rend est par nature même une mesure individuelle qui ne concerne que les parties à ce litige. Elle n'est donc pas une règle de droit, laquelle se définit par son caractère général et abstrait.

Si on définit la jurisprudence comme l'ensemble des décisions individuelles rendues dans tel ou tel domaine, on comprend mal comment il pourrait en naître une règle générale et abstraite, unique sur tout le territoire, donc une règle de droit. Cela suppose qu'on s'attache non pas au contenant, mais au contenu, c'est-à-dire à la manière habituelle de juger.

A. – Apparition du caractère général et abstrait

209. – **Premier obstacle : l'interdiction des arrêts de règlement.** Un tribunal qui rend une décision se borne à *dire le droit* (*juris dictio*, d'où juridiction) dans un litige particulier.

Conformément au principe de la séparation des pouvoirs législatif et judiciaire, il lui est interdit d'édicter des règles de droit. Le pouvoir législatif n'appartient qu'au Parlement qui représente la volonté nationale.

Le principe de la séparation des pouvoirs trouve son expression dans l'article 5 du Code civil :

> **Art. 5.** – Il est défendu aux juges de se prononcer par voie de disposition générale et réglementaire sur les causes qui leur sont soumises.

(60) C'est également l'avis du Conseil d'État qui considère la jurisprudence établie comme du droit, se ralliant ainsi à la conception européenne d'une loi au sens matériel du terme, ce qui englobe la jurisprudence : CE, 8e et 3e sect. réunies, 6 mai 2015, n° 377487, *M. B.*, concl. N. Escaut : *RTD civ.* 2015, 575, obs. P. Deumier.

(61) V. D. Lanzara, *Le pouvoir normatif de la Cour de cassation à l'heure actuelle*, LGDJ, coll. « Bibl. de thèses », t. 579, 2017, qui consacre d'importants développements à ces limites.

(62) Ph. Malinvaud, *Le pouvoir judiciaire au XXIe siècle : Mél. Grimaldi*, Defrénois, 2020, p. 653 : du pouvoir de dire le droit à celui de faire le droit, puis à celui de contrôler la loi, enfin à celui de modérer ou d'écarter l'application de la règle lorsque son application stricte n'est pas proportionnée aux faits de l'espèce. – Changement d'office au prix probablement d'une modification de l'équilibre démocratique et républicain : rappr. C. Jamin, *L'idéologie des juges*, éditorial : *JCP* 2021, 72.

Par cette disposition les rédacteurs du Code civil de 1804 entendaient prohiber les *arrêts de règlement* que rendaient jadis les parlements de l'Ancien Régime et par lesquels, à l'occasion d'un litige, ils posaient une règle générale applicable dans l'avenir aux cas visés dans l'arrêt (V. *supra*, n° 40).

L'article 5 interdit donc aux juges d'édicter des règles générales et de porter atteinte au monopole du pouvoir législatif. Cette interdiction est parfaitement respectée, au moins en la forme(63), et les juges statuent toujours en application de telle règle de droit nommément désignée ; par exemple, dans un arrêt de cassation, la Cour de cassation visera expressément la loi ou la règle de droit dont elle fait application.

Il convient toutefois d'apporter deux précisions à ce constat. D'une part, le juge se réfère parfois non à un texte mais à un principe général du droit (V. *supra*, nos 192 et s.). Or, certains de ces principes sont d'origine jurisprudentielle, par exemple le principe suivant lequel nul ne doit causer à autrui un trouble anormal de voisinage. Ce faisant, en visant le principe, le juge vise une règle de droit qui est sa propre création. D'autre part, il arrive que les Cours suprêmes, c'est-à-dire la Cour de cassation, le Conseil d'État et même le Conseil constitutionnel, s'autorisent des *obiter dicta*. On qualifie d'*obiter dictum* une digression, insérée dans une décision tranchant un litige, par laquelle la cour exprime sa position sur une question de droit pour partie étrangère au litige qui lui est soumis(64).

Cela dit, on ne saurait ignorer que la prohibition des arrêts de règlement constitue une limite aux pouvoirs du juge(65). Elle est aussi corrélativement une liberté à l'égard de ce qu'il a jugé : il n'est pas lié pour l'avenir par les décisions qu'il a rendues dans le passé.

210. – **Deuxième obstacle : le principe de l'autorité relative de la chose jugée.** Tout jugement bénéficie de *l'autorité de la chose jugée*. On entend par là que, une fois les diverses voies de recours (appel, cassation) expirées, la décision rendue ne peut plus être remise en cause. Mais, en dehors de certaines hypothèses bien délimitées (notamment l'annulation par le juge administratif d'un acte réglementaire pour excès de pouvoir), cette autorité est relative en ce sens qu'elle est limitée à l'affaire qui a été jugée ; elle ne lie nullement pour l'avenir le tribunal qui a rendu la décision, ni *a fortiori* toute autre juridiction.

Il s'ensuit que le même tribunal est libre de statuer différemment dans une affaire semblable, s'il l'estime opportun, et ce sans encourir la censure de la Cour de cassation(66). De même, le fait que la Cour de cassation, qui est la plus haute juridiction française dans l'ordre judiciaire, ait interprété et appliqué une règle de droit de telle manière dans tel type de circonstances, n'a juridiquement pas de valeur contraignante pour les juridictions qui auraient à connaître d'une affaire similaire.

(63) V. cep. la critique formulée par P. Morvan, *L'ordonnance justifiant la poursuite de l'instruction de l'article 175-2 du Code de procédure pénale : critique d'un arrêt de règlement* : D. 2003, chron. p. 2511.

(64) C. Charbonneau, *La contribution de la Cour de cassation à l'élaboration de la norme*, thèse, Paris I, 2008, V. nos 306 et s. – S. Tournaux, *L'obiter dictum de la Cour de cassation* : *RTD civ.* 2011, 45.

(65) R. Libchaber, *Les articles 4 et 5 du Code civil ou les devoirs contradictoires du juge civil*, in *Le Titre préliminaire du Code civil*, Economica, 2003, p. 143.

(66) Pour un exemple, V. Cass. 1re civ., 14 nov. 2013, n° 12-22.033.

En cela le droit français s'oppose radicalement au droit anglais pour lequel le *précédent* constitue une règle obligatoire ; ainsi le juge anglais qui voudrait y échapper devrait démontrer que le nouveau litige qui lui est soumis diffère par certaines circonstances de fait du précédent, si bien qu'il n'est pas tenu par la décision précédemment rendue.

Tel n'est pas le cas du juge français qui est juridiquement libre de statuer comme il l'entend, même si en fait on peut penser qu'il statuera le plus souvent (mais pas toujours) dans le sens précédemment retenu par la cour d'appel dont il relève ou par la Cour de cassation, ce qui relativise la portée du principe[(67)].

Alors, si les juges saisis d'un litige ne peuvent pas se prononcer par voie de disposition générale et réglementaire, s'ils ne sont même pas liés par les décisions qu'ils ont précédemment rendues, ni par celles rendues par les juridictions supérieures, comment la jurisprudence peut-elle être source de droit ?

211. – Le mode de raisonnement des juridictions : le syllogisme judiciaire[(68)]. En fait, pour comprendre le phénomène jurisprudence, il faut analyser ce qu'est une décision judiciaire ; qu'elle soit toujours une mesure individuelle n'empêche pas que parfois elle ait à certains égards une portée générale.

Le juge ayant l'obligation de raisonner à partir d'une règle de droit, la décision qu'il rend emprunte la forme d'un syllogisme[(69)] : la majeure est la règle de droit, par exemple, un article du Code civil ; la mineure est la constatation des faits de l'espèce ; la conclusion est l'ordre donné, le *dispositif* dit-on.

De toute évidence, ce dispositif est particulier au procès considéré ; il est par excellence la mesure individuelle, nominative même (par ex., « condamne M. X à *x* € de dommages et intérêts »).

Majeure et mineure sont les *motifs* qui justifient le dispositif. Cela apparaît autant dans la formulation classique des décisions (« Attendu que... ou Considérant que... Par ces motifs, ordonne que... ») que dans leur rédaction aujourd'hui retenue[(70)]. Or, si les *motifs de fait*, les faits de la cause (mineure du syllogisme) sont par leur nature contingents et relatifs au seul litige concerné, les *motifs de droit* (majeure du syllogisme) ont une vocation générale : bien rédigés et convaincants, ils seront reproduits chaque fois qu'une affaire du même type sera soumise au même tribunal sinon à d'autres juridictions ; ils revêtent un caractère général et abstrait.

(67) Ainsi parle-t-on parfois de la « doctrine » de la Cour de cassation. V. *L'image doctrinale de la Cour de cassation*, Doc. fr. 1994. – N. Molfessis, *Doctrine de la Cour de cassation et reconnaissance des précédents : RTD civ.* 2003, 567. – P. Deumier, *La « doctrine de la Cour de cassation » : opinion ou précédent ? : RTD civ.* 2006, p. 73. – D. Mazeaud, *La politique contractuelle de la Cour de cassation : Mél. Ph. Jestaz*, Dalloz, 2006.

(68) M.-L. Izorche, *Le raisonnement juridique*, PUF, coll. « Thémis », 2001. – P.-Y. Gautier, *Éloge du syllogisme : JCP* 2015, 902.

(69) En fait, le syllogisme judiciaire n'est parfois (souvent ?) qu'un habillage *a posteriori* de la solution retenue par le juge comme étant la meilleure, la plus conforme à la fois à la règle de droit et à l'équité.

(70) Pour la Cour de cassation : 1. Faits et procédure ; 2. Examen du ou des moyens ; 3. Dispositif, introduit par la formule « Par ces motifs, la Cour... ». – V. S. Hortala, *La réforme de la rédaction des décisions de la Cour de cassation : JCP* 2020, 999.

EXEMPLE DE SYLLOGISME JUDICIAIRE	
MAJEURE : règle de droit	La Cour, Vu la loi du 6 fructidor an II Attendu qu'aux termes de ce texte, aucun citoyen ne pourra porter de nom, ni de prénom, autres que ceux exprimés dans son acte de naissance, et que ceux qui enfreindraient cette disposition seraient condamnés à des peines correctionnelles ;
MINEURE : les faits et le motif de droit	Attendu que le sieur de Tocqueville a assigné le sieur Clerel de Tocqueville pour lui faire interdire d'user du nom de de Tocqueville sans le faire précéder du patronyme Clerel ; Attendu que le défendeur, sans contester que son nom complet est bien Clerel de Tocqueville, invoque en sa faveur l'usage, constant dans les familles dont le nom est multiple, de ne porter usuellement que la dernière partie ; Mais attendu que l'usage ainsi invoqué ne saurait prévaloir contre une disposition légale présentant un caractère d'ordre public ;
CONCLUSION : le dispositif	Par ces motifs, interdit à Clerel de Tocqueville d'user du nom de Tocqueville sans le faire précéder de Clerel.

Mais, fera-t-on remarquer, ces motifs de droit ne sont-ils pas le simple énoncé d'une règle d'origine législative ou réglementaire, et non pas judiciaire ? C'est effectivement le cas lorsqu'il existe une règle de droit qui, envisageant toutes les situations possibles, peut être appliquée de manière mécanique. Le plus souvent, il n'en va pas ainsi car, malgré leur nombre et leur complexité, les textes énoncent des règles générales, laissant au juge le soin d'en assurer l'application concrète à des circonstances de fait qui, étant extrêmement diverses et variables, n'ont pas été envisagées et réglées par les textes.

En pratique, l'incertitude des faits et le flou de la règle de droit laissent une place à l'imagination du juge. Il s'ensuit que l'acte de juger se réduit rarement à un simple raisonnement déductif tel que le syllogisme judiciaire. Aussi bien a-t-on pu écrire que « juger n'est rien autre qu'imaginer la bonne solution. L'acte de juger est un acte d'imagination »(71). À cet égard, rien n'interdit au juge de s'inspirer des enseignements du droit comparé(72).

212. – **Le caractère général et abstrait des motifs de droit.** À la différence des motifs de fait qui sont nécessairement contingents et qui dépendent des circonstances de fait de l'espèce, les motifs de droit sont toujours exprimés de manière générale et abstraite(73).

C'est l'évidence même lorsque ces motifs ne sont que la reprise pure et simple de la règle de droit. Mais il en va de même lorsque le juge est amené à interpréter la règle, à l'adapter aux faits du litige, ou à ajouter à la règle ; dans tous les cas,

(71) G. Canivet et N. Molfessis, *L'imagination du juge : Mél. J. Buffet*, Les Petites affiches, 2004, p. 131. – V. aussi F. Descorps Declère, *Les motivations exogènes des décisions de la Cour de cassation : D.* 2007, chron. p. 2822.

(72) G. Canivet, *L'influence de la comparaison des droits dans l'élaboration de la jurisprudence : Mél. Malinvaud*, Litec, 2007, p. 133.

(73) X. Henry, *La motivation des arrêts et la technique du moyen. Propositions de réforme : JCP* 2010, n° 1130.

il est obligé de motiver sa décision (CPC, art. 455 : « (...) Le jugement doit être motivé »)[74].

Cet apport du juge sera plus ou moins important suivant que la règle de droit sera plus ou moins détaillée, ou lacunaire, ou même absente. Cet ajout est particulièrement évident lorsque le juge, contraint d'appliquer la règle de droit, constate qu'il n'existe pas dans le droit positif de règle susceptible d'être appliquée au cas considéré. Alors, dans le silence de la loi, le juge est amené à donner une solution, et à la motiver en droit ; comment faire autrement que de créer une règle de droit nouvelle[75]. Ainsi parlera-t-on d'une jurisprudence *prétorienne*, ou d'une règle *prétorienne*, ce qui est une référence au préteur romain qui disposait d'un tel pouvoir.

C'est ainsi qu'ont été introduits dans notre droit la théorie de l'abus du droit, celle de l'enrichissement injustifié, etc.

Par exemple, l'article 1242, alinéa 1er du Code civil (1384 ancien) édicte qu'« on est responsable non seulement du dommage que l'on cause par son propre fait, mais encore de celui qui est causé par le fait (...) des choses que l'on a sous sa garde ». Mais qui doit être considéré comme gardien responsable ? Est-ce le propriétaire de la chose ou celui qui s'en sert ? C'est la jurisprudence qui, dans le silence de la loi, a précisé que le gardien est celui qui exerce sur la chose « les pouvoirs d'usage, de direction et de contrôle ». Voilà une formule générale et abstraite, qui est susceptible de s'appliquer à toutes les hypothèses où un dommage aura été causé par l'intermédiaire d'une chose.

Des ajouts de ce genre ne sont évidemment pas quotidiens, et ce pour deux raisons. D'une part, cela suppose qu'une question n'ait pas été réglée par la loi ; or, de nos jours, la loi – et plus encore les dispositions européennes – s'emploie à régler dans le détail, peut-être à l'excès, la plupart des questions. D'autre part, à supposer qu'il y ait des lacunes dans la loi, ce n'est bien souvent qu'après de longues hésitations et de multiples tâtonnements que les juridictions parviennent à dégager une solution commune, une jurisprudence.

Cela dit, pour qu'une interprétation générale et abstraite puisse accéder au rang de règle de droit, encore faut-il qu'elle soit unique sur tout le territoire français, conformément au principe de l'unité de législation.

213. – La concision de la motivation des arrêts, obstacle à leur compréhension[76] **?** Suivant une longue tradition, qui remonte au milieu du XIXe siècle, les arrêts de la Cour de cassation brillent par la concision de leur motivation. Le débat sur la concision a été lancé dès 1974 par un article du Procureur général près la Cour de cassation Touffait et d'André Tunc[77] qui relevaient que la motivation concise « méconnaît le devoir moral et parfois politique qu'ont les juges

(74) P. Deumier, *Les « motifs des motifs » des arrêts de la Cour de cassation (étude des travaux préparatoires) : Mél. J.-F. Burgelin*, Dalloz, 2008, p. 125.

(75) H. Muir-Watt, *La motivation des arrêts de la Cour de cassation et l'élaboration de la norme*, in *La Cour de cassation et l'élaboration du droit*, Economica, 2004, p. 53. – F. Zenati-Castaing, *La motivation des décisions de justice et les sources du droit : D.* 2007, chron. p. 1553.

(76) P. Deumier, *Repenser la motivation des arrêts de la Cour de cassation ? Raisons, identification, réalisation : D.* 2015, p. 2022. – J.-P. Gridel, *La notivation aux défis de la modernité : JCP* 2020, 141.

(77) A. Touffait et A. Tunc, *Pour une motivation plus explicite des décisions de justice, notamment de celles de la Cour de cassation : RTD civ.* 1974, 487.

d'expliquer leur décision ; l'emploi de formules brèves, comportant des mots qui prêtent à toutes les interprétations, ne permet pas de savoir ce qu'est la règle de droit et engendre, en définitive, une grande incertitude ». Mais, même si ce débat a été parfois relayé par la doctrine[78], la Cour de cassation n'en a pendant longtemps tenu aucun compte.

Depuis lors, de nouvelles juridictions suprêmes, notamment la Cour européenne des droits de l'homme et la Cour de justice de l'Union européenne, ont adopté un style profondément différent qui, sans aller jusqu'au style des décisions des juridictions de *common law*, est beaucoup plus explicite. Elles ont été suivies en cela par le Conseil d'État qui rend des décisions plus étoffées, plus explicatives et par là même plus longues.

C'est dans ce contexte que la Cour de cassation s'est ouverte à une évolution, évolution d'autant plus nécessaire que sa mission a récemment évolué d'un simple contrôle de la rectitude de l'application de la règle de droit vers un contrôle de la proportionnalité[79] (V. *infra*, n° 509). Or, si le contrôle traditionnel – qui repose sur le syllogisme judiciaire (V. *supra*, n° 211) s'accommode assez bien d'un formalisme et d'une certaine concision, il n'en va pas de même du contrôle de la proportionnalité qui appelle une application plus flexible de la règle de droit tenant un plus grand compte des conséquences pratiques pour chaque espèce considérée.

Comme l'a jugé la Cour européenne des droits de l'homme, « si l'article 6, § 1, oblige les tribunaux à motiver leurs décisions, cet article ne peut se comprendre comme exigeant une réponse détaillée à chaque argument, et que l'étendue de cette obligation varie selon la nature de la décision et doit s'analyser à la lumière des circonstances de chaque espèce »[80].

Cela dit, compte tenu du nombre de pourvois en cassation, il n'est évidemment pas possible à la Cour de cassation de rendre autant de décisions longuement motivées. À cet égard on relèvera toutefois que toutes les décisions devraient être un minimum motivées (tel n'est pas entièrement le cas actuellement puisque la cour peut rendre des décisions de rejet non motivées qui en outre ne sont pas publiées, ce qui conduit parfois à des incohérences[81] sinon à certains abus[82] : en fait de décisions de justice, absence de motivation et absence de publication ne font pas nécessairement bon ménage ; V. *infra*, n°s 225 et 510), mais que cela n'empêche pas qu'un grand nombre de pourvois ne soulèvent pas à proprement parler de question de principe et ne justifient donc pas de réponse longuement motivée. Il n'en va pas de même en revanche des arrêts de principe (V. *infra*, n° 215), des revirements de

(78) Y. Chartier, *De l'an II à l'an 2000. Remarques sur la rédaction des arrêts civils de la Cour de cassation : Mél. P. Drai*, Dalloz, 2000, p. 269. – C. Bouix, *La motivation des arrêts de la Cour de cassation et le justiciable : RRJ* 2015, 2, 561. – C. Jamin, *Le grand inquisiteur à la Cour de cassation : AJDA* 2018, 393.

(79) C. Jamin, *Juger et motiver : RTD civ.* 2015, 263.

(80) CEDH, 6 mai 2010, n° 17265/05, *Brunet-Lecomte et Lyon Mag c/ France.*

(81) Comp. par ex. Cass. com. 4 mars 2008, n° 07-11.790, *Bull.* – Cass. com., 13 mars 2012, n° 11-10.277, non-admission. – Cass. com., 13 sept. 2017, n° 16-10.596, *Bull. : D.* 2017, 2348 : dans la deuxième affaire, le pourvoi qui critiquait la solution rendue dans la première fut déclaré non admis faute de sérieux ; la solution préconisée par ce deuxième pourvoi fut pourtant celle retenue dans la troisième affaire, donnant tort au demandeur qui se prévalait de la solution rendue dans la première affaire…

(82) Selon le Rapport annuel de la Cour de cassation pour 2019, 35 % des décisions rendues sont des rejets non spécialement motivés, soit autant que les cassations et davantage que les rejets motivés. – V. déjà C. Atias, *Une enquête nécessaire : les « arrêts » de non-admission du pourvoi en cassation : D.* 2010, 1374.

jurisprudence ou même des simples évolutions de jurisprudence qui doivent quant à eux faire l'objet d'une motivation enrichie[83].

L'évolution s'est largement amorcée[84] et la cour s'efforce désormais de citer les précédents jurisprudentiels et d'exposer de manière plus détaillée le raisonnement qui fonde la solution[85]. Ce n'est toutefois qu'à l'usage qu'on pourra apprécier si la compréhension des arrêts de la Cour de cassation s'en trouve améliorée, sinon pour le plaideur lui-même, du moins pour ses conseils et pour la communauté juridique[86], en gardant à l'esprit qu'une motivation plus étoffée n'est pas nécessairement garante d'une meilleure justification[87], la quantité devant aller de pair avec la qualité. Cette question est développée dans le rapport de la Commission de réflexion sur la réforme de la Cour de cassation[88] (V. aussi *supra*, n° 4 *in fine*).

B. – Apparition du caractère d'unité

214. – **Le rôle unificateur de la Cour de cassation**[89]. Bien que tous les magistrats français aient en principe reçu une formation commune, il est *a priori* peu probable que les textes soient compris et interprétés de manière identique par toutes les juridictions françaises. Si pourtant il y a unité d'interprétation, cela tient pour l'essentiel à l'existence de *voies de recours* devant des juridictions hiérarchisées ; au sommet de la hiérarchie se trouve une juridiction unique : la Cour de cassation dans l'ordre judiciaire, le Conseil d'État dans l'ordre administratif, la Cour de justice de l'Union européenne pour le droit européen[90], la Cour européenne des droits de l'homme pour l'application de la Convention européenne des droits de l'homme.

En règle générale, dans l'ordre judiciaire et exception faite pour les litiges de peu d'importance, la *règle du double degré de juridiction* permet à tout plaideur, mécontent de la décision rendue par les premiers juges, de faire *appel* devant la cour d'appel. Dans ces conditions, on se doute que le tribunal saisi en premier aura tendance à interpréter les règles de droit de la même manière que la cour d'appel dont il relève ; certes, il n'y a là nulle obligation, mais on sent bien qu'il en sera ainsi, au moins après quelques résistances. Cela restreint déjà les divergences

(83) N. Mathey, *Dire le droit : Contrats, conc. consom.* 2019, repère 9.

(84) V. Cass. ass. plén., 13 janv. 2020, n° 17-19.963, *Bull.*, ou encore Cass. crim. 25 nov. 2020, n° 18-86.955, *Bull.* – V. déjà *Cour de cassation : deux arrêts « tests » pour une motivation enrichie et innovante : JCP* 2016, 458. V. Cass. ch. mixte, 24 févr. 2017 : *RDC* 2017, 415, note T. Génicon.

(85) R. Libchaber, *Une motivation en trompe-l'œil : les cailloux du Petit Poucet : JCP* 2016, 632. – P. Sargos, *Il n'y a, pour toute la République, qu'une seule justice : JCP* 2016, 697. V. aussi J. Antippas, *Pour une mention par la Cour de cassation des précédents issus du droit public : D.* 2017, 1428.

(86) Pour une critique de cette évolution, V. P. Malaurie, *Pour : la Cour de cassation, son élégance, sa clarté et sa sobriété. Contre : le judge made law à la manière européenne : JCP* 2016, 318 ; *Sur la motivation des arrêts de la Cour de cassation. Contre leur alourdissement, pour leur sobriété : D.* 2017, 768. Et en sens inverse, P. Deumier, *Une motivation plus explicite des décisions de la Cour de cassation : JCP* 2016, 324.

(87) G. Lardeux, *Droit probatoire et protection du consommateur : où la motivation explicite des arrêts de la Cour de cassation ne garantit pas leur bien-fondé : D.* 2021, 63.

(88) F. Chénedé, *Contre-révolution tranquille à la Cour de cassation ? : D.* 2016, 796. – P. Deumier, *Motivation enrichie : bilan et perspectives : D.* 2017, 1783. – J.-P. Gridel, *La motivation aux défis de la modernité : JCP* 2020, 141.

(89) N. Molfessis (ss dir.), *La Cour de cassation et l'élaboration du droit*, Economica, 2004. – C. Charbonneau, *La contribution de la Cour de cassation à l'élaboration de la norme*, thèse, Paris I, 2008. – D. Lanzara, *Le pouvoir normatif de la Cour de cassation à l'heure actuelle*, LGDJ, coll. « Bibl. thèses droit privé », t. 579, 2017.

(90) P. Bonassies, *Une nouvelle source doctrinale du droit français : la jurisprudence de la Cour de justice des Communautés : Mél. Kayzer*, PUAM, 1979, t. I, p. 43.

d'interprétation au nombre des cours d'appel ; en fait, il n'y a jamais plus de deux ou trois interprétations possibles, ce qui est encore trop.

Aussi bien la Cour de cassation a-t-elle précisément pour rôle de contrôler la légalité des décisions de justice rendues *en dernier ressort* (c'est-à-dire celles contre lesquelles les voies de recours normales sont épuisées : arrêts de cour d'appel, autres décisions rendues sans appel possible) et, par ce moyen, d'assurer l'unité d'interprétation, l'unité de la jurisprudence. Ce faisant, la Cour suprême joue un rôle différent de celui des cours d'appel : en appel, le procès recommence en entier devant la cour qui examine à la fois si les premiers juges ont correctement apprécié les faits et s'ils ont bien appliqué la loi ; en cassation, les éléments de fait ne peuvent plus être discutés[(91)] et, en principe, la cour se borne à contrôler si la décision critiquée a bien interprété et appliqué la loi[(92)]. On exprime cette distinction en disant que la Cour de cassation n'est pas un troisième degré de juridiction, qu'elle juge les décisions de justice elles-mêmes, non les affaires qui en ont fait l'objet[(93)]. Toutefois la Cour de cassation exerce un certain contrôle sur les éléments de preuve qui ont pu être retenus par les juges du fond[(94)], et plus récemment sur le fond de l'affaire en application du principe de proportionnalité (V. *infra*, n° 509).

La Cour de cassation joue donc un rôle capital dans la formation de la jurisprudence ; elle assure l'unité d'interprétation de la loi par les juridictions françaises. On dit même parfois qu'il n'est de jurisprudence que de la Cour de cassation. Cette affirmation est trop réductrice. En fait la jurisprudence se forme progressivement. Ce sont les juridictions saisies en premier, c'est-à-dire le tribunal judiciaire (ou le tribunal de commerce, etc.), puis la cour d'appel, qui vont devoir interpréter la loi et motiver leurs décisions. Ce n'est qu'ensuite que la Cour de cassation, saisie d'un *pourvoi*, pourra jouer son rôle de cour régulatrice et retenir l'interprétation qui lui paraîtra la plus conforme à la règle de droit et aux besoins de l'époque.

Cela dit, la Cour de cassation étant composée de plusieurs chambres dont certaines ont une compétence concurrente, il arrive que des divergences d'interprétation apparaissent entre ces formations internes à la Cour suprême[(95)]. Ces conflits sont réglés par la Cour de cassation elle-même, siégeant en des formations particulières : chambres mixtes, assemblée plénière ; les arrêts rendus par ces formations auront naturellement une autorité particulière : ce seront souvent des arrêts de principe.

On relèvera toutefois que, depuis l'instauration de la question prioritaire de constitutionnalité, le Conseil constitutionnel peut être amené à contrôler non seulement la règle de droit elle-même, mais l'interprétation qui en est faite par les Cours suprêmes, et notamment par la Cour de cassation (V. *supra*, n° 75). C'est

(91) J.-L. Aubert, *Le fait et la Cour de cassation*, in *Études Simler*, Litec, 2006. – C. Atias, *La fonction d'appréciation souveraine des faits* : *D.* 2009, p. 744.

(92) J.-L. Aubert, *La distinction du fait et du droit dans le pourvoi en cassation en matière civile* : *D.* 2005, chron. p. 1115.

(93) Il en va toutefois différemment dans le cas où, en application de l'article L. 411-3 du Code de l'organisation judiciaire, la Cour casse sans renvoi et met fin au litige en prononçant une décision sur le fond ; V. F. Luxembourg, *La Cour de cassation, juge du fond* : *D.* 2006, chron. p. 2358.

(94) V. Rebeyrol, *Le visa des éléments de preuve par les juges du fond et le contrôle de la Cour de cassation* : *JCP* 2008, I, 107.

(95) Ancel et Rivier (ss dir.), *Les divergences de jurisprudence*, PU Saint-Étienne, 2003. – V. aussi Ph. Jestaz, *Les divergences de jurisprudence. Synthèse*, in *Autour du droit civil. Écrits dispersés. Idées convergentes*, Dalloz, 2005, p. 205. – V. aussi P. Deumier : *RTD civ.* 2013, 557.

dire que l'interprétation de la loi ne doit pas aller à l'encontre de la Constitution et, plus généralement, des dispositions ayant valeur constitutionnelle.

215. – **Les arrêts de principe.** Tous les arrêts de la Cour de cassation n'ont pas la même portée[96].

Certes, tous sont importants pour les parties au litige qui vont, l'une gagner, l'autre perdre. Mais beaucoup n'ont aucun intérêt au plan juridique. Tel est par exemple le cas de l'arrêt qui rejette un pourvoi au motif que la question posée n'est pas une question de droit, mais une question de fait relevant du pouvoir souverain des *juges du fond* (c'est-à-dire du tribunal et de la cour d'appel). D'autres ont pour simple intérêt de rappeler et confirmer une solution ou une interprétation bien acquises.

En revanche, on dit de certaines décisions que ce sont des *arrêts de principe*. On entend par là que la décision considérée prend position sur une difficulté d'interprétation ou d'application de la règle de droit et pose un principe susceptible de s'appliquer à tous les cas analogues qui se présenteront dans l'avenir[97]. En la forme, ils se manifestent par la présence d'un *chapeau* qui, placé en tête de l'arrêt, pose le principe.

On dira ainsi que sont des arrêts de principe tous les grands arrêts qui ont, pour la première fois, affirmé une solution ; ou qui sont revenus sur une solution précédemment acquise (c'est alors un *revirement de jurisprudence*). On les désignera souvent par le nom des parties : l'arrêt *Franck*, l'arrêt *Desmares*, etc. Ce mode de désignation disparaît progressivement avec la pratique de l'anonymisation des arrêts.

De tels arrêts ne sont pas des arrêts de règlement qui iraient à l'encontre de la prohibition de l'article 5 (V. *supra*, n° 209)[98]. Ils ne posent pas véritablement une règle de droit nouvelle comme le Parlement pourrait le faire ; ils interprètent une règle de droit ambiguë, obscure ou lacunaire, pour l'appliquer à des circonstances de fait qui n'ont peut-être pas été envisagées par la loi.

On dira aussi d'un tel arrêt qu'il fait jurisprudence, étant rappelé que cette jurisprudence peut aussi, un jour ou l'autre, faire l'objet d'un revirement (V. *supra*, n° 178).

216. – **La jurisprudence constante**[99]. En principe, une seule décision ne suffit pas à faire jurisprudence. On enseigne au contraire que la jurisprudence suppose une répétition de décisions allant dans le même sens, une continuité, une constance. Et, effectivement, pour asseoir son argumentation, un avocat ne manquera pas de dire qu'« il est de jurisprudence constante que... ». Comment concilier ces propositions *a priori* contradictoires qu'un seul arrêt peut faire jurisprudence, et que la jurisprudence résulte de la répétition de décisions conformes ?

Si, par exemple, la Cour de cassation se prononce en assemblée plénière ou en chambre mixte sur une question de droit, on peut dire que cet arrêt va faire

(96) Sur les difficultés de l'interprétation des arrêts de la Cour de cassation, V. J. Ghestin, *Réflexions sur l'interprétation des arrêts de la Cour de cassation : Mél. Ponsard*, Litec, 2003, p. 181. – J. Ghestin, *L'interprétation d'un arrêt de la Cour de cassation : D.* 2004, chron. p. 2239.

(97) Ch. Atias, *L'ambiguïté des arrêts dits de principe en droit privé : JCP* 1984, I, 3145.

(98) V. Cass. 2e civ., 4 févr. 2010 : *RTD civ.* 2010, p. 375, obs. R. Perrot.

(99) Ph. Jestaz, *La jurisprudence constante de la Cour de cassation*, in *L'image doctrinale de la Cour de cassation*, Doc. fr., 1994, p. 207 ; et *Autour du droit civil. Écrits dispersés. Idées convergentes*, Dalloz, 2005, p. 113.

jurisprudence, si du moins la solution qu'il retient est exprimée de manière claire et non ambiguë. Mais hélas, on pourrait citer des exemples (notamment en matière de responsabilité des commettants du fait de leurs préposés) où, après plusieurs arrêts de l'assemblée plénière, la difficulté n'est pas définitivement réglée.

La question se pose dans des termes différents si une question controversée, qui a donné lieu à des arrêts de cours d'appel dans des sens divers, est finalement tranchée par une chambre de la Cour de cassation. Si l'arrêt de la cour est parfaitement clair, si les juridictions du fond s'inclinent devant cette position, et si aucune chambre de la Cour de cassation n'est susceptible d'être saisie de la même question, on pourra dire *a posteriori* que cet arrêt a fait jurisprudence. Mais on pourrait en discuter et dire tout aussi bien que la jurisprudence s'est formée progressivement à partir de la position de certains arrêts d'appel, de l'arrêt de la Cour de cassation, et de tous les arrêts de cours d'appel qui se sont ensuite alignés sur la position de cet arrêt.

Il arrivera aussi qu'il faille plusieurs arrêts de la Cour de cassation sur des points voisins ou connexes pour aboutir à une position ferme et claire, qui sera ensuite adoptée par les cours d'appel. Ici, c'est bien la répétition et la constance des décisions dans le même sens qui fera la jurisprudence.

217. – **Les avis de la Cour de cassation.** Ainsi qu'on l'a vu à propos de l'interprétation des règles de droit, tout juge du fond peut saisir la Cour de cassation pour avis « avant de statuer sur une demande soulevant une question de droit nouvelle, présentant une difficulté sérieuse et se posant dans de nombreux litiges » (V. *supra*, n° 151). Autrement dit, au lieu d'intervenir *a posteriori* pour contrôler l'interprétation faite par les premiers juges de la règle de droit, la Cour de cassation peut être invitée à donner *a priori* son avis sur la solution à donner à une question de droit nouvelle. Un tel avis n'a évidemment pas lieu d'être si la question de droit soulevée a déjà été tranchée par un arrêt de la Cour suprême[(100)].

C'est là une autre manière d'assurer une uniformité dans l'interprétation et l'application de la règle de droit par les juridictions du fond. Mais l'avis ainsi donné n'a, en droit, aucun caractère obligatoire, ni pour le juge qui l'a sollicité, ni *a fortiori* pour les autres juridictions. L'autorité d'un avis est ainsi à peu près la même que celle d'un arrêt de la Cour de cassation puisque, après cassation, la cour de renvoi est libre d'adopter une position différente de celle de la Cour suprême.

Il est toutefois permis de penser qu'en fait les juges du fond se rangeront le plus souvent à l'avis de la Cour de cassation, au même titre qu'habituellement (mais pas toujours) ils s'inclinent devant la position retenue par la Cour suprême dans un arrêt[(101)]. On peut en effet considérer que l'avis préfigure ce que sera l'interprétation de la cour, éventuellement saisie plus tard par le biais d'un recours en cassation, alors surtout que, désormais, la Cour de cassation semble vouloir motiver ces avis[(102)].

(100) Avis, 7 juin 2004, *Bull.* n° 3.
(101) On notera que les avis sont publiés, comme les arrêts, dans le *Bulletin des arrêts de la Cour de cassation*.
(102) Cass., avis, 4 janv. 2016, n° 15-70.004, rapp. Silhol et avis M. Beau : *D.* 2016, 137, obs. P. Deumier ; *RTD civ.* 2016, 65, obs. P. Deumier. – Cass. crim., avis, 29 févr. 2016, n° 16002 : *JCP* 2016, 324, note P. Deumier. – V. aussi R. Libchaber, *Une motivation en trompe-l'œil : les cailloux du Petit Poucet* : *JCP* 2016, 632.

Cela dit, on remarquera que, à la différence des arrêts qui sont fort nombreux, les avis de la Cour de cassation sont très rares si bien que leur rôle dans la formation de la jurisprudence est très faible, du moins à ce jour. On ajoutera que l'avis présente une infériorité sur l'arrêt : alors que l'arrêt est rendu dans le cadre d'un litige à l'occasion duquel les arguments pour et contre auront été soumis aux juges, ce qui leur permet de décider de manière parfaitement éclairée, l'avis est donné sans que la Cour de cassation ait pu mesurer toutes les conséquences qu'il peut entraîner suivant les circonstances de fait. De surcroît, à la différence des décisions de justice, les avis ne sont pas toujours motivés, ce qui pourrait leur valoir la censure de la Cour européenne des droits de l'homme[(103)].

En marge de ces avis réglementés, le Service de la documentation, des études et du rapport de la Cour de cassation prend parfois l'initiative de répondre à diverses questions de droit soulevées par les textes, notamment en matière de droit des entreprises en difficulté ; ces opinions, qui ne portent pas formellement le nom d'avis, n'en sont pas moins publiées sur le site de la cour et peuvent orienter la jurisprudence (V. *supra*, n° 151). Ce sont en quelque sorte des avis « spontanés »[(104)].

§ 2. – La force obligatoire de la jurisprudence

A. – L'autorité de la jurisprudence

218. – **La jurisprudence, simple autorité ?** On sait que les décisions judiciaires ont l'autorité de la chose jugée, mais que cette autorité est limitée à l'affaire qui a été jugée ; c'est le principe de l'autorité relative de la chose jugée (V. *supra*, n° 210). En va-t-il de même de la jurisprudence, conçue comme la manière habituelle de juger ?

Une jurisprudence, serait-elle consacrée par la Cour de cassation, ou un avis de la Cour de cassation, n'a pas la valeur juridique d'un texte : elle ne lie pas le juge, quelle que soit la place de celui-ci dans la hiérarchie. Un simple tribunal judiciaire est libre de s'écarter de la jurisprudence la mieux établie ; au pire, sa décision sera *réformée* par la cour d'appel ou *cassée* par la Cour de cassation.

Les pays anglo-saxons connaissent un système tout à fait différent puisque les *précédents judiciaires* ont valeur obligatoire : les tribunaux sont liés par les décisions rendues dans des affaires semblables par les juridictions supérieures, alors qu'en France l'autorité d'une décision ne sort pas du cadre dans lequel elle a été rendue.

Pour manifester cette différence, certains auteurs affirment que la jurisprudence n'est pas une source de droit, mais seulement une autorité. Bien que conforme aux principes constitutionnels, cette affirmation ne rend pas entièrement compte de la réalité. En effet, l'observation révèle que la plupart des juridictions se conforment spontanément à la jurisprudence de la Cour de cassation. Si parfois des dissidences

(103) H. Fulchiron, *Le juge et l'oracle, brèves observations sur la (non)-motivation des arrêts de la Cour de cassation* : D. 2015, 21.
(104) N. Molfessis, *Les avis spontanés de la Cour de cassation* : D. 2007, chron. p. 37.

se font jour au niveau des cours d'appel, c'est parce que, sur un point particulièrement controversé, la position de la Cour suprême apparaît encore incertaine, mal établie ; de tels conflits s'effacent en principe lorsque la cour a statué en assemblée plénière.

Cela dit, en la forme, les principes constitutionnels sont parfaitement respectés par les diverses juridictions, y compris bien sûr par la Cour de cassation :

– le juge statue toujours en droit et il ne manque pas de se référer expressément à tel article d'un code ou d'une loi, ou à telle règle de droit ;

– le juge n'est pas tenu de se conformer à la jurisprudence puisqu'elle n'a aucune valeur obligatoire, mais il s'y conforme le plus souvent ;

– le juge, pour statuer ainsi, ne se réfère pas nécessairement à la jurisprudence, mais il la fait sienne en reprenant exactement dans sa décision les motifs de droit qui fondent cette jurisprudence.

Ainsi, les apparences sont sauves ; mais faut-il pour autant en conclure que la jurisprudence n'est pas une source de droit ?

219. – **La jurisprudence source de droit ?** La soumission volontairement acceptée des juges du fond à la Cour de cassation s'explique non pas tant par un respect de la hiérarchie que par le souci d'assurer aux citoyens une sécurité qu'ils n'auraient pas si la jurisprudence n'était pas uniforme sur tout le territoire. Dans la mesure où la jurisprudence est une source de droit, les règles qu'elle forge doivent être aussi uniformes et aussi stables que celles édictées par la loi ou le règlement.

On avance parfois que la jurisprudence présenterait moins de sécurité que la loi, parce que peuvent intervenir des *revirements de jurisprudence*. Cette opinion doit être nuancée ; en effet, si les revirements sont pour la jurisprudence ce que l'abrogation est pour les textes, ils sont assez rares si bien qu'ils ne présentent pas plus de dangers d'insécurité que les changements de lois[(105)]. En cela, la jurisprudence se rapproche de la coutume car, comme elle, et à l'inverse de la loi, elle met longtemps à se former et plus de temps encore à disparaître.

Ce n'est pas sans un certain étonnement qu'on discerne dans la jurisprudence deux aspects contradictoires. À première vue, elle est souple parce que le juge, étant au contact des nécessités pratiques, adapte la règle de droit jusqu'à la rendre adéquate aux réalités socio-économiques. Mais, une fois cette adaptation généralisée, une fois formée cette épaisseur de droit qu'est la jurisprudence, alors de souple elle devient rigide.

Si, d'une part, les réalités socio-économiques se modifient, la jurisprudence ne suit pas immédiatement : elle a un temps de réaction d'autant plus long qu'elle est plus ancrée dans les habitudes judiciaires. Si, d'autre part, la loi change, là encore la jurisprudence va parfois résister et amortir les effets de la réforme voulue par le législateur.

Souvent audacieuse lors de sa formation, elle est ensuite un facteur de stabilité qui explique l'importance de son rôle. Ce rôle est la meilleure démonstration que la jurisprudence est bien une source de droit.

---

(105) Toutefois, la jurisprudence nouvelle va s'appliquer en principe à toutes les affaires soumises aux tribunaux, immédiatement sans qu'on puisse invoquer le bénéfice des règles sur l'application des lois dans le temps (V. *supra*, n° 178).

À la vérité la jurisprudence s'autoproclame – *mezzo voce* – source du droit. On en trouve notamment la preuve dans la décision de la Cour de cassation de n'appliquer certains revirements de jurisprudence (comme la loi) que pour l'avenir (V. *supra*, n° 178), ou dans l'invocation d'une « doctrine » de la Cour de cassation[(106)] au sein même de ses propres arrêts, ou dans sa politique de communication au travers de communiqués de presse, de notes au Rapport annuel ou dans les lettres des chambres (V. *infra*, n° 511), qui vont parfois au-delà des arrêts eux-mêmes. C'est ainsi encore que la Cour de cassation a pu affirmer sans ambages qu'un revirement de jurisprudence constitue « un changement de norme »[(107)].

Corrélativement, dans sa grande majorité, la doctrine moderne admet que la jurisprudence constitue une source de droit. Et par ce seul fait, elle en conforte l'autorité en présentant la jurisprudence comme étant le droit positif alors que, voici un demi-siècle, des auteurs aussi prestigieux que les frères Mazeaud n'hésitaient pas à présenter le droit positif, en reléguant en note de bas de page la jurisprudence qui se prononçait, à tort selon eux, en sens contraire.

Dans le même sens, on relèvera que la réforme du droit des contrats opérée par l'ordonnance du 10 février 2016 reprend un nombre important de solutions jurisprudentielles, tout en écartant cependant certaines qui sont apparues malheureuses : peut-on y voir une contribution du législateur au débat ?

Cela dit, la doctrine ne fait pas toujours preuve de complaisance à l'égard de la jurisprudence. Outre les critiques ponctuelles qu'elle ne manque pas de formuler à l'occasion de telle ou telle décision, certains auteurs dénient purement et simplement que la jurisprudence soit une source de droit cependant que certains autres dressent un panorama aussi perfide que talentueux des désordres auxquels conduit une jurisprudence tiraillée entre sa fonction traditionnelle de dire le droit et son souci d'ouverture vers une modernité mal contrôlée[(108)].

220. – Le fondement théorique de la force obligatoire de la jurisprudence. Au plan pratique, la force obligatoire de la jurisprudence repose sur plusieurs facteurs :

– l'autorité morale que représente la Cour de cassation, composée de magistrats expérimentés et de renom ;

– le confort intellectuel que les juges trouvent à adopter une manière de juger qui a l'assentiment commun, auquel s'ajoute la crainte de voir ses décisions sanctionnées par les juridictions supérieures ;

– le sentiment profond que le besoin de sécurité impose de juger de la même manière sur tout le territoire français.

Mais comment l'expliquer au plan théorique ? On ne trouve nulle indication dans la Constitution ou dans d'autres textes qui permettrait de dire que la jurisprudence est une source du droit. En l'absence de texte, diverses explications ont été avancées.

(106) Y. Guenzoui, *Un conflit de doctrine. Doctrine universitaire* versus *Doctrine de la Cour de cassation : RTD civ.* 2014, 275. – Pour une illustration : Cass. ass. plén., 2 avr. 2021, n° 19-18.814, *Bull.*
(107) Cass. ass. plén., 2 avr. 2021, n° 19-18.814, *Bull.*
(108) V. Ph. Jacques, *Départ de M. Canivet et installation de M. Lamanda à la présidence de la Cour de cassation : l'heure d'un bilan sans heur : RTD civ.* 2007, 514.

Il a été soutenu que la jurisprudence tirerait sa force de l'approbation tacite du législateur. À l'appui de cette idée, on pourrait effectivement relever que le législateur intervient parfois pour briser une jurisprudence qui lui paraît fâcheuse. En pareil cas, le Parlement va se saisir du problème ayant fait l'objet de la jurisprudence et le régler par une loi qui donne une solution différente ; un exemple fameux est fourni par la jurisprudence *Perruche* – relative à l'indemnisation des enfants nés handicapés à la suite d'une affection ou d'une anomalie génétique non décelée par les médecins au cours de la grossesse – qui a été posée par l'assemblée plénière de la Cour de cassation et qui a été brisée par la loi du 4 mars 2002 relative aux droits des malades et à la qualité du système de santé (V. *supra*, n° 165). Par *a contrario*, on pourrait dire que le silence du législateur face à la jurisprudence vaut approbation, ou en tout cas tolérance. Mais le plus souvent, le législateur n'intervient que dans le cas où la jurisprudence a soulevé une très vive émotion dans le public concerné.

Une autre idée a été avancée suivant laquelle la jurisprudence puise sa force dans la mission même du juge qui, en présence de règles de droit obscures ou insuffisantes, disposerait d'un pouvoir autonome de les adapter ou de les compléter. Ainsi, au même titre que le législateur peut prendre des lois interprétatives (V. *supra*, n° 145), le juge dispose d'un pouvoir d'interprétation qui se manifeste par la jurisprudence, laquelle fait corps avec la règle interprétée et épouse sa force obligatoire[(109)].

B. – Le rôle de la jurisprudence

221. – **Variabilité de ce rôle.** La jurisprudence joue un rôle d'autant plus important que les textes sont plus lacunaires.

À l'extrême, si la réglementation est très minutieuse, le juge ne sera qu'un robot au service de la loi : par exemple, le tribunal de police qui prononce les amendes en matière de contraventions, et plus encore le radar connecté à un ordinateur qui distribue automatiquement les contraventions. Mais, sauf en matière de contraventions, il est rare que la fonction du juge se réduise à cette application mécanique de la règle.

Parce que les textes sont conçus et rédigés de manière générale et abstraite, il y a presque toujours un fossé plus ou moins large entre la règle et les situations concrètes qu'elle prétend régir. Ce fossé, souvent élargi par une formulation ambiguë ou obscure des textes, doit être comblé par le juge au moyen de l'interprétation ; au risque d'employer une image un peu forte, on pourrait parler d'un coussin de jurisprudence épousant d'un côté les formes anguleuses ou incertaines de la règle et de l'autre celles changeantes et insaisissables des réalités socio-économiques.

Dès lors, la jurisprudence peut être amenée à jouer un rôle plus ou moins large : tantôt elle se borne à interpréter la règle, tantôt elle doit l'adapter ou la compléter, tantôt enfin elle vient suppléer une règle absente. Dans toutes ces hypothèses, le pouvoir de la jurisprudence est subordonné à la loi.

(109) P. Hébraud, *Le juge et la jurisprudence : Mél. Couzinet*, PU Toulouse, 1974, p. 329. – F. Terré et N. Molfessis, *Introduction*, 12e éd., 2020, n° 379.

Exceptionnellement, il arrive désormais que le juge soit conduit à sanctionner la loi[110], plus exactement à en écarter l'application si la loi normalement applicable à un litige s'avère contraire à un traité ou, plus largement, à une norme supranationale telle que la Convention européenne des droits de l'homme. Les juges se sont en effet reconnu le pouvoir de contrôler la conventionnalité de la loi (V. *supra*, n° 79), faisant alors échec au principe de la séparation des pouvoirs législatif et judiciaire. C'est ainsi que, faisant siennes les solutions retenues par la Cour européenne, le juge peut contrôler le bien-fondé de lois interprétatives, de lois de validation ou de lois expressément rétroactives (V. *supra*, n°s 160, 163, 165 et 166), ou encore remettre en cause certaines institutions du droit français sur le fondement du droit à un procès équitable (V. *infra*, n° 528). Plus récemment, et à l'imitation de la Cour européenne des droits de l'homme, la Cour de cassation s'est octroyé le pouvoir d'écarter, dans tel cas particulier, la règle de droit au titre du principe de proportionnalité (V. *supra*, n° 213 et *infra*, n° 509).

Le recours à la Convention européenne des droits de l'homme peut aussi parfois permettre au juge de passer à la trappe des dispositions législatives ou réglementaires obsolètes que le législateur a omis d'abroger[111].

222. – **Le rôle d'interprétation de la règle de droit.** Pendant longtemps on a considéré qu'interpréter signifiait rechercher la volonté du législateur ; d'où l'intérêt prêté à l'étude des travaux préparatoires des textes, dans lesquels repose peut-être l'intention profonde des rédacteurs ; d'où encore l'analyse attentive et exégétique (méthode de *l'exégèse*, V. *supra*, n° 138) des textes eux-mêmes et de chacun des mots qui les composent. Cette attitude est sans nul doute la plus respectueuse du principe de la séparation des pouvoirs législatif et judiciaire puisqu'elle manifeste l'allégeance du juge. Concevable pour des textes récents, la méthode n'est guère réaliste lorsqu'elle prétend rechercher chez un lointain législateur une volonté qu'il n'a pas pu avoir ; il en est ainsi chaque fois que les tribunaux appliquent un texte ancien à une situation nouvelle, inconnue lors de sa promulgation.

De nos jours, les magistrats se tournent plus volontiers vers l'avenir que vers le passé et interprètent les textes existants en fonction des besoins nouveaux et de la satisfaction légitime qui doit leur être donnée (méthode de la *libre recherche scientifique*, V. *supra*, n°s 139 et s.). Dans cette perspective, il peut arriver que la jurisprudence aille au-delà, sinon même à l'encontre de la volonté – présumée dépassée – du législateur.

La question se pose notamment pour les *notions-cadres* auxquelles le législateur se réfère sans les définir (V. *supra*, n° 58)[112]. Par exemple, l'article 6 du Code civil édicte : « On ne peut déroger, par des conventions particulières, aux lois qui intéressent l'ordre public et les bonnes mœurs ». C'est le juge qui, dans chaque cas particulier, va devoir décider ce que sont aujourd'hui l'ordre public et les bonnes mœurs[113], et donc ce qui est permis ou interdit : ainsi la jurisprudence a-t-elle annulé les conventions dites de « mères porteuses » qui, bien évidemment n'étaient

(110) Ph. Malinvaud, *Le pouvoir judiciaire au XXIe siècle : Mél. Grimaldi*, Defrénois, 2020, p. 653.
(111) V. P. Deumier, *Les règles de droit obsolètes et le juge : RTD civ.* 2005, 78.
(112) N. Blanc, *Le juge et les standards juridiques : RDC* 2016, 394.
(113) La notion de bonnes mœurs a été abandonnée dans la réforme du droit des contrats, mais elle figure toujours à l'article 6 du Code civil qui est demeuré inchangé.

pas envisageables voici cinquante ans, et *a fortiori* en 1804. Mais, compte tenu de l'évolution rapide des idées en ce domaine, cette solution – pourtant consacrée dans l'article 16-7 du Code civil – pourrait être remise en cause (V. *infra*, n° 366).

De même, lorsque l'article 1382 (devenu art. 1240) du Code civil édicte : « Tout fait quelconque de l'homme, qui cause à autrui un dommage, oblige celui par la faute duquel il est arrivé, à le réparer », il ne définit ni la faute, ni le dommage réparable, ni d'ailleurs le lien de causalité qui doit exister entre les deux. C'est donc là encore le juge qui, par interprétation de ce texte, a décidé qu'étaient réparables non seulement les dommages matériels, mais aussi le préjudice moral, le préjudice par ricochet subi par des tiers, le préjudice d'agrément, etc. Plus généralement il en a aussi tiré le principe dit de la réparation intégrale du dommage : tout le dommage, mais rien que le dommage.

De même encore, nombre de dispositions du Code civil se référaient au comportement du « bon père de famille », notion remplacée par celle de comportement « raisonnable » que le juge devra apprécier[(114)]. Ce changement n'est probablement que terminologique : le bon père de famille d'hier est celui qui se comporte raisonnablement.

223. – **Le rôle d'adaptation de la règle de droit**[(115)]. Parfois, il y a bien des textes dans le droit positif, mais ils sont trop sommaires et, d'évidence, ils n'ont pas été écrits pour régler les questions qui se posent aujourd'hui ; ou encore il se peut que l'application d'un texte clair aboutisse à quelque absurdité[(116)]. Il arrive alors que le juge adapte la règle et lui donne une portée qu'elle n'avait nullement dans l'esprit du législateur.

L'exemple le plus fameux est celui de l'alinéa 1 de l'article 1384 (devenu art. 1242) du Code civil : « On est responsable non seulement du dommage que l'on cause par son propre fait, mais encore de celui qui est causé par le fait des personnes dont on doit répondre, ou des choses que l'on a sous sa garde ».

Dans l'esprit des rédacteurs du Code civil de 1804, cet alinéa était un simple chapeau annonçant les cas, énoncés à la suite, de responsabilité du fait d'autrui (les parents du fait de leurs enfants mineurs, les commettants du fait de leurs préposés, etc.) et de responsabilité du fait des choses (du fait des bâtiments, du fait des animaux).

Et telle a bien été l'interprétation faite de ce texte pendant plus d'un siècle. Puis, en 1896, afin de pouvoir réparer plus facilement les accidents du travail, la jurisprudence lui donna une valeur propre et y vit un principe général de responsabilité du fait des choses dont les développements sont à ce jour considérables.

Puis, à nouveau, un siècle plus tard, la jurisprudence y a aussi découvert de nouveaux cas de responsabilité du fait d'autrui, autres que ceux initialement prévus par le législateur[(117)].

(114) F. Viney, *L'expansion du « raisonnable » dans la réforme du droit des obligations : un usage déraisonnable ?* : *D.* 2016, 1940. – M. Lagelée-Heymann, *Le « raisonnable » dans le nouveau droit des contrats* : *RDC* 2018, 473.

(115) D. Lanzara, *Le pouvoir normatif de la Cour de cassation à l'heure actuelle*, LGDJ, coll. « Bibl. thèses droit privé », t. 579, 2017, préf. Y. Strickler.

(116) Pour un exemple, V. Cass. 1re civ., 11 mai 2017 : *D.* 2018, 87, obs. T. Wickers ; *JCP* 2017, 922, obs. P. Sargos ; *RTD civ.* 2018, 61, obs. P. Deumier.

(117) J. François, *Fait générateur de la responsabilité du fait d'autrui : confirmation ou évolution ?* : *D.* 2007, chron. p. 2408.

Parfois aussi, sortant de son rôle naturel, la jurisprudence va jusqu'à « gommer » la règle de droit, c'est-à-dire la mettre purement et simplement à l'écart[118].

224. - **Le rôle de suppléance de la règle de droit.** Toute interprétation suppose au moins un texte de base, à partir duquel on pourra raisonner par induction ou déduction, en lui appliquant l'argumentation *par analogie* ou *a contrario*. D'ailleurs, dans chaque décision judiciaire figure en général la mention du texte auquel il sera fait référence.

Or, il arrive qu'aucun texte ne puisse utilement être invoqué. En pareil cas, l'article 4 du Code civil interdit aux magistrats, sous peine de *déni de justice*[119], de se retrancher derrière le silence, l'obscurité[120] ou l'insuffisance de la loi pour refuser de juger.

> **Art. 4.** – Le juge qui refusera de juger, sous prétexte du silence, de l'obscurité ou de l'insuffisance de la loi, pourra être poursuivi comme coupable de déni de justice.

Coûte que coûte, le juge doit dire le droit ; et il ne lui est pas permis de se référer officiellement à l'équité, comme c'est le cas dans certains droits étrangers[121] (V. *supra*, n°s 23 et s.). Il lui faut trouver une règle qui puisse, serait-ce au moyen d'artifices, servir de support logique à la décision.

C'est dans cette circonstance que la jurisprudence apparaît avec le plus de netteté comme une source de droit[122]. En effet, à défaut de texte, le juge ou bien découvre un principe général du droit (V. *supra*, n°s 192 et s.) ou bien forge de toutes pièces une règle, jouant ainsi le rôle de législateur là où ce dernier a fait l'économie d'une loi ; et cette règle, une fois consacrée par la jurisprudence, sera inscrite comme étant la règle de droit, en tête des décisions de même nature qui seront rendues par la suite. Encore faut-il préciser que, par respect pour les principes, le caractère jurisprudentiel de la nouvelle règle ne doit pas apparaître dans les jugements, même si nul ne l'ignore. On ajoutera que la nouvelle règle ainsi posée pourra elle-même faire l'objet d'interprétation jurisprudentielle[123].

Des exemples nombreux de ces créations jurisprudentielles se rencontrent en droit administratif où les textes sont souvent incomplets. D'autres, tout aussi typiques, foisonnent en droit international privé, matière qui traite les conflits de lois dans l'espace (V. *supra*, n° 186) et dont l'importance est aujourd'hui considérable, bien que le Code civil ne lui consacre qu'un seul texte de caractère général, l'article 3.

En droit civil, l'exemple le plus caractéristique est celui du principe de l'interdiction de l'enrichissement sans cause (aujourd'hui qualifié d'enrichissement

(118) A. Bénabent, *Un nouvel instrument jurisprudentiel : la gomme à effacer : Mél. Ph. Le Tourneau*, Dalloz, 2007, p. 81.
(119) Pour la définition du déni de justice, V. Cass. 3e civ., 6 févr. 2002 : *JCP* 2003, II, 10014 et note J.-M. Moulin.
(120) L. Boré, *L'obscurité de la loi : Mél. J. Boré*, Dalloz, 2007, p. 27.
(121) E. Agostini, *L'équité : D.* 1978, chron. p. 7. – P. Bellet, *Le juge et l'équité : Études Rodière*, Dalloz, 1981, p. 9.
(122) R. Libchaber, *Les articles 4 et 5 du Code civil ou les devoirs contradictoires du juge civil*, in *Le Titre préliminaire du Code civil*, Economica, 2003, p. 143. – M. Daury-Fauveau, *Déni de justice et juge pénal : ibid.*, p. 159.
(123) D. Mainguy, *L'interprétation de l'interprétation. Variations normatives II : JCP* 2011, 603.

« injustifié »), posé par un arrêt de 1892 en des termes particulièrement larges[124] qui ont depuis lors été restreints par la jurisprudence elle-même, principe désormais consacré dans l'article 1303 du Code civil dû à la réforme du droit des contrats. On peut également citer le principe de la responsabilité pour troubles de voisinage dont le champ d'application a beaucoup évolué en jurisprudence et qui est aujourd'hui repris dans le projet de réforme de la responsabilité civile (art. 1244).

En présence de tels exemples[125], force est de constater qu'en fait sinon en droit la jurisprudence est bien une source de droit.

225. – **La publication des décisions de justice.** Les décisions de justice sont publiques, mais à ce jour elles ne sont pas publiées comme le sont les lois ou les règlements. Leur publication, lorsqu'elle intervient, n'ajoute rien à leur valeur, si ce n'est la publicité qui leur est ainsi donnée et qui leur permet d'être connues par les professionnels du droit, et d'abord par les magistrats eux-mêmes. Comme les lois et les règlements, qui sont soumis à publication (V. *supra*, n°s 120 et s.), la jurisprudence – dans la mesure où elle est une source de droit – devrait être accessible à tous[126].

La diffusion à donner aux arrêts rendus par la Cour de cassation est déterminée par la cour elle-même[127] ; les arrêts les plus importants sont publiés dans le *Bulletin des arrêts de la Cour de cassation*[128] – dont la version papier a été abandonnée depuis le 1er janvier 2008 au profit de la version numérique (www.courdecassation.fr) –, mais il arrive que certains arrêts non publiés présentent un grand intérêt[129].

Quant au Conseil d'État, ses décisions les plus importantes figurent au « Recueil des décisions du Conseil d'État, statuant au contentieux », dit *Recueil Lebon*, publié par les éditions Dalloz en vertu d'une délégation de service public. Les décisions peuvent y être reproduites, ou simplement mentionnées aux tables annuelles.

Outre ces publications officielles, il existe de nombreuses revues privées qui sélectionnent[130] et publient les décisions qui leur paraissent importantes, éventuellement assorties de commentaires[131].

(124) Cass. req., 16 juin 1892 : *D.* 1892, 1, 596 ; *S.* 1893, 1, 281, note Labbé : « Que cette action (de in *rem verso*), dérivant du principe d'équité qui défend de s'enrichir aux dépens d'autrui, et n'ayant été réglementée par aucun texte de nos lois, son exercice n'est soumis à aucune condition déterminée ; qu'il suffit pour la rendre recevable que le demandeur allègue et offre d'établir l'existence d'un avantage qu'il aurait, par un sacrifice ou un fait personnel, procuré à celui contre lequel il agit ».

(125) Pour des exemples en matière de bioéthique, V. Ch. Byk, *La jurisprudence est-elle une source du droit des sciences de la vie ?* : *Gaz. Pal.* 27-29 avr. 2003.

(126) Lesueur De Givry, *La diffusion de la jurisprudence, mission de service public*, Rapp. C. cass. 2003, p. 269. – S. Paget, *La réception de la jurisprudence* : *LPA* 8-9 mai 2007, p. 4.

(127) Les distinctions se résument en quatre lettres : P (publié au *Bulletin*), R (publié et commenté au Rapport annuel), L (commenté dans la lettre d'une chambre), C (accompagné d'un communiqué à destination du grand public). Les arrêts jugés les plus importants cumulent donc les quatre lettres, P+R+L+C, seules toutefois les lettres B et R apparaissant sur leur minute. – Jusqu'en juin 2021, les gradations étaient les suivantes : publié au *Bulletin* (P ; désormais « B »), et au *Bulletin d'information de la Cour de cassation* (P+B ; le BICC ayant disparu, il n'y a plus d'équivalent), mentionné au Rapport annuel de la cour (P+B+R ; désormais « R ») et sur le site Internet de la cour (P+B+R+I) ; la lettre D était pour les arrêts simplement publiés sur Légifrance.

(128) A. Perdriau, *Les publications de la Cour de cassation* : *Gaz. Pal.* 1-4/2003.

(129) P. Deumier, *Un arrêt non publié peut-il faire jurisprudence ?* : *RTD civ.* 2011, 87.

(130) Sur le phénomène de la non-publication, V. A. Dunes, *La non-publication des décisions de justice* : *RID comp.* 1986, p. 757.

(131) P. Maistre du Chambon, V. Larribau-Terneyre, X. Henry et S. Bories, *Où trouver la jurisprudence ?* : *D.* 2000, doctr. p. 197. *Le droit dans le miroir d'une revue juridique : le Recueil Dalloz* : *RRJ* 2006, 1, p. 433.

Il existe également des bases de données de jurisprudence[132] et des sites Internet, notamment Légifrance[133] qui publie en ligne les décisions de la Cour de cassation[134] et certains arrêts de cour d'appel. Par ailleurs, la Cour de cassation a créé une base de données centralisant les arrêts de cour d'appel appelée JURICA[135]. Le Conseil d'État dispose également de sa propre base de données de jurisprudence, ArianeWeb.

Afin d'assurer la protection des données personnelles, la Commission nationale de l'informatique et des libertés (CNIL) préconise de ne pas mentionner dans les publications numériques le nom des personnes concernées. On parle alors de l'anonymisation des décisions de justice[136] ; cette pratique, souhaitable au plan du respect de la vie privée des justiciables, présente en revanche des inconvénients divers, notamment dans la mesure où elle va à l'encontre de l'usage suivant lequel les grands arrêts sont connus sous le nom des parties : l'arrêt *Franck*, l'arrêt *Desmares*, l'arrêt *Perruche*, etc.[137] Le constat vaut *a fortiori* pour les décisions du Conseil d'État, désignées par habitude par le nom des parties : aux classiques arrêts *Cadot*, *Dame Lamotte*, *Nicolo*, *Czabaj*, succèdent désormais des flots de *M. Z.*, *Mme L.*, etc. !

Par ailleurs, la Cour de cassation publie annuellement son *Rapport* dans lequel elle met l'accent sur les décisions importantes qu'elle a rendues au cours de l'année dans les différents domaines du droit privé et où, à la lumière des difficultés dont elle est saisie, elle formule à l'intention du législateur des suggestions de modification de textes[138] (V. *infra*, n° 511 sur les publications de la Cour de cassation).

226. – Suite : l'*open data* et la justice prédictive[139]. Qu'est-ce que l'*open data* ? Suivant un ancien premier président de la Cour de cassation, il peut être défini

(132) P. Estoup, *Les banques de données : difficultés, causes et remèdes* : Gaz. Pal. 1988, doctr. p. 542. – H. Manzanarès et Ph. Nectoux, *L'informatique au service du juriste*, Litec, 1987. – P. Catala, *Le fichier national informatisé de la jurisprudence française (dixième anniversaire)* : JCP 1995, I, 3873. – S. Bories, *Mieux communiquer le Droit. Réflexions à propos de la création de structures d'indexation de l'information judiciaire* : JCP 2006, I, 140.

(133) F. Rouvière, *Qualité de l'information et diffusion informatique du droit* : RRJ 2006, 2745.

(134) À l'exception des arrêts de rejet non spécialement motivés (non-admission, qui représentaient 35 % des décisions civiles en 2019, soit autant que les cassations), ce qui peut donner une vision tronquée des solutions rendues. – V. déjà C. Atias, *Une enquête nécessaire : les « arrêts » de non-admission du pourvoi en cassation* : D. 2010, 1374. – V. *supra*, n° 213 et *infra*, n° 510.

(135) S. Bories, *JURICA : un outil de communication et de recherche* : D. 2011, 1242. – X. Henry, *Vidons les greffes de la République ! De l'exhaustivité d'accès aux arrêts civils des cours d'appel* : D. 2011, 2609.

(136) CNIL, Recomm. n° 01-057, 29 nov. 2001, sur la diffusion des données personnelles sur Internet par les banques de données de jurisprudence : JCP 2002, 278. – V. aussi, A. Perdriau, *L'anonymisation des jugements civils* : JCP 1999, I, 163. – E. Lesueur de Givry, *La question de l'anonymisation des décisions de justice*, Rapp. C. cass. 2000, p. 93. – R. de Bellescize, *Faut-il légiférer sur l'anonymisation des décisions de justice ?* : LPA 20 sept. 2006, p. 3. – M.-F. Mercadier, *La question de l'anonymisation des décisions de justice diffusées sur Internet en France et dans les pays de l'Union européenne* : RRJ 2006, 2675. – F. Lelièvre, *L'anonymisation à la française des décisions de justice, une exception ?* : AJDA 2012, 526. – E. Jeuland et G. Simiand, *Casanova à la Cour de cassation. Comment accroître la force normative des arrêts malgré leur anonymisation* : JCP 2015, 876.

(137) N. Blanc et P.-Y. Gautier, *Contre « l'anonymisation » des arrêts publiés : décadence des références de jurisprudence* : D. 2019, 1648.

(138) Par ex., le rapport 2000 suggérait de fixer un délai précis à la place du « bref délai » visé à l'article 1648 du Code civil, et de supprimer purement et simplement l'article 1386 du Code civil qui, à la suite de l'évolution jurisprudentielle, est devenu moins protecteur que le droit commun représenté par l'article 1384, alinéa 1. C'est désormais chose faite pour l'article 1648, l'ordonnance n° 2005-136 du 17 février 2005 ayant fixé le délai à deux ans. En revanche, l'article 1386 subsiste sans modification.

(139) B. Dondero, *Justice prédictive : la fin de l'aléa judiciaire ?* : D. 2017, 532. – *La justice prédictive*, Dalloz, coll. « Archives de philosophie du droit », t. 60, 2018. – V. Vigneau, *Le passé ne manque pas d'avenir : libres propos d'un juge sur la justice prédictive* : D. 2018, 1095. – L. Godefroy, *La performativité de la justice « prédictive » : un pharmakon ?* : D. 2018, 1979. – N. Fricero, *Algorithmes et nouvelle génération de droits humains. À propos de la Charte éthique européenne d'utilisation de l'intelligence artificielle dans les systèmes judiciaires et leur environnement* : JCP 2018, 1331. – J.-P. Jean, *À l'ère

comme « la mise à disposition des données non personnelles détenues par une personne morale ou institutionnelle dans un format facilement exploitable ». Ce sera bientôt le cas des décisions de justice, non seulement de la Cour de cassation, mais de toutes les juridictions de l'ordre judiciaire(140).

En effet la loi pour une République numérique du 7 octobre 2016 ajoute au Code de l'organisation judiciaire un article L. 111-13 aux termes duquel : « Sous réserve des dispositions particulières qui régissent l'accès aux décisions de justice et leur publicité, les décisions rendues par les juridictions judiciaires sont mises à la disposition du public à titre gratuit sous forme électronique »(141). C'est à la Cour de cassation qu'incombe la mission de piloter les dispositifs de collecte des décisions de l'ordre judiciaire ; la même tâche revient au Conseil d'État pour l'ordre administratif(142).

Il reste à mettre pleinement en œuvre cette disposition, en s'inspirant notamment des conclusions du rapport Cadiet remis le 9 janvier 2018 à la garde des Sceaux(143). Il s'agit là d'une tâche considérable, alors surtout qu'il faut anonymiser ou pseudonymiser toutes les décisions afin d'assurer le respect de la vie privée des personnes physiques mentionnées dans les décisions. C'est ce que rappelle la loi du 23 mars 2019 de programmation et de réforme de la justice(144) (COJ, art. L. 111-13 et L. 111-14). Les pouvoirs publics ayant pris du retard, le Conseil d'État a enjoint au ministre de la Justice de fixer un calendrier pour assurer l'application de la loi(145), ce qu'il a fait par un arrêté du 28 avril 2021.

Mais cette mise à disposition de toutes les décisions de justice intéresse au plus haut chef les informaticiens en vue de la réalisation d'une justice prédictive. Là encore, de quoi s'agit-il ? Si, en toutes matières, les décisions des juridictions, notamment du premier degré et d'appel, peuvent être connues, il sera possible pour les informaticiens de créer des algorithmes pour les analyser et déterminer dans des temps record, par exemple, la jurisprudence du tribunal de Pontivy, de Bergerac, etc., sur chaque question de droit et de fait susceptible de se poser en matière de copropriété, de responsabilité, etc. Autrement dit, il suffirait à tout plaideur (ou à tout avocat) de les interroger pour savoir, compte tenu des éléments

---

du numérique, ce que le criminel pourrait apporter au civil en l'état : D. 2019, 947. – A. Garapon et J. Lassègue, *Justice digitale*, PUF, 2019. – S. Desmoulin-Canselier et D. Le Métayer, *Décider avec les algorithmes. Quelle place pour l'Homme et quelle place pour le droit ?*, Dalloz, coll. « Les sens du droit, Essai », 2020. – F. G'Sell (ss dir.), *Le Big Data et le Droit*, Dalloz, coll. « Thèmes et commentaires », Actes, 2020. – S. Merabet, *Vers un droit de l'intelligence artificielle*, Dalloz, 2020, n°s 220 et s.

(140) Pour les juridictions administratives, V. Stahl, *« Open data » et jurisprudence* : *Dr. adm.* 2016, repère 10. – F. Melleray, *La justice administrative doit-elle craindre la « justice prédictive » ?* : AJDA 2017, Tribune, p. 193.

(141) B. Louvel et a., *La jurisprudence dans le mouvement de l'Open data*, colloque 14 oct. 2016 : *JCP* G 2017, suppl. n° 9, 27 févr. 2017. – E. Buat-Menard et P. Giambasi, *La mémoire numérique des décisions judiciaires.* L'open data *des décisions de justice de l'ordre judiciaire* : D. 2017, 1483. – S.-M. Ferrié, *Les algorithmes à l'épreuve du droit au procès équitable* : *JCP* 2018, 297. – L.-M. Augagneur, *D'où jugez-vous ? Du paradoxe entre justice prédictive et réforme de la motivation des décisions* : *JCP* 2018, 341. – Y. Meneceur, *Quel avenir pour la justice prédictive ? Enjeux et limites des algorithmes d'anticipation des décisions de justice* : *JCP* 2018, 190.

(142) D. n° 2020-797, 29 juin 2020. – C. Arens, *Open data : la Cour de cassation relève le défi mais interroge l'avenir* : *Dalloz actualité*, 18 nov. 2020.

(143) Pour l'analyse de ce rapport, V. *JCP* 2018, Informations professionnelles, 68. – L. Cadiet, *Sur l'*open data *des décisions de justice* : D. 2018, 232. – V. aussi N. Fricero, *Collecte, diffusion et exploitation des décisions de justice : quelles limites ? Quels contrôles ? À propos du rapport sur l'*open data *des décisions de justice* : *JCP* 2018, 168.

(144) J.-B. Thierry, *La loi n° 2019-222 du 23 mars 2019, loi de réforme pour la justice numérique ?* : *JCP* 2019, 524. – N. Blanc et P.-Y. Gautier, *Contre « l'anonymisation » des arrêts publiés : décadence des références de jurisprudence* : D. 2019, 1648.

(145) CE, 21 janv. 2021, n° 429.956, *Assoc. Ouvre-boîte* : D. 2021, 344, entretien T. Perroud.

de fait, quelle solution sera probablement donnée à son litige par telle juridiction, en bref, quelles sont statistiquement ses chances de gagner ou de perdre son procès. C'est ce que l'on appelle la justice prédictive, qui interroge bien évidemment les juristes à de multiples égards[146]. C'est pour éviter les dérives éventuelles que la loi du 23 mars 2019 de programmation et de réforme de la justice a prévu que les données d'identité des magistrats et des membres du greffe ne peuvent faire l'objet d'une réutilisation ayant pour objet ou pour effet d'évaluer, d'analyser, de comparer ou de prédire leurs pratiques professionnelles réelles ou supposées ; cette disposition a été validée par le Conseil constitutionnel[147].

Plus largement, l'intelligence artificielle peut être utilisée à d'autres fins de nature juridique (V. *infra*, n° 278). C'est ainsi qu'un décret du 27 mars 2020 a posé les conditions d'un traitement automatisé de données en matière de dommage corporel, en vue d'une meilleure prévisibilité des décisions de justice. Dénommé *DataJust*, ce traitement algorithmique pourrait avoir des effets collatéraux, parmi lesquels l'émergence de référentiels d'évaluation et la standardisation des indemnisations, mettant les principes d'individualisation et de réparation intégrale des préjudices à rude épreuve[148].

Toutes ces évolutions pourraient d'ailleurs contribuer à remodeler la notion même de jurisprudence, en laissant en particulier davantage de place aux juges du fond[149].

227. – Les interactions entre la jurisprudence et la loi. En principe, la jurisprudence et la loi vivent parallèlement. Le Parlement fait la loi, ou l'a faite dans le passé. Le juge l'applique pour trancher les litiges, éventuellement en l'interprétant ou en la complétant, quitte à prendre parfois quelques libertés avec la loi telle qu'elle avait été initialement conçue. Mais il arrive que ces deux sources du droit se rencontrent.

Parfois la loi s'approprie la jurisprudence, ou plutôt la consacre. C'est ainsi que la jurisprudence a reconnu un droit au respect de la vie privée qui a été ensuite repris par le législateur dans l'article 9 du Code civil (L. 17 juill. 1970) ; il en va de même du principe du respect du corps humain aujourd'hui consacré dans les articles 16 et suivants du Code civil (L. 29 juill. 1994) ; et de même également de l'enrichissement sans cause, devenu l'enrichissement injustifié dans les articles 1303 et suivants nouveaux du Code civil (Ord. 10 févr. 2016).

Parfois, mais c'est en sens inverse, la jurisprudence s'oriente dans une voie que le législateur désapprouve. Alors, s'il veut briser cette jurisprudence, il lui est loisible d'édicter une loi nouvelle par laquelle il va régler la situation controversée de la manière qui lui paraît souhaitable, mais pour l'avenir seulement, et notamment sous réserve des décisions déjà passées en force de chose jugée. Tel a été le cas de la loi du 4 mars 2002 qui a mis fin à la jurisprudence *Perruche* (V. *supra*, n°s 165 et 220).

(146) A. Garapon, *Les enjeux de la justice prédictive* : *JCP* 2017, 31. – S.-M. Ferrié, *Les algorithmes à l'épreuve du droit au procès équitable* : *JCP* 2018, 297. – F. Rouvière, *Dix problèmes épistémoligiques sur la justice prédictive* : *D.* 2021, 587.

(147) P. Deumier, *L'*open data *des magistrats : une petite histoire législative* : *RTD civ.* 2019, 72. – G. Hannotin, *L'encadrement de l'*open data *des décisions de justice par le Conseil constitutionnel* : *JCP* 2019, 330.

(148) D. n° 2020-356, 27 mars 2020. – Y. Meneceur, *DataJust face aux défis de l'intelligence artificielle* : *JCP* 2020, 1087. – S. Merabet, *« DataJust » et l'effet papillon* : *Rev. prat. prospective et innovation* oct. 2020, 15.

(149) P. Deumier, *Une autre jurisprudence ?* : *JCP* 2020, 277 : cette jurisprudence deviendrait davantage indicative et plurielle. – F. Rouvière, Open *et* big data*. L'évolution du concept de jurisprudence* : *RTD civ.* 2020, 491.

Ainsi, le législateur aura le dernier mot, ce qui démontre que, si la jurisprudence est bien une source de droit, elle n'en demeure pas moins subordonnée à la loi. Il en va toutefois différemment chaque fois que le juge exerce son contrôle sur la conventionnalité de la loi, et notamment sur sa conformité aux principes de la Convention européenne des droits de l'homme (V. *supra*, n°s 79 et 221 *in fine*).

SOUS-SECTION 2

LA DOCTRINE[150]

228. – **Définition.** Suivant qu'on s'attache plus au contenant ou au contenu, on définira la doctrine comme la *littérature juridique*, ou comme les *opinions* émises sur le droit par ses spécialistes : enseignants, magistrats, membres des professions judiciaires, auteurs de thèse de doctorat, etc.

Ainsi, le terme de doctrine peut désigner :

– des personnes : l'ensemble des auteurs qui écrivent dans le domaine du droit[151] ;

– la littérature juridique considérée dans son entier : l'ensemble des œuvres juridiques, quelle que soit leur forme ;

– les opinions des auteurs.

C'est ce dernier sens que l'on retiendra ici et que le *Vocabulaire juridique* (Association Capitant, 13e éd., ss dir. G. Cornu) définit ainsi : « Opinion communément professée par ceux qui enseignent le Droit, ou même ceux qui, sans enseigner, écrivent sur le Droit. En ce sens, doctrine s'oppose à jurisprudence ». Parfois on utilise aussi le vocable dans un sens plus restreint, à savoir l'opinion exprimée sur telle question de droit particulière.

Il convient de bien distinguer la doctrine de ce qu'on appelle la doctrine de la Cour de cassation (V. *supra*, n° 219) et la doctrine de l'Administration. La doctrine de la Cour de cassation, formule employée par la Haute juridiction elle-même, n'est autre que la position de la Cour suprême sur tel ou tel point de droit. Finalement, ce n'est que l'expression de la jurisprudence, émise sous la forme écrite[152]. La doctrine de l'Administration est l'interprétation que l'Administration, spécialement celle des Impôts, donne de telle disposition. Elle peut s'exprimer par le biais de

(150) Parmi une très abondante littérature, on citera : Ph. Jestaz et C. Jamin, *La doctrine*, Dalloz, 2004. – A. Esmein, *La jurisprudence et la doctrine : RTD civ.* 1902, p. 5. – Ch. Atias, *La mission de la doctrine universitaire en droit privé : JCP* 1980, I, 2999. – H. Batiffol, *La responsabilité de la doctrine dans la création du droit : RRJ* 1981, p. 175. – Ch. Mouly, *La doctrine, source d'unification internationale du droit : RID comp.* 1986, p. 351. – Ch. Atias, *Des réponses sans questions 1804-1899-1999 (quantitatif et qualitatif dans le savoir juridique) : D.* 1998, chron. p. 406. – N. Molfessis, *Les prédictions doctrinales : Mél. Terré, op. cit.*, p. 141. – Ph. Malaurie, *La pensée juridique du droit civil au xxe siècle : JCP* 2001, I, 283. – P.-Y. Gautier, *Les articles fondateurs (réflexions sur la doctrine) : Mél. Catala*, Litec, 2001, p. 255. – G. Goubeaux, *Il était une fois la Doctrine. À propos du livre de Philippe Jestaz et Christophe Jamin, La Doctrine : RTD civ.* 2004, 239. – P. Morvan, *La notion de doctrine (à propos du livre de MM. Jestaz et Jamin) : D.* 2005, chron. p. 2421. V. aussi les nombreuses contributions publiées sur ce thème in *Mél. Ph. Jestaz*, Dalloz, 2006 : M. Billiau, *Doctrine imaginaire*, p. 35 ; Ph. Brun, *Sources sulfureuses : remarques cursives sur l'office de la doctrine*, p. 67 ; Ch. Jamin, *La doctrine : explication de texte*, p. 225. – F. Terré, *La doctrine de la doctrine*, in *Études Ph. Simler*, Litec, 2006. – S. Pimont, *À propos de l'activité doctrinale civiliste. Quelques questions dans l'air du temps : RTD civ.* 2006, 707. – A. Supiot, *Ontologie et déontologie de la doctrine : D.* 2013, 1421.

(151) Ph. Jestaz, *Genèse et structure du champ doctrinal : D.* 2005, chron. 19. – Ch. Atias, *Debout les ouvriers du droit ! Autorité et poids de la doctrine : Mél. J.-L. Aubert*, Dalloz, 2005, p. 361.

(152) V. toutefois S. Bernheim-Desvaux, *La diffusion du droit par la Cour de cassation : Rev. Lamy dr. civ.* avr. 2008, p. 71, V. spéc. p. 81.

circulaires, d'instructions, etc., ou plus simplement résulter de documents internes à l'Administration concernée. Cette doctrine de l'Administration, source parallèle du droit, est parfois condamnée par la juridiction administrative, ce qui oblige l'Administration – souvent avec retard – à changer sa doctrine.

Sous le bénéfice de ces observations, on exposera successivement les caractéristiques de la doctrine, puis son autorité.

§ 1. – Les caractéristiques de la doctrine

229. – **Les modes d'exercice de la doctrine.** La doctrine fonctionne suivant deux modes d'exercice.

D'une part, la doctrine joue un rôle essentiel dans l'organisation du droit positif. En effet, à défaut de doctrine, le droit ne serait qu'une infinité de textes, lois ou règlements, intégrés ou non dans des codes, et une infinité de décisions de jurisprudence et de pratiques diverses(153) ; autant dire un fatras bien souvent dépourvu de cohérence et d'accès particulièrement difficile, non seulement pour les étudiants, mais aussi pour les praticiens du droit, avocats, magistrats, juristes d'entreprise, etc.

« À la doctrine revient d'élaguer, de dégager les principes, de les combiner entre eux, d'en classer les applications et surtout de coordonner le tout en résolvant les inévitables contradictions. Alors que le physicien *découvre* l'ordre préexistant qui régit le monde naturel, le juriste savant *invente* – en partie seulement, car il n'invente ni les lois, ni les décisions de justice ! – mais invente tout de même l'ordre juridique »(154). En bref, la doctrine a pour fonction première de mettre le droit en ordre, de le synthétiser, de l'ordonnancer, et finalement de le révéler tel qu'il est, sans d'ailleurs nécessairement se cantonner au droit interne français(155). C'est ainsi que la doctrine établit des théories générales, censées expliquer par exemple le sens de la jurisprudence ou de la loi(156). Certains auteurs ont toutefois fait observer que « décrire le droit, c'est toujours le transformer », en tout cas le présenter sous un angle qui va au-delà de la lettre de la loi et qui réalise ce qu'ils nomment une « décriture » du droit. La doctrine participerait ainsi directement à l'action collective de « décriture » qui, en donnant une formalisation à la règle de droit, n'est pas très éloignée de participer au processus de création du droit(157).

D'autre part, allant au-delà d'une simple présentation du droit, la doctrine peut émettre un jugement de valeur sur le droit positif, par exemple relever ses ambiguïtés et ses lacunes, éventuellement même son obsolescence, son inadaptation à régir les situations du temps présent ; et corrélativement proposer les réformes qui lui paraissent nécessaires(158).

(153) P. Ancel, *Le droit* in vivo *ou plaidoyer d'un membre de la « doctrine » pour la recherche juridique empirique : Mél. Ph. Jestaz*, Dalloz, 2006, p. 1.
(154) Ph. Jestaz, *Le droit*, Dalloz, 11e éd., 2021, p. 86.
(155) S. Pimont, *À propos de l'activité doctrinale civiliste. Quelques questions dans l'air du temps : RTD civ.* 2006, p. 707.
(156) S. Pimont, *Peut-on réduire le droit en théories générales ? Exemples en droit du contrat : RTD civ.* 2009, p. 417.
(157) V. Forray et S. Pimont, *Décrire le droit... et le transformer. Essai sur la décriture du droit*, Dalloz, coll. « Méthodes du droit », 2017.
(158) J.-D. Bredin, *Remarques sur la doctrine : Mél. P. Hébraud*, Univ. Toulouse, 1981, p. 112.

Bien que complémentaires, ces deux missions ne relèvent pas du même mode de raisonnement. La mission d'organisation et de synthèse du droit positif est de caractère objectif ; sauf exception, on peut admettre que tous les auteurs seront d'accord sur l'analyse du droit positif, sous réserve de quelques nuances dans l'expression ou dans la présentation. À l'inverse, le jugement de valeur porté sur les règles de droit est nécessairement empreint de subjectivité, orienté, si bien que les auteurs pourront être partagés entre plusieurs opinions sur ce que devrait être la règle de droit ; il peut notamment y avoir un combat des anciens et des modernes.

230. – **Les caractères de la doctrine.** La doctrine est toujours libre ; elle est souvent divisée(159).

À la différence du juge qui doit trancher le litige « conformément aux règles de droit qui lui sont applicables » (CPC, art. 12), et qui est donc soumis à la loi, la doctrine est entièrement libre. Libre d'exprimer son avis sur les règles de droit, elle est libre de critiquer les textes existants, lois ou règlements, pour en proposer de meilleurs, mieux adaptés aux situations à régir. Les auteurs ne se privent guère de critiquer ainsi soit la *politique législative*, c'est-à-dire le but poursuivi, soit la *technique législative*, le choix des moyens employés pour atteindre le but poursuivi. Cette liberté a été consacrée par la jurisprudence comme constituant un principe de valeur constitutionnelle, au moins pour les professeurs de droit(160). En outre, la jurisprudence a stigmatisé comme une atteinte à la liberté d'expression les « procédures bâillons », pratique d'origine anglo-saxonne tenant pour certaines entreprises à menacer ou poursuivre des universitaires au prétexte d'un avis qu'elles désapprouvent(161).

Mais la doctrine est rarement unanime, sauf sur les grands principes. Elle est souvent le siège de controverses(162) et, précisément, la diversité des opinions doit être considérée comme une richesse et un facteur de progrès dans la mesure où elle permet la confrontation des points de vue(163).

Peut-être est-elle aussi parfois trop copieuse, ce qui a été dénoncé comme une source de dévalorisation(164).

(159) Y. Guenzoui, *Les querelles doctrinales : RTD civ.* 2013, 47, article dont la lecture est tout à fait réjouissante. V. aussi *Grandes et petites controverses doctrinales en droit privé : Rev. dr. Assas* déc. 2018, n° 17, p. 29.

(160) Saisi de l'étendue de la liberté d'expression des professeurs d'université, le tribunal de grande instance de Paris a ainsi affirmé « que dans l'exercice de leurs fonctions d'enseignement et dans leurs activités de recherche, les professeurs d'université jouissent d'une entière liberté d'expression, sous les réserves que leur imposent les principes de tolérance et d'objectivité ; qu'il entre dans la mission d'un professeur de droit d'analyser et de critiquer les lois, d'en dénoncer les limites ou les effets néfastes et de proposer les moyens de les améliorer » (TGI Paris, 1re ch., 21 déc. 1994 : *D.* 1995, p. 511). V. Ph. Le Tourneau, *La plume professorale est libre ! : D.* 1995, chron. p. 273.

(161) V. CA Paris, 28 sept. 2017 : R. Libchaber, *Contre les procédures-bâillons : un éloge judiciaire de la doctrine : D.* 2017, 2458 (l'auteur note que ces procédures instrumentalisent le système judiciaire, victime collatérale, malgré lui, à des fins d'intimitation). – V. D. Mazeaud (ss dir.), *Rapport sur les procédures bâillons*, 2017.

(162) *Grandes et petites controverses doctrinales en droit privé : Rev. dr. Assas* déc. 2018, n° 17, p. 29.

(163) N. Molfessis, *La controverse doctrinale et l'exigence de transparence de la doctrine* : *RTD civ.* 2003, p. 161. V. par ex., pour une controverse sur la doctrine elle-même et son rôle : Ph. Jestaz et Ch. Jamin, *L'entité doctrinale française : D.* 1997, chron. p. 167 et, en réponse, L. Aynès, P.-Y. Gautier et F. Terré, *Antithèse de « l'entité » (à propos d'une opinion sur la doctrine) : D.* 1997, chron. p. 229. – V. aussi, à propos de l'affaire *Perruche*, Ph. Théry, *Un grand bruit de doctrine : Mél. M. Gobert*, Economica, 2004, p. 113.

(164) D. Bureau et N. Molfessis, *L'asphyxie doctrinale*, in *Études B. Oppetit*, Litec, 2009, p. 45. – Sur l'intérêt des notes en bas de page, V. T. Cortès, *Une incursion dans les sous-sols des textes juridiques. À propos des notes en bas de page : JCP* 2013, 896. – P.-Y. Gautier, *Les notes de bas de page chez les juristes : Mél. Ph. Malaurie*, Defrénois, 2005, p. 283.

231. – **Les travaux de la doctrine.** La doctrine se livre à divers genres littéraires, qui sont publiés par des éditeurs spécialisés(165), que chacun peut classer comme il l'entend.

On citera en premier les *ouvrages généraux*, qui sont consacrés à une grande branche du droit : le droit civil, le droit pénal, etc. Parmi ces ouvrages généraux on distingue les *traités* qui exposent la matière de manière exhaustive et dogmatique, les *manuels* et *précis* qui, étant plus spécialement destinés à l'enseignement, s'efforcent de simplifier et clarifier l'exposé. Il faut faire une place particulière aux *répertoires*, qui s'adressent principalement aux praticiens, dont la présentation se fait par thèmes, ou encore par articles du code.

Viennent ensuite les *ouvrages spécialisés*, c'est-à-dire consacrés à un sujet précis, sinon même pointu. Tel est le cas des *thèses* de doctorat, travaux de recherche de caractère scientifique qui peuvent soit faire la synthèse d'une matière quelque peu disparate, soit faire la critique du droit positif et déboucher sur des propositions de réforme, etc. Tel est également le cas des *monographies* de caractère pratique qui font le point du droit positif sur une matière à l'intention des praticiens du droit.

Parmi les travaux de moindre ampleur, qui sont publiés dans des revues juridiques(166) soit générales, soit spécialisées (à périodicité hebdomadaire, ou mensuelle, ou bimestrielle, ou trimestrielle), on citera les *articles* (parfois appelés *chroniques*) de doctrine consacrés à un thème précis, éventuellement un *commentaire de loi*, et les *notes d'arrêt* ou *commentaires d'arrêt*(167) qui, comme leur nom l'indique, font l'analyse et le commentaire, éventuellement critique, de décisions de jurisprudence. La publication et le commentaire de ces décisions sont en pratique le meilleur moyen de porter à la connaissance des praticiens du droit les décisions judiciaires et donc la jurisprudence.

Cela dit, l'interprétation des arrêts de la Cour de cassation n'est pas toujours chose aisée compte tenu de la technique qui préside à l'élaboration et à la rédaction des arrêts(168), et de leur motivation qui reste souvent jugée hermétique(169). À cet égard, on ne saurait trop recommander la lecture de la fiche méthodologique sur l'interprétation et la portée des arrêts de la Cour de cassation en matière civile,

(165) J. Béguin, *L'éditeur juridique, intermédiaire entre auteurs et lecteurs*, in *Études Ph. Simler*, Litec, 2006.

(166) V. par curiosité, H. Bouthinon-Dumas, A.-S. Courtier et V. Rebeyrol, *Un classement des revues juridiques : JCP* 2016, 64. Parmi les revues juridiques on citera la *Revue trimestrielle de droit civil* qui a joué un rôle considérable et qui a fêté son centenaire en 2002. – V. not. Ch. Jamin, *Les intentions des fondateurs : RTD civ.* 2002, 646. – Ph. Rémy, *Cent ans de chroniques : ibid.*, p. 665. – J.-L. Sourioux, *Cent ans d'articles : ibid.*, p. 681. – F. Zenati, *L'avenir des revues juridiques et la séparation de la théorie et de la pratique : ibid.*, p. 691. – P.-Y. Gautier, *Les fondements d'une revue juridique : D.* 2011, 894.

(167) Genre dont l'initiateur fut Joseph-Émile Labbé. V. F. Chénedé, *Joseph-Émile Labbé, L'enrichissement sans cause : RDC* 2011, 1005. – V. B. Dondero, *Pour un droit plus systématique : vers la fin des notes de jurisprudence ? : D.* 2020, 292. – F. Rouvière : *RTD civ.* 2020, 489. – Comp. D. Houtcieff : *D.* 2020, 662.

(168) V. J. Ghestin, *L'interprétation d'un arrêt de la Cour de cassation : D.* 2004, chron. p. 2239 (qui reproche à la doctrine de méconnaître parfois la casuistique de lecture des arrêts). – V. aussi R. Libchaber, obs. ss Cass. com., 26 oct. 1999 : *RTD civ.* 2000, 679.

(169) A. Touffait et A. Tunc, *Pour une motivation plus explicite des décisions de justice, notamment de celles de la Cour de cassation : RTD civ.* 1974, 487. – Cl. Witz, *Libres propos d'un universitaire français à l'étranger : RTD civ.* 1992, 737. – F. Béranger, *La motivation des arrêts de la Cour de cassation*, PUAM, 2003, préf. Ch. Atias. – Sur l'histoire de la motivation, V. Y. Chartier, *De l'an II à l'an 2000. Remarques sur la rédaction des arrêts de la Cour de cassation*, in *Le juge entre deux millénaires : Mél. P. Drai*, Dalloz, 2000, p. 269. Plus généralement, sur la motivation des actes juridictionnels, V. P. Texier, *Jalons pour une histoire de la motivation des sentences*, p. 5. – J. Normand, *Le domaine du principe de motivation*, p. 17. – J. Leroy, *La force du principe de motivation*, p. 35, in *La motivation*, Trav. Assoc. Henri Capitant, Journées Nationales, LGDJ, 2000.

ancienne mais toujours utile(170). Sensible à cette critique d'hermétisme, la Cour de cassation a récemment mis en place une technique de rédaction des arrêts qui devrait faciliter leur bonne compréhension (V. *supra*, n° 213).

§ 2. – L'autorité de la doctrine

232. – **La doctrine source de droit ?** Les opinions doctrinales, qu'elles soient exprimées à l'usage des étudiants ou des praticiens ou qu'elles poursuivent un but de recherche scientifique, n'ont aucune valeur obligatoire pour le juge ; seraient-elles unanimes qu'elles ne sont pas des règles de droit et que la doctrine n'est pas une source de droit au sens où on l'entend d'habitude.

Il s'ensuit que le juge, s'il doit appliquer la règle de droit, peut faire litière de la doctrine. Rien ne lui impose, avant de rendre sa décision, ni de rechercher dans les ouvrages de droit l'opinion de la doctrine, ni *a fortiori* d'en tenir compte, même si elle est unanime. Et, à supposer qu'il fasse sienne l'opinion de la doctrine, le juge ne peut se borner à y faire référence comme il pourrait le faire à un texte ; il doit la reprendre à son compte.

L'autorité de la doctrine tient à la qualité de l'argumentation tenue. Lorsqu'une opinion repose sur un raisonnement bien conduit, elle peut emporter la conviction du juge et même celle du législateur. En définitive, la force de la doctrine tient à la qualité de l'opinion exprimée : elle est une force de persuasion.

233. – **L'influence de la doctrine sur le juge**(171). Dire que la doctrine exerce une influence sur le juge, cela ne signifie pas qu'elle exerce un pouvoir ; quelle que soit l'opinion de la doctrine, les tribunaux demeurent libres de se déterminer en fonction des textes ou de la jurisprudence.

Si la règle de droit est parfaitement claire, le juge n'a aucune raison de consulter la doctrine. Mais lorsque, pour la solution d'un litige, on peut hésiter sur l'existence ou le sens des règles applicables, les avocats ne manqueront pas d'invoquer et de produire dans leur dossier l'opinion de tel auteur, tirée d'un ouvrage de droit ou d'une chronique ou d'un commentaire d'arrêt. Grâce à ces éléments, les magistrats se forgeront leur propre opinion ou adopteront l'opinion doctrinale qui leur paraîtra la plus convaincante.

Parfois même une *consultation*(172), qui sera produite devant la juridiction saisie du procès, est demandée par l'une des parties à un auteur éminent sur le point de droit soulevé par le litige : dans cette consultation, l'auteur présentera l'état du droit positif tel qu'il résulte des textes et de la jurisprudence, l'interprétation qui selon lui devrait être retenue, et, faisant application de la règle aux faits de l'espèce, il se

(170) *Bull. inf. C. cass.* 15 mai 2007, n° 661. – V. aussi J.-F. Weber, *Comprendre un arrêt de la Cour de cassation rendu en matière civile*, site de la Cour de cassation.

(171) P.-Y. Gautier, *L'influence de la doctrine sur la jurisprudence* : *D.* 2003, chron. p. 2839. – Ph. Jestaz, *Doctrine et jurisprudence : une liaison de 25 siècles*, in *Autour du droit civil. Écrits dispersés. Idées convergentes*, Dalloz, 2005, p. 171. – G. Canivet, *La Cour de cassation et la doctrine. Effets d'optique* : *Mél. J.-L. Aubert*, Dalloz, 2005, p. 373. – G. Decocq, *Réflexions sur l'influence doctrinale* : *Mél. Ph. Jestaz*, Dalloz, 2006, p. 111. – P. Deumier, *L'utilisation par la pratique des codifications d'origine doctrinale* : *D.* 2008, chron. p. 494.

(172) V. Renaux, *La consultation juridique donnée par les enseignants-chercheurs*, PUAM, 1994. La consultation doit être distinguée de l'opinion que, suivant la pratique américaine, l'avocat peut donner à son client : F. Baumgartner, *Les opinions juridiques* : *JCP* 2005, I, 124.

prononcera en faveur d'une solution. Mais, là encore, le juge est bien évidemment libre de sa décision, laquelle dépendra de sa propre conviction.

Par ces divers genres – traités et manuels, chroniques, notes d'arrêt, etc. – les opinions doctrinales vont, d'une manière plus ou moins directe, contribuer à l'élaboration de la jurisprudence. Et, bien souvent, ce sont les commentateurs qui, faisant la synthèse des textes et des multiples décisions, dégagent et révèlent aux tribunaux les lignes directrices et les constantes qui seront plus tard jurisprudence[(173)]. La doctrine apparaît ainsi comme un guide pour la jurisprudence.

En toute hypothèse, les magistrats sont loin d'être indifférents aux écrits de la doctrine, et spécialement aux commentaires que peuvent susciter les décisions qu'ils ont eux-mêmes rendues.

234. – **L'influence de la doctrine sur le législateur.** Dans la mesure où la doctrine jette un regard critique sur les textes existants, elle constitue un aiguillon permanent pour ceux qui ont le pouvoir de légiférer ; elle incite aux réformes et, mieux encore, y participe.

Depuis la Ve République, la plupart des textes émanent du Gouvernement sous forme de projets de lois soumis au Parlement, ou de règlements. Ils sont élaborés au sein de commissions auxquelles participent des représentants de la doctrine qui s'efforceront de traduire leurs idées dans les textes : par exemple, la réforme des sociétés civiles et commerciales, celle du redressement et de la liquidation judiciaires, etc. Il arrive même que la loi soit en fait l'œuvre d'un seul homme ou d'un très petit groupe : par exemple la réforme des régimes matrimoniaux du 13 juillet 1965, celle de la protection des incapables des 14 décembre 1946 et 3 janvier 1968, celle de la filiation du 3 janvier 1972, celle du divorce du 11 juillet 1975, sont dues pour l'essentiel au doyen Carbonnier.

En juillet 2003, la Chancellerie a confié à l'Association Henri Capitant des Amis de la culture juridique française, qui comprend des représentants éminents de la doctrine, la mission de préparer un projet de refonte du droit des sûretés dans une perspective européenne. Ce projet a été remis au garde des Sceaux le 16 avril 2005[(174)] et nombre de ses aspects ont été adoptés par l'ordonnance n° 2006-346 du 23 mars 2006 relative aux sûretés, instituant un nouveau titre IV du Code civil (C. civ., art. 2284 et s.), réforme parachevée en 2021 suivant le même processus[(175)].

Parfois même, et en dehors de tout mandat officiel, la doctrine prend l'initiative d'un projet de réforme. On peut citer en ce sens la démarche originale du doyen Carbonnier d'une « offre de loi » sur les libéralités[(176)], ou celle d'un groupe de jeunes universitaires sur les véhicules autonomes[(177)].

(173) On cite souvent l'influence de Saleilles et Josserand sur la formation de la jurisprudence en matière de responsabilité du fait des choses (C. civ., art. 1384, al. 1), et celle de Batiffol en matière de droit international privé (Y. Lequette, *L'influence de l'œuvre d'Henri Batiffol sur la jurisprudence française*, Travaux comité fr. DIP, 1991-1993, éd., 1994, p. 32). – G. Canivet (ss dir.), *Le doyen Jean Carbonnier et la jurisprudence*, Actes du colloque du 30 décembre 2005 : *Rev. Lamy dr. civ.* avr. 2006, p. 59. – V. aussi N. Hakim, *L'autorité de la doctrine civiliste française au XIXe siècle*, LGDJ, coll. « Droit privé », 2002.

(174) Ce rapport Grimaldi (du nom du président du groupe de travail) a été publié à la *Revue des contrats* 2005, p. 782 et s.

(175) V. M. Grimaldi, D. Mazeaud et Ph. Dupichot, *Présentation d'un avant-projet de réforme des sûretés* : D. 2017, 1717.

(176) J. Carbonnier, P. Catala, J. de Saint-Affrique et G. Morin, *Des libéralités, une offre de loi*, préf. J. Carbonnier, Defrénois, 2003.

(177) L. Andreu (ss dir.), Des voitures autonomes. Une offre de loi, Dalloz, 2018.

De même, sous l'égide de l'Association Henri Capitant, un avant-projet de réforme du droit des obligations et de la prescription – dit projet Catala – a été élaboré par un groupe de travail comprenant de nombreux professeurs ; ce rapport a été officiellement remis au garde des Sceaux le 22 septembre 2005[178]. La partie relative à la prescription a été reprise pour l'essentiel dans la loi du 17 juin 2008 portant réforme de la prescription. Quant à la partie relative aux obligations contractuelles, elle a servi de base de travail à la Chancellerie pour élaborer un projet de réforme[179]. Cette initiative a suscité un avant-projet concurrent – dit projet Terré – qui a, lui aussi, été pris en considération par la Chancellerie[180]. Ces deux projets ont servi de base au Projet d'ordonnance portant réforme du droit des contrats, du régime général et de la preuve des obligations préparé par la Chancellerie et qui a débouché sur l'ordonnance du 10 février 2016.

De même encore, et toujours sous l'égide de l'Association Henri Capitant, un groupe de travail composé d'universitaires et de professionnels a élaboré une proposition de réforme du droit des biens[181] dont la Cour de cassation s'est déjà inspirée[182] et qui pourrait servir de base de réflexion pour une réforme de cette partie du Code civil dont l'obsolescence a été souvent déplorée. Et il en est de même d'un projet de réforme du droit des contrats spéciaux[183], et d'un autre portant sur la publicité foncière[184].

C'est dire le rôle éminent que la doctrine, parce qu'elle est libre de toute contrainte, peut jouer dans la formation du droit[185]. Elle exprime des opinions qui n'ont aucun caractère obligatoire, mais qui en fait se trouvent souvent reprises dans la loi. Puis, consultant la jurisprudence, elle l'analyse, en fait la synthèse pour en dégager des règles générales ; et peut-être un jour ces règles seront-elles exploitées par la doctrine pour en faire une loi.

À cela on ajoutera que la pratique, consciente de cette influence de la doctrine tant sur la jurisprudence que sur le législateur, suit avec la plus grande attention les écrits publiés par les auteurs.

Plus généralement la doctrine assure une diffusion de la pensée juridique, qui pourrait ne pas être réservée à la seule communauté des juristes[186].

Enfin, il faut souligner le rôle majeur qu'a la doctrine en droit européen où elle a élaboré un certain nombre de projets, notamment de droit européen des contrats, projet Lando, projet Gandolfi, projet Von Bar, etc.[187]

(178) Rapport Catala (du nom du président du groupe de travail) : *Avant-projet de réforme du droit des obligations et de la prescription*, Doc. fr., 2006. – V. P. Deumier, *La doctrine collective législative : une nouvelle source du droit ?* : *RTD civ.* 2006, p. 63.

(179) C. Pérès, *Avant-projet de réforme du droit des obligations et sources du droit* : *RDC* 2006, 281.

(180) F. Terré et a., *Pour une réforme du droit des contrats*, Dalloz, 2008 ; *Pour une réforme du droit de la responsabilité civile*, Dalloz, 2011 ; *Pour une réforme du régime général des obligations*, Dalloz, 2013.

(181) H. Périnet-Marquet et a., *Propositions de l'Association Henri Capitant pour une réforme du droit des biens*, Litec, 2009.

(182) Cass. 3e civ., 31 oct. 2012, *Bull.* n° 159, cité dans le rapport annuel 2012 de la Cour de cassation.

(183) Association Henri Capitant, *Avant projet de réforme du droit des contrats spéciaux* : *D.* 2017, 1660, et *Offre de réforme du droit des contrats spéciaux*, Dalloz, 2020, coll. « Thèmes et commentaires ».

(184) Discours de Laurent Aynès, président de la Commission de réforme de la publicité foncière, 12 nov. 2018 : *JCP* N 2018, 862. – H. Périnet-Marquet, *Bientôt une réforme de la publicité foncière* : *JCP* N 2018, I, 884. – C. Gijsbers et M. Julienne, *Vers une réforme de la publicité foncière* : *Defrénois* 2019, p. 23.

(185) L. Andreu, *L'intégration jurisprudentielle des projets de réforme dans le droit positif* : *D.* 2013, 2108.

(186) V. R. Libchaber, *Une transformation des missions de la doctrine ?* : *RTD civ.* 2002, 608.

(187) B. Fauvarque-Cosson, *Le rôle de la doctrine en droit privé européen* : *Mél. G. Viney*, LGDJ, 2008.

SOUS-SECTION 3

LA PRATIQUE[188]

235. – Définition. La pratique désigne des personnes et un objet.

Les personnes sont les praticiens du droit, mais pas tous. Il faut en effet en exclure les auteurs – bien qu'ils puissent être des praticiens – qui contribuent à la formation de la doctrine, et les magistrats qui sont à l'origine de la jurisprudence. Pour l'essentiel, les praticiens ici visés sont les rédacteurs d'actes, au premier rang desquels figurent les notaires, mais également les membres des professions judiciaires, avocats, huissiers, etc., les juristes d'entreprise, et même l'Administration.

S'agissant maintenant de l'objet de la pratique, on lui reconnaît plusieurs sens, qui se complètent, sous l'angle de l'application du droit : suivant le *Vocabulaire juridique* (Association Capitant, 13e éd., ss dir. G. Cornu), c'est « la mise en œuvre du Droit, sa réalisation », « les usages établis par l'application du Droit au sein d'une profession. Ex. : pratique notariale ». Mais, dans la mesure où le Droit ne couvre pas toutes les activités humaines, la pratique peut également être un comportement de fait : « façon d'agir, manière de procéder dans une branche d'activité ou un genre d'opération. Ex. : pratique commerciale, pratique financière, pratique conventionnelle ».

En droit privé, la pratique se manifeste essentiellement dans le domaine contractuel. Il s'agira par exemple de clauses que certains professionnels insèrent dans les actes qu'ils rédigent[189], ou de montages contractuels, ou encore de contrats standard[190]. Le jour où une clause déterminée se retrouve dans tous les contrats du même type, où un montage devient habituel, où un contrat standard est devenu d'application générale, un usage s'est établi. Cet usage revient en définitive à conseiller fortement aux parties au contrat une règle, conventionnelle certes, mais qui devient obligatoire pour chacun des signataires au même titre ou presque qu'une règle de droit[191].

236. – La pratique notariale[192]. L'exemple le plus souvent cité est celui des notaires qui, pour la rédaction de leurs actes (statuts de sociétés, ventes, hypothèques, contrats de mariage), utilisent des formulaires établis à l'échelon national[193].

C'est ainsi que la pratique notariale avait inséré dans les contrats de mariage une clause dite clause commerciale, en vertu de laquelle le conjoint survivant pouvait se faire attribuer en propre un bien (souvent un fonds de commerce) commun

(188) *Le rôle de la pratique dans la formation du droit*, Trav. assoc. H. Capitant, t. XXXIV, 1983 ; V. spéc. J. Ghestin, p. 3 et J.-L. Sourioux, p. 85. – D. Poracchia, *La réception juridique des montages conçus par les professionnels*, préf. J. Mestre, PUAM, 1998.

(189) W. Dross, *Clausier. Dictionnaire des clauses ordinaires et extraordinaires des contrats de droit privé interne*, Litec, 2008.

(190) E. Nicolas, *Le modèle-type de contrat, du contrat potentiel à la source de norme : RRJ* 2012, 3, p. 1257.

(191) P. Deumier, *Le droit spontané*, thèse, Toulouse, 2000. – Ph. Jestaz, *Les rapports privés, source de droit privé*, in *Autour du droit civil. Écrits dispersés. Idées convergentes*, Dalloz, 2005, p. 187.

(192) Ph. Malaurie, *Le rôle du notariat dans le développement du droit français : Defrénois*, 2004, 1, 611, art. 37933. – J. Hilaire, *La science des notaires : une longue histoire*, PUF, 2000.

(193) J.-L. Sourioux, *Recherches sur le rôle de la formule notariale dans le droit positif*, préf. J. Boulanger, 1965. – P. Catala, *L'informatique et l'évolution des modèles contractuels : JCP* 1993, I, 3687. – P. Deumier, *La pratique notariale, entre faux-semblants coutumiers et pouvoir hybride d'interprétation : RTD civ.* 2007, 499. – B. Gelot, *Bilan sur l'évolution de la formule notariale : JCP N* 2012, 1058. – R. Huber, *La standardisation par la formule : JCP N* 2012, 1059.

ou personnel au défunt. Cette clause avait été validée par la jurisprudence dans le cas où il s'agissait d'un bien commun aux deux époux, et annulée comme constitutive d'un pacte sur succession future dans le cas où il s'agit d'un bien propre à l'un d'entre eux. En définitive, le législateur a repris à son compte cette pratique et validé la clause de manière générale, même s'il s'agit d'un bien propre (C. civ., art. 1390 et s., et 1511 et s.).

C'est également aux notaires que l'on doit, au moins pour partie, un certain nombre de montages en matière immobilière : ainsi la vente d'immeuble à construire qui a été ensuite réglementée par la loi du 4 janvier 1967, la construction en volumes, qui a permis de réaliser un certain nombre d'opérations immobilières à La Défense à cheval sur le domaine public, ou la cession de terrains contre locaux à construire, deux pratiques qui ont reçu l'aval de la jurisprudence.

C'est aussi la pratique notariale qui a mis en place un mode de preuve original de la qualité d'héritier par un *acte de notoriété*(194).

237. - **Les pratiques professionnelles.** Il s'agit ici de clauses ou de contrats standard(195) qui sont souvent proposés par des organisations professionnelles à leurs membres. Cela concerne plus spécialement les banquiers qui suivent les directives de l'Association française des banques (AFB) devenue Fédération bancaire française (FBF), les assureurs ou encore les constructeurs.

Par exemple, la Fédération française du bâtiment (FFB) a élaboré des contrats types de sous-traitance, de contrat de construction de maison individuelle, ou encore de groupement momentané d'entreprises en vue de la réalisation d'une opération de construction.

À cela, et toujours dans le domaine de la construction, il faut ajouter les cahiers types édictés par l'AFNOR qui constituent des clauses générales applicables les unes aux marchés privés, et les autres aux marchés publics. De même que les contrats types, ces cahiers types ne sont pas obligatoires ; mais ils sont très fréquemment utilisés et, lorsqu'il y est fait expressément référence dans un marché, ils deviennent contractuellement obligatoires par la volonté des parties.

Parfois, la pratique a inventé des formules nouvelles(196). C'est par exemple le cas de la « multipropriété » ou propriété spatio-temporelle, ou *time-sharing* qui a été ensuite réglementée par une loi du 6 janvier 1986 sous l'appellation peu élégante de jouissance à temps partagé.

D'autres fois encore, la pratique a importé de l'étranger des montages contractuels que le droit français ne connaissait pas, notamment en matière financière, par exemple le *leasing*, le *factoring*, le *franchising*, qui ont été francisés en crédit-bail, affacturage, franchisage, et les OPA (offres publiques d'achat).

238. - **Les pratiques administratives.** Comme on l'a vu à propos des autorités en matière d'interprétation, le pouvoir réglementaire commente et interprète la

(194) Cette pratique a été consacrée et réglementée par la loi du 3 décembre 2001 (C. civ., art. 730-1 et s. – V. J. Picard, *L'acte de notoriété. Preuve de la qualité d'héritier, L. 3 déc. 2001 : JCP N* 2002, 1309.

(195) M. Favero, *La standardisation contractuelle, enjeu de pouvoir entre les parties et de compétition entre systèmes juridiques. L'exemple du contrat de* Loan Market Association : *RTD com.* 2003, 429.

(196) D. Poracchia, *Recherche sur les montages conçus par les professionnels du droit*, PUAM, 1998.

loi à l'intention des fonctionnaires chargés de son application, par voie de circulaires (V. *supra*, n° 146), d'instructions (V. *supra*, n° 147), etc. Cette interprétation est dans certains cas opposable à l'Administration[197]. Bien souvent, ce sont les mêmes services qui préparent le projet de loi, qui suivent l'élaboration de la loi devant le Parlement et qui, ensuite, préparent les règlements d'application et rédigent les circulaires.

À partir de là se mettent en place des pratiques qui sont parfois plus conformes aux préoccupations de l'Administration qu'à la volonté du législateur. Mais elles s'appliqueront tant qu'un usager mécontent n'aura pas fait sanctionner la pratique par la juridiction administrative.

239. – **Le destin de la pratique.** Il ne serait pas exact de dire que la pratique, ou les actes de la pratique, sont une source de droit au même titre que les textes ou la jurisprudence ; ils sont plutôt une source d'usages. La pratique apparaît ainsi comme un droit supplétif, subordonné à la loi et à la jurisprudence, dont le destin peut varier suivant les cas.

Tantôt la pratique sera condamnée par la jurisprudence. Ainsi de nombreuses clauses d'usage dans les contrats ont été considérées comme abusives et donc nulles : par exemple les clauses d'exonération ou de limitation de responsabilité dans les ventes aux consommateurs. De même, la *clause commerciale* a été pour partie condamnée par la jurisprudence avant d'être réhabilitée par la loi en 1965.

Tantôt la pratique est consacrée par la loi qui s'en empare et la réglemente, éventuellement en en corrigeant les dérives ou les excès. Ainsi en a-t-il été, en matière commerciale, des OPA, du crédit-bail, de l'affacturage, du franchisage ; et en matière immobilière de la vente d'immeuble à construire, de la « multipropriété », de la garantie de parfait achèvement, etc. Parfois, encadrant les pratiques des professionnels, la loi réglemente certains contrats, par exemple les contrats de syndic de copropriété, imposant certaines clauses et en interdisant d'autres ; ou encore la loi impose des clauses types, par exemple en matière d'assurance construction.

Tantôt enfin, la pratique reste à l'état de pratique, de règle supplétive. Ignorée de la loi, elle est implicitement reconnue par la jurisprudence qui en admet la validité : ainsi la cession de terrains contre locaux à construire, la construction en volumes, etc.

---

(197) P. Deumier, *La « doctrine administrative » : une interprétation opposable* : *RTD civ.* 2006, p. 69.

TITRE 3

CLASSIFICATION DES RÈGLES DE DROIT

240. – Nécessité de classer pour présenter. Sont des règles de droit l'article de la Constitution qui prévoit le mode de désignation du président de la République, l'article de loi relatif à la tenue des assemblées générales des sociétés anonymes, celui prescrivant l'interdiction de fumer dans les lieux publics, l'article 442-1 du Code pénal – jadis mentionné sur tous les billets de banque dont il réprime la contrefaçon – et également... le décret déterminant la longueur que doit avoir une truite pour être livrée à la consommation, etc.

On voit clairement que les règles de droit ont un registre très étendu et que ce ne sont pas les mêmes préoccupations qui animent les unes et les autres. D'où l'intérêt qu'il y a à classer les règles de droit, ne serait-ce que pour des nécessités pédagogiques et pour permettre à chacun de découvrir les domaines couverts par le droit. Une classification est d'autant plus nécessaire que l'époque actuelle se caractérise par une multiplication des règles et par une spécialisation de plus en plus grande qui a été dénoncée comme un déclin du droit[1].

Il ne faut cependant pas se dissimuler que tout découpage présente un certain arbitraire, qui tient d'abord au critère choisi. À cet égard, en droit français, la *summa divisio* repose sur la distinction du droit privé et du droit public, distinction souvent critiquée mais toujours suivie[2].

241. – La distinction du droit privé et du droit public. L'incertitude règne sur le point de savoir quel est le critère de distinction entre ces deux grandes branches que sont le *droit privé* et le *droit public*. Il semble même que, historiquement, la césure se soit opérée de manière spontanée et inconsciente, en fonction d'influences diverses et parfois contradictoires. Mais la distinction se rencontre dans tous les droits occidentaux, même en droit anglais où elle est cependant apparue plus tardivement[3].

(1) G. Ripert, *Le déclin du droit*, LGDJ, 1949.
(2) F.-X. Testu, *La distinction du droit public et du droit privé est-elle idéologique ?* : *D.* 1998, chron. p. 345. – B. Bonnet et P. Deumier (ss dir.), De l'intérêt de la *summa divisio* droit privé – droit public ?, Dalloz, coll. « Thèmes et commentaires », 2010.
(3) J.-B. Auby et M. Freedland (ss dir.), *La distinction du droit public et du droit privé : regards français et britanniques*, éd. Panthéon-Assas, 2004 ; *Rev. dr. H. Capitant* 2013, n° 5.

On la trouvait déjà chez Montesquieu qui définissait le droit public comme « les lois dans le rapport qu'ont ceux qui gouvernent avec ceux qui sont gouvernés » et le droit privé comme « les lois dans le rapport que tous les citoyens ont entre eux ». Dans un langage plus moderne, on posera dans une première approche le postulat suivant : le droit étant l'ensemble des règles qui régissent les rapports des personnes entre elles, on distingue les rapports entre *personnes privées*, qui relèvent du droit privé, et ceux dans lesquels interviennent des *personnes publiques* (État, régions, départements, communes, etc.), auxquels s'applique le droit public.

Pour asseoir cette distinction, on propose deux critères principaux tenant à l'objet et aux finalités du droit privé et du droit public.

Quant à *l'objet*, le droit privé régit les rapports des *particuliers* entre eux, quelle que soit leur nature économique ou non, ou plus généralement l'activité des particuliers : par exemple le mariage, les divers contrats, la construction ou la location d'un logement, etc. À l'inverse le droit public tend à organiser *l'État* et les *collectivités publiques* et à régir leurs relations avec les particuliers. C'est à ce critère que répond la définition de Montesquieu.

Quant à ses *finalités*, on relève que le droit public, non seulement recherche la satisfaction de *l'intérêt général*, mais qu'il assure l'exercice de la *puissance publique*.

À la vérité, la distinction était aisée au XIXe siècle parce que l'État libéral de l'époque limitait son activité à ce qui relevait de son pouvoir régalien, la défense de l'ordre (la Police), du pays (l'Armée), la Justice, l'Impôt, et aux services publics compris dans un sens étroit. Il n'en va plus de même aujourd'hui où, en dépit des privatisations, l'État ou les collectivités se livrent parfois à des activités semblables à celles des particuliers. Dès lors, s'il est naturel qu'il bénéficie des prérogatives de la puissance publique lorsqu'il agit dans sa mission régalienne ou de service public, il est tout aussi naturel qu'il relève du droit privé dans le cas où il agit comme le ferait un simple particulier.

Ainsi, en réalité, la distinction entre droit public et droit privé est devenue délicate parce que l'État ne se cantonne plus dans sa mission étroite comme il le faisait jadis.

242. – **Principaux intérêts de la distinction.** L'intérêt premier et le plus visible tient à la *compétence des juridictions* ; à raison du principe de la séparation des pouvoirs exécutif et judiciaire, l'action de l'État et des collectivités ne peut être contrôlée par un juge de l'ordre judiciaire, mais par un juge spécial qui relève de l'ordre administratif (tribunal administratif, cour administrative d'appel, Conseil d'État).

Quant aux *règles de droit*, les règles qui figurent dans les codes civil, de commerce, etc. ne s'appliquent pas aux personnes publiques. Par exemple, les *contrats administratifs*, les *concessions* et les *marchés* bénéficient de règles dérogatoires. De même les biens de l'État et des collectivités sont répartis entre le *domaine public* qui obéit à des règles très strictes (inaliénabilité, imprescriptibilité) et le *domaine privé*. La *responsabilité* des personnes publiques (par ex., des hôpitaux publics par opposition aux cliniques privées) fait l'objet de règles particulières, autres que celles figurant dans le Code civil.

Enfin, l'État et les collectivités disposent de prérogatives tout à fait exceptionnelles : possibilité de prendre des *décisions unilatérales*, de procéder à des *exécutions d'office* (alors que « nul n'a droit de faire à soi-même justice »)[4], de mettre en œuvre des procédures particulières (expropriation, réquisition, institution de servitudes d'utilité publique, etc.). Et, corrélativement, l'État ne peut faire l'objet d'une exécution forcée.

(4) H. Roland et L. Boyer, *Adages du droit français*, *op. cit.*, n° 287.

CHAPITRE 1

LE DROIT PRIVÉ

243. – **La codification, charnière du droit privé.** Le droit privé a été profondément marqué par le phénomène des *codifications*[1] (V. *supra*, n°s 125 et 126) qui date du début du XIXe siècle, et par lequel s'est réalisée l'unification du droit privé français. Pour comprendre l'importance de ce phénomène qui domine toute l'histoire du droit positif français, il faut en premier lieu exposer la situation avant cette époque. Enfin, pour apprécier pleinement la place des codes dans notre législation, il restera à envisager la période postérieure aux codifications, ce qui donnera l'occasion de passer en revue les diverses subdivisions du droit privé. D'où deux volets qui s'ordonnent autour d'un troisième : les codifications.

À l'occasion de l'étude du Code civil, on sera amené à quelques considérations prospectives sur l'harmonisation ou l'unification du droit privé au niveau européen.

SECTION 1

LA PÉRIODE ANTÉRIEURE AUX CODIFICATIONS

SOUS-SECTION 1

L'ANCIEN DROIT

244. – **Diversité des règles civiles sur le territoire.** L'Ancien droit est la période qui va des origines jusqu'à la Révolution de 1789 et qui se caractérise par le fait que l'unité de législation était loin d'être réalisée. Ce défaut d'unité s'explique par l'histoire, et notamment par l'absence d'un pouvoir central fort, capable d'imposer sa volonté sur un pays morcelé par le système féodal et qui avait connu des invasions successives venues de tous les horizons.

C'est ainsi qu'au lieu de textes applicables sur tout le territoire, il y avait à l'origine essentiellement des coutumes non écrites, et diverses dans leur application géographique. Mais, parallèlement à cette diversité, il y avait également des règles d'application générale qui ont été autant de facteurs d'unification.

(1) R. Cabrillac, *Les codifications*, PUF, 2002.

§ 1. – La diversité des coutumes

245. – **Pays de coutume et pays de droit écrit.** Les historiens rapportent qu'il existait en France soixante coutumes générales, au ressort d'application assez étendu, et près de 700 coutumes locales. Comme le soulignait Voltaire avec esprit, quand on voyage, on change plus souvent de coutume que de chevaux. Malgré cette diversité, toutes ces coutumes pouvaient être classées en deux grandes catégories suivant une ligne de partage géographique scindant la France au gré des invasions et allant de Genève au nord de la Gironde.

Au nord de cette ligne étaient les *Pays de coutume*, lesquelles coutumes étaient d'origines diverses, ayant subi l'influence de la Gaule et des invasions franque et germanique. Certaines coutumes étaient plus répandues que d'autres, spécialement, les coutumes de Paris, de Normandie, de Bretagne, d'Orléans.

Au sud de cette ligne étaient les *Pays de droit écrit* qui avaient subi l'influence romaine. À la vérité, la situation dans ces pays a varié suivant les lieux et suivant les époques. Certaines régions connaissaient des coutumes, au même titre qu'au nord : ainsi les coutumes de Toulouse et de Bordeaux. Mais, à partir du XIIe siècle, le Droit romain y a été largement reçu comme étant la loi écrite[(2)], si bien qu'on a pu dire que le Droit romain était la coutume fondamentale des pays de droit écrit. Progressivement le sud s'est trouvé soumis à des règles d'origine romaine, règles qui étaient écrites ce qui explique l'appellation de Pays de droit écrit.

246. – **Les facteurs d'unification des coutumes**[(3)]. On peut en citer deux : la rédaction des coutumes et la jurisprudence des parlements.

Outre la difficulté découlant de la diversité, l'inconvénient majeur de la coutume tient au fait qu'elle n'est pas écrite et que, par suite, son contenu exact – c'est-à-dire la règle de droit – est finalement mal connu ou mal cerné. Aussi la rédaction des coutumes a-t-elle été décidée par l'ordonnance de Montils-lès-Tours de 1453 ; travail gigantesque qui ne fut mené que progressivement : 1459 pour la coutume de Bourgogne, 1509 (et à nouveau 1583) pour celle d'Orléans, 1510 (et à nouveau 1580) pour celle de Paris. Mais surtout, on ne manqua pas, en même temps qu'on les mettait par écrit, de faire disparaître ou de fusionner les coutumes locales les moins importantes. Par suite de cette rédaction, le droit coutumier est devenu un droit écrit au même titre qu'une loi, même s'il a continué à évoluer.

Par ailleurs, le sens et la portée des coutumes étaient fixés par la jurisprudence des parlements, qui disposaient d'attributions beaucoup plus étendues que nos juridictions actuelles. C'est ainsi qu'ils pouvaient rendre des *arrêts de règlement*, aujourd'hui interdits par l'article 5 du Code civil (V. *supra*, n°s 40 et 209), c'est-à-dire des décisions ayant force de loi dans leur ressort. Par ce biais, chaque Parlement réalisait peu à peu dans son ressort la fusion des coutumes qui y étaient territorialement applicables.

(2) F.-X. Testu, *Les glossateurs, Regards d'un civiliste : RTD civ.* 1993, p. 279.
(3) A. Lefebvre-Teillard, *Les différents facteurs d'unification dans l'Ancien droit*, in *1804-2004. Le Code civil. Un passé, un présent, un avenir*, Dalloz, 2004, p. 77.

Facteurs d'unification à l'intérieur de leur ressort, les parlements opposaient en revanche une grande résistance à l'unification du droit sur l'ensemble du territoire ; jaloux de leur autorité, ils ont souvent par l'exercice de leur droit de remontrance ou le refus d'enregistrer les ordonnances royales, fait obstacle à la mise en place d'un droit uniforme.

§ 2. – Les sources de droit uniforme

247. – **Le droit canonique**(4). La religion catholique étant reconnue comme religion de l'État, le *droit canonique*, c'est-à-dire le droit de l'Église tel qu'il résultait des décisions des Conciles et des papes, régissait directement certaines matières du droit civil : l'état civil qui était tenu par les paroisses (certificats de baptême, de mariage, de décès), le mariage (et corrélativement l'interdiction du divorce). Et, de surcroît, le droit de l'Église a été longtemps appliqué par ses propres tribunaux, les *officialités*, avant que leurs attributions ne soient pour partie reprises par les juridictions royales. Il y avait de ce fait une unité de législation dans les domaines où s'appliquait le droit canonique.

Outre cela, le droit de l'Église a eu une influence indirecte, par exemple sur l'interdiction du prêt à intérêt, ou encore sur la procédure – notamment en ce qui concerne les modes de preuve – qui était beaucoup plus évoluée que la procédure féodale.

248. – **Les ordonnances royales.** Lorsque la monarchie se fut suffisamment affirmée pour pouvoir imposer sa loi à l'ensemble du pays, les *ordonnances royales* furent un puissant facteur d'unification dans les domaines où elles intervinrent.

Il faut ici citer les ordonnances de Colbert sur la procédure civile (1667), sur le droit criminel (1670), sur le commerce (1673) et sur la marine (1681) ; et les ordonnances civiles du chancelier d'Aguesseau sur les donations (1731), les testaments (1735) et les substitutions (1747). Ces ordonnances avaient par nature un champ d'application national, même si leur application effective dépendait de leur réception par les parlements.

Ces textes marquaient l'apparition de la loi comme source de droit, et l'effacement corrélatif des coutumes ; ils révélaient également l'existence, au sein du droit privé, de diverses subdivisions : procédure civile, droit pénal, droit commercial, droit maritime et, bien entendu, droit civil qui constituait l'essentiel des coutumes, du Droit romain et du droit canonique.

249. – **Le droit romain**(5). Le Droit romain s'est appliqué de manière assez générale dans les pays de droit écrit, soit directement, soit au travers des coutumes qu'il avait inspirées. À ce titre, il représentait déjà un important facteur d'unification du droit.

Sa diffusion a également bénéficié du fait que, comme le droit canonique, il était enseigné à l'université alors que les coutumes, surtout celles locales, étaient souvent trop morcelées pour justifier un enseignement. Par suite, lorsque aucune règle

(4) J.-P. Durand, *Code civil et droit canonique*, in *Le Code civil*, *Pouvoirs*, Le Seuil, 2003, n° 107.
(5) G. Hamza, *Le développement du droit privé européen. Le rôle de la tradition romaniste dans la formation du droit privé moderne*, éd. Bouchal Kft, Budapest.

coutumière ne s'imposait aux juges, ils avaient tendance à rechercher les principes de solution dans le droit romain, plus élaboré et plus riche, qui faisait l'objet d'une véritable vénération. De ce fait, là où il n'était pas impératif, le droit romain était à tout le moins un droit supplétif et un modèle[(6)].

250. – **La doctrine.** La doctrine a joué un rôle important dans l'Ancien droit. Avant la rédaction des coutumes, elle a permis de les faire connaître. Après cette rédaction, elle a tenté d'en faire la synthèse et a ainsi préparé l'unification qui allait intervenir à partir de 1804.

Parmi les grands jurisconsultes de cette époque, il faut citer, au XVIe siècle *Dumoulin* (cependant que *d'Argentré* défendait la coutume de Bretagne) et *Guy Coquille* ; au XVIIe siècle *Domat*[(7)], auteur d'un ouvrage de synthèse fondamental : « Les lois civiles dans leur ordre naturel » ; au XVIIIe siècle enfin et surtout *Pothier*[(8)], auteur de plusieurs traités de droit civil dont les travaux ont servi de base pour l'élaboration du Code civil, au point qu'on a pu dire qu'ils constituaient un commentaire par anticipation du Code Napoléon.

C'est assez dire que, si l'unification du droit civil français a bien été réalisée par le Code Napoléon, c'est grâce à la doctrine qui avait puissamment préparé le terrain et synthétisé les principes fondamentaux du droit civil.

251. – **Conclusion : les grandes tendances de l'Ancien droit.** Malgré la diversité de ses sources, le droit de cette époque s'ordonnait autour d'un certain nombre de grandes tendances qui étaient fonction de la situation politique et économique :

– inégalité sociale liée à l'existence de trois classes dans la société : la *noblesse* était soumise à des règles de droit propres, du moins sur certains points, et pas nécessairement à son avantage (en matière de successions : droit d'aînesse, privilège de masculinité, douaire ; droits féodaux, domaine éminent sur les terres, privilèges divers, interdiction de faire le commerce) ; et de même pour le *clergé* ;

– prééminence des biens immeubles sur les biens meubles auxquels on n'accordait que peu de valeur (*Res mobilis, res vilis*), ce qui était vrai à l'époque, la terre étant la seule vraie source productrice de richesse ; s'ensuivait une réglementation différente pour chacune de ces catégories de biens ;

– autoritarisme familial, hérité du Droit romain, qui conférait au père de famille (*paterfamilias*) la *puissance paternelle* et la *puissance maritale*, non sans conflit d'ailleurs avec le droit canonique ; parallèlement la *famille légitime* était protégée contre les *bâtards* ou enfants naturels ;

– influence de l'Église, qui réglementait le mariage et la filiation, et jouait également un rôle en matière de contrats (respect de la parole donnée, notion de juste prix, interdiction du prêt à intérêt).

(6) P.-Y. Gautier, *Sous le Code civil des Français : Rome (l'origine du droit des contrats)*, in *1804-2004. Le Code civil. Un passé, un présent, un avenir*, Dalloz, 2004, p. 51.
(7) P.-Y. Gautier, *Jean Domat : l'un de ces messieurs de Port-Royal : RTD civ.* 1992, p. 529.
(8) R.-J. Pothier, *D'hier à aujourd'hui*, colloque 10-11 déc. 1999, Orléans, Economica, 2001.

SOUS-SECTION 2

LE DROIT INTERMÉDIAIRE

252. – **La Révolution, les institutions et les grands principes**[9]**.** Le droit intermédiaire est celui de la période révolutionnaire, qui va de 1789 jusqu'au Code civil de 1804.

On ne fait de révolution que pour renverser ce qu'il y avait avant, et tout d'abord changer les institutions.

Outre le régime politique – la royauté – qui est renversé, la Révolution abolit le régime féodal et, avec lui, la division de la société en classes : noblesse, clergé, tiers état. Dans ce souci d'égalité, elle abolit également les corporations de l'Ancien régime. Par ailleurs, elle réalise l'unité politique en supprimant les provinces, remplacées par les départements à la tête desquels il y aura un représentant de l'État, le préfet. Elle supprime également les parlements et met en place un nouveau système judiciaire qui s'applique encore aujourd'hui : tribunaux de première instance, cours d'appel, et tribunal de cassation assurant l'unité d'interprétation de la loi.

C'est aussi un esprit différent, et de nouveaux principes qui vont être mis en place et qui figurent dans la Déclaration des droits de l'homme et du citoyen qui constitue le Préambule de la Constitution du 3 septembre 1791 :

– principe de laïcité, en application duquel on sécularise l'état civil et le mariage, et on institue le divorce ;

– principe d'égalité qui conduit, non seulement à la suppression des privilèges (la nuit du 4 août 1789) et des classes, mais à l'instauration de l'égalité en matière successorale (suppression du droit d'aînesse et du privilège de masculinité), à l'attribution aux enfants naturels de droits égaux à ceux des enfants légitimes ;

– principe de liberté qui se manifeste par la suppression des droits féodaux et du domaine éminent, la liberté du commerce et plus généralement des conventions, la méfiance à l'égard des personnes morales et des corps intermédiaires (Église, corporations) ; prolongement naturel de la liberté, la propriété privée est instituée en « droit inviolable et sacré » dont « nul ne peut être privé, si ce n'est lorsque la nécessité publique légalement constatée l'exige évidemment et sous la condition d'une juste et préalable indemnité ».

253. – **L'échec des tentatives de codification.** En ce qui concerne les sources du droit, la Révolution légiféra beaucoup, ce qui n'était pas inattendu. En effet, dans l'idéologie révolutionnaire, la loi est le mode normal d'expression du droit alors que la coutume, étant née des habitudes, est par sa nature même un droit conservateur.

Dans cette perspective, la logique devait inciter les révolutionnaires à remplacer les coutumes par un droit tout à la fois uniforme et codifié. L'uniformité a bien été réalisée ; la Révolution a multiplié les lois, renversant les principes antérieurs et s'inspirant des principes de laïcité, d'égalité et de liberté (V. *supra*, n° 252). En revanche, la codification n'a pu être réalisée.

(9) J.-Ph. Lévy, *La Révolution française et le droit civil*, in *1804-2004, Le Code civil, un passé, un présent, un avenir*, Dalloz, 2004, p. 87. – X. Martin, *Le droit privé révolutionnaire : essai de synthèse : RTD civ.* 2006, p. 239.

Le principe de la codification a bien été affirmé dès l'origine, et à nouveau dans la Constitution du 3 septembre 1791 : « Il sera fait un Code de lois civiles communes à tout le Royaume ». Cette mission fut confiée à Cambacérès qui prépara trois projets successifs. Tous furent repoussés, le premier parce que trop complexe et conservateur, le second – plus inspiré par les principes révolutionnaires – parce que trop laconique et philosophique, le troisième enfin parce que les événements politiques ne le permettaient plus.

SECTION 2

LES CODIFICATIONS[10]. LE CODE CIVIL

254. - **Élaboration du Code civil**[11]. Lorsqu'on parle en France des codifications, c'est-à-dire de la réunion en ordre logique des divers textes applicables à une matière, on pense surtout à la rédaction du Code civil. S'il en est ainsi, c'est parce que, en la forme comme au fond, ce code avait une valeur intellectuelle très supérieure à ceux qui l'ont suivi.

Après l'échec des projets de Cambacérès, et sous la pression de Bonaparte[12], un arrêté des consuls du 24 thermidor an VIII nomma une commission de quatre membres afin d'établir un nouveau projet. Furent ainsi nommés de manière paritaire des représentants des Pays de coutume et des Pays de droit écrit :

– Tronchet, président du tribunal de cassation et ancien avocat au Parlement de Paris ;

– Bigot de Préameneu, commissaire du gouvernement près le même tribunal et également avocat au Parlement de Paris ;

– Portalis, commissaire du gouvernement prés le tribunal des prises et ancien avocat au Parlement d'Aix ;

– Malleville, juge au tribunal de cassation et ancien avocat au Parlement de Toulouse.

S'inspirant de la doctrine, et principalement des travaux de Pothier et Domat, la commission établit son projet en quatre mois. Précédé d'un *Discours préliminaire* rédigé par Portalis[13], il fut alors soumis au tribunal de cassation et aux tribunaux d'appel pour observations. Il fut ensuite discuté par le Conseil d'État, qui, sous l'impulsion et même les directives du Premier Consul, lui donna sa forme définitive. Napoléon n'en était pas peu fier, qui écrira dans ses *Mémoires* : « ce que rien n'effacera, ce qui vivra éternellement, c'est mon Code civil »[14].

(10) R. Cabrillac, *Les codifications*, PUF, 2002 ; *Le symbolisme des codes : Mél. Terré, op. cit.*, p. 211.

(11) J.-L. Halpérin, *L'histoire de la fabrication du code. Le code : Napoléon ?*, in *Le Code civil, Pouvoirs*, éd. Seuil, 2003. – J.-F. Niort, *Homo civilis. Contribution à l'histoire du Code civil français*, t. 1 et 2, PUAM, 2004.

(12) J.-L. Sourioux, *Le rôle du Premier Consul dans les travaux préparatoires du Code civil*, in *1804-2004, Le Code civil, un passé, un présent, un avenir*, Dalloz, 2004, p. 107.

(13) Ce discours est un monument que tout juriste devrait avoir lu au moins une fois au cours de sa formation. Un commentaire en a été publié par les éditions Litec à l'occasion du bicentenaire du Code civil : *Le Discours et le Code. Portalis, deux siècles après le Code Napoléon*, Litec, 2004. – J.-F. Niort, *Portalis, le père du Code civil ? À propos du rôle de Portalis dans la confection du Code civil de 1804 : RRJ* 2005, 479.

(14) J.-L. Sourioux, *L'idée d'un droit civil codifié chez Bonaparte : Mél. A. Decocq*, Litec, 2006, p. 553.

À raison de la complexité de la procédure législative de la Constitution de l'an VIII, il fallut finalement quatre ans pour que le projet, surmontant l'opposition du Tribunat qui fut épuré par Bonaparte à cet effet, soit voté par le Corps législatif sous forme de trente-six lois successives réunies sous le titre de *Code civil des Français*[15] et promulguées par la loi du 30 ventôse an XII (21 mars 1804)[16].

Cette même loi, en son article 7 (V. *supra*, n° 130), abrogeait expressément par une formule générale toutes les lois romaines, coutumes, ordonnances, etc. contraires[17] ; n'étaient pas en revanche visées les lois du droit intermédiaire dont on peut considérer qu'elles se trouvaient tacitement abrogées dans la mesure où elles étaient incompatibles avec les textes nouveaux.

Le Code civil allait bientôt être suivi du *Code de procédure civile* (1806), du *Code de commerce*[18] (1807) et du *Code pénal* (1810)[19].

255. – **Plan et contenu du Code civil.** Quant à sa dénomination, le Code civil des Français fut appelé Code Napoléon de 1807 jusqu'en 1816, puis à nouveau sous le Second Empire en 1852[20].

Voté sous la forme de trente-six lois, le Code civil comprenait trente-six titres ainsi répartis :

– Titre préliminaire[21] (art. 1 à 6)[22] ;

– Livre I (art. 7 à 514) comprenant onze titres et intitulé « Des personnes » ;

– Livre II (art. 516 à 710) comprenant quatre titres et intitulé « Des biens et des différentes modifications de la propriété » ;

– Livre III (art. 711 à 2281) comprenant vingt titres et intitulé « Des différentes manières dont on acquiert la propriété ».

Depuis lors, quatre autres titres, relatifs à la nationalité française, au pacte civil de solidarité (PACS) et au concubinage, à la gestion du patrimoine des mineurs et majeurs en tutelle, aux mesures de protection des victimes de violence ont été ajoutés et intégrés dans le livre I. Quatre autres, relatifs au contrat de promotion immobilière, aux conventions relatives à l'exercice des droits indivis, à la responsabilité du fait des produits défectueux, à la saisie et à la distribution du prix de vente de l'immeuble ont

---

(15) V. Portalis, *Exposé des motifs de la loi relative à la réunion des lois civiles en un seul corps, sous le titre de Code civil des Français* : *JCP* 2004, I, 122.

(16) D. Tallon, *Variations autour de la loi du 30 ventôse an XII contenant la réunion des lois civiles en un seul corps de lois, sous le titre de Code civil des Français, à l'intention de futurs codificateurs français ou européens* : *Mél. Blanc-Jouvan*, SLC, 2005. – J.-L. Sourioux, *Notule sur le droit comparé dans les travaux préparatoires du Code civil des Français* : *Mél. Blanc-Jouvan*, SLC, 2005. Les travaux préparatoires du Code civil ont été publiés dans deux collections : *Fenet, Recueil complet des travaux préparatoires du Code civil*, 15 vol. ; *Locré, Législation civile, criminelle et commerciale de la France*, 31 vol. – V. aussi X. Martin, *Mythologie du Code Napoléon*, 2003.

(17) F. Zenati-Castaing, *Le Code civil et la coutume* : *Mél. Ph. Jestaz*, Dalloz, 2006.

(18) A. Lefebvre-Teillard, *Cambacérès et le Code de commerce*, in *Le Code de commerce, 1807-2007*, Livre du Bicentenaire, Litec, 2007. – V. Lasserre-Kiesow, *L'esprit du Code de commerce, eod. loc.* – Ph. Stoffel-Munck, *Le Code de commerce : fils du Code civil ?* : *Mél. J. Foyer*, Economica, 2007, p. 951.

(19) G. Leyte, *Le Code civil et les autres codifications napoléoniennes*, in *1804-2004, Le Code civil, un passé, un présent, un avenir*, Dalloz, 2004, p. 123. Ces codifications napoléoniennes, qui réalisaient une unification du droit de l'époque, ne doivent pas être confondues avec les codifications « à droit constant » de l'époque actuelle (V. *supra*, n° 127).

(20) V. Lasserre-Kiesow, *Les éditions du Code civil*, in *1804-2004, Le Code civil. Un passé, un présent, un avenir*, Dalloz, 2004, p. 135.

(21) *Le titre préliminaire du Code civil*, ss dir. G. Faure et G. Koubi, Economica, 2003.

(22) Ph. Jestaz, *Les six premiers articles du Code civil*, in *Autour du droit civil. Écrits dispersés. Idées convergentes*, Dalloz, 2005, p. 77. – La loi du 17 mai 2013 ouvrant le mariage aux couples du même sexe est venue ajouter un article 6-1. V. C. Pérès, *L'article 6-1 du Code civil : heurs et malheurs du titre préliminaire* : *D.* 2013, 1370.

été ajoutés et intégrés dans le livre III ; cependant que le titre relatif à la prescription et à la possession a été divisé en deux titres relatifs, l'un à la prescription extinctive, l'autre à la possession et à la prescription acquisitive. En revanche, trois titres relatifs aux sûretés ont été abrogés et leur substance transférée dans le nouveau livre IV ; l'un de ces titres, devenu vacant, héberge aujourd'hui la fiducie.

Par la suite, et de manière tout à fait critiquable[23], l'ordonnance n° 2002-1476 du 19 décembre 2002 est venue incorporer dans le Code civil un livre IV – devenu depuis livre V – composé d'articles relatifs à l'application du code à Mayotte…

Puis l'ordonnance n° 2006-346 du 23 mars 2006 a inséré un livre quatrième : « Des sûretés », qui regroupe les textes issus de la réforme du droit des sûretés. De ce fait, les dispositions applicables à Mayotte ont été reportées dans un livre V.

Enfin, à suivre l'article 1er de l'ordonnance du 10 février 2016 portant réforme du droit des contrats, le livre III du Code civil comporte, après des dispositions générales (art. 711 à 717), cinq titres : « Des successions » (art. 720 à 892), « Des libéralités » (art. 893 à 1099-1), « Des sources d'obligations » (art. 1100 à 1303-4), « Du régime général des obligations » (art. 1304 à 1352-9) et « De la preuve des obligations » (art. 1353 à 1386-1). Mais nul doute que, bien que non mentionnés ici, les autres titres subsistent au sein du livre III.

Au total, le Code civil comportait, en 1804, 2 281 articles, mais à la suite des différentes réformes intervenues, ce chiffre est devenu inexact, certains articles ayant été supprimés et d'autres ajoutés avec des numérotations internes. La numérotation va aujourd'hui jusqu'à 2 534.

L'idée de réunir toutes les règles d'une même matière dans un ouvrage divisé en livres, titres, chapitres, sections, où les 2 281 articles de l'époque trouvaient leur place logique, était nouvelle en 1804 ; elle était en l'occurrence d'autant plus ambitieuse qu'elle réalisait par la même occasion l'unification du droit en France.

256. – **Les traits caractéristiques du Code civil.** On s'accorde à reconnaître au Code civil quatre traits essentiels, qui sont autant de qualités[24].

En premier lieu, c'est une *œuvre unificatrice*. On ne soulignera jamais assez que le Code civil a réalisé l'unification du droit civil sur le territoire français ; c'était là un progrès considérable par rapport à la situation antérieure. Il a consolidé ce qu'on a pu appeler le *droit commun de la France*.

En deuxième lieu, c'est une *œuvre de praticiens*. Les membres de la commission étaient en effet des praticiens, qui ont été animés par le souci de poser des règles simples dans un ordre cohérent, et non pas d'édifier une construction théorique. Par référence à ce que sont les codes d'aujourd'hui, on leur reproche d'avoir posé trop peu de définitions, d'avoir adopté un plan discutable, ou encore de n'être pas allés assez dans le détail comme le ferait le législateur de l'Union européenne. Mais tel n'était pas leur objectif. Ainsi que le disait Portalis dans son discours préliminaire, « l'office de la

(23) R. Cabrillac et J.-B. Seube, *Pitié pour le Code civil ! (à propos de l'ordonnance n° 2002-1476 du 19 décembre 2002) : D.* 2003, chron. p. 1058.

(24) B. Travely, *Quel code deux cents ans après ?*, 1re partie : *Defrénois*, 2006, art. 38343. – G. Cornu, *L'unité du Code civil : Droits* 2006, p. 147. – R. Cabrillac, *Petit florilège nécessairement lacunaire de quelques métaphores à propos du Code civil : Mél. Ph. Le Tourneau*, Dalloz, 2007, p. 129. – V. aussi, pour le caractère scientifique du code, V. Lasserre-Kiesow, *L'esprit scientifique du Code civil : Droits* 2005, p. 53.

loi est de fixer par de grandes vues les maximes générales du droit ; d'établir des principes féconds en conséquences, non de descendre dans le détail des questions qui peuvent naître sur chaque matière ». « Nous nous sommes également préservés de la dangereuse ambition de vouloir tout régler et de tout prévoir ». Qui plus est, ils l'ont fait dans une langue et un style clairs et précis que louait Stendhal[25].

En troisième lieu, c'est une *œuvre de transaction*. Faisant preuve de sagesse et de modération, les rédacteurs du code ont su procéder à un double arbitrage, en conservant ce qu'il y avait de meilleur ou d'essentiel : arbitrage entre les solutions des Pays de coutume et celles des Pays de droit écrit, arbitrage entre les solutions traditionnelles et les acquis révolutionnaires. Il a même repris du droit romain ce qu'il avait de meilleur, c'est-à-dire l'essentiel du droit des obligations.

Enfin, c'est une *œuvre idéologique*, correspondant à l'idéologie de l'époque, c'est-à-dire au libéralisme et à l'individualisme défendus par les philosophes du XVIIIe siècle, et à l'idée d'égalité entre les hommes. C'est ainsi que, maintenant les conquêtes de la Révolution, le Code civil consacre l'égalité des individus, la liberté contractuelle, la propriété privée, la sécularisation du droit et des institutions[26].

257. – **Le rayonnement du Code civil**[27]. Le Code civil a connu un succès considérable, tant en France qu'à l'étranger.

En France, il a peut-être été victime de son succès. En effet, il a fait l'objet de tant d'admiration qu'il a rendu plus difficile d'opérer des réformes qui sont par la suite apparues nécessaires au fur et à mesure que les circonstances politiques, économiques et sociales évoluaient. Si de très nombreuses réformes sont intervenues depuis 1804, le Code civil a fêté son bicentenaire[28] sans avoir fait encore l'objet d'une refonte complète. C'est à la fois un succès qui lui vaut d'être considéré comme la « constitution civile de la France »[29] suivant la formule du doyen Carbonnier, et un regret dans la mesure où il ne rend plus exactement toujours compte de l'état du droit civil en France (V. *infra*, n° 261).

À l'étranger, il a connu un très grand rayonnement au XIXe siècle[30].

Il a d'abord été introduit d'autorité dans tous les pays qui ont fait l'objet de conquêtes napoléoniennes : Belgique, Luxembourg, Pays-Bas, une partie de l'Allemagne, de la Suisse et de l'Italie[31]. Même s'il a laissé des traces dans tous ces

(25) Pour composer la *Chartreuse de Parme*, il lisait chaque matin quelques pages du Code civil « afin d'être toujours naturel » !

(26) Ch. Larroumet, *Le Code civil, instrument de propagande politique*, in *1804-2004, Le Code civil, un passé, un présent, un avenir*, Dalloz, 2004, p. 225. – J.-F. Niort, *Le Code civil dans la mêlée politique et sociale. Regards sur deux siècles de lectures d'un symbole national : RTD civ.* 2005, 257.

(27) B. Fauvarque-Cosson et S. Patris-Godechot, *Le Code civil face à son destin*, Doc. fr., 2006. – B. Mercadal et F. Derrida, *De la culture juridique civiliste*, in *Études B. Oppetit*, Litec, 2009, p. 565.

(28) Le centenaire avait fait l'objet d'un ouvrage : *Le Code civil (1804-1904). Livre du Centenaire*, 2 vol., rééd., 1969 et 2004. – A. Sériaux, *Le frêle pouvoir de durer : la permanence du Code civil des Français de 1804 à nos jours : RRJ* 2006, 19.

(29) J. Carbonnier, in *Les lieux de mémoire*, t. 2, vol. 2, 1986. – J. Carbonnier, *Le Code civil*, in *Le Code civil, 1804-2004, Livre du Bicentenaire*, p. 17. – Y. Gaudemet, *Le Code civil, « constitution civile de la France »*, in *1804-2004, Le Code civil, un passé, un présent, un avenir*, Dalloz, 2004, p. 297. – Ph. Glaudet, *Le Code Napoléon, fondateur de la Nation française : Defrénois* 2004, 1, 621, art. 37934. – P. Noual, *Sur les traces de la « Constitution civile de la France » : RTD civ.* 2020, 563.

(30) J. Carbonnier, *Le Code civil des Français a-t-il changé la société européenne ? Programme pour une recherche sociologique sur l'influence du code de 1804 : D.* 1975, 171. – M. Grimaldi, *L'exportation du Code civil*, in *Le Code civil, Pouvoirs*, éd. Seuil, 2003, p. 80.

(31) G. Alpa, *Le Code civil et l'Italie : RID comp.* 2005, 571.

pays, il n'est plus aujourd'hui appliqué qu'en Belgique, qui l'a cependant réformé de son côté.

Mais il a aussi, et surtout, servi de modèle pour de nombreux codes, et sur tous les continents. On citera :

– en Amérique du Sud[32], le Brésil en 1831, le Chili en 1835, le Venezuela, l'Uruguay et l'Argentine en 1869 ;

– en Amérique du Nord[33], le Québec, qui s'est depuis lors doté d'un nouveau code en 1991[34] ;

– en Europe[35], la Roumanie en 1865[36].

Cette influence s'est considérablement estompée au XXe siècle[37] à la suite de la publication du Code civil allemand de 1896[38] (le BGB), qui est apparu beaucoup plus moderne, et un peu plus tard du Code civil suisse (1912). Le Code allemand a alors servi de modèle au Brésil (1916), au Mexique[39] (1928), au Pérou[40] (1936), au Siam (1935) et même au Japon où un professeur français, Boissonnade, avait d'abord été convié pour préparer un projet de Code civil[41]. Parallèlement le Code civil suisse a été copié par la Turquie (1926). Seul le Liban, à raison d'une longue tradition juridique française, s'est inspiré du modèle français pour son Code des obligations et des contrats de 1930[42].

Il est bien certain qu'aujourd'hui le Code civil français, à raison de son vieillissement, et par-delà le modèle juridique français[43], connaît un déclin à l'étranger. Un état des lieux de la situation a été dressé en 2001 par le Conseil d'État[44].

(32) A. Wald, *L'influence du Code civil en Amérique latine*, in *1804-2004, Le Code civil, un passé, un présent, un avenir*, Dalloz, 2004, p. 855. – V. aussi, J. de Fradera, *L'influence de la doctrine française dans l'actuel Code civil brésilien : Mél. C. Jauffret-Spinosi*, Dalloz, 2013, p. 659.

(33) M. Goré, *L'influence du Code civil en Amérique du Nord*, in *1804-2004, Le Code civil, un passé, un présent, un avenir*, Dalloz, 2004, p. 845. – V. V. Palmer, *Concernant le 200e anniversaire du Code Napoléon, son importance historique et contemporaine sur la codification du droit en Louisiane*, in *Le Code civil. 1804-2004, Livre du Bicentenaire*, p. 575.

(34) J.-L. Baudouin et P.-G. Jobin, *Le Code civil français et les Codes civils québécois*, in *Le Code civil. 1804-2004, Livre du Bicentenaire*, p. 629.

(35) M. Pédamon, *Le Code civil et la doctrine juridique allemande du XIXe siècle*, in *1804-2004, Le Code civil, un passé, un présent, un avenir*, Dalloz, 2004, p. 803. – K.-D. Kerameus, *L'influence du Code civil en Europe centrale et orientale*, in *1804-2004. Le Code civil. Un passé, un présent, un avenir*, Dalloz, 2004, p. 823.

(36) M.-D. Bocsan, *Le Code Napoléon en Roumanie au siècle dernier : RID comp.* 2004, 439.

(37) X. Blanc-Jouvan, *L'influence du Code civil sur les codifications étrangères récentes*, in *Le Code civil. 1804-2004, Livre du Bicentenaire*, p. 477.

(38) H.-J. Sonnenberger, *Code civil et BGB : leur fonction de pilier dans la construction de la société civile européenne*, in *1804-2004. Le Code civil. Un passé, un présent, un avenir*, Dalloz, 2004, p. 1011.

(39) J. Sanchez-Cordero Davila, *La réception de la culture juridique française : l'expérience mexicaine : Mél. Malinvaud*, Litec, 2007, p. 533.

(40) M. Torrez Mendez, *L'influence du Code civil français sur le Code civil péruvien. À propos du Bicentenaire du Code civil français*, in *Le Code civil. 1804-2004, Livre du Bicentenaire*, p. 623.

(41) E. Hoschino, *L'influence du Code civil au Japon*, in *1804-2004, Le Code civil, un passé, un présent, un avenir*, Dalloz, 2004, p. 871. – *Boissonnade et la réception du droit français au Japon*, SLC, 1991.

(42) S. Jahel, *Code civil et codification dans les pays du monde arabe*, in *1804-2004, Le Code civil, un passé, un présent, un avenir*, Dalloz, 2004, p. 831. – P. Gannagé, *L'influence du Code civil sur les codifications des États du Proche-Orient*, in *Le Code civil. 1804-2004, Livre du Bicentenaire*, p. 595. – J. El Hakim, *L'impact du Code civil français sur le droit des pays du Moyen-Orient : Mél. Malinvaud*, Litec, 2007, p. 179. – Pour l'Irak, V. H. Al Dabbagh, *La réception du modèle juridique français par le Code civil irakien : RID comp.* 2005, 263. – S. Jahel, *Le rayonnement de la culture juridique française dans les pays arabes du Moyen-Orient : D.* 2013, 849.

(43) *La circulation du modèle juridique français*, Trav. Assoc. H. Capitant, t. XLIV, 1993. – D. Tallon, *Grandeur et décadence du Code civil français : Mél. M. Fontaine*, Larcier, 2003, p. 279. – V. aussi, plus généralement, *L'influence internationale du droit français*, Étude adoptée par l'Assemblée générale du Conseil d'État le 19 juin 2001, Doc. fr. – Th. Revet (ss dir.), *Code civil et modèles. Des modèles du Code au Code comme modèle*, LGDJ, coll. « Bibl. A. Tunc », t. 6. – R. Cabrillac (ss dir.), *Quel avenir pour le modèle juridique français dans le monde ?*, Economica, 2011.

(44) *L'influence internationale du droit français*, Doc. fr., 2001.

Néanmoins, à la suite de la réforme du droit des contrats et des obligations, on a pu relever une reprise du rayonnement du droit français dans les pays africains[45], ou en Asie, avec notamment certaines solutions retenues par le Code civil chinois (2020)[46].

SECTION 3

L'ÉVOLUTION POSTÉRIEURE AUX CODIFICATIONS

258. – La difficulté de réformer les codes. Le grief le plus souvent adressé aux codifications est de fixer le droit d'une manière trop rigide. Or, parce qu'il saisit des phénomènes sociaux ou économiques en évolution constante, le droit doit évoluer. Et il est probablement plus aisé de modifier un texte non intégré dans un code que de réformer une matière codifiée. C'est spécialement vrai pour les codes anciens que l'on a laissé se perpétuer dans leur forme originaire[47].

Pourtant la codification, et notamment la codification à droit constant (V. *supra*, n° 127), ne confère pas aux règles une force obligatoire supérieure à celle des autres textes. Un code n'est qu'une simple organisation logique de règles : ordonnances, lois ou décrets qui conservent leur valeur originaire, sans plus.

La rigidité du Code civil trouve son explication ailleurs. Elle tient à des motifs presque psychologiques : parce qu'un code est un édifice harmonieux, il est difficile d'en modifier un pan sans risquer de détruire l'équilibre de l'ensemble. Et, meilleur est le code, plus il est difficile d'y toucher. C'est exactement ce qui s'est produit pour le Code civil. Il ne faudrait cependant pas croire, comme on le laisse entendre parfois, que tout le droit civil date de 1804 ; cette affirmation est inexacte.

Certes, pendant un certain temps, le législateur n'a procédé qu'à des retouches mineures des Codes napoléoniens, parce qu'il n'y avait pas lieu de reprendre des textes qui répondaient aux nécessités de l'époque. Mais lorsque des réformes sont apparues nécessaires, elles ont été faites en leur temps. Si on compare le droit positif d'aujourd'hui à celui de 1804, on constate que le législateur a refondu des pans entiers de notre droit.

En revanche, il est bien exact que tout le droit civil ne figure plus dans le Code civil ; en effet de très nombreux textes n'ont pas été introduits dans le Code civil, cependant que de nombreux autres codes, y compris le Code de procédure civile, le Code pénal, le Code de commerce ont fait l'objet d'une refonte complète.

En fait, l'évolution postérieure aux codifications se caractérise par un double mouvement. D'une part, à la différence des autres matières, le droit civil a beaucoup évolué sans toujours parvenir à se recodifier. D'autre part, le droit privé connaît

(45) M. Fontaine, *Le rayonnement international du droit français des contrats. Le cas particulier de l'OHADA : D.* 2016, 2008.

(46) R. Cabrillac, *Le Code civil chinois : D.* 2020, 1375, spéc. n° 18-19. – F. Boucher, *Code civil chinois : le soutien et la coopération des juristes français : Sol. Not. hebdo* 2 juill. 2020, n° 23, inf. 11.

(47) On ne saurait toutefois parler de la rigidité des codes en général. Parfois, le législateur ne se prive pas de modifier certains codes, le plus souvent en ajoutant des textes nouveaux, parfois même à l'excès, comme pour le Code de l'urbanisme.

un développement et une spécialisation considérables qui se manifestent par l'apparition de nouvelles branches ou subdivisions animées d'un esprit propre[48], qui débouchent souvent sur des codes dédiés.

SOUS-SECTION 1

L'ÉVOLUTION DU CODE CIVIL[49]

259. – **Les reproches adressés au Code civil au plan de la technique.** Au plan de la technique de codification, on dénonce en général l'absence de préoccupations scientifiques des rédacteurs du code. Il est exact à cet égard qu'il a les défauts de ses qualités. Rédigé par des praticiens pour des praticiens, le code est à la fois clair, concis et écrit dans un style que le législateur actuel pourrait lui envier. Mais il ne s'encombre pas de développements doctrinaux, et peu de ces définitions chères au droit germanique[50]. Ne fait-on pas remarquer que le Code civil allemand de 1900 consacre à l'énoncé des principes une partie spéciale comprenant 240 articles alors que le titre préliminaire de notre Code civil n'en comporte que six ? Sur ce point, il serait aisé d'échapper au reproche en battant le rappel des définitions, principes généraux et adages qui existent en suspension dans notre droit et mériteraient d'être rédigés[51]. On notera à cet égard que, à la différence des rédacteurs du Code civil de 1804, le législateur moderne ne manque pas d'édicter principes et définitions pour les institutions nouvelles qu'il met en place : par exemple, vente d'immeubles à construire, contrat de promotion immobilière, etc.

On pourrait ajouter que la répartition faite en 1804 des matières en trois livres n'apparaît ni évidente, ni convaincante. S'il est logique de traiter « Des personnes » (Livre premier), « Des biens et des différentes modifications de la propriété » (Livre deuxième), il est sans aucun doute discutable de regrouper en un livre troisième et dernier (à l'époque) intitulé « Des différentes manières dont on acquiert la propriété » des matières aussi différentes que : les successions, donations, testaments, régimes matrimoniaux d'une part, les diverses sources d'obligations, contrats, quasi-contrats, responsabilité civile d'autre part. Il est bien certain qu'un code moderne ne devrait pas traiter sous la même étiquette des questions aussi différentes par leur nature et par leur esprit[52]. L'ajout, en 2002, d'un livre IV (devenu livre V) consacré aux dispositions applicables à Mayotte est encore plus critiquable au plan de la logique[53].

---

(48) F. Grua, *Les divisions du droit : RTD civ.* 1993, p. 59.

(49) D. Bureau, *Les regards doctrinaux sur le Code civil*, in *1804-2004, Le Code civil. Un passé, un présent, un avenir*, Dalloz, 2004, p. 171. – Ph. Rémy, *Regards sur le code*, in *Le Code civil, 1804-2004, Livre du Bicentenaire*, p. 99. – P. Catala, *Actualité du Code civil : Mél. J. Béguin*, Litec, 2005.

(50) V. Lasserre-Kiesov, *La technique législative. Étude sur les codes civils français et allemand*, LGDJ, coll. « Droit privé », t. 371, 2002.

(51) G. Cornu, *Réflexions sur une hypothétique révision du titre préliminaire du Code civil*, in *1804-2004, Le Code civil, un passé, un présent, un avenir*, Dalloz, 2004, p. 1035.

(52) Pour l'explication de cette erreur de plan, V. M. Humbert, *Portalis et Justinien, ou les épaules d'Enée*, in *1804-2004. Le Code civil. Un passé, un présent, un avenir*, Dalloz, 2004, p. 39.

(53) R. Cabrillac et J.-B. Seube, *Pitié pour le Code civil ! (à propos de l'ordonnance n° 2002-1476 du 19 décembre 2002) : D.* 2003, chron. p. 1058.

Le législateur moderne en a pour partie tenu compte, notamment en regroupant en 2006 dans un livre IV les dispositions relatives aux sûretés. Mais beaucoup reste à faire.

260. – **Les reproches adressés au Code civil au plan des idées.** Au plan des idées, on met volontiers en valeur le vieillissement du Code civil.

Certes, au moment de sa rédaction, il constituait une œuvre remarquable, parfaitement adaptée à son temps et qui réalisait une transaction heureuse à la fois entre les coutumes du Nord et celles du Sud de la France, entre l'Ancien droit et le droit révolutionnaire. Mais, fait-on remarquer, les idées ont bien évolué depuis 1804 : l'esprit individualiste qui a présidé à sa conception a fait place à des formes de socialisme plus ou moins accentuées ; on l'a appelé le Code des propriétaires et la propriété serait un droit considéré comme passéiste (mais qui n'en a pas moins été consacré comme ayant valeur constitutionnelle : V. *supra*, n° 70) ; on ne se préoccupe plus toujours de l'individu pour lui-même, mais aussi par rapport à la société.

Le désaccord apparaît entre les auteurs sur les méthodes à adopter pour modifier l'esprit du Code civil. Si, pour les uns, il faudrait faire table rase du passé et construire du neuf, pour les autres, qui sont les plus nombreux, il suffirait d'aménagements. En pratique, c'est cette dernière méthode qui a été adoptée pour le Code civil, alors que d'autres codes de droit privé ont fait l'objet de refontes complètes.

261. – **Les reproches tenant à ce que le Code civil ne rend plus compte du droit positif.** Si le Code civil français date toujours de 1804, il n'en est pas de même du droit civil français.

Certes, jusqu'en 1884, le Code civil est resté presque figé. Il a ensuite fait l'objet de quelques modifications touchant au droit de la famille : promotion successorale du conjoint survivant en 1891, amélioration du sort des enfants naturels en 1896 et 1912. Ce n'est qu'après la Seconde Guerre mondiale que certains pans du Code civil ont été refondus, toujours en droit de la famille : incapacités, divorce, filiation, successions, etc.

Mais, parallèlement au Code civil, l'activité du législateur s'est intensifiée. De très nombreux et très importants textes sont restés en dehors du code : la législation relative au contrat d'assurance (1930), à la copropriété (1938, puis 1965), à la publicité foncière (1955), à la propriété littéraire et artistique (1957), à la responsabilité pour les accidents de la circulation (1985), etc. Au plan purement pratique, cette lacune est pour partie comblée par les éditeurs qui commercialisent des éditions du Code civil dans lesquelles ils ajoutent aux endroits appropriés les textes non codifiés ; mais ce n'est qu'un pis-aller.

Dans le même temps, la jurisprudence a beaucoup apporté au droit positif. Parfois même, notamment en matière de responsabilité et de conflits de lois dans l'espace, ses apports ont complètement transformé notre droit. Ainsi, bien que les articles 1382 à 1386 (devenus articles 1240 à 1244) sur la responsabilité civile n'aient pas changé, ni l'article 3 sur les conflits de lois dans l'espace, un juriste de 1804, ou même de 1930, resterait médusé devant ce que leur fait dire la jurisprudence(54) ! Certes, on s'en est accommodé, là encore grâce aux éditeurs qui publient des codes annotés, les annotations portant sur la jurisprudence. Mais l'accès au droit n'en est pas moins rendu plus malaisé, spécialement pour les juristes étrangers qui ne sont pas nécessairement familiers de la jurisprudence française.

Il s'ensuit aujourd'hui un décalage entre le Code civil et le droit civil positif. Le premier ne rend qu'imparfaitement compte du second(55). Cette constatation devrait normalement appeler une révision du Code civil.

262. – **La révision du Code civil.** Le temps n'est-il pas venu de re-codifier(56) ? On observera que la France l'a fait en d'autres matières. Ainsi a-t-on procédé à une recodification d'ensemble de la procédure civile dans le nouveau Code de procédure civile de 1975, du droit pénal (1992) et, plus récemment, du droit commercial qui avait largement déserté le Code de commerce ; dans ce dernier cas, il s'agit en principe d'une codification « à droit constant »(57), c'est-à-dire par simple intégration dans le code des textes épars (par ex. ceux sur les sociétés commerciales).

Cela a également été fait à l'étranger, par exemple aux Pays-Bas en 1992, au Québec en 1994, en Allemagne en 2002 en ce qui concerne le droit des obligations(58), et le processus est en cours en Belgique. Pourquoi pas en France ? Pareille entreprise peut apparaître iconoclaste en ce qu'elle se proposerait de mettre à bas un symbole(59), et elle nécessite en outre de surmonter la force des habitudes. À ces freins psychologiques s'ajoute un choix politique : va-t-on faire une compilation des textes existants, une codification à droit constant comme pour le Code de commerce ? Ou bien une codification modification du type napoléonien, projet autrement ambitieux ?

L'idée d'une nouvelle codification, évoquée au lendemain du Centenaire, a pris corps en 1945. Le Gouvernement de l'époque a nommé une commission de douze membres, sous la présidence du doyen Julliot de la Morandière, qui était chargée de préparer un projet de nouveau Code civil(60). Après un important travail(61), un avant-projet portant sur un livre préliminaire et un livre premier « Des personnes physiques et de la famille » a été remis. Finalement, le projet fut abandonné.

(54) G. Viney, *Modernité ou obsolescence du Code civil ? L'exemple de la responsabilité : Mél. Ph. Le Tourneau*, Dalloz, 2007, p. 1041.

(55) G. Cornu, *La lettre du code à l'épreuve du temps : Mél. Savatier*, Dalloz, 1964, p. 157. – R. Cabrillac, *Le Code civil à la fin du xx*e *siècle : Mél. Catala*, Litec, 2001, p. 73 ; *Le droit civil hors le Code civil (ss dir. Th. Revet) : LPA* 8, 15, 22 et 29 juin ; 6 juill. ; 7, 14, 21 et 28 sept. ; 5 oct. 2005. – F. Grua, *Le Code civil, code résiduel : RTD civ.* 2005, 253.

(56) R. Cabrillac, *Recodifier : RTD civ.* 2002, p. 833.

(57) F. Terré et A. Outin-Adam, *Codifier est un art difficile (à propos d'un « Code de commerce ») : D.* 1994, p. 9. – D. Bureau et N. Molfessis, *Le nouveau Code de commerce ? Une mystification : D.* 2001, chron. p. 361.

(58) C. Witz, *La nouvelle jeunesse du BGB insufflée par la réforme du droit des obligations : D.* 2002, chron. p. 3156. – Pour un commentaire des dispositions nouvelles du droit allemand des obligations, V. C. Witz et a., *Le nouveau droit allemand des obligations : RID comp.* 2002, p. 935.

(59) J. Carbonnier, *Le Code civil des Français dans la mémoire collective*, in *1804-2004, Le Code civil, un passé, un présent, un avenir*, Dalloz, 2004, p. 1045. – F. Terré, *Inestimable Code civil, eod. loc.*, p. 899.

(60) L. Julliot De La Morandière, *La réforme du Code civil : D.* 1948, 117.

(61) Neuf volumes de travaux ont été publiés chez Sirey en 1955. – V. R. Houin, *Les travaux de la commission de réforme du Code civil : RTD civ.* 1951, p. 34.

L'idée a, à nouveau, été très sérieusement évoquée à l'occasion des célébrations du Bicentenaire[(62)] où on a déploré l'éclatement du droit civil hors du Code civil et la dispersion des sources internes et internationales du droit civil[(63)].

263. - **Les refontes partielles.** C'est dans une autre voie qu'on s'est engagé dans les années 1950[(64)]. Renonçant à l'idée d'une re-codification globale, on s'orienta vers une refonte de certains pans du droit civil qui a permis de mettre en place un nouveau droit de la famille[(65)]. Ce fut pour l'essentiel l'œuvre du doyen Carbonnier qui donna à cette tâche une cohérence et une unité d'inspiration. Ces réformes furent accomplies en plusieurs temps : réforme de la tutelle (1964), des régimes matrimoniaux (1965), des incapables majeurs (1968), de l'autorité parentale (1970 et 2002), de la filiation (1972), du divorce (1975), de l'adoption (1966 et 1976), de l'indivision (1978) et pour partie du droit successoral (1971 et 2001). Plus récemment la loi a institué un statut des gens non mariés, quel que soit leur sexe, le pacte civil de solidarité (PACS), et a autorisé le mariage entre personnes de même sexe (L. 17 mai 2013).

Malheureusement, il n'en a pas été de même dans les autres domaines, où les réformes – nombreuses et importantes – ont été réalisées de manière disparate, souvent sans cohérence suffisante.

Dans le droit des biens, les lois fondatrices de la copropriété (1938 et 1965) n'ont pas été introduites dans le Code civil ; et non plus les lois relatives aux rapports entre bailleurs et locataires (1948, 1982, 1986 et 1989).

Dans le droit des contrats, jusqu'à l'ordonnance du 10 février 2016, les réformes ont été pointillistes, à l'exception de la refonte du droit commun des sociétés en 1978 ou de l'introduction du contrat électronique en 2004 : création de contrats nouveaux tels que la vente d'immeuble à construire (1967) ou le contrat de promotion immobilière (1971) ; institution d'une responsabilité du fait des produits défectueux (1998).

C'est dire que le droit des biens, des contrats et des obligations, tel qu'il résultait du Code civil, avait beaucoup vieilli. Il paraissait d'autant plus obsolète que, depuis 1972, le droit civil avait été profondément perturbé par l'importante législation sur la protection des consommateurs, une législation qu'on a finalement codifiée (et recodifiée en 2016) dans un Code de la consommation, ce qui permet pour l'instant de sauvegarder – au moins en apparence – la cohérence du Code civil.

(62) Ph. Malaurie, *L'utopie et le bicentenaire du Code civil*, in *1804-2004. Le Code civil. Un passé, un présent, un avenir*, Dalloz, 2004, p. 9. – H. Lemaire et A. Maurin, *L'opportunité d'une refonte du droit français des obligations*, *Defrénois* 2004, 1, 688, art. 37941. – F. Terré, *Destinée du Code civil* : *JCP* 2004, I, 193.

(63) J.-L. Aubert, *La recodification et l'éclatement du droit civil hors le Code civil*, in *Le Code civil, 1804-2004, Livre du Bicentenaire*, p. 123. – L. Vogel, *Recodification civile et renouvellement des sources internes*, *eod. loc.*, p. 159. – Y. Lequette, *Recodification civile et prolifération des sources internationales*, *eod. loc.*, p. 171. Sur les difficultés de la recodification dans les divers domaines du droit civil, V. J. Hauser (les personnes), F. Dekeuwer-Défossez (la famille), J. Mestre (la théorie générale du contrat), A. Bénabent (les contrats spéciaux), G. Viney (la responsabilité civile), M. Grimaldi (les successions et les libéralités), R. Libchaber (les biens), Ph. Simler (les sûretés personnelles), V. Heuzé (le droit international privé), D. Foussard (le droit administratif), Ph. Jestaz (réflexions finales), *eod. loc.*, p. 201. – G. Cornu, *Réflexions en attendant le tricentenaire*, *eod. loc.*, p. 709. – R. Cabrillac, *D'un code à l'autre, les difficultés d'une recodification* : *Mél. Wiederkehr*, Dalloz, 2009, p. 53.

(64) J. Foyer, *Le Code civil de 1945 à nos jours*, in *1804-2004. Le Code civil. Un passé, un présent, un avenir*, Dalloz, 2004, p. 275.

(65) F. Dekeuwer-Défossez, *Droit des personnes et de la famille : de 1804 au PACS (et au-delà…)*, in *Le Code civil, Pouvoirs*, éd. Seuil, 2003. – P. Catala, *La métamorphose du droit de la famille*, in *1804-2004, Le Code civil, un passé, un présent, un avenir*, Dalloz, 2004, p. 341.

La question s'est posée de savoir si la recodification du Code civil était encore d'actualité alors que les instances européennes poussèrent un temps à la mise en place d'un Code civil européen qui réaliserait, sinon l'uniformisation, du moins l'harmonisation du droit civil ou de certaines parties du droit civil au niveau européen[(66)]. On inclinera néanmoins en faveur d'une telle recodification car l'échéance d'un code civil européen demeure assez lointaine[(67)]. C'est la voie qui a été suivie par l'Allemagne, qui a assez récemment refondu son droit des obligations[(68)] (V. *supra*, n° 262).

C'est aussi celle qui a été suivie en France avec la réforme du droit des sûretés, dont l'élaboration a été confiée par la Chancellerie à un groupe de travail sous l'égide de l'Association Henri Capitant des Amis de la culture juridique française, dont le rapport[(69)] a servi de base à l'ordonnance du 23 mars 2006, relative aux sûretés[(70)], réforme parachevée en 2021[(71)]. C'est dans le même esprit que, toujours sous l'égide de l'Association Henri Capitant, un groupe de travail avait préparé un avant-projet de réforme du droit des obligations et de la prescription, qui a fait l'objet d'un rapport[(72)] remis au garde des Sceaux le 22 septembre 2005. Ce rapport a suscité de très nombreux commentaires[(73)], et même un projet concurrent sous la direction de François Terré[(74)]. La partie relative à la prescription a largement inspiré la loi du 17 juin 2008 portant réforme de la prescription. La partie relative aux obligations contractuelles a servi, avec le rapport Terré, de base de travail à la Chancellerie pour l'élaboration du projet de réforme du droit des obligations et celle relative à la responsabilité civile a été pour partie reprise dans le projet de réforme de mars 2017.

Le Gouvernement ayant été habilité à réformer par voie d'ordonnance le droit des contrats ainsi que le régime des obligations et le droit de la preuve (L. n° 2015-177, 16 févr. 2015, art. 8), il a soumis à consultation début avril 2015 un projet de réforme qui a débouché sur l'ordonnance n° 2016-131 du 10 février 2016 portant réforme du droit des contrats, du régime général et de la preuve des

(66) V. Constantinesco, *La « codification » communautaire en droit privé, future Constitution civile de l'Europe ? : Mél. Wiederkehr ?*, Dalloz, 2009, p. 111. En faveur d'une non-recodification, V. Ph. Rémy, *Regards sur le code*, in *Le Code civil, 1804-2004, Livre du Bicentenaire*, p. 99. En faveur d'une recodification : Ch. Atias, *Le Code civil nouveau : D.* 1999, chron. p. 200. – R. Cabrillac, *L'avenir du Code civil : JCP* 2004, I, 121. – J.-M. Montazeaud, *Réflexions sur une recodification : JCP* N 2004, 1218. – M. Lemaire et A. Maurin, *L'opportunité d'une refonte du droit français des obligations : Defrénois* 2004, 1, 683, art. 37941. – P. Jourdain, *Faut-il recodifier le droit de la responsabilité civile ? : Mél. Ph. Jestaz*, Dalloz, 2006.

(67) V. en ce sens B. Beignier, *Pour un nouveau code civil : D.* 2019, 713, qui propose en outre une méthode. Et en contrepoint T. Revet, *À propos de l'article de Bernard Beignier « Pour un nouveau Code civil » : D.* 2019, 1011. – R. Cabrillac, *Un nouveau Code civil ? : D.* 2019, 2149.

(68) B. Dauner-Lieb, *Vers un droit européen des obligations ? Enseignements tirés de la réforme allemande du droit des obligations : RID comp.* 2004, 559.

(69) Rapport Grimaldi, du nom du président du groupe de travail, rapport publié à la *Revue des contrats* 2005, p. 782.

(70) Ph. Simler, *La réforme du droit des sûretés. Un Livre IV nouveau du Code civil : JCP* 2006, I, 124.

(71) La loi dite PACTE du 22 mai 2019 a habilité le Gouvernement à réformer le droit des sûretés par voie d'ordonnance avant mai 2021 et sur ce fondement, un avant-projet d'ordonnance a été présenté le 18 décembre 2020. Sur la source d'inspiration du texte, M. Grimaldi, D. Mazeaud et P. Dupichot, *Présentation d'un avant-projet de réforme des sûretés : D.* 2017, 1717.

(72) Rapport Catala, du nom du président du groupe de travail. V. *La réforme du droit des contrats : projets et perspectives (Actes du colloque du 25 octobre 2005) : RDC* 2006, p. 1. – P. Catala, *Bref aperçu sur l'avant-projet de réforme du droit des obligations : D.* 2006, chron. p. 535.

(73) Pour les commentaires de caractère général, V. P. Catala, *Bref aperçu sur l'avant-projet de réforme du droit des obligations : D.* 2006, chron. p. 535. – B. Fauvarque-Cosson et D. Mazeaud, *L'avant-projet de réforme du droit des obligations et du droit de la prescription et les principes du droit européen des contrats : variations sur les champs magnétiques dans l'univers contractuel : LPA* 24 juill. 2006, p. 3.

(74) F. Terré (ss dir.), *Pour une réforme du droit des contrats*, Dalloz, 2008. *Pour une réforme du droit de la responsabilité civile*, Dalloz, 2011. Pour une réforme du régime général des obligations, Dalloz, 2013. V. Ph. Simler, *JCP* 2013, 134.

obligations[75]. Cette ordonnance a été ratifiée par la loi n° 2018-287 du 20 avril 2018. Il reste à réformer le droit de la responsabilité civile, ce qui devrait être réalisé prochainement sur la base du projet de mars 2017[76] et d'une proposition de loi du 29 juillet 2020 qui en reprend en partie le contenu[77].

Corrélativement, et toujours à l'instigation de l'Association Henri Capitant, une proposition de réforme du droit des biens a été mise au point et transmise à la Chancellerie[78] ; et de même une proposition de réforme du droit des contrats spéciaux[79].

264. – **L'impact du droit de l'Union européenne sur le droit civil et sur le Code civil**[80]. Le Parlement européen et le Conseil ont beaucoup légiféré, et en tous domaines, par voie de règlements ou de directives (V. *supra*, n° 85) ; ces règles européennes font partie du droit positif français, soit d'emblée pour les règlements, soit par voie de transposition pour les directives.

Nombre d'entre elles concernent le droit civil ; parmi celles-ci on se bornera à signaler les plus importantes concernant le droit des contrats[81], et notamment des contrats de consommation :

– directive du 25 juillet 1985 en matière de responsabilité du fait des produits défectueux ;

– directive du 5 avril 1993 concernant les clauses abusives dans les contrats conclus avec les consommateurs ;

– directive du 26 octobre 1994 concernant la protection des acquéreurs d'un droit d'utilisation à temps partiel de biens immobiliers (multipropriété) ;

– directive du 24 octobre 1995 relative à la protection des personnes physiques à l'égard du traitement des données à caractère personnel et à la libre circulation de ces données ;

– directive du 20 mai 1997 concernant la protection des consommateurs en matière de contrats à distance ;

– directive du 25 mai 1999 sur certains aspects de la vente et des garanties des biens de consommation ;

– directives du 13 décembre 1999 sur les signatures électroniques et du 8 juin 2000 sur le commerce électronique ;

(75) V. Rivollier, *L'influence du droit européen et international des contrats sur la réforme française de droit des obligations : RID comp.* 2017, 757. – F. Ancel, *L'élaboration de l'ordonnance du 10 février 2016 portant réforme du droit des contrats : Rev. dr. Assas* déc. 2017, n° 15, p. 83.

(76) G. Viney, *Après la réforme du contrat, la nécessaire réforme des textes du Code civil relatifs à la responsabilité : JCP* 2016, 99. – J.-S. Borghetti, *Un pas de plus vers la réforme de la responsabilité civile : présentation du projet de réforme rendu public le 13 mars 2017 : D.* 2017, 770. – D. de Lammerville et J.-D. Brezner, « *Accroître l'attractivité du système juridique français* ». *Projet de réforme de la responsabilité civile : JCP* 2019, 885.

(77) M. Bacache, *Responsabilité civile : une réforme a minima ? : JCP* 2020, 1007.

(78) H. Périnet-Marquet (ss dir.), *Propositions de l'Association Henri Capitant pour une réforme du droit des biens*, Litec, 2009.

(79) *Avant-projet de réforme du droit des contrats spéciaux* par l'Association Henri Capitant : *D.* 2017, 1660.

(80) L. Leveneur, *Le Code civil et le droit communautaire*, in *1804-2004, Le Code civil, un passé, un présent, un avenir*, Dalloz, 2004, p. 929. – H. Aubry, *L'influence du droit communautaire sur le droit français des contrats*, PUAM, 2002. – J.-S. Bergé et M.-L. Niboyet (ss dir.), *La réception du droit communautaire en droit privé des États membres*, colloque 28 janv.-1er févr. 2003, Bruylant, 2003. – E. Poillot, *Droit européen de la consommation et uniformisation du droit des contrats*, thèse, Reims, 2004. – R.-M. Rampelberg, *Repères romains pour le droit européen des contrats. Variation sur des thèmes antiques*, LGDJ, 2005. – H. Aubry, *Un apport du droit communautaire au droit français des contrats : la notion d'attente légitime : RID comp.* 2005, 627.

(81) J. Huet, *Les sources communautaires du droit des contrats*, in *Le renouvellement des sources du droit des obligations*, LGDJ, 1997, p. 11. – P. Jourdain, *Les sources communautaires du droit français de la responsabilité civile : ibid.*, p. 29.

– directive du 12 juillet 2002 concernant le traitement des données à caractère personnel et la protection de la vie privée dans le secteur des communications électroniques ;

– directive du 23 septembre 2002 concernant la commercialisation à distance des services financiers ;

– directive du 11 mai 2005 sur les pratiques commerciales déloyales ;

– directive du 23 avril 2008 sur le crédit aux consommateurs[82] ;

– directive du 23 octobre 2011 relative aux droits des consommateurs ;

– directive du 4 février 2014 sur le crédit aux consommateurs relatif aux biens immobiliers ;

– directive du 20 mai 2019 relative à certains aspects des contrats de vente ;

– directive du 8 novembre 2019 modernisant la législation européenne en matière de protection des consommateurs.

Chaque directive pose des règles plus ou moins différentes des règles nationales et il faut les intégrer en droit français[83]. Chaque fois, la question se pose de savoir si la loi transposant la directive viendra grossir le nombre des lois non intégrées dans le Code civil ou si, au contraire, il est possible et opportun de l'intégrer dans le Code civil.

On en prendra pour exemple la directive du 25 mai 1999 qui, s'agissant de la garantie dans la vente de biens de consommation, pose des règles différentes de celles figurant dans les articles 1641 et suivants du Code civil. Alors fallait-il la transposer *a minima*, sous la forme d'une loi particulière visant les seuls biens de consommation, ou fallait-il profiter de l'occasion pour modifier le droit français de la garantie dans la vente, quelle que soit la nature des biens vendus, auquel cas on était contraint de l'aligner sur la directive ? Telle est l'alternative à laquelle la France a été confrontée et qui a suscité une large controverse[84]. Finalement la directive a été transposée *a minima* par ordonnance[85]. La même question s'est posée à propos de la transposition de la directive du 20 mai 2019 sur la vente[86] et qui abroge la directive du 25 mai 1999.

S'agissant de contrats de consommation, le parti a été généralement pris de transposer ce type de directive dans le Code de la consommation, et de laisser

(82) G. Raymond, *Directive 2008/48/CE relative aux crédits à la consommation. Premières approches : Contrats, conc. consom.* 2008, étude 9. – A. Gourion, *La directive européenne du 23 avril 2008 concernant les contrats de crédit aux consommateurs : JCP E* 2008, n° 36, p. 19.

(83) Pour un regard critique sur les très nombreuses dispositions d'adaptation au droit de l'Union européenne (parfois dites « Dadues ») et la technique législative employée, A. Denizot, *RTD civ.* 2021, 211.

(84) G. Paisant et L. Leveneur, *Quelle transposition pour la directive du 25 mai 1999 sur les garanties dans la vente de biens de consommation ? : JCP* 2002, I, 135. – G. Viney, *Quel domaine assigner à la loi de transposition de la directive européenne sur la vente ? : JCP* 2002, I, 158. – O. Tournafond, *De la transposition de la directive du 25 mai 1999 à la réforme du Code civil : D.* 2002, 2883. – D. Mainguy, *Propos dissidents sur la transposition de la directive du 25 mai 1999 sur certains aspects de la vente et des garanties des biens de consommation : JCP* 2002, I, 183. – G. Viney, *Retour sur la transposition de la directive du 25 mai 1999 : D.* 2002, chron. p. 3162. – P. Jourdain, *Transposition de la directive sur la vente du 25 mai 1999 ; ne pas manquer une occasion de progrès : D.* 2003, 4. – D. Mazeaud, *La parole est à la défense… : D.* 2003, 6. – O. Tournafond, *Transposition de la directive de 1999 sur la garantie des consommateurs. Article de foi ou réalisme législatif ? : D.* 2003, 427.

(85) Ord. n° 2005-136, 17 févr. 2005 : *JO* 18 févr. 2005, p. 2778 ; *D.* 2005, législ. 555. – C. Rondey, *Garantie de la conformité d'un bien au contrat : la directive du 25 mai 1999 enfin transposée ! : D.* 2005, 562. – B. Fages, *Projet de loi de transposition de la directive 99/44/CC du 25 mai 1999. Au retard s'ajoute le regret : Rev. Lamy dr. civ.* oct. 2004, p. 5. – Ph. Malinvaud, *Retour sur une réforme du régime de la garantie dans la vente et sur la transposition de la directive du 25 mai 1999 : Mél. G. Viney*, LGDJ, 2008.

(86) T. Genicon, *Nouvelle garantie de conformité dans la vente au consommateur : l'heure des choix : D.* 2021, 534.

subsister dans le Code civil la règle générale qui constitue le droit commun. Mais il faut bien reconnaître que l'accumulation de dispositions spécifiques aux consommateurs apporte une complexité supplémentaire, ce qui n'est guère satisfaisant[87].

Si, à l'inverse, la directive touche au droit civil général, on aura tendance à la transposer dans le Code civil, si cela est possible. C'est ce qui a été fait pour la directive du 25 juillet 1985 sur la responsabilité du fait des produits défectueux qui, avec beaucoup de retard, a été transposée dans les articles 1386-1 à 1386-18 (devenus articles 1245 à 1245-17) du Code civil. C'est là une nouvelle occasion de constater que le plan retenu en 1804 par les rédacteurs du Code civil n'est probablement pas des plus heureux.

265. – **L'impact de la Convention européenne des droits de l'homme sur le Code civil et sur le droit civil**[88]. En tant que traité international, la Convention européenne fait partie intégrante de l'ordre juridique français. Elle est donc directement applicable par le juge français et, en vertu de l'article 55 de la Constitution, elle a prééminence sur les règles de droit interne (V. *supra*, n°s 78 et 87).

Son influence sur le droit interne est très importante dans certains domaines, notamment en procédure civile où l'article 6, § 1 reconnaît aux justiciables le droit à un procès équitable (V. *infra*, n°s 528 et s.).

Elle l'est un peu moins en droit civil, car tous les droits garantis dans la Convention ne sont pas susceptibles d'être invoqués dans les litiges civils. Certains toutefois sont relatifs au droit civil, principalement au droit des personnes. Ce sont notamment : le droit à la vie (art. 2), au respect de la vie privée et familiale (art. 8), la liberté de pensée, de conscience et de religion (art. 9), la liberté d'expression (art. 10), la liberté de réunion et d'association (art. 11), le droit au mariage (art. 12), l'interdiction des discriminations (art. 14) ; et aussi le droit de propriété (Protocole n° 1, art. 1), la liberté de circulation et le libre choix du domicile (Protocole n° 4, art. 2, § 1), et le droit à l'égalité des époux (Protocole n° 7, art. 5).

L'influence de la Convention sur le droit civil se situe sur deux plans : au plan des sources du droit, et à celui du fond du droit.

D'une part, la Convention constitue d'évidence une *nouvelle source du droit civil*. Les dispositions de droit civil qu'elle contient, et la jurisprudence résultant des décisions de la Cour européenne, peuvent être invoquées directement devant le juge interne, ce qui peut le conduire à écarter telle disposition du droit français ou telle jurisprudence française qui y serait contraire. Cela dit, le juge français doit se montrer très prudent dans l'utilisation de ce nouveau pouvoir et n'écarter l'application

(87) C. Jauffret-Spinosi, *Le Code civil à l'épreuve des directives communautaires et des principes relatifs au contrat (principes européens du contrat et principes UNIDROIT) : Mél. Blanc-Jouvan*, SLC, 2005.

(88) A. Debet, *L'influence de la Convention européenne des droits de l'homme sur le droit civil*, Dalloz, coll. « Nouvelle Bibl. de thèses », 2002. – J.-P. Marguénaud, *L'influence de la Convention européenne des droits de l'homme sur le droit français des obligations*, in *Le renouvellement des sources du droit des obligations*, LGDJ, 1997, p. 45 ; *CEDH et droit privé, l'influence de la jurisprudence de la Cour européenne des droits de l'homme sur le droit privé français*, Doc. fr., 2001. – Ph. Malaurie, *La Convention européenne des droits de l'homme et le droit civil français : JCP* 2002, I, 1143. – Ch. Willmann, *L'influence de la Convention européenne des droits de l'homme sur le Titre préliminaire du Code civil*, in *Le Titre préliminaire du Code civil*, Economica, 2003. – A. Debet, *Le Code civil et la Convention européenne des droits de l'homme*, in *1804-2004, Le Code civil, un passé, un présent, un avenir*, Dalloz, 2004, p. 953. – J.-P. Marguénaud, *Les conséquences patrimoniales du divorce au regard de la Convention européenne des droits de l'homme : Defrénois* 2003, 1, 1596, art. 37849. – L. Milano, *L'influence de la Convention européenne des droits de l'homme sur la loi : Rev. dr. Assas* déc. 2017, n° 15, p. 103.

du droit interne que dans le cas où l'incompatibilité de la règle française avec la Convention est soit patente, soit déjà consacrée par un arrêt de la Cour européenne. Il incombe aussi au législateur français de tenir compte des droits garantis par la Convention, ce qu'il a fait par exemple par la loi du 4 mars 2002 en modifiant les règles d'attribution du nom de famille (V. *infra*, n°s 335 et s.).

D'autre part, la Convention a parfois une *influence directe sur le fond du droit*, c'est-à-dire sur une règle de droit existante qui serait jugée incompatible avec les dispositions de la Convention. Pareille condamnation peut émaner de la Cour européenne, ce qui s'est produit à plusieurs reprises. Dans l'arrêt *B. c/ France* du 25 mars 1992[(89)], la Cour européenne a constaté la violation du droit au respect de la vie privée d'un transsexuel, ce qui a entraîné un revirement de jurisprudence de la Cour de cassation par deux arrêts du 11 décembre 1992[(90)] (V. *infra*, n° 328). Dans l'arrêt *Mazurek c/ France* du 1er février 2000[(91)], elle a condamné la restriction apportée par l'article 760 du Code civil aux droits successoraux de l'enfant adultérin, restriction qui a été supprimée par la loi du 3 décembre 2001 relative aux droits du conjoint survivant et des enfants adultérins. En revanche, elle a considéré que la législation française relative à l'accouchement sous X et au secret de ses origines n'allait pas à l'encontre de l'article 8 de la Convention[(92)].

Au total, l'influence de la Convention sur le fond du droit civil est assez modeste parce qu'il n'y a guère d'incompatibilités entre le droit européen des droits de l'homme et le droit civil français. S'agissant du fond du droit civil, quelques modifications législatives et une prise en compte accrue par le juge français des droits garantis par la Convention devraient suffire à assurer une compatibilité entre les normes françaises et la norme européenne. C'est donc moins sur le fond que sur les sources du droit civil que l'influence de la Convention se manifeste en droit civil.

266. – Vers un Code civil européen ? Il s'agit là d'une question récurrente. Le Parlement européen a indiqué en 1989 et rappelé en 1994 l'importance qu'il attachait à la rédaction d'un Code européen de droit privé, souvent dénommé Code civil européen. Cette initiative a suscité un intérêt très vif à l'étranger[(93)], plus mitigé en France[(94)].

Faisant écho à cette préoccupation européenne, trois importants travaux d'initiative privée doivent être signalés.

Parrainé par la Commission des Communautés européennes, un groupe de travail dénommé « Commission Lando » (du nom de son président) a mis sur pied des

(89) CEDH, 25 mars 1992 : *JCP* 1992, II, 21955, note Th. Garé ; *D.* 1993, p. 101, note J.-P. Marguénaud. – Cl. Lombois, *La position française sur le transsexualisme devant la Cour européenne des droits de l'homme* : *D.* 1992, chron. p. 323. – J. Massip, *Le transsexualisme : état de la question* : *Defrénois* 1992, I, 1009, art. 35332.

(90) Cass. ass. plén., 11 déc. 1992, deux arrêts : *JCP* 1993, II, 21991, concl. M. Jéol, note G. Mémeteau ; *RTD civ.* 1993, 98, obs. J. Hauser. – J. Massip, *Le transsexualisme : suite* : *Defrénois* 1993, 1, 414, art. 35502. – J.-P. Branlard, *Le sexe et l'état des personnes. Aspects historique, sociologique et juridique*, LGDJ, 1993.

(91) CEDH, 1er févr. 2000 : *JCP* 2000, II, 10286, note Gouttenoire et Sudre ; *D.* 2000, p. 332, note Thierry ; *RTD civ.* 2000, p. 429, obs. J.-P. Marguénaud.

(92) CEDH, 13 févr. 2003 : *JCP* 2003, II, 10049, note A. Gouttenoire-Cornut et F. Sudre. – Ph. Malaurie, *La Cour européenne des droits de l'homme et le « droit » de connaître ses origines. L'affaire Odièvre* : *JCP* 2003, I, 120.

(93) Pour la littérature en langue française, V. J. Basedow, *Un droit commun des contrats pour le marché commun* : *RID comp.* 1998, p. 7. – G. Gandolfi, *Pour un Code européen des contrats* : *RTD civ.* 1992, p. 707.

(94) P. Legrand, *Sens et non-sens d'un Code civil européen* : *RID comp.* 1996, p. 779. – CL. Witz, *Plaidoyer pour un Code européen des obligations* : *D.* 2000, chron. p. 79. – V. aussi, *L'harmonisation du droit des contrats en Europe* (ss dir. Ch. Jamin et D. Mazeaud), Economica, 2001.

« Principes du droit européen du contrat », travaux qui ont été publiés en anglais et en français[95]. Partant de ces principes, une « Commission von Bar » (du nom de son président et initiateur) subventionnée par des fondations étrangères a préparé un projet de Code civil européen[96].

Parallèlement, un avant-projet concurrent de « Code européen des contrats » a été élaboré par l'Académie des privatistes européens, initiée par des professeurs italiens (dit le Groupe de Pavie)[97].

L'affaire suivait paisiblement son cours lorsque, faisant suite au souhait exprimé le 16 mars 2000 par le Parlement européen, la Commission européenne a diffusé le 11 juillet 2001 une « Communication concernant le droit européen des contrats » par laquelle elle sollicitait l'avis des destinataires sur le choix entre quatre options :

– aucune action communautaire d'harmonisation, les Communautés européennes continuant à régir par voie de règlements et de directives (V. *supra*, n°s 84 et 85) les questions qui leur paraissent importantes ;

– promotion de principes communs de droit des contrats pour renforcer la convergence des droits nationaux[98] ; ce qui vise notamment les principes de la Commission Lando ou l'avant-projet du Groupe de Pavie et, éventuellement, ceux qui pourraient être arrêtés pour certains contrats par la Commission von Bar, ou tous autres principes qui pourraient être mis sur pied par toute commission *ad hoc* ;

– amélioration de la qualité de la législation déjà en vigueur, c'est-à-dire revoir et rationaliser les directives déjà publiées ;

– adoption d'une nouvelle législation communautaire complète, c'est-à-dire mise en place d'un Code européen portant au moins sur les contrats qui serait soit obligatoire (auquel cas il remplacerait le droit national), soit optionnel.

La dernière option, la rédaction d'un Code européen, qui pourrait porter non seulement sur les contrats, mais également sur les biens et sur la famille, nécessiterait de longues années. Ce pourrait être l'étape ultime et la consécration de la convergence qui a pu être relevée entre les systèmes juridiques[99]. Cette simple perspective a suscité chez les juristes français et chez certains juristes étrangers[100] des réactions pour le moins réservées, sinon une levée de boucliers[101], mais elle a

(95) *Principes du droit européen du contrat*, SLC, 2003. – V. aussi, précédemment, *Principes du droit européen du contrat. L'exécution, l'inexécution et ses suites*, Doc. fr., 1997. – P. Rémy-Corlay, *Observations sur la version française des « Principes du droit européen du contrat » : RID comp.* 2004, 205. – O. Lando, *La contribution française au droit européen du contrat : RDC* 2009, p. 729.

(96) Ch. von Bar, *Le groupe d'études sur un Code civil européen : RID comp.* 2001, p. 127. – Y. Lequette, *Quelques remarques à propos du projet de Code civil européen de M. Von Bar : D.* 2002, chron. p. 2202.

(97) Code européen des contrats. Avant-projet, Livre 1, Milan, éd. Dott. A. Giuffré, 2004 ; Livre 2, vol. 1, 2007. – M.-L. Ruffini-Gandolfi, *Problèmes d'unification du droit en Europe et le Code européen des contrats : RID comp.* 2002, 1075. – J.-P. Gridel, *Sur l'hypothèse d'un Code européen des contrats : les propositions de l'Académie des privatistes européens (Pavie) : Gaz. Pal.* 21-22 févr. 2003.

(98) Certains principes figurent déjà dans le droit communautaire. V. R. Schulze, *Des principes de la conclusion du contrat dans l'acquis communautaire : RID comp.* 2005, p. 877. – V. aussi E. Poillot, *Le droit comparé au service de la compréhension de l'acquis communautaire en droit privé : RID comp.* 2005, p. 1017.

(99) D. Tallon, *Vers un droit européen du contrat ? : Mél. Colomer*, Litec, 1993. – G. Canivet, *La convergence des systèmes juridiques du point de vue du droit privé français : RID comp.* 2003, 7.

(100) B. Markesinis, *Deux cents ans dans la vie d'un code célèbre. Réflexions historiques et comparatives à propos des projets européens : RTD civ.* 2004, 45. – A. Dauner-Lieb, *Vers un droit européen des obligations ? : RID comp.* 2004, 559. – S. Sanchez-Lorenzo, *Faut-il oublier l'idée d'un Code civil européen ? : LPA* 5 juin 2007, p. 8.

(101) G. Cornu, *Un Code civil n'est pas un instrument communautaire : D.* 2002, chron. p. 351. – Ph. Malaurie, *Le Code civil européen des obligations et des contrats. Une question toujours ouverte : JCP* 2002, I, 110. – N. Charbit, *L'esperanto du droit ? La rencontre du droit communautaire et du droit des contrats. À propos de la communication de la Commission*

aussi entraîné une réflexion plus approfondie sur le possible apport du droit français au débat initié au niveau européen(102).

Elle a également eu le mérite d'attirer l'attention sur le vieillissement préoccupant de notre droit des obligations et sur l'intérêt qui s'attachait à une refonte de ce droit. C'est dire que cette refonte, qui avait été annoncée par le Gouvernement à l'occasion de la célébration du bicentenaire du Code civil, ne pouvait ignorer ni les travaux réalisés au niveau européen(103), ni les codifications étrangères(104) ; la réforme du droit des contrats réalisée en 2016 en a tiré certaines conséquences(105).

267. – **Le plan d'action de la Commission européenne.** La Commission devait arrêter sa position à la fin de l'année 2002, mais cette date a été reportée.

Par un communiqué du 14 février 2003, la Commission a fait savoir qu'elle avait adopté un plan d'action en vue d'accroître la cohérence du Droit des contrats en Europe. Les mesures proposées étaient orientées dans deux directions :

a) soutien à des initiatives volontaires en vue d'élaborer des clauses contractuelles types applicables dans l'ensemble de l'Union européenne ;

b) amélioration de la législation communautaire en matière de contrats par l'élaboration de règles communes sur la base des meilleures solutions identifiées dans les législations des États membres.

La Commission se proposait également d'examiner s'il était opportun et possible de créer un « corpus » optionnel dans le domaine du Droit européen des contrats que les parties pourraient utiliser pour faciliter les échanges transfrontaliers(106).

---

européenne relative au droit européen des contrats : JCP 2002, I, 100. – L. Bernardeau, *Droit communautaire et droit des contrats : perspectives d'évolution : Contrats, conc. consom.* 2001, chron. 19. – V. Heuzé, *À propos d'une « initiative européenne en matière de contrats » : JCP* 2002, I, 152. – Ph. Malinvaud, *Réponse – hors délai – à la Commission européenne : à propos d'un Code européen des contrats : D.* 2002, chron. p. 2542. – J. Huet, *Nous faut-il un « euro » droit civil ? : D.* 2002, 2611. – B. Fauvarque-Cosson, *Faut-il un Code civil européen ? : RTD civ.* 2002, 463. – Y. Lequette, *Vers un Code civil européen ?*, in *Le Code civil, Pouvoirs*, éd. Seuil, 2003, p. 97. – P. Glenn, *La tradition juridique nationale : RID comp.* 2003, 263. – F. Terré et A. Outin-Adam, *L'année d'un bicentenaire : D.* 2004, chron. p. 12. – F. Terré, *Inestimable Code civil*, in *1804-2004, Le Code civil, un passé, un présent, un avenir*, Dalloz, 2004, p. 899. – Y. Lequette, *Code civil, les défis d'un nouveau siècle*, Rapport de synthèse au 100e Congrès des notaires : *Defrénois* 2004, 1, 1055, art. 37991 ; *JCP* N 2004, 1337. – D. Blanc et J. Deroulez, *La longue marche vers un droit européen des contrats : D.* 2007, chron. p. 1615.

(102) C. Prieto (ss dir.), *Regards croisés sur les principes du droit européen du contrat et sur le droit français*, PUAM, 2003. – P. Rémy-Corlay et D. Fenouillet (ss dir.), *Les concepts contractuels français à l'heure des Principes du droit européen des contrats : D.* 2003. – D. Tallon, *L'avenir du Code en présence des projets d'unification européenne du droit civil*, in *1804-2004, Le Code civil, un passé, un présent, un avenir*, Dalloz, 2004, p. 997. – C. Prieto, *Un Code civil européen : de l'utopie à la prospective juridique : LPA* 7 mai 2004, p. 19. – D. Mazeaud, *Faut-il avoir peur d'un droit européen des contrats ? : Mél. Blanc-Jouvan*, SLC, 2005. – J. Ph. Dunand et B. Winiger, *Le Code civil français dans le droit européen*, Bruylant, 2005. – D. Mazeaud, *Faut-il avoir peur d'un droit européen des contrats ?* (bis sed non repetita…) : *Mél. Malinvaud*, Litec, 2007, p. 397. – D. Mazeaud, *Un droit européen en quête d'identité. Les principes du droit européen du contrat : D.* 2007, chron. p. 2959.

(103) V. R. Cabrillac, *L'avenir du Code civil : JCP* 2004, I, 121. – H. Lemaire et A. Maurin, *Droit français et principes du droit européen du contrat : LPA* 7 mai 2004, p. 38 ; *L'opportunité d'une refonte du droit français des obligations : Defrénois* 2004, 1, 683, art. 37941. – F. Terré, *Destinée du Code civil : JCP* 2004, I, 193. – V. aussi les débats publiés à la *Revue des contrats* 2004 : P. Catala, *Au-delà du bicentenaire*, p. 1145. – J. Ghestin, *Le futur : exemples étrangers. Le Code civil en France aujourd'hui*, p. 1152. – J. Mestre, *Faut-il réformer le Titre III du Livre III du Code civil ?*, p. 1167. – Ph. Rémy, *Réviser le Titre III du Livre troisième du Code civil ?*, p. 1169 ; A. Sériaux, *Vanitas vanitatem. De l'inanité d'une refonte du Livre III du Titre III du Code civil*, p. 1187. – D. Tallon, *La rénovation du Titre III, Livre III du Code civil : une approche comparative*, p. 1190. – B. Fauvarque-Cosson, *Codification et droit privé européen*, in *Études B. Oppetit*, Litec, 2009, p. 179. – C. Castets-Renard et H. Hatano, *L'influence des PEDC sur les projets de réforme des droits français et japonais des contrats : RID comp.* 2010, p. 713.

(104) Cl. Witz, *L'influence des codifications nouvelles sur le Code civil de demain*, in *Le Code civil. 1804-2004, Livre du Bicentenaire*, p. 687.

(105) Cette réforme est exposée de manière particulièrement éclairante par référence au contexte européen : B. Fauvarque-Cosson, F. Ancel et J. Gest, *Aux sources de la réforme du droit des contrats*, Dalloz, 2017.

(106) D. Staudenmayer, *Le plan d'action de la Commission européenne concernant le droit européen des contrats : JCP* 2003, I, 127. – B. Fauvarque-Cosson, *Droit européen des contrats : première réaction au plan d'action de la Commission :*

Puis, dans une communication du 11 octobre 2004 intitulée « Droit européen des contrats et révision de l'acquis : la voie à suivre », la Commission a déclaré que, « dans le souci de respecter la culture juridique et administrative propre à chaque État membre », elle n'envisageait pas de proposer un Code civil européen qui harmoniserait les droits des contrats des États membres et qu'elle s'orientait vers « un modèle purement facultatif choisi par les parties contractantes par le biais d'une clause de droit applicable »(107).

Dans cette attente, la Commission européenne a publié le 8 février 2007 un Livre vert sur la révision de l'acquis communautaire en matière de protection des consommateurs(108) qui pourrait constituer un premier pas vers un Code européen de la consommation et qui a suscité de nombreuses réponses, notamment françaises(109).

Le 20 avril 2010, la Commission européenne a présenté un nouveau plan d'action afin de mettre en œuvre le programme de Stockholm. Y figure l'annonce d'une communication sur « le droit européen des contrats et la méthode vers l'adoption du cadre commun de référence » et celle d'une « proposition législative sur le cadre commun de référence »(110).

Enfin, après avoir réactivé l'idée d'un droit européen à valeur facultative(111), la Commission, dans un Livre vert du 1er juillet 2010, « s'est efforcée de dégager des solutions dans le domaine du droit des contrats pour rendre le marché unique plus accessible aux entreprises et aux consommateurs »(112). Mais le groupe d'experts mandaté par la Commission a rendu ses conclusions sans attendre les réponses à ce Livre vert(113), ce qui est là une bien curieuse méthode.

268. – **La position du Parlement européen.** Par une résolution du 23 mars 2006, le Parlement européen, après avoir indiqué que les chercheurs qui élaborent le Cadre commun sont convaincus que « le résultat final sera, à terme, un code européen des obligations, voire un véritable code civil européen », a jugé essentiel que ce travail soit mené à bien avec l'engagement politique approprié(114).

D. 2003, point de vue 1171. – V. aussi Rép. min. Justice à QE n° 7588 : *JO* 24 févr. 2003, p. 1454. – D. Staudenmayer, *Un instrument optionnel en droit européen des contrats : RTD civ.* 2003, 629.

(107) Doc. COM (2004), 651 final, 11 oct. 2004. – J.-S. Borghetti, *Réforme du droit des contrats : un projet s'en vient, l'autre s'en va : D.* 2015, 1376.

(108) Doc. COM (2006), 744 final. – V. B. Fauvarque-Cosson : *D.* 2007, chron. p. 956. – G. Raymond, in *Contrats, conc. consom.* 2007, étude 5. – G. Paisant, in *JCP* 2007, I, 152.

(109) *Livre Vert sur la révision de l'acquis communautaire en matière de protection des consommateurs. Réponses françaises*, SLC, coll. « Droit privé comparé et européen », vol. 5, août 2007. – D. Mazeaud, R. Schulze et G. Wicker (ss dir.), *L'amorce d'un droit européen du contrat. La proposition de directive relative aux droits des consommateurs*, SLC, vol. 10, 2010.

(110) B. Fauvarque-Cosson, *Un nouvel élan pour le cadre commun de référence en droit européen des contrats : D.* 2010, p. 1362.

(111) Communiqué UE, 21 mai 2010, IP/10/595 : *RDC* 2010, 1401, obs. J.-S. Bergé.

(112) *D.* 2010, 1628 et 1696 ; *RDC* 2010, 1284, obs. C. Aubert de Vincelles ; *RDC* 2011, 579, obs. S. Whittaker. – M. Béhar-Touchais et M. Chagny (ss dir.), *Livre vert sur le droit européen des contrats. Réponses du réseau Trans Europe Experts*, SLC, 2011. – C. Pérès, *Livre vert de la Commission européenne : les sources contractuelles à l'heure de la démocratie participative : RDC* 2011, 13. – *Vers un droit européen des contrats ? Réponse au Livre vert de la Commission européenne : Rev. Lamy dr. civ.* juill.-août 2011, p. 67. – Pour une vive critique de la Commission, V. Y. Lequette, *Le code européen est de retour : RDC* 2011, 1028. – T. Génicon, *Commission européenne et droit des contrats : « Quo usque tandem abutere patientia nostra ? » : RDC* 2011, 1050. On notera également les réponses très réservées à ce Livre vert, des barreaux français (*RDC* 2011, 1079) et de la Chambre de commerce et d'industrie de Paris (*RDC* 2011, 1097). V. égal. les diverses réponses publiées dans la *Revue des contrats* in *Débats : L'Europe contractuelle, encore et toujours ! : RDC* 2011, 1361 et s. (V. la liste des réponses dans le sommaire, p. 1125).

(113) H. Claret, G. Pignarre et le groupe de travail du CDPPOC, *Les méthodes de la Commission européenne : à quoi sert-il de convaincre quand on a déjà contraint ? : D.* 2011, 1981.

(114) *Résolution sur le droit européen des contrats et la révision de l'acquis : la voie à suivre, 23 mars 2006 : RDC* 2006, 1276, obs. A. Marais. – S. Whittacker, *RDC* 2011, 579.

Dans une résolution sur le droit européen des contrats, adoptée le 7 septembre 2006, le Parlement européen a rappelé que l'initiative concernant ce projet est « la plus importante qui soit en cours dans le domaine du droit civil ». Il a invité en conséquence la Commission à mettre en œuvre le projet relatif à un « Cadre commun de référence élargi à des questions générales de droit des contrats, allant au-delà du domaine de la question de la protection des consommateurs ». Alors que la Commission n'envisageait plus qu'un éventuel instrument optionnel et adoptait une attitude prudente en insistant sur « la révision de l'acquis », le Parlement précisait que le résultat final à long terme pourrait être un « instrument contraignant ».

Parallèlement, les travaux relatifs au Cadre commun de référence se sont poursuivis au sein de divers groupes de travail européens. Un deuxième rapport sur « l'état d'avancement du cadre commun de référence a été publié le 27 juillet 2007[(115)]. Le groupe de travail « Acquis communautaire » a publié les résultats – partiels – de ses recherches tendant à dégager les Principes, mais ces principes sont conçus dans une perspective relativement étroite, les rapports professionnels-consommateurs, et de ce fait ils ne peuvent constituer un droit commun du contrat applicable à tous[(116)]. Plus récemment ont été publiés, d'une part le *Draft Common Frame of Reference* (DCFR) sous la direction du professeur Christian von Bar[(117)], d'autre part le Projet de cadre commun de référence (t. 1, Terminologie contractuelle ; t. 2, Principes contractuels communs) sous l'égide de l'Association Henri Capitant et de la Société de législation comparée, qui ont ainsi été soumis à l'examen de la Commission européenne[(118)]. Celle-ci a créé un groupe d'experts qui devait examiner ces travaux avant d'émettre des propositions[(119)].

À cet égard, le Parlement européen a rappelé que le Cadre commun de référence, s'il doit servir de « boîte à outils » permettant de mieux légiférer, pourrait dans l'avenir être un « instrument facultatif » en droit européen des contrats[(120)]. C'est finalement cette option qui a été retenue par le Parlement le 12 avril 2011 : instrument facultatif qui prendrait la forme d'un règlement et serait accompagné d'une « boîte à outils ».

Ce faisant, on s'oriente progressivement vers une harmonisation douce du droit européen des contrats qui débouchera peut-être un jour sur un code européen des contrats ou, plus largement, des obligations[(121)]. L'échéance du processus est toutefois bien incertaine, dans son principe autant que dans ses modalités.

(115) Doc. COM (2007), 447 final.

(116) P. Rémy-Corlay, in *RTD civ.* 2007, 740 ; *RDC* 2005, 1204, obs. A. Marais.

(117) Les trois premiers titres de cet ouvrage ont été traduits et publiés in *RDC* 2010, p. 213.

(118) B. Fauvarque-Cosson, *Droit européen des contrats : les offres sont faites, les dés non encore jetés* : *D.* 2008, chron. p. 556. – D. Blanc, *Droit européen des contrats : un processus en voie de dilution ?* : *D.* 2008, chron. p. 564. – B. Fauvarque-Cosson, *Pour un cadre commun de référence limité au droit des contrats* : *RDC* 2008, 918. – R. Schulze, *Le nouveau cadre commun de référence et l'acquis communautaire* : *RDC* 2008, 922. – D. Blanc, *Droit européen des contrats : un processus en voie de dilution ?* : *D.* 2008, chron. p. 564. – J. Gest, *Les travaux préparatoires du projet de cadre commun de référence sous la présidence française du Conseil de l'Union européenne* : *D.* 2009, chron. p. 1431. – G. Rouhette, *La contribution française au projet de cadre commun de référence* : *RDC* 2009, 739. – V. B. Fauvarque-Cosson, in *RDC* 2010, p. 731 sur la position de la Chambre des Lords à l'égard du DCFR.

(119) Déc. 26 avr. 2010, n° 2010/233/UE : *JOUE* 27 avr. 2010.

(120) PE, Rés. 3 sept. 2008 sur le Cadre commun de référence pur le droit européen des contrats, P6-TA (2008) 0397. – J.-S. Borghetti, *Réforme du droit des contrats : un projet s'en vient, l'autre s'en va* : *D.* 2015, 1376.

(121) B. Fauvarque-Cosson, *Heurs et malheurs de l'unification du droit des contrats en Europe* : *Mél. P. Tercier*, Schulthess, 2008, p. 245. – B. Fauvarque-Cosson, *Droit européen des contrats : bilan et perspectives pour la prochaine décennie, Programme de Stockholm* : *RDC* 2010, 316.

269. – Vers un code européen des affaires ? Depuis 2016 une nouvelle initiative a vu le jour sous l'égide de l'Association Henri Capitant et de la Fondation pour le droit continental : un projet de code européen des affaires[122], accueilli par les juristes français tantôt avec réserve[123], tantôt avec plus d'enthousiasme[124].

La méthode (codification-compilation ou codification-modification ? instrument optionnel ou impératif ?) et le périmètre (droit du commerce électronique, droit des sociétés, droit des entreprises en difficulté, droit du marché, droit fiscal, droit social, droit de la propriété intellectuelle, droit bancaire, droit des assurances, etc.) du code restent pour l'heure débattus et font l'objet de réflexions pilotées par la France et l'Allemagne.

Fin 2020, l'Association Capitant a dévoilé de premiers avant-projets de textes relatifs à la société européenne, au droit de l'insolvabilité, au droit du marché et au droit bancaire et des marchés financiers.

SOUS-SECTION 2

L'ÉVOLUTION DU DROIT PRIVÉ

270. – Les subdivisions du droit privé. Étant défini comme l'ensemble des règles qui régissent les rapports des particuliers, ou plus généralement des personnes privées entre elles, le droit privé devrait s'arrêter là où intervient l'État ou une autre personne de droit public. Partant de ce critère, certaines subdivisions sont indiscutablement de droit privé. D'autres – qui sont pourtant traditionnellement rattachées au droit privé – peuvent être qualifiées de mixtes.

À la vérité, dans tout classement il y a une part d'approximation. Il en va ainsi des subdivisions du droit privé, ce qui explique que, suivant les auteurs, une matière pourra être classée par les uns comme étant de droit privé, et par les autres comme étant mixte.

Quelles que soient les subdivisions, le droit privé a dû suivre le développement de l'activité humaine qui a été considérable au cours des soixante dernières années. Des besoins nouveaux sont apparus dans les domaines les plus divers : protection de la personne humaine face aux avancées de la médecine, des médias, de l'informatique, d'Internet, des fichiers, du numérique, de la robotisation et de l'intelligence artificielle ; protection de certaines catégories telles que les consommateurs, les locataires, les salariés, etc. ; protection de l'environnement ; nécessité d'organiser ou de réglementer la concurrence, la promotion immobilière et la commercialisation des immeubles et des logements ; apparition de droits nouveaux : la propriété littéraire et artistique, la propriété industrielle ; ou de techniques nouvelles : l'informatique et tout ce qui en découle, le commerce électronique, la protection des logiciels, etc. Rien de tout cela n'était réglementé par le droit privé, qui a donc dû se développer en conséquence.

(122) Ph. Dupichot, *Un Code de droit des affaires pour l'Europe : Mél. Grimaldi*, Defrénois, 2020, p. 373.
(123) L. d'Avout, *L'étonnante initiative en faveur d'un code européen des affaires : JCP* 2019, 559.
(124) R. Cabrillac, *Un Code européen des affaires, une chance pour la construction européenne : D.* 2019, 1191.

Ainsi, à l'évolution de l'activité humaine et de la société qu'elle engendre, a correspondu une évolution parallèle du droit. Il s'en est suivi un foisonnement de textes, lois, règlements, etc. Et, corrélativement, ce développement s'est accompagné d'une spécialisation progressive des matières et des sous-matières. On tentera d'en rendre compte en présentant la classification des subdivisions du droit privé.

§ 1. – Les matières de droit privé

271. – **Le droit civil.** Le *droit civil* n'est pas tant une branche que le tronc du droit privé(125). Cela est si vrai que, pendant très longtemps, droit privé était synonyme de droit civil : il comprenait toutes les règles applicables à la vie privée des hommes et à leurs rapports entre eux. À partir de ce tronc, de multiples branches sont nées, ou naissent encore, qui ont pris peu à peu leurs distances et par là même leur autonomie, si bien que l'histoire du droit civil est un peu celle de ses amputations. On pourrait presque poser ici une loi sociologique qui s'énoncerait ainsi : au fur et à mesure que le droit se développe, de nouvelles branches, plus spécialisées que les précédentes, se détachent pour acquérir une relative autonomie. Malgré cela, le droit civil demeure d'une importance primordiale, et ce pour deux raisons.

D'une part, on considère parfois qu'il demeure ce que l'on appelle le *droit commun*(126), c'est-à-dire celui auquel on se réfère lorsqu'on n'a pas à sa disposition une règle de droit plus spécialisée. Autrement dit, le droit civil trouvera application dans d'autres branches du droit privé, notamment en droit des affaires, chaque fois que les règles commerciales n'auront pas prévu et réglementé certaines situations que la loi civile a, elle, prévues et réglementées : par exemple les règles générales relatives aux contrats et à la responsabilité, les règles particulières à certains contrats : vente, mandat, etc. Il trouve également application en droit administratif dans la mesure où ce dernier s'inspire des principes découlant du Code civil(127).

D'autre part, même amputé, le droit civil recouvre encore un domaine extrêmement vaste. Il comprend :

– toutes les règles relatives à l'individualisation des *personnes* (état civil, nom, domicile) ;

– celles relatives à la *famille*, qu'il s'agisse des rapports extrapatrimoniaux (mariage, divorce, filiation) ou patrimoniaux (régimes matrimoniaux, successions) ;

– il détermine les droits que l'on peut exercer sur les *choses*, droit de propriété, ou de copropriété, d'usufruit, les servitudes, etc. ;

– il réglemente toute la matière des *contrats*, de la théorie générale aux applications particulières à tel type de contrat, et celle de la *responsabilité* tant en matière contractuelle qu'en dehors de tout contrat ; et également le droit des *sûretés*.

(125) R. Kasirer (ss dir.), *Le droit civil, avant tout un style ?*, Thémis, 2003. – *Le droit civil aujourd'hui : RTD civ.* 2020, 501, dossier.

(126) Sur la portée de l'assimilation, N. Balat, *Essai sur le droit commun*, LGDJ, coll. « Bibl. dr. privé », t. 571, 2016, préf. M. Grimaldi.

(127) B. Plessix, *L'utilisation du droit civil dans l'élaboration du droit administratif*, éd. Panthéon-Assas, 2003. – R. Drago, *Le Code civil et le droit administratif*, in *1804-2004. Le Code civil, Un passé, un présent, un avenir*, Dalloz, 2004, p. 775.

Parmi ces contrats figuraient le contrat de travail, ou encore le contrat de bail rural, toutes matières qui se sont développées et détachées du droit civil.

272. – **Le droit commercial.** Le *droit commercial* comprend l'ensemble des règles applicables aux commerçants et aux actes de commerce. De manière plus moderne, on le qualifie souvent de *droit des affaires*, terme extrêmement large qui est susceptible d'inclure le droit fiscal, le droit financier, le droit comptable et même pour partie le droit pénal.

Cette discipline s'est détachée très tôt du droit civil. Son autonomie date de plus de quatre siècles, des ordonnances de Colbert sur le commerce (1673) et sur la marine (1681), et elle s'est accompagnée de la naissance des *tribunaux consulaires*, juridictions spécifiques aux commerçants qui se caractérisent par le fait que les magistrats qui les composent sont élus parmi les commerçants par leurs pairs. Mais le droit commercial conserve des liens assez étroits avec le droit civil[128] ; cela tient peut-être à ce que l'appel contre les décisions des tribunaux de commerce fait venir l'affaire devant la cour d'appel.

L'ancienneté de la matière explique qu'elle ait fait l'objet d'une codification dès 1807. À la différence du Code civil, ce code a été rapidement dépassé. C'est ainsi que, s'il connaissait les sociétés de personnes, il ignorait les sociétés anonymes (1867), les sociétés à responsabilité limitée (SARL, 1925) et les sociétés par actions simplifiées (SAS, 1994). Par ailleurs, de nombreuses matières ont été bouleversées par des réformes successives : fonds de commerce, registre du commerce et des sociétés, sociétés, redressement et liquidation judiciaires ; de nouveaux contrats commerciaux sont apparus, etc. Parce qu'il régit une matière à l'imagination créatrice particulièrement développée, le droit commercial est en perpétuel changement, beaucoup plus que le droit civil : même la définition du commerçant et des actes de commerce n'est pas restée immuable ; peut-être est-ce la réglementation des effets de commerce : chèque, lettre de change ou traite, qui a connu le plus de stabilité.

Toutes ces matières se retrouvent dans la re-codification intervenue en 2000 qui traite en neuf livres : du commerce en général, des sociétés commerciales et des groupements d'intérêt économique, de certaines formes de vente et des clauses d'exclusivité, de la liberté des prix et de la concurrence, des effets de commerce et des garanties, des difficultés des entreprises, des juridictions commerciales et de l'organisation du commerce, de quelques professions réglementées, et enfin des dispositions relatives à l'outre-mer.

273. – **Les branches dérivées.** Le droit civil et le droit commercial ont vu certains de leurs aspects se développer d'une manière toute particulière au point de constituer de nouvelles spécialités, de nouvelles branches du droit qui tiennent à la fois du droit civil et du droit commercial ou des affaires. La naissance de ces diverses branches ou spécialités s'explique par de nombreux motifs. À l'origine, il y a toujours un développement important d'une activité peu ou pas réglementée, ce qui entraîne une floraison de textes telle qu'on ne les intègre pas dans le

(128) M. Germain, *Le Code civil et le droit commercial*, in *1804-2004. Le Code civil. Un passé, un présent, un avenir*, Dalloz, 2004, p. 639.

code correspondant, ne serait-ce que pour ne pas bouleverser la numérotation des articles. Ensuite, parce qu'elle a un objet original et souvent professionnel (transport, assurance, banque, construction), la matière s'imprègne d'un esprit propre et suscite l'intérêt de ceux qui deviennent ses spécialistes. Enfin, ultime consécration, faute de temps pour pouvoir être enseignée dans le cours de droit civil ou de droit des affaires dont elle relève par sa nature, la nouvelle branche qui ne peut plus être ignorée va faire l'objet d'un cours particulier dans les universités.

a) Certaines se rapprochent plutôt du droit commercial. La plus ancienne est sans doute le *droit maritime*. Il est le droit des activités en mer ; dans sa partie transport par mer (à laquelle il ne se limite pas), il est un aspect d'une matière plus vaste qui est *le droit des transports* et qui comprend, en outre, le *droit aérien*, le *droit fluvial*, le *droit routier*, le droit des transports ferroviaires, pour lesquels l'aspect droit civil apparaît parfois plus nettement, du moins pour le transport de passagers.

Dans une autre direction, on trouve le *droit bancaire* qui, à côté des effets de commerce, comprend la réglementation des banques, des changes, de l'usure (mais c'est aussi du droit pénal) et des techniques anciennes (crédit documentaire) ou nouvelles de financement (crédit-bail, affacturage, etc.). De même, il y a désormais un *droit de la Bourse* : organisation et fonctionnement des Bourses de valeurs et des Bourses de marchandises, OPA, etc.

Existent aussi un *droit de la propriété commerciale (les baux commerciaux)* : rapports entre le propriétaire du fonds de commerce et le propriétaire de l'immeuble ; *droit de la propriété industrielle* : droits des inventeurs sur leurs inventions aujourd'hui rattachés à la *propriété intellectuelle* ; *droit de la concurrence* : réglementation de la concurrence, des ententes et des positions dominantes ; *droit fiscal* qui est autant de droit public que de droit privé.

b) D'autres branches se rapprochent plutôt du droit civil. C'est ainsi que les rapports entre salariés et patrons, qui étaient régis par deux articles seulement du Code civil, le sont aujourd'hui par un Code du travail qui est la Bible du *droit du travail*(129) ; le *droit de la Sécurité sociale* lui est traditionnellement accolé.

Ancien par son origine(130) (C. civ., art. 3) mais moderne par ses développements pratiques, il faut citer le *droit international privé*, civil ou commercial suivant les cas, qui détermine les règles relatives à la nationalité des personnes et des sociétés, et régit les rapports dans lesquels intervient un élément étranger, par exemple l'une des parties au rapport, ou le lieu, etc. Les auteurs le classent parfois dans les droits mixtes dans la mesure où certaines matières (la nationalité et la condition des étrangers) relèvent de la souveraineté de l'État, donc du droit public.

Il y a aussi un *droit des assurances*, qui n'existait que dans son volet maritime en 1804 et a trouvé sa charte terrestre dans la loi du 13 juillet 1930, avant d'être codifié en 1976 ; *droit rural*, bouleversé en 1945 par le statut du fermage et du métayage, codifié en 1955 et récemment recodifié ; *droit de la propriété intellectuelle* codifié en 1992 qui réunit à la fois la propriété littéraire et artistique et la

(129) F. Géa, *À quoi sert le droit du travail ?* : D. 2020, 444.

(130) H. Gaudemet-Tallon, *Droit international privé et Code civil*, in *1804-2004. Le Code civil. Un passé, un présent, un avenir*, Dalloz, 2004, p. 749. – B. Ancel, *Éléments d'histoire du droit international privé*, éd. Panthéon-Assas, 2017.

propriété industrielle (le droit des marques, des dessins et modèles, des brevets d'invention, etc.) ; *droit de la construction*, qui connaît des développements de plus en plus importants, et qui a été codifié en 1978 ; *droit de la consommation* dont la codification (1993-1997) a réuni les divers textes édictés depuis les années 1970, et qui a été recodifié en 2016.

§ 2. – Les matières mixtes

A. – Les matières mixtes classiques

274. – **Le droit pénal et la procédure pénale.** On classe tout d'abord dans les matières mixtes les droits sanctionnateurs. On entend par là les branches du droit qui ou bien sont orientées vers la répression d'agissements jugés contraires à l'intérêt général, ou bien ont plus particulièrement pour objet de faire respecter les règles posées par les autres branches. C'est le cas du droit pénal et de la procédure pénale, ainsi que de la procédure civile, matières pour lesquelles il y a discussion sur le point de savoir si elles sont de droit privé ou de droit public.

Le droit pénal et la procédure pénale définissent les infractions punissables, les conditions dans lesquelles ceux qui les commettent peuvent être poursuivis et les peines qu'ils encourent. C'est sans doute la matière juridique qui apparaît la première dans toute société à son stade primitif, car elle est essentielle pour la vie et l'avenir du groupe. Si, aux origines, il s'agissait d'une vengeance privée dans laquelle l'État n'intervenait pas, il n'en est plus ainsi de nos jours. L'État est toujours partie au procès pénal par l'intermédiaire du ministère public, son représentant officiel devant les tribunaux, car on considère que toute infraction, serait-elle commise à l'encontre d'un simple particulier, cause un préjudice à la société, donc à l'État. Il s'ensuit que, sauf exception, le ministère public peut toujours poursuivre un délinquant, même en l'absence de plainte de la victime. Et, dans certaines matières, il arrive que seul l'État ait l'initiative des poursuites, à l'exclusion des personnes qui en auraient souffert.

Ainsi, à de multiples égards, le droit pénal mérite d'être classé parmi les branches du droit public, celles qui régissent les rapports dans lesquels intervient l'État. Cependant, malgré la présence permanente de l'État dans les rapports régis par le droit pénal, cette matière est le plus souvent rattachée au droit privé ; on fait valoir en ce sens que le droit pénal accorde de larges prérogatives au particulier victime mais la véritable raison tient peut-être plus au fait qu'il est appliqué par des juridictions de l'ordre judiciaire et enseigné par des professeurs de droit privé.

Codifié lui aussi au lendemain de la Révolution (1810), le droit pénal a considérablement changé. Certes, peu d'infractions ont disparu, mais de nombreuses ont été ajoutées, spécialement en matière financière. De même, si l'énoncé des peines a peu varié, sauf dans leur intitulé (à l'exception de la peine de mort qui a été supprimée), leur contenu est souvent profondément modifié ; et on leur a adjoint des peines accessoires et des mesures de sûreté (déchéances diverses, interdiction d'exercer certaines professions, fermetures d'établissements, etc.). Les modifications ont été particulièrement profondes avec l'entrée en vigueur le 1er mars 1994 des quatre lois du 22 juillet 1992 portant réforme du Code pénal.

La procédure pénale a été aussi l'objet de révisions importantes, réalisées notamment par les lois n° 93-2 du 4 janvier 1993 et n° 93-1013 du 24 août 1993, par la loi n° 2000-516 du 15 juin 2000 relative à la *présomption d'innocence*, elle-même retouchée par la loi du 4 mars 2002[131], et par la loi n° 2019-222 du 23 mars 2019[132].

275. – **La procédure civile ou droit judiciaire privé.** La *procédure civile*, souvent appelée aujourd'hui *droit judiciaire privé*, a été longtemps considérée comme une dépendance pure et simple du droit civil, parce qu'elle précise les règles de mise en œuvre des droits privés devant les diverses juridictions civiles. Une tendance plus récente y voit une matière de droit public, au motif qu'il s'agit de l'organisation et du fonctionnement d'un service public, celui de la justice. Mais, comme le droit pénal, la procédure civile est appliquée par des juridictions de l'ordre judiciaire et enseignée par les professeurs de droit privé.

Fixée – si l'on ose ainsi parler à propos de cette matière – dans un Code de 1806, la procédure civile est en perpétuelle mutation. Si l'organisation des tribunaux varie peu, des recherches incessantes tendent à l'amélioration de leur fonctionnement ; depuis toujours, mais en vain, les réformateurs poursuivent le mythe d'une procédure « plus simple, plus rapide et moins coûteuse... » ; c'est dans cette perspective qu'ont été édictés la loi portant unification des professions juridiques (avocats, avoués et, plus récemment, les conseils juridiques) et différents décrets de 1971, 1972 et 1973 instituant des dispositions qui ont été intégrées dans le Nouveau Code de procédure civile institué en 1975, et désormais dénommé Code de procédure civile depuis le 1er janvier 2008. Il s'y est ajouté en 1978 un Code de l'organisation judiciaire.

La procédure civile a été retouchée par la loi du 18 décembre 1998 relative à l'accès au droit et à la résolution amiable des conflits, et par un décret du 28 décembre 1998, l'ensemble tendant à réaliser une justice plus proche du justiciable, plus consensuelle et plus rapide[133]. À nouveau modifiée par la loi Macron, elle n'en constitue pas moins l'un des chantiers lancés par la garde des Sceaux le 6 octobre 2017[134] et elle a été à nouveau profondément retouchée par la loi n° 2019-222 du 23 mars 2019 de programmation et de réforme pour la justice[135] et par les décrets qui ont suivi.

276. – **Le droit de l'Union européenne, ou droit communautaire.** Le droit de l'Union européenne, que l'on continue parfois de nommer droit communautaire (ce qui renvoyait aux communautés européennes), comprend deux types de règles très différentes : les traités eux-mêmes, qui constituent le droit primaire, et les règles de droit édictées par les instances européennes, qui sont du droit dérivé (sur cette

(131) J. Pradel, *La loi n° 2002-307 du 4 mars 2002 ; un placebo pour guérir certains maux de la réforme du 15 juin 2000 sur la présomption d'innocence* : D. 2002, chron. p. 1693.

(132) J.-B. Perrier, *Les Révolutions de la procédure pénale* : D. 2019, 1061.

(133) S. Guinchard, *L'ambition d'une justice rénovée : commentaire du décret n° 98-1231 du 28 décembre 1998 et de quelques aspects de la loi n° 98-1163 du 18 décembre 1998* : D. 1999, chron. p. 65.

(134) *Prolégomènes pour réformer la procédure civile* : D. 2017, 2488. – C. Brenner, *La réforme de la procédure civile : un chantier de démolition ?* : D. 2018, 361. – J. Théron, *Améliorer et simplifier la procédure civile* : JCP 2018, 237. – C. Chainais et X. Lagarde (ss dir.), *Réformer la justice civile* : JCP 2018, suppl. au n° 13, 26 mars 2018.

(135) J.-B. Thierry, *La loi n° 2019-222 du 23 mars 2019, loi de réforme pour la justice numérique ?* : JCP 2019, 524. – J. Théron, *« Less is more », Esquisse d'une nouvelle procédure minimaliste. L. n° 2019-222 du 23 mars 2019* : JCP 2019, 495.

distinction, V. *supra*, n° 83). S'y ajoutent les interprétations données par la Cour de justice de l'Union européenne (CJUE).

Les traités sont du droit international régissant les rapports entre les États et, à ce titre, ils relèvent du droit public. En revanche le droit dérivé, c'est-à-dire les règlements et directives, relèvera tantôt du droit privé et tantôt du droit public suivant la matière dans laquelle il intervient.

Par exemple, les directives présentées plus haut comme ayant un impact sur le droit civil (V. *supra*, n° 264) sont d'évidence du droit privé. Mais d'autres, par exemple celles relatives aux marchés publics, sont du droit public.

En réalité, s'interroger sur le point de savoir si le droit de l'Union européenne, considéré comme une entité, est de droit privé ou de droit public, c'est poser une mauvaise question. Il faut y répondre en disant que, comme en droit interne (qu'il soit français, anglais ou autre), il y a en droit européen des règles de droit privé et des règles de droit public.

On pourrait en dire autant de la Convention européenne des droits de l'homme : certaines de ses règles concernent le droit privé, et d'autres le droit public.

B. – Les matières mixtes nouvelles

277. – **Le droit de l'environnement.** Le droit de l'environnement est né dans les dernières décennies du XXe siècle plutôt du côté du droit public. Il tend à se privatiser à mesure que s'étend son domaine, avec en particulier la reconnaissance d'obligations environnementales ou encore la réparation du préjudice écologique pur (reconnu par la Cour de cassation dans l'affaire du naufrage de l'Erika avant d'être consacré et défini dans le Code civil en 2016)[136]. Par-delà des controverses quant à son champ, on peut y voir la branche du droit qui concerne l'impact des activités humaines sur les écosystèmes[137].

Parce que les considérations climatiques sont désormais au premier plan des préoccupations démocratiques, le droit de l'environnement est en expansion continue. Il existe une Charte de l'environnement, à valeur constitutionnelle (V. *supra*, n° 70), ainsi qu'un Code de l'environnement adopté en 2000[138] ; mais la matière déborde largement ces sources. Le droit de l'Union y est présent : par exemple avec la directive révisée sur l'eau potable, adoptée en décembre 2020, ou encore avec l'ambitieuse proposition de règlement du 4 mars 2020 établissant le cadre pour la neutralité climatique, dite « loi européenne sur le climat » et prise dans le cadre de la politique de *pacte vert pour l'Europe*. Les traités internationaux se sont également emparés de la question : en témoigne l'Accord de Paris de 2015 sur le climat, issu des travaux de la COP 21 et adopté sous l'égide de l'Organisation des Nations unies[139].

(136) Y. Jégouzo, *L'évolution des instruments du droit de l'environnement* : *Pouvoirs* nov. 2008, n° 127, p. 23. – M. Boutonnet, *Le contrat et le droit de l'environnement* : *RTD civ.* 2008, 1 ; *Des obligations environnementales spéciales à l'obligation environnementale générale en droit des contrats* : *D.* 2012, 377. – V. Monteillet, *La contractualisation du droit de l'environnement*, Dalloz, 2017. – A. Stevignon, *Le temps qu'il fait et le droit des obligations*, thèse, Paris II, 2019, ss dir. N. Molfessis.

(137) L. Neyret, *Le changement en droit de l'environnement* : *Rev. dr. Assas* févr. 2015, n° 10, p. 251.

(138) M. Prieur, *Commentaire de l'ordonnance n° 2000-914 du 18 septembre 2000 relative à la partie législative du Code de l'environnement* : *AJDA* 2000, 1030.

(139) Y. Aguila, *COP 21 : comment garantir le respect par les États de leurs engagements internationaux ?* : *Dr. env.* 2015, 362.

L'organisation juridictionnelle s'adapte également, avec la création par la loi n° 2020-1672 du 24 décembre 2020 de pôles régionaux spécialisés dans les atteintes à l'environnement, dans le ressort de chaque cour d'appel, au sein de certains tribunaux judiciaires.

Enfin, le droit de l'environnement donne progressivement naissance à de véritables concepts écologiques, qui se structurent peu à peu : patrimoine commun de l'humanité, précaution, développement durable, préjudice écologique[140], etc.

278. – **Le droit du numérique et le droit de l'intelligence artificielle[141].** Le numérique et l'intelligence artificielle sont en plein développement. Le droit s'y acclimate progressivement, dans un double mouvement tendant à les réguler et à les utiliser dans le cadre de ses évolutions[142], au point de donner naissance à de nouvelles branches émergentes qui transcendent elles aussi la frontière traditionnelle entre le droit public et le droit privé.

Le numérique couvre des questions aussi importantes et actuelles que les données personnelles (dont l'assise juridique se trouve en particulier dans le règlement communautaire n° 2016/679, dit règlement général sur la protection des données ou « RGPD »), les plateformes numériques support de l'ubérisation[143], les objets connectés, les communications numériques, les algorithmes[144], sans oublier toutes les ramifications du droit de l'informatique et de l'Internet (V. *infra*, n° 383). La Commission nationale de l'informatique et des libertés (CNIL) en est une actrice majeure. Le droit de l'Union est lui aussi très présent, et son emprise devrait aller en s'accroissant[145].

Quant à l'intelligence artificielle[146], entendue comme « un système informatique capable d'effectuer un choix autonome, distinct de celui de la personne qui l'a conçue ou qui en a l'usage »[147], elle peut être mise en œuvre à de nombreuses fins juridiques : l'*open data* et la justice prédictive (V. *supra*, n° 226)[148] ; l'analyse de contrats[149] ; le véhicule autonome ; la *blockchain* ou chaîne de blocs, définie comme un « dispositif d'enregistrement électronique partagé »[150], dont les applications potentielles sont très vastes[151] et peuvent concerner les cryptomonnaies, la

(140) A. Meynier, *Réflexions sur les concepts en droit de l'environnement*, LGDJ, 2020.

(141) B. Warusfel, *La transversalité du droit du numérique : Mél. Huet*, LGDJ, 2017, p. 411. – N. Martial-Braz, *La transdisciplinarité du droit du numérique : Mél. Vivant*, LexisNexis-Dalloz, 2020, p. 849.

(142) V. not. P.-J. Benghozi, *Blockchain : objet à réguler ou outil pour réguler ? : JCP* E 2017, 1470.

(143) Conseil d'État, *Puissance publique et plateformes numériques : accompagner l'ubérisation*, Étude annuelle 2017. – F. G'sell : *JCP* 2017, 1117. – J. Chevallier, *Les nouveaux développements de l'État plateforme : JCP* 2020, 611.

(144) L. Godefroy, *Le code algorithmique au service du droit : D.* 2018, 734.

(145) V. not. les propositions de règlement du 15 déc. 2020, dites « *Digital Market Act* » et « *Digital Services Act* », envisageant respectivement la concurrence et les services en ligne. – V. aussi la proposition de règlement « IA » dévoilée le 21 avr. 2021 par la Commission.

(146) F. Barthe, *Les outils de l'intelligence artificielle pour le droit français : JCP* 2019, 381. – S. Merabet, *Vers un droit de l'intelligence artificielle*, Dalloz, 2020. – F. Rouvière, *L'intelligence artificielle au risque du mythe : RTD civ.* 2020, 990.

(147) S. Merabet, préc., n° 541.

(148) A. Garapon et J. Lassègue, *Justice digitale*, PUF, 2019.

(149) B. Dondero et B. Lamon, *Juristes humains contre IA : l'analyse de contrats. À propos de l'étude LawGeex : JCP* 2018, 1201.

(150) Ord. n° 2017-1674, 8 déc. 2017 relative à l'utilisation d'un dispositif d'enregistrement électronique partagé pour la représentation et la transmission de titres financiers : *JO* 9 déc.

(151) D. Legeais, *La blockchain et l'avenir du droit : Mél. Couret*, EFL-Dalloz, 2020, p. 879. – M. Mekki, *Les mystères de la blockchain : D.* 2017, 2160. – S. Drillon, *La révolution Blockchain : RTD com.* 2016, 893. – B. Barraud, *Les blockchains et le droit : RLDI* avr. 2018, n° 147. – G. Canivet, *Blockchain et régulation : JCP* E 2017, 1469. – P.-J. Benghozi, *Blockchain : objet à réguler ou outil pour réguler ? : JCP* E 2017, 1470. – T. Douville, *Blockchain et protection des données à caractère*

preuve (V. *infra*, n° 560)[152], l'exécution automatisée de contrats (par le biais de programmes informatiques appelés *smart contracts* ou contrats intelligents)[153], etc. L'intelligence artificielle pose de redoutables questions de responsabilité civile : dans le cas d'une défaillance de la machine causant un dommage, qui doit être déclaré responsable et suivant quelles règles[154] ?

279. - **Conclusion.** La liste, non limitative d'ailleurs, des matières que la tradition classe sous la rubrique droit privé, est le résultat d'une évolution de plusieurs siècles. C'est *a posteriori* qu'on a tenté d'expliquer la distinction entre droit privé et droit public par le critère fondé sur la présence ou l'absence de l'État dans les rapports à régir (V. *supra*, n° 241) ; et on s'aperçoit que le critère n'est pas parfait parce que dans toutes les matières de droit privé il y a certaines règles qui régissent des rapports entre particuliers, et d'autres qui font intervenir l'État.

C'est tout à fait évident pour le droit pénal, les procédures civile et pénale, mais c'est également vrai dans d'autres matières : par exemple l'État est intéressé au premier chef en droit fiscal où il est partie prenante, en droit bancaire par la réglementation des banques, des changes et du crédit, en droit des affaires par l'organisation et le fonctionnement des Bourses, etc. On pourrait multiplier les exemples de ce genre qui illustrent le caractère approximatif du critère proposé.

Ce qui fait l'unité de ces matières, c'est souvent leur origine identique : beaucoup, à l'exception du droit pénal ou encore du droit primaire de l'Union européenne, sont des branches détachées du droit civil. On peut ajouter des motifs peut-être contingents mais puissants ; en premier lieu, l'application de ces matières est tantôt entièrement, tantôt partiellement, de la compétence des juridictions de l'ordre judiciaire alors que le droit public relève des juridictions de l'ordre administratif ; ensuite, il se trouve que, dans les universités, elles sont pour l'essentiel enseignées par des professeurs de droit privé.

---

personnel : AJC 2019, 316. – M. Julienne, *L'inscription des titres financiers en blockchain* : *Bull. Joly Bourse* mars 2019, p. 58. – M. Audit, *Le droit international privé confronté à la blockchain* : *Rev. crit. DIP* 2020, 669.

(152) T. Douville, *Blockchains et preuve* : *D.* 2018, 2193.

(153) G. Guerlin, *Considérations sur les smart contracts* : *Dalloz IP/IT* 2017, p. 512. – G. Cattalano, *Smart contracts et droit des contrats* : AJC 2019, 321.

(154) C. Lachièze, *Intelligence artificielle : quel modèle de responsabilité ?* : *Dalloz IP/IT* 2020, 663, et *Vers un régime de responsabilité propre à l'intelligence artificielle ?* : *JCP* 2021, 457. – D. Galbois-Lehalle, *Responsabilité civile pour l'intelligence artificielle selon Bruxelles* : *D.* 2021, 87. – Sur la responsabilité pénale applicable pour les véhicules autonomes, V. C. route, art. L. 123-1 et s., et *infra*, n° 291.

CHAPITRE 2

LE DROIT PUBLIC

280. – Définition. Selon Montesquieu, le *droit public* – qu'il dénommait droit politique – comprenait « les lois dans le rapport qu'ont ceux qui gouvernent avec ceux qui sont gouvernés ». On dirait aujourd'hui l'ensemble des règles qui déterminent l'organisation des pouvoirs publics et leurs rapports avec les particuliers ; d'une manière plus concrète, on peut préciser qu'est de droit public toute règle régissant une situation dans laquelle l'État est partie. Encore cette définition ne recouvre-t-elle pas la *science politique*, une branche nouvelle qui s'éloigne chaque jour un peu plus du droit public et même du droit tout court.

Bien que plus ancien mais peut-être moins vite élaboré que le droit privé, le droit public n'a pas fait l'objet d'une codification, sauf dans certains domaines comme l'urbanisme, les marchés publics et, plus récemment, les propriétés publiques. Il se subdivise en trois branches principales.

281. – Le droit constitutionnel. Le *droit constitutionnel* englobe l'ensemble des règles relatives à l'organisation de l'État (répartition des pouvoirs législatif, exécutif et judiciaire) et au fonctionnement des autorités qui détiennent le pouvoir (président de la République, Premier ministre, Conseil des ministres, les diverses assemblées parlementaires, etc.). Si, négligeant ainsi ce qui se passe à l'étranger et ce qui s'est passé jadis en France, on se limite au droit constitutionnel en vigueur dans notre pays, il est contenu dans la Constitution du 4 octobre 1958 qui marque la naissance de la Ve République, et dans les différents textes de valeur constitutionnelle ou assimilée (lois constitutionnelles, lois organiques).

C'est à cette branche du droit public que pensait Montesquieu lorsqu'il parlait de droit politique ; l'organisation de l'État en monarchie, empire, république, et en leurs diverses formes, est bien un problème politique.

282. – Le droit administratif[1]. Le *droit administratif* comprend l'ensemble des règles relatives à l'organisation et au fonctionnement des administrations publiques, ainsi qu'aux rapports de ces administrations avec les particuliers.

Cela recouvre les problèmes de la division administrative en régions, départements, communes, et plus généralement en collectivités publiques ; l'aménagement

(1) J.-M. Pontier, *Qu'est-ce que le droit administratif ?* : *AJDA* 2006, 1937.

du territoire, l'urbanisme et l'expropriation, le domaine public ; les fonctionnaires et agents publics et le statut de la fonction publique ; les actes et contrats administratifs ; les travaux publics ; la responsabilité de l'Administration et les juridictions administratives.

La création d'une juridiction administrative, compétente pour juger les actes de l'Administration – de la légalité des décrets jusqu'à la responsabilité des hôpitaux publics, et même jadis des accidents survenus aux véhicules de l'Administration – est apparue comme une nécessité pour que soit assuré le principe de la séparation des pouvoirs exécutif et judiciaire. On estimait qu'il eût été violé si les actes de l'Administration avaient pu être critiqués devant les magistrats de l'ordre judiciaire ; d'où la dualité, qui subsiste encore, de notre système juridictionnel, ce qui entraîne des problèmes de compétence souvent difficiles à résoudre. Il existe même une juridiction spéciale, le *Tribunal des conflits*, dont le seul rôle est de dire si les litiges qui lui sont soumis doivent être portés devant le juge administratif ou le juge judiciaire !

Cette dualité de juridictions ne va pas sans inconvénients. À son débit, il faut mettre le temps perdu à plaider sur la compétence, et aussi l'existence d'une double jurisprudence, avec des divergences sur des problèmes identiques[(2)]. Ainsi, jusqu'en 1959, les accidents survenus aux véhicules administratifs relevaient du juge administratif et non pas, comme tous les autres, du juge civil. Également, la responsabilité des architectes et entrepreneurs ne sera pas soumise aux mêmes juges, et par suite pas aux mêmes règles, suivant qu'ils ont construit pour des particuliers ou pour une personne publique, etc.

Du droit administratif, il convient de rapprocher celui *des grands services publics et entreprises nationales* qui réglemente les différents modes de gestion des services publics : gestion directe, régie, concession, établissement public, etc.

Mais, chaque fois que l'État par l'intermédiaire de ses entreprises (Établissements publics à caractère industriel et commercial : EPIC) se met à faire du commerce, « il se met en civil » et passe des contrats de droit privé dont le contentieux échappera au droit public et à la juridiction administrative.

Du droit administratif se sont détachées certaines branches, par exemple le *droit des marchés publics* (codifié en 1964-1966, refondu à de multiples reprises et notamment par l'ordonnance du 23 juillet 2015), ou le *droit de l'urbanisme* (codifié en 1972-1973 et recodifié en 2015), etc.

283. – **Le droit des finances publiques.** Le *droit des finances publiques* réunit, d'une part, les règles générales relatives au budget et à l'impôt et, d'autre part, les règles particulières applicables aux divers impôts directs et indirects, TVA, droits de douane, droits d'enregistrement, etc.

On est ici au point de rencontre du droit public et du droit privé. Le fait que l'État y soit toujours partie – et partie prenante ! – en fait du droit public ; mais c'est aussi du droit privé en ce sens que l'impôt ou les taxes frappent bien souvent des actes ou événements privés : par exemple la TVA porte sur les ventes et les

(2) V. cep. B. Plessix, *L'utilisation du droit civil dans l'élaboration du droit administratif*, éd. Panthéon-Assas, 2003. – R. Drago, *Le Code civil et le droit administratif*, in *1804-2004. Le Code civil, Un passé, un présent, un avenir*, Dalloz, 2004, p. 775.

prestations de services, l'impôt sur les bénéfices, l'enregistrement sur les contrats, les droits de mutation sur les ventes, apports en société, fusions, dissolutions, etc. Par suite les règles du droit fiscal influent sur le comportement des particuliers qui en tiennent compte dans le choix de leurs actions.

284. – **Le droit international public.** Pour compléter ce tableau très sommaire des matières de droit public, on peut également citer le *droit international public* qui régit les rapports des États entre eux.

L'existence même de ce droit fait difficulté dans la mesure où on peut légitimement se demander s'il peut y avoir un véritable ordre juridique entre les États.

Sous cette réserve, on relèvera que le droit international public repose sur des sources supranationales : des conventions ou traités internationaux, la *coutume internationale* et les *principes généraux du droit reconnus par les nations civilisées*. Toutefois, à la différence des traités, la coutume internationale et les principes généraux ne font pas l'objet de textes précis et universellement admis.

Parallèlement il existe des institutions internationales : l'Assemblée générale des Nations unies, le Conseil de sécurité, la Cour internationale de justice de La Haye.

Le problème du droit international public tient à l'absence de sanctions ou à la difficulté de les mettre en œuvre. On le voit bien à la difficulté de faire respecter par les États les résolutions de l'ONU.

DEUXIÈME PARTIE

LES PERSONNES TITULAIRES DE DROITS SUBJECTIFS

285. – **Personnes. Sujets de droits. Titulaires de droits subjectifs.** Tous ces termes sont synonymes : les personnes sont des sujets de droit, c'est-à-dire qu'ils sont titulaires de droits subjectifs.

Suivant le *Vocabulaire juridique* (Association Capitant, 13e éd., ss dir. G. Cornu), est une *personne* celui (ou celle) « qui jouit de la personnalité juridique » ; et la *personnalité juridique* se définit comme l'« aptitude à être titulaire de droits et assujetti à des obligations qui appartient à toutes les personnes physiques, et dans des conditions différentes aux personnes morales ».

Ainsi toute personne est d'une part *titulaire de droits* : par exemple, droit d'ester en justice (intenter un procès), droit de propriété, etc., et d'autre part *débiteur d'obligations* : par exemple, obligation de réparer le préjudice causé, d'accomplir les prestations promises par contrat, etc.(1)

Ces droits et obligations d'une personne peuvent être ou non évaluables en argent : dans le premier cas, on dit que ce sont des droits et obligations de nature patrimoniale parce qu'ils constituent le *patrimoine* de la personne ; dans le second, ils sont dits extrapatrimoniaux (droit à l'honneur, droit au respect de la vie privée, etc.) et n'entrent pas dans le patrimoine, même si leur violation par des tiers peut être sanctionnée par une condamnation à dommages-intérêts qui peut être une somme symbolique de 1 euro.

Si les *personnes* sont toutes des *sujets de droit*, en revanche elles n'ont pas toutes la même aptitude à acquérir des droits et à les exercer : c'est particulièrement vrai pour les groupements qu'on qualifie *personnes morales* et dont la *capacité* est toujours plus limitée que celle des *personnes physiques*.

(1) Pour une autre présentation, V. F. Dekeuwer-Défossez, *La notion de personne : tentative de synthèse* : D. 2017, 2046.

Personnes physiques et personnes morales sont donc toutes dotées de la personnalité juridique, mais elle apparaît différemment chez les unes et chez les autres. Dans un premier temps, on examinera comment cette personnalité est reconnue (Titre 1), avant de dégager les éléments qui permettent d'identifier les personnes (Titre 2), à savoir l'état, le nom, le domicile et la nationalité des personnes.

TITRE 1

LA PERSONNALITÉ JURIDIQUE : PERSONNES PHYSIQUES ET PERSONNES MORALES

286. – **Présentation.** Même si jadis on a pu en douter, il va aujourd'hui de soi que toute personne humaine[(1)] doit être juridiquement reconnue comme étant sujet de droit[(2)]. Il n'en va pas de même lorsqu'il s'agit d'attribuer la personnalité juridique, la possibilité d'être titulaire de droits, et notamment du droit d'agir en justice à des entités, des groupements qui ne sont que le produit de manifestations humaines. Par exemple, une secte a-t-elle la *personnalité morale* ? Il suffit de poser la question pour comprendre qu'il y a problème et qu'on ne saurait reconnaître de manière générale aux groupements la qualité de sujets de droits.

(1) Sur le point de savoir si l'espèce humaine est une personne ou une chose, V. M.-P. Peis-Hitier, *Recherche d'une qualification juridique de l'espèce humaine* : *D.* 2005, chron. p. 865.

(2) Sur les rapports entre personne et sujet de droit, V. R. Martin, *Personne et sujet de droit* : *RTD civ.* 1981, p. 785.

CHAPITRE 1

LES PERSONNES PHYSIQUES

287. – Reconnaissance automatique de la personnalité juridique. La personnalité juridique est reconnue d'emblée à tout être humain, quels que soient son âge et ses capacités physiques ou intellectuelles.

Il n'est pas inutile de préciser qu'il n'en va pas de même pour les animaux malgré la tentation que certains pourraient avoir de personnifier l'animal (V. *infra*, n° 288). Si notre époque reconnaît que l'homme a des devoirs à l'égard des animaux[1], c'est par excès de langage qu'on parle parfois de droits des animaux ; l'animal est « soumis au régime des biens » (C. civ., art. 515-14) donc finalement assimilé à un bien. Il en va de même des choses, et notamment des végétaux : elles sont des biens et elles n'ont pas la personnalité juridique.

En effet la personnalité juridique étant l'aptitude à être sujet de droits et d'obligations, il est évident que les animaux (et *a fortiori* les végétaux) n'ont pas de droits – même si nous avons des devoirs envers eux –, qu'ils n'ont pas de patrimoine, qu'ils ne peuvent ni assigner en justice ni être assignés s'ils causent des dommages, etc.

Parmi les êtres humains, certains se voyaient jadis dénier la personnalité juridique parce qu'ils étaient esclaves. Mais l'esclavage a été aboli en France en 1848. Cette condamnation est aujourd'hui générale ainsi qu'en atteste la Convention européenne des droits de l'homme : « Nul ne peut être tenu en esclavage ni en servitude » (art. 4.1) ; et le Pacte des Nations unies relatif aux droits civils et politiques pose en principe que « Chacun a droit à la reconnaissance en tous lieux de sa personnalité juridique » (art. 16).

Le droit français connaissait jadis une autre exception, découlant du fait que certains condamnés étaient en outre frappés de *mort civile*, ce qui revenait à les priver de toute existence juridique, donc de la personnalité juridique ; cette peine a été supprimée en 1854.

288. – Qu'en est-il de l'animal ? En dépit de la tentation que certains pourraient avoir de personnifier l'animal, notamment l'animal de compagnie[2], l'animal n'a pas

(1) S. Antoine, *Le droit de l'animal : évolution et perspectives : D.* 1996, chron. p. 126 ; *La loi n° 99-5 du 6 janvier 1999 et la protection animale : D.* 1999, chron. p. 167.

(2) C. Daigueperse, *L'animal, sujet de droit : réalité de demain : Gaz. Pal.* 4 avr. 1981. – A.-M. Sohm-Bourgeois, *La personnification de l'animal : une tentation à repousser : D.* 1990, chron. p. 33. – J.-P. Marguénaud, *L'animal en droit privé*, thèse, Limoges, PUF, 1992 ; *La personnalité juridique des animaux : D.* 1998, chron. p. 205 ; *L'animal dans le nouveau Code pénal : D.* 1995, chron. p. 187. – F. Pasqualini, *L'animal et la famille : D.* 1997, chron. p. 257. – S. Desmoulin,

à ce jour la personnalité juridique. Si la loi, notamment la loi pénale, reconnaît que l'homme a des devoirs à l'égard des animaux[3] et notamment de ceux utilisés pour les expérimentations[4], l'animal n'est pas une personne et n'a pas la personnalité juridique. Jusqu'à la loi du 16 février 2015 qui a modifié divers articles du Code civil, l'animal – tout du moins l'animal approprié – était expressément désigné comme étant un bien, meuble ou immeuble suivant les cas[5]. Pour l'application du droit de propriété, l'animal approprié – par opposition à l'animal sauvage qui n'appartient à personne – était donc considéré comme un bien, même si ce classement était critiqué par certains auteurs[6].

Mais, à la suite d'un intense lobbying mené par la Fondation 30 millions d'Amis, la loi du 16 février 2015 a introduit dans le Code civil un article 515-14 aux termes duquel « les animaux sont des êtres vivants doués de sensibilité » ; étant précisé qu'il est immédiatement ajouté : « Sous réserve des lois qui les protègent, les animaux sont soumis au régime des biens ». À la vérité, l'animal était déjà défini de manière voisine dans le Code rural et de la pêche maritime, mais le lobby animal a voulu lui donner une sorte de promotion symbolique en transposant cette définition dans le Code civil. Suivant les instigateurs du texte, le texte nouveau ferait sortir l'animal de la catégorie des biens et pourrait déboucher sur « une certaine forme de personnification des animaux »[7], une personnalité juridique – au sens technique du terme – du type de celle reconnue aux personnes morales. C'est ce que soutiennent avec talent et conviction certains auteurs[8], tandis que d'autres en font une vigoureuse critique[9]. Ce même lobby est à l'origine de l'édition d'un « Code de l'animal » avec la collaboration des éditions LexisNexis[10].

Cette introduction a été vivement contestée comme n'ayant rien à faire dans le Code civil[11], mais approuvée par d'autres[12]. En outre, cette définition est une proclamation sans valeur normative et constitue de ce fait un « neutron législatif » qui aurait pu être sanctionné par le Conseil constitutionnel (V. *supra*, n° 97).

L'animal, entre science et droit, PUAM, 2006. – D. Turpin, *La notion juridique de personne : début et fin : D.* 2017, 2042, V. I. – C. Regad, C. Riot et S. Schmitt (ss dir.), *La personnalité juridique de l'animal. L'animal de compagnie*, LexisNexis, nov. 2018.

(3) S. Antoine, *Le droit de l'animal : évolution et perspectives : D.* 1996, chron. p. 126 ; *La loi n° 99-5 du 6 janvier 1999 et la protection animale : D.* 1999, chron. p. 167.

(4) J.-P. Marguénaud et O. Dubos, *Le droit communautaire et les produits cosmétiques expérimentés sur les animaux : D.* 2006, chron. p. 1774.

(5) V. par ex. pour un cheval de course : TGI Avignon, 26 sept. 2007 : *D.* 2007, 2989 et note J.-M. Bruguière.

(6) S. Antoine, *L'animal et le droit des biens : D.* 2003, chron. p. 2651. – J.-P. Marguénaud, *La protection juridique du lien d'affection envers un animal : D.* 2004, chron. p. 3009. V. en droit suisse, l'article 641 a, alinéa 1 du Code civil qui déclare que « les animaux ne sont pas des choses ». – Ph. Steinauer, *Tertiumdatur ?*, in *Figures juridiques : Mél. dissociés pour P. Tercier*, Schulthess, 2003. – V. aussi le *Rapport sur le régime juridique de l'animal* remis au garde des Sceaux le 10 mai 2005 par Mme S. Antoine. – F. Dumont, *L'animal : un être juridiquement en devenir : Rev. Lamy dr. civ.* janv. 2006, p. 63. – Y. Strickler (ss dir.), *L'animal. Propriété, responsabilité, protection*, PU Strasbourg, mai 2010. Pour une remise des idées en place, V. J. Dupichot, *Épiphénomène de l'année Darwin (1809-1882) ; quid de l'évolution des statuts juridiques de l'homme et de l'animal ? Qui descend de qui ? : Mél. F. Chabas*, Bruylant, 2011, p. 285.

(7) J.-P. Marguénaud, *Une révolution théorique : l'extraction masquée des animaux de la catégorie des biens : JCP* 2015, 305. – J.-P. Marguénaud, F. Burgat et J. Leroy, *La personnalité animale : D.* 2020, 28.

(8) J.-P. Marguénaud et X. Perrot, *Le droit animalier, de l'anecdotique au fondamental : D.* 2017, 996.

(9) Ph. Simler, *Les animaux, « êtres vivants doués de sensibilité ». Et après ? : JCP* 2020, 544.

(10) Sur ce lobbying, V. aussi N. Molfessis, *La raison d'être animal*, éditorial : *JCP* 2020, 151.

(11) R. Libchaber, *La souffrance et les droits. À propos d'un statut de l'animal : D.* 2014, 380. – B. Mallet-Bricout : *D.* 2014, 1844. – Ph. Malinvaud, *L'animal va-t-il s'égarer dans le Code civil ? : D.* 2015, 87. – N. Reboul-Maupin, *Nos amis les animaux sont désormais dotés de sensibilité : un tournant et des tourments : D.* 2015, 573. – P. Berlioz, obs. *in RDC* 2015, 362.

(12) Ph. Reigné, *Les animaux et le Code civil : JCP* 2015, 242, 6 ; J.-P. Marguénaud, art. préc.

À ce jour, il s'agit d'un texte de caractère symbolique qui n'entraîne aucune conséquence pratique nouvelle.

On regrettera toutefois la généralité de la formule qui vise tous les animaux, quels qu'ils soient. Or, si les animaux dits « supérieurs » (animaux de compagnie, animaux domestiques, etc.) sont certainement dotés de sensibilité, il ne s'agit là que d'une fraction tout à fait minime des animaux et on peut sérieusement douter de la sensibilité d'un nombre considérable d'animaux, notamment des myriades d'insectes (araignées, scorpions, acariens, termites, puces et poux, fourmis, etc.), des mollusques (escargots, limaces, moules, huîtres, poulpes, etc.), des vers, des éponges, des méduses, etc.

À cet égard, on notera que, à propos de l'achat d'un bichon maltais qui s'est avéré atteint d'un vice caché (cataracte héréditaire entraînant de graves troubles de la vision), la Cour de cassation a approuvé les juges du fond d'avoir décidé que le vendeur devait être condamné à indemnité et non au remplacement du chien, celui-ci, « étant un être vivant, unique et irremplaçable, et un animal de compagnie destiné à recevoir l'affection de son maître sans aucune vocation économique »(13). Autrement dit, un animal de compagnie, bien que soumis au régime des biens, n'est pas un bien comme les autres et qu'il ne saurait être « remplacé » ou « réparé » en cas de « défaut de conformité ».

289. – **Qu'en est-il des végétaux et notamment des arbres ?** La question pourrait se poser si l'on en croit un ouvrage récent, sans prétention scientifique mais promu par les médias, sur « la vie secrète des arbres, ce qu'ils ressentent, comment ils communiquent »(14). On y lit avec intérêt que les « parents-arbres vivent avec leurs enfants », qu'ils parlent entre eux par voie d'odeurs, qu'ils établissent des contacts entre eux par leurs racines, qu'ils se viennent en aide les uns les autres, etc., si bien qu'ils seraient, comme les animaux, « des êtres vivants doués de sensibilité ». Faut-il pour autant les considérer comme des personnes juridiques ? La Cour de cassation ne l'a pas pensé et a cassé un arrêt qui, pour faire défense à un voisin de couper les branches maîtresses d'un arbre qui débordait sur sa propriété, droit reconnu par l'article 673 du Code civil, avait retenu que l'arbre avait acquis « le droit d'être maintenu en place et en vie »(15).

290. – **Qu'en est-il de la nature ?** Allant plus loin encore, certains voudraient conférer la personnalité à la nature elle-même(16), afin de mieux la défendre contre les agressions des humains qui en font une exploitation abusive. De premiers essais en ce sens existent dans certains systèmes étrangers, tel l'Équateur conférant dans sa Constitution la qualité de sujet de droit à la nature ou Pacha Mama (Terre nourricière), ou la Nouvelle-Zélande accordant par une loi de 2017 la même qualité au fleuve Whanganui(17). S'il est tout à fait légitime et bien fondé de défendre

(13) Cass. 1re civ., 9 déc. 2015 : *D.* 2015, 360, note S. Desmoulin-Cancelier ; *JCP* 2016, 345, n° 7, obs. P. Grosser.
(14) P. Wohlleben, éd. Les Arènes, 2017.
(15) Cass. 3e civ., 16 janv. 1991, *Bull.* n° 25, p. 15. – Rappr. Cass. 3e civ., 30 juin 2010 : *D.* 2011, p. 148 et note G. Mémeteau. – V. aussi B. Edelman, *De la propriété-personne à la valeur-désir* : *D.* 2004, chron. p. 155. V. aussi la *Déclaration des droits de l'arbre de l'Association Arbres* : *D.* 2019, 1801, obs. Y. Strickler.
(16) Sur le phénomène et ses manifestations, M.-A. Hermitte, *La nature, sujet de droit ?* : *Annales* 2011/1, p. 173.
(17) M. Vivant, *Quand la rivière est une personne*, éditorial : *D.* 2021, 73.

la nature, il est certainement d'autres moyens plus pertinents et efficaces que le recours à la personnalité juridique[18]. La reconnaissance du préjudice écologique par la loi n° 2016-1097 du 8 août 2016, dont la réglementation figure aujourd'hui aux articles 1246 et suivants du Code civil, pourrait être de ceux-ci, à condition que soient levés certains obstacles techniques[19]. Il en est de même de la spécialisation de la justice environnementale[20].

291. – **Qu'en est-il des robots intelligents ?** L'intelligence artificielle se développant de manière exponentielle, on ne construit plus seulement des robots exécutants. Non seulement le robot sera en mesure de prendre des décisions, mais à l'occasion de son fonctionnement il acquiert une expérience personnelle si bien que, au-delà d'une machine programmée, il va devenir une machine intelligente.

Tout comme le navire autonome[21], et comme encore d'autres objets intelligents dont le comportement est déterminé par des algorithmes, le véhicule autonome offre déjà l'exemple, au moins expérimental, du robot conducteur d'automobile capable de prendre des décisions, si bien qu'on peut se demander s'il pourrait être responsable lui-même en cas d'accident[22], ce qui supposerait de lui reconnaître la personnalité juridique. En l'état ce n'est pas la voie suivie : il existe des règles de responsabilité pénale, c'est-à-dire en cas d'infraction, qui distinguent entre la responsabilité du constructeur lorsque le véhicule est en mode automatique, contrôlé par l'algorithme, et la responsabilité du conducteur lorsqu'il est contrôlé par ce dernier[23].

Cela étant, la question de leur personnalité juridique est devant le Parlement européen, à la suite d'une résolution du 16 février 2017 édictant des « recommandations à la Commission concernant des règles de droit civil sur la robotique ». Le Parlement invite notamment la Commission à prévoir de conférer une personnalité spécifique aux robots « pour qu'au moins les robots autonomes les plus sophistiqués puissent être considérés comme des personnes électroniques responsables » dans le cas où le robot peut prendre des décisions autonomes ou interagir de manière indépendante avec des tiers[24].

(18) M. Hautereau-Boutonnet, *Faut-il accorder la personnalité juridique à la nature ?* : D. 2017, 1040. – A. Gaillard, *Sacraliser la nature plutôt que la personnifier (ou les mirages de la personnification)* : D. 2018, 2422. – B. Parance, *Personnification de la nature : techniques et opportunités pour le système juridique français* : JCP 2020, 249. – Q. Barnabé, *La personnification de la nature, une notion peu utile à la protection de l'environnement en droit français* : Dr. adm. 2020, étude 9.

(19) L. Neyret, *La consécration du préjudice écologique dans le Code civil* : D. 2017, 924. – G. Leray, J. Bardy, G. J. Martin et S. Vanuxem, *Réflexions sur une application jurisprudentielle du préjudice écologique* : D. 2020, 1553. – H. Gali, *Le préjudice et l'environnement* : D. 2021, 709 – Sur la conformité à la Constitution de l'art. 1247 C. civ. définissant le préjudice écologique, Cons. const., 5 févr. 2021, n° 2021-881 QPC : *JCP* 2021, 217, note G. J. Martin.

(20) V. COJ, art. L. 211-20 (issu L. 24 déc. 2020), instituant un tribunal judiciaire spécialement désigné dans le ressort de chaque cour d'appel pour connaître de la responsabilité civile environnementale. – M. Hautereau-Boutonnet et E. Truilhé (ss dir.), *Le procès environnemental*, Dalloz, 2021.

(21) G. Piette, *Les navires sans équipage* : D. 2019, 899.

(22) A. Bensamoun et G. Loiseau, *La gestion des risques de l'intelligence artificielle. De l'éthique à la responsabilité* : JCP 2017, 1203. – A.-S. Choné-Grimaldi, *Responsabilité civile du fait du robot doué d'intelligence artificielle : faut-il créer une personnalité robotique ?* : *Contrats, conc. consom.* janv. 2018, focus 1. – L. Monot-Fouleyer et M. Clément, *Véhicule autonome : vers une autonomie du régime de reponsabilité applicable ?* : D. 2018, 129. – H. Croze, *De l'intelligence artificielle à la morale artificielle. Les dilemmes de la voiture autonome* : JCP 2018, 378. – G. Loiseau, *La voiture qui tuait toute seule, Éditorial* : D. 2018, n° 15, 793. – I. Vingiano-Vericel, *Véhicule autonome : qui est responsable ? Impacts de la délégation de conduite sur les régimes de responsabilité*, LexisNexis, coll. « Actualités », 1re éd., 2019. – X. Labbée, *Faut-il personnifier la voiture autonome ?* : D. 2019, 1719. – C. Castets-Renard, *Comment construire une intelligence artificielle responsable et inclusive ?* : D. 2020, 225.

(23) C. route, art. L. 123-1 et s., issus de l'ordonnance n° 2021-443 du 14 avr. 2021.

(24) A. Bensoussan, *La personne robot* : D. 2017, 2044. – G. Loiseau, *La personnalité juridique des robots : une monstruosité juridique* : JCP 2018, 597.

Pourtant, les avantages à conférer la personnalité juridique aux robots intelligents ne sont-ils pas qu'apparents ? La perspective pose certainement davantage de difficultés qu'elle ne permettrait d'en résoudre. En l'état du droit positif, les robots, même « intelligents », restent des choses et sont soumis au statut des biens(25).

Le Comité économique et social européen préconise quant à lui, dans un avis du 31 mai 2017 « l'instauration d'un code de déontologie pour le développement, le déploiement et l'utilisation de l'intelligence artificielle, afin que les systèmes d'intelligence artificielle demeurent, tout au long de leur processus d'exploitation, compatibles avec les principes de dignité humaine, d'intégrité, de liberté, de respect de la vie privée, de diversité culturelle et d'égalité entre hommes et femmes, ainsi qu'avec les droits fondamentaux »(26).

Toutefois les problèmes soulevés par l'intelligence artificielle, notamment par les dommages qu'elle est susceptible de provoquer, ne sauraient être traités par de simples règles éthiques ; ils appellent une application potentielle du droit de la responsabilité, non pas aux robots eux-mêmes comme le suggère le Parlement européen, mais aux concepteurs de logiciels, aux fabricants de robots et à leurs utilisateurs.

Corrélativement un auteur fait observer que, pour répondre à un marché, d'une part on construit des robots sexuels qu'on tend à identifier à des personnes, et d'autre part on conclut avec des personnes – des femmes en l'occurrence – des conventions de « mères porteuses » par lesquelles la femme renonce à sa maternité au profit d'autres personnes. De ce fait on tendrait à effacer la distinction entre les personnes et les choses(27) (V. aussi *infra*, n° 369 sur la gestation pour autrui).

La question se pose également pour les œuvres produites par des algorithmes. À qui appartiennent-elles ? Rejetant la thèse de la personnalité des robots, un auteur fait justement remarquer que ces œuvres peuvent devenir par la voie de l'accession la propriété de l'auteur-propriétaire de l'algorithme(28).

SECTION 1

LA DURÉE DE LA PERSONNALITÉ

292. – Le principe : de la naissance à la mort. La personnalité juridique, conçue comme l'aptitude à jouir de droits, recouvre en principe la durée de la vie humaine : apparaissant à la naissance, elle s'efface à la mort. Ces deux événements qui marquent les points extrêmes de la vie juridique ont une telle importance, pour

(25) S. Merabet, *Vers un droit de l'intelligence artificielle*, Dalloz, 2020, nos 121 et s. et n° 541.

(26) V. K. Blay-Grabarczyk, *Quand Minority Report devient une probabilité* : *JCP* 2019, 1357. – L. Godefroy, *Éthique et droit de l'intelligence artificielle. Osmose ou symbiose ? D.* 2020, 231.

(27) M.-A. Frison-Roche, *La disparition de la distinction entre la personne et les choses : gain fabuleux, gain catastrophique* : *D.* 2017, 2386.

(28) P.-Y. Gautier, *De la propriété des créations issues de l'intelligence artificielle* : *JCP* 2018, 913. – *Adde* S. Merabet, *Vers un droit de l'intelligence artificielle*, préc., nos 450 et s. (incompatibilité du droit d'auteur et de l'intelligence artificielle). – I. Randrianirina, *Plaidoyer pour un nouveau droit de propriété intellectuelle sur les productions générées par intelligence artificielle* : *D.* 2021, 91.

les tiers et l'ordre public en général, qu'ils doivent faire l'objet d'une déclaration à la mairie permettant une *publicité* ; il faut, en effet, que tout intéressé puisse obtenir des renseignements précis sur l'existence de son prochain et l'étendue de ses droits.

Mais le principe appelle un certain nombre de précisions, en ce qui concerne tant le début de la vie que sa fin.

293. – **Le commencement de la vie : la naissance.** La vie commence-t-elle à la conception ou à la naissance ?

S'agissant de la reconnaissance de la personnalité juridique, le droit français s'en tient à la naissance. Mais il y ajoute la condition d'être né vivant et viable (C. civ., art. 318, 725 et 906). L'enfant mort-né n'a pas la personnalité juridique(29) ; il ne peut d'ailleurs faire l'objet d'un acte de naissance(30), mais seulement d'un acte d'enfant sans vie (V. plus loin dans ce numéro). La question de la viabilité soulève en revanche une difficulté quant à sa définition, alors surtout que les progrès de la médecine permettent aujourd'hui d'assurer la survie de grands prématurés ; on s'accorde pour dire que l'enfant n'est viable que s'il dispose à sa naissance d'un développement suffisant et des organes nécessaires pour lui permettre de vivre(31).

Le point de départ de la personnalité est cependant avancé à la date présumée de la conception(32) lorsque tel est l'intérêt de l'enfant ; c'est ce qu'exprime l'adage *Infans conceptus pro nato habetur quoties de commodo ejus agitur*. Sans en poser le principe, le Code civil en fait application pour permettre à l'enfant de recueillir le bénéfice d'une succession ouverte dans les 300 jours précédant sa naissance (C. civ., art. 725) ou une donation (C. civ., art. 906). Par extrapolation, la jurisprudence en a déduit qu'il était possible de reconnaître un enfant avant sa naissance, solution qui a été confirmée par l'article 316 (Ord. 4 juill. 2005). Elle en a également déduit que, sous certaines réserves, cet enfant peut réclamer la réparation d'un préjudice qui lui aurait été causé pendant la grossesse de sa mère(33). Encore faut-il, pour qu'il en soit ainsi, que l'enfant remplisse par la suite les conditions nécessaires à l'acquisition de la personnalité : naître vivant et viable.

---

(29) Cette solution est pour partie remise en cause par un arrêt de la CEDH qui, sous couvert du droit au respect effectif de la vie privée et familiale de la mère garanti par l'article 8 de la Convention, a décidé que la mère pouvait à juste titre faire établir la filiation paternelle de l'enfant, même mort-né, et en conséquence l'attribution de son nom : CEDH, 1re sect., 2 juin 2005, *Znamenskaya c/ Russie* : *JCP* 2005, I, 159, n° 14, obs. F. Sudre ; *RTD civ.* 2005, p. 787, obs. J.-P. Marguénaud.

(30) V. Balestriero, *La situation de l'enfant mort-né* : *D.* 1999, chron. p. 81. – D. Dutrieux, *Législation funéraire : une nouvelle définition de l'enfant mort-né* : *Defrénois* 2002, art. 37556. – I. Corpart, *Décès périnatal et qualification juridique de cadavre* : *JCP* 2005, I, 171.

(31) P. Salvage, *La viabilité de l'enfant nouveau-né* : *RTD civ.* 1976, p. 725. – C. Philippe, *La viabilité de l'enfant nouveau-né* : *D.* 1996, chron. p. 29.

(32) « La loi présume que l'enfant a été conçu pendant la période qui s'étend du trois centième au cent quatre-vingtième jour, inclusivement, avant la date de la naissance » (C. civ., art. 311). Pour une application de la règle que l'enfant simplement conçu est considéré comme né lorsqu'il y va de son intérêt (*Infans conceptus pro nato habetur…*), V. CE, 6 nov. 1968 : *JCP* 1969, II, 16054. – CE, 29 nov. 1974 : *JCP* 1975, I, 2723. – Cass. 1re civ., 10 déc. 1985 : *Defrénois* 1986, 1, 668, art. 33722. – Cass. 2e civ., 11 févr. 2021, n° 19-23.535, *Bull.* – Sebagh, *La condition de la personne physique et de la personne morale avant leur naissance*, thèse, Paris, 1938. – G. Mémeteau, *La situation juridique de l'enfant conçu. De la rigueur classique à l'exaltation baroque* : *RTD civ.* 1990, p. 611. – A. Bertrand-Mirkovic, *La personne humaine* (Étude visant à clarifier la situation en droit de l'enfant à naître), PUAM, 2003.

(33) Cass. 2e civ., 14 déc. 2017 : *D.* 2018, 386, note M. Bacache ; *JCP* 2018, 204, note J.-R. Binet ; *RTD civ.* 2018, 72, obs. D. Mazeaud, 92, obs. A.-M. Leroyer, 126, obs. P. Jourdain, pour la réparation du préjudice moral résultant du décès accidentel de son père survenu alors qu'il était conçu.

Cette dernière condition n'est pas remplie dans le cas où l'enfant ne naîtra pas, par exemple en cas d'interruption de grossesse, qu'elle soit naturelle ou provoquée, cette dernière étant permise sous certaines conditions par la loi du 17 janvier 1975. Il s'ensuit que le *fœtus* ou l'*embryon*[34], s'ils sont déjà des êtres humains, ne sont pas encore des personnes : ils ne le deviendront, et alors rétroactivement, qu'au jour de la naissance.

La Cour de cassation, par un arrêt d'assemblée plénière du 29 juin 2001, en a tiré les conséquences dans une hypothèse où la mère, victime d'un accident de la circulation, avait perdu le fœtus de six mois qu'elle portait ; la cour a décidé que le principe de l'interprétation stricte de la loi pénale s'opposait à ce que l'incrimination d'homicide par imprudence « soit étendue au cas de l'enfant à naître dont le régime juridique relève de textes particuliers sur l'embryon ou le fœtus »[35]. Plus récemment, la chambre criminelle de la Cour de cassation a considéré que, l'enfant n'étant pas né vivant, les faits ne sont susceptibles d'aucune qualification pénale[36]. Sous réserve d'une éventuelle modification législative, il faut à ce jour distinguer entre l'enfant à naître qui est une *personne* humaine, et l'embryon ou le fœtus qui est un *être* humain[37]. *A fortiori*, un embryon congelé n'est pas une personne.

À cet égard la Cour européenne des droits de l'homme considère que le point de départ du droit à la vie relève de l'appréciation des États et qu'au regard de la diversité des opinions et des législations sur ce point il n'est ni souhaitable, ni même possible actuellement de répondre dans l'abstrait à la question de savoir si l'enfant à naître est une « personne » au sens de l'article 2 de la Convention[38]. Faisant application de ce principe, la Cour européenne des droits de l'homme a décidé que la loi britannique prohibant l'implantation d'un embryon dans l'utérus de la mère lorsque le père a retiré son consentement n'était pas contraire à l'article 2 de la Convention qui protège le droit de toute personne à la vie[39].

(34) Le *fœtus* est l'*embryon* de plus de trois mois.

(35) Cass. ass. plén., 29 juin 2001 : *D.* 2001, p. 2917, note Y. Mayaud ; *JCP* 2001, II, 10569, rapp. P. Sargos, concl. J. Sainte-Rose, note M.-L. Rassat. – V. aussi J. Pradel, *La seconde mort de l'enfant conçu (à propos de l'arrêt d'assemblée plénière du 29 juin 2001) : D.* 2001, chron. p. 2907. – G. Roujou de Boubée, *Grandeur et décadence de l'interprétation stricte (très brèves observations à propos de l'homicide par imprudence du fœtus) : Mél. M. Gobert*, Economica, 2004, p. 195. – J. Maigret, *La règle* Infans conceptus pro nato habetur quoties de commodis ejus agitur *appliquée au Code pénal ? À propos de l'arrêt du 30 juin 1999 face à la Cour EDH : LPA* 20 août 2004, p. 3. – V. dans le même sens Cass. crim., 25 juin 2002 : *JCP* 2002, II, 10155 et note M.-L. Rassat ; *D.* 2002, 3099 et note J. Pradel (pour un fœtus perdu à l'hôpital avant l'accouchement par suite de fautes médicales). Il s'ensuit également que le principe du respect de tout être humain dès le commencement de sa vie n'est pas applicable aux embryons fécondés *in vitro* (Cons. const., 27 juill. 1994 : *D.* 1995, 237 et note B. Mathieu ; *RTD civ.* 1994, obs. J. Hauser ; *RDP* 1994, 1647, obs. Luchaire).

(36) Cass. crim., 4 mai 2004 : *D.* 2004, 3097 et note J. Pradel ; *D.* 2004, somm. p. 2754, obs. G. Roujou de Boubée. – J.-Y. Chevallier, *« Naître ou n'être pas » ; la chambre criminelle et l'homicide du fœtus : Mél. J. Béguin*, Litec, 2005. – J. Mouly, *Du prétendu homicide de l'enfant à naître. Défense et illustration de la position de la Cour de cassation : Rev. sc. crim.* 2005, 47.
Mais la solution est inverse dans le cas où l'enfant, né vivant, est décédé une heure après l'accouchement : Cass. crim., 2 déc. 2003 : *D.* 2003, 449 et note J. Pradel ; *JCP* 2004, II, 10054 et note M.-L. Rassat. – C. Puigelier, *L'homicide involontaire d'un nouveau-né (à propos de l'arrêt de la chambre criminelle de la Cour de cassation du 2 décembre 2003) : Gaz. Pal.* 31 mars-1er avr. 2004, doctr. ; et de même dans le cas de la naissance d'un enfant vivant, mais handicapé par suite de la faute du médecin intervenue au stade du fœtus, Cass. crim., 2 oct. 2007 : *JCP* 2008, II, 10027 et note V. Valette-Ercole.

(37) C. Labrusse-Riou et Fl. Bellivier, *Les droits de l'embryon et du fœtus en droit privé : RID comp.* 2002, 579. – Cl. Neyrinck, *L'embryon humain : une catégorie juridique à dimension variable ? : D.* 2003, chron. 841.

(38) CEDH, 8 juill. 2004, req. n° 53924/00, *V... c/ France : D.* 2004, 2456 et note J. Pradel ; *JCP* 2004, II, 10158 et note M. Levinet ; *D.* 2004, somm. p. 2535, obs. I. Berro-Levevre ; et 2754, 2e esp., obs. G. Roujou de Boubée ; *RTD civ.* 2004, 799, obs. J.-P. Marguénaud. – E. Serverin, *Réparer ou punir ? L'interruption accidentelle de grossesse devant la Cour européenne des droits de l'homme : D.* 2004, chron. p. 2801. – Pour une critique, V. J. Sainte-Rose, *L'enfant à naître : un objet destructible sans destinée humaine ? : JCP* 2004, I, 194. – Sur le sort de l'embryon d'un couple séparé, V. CEDH, sect., 7 mars 2006, *Evans c/ Royaume-Uni : RTD civ.* 2006, 255, obs. J.-P. Marguénaud.

(39) CEDH, Gde ch., 10 avr. 2007, n° 6339, *Evans c/ Royaume-Uni : JCP* 2007, II, 10097 et note B. Mathieu.

Plusieurs lois sont venues assurer une protection de l'embryon(40), mais elles ne remettent pas en cause le principe que la personnalité juridique est subordonnée à la naissance d'un enfant vivant et viable. C'est en ce sens qu'on interprète l'article 16 du Code civil : « La loi assure la primauté de la personne, interdit toute atteinte à la dignité de celle-ci et garantit le respect de l'être humain dès le commencement de sa vie »(41).

La question a été cependant relancée par trois arrêts de la première chambre civile du 6 février 2008(42) rendus pour l'application de l'article 79-1, alinéa 2. Suivant cet article, si un enfant est décédé avant que sa naissance ait été déclarée à l'état civil et à défaut d'un certificat médical indiquant que ledit enfant est né vivant et viable, « l'officier de l'état civil établit un acte d'enfant sans vie ». En bref, dans le cas d'un enfant mort-né, les parents peuvent faire établir un acte d'état civil et par là même donner un prénom au fœtus et organiser ses obsèques. Jusqu'ici, en application d'une circulaire du 3 mars 1993, on considérait que seul l'enfant mort-né « après un terme de vingt-deux semaines d'aménorrhée ou ayant un poids de 500 grammes » était susceptible de faire l'objet d'un tel acte. Les arrêts ci-dessus ont écarté cette condition, si bien que désormais tous les enfants mort-nés, quels que soient la durée de la grossesse ou leur poids, se voient reconnaître une sorte de statut juridique(43). Cette solution jurisprudentielle a finalement été consacrée par le décret n° 2008-800 du 20 août 2008, lequel prévoit que l'acte d'enfant sans vie est dressé par l'officier de l'état civil sur la production d'un certificat médical mentionnant les heure, jour et lieu de l'accouchement, sans qu'il soit fait référence à un critère de viabilité(44).

Même si cette solution suscite des interrogations sur le début de la vie, elle ne remet aucunement en cause le principe que seul l'enfant né vivant et viable dispose de la personnalité juridique.

294. – La fin de la vie : le décès. Le principe ne fait aucune difficulté : la personnalité cesse à la mort(45). Mais qu'est-ce que la mort ?

(40) R. Théry, *La condition juridique de l'embryon et du fœtus : D.* 1982, chron. p. 231. – D. Vigneau, *L'enfant à naître*, thèse, Toulouse, 1988. – G. Mémeteau, *La situation juridique de l'enfant conçu : RTD civ.* 1990, p. 611. – G. Mémeteau, *L'embryon législatif : D.* 1994, chron. p. 355. – Ph. Malaurie, *Le respect de la vie en droit civil : Mél. Boyer*, PU Toulouse, 1996, p. 429. – B. Mathieu, *La recherche sur l'embryon au regard des droits fondamentaux constitutionnels : D.* 1999, chron. p. 451. – M. Herzog-Evans, *Homme, homme juridique et humanité de l'embryon : RTD civ.* 2000, p. 65. – R. Martin, *Les premiers jours de l'embryon, À propos du projet de loi relatif à la bioéthique : JCP* 2002, I, 115. – A. Mirkovic, *Statut de l'embryon, la question interdite : JCP* 2010, n° 99, p. 177.

(41) Se prononçant sur la constitutionnalité de cette loi, le Conseil constitutionnel a considéré que, selon l'intention du législateur, le principe du respect de tout être humain dès le commencement de sa vie n'était pas applicable aux embryons fécondés *in vitro* : Cons. const., 27 juill. 1994 : *JO* 29 juill. 1994, p. 11024 ; *D.* 1995, p. 237, note B. Mathieu. – B. Edelman, *Le Conseil constitutionnel et l'embryon (décision n° 94-343-344 DC du 27 juillet 1994 : JO 29 juillet) : D.* 1995, chron. p. 205.

(42) Cass. 1re civ., 6 févr. 2008 : *JCP* 2008, II, 10045 et note G. Loiseau ; *D.* 2008, chron. p. 638, obs. P. Chauvin ; *D.* 2008, 1862, note G. Roujou de Boubée et D. Vigneau ; *RTD civ.* 2008, 268, obs. J. Hauser ; *Defrénois* 2008, 1, 867, art. 38753 et note J. Massip ; *Defrénois* 2008, 1, 1443, art. 38800 et note H. Popu.

(43) V. aussi CEDH, 5e sect., 14 févr. 2008, *Hadri-Vionnet c/ Suisse : RTD civ.* 2008, 257, obs. J.-P. Marguénaud. Le Sénat a diligenté une étude de législation comparée sur les « Enfants nés sans vie » (Sénat, 18 avr. 2008), d'où il résulte que la définition de l'enfant mort-né résulte de la loi dans la plupart des pays, que cette définition varie d'un pays à l'autre, et que les enfants mort-nés sont peu à peu dotés d'éléments d'état civil.

(44) *D.* 2008, act. législ. 2061, obs. L. Dargent. – J.-R. Binet, *Inscription à l'état civil des enfants nés sans vie : JCP* N 2008, act. 611. – G. Rousset, *De l'état civil des enfants nés sans vie : JCP* 2008, act. 553. – M. Latina, *Le nouveau régime de délivrance des actes d'enfant sans vie : LPA* 14 oct. 2008, p. 4. – I. Corpart, *Le fœtus mort, enfant de personne : Mél. Wiederkehr*, Dalloz, 2009, p. 133.

(45) M.-F. Callu, *Autour de la mort : variation sur « Madame se meurt, Madame est morte » : RTD civ.* 1999, p. 13. – J.-P. Gridel, *L'individu juridiquement mort : D.* 2000, 1, 266-6.

La question se pose essentiellement à propos des prélèvements d'organes à des fins thérapeutiques ou scientifiques, et elle est alors réglée par l'article R. 1232-1 du Code de la santé publique. Outre l'arrêt cardiaque et respiratoire persistant, le constat de la mort suppose la réunion de trois critères : absence totale de conscience et d'activité motrice spontanée, abolition de tous les réflexes du tronc cérébral et absence totale de ventilation spontanée, le tout démontrant le caractère irréversible de la destruction encéphalique. Cette définition peut être appliquée de manière générale dans tous les cas – fort rares en pratique – où il peut y avoir matière à hésitation.

Deux autres difficultés peuvent se rencontrer qui, l'une et l'autre, tiennent au fait que le décès ne peut être constaté.

La première vise le cas de la *disparition* d'une personne « dans des circonstances de nature à mettre sa vie en danger, lorsque son corps n'a pu être retrouvé » (C. civ., art. 88). Le décès peut alors être judiciairement déclaré, ce qui met fin à la personnalité juridique. C'est une procédure qui trouvera application à l'occasion de catastrophes : naufrage, accident d'avion, destruction des tours du Manhattan Center, etc.

La seconde vise *l'absence*(46). Au sens courant du terme, l'absence est le fait de ne pas être présent dans un lieu déterminé. Au sens juridique, il y a absence « lorsqu'une personne a cessé de paraître au lieu de son domicile ou de sa résidence, sans que l'on en ait eu de nouvelles » (C. civ., art. 112), donc sans qu'on ait d'indication sur ce qu'elle est devenue. L'absent n'étant plus en mesure de s'occuper de ses affaires, il y a lieu d'y pourvoir. Les articles 112 et suivants du Code civil prévoient une procédure en deux temps : dans un premier temps, le juge constatera, à la demande des personnes intéressées – en général la famille – la *présomption d'absence*, ce qui permettra d'accomplir toutes mesures tendant à assurer la gestion du patrimoine de l'absent ; si l'absence se poursuit, après dix ans il sera possible d'obtenir un jugement déclaratif d'absence qui emportera, du jour de sa transcription, les mêmes effets que le décès.

Ces règles peuvent parfois s'avérer inadaptées. Ainsi en a-t-il été pour les victimes du tsunami de Noël 2004 en Thaïlande. Certaines ont pu faire l'objet d'une déclaration judiciaire de décès en application de l'article 88 du Code civil parce que des témoins ont pu attester des circonstances dans lesquelles elles ont péri. Mais d'autres ont disparu sans qu'on sache ce qu'elles sont devenues et elles relèvent alors de la déclaration d'absence, procédure peu satisfaisante en l'espèce(47).

SECTION 2

L'ÉTENDUE DE LA PERSONNALITÉ

295. – **Personnalité et incapacités.** S'il est de principe que tous les hommes sont égaux, et qu'il ne doit être fait entre eux aucune différence tenant à l'âge, au sexe ou à la condition, il n'empêche que certains voient l'étendue de leur personnalité

(46) J. Bernard de Saint-Affrique, *L'absence*, Defrénois, 1978. – B. Teyssié, *L'absence. Commentaire de la loi n° 77-1447 du 28 décembre 1977* : *JCP* 1978, I, 2911. – A. Breton, *L'absence selon la loi du 28 décembre 1977 : variations sur le thème de l'incertitude* : *D.* 1978, chron. p. 241. – M. Vivant, *Le régime juridique de la non-présence* : *RTD civ.* 1982, p. 1.

(47) I. Corpart, *Le sort des victimes de catastrophes naturelles. À la recherche d'une nouvelle catégorie juridique* : *JCP* 2005, I, 109.

limitée par une *incapacité*. Il convient à cet égard de distinguer *personnalité juridique* et *capacité juridique*.

Si la personnalité est l'aptitude à être titulaire de droits, cette aptitude n'est pas identique pour tous. Certes, le principe est celui de la pleine capacité, mais il y est fait exception lorsque la loi édicte des incapacités qui entraînent une limitation soit à la jouissance, soit à l'exercice des droits.

C'est ainsi qu'on distingue les *incapacités de jouissance* : inaptitude à acquérir certains droits et à en être titulaire ; et les *incapacités d'exercice* : inaptitude à exercer soi-même les droits dont on est titulaire.

296. – **Les incapacités de jouissance.** Ainsi que le rappelle l'avant-projet Catala de réforme du droit des obligations et de la prescription, « Toute personne physique possède, en tant que sujet de droit, une capacité de jouissance générale. Celle-ci n'est restreinte que par les incapacités et interdictions particulières établies par la loi relativement à certains actes » (art. 1116-1). Les *incapacités de jouissance*, qui conduisent à priver certaines personnes de certains droits, sont assez rares de nos jours. Elles sont toujours *spéciales*, en ce sens qu'elles portent sur un ou plusieurs droits déterminés ; si elles étaient générales, elles seraient la négation de la personnalité (par ex., l'esclavage).

Certaines s'expliquent par des motifs de protection : incapacité de se marier avant un certain âge ; d'autres sont inspirées par la méfiance : ainsi les incapacités de donner et de recevoir à titre gratuit entre certaines personnes, mineur et tuteur, malade et médecin ou ministre du culte, etc.

De même les étrangers résidant en France ont des droits limités par rapport aux nationaux, notamment pour exercer certaines professions. Le principe est qu'ils ont en France les mêmes droits que ceux reconnus à un Français dans leur pays d'origine (principe de *réciprocité*) ; un des buts du traité de Rome a précisément été d'accorder à tous les citoyens des droits identiques dans tous les pays de l'Union européenne de manière à assurer la liberté de circulation et d'établissement.

Enfin, certains droits acquis à la naissance peuvent être enlevés par un jugement prononçant une condamnation civile ou pénale, à titre de déchéance ou de sanction complémentaire : interdiction des droits civils, civiques et politiques (sous l'ancien Code pénal), interdiction d'exercer certaines professions ou certains commerces, etc.

297. – **Les incapacités d'exercice.** Les personnes frappées d'une incapacité d'exercice ont les mêmes droits qu'une personne capable mais on ne leur reconnaît pas la capacité de les exercer elles-mêmes ou, à tout le moins, sans autorisation.

Les incapacités d'exercice ont pour but d'assurer la *protection* des personnes dépourvues d'expérience (les *mineurs*) ou atteintes d'une altération de leurs facultés mentales ou corporelles (les *majeurs protégés*). Elles correspondent à une inaptitude naturelle, passagère ou durable, légère ou profonde, à accomplir, sinon les actes de la vie courante, du moins ceux de la vie juridique et spécialement les contrats.

On les désigne souvent sous le nom *d'incapacités de contracter*, c'est-à-dire de s'engager par contrat. Suivant le besoin de protection des personnes concernées, l'incapacité de contracter pourra être *générale*, viser tous les contrats (pour les mineurs, les majeurs en *tutelle*), ou *spéciale* à certains contrats seulement (pour les majeurs en *curatelle*).

Pour ne pas laisser ces personnes en marge de la vie juridique, la loi prévoit que les droits dont elles sont titulaires seront exercés à leur place et pour leur compte par un représentant légal (système de la *représentation*) : ainsi le mineur de moins de dix-huit ans est représenté par ses parents, *administrateurs légaux*, ou à défaut par un *tuteur*. Le majeur en tutelle est représenté par son tuteur ; s'il s'agit d'un majeur en curatelle, il accomplira lui-même les actes, assisté d'un *curateur* (système de *l'assistance*). La validité du contrat ainsi passé dépendra du respect des formalités de protection prévues par la loi. Cela dit, même si les formalités requises ont été respectées, il est toujours possible d'attaquer l'acte au motif qu'il a été accompli sous l'emprise d'un trouble mental[(48)].

Le seul fait de n'avoir pas atteint dix-huit ans suffit à rendre le mineur incapable ; mais le mineur peut accéder à la pleine capacité avant même sa majorité par une *émancipation* qui découle soit, à la demande des parents, d'une décision du juge des tutelles (à partir de seize ans), soit et de plein droit du mariage du mineur[(49)]. Toutefois, même émancipé, un mineur ne pouvait jusqu'ici être commerçant ; cette interdiction a été supprimée par la loi du 15 juin 2010 (C. civ., art. 413-8).

Pour les majeurs, l'incapacité ne peut résulter que d'une décision judiciaire destinée à apprécier la nécessité de la mesure de protection, et l'étendue qu'elle doit revêtir. Une telle mesure s'accompagne d'une publicité qui permet aux tiers de vérifier la capacité de ceux avec lesquels ils s'apprêtent à contracter. Aux mesures classiques que sont la tutelle et la curatelle, l'ordonnance n° 2015-1288 du 15 octobre 2015 portant simplification et modernisation du droit de la famille aménage le droit des majeurs protégés en ajoutant une nouvelle mesure de protection, plus légère, l'habilitation familiale[(50)].

(48) C. civ., art. 466, renvoyant aux art. 414-1 et 414-2. V. pour un exemple Cass. 1re civ., 27 juin 2018 : *D.* 2018, 1732, note J.-J. Lemouland.

(49) S. Moreau, *L'émancipation : rajeunissement ou déclin ? Réflexions au lendemain de la réforme du 5 juillet 1974 : JCP* 1975, I, 2718. – F. Vauvillé, *La pratique de l'émancipation judiciaire ou l'ambivalence d'une institution marginale : D.* 1990, chron. p. 283. – I. Corpart, *Le déclin de l'émancipation des mineurs : JCP* N 2003, 1523.

(50) J. Combret et N. Baillon-Wirtz, *L'habilitation familiale : une innovation à parfaire : JCP* N 2015, 1248. – N. Peterka, *Forces et faiblesses de l'habilitation familiale : Defrénois* 2018, n° 7, p. 15.

CHAPITRE 2

LES PERSONNES MORALES

298. – Intérêt pratique. On s'est aperçu depuis fort longtemps que, pour réaliser des opérations de grande envergure, il était nécessaire de constituer des groupements de personnes mettant en commun leur activité et leurs ressources : par exemple, les grandes compagnies de commerce de l'Ancien Régime.

La multiplication de groupements de ce genre a fait apparaître un problème : leur bon fonctionnement suppose qu'on leur reconnaisse une personnalité distincte de celle des membres qui les composent. Sinon ils seraient soumis au régime de *l'indivision*, dont les règles (C. civ., art. 815 et s.), même assouplies depuis les lois du 31 décembre 1976 et du 23 juin 2006[(1)], ne permettent pas la réalisation des objectifs de ces groupements ou entreprises. Ajoutons à cela une difficulté considérable ; faute d'être une personne, le groupement ne pourrait ni ester en justice, ni être poursuivi ; pour obtenir le même résultat il faudrait que tous les membres du groupement assignent ou soient assignés devant le tribunal, ce qui, à supposer que cela soit possible, multiplierait singulièrement les frais de procédure.

À ces arguments de technique juridique qui, à eux seuls, justifient la reconnaissance de la personnalité juridique aux groupements d'individus (sociétés, associations) voire de biens (fondations) se joignent des considérations plus générales. On remarque en effet que le plus souvent les groupements poursuivent des buts ou des intérêts collectifs bien différents des buts ou des intérêts individuels de leurs membres : par exemple, une société a avantage à investir sous forme d'autofinancement cependant que ses associés éprouvent plus de satisfaction à une distribution de bénéfices.

C'est une raison supplémentaire d'accorder aux groupements une *personnalité morale*, calquée sur celle des personnes physiques. Cette reconnaissance de la personnalité morale fut longue à se dessiner[(2)]. Le Code civil n'en faisait initialement pas

(1) S. Prigent, *Réforme des successions : un aménagement de statut de l'indivision : AJDI* 2007, 9.

(2) V. Michoud, *La théorie de la personnalité morale et son application en droit français*, 3e éd., 1932, par L. Trotabas. – Coulombel, *Le particularisme de la condition juridique des personnes morales en droit privé*, thèse, Nancy, 1950. – P. Durand, *L'évolution de la condition juridique des personnes morales en droit privé : Mél. Ripert*, t. I, LGDJ, 1950, p. 138 et s. – J.-P. Gastaud, *Personnalité morale et droit subjectif*, LGDJ, 1977, coll. « Bibl. dr. privé », t. 149. – R. Martin, *Personne et sujet de droit : RTD civ.* 1981, p. 785. – J. Pellerin, *La personnalité morale et la forme des groupements volontaires de droit privé : RTD com.* 1981, p. 471. – J.-P. Gridel, *La personne morale en droit français : RID comp.* 1990, p. 495. – N. el Fadel Raad, *L'abus de la personnalité morale en droit privé*, LGDJ, coll. « Bibl. dr. privé », t. 214, 1991. – F. Benac-Schmidt, *Essai sur la notion « d'être moral nouveau ». Réflexions sur son aspect fiscal : D.* 1992, chron. p. 37. – J. Paillusseau, *Le droit moderne de la personnalité morale : RTD civ.* 1993, p. 705. – E. Savaux, *La personnalité morale en procédure civile : RTD civ.* 1995, p. 1. – A. Chappert, *La notion de personnalité morale en droit fiscal : Defrénois* 2000, 1, 1201, art. 37248. – N. Mathey, *Recherche sur la personnalité morale*

mention. Et encore aujourd'hui, il n'existe nulle part dans la loi une théorie générale de la personnalité morale ; il n'y a que des textes particuliers pour tel ou tel type de groupement (par ex., pour les sociétés, C. civ., art. 1842).

Au plan théorique, on s'interroge sur le point de savoir si la personnalité morale est une *fiction* ou une *réalité* (V. *infra*, n°s 311 et s.) : si elle est une fiction, elle ne peut être accordée que par la loi ; si elle est une réalité, elle pourrait être reconnue en dehors de toute permission de la loi. L'enjeu est important : il s'agit finalement de savoir si l'État a ou non la haute main sur la création des personnes morales et s'il peut ou non exercer un contrôle sur celles-ci. En pratique, la question est le plus souvent réglée directement par la loi qui, lorsqu'elle crée ou reconnaît un groupement, décide corrélativement qu'il a ou non la personnalité morale, et sous telles conditions.

Alors que les personnes humaines sont toutes de même nature, la loi a créé ou reconnu de nombreuses catégories de personnes morales (Section 1), dont les règles sont si diverses qu'elles permettent assez mal de dégager un statut général (Section 2).

SECTION 1

LES DIVERSES CATÉGORIES DE PERSONNES MORALES

299. – Plan. On a coutume de classer les personnes morales suivant qu'elles sont de droit public ou de droit privé. Cette transposition de la grande division du droit (V. *supra*, n° 241) est au moins aussi artificielle que la division elle-même, ce qui oblige à admettre une catégorie intermédiaire.

Il est ensuite plus délicat d'opérer un classement au sein de cette division, spécialement en droit privé. Cela tient au fait que, à côté de grands types de groupements (sociétés, associations), la loi accorde parfois la personnalité morale aux organes nouveaux qu'elle crée (par ex., comités d'entreprise). En outre, il arrive que la jurisprudence reconnaisse la personnalité à certains groupes organisés (comités d'établissement), en dehors de toute indication législative.

Enfin, il convient de signaler que les personnes morales étrangères sont reconnues en France, et qu'elles peuvent notamment se constituer partie civile devant une juridiction française, si elles sont victimes d'une infraction (3).

SOUS-SECTION 1

LES PERSONNES MORALES DE DROIT PUBLIC

300. – Énumération. Il n'est pas nécessaire d'aller au-delà d'une simple énumération, une étude approfondie de ces personnes de droit public relevant d'une autre matière.

---

en droit privé, thèse, Paris II, 2001. – N. Baruchel, *La personnalité morale en droit privé*, LGDJ, 2004. – G. Wicker, *La théorie de la personnalité morale depuis la thèse de Bruno Oppetit*, in *Études B. Oppetit*, Litec, 2009, p. 691 ; *La personnalité morale*, Journées nationales de l'Association Henri Capitant, t. XII, Dalloz, 2010. – J.-F. Quievy, *Anthropologie juridique de la personne morale*, LGDJ, 2009, préf. R. Martin.

(3) Cass. crim., 8 déc. 2009 : *D.* 2010, 202, obs. M. Léna.

En premier lieu, il convient de citer l'*État*, les collectivités territoriales (régions, départements et communes), ainsi que leurs diverses subdivisions administratives. Ces collectivités entrent en rapport avec les administrés au moyen de services publics dont certains, n'étant que de simples ramifications de l'État, de la *région*, du *département* ou de la *commune*, n'ont aucune personnalité propre ; d'autres, en revanche, constituent des *établissements publics* ayant l'autonomie quant à leurs ressources et à leur gestion et sont en conséquence des personnes morales : par exemple, les universités (mais non les facultés, depuis la loi d'orientation), les chambres de commerce, les hôpitaux et même certains services publics industriels et commerciaux, Centre national de la recherche scientifique, Institut national de la propriété industrielle, etc.

SOUS-SECTION 2

LES PERSONNES MORALES DE DROIT PRIVÉ

301. – **Présentation générale.** À côté de ces personnes publiques que sont l'État et ses émanations, de très nombreux groupements sont constitués de personnes privées et poursuivent des fins d'intérêt privé : les sociétés, les associations, les groupements d'intérêt économique. Outre ces groupements de personnes, des masses de biens affectés à un but déterminé peuvent acquérir la personnalité sous la forme juridique de *fondations*. On oppose ainsi classiquement les groupements de personnes et les masses de biens.

Notons dès à présent que, suivant le type de personnes morales, la personnalité juridique est tantôt reconnue de manière automatique, tantôt subordonnée à l'accomplissement d'une formalité, ou même soumise à autorisation.

§ 1. – Les groupements de personnes (4)

302. – **Les sociétés.** Les *sociétés* sont des groupements à *but lucratif*. Elles résultent d'un acte juridique par lequel plusieurs personnes (ou une seule dans le cas de l'entreprise unipersonnelle à responsabilité limitée – EURL –, de la société par actions simplifiée unipersonnelle – SASU –, ou pour certaines sociétés européennes) conviennent de mettre quelque chose en commun, en vue de partager le bénéfice ou de profiter de l'économie qui pourra en résulter (C. civ., art. 1832). Elles ont la personnalité juridique à compter de leur immatriculation au registre du commerce et des sociétés (V. *infra*, n° 310). Elles peuvent être civiles ou commerciales.

1°) Les sociétés commerciales.

La commercialité des sociétés découle soit de leur objet (l'accomplissement habituel d'actes de commerce), soit de leur forme (par ex., société anonyme, SARL). La personnalité juridique n'est pas contestée aux sociétés commerciales par la forme ; tout en s'en tenant aux plus courantes, il convient d'en distinguer plusieurs grands types.

(4) *Les groupements*, Trav. Assoc. Henri Capitant, t. XLV, 1994. – D. Randoux, *Vers un droit commun des groupements : JCP* 1996, I, 3982. – J.-P. Arrighi, *La double qualité d'une personne morale : civile et commerciale : Mél. P. Julien*, Edilaix, 2003.

Certaines sont des *sociétés de personnes*[5], ainsi dénommées parce que la considération de la personne des associés y est essentielle à divers niveaux. Tel est le cas de la *société en nom collectif* et de la *société en commandite simple*. Ces modèles sont beaucoup moins utilisés que jadis en raison de la rigueur de leurs règles : les associés sont personnellement et solidairement responsables du passif social (sauf pour les *commanditaires* dans la société en commandite simple) ; le décès d'un seul associé entraîne en principe la dissolution de la société et les *parts sociales* ne sont pas librement cessibles (avec la même exception concernant les commanditaires).

Bien différentes sont les *sociétés de capitaux* ou par actions dont la *société anonyme* est le meilleur exemple. La société anonyme (SA) se distingue des sociétés de personnes par le fait que les associés ne sont pas tenus personnellement responsables des dettes de la société. Au pire, ils ne perdent que leurs apports, représentés par des *actions* ; et ces actions sont négociables (ce qui renvoie ici à un mode de transmission simplifiée et non pas au sens commun que l'on prête au mot) et en principe librement cessibles (sauf clause d'agrément), si bien que le départ ou le décès d'un associé est sans incidence sur la vie de la société. À ce type de société, il convient de rattacher la *société par actions simplifiée* (SAS), créée par la loi n° 94-1 du 3 janvier 1994[6], ainsi que la *société en commandite par actions* (SCA).

Entre ces deux grands types se situe la *société à responsabilité limitée* (SARL), qui emprunte aux unes et aux autres : elle se rapproche des premières en ce que les parts d'intérêts ne sont pas négociables et pas librement cessibles, et des secondes en ce que les associés ne sont responsables du passif social que dans la mesure de leurs apports.

La loi n° 85-697 du 11 juillet 1985 est venue permettre la constitution d'une société à responsabilité limitée par une seule personne, l'EURL (qui ne doit pas être confondue avec l'EIRL : V. *infra*, n° 404), ce qui, avec l'introduction postérieure de la SASU, a constitué dans notre droit une innovation remarquable et a entraîné des conséquences au plan de la théorie du patrimoine[7].

À ces diverses formes s'ajoute une société européenne (SE) résultant d'un règlement communautaire du 8 octobre 2001[8], qui s'apparente à une société anonyme. La société européenne a finalement été introduite en France par la loi du 26 juillet 2005 relative à la confiance et à la modernisation de l'économie (C. com., art. L. 229-1 et s.)[9].

(5) A. Depondt, *Variations pratiques (et d'actualité) sur la personnalité morale des sociétés de personnes* : *JCP* N 1999, p. 1133. – G. Daublon, *La responsabilité indéfinie des associés des sociétés de personnes vis-à-vis des tiers* : *Defrénois* 2003, 1, 579, art. 37723.

(6) J. Paillusseau, *La nouvelle société par actions simplifiée. Le big-bang du droit des sociétés !* : *D.* 1999, chron. p. 333. – D. Randoux, *Une forme sociale ordinaire : la société par actions simplifiée (SAS)* : *JCP* N 1999, p. 1567. – P. le Cannu, *La société par actions simplifiée pour tous* : *Defrénois* 2000, 1, 129, art. 37098. – J. Paillusseau et a., *La SAS : une nouvelle structure pour les PME et les personnes physiques* : *JCP* N 2000, p. 1801.

(7) J. Paillusseau, *L'EURL ou des intérêts pratiques et des conséquences théoriques de la société unipersonnelle* : *JCP* 1986, I, 3242. – J.-J. Daigre, *La société unipersonnelle en droit français* : *RID comp.* 1990, p. 665. – P. Serlooten, *EURL, entreprise à responsabilité limitée*, Joly, 1994.

(8) M. Menjucq, *La société européenne : enfin l'aboutissement* : *D.* 2001, chron. p. 1085. Toutefois, les dispositions du règlement européen ne seront applicables dans un État membre qu'à partir du moment où cet État aura transposé dans son droit interne la directive y associée visant à impliquer les salariés dans les décisions affectant la vie sociale de la société européenne.

(9) F. Fages et M. Menjucq, *L'introduction de la société européenne en droit français* : *JCP* 2005, act. 485, p. 1667. – G. Belier, C. Cathiard et J. Sibille, *La société européenne : après une longue gestation législative, son statut est enfin bien intégré dans le droit français* : *LPA* 3 août 2005, p. 7.

Bien que ces sociétés commerciales soient toutes dotées de la personnalité morale, cela n'a pas la même portée dans tous les cas : par exemple, toutes ces sociétés ont un patrimoine distinct de celui de leurs associés, mais en dépit de cette autonomie patrimoniale les créanciers d'une société de personnes peuvent se payer non seulement sur les biens de la société mais aussi sur ceux des associés eux-mêmes ; la règle est inverse pour les sociétés de capitaux.

Une ordonnance du 16 septembre 2020 a par ailleurs distingué, au sein du Code de commerce, les règles applicables aux sociétés cotées en bourse de celles applicables aux sociétés non cotées[10].

2°) Les sociétés civiles.

Quant aux *sociétés civiles*, c'est-à-dire celles qui ne sont commerciales ni par la forme ni par l'objet (par ex., les sociétés créées pour l'exploitation d'un ou plusieurs immeubles de rapport), leur personnalité n'a été reconnue qu'assez tard (1891) par la jurisprudence. Une loi du 4 janvier 1978, insérée aux articles 1832 et suivants du Code civil, a largement refondu leur régime et a reconnu officiellement cette personnalité morale (C. civ., art. 1842, al. 1er).

Là encore, il en existe de nombreuses formes.

303. – **Les associations.** Les *associations* se distinguent en principe des sociétés par leur *caractère désintéressé*[11]. Ce critère de distinction est parfois mis à rude épreuve : ainsi il arrive qu'une société anonyme ait pour seul objet de mettre des immeubles à la disposition d'une œuvre charitable et, à l'inverse, qu'une association serve de support à une activité lucrative ; l'incertitude de la distinction a été aggravée par la loi du 4 janvier 1978 portant réforme des sociétés[12]. Sous le bénéfice de cette remarque, une association est un groupement composé de *sociétaires* poursuivant des buts charitables, ou culturels, ou confessionnels, ou politiques, etc., sans aucune idée de recherche et de partage des bénéfices.

La réglementation des associations a été fixée par la loi du 1er juillet 1901 qui a mis en œuvre le principe de la liberté d'association[13]. Le simple fait de s'associer ne suffit pas à entraîner l'apparition de la personnalité morale (*associations non déclarées*). Seules les *associations déclarées* à la préfecture acquièrent cette personnalité qui ne leur confère d'ailleurs que des droits limités : droit d'ester en justice et d'acquérir à titre onéreux les immeubles nécessaires à la réalisation de leur objet. On exprime cette limitation en disant que les associations simplement déclarées n'ont que la petite personnalité. Toutefois, lorsqu'elles ont pour but exclusif l'assistance, la bienfaisance, la recherche scientifique ou médicale, elles peuvent accepter les dons et les legs sous certaines conditions (L. 23 juill. 1987).

(10) Ord. n° 2020-1142, 16 sept. 2020. – F. Drummond et J. Klein, *La distinction des sociétés cotées et non cotées : un premier pas vers une recomposition plus ambitieuse du droit des sociétés par actions ?* : *D.* 2021, 30.

(11) Cass. ch. réunies, 11 mars 1914 : *D.* 1914, 1, 257.

(12) O. Simon, *La commercialité de l'association du 1er juillet 1901* : *D.* 1977, chron. p. 153. – Y. Guyon, *De la distinction des sociétés et des associations depuis la loi du 4 janvier 1978* : *Études Kayser*, t. I, PUAM, 1979, p. 483. – R. Brichet, *Une association peut-elle être une personne morale commerçante ?* : *JCP* 1989, I, 3385. – J.-F. Kamdem, *Réflexions sur le registre du commerce et les associations exerçant une activité économique* : *D.* 1996, chron. p. 213. – G. Chabot, *Réflexions sur la responsabilité civile de l'association et de ses dirigeants* : *Defrénois* 1999, 1, 769, art. 37015.

(13) Y. Marot, *La loi du 1er juillet 1901 sur les associations : un principe de liberté ou un principe de démocratie ? L'association : un contrat ou une personne juridique ?* : *D.* 2001, chron. p. 3106. – Y. Chartier, *La liberté d'association dans la jurisprudence de la Cour de cassation*, Rapp. C. cass. 2001, p. 65. – Y. Chartier, *L'association, contrat, dans la jurisprudence récente de la Cour de cassation* : *Mél. Guyon*, Dalloz, 2003, p. 195.

La grande personnalité n'appartient qu'aux *associations reconnues d'utilité publique* par décret en Conseil d'État. L'avantage principal de cette reconnaissance réside dans la possibilité de recevoir des dons et legs[14], en sus des cotisations, avantage qui s'est estompé depuis la loi du 23 juillet 1987.

Parallèlement à la loi de 1901 qui constitue le droit commun des associations, des textes particuliers sont intervenus pour régir certains types particuliers d'associations.

Ainsi les *syndicats professionnels* sont des associations auxquelles la loi accorde une très large personnalité en raison de la qualité particulière des buts qu'ils poursuivent. Représentant les intérêts collectifs de la profession, ils interviennent dans la préparation des textes et dans la conclusion des conventions collectives applicables à la profession.

En revanche, ces autres associations que sont les *congrégations religieuses* sont soumises à un régime beaucoup plus strict.

Dans la mesure où la loi consacre la liberté d'association, les *sectes* ont souvent utilisé cette structure juridique[15]. Sans pour autant les interdire, le législateur est intervenu pour « renforcer la prévention et la répression des mouvements sectaires portant atteinte aux droits de l'homme et aux libertés fondamentales »[16].

La liberté d'association a pour corollaire la liberté pour chacun de ne pas s'associer[17], et le droit de se retirer de l'association après paiement des cotisations échues[18] (V. aussi *supra*, n° 87) ; cette liberté connaît toutefois des limites[19].

304. – Les groupements d'intérêt économique. Les *groupements d'intérêt économique* ont été institués par une ordonnance du 23 septembre 1967. Ce nouveau type de groupement, qui ne se ramène à aucun modèle existant, répond à un besoin économique qui, jusque-là, nécessitait la création artificielle d'une société : il offre aux industriels et aux commerçants une formule intéressante leur permettant de regrouper leurs activités tendant à la recherche ou au lancement de nouveaux produits sur les marchés intérieur ou extérieur.

Ces organismes n'ont pas pour objet de rechercher des bénéfices et les distribuer à leurs membres. Sans être à but lucratif comme les sociétés, ils ne sont pas non plus à caractère désintéressé comme les associations : en effet, servant de cadre à des actions communes d'industriels, ils permettent à ceux-ci de réaliser des économies dans le développement de leur production. Ces avantages, confortés par un statut fiscal privilégié, font que la formule des groupements d'intérêt économique connaît un certain succès[20].

---

(14) S. Castagne, *N'est pas donataire (ou légataire) qui veut : les donations et legs aux associations* : *JCP* N 2002, 1596.

(15) C. Duvert, *Sectes et droit*, PUAM, 2004, préf. F. Terré – M. Huyette, *Les sectes et le droit* : *D.* 1999, chron. p. 383. – C. Leclerc, *Le statut d'association cultuelle et les sectes* : *RFDA* 2005, 565.

(16) L. n° 2001-504, 12 juin 2001 : *JCP* 2001, III, 20511. – A. Dorsner-Dolivet, *La loi n° 2001-504 du 12 juin 2001 relative aux sectes* : *JCP* 2001, act. p. 2182 ; *Loi sur les sectes* : *D.* 2002, chron. p. 1086. – N. Guillet, *Liberté de religion et mouvements à caractère sectaire*, LGDJ, coll. « Dr. public » 2003.

(17) Cass. 3e civ., 12 juin 2003 : *JCP* 2003, II, 10190 et note F. Auque ; *D.* 2003, 1694 et obs. Y. Rouquet ; *RTD civ.* 2004, 280, obs. J. Mestre et B. Fages ; *Constr.-Urb.* 2003, comm. 274, obs. D. Sizaire ; *AJDI* 2003, 663 et note J.-P. Blatter (qui déclare nulle la clause d'un bail commercial faisant obligation au preneur d'adhérer à une association de commerçants d'un centre commercial).

(18) Cass. ass. plén., 9 févr. 2001 : *D.* 2001, 1493 et note E. Alfandari ; *D.* 2002, somm. p. 1522 et note Cl. Giverdon ; *JCP* N 2001, 1301 et note M. Thioye.

(19) Cass. 1re civ., 17 sept. 2003 : *RTD civ.* 2004, 369, obs. J. Raynard.

(20) J.-J. Burst, *Une personnalité morale ambiguë : la personnalité morale du groupement d'intérêt économique* : *JCP* 1976, I, 2783. – J. Richard, *Le GIE et le sort de ses résultats depuis la loi n° 89-377 du 13 juin 1989* : *JCP* 1990, I, 3435.

Les dispositions de l'ordonnance du 23 septembre 1967 ont été complétées et modifiées par une loi du 13 juin 1988 qui a institué le *groupement européen d'intérêt économique*[21].

305. – Les groupements de personnes non dotés de la personnalité morale[22]. Certains groupements de personnes ne bénéficient pas de la personnalité morale, soit parce que la loi (ou la jurisprudence) la leur dénie, soit encore parce que ses membres ne le souhaitent pas.

Ainsi en est-il des *sociétés en participation* (C. civ., art. 1871, al. 1) qui, plutôt que des groupements de personnes, sont de simples accords provisoires et occultes (quoique la société en participation puisse être révélée sans perdre sa nature) entre plusieurs personnes en vue de mener à bien une ou plusieurs opérations ponctuelles.

Ainsi en est-il encore des *sociétés créées de fait*, groupements qui remplissent les conditions de validité d'une société mais que ses membres n'ont pas eu conscience de constituer, et qui sont soumis aux règles applicables aux sociétés en participation (C. civ., art. 1873).

Il en va de même des *groupements momentanés d'entreprises* que peuvent constituer les entreprises, spécialement dans le bâtiment et les travaux publics, en vue de réaliser une opération de construction déterminée ; on parle parfois aussi de *co-traitance*. En pareil cas, ce sont les entreprises elles-mêmes qui entendent écarter la qualification de société et qui, à cet effet, excluent expressément dans leur convention l'*affectio societatis* (la volonté de s'associer).

De même encore, on dénie la personnalité juridique à la *famille*, même si on reconnaît que s'y rattachent certains biens particuliers, par exemple les bijoux de famille[23] et les souvenirs de famille[24] ; ou encore à une indivision[25].

§ 2. – Les masses de biens

306. – Les fondations[26]. *Les fondations* diffèrent nettement des précédents groupements en ce qu'elles ne réunissent pas des personnes mais des biens, affectés à perpétuité à une œuvre d'intérêt général.

Une fondation peut être réalisée sans création d'un être juridique nouveau ; il suffit pour cela que le fondateur adresse la donation ou le legs à une personne morale préexistante, à charge pour elle d'affecter ces biens au but poursuivi : par exemple, *libéralité avec charges* faite à une université en vue de la création d'un prix.

(21) M. Vion, *Le groupement européen d'intérêt économique (GEIE) : Defrénois* 1989, I, 945, art. 34572. – A. Kornmann, *Groupement d'intérêt économique et groupement européen d'intérêt économique : Gaz. Pal.* 1989, 2, doctr. p. 626. – J.-F. Guillemin, *Le GEIE, un instrument de la coopération transfrontalière : RD imm.* 1989, p. 437. – D. Lepeltier, E. Buttet et G. Lesguillier, *Les groupements d'intérêt économique : GIE, GEIE*, GLN Joly éd., 1990.

(22) *Les groupements et organismes sans personnalité juridique*, Trav. Assoc. Henri Capitant, t. XXI, 1974. – G. Farjat, *Entre les personnes et les choses, les centres d'intérêt, Prolégomènes pour une recherche : RTD civ.* 2002, 221. – B. Dondero, *Les groupements dépourvus de personnalité juridique en droit privé*, PUAM, 2006.

(23) J. Carbonnier, *Le statut des bijoux de famille dans le régime matrimonial : Defrénois* 1950, art. 26885 et 26890.

(24) R. Demogue, *Les souvenirs de famille et leur condition juridique : RTD civ.* 1928, p. 27. – J.-F. Barbièri, *Les souvenirs de famille : mythe ou réalité : JCP* 1984, I, 3156. – M. Reynaud-Chanon, *Les souvenirs de famille, une étape vers la reconnaissance de la personnalité morale de la famille : D.* 1987, chron. p. 264.

(25) Cass. 1re civ., 25 oct. 2005, *Bull.* n° 388, p. 323.

(26) V. Guedj, *Essai sur le régime juridique des fondations*, thèse, Paris II, 1999. – J. Mestre, *Regard positif sur les fondations : Mél. Couret*, EFL-Dalloz, 2020, p. 265.

C'est dans cette perspective que le législateur a créé la *Fondation de France* à laquelle on peut adresser des dons ou des legs à charge de les affecter aux fins indiquées dans la libéralité. Plus récemment, et dans un esprit voisin, la loi n° 96-590 du 2 juillet 1996 a institué la *Fondation du patrimoine*[(27)].

En revanche, la création d'une fondation ayant une personnalité propre nécessite une reconnaissance d'utilité publique par décret en Conseil d'État. La fondation devient alors un *établissement d'utilité publique* (à ne pas confondre avec les établissements publics qui sont des personnes de droit public : V. *supra*, n° 78) : par exemple, la fondation Goncourt[(28)].

En France, les fondations n'étaient guère utilisées, sauf pour des prix littéraires, universitaires ou de vertu. Elles sont nombreuses et de grande importance aux États-Unis où elles ont permis de créer des universités, des hôpitaux, des musées, des instituts de recherche, etc. Cette différence s'est sensiblement réduite à la suite des lois du 23 juillet 1987 et du 4 juillet 1990 sur le développement du mécénat qui a suscité la création d'assez nombreuses fondations[(29)] ; ce mouvement favorable au mécénat s'est encore accentué avec la loi n° 2003-709 du 1er août 2003 relative au mécénat, aux associations et aux fondations[(30)]. C'est ainsi que la rénovation de la Galerie des Glaces du Château de Versailles a été effectuée par une fondation.

Cette technique a été récemment étendue aux universités qui peuvent désormais recourir au mécénat.

On relèvera que la question des fondations est également envisagée au niveau européen ainsi qu'en témoigne la proposition de règlement du Conseil relatif au statut de la fondation européenne[(31)].

307. – Les masses de biens non dotées de la personnalité morale. On aurait pu être tenté, dans le silence des textes, de reconnaître la personnalité morale à certaines masses de biens constituant une unité économique (l'entreprise, le fonds de commerce, l'exploitation agricole) ; mais la jurisprudence ne l'a jamais admis[(32)]. Il est vrai que le même résultat peut être obtenu par la création d'une société à laquelle serait apporté le fonds de commerce ou l'entreprise ou, depuis la loi du 11 juillet 1985, par la constitution d'une société unipersonnelle à responsabilité limitée : jusqu'à ce jour, l'entreprise n'est qu'une notion économique qui, pour participer à la vie juridique, doit se glisser dans un moule, la société. Toutefois, en dehors même de la reconnaissance de la personnalité juridique, le droit en tire parfois des conséquences : ainsi, en cas de transfert d'une entité économique autonome, les contrats de travail en cours sont maintenus entre le nouvel employeur et le personnel de l'entreprise[(33)].

(27) M. Drapier, *Entre personnes privées et mission d'intérêt général : la « Fondation du patrimoine », une institution à l'équilibre incertain* : D. 1997, chron. p. 212.

(28) P.-Y. Gautier, *La « solution Goncourt » : les fondations indirectes en droit d'auteur* : D. 1991, chron. p. 145.

(29) Ch. Debbasch, *Le nouveau statut des fondations : fondations d'entreprises et fondations classiques* : D. 1990, chron. p. 269. – E.-E. Franck, *Fondations d'entreprises et fondations reconnues d'utilité publique d'après la loi n° 90-559 du 4 juillet 1990* : *Administrer* févr. 1992, n° 231, p. 2. – J. Bernard de Saint-Affrique, *Fondations et libéralités : problèmes actuels* : *Defrénois* 1997, I, 1105, art. 36646. – A. Courtois, *Mécène or not mécène* : *Defrénois* 2004, 1, 395, art. 37898.

(30) *JO* 2 août 2003, p. 13277 ; *D.* 2003, législ. 1987 ; *JCP* 2003, act. p. 1531. – L. Pouille, *L'appel à la générosité publique sera-t-il entendu ?* : *JCP* 2003, act. p. 2221.

(31) Doc. COM (2012), 35 final ; *RDC* 2012, 966, obs. A. Tenenbaum.

(32) G. Liet-Veaux, *Les associations de personnes et les associations de biens* : *JCP* 2002, I, 154. – G. Farjat, *Entre les personnes et les choses, les centres d'intérêt, Prolégomènes pour une recherche* : *RTD civ.* 2002, 221.

(33) Cass. soc., 17 déc. 2003, *Bull.* n° 86, p. 82.

La question se pose également pour le patrimoine de l'humanité. L'époque étant aux grandes proclamations de principe, on déclare souvent qu'il y a un patrimoine commun de l'humanité, notamment dans le domaine maritime, spatial, génétique, culturel, etc. Par exemple, en matière culturelle, on peut citer les conventions de l'UNESCO du 16 novembre 1972 pour la protection du patrimoine mondial culturel et naturel, et du Conseil de l'Europe du 3 octobre 1985 pour la sauvegarde du patrimoine architectural de l'Europe.

On veut dire par là que toutes les nations doivent respecter le patrimoine qui leur a été transmis, et dont elles sont les dépositaires, en vue de le transmettre aux générations futures. Mais il ne faut pas en déduire que l'humanité a la personnalité juridique.

SOUS-SECTION 3

LES PERSONNES MORALES DE CARACTÈRE MIXTE

308. – **Diversité.** On classe ici diverses personnes morales qui empruntent à la fois au droit privé et au droit public.

C'est ainsi que l'État participe à la vie économique par l'intermédiaire de sociétés qui peuvent revêtir soit les formes du droit privé, soit la forme d'un établissement public à caractère industriel et commercial (EPIC). D'une manière plus générale, on peut faire entrer dans cette catégorie les *sociétés nationalisées* et les *sociétés d'économie mixte.*

À l'inverse, certains groupements de personnes privées poursuivent des buts d'utilité publique. Tel est le cas des *ordres professionnels* qui regroupent obligatoirement, comme les corporations de l'Ancien Régime, les membres de certaines professions : médecins, avocats, notaires(34), experts-comptables, etc.

Il en va de même des *comités d'entreprise,* regroupant des représentants du personnel et de la direction, que l'ordonnance du 22 février 1945 a créés et rendus obligatoires dans les entreprises et établissements distincts d'au moins cinquante salariés.

SECTION 2

LE STATUT GÉNÉRAL DES PERSONNES MORALES

309. – **Existe-t-il un statut général ?** Il est peut-être impropre de parler d'un statut général des personnes morales. Même en se limitant à l'étude des personnes morales de droit privé, leur nombre et la diversité de leurs réglementations ne permettent de trouver des points communs qu'au niveau des idées générales(35). Cette difficulté apparaît avec netteté lorsqu'on envisage la naissance ou la disparition des personnes morales.

(34) Pour les notaires, il s'agit d'une « chambre », chambres départementales et Chambre nationale.

(35) N. Mathey, *Les droits et les libertés fondamentaux des personnes morales de droit privé* : *RTD civ.* 2008, p. 205. – V. Wester-Ouisse, *La jurisprudence et les personnes morales. Du propre de l'homme aux droits de l'homme* : *JCP* 2009, I, 121.

On observera toutefois, non sans une certaine surprise, que certains « droits de l'homme » au sens de la Convention européenne des droits de l'homme, notamment le droit au respect de ses biens, sont reconnus au profit des personnes morales[36].

SOUS-SECTION 1

DURÉE DE LA PERSONNALITÉ

§ 1. – La naissance de la personnalité morale

A. – Cas des groupements réglementés par la loi

310. – **Existence d'un certain contrôle des naissances.** S'agissant d'un être humain, l'État se borne à exiger qu'il soit fait déclaration de la naissance, sans pouvoir évidemment se faire juge de l'opportunité de la conception. On conçoit qu'il puisse en être autrement pour les personnes morales dont la naissance présente un certain artifice et dont l'activité peut s'avérer nuisible. Aussi s'explique-t-on que l'État veuille exercer ici une sorte de contrôle des naissances, soit pour se défendre lui-même, soit au nom de l'intérêt général[37]. Ce contrôle revêt des formes plus ou moins contraignantes suivant les cas.

Ainsi faut-il un *décret de reconnaissance d'utilité publique* pour conférer la grande personnalité aux associations comme pour faire acquérir une personnalité autonome aux fondations. Cette exigence d'une autorisation individuelle s'explique par la méfiance naturelle des gouvernements à l'encontre des entreprises désintéressées, et aussi par des motifs économiques (constitution de biens de *mainmorte*, ce qui est contraire au principe de la libre circulation des biens).

Pour d'autres groupements, la naissance de la personnalité morale dépend de l'accomplissement d'une *publicité*. Il en est ainsi pour les associations qui acquièrent la petite personnalité à la suite d'une déclaration et du dépôt de leurs statuts à la préfecture, suivis d'une insertion au *Journal officiel*, et pour les syndicats professionnels (déclaration à la mairie).

Également les sociétés commerciales, et les sociétés civiles depuis la loi du 4 janvier 1978 (C. civ., art. 1842, al. 1er), n'ont la personnalité que du jour de leur immatriculation au registre du commerce et des sociétés[38].

(36) V. sur ce point B. Edelman, *La Cour européenne des droits de l'homme* : *D.* 2011, 897, qui dénonce cet anthropomorphisme.

(37) F. Benac-Schmidt, *Essai sur la notion d'« être moral nouveau ». Réflexions sur son aspect fiscal* : *D.* 1992, chron. p. 37.

(38) V. par ex. Cass. 1re civ., 6 janv. 2021, n° 19-11.949, *Bull.* – Cette règle a été étendue aux sociétés civiles constituées avant le 1er juillet 1978 qui n'étaient jadis pas tenues de s'immatriculer, ce qui n'est pas allé sans soulever de nombreuses difficultés (L. n° 2001-420, 15 mai 2001, art. 44. – D. n° 2002-1085, 7 août 2002 pris pour l'application de la loi du 15 mai 2001 : *JO* 11 août 2002 ; *JCP* 2002, III, 20119). – V. F. Deboissy et G. Wicker, *Conséquences juridiques et fiscales du défaut d'immatriculation des sociétés civiles anciennes au 1er novembre 2002* : *JCP* N 2002, 1548. – G. Baranger, *L'immatriculation des sociétés civiles anciennes : l'échéance* : *Defrénois* 2002, 1, 1226, art. 37605. – M. Dagot, *Sociétés civiles non immatriculées au 1er novembre 2002* : *JCP* N 2003, aperçu 99. – G. Daublon et B. Gelot, *Libres propos sur la non-immatriculation des sociétés civiles anciennes* : *Defrénois* 2003, 1, 889, art. 37776. – Ch. Atias, *Sauvez nos chères vieilles sociétés civiles* : *D.* 2003, 954. – F.-X. Lucas, *Les conséquences du défaut d'immatriculation des sociétés civiles anciennes* : *JCP* N 2003, 1494. – B. Jadaud, *Situation juridique des sociétés civiles et des associés des sociétés civiles non immatriculées*

La règle est parfois gênante dans la mesure où les fondateurs auront dû agir pour le compte de la société en formation pendant la période constitutive ; une fois formée, la société sera invitée à avaliser les engagements souscrits en son nom : à cet effet, l'article 1843 du Code civil prévoit que « la société régulièrement immatriculée peut reprendre les engagements souscrits, qui sont alors réputés avoir été dès l'origine contractés par celle-ci », reprise qui peut intervenir suivant diverses modalités (annexion aux statuts, mandat précis, ou vote de l'assemblée générale des associés).

Malgré les apparences, on peut dire que dans ces hypothèses la reconnaissance de la personnalité morale découle de l'État. Certes, il ne s'agit pas d'une autorisation individuelle, mais d'une autorisation globale en faveur de groupements d'un type déterminé, agréés d'office dès l'instant qu'ils sont conformes au type préétabli et qu'ils ont satisfait à la publicité organisée à leur intention.

B. – Cas des groupements non réglementés par la loi

311. – **La controverse doctrinale : fiction ou réalité de la personnalité morale ?** La doctrine s'est interrogée sur le point de savoir si la personnalité morale pouvait naître sur la tête d'un groupement en dehors de la permission expresse ou tacite de la loi. La question peut être exprimée d'une autre manière : la personnalité morale ne découle-t-elle que de la loi ? Ou peut-elle naître de la seule convention passée entre les membres du groupe ?

De toute évidence, cette question est sans intérêt pour les groupements que nous venons de voir et pour lesquels la loi elle-même édicte les conditions (décret, publicité) d'apparition de la personnalité morale : par exemple, une association a ou n'a pas la personnalité selon qu'elle a été ou non déclarée. Mais que faut-il décider en ce qui concerne les groupements pour lesquels la loi n'a rien dit ou, *a fortiori*, pour ceux dont l'existence même n'aurait pas été prévue par le législateur ? La difficulté apparaît lorsque de tels groupements veulent ester en justice ou prétendent posséder un patrimoine.

La doctrine est ici partagée entre les tenants de la *fiction* et ceux de la *réalité* de la personnalité morale. Les premiers considèrent que, à la différence des personnes physiques, les personnes morales sont des êtres totalement fictifs, de pures créations de la loi qui ne sauraient donc exister en dehors de la permission de la loi. Pour les seconds, la personnalité est bel et bien une réalité qui peut être constatée lorsque se trouvent réunies en la personne du groupement les deux conditions suivantes :

– existence d'intérêts collectifs différents des intérêts individuels des membres du groupe(39) ;

– existence d'une organisation collective en vue de la défense desdits intérêts(40).

au RCS : *JCP* N 2003, 1535 ; *Situation fiscale des sociétés civiles et des associés de ces sociétés non immatriculées au 1er novembre 2002* : *JCP* N 2003, 1555. – G. Daublon et B. Gelot, *Remarques pratiques à propos des sociétés civiles non immatriculées* : *Defrénois* 2003, 1, 1289, art. 37820. – Sur les conséquences fiscales du défaut d'immatriculation, V. Instr. 29 juill. 2003 : *Defrénois* 2003, 1, 1368, art. 37826 et, en matière d'enregistrement et de publicité foncière, Instr. 10 mai 2004 : *JCP* N 2004, 115, et Instr. 6 juin 2005 : *JCP* N 2005, 1095. – V. Instr. 6 juill. 2010 : *BOI* 10 D-1-10 ; *JCP* N 2010, 617.

(39) J. Théron, *De la « communauté d'intérêts »* : *RTD civ.* 2009, p. 19.

(40) Pour une analyse critique de cette conception, V. J. Paillusseau, *Le droit moderne de la personnalité morale* : *RTD civ.* 1993, p. 705.

La jurisprudence a été amenée à se prononcer sur ce point pour les sociétés civiles d'abord, puis pour les comités d'établissement. Elle a conduit à reconnaître la personnalité aux groupements au point de les considérer parfois comme de véritables « êtres vivants »[(41)].

312. – **L'arrêt de 1891 relatif à la personnalité des sociétés civiles.** La question s'est d'abord posée pour les *sociétés civiles* qui, jusqu'à la loi du 4 janvier 1978, n'étaient soumises à aucune publicité. Évitant de prendre parti sur la nature juridique de la personnalité morale, la jurisprudence la leur avait reconnue, mais par interprétation des textes du Code civil, c'est-à-dire en se fondant sur une autorisation tacite de la loi.

> « Attendu qu'il est de l'essence des sociétés civiles, aussi bien que des sociétés commerciales, de créer, au profit de l'individualité collective, des intérêts et des droits propres et distincts des intérêts et des droits de chacun de ses membres ; – Que les textes du Code civil (notamment les articles 1845, 1846, 1847, 1848, 1850, 1852, 1855, 1859, 1867), personnifient la société d'une manière expresse, en n'établissant jamais des rapports d'associé à associé, et en mettant toujours les associés en rapport avec la société ; – Que les sociétés civiles constituent, tant qu'elles durent, une personne morale, laquelle est propriétaire du fonds social » (Req., 23 févr. 1891 : *D.* 1891, 1, 337 ; S. 1892, 1, 73).

On ne saurait donc en tirer des enseignements quant au point de savoir si la personnalité morale est une fiction ou une réalité. Cette question se pose à nouveau aujourd'hui pour les sociétés civiles qui n'ont pas été immatriculées au registre du commerce et des sociétés en application de la loi du 15 mai 2001[(42)]. Elle a été implicitement résolue par la négative, la Cour de cassation ayant décidé que les sociétés civiles non immatriculées au 1er novembre 2002 ont perdu, à cette date, la personnalité morale, et notamment le droit d'agir en justice[(43)].

313. – **L'arrêt de 1954 sur les comités d'établissement.** C'est à propos des *comités d'établissement*, institution analogue aux comités d'entreprise (V. *supra*, n° 308) mais au niveau de chaque établissement d'une entreprise, que la jurisprudence s'est prononcée avec fermeté en 1954. La Cour de cassation a affirmé à cette occasion que la personnalité civile n'est pas une création de la loi, mais qu'elle appartient en principe à tout groupement pourvu d'une possibilité d'expression collective pour la défense d'intérêts licites.

> « Attendu que la personnalité civile n'est pas une création de la loi ; qu'elle appartient, en principe, à tout groupement pourvu d'une possibilité d'expression collective pour la défense d'intérêts licites, dignes, par suite, d'être juridiquement reconnus et protégés ; que si le législateur a le pouvoir, dans un but

(41) V. pour une critique, V. Wester-Ouisse, *Dérives anthropomorphiques de la personnalité morale : ascendances et influences* : *JCP* 2009, I, 137.

(42) R. Libchaber, *Réalité ou fiction ? Une nouvelle querelle de la personnalité est pour demain* : *RTD civ.* 2003, 166. – V. aussi Ph. Jacques, *Pouvoirs : la lutte continue* : *RTD civ.* 2008, 66.

(43) Cass. com., 26 févr. 2008, n° 06-16.406 : *Banque et droit* 2008, n° 118, p. 48, note Storck. – V. cependant, J.-R. André, *Sociétés civiles non immatriculées. La perte de la personnalité juridique ce n'est pas automatique !* : *JCP* N, 2018, 1160.

de haute police, de priver de la personnalité civile telle catégorie déterminée de groupements, il en reconnaît, au contraire, implicitement mais nécessairement l'existence en faveur d'organismes créés par la loi elle-même avec mission de gérer certains intérêts présentant ainsi le caractère de droits susceptibles d'être déduits en justice » (Cass. 2e civ., 28 janv. 1954 : *D.* 1954, p. 217, note G. Levasseur).

Plus récemment, la chambre sociale de la Cour de cassation a repris la même motivation pour reconnaître la personnalité morale aux *comités d'hygiène et de sécurité* prévus par le Code du travail (Cass. soc., 17 avr. 1991).

Sur le plan doctrinal, on a considéré que la jurisprudence consacrait ainsi la thèse de la *réalité* des personnes morales. Il faut en tirer cette conséquence que la personnalité morale peut être reconnue à un groupement en dehors de toute autorisation expresse ou tacite de la loi. Il faut et il suffit de constater que le groupement poursuit des *intérêts collectifs* différents des intérêts individuels des membres du groupe, et dispose d'une *organisation collective* en vue de la défense desdits intérêts.

314. – **L'interdiction par le Conseil constitutionnel d'un contrôle préalable des associations.** Dans le cas particulier des associations, le Conseil constitutionnel a écarté tout contrôle préalable de la constitution des associations en décidant que l'acquisition de la capacité juridique des associations déclarées ne peut être subordonnée à un contrôle préalable par l'autorité administrative ou judiciaire de leur conformité à la loi.

Mais cette condamnation est fondée sur le principe de la liberté d'association, et non pas sur l'idée que la personnalité morale est une réalité indépendante du pouvoir réglementaire.

« Le Conseil constitutionnel : Saisi le 1er juillet 1971 par le président du Sénat, conformément aux dispositions de l'article 61 de la Constitution, du texte de la loi, délibérée par l'Assemblée nationale et le Sénat et adoptée par l'Assemblée nationale, complétant les dispositions des articles 5 et 7 de la loi du 1er juillet 1901 relative au contrat d'association,

Vu la Constitution et notamment son préambule ; (...)

Considérant qu'au nombre des principes fondamentaux reconnus par les lois de la République et solennellement réaffirmés par le Préambule de la Constitution il y a lieu de ranger le principe de la liberté d'association ; que ce principe est à la base des dispositions générales de la loi du 1er juillet 1901 relative au contrat d'association ; qu'en vertu de ce principe les associations se constituent librement et peuvent être rendues publiques sous la seule réserve du dépôt d'une déclaration préalable ; qu'ainsi, à l'exception des mesures susceptibles d'être prises à l'égard de catégories particulières d'associations, la constitution d'associations, alors même qu'elles paraîtraient entachées de nullité ou auraient un objet illicite, ne peut être soumise pour sa validité à l'intervention préalable de l'autorité administrative ou même de l'autorité judiciaire ; – Considérant que, si rien n'est changé en ce qui concerne la constitution même des associations non déclarées, les dispositions de l'article 3 de la loi dont le texte est, avant sa promulgation, soumis au Conseil constitutionnel pour examen de sa conformité à la Constitution ont pour objet d'instituer une procédure d'après laquelle l'acquisition de la capacité juridique des associations déclarées pourra être subordonnée à un contrôle préalable par l'autorité judiciaire de leur conformité à la loi ; – Considérant, dès lors, qu'il y a lieu de déclarer non conformes à la Constitution les dispositions de l'article 3 de la loi soumise à l'examen du Conseil constitutionnel (...) » (Cons. const., 16 juill. 1971 : *D.* 1971, p. 685. – V. J. Rivero, *Les principes fondamentaux reconnus par les lois de la République : une nouvelle catégorie constitutionnelle ?* : *D.* 1971, chron. p. 265).

315. – **Le pouvoir de la loi de contrôler la naissance de la personnalité morale.** En dépit de l'affirmation par la jurisprudence de la réalité des personnes morales, la loi conserve un large pouvoir de contrôle.

Positivement, le législateur est libre de décider que tel groupement disposera de la personnalité morale, et sous telles conditions. Ainsi la loi a-t-elle reconnu la personnalité morale aux comités d'établissement (en 1982 seulement alors que la jurisprudence l'avait admis en 1954), au syndicat de copropriété (L. 10 juill. 1965, art. 14) ou aux sociétés coopératives ouvrières de production (L. 19 juill. 1978, art. 3).

Négativement, il arrive que la loi dénie la personnalité morale, par exemple aux sociétés en participation (C. civ., art. 1871, al. 1), et aux fonds communs de placement (L. 23 déc. 1988, art. 7-I). S'il peut l'interdire, *a fortiori* peut-il la réglementer en la subordonnant à certaines conditions ; certes, la loi a été sanctionnée pour cela par le Conseil constitutionnel dans sa décision du 16 juillet 1971, mais c'était au nom de la liberté d'association considérée comme un principe de valeur constitutionnelle, et non pas au motif que la personnalité morale est une réalité.

En fait, et à la différence de la jurisprudence et de la doctrine, le législateur considère que la personnalité morale est une fiction et qu'il est donc libre de l'accorder ou de la refuser[44]. Cette même liberté se retrouve à propose de la disparition des personnes morales.

§ 2. – La disparition des personnes morales

316. – **Diversité des causes de disparition.** Les personnes morales, n'étant pas soumises à des lois biologiques, ont vocation à durer indéfiniment. Cette perpétuité de principe n'empêche pas qu'il existe de nombreuses causes de disparition, difficiles à schématiser parce qu'elles dépendent du type de personne morale considéré.

Parfois, c'est la *volonté* des membres du groupe qui va mettre fin à la société ou à l'association : dissolution par l'arrivée du terme prévu dans les statuts, dissolution anticipée ou fusion décidées à la majorité statutaire ou légale (C. civ., art. 1844-7).

Dans d'autres cas, la disparition résultera :

– d'une *décision judiciaire* : dissolution anticipée d'une société en cas de réunion des parts en une seule main, ou pour mésentente entre associés (C. civ., art. 1844-7) ;

(44) R. Libchaber, *Réalité ou fiction ? Une nouvelle querelle de la personnalité est pour demain* : *RTD civ.* 2003, 166.

– ou d'une *décision administrative* : retrait de l'autorisation gouvernementale nécessaire pour l'acquisition de la personnalité par certains groupements (associations étrangères, fondations)(45).

Enfin, la loi prévoit que certains événements entraînent de *plein droit* la disparition des sociétés de personnes (mort ou incapacité de l'un des associés).

On considère, pour des raisons pratiques, que la personnalité – notamment celle des sociétés – survit pour les besoins de la liquidation de la personne morale dissoute, ce qui permet en outre de sauvegarder les droits des créanciers de la société. Une fois la liquidation achevée et les dettes payées, la personnalité disparaît définitivement(46) (C. civ., art. 1844-8, al. 3).

Les biens recevront alors une destination qui est fonction de la nature du groupement disparu. S'agissant d'une société, il sera fait un partage entre les associés, à proportion de leurs apports respectifs ou selon d'autres modalités (C. civ., art. 1844-9). Au contraire, l'actif des associations n'est jamais partagé entre les sociétaires ; il est dévolu, conformément aux statuts ou par décision de l'assemblée générale, à un groupement désintéressé poursuivant des fins analogues.

SOUS-SECTION 2

ÉTENDUE DE LA PERSONNALITÉ

§ 1. – L'autonomie de la personne morale

317. – **Autonomie patrimoniale de la personne morale.** Bien qu'étant un groupement d'individus (à l'exception des fondations : V. *supra*, n° 306), toute personne morale possède une personnalité juridique distincte de celle de ses membres : elle est un sujet de droits.

Il s'ensuit qu'elle est titulaire d'un *patrimoine propre*, composé à l'origine par des apports sur lesquels l'apporteur perd tout droit privatif. Cette perte est définitive lorsque l'apport est fait à une association puisqu'il n'y aura jamais lieu à partage ; elle n'est que provisoire dans les sociétés.

Si les associés n'ont aucun droit privatif sur tel ou tel élément individualisé de l'actif social, ils possèdent en revanche un droit d'une nature particulière sur le patrimoine social considéré dans son ensemble. Ce droit ou part sociale porte le nom d'*action* dans les sociétés de capitaux, et était parfois qualifié de *part d'intérêt* dans les sociétés de personnes. La part sociale ou l'action est un droit de créance, c'est-à-dire un droit conférant à une personne (l'associé) certaines prérogatives sur une autre personne (la société) : droit de participer aux décisions collectives et de voter, droit à une partie des bénéfices distribués, et à une partie de l'actif social lors de la dissolution.

(45) Ouvrant un nouveau cas de dissolution, la loi du 12 juin 2001 relative aux sectes permet au juge de prononcer la dissolution de toute personne morale (quelle que soit sa forme, association, société ou autre) qui poursuivrait des activités ayant pour but ou pour effet de créer, de maintenir ou d'exploiter la sujétion psychologique ou physique des personnes qui participent à ces activités.

(46) E. Boronad-Lesoin, *La survie de la personne morale dissoute : RTD com.* 2003, 1.

Cette autonomie patrimoniale de la société par rapport à ses membres se traduit en pratique de la manière suivante : les créanciers de la société peuvent seuls saisir l'actif social, à l'exclusion des créanciers personnels des associés ; à l'inverse les créanciers de la société n'ont pas d'action sur le patrimoine personnel des associés, sauf dans les sociétés de personnes où ces derniers sont personnellement responsables des dettes sociales (et solidairement en outre dans les sociétés commerciales).

318. – **Les limites de l'autonomie patrimoniale**(47). Comme le montre la réserve ci-dessus, l'autonomie connaît des limites, et il arrive que, pour l'application de certaines règles, la personnalité ou le comportement des associés ne soient pas indifférents. Ainsi la nationalité des associés peut exceptionnellement rejaillir sur celle de la société, même si c'est surtout le critère du siège social qui est déterminant.

Enfin, en matière fiscale, la notion de *transparence* permet dans certains cas de considérer la forme sociale comme un simple écran n'entraînant pas l'impôt sur les sociétés. Les bénéfices réalisés par la société et distribués aux associés sont alors imposés en la personne des associés, comme s'ils avaient été obtenus directement par ceux-ci. Tel est le cas, par exemple, pour les sociétés en nom collectif.

§ 2. – La capacité de la personne morale

319. – **La capacité de jouissance.** À la différence des personnes physiques qui, à cet égard, jouissent en principe d'une capacité complète, les personnes morales sont toujours affectées d'une incapacité de jouissance dont l'étendue varie suivant les hypothèses.

Certaines découlent de la nature des choses, en ce que de nombreux droits extrapatrimoniaux paraissent réservés aux êtres humains : droit à l'image, droit au secret de la vie privée, etc. ; mais, comme le reconnaît la CJUE(48), d'autres peuvent être mis en œuvre à propos de personnes morales, par exemple, le droit à l'honneur (contre les diffamations)(49). De même, est extrapatrimonial le droit des associations ou des syndicats de défendre l'intérêt collectif qu'ils représentent et qui n'est pas la simple addition des intérêts individuels de leurs membres.

D'autres restrictions découlent du type de personne morale choisi. Alors que les sociétés, les syndicats professionnels et les groupements d'intérêt économique ont une capacité patrimoniale à peu près complète, les associations ne l'obtiennent que par un décret de reconnaissance d'utilité publique.

Enfin, le *principe de la spécialité des personnes morales* interdit à tout groupement d'accomplir des actes sortant de son objet tel que défini dans ses statuts ou dans la loi. L'existence de cette règle incite en pratique à prévoir dans les statuts un objet très large, susceptible d'englober tout développement futur de l'activité sociale sans qu'il soit nécessaire de modifier les statuts.

Ces règles sont rappelées dans l'article 1145, alinéa 2 du Code civil, dans sa rédaction due à l'ordonnance du 10 février 2016 telle que modifiée par la loi de

(47) P.-Y. Gautier, *Des limites de la personnalité morale : Mél. Ph. Merle*, Dalloz, 2012.
(48) CJUE, 6e ch., 17 oct. 2017 : *D.* 2018, 276, note F. Jault-Seseke.
(49) G. Loiseau, *Des droits humains pour personnes non humaines : D.* 2011, 2558.

ratification du 20 avril 2018 : « La capacité des personnes morales est limitée par les règles applicables à chacune d'entre elles ».

320. – **La capacité d'exercice.** N'étant pas un être humain, une personne morale ne peut exercer ses droits que par l'intermédiaire de ses *représentants* – lesquels peuvent être des personnes physiques ou parfois eux-mêmes des personnes morales, mais en dernière analyse ce sont nécessairement des personnes physiques qui agiront. C'est ainsi qu'on assignera une société en justice en la personne de son gérant ou du président de son conseil d'administration. Parce qu'ils *représentent* la personne morale, ces organes paraissent jouer un rôle analogue à celui du tuteur vis-à-vis du mineur. Mais l'analogie n'est qu'apparente ; elle n'autorise pas à voir là une véritable incapacité d'exercice.

En revanche, il y a sans nul doute incapacité d'exercice pour les associations reconnues d'utilité publique qui doivent obtenir l'autorisation de l'Administration pour accepter des dons ou des legs ; et également pour les départements, communes et établissements publics soumis à une *tutelle administrative* qui revêt des formes différentes suivant les hypothèses.

TITRE 2

LES ÉLÉMENTS PERMETTANT L'IDENTIFICATION DES PERSONNES

321. – **Intérêt d'identifier les personnes.** Des intérêts considérables s'attachent à une parfaite identification des personnes, spécialement dans le domaine du droit patrimonial. Il est important de savoir qui est qui, et qui fait quoi.

S'agissant par exemple de contracter avec une personne, il est indispensable de s'enquérir de sa nationalité, de sa capacité, de son état de célibataire ou de conjoint, voire de commerçant ou de civil, etc., et, s'il représente une société, de vérifier ses pouvoirs. Les notaires le savent bien qui, pour la rédaction de leurs actes, exigent des renseignements complets sur l'état civil de leurs clients.

S'agissant de poursuivre une personne en justice, il conviendra de s'assurer de ses nom, prénoms et qualités, ainsi que de son domicile auquel tous les actes d'huissier seront signifiés et qui détermine la compétence territoriale de la juridiction (tribunal du domicile du défendeur, en principe).

Il y a donc un certain nombre d'éléments qui permettent d'identifier avec précision toute personne, en tenant compte de diverses données qui influent sur sa capacité ou ses pouvoirs. Ces éléments diffèrent suivant qu'il s'agit de personnes physiques ou de personnes morales ; dans l'une et dans l'autre hypothèse, ils sont relatifs à l'état des personnes, au nom, au domicile, et à la nationalité.

CHAPITRE 1

L'ÉTAT DES PERSONNES[1]

322. – Les éléments constitutifs de l'état des personnes. L'état des personnes est l'ensemble des éléments qui déterminent le statut juridique de la personne. Pour faire image, on peut dire que c'est la silhouette juridique du sujet de droits. Cet état, qui détermine la capacité juridique de chacun, réunit un certain nombre de qualités :

– qualités physiques[2] : sexe[3], âge, facultés mentales, qui permettent notamment de déterminer la capacité des personnes. Le sexe est aujourd'hui indifférent au regard de la capacité, la loi édictant une égalité juridique des deux sexes, tant au sein de la société qu'à l'intérieur de la famille. Il n'en va pas de même de l'âge ; c'est à dix-huit ans qu'on devient majeur et qu'on acquiert ainsi la pleine capacité d'exercice. Et le déclin des facultés physiques ou mentales peut entraîner la mise en place par décision judiciaire d'une mesure de protection d'une personne qui va ainsi devenir un *majeur protégé* ;

– qualités familiales : époux ou conjoint, parent ou allié à un certain degré, et également l'état de concubinage, spécialement lorsqu'il aura été consacré par un pacte civil de solidarité (PACS) ; suivant sa qualité, une personne aura ou non tels pouvoirs sur son patrimoine (propre ou commun) et tels droits dans la succession de son parent ;

– qualités juridiques, français ou étranger, société ou association, société anonyme ou SARL, etc., qui déterminent l'attribution de certains droits et pouvoirs.

De prime abord, l'état des personnes est relatif aux personnes physiques ; mais il existe également pour les personnes morales. En toute hypothèse, il doit faire l'objet d'une publicité telle que chacun soit à même de connaître la situation juridique de celui avec qui il contracte. Pour les personnes physiques, cette publicité s'opérera par les actes inscrits sur les registres de l'état civil ; pour les personnes morales, elle dépendra du type de groupement.

(1) A.-M. Leroyer, *La notion d'état des personnes : Mél. M. Gobert*, Economica, 2004, p. 247.
(2) A. Marais, *L'apparence de la personne : Mél. M. Gobert*, Economica, 2004, p. 285.
(3) J.-P. Branlard, *Le sexe et l'état des personnes, Aspects historique, sociologique et juridique*, LGDJ, 1993. – A. Debet, *Le sexe de la personne*, in *La personne dans tous ses états : LPA* 1er juill. 2004.

SECTION 1

L'ÉTAT DES PERSONNES PHYSIQUES

323. – **Les événements soumis à publicité.** Tous les événements pouvant avoir un retentissement sur le statut juridique de la personne sont soumis à publicité. Parmi ceux-ci, trois occupent une place particulière et font l'objet d'un *acte de l'état civil*, c'est-à-dire un écrit dans lequel l'autorité publique, représentée par l'*officier de l'état civil*, constate l'événement :

– la *naissance*, date d'apparition de la personnalité ;

– le *mariage*, qui peut désormais être conclu entre personnes du même sexe (L. 17 mai 2013), mariage qui entraîne une répartition des biens et des pouvoirs entre les époux, répartition variable suivant le régime matrimonial choisi par les époux ;

– le *décès*, qui marque la fin de la personnalité et l'ouverture de la succession.

Outre ces événements qui figurent sur les registres de l'état civil, d'autres y trouveront également place sous la forme d'une mention en marge de l'acte de naissance(4) : par exemple la reconnaissance d'un enfant, ou la décision judiciaire portant désaveu d'un enfant, ou l'adoption ; le divorce ou la séparation de corps ; les jugements prononçant l'incapacité d'un majeur ; les modifications du nom de famille, etc.

La matière des actes de l'état civil est régie par les articles 34 à 101-2 du Code civil, par le décret n° 2017-890 du 10 mai 2017 prévoyant la dématérialisation des actes de l'état civil (entré en vigueur le 1er novembre 2017) et par le décret n° 2019-993 du 26 septembre 2019(5).

On notera que le pacte civil de solidarité est également soumis à publicité, ce qui est normal dans la mesure où il affecte les pouvoirs des partenaires et le statut de leurs biens. Le PACS – « contrat conclu par deux personnes physiques majeures de sexe différent ou de même sexe, pour organiser leur vie commune » (C. civ., art. 515-1) – doit faire l'objet d'une déclaration au greffe du tribunal judiciaire de la résidence commune. La publicité du PACS se réalise par une mention en marge de l'acte de naissance de chacun des partenaires (C. civ., art. 515-3-1).

324. – **Organisation de l'état civil.** Depuis la sécularisation intervenue en 1791, l'état civil est un service public qui existe dans chaque commune, sous la direction du maire, *officier de l'état civil*, lequel peut déléguer ses pouvoirs. Il exerce cette fonction sous le contrôle du procureur de la République qui est l'autorité de tutelle en matière d'état civil.

Bien que relevant de l'ordre judiciaire, l'officier de l'état civil n'exerce aucun contrôle juridictionnel sur les déclarations qui lui sont faites ; il se borne à les enregistrer et à en délivrer copie. Il apparaît ainsi comme une sorte de greffier et sa compétence est limitée au territoire de la commune. Les déclarants jouent donc un rôle important dans la mesure où ils fournissent les informations qui figureront à l'état civil ; ces déclarants sont en principe les intéressés (les époux pour le mariage,

(4) J. Massip, *Les mentions en marge des actes de l'état civil faites à la requête des notaires* : *JCP* N 2012, 1318.

(5) Pris en application de l'ordonnance n° 2019-724 du 10 juillet 2019 relative à l'expérimentation de la dématérialisation des actes de l'état civil établis par le ministère des Affaires étrangères : *JCP* 2019, 1007.

le père ou la mère pour la reconnaissance d'un enfant), sauf pour le décès qui est nécessairement le fait d'un tiers.

Il inscrit les actes de l'état civil, conformément aux articles 34 et suivants du Code civil, sur des *registres* faits de feuillets reliés, à la suite les uns des autres, par ordre chronologique. Pour éviter les risques de perte, les registres sont tenus en double original, un exemplaire étant déposé aux archives de la mairie et l'autre adressé au greffe du tribunal judiciaire. Toutefois, tenant compte de l'évolution des techniques, les décrets du 16 septembre 1997 sur l'état civil et le décret n° 2017-890 du 10 mai 2017 prévoyant la dématérialisation des actes de l'état civil disposent que l'établissement, la conservation et la mise à jour des actes peuvent se faire par des « procédés automatisés », c'est-à-dire en fait informatiques[6] (C. civ., art. 40).

Lorsqu'un acte ou un jugement vient modifier l'état d'une personne, mention en est faite en marge du ou des actes précédents relatifs à cette même personne ; c'est ce que l'on appelle des *mentions en marge*. Depuis un décret du 2 octobre 1968, les actes et jugements relatifs à la tutelle ou à la curatelle des majeurs protégés sont enregistrés sur un *répertoire civil* (CPC, art. 1057 et s.) tenu au greffe du tribunal judiciaire dans le ressort duquel est née la personne concernée, et font l'objet d'une mention en marge de l'acte de naissance.

Cette pratique des mentions en marge est très utile en ce que, regroupant la quasi-totalité des renseignements en marge de l'acte de naissance, elle facilite la publicité de l'état des personnes.

325. – **La publicité des actes de l'état civil.** Pour des motifs de sécurité et par crainte des fraudes, la consultation directe des registres de l'état civil n'est en principe jamais autorisée. La publicité s'opère par la délivrance de copies ou extraits aux personnes intéressées, ce conformément aux articles 25 à 38 du décret du 10 mai 2017. Ces intéressés sont ou bien des tiers désireux de se renseigner sur l'âge, la capacité, l'état matrimonial de ceux avec qui ils vont contracter, ou bien les personnes auxquelles il serait demandé de faire la preuve de leur état[7].

La publicité la plus souvent requise est celle de l'acte de naissance ; par le biais des mentions en marge qu'il comporte, il permet en effet de connaître la plupart des éléments constitutifs de l'état d'une personne. Mais seul l'acte de mariage permet de savoir si les époux ont fait un contrat de mariage ou s'ils sont soumis au régime légal.

S'agissant des actes de naissance et de mariage, tout intéressé peut en obtenir un *extrait* n'indiquant pas la filiation, mais les *copies intégrales* et les *extraits* comportant la filiation ne sont délivrées qu'à celui qu'elles concernent, à ses proches, aux autorités judiciaires et aux différents services et administrations en charge de l'instruction d'un dossier administratif[8].

S'ils émanent d'un officier de l'état civil compétent et s'ils ont été certifiés conformes par lui, ces extraits et copies ont la même force probante que l'*acte authentique* qui

(6) J. Massip, *Les décrets du 16 septembre 1997 sur l'état civil : Defrénois* 1998, 1, 145, art. 36731. – D. n° 2017-890, 10 mai 2017 : *JCP* 2017, 556.

(7) Depuis les décrets du 16 septembre 1997, aucune production ou remise de pièce d'état civil ne peut être exigée hors des cas prévus par la loi et le règlement.

(8) D. n° 2004-1159, 29 oct. 2004, art. 20.

figure au registre. C'est dire que, pour toutes les constatations faites par l'officier public lui-même (jour et heure de la déclaration, qualité du déclarant), la preuve contraire suppose que soit mise en œuvre une procédure d'inscription de faux ; en revanche la preuve contraire est libre pour les énonciations par lesquelles l'officier de l'état civil ne fait que rapporter ce que les parties et déclarants lui ont dit.

326. – **Le livret de famille et autres modes de preuve de l'état.** Afin de faciliter la preuve de l'état des personnes, la loi a donné au *livret de famille*[9] la même force probante que celle attachée aux extraits. Le livret de famille est remis aux époux ou aux parents de l'enfant. Il peut servir de preuve aussi bien du mariage des parents que de la naissance des enfants ou de leur décès.

Pour faciliter la preuve de l'état civil à l'égard de l'Administration, il avait été instauré des *fiches d'état civil*, soit individuelles, soit familiales, qui pouvaient être établies par le service intéressé pour son propre usage, au vu du livret de famille. Ce système, qui était finalement assez lourd, a été supprimé par le décret n° 2000-1277 du 26 décembre 2000 tendant à la simplification des formalités administratives[10]. Désormais, pour les procédures administratives courantes, les usagers peuvent justifier de leur identité, de leur état civil, de leur situation familiale ou de leur nationalité française par la présentation, la production ou l'envoi d'une photocopie de l'un des documents suivants : livret de famille, carte nationale d'identité, passeport, carte d'ancien combattant, carte d'invalide de guerre ou d'invalide civil, copie ou extrait de l'acte de naissance.

327. – **De la binarité du sexe. Sexe masculin, féminin et autre ?** Une première question découle de l'incertitude du sexe, masculin ou féminin, chez certaines personnes dont on dit qu'elles sont intersexuées ; en pareil cas, les parents d'un enfant intersexué disposent d'un délai de cinq jours, au lieu de trois auparavant, pour déclarer le sexe de l'enfant, mais cela ne suffit pas pour régler le problème, le droit ne connaissant que deux sexes, masculin et féminin. Il peut arriver que certains intersexués recourent à une opération afin de devenir homme ou femme, à supposer que cela soit médicalement possible. Mais rien ne saurait obliger les intersexués à procéder ainsi, auquel cas la question se pose de savoir quel sexe l'officier de l'état civil doit mentionner sur les actes.

Bravant le principe de la binarité, certains officiers de l'état civil ont accepté de porter une mention telle que « neutre », « divers » ou « indéterminé ». Mais la Cour de cassation ne l'a pas admis[11], au motif que l'admission d'un troisième sexe aurait un impact sur nombre de dispositions du droit français fondées sur la binarité des sexes qui devraient alors être modifiées.

---

(9) J. Massip, *La nouvelle réglementation du livret de famille* : *D.* 1975, chron. p. 37 ; *Le livret de famille en droit international* : *Defrénois* 1998, 1, 442, art. 36779. Le modèle du livret de famille a été modifié par arrêté du 29 juillet 2011 (*JO* 15 nov. 2011), lui-même modifié par l'arrêté du 24 mai 2013 à la suite de la loi du 17 mai 2013 ouvrant le mariage aux personnes de même sexe.

(10) J. Massip, *La suppression des fiches d'état civil* : *Defrénois* 2001, 1, 405, art. 37336.

(11) V. TGI Tours, 20 août 2015 qui avait retenu la mention « sexe neutre » à l'état civil : *Dalloz actualité*, 16 oct. 2015, décision réformée par Orléans 22 mars 2016, *JCP* 2016, 492, note F. Vialla ; *D.* 2016, 1915, note P. Reigné ; et pourvoi rejeté par Cass. 1re civ., 4 mai 2017 : *JCP* 2017, 696, avis av. gén. P. Ingall-Montagnier ; *D.* 2017, 1399, notes J.-P. Vauthier et F. Vialla ; *RTD civ.* 2017, 607, obs. J. Hauser. – R. Libchaber, *Les incertitudes du sexe* : *D.* 2016, 20. – B. Ancel, *Un OJNI (objet juridique non identifié à l'état civil)* : *JCP* 2016, 278. – M. Gobert, *Le sexe neutre ou de la difficulté d'exister* : *JCP* 2017, 716 ; *Droit et genre* : *D.* 2017, 935. – E. de Vaujagny, *Une mutation possible des distinctions possibles sur la personne* : *D.* 2017, 2041.

Il n'en demeure pas moins que cette position va à l'encontre d'une réalité incontournable ; l'intersexuation existe, même si elle est fort rare. L'assemblée parlementaire du Conseil de l'Europe en a tenu compte et elle s'est prononcée contre la binarité du sexe et du genre dans une résolution du 12 octobre 2017(12).

Il en va de même de certaines juridictions étrangères, notamment des cours constitutionnelles allemande, autrichienne et belge(13).

328. – **Indisponibilité de l'état. La question du transsexualisme.** L'état des personnes, tel qu'il résulte des actes de l'état civil, est *indisponible* en ce sens qu'il est imposé à l'individu par la loi et par la nature, sans qu'il lui soit possible d'en changer. Certaines modifications de l'état des personnes dépendent cependant de la volonté : mariage, reconnaissance d'enfant naturel, adoption, naturalisation. En revanche, toutes les conventions conclues en cette matière seraient nulles(14).

La question du transsexualisme, ou de la transidentité, s'est posée sous l'angle de l'indisponibilité de l'état. Est-il possible, tant pour un intersexué que pour toute autre personne, à la suite notamment d'une opération (sans pour autant que cela soit une condition *sine qua non*)(15), de faire juger que ce changement de sexe devait être consacré par une modification de son état civil et éventuellement de ses prénoms ?

Dans un premier temps, la Cour de cassation s'y était opposée lorsque l'état nouveau n'était pas le résultat d'éléments préexistant à l'opération et d'une intervention chirurgicale commandée par des nécessités thérapeutiques, mais relevait d'une volonté délibérée du sujet(16). Puis, par quatre arrêts du 21 mai 1990, elle avait exclu le principe même d'un changement de sexe(17).

Cette position ayant été condamnée par un arrêt de la Cour européenne des droits de l'homme du 25 mars 1992(18), la Cour de cassation, statuant en assemblée plénière, avait opéré un revirement dans un arrêt du 11 décembre 1992(19). Mais elle subordonnait le changement d'état civil à cinq conditions : il fallait présenter le syndrome du transsexualisme (démontré par expertise judiciaire), avoir subi un traitement médico-chirurgical dans un but thérapeutique, n'avoir plus tous les caractères

(12) *JCP* 2017, 1166, obs. B. Moron-Puech. – V. X. Labbé, *L'homme qui a accouché d'un enfant* : *D.* 2018, 1085.

(13) C. Grossholz, *La classification sexuelle des êtres humains à l'épreuve des droits fondamentaux* : *JCP* 2019, 650. Pour la solution en droit allemand, V. B. Moron-Puech, *Autre sexe outre-Rhin* : *D.* 2018, 73.

(14) V. cep. Aix, 17 juin 1974 : *D.* 1974, p. 629, note R. Savatier (aff. *Paloma Picasso*).

(15) CEDH, 19 janv. 2021, aff. 2145/16 et 20607/16 : le refus de reconnaître un changement d'identité sexuelle sans intervention chirurgicale viole la Convention européenne des droits de l'homme.

(16) Cass. 1re civ., 16 déc. 1975 : *JCP* 1976, II, 18503, obs. J. Penneau ; *D.* 1976, p. 397, 1re esp., note R. Lindon. – Cass. 1re civ., 30 nov. 1983 : *D.* 1984, p. 165, note B. Edelman ; *JCP* 1984, II, 20222, 2e esp., concl. av. gén. Sadon et obs. Penneau. – Cass. 1re civ., 31 mars 1987 : *D.* 1987, p. 445, note P. Jourdain ; *JCP* 1988, II, 21000, obs. E. Agostini. – Cass. 1re civ., 7 juin 1988 : *D.* 1988, inf. rap. p. 177. – M. Gobert, *Le transsexualisme, fin ou commencement ?* : *JCP* 1988, I, 3361. – D. Thouvenin, *De la qualification de l'acte thérapeutique à son contrôle* : *D.* 1991, chron. p. 221.

(17) Cass. 1re civ., 21 mai 1990 (4 arrêts) : *JCP* 1990, II, 21588, rapp. Massip et concl. Mme Flipo : « Le transsexualisme, même lorsqu'il est médicalement reconnu, ne peut s'analyser en un véritable changement de sexe, le transsexuel, bien qu'ayant perdu certains caractères de son sexe d'origine, n'ayant pas pour autant acquis ceux du sexe opposé ».

(18) CEDH, 25 mars 1992 : *JCP* 1992, II, 21955, note Th. Garé ; *D.* 1993, p. 101, note J.-P. Marguénaud. – Cl. Lombois, *La position française sur le transsexualisme devant la Cour européenne des droits de l'homme* : *D.* 1992, chron. p. 323. – J. Massip, *Le transsexualisme : état de la question* : *Defrénois* 1992, I, 1009, art. 35332.

(19) Cass. ass. plén., 11 déc. 1992, deux arrêts : *JCP* 1993, II, 21991, concl. M. Jéol, note G. Mémeteau ; *RTD civ.* 1993, p. 98, obs. J. Hauser. – J. Massip, *Le transsexualisme : suite* : *Defrénois* 1993, 1, 414, art. 35502. – J.-P. Branlard, *Le sexe et l'état des personnes. Aspects historique, sociologique et juridique*, LGDJ, 1993. – V. depuis lors Cass. 1re civ., 7 juin 2012 (2 arrêts) : *D.* 2012, 1648, note F. Vialla. – Ph. Reigné, *Le changement de sexe devant la Cour de cassation* : *JCP* 2012, 753.

de son sexe d'origine, avoir pris une apparence physique proche de l'autre sexe, et enfin avoir adopté le comportement social correspondant à ce dernier[20].

Et par deux arrêts du 7 juin 2012, la première chambre civile avait limité les conditions du changement d'état civil : il suffisait que la personne établisse « au regard de ce qui est communément admis par la communauté scientifique, la réalité du syndrome transsexuel dont elle est atteinte ainsi que le caractère irréversible de la transformation de son apparence »[21]. Il n'y avait plus d'exigence d'une expertise judiciaire[22].

Poussant le raisonnement jusqu'à son terme, la Cour européenne des droits de l'homme en déduit que le transsexuel doit se voir reconnaître le droit de se marier avec une personne du même sexe que son sexe d'origine[23].

C'est dans ce contexte que la loi de modernisation de la justice du XXIe siècle a introduit dans le Code civil un article 61-5 qui dispose que :

> Toute personne majeure ou mineure émancipée qui démontre par une réunion suffisante de faits que la mention relative à son sexe dans les actes de l'état civil ne correspond pas à celui dans lequel elle se présente et dans lequel elle est connue peut en obtenir la modification.
>
> Les principaux de ces faits, dont la preuve peut être rapportée par tous moyens, peuvent être :
>
> 1° Qu'elle se présente publiquement comme appartenant au sexe revendiqué ;
>
> 2° Qu'elle est connue sous le sexe revendiqué de son entourage familial, amical ou professionnel ;
>
> 3° Qu'elle a obtenu le changement de son prénom afin qu'il corresponde au sexe revendiqué.

Il s'ensuit que, désormais, la procédure de changement de sexe, tout en demeurant judiciaire, doit en principe être largement « démédicalisée » ; il n'y a pas à faire la preuve d'une opération chirurgicale, de traitements médicaux ou de stérilisation (C. civ., art. 61-6)[24]. Et, bien évidemment, la modification du sexe sera mentionnée en marge de l'acte de naissance[25]. Corrélativement le ou les prénoms pourront être changés.

En revanche la loi n'a pas prévu l'hypothèse où, en dépit de son changement de sexe, une personne peut procréer dans son sexe d'origine[26] : elle prévoit certes

(20) A. Debet, *Le sexe et la personne*, in *La personne dans tous ses états* : *LPA* 1er juill. 2004, p. 21. – V. aussi Rép. min. n° 65910 : *JOAN* Q 2 mars 2010.

(21) Cass. 1re civ., 7 juin 2012 : *D.* 2012, 1648, note F. Vialla ; *RTD civ.* 2012, 502, obs. J. Hauser. – Ph. Reigné, *Le changement de sexe devant la Cour de cassation. Le juge, l'expert et l'irréversibilité* : *JCP* 2012, 753.

(22) Cass. 1re civ., 13 févr. 2013 : *D.* 2013, 499 ; *JCP* 2013, 227.

(23) CEDH, 11 juill. 2002, 2 arrêts, *Royaume-Uni* : *D.* 2002, inf. rap. 2305 ; *JCP* 2003, I, 101, n° 1-2, obs. Y. Favier ; *D.* 2003, somm. p. 525, obs. C. Birsan. – CEDH, 7 janv. 2004, *K.B. c/ National Health Service Pensions Agency* : *D.* 2004, 979 et note Ph. Icard. – Ph. Reigné, *Le changement de sexe devant la Cour de cassation* : *JCP* 2012, 753. – V. aussi en ce sens CNCDH, avis, 27 juin 2013 : *D.* 2013, 1691 et Ph. Reigné, *La CNCDH et la situation des personnes transidentitaires* : *JCP* 2013, 861.

(24) V. dans le même sens CEDH, 6 avr. 2017, req. n° 79.885/12, *A.P., G et N. c/ France* : *D.* 2017, 815 ; *JCP* 2017, 504, obs. F. Sudre ; *D.* 2017, 994, obs. B. Moron-Puech ; *D.* 2017, 1027, note J.-P. Vauthier et F. Vialla. Pour une première application de l'article 61-5, voir Montpellier 15 mars 2017, *D.* 2017, 816, obs. F. Vialla.

(25) F. Vialla, *Loi de modernisation de la justice du XXIe siècle : changement de la mention de sexe à l'état civil* : *D.* 2016, 2351. – V. aussi A. Marais, *Le sexe que je veux, quand je veux !* : *JCP* 2016, 1164. – B. Moron-Puech, *La loi de modernisation de la justice du XXIe siècle et les personnes intersexuées* : *D.* 2016, 2353.

(26) P. Reignié et L. Brunet, *De la difficulté d'être mère... pour une femme transidentitaire* : *JCP* 2019, 91. – A. Marais, *Sexe, mensonge et quiproquo. À propos de la filiation d'un enfant procréé par un couple de même sexe* : *JCP* 2019, 1237.

que le changement est sans effet sur les filiations établies antérieurement (C. civ., art. 61-8), mais qu'en est-il de celles établies postérieurement ? Dans une affaire concernant un enfant conçu par un homme devenu femme à l'état civil et par son épouse, la Cour de cassation a apporté des éléments de réponse, jugeant que la loi s'oppose à ce que deux filiations maternelles soient établies à l'égard d'un même enfant hors du cas de l'adoption, ou encore à ce que les actes de l'état civil désignent le père ou la mère de l'enfant par la mention « parent biologique »[27].

329. – **Imprescriptibilité et indivisibilité de l'état.** À l'indisponibilité de l'état s'ajoutent deux autres caractères.

Traditionnellement, on déclarait que l'état est *imprescriptible*, à savoir qu'il ne s'acquiert ni ne se perd par prescription, c'est-à-dire par l'écoulement d'un certain délai. Ce n'est plus exact depuis la loi du 3 janvier 1972 portant réforme de la filiation qui a instauré une prescription générale de trente ans pour toutes les actions relatives à la filiation, prescription ramenée à dix ans par l'ordonnance du 4 juillet 2005 (C. civ., art. 321) ; de même la loi du 3 janvier 1972 permettait d'acquérir une filiation par la possession prolongée, dite *possession d'état*[28], et la solution a été reprise par l'ordonnance du 4 juillet 2005 (C. civ., art. 317).

Enfin, l'état est *indivisible* en ce sens que chacun ne peut avoir qu'un seul état, et à l'égard de tout le monde.

L'état des personnes, tel que présenté ci-dessus, est étroitement lié à la nature physique des personnes. Ce n'est que par extrapolation qu'on peut parler d'un état des personnes morales.

SECTION 2

L'ÉTAT DES PERSONNES MORALES

330. – **Idée générale.** Il n'est pas d'usage de parler d'un état des personnes en ce qui concerne les groupements. Cet état dépend pour une large part de la forme juridique adoptée, la loi édictant des règles qui varient suivant qu'il s'agit d'une société, d'une association (simplement déclarée ou déclarée d'utilité publique), d'un syndicat, d'un ordre professionnel, d'une congrégation religieuse, d'une fondation, etc.

Cependant toute personne morale réunit sur sa tête un certain nombre de qualités qui déterminent sa capacité et les modalités de son action. Ainsi en est-il, outre de la forme juridique adoptée, de sa nationalité, de son objet, des clauses statutaires relatives aux pouvoirs de ses organes, de la désignation de ces organes eux-mêmes, etc.

La connaissance de ces divers éléments est indispensable à celui qui se propose de traiter avec un groupement. C'est pourquoi une publicité a été instituée qui permet aux tiers d'obtenir les informations qui leur sont nécessaires ; en matière de

(27) Cass. 1re civ., 16 sept. 2020, n° 18-50.080, *Bull.* : *JCP* 2020, 1164, note L. Brunet et P. Reigné ; *D.* 2020, 2072, obs. B. Moron-Puech et 2096, note S. Paricard.
(28) J. Massip, *Possession d'état, nom et état civil* : *Defrénois* 2000, 1, 945, art. 37214.

sociétés, cette publicité est renforcée par celle destinée à l'information des associés eux-mêmes. On ne peut à cet égard présenter ici que des idées très générales car les systèmes et leurs modalités varient suivant le type de groupement considéré.

D'une manière générale, tous les renseignements permettant d'établir la silhouette juridique d'une personne morale figurent dans ses *statuts* et dans les actes portant désignation des personnes physiques qui en sont les organes.

S'agissant des associations, la loi prévoit que les statuts devront être déposés à la préfecture du département (ou à la sous-préfecture de l'arrondissement) où l'association aura son siège, et que la déclaration devra mentionner les noms, professions, domiciles et nationalités de ceux qui sont chargés de son administration et de sa direction. Ces éléments, comme leur modification, ne sont opposables aux tiers qu'à partir du jour où ils auront été déclarés (L. 1er juill. 1901, art. 5).

Pour les sociétés, tant civiles (depuis la loi du 4 janvier 1978) que commerciales, leur *immatriculation au registre du commerce et des sociétés*, qui leur confère la personnalité morale, suppose le dépôt de leurs statuts et, par la suite, de toutes les modifications qui pourraient y être apportées. La constitution de la société fait ensuite l'objet d'une publicité au *Bulletin officiel des annonces civiles et commerciales*.

Ces diverses mesures offrent aux tiers, au même titre que le service de l'état civil, la possibilité de se renseigner sur la situation juridique de leurs cocontractants personnes morales.

CHAPITRE 2

LE NOM

SECTION 1

LA DÉTERMINATION DU NOM

SOUS-SECTION 1

LE NOM DES PERSONNES PHYSIQUES[1]

§ 1. – L'attribution du nom

331. – Les éléments du nom. Le nom comprend au moins deux éléments : le nom *patronymique* (dénommé le *nom de famille* dans la loi du 4 mars 2002), et le ou les *prénoms* qui permettent d'individualiser la personne au sein de sa famille. Chaque personne a, et doit avoir, un nom et au moins un prénom.

Mais chacun est libre de choisir un *pseudonyme*[2], c'est-à-dire un nom d'emprunt qu'il utilisera dans son activité ou dans l'une de ses activités. Ainsi en est-il souvent des acteurs de théâtre ou de cinéma, des auteurs, etc.

Il arrive aussi que, en dehors de sa volonté, une personne se voie affublée d'un *surnom*, plus ou moins flatteur, par les tiers.

Les règles relatives à l'attribution du nom ont été modifiées par la loi n° 2002-304 du 4 mars 2002 relative au *nom de famille*. Avant même son entrée en vigueur fixée au 4 septembre 2003, cette loi a été très rapidement retouchée par la loi n° 2003-516 du 18 juin 2003 et son entrée en vigueur reportée au 1er janvier 2005. La loi précise que les nouvelles dispositions relatives à la dévolution du nom de famille ne sont pas applicables aux enfants nés avant cette date, sous réserve des dispositions transitoires.

Ces règles ont été à nouveau légèrement modifiées par l'ordonnance n° 2005-759 du 4 juillet 2005 portant réforme de la filiation qui, prenant acte de l'harmonisation du statut des enfants légitimes et naturels, supprime la terminologie même de filiation légitime et naturelle qui était de ce fait devenue obsolète. Par voie

---

(1) H. Lécuyer, *L'identité de la personne*, in *La personne dans tous ses états : LPA* 1er juill. 2004.
(2) J.-M. Leloup, *Le pseudonyme : RTD civ.* 1963, p. 449.

de conséquence les textes relatifs à l'attribution du nom patronymique ont dû être retouchés ; ils figurent désormais aux articles 311-21 à 311-24-1 du Code civil. L'entrée en vigueur de l'ordonnance a été fixée au 1er juillet 2006.

Pour rendre compte de l'ensemble du système on présentera d'abord les règles relatives à l'attribution du nom patronymique, puis celles subsistant du régime antérieur relatives notamment au nom de la femme mariée et aux prénoms.

A. – Les règles relatives à l'attribution du nom

332. – **L'attribution du nom patronymique aux enfants dans la loi ancienne.** Dans la loi ancienne, l'attribution du nom était strictement réglementée[3] : le nom n'était pas choisi, il était imposé ; il découlait de plein droit de la *filiation*, étant précisé que la loi distinguait suivant qu'il s'agissait d'un enfant légitime, naturel ou adoptif.

C'est ainsi qu'en vertu d'une coutume ancestrale, l'enfant légitime recevait le nom de son père. Quant à l'enfant naturel, il acquérait le nom de celui de ses deux parents à l'égard de qui sa filiation était établie en premier lieu ; et le nom de son père, en cas de filiation établie simultanément à l'égard de ses deux parents. Enfin, l'enfant qui faisait l'objet d'une adoption plénière perdait son nom d'origine et portait désormais celui de l'adoptant ; en cas d'adoption par deux époux il portait le nom du mari (C. civ., art. 357).

Si l'enfant est né de père et mère inconnus, il incombait, et il incombe encore à l'officier de l'état civil de lui choisir trois prénoms, dont le dernier servira de nom patronymique (C. civ., art. 57). Cette dernière règle subsiste aujourd'hui, puisque les règles d'attribution du nom de famille ne concernent que les enfants dont la filiation est établie.

333. – **L'attribution du nom de famille dans la loi nouvelle. Le principe d'une certaine liberté de choix.** La loi du 4 mars 2002[4], telle que retouchée par la loi du 18 juin 2003[5], qui substitue l'appellation de *nom de famille*[6] à celle de *nom patronymique*, ne concerne que l'attribution du nom aux enfants. La question du nom de la femme mariée et celle de l'attribution des prénoms reste donc

(3) J. Menjucq, *L'attribution du nom par filiation*, thèse, Paris II, 1975. – M. Gobert, *Le nom ou la redécouverte d'un masque : JCP* 1980, I, 2966. – M. Grimaldi, *Patronyme et famille : l'attribution du nom : Defrénois* 1987, 1, 1425, art. 34117. – Ph. Jestaz, *À propos du nom patronymique : diagnostic et pronostic : RTD civ.* 1989, p. 269.

(4) M. Gobert, *L'attribution du nom : égalité ou liberté ? (à propos de la proposition de loi Gouzes) : LPA* 23 mai 2001, p. 4. – J. Massip, *La loi du 4 mars 2002 relative au nom de famille : Defrénois* 2002, 1, 795, art. 37563. – J. Massip, *Suggestions pour une modification des règles du Code civil relatives au nom et aux prénoms : Defrénois* 2002, 1, 1062, art. 37588. – J.-J. Lemouland, *La loi n° 2002-304 du 4 mars 2002 relative au nom de famille : JCP* N 2002, act. p. 421 et 457.

(5) Th. Garé, *La loi relative à la dévolution du nom de famille. L. n° 2003-516, 18 juin 2003 : JCP* 2003, act. p. 1393. – E. Mallet et Th. Keravec, *La loi n° 2003-516 du 18 juin 2003 relative à la dévolution du nom de famille : JCP* N 2003, p. 1043. – J. Massip, *La modification de la loi sur le nom de famille ou l'histoire d'une occasion manquée (commentaire de la loi n° 2003-516 du 18 juin 2003) : Defrénois* 2003, 1121, art. 37815. – I. Corpart, *La vision égalitaire de la dévolution du nom de famille : D.* 2003, chron. p. 2845. – H. Lécuyer, *L'identité de la personne (Pour l'abrogation des lois des 4 mars 2002 et 18 juin 2003 sur le nom de famille)*, in *La personne dans tous ses états : LPA* 1er juill. 2004, p. 31. – J. Massip, *Le nom de famille (Commentaire de la loi n° 2002-304 du 4 mars 2002, de la loi n° 2003-516 du 18 juin 2003 et de leurs textes d'application) : Defrénois* 2005, 1, 272, art. 38105 et 1, 372, art. 38116. – I. Corpart, *L'entrée en vigueur du nouveau nom de famille : de la loi au décret : LPA* 21 juin 2005, p. 5. – J. Foyer, *Du nom patronymique au nom de famille. Progrès ou régression : Mél. A. Decocq*, Litec, 2006, p. 241.

(6) A. Boisgibault de Bryas, *La symbolique du nom de famille : RRJ* 2005, 533. – J. Foyer, *Du nom patronymique au nom de famille. Progrès ou régression ? : Mél. A. Decocq*, Litec, 2006, p. 241.

régie comme par le passé (V. *infra*, n°s 336 et s.). Elle a été complétée par le décret n° 2004-1159 du 29 octobre 2004[7].

La loi nouvelle est inspirée par le souci d'ouvrir aux parents une liberté de choix du nom de leurs enfants – dans la limite de leurs deux noms – au lieu de privilégier de manière systématique la transmission du nom du père ; elle assure par là même une certaine égalité entre l'homme et la femme quant à la transmission du nom.

Ces préoccupations rejoignent la position prise par la Cour européenne des droits de l'homme dans sa décision du 22 février 1994. Relevant qu'en « tant que moyen d'identification personnelle et de rattachement à une famille, le nom d'une personne n'en concerne pas moins la vie privée et familiale de celle-ci », la Cour décide que la liberté de choix du nom de famille est protégée par le droit au respect de la vie privée visé à l'article 8 de la Convention européenne des droits de l'homme[8].

Les nouvelles dispositions sont insérées dans le Code civil pour partie dans une section IV intitulée « Des règles de dévolution du nom de famille » du chapitre consacré aux dispositions générales relatives à la filiation, et pour partie par modification de textes existants.

L'attribution du nom ne dépend plus de la nature de la filiation ; l'attribution varie en fonction d'un seul paramètre, suivant que la filiation a été établie simultanément ou non à l'égard des deux parents.

334. – **Cas où la filiation est établie simultanément à l'égard des deux parents.** L'essentiel du dispositif se trouve dans l'article 311-21 nouveau du Code civil qui laisse aux deux parents une certaine liberté de choix.

Cette hypothèse concerne au premier chef les enfants nés d'un couple marié, du moins ceux dont la filiation est établie dès la naissance, ce qui est de loin le cas le plus fréquent (mais ce qui laisse de côté un certain nombre d'hypothèses qui feront difficulté). Sont également concernés les enfants nés de parents non mariés dont la filiation aura été établie simultanément à l'égard des deux parents, soit lors de la déclaration de naissance, soit par la suite ; en pratique cela visera le plus souvent les enfants d'un couple vivant maritalement.

Dans ces hypothèses, les parents se voient accorder une liberté de choix entre quatre possibilités : « soit le nom du père, soit le nom de la mère, soit leurs deux noms accolés dans l'ordre choisi par eux dans la limite d'un nom de famille pour chacun d'eux ». Ce choix, qui suppose un accord des deux parents, devra faire l'objet d'une *déclaration conjointe* à l'officier de l'état civil ; il sera mentionné dans l'acte de naissance, ce qui obligera ensuite à faire figurer sous forme de mentions en marge les éventuelles modifications du nom.

À défaut de choix exprimé, la loi prévoit que l'enfant « prend le nom de celui de ses parents à l'égard duquel sa filiation est établie en premier lieu et le nom de son père si la filiation est établie simultanément à l'égard de l'un et de l'autre ». Enfin, « en cas de

(7) *JO* 31 oct. 2004, p. 18496 ; *JCP* 2004, III, 1581 ; *D.* 2004, législ. 2898. – S. Thouret, *Le dispositif réglementaire relatif au nom de famille : D. n° 2004-1159, 29 oct. 2004 : JCP* 2004, act. 627, p. 2231.

(8) R. Pinto, *La liberté de choix du nom de famille devant la Cour européenne des droits de l'homme (arrêt du 22 février 1994, Burghartz c/ Suisse) : Gaz. Pal.* 1994, 2, doctr. 1046. – S. Shindler-Viguié, *La liberté de choix des noms des personnes physiques : Defrénois* 1994, 1, 1409, art. 35942. – CEDH, 22 févr. 1994 : *D.* 1995, p. 5, note J.-P. Marguénaud.

désaccord entre les parents (...), l'enfant prend leurs deux noms, dans la limite du premier nom de famille de chacun d'eux, accolés selon l'ordre alphabétique ».

Quel que soit le nom finalement retenu pour le premier enfant, par choix ou par défaut de choix, il sera aussi celui de tous les enfants communs qui naîtraient ultérieurement ; cette disposition de l'article 311-21, alinéa 3, assure ainsi une homogénéité dans la désignation des enfants d'une même famille et pose le principe de l'unité du nom de la fratrie.

Les règles d'attribution du nom de famille établies par l'article 311-21 sont étendues au cas d'adoption plénière par deux époux (C. civ., art. 357), étant toutefois précisé que ces règles ont dû être légèrement modifiées pour tenir compte de l'hypothèse d'une adoption plénière par des couples de même sexe (C. civ., art. 357). En cas d'adoption simple, la dévolution du nom est réglée par l'article 363 du Code civil.

335. – **Cas où la filiation n'est pas établie simultanément à l'égard des deux parents.** La loi nouvelle, telle que modifiée par l'ordonnance du 4 juillet 2005, établit une règle identique, que les parents soient ou non mariés : « Lorsque la filiation n'est établie qu'à l'égard d'un parent à la date de la déclaration de naissance, l'enfant prend le nom de ce parent » (C. civ., art. 311-23, al. 1). En pratique, il est probable que cette règle s'appliquera le plus souvent dans le cas de parents non mariés et ne vivant pas maritalement.

L'alinéa 2 de l'article prévoit qu'en cas d'établissement du second lien de filiation et durant la minorité de l'enfant, « les parents peuvent, par déclaration conjointe devant l'officier de l'état civil, choisir soit de lui substituer le nom de famille du parent à l'égard duquel la filiation a été établie en second lieu, soit d'accoler leurs deux noms, dans l'ordre choisi par eux, dans la limite d'un nom de famille pour chacun d'eux ». Il y aura alors changement de nom, et ce changement devra être mentionné en marge de l'acte de naissance.

La loi applique également ici le principe de l'unité du nom de la fratrie, à savoir que tous les enfants communs devront porter le même nom.

S'agissant de l'*enfant adopté* (adoption plénière) par une personne mariée, l'adoptant pourra demander au juge d'attribuer à l'enfant soit le nom du conjoint de l'adoptant, soit les noms accolés des époux (C. civ., art. 357, al. 4).

B. – Les règles subsistant du régime antérieur

336. – **Le nom d'usage.** Avant même que n'intervienne la réforme de 2002-2003, l'article 43 de la loi du 23 décembre 1985 prévoyait que « toute personne majeure peut ajouter à son nom, à titre d'usage, le nom de celui de ses parents qui ne lui a pas transmis le sien » ; « à l'égard des enfants mineurs, cette faculté est mise en œuvre par les titulaires de l'autorité parentale »[9]. En pratique, cela signifie que l'enfant – une fois devenu majeur – peut, à titre de *nom d'usage*, ajouter à son nom celui de sa mère. Mais ce nom d'usage n'a pas la même valeur que le nom de famille dans la mesure où il n'est pas mentionné à l'état civil et sur le livret de famille, et où il n'est pas transmissible.

(9) R. Lindon, *La nouvelle disposition législative relative à la transmission de l'usage du nom* : *D.* 1986, chron. p. 82. – R. Lindon et D. Amson, *Une gestation difficile : le « nom d'usage »* : *D.* 1986, chron. p. 267. – Pour des applications, V. Cass. 2e civ., 17 mai 1995 : *D.* 1996, somm. p. 217. – Cass. 1re civ., 9 janv. 1996 : *D.* 1996, p. 600, note J. Massip.

N'ayant pas été abrogée par la loi nouvelle, cette disposition subsiste.

337. – **L'attribution du ou des prénoms.** S'agissant du ou des prénoms, la loi du 11 germinal an XI limitait la liberté des parents dans le choix des prénoms ; pouvaient seuls être choisis les noms en usage dans les différents calendriers, et ceux des personnages connus dans l'histoire ancienne[(10)]. L'officier d'état civil pouvait ainsi sur la base de cette règle refuser certains prénoms[(11)]. Réformant cette ancienne règle, la loi du 8 janvier 1993[(12)] laisse désormais toute liberté de choix aux parents, la seule limite étant l'intérêt de l'enfant ; si celui-ci apparaît menacé par le choix retenu[(13)], l'officier d'état civil pourra en informer le procureur général qui lui-même saisira le juge aux affaires familiales. Conséquence de l'article 2 de la Constitution selon lequel la langue de la République est le français, le Conseil constitutionnel a au demeurant estimé que les parents ne peuvent néanmoins choisir que des lettres et signes de la langue française, à l'exclusion des « signes diacritiques des langues régionales »[(14)], par exemple le ñ basque ou breton.

On ajoutera que la loi permet de demander à changer de prénom, sauf à justifier d'un « intérêt légitime » ; on peut pareillement demander l'adjonction ou la suppression d'un prénom ou la modification de l'ordre des prénoms (C. civ., art. 60). Cette faculté peut permettre à l'enfant devenu adulte d'échapper à un prénom devenu trop difficile à porter, ce qui n'est pas rare si on en juge par l'abondance de la jurisprudence.

338. – **Le nom de la femme mariée et des époux divorcés.** Par suite d'une coutume qui a trouvé sa consécration dans la loi, le mariage confère à la femme l'usage du nom de son mari ; mais elle ne perd pas pour autant son nom de jeune fille dont elle conserve l'usage et qu'elle peut utiliser soit seul, soit en y accolant son nom marital[(15)]. Ce droit d'usage est désormais consacré dans l'article 225-1 du Code civil.

L'usage du nom ainsi acquis par le mariage est maintenu au profit de la veuve ; il disparaît en cas de divorce, et ce tant pour le mari que pour la femme. L'article 264 du Code civil, dû à la loi n° 2004-439 du 26 mai 2004 relative au divorce, prévoit en effet qu'à la suite du divorce « chacun des époux perd l'usage du nom de son conjoint » ; mais l'alinéa 2 dispose que « l'un des époux peut néanmoins conserver l'usage du nom de l'autre, soit avec l'accord de celui-ci, soit avec l'autorisation du juge, s'il justifie d'un intérêt particulier pour lui ou pour les enfants ». Ces dispositions consacrent la validité des conventions entre époux sur le nom des époux divorcés, validité déjà admise dans la jurisprudence antérieure pour le nom de la

(10) Sur un retour aux prénoms à connotation religieuse, V. B. Ancel, *L'état civil saisi par le religieux* : *JCP* 2015, 576.

(11) C'est ainsi que le prénom de Cerise avait été admis (Cass. 1re civ., 10 juin 1981 : *D.* 1982, p. 160, note E. Agostini), cependant que celui de Manhattan (Cass. 1re civ., 17 juill. 1984 : *D.* 1984, p. 609, note J. Massip) et de Fleur de Marie (Cass. 1re civ., 1er oct. 1986 : *JCP* 1987, II, 20894, note E. Agostini) avaient été écartés.

(12) L. n° 93-22, 8 janv. 1993 relative à l'état civil, à la famille et aux droits de l'enfant et instituant le juge aux affaires familiales. – J. Rubellin-Devichi, *Une importante réforme en droit de la famille : la loi n° 9322 du 8 janvier 1993* : *JCP* 1993, I, 3659.

(13) À titre purement anecdotique, on relèvera que le prénom de Zébulon « qui n'est ni d'apparence ridicule, péjorative ou grossière, qui n'est pas complexe, donc facile à porter, qui ne fait pas référence à un personnage déconsidéré de l'histoire ou de la littérature, n'est pas contraire à l'intérêt de l'enfant » (Besançon, 18 nov. 1999 : *D.* 2001, p. 1133, note C. Philippe et F. Pouëch).

(14) Cons. const., 21 mai 2021, n° 2021-818 DC, Loi relative à la protection patrimoniale des langues régionales et à leur promotion.

(15) Cass. 1re civ., 6 févr. 2001, *Bull.* n° 25. Sur les problèmes soulevés par cette dualité, V. Fl. Laroche-Gisserot, *Nom de la femme mariée : le désordre s'installe* : *D.* 2003, chron. p. 633.

femme divorcée[16]. Pareille convention est une exception au principe de l'*indisponibilité* du nom.

§ 2. – Les caractères du nom

339. – **Immutabilité du nom. Les changements de noms.** En principe, le nom est *immuable*. Cette immutabilité n'est cependant pas absolue.

D'une part, il est évident que, si l'état d'une personne se modifie, cela peut entraîner une modification de son nom : par exemple en cas de reconnaissance d'enfant, d'adoption, de mariage, etc.

D'autre part, la loi a toujours admis des dérogations à la règle, dérogations qui ont été modifiées et refondues par la loi du 8 janvier 1993[17].

Abrogeant la loi du 11 germinal an XI qui prévoyait la possibilité pour « toute personne qui aura quelque raison » de demander de changer de nom, l'article 61 nouveau du Code civil reprend cette faculté, mais en exigeant des candidats au changement de justifier d'un intérêt légitime, et précisant dans son alinéa 2 qu'il peut s'agir du désir d'éviter l'extinction d'un nom. Si le champ d'application de cette règle ne semble guère avoir changé, la procédure qu'elle organise est cependant différente depuis la loi du 8 janvier 1993. La modification résultera en effet d'un décret pour lequel l'avis du Conseil d'État ne sera plus nécessaire.

La loi du 8 janvier 1993 apporte également des modifications à la loi du 15 octobre 1972 relative à la *francisation* des noms des étrangers naturalisés. Ces personnes peuvent demander la modification de leur nom afin de leur permettre une meilleure intégration dans la communauté nationale.

En revanche, la loi du 2 juillet 1923 autorisant la modification d'un nom pour *relever* le nom d'un citoyen mort pour la France n'a pas été modifiée par la loi nouvelle.

On observera que la réforme de 2002-2003 n'a pas aboli la loi du 23 décembre 1985 relative au *nom d'usage* ; il demeure donc possible à toute personne qui n'aurait pu bénéficier de la loi nouvelle sur le nom de famille, « d'ajouter à son nom, à titre d'usage, le nom de celui de ses parents qui ne lui a pas transmis le sien » (V. *supra*, n° 336).

340. – **Indisponibilité du nom.** Le nom est *indisponible* en ce sens qu'il ne peut être cédé à un tiers. Tel est du moins le principe, mais il supporte des accommodements.

La loi elle-même en prévoit une hypothèse dans l'article 264 du Code civil qui permet à chacun des époux divorcés de conserver l'usage du nom de son conjoint « avec l'accord de celui-ci » (V. *supra*, n° 338).

De manière plus générale, il arrive que le patronyme soit utilisé par son titulaire comme nom commercial et que, se détachant de la personne physique, il devienne

(16) V. R. le Bris, *L'effet du divorce sur le nom des époux* : *D.* 1965, chron. p. 141. – A. Breton, *Le nom de la femme divorcée* : *Études Rodière*, Dalloz, 1981, p. 17. – Paris, 25 mai 1971 : *JCP* 1972, II, 16950, concl. av. gén. Granjon. – Bordeaux, 14 juin 1973 : *D.* 1974, p. 166, note H. Souleau. – Orléans, 18 déc. 1975 : *JCP* 1976, II, 18365, et obs. H. Boursigot. – TGI Paris, 10 févr. 1981 : *D.* 1981, p. 443, note R. Lindon ; *JCP* 1981, II, 19624, et obs. D. Huet-Weiller. – Cass. 2e civ., 16 juill. 1982 : *JCP* 1982, IV, 338.

(17) J. Hauser, *Changement de nom : l'apport de la loi du 8 janvier 1993* : *RTD civ.* 1993, p. 557. – V. égal. D. n° 94-52, 20 janv. 1994, relatif à la procédure de changement de nom : *JO* 22 janv. 1994, et comm. Ch. Jamin in *RTD civ.* 1994, p. 433.

le nom d'un groupement ou d'une entreprise. En pareil cas, le nom devient une propriété incorporelle, éventuellement un élément du fonds de commerce[18], ce qui ne va pas sans susciter quelques difficultés en cas de cession du fonds de commerce[19]. On en connaît de très nombreux exemples, notamment chez les constructeurs automobiles (Peugeot, Renault, Citroën, Ford, etc.), les éditeurs (Dalloz, Bordas, etc.), les maisons de couture et les parfumeurs (Dior, Yves Saint-Laurent, Balmain, Lanvin, Chanel, etc.).

Enfin, mais plus perfidement, s'il est interdit de céder son nom, en revanche nul n'est obligé de le défendre contre les usurpations dont il pourrait faire l'objet, quitte à monnayer discrètement cette tolérance...

341. – **Imprescriptibilité du nom.** Indisponible, le nom est également *imprescriptible*.

Il s'ensuit qu'on ne peut le perdre par le non-usage[20] ; si, par exemple, les héritiers de Naundorff avaient pu démontrer que leur ancêtre était bien Louis XVII, ils auraient pu reprendre le nom de Bourbon. Il en va toutefois différemment dans le cas où le nom des ancêtres (Bourbon) a été volontairement abandonné (par le fils cadet de Louis XIII) au profit de celui d'Orléans qui a été porté par tous les descendants[21].

Corrélativement, on devrait en déduire qu'on ne peut non plus acquérir par un usage prolongé un nom qui n'est pas le sien. Telle n'est cependant pas la position de la jurisprudence, laquelle décide que la possession prolongée[22] d'un nom peut en permettre l'acquisition, dès lors que cette possession n'a pas été déloyale ou fondée sur une usurpation[23]. Mais il s'ensuit alors que les titulaires du nom ainsi acquis par possession ne peuvent plus revenir librement à leur nom initial[24].

342. – **La nature juridique du nom.** La question de la protection du nom de famille dépend pour partie de la position qu'on adopte quant à la nature juridique du nom.

Avons-nous simplement l'obligation de porter un nom, au même titre qu'un numéro de sécurité sociale ou d'immatriculation d'un véhicule, auquel cas le nom ne serait qu'une *institution de police* et ne bénéficierait d'aucune protection spécifique ?

---

(18) Cass. com., 12 mars 1985 : *D.* 1985, p. 471, note J. Ghestin ; *JCP* 1985, II, 20400, concl. Montanier, note G. Bonet ; *Gaz. Pal.* 1985, 1, 246, note G. le Tallec. – Cass. com., 1er déc. 1987 : *JCP* 1988, II, 21081, obs. E. Agostini. – Cl. Colombet, *Le nom et les propriétés incorporelles* : *D.* 1989, chron. p. 31. – F. Pollaud-Dulian, *L'utilisation du nom patronymique comme nom commercial* : *JCP* 1992, I, 3618 ; *Nom patronymique et parasitisme : Contrats, conc., consom.* 1993, chron. p. 1. – G. Loiseau, *Le nom objet d'un contrat*, LGDJ, 1997.

(19) Cass. com., 24 juin 2008 : *D.* 2008, p. 2569, note A. Mendoza-Caminade.

(20) Cass. 1re civ., 15 mars 1988 : *D.* 1988, p. 549, note J. Massip ; *JCP* 1989, II, 21347, obs. E. Agostini, qui permet de reprendre le port d'une particule abandonnée pendant plus d'un siècle.

(21) Cass. 1re civ., 30 sept. 2003 : *D.* 2003, 86, 2e esp. et note G. Loiseau ; *JCP* 2004, II, 10119, 1re esp. et note A. Zelcevic-Duhamel. – J. Foyer, *Droit du nom de prétentions dynastiques* : *D.* 2005, chron. p. 2050.

(22) Cass. 1re civ., 30 sept. 2003 : *D.* 2003, 86, 1re esp. et note G. Loiseau ; *JCP* 2004, II, 10119, 2e esp. et note A. Zelcevic-Duhamel. – Cass. 1re civ., 17 déc. 2008 : *D.* 2009, act. jurispr. 168.

(23) Cass. 1re civ., 17 mai 1966 : *D.* 1966, p. 631 ; *JCP* 1967, II, 14394, obs. Nepveu. – Cass. 1re civ., 6 juill. 1977 : *D.* 1978, p. 396, note E. Agostini ; *JCP* 1978, II, 18817, obs. R. Savatier. – Cass. 1re civ., 31 janv. 1978 : *D.* 1979, p. 182, note R. Savatier ; *JCP* 1979, II, 19035, obs. Ph. Nérac. – Cass. 1re civ., 15 mars 1988, préc. – Cass. 1re civ., 25 mai 1992 : *D.* 1992, p. 445, note F. Boulanger. – Cass. 1re civ., 6 avr. 1994 : *D.* 1994, inf. rap. p. 123. – Cass. 1re civ., 10 mai 2005, *Bull.* n° 202, p. 170 ; *JCP* 2005, IV, 2415 ; *D.* 2005, inf. rap. p. 1377. – Cass. 1re civ., 23 juin 2010 : *D.* 2010, p. 1626. – A. Chamoulaud-Trapiers, *La possession du nom patronymique* : *D.* 1998, chron. p. 39.

(24) Cass. 1re civ., 25 mai 1992 : *D.* 1992, p. 445 et note F. Boulanger. – Cass. 1re civ., 17 déc. 2008 : *D.* 2009, act. jurispr. 168.

L'opinion générale est que chacun a un droit sur son nom, droit à la fois individuel et familial, mais qui serait un droit de la personnalité et non pas un véritable droit de propriété[25]. Cette opinion se trouve aujourd'hui confortée par la jurisprudence de la Cour européenne des droits de l'homme (V. *supra*, n° 335).

SOUS-SECTION 2

LE NOM DES PERSONNES MORALES

343. – Principe du libre choix du nom. Au même titre que les personnes physiques, les personnes morales doivent avoir un nom afin de permettre leur identification. Toutefois, ce nom n'est pas de la même nature que celui des personnes physiques. N'indiquant ni la parenté, ni l'alliance, le nom est ici laissé au libre choix des membres du groupe[26]. Cette liberté comporte, il est vrai, des limites.

Ce nom est un *titre* pour les associations, une *raison sociale* ou une *dénomination sociale* pour les sociétés.

Le titre sous lequel une association est déclarée est toujours un nom de fantaisie ; il en va de même pour les sociétés civiles, les SARL et les sociétés anonymes, qui sont libres de leur dénomination, sauf à ne pas créer de confusion préjudiciable à des personnes physiques ou à des concurrents. S'agissant des sociétés en nom collectif et en commandite simple, il peut être incorporé à leur dénomination le nom d'un ou plusieurs associés personnellement responsables.

Cette liberté de choix a pour corollaire la liberté de changer de titre ou de dénomination sociale, sous réserve de respecter les formalités de publicité imposées. De même, il peut en être disposé par convention : il n'y a donc pas ici d'indisponibilité du nom.

SECTION 2

LA PROTECTION DU NOM

344. – La protection du nom des personnes physiques. La question se pose dans des termes voisins, qu'il s'agisse de personnes physiques ou de personnes morales ; elle apparaît dès l'instant qu'une tierce personne, par l'utilisation abusive d'un nom, crée un risque de confusion préjudiciable pour son véritable titulaire.

Outre le principe que nul ne saurait s'approprier indûment le nom d'autrui, principe qui permet de s'opposer à toute usurpation de nom par un tiers, la jurisprudence a été amenée à condamner des auteurs de romans, de pièces de théâtre ou de films qui avaient utilisé des noms appartenant à des personnes privées pour

(25) E. Agostini, *La protection du nom patronymique et la nature du droit au nom* : *D.* 1973, chron. p. 313. – Cass. 1re civ., 5 févr. 1968 : *JCP* 1968, II, 15670, et obs. P.N.

(26) M. Dagot, *Le nom des personnes morales* : *JCP* 1992, I, 3579. – R. Plaisant, *Les dénominations des associations* : *Gaz. Pal.* 1982, 1, doctr. p. 34.

dénommer des personnages odieux ou ridicules dans lesquels des homonymes bien vivants avaient cru se reconnaître[(27)]. Il en va de même dans le cas où cette utilisation est de nature à discréditer le patronyme utilisé[(28)].

De même, l'utilisation de noms propres à titre de nom commercial ou de marque a été critiquée avec succès par les titulaires de ces noms. Encore faut-il démontrer qu'il existe un risque de confusion préjudiciable ; tel n'est pas le cas lorsque le nom choisi est banal et porté par de nombreuses personnes[(29)].

345. – **La protection du nom des personnes morales.** Les associations également ont le droit de défendre leur nom, ou leur sigle, contre les usurpations dont elles seraient victimes. On peut en dire autant à propos des sociétés commerciales bien que, pour elles, la concurrence déloyale s'exerce plus souvent par une imitation de la marque ou du nom commercial et non pas de la raison sociale[(30)].

S'il juge abusif l'emploi d'un nom, le juge peut, sur la demande des titulaires véritables, faire défense aux tiers de l'utiliser et les condamner au paiement de dommages et intérêts[(31)].

(27) Paris, 28 févr. 1968 : *D.* 1968, p. 437 (aff. *Daninos*). – TGI Versailles, 2 avr. 1974 : *D.* 1974, p. 714, note R. Lindon, et en appel : Paris, 24 mai 1975 : *D.* 1975, p. 488, note R. Lindon (aff. *F. Dard c/ Béru*). – P. Kayser, *La défense du nom de famille d'après la jurisprudence civile et d'après la jurisprudence administrative : RTD civ.* 1959, p. 10. – J. Foulon-Piganiol, *Le nom de la personne et les personnages d'une œuvre de l'esprit : D.* 1968, chron. p. 117. – R. Nerson, *Les noms des personnages de roman : Études Kayser*, PUAM, 1979, t. 2, p. 303. – Ph. Nérac, *La protection du nom patronymique en droit civil*, PUF, 1980. – Cl. Colombet, *Le nom et les propriétés incorporelles : D.* 1989, chron. p. 31.

(28) Cass. 1re civ., 8 oct. 2009, n° 08-10.045.

(29) TGI Paris, 7 janv. 1972 : *JCP* 1973, II, 17389, obs. J.-M. Mousseron (aff. *Ala c/ Sté Lever*). – Cass. 1re civ., 26 mai 1970 : *D.* 1970, p. 520 (aff. *Dop c/ Sté L'Oréal*). – TGI Paris, 4 juill. 1984 : *D.* 1985, p. 293, note S.-M. P. (aff. *Rothschild*). – Paris, 1re ch. A, 7 févr. 1989 : *D.* 1990, p. 124, note Th. Hassler.

(30) R. Plaisant, *Les dénominations des associations : Gaz. Pal.* 1982, 1, doctr. p. 34. – D. Lamethe, *Conflits entre dénominations de sociétés : RTD com.* 1978, p. 67. – X. Desjeux, *Le nom commercial. De quelques problèmes juridiques : Gaz. Pal.* 1979, 2, doctr. p. 614. – Cl. Colombet, art. préc.

(31) TGI Paris, 10 févr. 1981 : *D.* 1981, p. 443, note R. Lindon ; *JCP* 1981, II, 19624 et obs. D. Huet-Weiller.

CHAPITRE 3

LE DOMICILE

346. – Intérêts pratiques et nature. On définit le domicile comme le siège légal de la personne, sa situation géographique sur un territoire donné. On parlera de *domicile* pour les personnes physiques, de *siège social* pour les personnes morales.

À cette notion s'attachent des intérêts pratiques considérables, spécialement en matière de procédure. C'est ainsi que la compétence territoriale pour connaître d'un litige appartient en règle générale au tribunal du domicile du défendeur (CPC, art. 42 et 43). Ce principe fondamental de procédure, qui est une manifestation de la protection due à la défense, suffit à démontrer l'importance de la détermination du domicile. Dans le domaine judiciaire encore, on peut signaler que les actes de procédure doivent être signifiés à la partie adverse, à sa personne ou à son domicile (CPC, art. 655).

En matière de droit civil, le domicile est également une localisation importante. Ainsi, la succession s'ouvre au lieu du dernier domicile du défunt (C. civ., art. 720). Également, l'article 1342-6 du Code civil indique qu'en principe le paiement doit être fait au domicile du débiteur, etc.

À raison de ces intérêts, on considère que le domicile est, de sa nature, une *institution de police civile*. À cet effet, le domicile doit présenter un certain caractère de *fixité* et de *permanence*. La condition est pleinement remplie par le siège social des personnes morales. Pour les personnes physiques, plus mobiles dans l'espace, le Code civil a défini le domicile de manière telle qu'il ne soit pas affecté par leurs déplacements ; il distingue le *domicile* de la simple *résidence* (lieu où la personne vit habituellement), laquelle n'est qu'un élément de détermination du domicile[1], et *a fortiori* de la simple *habitation* passagère.

La matière est régie par les articles 102 à 111 du Code civil.

(1) A. Martin-Serf, *Du domicile à la résidence* : *RTD civ.* 1978, p. 535.

SECTION 1

LA DÉTERMINATION DU DOMICILE

347. – **Le principe : libre choix du domicile.** L'article 102, alinéa 1er, du Code civil définit le domicile comme le lieu où la personne a « son principal établissement », mais il laisse chacun libre de s'établir où il le désire.

C'est en application de ce principe que les personnes morales choisissent librement leur siège social(2) ; mais elles doivent préciser cette localisation dans les formalités de publicité auxquelles elles sont astreintes. Pareille obligation ne se retrouve pas pour les personnes physiques qui n'ont pas à déclarer là où elles entendent fixer leur domicile.

En pratique, la difficulté apparaît au stade judiciaire lorsqu'une personne a été assignée devant un tribunal qu'elle prétend ne pas être celui de son domicile, et dont elle conteste la compétence territoriale. Dans les faits, pareil litige suppose que les divers éléments du « principal établissement » : la résidence habituelle, le lieu d'exercice de la profession, la localisation des biens, etc., soient situés dans des lieux différents, entraînant ainsi une hésitation. Il appartient en pareil cas aux tribunaux de trancher en s'attachant à la fois aux données matérielles et à l'intention de l'intéressé.

Il peut également arriver, en sens inverse, qu'un siège social soit jugé fictif, faute de correspondre au lieu du principal établissement de la société.

Le libre choix du domicile a pour corollaire la liberté d'en changer. Ainsi peut-on transférer le siège social d'un lieu à un autre, à charge d'accomplir les formalités de publicité requises. De même, une personne physique peut déplacer son domicile « par le fait d'une habitation réelle dans un autre lieu, joint à l'intention d'y fixer son principal établissement » (C. civ., art. 103).

348. – **L'exception : le domicile légal.** Il est fait échec au principe du libre choix dans un certain nombre d'hypothèses. La loi fixe alors d'autorité le domicile d'une personne en un endroit déterminé qui sera considéré comme le lieu du principal établissement pour l'application notamment des règles relatives à la compétence territoriale.

À ce titre, les personnes exerçant des *fonctions publiques* perpétuelles et irrévocables (magistrats du siège, notaires, etc.) sont domiciliées de droit dans le lieu où elles exercent leurs fonctions (C. civ., art. 107) ; peu importe que leur résidence effective soit ailleurs.

D'autres domiciles légaux s'expliquent par une idée de *dépendance*. C'est ainsi que le mineur non émancipé est légalement domicilié chez ses père et mère ou chez celui avec lequel il réside(3) (C. civ., art. 108-2) et le majeur en tutelle chez son tuteur (C. civ., art. 108-3), les « gens de maison » chez leurs patrons (C. civ., art. 109).

(2) M. Menjucq, *La notion de siège social : une unité introuvable en droit international et en droit communautaire : Mél. J. Béguin*, Litec, 2005.

(3) La loi n° 2002-305 du 4 mars 2002 prévoit désormais la possibilité d'une résidence alternée chez le père et la mère (C. civ., art. 373-2-9). – V. Rép. min. Justice : *JO* Sénat 25 juin 2009, p. 1613.

En revanche, contrairement à la règle ancienne, mari et femme peuvent désormais avoir un domicile distinct, sans qu'il soit pour autant porté atteinte aux règles relatives à la communauté de la vie (C. civ., art. 108)[(4)] ; ils peuvent par exemple avoir une résidence commune tout en ayant des domiciles distincts.

SECTION 2

LES CARACTÈRES DU DOMICILE

349. – **Nécessité du domicile.** Les intérêts qui s'attachent à la notion de domicile sont tels que toute personne doit avoir un domicile, sinon pour elle-même, du moins pour les autres qui voudraient par exemple l'assigner régulièrement en justice. On ne concevrait pas une société qui n'aurait pas de siège social.

C'est en vertu de cette idée que la loi impose aux bateliers, nomades et forains – qui par définition n'ont pas de domicile fixe – de choisir un domicile dans une commune de rattachement.

Enfin, pour le cas où il s'avérerait impossible de connaître le domicile ou la simple résidence d'une personne, la loi considère, pour rendre possible une poursuite judiciaire, qu'elle a conservé son *domicile d'origine*, c'est-à-dire celui de ses parents ou tuteur au jour de sa majorité.

350. – **Unité du domicile.** Le domicile étant le lieu du principal établissement est par là même unique. Chacun a un domicile, mais n'en a qu'un seul ; c'est le principe de l'unité du domicile, qui apparaît très critiquable de nos jours où le domicile a pour principal intérêt la détermination du tribunal territorialement compétent.

En pratique, ce principe se trouve démenti par la loi et par la jurisprudence qui, dans des cas déterminés, consacrent la possibilité d'assigner une personne devant un tribunal autre que celui de son domicile *stricto sensu*. En bref, on reconnaît, à côté du lieu du principal établissement, des domiciles secondaires et plus spécialisés[(5)].

L'*élection de domicile* (C. civ., art. 111) en est une illustration remarquable. Il s'agit d'une clause, très fréquente dans les contrats, par laquelle l'une des parties ou les deux font élection de domicile en un lieu situé dans le ressort du tribunal que l'on veut rendre compétent[(6)]. Une variante, plus simple encore, consiste à insérer dans le contrat une clause dite d'attribution de compétence territoriale par laquelle les parties désignent le tribunal devant lequel elles conviennent par avance de porter tous les litiges relatifs au contrat considéré. Toutefois cette clause, qui déroge aux règles de compétence territoriale, n'est valable que si elle a été convenue « entre des personnes ayant toutes contracté en qualité de commerçant » et si elle figure « de façon très apparente » dans l'acte (CPC, art. 48).

(4) F. Gisserot, *Le nouveau domicile de la femme mariée* : *RTD civ.* 1979, p. 724. – G. Hénaff, *La communauté de vie du couple en droit français* : *RTD civ.* 1996, p. 551.

(5) On parle aussi de *domicile fiscal* dans la mesure où une personne peut être imposée à un endroit autre que celui de son domicile au sens du droit civil. – V. B. Drobenko, *La définition du domicile fiscal* : *AJPI* 1996, p. 792.

(6) J.-F. Sagaut, *L'élection de domicile : un suffrage à l'utilité mésestimée !* : *JCP* N 2008, 1143.

Parfois, c'est la jurisprudence qui, constatant que la règle de l'unité du domicile est souvent invoquée comme un moyen dilatoire par le défendeur à un procès, valide des assignations faites devant un *domicile secondaire*.

Ainsi la femme mariée commerçante pouvait-elle, même avant la loi du 11 juillet 1975, être valablement assignée devant le tribunal du lieu de son commerce, et non du domicile du mari. De même, la jurisprudence admet la validité d'une assignation faite de bonne foi devant le tribunal d'un domicile simplement apparent.

Enfin, et surtout, une *jurisprudence* dite des *gares principales* ou des *sièges secondaires* permet aux particuliers de poursuivre les grandes sociétés devant le tribunal non seulement du lieu du siège social mais aussi de tout lieu où la société a un établissement secondaire et un représentant habilité(7). Cela permet à la fois de décongestionner les tribunaux de Paris où sont établis la plupart des sièges sociaux, et de rapprocher la justice des justiciables les plus modestes.

351. - **Inviolabilité du domicile.** Le domicile, s'il est à de multiples égards une institution de police, est aussi le lieu d'élection de la vie privée. À ce titre, et depuis fort longtemps, le droit pénal sanctionne la violation de domicile comme une atteinte à la vie privée.

Cette violation, qui constitue un délit, est définie par l'article 226-4 du Code pénal comme « l'introduction (et le maintien à la suite de l'introduction) dans le domicile d'autrui à l'aide de manœuvres, menaces, voies de fait ou contrainte » ; « hors les cas où la loi le permet » ajoute le texte mais, précisément, ces hypothèses (perquisitions, visites domiciliaires, etc.) sont étroitement encadrées par la loi.

L'article 226-4 visant le « domicile d'autrui » sans autre précision, la jurisprudence considère qu'il n'y a pas lieu de faire de distinction entre les personnes physiques et les personnes morales. Ainsi y aura-t-il par exemple violation de domicile dans le cas où un photographe et un journaliste se sont introduits dans le centre d'essais d'un constructeur automobile pour y photographier les modèles en cours de mise au point(8). Sous couvert de violation de domicile, il s'agissait en réalité d'une violation de la vie privée, qui est ici reconnue à une personne morale.

La Cour européenne des droits de l'homme se prononce dans le même sens en considérant que, « dans certaines circonstances, les droits garantis sous l'angle de l'article 8 de la Convention peuvent être interprétés comme incluant pour une société, le droit au respect de son siège social, son agence ou ses locaux professionnels »(9).

(7) Cass. 2e civ., 6 avr. 2006 : *D.* 2006, inf. rap. p. 1185.
(8) Cass. crim., 23 mai 1995 : *Bull. crim.* 1995, n° 193.
(9) CEDH, 16 avr. 2002 : *D.* 2003, somm. p. 527, obs. C. Birsan ; *JCP* E 2003, 77, obs. B. Espesson-Vergeat, et 560, obs. J. Raynaud ; *D.* 2003, somm. p. 1541, obs. A. Lepage.

CHAPITRE 4

LA NATIONALITÉ

352. – **Condition juridique des étrangers.** La nationalité se définit comme « l'appartenance juridique et politique d'une personne à la population constitutive d'un État »[1]. Comme le rappelle la Déclaration universelle des droits de l'homme de 1948, « tout individu a droit à une nationalité » et « nul ne peut être arbitrairement privé de sa nationalité, ni du droit de changer de nationalité ».

La nationalité est un élément important de l'état des personnes car malgré une évolution certaine, spécialement au sein des pays de l'Union européenne, les étrangers ne jouissent pas en France des mêmes droits qu'un national. S'agissant des droits civils, l'assimilation est presque réalisée. Il résulte en effet des articles 8 et 11 du Code civil, et de l'interprétation qui leur a été donnée, que les personnes physiques ou morales étrangères bénéficient en France de tous les droits qui ne leur sont pas spécialement refusés par une disposition expresse. C'est ainsi qu'elles peuvent valablement contracter ou ester en justice.

En revanche, les étrangers n'ont pas à ce jour la jouissance des droits civiques (droit d'élire, d'être élu ou nommé à des fonctions publiques), ni de certains droits attachés à la qualité de citoyen. Enfin, s'ils jouissent en principe des libertés publiques qui leur sont garanties par la Déclaration universelle des droits de l'homme, des restrictions y sont apportées en ce qui concerne l'entrée, le séjour et l'établissement des étrangers en France (la matière fait l'objet d'un code dédié, le Code de l'entrée et du séjour des étrangers et du droit d'asile, souvent désigné par l'acronyme « CESEDA », en vigueur depuis 2005 et refondu en 2020)[2].

Toutefois les diverses restrictions auxquelles se trouvent soumis les étrangers peuvent être supprimées par des traités internationaux. Appliquant un principe de réciprocité, l'article 11 du Code civil décide ainsi que « l'étranger jouira en France des mêmes droits civils que ceux qui sont ou seront accordés aux Français par les traités de la nation à laquelle cet étranger appartiendra ».

S'il est exclu de citer ici tous les traités qui établissent des situations privilégiées au profit de certains étrangers, du moins peut-on signaler que figurent parmi ces étrangers : les ressortissants d'États jadis placés sous le protectorat ou sous

(1) P. Lagarde, *La nationalité française*, Dalloz, 3e éd., 1997, n° 1.

(2) Ord. n° 2020-1733, 16 déc. 2020 pour la partie législative ; D. n° 2020-1734, 16 déc. 2020 pour la partie réglementaire : *JO* 30 déc.

la souveraineté de la France ; les ressortissants des États membres de l'Union européenne qui, en vertu du traité de Rome, doivent bénéficier de l'assimilation aux nationaux, en vue d'assurer la libre circulation des personnes, des capitaux et des services sur le territoire de l'Union.

Malgré ces conventions internationales, des différences subsistent qui donnent tout son intérêt à l'étude des règles déterminant la nationalité.

353. – **La détermination de la nationalité des personnes physiques.** Les personnes morales, comme les personnes physiques, ont une nationalité. Toutefois, parce que la notion de nationalité n'a pas dans les deux cas la même signification ni la même portée, les règles de détermination de la nationalité sont très différentes dans un cas et dans l'autre.

En ce qui concerne les personnes physiques, les règles sont trop complexes pour être approfondies dans le cadre de cet ouvrage. Ces dispositions, qui étaient incluses dans le Code de la nationalité, ont fait l'objet d'une réforme par la loi n° 93-333 du 22 juillet 1993(3) qui a abrogé le Code de la nationalité et réintroduit ce corps de règles modifié sous un titre 1 bis du Code civil. Ce titre 1 bis a été à son tour modifié par la loi n° 98-170 du 16 mars 1998(4) et par divers textes ultérieurs. Quant au fond, ces lois nouvelles n'entraînent pas de véritable bouleversement des dispositions antérieures. Comme par le passé, on distingue entre deux sortes de règles : celles concernant *l'attribution de la nationalité d'origine* (en raison de la filiation ou de la naissance en France), et celles relatives à *l'acquisition de la nationalité* (par ex., par le mariage avec un Français, par la naissance et la résidence en France, par la naturalisation, etc.).

Les premières ont pour objet d'attribuer la nationalité française à raison soit de la filiation (*jus sanguini*), soit de la naissance en France (*jus soli*) ; les conditions exigées pour l'attribution de la nationalité française dans cette seconde hypothèse ont été quelque peu modifiées.

Les secondes, relatives à l'acquisition de la nationalité, ont fait l'objet de changements plus sensibles. S'agissant de l'acquisition par le mariage, le législateur a voulu faire échec à une utilisation frauduleuse de l'institution du mariage : c'est ainsi que l'acquisition de la nationalité n'intervient que quatre ans après la célébration du mariage (C. civ., art. 21-2, al. 1er) et qu'il y a présomption de fraude si la communauté de vie entre les époux cesse dans les douze mois de l'enregistrement de la déclaration (C. civ., art. 26-4, al. 3). De même, s'agissant de la naissance et de la résidence en France, ce fait confère automatiquement la nationalité française à la majorité sous certaines conditions quant à la durée de la résidence, l'enfant étranger pouvant toutefois décliner la qualité de Français. Avant même la majorité, il peut réclamer cette qualité, à partir de l'âge de treize ans ou de seize ans, sauf à remplir certaines conditions de résidence en France.

Enfin, bien évidemment, la naturalisation reste possible, la loi prévoyant même certaines hypothèses nouvelles originales, par exemple au profit de l'étranger francophone

(3) Cette loi, portant réforme du Code de la nationalité, a été complétée par le décret d'application n° 93-1362 du 30 décembre 1993. – V. H. Fulchiron, *La réforme du droit de la nationalité. Commentaire des articles 17 à 33-2 nouveaux du Code civil* : *JCP* 1993, I, 3708. – P. Guhio, *La nouvelle révision du Code de la nationalité… et son abolition* : *D.* 1994, chron. p. 1.

(4) N. Guimezanes, *La loi n° 98-170 du 16 mars 1998 relative à la nationalité* : *JCP* N 1998, 819.

qui « contribue par son action émérite au rayonnement de la France et à la prospérité de ses relations économiques internationales » (C. civ., art. 21-21).

354. - **La détermination de la nationalité des personnes morales.** Si la nationalité des personnes morales de droit public est évidente, il n'en va pas de même pour celles de droit privé. En pratique, la difficulté est relative surtout aux sociétés commerciales[5].

Le principe est que les sociétés, associations et fondations ont pour nationalité celle de l'État qui leur a conféré la personnalité et dont la loi a présidé à leur constitution, c'est-à-dire celle du siège social qui est le domicile de la personne morale.

Toutefois, la jurisprudence et le législateur ont été amenés à corriger le critère pour des motifs d'intérêt public sinon politique. S'agissant par exemple, en période de guerre, de la confiscation des biens étrangers, on s'attachera non à l'implantation du siège social mais au *contrôle* français ou étranger de la société, lequel sera fonction de l'origine des capitaux ou de la nationalité des dirigeants. Cette solution, qui fait dépendre la nationalité des sociétés de critères économiques, a les préférences d'une partie de la doctrine[6].

(5) Frossard, *Un vide législatif : la nationalité des sociétés* : D. 1969, chron. p. 9.
(6) J. Béguin, *La nationalité juridique des sociétés commerciales devrait correspondre à leur nationalité économique* : *Mél. P. Catala*, Litec, 2001, p. 859.

TROISIÈME PARTIE

LES DROITS SUBJECTIFS

355. – **Distinctions et définitions.** Le *Droit objectif* est, rappelons-le (V. *supra*, n° 6), l'ensemble des règles régissant les rapports des personnes vivant en société, et sanctionnées par une contrainte émanant de l'autorité publique. Parmi ces règles, certaines ont pour objet ou pour effet d'ouvrir des prérogatives aux particuliers, que l'on appelle des *droits subjectifs*.

Ainsi, les *droits subjectifs* sont des prérogatives reconnues aux sujets de droit par le *Droit objectif* – c'est-à-dire par les règles de droit –, et sanctionnées par lui. Plus simplement, on dira que le droit subjectif est le droit de faire ou d'exiger quelque chose sous la sanction de la loi.

Sont ainsi des droits subjectifs le droit du propriétaire sur les choses qui lui appartiennent, le droit du créancier d'exiger le paiement de son débiteur, ou encore le droit alimentaire qui existe entre parents et enfant.

Au sens large, les droits subjectifs comprennent :

– les *droits politiques* qui appartiennent à tout citoyen et qui s'exercent sous forme d'une participation à la vie politique : par exemple, droit de vote, éligibilité aux diverses assemblées ;

– les *droits publics*, consacrés dans la Déclaration des droits de l'homme et rappelés pour certains par le Préambule de la Constitution française, qui sont attachés à la qualité d'homme : entrent dans cette catégorie toutes les libertés (d'aller et venir, de conscience, de parole, etc.) et ce qu'on appelle les droits fondamentaux, le droit à la vie, à l'honneur, etc. ;

– les *droits civils* enfin, qui appartiennent à chacun dans ses rapports avec les autres particuliers.

C'est à cette dernière catégorie – ce inclus les droits de la personnalité – que sera consacrée cette partie, les droits politiques et publics relevant des rapports avec l'État ou les organismes publics, donc d'une discipline autre que le droit privé.

356. – **La réalité des droits subjectifs.** En réaction contre *l'école du droit naturel*, *l'école positiviste*, représentée notamment par Duguit et Kelsen, a nié l'existence des droits subjectifs. Selon les positivistes, il n'y aurait pas de droits subjectifs appartenant aux personnes, mais seulement des *situations juridiques* appelant l'application

d'une règle de droit objectif. Cette théorie comporte une part de vérité dans la mesure où bon nombre de règles de droit n'ont pas pour but de conférer des droits subjectifs aux individus : ainsi en est-il par exemple de tout le droit pénal qui tend à sanctionner des comportements déviants. Mais il en va différemment d'autres règles, tout aussi nombreuses, ce qui interdit de nier l'existence des droits subjectifs[(1)].

De cette querelle sur l'existence même des droits subjectifs, on retiendra que le Droit objectif n'a pas pour seule fin d'ouvrir des prérogatives aux sujets de droit ; il a aussi pour objet d'organiser la vie en société et donc de traiter les différentes situations juridiques possibles. Les droits subjectifs ne rendent pas compte de la totalité du droit, ils n'en sont qu'une partie.

De surcroît, on observera que les droits subjectifs ne sont pas toujours des prérogatives absolues ; certains sont susceptibles d'abus : « le droit cesse où l'abus commence ». Ce caractère apparaît dans la définition du droit : « le droit subjectif est une prérogative reconnue par l'ordre juridique au profit d'un particulier, en tant que personne et membre de la société, dans le but de déployer une activité utile à lui-même et au bien commun »[(2)].

On classera d'abord les droits subjectifs (Titre 1) avant d'étudier les événements générateurs de droits (Titre 2) qui déclenchent l'application de la règle de droit à une situation donnée.

(1) Michaelides-Nouaros, *L'évolution récente de la notion de droit subjectif* : *RTD civ.* 1966, p. 216. – Dabin, *Le droit subjectif*, 1952. – P. Roubier, *Droits subjectifs et situations juridiques*, 1963. – J.-P. Gastaud, *Personnalité morale et droit subjectif*, LGDJ, 1977.
(2) Michaelides-Nouaros, *op. cit.*, p. 235.

TITRE 1

CLASSIFICATION DES DROITS SUBJECTIFS

357. – **Droits patrimoniaux et droits extrapatrimoniaux.** La classification des droits permet de dresser un panorama des divers droits dont on peut être titulaire.

La grande classification est celle qui oppose les droits patrimoniaux aux droits extrapatrimoniaux(1), le critère de distinction reposant sur la possibilité d'une *évaluation pécuniaire* du droit considéré.

Les premiers, appréciables en argent, ont une valeur pécuniaire, et, à ce titre, entrent dans le *patrimoine* de la personne ; tel est le cas du droit de propriété (qui porte sur des choses) et du droit de créance (qui s'exerce à l'encontre d'une autre personne, le débiteur). Ils constituent donc des *biens* et, de ce fait, ils sont *transmissibles* (à un acquéreur ou à un successeur) et *saisissables* par les créanciers ; le plus souvent, ils sont également *prescriptibles*, malgré l'exception remarquable du droit de propriété qui ne s'éteint pas par le non-usage. Ainsi, le droit à dommages-intérêts d'une victime, destiné à l'indemniser de ses dommages matériels ou de son incapacité de travail, est un droit patrimonial.

À l'inverse, les droits extrapatrimoniaux ne représentent pas en eux-mêmes une valeur pécuniaire, même si, en définitive, ils peuvent entraîner des conséquences pécuniaires, si bien qu'à cet égard ils présentent une certaine ambiguïté(2). Ainsi peut-on dire pour faire image que le droit à l'honneur n'a pas de prix ; et de même du droit au respect de la vie privée, bien que leur violation soit en général sanctionnée par une condamnation à dommages et intérêts. Sans qu'il y ait une opposition absolue entre droits patrimoniaux et extrapatrimoniaux, il y a néanmoins une différence bien réelle, notamment de régime juridique ; c'est ainsi qu'à la différence des droits patrimoniaux, les droits extrapatrimoniaux sont *intransmissibles, insaisissables* et *imprescriptibles*.

(1) Pour une critique, V. F. Hage-Chahine, *Essai d'une nouvelle classification des droits privés : RTD civ.* 1982, p. 705. – V. aussi L. Collet, *La notion de droit extrapatrimonial*, thèse, Paris II, 1992.

(2) J.-M. Bruguière, « *Droits patrimoniaux » de la personnalité. Plaidoyer en faveur de leur intégration dans une catégorie des droits de la notoriété : RTD civ.* 2016, 1.

CHAPITRE 1

LES DROITS EXTRAPATRIMONIAUX

358. – **Plan.** On range habituellement les droits extrapatrimoniaux en deux catégories : les *droits familiaux* et les *droits de la personnalité*. S'agissant des premiers, qui relèvent du droit de la famille, on se bornera à une simple énumération.

SECTION 1

LES DROITS FAMILIAUX

359. – **Énumération.** Ce sont les droits qui dérivent de la situation de l'individu au sein de la famille. On se limitera à en faire ici une présentation rapide, dans la mesure où leur étude relève du droit de la famille.

Les uns dérivent des *rapports entre époux*. En édictant que « les époux se doivent mutuellement respect, fidélité, secours, assistance », l'article 212 du Code civil formule des droits et devoirs réciproques entre époux. De même, toute une série de réformes successives ont conféré à la femme des droits égaux à ceux de son mari, quel que soit le régime matrimonial sous lequel les époux sont mariés.

Les autres se rencontrent dans les *rapports entre parents et enfants*. Effaçant toute distinction entre les enfants légitimes et les enfants naturels, l'article 310 du Code civil pose le principe que « tous les enfants dont la filiation est légalement établie ont les mêmes droits et les mêmes devoirs dans leurs rapports avec leurs père et mère ».

S'agissant tout d'abord des droits des parents, la loi qui leur conférait jadis la *puissance paternelle* leur attribue désormais *l'autorité parentale* (L. 4 juin 1970), laquelle est *un droit fonction* exercé dans l'intérêt des enfants, et non pas égoïstement au profit des parents. Ce caractère a été spécialement mis en valeur par la loi du 4 mars 2002 (mod. par L. 17 mai 2013) qui, réformant le régime de l'autorité parentale, la définit comme « un ensemble de droits et de devoirs ayant pour finalité l'intérêt de l'enfant »[1] (C. civ., art. 371-1).

(1) F. Boulanger, *Modernisation ou utopie ? : La réforme de l'autorité parentale par la loi du 4 mars 2002 : D.* 2002, chron. 1571. – H. Fulchiron, *L'autorité parentale rénovée (Commentaire de la loi du 4 mars 2002 relative à l'autorité parentale) : Defrénois* 2002, 1, 959, art. 37580.

Réciproquement, les enfants ont droit à être nourris, entretenus et élevés (C. civ., art. 203) ; cette obligation des parents de contribuer à l'entretien et à l'éducation des enfants ne cesse pas du seul fait que l'enfant est devenu majeur (C. civ., art. 371-2). Enfin, sauf motif grave tenant à l'intérêt de l'enfant, les enfants ont également le droit d'entretenir des relations personnelles avec leurs ascendants, notamment avec leurs grands-parents[(2)] (C. civ., art. 371-4). Corrélativement, les enfants doivent des aliments à leurs parents et autres ascendants qui se trouvent dans le besoin (C. civ., art. 205 et s.).

SECTION 2

LES DROITS DE LA PERSONNALITÉ

360. – **Évolution.** On désigne sous l'appellation de *droits de la personnalité* ceux qui sont inhérents à la seule qualité de personne humaine, qui appartiennent à tout individu par le fait même qu'il est homme[(3)].

À la vérité, cette notion, et les droits qu'elle recouvre, ne se sont dégagés que progressivement. À l'origine, le Code civil était muet sur la question. Puis quelques textes épars ont réglementé certains points particuliers. Les idées ayant évolué dans le sens d'une prise en considération croissante de la dignité de la personne humaine, la jurisprudence traduisit cette évolution en consacrant l'existence de droits de la personnalité, spécialement à propos du droit au respect de la vie privée et du droit à l'image.

Corrélativement, certains droits de la personnalité ont été consacrés dès 1950 par la Convention européenne des droits de l'homme : ainsi, le droit à la vie[(4)] (art. 2), le droit au respect de la vie privée et familiale (art. 8).

Mais il a fallu attendre la loi du 17 juillet 1970, insérée à l'article 9 du Code civil, pour que soit introduit officiellement le principe que « chacun a droit au respect de sa vie privée ». Par la suite, la loi « bioéthique » du 29 juillet 1994 est venue ajouter dans le Code civil diverses dispositions tendant au respect du corps humain (C. civ., art. 16 et s.), dispositions dont certaines ont été modifiées ou complétées par la loi « bioéthique » du 6 août 2004. Ces lois « bioéthiques » ont été révisées par une nouvelle loi « bioéthique » du 7 juillet 2011 qui apporte des précisions, des améliorations, mais pas de bouleversement[(5)]. Elles sont à nouveau en instance de révision ou modification[(6)].

Considérées globalement, ces règles quelque peu disparates constituent l'amorce d'un statut de la personne humaine qui mériterait d'être complété et codifié en tête du Code civil[(7)]. En l'absence d'une telle codification, il est difficile de systématiser

(2) N. Rexand-Pourias, *Les relations entre grands-parents et petits-enfants depuis la loi du 4 mars 2002 sur l'autorité parentale* : *JCP* 2003, I, 100. – A. Gouttenoire, *Le droit de l'enfant d'entretenir des relations personnelles avec ses grands-parents* : *AJF* 2008, 138.

(3) J.-M. Puigelier, *Dans la famille des droits de la personnalité, je voudrais...* : *D.* 2011, p. 28.

(4) C. Puigelier, *Qu'est-ce qu'un droit à la vie ?* : *D.* 2003, chron. p. 2781.

(5) A. Cheynet de Beaupré, *La révision de la loi relative à la bioéthique* : *D.* 2011, 2217. – N. Baillon-Wirtz, *Loi n° 2011-814 du 7 juillet 2011 relative à la bioéthique* : *Rev. Lamy dr. civ.* oct. 2011, p. 37. – B. Legros, *La loi du 7 juillet 2011 ou le fragile maintien de la substance des principes fondamentaux du droit de la bioéthique* : *Mél. F. Dekeuwer-Défossez*, Montchrestien, 2013. – J.-C. Galloux et H. Gaumont-Prat, *Droits et libertés corporels* : *D.* 2012, 308.

(6) V. CCNE, avis, 25 sept. 2018 : *D.* 2018, 1867.

(7) Ces diverses règles confèrent des droits dont la violation est sanctionnée suivant diverses distinctions, par la responsabilité civile : C. Quézel-Ambrunaz, *La responsabilité civile et les droits du Titre 1 du Livre 1 du Code civil. À la découverte d'une hiérarchisation des intérêts protégés* : *RTD civ.* 2012, 251.

la matière et de caractériser, de recenser même, les droits de la personnalité que la doctrine a consacrés depuis longtemps et dont elle a tenté de faire la synthèse[8].

Parallèlement, on constate une certaine patrimonialisation de ces droits[9] dans la mesure notamment où certains peuvent donner lieu à des conventions rémunérées[10].

Il se dégage néanmoins une distinction entre les droits relatifs à l'aspect physique de la personne et ceux relatifs à l'aspect moral de la personne.

SOUS-SECTION 1

LES DROITS RELATIFS À L'ASPECT PHYSIQUE DE LA PERSONNE[11]

361. – **Le droit au respect de son corps. Les principes**[12]. Les principes sont posés par l'article 16-1 du Code civil[13]. Alors que l'article 16 traite de l'« être humain », de la « personne » et de sa « dignité »[14], s'agissant de cette dernière il a été jugé que le droit à la dignité doit composer avec le droit à l'humour[15],

> La loi assure la primauté de la personne, interdit toute atteinte à la dignité de celle-ci et garantit le respect de l'être humain dès le commencement de sa vie.

l'article 16-1 se penche sur le corps pour lequel il pose trois principes :

> Chacun a droit au respect de son corps.
> Le corps humain est inviolable.
> Le corps humain, ses éléments et ses produits ne peuvent faire l'objet d'un droit patrimonial[16].

(8) E.-H. Perreau, *Des droits de la personnalité* : *RTD civ.* 1909, p. 501. – R. Nerson, *Les droits extrapatrimoniaux*, thèse, Lyon, 1939. – A. Decocq, *Essai d'une théorie générale des droits sur la personne*, 1960. – P. Kayser, *Les droits de la personnalité. Aspects théoriques et pratiques* : *RTD civ.* 1971, p. 445. – R. Lindon, *Les droits de la personnalité*, Dalloz, 2e éd., 1983. – V. aussi *La protection de la personne en droit privé*, in Trav. Assoc. Henri Capitant, t. XIII, 1963. – X. Bioy, *Le concept de la personne humaine en droit public. Recherche sur le sujet des droits fondamentaux* : *D.* 2003. – J. Antippas, *Les droits de la personnalité*, PUAM, 2012.

(9) M. Bernelin, *La patrimonialisation des données personnelles : entre représentation(s) et réalité(s) juridiques* : *JCP* 2019, 1172.

(10) J. Antippas, *Propos dissidents sur les droits dits « patrimoniaux » de la personnalité* : *RTD com.* 2012, 35.

(11) R. Dierkens, *Les droits sur le corps et le cadavre de l'homme*, Paris, 1966. – V. aussi *Le corps humain et le droit*, in Trav. assoc. H. Capitant, t. XXVI, 1975. – A. Sériaux et a., *Le droit de la médecine et de l'être humain (Propos hétérodoxes sur quelques enjeux vitaux du XXIe siècle)*, PUAM, 1996. – P.-J. Delage, *La primauté de la personne* : *D.* 2011, 173.

(12) F. Bellivier, *Le statut juridique du corps humain en France*, in *Le droit de la santé : aspectsnouveaux*, Trav. Assoc. H. Capitant, t. LIX, Bruylant, 2012, p. 133.

(13) J.-Ch. Galloux, *Le corps humain dans le Code civil*, in *1804-2004. Le Code civil. Un passé, un présent, un avenir*, Dalloz, 2004, p. 381.

(14) E. Dreyer, *Les mutations du concept juridique de dignité* : *RRJ* 2005, 19.

(15) Cass. ass. plén., 25 oct. 2019, n° 17-86.605 : *Juris-Data* n° 2019-018487 ; *JCP* 2019, 1223, note C. Bigot ; *JCP* 2019, 1152, obs. E. Derieux.

(16) Ce dernier alinéa est une application de l'article 1128 ancien du Code civil suivant lequel : « Il n'y a que les choses qui sont dans le commerce qui puissent être l'objet des conventions », disposition non reprise dans l'ordonnance du 10 février 2016.

Le premier affirme un droit de la personne à l'égard des tiers.

Le troisième pose le principe de la non-patrimonialité du corps humain ; il n'est pas susceptible d'une évaluation pécuniaire[17]. On observera qu'il se substitue au principe antérieur de l'indisponibilité du corps humain ; il faut dès lors comprendre que, à supposer que des éléments ou des produits du corps humain puissent être cédés, ce ne peut être qu'à titre gratuit. Ce principe touche donc au droit de la personne sur son propre corps.

Enfin, le second semble s'adresser à la fois à la personne elle-même et aux tiers : le corps humain est au-dessus de l'homme, hors de sa portée, il est inviolable.

Ces principes ont été repris dans la loi n° 2002-303 du 4 mars 2002 relative aux droits des malades et à la qualité du système de santé, qui déclare de manière solennelle que « la personne malade a droit au respect de sa dignité » (C. santé publ., art. L. 1110-2)[18].

Cela dit, ces principes doivent aussi être combinés avec les mœurs actuelles et, plus encore, avec les besoins de la science et de la société. Or, ces besoins, qu'il s'agisse de la recherche médicale ou des nécessités thérapeutiques (transfusions sanguines, greffes, etc.), conduisent à se servir du corps humain.

Cette difficile combinaison a été réalisée par divers textes, et tout d'abord par les deux lois « bioéthiques » du 29 juillet 1994, l'une étant insérée dans le Code civil (art. 16 et s.), l'autre dans le Code de la santé publique. La première posait les grands principes relatifs au respect du corps humain et à son inviolabilité[19]. La seconde traitait plus spécialement du don d'organe et de l'utilisation des éléments du corps humain[20]. Une révision d'ensemble des lois « bioéthiques » entreprise par le Parlement[21] s'est concrétisée dans la loi n° 2004-800 du 6 août 2004 relative à la bioéthique qui a retouché et complété certaines dispositions antérieures[22]. Puis la loi du 7 juillet 2011 a dans une large mesure consolidé les règles antérieures, tout en apportant un certain nombre de précisions, notamment sur le sort des embryons[23] ; mais sur ce dernier point la loi de 2011 a été largement

(17) Sur l'application de cette disposition aux restes mortuaires appartenant à un musée, V. TA Rouen, 27 déc. 2007 : *JCP* 2008, II, 10041 et note C. Saujot.

(18) Y. Lambert-Faivre, *La loi n° 2002-303 du 4 mars 2002 relative aux droits des malades et à la qualité du système de santé, II. Les droits des malades, usagers du système de santé : D.* 2002, chron. p. 1291. – G. Mémeteau, *La loi du 4 mars 2002, Perspectives : Mél. F. Dekeuwer-Défossez*, Montchrestien, 2013.

(19) L. n° 94-653, 29 juill. 1994 relative au respect du corps humain. – V. Ch. Byck, *La loi relative au respect du corps humain : JCP* 1994, I, 3788. – J. Massip, *L'insertion dans le Code civil de dispositions relatives au corps humain, à l'identification génétique et à la procréation médicalement assistée : Defrénois* 1995, I, 65, art. 35975. – D. Thouvenin, *Les lois n° 94-548 du 1er juillet 1994, n° 94-653 et n° 94-654 du 29 juillet 1994, ou comment construire un droit de la bioéthique : ALD* 1995, 149. – Ch. Byck, *Bioéthique (législation, jurisprudence et avis des instances d'éthique) : JCP* 1997, I, 4035.

(20) L. n° 94-654, 29 juill. 1994, relative au don et à l'utilisation des éléments et produits du corps humain, à l'assistance médicale à la procréation et au diagnostic prénatal. – G. Raymond, *Aperçu rapide sur la loi n° 94-654 du 29 juillet 1994 : JCP* 1994, act. 37. – D. Thouvenin, *De l'éthique biomédicale aux lois « bioéthiques » : RTD civ.* 1994, p. 717.

(21) P. Mistretta, *Le projet de loi relatif à la bioéthique : JCP* 2003, act. p. 1125. – M.-I. Malauzat, *Le projet de loi « bioéthique » : D.* 2003, chron. p. 2688. – B. Mathieu, *Des droits de l'homme aux droits sur l'homme (ou les transmutations du droit de la bioéthique) : Mél. Pactet*, Dalloz, 2003. – Cf. Pécresse, *Le corps de la personne : LPA* 1er juill. 2004, p. 13.

(22) *JO* 7 août 2004, p. 14040 ; *D.* 2004, législ. 2089. – J.-Ch. Galloux, *La loi n° 2004-800 du 6 août 2004 sur la bioéthique : D.* 2004, 2379. – D. Thouvenin, *La loi relative à la bioéthique ou comment accroître l'accès aux éléments biologiques d'origine humaine, I. Légitimité des activités médicales bioéthiques : D.* 2005, chron. p. 116 ; *II. Nécessité de la volonté : D.* 2005, chron. p. 172. – J.-P. Duprat, *Les aspects de droit public de la loi bioéthique : AJDA* 2004, 2328. – G. Faure (ss dir.), *Révision des lois bioéthique (À propos de la loi n° 2004-800 du 6 août 2004) : LPA* 18 févr. 2005. – F. Bellivier, *Loi n° 2004-800 du 6 août 2004 relative à la bioéthique, Commentaire : RTD civ.* 2004, 787. – J.-Ch. Galloux et H. Gaumont-Prat, *Droits et libertés corporels : D.* 2006, pan. p. 1200.

(23) L. Bineau, *Droit et biologie à la lumière de la loi du 7 juillet 2011 : RRJ* 2012, 3, p. 1155.

modifiée par la loi du 6 août 2013 (V. *infra*, n° 372 *in fine*). Les lois « bioéthique » sont à nouveau en instance de révision[24].

Corrélativement, l'UNESCO a adopté en octobre 2005 la Déclaration universelle sur la bioéthique et les droits de l'homme qui établit le lien entre le droit des droits de l'homme applicable à la bioéthique et les limites du pouvoir de l'homme qui impose le respect de la vie sous toutes ses formes[25].

On traitera ce sujet en envisageant d'abord le droit de la personne sur son corps, puis le droit de la personne au respect de son corps par les autres. Mais au préalable, il convient de traiter la question du droit au respect du corps après la mort.

362. – **Le droit au respect de son corps lors de la mort et après la mort.** Par l'introduction dans le Code civil d'un article 16-1-1, la loi du 19 décembre 2008 décide ou confirme que « le respect dû au corps humain ne cesse pas avec la mort » ; et il poursuit « les restes des personnes décédées, y compris les cendres de celles dont le corps a donné lieu à crémation, doivent être traitées avec respect, dignité et décence ». Le sort des cendres est réglé par les articles L. 2223-18-1 et suivants du Code général des collectivités territoriales[26].

Le même respect est dû aux reliques sacrées[27].

Le droit de chacun sur son corps se manifeste essentiellement par la liberté de régler ses *funérailles*[28] : inhumation ou incinération[29], lieu, cérémonie, etc. ; à défaut, c'est la famille qui en décidera, en tant que représentant la volonté du défunt[30]. Toutefois cette liberté, qui relève non de l'état des personnes mais des libertés individuelles[31], et qui est protégée par l'article 9 de la Convention européenne des droits de l'homme, s'exerce dans le cadre des dispositions législatives et réglementaires en vigueur ; ce qui exclut la congélation, qui ne constitue pas un mode d'inhumation prévu par le Code général des collectivités territoriales[32].

On peut même léguer son corps « à la science », sous réserve que cette sorte de testament – qui réalise un acte de disposition à titre gratuit – soit établie sous la forme d'une déclaration écrite, datée et signée de la main du testateur[33].

(24) V. CCNE, avis, 25 sept. 2018 : *D.* 2018, 1867.

(25) Ch. Byk, *La responsabilité sociale, fondement d'un droit civil renouvelé ? Réflexions d'un civiliste à propos de la Déclaration universelle sur la bioéthique et les droits de l'homme* : *JCP* 2006, I, 181.

(26) G. Loiseau, Mortuorum corpus *: une loi pour le respect* : *D.* 2009, p. 236. – X. Labbée, *Souviens-toi que tu es poussière* : *JCP* 2009, act. 34. – D. Dutrieux, *Destination des cendres : un opportun rappel du ministre de l'Intérieur* : *JCP* N 2010, 1326. – M. Wagner, *Quelques réflexions autour de l'article 16-1-1 du Code civil : vers une obligation générale de respect du corps humain* : *RRJ* 2009, 1871. – X. Labbée, *Sacré cadavre* : *JCP* 2011, 197.

(27) X. Labbée, *Les reliques sacrées sont hors du commerce* : *JCP* 2012, 1322.

(28) D. Dutrieux, *Le décret relatif aux opérations funéraires : une simplification enfin adoptée* : *JCP* 2011, 135.

(29) Sur le statut des cendres et le devenir des urnes, V. A. Cheynet de Beaupré, *Le retour des cendres* : *D.* 2007, 1212. – H. Popu, *Destination et protection des cendres funéraires (L. 19 déc. 2008)* : *Defrénois* 2009, 1, 410, art. 38898. – E. Aubin et I. Savarit-Bourgeois, *Du statut juridique des cendres à la nouvelle gestion communale en matière funéraire* : *AJDA* 2009, 531.

(30) Cass. 1re civ., 15 juin 2005, *Bull.* n° 267, p. 223. – H. Popu, *Une amie : porte-parole des dernières volontés du défunt (À propos de Cass. 1re civ., 27 mai 2009)* : *Defrénois* 2009, 1, 1475, art. 38976. – Cass. 1re civ., 2 févr. 2010 : *D.* 2010, act. jurispr. 583.

(31) Cass. 1re civ., 19 sept. 2018 : *JCP* 2018, 1142, note H. Péroz.

(32) CE, 29 juill. 2002 : *D.* 2002, inf. rap. p. 2583 ; *JCP* 2003, I, 150, n° 2, obs. B. Teyssié. – TA Nantes, 5 sept. 2002 et Caen, 9 sept. 2002 : *JCP* 2003, II, 10052 et note S. Douay. – H. Popu, *Le respect des dernières volontés (De l'organisation des funérailles à la cryogénisation)* : *Defrénois* 2005, 1, 1770, art. 38273. – CE, 6 janv. 2006, n° 260307, *Rémy Martinot et a.* : *JCP* 2006, II, 10059 et note L. Erstein ; *D.* 2006, 1875 et note I. Corpart ; *Defrénois* 2006, 1, 500, art. 38354 et note H. Popu ; *AJDA* 2006, 757 et note L. Burgorgue-Larsen.

(33) D. n° 76-435, 18 mai 1976, art. 7.

Faisant application de ces dispositions, la Cour de cassation en a déduit que les cadavres humains ne devaient pas être exposés à des fins commerciales(34).

Et le Conseil d'État a jugé que l'interdiction des soins de conservation du corps d'un défunt et de la pratique de la toilette mortuaire portait une atteinte manifestement disproportionnée au droit à une vie privée et familiale normale(35).

Il reste à se demander si le respect dû aux disparus ne doit pas également conduire à effacer les traces de leur vie numérique sur Internet et les réseaux sociaux(36) et à mieux organiser la « succession numérique » de la personne(37).

§ 1. – Le droit de la personne sur son corps

363. – La nature du droit de la personne sur son corps. De nombreuses questions se posent qui relèvent toutes de la nature juridique du corps humain. Ainsi a-t-on pu se demander si le corps est une *chose* dont chacun pourrait disposer à sa guise ; une telle question, posée de manière aussi brutale, appelle évidemment une réponse négative. D'instinct on sent bien que le corps n'est pas une chose et qu'il ne peut être permis d'en faire n'importe quoi(38).

De la même manière, on comprend aisément que le corps humain ne peut pas faire l'objet d'un droit de *propriété* dont le titulaire aurait l'*usus*, le *fructus* et l'*abusus*(39). On ne saurait en effet lui appliquer l'article 544 du Code civil qui définit la propriété comme « le droit de jouir et disposer des choses de la manière la plus absolue, pourvu qu'on n'en fasse pas un usage prohibé par la loi et les règlements ».

On observera à cet égard que le droit de propriété a une valeur patrimoniale, ce qui le rend incompatible avec les articles 16-1 et 16-5 qui dénient toute valeur patrimoniale au corps humain, à ses éléments ou à ses produits(40).

On est ainsi amené à conclure que le droit de la personne sur son corps est un droit d'une nature particulière. De surcroît, il est par essence inséparable de l'être dont il est l'enveloppe, donc de la personne humaine ; or la dignité de la personne

(34) Cass. 1re civ., 16 sept. 2010 : *D.* 2010, p. 2750 et note G. Loiseau ; *JCP* 2010, 1239, note B. Marrion ; *D.* 2010, p. 2157, obs. C. Le Douaron ; *RDC* 2011, 605, obs. F. Bellivier et C. Noiville. – Cass 1re civ., 29 oct. 2014 : *RDC* 2015, 361, note P. Berlioz. – J.-P. Gasnier, *Questions à propos du statut juridique du cadavre* : *RRJ* 2011, 4, p. 1795. – A. Leca, *De miraculismortuorum : des droits de l'homme après la mort ? L'exemple des restes humains dans les collections muséales* : *RRJ* 2012, 2, p. 649.

(35) CE, 22 déc. 2020, n° 439804 (dans le contexte de la crise sanitaire de Covid-19).

(36) J. Groffe, *La mort numérique* : *D.* 2015, 1609. – C. Pérès, *Les données à caractère personnel et la mort. Observations relatives au projet de loi pour une République numérique* : *D.* 2016, 90.

(37) F. Bicheron, *La transmission à cause de mort des données personnelles ou la mort numérique* : *Mél. Grimaldi*, Defrénois, 2020, p. 81.

(38) Th. Lahalle, *La qualification juridique du corps humain*, thèse, Paris II, 2002. – Cl. Neyrinck, *Le corps humain : Dr. et ville* 2006, n° 61, p. 171. – D. Roman, « *À corps défendant* ». *La protection de l'individu contre lui-même* : *D.* 2007, chron. p. 1284.

(39) Pour des arguments *pro* et *contra*, É. U. Goût, *Sommes-nous propriétaires de notre corps ?* : *RTD civ.* 2020, 315. – N'étant pas objet de propriété, le corps humain n'est pas non plus « brevetable » (J.-Ch. Galloux, *La brevetabilité des éléments et des produits du corps humain, ou les obscurités d'une loi grand public* : *JCP* 1995, I, 3872). Cette solution a été confirmée dans son principe par la loi du 6 août 2004 qui énonce « qu'un élément isolé du corps humain ou autrement produit par un procédé technique y compris la séquence et la séquence partielle d'un gène, ne peut constituer une invention brevetable ».

(40) A. Montas, *Entre « être » et « avoir », le corps humain est-il vénal ?* : *RRJ* 2006, 2245. – T. Revet, *Le corps humain est-il une chose appropriée ?* : *RTD civ.* 2017, 587.

humaine a été reconnue comme un principe de valeur constitutionnelle[41] et la jurisprudence a eu à plusieurs reprises l'occasion d'en faire application[42].

En pratique, le problème se pose à propos des conventions relatives au corps humain[43]. Si on admet en principe que chacun est libre de disposer de lui-même, des éléments et des produits de son corps, cette liberté est étroitement encadrée : elle ne peut s'exercer que dans les limites de l'ordre public de protection que la loi a mis en place et du principe de l'indisponibilité du corps humain[44]. Afin de distinguer les conventions licites (et à quelles conditions) de celles qui ne le sont pas, il faut se référer aux divers textes et notamment aux lois « bioéthique » des 29 juillet 1994, 6 août 2004, 7 juillet 2011 qui sont venues confirmer ou compléter la jurisprudence en vigueur, étant précisé que ces dispositions sont en cours de révision.

Afin de faciliter l'appréhension de cette réglementation, on peut appliquer comme simple élément de raisonnement la distinction des actes d'administration et des actes de disposition qui relève du droit des biens.

A. – Les actes d'administration portant sur le corps humain

364. – Les actes de gestion normale. En principe, les actes d'administration, c'est-à-dire les conventions qui ne portent pas atteinte au capital, en l'occurrence au potentiel humain, sont licites sauf s'ils apparaissent contraires à l'ordre public. Cette solution, dégagée par la jurisprudence antérieurement à l'adoption des lois du 29 juillet 1994, reste valable. En effet, si le législateur a posé le principe d'inviolabilité du corps humain, il n'en est pas pour autant absolu.

Cela est évident pour le *contrat de travail* par lequel une personne met sa force de travail, physique ou intellectuelle, au service d'un employeur. Pareille convention ne serait entachée de nullité que si elle était perpétuelle ; en effet « on ne peut engager ses services qu'à temps, ou pour une entreprise déterminée » (C. civ., art. 1780), cependant que l'article 1210 du Code civil proclame que « les engagements perpétuels sont prohibés ». Peu importe que l'activité exercée présente des risques particuliers : l'armée, la police, les sports dangereux, le convoyage de fonds, etc. En revanche, même si la prostitution n'est pas réprimée pénalement[45], le « contrat de prostitution » ou tout autre du même genre serait nul comme contraire à l'ordre public.

(41) Cons. const. 27 juill. 1994 : *D.* 1995, jurispr. p. 237, note Mathieu.

(42) CE, 27 oct. 1995 : *D.* 1996, p. 177 (à propos du lancer de nains, exercice interdit au nom de l'ordre public comme contraire à la dignité de la personne). – Paris, 18 mai 1996 : *D.* 1996, p. 617, note B. Edelman (à propos d'une publication de Benetton portant atteinte à la dignité de l'homme). – V. aussi B. Mathieu, *La dignité de la personne humaine : quel droit ? quel titulaire ?* : *D.* 1996, chron. p. 282.

(43) L. Josserand, *La personne humaine dans le commerce juridique* : *D.* 1932, chron. p. 1. – Ph. Dubois, *Le physique de la personne*, thèse, Paris II, 1983. – B. Edelman, *L'homme aux cellules d'or* : *D.* 1989, chron. p. 225. – P. Rayroux, *Consentement, liberté de disposer de son corps et licéité des conventions relatives au corps humain*, thèse, Paris II, 1993. – Baud, *Le corps, personne par destination* : *Mél. Huet-Weiller*, LGDJ, 1994, p. 13. – Lenoir, *Le statut juridique du corps humain pour répondre à l'angoisse contemporaine* : *Mél. Braibant*, Dalloz, 1996, p. 413. – Ph. Malaurie, *Le respect de la vie en droit civil* : *Mél. Boyer*, PU Toulouse, 1996. – I. Moine, *Les choses hors commerce. Une approche de la personne humaine juridique*, LGDJ, 1997. – St. Prieur, *La disposition par l'individu de son corps*, thèse, Dijon, 1998. – M. Fabre-Magnan, *Le domaine de l'autonomie personnelle. Indisponibilité du corps humain et justice sociale* : D. 2008, chron. p. 31. – A. Quesne, *Le contrat portant sur le corps humain*, thèse, Caen, 2018.

(44) M.-X. Catto, *Le principe d'indisponibilité du corps humain*, LGDJ, 2018.

(45) Toutefois, la loi n° 2002-305 du 4 mars 2002 proclame en son article 13 que « la prostitution des mineurs est interdite sur tout le territoire de la République », et elle réprime pénalement le recours à la prostitution d'un mineur. Est également sanctionné le recours à la prostitution d'une personne présentant une particulière vulnérabilité (C. pén., art. 225-12-1 et s.).

365. – **Le contrat médical.** Est parfaitement licite le *contrat médical* par lequel on assure en quelque sorte l'entretien et la réparation du corps humain(46). L'atteinte ici portée à l'intégrité de la personne est justifiée par un intérêt thérapeutique, soit pour elle-même, soit à titre exceptionnel au bénéfice d'autrui, ainsi que le rappelle l'article 16-3 du Code civil(47) : « Il ne peut être porté atteinte à l'intégrité du corps humain qu'en cas de nécessité médicale pour la personne ou à titre exceptionnel dans l'intérêt thérapeutique d'autrui ». Encore faut-il recueillir préalablement le consentement de l'intéressé, hors le cas où son état rend nécessaire une intervention thérapeutique à laquelle il n'est pas à même de consentir(48). Ces conditions interdisent l'opération qui aurait pour seul fondement l'expérimentation médicale, ou même les convenances personnelles du patient. La jurisprudence, aujourd'hui confortée par la loi, ajoute cette précision importante que le consentement doit être parfaitement « libre et éclairé », c'est-à-dire que le praticien est tenu d'informer le patient des risques de son intervention, même si ces risques ne se réalisent qu'exceptionnellement(49) : « Aucun acte médical ni aucun traitement ne peut être pratiqué sans le consentement libre et éclairé de la personne et ce consentement peut être retiré à tout moment » (C. santé publ., art. L. 1111-4). De manière plus générale, l'article L. 1111-2 dispose que doivent être révélés au patient « les risques fréquents ou graves normalement prévisibles », même s'ils ne sont pas spécifiques à l'intervention considérée(50). À la suite d'un revirement, la jurisprudence décide désormais que cette obligation est une obligation légale dont la violation relève de la responsabilité délictuelle(51).

Le droit pour le patient de donner, lorsqu'il se trouve en état de l'exprimer, son consentement à un traitement médical revêt le caractère d'une liberté fondamentale(52). La jurisprudence a estimé que le médecin ne peut passer outre à un refus que dans le cas où l'acte médical est indispensable à la survie du patient et proportionné à son état(53).

(46) Le contrat médical doit désormais tenir compte de la loi n° 2002-303 du 4 mars 2002 relative au droit des malades et à la qualité du système de santé, telle que modifiée par la loi du 2 février 2016 (Y. Lambert-Faivre, *La loi n° 2002-303 du 4 mars 2002 relative aux droits des malades et à la qualité du service de santé, II. Les droits des malades, usagers du système de santé* : *D.* 2002, chron. p. 1291. – P. Mistretta, *La loi n° 2002-303 du 4 mars 2002 relative aux droits des malades et à la qualité du service de santé ; Réflexions critiques sur un Droit en pleine mutation* : *JCP* 2002, I, 141. – Y. Lambert-Faivre, *La responsabilité médicale : la loi du 30 décembre modifiant la loi du 4 mars 2002* : *D.* 2003, chron. p. 361). Dans son titre II intitulé « Démocratie sanitaire », la loi définit le droit fondamental à la protection de la santé de toute personne, et au respect de sa dignité. Elle précise ensuite les droits et responsabilités des usagers du système de santé, notamment les règles portant sur l'information et l'expression de la volonté des patients. Spécialement, la loi pose en règle que le malade « a le droit d'être informé sur son état de santé » (C. santé publ., art. L. 1111-2) et qu'il « prend, avec le professionnel de santé et compte tenu des informations et des préconisations qu'il lui fournit, les décisions concernant sa santé » (C. santé publ., art. L. 1111-4).

(47) D. Thouvenin, *Les avatars de l'article 16-3, al. 1, du Code civil* : *D.* 2000, chron. p. 485.

(48) A. Laude, *Le patient, nouvel acteur de santé ?* : *D.* 2007, chron. p. 1151.

(49) Cass. 1re civ., 7 oct. 1998 : *JCP* 1998, II, 10179, concl. J. Sainte-Rose, note P. Sargos ; *D.* 1999, p. 145, note St. Porchy. – CE, 5 janv. 2000 : *JCP* 2000, II, 10271, note J. Moreau. – F. Chabas, *L'obligation médicale d'information en danger* : *JCP* 2000, I, 212. – J.-F. Burgelin, *L'obligation d'informer le patient, expliquée aux médecins*, Rapp. C. cass. 1999, p. 71. – D. Dendoncker, *L'essor de l'obligation d'information médicale : Contrats, conc. consom.* 2001, chron. 9. En revanche, il ne saurait y avoir obligation d'information pour les risques imprévisibles : Cass. 1re civ., 18 déc. 2002 : *D.* 2003, inf. rap. p. 253.

(50) Cass. 1re civ., 8 avr. 2010, n° 08-21.058.

(51) G. Viney et P. Sargos, *Le devoir d'information du médecin* : *RDC* 2012, 1104. – F. Alt-Maes, *La réparation du défaut d'information médicale. Métamorphose et effets pervers* : *JCP* 2013, 547.

(52) A. Dorsner-Dolivet, *Le consentement au traitement médical : une liberté fondamentale en demi-teinte* : *RFDA* 2003, 528. – V. Edel, *Le refus de soins* : *LPA* 14 déc. 2007, p. 9.

(53) CE, 16 août 2002 : *JCP* 2002, II, 10184 et note P. Mistretta ; *D.* 2004, somm. p. 602, obs. J. Penneau. – TA Lille, 25 août 2002 : *JCP* 2003, II, 10098 et la note. – CA Aix-en-Provence, 21 déc. 2006 : *D.* 2007, 1848 et note F. Vialla ; *JCP* 2007, II, 10126 et note I. Corpart.

On peut toutefois se demander si cette jurisprudence n'est pas aujourd'hui devenue caduque alors notamment que, s'agissant des malades en fin de vie, la loi décide désormais que « le médecin doit respecter la volonté (de la personne) après l'avoir informée des conséquences de ses choix »[54]. Mais corrélativement, le médecin doit clairement informer son patient des conséquences résultant du refus des soins ou du traitement préconisé[55].

On admet également la validité du contrat relatif à la chirurgie esthétique[56], mais seulement si les « embellissements » envisagés ne présentent pas de risques sérieux ou si la nécessité curative apparaît au plan psychologique. Là encore pèse sur le praticien une obligation d'information des risques, y compris au plan esthétique.

Dans la même ligne, mais restant en deçà du contrat médical, ni le *tatouage* qui est une pratique très ancienne, ni le *piercing* ne sont réglementés par la loi. Chacun est libre de façonner son apparence physique comme il l'entend dès l'instant que l'atteinte au corps est tout à fait superficielle. En revanche, s'il en résulte un dommage pour le sujet, la question sera réglée par le juge en application des principes de la responsabilité civile.

Allant cette fois-ci au-delà du contrat médical, la loi du 20 décembre 1988 autorise les personnes à se prêter à des recherches biomédicales[57], soit dans leur propre intérêt thérapeutique, soit dans l'intérêt de la science. Toutefois cette permission est strictement encadrée ; elle suppose non seulement le consentement éclairé de la personne, mais la réunion de conditions particulières relatives notamment à la finalité et aux conditions de réalisation de l'expérimentation (C. santé publ., art. L. 1121-2). Cette loi a été modifiée par la loi n° 2012-300 du 5 mars 2012 qui établit des régimes différenciés pour les recherches impliquant la personne[58].

366. – **Les dons des produits du corps humain.** Les deux lois du 29 juillet 1994 réaffirment la licéité des conventions sur ce qu'en matière de biens on appellerait les fruits du corps humain, c'est-à-dire tout ce qui se renouvelle périodiquement, sans amputer le « capital ». Si la licéité de ces conventions est prévue de façon générale dans la loi relative au respect du corps humain, leur réglementation est précisée dans la seconde de ces deux lois, la loi n° 94-654 du 29 juillet 1994 relative au don et à l'utilisation des éléments et produits du corps humain, à l'assistance médicale à la procréation et au diagnostic prénatal. Cette loi, modifiée par la loi n° 2004-800 du 6 août 2004, est intégrée au Code de la santé publique aux articles L. 1211-1 et suivants sous un nouveau livre VI[59]. Le chapitre II de celle-ci est consacré aux « tissus,

(54) St. Hennette-Vaucher, *Kant contre Jéhovah ? Refus de soins et dignité de la personne humaine* : *D.* 2004, chron. p. 3154.

(55) Cass. 1re civ., 15 nov. 2005, *Bull.* n° 418, p. 350 ; *JCP* 2006, II, 10045 et note P. Mistretta.

(56) Les conditions d'exercice des activités de chirurgie esthétique sont désormais précisées par la loi n° 2002-303 du 4 mars 2002 relative aux droits des malades et à la qualité du système de santé.

(57) J. Borricand, *Commentaire de la loi n° 88-1138 du 20 décembre 1988 relative à la protection des personnes qui se prêtent à des recherches biomédicales* : *D.* 1989, chron. p. 167. – G. Viala et A. Viandier, *La loi du 20 décembre 1988 relative à la protection des personnes qui se prêtent à des recherches biomédicales* : *Gaz. Pal.* 7 oct. 1989. – G. Mémeteau, *De quelques droits sur l'homme : commentaire de la loi du 20 décembre 1988 relative à la protection des personnes qui se prêtent à des recherches biomédicales* : *D.* 1990, chron. p. 165. – S. Gromb, *Le droit de l'expérimentation sur l'homme, droit français, règles supranationales*, Litec, 1992. – A. Retault, *L'expérimentation sur le malade : soins ou recherche ? À propos de l'application de la loi Huriet en psychiatrie* : *RTD civ.* 1998, p. 57.

(58) C. Byck, *De la protection des personnes à la réglementation des recherches. À propos de la loi du 5 mars 2012* : *JCP* 2012, 308.

(59) Ces dispositions ont été complétées par un décret n° 95-904 du 4 août 1995 relatif aux produits du corps humain non soumis aux dispositions du Titre 1 du Livre VI du Code de la santé publique (*JCP* 1995, III, 67578).

cellules et produits » du corps humain[60], ce qui vise notamment le sang, la moelle, le sperme, etc. Il a été suggéré de voir dans ce don un contrat réel[61].

La loi distingue soigneusement entre les prélèvements effectués en vue de dons et ceux effectués à l'occasion d'une intervention médicale ; le régime de ces derniers relève de la catégorie des actes de disposition (V. *infra*, n° 370). Pour les premiers, ils sont reconnus comme étant licites si certaines conditions sont réunies[62] ; le donneur doit avoir donné préalablement à l'opération son consentement[63] (C. santé publ., art. L. 1211-2), qui est révocable à tout moment ; la convention ne doit pas prévoir de rémunération (C. santé publ., art. L. 1211-4) et l'anonymat du donneur doit être respecté[64] (C. santé publ., art. L. 1211-5). D'autre part est interdite la publicité en faveur d'un don d'éléments ou de produits du corps humain au profit d'une personne déterminée ou d'un établissement ou organisme déterminé (C. santé publ., art. L. 1211-3). Enfin, le prélèvement ne peut être effectué qu'à des fins thérapeutiques ou scientifiques.

Sont toutefois exclues de cette réglementation certaines conventions mineures, notamment la vente des cheveux qui répond à une vieille tradition et qui ne porte pas véritablement atteinte au corps humain.

367. – **Les dons des produits du corps humain : la procréation médicalement assistée (PMA). État du droit à la veille de la réforme.** L'article L. 2141-2, alinéa 1er du Code de la santé publique autorise l'insémination artificielle, spécialement en cas d'infertilité d'un couple : « L'assistance médicale à la procréation a pour objet de remédier à l'infertilité d'un couple ou d'éviter la transmission à l'enfant ou à un membre du couple d'une maladie d'une particulière gravité ». Mais il le réserve aux couples de sexe différent ainsi qu'en témoigne l'alinéa 2 : « L'homme et la femme formant le couple doivent être vivants, en âge de procréer et consentir préalablement au transfert des embryons ou à l'insémination ».

Pour tourner cette limitation, les couples de femmes n'ont eu qu'à faire du « tourisme procréatif », c'est-à-dire recourir à une insémination artificielle dans un pays étranger plus conciliant, notamment en Belgique. S'est immédiatement posé la question de savoir si l'enfant ainsi né pouvait faire l'objet d'une adoption plénière par l'autre conjoint du même sexe, ce que le législateur français avait implicitement exclu.

Saisi de la question au lendemain de la loi autorisant le mariage des couples de même sexe, le Conseil constitutionnel avait décidé qu'« il appartient aux juridictions compétentes d'empêcher, de priver d'effet et, le cas échéant, de réprimer de telles pratiques »[65]. En bref, ce serait là une fraude à la loi.

(60) Ch. André, *La cohérence de la notion de produit* : *RRJ* 2003, 751.
(61) G. Loiseau, *Le contrat de don d'éléments et produits du corps humain. Un autre regard sur les contrats réels* : *D.* 2014, 2252. – M.-X. Catto, *Le principe d'indisponibilité du corps humain, limite à l'usage économique du corps*, thèse, Paris X, 2015.
(62) P. Morin, *Procréation médicalement assistée et don d'organes* : *JCP* N 2004, 1222.
(63) F. Dreifuss-Netter, *Les donneurs vivants, ou la protection des personnes en situation de vulnérabilité* : *D.* 2005, chron. p. 1808.
(64) CE, 28 déc. 2017 : *RTD civ.* 2018, 86, obs. A.-M. Leroyer. V., en faveur d'un assouplissement de la règle de l'anonymat : V. Depadt-Sebag, *Le don de gamètes ou d'embryon dans les procréations médicalement assistées : d'un anonymat imposé à une transparence autorisée* : *D.* 2004, chron. p. 891. Et dans le projet de révision de la loi bioéthique : Ch. Byk, *La levée de l'anonymat du don de gamètes. Une mesure modeste et équilibrée* : *JCP* 2010, 1135. Cet anonymat est également écarté sous certaines conditions par la Convention EDH : CE, 28 déc. 2017 : *AJDA* 2018, 497.
(65) Cons. const., 17 mai 2013, n° 2013-669 DC : *D.* 2014, 954, obs. D. Autem. – J. Roux, *Vox clamantis in deserto. L'appel ignoré du Conseil constitutionnel à « priver d'effet » le recours illicite à la PMA et à la GPA* : *JCP* 2015, 483.

Mais un an plus tard, la Cour de cassation s'est prononcée en sens contraire par deux avis n°s 15010 et 15011 du 22 septembre 2014(66) : « Le recours à l'assistance médicale à la procréation, sous la forme d'une insémination artificielle avec donneur anonyme à l'étranger ne fait pas obstacle au prononcé de l'adoption par l'épouse de la mère de l'enfant né de cette procréation, dès lors que les conditions légales sont réunies et qu'elle est conforme à l'intérêt de l'enfant ». Ces avis, qui ne sont aucunement motivés, ne sont pas juridiquement contraignants, mais ils n'en sont pas moins d'un poids considérable(67) ; ils ont suscité des réactions doctrinales souvent défavorables(68). Depuis lors, le Comité consultatif national d'éthique s'est prononcé dans le même sens par un avis n° 126 du 27 juin 2017(69).

Par ailleurs, le Conseil d'État a récemment permis l'insémination *post mortem* en autorisant l'exportation en Espagne de gamètes du mari défunt de la requérante afin qu'elle puisse procéder dans ce pays à son insémination(70).

368. – **Le projet de réforme.** Le projet de loi sur la bioéthique prévoit l'extension de la PMA à toutes les femmes(71), soit célibataires, soit vivant en couple, et la possibilité pour l'enfant né du don d'avoir à sa majorité accès soit à des données non identifiantes (âge, caractéristiques physiques, etc.) soit même à l'identité du donneur si celui-ci a donné son consentement préalable au don(72). Sous cette réserve, les dons resteront anonymes. Ce projet a suscité de vives critiques(73) ; il est en cours d'examen devant le Parlement.

369. – **Les dons des produits du corps humain : la gestation pour autrui (GPA). État du droit à la veille de la réforme.** L'article 16-7 du Code civil consacre la condamnation jurisprudentielle des conventions de « mères porteuses »(74). Il y est clairement affirmé que « toute convention portant sur la procréation ou la gestation

(66) *D.* 2014, 2031, note A.-M. Leroyer ; *RTD civ.* 2014, 872, obs. J. Hauser. – Rappr. Ph. Reigné, note ss TGI Nanterre, 8 juill. 2014 : *D.* 2014, 1669.

(67) Avis déjà suivi par Versailles, 16 avr. 2015, 8 décisions : *JCP* 2015, p. 812 ; et par Limoges, 2 mars 2015 : *JCP* 2015, 513. – V. I. Gallmeister, *L'ouverture de l'assistance médicale à la procréation aux couples de femmes : quelles conséquences sur le droit de la filiation ? : D.* 2015, 1777.

(68) J. Hauser, *L'externalisation de la fabrique des enfants ? : JCP* 2014, 1004. – J. Mouly, *La délocalisation procréative » : fraude à la loi ou habileté permise ? : D.* 2014, 2419.

(69) CCNE, 15 juin 2017, avis n° 126 : *D.* 2017, 1365 ; *JCP* 2017, 927, obs. A.-M. Leroyer.

(70) CE, 31 mai 2016 : *D.* 2016, 1470, note H. Fulchiron, p. 1472, et B. Haftel, p. 1477 ; *RTD civ.* 2016, 578, note P. Deumier, p. 600, obs. J. Hauser ; p. 802, obs. J.-P. Marguénaud ; p. 834, obs. J. Hauser.

(71) M. Pichard, « *Toutes les femmes* » *? À propos de l'exclusion des femmes mariées de l'accès à la PMA avec tiers donneur : D.* 2019, 2143. – Ce mouvement politique de faveur étendra-t-il également un jour le bénéfice du dispositif à tous les hommes ?

(72) C. Brunetti-Pons (ss dir.), *Le « droit à l'enfant » et la filiation en France et dans le monde*, LexisNexis, 2018. – C. Neirinck, *Réforme de l'assistance médicale à la procréation : JCP* 2019, 351. – C. Pérès, *Lien biologique et filiation : quel avenir ? : D.* 2019, 1184. – A. Dionisi-Peyrusse, *Repenser la filiation au cas de l'ouverture de l'AMP à toutes les femmes : JCP* 2019, 748.

(73) R. Libchaber, *L'ouverture de l'assistance médicale à la procréation à toutes les femmes : D.* 2018, 1875.

(74) Aix, 1re ch., 29 avr. 1988 : *Gaz. Pal.* 1989, I, 44. – Cass. 1re civ., 13 déc. 1989 : *D.* 1990, p. 273, rapp. J. Massip. – Cass. ass. plén., 31 mai 1991 : *D.* 1991, p. 417, rapp. Y. Chartier, note D. Thouvenin ; *JCP* 1991, II, 21752, comm. J. Bernard, concl. H. Dontenwille, note F. Terré. – P. Kayser, *Les limites morales et juridiques de la procréation artificielle : D.* 1987, chron. p. 189. – J. Rubellin-Devichi, *Les procréations assistées : état des questions : RTD civ.* 1987, p. 457. – P. Raynaud, *L'enfant peut-il être l'objet de droit ? : D.* 1988, chron. p. 109. – A. Sériaux, *La procréation artificielle sans artifices ; illicéité et responsabilités : D.* 1988, chron. p. 201. – M.-Th. Meulders-Klein, *Le droit de l'enfant face au droit à l'enfant et les procréations médicalement assistées : RTD civ.* 1988, p. 645. – P. Kayser, *Documents sur l'embryon humain et la procréation médicalement assistée : D.* 1989, chron. p. 193. – J. Rubellin-Devichi, *Procréations assistées et stratégies en matière de filiation : JCP* 1991, I, 3505. – V. aussi *La vérité et le droit, in* Trav. assoc. H. Capitant, t. XXXVIII, 1987. – E. Hirsoux, *La volonté individuelle en matière de filiation*, thèse, Paris II, 1988. – M. Gobert, *Réflexions sur les sources du droit et les principes d'indisponibilité du corps humain et de l'état des personnes (à propos de la maternité de substitution) : RTD civ.* 1992, p. 489. – B. Chapleau, *Le délit d'entremise en vue de la maternité pour autrui : D.* 2015, 1775.

pour le compte d'autrui est nulle ». Pour tourner cette interdiction, les intéressés ont conclu des GPA avec des cocontractantes étrangères, là où la GPA est permise, ce qui a donné lieu à une jurisprudence quant au point de savoir si les « parents » ayant ainsi « commandé » un enfant (le père effectivement géniteur, et la mère d'intention) pouvaient faire transcrire sur les registres de l'état civil français les actes de naissance d'enfants issus d'une convention de mère porteuse conclue à l'étranger. Dans un premier temps, la jurisprudence s'est prononcée par la négative[75] et en a déduit qu'on ne saurait non plus adopter l'enfant né d'une « mère porteuse »[76].

La disposition de l'article 16-7 aurait donc dû mettre un terme au développement d'organisations qui proposaient à des couples stériles le recours à de telles pratiques[77]. Mais en doctrine le débat n'a jamais été clos[78], et le vent dominant était au renversement de la règle[79][80]. On observera à cet égard que la circulaire dite Taubira du 25 janvier 2013, qui va à l'encontre de l'article 16-7 du Code civil[81], a néanmoins été validée par un arrêt du Conseil d'État du 12 décembre 2014[82] au motif que le droit à la vie privée de l'enfant doit, pour l'attribution de la nationalité française, primer sur une éventuelle violation de l'interdiction de la gestation pour autrui.

Depuis lors, sont intervenus deux arrêts de la Cour européenne des droits de l'homme du 25 juin 2014[83], les arrêts *Mennesson* et *Labassée* qui condamnaient la France pour son refus de reconnaître la paternité, conforme à la vérité biologique, d'un enfant né à l'étranger d'une convention de gestation pour autrui, ce sur le fondement du droit au respect de la vie privée de l'enfant, et compte tenu de l'intérêt de cet enfant[84]. Un arrêt plus récent laissait toutefois une certaine latitude à l'État

---

(75) Cass. 1re civ., 17 déc. 2008 : *JCP* 2009, act. 10, obs. M. Brusorio-Aillaud ; *JCP* 2009, II, 10020, note A. Mircovic et note L. d'Avout ; *D.* 2009, p. 340 et note L. Brunet ; et p. 332, avis av. gén. D. Sarcellet. – Paris, 18 mars 2010 : *JCP* 2010, 498, note A. Mircovic ; *D.* 2010, p. 1210, obs. V. Ebea et p. 1683, note G. Geouffre de la Pradelle. – Cass. 1re civ., 6 avr. 2011, 3 arrêts : *JCP* 2011, 441, obs. F. Vialla et M. Reynier ; *D.* 2011, 1522, note D. Berthiau et L. Brunet.

(76) Cass. 1re civ., 9 déc. 2003 : *D.* 2004, 1998 et note E. Poisson-Drocourt.

(77) Cass. 1re civ., 13 déc. 1989, préc. – Cass. ass. plén., 31 mai 1991, préc. – Rennes, 4 juill. 2002 : *D.* 2002, 2902 et note F. Granet. – Cass. 1re civ., 13 sept. 2013, 2 arrêts : *JCP* 2013, 985, note A. Mircovoc ; *D.* 2013, 2170, obs. I. Gallmeister. – H. Fulchiron et C. Bidaud-Caron, *Dans les limbes du droit. À propos de la situation des enfants nés à l'étranger avec l'assistance d'une mère porteuse* : *D.* 2013, 2349, avis av. gén. C. Petit : *D.* 2013, 2377 ; et note M. Fabre-Magnan : *D.* 2013, 2384 ; *RTD civ.* 2013, 816, obs. J. Hauser. – Cass. 1re civ., 19 mars 2014 : *JCP* 2014, 380 ; *D.* 2014, 901, avis av. gén. J.-P. Jean et note H. Fulchiron et C. Bidaud-Garon ; *JCP* 2014, 613, note J. Heyman.

(78) H. Gaumont-Prat, *La révision des lois de bioéthique face à l'évolution des modes de procréation : la maternité pour autrui* : *Rev. Lamy dr. civ.* janv. 2008, p. 39. – M. Bandrac, G. Delaisi de Parseval et V. Depadt-Sebag, *Repenser la prohibition de la gestation pour autrui* : *D.* 2008, chron. p. 434. – R. Chendeb, *La convention de mère porteuse (réflexions sur les sources du droit et les principes d'indisponibilité du corps humain)* : *Defrénois* 2008, 1, 291, art. 38717. – Ch. Sauvat, *La fin annoncée de l'illicéité des conventions de mère porteuse ?* : *Rev. Lamy dr. civ.* mai 2008, p. 71.

(79) A. Mircovic, *La maternité pour autrui (rapport d'information de la commission des lois du Sénat n° 421, 25 juin 2008)* : *D.* 2008, chron. p. 1944. – Rép. min. n° 4887 : *JO* Sénat Q 28 août 2008 ; *D.* 2008, act. législ. p. 2136. – M.-C. Le Boursicot, *Vers la légalisation de la gestation pour autrui* : *RJPF* 2008, n° 9, 31. – H. Popu, *La gestation pour autrui bientôt autorisée* : *Defrénois* 2008, act. p. 2236. – A. Sériaux, *Maternités pour le compte d'autrui : la mainlevée de l'interdit ?* : *D.* 2009, p. 1215.

(80) En outre, suivant une opinion, l'article 16-7 ne viserait pas le cas où la « commande » est faite par son géniteur : M. Pichard, *La commande d'enfant par son géniteur (est-elle une hypothèse de gestation pour le compte d'autrui ?)* : *D.* 2017, 1143.

(81) J.-R. Binet, *Circulaire Taubira. Ne pas se plaindre des conséquences dont on chérit les causes* : *JCP* 2013, 161. – N. Mathey, *Circulaire Taubira. Entre illusions et contradictions* : *JCP* 2013, 162.

(82) CE, 12 déc. 2014, n° 367324 : *D.* 2014, 2523 ; *JCP* 2015, 32, note A. Gouttenoire ; *D.* 2015, 352, avis X. Domino, note H. Fulchiron et C. Bidaud-Garon ; *AJDA* 2015, 357, note J. Lepoutre ; *RTD civ.* 2015, 14, obs. J. Hauser.

(83) CEDH, 5e sect., 26 juin 2014, nos 2014-015212 et 2014-015214 : *JCP* 2014, 877, note A. Gouttenoire ; *D.* 2014, 1797, note F. Chénedé, et 1806, note L. d'Avout ; *RTD civ.* 2014, 616, obs. J. Hauser et 835, obs. J.-P. Marguénaud.

(84) M. Fabre-Magnan, *Les trois niveaux d'appréciation de l'intérêt de l'enfant. À propos de la gestation pour autrui* : *D.* 2015, 224.

concerné si l'intérêt de l'enfant ne paraît pas en jeu[85], mais la Cour européenne des droits de l'homme a continué à condamner la France[86]. Il restait à déterminer si et comment la France devait agir pour se mettre en conformité avec ces arrêts de la Cour européenne des droits de l'homme[87] ; ce ne pouvait être que par le biais d'un réexamen par la Cour de cassation[88]. Dans le cadre de ce réexamen, la Cour de cassation a saisi la Cour européenne d'une demande d'avis quant au point de savoir quelle était la marge d'appréciation des États quant à la transcription des actes de naissance désignant la mère d'intention indépendamment de toute réalité biologique[89]. Dans son avis du 10 avril 2019[90], la Cour EDH a considéré que les États n'avaient pas l'obligation de procéder à la transcription de l'acte de naissance, mais que la mère d'intention pouvait établir le lien de filiation par tout mode de son droit national, et notamment par l'adoption ; elle a confirmé sa position dans des décisions du 19 novembre 2019[91] et du 16 juillet 2020[92], retenant la conventionnalité du refus de transcription pourvu que l'adoption permette la reconnaissance du lien de filiation avec la mère d'intention.

Entre-temps, par deux arrêts de l'assemblée plénière du 3 juillet 2015, la Cour de cassation avait déjà, dans le droit fil des arrêts de la Cour européenne, ordonné la transcription dans les registres de l'état civil français d'actes de naissance établis en Russie à la suite d'une convention de GPA[93], du moins en ce qu'ils désignaient le père biologique, mais pas la mère d'intention[94]. Mais certaines voix s'y opposaient, dénonçant un sophisme[95]. En parallèle, la cour décidait que le recours à la GPA ne faisait pas obstacle à ce que l'époux du père demande l'adoption simple de l'enfant[96], mais elle a refusé en revanche l'adoption plénière par la concubine de la mère[97].

À la suite de l'avis de la Cour EDH, dans la fameuse affaire *Mennesson*, la Cour de cassation a finalement choisi, au nom de l'intérêt de l'enfant, de transcrire l'acte

(85) CEDH, 27 janv. 2015, n° 25358/12, *Paradiso et Campanelli c/ Italie* : *JCP* 2015, 194 ; *RTD civ.* 2015, 325, obs. J.-P. Marguénaud.
(86) CEDH, 5e sect., 21 juill. 2016, nos 9063/14 et 10410/14 : *D.* 2016, 1648, obs. F. Sudre ; *D.* 2016, 2152 ; *RTD civ.* 2016, 819, obs. J. Hauser.
(87) H. Fulchiron et C. Bidaud-Garon, *Ne punissez pas les enfants des fautes de leurs pères* : *D.* 2014, 1773. – E. Supiot, *Conventions de mères porteuses : inexécutoires mais effectives* : *RDC* 2018, 97.
(88) Cass. réexamen, 16 févr. 2018 : *JCP* 2018, 344, note A. Gouttenoire ; *D.* 2018, 825, note J. Guillaumé.
(89) Cass. ass. plén., 5 oct. 2018 : *JCP* 2018, 1190, note A. Gouttenoire et F. Sudre ; *D.* 2019, 228, note P. Deumier et H. Fulchiron ; *RTD civ.* 2018, 847, obs. J.-P. Marguénaud. – Cass. 1re civ., 20 mars 2019 : *D.* 2019, 585.
(90) CEDH, Gde ch., avis, 10 avr. 2019 : *D.* 2019, 759 ; *JCP* 2019, 430, obs. F. Sudre. – H. Fulchiron, *Premier avis de la Cour EDH : un dialogue exemplaire ?* : *D.* 2019, 1084 ; *RTD civ.* 2019, 286, note J.-P. Marguénaud et p. 307, note A.-M. Leroyer.
(91) CEDH, 19 nov. 2019, nos 1462/18 et 17348/18 : *JCP* 2020, 107, note A. Gouttenoire et F. Sudre.
(92) CEDH, 16 juill. 2020, n° 11288/18 : *JCP* 2020, 976, note F. Sudre.
(93) Cass. ass. plén., 3 juill. 2015, 2 arrêts : *D.* 2015, 1438, obs. I. Gallmeister ; et 1819, note H. Fulchiron et C. Bideau-Caron ; *JCP* 2015, 965, note A. Gouttenoire ; *RTD civ.* 2015, 581, obs. J. Hauser ; *RDC* 2015, 349, F. Bellivier. – F. Chénedé, *L'établissement de la filiation des enfants nés de GPA à l'étranger. Liberté et responsabilité de l'assemblée plénière de la Cour de cassation* : *D.* 2015, 1172. – D. Sindres, *Brèves remarques sur les arrêts d'assemblée plénière du 3 juillet 2015, ouvrant la voie à la reconnaissance en France de la GPA* : *D.* 2015, 1773. – A. Chaigneau, *Pour un droit du lien. Le débat sur la gestation pour autrui comme catalyseur d'un droit de la filiation renouvelé* : *RTD civ.* 2016, 263. – CEDH, 19 janv. 2017, n° 44024/13, *Laborie c/ France* : *JCP* N 2017, 190.
(94) Cass. 1re civ., 14 mars 2018 : *RTD civ.* 2018, 377, obs. A.-M. Leroyer.
(95) Y. Lequette, *Réflexions sur une préface et un compte-rendu* : *Mél. B. Ancel*, LGDJ, 2018, p. 1133. – M.-A. Frison-Roche, *Sophisme juridique et GPA* : *D.* 2016, 85. – M.-A. Frison-Roche, *L'impossibilité de réguler l'illicite : la convention de maternité de substitution* : *D.* 2014, 2184. V. aussi P. Salvage-Gerest et J. Peyre, *La France face à la GPA : cachez ce ventre que je ne saurais voir* : *D.* 2018, 359.
(96) Cass. 1re civ., 5 juill. 2017 : *D.* 2017, 1737 et note H. Fulchiron ; *JCP* 2017, 984, note A. Gouttenoire.
(97) Cass. 1re civ., 28 févr. 2018 : *D.* 2018, 509.

de naissance étranger dans sa totalité, y compris à l'égard de sa mère d'intention qualifiée de mère légale[98]. Et par deux arrêts du 18 décembre 2019, la Cour de cassation a censuré des décisions qui avaient refusé la transcription intégrale des actes de naissance d'enfants nés par GPA à l'étranger, dépassant les exigences exprimées la même année par la Cour européenne[99].

Corrélativement, le Conseil d'État a décidé de laisser rentrer sur le territoire un enfant né en Arménie, quand bien même sa naissance résulterait d'une convention de GPA[100]. Puis la Cour de cassation a ouvert la voie à une adoption plénière, par l'époux du père, de l'enfant né d'une GPA régulière à l'étranger[101].

En revanche, s'agissant d'une GPA pratiquée en France, en violation de l'article 16-7 du Code civil, la jurisprudence écarte toute régularisation.

Par ailleurs, on relèvera que le Conseil de l'Europe écarte la gestation pour autrui, fût-elle altruiste[102]. Et, plus récemment, la Cour européenne des droits de l'homme a fait droit à la demande de l'Italie d'éloignement d'un enfant né par GPA dans un cas où il n'avait aucun lien biologique avec le père destinataire[103].

B. – Les actes de disposition portant sur le corps humain

370. – Le principe et ses applications classiques. Il s'agit ici d'actes singulièrement plus graves puisqu'ils portent sur l'aliénation de tout ou partie du corps humain. Le principe, posé par le législateur, de *l'inviolabilité* du corps humain subit ici encore des dérogations. Le régime de celles-ci s'avère différent selon qu'une telle aliénation s'exécute pendant la vie du disposant ou après sa mort.

Pendant la vie, la règle est la nullité des conventions portant aliénation. Est interdit à ce titre le contrat de travail perpétuel qui confine à l'esclavage (C. civ., art. 1210, al. 1 nouveau).

Sont de même interdites les mutilations volontaires. Les exemples varient suivant les époques. Jadis, il s'agissait d'échapper au service militaire. Aujourd'hui se pose le problème de la stérilisation volontaire : si la contraception est permise, en revanche la stérilisation par des procédés irréversibles pourrait tomber sous le coup de la prohibition de l'article 16-3 du Code civil, donc sauf en cas de « nécessité médicale pour la personne ou à titre exceptionnel dans l'intérêt thérapeutique d'autrui »[104]. Parallèlement la loi a été amenée à réglementer l'avortement, qui était précédemment une infraction pénale[105]. Plus récemment la question s'est posée pour les opérations tendant à réaliser un changement de sexe qui, naguère interdites, sont aujourd'hui admises.

---

(98) Cass. ass. plén., 4 oct. 2019 : *D.* 2019, 1887 ; *JCP* 2019, 1044. – J. Guillaumé, *La saga Mennesson ; les premières fois : D.* 2019, 2001. – G. Loiseau, *La gestation pour autrui et le syndrome de la loi imparfaite* : *D.* 2019, Éditorial 36.

(99) Cass. 1re civ., 18 déc. 2019, nos 18-12.327 et 18-11.815, *Bull.* : *JCP* 2020, 107, obs. crit. A. Gouttenoire et F. Sudre.

(100) CE, réf., 3 août 2016, n° 401924 : *D.* 2016, 1700, obs. P. Le Maigat.

(101) Cass. 1re civ., 4 nov. 2020, n° 19-15.739, *Bull.* et n° 19-50.042, *Bull.*

(102) *JCP* N 2016, 439.

(103) CEDH, Gde ch., 24 janv. 2017, n° 25358/12, *Paradiso et Campanelli c/ Italie* : *JCP* 2017, 323, note H. Fulchiron. – F. Chénedé, *Petite leçon de « réalisme juridique ». À propos de l'affaire Paradiso et Campanelli c/ Italie* : *D.* 2017, 663 ; *D.* 2017, 897, note L. de Saint-Pern. – J.-P. Marguénaud, *Variations européennes sur le thème de la gestation pour autrui* : *RTD civ.* 2017, 335. – S. Paricard, *Vers un droit spécial de la filiation ?* : *D.* 2018, 75.

(104) Cass., avis, 6 juill. 1998, *Bull.* n° 10. – V. G. Mémeteau, *Remarques sur la stérilisation non thérapeutique après les lois bioéthiques* : *JCP* 1995, I, 3828.

(105) D. Roman, *L'avortement, un droit qui n'a toujours pas de nom* : *JCP* 2021, 245.

Dans un ordre d'idées différent, le suicide n'est pas une infraction pénale, ce qui, en cas d'échec, interdit de poursuivre la tentative de suicide ou la complicité de suicide(106).

371. – **Suite : l'euthanasie.** Beaucoup plus délicate est la question de l'euthanasie(107). Pratiquée par un tiers en dehors du consentement du malade, elle est considérée comme un homicide volontaire ; mais si c'est le malade qui demande d'abréger ses souffrances, les opinions sont très partagées(108). À cet égard, la Cour européenne des droits de l'homme a considéré qu'il n'était pas possible de déduire de l'article 2 de la Convention – qui édicte un droit à la vie – un droit à mourir, que ce soit de la main d'un tiers ou avec l'assistance d'une autorité publique(109). Mais parallèlement elle esquisse, à la charge des États, une « obligation positive » de prendre les mesures nécessaires permettant un suicide digne(110).

Il s'agit là finalement d'une question d'éthique(111). Elle était jusqu'ici réglée par la loi n° 2005-370 du 22 avril 2005, mais seulement en ce qui concerne les malades en fin de vie(112). Cette loi a été modifiée par la loi n° 2016-87 du 2 février 2016 – complétée par divers textes d'application(113) – dont les dispositions ont été insérées aux articles L. 1110-5 et suivants du Code de la santé publique(114). Le principe est que « toute personne a le droit d'avoir une fin de vie digne et accompagnée du meilleur apaisement possible de la souffrance » (C. santé publ., art. L. 1110-5, al. 2) ; à cet égard la volonté du patient est un élément déterminant(115).

D'une part, comme précédemment il est posé en règle que les soins ne doivent pas être mis en œuvre ou poursuivis s'ils résultent d'une « obstination déraisonnable ».

(106) F. Terré, *Du suicide en droit civil : Mél. A. Weill*, Dalloz, 1983, p. 523.

(107) Ph. Malaurie, *Euthanasie et droits de l'homme : quelle liberté pour le malade ? : Defrénois* 2002, art. 37598. – A. Cheynet de Beaupré, *Vivre et laisser mourir : D.* 2003, chron. p. 2980. – Ch. Byk, *L'euthanasie en droit français : RID comp.* 2006, p. 657. – V., en droit américain, Ch.-H. Baron, *De Quinlan à Schiavo : le droit à la mort et le droit à la vie en droit américain : RTD civ.* 2004, 673. – H. Croze, *Euthanasie et devoir de vivre : JCP* 2008, act. 299. – A. Prothais, *Notre droit pénal permet plus qu'il n'interdit en matière d'euthanasie : JCP* 2011, 536.

(108) Sur la position exacte de l'euthanasie au regard du droit pénal, V. A. Prothais, *Accompagnement de la fin de vie et droit pénal : JCP* 2004, I, 130.

(109) CEDH, 29 avr. 2002, req. n° 2346/02, *Mme X c/ Royaume-Uni : JCP* 2003, II, 10062 et note C. Girault. – V. Ph. Malaurie, *Euthanasie et droits de l'homme : quelle liberté pour le malade ?* (à propos de CEDH, 29 avr. 2002, *Diana Pretty c/ Royaume-Uni, et de High Court of Justice, Family Division*, 22 mars 2002) : *Defrénois* 2002, 1, 1131, art. 37598.

(110) CEDH, 20 janv. 2011, n° 31322/07, *Haas c/ Suisse : D.* 2011, p. 377 et p. 925, note E. Martinent, M. Reynier et F. Viala ; *RTD civ.* 2011, 311, obs. J.-P. Marguénaud. – CEDH, 5e sect., 19 juill. 2012, n° 497/09, *Koch c/ Allemagne.*

(111) V. CCNE, avis 1er juill. 2013 : *D.* 2013, 1690.

(112) L. n° 2005-370, 22 avr. 2005 relative aux droits des malades et à la fin de vie : *JO* 23 avr. 2005, p. 7089 ; *D.* 2005, législ. 1214 ; *JCP* 2005, III, 20012. – D. n° 2006-119 et n° 2006-120, 6 févr. 2006 : *JO* 7 févr. 2006, p. 1973 et 1974. – J. Pradel, *La Parque assistée par le Droit. Apports de la loi du 22 avril 2005 relative aux droits des malades et à la fin de vie : D.* 2005, chron. p. 2106. – D. Bailleul, *Le droit de mourir au nom de la dignité humaine. À propos de la loi relative aux malades et à la fin de vie : JCP* 2005, I, 142. – Y.-M. Doublet, *La loi du 22 avril 2005 relative aux droits des malades et à la fin de la vie : LPA* 23 juin 2005, p. 6. – Ph. Malaurie, *Commentaire de la loi n° 2005-370 du 22 avril 2005 relative aux droits des malades et à la fin de vie : Defrénois* 2005, 1, 1385, art. 38228. – E. Garaud, *La question de l'euthanasie traitée à droit presque constant par la loi sur la fin de vie : Rev. Lamy dr. civ.* oct. 2005, p. 41. – A.-M. Leroyer, *Loi n° 2005-370 du 22 avril 2005 relative aux droits des malades et à la fin de vie, Commentaire : RTD civ.* 2005, 645. – F. Alt-Maes, *La loi sur la fin de vie devant le droit pénal : JCP* 2006, I, 119. – G. Raoul-Cormeil, *Les « directives anticipées » sur la fin de vie médicalisée : Rev. Lamy dr. civ.* sept. 2006, p. 57. – M. Nicod, *La personne en fin de vie dans la législation française*, in *Le droit de la santé : aspects nouveaux*, Trav. Assoc. H. Capitant, t. LIX, 2012, p. 781.

(113) J.-P. Vauthier, *Fin de vie : les précisions réglementaires : JCP* 2016, 929. – F. Vialla, *Penser sa mort ? À propos des décrets du 3 août 2016 : D.* 2016, 1869. – L. Fermaud, *Les droits des personnes en fin de vie : AJDA* 2016, 2143.

(114) F. Vialla, *Bientôt une nouvelle loi relative à la fin de vie : D.* 2013, 259. – P. Mistretta, *De l'art de légiférer avec tact et mesure. À propos de la loi n° 2016-87 du 2 février 2016 : JCP* 2016, 240.

(115) Pour le cas où le patient ne peut manifester sa volonté, V. M. Grosset, *Étude sur les directives anticipées et la personne de confiance : le rôle du tiers dans l'expression de la volonté du sujet empêché : D.* 2019, 1947.

Ces soins – y compris la nutrition et l'hydratation artificielles – peuvent, conformément à la volonté du patient[116], « être suspendus ou ne pas être entrepris » « lorsqu'ils apparaissent inutiles, disproportionnés ou lorsqu'ils n'ont d'autre effet que le seul maintien artificiel de la vie » (C. santé publ., art. L. 1110-5-1)[117]. En pareil cas le médecin ne lui administrera plus que les soins palliatifs visés à l'article L. 1110-10 du Code de la santé publique afin de sauvegarder « la dignité du mourant » et lui assurer « la qualité de sa vie ».

D'autre part, afin « d'éviter toute souffrance et de ne pas subir d'obstination déraisonnable », le patient peut demander que soit mise en œuvre « une sédation profonde et continue provoquant une altération de la conscience maintenue jusqu'au décès, associée à une analgésie », et ce dans deux hypothèses :

– « lorsque le patient atteint d'une affection grave et incurable et dont le pronostic vital est engagé à court terme présente une souffrance réfractaire aux traitements ;

– lorsque la décision du patient atteint d'une affection grave et incurable d'arrêter un traitement engage son pronostic vital à court terme et est susceptible d'entraîner une souffrance insupportable ».

Enfin, si le patient ne peut pas exprimer sa volonté et si, au titre de l'obstination déraisonnable, le médecin arrête le traitement de maintien en vie, il mettra en œuvre la sédation profonde associée à une analgésie (C. santé publ., art. L. 1110-5-2)[118].

C'est dire que, dans les hypothèses visées ci-dessus, la loi consacre la validité de l'euthanasie assistée[119].

Sous l'empire de la loi antérieure, la question de l'euthanasie s'est notamment posée dans l'affaire *Vincent Lambert* (jeune homme tétraplégique en état végétatif depuis 2008) qui opposait ses parents qui demandaient à le garder en vie, et sa femme qui demandait de mettre fin à son alimentation et hydratation artificielles. Le Conseil d'État, par un arrêt d'assemblée du 24 juin 2014, a décidé que la poursuite des traitements administrés à Vincent Lambert constituait une obstination déraisonnable au sens de l'article L. 1110-5 ancien du Code de la santé publique[120]. Mais l'affaire n'en était pas pour autant terminée, les parents ayant saisi la Cour européenne des droits de l'homme[121] ; et finalement cette dernière a validé l'arrêt du traitement en le jugeant conforme à l'article 2 de la Convention EDH[122]. Néanmoins la procédure, animée par une famille déchirée[123], s'est poursuivie devant le

(116) Ou, si le patient est hors d'état d'exprimer sa volonté, à l'issue d'une procédure collégiale définie par voie réglementaire.

(117) S'agissant des mineurs, V. A. Gogos-Gintrand, *La décision d'arrêt des traitements pour les mineurs : D.* 2018, 80.

(118) Disposition jugée conforme à la Constitution : Cons. const., 2 févr. 2017, n° 2017-632 QPC : *D.* 2017, 1194, obs. F. Vialla ; *JCP* 2017, 801, note B. Mathieu. – A. Battrut, *Avis de mort imminente d'un proche par lettre recommandée... : D.* 2017, 1307. – A. Gogos-Gintrand, *La décision d'arrêt des traitements pour les majeurs protégés : D.* 2018, 81. – V. aussi CE, 6 déc. 2017, n° 403944 : *AJDA* 2018, 578.

(119) Sur la constitutionnalité de ces dispositions, V. Cons. const., 2 juin 2017, n° 2017-632 QPC : *JCP* 2017, 801.

(120) CE, ass., 24 juin 2014, n° 375081 : *D.* 2014, 1856, note D. Vigneau ; *AJDA* 2014, 1669, note D. Truchet.

(121) J.-C. Galloux et H. Gaumont-Prat : *D.* 2015, 759.

(122) CEDH, 5 juin 2015, req. n° 46043/14, *Lambert et a. c/ France : JCP* 2015, 805, note F. Sudre ; *D.* 2015, 1625, note F. Vialla. – V. M. Guerrini, *L'office du juge et le rôle de la loi face à la mort. De quelques réflexions consécutives à l'affaire Vincent Lambert : RRJ* 2014-4, p. 1653. – V. dans le même sens CEDH, 25 janv. 2018, n° 1828/18 : *D.* 2018, 245, obs. F. Vialla ; *JCP* 2018, 217, note F. Vialla ; *AJDA* 2018, 580, note X. Bioy.

(123) TA Châlons-en-Champagne, 31 janv. 2019 : *JCP* 2019, 349, note F. Vialla. – CE, 25 mars 2019, n° 427184. – CE, ord., 24 avr. 2019 : *D.* 2019, 943 ; *JCP* 2019, 544, note F. Vialla et S. Dugne ; *D.* 2019, 1144 et note C. Castaing.

Comité international des droits des personnes handicapées de l'ONU, et ce jusqu'au décès consécutif à l'arrêt de l'alimentation et de l'hydratation artificielles[124].

En revanche, la loi ne règle pas le cas des personnes ne remplissant pas les conditions visées aux articles L. 1110-5 et suivants du Code de la santé publique, notamment des personnes gravement handicapées qui demanderaient à leur médecin ou à leurs proches de les aider à mettre fin à leur vie qu'ils considèrent comme un calvaire. Ici, l'euthanasie assistée est interdite.

372. – **Les prélèvements d'organes.** Les prélèvements d'organes en vue de greffes, qui avaient suscité une importante controverse, ont été autorisés et réglementés par la loi n° 76-119 du 22 décembre 1976. Ces dispositions ont été reprises pour l'essentiel et complétées par les lois « bioéthique » des 29 juillet 1994 et 6 août 2004. Comme par le passé, on distingue suivant que le prélèvement est fait sur une personne vivante ou sur un cadavre.

Ainsi, le prélèvement d'organe sur une *personne vivante*[125] ne peut avoir qu'une *finalité thérapeutique* et un lien de filiation doit exister entre le donneur et le receveur ; mais la loi du 6 août 2004 a largement ouvert les dérogations, le donneur pouvant être non seulement le conjoint du receveur mais aussi ses frères ou sœurs, ses fils ou filles, grands-parents, oncles ou tantes, cousins germains, etc. (C. santé publ., art. L. 1231-1). On retrouve ici des exigences communes au don de tissus, cellules et produits du corps humain quant au consentement, à l'absence de rémunération et à l'interdiction de publicité. Par ailleurs, aucun prélèvement d'organe ne peut avoir lieu sur une personne mineure ou majeure protégée (C. santé publ., art. L. 1231-2) sauf dans l'hypothèse d'un prélèvement de moelle osseuse au profit du frère ou de la sœur du mineur (C. santé publ., art. L. 1241-3).

Sur une *personne décédée*, le prélèvement d'organe ne peut être effectué qu'à des *fins thérapeutiques ou scientifiques*. Ce prélèvement ne peut être réalisé qu'en l'absence de refus émis de son vivant par la personne décédée, mais sans qu'il soit nécessaire de consulter ses proches[126] (C. santé publ., art. L. 1232-1). Ces dispositions du Code de la santé publique restent en cela fidèles à la réglementation antérieure, le consentement du donneur décédé étant présumé sauf preuve contraire. La règle favorise de toute évidence la faculté pour les hôpitaux habilités de procéder à de tels prélèvements sur les cadavres. En revanche, lorsque la personne décédée était mineure ou majeure protégée, le consentement exprès par écrit de chacun des titulaires de l'autorité parentale est nécessaire. Enfin toutes ces opérations ne peuvent être réalisées que dans des établissements de santé autorisés à cet effet par l'autorité administrative.

Par suite de l'évolution particulièrement rapide de la science, on s'est également demandé s'il fallait consacrer le clonage thérapeutique[127], autoriser les recherches sur

(124) P. Deumier, *L'affaire Lambert ou ce que les cas difficiles font aux décisions de justice* : *RTD civ.* 2019, 543.
(125) J. Saison, *Le donneur vivant* : *AJDA* 2015, 563.
(126) D. n° 2016-1118, 11 août 2016, relatif aux modalités d'expression du refus de prélèvement d'organes après le décès. V. not. C. santé publ., art. R. 1232-4-4 et s. – J.-R. Binet, *Refus du prélèvement d'organes* post mortem : *comment l'exprimer ?* : *JCP* N 2016, 1307.
(127) M. Delmas-Marty, *Faut-il interdire le clonage humain ?* : *D.* 2003, chron. p. 2517. – B. Mathieu, *Le refus du clonage reproductif ou les faiblesses d'une éthique de l'émotion* : *JCP* 2003, act. p. 217.

l'embryon[128] et, plus généralement, si le corps ne devait pas faire l'objet d'une protection génétique[129]. La loi du 6 août 2004 y a répondu en interdisant le clonage tant thérapeutique que reproductif[130]. L'interdiction du clonage reproductif a été inscrite dans l'article 16-4 du Code civil : « Est interdite toute intervention ayant pour but de faire naître un enfant génétiquement identique à une autre personne vivante ou décédée ».

De même, et à la suite de la loi de 2004, la loi du 7 juillet 2011 avait réaffirmé le principe d'interdiction des recherches sur l'embryon et les cellules souches embryonnaires. Toutefois, tenant compte de la possibilité que de telles recherches conduisent à des progrès médicaux majeurs, la loi avait prévu une dérogation dans des conditions très encadrées (C. santé publ., art. L. 2151-5, al. 3 ancien)[131]. Cette interdiction, sauf dérogation, a finalement été remplacée par un régime d'autorisation sous certaines conditions et à des finalités médicales (C. santé publ., art. L. 2151-5 nouveau dû à une loi du 26 janvier 2016).

À cette occasion, on rappellera que la Cour de justice de l'Union européenne admet que l'utilisation d'embryons humains à des fins thérapeutiques ou de diagnostic puisse faire l'objet d'un brevet, cependant que leur utilisation à des fins de recherche scientifique n'est pas brevetable[132].

Enfin il restera à définir comment le droit doit traiter la possibilité d'« imprimer » en trois dimensions les éléments ou organes du corps humain à partir de cellules souches[133].

§ 2. – Le droit de la personne au respect de son corps

373. – **Chacun a droit au respect de son corps.** Cette proclamation de l'article 16-1 du Code civil s'adresse aux tiers qui doivent impérativement s'abstenir de tout acte susceptible de porter atteinte au corps d'autrui.

En revanche, elle ne concerne pas les cocontractants qui auraient au préalable recueilli le consentement de la personne, par exemple pour le contrat médical,

(128) F. Dreyfus-Netter, *Premières vues sur le décret n° 99-925 du 2 novembre 1999 relatif à l'accueil de l'embryon et modifiant le Code de la santé publique : D.* 1999, act. 42. – G. Fauré, *L'accueil de l'embryon. Décret n° 99-925 du 2 novembre 1999 : JCP* 1999, act. p. 2233. – B. Mathieu, *La recherche sur l'embryon au regard des droits fondamentaux constitutionnels : D.* 1999, chron. p. 451. – M. Herzog-Evans, *Homme, homme juridique et humanité de l'embryon : RTD civ.* 2000, p. 65. – R. Martin, *Les premiers jours de l'embryon. À propos du projet de loi relatif à la bioéthique : JCP* 2002, II, 115. – N. Le Douarin, et C. Puigelier, *L'expérimentation à partir de cellules souches embryonnaires humaines : JCP* 2002, I, 127. – D. Bakouche, *Le transfert d'embryons* post mortem : *Mél. M. Gobert*, Economica, 2004, p. 153. La loi de 1994 décidait que « la conception *in vitro* d'embryons humains à des fins d'étude, de recherche ou d'expérimentation est interdite. Toute expérimentation sur l'embryon est interdite ».

(129) J.-Ch. Galloux, *Les enjeux d'une déclaration universelle sur la protection du génome humain : D.* 1996, chron. p. 141 ; *Observations sur quelques problèmes juridiques posés par la protection du génome humain : Gaz. Pal.* 1997, 1, 287. – I. Zulian, *Le gène saisi par le droit. La qualification de chose humaine*, PUAM, 2010.

(130) A. Dorsner-Dolivet, *De l'interdiction du clonage à la réification de l'être humain. Loi n° 2004-800 du 6 août 2004 : JCP* 2004, I, 172.

(131) D. Vigneau, *Les dispositions de la loi « bioéthique » du 7 juillet 2011 relatives à l'embryon et au fœtus humain : D.* 2011, 2224.

(132) CJUE, Gde ch., 18 oct. 2011, aff. C-34/10. – CJUE, Gde ch., 18 déc. 2014, aff. C-364/13 : *JCP* 2015, 135 ; *RTD civ.* 2015, 97, obs. J. Hauser, qui élargit le champ de la brevetabilité. V. aussi CEDH, Gde ch., 27 août 2015, n° 46470/11 *Parrillo c/ Italie : RDC* 2016, 111, note F. Bellivier et C. Noiville.

(133) F. Defferrard, *L'impression tridimensionnelle et le corps humain : D.* 2014, 1400.

le don du sang, etc. ; de telles conventions sont valables, sous les conditions que nous avons vues plus haut.

Le droit de chacun au respect de son corps peut être opposé aussi bien à l'État et aux organismes publics qu'aux simples particuliers.

374. – **Respect dû par l'État et les organismes publics.** La loi et la jurisprudence établissent un équilibre entre le respect de l'intégrité physique de la personne et les pouvoirs de l'État dans le domaine répressif ou sanitaire.

Dans l'exercice de ses *pouvoirs répressifs*, l'État se voit reconnaître certaines prérogatives de nature à porter atteinte à la personne. Mais la loi veille à ce que ces atteintes soient limitées à ce qui est nécessaire. Ainsi, dans la recherche des infractions, le pouvoir peut mettre une personne en *garde à vue* pendant un délai très limité, ou encore lui imposer une prise de sang en cas de conduite en état alcoolique ou relever ses empreintes génétiques en cas de condamnation définitive pour certaines infractions contre les mœurs(134). Est en revanche prohibée l'utilisation du « sérum de vérité » et, *a fortiori*, de toute méthode plus ou moins coercitive pour faire avouer un individu soupçonné d'avoir commis une infraction. Cela dit, de nombreuses condamnations se traduisent par des peines privatives de liberté, qui sont des atteintes à la personne justifiées par l'intérêt de la société.

Dans l'exercice de ses *pouvoirs sanitaires*, l'État est autorisé à prendre certaines mesures qui constituent des atteintes légères à l'intégrité physique : par exemple, les vaccinations obligatoires(135). En revanche, ni l'auteur responsable d'un accident, ni son assureur, ni la Sécurité sociale ne pourraient obliger la victime à subir telle opération de nature à améliorer son état ou à diminuer son invalidité(136) ; cette solution se trouve aujourd'hui expressément confirmée par l'article 16-3 du Code civil qui oblige à recueillir le consentement préalable de l'intéressé(137).

375. – **Respect dû par les particuliers.** Le principe est celui d'un respect absolu : nul ne peut, sous quelque prétexte que ce soit, porter atteinte à l'intégrité corporelle d'autrui.

La règle est assortie de *sanctions pénales*. Celui qui y contreviendrait commettrait l'infraction d'assassinat, ou d'homicide, ou de coups et blessures, etc. Que l'infraction soit ou non constituée, l'auteur d'un dommage à la personne engagera sa responsabilité civile et pourra être condamné à réparer le préjudice par des dommages-intérêts.

La généralité de la règle est telle qu'elle s'applique même aux médecins, sauf s'il y a tout à la fois nécessité curative et consentement éclairé du patient(138). La jurisprudence

(134) Il n'est pas matériellement possible de contraindre l'auteur de l'infraction à se soumettre au prélèvement, mais son refus constitue une infraction pénale (CPP, art. 706-56). – V. C. Ambroise-Casterot, *Les prélèvements corporels et la preuve pénale : Mél. P. Julien*, Edilaix, 2003.

(135) CE, 6 mai 2019, n° 419242 : *AJDA* 2019, 964, obs. E. Maupin.

(136) On avait jadis hésité sur le point de savoir si le refus de l'opération pouvait se traduire par une diminution des dommages-intérêts : Cass. crim., 3 juill. 1969 : *JCP* 1970, II, 16447 et obs. R. Savatier. – Cass. crim., 30 oct. 1974 : *D.* 1975, p. 178, note R. Savatier ; *JCP* 1975, II, 18038. obs. L. Mougeron et P.-J. Doll. – TGI Paris, 13 mai 1981 : *JCP* 1982, II, 19887, obs. F. Chabas.

(137) Suivant la formule d'un arrêt, « nul ne peut être contraint, hors les cas prévus par la loi, de subir une intervention chirurgicale » (Cass. 2e civ., 19 mars 1997, *Bull.* n° 86 ; *RTD civ.* 1997, p. 632, obs. J. Hauser et p. 675, obs. P. Jourdain). – Cass. 2e civ., 19 juin 2003, *Bull.* n° 203, p. 171 ; *D.* 2003, 2326, 1re esp. et note J.-P. Chazal ; *JCP* 2003, II, 10170 et note C. Castets-Renard ; *LPA* 17 oct. 2003, p. 16 et note S. Reifegerste.

(138) Un arrêt a néanmoins considéré que ne commettait pas une faute le médecin qui, passant outre la volonté du patient, pratique une transfusion sanguine sur un témoin de Jéhovah, lorsque le pronostic vital est en jeu et qu'il

en avait jadis déduit que si, au cours d'une opération bénigne, le chirurgien découvre une tumeur dont l'ablation pourrait avoir des conséquences graves, il doit surseoir à cette ablation pour prévenir le malade, sauf urgence ou nécessité absolue[139]. Désormais l'article 16-3 prévoit une exception et permet aux autorités médicales d'intervenir sans le consentement du patient dans le cas où « son état rend nécessaire une intervention thérapeutique à laquelle il n'est pas à même de consentir »[140].

La loi fait cependant échec à la règle dans certains cas particuliers, notamment en matière de filiation où l'expertise biologique est de droit[141], lorsqu'elle prévoit qu'une personne pourra demander un examen comparatif des sangs de l'enfant et des parents prétendus pour réfuter une filiation ou contribuer à son établissement. En pareil cas, le défendeur ne peut pas être contraint physiquement à subir une prise de sang[142], mais le juge pourra tirer de ce refus les conséquences qui lui paraissent équitables[143].

Dans un ordre d'idées voisin, la loi prévoit la possibilité de procéder à des investigations de nature génétique en vue soit de l'identification d'une personne par l'étude de ses empreintes génétiques, soit de test médical ou scientifique (C. civ., art. 16-10 et s.). Cependant, les conditions d'une telle étude sont très limitées.

Le principe est posé par l'article 16-10 : « L'examen des caractéristiques génétiques d'une personne ne peut être entrepris qu'à des fins médicales ou de recherche scientifique ». Pareil examen nécessite l'accord exprès et préalable de l'intéressé qui doit être informé de sa finalité.

Lorsque la mesure tend à l'identification d'une personne, elle doit s'opérer « dans le cadre d'une mesure d'enquête ou d'instruction diligentée lors d'une procédure judiciaire », ou « à des fins médicales ou de recherche scientifique », ou encore « aux fins d'établir, lorsqu'elle est inconnue, l'identité de personnes décédées » (C. civ., art. 16-11). Au civil, elle doit être liée à des actions concernant la filiation, et le consentement préalable de la personne est exigé ; il s'ensuit que, « sauf accord exprès de la personne manifesté de son vivant, aucune identification par empreintes génétiques ne peut être réalisée après sa mort »[144] (C. civ., art. 16-11). On peut toutefois se demander si cette disposition ne va pas à l'encontre de l'article 8 de la Convention européenne des droits de l'homme[145].

n'y a pas d'alternative thérapeutique (CAA Paris, 9 juin 1998 : *D.* 1999, p. 277, note G. Pellissier). V. plus récemment CE, 16 août 2002 : *JCP* 2002, II, 10184 et note P. Mistretta ; *D.* 2004, somm. p. 602, obs. J. Penneau. – TA Lille, 25 août 2002 : *JCP* 2003, II, 10098 et la note. – A. Dorsner-Dolivet, *Le consentement au traitement médical : une liberté fondamentale en demi-teinte : RFDA* 2003, 528. V. toutefois *supra*, n° 364.

(139) Cass. 1re civ., 27 oct. 1953 : *JCP* 1953, II, 7891. – Rouen, 17 déc. 1970 : *D.* 1971, p. 152, note R. Savatier.

(140) A. Dorsner-Dolivet, *Le consentement au traitement médical : une liberté fondamentale en demi-teinte : RFDA* 2003, 528.

(141) Elle est de droit sauf s'il existe un motif légitime de ne pas y procéder (Cass. 1re civ., 28 mars 2000, n° 98-12.806, *Bull.* n° 103 : *D.* 2000, p. 731, note Garé ; *JCP* 2000, II, 10409, concl. Petit, note Monsallier-Saint-Mleux), par ex. l'impossibilité de localiser le père prétendu (Cass. 1re civ., 2 déc. 2020, n° 19-21.850, *Bull.*).

(142) Paris, 24 nov. 1981 : *D.* 1982, p. 355, note J. Massip.

(143) Cass. 1re civ., 6 mars 1996 : *D.* 1996, p. 529, note Lemouland ; *RTD civ.* 1996, p. 373, obs. J. Hauser.

(144) Cette règle, due à la loi du 6 août 2004, a été jugée immédiatement applicable aux situations en cours : Cass. 1re civ., 2 avr. 2008 : *D.* 2008, act. jurispr. p. 1145 ; *JCP* 2008, II, 10132 et note J.-R. Binet ; *D.* 2008, p. 2121 et note V. Bonnet.

(145) La Cour européenne a en effet jugé que le refus opposé à un requérant d'autoriser une expertise ADN *post mortem* constituait, au regard de l'intérêt prépondérant de celui-ci à connaître son ascendance, une violation de l'article 8 de la Convention, le respect de la vie privée du défunt ne pouvant être atteint par un prélèvement *post mortem* (CEDH, 13 juill. 2006, n° 58757/00, *Jäggi c/ Suisse : RTD civ.* 2006, 727, obs. J.-P. Marguénaud ; *ibid.* 2007, 99, obs. J. Hauser).

Aucune précision n'est donnée lorsque l'étude s'effectue dans le cadre d'une procédure pénale. On ne saurait donc dire si, en pareil cas, le juge doit ou non recueillir le consentement de la personne suspectée lorsqu'il souhaite confronter ses empreintes génétiques à celles qu'on a pu établir de l'auteur de l'infraction (à partir par exemple des traces de sperme prélevées sur la victime d'un viol). Si l'identification est effectuée à des fins médicales ou de recherche scientifique, le consentement exprès de la personne doit être recueilli par écrit préalablement et cette personne doit avoir été informée de sa nature et de sa finalité.

La législation sur l'interruption volontaire de grossesse (IVG) dans certaines circonstances ou conditions (L. 17 janv. 1975 et 31 déc. 1979) constitue aussi une exception remarquable au principe du respect de l'intégrité physique dans la mesure où la vie commence à la conception.

Enfin, ce principe subit tout naturellement des limites en matière sportive lorsque le jeu lui-même suppose un engagement physique de nature à faire courir certains risques aux joueurs : par exemple, on ne peut boxer sans donner de coups de poing à son adversaire. Encore faut-il respecter les règles du jeu pour prétendre bénéficier de l'immunité[146].

SOUS-SECTION 2

LES DROITS RELATIFS À L'ASPECT MORAL DE LA PERSONNE

376. – Les droits de la personnalité[147]. La nécessité de la protection de la personnalité est inscrite dans de nombreuses dispositions de valeur internationale. Elle figure dans la Déclaration universelle des droits de l'homme (art. 12) : « Nul ne sera l'objet d'immixtions arbitraires dans sa vie privée, sa famille, son domicile ou sa correspondance, ni d'atteintes à son honneur et à sa réputation ». On la retrouve sous une forme plus ramassée dans la Convention européenne des droits de l'homme (art. 8.1) : « Toute personne a droit au respect de sa vie privée et familiale, de son domicile et de sa correspondance », ce qui peut s'appliquer aux personnes morales[148].

Le droit positif français consacre également cette protection dans des lois diverses ou dans la jurisprudence, sans qu'il y ait un texte d'ensemble et de synthèse. Aussi est-il bien difficile de dresser une liste exhaustive des droits de la personnalité.

Outre le droit à l'intégrité corporelle (V. *supra*, n°s 361 et s.) et le droit au nom (V. *supra*, n° 342), on y fait entrer le droit au respect de la vie privée et à l'image, le droit au respect de la présomption d'innocence, à l'inviolabilité du domicile, au secret, à l'honneur, et aussi le droit moral de l'auteur sur son œuvre. On les examinera successivement.

(146) J. Honorat, *La répression des atteintes à l'intégrité corporelle consécutives à l'exercice des sports* : *D.* 1969, chron. p. 207.
(147) E.-H. Perreau, *Des droits de la personnalité* : *RTD civ.* 1909, p. 501. – R. Nerson, *Les droits extra-patrimoniaux*, thèse, Lyon, 1939. – A. Decocq, *Essai d'une théorie générale des droits sur la personne*, LGDJ, 1960. – P. Kayser, *Les droits de la personnalité. Aspects théoriques et pratiques* : *RTD civ.* 1971, 445. – R. Lindon, *Les droits de la personnalité*, Dalloz, 1974.
(148) Pour une application, V. CJUE, Gde ch., 17 oct. 2017 : *D.* 2018, 276, note F. Jault-Seseke.

§ 1. – Le droit à l'image et au respect de la vie privée

377. - **Unité ou dualité ?** Avant même que la loi du 17 juillet 1970 n'introduise dans l'article 9 du Code civil le droit au respect de la vie privée, une abondante jurisprudence l'avait consacré, de même que le droit à l'image. Ainsi chacun a le droit de s'opposer à la divulgation, notamment par les *médias*, d'éléments de sa vie privée et à la reproduction de son image sans son autorisation[149].

Classiquement, on se pose la question de savoir si le droit à l'image n'est qu'un aspect du droit au respect de la vie privée ou un droit spécifique. La réponse ne peut qu'être nuancée : en effet, si le plus souvent la publication de l'image constitue une violation du respect de la vie privée – et sanctionnée comme telle – ce n'est pas toujours le cas ; dans l'hypothèse d'une publication abusive mais sans atteinte à la vie privée, on appliquera les règles de droit commun pour faire cesser le trouble ou pour le réparer. On en déduit généralement qu'il y a un droit spécifique à l'image[150], et cela explique que la plupart des ouvrages en traitent séparément. D'un autre côté, le droit à l'image se distingue du droit au respect de la vie privée en ce qu'il comporte parfois une composante patrimoniale, même si cette composante n'est pas clairement reconnue par la jurisprudence[151].

Ces deux questions sont cependant tellement imbriquées l'une dans l'autre qu'on en traitera en même temps. Une étude commune se justifie d'autant plus que l'intérêt de distinguer entre les deux – qui se situait pour l'essentiel au plan de la saisie – a disparu depuis que la saisie est devenue possible en dehors d'une atteinte à la vie privée.

Dans les deux cas, il s'agit d'un conflit entre le droit à l'information revendiqué par les *médias* et le respect de la vie privée auquel chacun a droit[152]. C'est ce conflit que le juge est invité à arbitrer lorsqu'une personne se plaint d'une atteinte à sa vie privée et/ou de la publication de son image. Il y a là un délicat équilibre à trouver dans l'exercice de deux droits qui sont l'un et l'autre reconnus par la Convention européenne des droits de l'homme[153].

> « Attendu que les droits au respect de la vie privée et à la liberté d'expression, revêtant, eu égard aux articles 8 et 10 de la Convention européenne et 9 du

(149) A. Bertrand, *Droit à la vie privée et droit à l'image*, Litec, 1999. – J.-Cl. Soyer, *L'avenir de la vie privée (face aux effets pervers du progrès et de la vertu…) : Mél. Terré*, Dalloz, 1999, p. 343.

(150) V. en ce sens Th. Hassler, *La liberté de l'image et la jurisprudence récente de la Cour de cassation : D.* 2004, chron. p. 1611.

(151) G. Loiseau, *La crise existentielle du droit patrimonial à l'image : D.* 2010, p. 450.

(152) D. Becourt, J.-P. Ancel, G. Levasseur et a., *La protection de la personne face aux médias : Gaz. Pal.* 2-6 sept. 1994. – X. Agostinelli, *Le droit à l'information face à la protection civile de la vie privée*, PUAM, 1994. – Ch. Bigot, *Protection des droits de la personnalité et liberté de l'information : D.* 1998, chron. p. 235. – E. Tois, *Internet et libertés, quelques repères*, Rapp. C. cass. 2001, p. 207. – J.-L. Soulier et S. Slee, *La protection des données à caractère personnel et de la vie privée dans le secteur des communications électroniques. Perspective française : RID comp.* 2002, 663. – N. Mallet-Poujol, *Le double langage du droit à l'information : D.* 2002, doctr. p. 2420. – A. Lepage, *Liberté et droits fondamentaux à l'épreuve de l'Internet. Droit de l'internaute. Liberté d'expression sur l'Internet. Responsabilité*, préf. X. Linant de Bellefonds, Litec, 2003. – M.-Th. Feydeau, *L'intimité de la personne : LPA* 1er juill. 2004, p. 39. – Pour une application, V. Cass. 1re civ., 23 avr. 2003 : *JCP* 2003, II, 10085 et note J. Ravanas.

(153) Le droit au respect de la vie privée a en outre été reconnu comme ayant, au moins implicitement, valeur constitutionnelle (Cons. const., 23 juill. 1999 : *D.* 2000, somm. p. 265, obs. L. Marino).

Code civil, une identique valeur normative, font ainsi devoir au juge saisi de rechercher leur équilibre et, le cas échéant, de privilégier la solution la plus protectrice de l'intérêt le plus légitime » (Cass. 1re civ., 9 juill. 2003 : *JCP* 2003, II, 10139).

Suivant la jurisprudence, les abus de la liberté d'expression – qui relèvent de la loi sur la presse et non de l'article 1240 (1382 ancien) du Code civil – peuvent néanmoins être réparés sur le fondement de l'article 9 du Code civil lorsqu'ils portent atteinte à la vie privée[(154)].

A. – Les bénéficiaires du droit

378. – **Généralité de la protection : chacun a droit au respect de sa vie privée.** Telle est la proclamation inscrite dans l'article 9. Toute personne se voit donc reconnaître le droit à l'image et au respect de la vie privée, « quels que soient son rang, sa naissance, sa fortune, ses fonctions présentes ou à venir »[(155)]. La loi ne fait donc aucune distinction selon la notoriété des personnes.

D'évidence, l'article 9 a été écrit pour des personnes physiques. Mais la question se pose de savoir si ses dispositions peuvent être étendues aux personnes morales, sociétés, associations, etc., dont on peut considérer qu'elles n'ont pas véritablement de vie privée ni d'image[(156)]. S'il n'est pas contestable que les personnes morales ont, au même titre que les personnes physiques, un domicile et donc un droit à l'inviolabilité de ce domicile, et de même un honneur à défendre, peuvent-elles revendiquer le bénéfice d'un droit au respect de la vie privée ?

En doctrine, les opinions sont partagées. Pour Kayser[(157)], les personnes morales disposent d'un « droit analogue au droit au respect de la vie privée. Si elles n'ont pas de vie privée, au sens propre du mot, elles ont une vie intérieure, distincte de leur activité externe, qui doit être respectée ». Mais d'autres auteurs sont hostiles à une telle assimilation[(158)].

La jurisprudence judiciaire est tout aussi partagée. Certains arrêts n'ont pas hésité à faire bénéficier les personnes morales de l'article 9[(159)] ; mais une telle extension est présentée comme subsidiaire, limitée au cas où l'atteinte portée à la personne morale n'est pas protégée par des règles spécifiques, notamment en matière de droit de la concurrence ou de secret des affaires, ou de contrefaçon. La Cour de cassation a récemment tranché le débat en décidant que « si les personnes morales disposent, notamment, d'un droit à la protection de leur nom, de leur domicile, de leurs correspondances et de leur réputation, seules les personnes physiques peuvent se prévaloir d'une atteinte à la vie privée au sens de l'article 9

(154) Cass. 2e civ., 10 mars 2004, *Bull.* n° 114, p. 94. – Cass. 1re civ., 27 sept. 2005, *Bull.* n° 348, p. 289. – Cass. 1re civ., 7 févr. 2006 : *JCP* 2006, II, 10041 et note G. Loiseau ; *D.* 2006, inf. rap. p. 605.
(155) Cass. 1re civ., 23 oct. 1990, *Bull.* n° 222.
(156) V. à propos de la photographie de cérémonies tribales dans l'île de Pentecôte, TGI Paris, 6 juin 1974 : *D.* 1975, p. 95, note R. Lindon. – TGI Paris, 20 déc. 1976 : *D.* 1978, p. 373, note E. Agostini.
(157) P. Kayser, *Les droits de la personnalité. Aspects théoriques et pratiques* : *RTD civ.* 1971, p. 445, n° 35.
(158) N. Mathey, *Recherche sur la personnalité morale en droit privé*, thèse, Paris II, 2001, n° 748. – F. Petit, *D. affaires* 1998, 826. – M. Houssin, *Critique de la reconnaissance du préjudice moral des personnes morales* : *D.* 2018, 366.
(159) Aix, 10 mai 2001 : *D.* 2002, somm. p. 2299, obs. A. Lepage.

du Code civil »[160]. En revanche, le Conseil d'État l'a admis mais sans faire référence à l'article 9[161].

S'agissant des personnes physiques, la protection de l'article 9 s'applique aussi bien aux personnalités publiques qu'aux « anonymes ». En revanche, suivant la jurisprudence, elle cesse à la mort de la personne : « le droit d'agir pour le respect de la vie privée et de l'image s'éteint au décès de la personne concernée seule titulaire de ce droit »[162].

379. – **Les personnes « anonymes ».** Les *simples anonymes* – au sens de monsieur ou madame « tout le monde » – ont au premier chef ce droit fondamental. À la vérité, les atteintes sont ici assez peu fréquentes – sauf peut-être sur Internet et les réseaux sociaux[163] – pour cette raison très simple que les informations sur les personnes non célèbres n'intéressent pas le grand public et ne suscitent donc pas l'intérêt des journaux à sensation, de la « presse people ». Néanmoins, cela arrive parfois lorsque soudain une personne se trouve projetée sous les feux de l'actualité à raison des aventures ou mésaventures qui lui sont arrivées[164]. La victime peut alors invoquer son droit au respect de la vie privée, ou son droit à l'image si celle-ci a été reproduite, sauf s'il s'agit d'une photographie d'une foule ou d'un événement public[165] auquel cas la publication trouverait un fait justificatif (V. *infra*, n° 389).

380. – **Les personnes célèbres.** Les *célébrités* intéressent infiniment plus les médias et certains journaux n'hésitent pas à jeter en pâture à leurs lecteurs les faits de leur vie privée et des photographies de caractère privé. La jurisprudence a eu maintes fois l'occasion de rappeler que, comme les autres, les personnes célèbres – les artistes, les hommes politiques, les grands de ce monde et les moins grands – ne perdent pas leur droit à l'image et au respect de leur vie privée, quelles que soient leurs tolérances passées à l'égard des médias[166]. Il en va *a fortiori* de même de leurs enfants, qui souvent n'ont quant à eux aucune notoriété particulière[167].

(160) Cass. 1re civ., 17 mars 2016 : *D.* 2016, 1116, note G. Loiseau. – Cass. 1re civ., 16 mai 2018 : *RTD civ.* 2018, 624, obs. D. Mazeaud.

(161) CE, 17 avr. 2013, req. n° 344924, *Min. Travail c/ Cabinet de la Taille* : *AJDA* 2013, 825, obs. C. Biget.

(162) Cass. 1re civ., 14 déc. 1999 : *D.* 2000, 372 et note B. Beignier ; *JCP* 2000, II, 10241 et concl. Petit ; *RTD civ.* 2000, 291, obs. J. Hauser. – Cass. 2e civ., 8 juill. 2004, *Bull.* n° 390, p. 329 ; *D.* 2004, inf. rap. p. 2088. – Cass. 1re civ., 15 févr. 2005 : *D.* 2005, inf. rap. p. 597 ; *JCP* 2005, IV, 1668. – J. Antippas, *L'intransmissibilité des droits de la personnalité et les conditions de l'action des proches pour s'opposer à la publication de l'image du défunt* : *Rev. Lamy dr. civ.* janv. 2011, p. 39.

(163) Pour une illustration, Cass. 1re civ., 17 févr. 2021, n° 19-24.780, *Bull.*

(164) Paris, 8 juin 1970 : *Gaz. Pal.* 1970, 2, 293 (aff. *Gabrielle Russier*). – Paris, 9 nov. 1979 : *D.* 1981, p. 109, note E. Abitbol, et Cass. 1re civ., 3 déc. 1980 : *D.* 1981, p. 221, note B. Edelman ; *JCP* 1982, II, 19742, 2e esp., obs. D. Becourt (aff. du *Pull-over rouge*). – TGI Paris, 21 oct. 1981 : *JCP* 1982, II, 19794, obs. F. Boulanger (aff. *Claustre*). – Paris, 11 juin 1986 : *D.* 1987, p. 107, note R. Lindon (aff. *Villemin*).

(165) Cass. 1re civ., 11 févr. 1970 : *D.* 1971, p. 409, note J.-F. P. ; *Gaz. Pal.* 1970, 1, 323, note P. Frémond (pour un professeur de dessin). – TGI Paris, 20 mars 1970 : *JCP* 1971, IV, 153 (pour un gardien de la paix). – T. corr. Paris, 18 mars 1971 : *JCP* 1971, II, 16875 et Nouméa, 13 sept. 1984 : *D.* 1985, p. 206, note E. Agostini (pour une image de plage et de seins nus). – TGI Paris, 27 févr. 1974 : *D.* 1974, p. 530, 1re esp., note R. Lindon (pour une prostituée sur son lieu de travail). – TGI Paris, 27 mars 1981 : *D.* 1981, p. 324 (pour une avocate). – Cass. 1re civ., 25 janv. 2000 : *JCP* 2000, II, 10257, concl. J. Sainte-Rose (pour un israélite barbu photographié par hasard dans un groupe lors d'une opération de police contre les milieux islamistes, photographie publiée dans un article intitulé *L'arsenal des barbus*).

(166) Paris, 16 févr. 1974 : *JCP* 1976, II, 18341, obs. R. Lindon. – Cass. 2e civ., 14 nov. 1975 : *D.* 1976, p. 421, note B. Edelman. – TGI Paris, 12 nov. 1976 : *D.* 1977, p. 233, note J.-P. Ancel ; *JCP* 1977, II, 18695, 1re esp., obs. R. Lindon. – Paris, 28 févr. 1989, 2 arrêts : *JCP* 1989, II, 21325, obs. E. Agostini. – Paris, 26 mars 1987 : *JCP* 1987, II, 20904, 1re esp., obs. E. Agostini.

(167) Cass. 2e civ., 25 nov. 2004, *Bull.* n° 506, p. 433 ; *D.* 2004, inf. rap. p. 3197.

Dans un premier arrêt *Von Hannover*, la Cour européenne des droits de l'homme décidait que toute personne, même connue du public, doit pouvoir bénéficier d'une « espérance légitime » de protection et de respect de sa vie privée(168) ; étant toutefois précisé que des éléments de la vie privée peuvent être divulgués, mais à la condition qu'ils entrent dans le cadre d'un « débat d'intérêt général ». En bref, il établissait un certain équilibre entre deux droits d'égale valeur, la liberté d'expression et le droit au respect de la vie privée. La principale difficulté tient ici à l'imbrication fréquente de la vie privée et de la vie publique chez les personnes célèbres.

L'équilibre ainsi trouvé par la Cour européenne penche désormais du côté de la liberté d'expression, d'abord dans un second arrêt *Von Hannover*(169), ensuite dans un arrêt *Hachette Filipacchi Associés* relatif à la diffusion par *Paris Match* d'informations et de photographies relatives à la paternité naturelle d'un prince(170). Contrairement à la Cour de cassation(171), la Grande chambre a ici considéré, à l'unanimité, que ce débat relevait de l'intérêt général, alors que l'enfant naturel n'avait aucune vocation à succéder un jour au prince, privilégiant le droit à l'information, c'est-à-dire finalement la curiosité du public(172).

Dans le même sens, la Cour de cassation a considéré que la révélation de l'orientation sexuelle d'un dirigeant d'un parti politique, souvent considéré comme homophobe, relevait d'un débat d'intérêt général(173).

B. – Objet de la protection

381. – Le respect de la vie privée(174). Le principe, jadis jurisprudentiel, est désormais posé par l'article 9 du Code civil : « Chacun a droit au respect de sa vie privée ». Toute personne, y compris les gens en vue, a droit à son jardin secret, à un domaine réservé, à une « sphère d'intimité » suivant la formule du doyen Carbonnier.

La difficulté est de délimiter la frontière de ce jardin secret ; à défaut de définition dans les textes, c'est à la jurisprudence qu'incombe la mission de déterminer ce qui relève de la vie privée, par opposition aux faits de la vie publique.

---

(168) CEDH, 24 juin 2004, *Von Hannover c/ Allemagne* : *JCP* 2004, I, 161, n° 8, obs. F. Sudre ; *RTD civ.* 2004, 802, obs. J.-P. Marguénaud.

(169) CEDH, Gde ch., 7 févr. 2012, *Von Hannover c/ Allemagne* : *D.* 2012, 1040, note J.-F. Renucci.

(170) CEDH, 12 juin 2014, *Hachette Filipacchi c/ France* : *AJDA* 2014, 1763, obs. L. Burgorgue-Larsen. – Et CEDH, Gde ch., 10 nov. 2015, *Hachette Filipacchi c/ France* : *D.* 2016, 116, note J.-F. Renucci.

(171) Cass. 1re civ., 27 févr. 2007 : *D.* 2007, 804, obs. C. Delaporte-Carré et 2771, obs. C. Bigot ; *RTD civ.* 2007, 309, obs. J. Hauser.

(172) V. aussi Cass. 1re civ., 21 mars 2018 : *RTD civ.* 2018, 362, obs. D. Mazeaud.

(173) Cass. 1re civ., 11 juill. 2018 : *D.* 2018, 1551.

(174) L. Martin, *Le secret de la vie privée* : *RTD civ.* 1959, p. 227. – R. Sarraute, *Le respect de la vie privée et la servitude de la gloire* : *Gaz. Pal.* 1966, 1, doctr. p. 12. – R. Badinter, *Le droit au respect de la vie privée* : *JCP* 1968, I, 2136. – R. Lindon, *La presse et la vie privée* : *JCP* 1965, I, 1887. – R. Lindon, *Vie privée : un triple « dérapage »* : *JCP* 1970, I, 2336. – R. Lindon, *Les dispositions de la loi du 17 juillet 1970 relatives à la protection de la vie privée* : *JCP* 1970, I, 2357. – J. Pradel, *Les dispositions de la loi n° 70-643 du 17 juillet 1970 sur la protection de la vie privée* : *D.* 1971, chron. p. III. – M. Contamine-Raynaud, *Le secret de la vie privée*, in *L'information en droit privé*, LGDJ, 1978, p. 410. – P. Kayser, *Aspects de la protection de la vie privée dans les sociétés industrielles* : *Mél. Marty*, PU Toulouse, 1978, p. 725. – P. Kayser, *La protection du secret de la vie privée*, Economica, PUAM, 1984. – P. Auvret, *La liberté d'expression du journaliste et le respect dû aux personnes*, thèse, Paris II, 1982. – A. Benet, *Analyse critique du « droit » au respect de la vie privée. Contribution à l'étude des libertés civiles*, thèse, Paris II, 1985. – Ch. Byck, *Le SIDA (Mesures de santé publique et protection des droits individuels)* : *JCP* 1991, I, 3541. – M.-TH. Meulders-Klein, *Vie privée, vie familiale et droits de l'homme* : *RID comp.* 1992, p. 767. – X. Agostinelli, *Le droit à l'information face à la protection civile de la vie privée*, Aix-en-Provence, 1994.

On s'accorde à considérer que relèvent de la vie privée : la vie chez soi, la vie familiale, la vie intime ou amoureuse, la pratique religieuse[175], la santé[176], les loisirs, etc. Cela dit, suivant un arrêt, si la révélation de faits de la vie privée relève de la protection de l'article 9, il n'en va plus de même lorsque ces faits sont devenus publics[177].

Telles sont les grandes lignes de la distinction, mais il appartient au juge de les adapter au cas par cas, suivant les circonstances de fait de l'espèce. La sphère de la vie privée ne doit donc pas être considérée comme définitivement figée[178].

La question s'est posée par exemple pour des révélations portant sur le patrimoine[179], la fortune ou les ressources de certaines personnalités ; la Cour de cassation considère que ces informations ne relèvent pas de la vie privée, dès lors qu'elles ne comportent aucune allusion à la vie et à la personnalité de l'intéressé[180] ; et de même si la révélation participe de l'actualité économique et sociale des faits collectifs dans lesquels elle s'insère, et du droit du public à être informé sur ceux-ci[181]. C'est ainsi que la présentation de la localisation et de la vue aérienne de la résidence secondaire du président du conseil d'administration d'un groupe laitier a été considérée comme relevant d'un débat public[182].

Mais, en sens inverse, la Cour de cassation a décidé que portait atteinte au droit au respect de la vie privée d'une personne la publication de la photographie de sa résidence avec mention de son nom et de la localisation précise[183] et, de manière plus générale, la révélation de son adresse[184] ou de la présentation interne des locaux constituant le cadre de son habitat[185].

(175) Cass. 1re civ., 6 mars 2001, *Bull.* n° 60, p. 39 ; *D.* 2002, p. 248, note C. Duvert.

(176) V. par ex. pour la santé du président Mitterrand, TGI Paris, 19 janv. 1996 : *JCP* 1996, II, 22589 et note E. Derieux. – Paris, 13 mars 1996 : *JCP* 1996, II, 22632 et note E. Derieux. – Paris, 27 mai 1997 : *JCP* 1997, II, 22894 et note E. Derieux. – Cass. 1re civ., 14 déc. 1999 : *JCP* 2000, II, 10241 et concl. C. Petit. La solution retenue par ces arrêts a été jugée contraire à l'article 10 de la Convention européenne des droits de l'homme : CEDH, 18 mai 2004, n° 58148/00, *Sté Plon c/ France* : *D.* 2004, 1838 et note A. Guedj, *Le grand secret.* – La loi n° 94-548 du 1er juillet 1994 est venue compléter les dispositions légales relatives au respect de la vie privée en matière de santé. Cette loi complète la loi du 6 janvier 1978 relative à l'informatique, aux fichiers et aux libertés par des dispositions spécifiques aux traitements automatisés des données nominatives ayant pour fin la recherche dans le domaine de la santé.

(177) Cass. 1re civ., 3 avr. 2002 : *D.* 2002, 3164 et note Ch. Bigot (rendu à propos d'un article relatif au divorce d'une princesse bien connue, l'arrêt précise « que la rupture du couple constituait, non plus une révélation sur la vie privée, mais la relation de faits publics »). – Cass. 2e civ., 3 juin 2004, *Bull.* n° 272, p. 231. – Comp. Cass. 1re civ., 17 févr. 2021, n° 19-24.780, *Bull.* : *JCP* 2021, 487, avis D. Legoherel et 488, note G. Loiseau.

(178) D. Le Franc, *L'auteur et la personne (libres propos sur les rapports entre le droit d'auteur et les droits de la personnalité)* : *D.* 2002, chron. p. 1926.

(179) J. Lasserre-Capdeville, *La protection des informations sur le patrimoine par l'article 9 du Code civil* : *Rev. Lamy dr. civ.* mai 2014, p. 31.

(180) V. TGI Marseille, 29 sept. 1982 : *D.* 1984, p. 64, note R. Lindon. – Cass. 1re civ., 31 mai 1988 : *JCP* 1988, IV, 279. – Paris, 23 janv. 1989 : *D.* 1989, p. 471, note R. Lindon. – Cass. 1re civ., 4 oct. 1989 : *JCP* 1989, IV, 388. – Cass. 1re civ., 28 mai 1991 : *JCP* 1992, II, 21845, obs. F. Ringel. – Cass. 1re civ., 20 oct. 1993 : *D.* 1994, p. 594, note Y. Picod, et sur renvoi, Versailles, 17 mai 1995 : *D.* 1996, p. 409, note J. Ravanas. – Cass. 1re civ., 30 mai 2000 : *JCP* 2001, II, 10525, note B. Montels. – V. égal. F. Deboissy et J.-C. Saint-Pau, *La divulgation d'une information patrimoniale (à propos de l'affaire Calvet)* : *D.* 2000, chron. p. 267. – J.-L. Vallens, *Publicité foncière et vie privée : les enjeux de l'informatisation* : *D.* 2000, chron. p. 375.

(181) Cass. 1re civ., 15 mai 2007, *Bull.* n° 191 ; *JCP* 2007, II, 10155 et note J. Lasserre-Capdeville ; *D.* 2007, 1603, obs. Delaporte-Carré ; *RTD civ.* 2007, 546, obs. J. Hauser.

(182) Cass. 1re civ., 10 oct. 2019 : *D.* 2019, 1991 ; *JCP* 2019, 1255, note F. de Korodi.

(183) Cass. 2e civ., 5 juin 2003, *Bull.* n° 175, p. 150 ; *D.* 2003, 2461 et note J. Dreyer ; *JCP* 2003, IV, 2344 ; *Defrénois* 2003, 1, 1577, art. 37845, n° 122, obs. J.-L. Aubert.

(184) Cass. 1re civ., 6 nov. 1990 : *D.* 1991, p. 353, note J. Prévault. – Cass. 1re civ., 19 mars 1991 : *D.* 1991, p. 568, note D. Velardocchio. – Cass. 1re civ., 30 juin 1992 : *D.* 1993, p. 421, note P. Guiho ; *JCP* 1993, II, 22001 et note X. Daverat.

(185) Cass. 1re civ., 7 nov. 2006, *Bull.* n° 466 ; *D.* 2007, 700 et note J.-M. Bruguière ; *AJDI* 2007, 299, obs. F. de la Vaissière.

Par ailleurs, la Cour de cassation a posé en principe qu'« est illicite toute immixtion dans la vie privée d'autrui »[186].

382. – *Quid* de la vie professionnelle ? S'agissant de la vie professionnelle, on a longtemps admis qu'elle échappait à la sphère de la vie privée. Mais cette position est aujourd'hui condamnée par la Cour européenne des droits de l'homme, pour laquelle « le respect de la vie privée englobe le droit pour l'individu de nouer et développer des relations avec ses semblables, et aucune raison de principe ne permet d'exclure les activités professionnelles ou commerciales de la notion de vie privée »[187]. Dans la même ligne, et se fondant sur l'article 8 de la Convention européenne des droits de l'homme et l'article 9 du Code civil, la chambre sociale de la Cour de cassation a étendu la vie privée au temps et au lieu de travail du salarié ; elle a ainsi décidé que « le salarié a droit, même au temps et au lieu de travail, au respect de l'intimité de sa vie privée », et notamment au respect des correspondances qu'il envoie ou reçoit sur l'ordinateur de service contrairement aux instructions de son employeur[188], ou encore à la confidentialité de son affiliation syndicale[189].

De son côté, dans un arrêt de section, la Cour européenne avait considéré que l'employeur avait le droit de surveiller les communications Internet de ses salariés pendant leur temps de travail[190], mais cette décision a été réformée par la Grande chambre ; celle-ci a décidé qu'il y avait violation du droit au respect de la vie privée et de la correspondance d'un salarié parce que les juridictions nationales n'avaient pas vérifié s'il avait été préalablement averti de la possibilité d'une surveillance de ses communications et ne s'étaient pas intéressées au point de savoir si l'employeur aurait pu mettre en œuvre des mesures moins intrusives[191]. Allant plus loin encore, la Cour EDH a décidé que des données clairement identifiées comme étant privées et stockées par un employé sur un ordinateur mis à sa disposition par son employeur pour l'accomplissement de ses fonctions sont susceptibles de relever de sa « vie privée »[192]. Dans le même esprit, la Cour européenne des droits de l'homme a décidé que l'enregistrement des conversations tenues par des détenus au parloir de la prison constitue une ingérence dans leur vie privée[193]. Et il en va de même de l'enregistrement, sans le consentement de leur auteur, des paroles prononcées à titre privé ou confidentiel[194].

Cependant, en fonction des circonstances de fait, d'autres décisions se prononcent en sens contraire. Ainsi, la Cour européenne des droits de l'homme a

(186) À propos du recours à un détective privé pour surveiller son ex-femme : Cass. 2e civ., 3 juin 2004, *Bull.* n° 273, p. 232 ; *D.* 2004, 2069 et note J. Ravanas.

(187) CEDH, 16 déc. 1992 : *D.* 1993, somm. p. 386, obs. J.-F. Renucci. – CEDH, 4 mai 2000 : *AJDA* 2000, p. 1012, obs. J.-F. Flauss ; *D.* 2001, somm. p. 1988, obs. A. Lepage. – V. aussi J. Ravanas, note ss Cass. 1re civ., 19 déc. 1995 : *D.* 1997, p. 158.

(188) Cass. soc., 2 oct. 2001 : *D.* 2001, p. 3148, note crit. P.-Y. Gautier.

(189) Cass. soc., 8 juill. 2009 : *D.* 2009, p. 2393 et note G. Loiseau. – J. Mouly, *La confidentialité de l'affiliation syndicale ou l'avènement, en droit interne, de la « vie privée professionnelle »* : *D.* 2010, p. 282.

(190) CEDH, 12 janv. 2016, n° 61496/08, *Barbulescu c/ Romania* : *JCP* 2016, 124, obs. D. Corrignan-Carsin.

(191) CEDH, Gde ch., 5 sept. 2017, n° 61496/08 : *JCP* 2017, 1169, note J.-P. Marguénaud et J. Mouly ; *D.* 2019, 158, obs. A. Aynès.

(192) CEDH, 5e sect., 22 févr. 2018, n° 588/13, *Libert c/ France* : *JCP* 2018, 433, note F. Marchadier ; *D.* 2018, 1291, note J.-P. Marguénaud et J. Mouly ; *D.* 2019, 159, obs. A. Aynès.

(193) CEDH, 2e sect., 20 déc. 2005 : *D.* 2006, p. 764 et note D. Roets.

(194) Cass. 1re civ., 6 oct. 2011 : *D.* 2011, 2771 et note E. Dreyer (à propos de l'affaire *Bettencourt*).

considéré que la mise sous surveillance secrète d'employées soupçonnées de vol était proportionnée et légitime, qu'il n'y avait donc pas violation du droit au respect de la vie privée et familiale de l'article 8 de la Convention[195].

Fait en revanche partie de la vie publique la vie dans les lieux publics, ou exposée au public.

383. – **Vie privée, données personnelles, informatique et Internet.** Les développements de l'informatique et du numérique entraînent inéluctablement un accroissement du risque d'atteinte au respect de la vie privée. Afin de limiter et contrôler ce risque, la loi du 6 janvier 1978 « relative à l'informatique, aux fichiers et aux libertés » a institué une Commission nationale de l'informatique et des libertés, la CNIL, dont le régime a été modifié par la loi du 6 août 2004[196], par l'ordonnance du 12 décembre 2018 et plus ponctuellement par la loi du 6 août 2019. La CNIL a notamment pour objet de veiller « à ce que les traitements de données à caractère personnel soient mis en œuvre conformément aux dispositions » de la loi, ce qui concerne tous les fichiers. La France doit par ailleurs se conformer aux exigences de l'article 8 de la Convention européenne des droits de l'homme qui protège également le respect de la vie privée. Et depuis le 31 octobre 2003, les États membres de l'Union européenne doivent se conformer aux dispositions de la directive n° 2002/58/CE relative à la vie privée et aux communications électroniques qui établit des normes en matière de protection de la vie privée et des données personnelles dans les communications électroniques. Des restrictions pourraient néanmoins y être apportées afin de permettre d'intercepter les communications électroniques relatives à la conception et à l'exécution d'actes de terrorisme.

Surtout, ces dispositions ont été complétées par le règlement (UE) n° 2016/679 du 27 avril 2016, dit « règlement général sur la protection des données personnelles » (RGPD), qui s'applique directement depuis le 25 mai 2018[197]. À la suite de ce texte, la loi informatique et libertés a été modifiée par la loi du 20 juin 2018. Elle a, depuis lors, été entièrement réécrite par l'ordonnance n° 2018-1125 du 12 décembre 2018 – entrée en vigueur le 1er juin 2019 – afin de lui donner une meilleure visibilité et une parfaite cohérence avec le droit européen[198].

En application de ces diverses dispositions, la Cour européenne des droits de l'homme a condamné la France pour avoir laissé pendant vingt ans dans un fichier de police la mention d'une plainte pour des faits de violence alors que l'affaire avait été classée sans suite, constatant, ce faisant, une atteinte disproportionnée au droit à la vie privée[199]. De même, elle a condamné la France en raison d'une durée excessive de conservation de données au sein du Fichier national des empreintes génétiques, s'agissant de délits mineurs[200].

(195) CEDH, Gde ch., 17 oct. 2019, n° 1874/13 : *D.* 2019, 2099.

(196) V. A. Maitrot de la Motte, *La réforme de la loi informatique et libertés et le droit au respect de la vie privée : AJDA* 2004, 2269.

(197) V. L. Marino, *Le règlement européen sur la protection des données personnelles : une révolution : JCP* 2016, 628. – N. Le Bonniec, *Vers une convergence des exigences constitutionnelles et européennes des données personnelles numériques ? : JCP* 2018, 655. – N. Lenoir, *Protection des données personnelles et responsabilités plurielles : JCP* 2018, 1059.

(198) *JCP* 2018, 1371.

(199) CEDH, 18 sept. 2014, n° 201010/10, *Brunet c/ France : JCP* 2014, 1090, note T. Fourrey. – I. Beynex, *Le traitement des données personnelles par les entreprises : big data et vie privée : JCP* 2015, 1260.

(200) CEDH, 22 juin 2017, req. n° 8806/12.

En revanche, le Conseil d'État a émis, le 30 mars 2016, un avis suivant lequel le fichier de traitement des antécédents judiciaires est conforme aux exigences de la Convention EDH(201).

Par ailleurs, la Cour de justice de l'Union européenne a consacré un droit à l'oubli numérique dans un arrêt condamnant Google(202).

Les atteintes à la vie privée commises sur Internet soulèvent des difficultés particulières quant au tribunal compétent et à la loi applicable(203).

Quant aux données personnelles, la notion recoupe partiellement celle de vie privée mais ne s'y réduit pas ; leur analyse oscille entre le droit des personnes et le droit des biens(204). La protection des données personnelles donne lieu à des questions fort nombreuses et déterminantes pour les libertés. Ainsi, l'obligation de conservation des données de connexion par les professionnels de l'Internet a donné lieu à une passe d'armes entre la Cour de justice de l'Union européenne, opposée à une conservation généralisée, et le Conseil d'État, qui s'y est montré favorable au nom de la lutte contre le terrorisme et la criminalité grave(205).

Et plus spécifiquement, le RGPD n'a pas fini de poser des difficultés d'interprétation, laquelle est de la compétence de la Cour de justice de l'Union européenne (V. *supra*, n° 150). Elle a par exemple jugé qu'une case cochée par défaut sur un site Internet ne répond pas aux exigences liées au consentement(206).

384. – **Le droit à l'image**(207). C'est le droit pour toute personne, y inclus les enfants(208), de s'opposer à la reproduction et à la publication de son image ; s'agissant d'un droit personnel, il ne peut être invoqué que par ceux dont l'image a été publiée(209). Il s'éteint en principe au décès de son titulaire et il ne se transmet pas à ses héritiers(210), ce qui n'interdit pas pour autant aux proches de s'opposer à

(201) CE, avis, 30 mars 2016, n° 395119 : *JCP* 2016, 630, note K. Blay-Grabarczyk.

(202) CJUE, Gde ch., 13 mai 2014, aff. C-131/12 : *D.* 2014, 1476, note V.-L. Benabou et J. Rochfeld, et 1481, note N. Martial-Braz et J. Rochfeld ; *JCP* 2014, 768, note L. Marino.

(203) T. Azzi, *Tribunal compétent et loi applicable en matière d'atteintes aux droits de la personnalité commises sur Internet : D.* 2012, 1279. – S. Bollée et B. Haftel, *Les nouveaux (dés)équilibres de la compétence internationale en matière de cyberdélits après l'arrêt eDateAdvertising et Martinez : D.* 2012, 1285. – T. Azzi, *Compétence juridictionnelle en matière de cyber-délits. L'incontestable déclin du critère de l'accessibilité : Rev. crit. DIP* 2020, 695.

(204) J. Rochfeld, *Contre l'hypothèse de la qualification des données personnelles comme des biens*, in *Les biens numériques*, ss dir. A. Chaigneau et E. Netter, PUF, 2015, p. 221. – M. Bernelin, *La patrimonialisation des données personnelles : entre représentation(s) et réalité(s) juridiques : JCP* 2019, 1172. – S. Vergnolle, *L'effectivité de la protection des personnes par le droit des données à caractère personnel*, thèse, Paris II, 2020, ss dir. J. Passa. – P. B. Hugenholtz, *Propriété des données : Mél. Vivant*, LexisNexis-Dalloz, 2020, p. 205. – Y. Poullet, *La « propriété » des données : Mél. Vivant*, Lexis-Nexis-Dalloz, 2020, p. 339.

(205) V. CJUE 6 oct. 2020, aff. C-511/18, *La Quadrature du Net et a.*, et CE, ass., 21 avr. 2021, n° 393099, *French Data Network et a. : D.* 2021, 797 – Comp., dans le sens de la CJUE, Cour constit. de Belgique, 22 avr. 2021, n° 57/2021 : *Dalloz actualité* 28 avr. 2021, obs. M.-C. de Montecler.

(206) CJUE, 1er oct. 2019, aff. C-673/17, *Planet49 GmbH*. – CJUE, 11 nov. 2020, aff. C-61/19, *Orange România SA*.

(207) P. Kayser, *Le droit dit « à l'image » : Mél. Roubier*, t. 2, Dalloz-Sirey, 1961, p. 73. – J. Stoufflet, *Les droits de la personne sur son image : JCP* 1957, I, 1374. – D. Becourt, *Le droit de la personne sur son image*, LGDJ, 1969. – B. Edelman, *Esquisse d'une théorie du sujet : l'homme et son image : D.* 1970, chron. p. 119. – J. Ravanas, *La protection des personnes contre la réalisation et la publication de leur image*, LGDJ, 1978. – E. Gaillard, *La double nature du droit à l'image et ses conséquences en droit positif français : D.* 1984, chron. p. 161. – D. Aquarone, *L'ambiguïté du droit à l'image : D.* 1985, chron. p. 129. – M. Serna, *L'image des personnes physiques et des biens*, Economica, 1997. – A. Bertrand, *Droit à la vie privée et droit à l'image*, Litec, 1999. – J. Ravanas, *Retour sur quelques images : D.* 2002, chron. p. 1502. – T. Hassler, *La liberté de l'image et la jurisprudence récente de la Cour de cassation : D.* 2004, chron. p. 1611. – J. Antippas, *Le droit de la personne sur son image et face à la liberté artistique : plaidoyer pour une résistance : RRJ* 2010, 735.

(208) J. Hauser, *L'enfant ou l'enfance ? Le droit à l'image : D.* 2010, chron. p. 214.

(209) Cass. 1re civ., 27 sept. 2005 : *Bull civ.* 2005, I, n° 348, p. 289.

(210) Cass. 1re civ., 14 déc. 1999 : *D.* 2000, p. 372 et note B. Beigner ; *Contrats, conc. consom.* 2000, comm. 39, obs. A. Lepage ; *RTD civ.* 2000, p. 291, obs. J. Hauser. – Cass. 1re civ., 15 févr. 2005 : *D.* 2005, p. 2644, obs. A. Lepage ; *RTD civ.* 2005, p. 363, obs. J. Hauser.

la reproduction de l'image de la personne disparue s'ils en éprouvent un préjudice personnel[211].

Ce droit, qui avait été consacré par la jurisprudence avant la loi du 17 juillet 1970, n'est pas repris expressément dans la formule de l'article 9 du Code civil qui vise seulement le respect de la vie privée. En outre, la loi a édicté des dispositions pénales, insérées aux articles 226-1 et suivants du Code pénal, qui sanctionnent tant le droit à l'image que le droit au respect de la vie privée.

Le *fondement* du droit à l'image est plus difficile à cerner que celui du droit au respect de la vie privée. En réalité, il y a probablement plusieurs fondements suivant les hypothèses.

Tantôt il s'agit d'un *aspect de la vie privée*, dans la mesure où l'image a été prise dans un lieu privé ou a saisi un événement de la vie privée d'une personne : par exemple, photographies prises au téléobjectif dans l'appartement ou la propriété d'une actrice, ou sur un balcon[212], ou sur un bateau en mer, etc.[213].

Tantôt, parce qu'il peut être mis en œuvre alors que la vie privée n'est pas en cause, on soutient qu'il s'agit d'un *droit de la personnalité* spécifique, autonome[214] ; c'est l'opinion générale.

Enfin, dans certains cas, il s'agit plutôt d'un *monopole d'exploitation* commerciale : cela vise notamment les mannequins ou les vedettes du spectacle ou du sport qui, ayant pour profession – principale ou parallèle – de vendre leur image, entendent s'opposer à des publications non autorisées par eux et, de ce fait, gratuites[215].

Le droit à l'image couvre un *objet* très large. Il s'applique tout d'abord aux photographies dont la réalisation ou la publication portent atteinte à la vie privée. Ainsi en est-il de la photographie d'un chanteur au cours de sa maladie[216] ou d'un acteur sur son lit de mort[217], ou d'une actrice surprise dans sa nudité[218], ou encore d'un handicapé[219]. Mais l'objet de la protection dépasse la sphère de la vie privée pour s'étendre à des photographies prises sur des lieux publics ou dans le cadre de

(211) Cass. 1re civ., 22 oct. 2009, n° 08-10.557.

(212) Cass. 1re civ., 10 sept. 2014, n° 13-22.612.

(213) Cass. 1re civ., 24 févr. 1993 : *D.* 1993, p. 614, note Th. Verheyde (reproduction d'images représentant des handicapés mentaux dans l'intimité de leur existence quotidienne). – Cass. 2e civ., 5 mars 1997 : *D.* 1998, p. 474, note J. Ravanas (photographie d'un avocat dans une réunion à caractère privé).

(214) V. en ce sens Th. Hassler, *La liberté de l'image et la jurisprudence récente de la Cour de cassation : D.* 2004, chron. p. 1611. – Cass. 1re civ., 12 déc. 2000 : *D.* 2001, p. 2064, note J. Ravanas ; *JCP* 2001, II, 10572, note S. Abravanel-Jolly. – Cass. 1re civ., 16 juill. 1998 : *D.* 1999, p. 541, note J.-Ch. Saint-Pau. – TGI Lille, 4 janv. 2000 : *D.* 2001, p. 1503, note P. Labbée (diffusion sur une antenne d'une séquence d'une mariée dans le plus simple appareil à l'occasion de la cérémonie de son mariage dans un club naturiste).

(215) Paris, 14 mai 1975 : *D.* 1976, p. 291, note R. Lindon (aff. *Catherine Deneuve*). – Paris, 9 nov. 1982 : *D.* 1984, p. 30, note R. Lindon. – Paris, 14 juin 1983 : *D.* 1984, p. 75, note R. Lindon. – TGI Paris, 21 déc. 1983 : *Gaz. Pal.* 1984, 2, somm. p. 360 et la note (aff. *Noah*). – TGI Aix, 24 nov. 1988 : *JCP* 1989, II, 21329, obs. Henderycksen (aff. *Raimu*). – V. M. Serna, *L'image et le contrat : le contrat d'image : Contrats, conc. consom.* 1998, chron. 12.

(216) Paris, 9 juill. 1980 : *D.* 1981, p. 72, 2e esp., note R. Lindon et Cass. 2e civ., 8 juill. 1981 : *D.* 1982, p. 65, note R. Lindon (aff. *Jacques Brel*).

(217) TGI Paris, 11 janv. 1977 : *D.* 1977, 83, note R. Lindon ; *JCP* 1977, II, 18711, obs. Ferrier. – Cass. crim., 21 oct. 1980 : *D.* 1981, p. 72, 1re esp, note R. Lindon (aff. *Jean Gabin*). – Ou d'un président de la République : Cass. crim., 20 oct. 1998 : *D.* 1999, p. 106, note B. Beignier ; *JCP* 1999, II, 10044, note G. Loiseau.

(218) Paris, 27 févr. 1967 : *D.* 1967, p. 450, note Foulon-Piganiol (aff. *Brigitte Bardot*). – Paris, 5 juin 1979 : *JCP* 1980, II, 19343, note R. Lindon (aff. *Romy Schneider*). – Ou un homme politique : Paris, 19 juin 1987 : *JCP* 1988, II, 20957, 2e esp., obs. P. Auvret (aff. *Le Pen*).

(219) Paris 17 déc. 1991 : *D.* 1993, p. 366, note J. Ravanas. – Cass. 1re civ., 24 févr. 1993 : *D.* 1993, p. 614, note Th. Verheyde.

l'exercice d'une profession[220]. La protection est encore plus justifiée lorsque le cliché a été détourné pour être utilisé à des fins différentes et déloyales[221]. Toutefois, il en va différemment dans le cas où les personnes dont les clichés ont été publiés avaient précédemment officialisé leur relation sentimentale en posant enlacés à l'occasion de différentes manifestations publiques[222].

La question se présente en des termes un peu différents lorsque l'image publiée est une caricature[223].

385. - **Le droit à l'image des biens.** L'idée de monopole d'exploitation explique, mais pour partie seulement, la protection de l'image des biens qui avait été à l'origine rattachée au droit à l'image et dont la doctrine considère généralement aujourd'hui qu'elle relève plutôt du droit de propriété[224]. Toutefois, dans son dernier état, la jurisprudence dénie que le « droit à l'image » soit un attribut du droit de propriété[225], et exclut tout droit exclusif du propriétaire sur l'image de sa chose. Elle subordonne l'indemnisation du propriétaire du bien à la preuve que la publication de la photographie « portait un trouble certain au droit d'usage ou de jouissance » de celui-ci[226], et un « trouble anormal » suivant la formule de l'arrêt de l'assemblée plénière de la Cour de cassation du 7 mai 2004[227]. Mais le Conseil constitutionnel a jugé que ne sont pas inconstitutionnelles les dispositions limitant l'usage de l'image des biens publics[228].

La question de l'image des biens s'est également posée devant le juge administratif, à propos de l'utilisation de photographies du Château de Chambord par une entreprise de brasseries. La cour administrative d'appel de Nantes a décidé

(220) TGI Paris, 27 févr. 1974 : *D.* 1974, p. 530, 1re esp., note R. Lindon. – TGI Paris, 4 avr. 1970 : *JCP* 1970, II, 16328, obs. R.L. (aff. *Pompidou*). – TGI Nancy, 15 oct. 1976 : *JCP* 1977, II, 18526, obs. R. Lindon (aff. *Giscard d'Estaing*).

(221) TGI Paris, 22 et 26 déc. 1975 : *JCP* 1976, II, 18410, obs. R. Lindon (utilisation dans un film pornographique de passages filmés sur la voie publique). – TGI Paris, 27 mars 1981 : *D.* 1981, p. 324 (photographie d'une avocate en robe à propos des « brebis galeuses » de la profession). – Cass. 2e civ., 4 juill. 1984 : *JCP* 1984, IV, 296 (fumeur de pipe). – Cass. 1re civ., 14 juin 2007, *Bull.* n° 236 ; *JCP* 2007, II, 10158 et note M. Brusorio-Aillaud.

(222) Cass. 1re civ., 13 mai 2014, n° 13-15.819.

(223) F. Fiechter-Boulvard, *La caricature : dualité ou unité : RTD civ.* 1997, p. 67. – Cass. 1re civ., 13 janv. 1998 : *JCP* 1998, II, 10082, note G. Loiseau ; *D.* 1999, p. 120, note J. Ravanas.

(224) P. Kayser, *L'image des biens : D.* 1995, chron. p. 291. – M. Serna, *L'image des personnes physiques et des biens*, Economica, 1997. – J. Ravanas, *L'image d'un bien saisie par le droit : D.* 2000, chron. p. 19. – Ch. Caron, *Les virtualités dangereuses du droit de propriété : Defrénois* 1999, p. 897, art. 37028. – F. Kendérian, *L'image des biens : nouveau droit subjectif ou faux débat ? : D.* 2002, chron. p. 1161. – J. Ravanas, *Retour sur quelques images : D.* 2002, chron. p. 1502. – F. Zenati, *Du droit de reproduire les biens : D.* 2004, chron. p. 962. – B. Magerand, *L'image des biens : RRJ* 2004, 149. – B. Gleize, *La protection de l'image des biens*, Defrénois, 2008, préf. J.-M. Bruguière, avant-propos M. Vivant. – Paris, 12 avr. 199 5 : *JCP* 1997, II, 22806, note V. Crombez. – Cass. 1re civ., 10 mars 1999 (aff. *Du café Gondrée) : JCP* 1999, II, 10078, note P.-Y. Gautier ; *D.* 1999, p. 319, concl. J. Sainte-Rose, note E. Agostini. – Cass. 1re civ., 25 janv. 2000 : *JCP* 2001, II, 10554, note A. Tenenbaum. – Cass. 1re civ., 2 mai 2001 (*Îlot de Roch Arhon) : JCP* 2001, II, 10553, note Ch. Caron ; *D.* 2001, p. 1973, note J.-P. Gridel ; *Defrénois* 2002, 1, 329, art. 37497, note S. Piedelièvre ; *RTD civ.* 2001, p. 618, obs. Th. Revet. – TGI Clermont-Ferrand, 23 janv. 2002 : *D.* 2002, p. 1227, note J.-M. Bruguière.

(225) Cass. 2e civ., 5 juin 2003, *Bull.* n° 175, p. 150 ; *D.* 2003, 2461 et note J. Dreyer ; *JCP* 2003, IV, 2344 ; *Defrénois* 2003, 1, 1577, art. 37845, n° 122, obs. J.-L. Aubert.

(226) Paris, 1re ch. A, 19 févr. 2002 : *JCP* 2003, II, 10073 et note J.-M. Bruguière.

(227) Cass. ass. plén., 7 mai 2004 (arrêt rendu sur l'avis non conforme de l'avocat général J. Sainte-Rose), *Bull.* n° 10, p. 21 ; *D.* 2004, 1545, note M. Brugière et note E. Dreyer ; *JCP* 2004, II, 10085 et note C. Caron ; *D.* 2004, somm. p. 2406, obs. N. Reboul-Maupin ; *JCP* 2004, I, 171, n° 1, obs. H. Périnet-Marquet ; *RTD civ.* 2004, 528, obs. Th. Revet ; *Defrénois* 2004, 1, 1554, art. 38058, note S. Piedelièvre et A. Tenenbaum. – V. dans le même sens : Cass. 1re civ., 5 juill. 2005 : *JCP* 2005, IV, 2982 ; *D.* 2005, inf. rap. p. 2178. – Cass. 1re civ. 28 juin 2012 : *D.* 2012, 2218, note F. Pollaud-Dulian. – V. aussi Ch. Atias, *Les biens en propre et en figuré : destitution du propriétaire et disqualification de la propriété : D.* 2004, 1459. – F. Kenderian, *Le fondement de la protection de l'image des biens : propriété ou responsabilité ? : D.* 2004, chron. p. 1470. – H. Boucard, *La protection abâtardie de l'image des biens (à propos de l'arrêt d'assemblée plénière du 7 mai 2004) : Administrer* oct. 2004, n° 370, p. 49.

(228) Cons. const., 2 févr. 2018, n° 2017/687 QPC : *D.* 2018, 297 ; *AJDA* 2018, 247, obs. M.-C. de Montecler.

qu'« en l'absence de disposition législative contraire, il n'appartient pas à la juridiction administrative de statuer sur la responsabilité qu'une personne privée peut avoir encourue à l'égard d'une personne publique »[229] ; et saisi d'un pourvoi, le Conseil d'État a considéré qu'avant l'entrée en vigueur de l'article L. 621-42 du Code du patrimoine, il n'y avait aucune obligation de demander une autorisation[230], et il a renvoyé à la compétence du juge judiciaire.

Une proposition de loi avait été déposée le 16 juillet 2003 à l'Assemblée nationale, qui suggérait d'inscrire le droit à l'image dans un article 9-2 pour les personnes[231], et dans un article 544-1 pour les biens[232]. Cette proposition, inspirée par le souci de rééquilibrer au profit des médias le droit à l'image consacré par la jurisprudence, droit jugé excessif par les parlementaires concernés, a été assez mal accueillie par la doctrine, qui a vivement critiqué les nouveaux textes proposés[233] ; elle n'a pas eu de suite à ce jour.

386. – Le droit au respect de la voix[234]**.** La jurisprudence assure la protection de la voix, considérée comme un attribut de la personnalité. Cette protection s'est à ce jour manifestée de deux manières.

D'une part, mais sous réserve des imitations fantaisistes et présentées comme telles, toute personne est en droit d'interdire que l'on imite sa voix dans des conditions susceptibles de créer une confusion de personnes ou de lui causer tout autre préjudice[235].

À côté de cette application pure et simple des principes de la responsabilité civile, la jurisprudence sanctionne d'autre part, comme portant atteinte au respect de la vie privée, la diffusion de la voix d'une personne enregistrée lors d'une conversation téléphonique ou d'un essai privé[236].

C. – Conditions de la protection

387. – Condition de préjudice ? À l'origine la jurisprudence, parce qu'elle appliquait les principes de la responsabilité civile, exigeait un préjudice résultant de

(229) CAA Nantes, 16 déc. 2015, n° 12NT01190, *Éts public du domaine national de Chambord* : *AJDA* 2015, 2464, obs. M.-C. de Monteclerc ; *AJDA* 2016, 435, note N. Foulquier ; et CE, ass., 13 avr. 2018 : *JCP* 2018, 485, obs. L. Erstein ; *D.* 2018, 854, obs. M.-C. de Montecler. – V. F. Tarlet, *L'image des biens publics* : *AJDA* 2017, 2069. – M. Cornu, *L'image des biens publics*, *in* Trav. Assoc. H. Capitant, *L'image*, Dalloz, coll. « Thèmes et commentaires », 2005, p. 77.

(230) CE, ass., 13 avr. 2018 : *JCP* 2018, 485, obs. L. Erstein ; *JCP* 2018, 614, note P.-S. Hansen ; *D.* 2018, 854, obs. M.-C. de Montecler ; *D.* 2018, 1051, note J.-M. Bruguière ; *AJDA* 2018, 1850, note F. Tarlet.

(231) Art. 9-2 : « Chacun a droit à l'image sur sa personne. Le droit à l'image d'une personne est le droit que chacun possède sur la reproduction ou l'utilisation de sa propre image. L'image d'une personne peut toutefois être reproduite ou utilisée dès lors qu'il n'en résulte aucun préjudice réel et sérieux pour celle-ci ».

(232) Art. 544-1 : « Chacun a droit au respect de l'image des biens dont il est propriétaire. Toutefois, la responsabilité de l'utilisateur de l'image du bien d'autrui ne saurait être engagée en l'absence de trouble causé par cette utilisation au propriétaire de ce bien ».

(233) J.-M. Bruguière et B. Gleize, *Proposition de loi sur le droit à l'image. Pitié pour les juristes !* : *D.* 2003, point de vue p. 2643. – C. Castets-Renard, *La proposition de loi visant à donner un cadre juridique au droit à l'image : une occasion manquée* : *LPA* 6 janv. 2004, p. 7. – E. Dreyer, *Pitié pour le Code civil !* (au sujet d'une proposition de loi « visant à donner un cadre juridique au droit à l'image et à concilier ce dernier avec la liberté d'expression ») : *LPA* 6 mai 2004, p. 3. – L. Marino : *D.* 2004, somm. p. 1632.

(234) D. Huet-Weiller, *La protection juridique de la voix humaine* : *RTD civ.* 1982, p. 497. – M. Serna, *La voix et le contrat : le contrat sur la voix* : *Contrats, conc. consom.* 1999, chron. 9.

(235) TGI Paris, 3 déc. 1975 : *D.* 1977, p. 211, note R. Lindon : *JCP* 1978, II, 19002, obs. D. Becourt (aff. *Cl. Piéplu*).

(236) TGI Paris, 11 juill. 1977 : *D.* 1977, p. 700, note R.L. (aff. *Léon Zitrone*). – TGI Paris, 19 mai 1982 : *D.* 1983, p. 147, note R. Lindon ; *JCP* 1983, II, 19955, obs. A. Gobin. – Rappr. Pau, 22 janv. 2001 : *D.* 2002, somm. p. 2375, obs. A. Lepage.

l'atteinte à l'intimité de la vie privée ou au droit à l'image. Par la suite, elle a abandonné cette condition et a ainsi consacré – avant même la loi de 1970 – un droit autonome au respect de la vie privée et à l'image. Ce droit se trouve aujourd'hui partiellement proclamé par l'article 9 du Code civil (V. *supra*, n° 381).

Il suffit donc de démontrer la violation du droit pour obtenir du juge qu'il prononce une condamnation à dommages-intérêts. Suivant une formule désormais classique, « la seule constatation de l'atteinte à la vie privée donne droit à réparation »(237) ; encore faut-il justifier d'une atteinte personnelle(238). On peut toutefois se demander si la condition de préjudice ne réapparaît pas aujourd'hui sous une forme légèrement différente lorsque la jurisprudence considère qu'il n'y a pas atteinte à la vie privée lorsque les révélations faites ne présentent qu'un caractère anodin(239).

Cela dit, les dommages-intérêts seront d'autant plus élevés que le préjudice a été plus important ; il peut arriver qu'ils soient réduits au franc symbolique(240). En pratique, pour éviter toute difficulté, le demandeur a intérêt à requérir, d'une part, la cessation de l'atteinte à son droit et, d'autre part, l'allocation de dommages-intérêts en réparation du préjudice subi.

388. - **Défaut d'autorisation.** Qu'il s'agisse du droit au respect de la vie privée ou du droit à l'image, son titulaire peut évidemment y renoncer et autoriser tel journal à publier sa photographie, ou même des faits relevant de son intimité, si scabreux soient-ils. Nombre d'artistes en début de carrière sacrifient volontiers à cette pratique et soit sollicitent, soit acceptent une telle divulgation.

En pareil cas, l'intéressé ne peut plus demander au juge la sanction d'un droit auquel il a renoncé(241). Il faut toutefois ajouter cette précision importante que l'autorisation est toujours spéciale, en ce sens qu'elle concerne la divulgation de tels faits déterminés, ou de telle photographie, et dans tel journal. On ne saurait considérer cette autorisation comme une renonciation générale et permanente au droit à l'image ou au respect de la vie privée ; *a fortiori*, les tolérances passées d'une personne – publique ou privée – à l'égard des organes de presse ne valent pas renonciation pour l'avenir à exiger le respect de son droit.

Par ailleurs, le bénéficiaire de l'autorisation ne pourrait plus s'en prévaloir s'il se livrait à un détournement de l'usage prévu(242), détournement qui peut constituer l'infraction pénale de montage sanctionnée par l'article 226-8 du Code pénal.

(237) Cass. 1re civ., 5 nov. 1996 : *D.* 1997, p. 403, note S. Laulom. – Cass. 1re civ., 25 févr. 1997 : *JCP* 1997, II, 22873, note J. Ravanas.

(238) TGI Paris, 1er févr. 1997 : *D.* 1997, somm. p. 89, note Th. Hassler (à propos d'une publicité Benetton avec des corps marqués HIV).

(239) Cass. 1re civ., 3 avr. 2002 : *D.* 2002, 3164 et note Ch. Bigot.

(240) Par ex., lorsque l'atteinte à la vie privée invoquée apparaît douteuse compte tenu des nombreuses déclarations et conférences accordées à des journaux par le demandeur à propos de sa vie sentimentale (Paris, 1re ch. A, 28 févr. 1989 : *JCP* 1989, II, 21325, 2e esp., obs. E. Agostini).

(241) V. pour la publication de l'image, Cass. 1re civ., 20 mars 2007, *Bull.* n° 125.

(242) Par ex., l'autorisation donnée à Playboy de publier des photos « dépouillées » ne s'étend pas à Lui : Paris, 14 mai 1975 : *D.* 1976, p. 291 (aff. *Deneuve*). – V. aussi Versailles, 4 nov. 1999 : *D.* 2000, p. 347, note J. Ravanas. Il y a aussi détournement en cas de montage non prévu, par exemple, insertion de scènes pornographiques à l'insu des comédiens (TGI Paris, 20 avr. 1977 : *D.* 1977, p. 610), ou utilisation de photographies avec des légendes déplaisantes (Cass. 1re civ., 11 févr. 1970 : *D.* 1971, p. 409, note J.-F.P.) ou à des fins publicitaires non voulues par le sujet (Paris, 19 oct. 1981 : *D.* 1982, inf. rap. p. 180. – Cass. 2e civ., 4 juill. 1984 : *JCP* 1984, IV, 296).

389. – **Limites de la protection : la liberté d'expression consacrée par l'article 10 de la Convention européenne des droits de l'homme**[243]. Se référant expressément à l'article 10 de la Convention européenne, la Cour de cassation a, dans le souci de respecter le principe de proportionnalité, posé une limite au droit au respect de la vie privée et de l'image.

Sacrifiant aux nécessités de l'information, la jurisprudence admet que « la liberté de communication des informations autorise la publication d'images des personnes impliquées dans un événement, sous réserve d'une part du respect de la dignité de la personne humaine »[244], et d'autre part de l'existence d'un lien entre l'événement et les images publiées ou les révélations faites[245].

Ainsi l'événement devient un fait justificatif permettant d'écarter le droit à l'image, si la publication est en relation avec l'événement ou avec un phénomène de société et si elle intervient dans les quelques jours suivants, ce qui suppose un événement d'actualité[246], et qu'elle soit justifiée par l'information du public sur un débat d'intérêt général[247] ; mais il existe tout de même une limite, celle du respect de la dignité humaine[248].

(243) V. C. Ruet, *L'expression par l'image au regard de l'article 10 de la Convention européenne des droits de l'homme*, in *Image et droit*, L'Harmattan, 2002, p. 31. – G. Lécuyer, *Liberté d'expression et responsabilité*, préf. L. Cadiet, Dalloz, 2006. – F. Burgaud, *Liberté d'expression et respect de la vie privée : quel équilibre au regard de la Convention européenne ?* : *D.* 2015, 939. – P. Ducoulombier, *Conflits de droits fondamentaux devant la Cour EDH*, Bruylant, 2011.

(244) Cass. 1re civ., 20 févr. 2001 (2 arrêts) : *JCP* 2001, II, 10533, note J. Ravanas ; *D.* 2001, p. 1199, 1re esp., note J.-P. Gridel ; *D.* 2002, somm. p. 1793, 1re esp., B. de Lamy. Ces décisions sont rendues au visa des articles 10 de la Convention européenne des droits de l'homme, et 9 et 16 du Code civil. Se fondant sur le critère du respect de la dignité de la personne humaine, le premier arrêt admet la publication de la photographie de l'une des victimes de l'attentat du 25 juillet 1995 à la station Saint-Michel du RER, et le second celle de la photographie d'un policier dans l'exercice de ses fonctions lors d'une opération d'expulsion. V. aussi, dans le même sens, Cass. 1re civ. 12 juill. 2001 : *D.* 2002, 1380 et note Ch. Bigot ; *JCP* 2002, II, 10152 et note J. Ravanas ; *D.* 2002, somm. p. 2298, obs. L. Marino (validant la publication, sans l'autorisation de l'intéressé, de l'image d'une personne impliquée dans une affaire judiciaire, et qui allait bénéficier par la suite d'une décision de non-lieu). – Cass. 2e civ., 24 avr. 2003 : *JCP* 2003, IV, 2036 ; *D.* 2003, inf. rap. p. 1411 (considérant que la publication n'est pas justifiée par l'implication de la personne dans un événement dont l'importance aurait rendu légitime la divulgation pour l'information du public). – Cass. 2e civ., 13 nov. 2003, *Bull.* n° 231, p. 183.

(245) Cass. 1re civ., 10 mai 2005, *Bull.* n° 206, p. 175. – Cass. 1re civ., 12 juill. 2005, *Bull.* n° 330, p. 273. – Cass. 1re civ., 1er mars 2017 : *JCP* 2017, 372, note J. Hauser ; *RTD civ.* 2017, 352, obs. J. Hauser.

(246) Cass. 1re civ., 23 avr. 2003 : *D.* 2003, 1854, 2e esp., note Ch. Bigot. – Cass. 2e civ.,11 déc. 2003 et 19 févr. 2004 (deux arrêts) : *D.* 2004, 2596 et note Ch. Bigot. – Cass. 2e civ., 20 juin 2004, 2 arrêts, *Bull.* nos 340 et 341 ; *JCP* 2004, II, 10160 et note D. Bakouche. – Cass. 1re civ., 10 mai 2005, *Bull.* n° 206, p. 175 ; *D.* 2005, inf. rap. p. 1380 ; *RTD civ.* 2005, 572, obs. J. Hauser. – Cass. 1re civ., 5 juill. 2005, *Bull.* n° 140 ; *JCP* 2005, II, 10123 et note D. Bakouche ; *RTD civ.* 2005, p. 755 et note J. Hauser. – Cass. 1re civ., 7 mars 2006 : *JCP* 2006, II, 10105 et note E. Dreyer. – Cass. 1re civ., 12 juill. 2006, *Bull.* n° 401. – Cass. 1re civ., 27 févr. 2007 : *D.* 2007, act. jurispr. p. 804, obs. C. Delaporte-Carré. – V. Th. Hassler, *Les progrès de la liberté de l'image des personnes en 2004 (les évolutions de la jurisprudence de la Cour de cassation en 2004)* : *D.* 2005, chron. p. 739.

(247) Cass. 1reciv., 1er mars 2017 : *JCP* 2017, 372, note J. Hauser. – Cass. 1re civ., 29 mars 2017, *D.* 2017, 761. – V. pour l'appartenance à la franc-maçonnerie du maire d'une commune mis en examen : Cass. 1re civ., 24 oct. 2006, *Bull.* n° 437. – Et pour l'homosexualité du secrétaire général d'un parti politique : CA Paris, pôle 1, 19 déc. 2013, n° 13-23.969 : *D.* 2014, 79. – Cass. 1re civ., 9 avr. 2015 : *D.* 2015, 864.

(248) M.-L. Pavia et Th. Revet (ss dir.), *La dignité de la personne humaine*, Economica, 1999. – P. Auvret, *L'utilisation de la personnalité d'autrui. Illustrations et exemples de presse* : *JCP* 2005, I, 123. – E. Dreyer, *Les mutations du concept juridique de dignité* : *RRJ* 2005, 19 ; *La dignité opposée à la personne* : *D.* 2008, chron. p. 2730. – L. Harance, *La reconnaissance de la dignité : paradoxe et interrogations* : *RRJ* 2008, p. 841. – M. Douchy-Oudot, *La dignité de la personne en tant qu'être humain* : *Rev. Lamy dr. civ.* juin 2010, p. 36. A été ainsi jugée illicite, comme attentatoire à la dignité de la personne humaine, la photographie publiée dans un journal représentant le corps et le visage du préfet Érignac gisant sur la chaussée (Cass. 1re civ., 20 déc. 2000 : *JCP* 2001, II, 10488, concl. J. Sainte-Rose, note J. Ravanas. – V. aussi J.-P. Gridel, *Retour sur l'image d'un préfet assassiné : dignité de la personne humaine et liberté de l'information d'actualité* : *D.* 2001, p. 872). – Cass. 2e civ., 4 nov. 2004, *Bull.* n° 487, p. 414 ; *JCP* 2004, II, 10186 et note D. Bakouche ; *D.* 2005, 696 et note I. Corpart. – Cass. 1re civ., 1er juill. 2010 : *D.* 2010, p. 1870 et 2044, note P.-J. Delage. V. en sens contraire, dans un contexte différent, Cass. ass. plén., 25 oct. 2019 : *D.* 2020, 195, note M. Afroukh et J.-P. Marguénaud.

Allant plus loin encore, la Cour européenne des droits de l'homme a considéré que les limitations apportées à la liberté d'expression devaient, d'une part, poursuivre un but légitime, d'autre part répondre à un « besoin social impérieux »[(249)], ou encore entrer dans le cadre d'un « débat d'intérêt général » (V. *supra*, n° 380).

En cas de conflit entre ces deux droits fondamentaux que sont le droit au respect de la vie privée et la liberté d'expression[(250)], le juge est amené à faire la balance des intérêts respectifs[(251)] sous le contrôle de la Cour européenne[(252)]. Suivant la Cour de cassation, le droit au respect de la vie privée et le droit au respect dû à l'image d'une personne, d'une part, et le droit à la liberté d'expression, d'autre part, ont la même valeur normative. Il appartient au juge saisi de rechercher un équilibre entre ces droits et, le cas échéant, de privilégier la solution la plus protectrice de l'intérêt le plus légitime. Il résulte de la jurisprudence de la Cour EDH que, pour procéder à la mise en balance des droits en présence, il y a lieu de prendre en considération la contribution de la publication incriminée à un débat d'intérêt général, la notoriété de la personne visée, l'objet du reportage, le comportement antérieur de la personne concernée, le contenu, la forme et les répercussions de ladite publication, ainsi que, le cas échéant, les circonstances de la prise des photographies[(253)]. Quant à la définition de ce qui est susceptible de relever de l'intérêt général, cela dépend des circonstances de chaque espèce[(254)].

390. – Limites de la protection : le droit à la preuve. (V. *infra*, n° 597).

D. – Sanctions

391. – Sanctions civiles. On a toujours admis que la victime puisse obtenir des dommages-intérêts en réparation du préjudice subi, et les tribunaux n'hésitent pas à accorder à ce titre des sommes parfois substantielles ; ces condamnations sont

(249) CEDH, 18 mai 2004, n° 58-148/00, *Sté Plon c/ France* : *D.* 2004, 1888 et note A. Guedj ; *D.* 2004, somm. p. 2539, obs. N. Fricero (à propos de la publication du livre du Dr Gubler, *Le grand secret*, révélant que le président Mitterrand savait depuis le 16 novembre 1981 qu'il était atteint d'un cancer et avait décidé de ne pas diffuser l'information) (V. aussi *supra*, n° 384). – J.-P. Gridel, *Un élément de vie privée, divulgué en violation du droit, peut être repris par voie de presse s'il contribue à un débat d'intérêt général. Observations sur CEDH 18 et 24 juin 2004* : *Mél. J.-L. Aubert*, Dalloz, 2005, p. 441.

(250) Sur le point de savoir s'il faut assimiler la liberté de création à la liberté d'expression, V. CA Paris, 5 nov. 2008 : *D.* 2009, p. 470 et note Ch. Bigot.

(251) Cass. 1re civ., 9 juill. 2003 : *D.* 2004, somm. p. 1633, obs. Ch. Caron. – CEDH, 24 juin 2004, req. n° 59320/00, *H. c/ Allemagne* : *D.* 2004, 1820 ; *D.* 2004, somm. p. 2438, obs. J.-F. Renucci. – M.-Th. Feydeau, *L'intimité de la personne*, in *L'intimité de la personne dans tous ses états* : *LPA* 1er juill. 2004, p. 39. – M. Dupuis, *Le droit à l'image face au droit d'informer : un effort de simplification* : *Rev. Lamy dr. civ.* déc. 2004, p. 31. – J.-P. Gridel, *Liberté de la presse et protection civile des droits modernes de la personnalité en droit positif français* : *D.* 2005, chron. p. 391.

(252) V. par ex. CEDH, 14 juin 2007, *Hachette Filipacchi c/ France* : *JCP* 2007, II, 10164 et note E. Durieux ; *RTD civ.* 2007, 732, obs. J.-P. Marguénaud (à propos de la publication de la photographie du préfet Érignac assassiné). – TGI Paris, 29 oct. 2008 et CA Paris, 28 nov. 2008 : *JCP* 2009, II, 10026 et note E. Derieux ; *D.* 2009, p. 610 et note B. Edelman (à propos de la poupée Vaudou représentant Nicolas Sarkozy). – CEDH, 7 févr. 2012 : *D.* 2012, 1040, note J.-F. Renucci (aff. *Von Hannover*) ; *JCP* 2012, 650, note M. Afroukh ; *RTD civ.* 2012, 279, obs. J.-P. Marguénaud. – CEDH, 14 janv. 2014, n° 73579/10, *Ruusunen c/ Finlande* : *D.* 2014, 212 (à propos de la vie sexuelle d'un Premier ministre dévoilée dans un livre par son ex-petite amie). – CEDH, 12 juin 2014, *Hachette Filipacchi c/ France* : *AJDA* 2014, 1763, obs. L. Burgorgue-Larsen. – Cass. 1re civ., 11 juill. 2018 : *RTD civ.* 2018, 864, obs. A.-M. Leroyer (à propos de l'homosexualité d'un homme politique). – P. Larrieu, *Du délicat équilibre entre liberté d'expression et protection des personnes publiques* : *Rev. Lamy dr. civ.* janv. 2009, p. 35. – M. Afroukh, *La dignité humaine comme instrument de résolution des conflits de droit dans la jurisprudence de la Cour EDH* : *RRJ* 2014, 1, p. 99.

(253) CEDH, Gde ch., 10 nov. 2015, *Hachette Filipacchi c/ France* : *D.* 2016, 116, note J.-F. Renucci ; *RTD civ.* 2016, 297, obs. J.-P. Marguénaud (à propos de la révélation de l'enfant naturel d'un prince).

(254) Cass. 1re civ., 21 mars 2018, n° 16-28.741 : *D.* 2018, 670. – V. aussi Cass. 1re civ., 17 févr. 2021, n° 19-24.780, *Bull.* : *JCP* 2021, 487, avis D. Legoherel et 488, note G. Loiseau.

prononcées en application de l'article 9 du Code civil[255], et non de l'article 1382 (devenu article 1240) qui ne peut être invoqué lorsqu'il s'agit d'abus de la liberté d'expression prévus et réprimés par la loi du 29 juillet 1881 sur la liberté de la presse. Mais ces condamnations n'ont bien souvent qu'un effet dissuasif limité dans la mesure où le profit espéré des révélations ou divulgations est encore plus grand.

C'est pourquoi les victimes sont tentées de demander également la saisie du journal ou du livre, ce qui suppose que le trouble n'est pas déjà consommé[256]. Avant la loi de 1970, la jurisprudence l'avait admis lorsque l'atteinte portée revêtait un caractère *intolérable*.

Sans reprendre ce qualificatif, la loi de 1970 se montre elle aussi restrictive lorsqu'elle permet au juge même statuant en référé, « sans préjudice de la réparation du dommage subi, [de] prescrire toutes mesures, telles que séquestre, saisie et autres, propres à empêcher ou faire cesser une atteinte à l'intimité de la vie privée » (C. civ., art. 9, al. 2). Cette référence à *l'intimité* laisse entendre qu'il faut plus qu'une simple violation du droit au respect de la vie privée pour justifier une mesure de saisie ou de séquestre. Les mesures visées à l'article 9 peuvent être prises même en référé en cas d'urgence ; à cet égard, la jurisprudence considère que la seule constatation de l'atteinte aux droits de la personne ou au respect de la vie privée et à l'image par voie de presse suffit à caractériser l'urgence au sens de l'article 9[257]. Faisant application de cette disposition, la jurisprudence autorise par exemple la publication d'un communiqué faisant état de la condamnation du journal fautif[258].

Cette condition d'atteinte à l'intimité de la vie privée peut être désormais écartée par le recours au droit commun, c'est-à-dire à l'article 809, alinéa 1er, du Code de procédure civile qui autorise le juge des référés à prescrire « les mesures conservatoires ou de remise en état qui s'imposent, soit pour prévenir un dommage imminent, soit pour faire cesser un trouble manifestement illicite ». Ce texte peut être utilisé pour protéger tant le droit au respect de la vie privée[259] que le droit à l'image[260]. Il permet par exemple d'obtenir la publication de la décision de condamnation de l'organe de presse[261].

392. – Sanctions pénales[262]. La loi du 17 juillet 1970, dans un souci d'une meilleure protection de la vie privée contre les intrusions, a également prévu des sanctions pénales. L'article 226-1 du Code pénal punit d'un emprisonnement d'un an

(255) Cass. 1re civ., 7 févr. 2006, *Bull.* n° 59.

(256) Cass. 1re civ., 5 déc. 2006 : *JCP* 2007, II, 10064 et note M. Brusorio.

(257) Cass. 1re civ., 12 et 20 déc. 2001 : *D.* 2001, inf. rap. p. 284 et 285.

(258) Cass. 1re civ., 30 mai 2000 : *D.* 2001, p. 1571, note J. Ravanas. – TGI Paris, 10 mai 2001 : *D.* 2001, somm. p. 1991, obs. L. Marino. – TGI Paris, réf., 26 févr. 2013, aff. *DSK* : *D.* 2013, 569, obs. P. Mbongo.

(259) Cass. 1re civ., 2 juill. 2014, n° 13-21.929 (à propos de l'enregistrement des conversations de Mme Bettencourt par son maître d'hôtel).

(260) V. TGI Paris, 30 nov. et 13 déc. 1983 : *D.* 1984, p. 111, note R.L. – Paris, 19 juin 1987 : *JCP* 1988, II, 20957, 2e esp., obs. P. Auvret. – Cass. 1re civ., 21 juill. 1987 : *Gaz. Pal.* 1987, 577. – V. Ph. Bertin, *En saluant Marie... La Cour de cassation précise les pouvoirs du juge des référés face à la liberté d'expression* : *Gaz. Pal.* 1987, doctr. p. 625. – E. Derieux, *Référé et liberté d'expression* : *JCP* 1997, I, 4053.

(261) Cass. 1re civ., 12 déc. 2000 : *D.* 2001, p. 2434, note J. Ch. Saint-Pau. L'arrêt précise en outre que cette mesure, qui constitue une restriction à la liberté d'expression, respecte les exigences de l'article 10, 2° de la Convention européenne des droits de l'homme quant à son fondement légal, quant à sa nécessité pour la protection des droits d'autrui et quant à sa proportionnalité aux atteintes retenues (V. obs. Ch. Caron *in D.* 2001, somm. p. 1987. – V. aussi déjà dans le même sens Cass. 1re civ., 30 mai 2000, préc.).

(262) I. Loliès, *La protection pénale de la vie privée*, préf. R. Gassin, PUAM, 2001.

et d'une amende de 45 000 € « le fait, au moyen d'un procédé quelconque, volontairement de porter atteinte à l'intimité de la vie privée d'autrui :

– 1° en captant, enregistrant ou transmettant, sans le consentement de leur auteur, des paroles prononcées à titre privé ou confidentiel[(263)] ;

– 2° en fixant, enregistrant ou transmettant, sans le consentement de celle-ci, l'image d'une personne se trouvant dans un lieu privé[(264)] ».

Cela dit, le consentement est présumé lorsque les actes ci-dessus ont été « accomplis au vu et au su des intéressés sans qu'ils s'y soient opposés ».

Corrélativement, l'article 226-8 sanctionne l'atteinte à la représentation de la personne par voie de « montage réalisé avec les paroles ou l'image d'une personne sans son consentement ».

On notera que les incriminations prévues aux articles 226-1 et suivants du Code pénal ne correspondent pas exactement aux termes de l'article 9 du Code civil dont elles ne sont donc pas au sens strict du terme la sanction pénale[(265)] ; à certains égards l'incrimination est plus large en ce qu'elle vise le droit à l'image, et plus étroite à d'autres en ce qu'elle suppose notamment une atteinte à l'intimité de la vie privée.

§ 2. – Le droit au respect de la présomption d'innocence[(266)]

393. – L'article 9-1 du Code civil. À la suite d'atteintes répétées dans la presse au principe de la présomption d'innocence, le législateur est intervenu pour préciser les conditions de son respect. La loi du 4 janvier 1993 portant réforme de la procédure pénale a inséré dans le Code civil un article 9-1, dont la rédaction a été modifiée dans un sens extensif par la loi n° 2000-516 du 15 juin 2000 renforçant la protection de la présomption d'innocence[(267)].

Ce faisant, le droit français fait écho à la Convention européenne des droits de l'homme qui, en son article 6, § 2, prévoit que « toute personne accusée d'une infraction est présumée innocente jusqu'à ce que sa culpabilité ait été légalement établie ».

(263) R. Badinter, *La protection de la vie privée contre l'écoute électronique clandestine* : *JCP* 1971, I, 2435. – G. Levasseur, *La protection pénale de la vie privée* : *Mél. Kayser*, t. 2, PUAM, 1979, p. 107. – G. Levasseur, *Protection de la personne, de l'image et de la vie privée*, in *La protection de la personne face aux médias* : *Gaz. Pal.* 2-6 sept. 1994. – Cass. crim., 27 janv. 1981 : *JCP* 1982, II, 19742, 1re esp., obs. D. Bécourt. – Cass. crim., 19 mai 1981 : *D.* 1981, p. 544, note D. Mayer. – Cass. crim., 3 mars 1982 : *D.* 1982, p. 579, note R. Lindon. – Ainsi en est-il des écoutes téléphoniques (Cass. crim., 8 déc. 1983 : *Gaz. Pal.* 1984, 1, 395, note Doucet), sauf si elles ont été ordonnées par un juge d'instruction (Cass. crim., 23 juill. 1985 : *D.* 1986, p. 61, note Chambon. – Cass. ass. plén., 24 nov. 1989 : *D.* 1990, p. 34).

(264) T. corr. Paris, 18 mars 1971 : *JCP* 1971, II, 16875. – T. corr. Aix-en-Provence, 16 oct. 1973 : *Gaz. Pal.* 1er janv. 1974, I, p. 6. – Cass. crim., 16 févr. 2010 : *JCP* 2010, 565, note J.-L. Lennon. – Cass. crim., 16 mars 2016 : *D.* 2016, 935, note A. Serinet.

(265) V. sur ce point Cass. 1re civ., 2 juill. 2014, n° 13-21.929 (à propos de l'enregistrement des conversations de Mme Bettencourt par son maître d'hôtel).

(266) P. Auvret, *Le droit au respect de la présomption d'innocence* : *JCP* 1994, I, 3802. – B. Bouloc, *Le renforcement de la présomption d'innocence* : *Rev. sc. crim.* 1994, p. 594. – D. Mayer, *L'information du public par la presse sur les affaires en cours d'instruction* : *D.* 1995, chron. p. 80. – H. Bureau, *La présomption d'innocence devant le juge civil : cinq ans d'application de l'article 9-1 du Code civil* : *JCP* 1998, I, 166. – R. Badinter, *La présomption d'innocence, histoire et modernité* : *Mél. Catala*, Litec, 2001, p. 153.

(267) E. Derieux, *La loi n° 2000-516 du 15 juin 2000 renforçant la protection de la présomption d'innocence et les droits des victimes et droit de la communication* : *JCP* 2000, act. p. 1463.

> **Art. 9-1.** – Chacun a droit au respect de la présomption d'innocence.
> Lorsqu'une personne est, avant toute condamnation, présentée publiquement comme coupable de faits faisant l'objet d'une enquête ou d'une instruction judiciaire, le juge peut, même en référé, sans préjudice de la réparation du dommage subi, prescrire toutes mesures, telles que l'insertion d'une rectification ou la diffusion d'un communiqué, aux fins de faire cesser l'atteinte à la présomption d'innocence, et ce aux frais de la personne, physique ou morale, responsable de cette atteinte.

Cet article prévoit la possibilité pour une personne victime, par voie de presse le plus souvent, d'une atteinte au principe de la présomption d'innocence de demander au juge, même en référé, d'ordonner l'insertion d'une rectification ou la diffusion d'un communiqué aux fins de faire cesser une telle atteinte(268) ou/et encore d'ordonner réparation de son préjudice. Sur ce dernier point, la jurisprudence décide que les abus de la liberté d'expression portant atteinte à la présomption d'innocence ne peuvent être réparés que sur le fondement de cet article 9-1(269) et non sur celui de la loi du 29 juillet 1881 sur la presse(270) ; cette réparation est indépendante de la bonne ou mauvaise foi de l'auteur et elle peut se cumuler avec la publication d'un communiqué ordonné par le juge des référés(271).

La reconnaissance d'un tel droit s'oppose à la liberté d'information constitutionnellement proclamée. Arbitrant ce conflit, la jurisprudence s'est attachée à rechercher un équilibre entre les garanties des citoyens et le devoir d'information des organes de presse(272) ; c'est ainsi qu'elle a défini l'atteinte à la présomption d'innocence comme le fait de « présenter publiquement comme coupable, avant condamnation, une personne poursuivie pénalement »(273). Cette définition a été reprise, à quelques nuances près, par la loi du 15 juin 2000 pour être insérée dans l'article 9-1.

Grâce à ces dispositions, les personnes impliquées dans des affaires judiciaires se trouvent désormais protégées contre les condamnations médiatiques hâtives qu'affectionne une certaine presse avide de sensationnel. Cette protection n'est toutefois que relative dans la mesure où, ainsi que le relève un arrêt, « le fait de divulguer le nom d'une personne majeure inculpée ou mise en examen n'est interdit par aucun texte » et « il est permis de rendre compte des affaires judiciaires en cours d'instruction dès lors que les journalistes n'assortissent la relation

(268) S'agissant du livre publié par la mère de Marie Trintignant, la mesure ordonnée par le juge des référés a été l'insertion dans l'ouvrage d'un encart rappelant au lecteur le principe de la présomption d'innocence (Paris, 14e ch. A, 7 oct. 2003 : *D.* 2003, inf. rap. p. 2732). Pour l'émission sur Francis Heaulme, ce fût un communiqué judiciaire à la télévision : TGI Nanterre, 9 mars 2005 : *JCP* 2005, II, 10094 et note E. Derieux.

(269) Cass. 2e civ., 8 juill. 2004, *Bull.* n° 387 (revirement de jurisprudence par rapport à Cass. 2e civ., 4 déc. 1996, *Bull.* n° 279).

(270) Cass. 1re civ., 20 mars 2007, 2 arrêts, *Bull.* nos 123 et 124 ; *JCP* 2007, II, 10141 et note E. Derieux.

(271) Cass. ass. plén., 21 déc. 2006, *Bull.* n° 15 ; *JCP* 2007, II, 10040 et note E. Dreyer.

(272) J.-P. Gridel, *Liberté de la presse et protection civile des droits modernes de la personnalité en droit positif français* : *D.* 2005, chron. p. 391, V. p. 396.

(273) Cass. 1re civ., 6 mars 1996 : *D.* 1997, somm. p. 72, obs. J.-Y. Dupeux. – Cass. 2e civ., 29 avr. 1998 : *JCP* 1998, IV, 2352. – Cass. 1re civ., 12 nov. 1998 : *D.* 1998, inf. rap. p. 265. – Cass. 1re civ., 19 oct. 1999 : *D.* 2000, p. 737, note S.-A. Dubernat. – Cass. 1re civ., 2 mai 2001, *Bull.* n° 115, p. 75 ; *JCP* 2001, IV, 2127. – Cass. 1re civ. 12 juill. 2001 : *D.* 2002, 1380 et note Ch. Bigot ; *JCP* 2002, II, 10152 et note J. Ravanas.

des faits d'aucun commentaire de nature à révéler un préjugé de leur part quant à la culpabilité de la personne en cause »[274]. Tout dépend donc de l'habileté du journaliste dans la relation des faits.

C'est dire aussi que le respect de la présomption d'innocence ne se situe pas sur le même plan que le respect de la vie privée, au point qu'on peut douter qu'il s'agisse d'un droit de la personnalité[275].

Complétant ce dispositif, la loi du 15 juin 2000 a également modifié la loi du 29 juillet 1881 sur la presse, interdisant notamment la diffusion d'une image faisant apparaître qu'une « personne porte des menottes ou entraves » ou « qu'elle est placée en détention provisoire »[276] (art. 35 ter), ou encore « la reproduction des circonstances d'un crime ou d'un délit, lorsque cette reproduction porte gravement atteinte à la dignité d'une victime » (art. 35 quater).

Mais, par ailleurs, cette protection va à l'encontre du droit à la liberté d'expression consacré par l'article 10 de la Convention européenne des droits de l'homme, et elle a été sérieusement mise à mal par un arrêt de la Cour européenne des droits de l'homme privilégiant les journalistes d'investigation exerçant leur mission de « chiens de garde de la démocratie »[277] ; en revanche un arrêt plus récent a semblé privilégier le respect de la présomption d'innocence[278].

§ 3. – Le droit à l'inviolabilité du domicile

394. – **Modalités et limites de la protection.** Il s'agit là d'un droit de la personnalité, et non pas d'un droit attaché à la chose. C'est encore une manière de protéger la vie privée qui principalement se déroule au domicile, « forteresse de l'individu » suivant la formule du doyen Carbonnier.

À cette idée se rattache le droit de se clore (C. civ., art. 647) et aussi la réglementation du Code civil sur les jours et les vues qui tend à protéger chacun contre l'œil indiscret de ses voisins (C. civ., art. 675 et s). Cette protection a paru si essentielle qu'elle est sanctionnée pénalement par diverses infractions, bris de clôture, violation de domicile (V. *supra*, n° 352).

Le droit à l'inviolabilité du domicile présente un caractère très général. Toute personne peut s'en prévaloir, qu'elle soit une personne physique ou une personne morale[279], propriétaire, locataire ou simple occupant, qu'il s'agisse de sa résidence

(274) Cass. 2e civ., 20 juin 2002, *Bull.* n° 142 ; *JCP* 2003, II, 10101 et note E. Garaud ; *JCP* 2003, I, 126, n° 12, obs. B. Beignier. – Cass. 1re civ., 20 mars 2007 : *D.* 2007, act. jurispr. p. 1023.

(275) V. B. Beignier, obs. préc. qui relève en ce sens les arrêts de la Cour de cassation qui décident que « les abus de la liberté d'expression prévus par la loi du 29 juillet 1981 ou par l'article 9-1 du Code civil ne peuvent être poursuivis sur le fondement de l'article 1382 du Code civil » (Cass. 2e civ., 8 mars 2001, *Bull.* n° 47. – Cass. 2e civ., 23 janv. 2003, *Bull.* n° 16, p. 13. – Cass. 2e civ., 6 févr. 2003, *Bull.* n° 32, p. 29).

(276) C'est ainsi que la diffusion de l'image d'une personne identifiée ou identifiable est prohibée par ce texte si elle fait apparaître que cette personne est placée en détention provisoire : Cass. crim., 8 juin 2004 : *JCP* 2006, II, 10006 et note C. André.

(277) CEDH, 7 juin 2007 : *D.* 2007, 2506 et note J.-P. Marguénaud (à propos de l'affaire des « écoutes de l'Élysée »).

(278) CEDH, 6 avr. 2010, n° 45130/06, *Ruokanenc/ Finlande* : *D.* 2010, p. 2409, note L. François.

(279) Cass. crim., 23 mai 1995 : *Bull. crim.* 1995, n° 193 (violation de domicile commis par un photographe et un journaliste en s'introduisant dans le centre d'essais d'un constructeur automobile pour y photographier les modèles en cours de mise au point). La Cour européenne des droits de l'homme se prononce dans le même sens en considérant que « dans certaines circonstances, les droits garantis sous l'angle de l'article 8 de la Convention peuvent être

principale ou de sa résidence secondaire[280]. Et le titulaire du droit peut l'opposer à toute personne.

Toutefois, cette protection connaît des limites. Ainsi le locataire doit souffrir les visites du propriétaire qui sont prévues au contrat (pour vérifier l'état des lieux, pour effectuer les réparations nécessaires, ou en vue de vendre ou de relouer). De même le droit s'efface devant les interventions des autorités publiques opérées dans le respect de la loi (perquisitions, visites domiciliaires, etc.) ou sur l'ordre du tribunal (constat d'huissier).

§ 4. – Le droit au secret[281]

395. – **Principales applications. Le secret des correspondances.** Outre le droit au respect de la vie privée, le droit au secret connaît diverses applications.

Une des plus remarquables est le *secret professionnel*[282] auquel sont tenus tous les « confidents nécessaires » qui trouvent dans l'exercice de leur profession l'occasion de connaître des détails de la vie de leurs clients (médecin[283], avocat, prêtre[284], etc.). Tantôt le secret est absolu lorsque le dépositaire ne peut en être relevé (par ex., le prêtre, par le pénitent), tantôt il est relatif en ce sens que le client peut en relever le professionnel.

Le *secret des correspondances*[285] est également protégé. Il s'attache tout d'abord aux *lettres missives*[286], et spécialement aux lettres confidentielles dont la divulgation, par exemple la production en justice, n'est en principe possible qu'avec l'autorisation de l'auteur et du destinataire[287].

Le même secret s'applique également aux *correspondances téléphoniques* ; d'où l'interdiction des écoutes téléphoniques, sauf à respecter les formalités prévues à cet effet et les principes posés par l'article 8 de la Convention européenne des droits

interprétés comme incluant pour une société, le droit au respect de son siège social, son agence ou ses locaux professionnels » (CEDH, 16 avr. 2002 : *D.* 2003, somm. p. 527, obs. C. Birsan ; *JCP* E 2003, 77, obs. B. Espesson-Vergeat et 560, obs. J. Raynaud ; *D.* 2003, somm. p. 1541, obs. A. Lepage).

(280) Sur le point de savoir si un serveur Internet peut constituer un « domicile virtuel » bénéficiant de l'inviolabilité, V. P.-Y Gautier, note ss TGI Paris, 14 août 1996 : *D.* 1996, p. 490.

(281) *Le secret et le droit*, Trav. Assoc. Henri Capitant, t. XXV, 1974. – Ph. Malaurie, *Le secret et le droit : une petite anthologie littéraire : Mél. Ch. Mouly*, Litec, 1998, p. 103. – S. Abravanel-Joly, *La protection du secret en droit des personnes et de la famille*, Defrénois, coll. « Thèses », 2005. – A. Lepage (ss dir.), *Le secret à l'ère de la transparence : JCP* 2012, suppl. au n° 47.

(282) M. Delmas-Marty, *À propos du secret professionnel : D.* 1982, chron. p. 267. – P. Decheix, *Un droit de l'homme mis à mal : le secret professionnel : D.* 1983, chron. p. 133. – V. Fraissinier, *Secret professionnel et secret des affaires, deux réalités difficiles à concilier avec les droits d'investigation des administrations : RRJ* 2008, p. 701. – Pour la sanction, V. C. pén., art. 226-13 et 226-14.

(283) D. Thouvenin, *Le secret médical : droit ou devoir professionnel ? : RD sanit. soc.* 1982, 586. – F. Sarda, *Le secret médical en Europe : Médecine et droit* 1997-22, p. 1. – P. Sargos, *Les principes d'immunité et de légitimité en matière de secret professionnel médical : JCP* 2004, I, 187 ; *Le secret médical aujourd'hui : enjeux et perspectives. Aspects juridiques : D.* 2009, p. 2615. Sur l'étendue de ce secret, V. C. santé publ., art. L. 1110-4.

(284) M. Robine, *Le secret professionnel du ministre du culte : D.* 1982, chron. p. 221. – M. Moutouh, *Secret professionnel et liberté de conscience : l'exemple des ministres des cultes : D.* 2000, chron. p. 431. – Y. Mayaud, *La condamnation de l'évêque de Bayeux pour non-dénonciation, ou le tribut payé à César : D.* 2001, chron. p. 3454. – V. cep. Cass. crim., 17 déc. 2002 : *JCP* 2003, II, 10036 et note M.-L. Rassat ; *D.* 2004, 302 et note Cl. Bouvier-Le Berre (suivant lequel ce secret ne fait pas obstacle à ce que le juge d'instruction procède à la saisie de tous documents pouvant être utiles à la manifestation de la vérité).

(285) V. Peltier, *Le secret des correspondances*, préf. Ph. Conte, PUAM, 1999.

(286) F. Gény, *Du droit sur les lettres missives*, 1911. – M.-J. Metzger, *Le secret des lettres missives : RTD civ.* 1979, p. 291.

(287) P. Kayser, *Le principe du secret des lettres confidentielles et ses rapports avec le principe de droit public de la liberté et de l'inviolabilité de la correspondance : Mél. Voirin*, LGDJ, 1967, p. 437.

de l'homme[288]. La Cour européenne s'est prononcée dans le même sens pour les écoutes de conversation par le biais de la pose de micros dans un appartement[289].

Après la condamnation par la Cour européenne des droits de l'homme[290] des pratiques françaises en matière d'écoutes téléphoniques, le législateur a réglementé ces pratiques, conformément aux exigences européennes, par la loi n° 91-646 du 10 juillet 1991[291]. Comme l'indique son titre, cette loi est relative au secret des correspondances émises par la voie des télécommunications. Ainsi, son champ d'application s'étend à d'autres instruments de communication que le simple téléphone et concerne également, par exemple, les communications par Internet.

Deux types d'écoutes sont envisagés : les *interceptions judiciaires* d'une part, possibles dans le cadre d'une procédure d'instruction relative à des infractions punies d'une peine égale ou supérieure à deux ans d'emprisonnement ; les *interceptions de sécurité* d'autre part, correspondant aux écoutes téléphoniques administratives, autorisées dans certaines hypothèses (risques pour la sécurité nationale ou prévention du terrorisme par exemple).

Les journalistes sont friands de tous ces secrets et ils auraient souhaité bénéficier d'une immunité pour échapper à l'infraction de recel de violation de secrets. Mais les dispositions votées en ce sens ont été déclarées contraires à la Constitution[292].

Enfin, il faut rappeler le danger que l'informatique et l'existence des fichiers font courir au droit au secret (V. *supra*, n° 383).

§ 5. – Le droit à l'honneur[293]

396. – Chacun a droit à l'honneur, au respect de sa dignité et de sa réputation. Ce droit est sanctionné tant au plan pénal qu'au plan civil.

Civilement, la victime peut mettre en jeu la responsabilité de l'auteur et obtenir des dommages-intérêts qui peuvent aller du franc symbolique à des sommes

(288) CEDH, 7 juin 2016, n° 19602/06, *CevatOzul c/ Turquie*. – Cass. 2e civ., 18 mars 1955 : *D*. 1955, 1, p. 573, note R. Savatier ; *JCP* 1955, II, 8909, obs. Esmein (pour l'enregistrement d'insultes par téléphone). – Besançon, 13 déc. 1979 : *JCP* 1980, II, 19449, 2e esp., obs. D. Becourt (surveillance des conversations). – J. Pradel, *Écoutes téléphoniques et Convention européenne des droits de l'homme ; à propos de Cass. ass. plén., 24 nov. 1989 (D. 1990, p. 34)* : *D*. 1990, chron. p. 15. – V. ensuite Paris, 1re ch. acc., 18 oct. 1990 : *D*. 1990, p. 536.

(289) CEDH, 2e sect., 31 mai 2005 : *D*. 2005, 2575 et note P. Hennion-Jacquet.

(290) La Cour européenne des droits de l'homme (24 avr. 1990 : *D*. 1990, note J. Pradel) a précisé les limites dans lesquelles l'autorité publique peut porter atteinte au secret de la correspondance, notamment par des écoutes téléphoniques. Sur cet arrêt, V. : R. Koering-Joulin, *De l'art de faire l'économie d'une loi (à propos de l'arrêt* Kruslin *et de ses suites)* : *D*. 1990, chron. p. 187. – P. Kayser, *La conformité à la Convention européenne des droits de l'homme et à la Constitution de la France des écoutes téléphoniques administratives* : *D*. 1991, chron. p. 17. – R. Vienne, *Les écoutes téléphoniques au regard de la Convention européenne des droits de l'homme* : *Mél. Levasseur*, 1992. – V. aussi CEDH, 29 mars 2005 : *D*. 2005, 1755 et note J. Pradel ; *JCP* 2005, II, 10091 et note L. Di Raimondo.

(291) L. n° 91-646, 10 juill. 1991 relative au secret des correspondances émises par la voie des télécommunications : *JO* 13 juill. 1991 ; *Gaz. Pal*. 1991, législ. 488 ; *D*. 1991, législ. 308 : *JCP* 1991, IV, 64887. – D. n° 93-513 pris pour l'application de l'article 24 de la loi. : *JO* 27 mars 1993 ; *Gaz. Pal*. 1993, législ. 490. – J. Frayssinet, *Le cahier des charges de France Télécom et La Poste et la protection de la confidentialité des informations échangées ou relatives aux usagers* : *JCP* 1991, I, 3529. – A. Maron et M. Véron, *Commentaire de la loi n° 91-646* : *RD pén. crim*. 1991, 1. – J. Pradel, *Un exemple de restauration de la légalité criminelle : le régime des interceptions de correspondances émises par la voie des télécommunications* : *D*. 1992, chron. p. 49. – P. Kayser, *La loi n° 91-646 du 10 juillet 1991 et les écoutes téléphoniques* : *JCP* 1992, I, 3559.

(292) E. Derieux, *Non-conformité à la Constitution des dispositions visant à renforcer la protection des sources d'information des journalistes*. À propos de Cons. const., 10 nov. 2016, n° 2016-738 DC.

(293) B. Beigner, *L'honneur et le droit*, LGDJ, 1995.

substantielles ; la publication de la décision de condamnation peut en outre être ordonnée aux frais de l'auteur, comme mode complémentaire de réparation.

Pénalement, l'auteur peut tomber sous le coup de l'une ou l'autre des deux infractions suivantes : soit *l'injure*, en cas d'outrage ne comportant pas l'allégation d'un fait déterminé (par ex., espèce de...) ; soit la *diffamation* qui est l'imputation d'un fait déterminé portant atteinte à l'honneur (par ex., alcoolisme, pédophilie, etc.), étant précisé que la preuve de la vérité du fait diffamatoire est une cause d'exonération, sauf si l'imputation vise la vie privée.

§ 6. – Le droit moral de l'auteur sur son œuvre

397. – Ce droit relève de la protection due à la personnalité intellectuelle et aux œuvres de l'esprit qui en sont le fruit. Il a été consacré par la loi du 11 mars 1957, modifiée par la loi du 3 juillet 1985 ; il est aujourd'hui réglementé par les articles L. 121-1 et suivants du Code de la propriété intellectuelle.

> **Art. L. 121-1.** – L'auteur jouit du droit au respect de son nom, de sa qualité et de son œuvre.
>
> Ce droit est attaché à sa personne.
>
> Il est perpétuel, inaliénable et imprescriptible.
>
> Il est transmissible à cause de mort aux héritiers de l'auteur.
>
> L'exercice peut être conféré à un tiers en vertu de dispositions testamentaires.

À côté du droit pécuniaire qui porte sur l'exploitation de l'œuvre, le droit moral consiste en particulier dans le droit de divulguer ou non, l'auteur étant seul juge de l'achèvement de l'œuvre, et dans le droit au respect de l'œuvre ainsi créée. Ce droit survit indéfiniment et se transmet aux héritiers de l'auteur, alors que le droit pécuniaire est limité dans le temps.

CHAPITRE 2

LES DROITS PATRIMONIAUX

398. – **Le patrimoine et les droits patrimoniaux : le contenant et le contenu.** Toute personne physique ou morale est à la tête d'un *patrimoine*. Dans la conception dominante, qui rattache la notion de patrimoine à celle de personnalité, il faut dire que le patrimoine apparaît à la naissance et disparaît au décès ; il s'ensuit que son contenu est par essence variable tout au long de la vie et qu'on n'a guère d'occasions de le chiffrer sauf au jour du décès pour les personnes physiques, au jour du bilan pour les sociétés.

Il n'y a pas lieu de faire une différence entre le patrimoine des personnes physiques et celui des personnes morales, spécialement celui des sociétés ; ce sont les mêmes éléments qui le composent : des droits appréciables en argent. Les autres : droits civiques et politiques, libertés ou facultés et les droits de la personnalité – qui en principe n'appartiennent qu'aux personnes physiques – ne font pas partie du patrimoine ; les y inclure n'aurait d'ailleurs aucun sens puisque, n'ayant aucune valeur chiffrable et ne pouvant être saisis, ils ne cadrent pas avec la conception d'un patrimoine où l'actif répond du passif.

Les droits appréciables en argent, qui sont l'actif du patrimoine, constituent des *biens*(1). Traditionnellement on distingue les *biens corporels* et les *biens incorporels*. Les biens corporels sont tout simplement les choses, par exemple une maison ou un appartement, des meubles, un ordinateur, etc. ; peut-être faudrait-il y inclure aujourd'hui l'énergie. Les biens incorporels sont les droits, et notamment les droits qui portent sur les choses. Par facilité de langage, on dira par exemple « j'ai une maison » alors qu'on a un droit de propriété (ou un autre droit) sur cette maison. Il faut bien comprendre que, d'un point de vue juridique, c'est le droit qui fait partie du patrimoine, et non pas la maison qui en est l'objet.

En marge de cette classification traditionnelle, il convient de signaler l'existence de « nouveaux biens », catégorie qui s'étend au fur et à mesure des progrès de la science : la propriété intellectuelle (les brevets), l'électricité, l'énergie(2), les OGM,

(1) M. Mignot, *La notion de bien. Contribution à l'étude du rapport entre Droit et économie* : *RRJ* 2006, 1805. – P. Berlioz, *La notion de bien*, LGDJ, coll. « Droit privé », 2007, préf. L. Aynès. – Sur le caractère perpétuel et imprescriptible des biens, V. Th. Lamarche, *L'imprescriptibilité et le droit des biens* : *RTD civ.* 2004, 403. – R. Boffa et Ph. Chauviré, *Le changement en droit des biens* : *Rev. dr. Assas* févr. 2015, n° 10, p. 67. – R. Boffa et a., *L'avenir du droit des biens*, Lextenso éd., coll. « Grands colloques », 2016, V. p. 45, Quel avenir pour la notion de bien ? – G. Sebban, *Le bien juridique. Essai sur le système des droits patrimoniaux*, thèse, Paris II, 2020, ss dir. C. Brenner.

(2) P. Catala, *La matière et l'énergie* : *Mél. Terré*, Dalloz, 1999, p. 557. – M. Lamoureux, *Le bien énergie* : *RTD com.* 2009, p. 239. – T. Urlacher, *La nature juridique de l'énergie* : *D.* 2019, 599.

l'information, les ondes, les nanoparticules, etc., qui n'entrent pas aisément dans les catégories classiques[3]. On parlera plus volontiers ici de biens immatériels, dont le développement est aujourd'hui exponentiel[4]. On s'interroge aussi parfois en doctrine sur le point de savoir s'il ne conviendrait pas de reconnaître un droit de propriété sur les données à caractère personnel[5].

Le droit français doit en outre prendre en compte la notion de « bien » retenue en droit européen. C'est ainsi, par exemple, que la Cour EDH a considéré que des droits de construire accordés en contrepartie de la cession de l'île de Porquerolles à l'État étaient un « bien » au sens de l'article 1 du Protocole n° 1 et qu'en conséquence le bénéficiaire ne saurait en être privé par le classement de l'île en zone inconstructible[6]. De même, à propos d'une maison édifiée irrégulièrement sur le domaine maritime et condamnée à démolition, la Cour EDH a considéré que le refus par une loi étatique de reconnaître un intérêt particulier comme « droit », voire comme « droit de propriété », ne s'opposait pas à ce que l'intérêt en question puisse néanmoins, dans certaines circonstances, passer pour un « bien » au sens de l'article 1 du Protocole n° 1[7].

On laissera de côté en revanche les biens dits *naturels*, que l'on protège ou que l'on devrait protéger dans le cadre du droit de l'environnement[8], et, plus généralement, les biens dont on dit qu'ils font partie du patrimoine commun de la Nation ou de l'Humanité[9].

Ces quelques observations conduisent à poser une définition du patrimoine avant de passer en revue les éléments qui peuvent le constituer.

SECTION 1

LE PATRIMOINE

399. - **Le patrimoine est une universalité de droit.** Bien qu'il n'y ait pas de définition dans la loi, on s'accorde à dire que le patrimoine d'une personne est l'ensemble de ses droits (ou biens) et de ses obligations pécuniaires, constituant

(3) A. Piedelièvre, *Le matériel et l'immatériel. Essai d'approche de la notion de bien : Mél. de Juglart*, LGDJ, 1986. – P. Catala, *L'immatériel et la propriété*, in *Le droit de l'immatériel : Arch. phil. dr.* 1999, t. 43, p. 61. – D. Gutmann, *Du matériel et de l'immatériel dans le droit des biens : ibid.*, p. 65. – F. Zenati, *L'immatériel et les choses : ibid.*, p. 79. – H. Périnet-Marquet, *Regard sur les nouveaux biens : JCP* 2010, 1100. – L. Leveneur (ss dir), *Les « nouveaux » biens. Nouvelles qualification ou nouveau régime ?*, Dalloz, coll. « Thèmes et Commentaires – Actes », 2020.

(4) *L'immatériel*, Trav. Assoc. Henri Capitant, t. LXIV, 2014 : B. Mallet-Bricout, *Bien et immatériel*, p. 149 ; P.-Y. Gautier, *Contrat et immatériel*, p. 453 ; Ph. Glaser, *Procédure et immatériel*, p. 795 ; B. Haftel, *Droit international privé et immatériel*, p. 983 ; R. Cabrillac, *Rapport de synthèse*, p. 9. – N. Blanc, *Quel avenir pour l'immatériel ?*, in *L'avenir du droit des biens*, Lextenso éd., coll. « Grands colloques », 2016, p. 121. – T. Urlacher, *La nature juridique de l'énergie : D* 2019, 599.

(5) M. Bernelin, *La patrimonialité des données personnelles : entre représentation(s) et réalité(s) juridiques : JCP* 2019, 1172.

(6) CEDH, 18 nov. 2010, *Cts Richet et Le Ber c/ France : AJDA* 2010, 2236 ; *JCP* N 2011, n° 27, note B. Dauchez et J.-P. Marguénaud ; *RTD civ.* 2011, 150, obs. T. Revet ; *RDC* 2012, 23, note J. Rochfeld.

(7) CEDH, Gde ch., 29 mars 2010, n° 34078/02, *Brosset Triboulet c/ France*, et n° 34044/02, *Deballe c/ France : RD imm.* 2010, p. 389 ; *D.* 2010, p. 2469, obs. F. G. Trébulle.

(8) M.-J. del Rey-Bouchentoup, *Les biens naturels, un nouveau droit objectif : le droit des biens spéciaux : D.* 2004, chron. p. 1615.

(9) M.-J. Del Rey, *La notion controversée de patrimoine commun : D.* 2006, point de vue p. 388. Sur la polysémie du concept de patrimoine, V. Ph. Simler, *Patrimoines et patrimoine, polysémie du concept : RD imm.* 2009, p. 441. – B. Parance et J. de Saint-Victor (ss dir.), *Repenser les biens communs*, CNRS éd., Paris, 2014.

une universalité de droit(10) ; c'est ainsi que la proposition de réforme du droit des biens(11) retient que « le patrimoine d'une personne est l'universalité de droit comprenant l'ensemble de ses biens et obligations, présents et à venir, l'actif répondant du passif » (art. 519, al. 1)(12). Cette notion de patrimoine d'une personne n'a d'évidence rien à voir avec la notion culturelle de patrimoine telle que définie par le Code du patrimoine (Ord. 20 févr. 2004)(13).

Les droits sont, comme on le verra plus loin en détail (V. *infra*, n°s 405 et s.), ou des créances contre des personnes (sommes d'argent ou prestations à recevoir), ou des droits sur des choses (propriété) ; les obligations sont des dettes (sommes d'argent ou prestations à fournir). Il y a donc un *actif* et un *passif*.

À l'actif figurent tous les droits évaluables en argent. Ces droits varient en fonction notamment de l'activité économique du titulaire qui peut vendre certains biens, auquel cas le droit sur le bien aliéné sera remplacé dans le patrimoine par un droit portant sur une somme d'argent. À supposer qu'une maison soit détruite par un incendie ou qu'un terrain soit exproprié, au droit de propriété perdu sera substitué le droit à une indemnité d'assurance ou d'expropriation : il y aura, dit-on, *subrogation réelle*.

Mais la caractéristique du patrimoine et ce pour quoi on le qualifie d'*universalité de droit*, c'est que l'actif répond du passif. L'application la plus remarquable de cette corrélation est ce que l'on appelle le *droit de gage général* des créanciers sur les biens du débiteur (C. civ., art. 2284 et 2285).

Art. 2284. – Quiconque s'est obligé personnellement, est tenu de remplir son engagement sur tous ses biens mobiliers et immobiliers, présents et à venir.

Art. 2285. – Les biens du débiteur sont le gage commun de ses créanciers ; et le prix s'en distribue entre eux par contribution, à moins qu'il n'y ait entre les créanciers des causes légitimes de préférence.

On entend par là que le créancier impayé peut saisir un bien quelconque du débiteur, le faire vendre et se payer sur le prix. Malgré cela, son droit ne porte pas

(10) F. Cohet-Cordey, *La valeur explicative de la théorie du patrimoine en droit positif français* : *RTD civ.* 1996, 819. – M. Fabre-Magnan, *Propriété, patrimoine et lien social* : *RTD civ.* 1997, 583. – F. Zenati, *Mise en perspective et perspectives de la théorie du patrimoine* : *RTD civ.* 2003, 667. – D. Hiez, *Étude critique de la notion de patrimoine en droit privé actuel*, LGDJ, coll. « Droit privé », t. 399, 2003, préf. Ph. Jestaz. – S. Druffin-Bricca, *La théorie générale du patrimoine en France in* Y. Strickler (ss dir.), *Variations juridiques et politiques*, L'Harmattan, 2013, p. 87. – N. Dissaux, *Quel avenir pour le patrimoine ?* in *L'avenir du droit des biens*, Lextenso éd., coll. « Grands colloques », 2016, p. 25.

(11) H. Périnet-Marquet (ss dir.), *Propositions de l'Association Henri Capitant pour une réforme du droit des biens*, Litec, 2009. – H. Périnet-Marquet, *L'impact des propositions Capitant sur l'avenir du droit des biens*, in *L'avenir du droit des biens*, Lextenso éd., coll. « Grands colloques », 2016, p. 13.

(12) F. Pollaud-Dulian, *Le patrimoine et les biens qui le composent*, in *Propositions de l'Association Henri Capitant pour une réforme du droit des biens*, Litec, 2009, p. 15. – Ph. Simler, *Le patrimoine dans l'avant-projet de réforme du droit des biens* : *RD imm.* 2009, p. 505. Certains auteurs soutiennent à l'inverse que le patrimoine ne devrait comprendre que des biens saisissables, à l'exclusion des dettes : B. Roman, *Le patrimoine dans l'avant-projet de réforme du droit des biens* : *Defrénois* 2009, 1, 504, art. 38906.

(13) Au sens de ce code, le patrimoine est conçu comme « l'ensemble des biens immobiliers ou mobiliers, relevant de la propriété publique ou privée, qui présentent un intérêt historique, artistique, archéologique, esthétique, scientifique ou technique ». Le Code du patrimoine est une codification à droit constant qui regroupe notamment les divers textes relatifs aux monuments historiques, aux fouilles archéologiques, à l'archéologie préventive, aux archives, etc. – V. M. Cornu, *À propos de l'adoption du Code du patrimoine, quelques réflexions sur les notions partagées* : *D.* 2005, chron. p. 1452.

sur un bien déterminé ; il porte sur tous ceux qui, au moment de la poursuite, appartenaient au débiteur. Et tous les créanciers d'un même débiteur ont ensemble le même droit de gage général sur les biens de ce dernier : chacun peut se payer sur le tout. Il n'en irait autrement, et un créancier ne saurait être avantagé par rapport aux autres que si sa créance était assortie d'une sûreté : privilège, hypothèque, gage particulier, etc. ; c'est en fonction de ces causes de préférence qu'on oppose les *créanciers chirographaires*, c'est-à-dire sans garantie autre que le droit de gage général, aux *créanciers privilégiés* (V. *infra*, n°s 444 et s.).

Le principe du droit de gage général des créanciers ne se trouve pas remis en cause par la loi du 31 décembre 1989 relative à la prévention et au règlement des difficultés liées au surendettement des particuliers et des familles[(14)]. Mais sa mise en œuvre en est affectée dans la mesure où cette loi a institué pour les particuliers une procédure collective de conciliation et de redressement judiciaire qui limite les droits des créanciers. Ces limitations s'apparentent à celles rencontrées en cas de liquidation judiciaire d'un commerçant ou d'une entreprise.

En revanche, la loi du 1er août 2003 pour l'initiative économique a permis à tout entrepreneur individuel de faire échec aux articles 2284 et 2285 en lui ouvrant la faculté de rendre insaisissable sa résidence principale par déclaration notariée[(15)] ; cette insaisissabilité s'opère désormais de plein droit. Le but du législateur a été ici de favoriser la création d'entreprises en permettant à l'entrepreneur de limiter son risque et, plus précisément, de faire échapper sa résidence principale à l'action de ses créanciers pour les dettes professionnelles. Cette faculté a depuis lors été étendue à tout bien immobilier bâti ou non bâti – sous réserve d'une déclaration notariée – dès lors que celui-ci n'est pas affecté à l'usage professionnel de l'entrepreneur (L. 4 août 2008)[(16)] (V. *infra*, n° 403).

Autre application de l'idée d'universalité de droit : en cas de décès d'une personne, ses héritiers ou légataires *universels* ne reçoivent les biens du défunt qu'à charge de payer les dettes ; ils ont vocation au tout, actif et passif. Au contraire, les

(14) P.-L. Chatain, *La loi du 31 décembre 1989 relative à la prévention et au règlement des difficultés liées au surendettement des particuliers et des familles* : ALD 1990, 43. – J.-L. Vallens, *La loi du 31 décembre 1989.* : ALD 1990, 87. – A. Kormann, *Prévention et règlement du surendettement des particuliers* (à propos de la loi n° 89-1010 du 31 décembre 1989) : *JCP* N 1990, doctr. p. 123. – G. Paisant, *La loi du 31 décembre 1989 relative au surendettement des ménages* : *JCP* 1990, I, 3457. – Codifiée dans le Code de la consommation, la loi de 1989 a été modifiée par la suite à de nombreuses reprises. – Sur l'ensemble de la question, V. D. Khayat, *Le droit du surendettement des particuliers*, LGDJ, 1997. – S. Gjidara, *L'endettement et le droit privé*, préf. A. Ghozi, LGDJ, 1999. – X. Lagarde, *L'endettement des particuliers. Étude critique*, LGDJ, 1999. – S. Neuville, *Le traitement planifié du surendettement* : *RTD com.* 2001, p. 31.

(15) M. Germain, *La loi n° 2003-721 du 1er août 2003 pour l'initiative économique* : *JCP* 2003, act. p. 1493. – S. Piedelièvre, *L'insaisissabilité de la résidence principale de l'entrepreneur individuel. Loi n° 2003-721 du 1er août 2003 pour l'initiative économique* : *JCP* 2003, I, 165. – C. Malecki, *La loi pour l'initiative économique et l'insaisissabilité de la résidence principale de l'entrepreneur individuel* : *D.* 2003, chron. p. 2220. – M. Laugier, *Initiative économique et déclaration notariée d'insaisissabilité* : *JCP* N 2003, n° 1561. – M. Dagot, *L'insaisissabilité de la résidence principale de l'entrepreneur individuel, Formules* : *JCP* N 2003, n° 1562 et *Conditions de forme* : *JCP* N 2004, 1028. – F. Vauvillé, *La déclaration notariée d'insaisissabilité* : *Defrénois* 2003, 1, 1197, art. 37813. – D. Autem, *L'insaisissabilité de la résidence principale de l'entrepreneur individuel* : *Defrénois* 2004, 1, 327, art. 37890. – P.-M. Le Corre, *Protection de l'entrepreneur individuel et déclaration d'insaisissabilité* : *AJDI* 2004, 179. – L. Williatte-Pellitteri, *L'insaisissabilité de la résidence principale de l'entrepreneur individuel résultant de la loi du 1er août 2003 ; la boîte de Pandore du monde des affaires* : *LPA* 9 août 2004, p. 3. – M.-H. Monsérié-Bon, *L'insaisissabilité de la résidence principale : ordre et désordre dans le rôle de la publicité* : *Mél. R. Saint-Alary*, PU Toulouse, 2005, p. 387. – F. Pérochon, *Le créancier et la renonciation à l'insaisissabilité de la résidence* : *Mél. R. Saint-Alary*, *op. cit.*, p. 409.

(16) S. Piedelièvre, *Le nouveau droit de l'insaisissabilité* : *Defrénois* 2008, art. 38856, p. 2245. – D. Viguier, *La protection du patrimoine personnel du chef d'entreprise (la déclaration d'insaisissabilité)* : *D.* 2009, p. 175.

légataires *particuliers*, c'est-à-dire ceux qui reçoivent un ou plusieurs biens déterminés, ne sont pas tenus des dettes de la succession.

Aux universalités de droit que constituent les patrimoines on oppose les *universalités de fait*[17], c'est-à-dire les masses de biens au sein desquelles il n'y a pas de corrélation entre un actif et un passif, par exemple, un troupeau, une bibliothèque, une collection de timbres ou de tableaux, etc. Il faut ajouter que la distinction n'est pas toujours bien tranchée ; c'est le cas par exemple pour le fonds de commerce à propos duquel se rencontre une certaine corrélation entre les éléments d'actif et les dettes.

400. – **Le patrimoine est un attribut de la personnalité.** Pour la doctrine classique, qui est dominante, le patrimoine se rattache à la personnalité juridique, avec laquelle il se confond : il est un attribut de la personnalité, au même titre ou presque que le nom ou le domicile. Dans cette conception, le patrimoine est la personnalité économique de l'homme, la projection pécuniaire de la personne, considérée dans sa durée[18].

De cette idée, on fait découler des conséquences, dont certaines ont été critiquées :

– tout d'abord, seules les personnes, qu'elles soient physiques ou morales, peuvent avoir un patrimoine ; réciproquement, il ne saurait y avoir de patrimoine sans une personne qui en serait le titulaire ;

– toute personne a nécessairement un patrimoine : peu importe s'il est à un moment donné vide de tout droit et de toute obligation, ou même négatif ; il est pour le moins une enveloppe, une besace riche de l'aptitude de son titulaire à acquérir des biens ou à consentir des obligations ;

– le patrimoine étant lié indissolublement à la personne, il dure aussi longtemps que la personnalité de son titulaire. Il s'ensuit que le patrimoine est *intransmissible entre vifs*, c'est-à-dire du vivant de son titulaire qui peut seulement modifier son contenu, en plus ou en moins : aliéner un immeuble, par exemple, n'est qu'une transformation de la pierre en somme d'argent. À supposer même qu'il aliène la totalité de ses biens, subsisteraient encore les obligations. Le patrimoine ne sera transmis qu'*à cause de mort*, c'est-à-dire au décès pour les personnes physiques, à la dissolution pour les personnes morales, événements qui marquent la disparition de la personnalité ;

– enfin et surtout, chaque personne ne peut avoir qu'un seul patrimoine. Ce principe de *l'unicité du patrimoine* dégagé par Aubry et Rau[19] – qui est repris dans la proposition de réforme du droit des biens[20] – interdit à toute personne la

(17) E. Meiller, *L'universalité de fait* : *RTD civ.* 2012, 651. – Pour l'étude de la distinction classique et un essai de nouvelle présentation, A. Nallet, *La notion d'universalité. Étude de droit civil*, Dalloz, 2021, préf. F. Zenati-Castaing.

(18) H. Gazin, *Essai critique sur la notion de patrimoine dans la doctrine classique*, thèse, Dijon, 1910. – P. Catala, *La transformation du patrimoine dans le droit civil moderne* : *RTD civ.* 1966, p. 185. – A. Sériaux, *La notion juridique de patrimoine, Brèves notations civilistes sur le verbe avoir* : *RTD civ.* 1994, p. 801. – F. Cohet-Cordey, *La valeur explicative de la théorie du patrimoine en droit positif français* : *RTD civ.* 1996, p. 819. – M. Fabre-Magnan, *Propriété, patrimoine et lien social* : *RTD civ.* 1997, p. 583. – B. Fromion-Hébrard, *Essai sur le patrimoine en droit privé*, LGDJ, coll. « Droit privé », 2003, t. 398, préf. M. Grimaldi.

(19) *Le fabuleux destin de l'unicité du patrimoine* : *Rev. dr. H. Capitant* 2011, n° 2, p. 5 – Suivant un auteur, Aubry et Rau admettaient diverses exceptions à l'indivisibilité du patrimoine que la doctrine a conçu par erreur comme un dogme intangible : A. Denizot, *L'étonnant destin de la théorie du patrimoine* : *RTD civ.* 2014, 547.

(20) « Toute personne physique ou morale est titulaire d'un patrimoine et, sauf si la loi en dispose autrement, d'un seul » (art. 519, al. 2).

division de son patrimoine en plusieurs patrimoines autonomes. Il s'ensuit qu'un commerçant, par exemple, ne peut pas en principe (V. *infra*, nos 403 et s. pour les exceptions) limiter le droit de poursuite des créanciers commerciaux à certains biens seulement, ceux affectés au commerce, et soustraire à leur action ceux affectés à sa vie privée ; l'affectation d'une partie de ses biens à l'exercice de telle ou telle activité est tout à fait licite, mais elle n'entraîne pas à elle seule création d'un second patrimoine(21). En pratique, cette interdiction peut aisément être tournée : il suffit de constituer une personne morale (société, fondation, etc.) et de lui faire apport d'un certain nombre de biens (V. *infra*, n° 402) ; ce faisant, et sans aller à l'encontre du principe de l'unicité du patrimoine, une personne peut dissocier son patrimoine en créant une ou plusieurs sociétés dont chacune aura son propre patrimoine, cependant que la personne conserve son patrimoine personnel(22). Le patrimoine ainsi constitué de cette personne morale est toujours un patrimoine d'affectation en ce sens qu'il est destiné à répondre à l'objet en vue duquel cette personne a été créée.

401. – **Critique de la théorie classique ; la théorie du patrimoine d'affectation.** Le principe de l'unicité du patrimoine a été très critiqué par les partisans de la théorie du *patrimoine d'affectation*(23). Pourquoi, au lieu de rattacher le patrimoine à la personne, ne permettrait-on pas à chacun de créer des masses de biens dont chacune aurait une affectation particulière et serait une universalité de droit ?

On a notamment fait observer que le principe de l'unicité du patrimoine constituait un obstacle important à la constitution de fondations, ce qui était tout à fait regrettable pour le développement du mécénat.

On a également fait remarquer que la loi en fournissait des exemples dans le droit matrimonial (la masse commune, dans les régimes de communauté)(24), dans le droit successoral (en cas d'acceptation sous bénéfice d'inventaire aujourd'hui devenue acceptation à concurrence de l'actif net)(25), en droit maritime (la *fortune de mer*), en droit commercial (le fonds de commerce), et en droit bancaire (les fonds communs de placement). C'est ce qui a conduit un auteur à considérer que l'idée d'affectation avait toujours été sous-jacente à la notion de patrimoine(26).

Dès lors, ne pourrait-on pas généraliser, sauf à assurer la protection des créanciers contre les manœuvres frauduleuses qui pourraient présider à la dissociation

(21) J. Prieur, *Patrimoine professionnel : méthode et perspectives. Rapport de synthèse au 98e Congrès des Notaires : Defrénois* 2002, 1, 1507, art. 37631.

(22) Ph. Dupichot, *L'unicité du patrimoine aujourd'hui, observations introductives : JCP* N 2009, 1356. – M. Mekki, *Le patrimoine aujourd'hui : JCP* N 2011, 1258.

(23) P. Raynaud, *La nature juridique de la dot. Essai de contribution à la théorie générale du patrimoine*, thèse, Toulouse, 1934. – A.-L. Thomait-Raynaud, *L'unité du patrimoine : essai critique*, Defrénois, coll. « Thèses », 2007, préf. D. Tomasin. – A.-L. Thomait-Raynaud, *Le patrimoine d'affectation : réflexions sur une notion incertaine : Rev. Lamy dr. civ.* juin 2010.

(24) S. Lambert-Wiber, *Le principe d'unité du patrimoine à l'épreuve de la responsabilité financière d'une personne mariée sous le régime de la communauté : Defrénois* 1999, 1, 1153, art. 37059.

(25) L'acceptation sous bénéfice d'inventaire prévue aux articles 793 et suivants anciens du Code civil permettait aux héritiers d'être à la tête de deux patrimoines, le leur propre et celui dont ils héritaient, pendant le temps nécessaire pour liquider le passif de la succession. Cette séparation des patrimoines avait été conçue pour protéger les héritiers contre les risques pour leur patrimoine d'une succession déficitaire. La même solution est aujourd'hui retenue par l'article 791 en cas d'acceptation à concurrence de l'actif net.

(26) P. Berlioz, *L'affectation au cœur du patrimoine : RTD civ.* 2011, 635.

du patrimoine de leurs débiteurs(27) ? C'est l'évolution qui s'est produite depuis de nombreuses années et qui s'est récemment accélérée(28).

402. – La constitution de patrimoines d'affectation par le biais d'une personne morale. Comme on l'a vu plus haut, la dissociation d'un patrimoine a toujours été possible par l'intermédiaire d'une société en quelque sorte interposée ou fictive. Elle est souvent réalisée par la constitution d'une SARL ou d'une société anonyme avec des associés « potiches » qui sert de cadre à l'activité commerciale d'une personne. Ce faisant, on ne porte pas directement atteinte au principe de l'unicité du patrimoine.

Mais un pas supplémentaire se trouve franchi lorsque la loi permet la constitution de sociétés d'une seule personne. C'est ainsi que, au lieu de consacrer la possibilité de constituer des patrimoines d'affectation, comme l'idée en avait été avancée(29), la loi du 11 juillet 1985 permet à toute personne de créer pour son activité artisanale, commerciale, agricole, etc., une *société unipersonnelle à responsabilité limitée*(30) qui se voit ainsi reconnaître la personnalité morale(31). Il en va de même de la *société par actions simplifiée* (SAS) qui peut n'être constituée que d'une seule personne. Allant plus loin encore, la loi du 1er août 2003 pour l'initiative économique a supprimé l'exigence d'un capital minimum pour une SARL, qui peut ainsi être constituée pour 1 € ; autant dire que la loi permet à toute personne physique de constituer une personne morale, ce qui consacre ainsi le patrimoine d'affectation(32). Dans ces diverses hypothèses, il s'agit donc d'une société d'une seule personne, ce qui va à l'encontre de la notion même de société qui suppose la réunion de plusieurs personnes.

Toutefois, le succès de ces formes nouvelles n'a pas été à la hauteur des espérances, si bien que l'évolution s'est poursuivie par d'autres voies.

403. – La constitution de patrimoines d'affectation par la création de masses de biens. La technique consiste ici à faire échapper certaines masses de biens à l'action des créanciers ou de certains créanciers impayés, mais sans remettre en cause le principe de l'unicité des patrimoines.

---

(27) S. Piedelièvre, *Patrimoine d'affectation, droit des créanciers et droit des sûretés : Mél. Le Cannu*, Lextenso, 2014.

(28) Pour cette évolution, V. F. Terré, *La personne et ses patrimoines. Des pépins par milliers : JCP* 2010, 1328. – P. Berlioz, *Patrimoine d'affectation : esquisse d'un régime général : Mél. Le Cannu*, Lextenso, 2014.

(29) Cl. Champaud, *L'entreprise personnelle à responsabilité limitée : RTD com.* 1979, p. 579. – G. Daublon, *Entreprise et patrimoine d'affectation : Defrénois* 1984, 1, 3, art. 33182. – V. aussi, M. Grimaldi et B. Reynis, *Brèves réflexions d'avant-congrès sur le patrimoine professionnel : Defrénois* 1987, 1, 587, art. 33947 ; *Le patrimoine professionnel*, Trav. du 83e Congrès des Notaires de France, Toulouse, 1987.

(30) P. Serlooten, *L'entreprise personnelle à responsabilité limitée : D.* 1985, chron. p. 187. – A. Sayag, *De nouvelles structures pour l'entreprise. La loi n° 85-697 du 11 juillet 1985 : JCP* 1985, I, 3217. – J.-J. Daigre, *Défense de l'entreprise unipersonnelle à responsabilité limitée : JCP* 1986, I, 3225. – J. Paillusseau, *L'EURL ou des intérêts pratiques et des conséquences théoriques de la société unipersonnelle : JCP* 1986, I, 3242. – G. Daublon, *Remarques sur l'entreprise unipersonnelle à responsabilité limitée : Defrénois* 1986, 1, 3, art. 33641. – J. Hugot et J. Richard, *Les sociétés unipersonnelles*, Litec, 1985. – M.-Th. Calais-Auloy, *Appréciation critique de la loi du 11 juillet 1985 instituant l'EURL : D.* 1986, chron. p. 249. – J.-J. Daigre, *La société unipersonnelle en droit français : RID comp.* 1990, p. 665. – C. Ducoulous-Fayard, *Société d'un seul. Entreprise unipersonnelle : Gaz. Pal.* 1990, doctr. p. 577. – P. Serlooten, *EURL. Entreprise à responsabilité limitée*, éd. GLN, 1994. – J. Le Calvez, *Les incertains contours du patrimoine de l'entrepreneur individuel : D.* 2000, chron. p. 151.

(31) V. Legrand, *L'entreprise à patrimoine affecté sur la sellette : D.* 2014, 1458 (à la suite des modifications apportées par la loi du 18 juin 2014).

(32) O. Pecqueur, *Variations autour du nouvel article L. 223-2 du Code de commerce relatif à la fixation du capital des SARL : JCP N* 2003, 1576.

C'est ainsi que la loi du 1er août 2003 pour l'initiative économique et la loi du 4 août 2008 de modernisation de l'économie (LME) ont instauré une insaisissabilité de certains biens immobiliers au profit de toute personne exerçant une activité professionnelle (commerçant, artisan, agriculteur, profession libérale). Il faut distinguer entre l'immeuble où est fixée la résidence principale et les autres biens fonciers. Pour la résidence principale, l'insaisissabilité s'opère désormais de plein droit, sans aucune formalité (C. com., art. L. 526-1, al. 1)[33]. En revanche, une déclaration d'insaisissabilité est toujours nécessaire pour tout autre bien foncier, bâti ou non bâti, et à la condition qu'il ne soit pas affecté à l'usage professionnel ; cette déclaration doit être publiée au fichier immobilier (C. com., art. L. 526-1, al. 2).

Plus récemment, l'idée de patrimoine d'affectation a été à nouveau avancée à l'occasion de l'introduction en droit français de la *fiducie*, institution dérivée du *trust* anglais[34]. Après une longue maturation, l'avant-projet[35] s'est finalement concrétisé dans une loi du 19 février 2007 qui figure aux articles 2011 et suivants du Code civil. La fiducie y est définie comme « l'opération par laquelle un ou plusieurs constituants transfèrent des biens, des droits ou des sûretés (...), présents ou futurs, à un ou plusieurs fiduciaires qui, les tenant séparés de leur patrimoine propre, agissent dans un but déterminé au profit d'un ou plusieurs bénéficiaires ». Ainsi, au lieu de se fondre dans le patrimoine du fiduciaire, ces biens constituent une masse à part, à l'abri de ses créanciers personnels, et forment de ce fait un patrimoine d'affectation[36]. La faculté de recourir à la fiducie a été grandement élargie par divers textes, notamment l'article 18 de la loi du 4 août 2008 de modernisation de l'économie[37], suivie par l'ordonnance n° 2009-112 du 30 janvier 2009.

404. - La constitution de patrimoines d'affectation au profit des « entrepreneurs individuels à responsabilité limitée » (EIRL). Allant encore plus loin, la loi n° 2010-658 du 15 juin 2010 permet à toute personne physique, professionnel libéral, commerçant ou artisan, de scinder son patrimoine en deux : son patrimoine privé et son patrimoine affecté à l'activité de son entreprise, celui-ci étant le seul gage de ses créanciers professionnels[38]. L'entrée en vigueur de la loi était conditionnée par une ordonnance

(33) L. n° 2015-990, 6 août 2015, art. 206. V. *D.* 2015, 1694 (V. Legrand, *Faut-il supprimer la déclaration notariée d'insaisissabilité ? : D.* 2015, 2837). – D. Bert et S. Kherbouche, *L'insaisissabilité de droit de la résidence principale de l'entrepreneur individuel : une réforme insaisissable : RTD com.* 2016, 241.

(34) Y. Emerich, *Les fondements conceptuels de la fiducie française face au* trust *de la* common law *: entre droit des contrats et droit des biens : RID comp.* 2009, p. 49.

(35) Cl. Witz, *La fiducie en droit privé français*, Economica, 1981. – Ch. Larroumet, *La fiducie inspirée du trust : D.* 1990, chron. p. 119. – Ch. Pisani, *La fiducie : Defrénois* 1990, 1, 535, art. 34772. – M. Grimaldi, *La fiducie : réflexions sur l'institution et sur l'avant-projet de loi qui la consacre : Defrénois* 1991, 1, 897, art. 35085 ; *ibid.* 1991, 1, 961, art. 35094. – M. Cantin-Cumyn, *L'avant-projet de loi relatif à la fiducie, un point de vue civiliste d'outre-Atlantique : D.* 1992, chron. p. 117. – J.-P. Le Gall, *Le concept de fiducie dans le projet de loi sur la fiducie : Gaz. Pal.* 1992, doctr. p. 507. – F. Barrière, *La réception du trust au travers de la fiducie*, Litec, 2005, préf. M. Grimaldi.

(36) Ch. Larroumet, *La loi du 19 février 2007 sur la fiducie. Propos critiques : D.* 2007, chron. p. 1350. – P. Crocq, *Lacunes et limites de la loi au regard du droit des sûretés : D.* 2007, chron. p. 1354. – Ph. Dupichot, *Opération fiducie sur le sol français : JCP* 2007, act. 121. – R. Libchaber, *Les aspects civils de la fiducie dans la loi du 19 février 2007 : Defrénois* 2007, art. 38631 et 38639. – L. Aynès, *Fiducie : analyse et applications pratiques de la loi : Rev. Lamy dr. civ.* févr. 2008, suppl. au n° 46, p. 5. – M. Grimaldi, *Théorie du patrimoine et fiducie : Rev. Lamy dr. civ.* déc. 2010, p. 73. – *La fiducie dans tous ses états*, Assoc. H. Capitant, Journée nationale, t. XV, Dalloz, 2011.

(37) L. Dargent, *Réforme de la fiducie par la LME : D* 2008 act. législ. p. 2133. – F. Roussel, M.-C. Larcher, O. Hoareau et A. Dobigny, *De la fiducie à l'entreprise individuelle à responsabilité limitée (EIRL) : JCP* N 2008, 1282. – F. Roussel, *Combinaison fiducie et entreprise à patrimoine affecté : le regard de l'entrepreneur : JCP* N 2009, 1361.

(38) B. Dondero, *L'EIRL, ou l'entrepreneur fractionné. À propos de la loi du 15 juin 2010 : JCP* 2010, 679. – E. Mallet, *Création de l'entrepreneur individuel à responsabilité limitée (EIRL) : JCP* N 2010, 505. – S. Piedelièvre, *L'entreprise individuelle à responsabilité*

d'adaptation du droit des difficultés des entreprises, ordonnance du 9 décembre 2010 qui assure la transposition du patrimoine d'affectation tant au livre IV du Code de commerce qu'aux dispositions relatives au surendettement des particuliers[39].

Ce dispositif a été complété par le décret n° 2010-1706 du 29 décembre 2010 instaurant un « registre spécial des entrepreneurs individuels à responsabilité limitée » (RSEIRL) qui permet aux professionnels concernés d'y déposer une déclaration d'affectation, aujourd'hui remplacée par un état descriptif des éléments du patrimoine affecté, et ses éventuelles modifications[40]. Ce registre est tenu au greffe du tribunal de commerce ou du tribunal judiciaire statuant commercialement dans le ressort duquel exerce l'entrepreneur.

Ce système déclaratif a été sensiblement allégé par l'article 7 de la loi PACTE[41] et ses textes d'application du 25 septembre 2019[42].

Il est ici clairement fait échec au principe de l'unicité du patrimoine, sans passer par le biais de la création d'une personne morale[43]. Mais l'on peut supposer qu'en cas de succès de son entreprise, l'entrepreneur à responsabilité limitée choisira de passer au statut de société unipersonnelle[44] (V. *supra*, n° 402).

SECTION 2

LES ÉLÉMENTS DU PATRIMOINE : LES DROITS PATRIMONIAUX

405. – **Classification des droits.** On a défini plus haut (V. *supra*, n° 399) le patrimoine comme étant l'ensemble des droits (ou biens) et des obligations, appréciables en argent, d'une personne. Il convient maintenant de s'expliquer sur ces termes.

---

limitée : Defrénois 2010, art. 39134. – F. Vauvillé, *Commentaire de la loi du 15 juin 2010 relative à l'entrepreneur individuel à responsabilité limitée : Defrénois* 2010, art. 39144. – J. Prieur et D. Coiffard, *Le patrimoine professionnel affecté : l'EIRL : JCP N* 2010, 1390. – D. Viguier, *Du patrimoine d'affectation et de la loi relative à l'entrepreneur à responsabilité limitée : Dr. et patrimoine* sept. 2010, p. 24. – Th. Revet et a., *Le patrimoine professionnel d'affectation : Dr. et patrimoine* avr. 2010, dossier p. 56. – F. Roussel et Ph. Van Steenlandt, *La loi Novelli du 15 juin 2010. Le droit français de l'entreprise à l'heure du XXIe siècle : JCP N* 2010, 1327. – A.-M. Leroyer, *Loi n° 2010-658 du 15 juin 2010 relative à l'entrepreneur individuel à responsabilité limitée : RTD civ.* 2010, p. 632. – F. Marmoz, *L'EIRL, nouvelle technique d'organisation de l'entreprise : D.* 2010, p. 1570. – F. Terré (ss dir.), *EIRL, L'entrepreneur individuel à responsabilité limitée*, Litec, 2011. – B. Dondero, Duo in carne una. *À propos de l'ordonnance du 9 novembre 2010 : JCP* 2010, 1261. – F. Roussel et Ph. Van Steenlandt, *Le chef d'entreprise face au dilemme de la protection de son patrimoine : JCP N* 2011, 1093. – V. aussi *L'EIRL, la consécration du patrimoine professionnel d'affectation : Defrénois* 2011, art. 39213 et s. – J. Dubarry et J.-W. Flume, *Patrimoine + publicité = Responsabilité limitée. Une démystification de l'EIRL : Rev. Lamy dr. civ.* sept. 2011, p. 59. – Ph. Théry, *L'EIRL, ou la prise de la Bastille (Observations rétrospectives sur la théorie du patrimoine) : Mél. Ph. Merle*, Dalloz, 2012. – J.-D. Pellier, *La nature juridique du patrimoine affecté de l'entrepreneur individuel à responsabilité limitée : RTD com.* 2013, 45. – L. Gautron et O. Lefébure, *Évolution de la nature, de l'activité et de la composition du patrimoine de l'entrepreneur individuel à responsabilité limitée : RTD com.* 2015, 411.

(39) *L'EIRL en difficulté : D.* 2011, dossier p. 90, avec les contributions de P.-M. Le Corre, *L'heure de vérité de l'EIRL : le passage sous la toise du droit des entreprises en difficulté*, p. 91 ; V. Legrand, *Le chapitre II de l'ordonnance du 9 décembre 2010 concernant le surendettement de l'entrepreneur individuel à responsabilité limitée : premiers constats et déception*, p. 99 ; A. Guesmi, *EIRL versus EURL à l'aune du droit des procédures collectives*, p. 104. – V. Legrand, *EIRL et déclaration d'insaisissabilité. Quel bilan ? : JCP N* 2014, 1101 et *JCP G* 2014, 287.

(40) Sur la nécessité de préciser les biens affectés et sa sanction, V. Cass. com., 7 févr. 2018 : *D.* 2018, 594, note S. Tisseyre.

(41) X. Delpech, *Loi PACTE : modification du régime de l'EIRL : D.* 2019, 815.

(42) C. Lebel, *EIRL : simplification des règles : JCP* 2019, 807.

(43) Pour une proposition alternative, V. E. Dubuisson, « *Patrimoines affectés, avez-vous donc une âme ?* », *La personnalité au secours de l'entrepreneur individuel : D.* 2013, 792.

(44) V. Legrand, *L'après-EIRL, la mise en société… : D.* 2011, 966.

Et d'abord, les termes *droits* et *biens* désignent la même chose, vue sous deux angles différents. Un *bien*[45] est une chose soit *corporelle*[46] (un immeuble, une machine), soit *incorporelle*[47] (une créance) ; on dira par exemple dans le langage courant : j'ai un immeuble à tel endroit, j'ai une créance contre M. X. Le *droit* désigne le pouvoir d'une personne sur une chose (droit de propriété, d'usufruit, etc.) ou sur une autre personne, le débiteur ; on dira, dans un langage juridique, donc plus précis : j'ai un droit de propriété, ou d'usufruit, etc., sur tel immeuble ; j'ai un droit personnel (ou de créance) à l'encontre de M. X[48]. Suivant la formule de la proposition de réforme du droit des biens (art. 520), « Sont des biens (...) les choses corporelles ou incorporelles faisant l'objet d'une appropriation, ainsi que les droits réels et personnels (...) ».

Quant aux *obligations*, qui constituent le passif du patrimoine, c'est l'envers des droits personnels, ce sont les dettes.

Dans une première approche, on va dire que le patrimoine comprend des droits patrimoniaux qui sont, les uns des *droits réels* sur des choses, les autres des *droits personnels* ou de créance (à l'actif : créances ; au passif : dettes : V. *supra*, n° 399).

Cette grande distinction des droits réels et des droits de créance n'est pas expressément formulée par les textes, mais elle transparaît au travers d'eux de manière très nette. Elle demeure la *summa divisio* de la matière bien qu'elle soit aujourd'hui l'objet de vives critiques dont l'exposé n'a pas sa place ici[49].

Toutefois, avec l'évolution économique et aujourd'hui technique est apparue une troisième catégorie de droits (propriété littéraire, artistique, industrielle ; propriété commerciale, etc.) qui ne se ramènent ni aux droits réels, ni aux droits personnels ; on les appelle souvent les *droits intellectuels* ou monopoles d'exploitation et, plus récemment, biens immatériels[50].

PATRIMOINE	
ACTIF	**PASSIF**
Droits réels : par ex. : propriété d'immeubles, de meubles	(obligation très générale de respecter les droits réels d'autrui)
Droits personnels : créances de sommes d'argent ou de prestations	Dettes de sommes d'argent ou de prestations
Droits intellectuels : marques, brevets, etc., et autres biens immatériels	(obligation très générale de ne pas porter atteinte aux droits intellectuels ou immatériels d'autrui)

Ce sont ces trois catégories de droits qu'il convient d'analyser pour mieux cerner les éléments du patrimoine.

(45) A. Piedelièvre, *Le matériel et l'immatériel. Essai d'approche de la notion de bien : Mél. de Juglart*, LGDJ, 1986. – P. Catala, *L'immatériel et la propriété*, in *Le droit de l'immatériel : Arch. phil. dr.* 1999, t. 43, p. 61. – D. Gutmann, *Du matériel et de l'immatériel dans le droit des biens : ibid.*, p. 65. – F. Zenati, *L'immatériel et les choses : ibid.*, p. 79.

(46) R. Savatier, *Vers de nouveaux aspects de la conception et de la classification juridique des biens corporels : RTD civ.* 1958, p. 331.

(47) R. Savatier, *Essai d'une présentation nouvelle des biens incorporels : RTD civ.* 1958, p. 331.

(48) A. Piedelièvre, *Le matériel et l'immatériel. Essai d'approche de la notion de bien : Mél. de Juglart*, LGDJ, 1986.

(49) S. Ginossar, *Droit réel, propriété et créance*, LGDJ, 1960. – J. Dabin, *Une nouvelle définition du droit réel : RTD civ.* 1962, p. 20 – S. Ginossar, *Pour une meilleure définition du droit réel et du droit personnel : RTD civ.* 1962, p. 573 – F. Hage-Chahine, *Essai d'une nouvelle classification des droits privés : RTD civ.* 1982, p. 705. – T. Lakssimi, *La summadividio des droits réels et des droits personnels, Étude critique*, Dalloz, coll. « Bibl. de thèses », 2016.

(50) B. Mallet-Bricout, *Bien et immatériel en France, in* Trav. Assoc. Henri Capitant, t. LXIV, 2014, p. 149.

SOUS-SECTION 1

LES DROITS RÉELS[51]

406. – **Définition.** Le droit réel (*de res*, la chose) se définit comme le pouvoir exercé *directement* par une personne sur une chose : par exemple, le droit de propriété ; en cela, il s'oppose au droit personnel, lequel est le pouvoir d'une personne sur une autre personne. Ces définitions doctrinales sont aujourd'hui reprises dans la proposition de réforme du droit des biens : « Le droit réel est celui qui procure à une personne un pouvoir direct sur un bien » (art. 522), cependant que « le droit personnel est celui du créancier d'une obligation à l'encontre de son débiteur » (art. 523). Le premier est dit absolu, c'est-à-dire opposable à tous[52], le second est relatif en ce sens qu'il n'établit de rapports qu'entre le créancier et le débiteur.

On a parfois avancé que le droit réel, pouvant être opposé à tout le monde, devrait être défini comme une « obligation passive universelle », comme l'obligation de tous de ne pas troubler le titulaire dans l'exercice de son droit sur la chose. Cette conception, qui conduit à nier l'originalité des droits réels, ne rend pas vraiment compte de la réalité.

Il faut toutefois reconnaître que l'opposition entre droit réel et droit personnel tend parfois à s'estomper. Ainsi le droit du locataire qui était jadis l'exemple type du droit personnel se rapproche beaucoup aujourd'hui d'un droit réel par suite de l'accroissement considérable des prérogatives du preneur. Dans une large mesure, le droit du locataire d'exiger du bailleur un certain nombre de prestations relativement à la chose[53] et de se perpétuer dans les lieux à l'expiration du bail est devenu un droit presque direct sur la chose elle-même[54].

De même, le droit de propriété, droit réel par essence, est parfois appliqué à des créances, ou plus précisément à des sommes d'argent ou à des choses fongibles que le détenteur doit restituer à leur « propriétaire »[55]. Mais la jurisprudence s'y montre hostile ; alors que certains créanciers espéraient tourner la loi sur les procédures collectives par le biais d'une action en revendication des créances, la Cour de cassation a décidé qu'une demande en restitution de fonds ne pouvait être formée par voie de revendication et que le créancier devait déclarer sa créance à la procédure collective du débiteur[56].

(51) R. Boffa, *Quel avenir pour les droits réels ?*, in *L'avenir du droit des biens*, Lextenso éd., coll. « Grands colloques », 2016, p. 83.

(52) M. Lévis, *L'opposabilité du droit réel. De la sanction judiciaire des droits*, Economica, 1989. – V. aussi M. Billiau, *L'opposabilité des contrats ayant pour objet un droit réel*, in *Les effets du contrat à l'égard des tiers : Comparaisons franco-belges*, 1993.

(53) Obligation « 1° de délivrer au preneur la chose louée et, s'il s'agit de son habitation principale, un logement décent ; 2° d'entretenir cette chose en état de servir à l'usage pour lequel elle a été louée ; 3° d'en faire jouir paisiblement le preneur pendant la durée du bail ; 4° d'assurer également la permanence et la qualité des plantations » (C. civ., art. 1719).

(54) J. Derruppé, *La nature juridique du droit du preneur à bail et la distinction des droits réels et des droits de créance*, 1952. – R. Saint-Alary, *Le droit à l'habitat et les nouvelles relations entre propriétaires et locataires (L. 22 juin 1982) : D.* 1982, chron. p. 239. – F. Warembourg-Auque, *La réforme des rapports locatifs par la loi n° 86-1290 du 23 décembre 1986 : JCP* 1987, I, 3290 ; *Rapports locatifs : l'équilibre introuvable (Commentaire de la loi n° 89-462 du 6 juillet 1989) : JCP* 1989, I, 3421. – D. Grillet-Ponton, *Le droit du bail d'habitation à l'épreuve de la réglementation locative : une nouvelle désacralisation de la propriété ? : JCP* 2000, I, 240.

(55) V. D.-R. Martin, *De la revendication des sommes d'argent : D.* 2002, chron. p. 3279.

(56) Cass. com., 4 févr. 2003 : *D.* 2003, 1230, obs. A. Lienhard ; *Defrénois* 2003, art. 37810, obs. R. Libchaber.

Sous réserve de ces précisions, la distinction du droit réel et du droit personnel conserve tout son intérêt. Elle permet notamment de mettre en lumière les éléments constitutifs du patrimoine.

À cet égard, il convient de classer les choses sur lesquelles portent les droits réels, puis d'analyser le contenu des divers droits réels et leur force.

§ 1. – Classification des choses objet des droits réels

407. - **Énumération.** Alors que les droits personnels portent sur des prestations de l'homme, les droits réels portent sur des choses. Il importe de classer ces choses en diverses catégories, non pour l'amour des catégories mais parce que le fait qu'une chose appartienne à telle catégorie peut entraîner la mise en œuvre de règles déterminées. On peut dire en effet qu'à chaque catégorie correspond l'application d'un groupe de règles de droit. C'est particulièrement évident pour la distinction des choses en meubles et immeubles.

Mais à côté de cette classification fondamentale, on rencontre des classifications secondaires dont l'intérêt n'est pas négligeable.

Toutes les choses entrent dans chacune de ces classifications.

Elles sont toutes :

- meubles ou immeubles ;
- consomptibles ou non consomptibles ;
- fongibles (*choses de genre*) ou non fongibles (*corps certains*) entre elles.

A. – Les meubles et les immeubles

408. - **Histoire et évolution**[57]**.** À l'origine, la classification ne s'appliquait qu'aux choses corporelles, matérielles, sur lesquelles pouvait porter un droit réel. Quant au critère de la distinction, il découlait – et découle encore – de la nature des choses : les meubles sont les biens susceptibles d'un déplacement d'un point à un autre, cependant que les immeubles ont une situation fixe, immuable, dans l'espace.

Appliquée aux choses corporelles, la distinction correspondait aussi à un critère de valeur. Dans un pays d'économie surtout agricole, l'immeuble, les terres, étaient la seule valeur véritable ; les meubles, y compris le numéraire et les bijoux, étaient quantité négligeable. D'où l'adage : *Res mobilis, res vilis*. Pour faire image, on peut dire qu'à l'époque du Code civil (1804) la fortune française était à 90 % immobilière et 10 % mobilière. Cette circonstance, jointe à la simple nature des choses, explique qu'il y ait eu des règles différentes pour les meubles et pour les immeubles.

L'évolution économique postérieure allait bouleverser ces données. De nouveaux biens sont apparus, par suite de la multiplication considérable des sociétés : les parts d'intérêts et les actions qui sont des biens incorporels, même lorsqu'ils se matérialisent dans un titre (sauf les titres au porteur, qui sont considérés comme des meubles corporels).

(57) H. Périnet-Marquet, *Évolution de la distinction des meubles et des immeubles depuis le Code civil : Mél. J. Béguin*, Litec, 2005, p. 643.

> **Art. 516.** – Tous les biens sont meubles ou immeubles.

Parce que l'article 516 du Code civil proclame que « tous les biens sont meubles ou immeubles », formule que reprend la proposition de réforme dans son article 526[58], il a fallu à toute force faire entrer les nouveaux biens dans la classification ; faute de pouvoir les assimiler aux immeubles, on les a rangés parmi les meubles, non sans quelque artifice, et on y a ajouté toutes les créances. Dès lors, la fortune française est sans nul doute aujourd'hui beaucoup plus mobilière qu'immobilière, alors surtout que de nombreux immeubles sont la propriété de sociétés. Il s'ensuit que l'impôt sur la fortune immobilière mis en place au 1er janvier 2018 touche beaucoup moins les grandes fortunes (qui sont en général composées d'actions et d'obligations) que les fortunes plus modestes, les « petits riches », pourrait-on dire, qui considèrent l'immobilier comme une valeur plus sûre.

La classification des meubles et immeubles, s'appliquant désormais tant aux biens incorporels (droits de créance, actions et parts d'intérêts) qu'aux choses corporelles (les choses au sens du langage courant), déborde le domaine des droits réels puisque ces derniers ne portent que sur les choses corporelles[59].

Si l'on a choisi malgré cela d'en traiter ici, c'est en raison de motifs pratiques et pour la clarté de l'exposition.

409. – **Intérêts pratiques attachés à la distinction.** De très nombreux et importants intérêts s'attachent à la distinction des meubles et des immeubles.

Par exemple, la *fiscalité* varie suivant qu'une aliénation porte sur un meuble ou sur un immeuble ; d'une manière générale les mutations de propriété immobilière sont plus lourdement taxées que celles portant sur des meubles (encore faudrait-il distinguer suivant qu'elles sont faites à titre gratuit ou à titre onéreux).

De même, la *preuve* de la propriété est plus simple à rapporter pour les meubles (elle résulte de la simple possession) que pour les immeubles (il faut démontrer qu'on a acquis du véritable propriétaire, ou qu'on est en possession de bonne foi depuis dix ans). Dans le même ordre d'idées, toutes les opérations sur les immeubles (vente, hypothèque, apport en société, etc.) sont soumises à *publicité foncière* au service de la publicité foncière, alors qu'en matière mobilière une publicité n'est organisée que dans des hypothèses bien précises et limitées (gage sans dépossession, avions, navires, fonds de commerce, etc.).

En matière de *procédure*, le tribunal compétent est celui du lieu de situation de l'immeuble pour les affaires immobilières, celui du domicile du défendeur pour les affaires mobilières. Quant à la saisie, elle est hérissée de difficultés pour les immeubles, assez simple pour les meubles et les sommes d'argent.

Également, si les meubles comme les immeubles peuvent servir de garantie au paiement des créances, ce ne sont ni les mêmes *sûretés*, ni les mêmes règles qui

(58) Ph. Simler, *Meubles et immeubles*, in *Propositions de l'Association Henri Capitant pour une réforme du droit des biens*, Litec, 2009, p. 33.
(59) F. Tarlet, *Les biens mobiliers*, Dalloz, coll. « Nouvelle Bibl. de thèses », vol. 170, 2017.

s'appliqueront dans un cas et dans l'autre. Les *hypothèques* ne pèsent que sur les immeubles (et les navires, bateaux et aéronefs), les *gages* et leurs dérivés, *warrants* (industriel, pétrolier), *nantissements* (fonds de commerce, outillage et matériel d'équipement) sur les seuls meubles.

On n'en finirait pas d'énumérer les intérêts qui s'attachent à la distinction des meubles et des immeubles ; tout le Code civil, ou presque, est fondé sur elle, peut-être à l'excès d'ailleurs.

1° Les immeubles[60]

> **Art. 517. –** Les biens sont immeubles, ou par leur nature, ou par leur destination, ou par l'objet auquel ils s'appliquent.

410. – **Les immeubles par nature.** Les *immeubles par nature* sont essentiellement les *fonds de terre*, c'est-à-dire le sol, et, d'une manière plus générale, tout ce qui est attaché au sol. Ainsi, sont immeubles par nature les *constructions* de toutes sortes : immeubles d'habitation ou de bureaux, bâtiments d'usines, hangars, barrages, ponts, garages, etc., et tous les accessoires qui y sont incorporés : canalisations, ascenseurs, etc. (C. civ., art. 518 et 519).

Sont également immeubles par nature les *végétaux*, qu'ils soient spontanés ou cultivés : ainsi « les récoltes pendantes par les racines, et les fruits des arbres non encore recueillis » (C. civ., art. 520), les arbres des forêts (C. civ., art. 521). Encore faut-il ajouter que deviennent meubles les récoltes coupées, les fruits détachés, les arbres abattus selon des coupes réglées.

Ces constructions et plantations sont des immeubles même s'ils ne sont pas l'œuvre du propriétaire du sol ; cette circonstance, qui est sans influence sur la nature des choses, oblige seulement à s'interroger sur la question de leur propriété (V. *infra*, n° 425).

Sur ce point, la proposition de réforme reprend, dans une langue plus moderne, et innove. Dans son article 527, elle dispose que « par leur nature sont immeubles les parties déterminées de l'espace terrestre. Sont ainsi immeubles : les fonds, les volumes, les constructions et végétaux qui s'y trouvent, ainsi que toutes les choses qui s'y incorporent. Sont aussi immeubles les lots de copropriété ». L'innovation tient ici à l'insertion des volumes (V. *infra*, n° 425) et des lots de copropriété (V. *infra*, n° 431), nouvelles formes de la propriété immobilière, dans les immeubles par nature.

411. – **Les immeubles par destination.** Les *immeubles par destination* sont en réalité des choses mobilières, mais que la loi traite fictivement comme des immeubles en raison du lien qui les unit à un immeuble par nature. C'est là une application particulière d'un principe général du droit : *l'accessoire suit le principal.*

(60) H. Périnet-Marquet, *L'immeuble et le Code civil*, in *1804-2004. Le Code civil. Un passé, un présent, un avenir*, Dalloz, 2004, p. 395.

L'idée est qu'on ne peut séparer ce qui est naturellement uni, et que doivent être soumis à un régime juridique unique tous les biens qui constituent une unité, spécialement une unité économique.

Pour qu'un meuble devienne ainsi immeuble par destination, deux conditions doivent être réunies :

1° il faut que le meuble appartienne au même propriétaire que l'immeuble auquel il est affecté, faute de quoi l'unité ne serait qu'apparence ;

2° il faut aussi que le propriétaire ou bien ait placé ces meubles « pour le service et l'exploitation du fonds » (C. civ., art. 524), ou bien les ait « attachés à son fonds à perpétuelle demeure » (C. civ., art. 525). Cette seconde condition, prise en ses deux branches, appelle quelques explications.

L'*affectation* au service et à l'exploitation d'un fonds doit s'entendre, selon la jurisprudence, des objets mobiliers qui sont nécessaires, sinon même indispensables à ce fonds ; en effet, une extension abusive des immeubles par destination pourrait nuire aux créanciers chirographaires de l'entreprise : s'ils veulent saisir des meubles « immobilisés » par destination, ils risquent d'être primés par les créanciers hypothécaires dont l'hypothèque se trouve étendue d'office à ces nouveaux biens(61).

Cela étant, il peut s'agir d'une affectation *agricole* sur laquelle s'étend avec complaisance l'article 524 du Code civil (le matériel agricole, les semences, pailles et engrais, etc.) ou *industrielle*(62) (tout l'outillage de l'entreprise, machines, ordinateurs, véhicules, etc.), ou *commerciale* (matériels divers) ou même tout simplement *bourgeoise*, dans les appartements.

Quant à *l'attachement à perpétuelle demeure*, l'article 525 du Code civil pose des présomptions en fonction du type d'attache ou du type d'objet (glaces, tableaux, statues)(63). Mais elles n'ont pas de caractère exhaustif ou limitatif, et l'intention du propriétaire d'affecter définitivement à l'immeuble tel ou tel meuble peut être démontrée par d'autres éléments(64).

L'intérêt pratique de l'immobilisation par destination est d'entraîner l'application à ces meubles des règles relatives aux immeubles dont ils sont l'accessoire. Ainsi, une hypothèque sur une usine va porter en outre, et de droit, sur tout l'outillage qui pourrait y être introduit pour l'exploitation du fonds ; pareille situation peut

---

(61) V. par ex., pour un stock de cognac, Cass. 1re civ., 1er déc. 1976 : *JCP* 1977, II, 18735, concl. av. gén. Gulphe. – Pour des serres, Cass. com., 1er févr. 1984, *Bull.* n° 53, p. 43. – Cass. 3e civ., 23 mai 1984 : *JCP* 1984, IV, 244. – V. aussi P. Gulphe, *L'immobilisation par destination*, thèse, Paris, 1943.

(62) V. par ex., pour des matériels d'équipement industriel installés pour l'amélioration des conditions de travail et de productivité de l'entreprise, qui sont devenus une part intrinsèque de celle-ci (Agen, 1er déc. 1988 : *Defrénois* 1989, I, 1213, art. 34602, note A. Vialard).

(63) Ainsi, ne sont pas attachés à perpétuelle demeure une statue dans un jardin (Cass. 3e civ., 3 juill. 1968 : *JCP* 1968, II, 15685, obs. G. Goubeaux), des meubles de cuisine standard et des tablettes de radiateurs en marbre (Cass. 3e civ., 8 juin 1982 : *JCP* 1982, IV, 298), ou des radiateurs électriques simplement vissés (Cass. 3e civ., 7 juill. 1981 : *D.* 1983, inf. rap. p. 13, note A. Robert) ; l'est au contraire une armoire frigorifique scellée dans le plancher (Paris, 11 févr. 1982 : *D.* 1983, inf. rap. p. 13, note A. Robert), une bibliothèque épousant les particularités d'une pièce (Cass. 1re civ., 5 mars 1991 : *D.* 1991, somm. p. 304, obs. A. Robert), une véranda (Cass. 3e civ., 26 juin 1991 : *JCP* 1992, II, 21825, obs. J.-F. Barbiéri ; *D.* 1993, p. 93, note I. Freij-Dalloz). V. aussi la célèbre affaire des fresques de Casenoves détachées des murs de la chapelle sur lesquels elles avaient été peintes : Montpellier, 18 déc. 1984 : *D.* 1985, p. 208, note J. Maury. – Cass. ass. plén., 15 avr. 1988 : *D.* 1988, p. 325, concl. J. Cabannes, note J. Maury ; *JCP* 1988, II, 21066, rapp. Grégoire et obs. J.-F. Barbiéri. – J.-F. Barbiéri, *De l'incorporation à l'attache à perpétuelle demeure et inversement : réflexions sur la distinction meuble-immeuble et sur les mécanismes d'affectation* : *Mél. R. Saint-Alary*, 2006, p. 111.

(64) Paris, 16 avr. 1996 : *D.* 1997, somm. p. 18, note A. Robert.

entraîner des conflits difficiles à résoudre entre le créancier hypothécaire sur l'immeuble et les créanciers bénéficiant, par exemple, d'un nantissement sur l'outillage et le matériel d'équipement.

La proposition de réforme reprend cette catégorie en posant le principe que « par leur destination, sont immeubles les meubles attachés ou affectés à un immeuble par leur propriétaire commun » (art. 528) ; et il pose également, mais de manière plus générale, des présomptions d'attachement ou d'affectation.

412. – **Les immeubles par l'objet auquel ils s'appliquent.** Les *immeubles par l'objet auquel ils s'appliquent* sont une catégorie artificielle dans laquelle le Code civil range les immeubles non plus corporels mais incorporels, c'est-à-dire non plus les choses mais les droits qui portent sur ces choses.

Pour les besoins de la cause – parce qu'il a décidé dans l'article 516 que tous les biens étaient meubles ou immeubles – le législateur fait rentrer les droits dans la catégorie des meubles et des immeubles en considération de la nature mobilière ou immobilière de la chose sur laquelle ils portent (C. civ., art. 526).

Ainsi est-on amené à dire que sont aussi des immeubles les droits réels lorsqu'ils portent sur des immeubles (par ex., la propriété ou l'usufruit des immeubles, les servitudes, les hypothèques), les créances immobilières (qui sont très exceptionnelles : redevance tréfoncière due par le concessionnaire d'une mine, créance de dommages de guerre pour un immeuble sinistré) et même les actions en justice de nature immobilière.

De manière plus simple, la proposition de réforme dispose que « par leur objet sont immeubles les droits réels sur les immeubles et les actions qui s'y rapportent » (art. 529) et, corrélativement que « tous les droits, autres que ceux visés à l'article 529, sont meubles » (art. 533).

2° Les meubles

Art. 527. – Les biens sont meubles par leur nature, ou par la détermination de la loi.

413. – **Les meubles par leur nature.** Les *meubles par leur nature* sont tous des meubles corporels et, à ce titre, objet de droits réels. L'article 528 du Code civil s'efforce d'en donner une définition positive ; peut-être serait-il plus opérant de proposer une définition négative qui correspond assez bien à cette catégorie fourre-tout : tout ce qui n'est pas immeuble est meuble (par ex., le gaz, l'électricité). Telle est l'option retenue par la proposition de réforme qui, après avoir listé les immeubles corporels, se borne à dire que « toutes les autres choses corporelles sont meubles » (art. 530).

Art. 528. – Sont meubles par leur nature les biens qui peuvent se transporter d'un lieu à un autre.

Jusqu'à la loi du 16 février 2015 l'article 528 du Code civil citait, parmi les meubles par leur nature, les *animaux* (V. *supra*, n° 288), qui se meuvent eux-mêmes, et *les choses inanimées*, les objets. À la suite de la proclamation dans l'article 515-14 que les animaux sont des « êtres vivants doués de sensibilité », les divers animaux cités expressément dans plusieurs articles du Code civil ont été rayés de ces textes(65).

Parmi les biens qui peuvent se transporter d'un lieu à un autre figurent les *meubles meublants*(66), c'est-à-dire les meubles au sens du langage courant, ceux « destinés à l'usage et à l'ornement des appartements », mais à l'exception des collections de tableaux, porcelaines, etc. (C. civ., art. 534).

Sont également des meubles les bijoux, les tableaux (autres que ceux inclus dans une collection) ; les machines et outillages lorsqu'ils ne sont pas immeubles par destination, les récoltes une fois coupées, etc., les navires, bateaux et aéronefs, bien qu'à certains égards leur régime juridique se rapproche beaucoup de celui des immeubles(67).

Au sein des meubles par leur nature, il faut faire une place particulière aux billets de banque et aux *titres au porteur*. Normalement, on devrait considérer qu'un titre ou un billet de banque n'est pas en soi un bien corporel, mais seulement un instrument de preuve de la créance que le porteur a contre l'État ou la société qui a émis le titre. Telle est bien l'analyse que l'on donne lorsqu'il s'agit d'un titre nominatif. Au contraire, parce que les titres au porteur et les billets se transmettent de la main à la main, on a fini par considérer que la créance était incorporée dans le titre, qu'elle faisait corps avec lui(68). Ce sont ainsi des meubles corporels par leur nature, alors que les titres nominatifs sont meubles par détermination de la loi.

414. – **Les meubles par détermination de la loi.** Les *meubles par détermination de la loi* sont aux meubles ce que les immeubles par l'objet auquel ils s'appliquent (V. *supra*, n° 412) sont aux immeubles.

Ce sont les *meubles incorporels*, et leur simple énumération suffit à montrer combien il est artificiel de vouloir faire entrer les droits dans cette classification des meubles et immeubles qui a été conçue pour des choses.

On y trouve pêle-mêle des droits qui n'ont aucun rapport entre eux et qui, en outre, sont tous soumis à des régimes différents : les droits réels portant sur des meubles, tous les droits de créance, les parts d'intérêts et actions de sociétés, les actions en justice de nature mobilière, la totalité des droits intellectuels et monopoles d'exploitation, etc.

415. – **Les meubles par anticipation.** À la liste de l'article 527 du Code civil, la jurisprudence a ajouté une catégorie, celle des *meubles par anticipation*.

Il s'agit de biens immeubles par nature, comme les végétaux, qui vont devenir meubles le jour où ils seront détachés du sol. La jurisprudence les considère par

(65) A. Gastaldo, *Regards sur la ménagerie de l'article 524 du Code civil*, in *Droit, Administration et Justice : Mél. en l'honneur des Professeurs M.-Th. Allemand-Gay et J. Gay*, PU Nancy, 2011, p. 129 et s.

(66) S. Charpentier, *Un regard contemporain sur une disposition ancienne : les meubles meublants* : *Gaz. Pal.* 1998, 2, doctr. p. 1201. La catégorie demeure dans l'avant-projet de réforme, avec la même définition (art. 527, al. 2).

(67) Ils peuvent faire l'objet d'une hypothèque mobilière, leur aliénation suppose une publicité là où ils sont immatriculés.

(68) Cass. com., 25 févr. 1975 : *JCP* 1975, II, 18133 *bis*, note Bost et Stemmer.

anticipation comme des meubles lorsque ces biens font l'objet de certains contrats. Ainsi en est-il des ventes portant sur des choses immobilières au jour du contrat, mais destinées à devenir mobilières : ainsi les ventes de récoltes ou d'arbres sur pied, de matériaux à extraire d'une mine ou d'une carrière, de bâtiments ou ouvrages quelconques en vue de la démolition (69).

L'intérêt se situe au plan fiscal. Pour éviter notamment que ne soient perçus par le Trésor des droits – plus lourds – de mutation immobilière, la jurisprudence a considéré qu'il s'agissait non de ventes immobilières mais de ventes de meubles par anticipation ; d'où le nom donné à cette catégorie.

La proposition de réforme consacre cette catégorie jurisprudentielle, à raison de son évidente utilité pratique. Il en donne une définition et l'amorce d'un régime : « Sous réserve des droits des tiers, le propriétaire de choses susceptibles d'être détachées d'un immeuble et son cocontractant peuvent, par anticipation, les considérer comme meubles : ainsi les récoltes sur pied, les matériaux à extraire d'une mine ou d'une carrière, les produits devant provenir d'une démolition » (art. 532).

IMMEUBLES	MEUBLES
1) Par nature :	*1) Par nature :*
– les fonds de terre (le sol) ; – les bâtiments et constructions diverses ; – les végétaux (arbres, récoltes) encore attachés au sol.	– les biens meubles (meubles meublants, machines, véhicules, etc.) ; – les titres au porteur.
2) Par destination :	*2) Par détermination de la loi :*
meubles appartenant au propriétaire de l'immeuble : – soit affectés au service ou à l'exploitation d'un fonds (agricole, industriel, commercial, bourgeois) ; – soit attachés à perpétuelle demeure.	– droits réels sur les meubles ; – créances, parts d'intérêts et actions de sociétés ; – actions en justice relatives aux meubles ; – droits intellectuels et monopoles d'exploitation, etc.
3) Par l'objet auquel ils s'appliquent :	*3) Par anticipation :*
– droits réels sur les immeubles ; – créances immobilières ; – actions en justice relatives aux immeubles.	[en cas de vente d'] arbres et récoltes sur pied, matériaux à extraire, etc.

B. – Autres classifications

416. – **Biens des personnes privées et biens du domaine de l'État.** C'est là une distinction fondamentale, qui répond à la distinction du droit privé et du droit public. Elle n'est qu'évoquée par l'article 537 du Code civil, sous l'angle de la faculté d'aliéner.

(69) V. Cass. 1re civ., 13 juill. 1982 : *Gaz. Pal.* 1982, 2, 670, note A. Piedelièvre. – Aix, 15 févr. 1985 : *Gaz. Pal.* 1985, 2, 442, note Ch. Dubreuil.

> **Art. 537.** – Les particuliers ont la libre disposition des biens qui leur appartiennent, sous les modifications établies par les lois.
> Les biens qui n'appartiennent pas à des particuliers, sont administrés et ne peuvent être aliénés que dans les formes et suivant les règles qui leur sont particulières.

Cette disposition oppose les biens des particuliers et le *domaine de l'État*. Il faut savoir que les biens de l'État et des personnes morales de droit public sont soit du domaine privé, soit du domaine public. Les biens du *domaine privé* sont, d'une manière générale, soumis aux règles du droit commun : par exemple, les forêts domaniales. Au contraire, les biens du *domaine public* obéissent à des règles exorbitantes du droit commun ; étant inaliénables et imprescriptibles, ils sont hors du commerce. Sous réserve de l'application de la loi du 25 juillet 1994[(70)] et aujourd'hui du Code général de la propriété des personnes publiques, les particuliers ne peuvent en principe acquérir de droits sur certains d'entre eux que par des concessions, des baux ou des autorisations d'occupation temporaires précaires et révocables[(71)]. Ce régime dérogatoire concerne les biens qui sont affectés à l'usage direct du public et qui ne sauraient en conséquence faire l'objet d'une appropriation privée : par exemple, les routes, les cours d'eau navigables et flottables, le rivage de la mer, les ports, les ponts, les voies ferrées, etc.

Les propriétés publiques sont désormais régies par le Code général de la propriété des personnes publiques (CGPPP) mis en place par une ordonnance du 21 avril 2006[(72)] ratifiée avec modifications par la loi du 12 mai 2009 de simplification et de clarification du droit[(73)].

417. – **Choses appropriées et choses sans propriétaire.** On dit qu'une chose est appropriée lorsqu'elle fait l'objet d'un droit de propriété.

La situation normale est que toutes les choses sont appropriées, mais il arrive qu'elles ne le soient pas. Cela vise les choses sans maître et les choses communes.

Les *choses sans maître*[(74)], sont celles en attente d'appropriation. Suivant la formule de la proposition de réforme, ces biens meubles sans maître appartiennent au premier occupant, sauf disposition particulière (art. 542). C'est le cas du gibier, des

(70) M. Lombard, *La constitution de droits réels sur le domaine public, expression d'un compromis ambigu entre protection et valorisation des propriétés publiques : ALD* 1994, 183. – Ch. Lavialle, *La constitution de droits réels sur le domaine public : RFDA* 1994, p. 1106. – J. Dufau, *La loi n° 94-631 du 25 juillet 1994 relative à la constitution de droits réels sur le domaine public : JCP* N 1995, I, doctr. p. 95. – O. de David Beauregard-Berthie, *Commentaire de la loi n° 94-631 du 25 juillet 1994 complétant le Code du domaine de l'État et relative à la constitution de droits réels sur le domaine public : JCP* 1995, I, 3812.

(71) P. Delvolvé, *Les dispositions relatives aux droits réels sur le domaine des personnes publiques : l'incohérence : RD imm.* 2010, 584.

(72) Ch. Maugüé et G. Bachelier, *Genèse et présentation du Code général de la propriété des personnes publiques : AJDA* 2006, 1078. – E. Fatôme, *La consistance du domaine public immobilier : évolution et questions ? : AJDA* 2006, 1087. – Y. Gaudemet, *Les droits réels sur le domaine public : AJDA* 2006, 1094. – Ch. Pisani et C. Bosgiraud, *Premières réflexions de la pratique sur le Code général des propriétés publiques : AJDA* 2006, 1098 ; *Propriété publique – Domaine public : RFDA* 2006, dossier p. 899 ; *La circulation des propriétés publiques : JCP* N 2006, dossier p. 1335.

(73) C. Maugüé et G. Bachelier, *La ratification du Code général de la propriété des personnes publiques, enfin ! : AJDA* 2009, 1177.

(74) M. Rémond-Gouilloud, *Ressources naturelles et choses sans maître : D.* 1985, chron. p. 27.

poissons, des produits de la mer, de l'eau pluviale, et aussi des choses volontairement abandonnées par leur ancien propriétaire. À l'inverse, les *choses communes*[75] sont celles que chacun peut utiliser parce qu'elles sont le bien de tous, mais qui ne sont pas susceptibles d'une appropriation véritable : l'air, l'eau de la mer, les eaux courantes. On dira plus volontiers aujourd'hui qu'il s'agit là d'un patrimoine commun[76]. À cet égard, on peut se demander si les corps célestes sont des choses communes ou s'ils peuvent être appropriés[77].

Art. 714. – Il est des choses qui n'appartiennent à personne et dont l'usage est commun à tous.

Des lois de police règlent la manière d'en jouir.

Art. 715. – La faculté de chasser ou de pêcher est également réglée par des lois particulières.

418. – **Choses consomptibles et choses non consomptibles**[78]. Sont *consomptibles* les choses qui se consomment, disparaissent par le premier usage qu'on en fait ; ainsi les denrées alimentaires, les combustibles (charbon, produits pétroliers, gaz, énergie électrique ou nucléaire) et, d'une manière générale, toutes les choses dont on ne peut se servir qu'une fois. Il faut y ajouter, non sans quelque artifice, la monnaie ; bien que les instruments monétaires ne soient pas détruits, au sens matériel du terme, lorsqu'ils servent à un paiement, du moins ne sont-ils plus utilisables par celui qui les a aliénés.

Les *choses non consomptibles* sont au contraire susceptibles d'une utilisation répétée, même si leur valeur s'efface progressivement (les immeubles, machines, etc.).

L'intérêt de cette distinction apparaît à propos des droits qui confèrent à leurs titulaires l'usage d'une chose (par ex., le droit d'usufruit ou celui de l'emprunteur), à charge de la rendre à une date déterminée. De tels droits ne peuvent s'exercer normalement que sur des choses non consomptibles, car elles seules pourront à la fois servir et être rendues. Lorsqu'ils portent sur des choses consomptibles, l'obligation de rendre la chose se transforme en une obligation de restituer une chose semblable.

Cette différence est en pratique très importante. En effet, dans un cas (choses non consomptibles) le propriétaire conserve son droit de propriété sur la chose soumise à usufruit ou à prêt et peut donc la revendiquer en nature malgré le redressement judiciaire du débiteur de la restitution. Dans l'autre cas (choses consomptibles : par exemple, prêt d'argent ou de marchandises), le propriétaire perd son droit réel de propriété qui se trouve remplacé par un simple droit personnel à restitution contre le débiteur ; en cas de redressement judiciaire de ce dernier,

(75) M.-A. Chardeaux, *Les choses communes*, LGDJ, coll. « Droit privé », 2006, préf. G. Loiseau. – M.-A. Chardeaux, *Nommer la prérogative d'usage des choses communes* : *D.* 2019, 2195.
(76) M.-J. Del Rey, *La notion controversée de patrimoine commun* : *D.* 2006, point de vue p. 388.
(77) P.-J. Delage, *Vers l'appropriation privée des ressources naturelles célestes : quelques remarques critiques* : *D.* 2016, 551.
(78) P. Jaubert, *Deux notions du droit des biens : la consomptibilité et la fongibilité* : *RTD civ.* 1945, p. 75. – Ph. Bonfils, *La consomptibilité* : *RRJ* 2003, 181.

il sera soumis à la *loi du concours* avec les créanciers chirographaires : c'est dire qu'il aura peu de chances de recevoir l'intégralité de son dû.

419. – **Choses fongibles et choses non fongibles**(79). On dit que deux choses sont fongibles entre elles lorsqu'elles peuvent être remplacées indifféremment l'une par l'autre, notamment dans une livraison ou dans un paiement. On les appelle aussi des *choses de genre*, parce que, dans une vente par exemple, vendeur et acheteur ont surtout en vue le genre ou l'espèce de la chose plutôt que son identité propre. Tel est le cas de toutes les marchandises qui, une fois la qualité déterminée, se vendent au poids, au nombre, ou à la mesure : le pétrole et ses dérivés, l'huile, les céréales, les conserves, et également les billets de banque dont la fongibilité est parfaite. Peu importe que le fuel livré vienne de telle cuve, l'huile de tel fût, les céréales de tel entrepôt, etc., dès l'instant que le compte y est, en qualité comme en quantité.

À l'inverse, les choses non fongibles ou *corps certains* sont celles qui ne sont pas interchangeables, parce qu'elles ont une individualité propre ; ainsi tout immeuble ou tout appartement est en principe un corps certain. Deux appartements, seraient-ils en tous points identiques, ne pourraient en toute hypothèse avoir la même localisation dans l'espace ; de même les œuvres d'art, et, d'une manière générale, tout ce qui n'existe qu'à l'unité.

L'intérêt de la distinction apparaît en cas de vente, pour déterminer la date du transfert de propriété et, par voie de conséquence, pour dire qui du vendeur ou de l'acheteur assume les risques de perte entre le jour de la vente et celui de la livraison. La date du transfert de propriété dépend en effet du caractère fongible ou non de la chose vendue.

S'il s'agit d'une chose non fongible, d'un corps certain, le transfert de propriété s'opère, sauf clause contraire, du seul fait de l'accord des parties sur la chose et sur le prix, du seul fait de la vente. La date du transfert se confond ici avec celle du contrat et les risques de perte incombent dès ce moment au nouveau propriétaire, même s'il n'a pas encore été livré, à moins qu'il n'ait mis le débiteur en demeure de livrer.

S'il s'agit au contraire d'une chose de genre, la seule convention ne suffit pas pour produire le transfert de propriété. Il faut encore que les choses fongibles, objets de la vente, aient été individualisées ; or cette individualisation ne résulte le plus souvent que de la livraison elle-même, ce qui retarde jusqu'à cette date le transfert de la charge des risques sur le nouveau propriétaire.

On voit donc que ces diverses classifications ne sont pas de simples jeux de l'esprit. Bien entendu, toute chose entre dans chacune de ces classifications. Par exemple, un immeuble est une chose immobilière, non consomptible et non fongible ; l'essence est une chose mobilière, consomptible et fongible.

(79) P. Jaubert, *op. cit.* – P. Veaux-Fournerie, *Fongibilité et subrogation réelle en matière de gage commercial*, in *Le gage commercial*, Dalloz, 1953. – A. Laude, *La fongibilité : RTD com.* 1995, p. 307. – Y. Kalieu, *La fongibilité des immeubles : LPA* oct. 2001. – S. Torck, *Essai d'une théorie générale des droits réels sur choses fongibles*, thèse, Paris II, 2001. – P.-G. Marly, *Fongibilité et volonté individuelle. Étude sur la qualification juridique des biens*, LGDJ, coll. « Bibl. A. Tunc », 2005, préf. Ph. Delebecque. – D.-R. Martin, *La propriété, de haut en bas : D.* 2007, chron. p. 1977, cf. I, *La surpropriété*. – Cass. 1re civ., 3 mai 2006 : *D.* 2006, act. jurispr. p. 1526, obs. V. Avena-Robardet.

On a ainsi une vue plus précise des choses sur lesquelles peuvent porter les droits réels. Pour aller plus avant, il convient de déterminer quels sont ces droits réels.

§ 2. – Les divers droits réels

420. – **La liste des droits réels est-elle limitative ? Le droit réel de jouissance spéciale.** Alors que les droits personnels sont en nombre illimité (il ne dépend que de l'imagination de chacun d'en créer de nouveaux), on enseignait généralement que les droits réels sont déterminés de manière limitative par la loi. Mais cette opinion, outre qu'elle a suscité de vives critiques(80), est démentie par la jurisprudence(81). En effet, la jurisprudence a depuis longtemps consacré le droit de superficie, puis elle a admis que le droit de propriété pouvait porter sur des volumes dans l'espace et, plus récemment, elle a reconnu le droit de jouissance exclusive ou spéciale(82).

Quant à la proposition de réforme du droit des biens, elle ne s'est pas prononcée sur cette question, mais elle institue un nouveau « droit réel de jouissance spéciale », droit temporaire qui peut porter sur une ou plusieurs utilités particulières d'un bien, permettant ainsi une nouvelle valorisation de celui-ci(83). Un tel droit existait déjà dans l'Ancien droit pour des hypothèses très particulières(84). Mais il a été récemment consacré de manière générale par l'arrêt *Maison de la poésie* qui, allant au-delà de la proposition de réforme, lui reconnaissait un caractère perpétuel(85).

Cet arrêt, généralement approuvé sur le principe, a toutefois suscité de sérieuses réserves quant au caractère perpétuel du droit(86), ce qui explique que la Cour de cassation soit revenue en arrière pour écarter la perpétuité. Après avoir posé en principe, au visa des articles 544, 619, 625 et 1134 (ancien) du Code civil, que « le propriétaire peut consentir, sous réserve des règles d'ordre public, un droit réel conférant le bénéfice d'une jouissance spéciale de son bien », elle a précisé que « ce droit, s'il n'est pas limité dans le temps par la volonté des parties, ne peut être

(80) J.-L. Bergel, *Du* numerus clausus *des droits réels ? : RD imm.* 2010, p. 409.

(81) V. cep. Cass. 3e civ., 6 juin 2019 : *RDC* 2019, 4, 111, note A. Tadros.

(82) Cass. 3e civ., 2 déc. 2009 : *RD imm.* 2010, 315, obs. J.-L. Bergel. – CA Paris, 1re ch., 13 oct. 2017 : *JCP* N 2018, 1130, note V. Streiff. – P. Capoulade, *Le droit de jouissance privative sur parties communes : Administrer* mai 2010, n° 432, p. 42. – M. Painchaux, *La validation du droit réel de jouissance spéciale : RTDI* 2013, 11. – J. Dubarry et M. Julienne, *Liberté contractuelle et droits réels : Rev. Lamy dr. civ.* févr. 2013, p. 7. – L. Andreu, *Analyse et régime des droits de jouissance* spéciale, in *Liberté contractuelle et droits réels*, LGDJ, 2015, p. 133. – J. François, *Qu'est-ce qu'un droit réel de jouissance spéciale ? : D.* 2019, 1660.

(83) Prop. de réforme, art. 608 et s. – J.-L. Bergel, *Droits réels de jouissance et valorisation des biens : les propositions de réforme du droit des biens : Mél. J.-L. Mouralis*, PUAM, 2011, p. 19.

(84) Pour une application « historique », V. Cass. 3e civ., 23 mai 2012 (lots de cantons de bois « crû et à croître ») : *D.* 2012, 1934, note L. d'Avout ; *JCP* 2012, 930, note W. Dross.

(85) Cass. 3e civ., 31 oct. 2012 : *D.* 2012, 2596, obs. A. Tadros ; *D.* 2013, 53, note L. d'Avout et B. Mallet-Bricout ; *JCP* 2012, 1400, note F.-X. Testu ; *RD imm.* 2013, 80, obs. J.-L. Bergel ; *RTD civ.* 2013, 141, obs. W. Dross ; *RDC* 2013, 584, obs. R. Libchaber ; *RDC* 2013, 627, obs. J.-B. Seube ; *RDC* 2014, 105, obs. M. Mekki. – CA Paris, 1re ch., 18 sept. 2014 : *D.* 2014, 1874, obs. L. Andreu ; *RTD civ.* 2014, 920, obs. W. Dross ; *RD imm.* 2014, 634, obs. J.-L. Bergel ; *Defrénois* 2015, n° 118k7, p. 10, note L. Tranchant ; *RDC* 2015, 131, note A. Tadros.

(86) R. Mortier, *Quelle nouvelles libertés suite à la consécration jurisprudentielle des droits réels conventionnels de jouissance ? : JCP* N 2014, n° 1284. – L. Pfister, *Les particuliers peuvent-ils au gré de leur volonté créer des droits réels ? Retour sur la controverse doctrinale du XIXe siècle : RDC* 2013, 1261. – C. Kuhn, *La liberté de créer des droits réels* sui generis *: JCP* N 2014, 1327.

perpétuel et s'éteint dans les conditions prévues par les articles 619 et 625 du Code civil »[87], exception faite toutefois en matière de copropriété[88].

Néanmoins, toujours dans l'affaire *Maison de la poésie*, elle a considéré que l'octroi d'un tel droit pour la durée d'une fondation n'était pas perpétuel et ne saurait être limité à trente ans comme le décide l'article 619 pour l'usufruit[89].

421. – **Distinction : droits réels principaux et droits réels accessoires.** En dépit de ces créations jurisprudentielles, les droits réels demeurent peu nombreux et il est tout à fait possible d'énoncer, pour chacun d'eux, les prérogatives conférées à leur titulaire.

On divise généralement ces droits en deux groupes homogènes : les *droits réels principaux* et les *droits réels accessoires*. Ils s'opposent par les buts qu'ils poursuivent.

Les premiers tendent à l'utilisation directe, par les personnes, des choses considérées dans leur matérialité : l'exemple type est celui du droit de propriété qui apparaît comme un total dont les autres (usufruit, servitudes, emphytéose, bail à construction) ne sont que des parties, des démembrements.

Quant aux seconds, ils sont des droits réels *accessoires d'une créance* dont ils garantissent l'exécution. Ils sont des *sûretés*, comme on les appelle souvent, en ce sens qu'ils considèrent la chose, non pas en elle-même en vue d'une utilisation directe, mais comme une valeur économique sur le prix de laquelle on est assuré de récupérer les sommes impayées. Ainsi, tout prêteur d'argent normalement diligent subordonnera son prêt à la création à son profit d'une sûreté, soit *réelle* (c'est-à-dire d'un droit réel sur un meuble ou sur un immeuble), soit *personnelle* (notamment d'un tiers caution).

Cette distinction est implicitement consacrée dans la proposition de réforme du droit des biens. Ainsi, l'article 522 définit le droit réel comme « celui qui procure à une personne un pouvoir direct sur un bien. Il suit ce dernier en quelques mains qu'il passe ». Et l'alinéa suivant précise : « Lorsqu'il est accessoire à une créance dont il garantit le paiement, il confère un droit de préférence sur le bien et, sauf disposition contraire, un droit de suite ».

DROITS RÉELS	
PRINCIPAUX	**ACCESSOIRES**
Propriété et ses démembrements : – usufruit et nue-propriété ; – servitudes ; – bail emphytéotique, bail à construction ; – concession immobilière ; – droit réel de jouissance spéciale.	*Sur les immeubles* : hypothèques conventionnelle, légale, judiciaire. *Sur les meubles* : gage, nantissement, *warrant*, hypothèques mobilières.

(87) Cass. 3e civ., 28 janv. 2015, n° 14-10.013, *Bull.* n° 13 : *JCP* 2015, 250, rapp. M.-T. Feydeau ; *JCP* 2015, 251, concl. B. Sturlèse ; *JCP* 2015, 252, note T. Revet ; *D.* 2015, 599, note B. Mallet-Bricout ; *Defrénois* 2015, 419, note L. Andreu et N. Thomassin ; *RDC* 2015, 272, note R. Boffa, et 600, note P. Berlioz ; *RTD civ.* 2015, 413, obs. W. Dross ; *D.* 2015, 1873, obs. N. Reboul-Maupin. – Dans le même sens, Cass. 3e civ., 4 mars 2021, n° 19-25.167 : *JCP* 2021, 462, note N. Kilgus. – Rappr. Cass. 3e civ., 6 juin 2019, n° 18-14.547, *Bull.* : *D.* 2019, p. 1684, avis B. Sturlèse, et p. 1689, note J. Dubarry (subsidiarité du droit réel de jouissance spéciale).

(88) Cass. 3e civ., 7 juin 2018 : *D.* 2018, 1577, note F. Masson ; *JCP* 2018, 892 et 893, rapp. L. Jariel et note H. Périnet-Marquet ; *RTD civ.* 2018, 712, obs. P.-Y. Gautier.

(89) Cass. 3e civ., 8 sept. 2016 : *D.* 2016, 1817 ; *JCP* 2016, 1172, note J. Laurent ; *RD imm.* 2016, 598, obs. J.-L. Bergel ; *JCP* 2016, 1191, n° 5, obs. H. Périnet-Marquet ; *JCP N* 2016, 1294, note J. Dubarry et W. Dross ; *D.* 2017, 134, note L. d'Avout et B. Mallet-Bricout ; *RDC* 2017, 60, obs. R. Boffa ; *RDC* 2017, 123, obs. F. Danos.

A. – Les droits réels principaux

1° Le droit de propriété[90]

422. - **Définition.** Avant même la promulgation du Code civil, la propriété avait été consacrée par la Déclaration des droits de l'homme de 1789 comme un « droit naturel et imprescriptible », un « droit inviolable et sacré » (art. 2 et 17). Cette consécration se retrouve aujourd'hui dans l'article 1 du Protocole additionnel à la Convention européenne : « Toute personne physique ou morale a droit au respect de ses biens. Nul ne peut être privé de sa propriété que pour cause d'utilité publique et dans les conditions prévues par la loi et les principes généraux du droit international »[91].

La valeur constitutionnelle du droit de propriété a été reconnue par le Conseil constitutionnel, en application de la Déclaration de 1789, elle-même visée par le Préambule de la Constitution de 1958 (V. *supra*, n° 70). Ainsi le droit de propriété est-il en principe à l'abri des atteintes du législateur, ce qui n'a pas empêché le Conseil constitutionnel d'admettre dans le même temps la validité des nationalisations[92]. Plus récemment, à l'occasion d'une question prioritaire de constitutionnalité (QPC), le Conseil constitutionnel a également reconnu le « droit de propriété des créanciers garanti par les articles 2 et 4 de la Déclaration des droits de l'homme et du citoyen de 1789 », ce qui est plus singulier dans la mesure où les créanciers ont un droit de créance et non un droit réel ; il faut ici comprendre que le Conseil constitutionnel admet et protège la propriété des créances[93].

Allant dans le même sens, le Conseil d'État a inséré la propriété parmi les libertés fondamentales protégées par le référé-liberté[94].

L'article 544 du Code civil donne de la propriété une définition qui est devenue célèbre et a contribué à accréditer l'idée que le Code civil est le code des propriétaires :

> La propriété est le droit de jouir et disposer des choses de la manière la plus absolue, pourvu qu'on n'en fasse pas un usage prohibé par les lois ou par les règlements.

(90) *La propriété*, Trav. Assoc. Henri Capitant, 2003. – Ph. Simler, *Qu'est-ce que la propriété ? : Dr. et ville* 2006, n° 61, p. 357. – F. Zenati-Castaing, *La propriété, mécanisme fondamental du droit : RTD civ.* 2006, 445. – G. Lardeux, *Qu'est-ce que la propriété ? Réponse de la jurisprudence récente éclairée par l'histoire : RTD civ.* 2013, 741.

(91) F. Sudre, *La protection du droit de propriété par la Cour européenne des droits de l'homme : D.* 1988, chron. p. 71. – A.-F. Zattara, *La dimension constitutionnelle et européenne du droit de propriété*, préf. R. Cabrillac, LGDJ, 2001. – S. Pavageau, *Le droit de propriété dans les jurisprudences suprêmes françaises, européennes et internationales*, LGDJ, 2005. – CEDH, 28 sept. 2004, *Kopecky : D.* 2005, 870, note C. Birsan et J.-F. Renucci ; *La protection du droit de propriété par la Cour européenne des droits de l'homme*, Bruylant, 2005. – L. Corbion, *La propriété devant la Cour européenne des droits de l'homme : Dr. et ville* 2006, n° 61, p. 103. – P. Chauviré, *Quel avenir pour la propriété ?*, in *L'avenir du droit des biens*, Lextenso éd., coll. « Grands colloques », 2016, p. 63.

(92) Cons. const., 16 janv. 1982 : *D.* 1983, p. 169, note Léo Hamon. – Cons. const., 11 févr. 1982 : *JCP* 1982, II, 19788, obs. Nguyen Quoc Vinh et Franck. – P. Bon, *Le statut constitutionnel du droit de propriété : RFDA* 1989, 1009. – J.-Y. Chérot, *La protection de la propriété dans la jurisprudence du Conseil constitutionnel : Mél. Ch. Mouly*, Litec, 1998, p. 405. – H. Pauliat, *L'objectif constitutionnel de droit à un logement décent : vers le constat de décès du droit de propriété ? : D.* 1995, chron. p. 283.

(93) S. Mouton, *La modernisation du droit constitutionnel de propriété : à propos de la constitutionnalisation du droit de propriété des créanciers : D.* 2010, 2553. – V. Mazeaud, *Droit réel, propriété et créance dans la jurisprudence du Conseil constitutionnel : RTD civ.* 2014, 29.

(94) J.-L. Mestre, *La propriété, liberté fondamentale pour les Constituants de 1789 : RFDA* 2004, 1. – CE, 2 juill. 2003 : *JCP* 2003, II, 10180, note J. Martin et P.-Y. Nauleau.

Cette magnifique formule, qui date de 1804, demeure encore aujourd'hui inchangée[95]. Elle est reprise, avec quelques ajouts et nuances, dans la proposition de réforme : « La propriété est le droit exclusif et perpétuel d'user, de jouir et de disposer des choses et des droits. Elle confère à son titulaire un pouvoir absolu sous réserve des lois qui la réglementent » (art. 534).

S'attachant à la première partie de la phrase, on a pu dire que le droit de propriété était un *droit absolu*[96]. L'affirmation était sans doute plus exacte en 1804 que de nos jours ; en effet, toute l'évolution a tendu vers une socialisation du droit qui se traduit par des limitations sans cesse accrues au libre usage du droit de propriété. Conçue comme un droit subjectif égoïste, la propriété tend à devenir une *fonction sociale* exercée dans l'intérêt général[97], et notamment en considération de l'environnement[98] ; cette transformation, qui tranche avec le mouvement inverse constaté dans les pays de l'Est, se manifeste particulièrement dans notre droit[99].

Comme le doyen Favoreu a pu le dire de manière imagée, le droit de propriété est un « droit artichaut » qui subsiste tant qu'on n'en enlève pas le cœur.

Cette conception traditionnelle du droit de propriété occulte-t-elle la dimension politique de ce droit comme l'a récemment soutenu un auteur en procédant à une comparaison avec la conception américaine[100] ? Un autre auteur s'est élevé contre cette assertion[101].

423. – **Les attributs du droit de propriété.** Sous réserve des nombreuses limitations apportées au droit de propriété (V. *infra*, n°s 427 et s.), on peut partir de l'idée qu'il confère à son titulaire tous les droits sur la chose, au point qu'ici le droit et la chose ne font plus qu'un. Cette fusion intime de la chose et du droit trouve sa traduction dans le langage courant où on exprime la propriété par un raccourci saisissant : *j'ai* un appartement, un commerce, une entreprise, etc.

Ce « j'ai » comprend trois attributs :

– le droit d'user de la chose (*usus*) ;

– le droit d'en retirer tous les fruits et produits, non seulement les récoltes mais aussi les revenus, loyers, fermages ou intérêts (*fructus*) ;

---

(95) Pour une analyse de cette formule, V. J. Carbonnier, *Droit civil, Les Biens*, PUF, 16e éd., n°s 68 et 69. – V. aussi F. Zenati, *Essai sur la nature juridique de la propriété*, thèse, Lyon, 1981. – Pour une analyse différente, V. W. Dross, *Une approche structurale de la propriété : RTD civ.* 2012, 419.

(96) V. par ex., Cass. 3e civ., 4 juill. 2019 : *D.* 2019, 2163, note R. Boffa. – Cass. 3e civ., 28 nov. 2019 : *D.* 2019, 2350.

(97) H. Capitant, *Sur l'abus du droit : RTD civ.* 1928, p. 365 – L. Josserand, *De l'esprit des droits et de leur relativité (théorie dite de l'abus des droits)*, 1929. – G. Ripert, *Abus ou relativité des droits : Rev. crit. législ. et jurispr.* 1929, p. 33 – A. Pirovano, *La fonction sociale des droits : Réflexions sur le destin des théories de Josserand : D.* 1972, chron. p. 67. – R. Martin, *De l'usage des droits et particulièrement du droit de propriété : RTD civ.* 1975, p. 52.

(98) B. Grimonprez, *La fonction environnementale de la propriété : RTD civ.* 2015, 539.

(99) F. Terré, *L'évolution du droit de propriété depuis le Code civil : Droits* 1984, n° 1. – P. Carrias, *Le droit de propriété au point de non-retour ?* (à propos de la loi n° 85-729 du 19 juillet 1985) : *D.* 1985, chron. p. 293. – H. Périnet-Marquet, *La propriété à l'épreuve de la décentralisation : D.* 1986, chron. p. 127. – D. Tomasin, *L'évolution de la propriété immobilière : Annales Université de Toulouse* 1990, t. 38, p. 5. – F. Zenati, *Essai sur la nature juridique de la propriété*, thèse, Lyon, 1981. – F. Zenati, *Pour une rénovation de la théorie de la propriété : RTD civ.* 1993, p. 305. – Ch. Atias, *Droit de propriété ou condition du propriétaire : AJPI* 1996, p. 9. – M. Fabre-Magnan, *Propriété patrimoine et lien social : RTD civ.* 1997, p. 583. – R. Scaboro, *Le droit de propriété, un droit absolument relatif : Dr. et ville* 76/2013, p. 227.

(100) J.-P. Chazal, *La propriété : dogme ou instrument politique ? Ou comment la doctrine s'interdit de penser le réel : RTD civ.* 2014, 763.

(101) W. Dross, *Que l'article 544 du Code civil nous dit-il de la propriété ? : RTD civ.* 2015, 27.

– le droit enfin d'en disposer, soit matériellement, en la consommant ou en la détruisant, soit juridiquement en l'aliénant ou en la grevant de droits réels, usufruit, servitudes, hypothèques (*abusus*).

On ajoute parfois que le droit de propriété est exclusif de tout droit concurrent. Cela n'est pas toujours exact. En effet, lorsqu'un propriétaire concède sur son bien une hypothèque ou une servitude, il conserve son droit de propriété, amputé certes mais bien réel ; cette amputation ne se trouve d'ailleurs consacrée dans le langage juridique qu'en cas d'usufruit où la propriété devient la nue-propriété.

a) L'assiette du droit de propriété

424. – **La chose, ses fruits et ses produits.** Le droit, bien sûr, porte sur la chose, mais il donne également « droit sur tout ce qu'elle produit, et sur ce qui s'y unit accessoirement, soit naturellement, soit artificiellement » (C. civ., art. 546) ; et le texte poursuit : « Ce droit s'appelle "droit d'accession" ». La proposition de réforme adopte une formule voisine : « La propriété s'étend aux fruits et produits de la chose et à tout ce qui s'unit à elle par accession naturelle ou artificielle » (art. 536).

En premier lieu, la propriété s'étend à tout ce que produit la chose, qu'elle soit mobilière ou immobilière : il s'agit des *fruits* et des *produits*. La distinction est sans intérêt lorsque le propriétaire conserve la jouissance de sa chose, puisqu'il a droit aux uns et aux autres. L'intérêt apparaît en cas d'usufruit ou de bail, car l'usufruitier ou le locataire n'ont droit qu'aux fruits, les produits revenant au propriétaire.

Les fruits sont les productions qui se renouvellent périodiquement sans altérer la substance de la chose ; ce sont les revenus qui n'entament pas le capital. Il peut s'agir de fruits *naturels*, que la chose produit spontanément sans intervention de l'homme (les fruits et fleurs sauvages) ; de fruits *industriels*, que la chose produit grâce au travail, à l'industrie de l'homme (les récoltes) ; de fruits *civils* enfin, qui proviennent de conventions relatives à la jouissance de la chose (loyers et fermages, intérêts de créances, dividendes, etc.).

Les produits, au contraire, sont les productions qui ne se renouvellent pas, de telle sorte que le fait de les percevoir épuise nécessairement la substance de la chose, entame le capital[(102)]. C'est le cas des minerais des mines, des pierres des carrières, des arbres (sauf coupe réglée).

Les autres hypothèses d'accession que l'on va voir n'intéressent que la propriété immobilière.

425. – **La propriété du dessus et du dessous.** « La propriété du sol emporte la *propriété du dessus et du dessous* » (C. civ., art. 552, al. 1er).

Lorsqu'on dit que le propriétaire du sol est aussi propriétaire du *dessus*, cela signifie qu'il peut planter ou construire, sauf à se conformer à la réglementation en vigueur ; il est d'ailleurs présumé être propriétaire de toutes les constructions et plantations faites sur son sol. Il peut également s'opposer aux empiétements des voisins (constructions, branches d'arbres, fils et câbles) et même faire détruire ce

(102) Ch. André, *La cohérence de la notion de produit* : *RRJ* 2003, 751.

qui empiète chez lui[103], et ce sans qu'on puisse lui opposer une quelconque prescription, la propriété ne se perdant pas par le non-usage[104].

Cependant la propriété du dessus comporte des limites ; elle ne s'étend pas « jusqu'au ciel » comme on le pensait jadis. Certes, il n'y a pas de texte général fixant une hauteur au-delà de laquelle le droit de propriété s'évanouirait ; mais il existe des textes particuliers d'où il ressort que le propriétaire du sol n'a pas l'exclusivité d'une tranche de ciel au-dessus de sa propriété.

C'est ainsi que la loi oblige le propriétaire du sol à supporter une servitude de passage des câbles aériens (et des canalisations souterraines), et qu'elle permet aux aéronefs de survoler les propriétés privées, sauf à ne pas entraver l'exercice du droit du propriétaire. Enfin, les règles en matière d'urbanisme imposent au propriétaire du sol un certain nombre de limites et de contraintes ; et il en va de même des règles en matière de protection de l'environnement[105].

Il est tout à fait concevable de dissocier la propriété du sol de celle du dessus ou du dessous, car la règle de l'article 552 du Code civil n'est pas impérative. L'hypothèse se rencontre lorsque le propriétaire concède à un tiers un démembrement de sa propriété tel qu'un droit de superficie[106], ou encore un bail à construction (V. *infra*, n° 441) ; on peut même découper l'espace en volumes en vue de la construction[107].

S'agissant maintenant de la propriété du *dessous*, elle confère au propriétaire moins de prérogatives qu'on ne pourrait le supposer. Certes, il peut s'opposer aux empiétements des racines qui viennent du fonds voisin ou à l'empiétement du voisin qui extrairait des matériaux en sous-sol[108] ; de même, il peut construire en sous-sol.

Ayant le droit de faire des fouilles, le propriétaire du sol peut en principe s'approprier les substances qu'il y découvre. Mais, en pratique, son droit d'exploitation et d'appropriation se trouve réduit à peu de chose pour des raisons d'intérêt général par la législation spéciale sur les mines ; il reçoit en contrepartie une indemnité appelée redevance tréfoncière. Son droit sur les produits du sous-sol n'est maintenu qu'à l'égard des minières et carrières, et moyennant certaines conditions. De même,

(103) M. Raynal, *L'empiétement matériel sur le terrain d'autrui en droit privé : JCP* 1976, I, 2800. – S. Hennion-Moreau, *L'empiétement : RD imm.* 1983, p. 303. – R. MevoungouNsana, *Le préjudice causé par un ouvrage immobilier : réparation en nature ou par équivalent ? : RTD civ.* 1995, p. 733. – J.-L. Bergel, *La sanction de l'empiètement sur le terrain d'autrui : RD imm.* 2017, 124. – Cass. 3e civ., 8 févr. 1989 : *JCP* 1989, IV, 133. – Cass. 3e civ., 20 mars 2002 : *JCP* 2002, IV, 1781 ; *D.* 2002, 2075 et note Ch. Caron ; *D.* 2002, somm. p. 2507, obs. B. Mallet-Bricout ; *JCP* 2002, 1, 176, n° 7, obs. H. Périnet-Marquet ; *RTD civ.* 2002, 333, obs. Th. Revet. – Et sur renvoi : Versailles, 11 févr. 2004 : *D.* 2004, 2819 et note J.-Cl. Planque (pour un empiétement de 0,5 centimètre). – Cass. 3e civ., 11 févr. 2015 : *RDC* 2015, 941, note A. Tadros. – Cass. 3e civ., 21 déc. 2017 : *RDC* 2018, 269, note A. Tadros.

(104) Cass. 3e civ., 5 juin 2002 : *JCP* 2002, II, 10190 et note E. du Rusquec ; *D.* 2003, 1461 et note G. Pillet.

(105) W. Dross, *Les limitations dues à la protection de l'environnement : D.* 2017, 2553.

(106) J.-P. Marty, *La dissociation juridique de l'immeuble (Contribution à l'étude du droit de superficie)*, LGDJ, coll. « Droit privé », 1979, t. 155. – J.-P. Bertrel, *L'accession immobilière artificielle. Contribution à la définition de la nature juridique du droit de superficie : RTD civ.* 1994, p. 737. – J.-Ch. Chaput et S. Rochegude, *De la notion de droit de superficie à celle de volume immobilier : Defrénois* 2007, 1, 573, art. 38570.

(107) R. Savatier, *La propriété des volumes dans l'espace et la technique juridique des grands ensembles immobiliers : D.* 1976, chron. p. 103. – G. Goubeaux, *Abstraction et réalisme dans la détermination de l'objet de propriété immobilière (à propos du découpage de l'espace en volumes cessibles) : Mél. Weill*, Dalloz, 1983, p. 279. – D. Sizaire, *Division et volumes : JCP* N 1998, 388. – A. Pône, *Volumes immobiliers et droit de propriété, libres et périlleuses réflexions : Mél. Daublon*, Répertoire Defrénois, 2000.

(108) Cass. 3e civ., 11 févr. 2015, n° 13-26.023.

en ce qui concerne les vestiges archéologiques immobiliers, il est fait échec à la règle de l'article 552 et l'État en est présumé propriétaire[(109)].

426. – **Ce qui s'unit et s'incorpore à la chose.** La propriété s'étend également à « tout ce qui s'unit et s'incorpore à la chose (...) » (C. civ., art. 551). Bien qu'applicable aux meubles comme aux immeubles, la règle ne présente d'intérêt pratique que pour ces derniers[(110)].

La situation à envisager est relative aux *constructions ou plantations* faites sur un terrain. En toute hypothèse, le propriétaire du sol devient propriétaire de ces constructions ou plantations par voie d'accession[(111)] : la solution est naturelle lorsqu'elles ont été faites par lui et à ses frais ; mais elle s'applique également si elles ont été faites par lui avec les matériaux d'autrui, ou par autrui (un locataire, par exemple) sur son propre sol[(112)].

Dans ces deux derniers cas, s'il est indubitable que le propriétaire du sol devient propriétaire de l'ensemble, une question d'indemnisation se pose, qui est réglée par les articles 554 et 555 du Code civil.

Enfin, la propriété s'étend également aux *eaux* qui se trouvent sur le sol et qui, à ce titre, apparaissent comme des accessoires du terrain. Toutefois, l'application de ce principe se heurte ici au fait que l'eau est devenue une richesse publique, qu'elle soit utilisée pour les besoins privés ou pour les besoins industriels de l'homme ; elle est même un produit stratégique en ce qu'elle sert à la production de l'énergie électrique.

Comme le proclame solennellement l'article 1er de la loi du 3 janvier 1992 sur l'eau, « l'eau fait partie du patrimoine de la nation. Sa protection, sa mise en valeur et le développement de la ressource utilisable, dans le respect des équilibres naturels, sont d'intérêt général »[(113)].

Tous ces motifs font que les règles relatives à l'utilisation des eaux par le *propriétaire* du sol sont conçues dans le sens de l'intérêt général, et varient suivant qu'il s'agit des eaux pluviales, des eaux de source, des étangs et des lacs, et des eaux courantes.

b) Les restrictions au droit de propriété

427. – **Les limitations apportées par la loi.** Se fondant sur le début de l'article 544 du Code civil, on présente comme une vérité d'évidence le caractère absolu du droit de propriété. On passe ainsi un peu vite sur la fin du texte, dont

(109) L. n° 2001-44, 17 janv. 2001, art. 13, relative à l'archéologie préventive. Cette disposition, postérieure à la découverte de la grotte Chauvet, n'a pas pu s'appliquer à cette hypothèse pour laquelle l'État a dû verser 70 millions de francs aux propriétaires du sol au titre de l'indemnité d'expropriation. La loi du 17 janvier 2001 a été modifiée par la loi n° 2003-707 du 1er août 2003, puis par la loi du 9 août 2004 et à nouveau par la loi du 7 juillet 2016. – V. C. Saujot, *La nouvelle réforme de l'archéologie préventive. Loi n° 2003-707 du 1er août 2003 : JCP* 2003, I, 185 ; et *La redevance d'archéologie préventive à nouveau modifiée ! (L. 9 août 2004, art. 17) : JCP* N 2004, 1533. – N. Wagener, *La réforme du droit de l'archéologie : RD imm.* 2017, 68.

(110) Sur l'ensemble de la question, V. G. Goubeaux, *La règle de l'accessoire en droit privé*, LGDJ, coll. « Droit privé », 1969, t. 93.

(111) L. Marino, *Le transfert de propriété dans le contrat d'entreprise : Defrénois* 2001, 1, 907, art. 37387.

(112) Th. Lamarche, *L'accession différée : une nouvelle approche des grandes classifications : RTD civ.* 2006, p. 1.

(113) L. n° 92-3, 3 janv. 1992 sur l'eau : *JO* 4 janv. 1992 ; *JCP* 1992, III, 65303 ; *D.* 1992, législ. 104. – F. Coutant, *L'eau : incidences de la nouvelle réglementation pour les entreprises et les particuliers : Defrénois* 1994, 1, 531, art. 35782.

l'importance est souvent minimisée : « (...) pourvu qu'on n'en fasse pas un usage prohibé par les lois ou par les règlements ».

Ces lois et règlements se sont multipliés en matière de propriété immobilière cependant que l'exercice de la propriété mobilière demeure assez libre dans l'ensemble.

Il serait fastidieux et difficile de dresser une liste exhaustive des limitations légales apportées à la propriété des sols ; on se bornera donc à en donner une idée.

Certaines restrictions sont imposées dans *l'intérêt de la collectivité* tout entière, lequel présente d'ailleurs de multiples facettes : intérêt de l'urbanisme(114) (lotissements, permis de construire), de l'environnement(115), de l'hygiène et de la sécurité publique (établissements dangereux et insalubres), intérêt fiscal (monopole des tabacs et allumettes, des poudres ; circulation de l'alcool), intérêt économique (remembrement et SAFER), intérêt de la Défense nationale, de la protection artistique (classement des sites et des monuments historiques), intérêt environnemental, etc.

D'autres restrictions sont établies par la loi dans *l'intérêt des voisins*. C'est ainsi que le propriétaire doit supporter un certain nombre d'inconvénients que les textes qualifient abusivement de *servitudes légales*. Sont réglementés le régime des eaux (servitude d'écoulement des eaux, d'égout des toits, de drainage, etc.), les « jours et vues » sur le fonds voisin (C. civ., art. 675 et s.), la distance à respecter pour planter ou construire (C. civ., art. 671 et s.), la servitude de passage en cas d'enclave (C. civ., art. 682 et s.), l'obligation de bornage (C. civ., art. 646) et de clôture (C. civ., art. 663).

428. – **Les limitations dues aux rapports de voisinage.** Outre les limitations légales, les règles de la responsabilité civile sont transposables, sous certaines réserves, dans les *rapports de voisinage*. La responsabilité d'un propriétaire peut se trouver engagée s'il commet une faute constitutive d'abus du droit, ou même, en dehors de toute idée de faute, s'il cause à ses voisins des inconvénients dépassant la mesure habituelle des obligations ordinaires du voisinage(116).

Cette dernière règle, qui est d'origine jurisprudentielle, est souvent mise en œuvre à l'occasion des bruits, odeurs, fumées, etc., provoqués par des établissements industriels ou commerciaux, par certains moyens de transport (avion, train, métropolitain), ou encore par des constructions nouvelles(117).

(114) P. Soler-Couteaux, *Le droit de l'urbanisme : sous la règle, quelle liberté ? : RD imm.* 2009, p. 208.

(115) W. Dross, *Les limitations dues à la protection de l'environnement : D.* 2017, 2553.

(116) C.-P. Yocas, *Les troubles de voisinage*, thèse, Paris, 1964. – J.-B. Blaise, *Responsabilité et obligations coutumières dans les rapports de voisinage : RTD civ.* 1965, p. 261. – J.-P. Théron, *Responsabilité pour trouble anormal de voisinage en droit public et en droit privé : JCP* 1976, I, 2802. – M.-F. Nicolas, *La protection du voisinage : RTD civ.* 1976, p. 675. – F. Caballero, *Essai sur la notion juridique de nuisance*, LGDJ, 1981. – H. Mayer, *Les rapports de voisinage dans les immeubles divisés par appartements, notamment dans les grands ensembles*, LGDJ, 1982. – F. Chénot, *La protection contre les troubles de voisinage en droit privé*, thèse, Poitiers, 1999. – V. Wester-Ouisse, *Responsabilité pour troubles anormaux : le modèle d'une responsabilité fondée sur le dommage : RRJ* 2007, 1219.

(117) M.-CL. Lambert-Pieri, *Construction immobilière et dommages aux voisins*, Economica, 1982. – M.-CL. Lambert-Pieri, *La responsabilité envers les voisins du fait de la construction : RD imm.* 1980, p. 367. – R. Mevoungou Nsana, *Le préjudice causé par un ouvrage immobilier : réparation en nature ou par équivalent ? : RTD civ.* 1995, p. 733. – Ph. Malinvaud, *Les dommages aux voisins dus aux opérations de construction : RD imm.* 2001, p. 479. – Ph. Malinvaud, *La responsabilité du maître de l'ouvrage à l'égard des voisins : RD imm.* 2002, 492. – M. Périnet-Marquet, *Remarques sur l'extension du champ d'application de la théorie des troubles du voisinage : RD imm.* 2005, p. 161. – Ph. Malinvaud, *Vers un nouveau régime prétorien de la responsabilité des constructeurs pour trouble de voisinage : RD imm.* 2006., p. 251. – M. Mignot,

Cette limitation jurisprudentielle au droit de propriété a été jugée comme n'étant pas une atteinte disproportionnée au droit de propriété tel que consacré, non seulement par l'article 544 du Code civil, mais aussi par l'article 1 du Premier protocole additionnel à la Convention européenne des droits de l'homme(118).

Elle est reprise dans l'article 1244 du projet de loi de réforme de la responsabilité civile de mars 2017 : « Le propriétaire, le locataire, le bénéficiaire d'un titre ayant pour objet principal de l'autoriser à occuper ou à exploiter un fonds, le maître d'ouvrage ou celui qui en exerce les pouvoirs, qui provoque un trouble excédant les inconvénients normaux de voisinage répond de plein droit du dommage résultant de ce trouble »(119).

429. – **Les limitations d'origine conventionnelle**(120). Des *restrictions conventionnelles* au libre exercice du droit de propriété peuvent aussi découler de clauses acceptées par le propriétaire ; par exemple, l'interdiction d'aliéner qui, si elle est temporaire et justifiée par un intérêt sérieux et légitime, peut faire l'objet d'une clause d'inaliénabilité dans une libéralité (C. civ., art. 900-1) ; de même, les cahiers des charges des lotissements comprennent toujours un certain nombre de limitations.

D'autres restrictions résultent parfois de la forme même sous laquelle on a choisi d'exercer son droit de propriété.

À ces applications classiques, il convient désormais d'ajouter une nouveauté due à la loi n° 2016-1087 du 8 août 2016 qui a introduit dans l'article L. 132-3 du Code de l'environnement les « obligations environnementales »(121). Suivant cette disposition : « Les propriétaires de biens immobiliers peuvent conclure un contrat avec une collectivité publique, un établissement public ou une personne morale de droit privé agissant pour la protection de l'environnement en vue de faire naître à leur charge, ainsi qu'à la charge des propriétaires ultérieurs du bien, les obligations réelles que bon leur semble, dès lors que de telles obligations ont pour finalité le maintien, la conservation, la gestion ou la restauration d'éléments de la biodiversité ou de fonctions écologiques ». En bref, les propriétaires peuvent, par contrat avec une collectivité publique ou autre organisme, accepter pour une certaine durée, moyennant contrepartie à déterminer, de souscrire des obligations de nature écologique sur leurs biens immobiliers, et notamment sur leurs terrains.

c) Les formes du droit de propriété

430. – **Propriété individuelle et propriété indivise.** En 1804, le droit de propriété a été conçu comme ayant un caractère individuel, ce qui est bien naturel compte tenu de l'esprit individualiste de l'époque.

Construction, trouble de voisinage et obligation in solidum : *RD imm.* 2008, p. 408. – A. Pelon, *Troubles anormaux de voisinage et construction : en attendant la réforme du droit des biens* : *Constr.-Urb.* 2010, étude 17.

(118) Cass. 2e civ., 23 oct. 2003, *Bull.* n° 318, p. 258 ; *JCP* 2004, I, 125, n° 2, obs. H. Périnet-Marquet. – V. H. Boucard, *Troubles anormaux de voisinage et Convention européenne des droits de l'homme* : *AJDI* 2004, 189.

(119) V. aussi Prop. de loi n° 678 de réforme de la responsabilité civile, juill. 2020, art. 1249.

(120) P. Berlioz et a., *Les restrictions conventionnelles au pouvoir de disposer : unité de régime ?*, *RDC* 2016, Débats, p. 151.

(121) N. Reboul-Maupin et B. Grimonprez, *Les obligations réelles environnementales : chronique d'une naissance annoncée* : *D.* 2016, 2074.

La loi française ne réglementait donc que la *propriété individuelle*, et la mitoyenneté des clôtures qui était la seule forme alors concevable de propriété collective. Sans doute n'ignorait-on pas qu'à la suite d'un décès les héritiers pourraient se retrouver dans *l'indivision*, mais on a toujours pensé qu'il s'agissait là d'une situation tout à fait passagère, dans l'attente d'un partage qui ne manquerait pas d'intervenir à bref délai.

Fidèle à cette idée, le législateur n'avait pas organisé l'exercice du droit de propriété dans le cadre de l'indivision. On peut même dire qu'il avait empêché toute organisation en posant la règle que nul n'est contraint à demeurer dans l'indivision et que le partage peut être provoqué à tout moment ; toutefois la loi autorisait les conventions d'indivision, sauf à ne pas excéder une durée de cinq ans.

Tenant compte des nombreuses critiques adressées tant par la pratique que par la doctrine le législateur est finalement intervenu par la loi du 31 décembre 1976 qui a été insérée au Code civil, notamment dans les articles 815 à 815-18. À la suite de cette réforme, il faut distinguer un régime légal applicable de plein droit à toute indivision(122), quelle que soit son origine, et un régime organisé par la convention (C. civ., art. 1873-1 à 1873-18) ; l'indivision demeure dans les deux cas un régime instable parce que limité dans sa durée(123).

431. – Les formes collectives de propriété. Par ailleurs, se sont développées des *formes collectives de propriété*.

Ainsi, dans le domaine de l'habitation, la *copropriété* par étages ou par appartements est devenue un mode usuel de propriété des immeubles. On y distingue les parties privatives qui font l'objet de droits individuels des copropriétaires, et les parties communes qui sont la propriété de tous(124) ; chaque lot de copropriété comprend une partie privative (tel ou tel appartement) et une quote-part de parties communes. L'organisation et le fonctionnement de ce régime sont régis par la loi du 10 juillet 1965 et ses textes d'application, par la suite modifiés à de nombreuses reprises et en dernier lieu par l'ordonnance n° 2019-1101 du 30 octobre 2019(125).

D'une manière plus générale, l'appropriation des biens s'effectue de plus en plus sous forme de propriétés collectives, et cela de deux façons.

D'une part, on assiste à un accroissement des biens de l'*État*, c'est-à-dire de la collectivité. D'autre part, s'est produite une multiplication, tant en nombre qu'en importance, des *personnes morales*, et spécialement des sociétés. Certes, en théorie, la propriété des personnes morales se présente comme une propriété privée : c'est le groupement qui est propriétaire, et non ses membres puisque ces derniers n'ont qu'un droit de créance contre la société.

Mais parfois la société n'est qu'une façade, un écran derrière lequel se trouvent les actionnaires ou les porteurs de parts. L'exemple le plus évident est celui de

(122) Régime lui-même modifié par la loi du 23 juin 2006 portant réforme des successions et des libéralités.

(123) M. Dagot, *L'indivision (Commentaire de la loi du 31 décembre 1976)*, Litec, 1978. – D. Martin, *Le droit de l'indivision : D.* 1977, chron. p. 221. – M. Dagot, *Les retouches apportées au droit de l'indivision par la loi n° 78-627 du 10 juin 1978 : JCP* 1978, I, 2918. – P. Catala, *L'indivision : Defrénois* 1979, 1, 3, art. 31874 ; *Defrénois* 1979, 1, 81, art. 31886. – P. Jourdain, *Les actes de disposition sur la chose indivise (Condition juridique des actes irréguliers pendant l'indivision) : RTD civ.* 1987, p. 498. – F.-X. Testu, *Sur la nature de l'indivision : D.* 1996, chron. p. 176.

(124) V. Fl. Bayard-Jammes, *La nature juridique du droit du copropriétaire immobilier. Analyse critique*, LGDJ, 2003, préf. D. Tomasin.

(125) *D.* 2019, 2091. – G. Chantepie, *La copropriété des immeubles bâtis*, Defrénois, 2020.

certaines sociétés de construction, dites sociétés d'attribution, qui permettent de commercialiser les appartements non en copropriété mais sous forme de parts sociales donnant droit à la jouissance de l'appartement et à son attribution en propriété en cas de dissolution de la société. Le même résultat économique peut ainsi être obtenu par deux voies différentes : ou bien par le droit de propriété (copropriété), ou bien par un droit de créance (parts sociales). On pourrait faire une observation identique à propos des SICAV et FCP, qui, en définitive, sont une manière d'avoir un portefeuille de valeurs mobilières par société interposée. Il en va de même des sociétés foncières cotées en Bourse dont l'objet est d'acquérir et gérer des immeubles, ce qui est une manière pour les actionnaires de détenir un portefeuille de valeurs immobilières.

En toute hypothèse, les biens des sociétés, même s'ils ne doivent être répartis entre les membres qu'au jour de la dissolution éventuelle, peuvent être mobilisés par chaque associé par le biais d'une négociation de ses titres (pour les sociétés par actions) ; à ce point de vue, on peut les considérer comme faisant l'objet d'une forme de propriété collective.

d) La durée du droit de propriété

432. – **Perpétuité du droit de propriété.** Chacun est libre d'aliéner ce qui lui appartient mais, hormis la volonté du propriétaire, nulle circonstance ne peut en principe entraîner la perte de la propriété. On l'exprime en disant que le droit de propriété est *perpétuel*[126], caractère qui est rappelé dans l'article 534 de la proposition de réforme. Cette affirmation doit toutefois être nuancée.

En premier lieu, il faut réserver l'hypothèse d'*anéantissement de la chose* (mort d'un animal, destruction d'un objet, etc.) qui entraîne de toute évidence la disparition corrélative du droit. Cela amène à préciser la portée qu'il convient de donner au caractère perpétuel. Le droit de propriété est perpétuel en ce sens que sa durée est calquée sur celle de la chose qui en est l'objet ; une perpétuité véritable ne peut se rencontrer qu'à propos des choses que ni le temps ni les événements ne font disparaître, du moins à l'échelle de la vie humaine (le sol, par exemple).

Il arrive même que la chose disparaisse et que le droit survive sur ce qui la remplace ; par exemple, en cas de sinistre affectant un immeuble hypothéqué, les droits du créancier hypothécaire pourront s'exercer sur l'indemnité d'assurance. On désigne cette substitution sous le nom de *subrogation réelle*.

En second lieu, si le non-usage du droit de propriété n'entraîne pas sa disparition (il n'y a pas de *prescription extinctive* de la propriété : C. civ., art. 2227)[127], en

(126) Pour une application très curieuse, à propos d'un étang réuni à la mer à la suite d'une tempête, puis à nouveau reconstitué et séparé de la mer, V. Cass. ass. plén., 23 juin 1972 : *JCP* 1973, II, 17331, obs. G. Goubeaux et Y. Jégouzo ; *D.* 1972, p. 705 et concl. av. gén. Lindon. – On en déduit également que l'action en revendication n'est pas susceptible de prescription extinctive : Cass. 3e civ., 5 juin 2002 : *JCP* 2002, II, 10190 et note E. du Rusquec ; *D.* 2003, 1461 et note G. Pillet ; *Defrénois* 2002, 1, 1311, art. 37611, n° 74, obs. Ch. Atias ; *D.* 2003, somm. p. 2044, obs. N. Reboul-Maupin (à propos d'un empiétement sur le terrain d'autrui). – J.-F. Barbièri, *Perpétuité et perpétuation dans la théorie des droits réels*, thèse, Toulouse, 1977. – C. Pourquier, *Propriété et perpétuité (Essai sur la durée du droit de propriété)*, préf. Ch. Atias, PUAM, 2000. – M. Laroche, *Propriété et revendication*, Defrénois, coll. « Thèses », 2007.

(127) Cass. 3e civ., 9 juill. 1970 : *D.* 1971, p. 111 ; *JCP* 1971, II, 16579 et obs. G. Goubeaux. – Cass. ass. plén., 23 juin 1972, préc. – Cass. 3e civ., 22 juin 1983 : *JCP* 1986, II, 20565, 1re esp., obs. J.-F. Barbiéri. – Cass. 1re civ., 2 juin 1993 : *D.* 1994, p. 582, note B. Fauvarque-Cosson. – Cass. 3e civ., 5 juin 2002, préc.

revanche l'usage prolongé par un tiers peut le lui faire acquérir (*prescription acquisitive*, V. *infra*, n° 436), et donc le faire perdre à son prédécesseur.

Enfin, les particuliers peuvent se voir enlever leur droit au profit des personnes morales publiques, dans l'intérêt de la collectivité, sauf à ce que soient respectées les procédures qui permettent de les y contraindre[(128)] : expropriation pour cause d'utilité publique (C. civ., art. 545), droit de préemption, réquisition, nationalisation, confiscation. Parfois même, cette cession forcée peut s'opérer en faveur de personnes privées (droit de préemption du fermier en cas de vente de la ferme, ou du locataire en cas de vente de l'appartement).

e) Rapports entre la propriété et la possession

433. – **Intérêt de la possession**[(129)]. On ne peut parler de la propriété et passer sous silence la notion complémentaire de *possession*. Mais, avant toute chose, pourquoi fait-on appel à cette notion ?

Pour le comprendre, il faut présenter la possession, au moins sommairement. Opposant propriété et possession, on dit que la première est le droit tandis que la seconde est l'apparence du droit, ou encore le fait par rapport au droit[(130)] ; il faut ajouter qu'en règle générale l'apparence du droit en la personne du possesseur correspond le plus souvent à la réalité[(131)].

Pourquoi alors distinguer les deux ? Pour une raison de preuve, et spécialement en matière immobilière[(132)] : la *preuve du droit de propriété* est impossible parce qu'il faudrait démontrer qu'on tient la chose du véritable propriétaire, qui lui-même la tenait du véritable propriétaire, etc., en remontant la filière des propriétaires successifs jusqu'à l'origine de la chose... c'est-à-dire jusqu'à la création du monde, pour la terre ; au contraire, il est facile de démontrer qu'on a la possession d'une chose, parce que c'est un fait matériel, une apparence extérieure.

C'est pour cette raison de preuve que la loi donne des effets à la possession. En protégeant la possession, on entend protéger les situations apparentes contre les voies de fait, et venir au secours du véritable titulaire du droit.

Il arrive cependant que l'apparence du droit ne corresponde pas à la réalité ; la protection accordée à la possession va alors bénéficier à un autre que le véritable propriétaire, au point de faire acquérir la propriété à quelqu'un qui a acheté *a non domino* (c'est-à-dire à quelqu'un qui n'était pas le véritable propriétaire), ou même à un usurpateur. Dans ces hypothèses extrêmes, il ne faut pas considérer que la loi

(128) V., pour une condamnation de l'expropriation de fait, Cass. ass. plén., 6 janv. 1994 : *JCP* 1994, II, 22207 et concl. M. Jéol ; *D.* 1994, p. 153 et concl. M. Jéol. – V. aussi P. Carrias, *La nouvelle expropriation indirecte* (après l'arrêt de l'assemblée plénière de la Cour de cassation du 6 janvier 1994) : *D.* 1994, chron. p. 327. – Cl. Botteau : *RFDA* 1994, p. 1121.

(129) P. Ortscheid, *La possession en droit civil français et allemand*, thèse, Strasbourg, 1978. – J.-M. Trigeaud, *La possession des biens immobiliers*, Economica, 1982. – F. Danos, *Propriété, possession et opposabilité*, thèse, Paris I, 2006.

(130) Il est soutenu que la possession peut s'appliquer non seulement aux biens corporels pour lesquels elle a été conçue, mais aussi aux meubles incorporels (A. Pélissier, *Possession et meubles incorporels*, préf. M. Cabrillac, Dalloz, 2001) ; et l'auteur propose de définir la possession comme « le pouvoir de fait sur tout bien matériel ou immatériel, se manifestant par des actes de puissance de celui qui l'exerce, constituant autant de signes à l'égard des tiers ».

(131) M. Saulier, *Possession et possession d'état. Réflexion sur la possession comme technique juridique générale* : *RTD civ.* 2016, 555.

(132) S'agissant de biens mobiliers, la jurisprudence décide, au visa de l'article 544 du Code civil, que « la propriété d'un bien se prouve par tous moyens » (Cass. 1re civ., 11 janv. 2000 : *D.* 2001, p. 890, note A. Donnier ; *RD imm.* 2000, p. 145, obs. M. Bruschi ; *JCP* 2000, I, 265, n° 2, obs. H. Périnet-Marquet).

manque son but ; elle se prononcera en faveur du possesseur parce qu'elle l'aura reconnu plus digne de protection que le véritable propriétaire.

Ces effets ne se produiront qu'en présence d'une possession au sens juridique du terme.

434. – **Les éléments constitutifs de la possession.** La possession est définie de manière classique comme la réunion de deux éléments, l'un matériel (le *corpus*), l'autre intentionnel (l'*animus*) (C. civ., art. 2255 et s.). Ces deux éléments sont repris dans la définition qu'en donne la proposition de réforme : « La possession est l'exercice paisible, public et non équivoque d'un droit par celui qui, alors même qu'il n'en serait pas titulaire, se comporte, en actes et en intention, comme s'il l'était » (art. 543).

L'*élément matériel* est l'exercice sur une chose des prérogatives correspondant au droit : actes de détention, ou actes de jouissance, d'exploitation de la chose. Ce sera le fait de se comporter comme un propriétaire, ou éventuellement comme un usufruitier, ou comme un créancier gagiste, etc. La notion de possession peut en effet s'appliquer à tous les droits réels. Toutefois, en pratique, elle se rencontre presque exclusivement en matière de propriété.

En l'absence de cet élément matériel, il n'y a pas de possession ; mais on peut l'exercer par l'intermédiaire d'un tiers(133). Par exemple, le propriétaire qui donne à bail possède par l'intermédiaire du locataire ; ce dernier n'a pas la possession mais une simple *détention précaire* parce qu'à son pouvoir de fait il ne joint pas l'élément intentionnel.

L'*élément intentionnel* réside dans l'intention de se comporter comme le véritable titulaire du droit ; là où elle se rencontre, elle transforme la détention en possession. Comment prouver cette intention ? Pour éviter toute discussion, le Code civil pose une double règle de preuve : d'une part, le fait de se comporter comme un propriétaire fait présumer l'intention correspondante (C. civ., art. 2256) ; d'autre part, le simple détenteur, par exemple, le locataire, est présumé l'être resté (C. civ., art. 2257).

La réunion de ces deux éléments, matériel et intentionnel, est indispensable pour qu'il y ait possession. Mais, pour avoir quelque effet, la possession doit être exempte de vices ; si elle n'est ni violente, ni clandestine, ni équivoque, ni discontinue (C. civ., art. 2261), on dira qu'on est en présence d'une *possession utile*, c'est-à-dire efficace.

435. – **Effets généraux de la possession.** On entend par là les effets autres que l'acquisition de la propriété (V. *infra*, n° 436).

Parmi ces effets généraux, certains se produisent indépendamment de la bonne ou mauvaise foi du possesseur. Peu importe qu'il se croie le véritable titulaire du droit, ou qu'il se sache usurpateur. Ce qui est ici protégé, c'est la situation de fait considérée en elle-même, parce qu'en droit un état de fait est toujours respectable tant qu'il n'est pas juridiquement démontré qu'il est contraire au droit. En bref, le droit protège les situations établies, les gens en place, contre les atteintes juridiques ou matérielles portées par des tiers (C. civ., art. 2278).

(133) G.-A. Likillimba, *La possession* corpore alieno : *RTD civ.* 2005, 1.

Ainsi, la possession entraîne *présomption de propriété,* ce qui signifie qu'en cas de litige sur la propriété le possesseur sera défendeur, cependant que la charge de la preuve pèsera sur le demandeur. C'est ce que rappelle l'article 547 de la proposition de réforme. L'avantage est considérable car, compte tenu de la difficulté de la preuve à rapporter (V. *supra*, n° 433), le possesseur a les meilleures chances de gagner son procès.

Ensuite, jusqu'à une date récente, le possesseur, et même le simple détenteur[134], avaient à leur disposition les *actions possessoires* (C. civ., art. 2278 et 2279) pour défendre leur situation de fait contre les troubles présents (la *complainte*), ou à venir (la *dénonciation de nouvel œuvre*) et contre les dépossessions violentes (la *réintégrande*).

Finalement il est apparu que l'exercice des actions possessoires était devenu inutile parce qu'avantageusement remplacé par la pratique du référé possessoire[135]. La loi du 16 février 2015 (art. 9) en a tiré les conséquences en abrogeant l'article 2279, supprimant par là même les actions possessoires[136]. C'est désormais la voie des actions en référé qui doit être empruntée pour protéger la possession[137].

En revanche la bonne foi du possesseur est nécessaire pour lui faire *acquérir les fruits* (V. *supra*, n° 424, sur la distinction des fruits et des produits) ; la solution est reprise dans l'article 548 de la proposition de réforme. L'hypothèse se présente chaque fois qu'un possesseur de bonne foi se trouve évincé par le véritable propriétaire : par exemple, un héritier évincé à la suite de la découverte d'un testament attribuant le bien à un autre. L'idée est qu'il serait injuste de lui faire restituer des revenus que, se croyant propriétaire, il a sans doute utilisés (C. civ., art. 549 et 550).

436. – **La possession, mode de preuve et d'acquisition de la propriété.** Les deux rôles de la possession, mode d'acquisition et mode de preuve de la propriété, sont étroitement liés[138].

Deux séries de règles édictent l'acquisition de la propriété par le biais de la possession : la *prescription acquisitive* (ou *usucapion*) et la règle de l'article 2276 du Code civil (« En fait de meubles, la possession vaut titre. »).

Le plus souvent, ces règles sont utilisées en tant que *mode de preuve* de la propriété, spécialement en matière immobilière. Au lieu de démontrer longuement à la suite de quels actes on est devenu propriétaire, on coupera court à toute discussion en disant qu'on est devenu propriétaire parce qu'on a été possesseur de bonne foi pendant dix ans ; c'est ce que font les notaires dans les actes de vente pour établir le droit de propriété du vendeur de l'immeuble : ils rappellent dans la partie de l'acte relative à l'« origine de propriété » que le vendeur possède le bien, soit par lui-même, soit par ses *auteurs* (parents, vendeurs précédents), depuis plus de dix ans.

Parfois, mais très rarement, ces règles seront utilisées pour acquérir effectivement la propriété. En général, il s'agira d'une personne qui, ayant acheté un immeuble, ou

(134) G. Goubeaux, *L'extension de la protection possessoire au bénéfice des détenteurs : Defrénois* 1976, 1, 374, art. 31062.
(135) L. Jacques, *La possession et la détention*, in *Proposition de l'Association Henri Capitant pour une réforme du droit des biens*, Litec, 2009, p. 61.
(136) H. Périnet-Marquet, *La fin des actions possessoires, chronique d'une mort annoncée : JCP* 2015, 244. – N. Cayrol : *RTD civ.* 2015, 705.
(137) Cass. 3e civ., 24 sept. 2020, n° 19-16.370, *Bull. : Dalloz actualité*, 23 oct. 2020, obs. Y. Strickler ; *D.* 2020, 171, note S. Goudjil.
(138) Ph. Jestaz, *Prescription et possession en droit français des biens : D.* 1984, chron. p. 27.

surtout un meuble, à quelqu'un autre que le véritable propriétaire, invoque sa qualité de possesseur de bonne foi pour acquérir (enfin) la propriété. Il est exceptionnel, mais possible, que ces mêmes règles soient invoquées par un usurpateur de mauvaise foi, auquel cas il devra justifier d'une possession utile de trente ans. Pareille solution, aussi traditionnelle soit-elle, aurait pu paraître contraire à l'article 1 du protocole n° 1 en ce qu'elle prive le véritable propriétaire de son droit ; elle n'en a pas moins été validée par la Cour européenne au motif que cette règle ancestrale tendait à protéger l'intérêt général[139]. Corrélativement, la Cour de cassation, saisie d'une QPC sur ce point, a refusé de la transmettre au Conseil constitutionnel au motif que « la prescription acquisitive n'a ni pour objet ni pour effet de priver une personne de son droit de propriété ou d'en limiter l'exercice, mais de conférer au possesseur, sous certaines conditions, et par l'écoulement du temps, un titre de propriété correspondant à la situation de fait qui n'a pas été contestée dans un certain délai ; cette institution répond à un motif d'intérêt général de sécurité juridique en faisant correspondre le droit de propriété à une situation de fait durable, caractérisée par une possession continue et non interrompue, paisible, publique, non équivoque et à titre de propriétaire »[140].

POSSESSION

Définition	**Effets**
1) *La possession suppose réunis :* – un élément matériel : la détention (par soi-même ou par l'intermédiaire d'un tiers) ; – un élément intentionnel : l'intention de se comporter comme le titulaire du droit.	1) *Effets généraux :* *En toute hypothèse* : – *le possesseur bénéficie d'une présomption de propriété* (rejet de la charge de la preuve sur son adversaire) ; *S'il est de bonne foi* : – *il acquiert les fruits*, même s'il est évincé.
2) *La possession n'est utile, c'est-à-dire efficace, que si elle est :* – paisible, donc non violente ; – publique, donc non clandestine ; – non équivoque ; – continue et non interrompue.	2) *Effets acquisitif et probatoire :* – *acquisition immédiate des meubles* par le possesseur de bonne foi (C. civ., art. 2276) ; – *acquisition après 10 ou 20 ans des immeubles* par le possesseur de bonne foi ayant un juste titre ; – *acquisition après 30 ans des meubles et des immeubles* par le possesseur de mauvaise foi.

Sans entrer dans les détails, on présentera brièvement ces règles relatives à l'acquisition par la possession :

1) la *prescription acquisitive* fait acquérir :

– après trente ans : les meubles et immeubles possédés de mauvaise foi (C. civ., art. 2272, al. 1) ;

(139) CEDH, Gde ch., 30 août 2007, *J.A. Pye (Oxford) Ltd et J.A. Pye (Oxford) Land Ltd c/ Royaume Uni* : *AJDA* 2007, 1928, obs. J.-F. Flauss ; *RTD civ.* 2007, 727, obs. J.-P. Marguénaud ; *JCP* 2008, I, 127, n°s 1 et s., obs. H. Périnet-Marquet.

(140) Cass. 3e civ., 17 juin 2011 : *RD imm.* 2011, 500, obs. J.-L. Bergel ; *RTD civ.* 2011, 562, obs. T. Revet. – L. Andreu, *L'usucapion constitutionnelle : l'apport de la question prioritaire de constitutionnalité à l'analyse de la prescription acquisitive : Rev. Lamy dr. civ.* mai 2012, p. 73.

– après dix ans : les immeubles possédés de bonne foi (C. civ., art. 2272, al. 2)[141].

Les deux hypothèses supposent une possession utile, c'est-à-dire exempte de vices (V. *supra*, n° 434) et l'écoulement d'un certain délai qui peut être interrompu (C. civ., art. 2240 et s.) ou suspendu (C. civ., art. 2233 et s.) dans certaines circonstances. La prescription de dix ans exige en outre la *bonne foi* du possesseur et un *juste titre*, c'est-à-dire un titre translatif de propriété dont le seul défaut est de ne pas émaner du véritable propriétaire[142]. Si ces conditions sont remplies, le possesseur devient propriétaire à compter du jour de la possession ;

2) *la règle de l'article 2276 du Code civil* « en fait de meubles, la possession vaut titre » édicte *l'acquisition immédiate des meubles par le possesseur de bonne foi*[143]. Conçue à l'origine comme une règle de preuve, elle est devenue une règle de fond très utile en matière mobilière ; en effet, les transactions étant plus rapides et moins formalistes que pour les immeubles, l'acheteur n'a ni le loisir ni d'ailleurs la possibilité de vérifier le droit du vendeur sur la chose et il doit se fier à l'apparence du droit, c'est-à-dire à la possession. C'est pour tenir compte de cette situation que l'article 2276 du Code civil décide que la mise en possession de l'acquéreur vaut propriété et le met à l'abri de la revendication du véritable propriétaire, à moins qu'il ne s'agisse de meubles perdus ou volés[144].

La règle ne joue que pour les meubles corporels[145], à l'exception des meubles du domaine public[146] et des biens mobiliers soumis à une publicité (navires, bateaux, aéronefs) qu'il suffit de consulter. L'acquisition immédiate ne s'opère qu'au profit du possesseur de bonne foi, c'est-à-dire celui qui avait cru, à tort, tenir du véritable propriétaire.

Il existe un régime spécial, dérogatoire, pour les meubles perdus ou volés (C. civ., art. 2276, al. 2, et art. 2277) et, parmi eux, pour les titres au porteur.

2° Les démembrements du droit de propriété

a) L'usufruit

437. – **Définition et objet.** L'*usufruit*[147], comme les autres droits réels principaux, est un démembrement de la propriété en ce sens qu'il confère à son titulaire, l'*usufruitier*, une partie seulement des prérogatives attachées au droit de propriété, lequel s'en trouve diminué d'autant. Cette amputation se manifeste dans la terminologie : le propriétaire n'est plus que le *nu-propriétaire*, ce qui marque bien à quel point il se trouve dépouillé.

(141) P. Collomb, *Le délai de la prescription abrégée (Pour une toilette des articles 2265 et 2266 du Code civil)* : *JCP* 1990, I, 3455.

(142) B. Mallet-Bricout, *Le juste titre* : *Mél. J. Foyer*, Economica, 2007, p. 687. – Cass. 3e civ., 31 janv. 1984 : *D.* 1984, p. 396, note J.-L. Aubert. – Cass. 3e civ., 12 juill. 2000 : *JCP* 2001, II, 10537, note Ch. Chalas. – Cass. 3e civ., 11 févr. 2015, n° 13-24.770.

(143) W. Dross, *Le singulier destin de l'article 2279 du Code civil* : *RTD civ.* 2006, p. 27.

(144) M. Muller, *L'acquéreur de bonne foi d'un meuble. Vers un nouvel équilibre entre ses droits et ceux du propriétaire injustement dépouillé* : *RTD civ.* 1989, p. 697. – M. Cuillieron, *Revendication des meubles perdus ou volés et protection possessoire (Réflexions sur Civ., 1er juin 1977, à la lumière de l'article 2282 du Code civil)* : *RTD civ.* 1986, p. 504.

(145) V. cep., en faveur de l'application de l'article 2279 ancien (devenu l'article 2276) aux meubles incorporels, A. Pélissier, *Possession et meubles incorporels*, préf. M. Cabrillac, Dalloz, 2001.

(146) Cass. 1re civ., 13 févr. 2019 : *RDC* 2019, 2, 85, note F. Danos.

(147) E. Dockès, *Essai sur la notion d'usufruit* : *RTD civ.* 1995, p. 479. – Sur les formes atypiques (quasi-usufruit, usufruit réversible, temporaire), M. Fabre, *L'usufruit atypique. Étude critique de la notion de démembrement de la propriété*, LGDJ, 2020.

L'usufruit est le droit d'user (*usus*) et de percevoir les fruits (partie du *fructus*) d'une chose appartenant à autrui (C. civ., art. 578), mais à « charge d'en conserver la substance ». Ce droit est essentiellement temporaire : il est limité à trente ans au profit des personnes morales(148) (C. civ., art. 619), à la durée de la vie de l'usufruitier pour les personnes physiques (on dit alors qu'il est *viager*)(149) ; mais il peut être stipulé pour une durée plus brève(150).

Il peut porter sur toutes sortes de biens meubles ou immeubles (C. civ., art. 581), sur des biens corporels consomptibles ou non consomptibles, mais également sur des biens incorporels, des créances(151), des parts de société(152), ou des universalités (fonds de commerce(153), patrimoine d'un défunt).

En pratique, l'usufruit est un droit qui se rencontre très fréquemment dans les rapports de famille. Le plus souvent, il résulte de l'application du droit successoral qui, à défaut de testament, confère à l'époux survivant le droit d'opter pour l'usufruit de la succession. Mais il peut aussi être constitué par un acte juridique, en général un testament ou une donation portant soit sur l'usufruit (au profit du conjoint survivant), soit sur la nue-propriété (au profit des enfants) avec réserve d'usufruit(154).

438. – Droits et obligations de l'usufruitier. L'usufruit confère à son titulaire certaines prérogatives et lui impose en contrepartie diverses obligations(155).

C'est ainsi que l'usufruitier a le *droit d'user de la chose* objet d'usufruit (par ex., d'habiter l'appartement soumis à usufruit) et d'en recueillir les fruits (par opposition aux produits), qu'il s'agisse des fruits naturels, industriels ou civils (V. *supra*, n° 424). Ce droit de jouissance s'accompagne tout naturellement de pouvoirs de gestion : il peut donner à bail les immeubles(156) (C. civ., art. 595), louer les meubles, toucher les capitaux des créances arrivées à échéance ; il peut également exercer toutes les actions relatives à son usufruit. La loi l'autorise même à vendre ou à céder gratuitement, non pas la chose elle-même, mais son droit d'usufruit, de jouissance sur la chose.

En contrepartie, l'usufruitier est soumis à des *obligations*. Lors de la constitution de l'usufruit, il doit faire dresser un inventaire des meubles et un état des immeubles,

(148) Délai de trente ans qui est d'ordre public : Cass. 3e civ., 7 mars 2007, *Bull.* n° 36 ; *D.* 2007, 2084 et note F. Julienne ; *JCP* N 2007, 1219 et note H. Hovasse.

(149) M. Nicod, La *quasi-propriété de l'usufruitier ou la propriété usufructuaire : Dr. et ville* 2006, n° 61, p. 271.

(150) V. Depadt-Sebag, *L'usufruit temporaire des personnes physiques. Une institution ancienne en cours de rénovation : RTD civ.* 2010, p. 669.

(151) A. Françon, *L'usufruit des créances : RTD civ.* 1957, I. – D. Fiorina, *L'usufruit d'un portefeuille de valeurs mobilières : RTD civ.* 1995, p. 43. – R. Libchaber, *L'usufruit des créances existe-t-il ? : RTD civ.* 1997, p. 615.

(152) J. Derruppé, *Un associé méconnu : l'usufruitier de parts ou actions : Defrénois* 1994, 1, 1137, art. 35894 ; *De l'ineptie de refuser à l'usufruitier la qualité d'associé : Defrénois* 1997, 1, 290, art. 36514. – J.-P. Chazal, *L'usufruitier et l'associé : Defrénois* 2000, 1743, art. 37191. – J.-P. Garcon, *Variations sur la coexistence non pacifique de titulaires de droits sociaux démembrés : JCP* N 2003, 1545. – V. C. civ., art. 1844, al. 3, qui répartit les pouvoirs entre usufruitier et nu-propriétaire.

(153) J.-P. Chazal, *L'usufruit d'un fonds de commerce : Defrénois* 2001, 1, 167, art. 37297.

(154) Pour les difficultés suscitées en matière de donations de valeurs mobilières, V. J.-P. Choisne, *Usufruit et capitalisation : JCP* N 1993, I, prat. p. 674. – M. Grimaldi et J.-F. Roux, *La donation de valeurs mobilières avec réserve de quasi-usufruit : D.* 1994, chron. p. 219. – J. Le Calvez, *L'usufruit des valeurs mobilières de capitalisation : D.* 1994, chron. p. 125.

(155) R. Bouquillard, *Le contentieux des actes juridiques portant sur un immeuble grevé d'usufruit*, thèse, Paris II, 1992. – P. Morineau, *Les rapports juridiques entre le nu-propriétaire et l'usufruitier*, thèse, Paris II, 1994. – J.-F. Pillebout, *Conventions relatives à l'usufruit. Formules : JCP* N 1997, doctr. p. 191.

(156) F. Planckeel, *La combinaison de l'usufruit et du bail. Éléments pour une nouvelle théorie des biens : RTD civ.* 2009, p. 639.

ce qui permet de fixer la consistance de ce qu'il devra rendre (C. civ., art. 600) ; il doit de plus, sauf convention contraire, fournir une caution qui répondra de l'accomplissement de ses obligations (C. civ., art. 601 et s.).

Quant à ses obligations pendant le cours de l'usufruit, elles se résument dans l'idée que l'usufruitier doit se comporter de manière à rendre possible la restitution de la chose à l'expiration de son droit. C'est ainsi qu'il doit, selon la formule traditionnelle mais aujourd'hui abandonnée, se comporter en *bon père de famille*, c'est-à-dire : payer les charges annuelles (C. civ., art. 608), faire les réparations d'entretien (mais non les grosses réparations, qui incombent au nu-propriétaire, C. civ., art. 605 et 606), maintenir la destination de la chose (par ex., ne pas transformer un local d'habitation en local commercial) et, plus généralement, conserver la chose(157) (sauf pour les choses consomptibles qui disparaissent par le premier usage).

S'il construit sur le terrain objet de son usufruit, il a été jugé que le nu-propriétaire ne s'est pas pour autant enrichi dans la mesure où l'accession ne se produira à son profit qu'à l'extinction de l'usufruit(158).

Bien que l'usufruit puisse s'éteindre de diverses manières (C. civ., art. 617), l'extinction de l'usufruit résulte le plus souvent du décès de l'usufruitier ; ce jour-là, le nu-propriétaire recouvre l'intégralité de son droit de propriété par l'effet de la loi : on en tire cette conséquence qu'il n'a pas à payer de droit de mutation. Il ne restera plus à l'usufruitier – ou à ses héritiers – qu'à restituer les biens soumis à usufruit, ou des choses semblables si l'usufruit portait sur des choses consomptibles(159). Pour les droits d'usage et d'habitation, qui s'apparentent à l'usufruit, voir les articles 625 et suivants du Code civil(160).

b) Les servitudes(161)

439. – Présentation générale. Les *servitudes* sont réglementées par les articles 637 à 710 du Code civil. En réalité, dans ces très nombreux textes, le code qualifie de servitudes naturelles et légales un certain nombre de restrictions à la propriété, apportées par la loi dans l'intérêt des voisins (C. civ., art. 640 à 685). On s'accorde à considérer que le terme de servitude est employé ici de manière abusive pour désigner les limitations légales au droit de propriété (V. *supra*, n° 427). Les servitudes, au sens étroit, sont celles établies par le fait de l'homme.

L'article 637 du Code civil en donne la définition : « Une servitude est une charge imposée sur un héritage pour l'usage et l'utilité d'un héritage appartenant à

(157) J.-F. Pillebout, *Réflexions sur le droit d'usufruit : JCP* N 1977, p. 173. – M.-P. Lucas de Leyssac, *L'article 607 du Code civil : RTD civ.* 1978, p. 757. – P. Courbe, *L'entretien de la chose soumise à usufruit : JCP* 1982, I, 3070.

(158) Cass. 3e civ., 19 sept. 2012 : *D.* 2012, 2871, note A. Tadros.

(159) Lorsque l'usufruit porte sur des choses consomptibles, on dit qu'il y a *quasi-usufruit*. P. Sirinelli, *Le quasi-usufruit : LPA* 1993, n° 87, p. 30. – S. Castagné, *Maîtriser l'utilisation du quasi-usufruit : JCP* N 1997, prat. p. 4099. – F. Zenati, *La nature juridique du quasi-usufruit (ou la métempsychose de la valeur) : Mél. P. Catala*, Litec, 2001, p. 605.

(160) J.-F. Pillebout, *Droit d'usage, droit d'habitation. Formules commentées : JCP* N 1976, n° 2826. – D. Ponton-Grillet, *Le droit d'usage et d'habitation : diminutif ou substitut du droit d'usufruit ? : D.* 1992, chron. p. 235. – B. Pays, *Du droit d'usage et d'habitation au droit au logement : AJDI* 2002, 745. – Il a été jugé qu'il y avait indivision quant au droit d'usage et d'habitation entre le propriétaire d'un bien et le titulaire d'un tel droit s'exerçant sur le même bien : Cass. 3ecciv., 7 juill. 2016 : *RD imm.* 2016, 541, obs. J.-L. Bergel.

(161) D. Ferru, *La notion de servitude*, LGDJ, 1972. – G.-C. Henriot, M. Prieur et P. Rossillion, *Les servitudes de droit privé et de droit public*, éd. de l'Actualité juridique, 1976. – E. Meiller, *La notion de servitude*, LGDJ, coll. « Bibl. dr. privé », t. 533, 2012, préf. F. Zenati-Castaing. – F. Letellier, *Notion de servitude : le va-et-vient jurisprudentiel : JCP* N 2014, 1384.

un autre propriétaire » ; par exemple, une servitude de ne pas bâtir, ou une servitude de passage consentie au profit du fonds voisin.

La définition légale met en valeur l'idée qu'une servitude est un rapport établi entre deux fonds immobiliers, le *fonds dominant* qui en bénéficie et le *fonds servant* qui la supporte, et non pas entre les deux propriétaires ; c'est un rapport dont la permanence est indépendante de la personnalité des propriétaires respectifs.

La charge imposée au fonds servant découle en général d'un contrat ; toutefois les articles 690 et suivants du Code civil visent également d'autres modes de constitution : la possession trentenaire, la destination du père de famille. Elle ne peut être établie que sur des terrains non bâtis ou sur des bâtiments, non sur des personnes ; certes, le propriétaire du fonds servant est tenu de subir passivement la servitude et tous ses inconvénients, mais en principe(162) aucune obligation personnelle positive ne lui incombe.

Exemple de servitude *non aedificandi*

Il est expressément convenu en ce qui concerne les immeubles bordant au nord la partie haute de la voie circulaire qu'il ne pourra y être élevé de constructions que dans la continuation de l'alignement de la maison qui porte le n° 2 sur le square, c'est-à-dire avec un retrait de huit mètres cinquante environ sur la ligne séparative dudit immeuble d'avec la voie circulaire.

Cet attachement à des fonds plutôt qu'à des personnes entraîne deux conséquences : d'une part, étant indépendante de la personnalité des propriétaires, la servitude se transmettra activement et passivement à tous les propriétaires successifs de chacun des fonds ; d'autre part, la servitude dure en principe aussi longtemps que les fonds entre lesquels elle est établie ; c'est dire qu'elle est perpétuelle.

Cette perpétuité n'est cependant qu'une vocation. Le Code civil prévoit en effet que les servitudes cessent « lorsque les choses se trouvent en tel état qu'on ne peut plus en user » (art. 703), par la réunion des deux fonds dans la main d'un seul propriétaire (art. 705), et par le non-usage pendant trente ans (art. 706)(163). Par ailleurs les parties sont libres de stipuler que la servitude par eux constituée sera seulement temporaire(164).

c) Le bail emphytéotique

440. – L'*emphytéose* ou *bail emphytéotique* est une forme particulière de bail qui était jadis considérée comme un droit personnel. En l'absence de textes, la jurisprudence y a vu un droit réel, comme tel susceptible de faire l'objet d'une hypothèque ou d'une saisie immobilière ; cette jurisprudence a été consacrée par la loi

(162) Toutefois, un récent arrêt a qualifié de servitude l'obligation imposée à l'acheteur d'un parking de maintenir la végétalisation de la toiture terrasse du parking au profit de la copropriété venderesse : Cass. 3e civ., 17 févr. 2015 : *RDC* 2015, 945, obs. A. Tadros.

(163) Ch. Atias, *La mutabilité des servitudes conventionnelles* : *RTD civ.* 1979, p. 245.

(164) V. en ce sens, Cass. 3e civ., 22 mars 1989, *Bull.* n° 73 ; *D.* 1990, somm. p. 90 ; *RTD civ.* 1989, p. 592, obs. F. Zenati ; *RD imm.* 1989, p. 447, obs. J.-L. Bergel.

du 25 juin 1902 (insérée aux articles L. 451-1 et suivants du Code rural et de la pêche maritime) qui réglemente la matière.

À l'origine, cette institution avait pour but d'offrir un cadre juridique favorisant la mise en valeur des terres incultes ; mais elle peut aussi être utilisée à bien d'autres fins comme le démontre la pratique(165). L'emphytéote se voit reconnaître des droits beaucoup plus étendus que ceux d'un locataire ordinaire. Résultant d'un contrat à titre onéreux, l'emphytéose doit être conclue pour une durée entre dix-huit et quatre-vingt-dix-neuf ans ; cette stabilité ne peut que susciter les initiatives du preneur qui, outre les droits de tout locataire ou usufruitier, peut apporter à la chose toutes modifications (changement de mode de culture, construction de bâtiments, etc.) sauf à ne pas en diminuer la valeur. En contrepartie, il doit effectuer les réparations de toute nature, acquitter toutes les charges et contributions et verser une redevance, parfois modique, au propriétaire. Cette formule est assez souvent utilisée par les collectivités publiques pour la mise en valeur de leurs terrains, mais elle est alors soumise à une réglementation particulière(166).

d) Le bail à construction et le bail à réhabilitation

441. – **Le bail à construction.** Le *bail à construction*, institué par une loi du 16 décembre 1964, est une transposition de l'emphytéose à la propriété urbaine (aujourd'hui CCH, art. L. 251-1 et s.) ; destiné à favoriser le développement de la construction, il constitue une incitation pour les propriétaires de terrains non pas à les vendre, mais à les louer en vue de la construction(167).

L'article L. 251-1 du Code de la construction et de l'habitation le définit comme « le bail par lequel le preneur s'engage, à titre principal, à édifier des constructions sur le terrain du bailleur et à les conserver en bon état d'entretien pendant toute la durée du bail ». La loi en fait un droit réel immobilier, susceptible d'être hypothéqué et saisi.

Conclu pour une durée entre dix-huit et quatre-vingt-dix-neuf ans, le bail confère au preneur un droit de superficie ; tenu d'édifier des constructions dont il sera le propriétaire pour la durée du bail, le preneur doit payer un loyer, entretenir les bâtiments et assumer toutes les charges, taxes et contributions relatives aux constructions ou au terrain. En fin de bail, le propriétaire du sol devient en principe propriétaire des constructions, sans indemnité. Autrement dit, le constructeur doit calculer l'amortissement sur la durée du bail.

Un certain nombre d'opérations immobilières ont été réalisées suivant cette formule qui permet de « vendre » (pour une durée limitée à la durée du bail) des locaux à usage d'habitation ou commercial à un prix moins élevé. Elles sont souvent le fait de collectivités locales, notamment les municipalités, qui préfèrent (ou doivent) conserver la propriété de leurs terrains tout en cédant le droit de construire sur ceux-ci.

(165) V. C. Saint-Alary-Houin, *Le bail emphytéotique, un vieux contrat toujours séduisant : Mél. Huet*, LGDJ, 2017, p. 319.
(166) Ch. Albouy, *Le bail emphytéotique administratif ou les prémices de la valorisation du domaine public : Constr.-Urb.* mars 1998, p. 5. – G. Eckert, *Le bail emphytéotique administratif : JCP* N 2003, 1384.
(167) G. Liet-Veaux et J. Schmidt, *Le bail à construction : D.* 1965, chron. p. 71. – R. Saint-Alary, *Bail à construction et opérations d'urbanisation : JCP* 1966, I, 1976. – A. Boquet et D. de Lataulade, *L'avenir du bail à construction : Gaz. Pal.* 1974, 1, doctr. p. 436. – J.-L. Tixier, *Le bail à construction. De la théorie à la pratique*, Litec, 2006. – *Le bail à construction : utilité et utilisations : RJDA* 1995, chron. p. 83.

Il a été proposé de fusionner bail emphytéotique et bail à construction en un seul droit nouveau, le « bail réel immobilier »[(168)].

442. - Le bail à réhabilitation. Plus récemment, une loi du 31 mai 1990, dont les dispositions ont été insérées aux articles L. 252-1 et suivants du Code de la construction et de l'habitation, a créé un nouveau droit réel, le *bail à réhabilitation*[(169)]. Par ce bail, d'une durée minimale de douze ans, le bailleur loue à un preneur un immeuble à charge de le réhabiliter et de le lui restituer libre de tout occupant à l'expiration du délai prévu. Ce bail ne peut être consenti qu'à une société d'HLM, à une société d'économie mixte ou à une collectivité territoriale en vue de mettre en œuvre le droit au logement des personnes défavorisées. Il peut même être conclu sur un ou plusieurs lots d'une copropriété (L. 24 mars 2014).

Cette formule n'a pas suscité beaucoup d'intérêt en pratique, probablement à raison de la faible durée du bail qui ne permet pas au preneur d'amortir les frais de la réhabilitation de l'immeuble.

e) La concession immobilière

443. - *La concession immobilière*, due à la loi d'orientation foncière du 30 décembre 1967, est définie comme « le contrat par lequel le propriétaire d'un immeuble ou partie d'immeuble, bâti ou non bâti, en confère la jouissance à une personne dénommée concessionnaire, pour une durée de vingt années au minimum et moyennant le paiement d'une redevance annuelle ». Cette formule nouvelle, souvent considérée comme un droit réel, fait volontairement double emploi avec le bail commercial, offrant ainsi aux commerces nécessitant de grandes surfaces un choix entre deux techniques juridiques : ou bien bail commercial conférant la propriété commerciale mais entraînant de manière quasi inéluctable le versement d'un « pas-de-porte » élevé ; ou bien concession immobilière, sans propriété commerciale et sans pas de porte, mais conférant tout de même des droits importants au preneur[(170)].

C'est ainsi que, titulaire de son droit pour vingt ans au moins, le concessionnaire peut en principe donner aux locaux toute destination de son choix, y apporter tous aménagements et modifications, construire, céder tout ou partie de ses droits à un tiers, y compris en location-gérance. En contrepartie le concessionnaire paie une redevance annuelle, révisable dans les termes prévus au contrat ; tout pas de porte serait nul de plein droit et sujet à restitution.

Il y a controverse sur le point de savoir si ce droit constitue ou non un droit réel. C'est l'une de ces hypothèses-limites où la distinction entre le droit réel, qui porte sur la chose, et le droit personnel qui s'exerce à l'encontre d'une personne, n'apparaît pas très satisfaisante.

---

(168) P. Delvolvé et Ph. Malinvaud (ss dir.), *Bail réel immobilier et bail réel immobilier administratif : RD imm.* 2013, 396.

(169) J. Hugot, *Un nouveau-né : Le bail à réhabilitation : JCP* N 1990, I, 217. – C. Bosgiraud-Stephenson, *Le bail à réhabilitation : RD imm.* 1991, p. 19. – Circ. n° 91-23, 28 janv. 1991 relative au bail à réhabilitation : *JCP* N 1991, I, prat. p. 1773 ; *AJPI* 1991, p. 191. – E. Boulé, *Le bail à réhabilitation : quel intérêt pour un propriétaire ? : Gaz. Pal.* 13-15 juin 1993. – J.-E. Garonnaire et F. Picot, *Pour une renaissance du bail à réhabilitation : Defrénois* 2007, 1, 185, art. 38526.

(170) F. Boulanger, *Un des nouveaux aspects des « métamorphoses » du droit au bail : la concession immobilière de la loi du 30 décembre 1967 : D.* 1968, chron. p. 99. – B. Boccara, *La concession immobilière : JCP* 1969, I, 2245 et 2279. – G. Liet-Veaux, *Le nouveau régime de la concession immobilière : JCP* 1968, I, 2147. – J.-L. Costa, *La concession immobilière : Rev. Administrer* juill. 1985, n° 159.

B. – Les droits réels accessoires. Les sûretés réelles[171]

444. – **Notions générales sur les sûretés.** Comme les droits réels principaux, les droits réels accessoires sont en nombre limité, encore qu'il soit plus difficile d'en donner une liste précise[172]. Dans le langage juridique courant, le terme de « droit réel accessoire » est assez peu utilisé ; on parle plus volontiers des « sûretés ». On marque mieux ainsi le rôle de ces droits qui servent de garantie au paiement d'une créance. Mais la catégorie des sûretés est plus large que celle des droits réels accessoires ; il faut donc se garder d'assimiler l'un à l'autre, et ce pour deux raisons.

D'une part, on notera que, si les sûretés classiques constituent des droits réels accessoires, la pratique – consacrée par la loi – utilise aussi la propriété, droit réel principal, en tant que garantie afin de créer des sûretés particulièrement efficaces[173]. La *clause de réserve de propriété*, aujourd'hui réglée par les articles 2367 à 2372 du Code civil, en est un exemple caractéristique puisqu'elle a pour effet de retarder le transfert de propriété jusqu'au complet paiement du prix[174]. En marge de cette sûreté fondée sur la *propriété retenue*, on pouvait aussi imaginer une sûreté fondée sur la *propriété transférée* par une utilisation particulière de la *fiducie*[175] (V. *supra*, n° 403) ; c'est ce qui a été réalisé par l'ordonnance du 30 janvier 2009[176] (mod. par une loi de simplification du droit du 12 mai 2009) (C. civ., art. 2372-1).

D'autre part, si les sûretés englobent tous les droits réels accessoires, elles comprennent en plus d'autres institutions. En effet, il n'est pas que les choses pour servir de garantie (sûretés réelles) ; les personnes, en engageant leur patrimoine, peuvent jouer un rôle identique (sûretés personnelles).

C'est ainsi que le *cautionnement*[177], contrat par lequel une personne, appelée la caution, s'engage à payer la dette pour le cas où le débiteur ne s'en acquitterait pas, est une sûreté personnelle très utilisée en matière commerciale, et notamment bancaire[178]. Il est régi par les articles 2288 et suivants du Code civil, dispositions que la réforme de 2021 a pour objet de refondre. Quant à la *garantie autonome*, c'est la

(171) Les sûretés réelles ont été profondément réformées par l'ordonnance n° 2006-346 du 23 mars 2006 relative aux sûretés (*JO* 24 mars 2006 ; *D.* 2006, p. 1311) ; elles figurent désormais aux articles 2323 et suivants du Code civil. – *La réforme des sûretés : D.* 2006, dossier, chron. p. 1289. – Ph. Simler et a., *Commentaire de l'ordonnance du 23 mars 2006 relative aux sûretés : JCP* G 17 mai 2006, suppl. au n° 20.

(172) Sur leur *numerus clausus*, comp. M. Mignot (p. 195) et C. Gijsbers (p. 233), in *Liberté contractuelle et droits réels*, LGDJ, 2015, ss dir. L. Andreu.

(173) P. Crocq, *Propriété et garantie*, thèse, Paris II, 1992. – F. Leduc, *Le gage translatif de propriété : mythe ou réalité ? : RTD civ.* 1995, p. 307. – D. Legeais, *Les nouvelles fonctions de la propriété*, in *La propriété*, Trav. Assoc. H. Capitant, 2003, p. 419. – P. Crocq, *Dix ans après : l'évolution récente des propriétés-garanties*, in *Ruptures, mouvements et continuité du droit, Autour de Michelle Gobert*, Economica, 2004, p. 347. – D. Legeais, *Réserve de propriété et cession « Dailly » : bilan contrasté de la propriété-garantie : Mél. D. Schmidt*, éd. Joly, 2005. – P. Crocq, *Réformes du droit français et harmonisation des droits européens en matière de propriétés-sûretés : Mél. J. Foyer*, Economica, 2007, p. 253.

(174) D.-R. Martin, *La propriété de haut en bas : D.* 2007, chron. p. 1977, V. II, *La subpropriété*.

(175) P. Crocq, *Lacunes et limites de la loi au regard du droit des sûretés : D.* 2007, chron. p. 1354. – R. Damman et G. Podeur, *Fiducie-sûreté et droit des procédures collectives : évolution ou révolution ? : D.* 2007, chron. p. 1359. – J.-D. Pellier, *Regard sur la fiducie-sûreté : LPA* 21 mars 2007, p. 6. – L. Aynès, *Fiducie : analyse et applications pratiques de la loi : Rev. Lamy dr. civ.* févr. 2008, suppl. au n° 46, p. 5.

(176) Ph. Dupichot, *La fiducie-sûreté en pleine lumière. À propos de l'ordonnance du 30 janvier 2009 : JCP* 2009, I, 132. – P.-M. Le Corre, *La fiducie-sûreté, un instrument de sécurisation de la bonne exécution du plan de sauvegarde ou de redressement : D.* 2009, 882. – F. Barrière, *La fiducie-sûreté : JCP* N 2009, 1291.

(177) Ph. Simler, *Cautionnement, garanties autonomes*, garanties indemnitaires, LexisNexis, 5e éd., 2015.

(178) F. Buy, *Recodifier le droit du cautionnement (à propos du rapport sur la réforme du droit des sûretés) : Rev. Lamy dr. civ.* juill.-août 2005, p. 27.

sûreté personnelle par laquelle le garant s'engage, en considération d'une obligation souscrite par un tiers, à verser une somme à première demande ou selon d'autres modalités convenues (C. civ., art. 2321).

Toutefois, les choses sont une garantie plus sûre que les personnes, alors surtout que la loi[179] et la jurisprudence ont fragilisé le cautionnement dans un souci de protection des cautions imprudentes[180]. Qu'importe d'avoir un ou plusieurs débiteurs si tous s'avèrent insolvables. Au contraire les choses demeurent et c'est la raison pour laquelle elles sont un élément de crédit particulièrement sûr ; sur le plan de la technique juridique, la garantie est réalisée en concédant au créancier un droit réel accessoire sur une chose du débiteur ou éventuellement d'un tiers qui y consentirait[181]. Ce droit réel accessoire va lui permettre d'échapper à la loi du concours, à laquelle se trouvent soumis les créanciers chirographaires (V. *supra*, n° 399).

Ces sûretés, qui résultent soit d'un contrat, soit de la loi, peuvent porter sur les immeubles ou sur les meubles.

445. – **Les sûretés réelles sur les immeubles.** L'exemple type est celui de l'hypothèque, droit réel immobilier conférant à son titulaire, le créancier hypothécaire, le droit de se faire payer par préférence aux autres créanciers (*droit de préférence*) sur le prix de l'immeuble, même s'il se trouve entre les mains d'un tiers acquéreur (*droit de suite*). L'hypothèque apparaît comme une sûreté idéale : elle ne nuit pas au propriétaire de l'immeuble qui conserve sur lui tous ses droits, y compris celui de l'hypothéquer encore ou même de l'aliéner ; elle offre la meilleure garantie au créancier qui aura pris soin de faire porter son hypothèque sur un immeuble d'une valeur supérieure à celle de la créance garantie[182]. L'hypothèque peut être ou conventionnelle, ou légale ou judiciaire.

L'*hypothèque conventionnelle* résulte d'un contrat qui, pour sa validité, doit être établi par un notaire ; il doit y être mentionné le montant de la créance garantie et la désignation de l'immeuble grevé. Une telle sûreté ne peut être consentie que par le titulaire du droit hypothéqué (propriété, usufruit, bail à construction, etc.), et sous réserve qu'il ait la capacité d'aliéner (C. civ., art. 2413 et s.).

L'*hypothèque légale* est celle attribuée d'office par la loi, en dehors de tout contrat, à certaines personnes en garantie de créances qui lui paraissent particulièrement dignes d'intérêt : ainsi les créances d'un époux contre l'autre, celles des incapables en tutelle contre leur représentant légal (C. civ., art. 2400). Il fallait jusqu'ici en rapprocher les *privilèges immobiliers spéciaux*, notamment celui du vendeur

(179) D. Houtcieff, *Les dispositions applicables au cautionnement issues de la loi pour l'initiative économique* : *JCP* 2002, I, 161. – S. Piedelièvre, *La réforme de certains cautionnements par la loi du 1er août 2003 (loi pour l'initiative économique)* : *Defrénois* 2003, 1, 1371, art. 37827.

(180) M. Bourassin, *L'efficacité des garanties personnelles*, LGDJ, coll. « Droit privé », 2006.

(181) Dans le cas où cette garantie sur une chose est consentie par un tiers, et non par le débiteur lui-même, on parle de sûreté réelle pour autrui, ou parfois de *cautionnement réel*, par opposition au *cautionnement personnel* (V. F. Grua, *Le cautionnement réel* : *JCP* 1984, I, 3167. – Ph. Simler, *Le cautionnement réel est réellement – aussi – un cautionnement* : *JCP* 2001, I, 367. – J.-J. Ansault, *Le cautionnement réel*, Defrénois, coll. « Doctorat et notariat », 2009, t. 40, préf. P. Crocq. – Comp. Cass. ch. mixte, 2 déc. 2005, n° 03-18.210, *Bull.* n° 7 : *JCP* 2005, II, 10183 et note Ph. Simler ; *D.* 2006, 62 et note V. Avena-Robardet ; *D.* 2006, 729, avis av. gén. Sainte-Rose et note L. Aynès. – Ph. Simler, Eppur, si muove ! *[Galilée] Et pourtant une sûreté réelle constituée en garantie de la dette d'un tiers est un cautionnement… réel* : *JCP* 2006, I, 172).

(182) A. Piedelièvre, *L'efficacité de la garantie hypothécaire* : *Études Flour*, p. 367. – Th. De Ravel d'Esclapon, *L'hypothèque, une sûreté décidément bien en vue* : *D.* 2008, chron. 2021.

d'immeuble (C. civ., art. 2374), privilèges qui ont vocation à être transformés en hypothèques légales.

L'*hypothèque judiciaire* est celle prononcée par le juge ; il s'agit alors d'une mesure conservatoire. On en rapproche parfois celle dont la loi assortit les jugements de condamnation (C. civ., art. 2412), mais cette dernière est en réalité une hypothèque légale.

Toutes ces hypothèques – et privilèges assimilés, à l'exception du privilège des salaires et de celui du syndicat de copropriété – sont soumises à une formalité de publicité, *l'inscription au service de la publicité foncière*. Il n'y a pas de condition de délai, mais l'inscription ne peut plus être prise si a été prononcé le redressement judiciaire du débiteur, ou si ont été transcrits soit un commandement de saisie immobilière, soit une aliénation de l'immeuble hypothéqué.

Cette inscription, qui est la condition de l'opposabilité aux tiers du droit réel accessoire, a au surplus un effet remarquable : l'ordre chronologique dans lequel ont été inscrits les droits successifs détermine à lui seul le rang des divers droits ou hypothèques inscrits sur le même immeuble ; s'il y a plusieurs créanciers hypothécaires ou privilégiés, ils seront payés dans l'ordre des dates d'inscription (et non dans l'ordre des dates respectives des actes ou faits constitutifs d'hypothèque ou de privilège). Il y est dérogé pour le privilège des salaires (qui, bien que non soumis à inscription, passe avant tous les autres).

Cette publicité permet à tout intéressé de s'enquérir de la situation hypothécaire de l'immeuble qu'il se propose d'acquérir ou sur lequel il désire prendre hypothèque.

446. – **Les sûretés réelles sur les meubles.** Le développement de la fortune mobilière a conduit à considérer les biens meubles comme un élément de crédit, au même titre que les immeubles. Mais l'organisation du crédit mobilier soulève des problèmes très ardus tenant notamment au fait qu'il est difficile de réaliser à l'intention des tiers une publicité des sûretés mobilières. Or, cette publicité conditionne l'attribution du droit de suite au créancier ; il ne faut pas oublier en effet que le droit de suite s'exerce contre le tiers acquéreur du bien grevé de la sûreté (V. *supra*, n° 445 *in limine*), ce qui paraît difficilement admissible en l'absence d'une publicité que les tiers acquéreurs puissent consulter avant d'acheter.

La difficulté d'organiser une publicité sur les meubles a longtemps été un obstacle au développement des sûretés réelles mobilières. Cet obstacle a été surmonté pour les sûretés conventionnelles qui désormais confèrent à leur titulaire à la fois le droit de préférence et le droit de suite : par exemple, le gage et ses dérivés. En revanche, les sûretés mobilières légales (privilèges mobiliers généraux et spéciaux) ne comportent que le droit de préférence ; il s'ensuit que le créancier privilégié perd son privilège en cas d'aliénation du bien grevé ; il s'ensuit également que, faute d'un droit de suite, ces privilèges ne sont pas des droits réels accessoires.

1) Les *sûretés conventionnelles* résultent d'un contrat. La plus ancienne est le *gage*, contrat par lequel le débiteur affecte une chose mobilière à son créancier pour sûreté de sa dette (C. civ., art. 2333 et s.). Dans la terminologie due à l'ordonnance du 23 mars 2006, le terme de *gage* est réservé aux sûretés conventionnelles sur les *meubles corporels*, cependant que celui de *nantissement* s'applique aux sûretés sur les *meubles incorporels*.

Tel qu'il avait été conçu par le Code civil, le gage devait s'accompagner d'une dépossession du débiteur, ce qui supposait une remise de la chose soit au créancier gagiste lui-même, soit à une tierce personne(183). Cette dépossession, qui conditionnait la validité du contrat, était destinée à prévenir les tiers de la constitution du gage. Toute l'évolution a tendu vers la suppression de cette dépossession gênante pour le propriétaire de la chose engagée. Cette fonction d'opposabilité peut désormais être réalisée par la publicité sur le registre, si les parties le souhaitent. Il s'ensuit qu'aujourd'hui le gage peut, suivant les cas, être avec ou sans dépossession(184).

La rédaction d'un écrit n'est exigée que pour les gages civils, non en matière commerciale.

Une fois constitué, le gage confère au créancier gagiste le droit de conserver la chose jusqu'à son paiement (*droit de rétention* : C. civ., art. 2286) et, à son choix, le droit de se faire attribuer la chose (de manière judiciaire ou de manière conventionnelle), ou de la faire vendre et se payer par préférence sur le prix.

2) Les *sûretés légales*. Parallèlement à ces sûretés conventionnelles, la loi a établi de très nombreux *privilèges*(185) qui confèrent à leurs bénéficiaires un droit de préférence sinon le droit de suite. Ces privilèges peuvent porter sur tous les meubles du débiteur (privilèges du Trésor, privilèges mobiliers généraux de l'article 2331 du Code civil) ou sur certains meubles seulement (privilèges mobiliers spéciaux : C. civ., art. 2332).

C. – La force des droits réels

447. – **L'opposabilité à tous.** Pour manifester la supériorité du droit réel sur le droit personnel, on dit souvent que le premier est *absolu* et le second *relatif*.

On veut signifier par là que le droit réel est opposable à tout le monde, que le droit personnel n'est opposable qu'à un seul, le débiteur, ou à un petit nombre (les débiteurs). Mais est-ce bien là une différence de force ? Cela n'est pas certain.

En effet, il faut que le droit réel soit opposable à tous pour avoir quelque effet(186). Son existence même repose sur un respect universel ; qu'un seul y manque, par exemple, en dérobant la chose d'autrui, et il n'y a plus de droit réel. S'agissant au contraire d'un droit personnel, par exemple, d'une prestation ou d'une somme d'argent promise, sans doute ne peut-elle être exigée que du débiteur, non des tiers, mais n'est-ce pas suffisant puisque les tiers ne doivent rien.

Ainsi, s'il est exact de dire que le droit réel est absolu et le droit personnel relatif, l'affirmation est sans portée sur le plan de la force du droit.

(183) Procédé de l'entiercement pratiqué dans les magasins généraux, warrant, crédit documentaire, etc. V. G. Ferreira, *La situation du tiers convenu dans le gage : Defrénois* 2004, 1, 205, art. 37874.

(184) R. Boffa, *L'opposabilité du nouveau gage sans dépossession : D.* 2007, chron. p. 1161. – L. Andreu, *Gage avec dépossession contre gage sans dépossession : D.* 2012, 1761. – Sur la publicité du gage sans dépossession, V. Cons. const., 23 déc. 2006, n° 2006-1804 : *JO* 31 déc. 2006 et A. 1er févr. 2007 : *JO* 10 févr. 2007, p. 2565.

(185) L'article 2324 du Code civil définit le privilège comme « un droit que la qualité de la créance donne à un créancier d'être préféré aux autres créanciers, même hypothécaires ». V. M. Dagot, *La notion de privilège : Mél. Ch. Mouly*, Litec, 1998, p. 335.

(186) M. Lévis, *L'opposabilité du droit réel*, Economica, 1989. – M. Billiau, *L'opposabilité des contrats ayant pour objet un droit réel*, in *Les effets du contrat à l'égard des tiers : Comparaisons franco-belges*, LGDJ, 1993. – Pour une illustration, Cass. 1re civ., 20 déc. 2017, n° 16-24.029 : « le droit de rétention est un droit réel, opposable à tous, y compris aux tiers non tenus à la dette ».

On pourrait presque soutenir que c'est une faiblesse. Car, pour être absolu, le droit réel, par exemple, le droit de propriété, doit être prouvé à l'égard de tout le monde ; et, comme la *preuve* de la propriété est impossible, on a été contraint d'inventer la notion de possession (V. *supra*, n° 433) et de décider qu'elle fait acquérir la propriété immédiatement pour les meubles, à l'expiration d'un certain délai pour les immeubles (V. *supra*, n° 436). Au contraire, le droit personnel, étant relatif, ne nécessite de preuve qu'à l'égard du débiteur ; il suffit pour cela d'avoir constaté par écrit l'accord du débiteur, et de lui seul.

Par ailleurs, cette même opposabilité à tous du droit réel suppose, du moins en matière immobilière, une *publicité*. On l'a vu pour les hypothèques et les privilèges immobiliers (V. *supra*, n° 445) ; mais cette publicité s'impose également pour toutes les constitutions (usufruit, servitudes) et toutes les transmissions (vente, donation) de droits réels immobiliers. Le service de la publicité foncière n'enregistre pas que les hypothèques ; outre son rôle fiscal, il réunit à peu près tous les renseignements importants relatifs aux immeubles. Il ne faut toutefois pas se méprendre sur la portée de ces formalités et sur le principe qu'entre plusieurs droits concurrents on préférera celui qui a été publié en premier : ces règles sont destinées à trancher les seuls conflits s'élevant entre deux personnes qui tiennent leur droit du *même auteur*, par exemple entre deux créanciers hypothécaires, ou entre deux acquéreurs du même immeuble.

Cette publicité foncière ne peut être opérée qu'au vu d'un acte authentique établi par un notaire, d'une décision juridictionnelle ou d'un acte authentique émanant d'une autorité administrative (C. civ., art. 710-1).

448. – **Le droit de préférence et le droit de suite.** La véritable force du droit réel réside dans le pouvoir sur la chose que confère le droit réel, pouvoir infiniment plus contraignant et plus sûr que celui qui peut s'exercer sur une personne.

On s'en aperçoit de manière éclatante en comparant deux droits, l'un personnel, l'autre réel, tendant aux mêmes fins, à la garantie d'une créance : la caution et l'hypothèque (V. *supra*, n°s 444 et 445). Si la caution est insolvable, on aura beau la poursuivre, elle ne paiera pas. Au contraire, l'hypothèque sur l'immeuble débouchera sur le paiement : si l'immeuble a été aliéné, le droit de suite permettra de le saisir entre les mains du tiers acquéreur ; si le débiteur est criblé de dettes, le droit de préférence permettra au titulaire du droit réel d'hypothèque de primer tous les autres créanciers chirographaires, et même les créanciers hypothécaires ou privilégiés inscrits après lui.

Droit de préférence et droit de suite sont les deux caractéristiques fondamentales du droit réel, et celles qui en font la force. Ils apparaissent en pleine lumière dans les droits réels accessoires, mais ils existent aussi de manière latente dans les droits réels principaux. Ainsi, c'est le droit de suite, entendu au sens large, qui permet au propriétaire dépossédé d'exercer l'action en revendication de sa chose contre un détenteur ; et c'est ce même droit qui permet à un prêteur ou à un déposant de récupérer son bien en nature sans égard pour les créanciers de l'emprunteur ou du dépositaire en faillite.

Le droit personnel est loin d'avoir cette même force.

SOUS-SECTION 2

LES DROITS PERSONNELS (OU DE CRÉANCE)

449. – **Définition.** Lorsqu'on compare le droit personnel au droit réel, on emploie, pour faire image, une formule frappante : on dit que le droit réel est le pouvoir d'une personne sur une chose, et le droit personnel le pouvoir d'une personne sur une autre personne.

Ce parallèle laisse supposer que le droit personnel entraîne un asservissement d'une personne à une autre, au même titre qu'il peut y avoir soumission d'une chose à l'homme. Le droit personnel ne va heureusement pas jusque-là. Il faut le définir comme le pouvoir d'une personne – le *créancier* – d'exiger d'une autre personne – le *débiteur* – une prestation quelconque, la livraison d'une chose, l'exécution de travaux, le paiement d'un loyer, etc.

Vue du côté du créancier, la prestation est une *créance* qui figurera à l'actif de son patrimoine (en compagnie des droits réels) ; vue du côté du débiteur, elle est une *dette*, ou encore une *obligation* qui s'inscrira au passif de son patrimoine (V. *supra*, n° 405). Créancier et débiteur sont unis par un *lien d'obligation*.

Dans le langage juridique courant, on dira volontiers que le créancier a un *droit de créance*, le débiteur une *obligation* ; c'est en ce sens qu'on étudie dans les universités la *théorie générale des obligations* qui, bien entendu, est autant celle des créances que celle des dettes. Créance et obligation (ou dette) sont les deux faces de la prestation due, suivant qu'on se place du point de vue du créancier, ou de celui du débiteur ; ce qui est une créance pour l'un est une obligation pour l'autre.

450. – **Impossibilité de dresser une liste des droits personnels.** On peut donner des exemples de droits personnels, mais pas en dresser une liste car ils sont innombrables. L'exemple qui vient le premier à l'esprit est celui d'une créance ou d'une dette d'une somme d'argent, mais ce peut être également n'importe quelle prestation en nature, par exemple, l'obligation de l'industriel ou du commerçant de livrer une marchandise, du transporteur de la transporter, etc. « Créance », en son sens juridique, englobe bien autre chose que les sommes d'argent ; et de même pour « dette ».

À l'inverse des droits réels qui sont en nombre relativement limité, les droits personnels sont en nombre illimité. Cette différence s'explique en grande partie par la nature des choses. Les actes qu'on peut accomplir sur un objet mobilier ou immobilier sont nécessairement limités : en user, percevoir les fruits ou les produits, l'aliéner en tout ou en partie, etc. ; dès lors, les combinaisons possibles, c'est-à-dire compatibles entre elles lorsque les actes s'exercent sur une seule et même chose, sont elles-mêmes limitées. Au contraire les prestations qu'on peut exiger d'une personne ne sont limitées que par l'imagination ou par des considérations relatives à l'ordre public.

Il est donc impossible de passer en revue les droits personnels, comme on l'a fait pour les droits réels (V. *supra*, n°s 476 et s.). Mais on peut en revanche classer les prestations qui en font l'objet, et analyser la force des droits de créance.

§ 1. – Classification des prestations objet de droits personnels

A. – Classifications fondées sur l'objet de l'obligation

451. - **Obligations de donner, de faire, de ne pas faire**[187]. Toutes les obligations (c'est-à-dire toutes les prestations vues sous l'angle du débiteur) patrimoniales et même extrapatrimoniales entrent dans cette classification qui est fondamentale. C'est à elle que se référait originairement le Code civil lorsqu'il définissait la notion de contrat. Au lieu de dire brièvement que le contrat est une convention génératrice d'obligations, les articles 1101 et 1126 anciens du Code civil précisaient la nature de la prestation :

> **Art. 1101 ancien. –** Le contrat est une convention par laquelle une ou plusieurs personnes s'obligent, envers une ou plusieurs autres, à donner, à faire ou à ne pas faire quelque chose.

Considérant que cette classification soulevait trop de difficultés, l'ordonnance portant réforme du droit des contrats ne l'a pas retenue ; le contrat y est défini comme « un accord de volontés entre deux ou plusieurs personnes destiné à créer, modifier, transmettre ou éteindre des obligations » (art. 1101 nouveau). Même non retenue par le projet de réforme, la classification n'en présente pas moins certains intérêts.

L'intérêt de la distinction apparaît quant à la possibilité de procéder à une exécution forcée en nature de la prestation ; possible pour les obligations de donner, avant la réforme de droit des contrats (art. 1221 et s. nouveaux) elle était en principe exclue pour les obligations de faire ou de ne pas faire dont l'inexécution entraînait seulement condamnation à dommages et intérêts (C. civ., art. 1142 ancien)[188].

L'*obligation de donner*[189] doit être entendue comme l'*obligation de transférer la propriété* d'une chose, et non pas comme l'obligation de gratifier une personne. Donner est ici la traduction de *dare* (transférer la propriété), non celle de *donare* (faire don).

« Transférer la propriété » n'est pas non plus synonyme de « livrer la chose ». En règle générale, lorsqu'il s'agit d'un *corps certain* (V. *supra*, n° 419), le transfert de propriété s'opère de plein droit entre les parties à la vente (mais non à l'égard des tiers), dès l'instant qu'elles se sont mises d'accord sur la chose et sur le prix ; peu importe que la chose n'ait pas encore été livrée, ou que les clés de

(187) Cette classification du Code civil a été critiquée par certains auteurs qui voudraient ressusciter l'obligation de *praestare* que connaissait le droit romain, obligation ayant pour objet la mise d'un bien à disposition d'autrui (obligation de livrer) : G. Pignarre, *À la redécouverte de l'obligation de* praestare. *Pour une relecture de quelques articles du Code civil : RTD civ.* 2001, p. 41.

(188) A. Comaty, *Du mode d'exécution forcée des obligations de donner et de faire*, thèse, Toulouse, 1976. – W. Jeandidier, *L'exécution forcée des obligations contractuelles de faire : RTD civ.* 1976, p. 700.

(189) M. Fabre-Magnan, *Le mythe de l'obligation de donner : RTD civ.* 1996, p. 85. – J. Huet, *Des différentes obligations et, plus particulièrement, de l'obligation de donner, la mal nommée, la mal aimée : Mél. Ghestin*, LGDJ, 2001, p. 425.

l'immeuble n'aient pas été remises. On dit que le transfert de propriété s'opère *solo consensu*[190].

Il est assez rare en pratique de rencontrer une obligation de donner inexécutée, puisque son exécution est un effet automatique de tout contrat translatif de propriété. Cela peut cependant se présenter dans l'hypothèse où le contrat prévoit que le transfert de propriété s'opérera à une date ultérieure, ou encore s'il porte sur une chose de genre non encore individualisée (V. *supra*, n° 419).

Quant à l'obligation de livrer, qui suppose une prestation personnelle du débiteur, c'est une forme de l'obligation de faire.

L'*obligation de faire* est celle par laquelle le débiteur s'engage à accomplir un fait positif : par exemple, l'obligation de l'architecte (dessiner les plans), de l'entrepreneur (réaliser la construction), du vendeur (livrer, garantir l'acheteur contre les vices de la chose), du médecin (soigner), etc.

L'*obligation de ne pas faire* est celle par laquelle le débiteur promet de s'abstenir d'un fait : par exemple, clause par laquelle le vendeur d'un fonds de commerce s'engage à ne pas se réinstaller dans le voisinage (clause de non-concurrence), ou par laquelle le grossiste s'engage à ne fournir qu'un seul détaillant dans une zone déterminée, sous réserve de réciprocité (clause d'exclusivité).

452. – **Les obligations en nature et les obligations monétaires ou de sommes d'argent.** Les *obligations* peuvent être *en nature* ou *de sommes d'argent*[191], suivant ce qui a été promis : « L'obligation est monétaire quand elle porte sur une somme d'argent. Toute autre obligation est dite en nature » (Avant-projet Catala, art. 1147). Il ne faut donc pas se laisser abuser par le sens monétaire que donne le langage courant aux termes de créance et dette. Sans doute peut-il s'agir d'une somme d'argent, mais aussi d'une prestation en nature. D'ailleurs, la plupart des contrats comportent l'une et l'autre obligation : c'est le cas de la vente, du louage, du transport et, plus généralement de tous les contrats où l'une des parties paie en argent une prestation en nature qui est fournie par l'autre.

L'intérêt de la distinction se situe relativement à la dépréciation monétaire qui atteint les seules obligations de sommes d'argent, par exemple, en cas de prêt à moyen terme ou long terme ; pour pallier cette dépréciation, le créancier prudent stipulera une clause d'indexation, clause dont la validité est subordonnée à certaines conditions.

Un même contrat peut évidemment comporter plusieurs obligations. Ainsi un contrat de vente peut réunir une obligation de donner, une ou plusieurs obligations de faire (livrer, garantir) et de ne pas faire (exclusivité).

453. – **Les obligations de moyens et les obligations de résultat.** Les *obligations* peuvent être *de moyens* ou *de résultat*. Là encore, cette classification, qui est d'origine jurisprudentielle, ne se retrouve pas dans l'ordonnance portant réforme du droit des contrats ; mais on peut penser qu'elle subsistera en jurisprudence[192].

(190) Pour une critique, V. V. Wester-Ouisse, *Le transfert de propriété* solo consensu *: principe ou exception ? : RTD civ.* 2013, 299.

(191) G. Sousi, *La spécificité juridique de l'obligation de somme d'argent : RTD civ.* 1982, p. 514. – Ch. Bruneau, *La distinction entre les obligations monétaires et les obligations en nature. Essai de détermination de l'objet*, thèse, Paris II, 1984. – L.-F. Pignarre, *Les obligations en nature et de sommes d'argent en droit privé*, thèse, Montpellier, 2005.

(192) P. Jourdain, *Quel avenir pour la distinction des obligations de résultat et de moyens ? : JCP* 2016, 909. – V. par ex. Cass. 1re civ., 30 nov. 2016, 2 arrêts : *RDC* 2017, 235, note J.-S. Borghetti.

Une définition en est donnée dans l'avant-projet Catala de réforme du droit des obligations, à l'article 1149 : « L'obligation est dite de résultat lorsque le débiteur est tenu, sauf cas de force majeure, de procurer au créancier la satisfaction promise, de telle sorte que, ce cas excepté, sa responsabilité est engagée du seul fait qu'il n'a pas réussi à atteindre le but fixé. L'obligation est dite de moyens lorsque le débiteur est seulement tenu d'apporter les soins et diligences normalement nécessaires pour atteindre un certain but, de telle sorte que sa responsabilité est subordonnée à la preuve qu'il a manqué de prudence ou de diligence ».

Toutes les obligations de donner ou de ne pas faire sont des obligations de résultat parce qu'a été promis un résultat absolu, non susceptible de plus ou de moins : transférer la propriété, ne pas faire concurrence, ne pas se servir ailleurs, etc.

Au contraire, les obligations de faire peuvent être ou de moyens ou de résultat. L'exemple classique est celui qui oppose l'obligation du transporteur à celle du médecin : le transporteur s'engage (ou est censé s'engager) à transporter d'un point à un autre un voyageur qui sera sain et sauf ; le médecin s'engage non pas à guérir, mais à mettre en œuvre tous les moyens propres à améliorer l'état du malade. Cet exemple a été partiellement remis en cause par la jurisprudence, puis par la loi du 4 mars 2002 relative aux droits des malades et à la qualité du système de santé, qui, dans certains cas, fait peser sur le médecin une obligation de résultat (par ex., pour les matériels qu'il utilise, les produits qu'il emploie, ou pour les maladies nosocomiales).

C'est en matière de preuve que réside l'intérêt de cette distinction. Si l'obligation inexécutée est de résultat (par ex., la marchandise n'est pas arrivée à destination), celui qui la devait est présumé en faute ; si l'obligation inexécutée est de moyens (par ex., le malade n'est pas guéri), il incombe en principe au créancier de démontrer que l'inexécution est due à la faute du débiteur[193].

B. – Classification fondée sur les sources des obligations

454. – **Les obligations conventionnelles et les obligations légales.** C'est là une classification très importante, qui se fonde sur l'origine de l'obligation : *obligations conventionnelles*, découlant de la volonté, et *obligations légales*, imposées par la loi. Mais, si importante soit-elle, cette classification n'appelle pas ici de développements car, n'étant pas fondée sur les prestations elles-mêmes, elle ne permet pas de préciser le contenu, l'objet des droits personnels. Elle sera au contraire mise en valeur dans l'ouvrage sur *Les obligations*.

De cette distinction il convient de rapprocher celle qui oppose les *actes juridiques* et les *faits juridiques*, qui sont les uns et les autres des sources d'obligations (V. *infra*, n°s 461 et s.).

(193) H. Mazeaud, *Essai de classification des obligations : RTD civ.* 1936, p. 1. – A. Tunc, *Distinction des obligations de résultat et des obligations de diligence : JCP* 1945, I, 449. – J. Frossard, *La distinction des obligations de moyens et des obligations de résultat*, LGDJ, 1965. – A. Plancqueel, *Obligations de moyens, obligations de résultat : RTD civ.* 1972, p. 334. – J. Bellissent, *Contribution à la distinction des obligations de moyens et des obligations de résultat*, LGDJ, 2001. – V. Malabat, *De la distinction des obligations de moyens et des obligations de résultat : Mél. Lapoyade-Deschamps*, PU Bordeaux, 2003, p. 439.

C. – Classification fondée sur la force des obligations

455. – **Les obligations civiles et les obligations naturelles.** L'immense majorité des obligations sont des *obligations civiles* : on entend par là une obligation dont l'exécution forcée peut être exigée en justice. Lorsqu'on parle d'obligation, sans autre précision, c'est d'obligation civile qu'il s'agit.

Mais il existe aussi des *obligations naturelles*, qui ont pour caractéristique de ne pouvoir donner lieu à une action en justice(194) ; elles ne sont susceptibles que d'une exécution spontanée : par exemple l'obligation d'acquitter une dette de jeu, ou une dette prescrite, ou de venir au secours de ses frères et sœurs. Ces obligations, assez rares, sont dites « naturelles » parce qu'elles correspondent à un devoir de conscience(195). Par opposition à l'obligation civile, on définit l'obligation naturelle comme celle dont l'exécution forcée ne peut être exigée en justice, mais dont l'exécution volontaire ne donne pas lieu à *répétition* (c'est-à-dire restitution), en ce qu'elle est l'accomplissement d'un devoir moral. Comme le prévoyait l'avant-projet Catala de réforme du droit des obligations : « L'obligation naturelle recouvre un devoir de conscience envers autrui. Elle peut donner lieu à une exécution volontaire, sans répétition, ou à une promesse exécutoire de s'en acquitter » (art. 1151). Et corrélativement l'article 1220, alinéa 2, précisait que « la répétition n'est pas admise à l'égard des obligations naturelles qui ont été volontairement acquittées ».

§ 2. – La force des droits personnels

456. – **L'opposabilité au débiteur seulement.** Appréciant la force des droits personnels par référence à celle des droits réels, on dit que le droit personnel est *relatif*, en ce sens qu'on ne peut l'opposer qu'à une seule personne, le débiteur ; lui seul doit le *paiement*, au sens juridique du terme, c'est-à-dire l'exécution de l'obligation (obligation quelconque, en nature ou monétaire). Mais, on l'a vu à propos de la force des droits réels (V. *supra*, n° 448), l'infériorité du droit personnel ne tient pas tant à son caractère relatif, à sa sphère d'application quant aux personnes, qu'aux prérogatives qu'il confère à l'encontre du débiteur.

Or, ces prérogatives sont limitées. Sans doute, le droit personnel comporte-t-il un certain assujettissement du débiteur au créancier, mais cet assujettissement n'entraîne de contrainte véritable que sur le patrimoine du débiteur, non sur sa personne. Supposons que le débiteur n'exécute pas ; qu'arrivera-t-il ?

457. – **Les sanctions contre le débiteur récalcitrant.** Il n'y a de sanction possible que pour les obligations civiles, pas pour les obligations naturelles (V. *supra*, n° 455). Ces sanctions diffèrent suivant qu'il s'agit d'une obligation de donner, de faire ou de ne pas faire.

---

(194) Par ex. Cass. 1re civ., 8 avr. 2021, n° 19-20.644, *Bull.* : pas d'action en justice pour une dette de jeu.

(195) M. Gobert, *Essai sur le rôle de l'obligation naturelle*, thèse, Paris, 1957. – J.-J. Dupeyroux, *Les obligations naturelles, la jurisprudence, le Droit* : *Mél. Maury*, Dalloz, 1960, t. 2, p. 321. – M. Rotondi, *Quelques considérations sur le concept d'obligation naturelle et sur son évolution* : *RTD civ.* 1979, I. – N. Molfessis, *L'obligation naturelle devant la Cour de cassation : remarques sur un arrêt rendu le 10 octobre 1995* : *D.* 1997, chron. p. 85. Sur l'autonomie possible du devoir de conscience, V. Cass. 1re civ., 19 déc. 2018 : *JCP* 2019, 306, note S. Ravenne.

S'il s'agit d'une obligation de donner, le créancier pourra obtenir un jugement valant transfert de propriété. Mais s'il s'agit d'une obligation de faire ou de ne pas faire – et c'est l'immense majorité des cas – l'article 1142 ancien décidait que « toute obligation de faire ou de ne pas faire se résout en dommages et intérêts en cas d'inexécution de la part du débiteur » ; cette règle comportait toutefois de très importantes restrictions(196). Cette règle n'a pas été reprise dans l'ordonnance portant réforme du droit des contrats, si ce n'est de manière très indirecte et partielle dans la mesure où l'article 1221 du Code civil écarte l'exécution forcée en nature « si cette exécution est impossible ou s'il existe une disproportion manifeste entre son coût pour le débiteur et son intérêt pour le créancier ».

Cela dit, si la condamnation est une chose, l'exécution de la condamnation en est une autre. Usant de son droit de gage général, le créancier pourra saisir et faire vendre n'importe quel élément d'actif du patrimoine de son débiteur (V. *supra*, n° 399). Mais encore faut-il qu'il y ait quelque chose à saisir et qu'il n'y ait pas trop de créanciers en concours pour se payer sur la même chose. À ces deux conditions correspondent deux dangers qui font que le droit personnel est fragile : la *disparition de l'actif* ou *l'augmentation du passif* du débiteur, qui peuvent être le fait aussi bien de la maladresse que de la mauvaise foi.

458. – Le risque d'insolvabilité du débiteur. Que le débiteur dilapide ses biens ou qu'il multiplie inconsidérément les dettes, il y a dans l'un et l'autre cas un risque d'insolvabilité.

Contre ce risque, le créancier pur et simple, *chirographaire* dit-on, n'est pas protégé. Parce qu'il n'a pas le *droit de suite*, il ne peut pas saisir entre les mains de tiers acquéreurs les biens que son débiteur aurait aliénés. Parce qu'il n'a pas le *droit de préférence*, il est soumis à la *loi du concours*, c'est-à-dire à la règle suivant laquelle tous les créanciers d'une même personne viennent en concours, sur un pied d'égalité, pour se faire payer, sans qu'il y ait lieu de distinguer entre les anciens et les nouveaux. Son seul espoir d'être payé réside dans sa rapidité à se présenter avant les autres : « Le paiement est le prix de la course » comme le rappelle l'adage bien connu. Mais, si une procédure collective est organisée, c'est-à-dire en cas de redressement judiciaire d'un débiteur commerçant ou d'une entreprise, il n'aura en pratique aucune chance d'être payé : une fois les créanciers privilégiés désintéressés, il ne restera généralement plus rien.

C'est la raison pour laquelle les créanciers avisés, surtout s'ils nourrissent quelque crainte quant à la solvabilité de leur débiteur, essaient toujours de conforter leur droit de créance par une sûreté (gage, hypothèque, etc.), c'est-à-dire par un droit réel accessoire qui leur conférera le droit de préférence et le droit de suite (V. *supra*, n°s 444 et s.).

Même ces précautions risquent d'être insuffisantes face à la procédure collective de conciliation et de redressement judiciaire civil instituée par la loi du 31 décembre 1989, plusieurs fois modifiée et devenue aujourd'hui la procédure de rétablissement personnel, relative à la prévention et au règlement des difficultés liées au surendettement des particuliers et des familles.

(196) *Exécution du contrat en nature ou par équivalent*, colloque 14 oct. 2004 : *RDC* 2005, 1.

SOUS-SECTION 3

LES DROITS INTELLECTUELS

459. – **Définition.** Il s'agit là d'une catégorie à part, assez hétérogène, dans laquelle on a rangé un certain nombre de droits qui présentent ce point commun de conférer à leur titulaire un *monopole d'exploitation*. À ce titre, ils ont un caractère absolu en ce qu'ils sont opposables à tout le monde.

Cette similitude avec le droit de propriété se traduit sur le plan de la terminologie : ainsi parle-t-on de la propriété littéraire et artistique, de la propriété industrielle, ou plus généralement de la propriété intellectuelle ; tel est d'ailleurs le nom qui a été retenu pour le code qui réunit tous ces droits(197). Certains auteurs les regroupent également sous le titre de *propriétés incorporelles*(198) ou encore de biens immatériels. Lorsqu'on veut les faire entrer dans la distinction des meubles et immeubles, on les classe parmi les meubles par détermination de la loi (V. *supra*, n° 414).

460. – **Énumération.** Ces monopoles d'exploitation portent soit sur des œuvres de l'esprit (propriété littéraire et artistique, propriété industrielle), soit sur des clientèles (fonds de commerce, clientèles civiles, offices ministériels).

La *propriété littéraire et artistique* est l'ensemble des droits que l'auteur ou l'artiste possède sur son œuvre. Réglementée par les lois des 11 mars 1957, 3 juillet 1985 et 27 mars 1997, désormais intégrées dans le Code de la propriété intellectuelle, elle confère au titulaire divers attributs qui ressortissent les uns au droit moral, les autres au droit pécuniaire ou patrimonial. Le droit moral, qui est hors du commerce et perpétuel, comporte le droit de publier ou refuser de publier, de s'opposer aux plagiats, déformations, etc. (V. *supra*, n° 396). Le droit pécuniaire, cessible et temporaire (en principe soixante-dix ans après le décès de l'auteur, l'œuvre tombe dans le domaine public), consiste dans le droit d'exploiter l'œuvre, droits de reproduction, traduction, adaptation, etc.(199).

La *propriété industrielle* recouvre des droits de nature diverse. Parmi eux figurent les droits de l'inventeur sur les *brevets d'invention*, et les droits des industriels et commerçants sur les *marques de fabrique*, les *appellations d'origine*, les *dessins et modèles*.

Le *fonds de commerce* est une universalité de fait (V. *supra*, n° 399) qui comprend des éléments corporels (marchandises, outillage) et des éléments incorporels, par exemple le droit au bail (propriété commerciale), l'enseigne, le nom commercial, éventuellement les marques, etc., dont la réunion a permis d'acquérir et conserver une clientèle. L'ensemble de ces éléments constitue une propriété incorporelle régie par des lois spéciales.

Le droit sur les *clientèles civiles* est désormais reconnu. Si la licéité de la cession des *clientèles commerciales* n'a jamais été mise en doute puisqu'il s'agit d'un

(197) C. Geiger, *La fonction sociale des droits de propriété intellectuelle : D.* 2010, chron. p. 510.
(198) J.-L. Bergel, *Les nouveaux biens, rapport général*, in *La propriété*, Trav. Assoc. H. Capitant, 2003, p. 201. – T. Revet, *Les nouveaux biens*, Rapport français, *eod. loc.*, p. 271.
(199) C. Geiger, *L'avenir du droit d'auteur en Europe. Vers un juste équilibre entre protection et accès à l'information : JCP* 2009, 493.

élément du fonds de commerce, il n'en a pas été de même pour les *clientèles civiles* des professions libérales (médecins, avocats, architectes, etc.). La jurisprudence les a longtemps considérées comme étant hors du commerce au motif que le lien entre ces professionnels et leur clientèle repose sur la confiance personnelle et ne saurait donc faire l'objet d'une transmission[200]. Néanmoins elle admettait la validité de l'engagement de présenter son successeur à la clientèle, de lui céder local et matériel, et de s'abstenir de lui faire concurrence[201]. Une telle convention, admise d'abord pour les professionnels de la santé, a été étendue aux avocats, lorsque du moins ils exercent en société.

Allant plus loin, la première chambre civile de la Cour de cassation a admis la licéité de la cession de la clientèle médicale « à la condition que soit sauvegardée la liberté de choix du patient »[202]. Cet arrêt, qui consacre la reconnaissance d'un *fonds libéral*[203] susceptible d'être constitué et cédé, était clairement un revirement de jurisprudence. Plus récemment la Cour de cassation a précisé, à propos d'un litige relatif à la liquidation des droits d'époux dont l'un était médecin, que le « fonds d'exercice libéral » comprend la clientèle, les matériels et les locaux[204].

Dans la même ligne, la troisième chambre civile a admis la licéité de la cession d'un fonds agricole[205].

Enfin, bien que ce caractère personnel apparaisse aussi entre les *officiers ministériels* (notaire, avocat au Conseil d'État et à la Cour de cassation, etc.) et leur clientèle, on a toujours admis que l'officier ministériel puisse présenter son successeur à l'agrément du Gouvernement et stipuler un prix de cession ; cette faculté n'a pas été remise en cause à ce jour[206]. On distingue ainsi *l'office* conféré par le Gouvernement au titulaire et la *finance* qu'est le droit de présentation.

(200) Cass. 1re civ., 7 mars 1956 : *D.* 1956, 523, note Percerou. – Cass. 1re civ., 17 mai 1961, *Bull.* n° 257. – Cass. 1re civ., 24 mai 1978 : *Gaz. Pal.* 1978, 2, pan. 335. – Cass. 1re civ., 8 janv. 1985 : *JCP* 1986, II, 20545, obs. G. Mémeteau ; *D.* 1986, 448, 2e esp. et note J. Penneau (pour un médecin). – Cass. 1re civ., 31 mai 1988 : *Gaz. Pal.* 1988, 2, 650 et note G. Flécheux (pour un avocat). – Cass. 1re civ., 7 févr. 1990 : *Defrénois* 1990, 1, art. 34837, p. 1018, obs. J.-L. Aubert. – Cass. 1re civ., 3 juill. 1996 : *D.* 1997, 531 et note N. Descamps-Dubrele (pour un médecin). – P. Julien, *Les clientèles civiles. Remarques sur l'évolution de leur patrimonialité : RTD civ.* 1963, 213. – P. Leclercq, *Les clientèles attachées à la personne*, 1964. – P. Blondel, *La transmission à cause de mort des droits extrapatrimoniaux et des droits patrimoniaux à caractère personnel*, LGDJ, 1969.

(201) Cass. 1re civ., 7 juin 1995 : *D.* 1995, 560 et note B. Beignier. – M. Chaniot-Waline, *La transmission des clientèles civiles*, LGDJ, 1994. – S. Ferré-André, *De la patrimonialisation à la commercialisation des clientèles civiles et des professions libérales : RTD com.* 1995, 565. – Y. Chartier, *La clientèle civile dans la jurisprudence de la Cour de cassation.* Rapp. C. cass. 1996, p. 71. – M. Goré, *La cession entre vifs des clientèles civiles*, in *Les professions libérales*, Trav. Assoc. Henri Capitant, Nice, 1997, LGDJ. – Ph. Reigné, *L'avenir d'une fiction juridique : le particularisme des clientèles des professions libérales : Mél. Terré*, Dalloz, 1999, p. 587.

(202) Cass. 1re civ. 7 nov. 2000 : *JCP* 2000, II, 10452 et note F. Vialla ; *D.* 2001, 2401 et note Y. Auguet ; *Defrénois* 2001, 1, 431, art. 37338 et note R. Libchaber ; *JCP* 2001, I, 301, nos 16 et s., obs. J. Rochfeld ; *D.* 2002, somm. p. 930, obs. O. Tournafond. – Cass. 1re civ., 30 juin 2004 : *JCP* 2004, IV, 2796.

(203) J.-J. Daigre, *Une révolution pour les professions libérales : la consécration du fonds libéral : JCP* N 2001, 1235. – M.-C. Chemtob, *Cession de clientèle médicale : licéité sous réserve de la liberté de choix du patient : Contrats, conc. consom.* avr. 2001, chron. 7. – Y. Serra, *L'opération de cession de clientèle civile après l'arrêt du 7 nov. 2000 : dorénavant, on fera comme d'habitude : D.* 2001, chron. 2295. – Ph. Le Tourneau, *Quelques remarques terminologiques autour de la vente : Mél. Catala*, Litec, 2001, p. 469. – O. Tournafond, *Les cessions directes de clientèles civiles depuis le revirement de la Cour de cassation du 7 novembre 2000 : Mél. Sortais*, Bruylant, 2002, p. 577. – Ph. Reigné, *L'avenir d'une fiction juridique : le particularisme des clientèles des professions libérales : Mél. Terré*, Dalloz, 1999, p. 587. – Y. Martin-Guilhaudis et J.-G. Raffray, *La cession des clientèles libérales : une question réglée ? : JCP* N 2003, 1483.

(204) Cass. 1re civ., 2 mai 2001 : *JCP* 2002, II, 10062 et note O. Barrat.

(205) Cass. 3e civ., 16 sept. 2009 : *JCP* N 2009, 1337 et note J.-J. Barbiéri ; *JCP* 2010, 115 ; *RTD civ.* 2009, p. 748, obs. T. Revet.

(206) Ce droit de présentation n'a pas été jugé contraire à la Constitution : QPC 21 nov. 2017.

TITRE 2

LES ÉVÉNEMENTS GÉNÉRATEURS DE DROITS

461. – **Par quelle alchimie la règle de droit ouvre-t-elle des droits subjectifs ?** Après avoir étudié, d'une part, les principes relatifs à la règle de droit et, d'autre part, les droits subjectifs, on est amené à se demander par quel mécanisme la règle de droit va se traduire par l'octroi de tel ou tel droit subjectif à telle personne.

Ce phénomène s'opère par le biais de certains événements qui jouent un rôle de catalyseur : déclenchant l'application de la règle de droit, ils font naître les droits subjectifs.

Par exemple, c'est le mariage qui provoque l'application de l'article 212 du Code civil et la naissance des droits des époux ; c'est la mort d'une personne qui déclenche le droit successoral de ses héritiers. Ou encore, c'est la passation d'un contrat de vente qui fera bénéficier l'acquéreur de la garantie y attachée.

Ces événements qui, *a priori*, sont multiples et divers, relèvent nécessairement de l'une ou l'autre de ces deux grandes catégories de catalyseurs que sont les *actes juridiques* et les *faits juridiques*[1]. On devient titulaire de droits par suite de la survenance de l'un de ces événements générateurs de droits. On ajoutera que certaines obligations naissent parfois « de l'autorité seule de la loi », ce qui est le cas des obligations de voisinage.

(1) C. Grimaldi, *La distinction entre l'acte et le fait juridique : Rev. dr.* Assas févr. 2013, n° 7, p. 47. – Sur les difficultés de frontières entre les deux, V. C. Caille, *Quelques aspects modernes de la concurrence entre l'acte juridique et le fait juridique : Mél. J.-L. Aubert*, Dalloz, 2005, p. 55.

CHAPITRE 1

LES ACTES JURIDIQUES

462. – **Définition.** « Les actes juridiques sont des manifestations de volonté destinées à produire des effets de droit » ; telle est la définition retenue par l'article 1100-1 nouveau du Code civil[1], qui s'inspire directement du *Vocabulaire juridique* Capitant.

> *Vocabulaire juridique* (Association Capitant, 13e éd., ss dir. G. Cornu)
> Acte (souvent nommé acte juridique) : Opération juridique (*negotium*) consistant en une manifestation de la volonté (publique ou privée, unilatérale, plurilatérale ou collective) ayant pour objet et pour effet de produire une conséquence juridique (établissement d'une règle, modification d'une situation juridique, création d'un droit, etc.). S'oppose à fait juridique (...).
> Acte juridique : Acte de volonté destiné (dans la pensée de son ou de ses auteurs) à produire un effet de droit.

Par exemple, le consentement des deux parties à une vente va entraîner le transfert de propriété, ainsi que des obligations à la charge de l'acheteur (payer le prix) et du vendeur (livrer la chose, garantir l'absence de vices) ; bien évidemment les obligations de l'un sont autant de droits pour l'autre.

L'acte juridique s'oppose au fait juridique qui produit aussi des effets de droit, mais par l'effet de la loi *en dehors de toute volonté* des protagonistes ou quelle que soit cette volonté. Par exemple, la naissance, la mort, un accident entraînent les effets qui y sont attachés par la loi, sans référence à une quelconque volonté, alors qu'au contraire la volonté est de l'essence de l'acte juridique.

L'acte juridique donne souvent lieu à l'établissement d'un *acte instrumentaire*. La distinction appelle quelques explications. L'acte juridique, le *negotium*, est l'opération juridique voulue, par exemple, telle convention de vente ou de location dont la conclusion a pu n'être que verbale. L'acte instrumentaire, l'*instrumentum*, est l'écrit qui constate l'acte juridique. C'est lui qui, en cas de contestation, permettra de prouver l'existence ou le contenu de l'acte juridique. Précaution utile,

(1) Pour une définition de nature plus philosophique, V. P. Amselek, *L'acte juridique à travers la pensée de Charles Eisenmann : Arch. phil. dr.*, t. 32, *Le droit international*, p. 35 – Et, pour une explication de cette définition, V. Ph. Jestaz, *Une révolution inaperçue : À propos de l'acte juridique : RTD civ.* 2014, 67.

sinon même nécessaire pour faire valoir son droit en justice, l'instrument de preuve n'ajoute rien à la validité de l'acte juridique ; toutefois il faut réserver le cas des actes solennels pour lesquels l'écrit – authentique ou sous seing privé – joue le double rôle de preuve et de forme, cette dernière étant exigée à peine de nullité.

On verra successivement la classification des actes juridiques, leurs conditions de validité et la sanction de celles-ci.

SECTION 1

CLASSIFICATION DES ACTES JURIDIQUES

463. – **Actes unilatéraux et actes conventionnels.** Cette distinction est rappelée dans l'article 1100-1 du Code civil. L'*acte unilatéral* est l'œuvre d'une seule volonté, qui se suffit à elle-même et qui va produire des effets de droit dans les cas admis par la loi ou par l'usage. Moins fournie que la suivante, la catégorie est assez hétérogène. À titre d'exemples on citera le testament, la reconnaissance d'un enfant, l'acceptation d'une succession ou la renonciation à celle-ci, une reconnaissance de dette, une offre de contracter, etc.

L'*acte conventionnel* est le fruit d'un accord entre plusieurs volontés : « L'acte juridique conventionnel ou convention est l'accord conclu entre deux ou plusieurs personnes en vue de produire » des effets de droit (Avant-projet Catala, art. 1101-1, al. 2). Au sein de cette catégorie très vaste, il faut faire une place particulière aux *contrats*, très importants par leur nombre et par leur rôle dans la vie économique. Le contrat est défini par l'article 1101 du code comme « un accord de volontés entre deux ou plusieurs personnes destiné à créer, modifier, transmettre ou éteindre des obligations » : le contrat peut être soit *synallagmatique* lorsqu'il crée des obligations réciproques comme la vente ou le louage, ce qui est le cas le plus fréquent, soit *unilatéral* lorsque les obligations ne pèsent que sur l'une des parties comme dans la donation (art. 1106).

Alors qu'on rassemblait sous l'intitulé très vague d'*autres conventions* celles dont l'objet n'est pas de créer des obligations mais, par exemple, de les transférer à une autre personne (par ex., cession de créance), de les modifier (par ex., novation), de les éteindre (par ex., remise de dette), etc., l'article 1101 les qualifie désormais de contrats.

464. – **Actes à titre gratuit et actes à titre onéreux.** Cette distinction est présentée dans l'article 1107 du Code civil. L'*acte à titre gratuit* est celui par lequel « l'une des parties procure à l'autre un avantage sans attendre ni recevoir de contrepartie ». C'est le cas de la donation, du testament ou de toute convention par laquelle l'un promet de porter gratuitement assistance à l'autre.

L'*acte* est *à titre onéreux* « lorsque chacune des parties reçoit de l'autre un avantage en contrepartie de celui qu'elle procure ». C'est le cas de la plupart des contrats, qu'il s'agisse des contrats *commutatifs* où l'étendue de la contrepartie est fixée dès la conclusion du contrat (par ex., vente avec prix stipulé en capital) ou des contrats *aléatoires* où la contrepartie n'est pas connue exactement lors du contrat parce qu'elle est fonction d'un aléa, donc du hasard (par ex., vente moyennant une rente viagère, pari, etc.) (art. 1108).

465. – **Actes instantanés et actes successifs.** Un acte est dit *instantané* lorsqu'il produit ou peut produire ses effets d'un seul coup, en un trait de temps, comme la vente. S'agissant d'un contrat, est à exécution instantanée « celui dont les obligations peuvent s'exécuter en une prestation unique » (art. 1111-1, al. 1).

Il est dit *successif* si l'écoulement du temps est nécessaire pour son accomplissement : par exemple, le bail, le contrat de travail, le contrat de société, etc. S'agissant d'un contrat, est à exécution successive « celui dont les obligations d'au moins une partie s'exécutent en plusieurs prestations échelonnées dans le temps » (art. 1111-1, al. 2).

466. – **Actes translatifs et actes déclaratifs.** Un acte est *translatif* lorsqu'il transmet d'une personne à une autre des droits préexistants. Tel est le cas de la vente par laquelle on transmet la propriété d'un bien, ou encore de la cession de bail, etc.

Il est dit *déclaratif* lorsqu'il ne fait que constater officiellement, déclarer un droit ou une situation juridique préexistants ; ainsi en est-il de la reconnaissance d'un enfant, ou du partage par lequel on met fin à une indivision et dont on dit qu'il a un effet déclaratif en ce sens que les copartageants sont censés tenir directement leurs droits du défunt, la période d'indivision étant considérée comme rétroactivement effacée.

Ces classifications ne sont pas seulement un exercice d'école. Elles ont un intérêt pratique : suivant que l'acte considéré sera unilatéral ou conventionnel, à titre gratuit ou à titre onéreux, etc., il sera soumis à telles règles ou tel corps de règles particulières.

SECTION 2

CONDITIONS DE VALIDITÉ DES ACTES JURIDIQUES

467. – **Plan.** La loi confère à l'acte juridique une force obligatoire, mais sous réserve que soient remplies certaines conditions relatives à la capacité, au consentement, à la forme, à l'objet (ou le contenu du contrat), à la cause (ou l'intérêt du contrat), et à la conformité à l'ordre public.

Ces conditions, qui tendent à protéger tantôt l'auteur de l'acte, tantôt l'intérêt général, tantôt les deux à la fois, sont sanctionnées par la nullité de l'acte.

SOUS-SECTION 1

PRÉSENTATION GÉNÉRALE DES CONDITIONS DE VALIDITÉ

468. – **La capacité.** Cette condition s'explique par le désir de protéger certaines personnes contre des engagements inconsidérés ou excessifs. À cette fin la loi vient limiter la capacité de ceux qu'elle veut protéger. Le principe étant la pleine capacité,

deux types de personnes sont frappées d'incapacité : les mineurs et les majeurs protégés.

Pour les *mineurs*, c'est-à-dire ceux qui ont moins de dix-huit ans, l'incapacité est la règle sauf pour les actes de la vie courante. Ils ne sont pas pour autant exclus de la vie juridique ; s'ils ont à accomplir un acte juridique, ils seront *représentés* par leurs parents ou par leur tuteur qui agiront au nom du mineur.

Pour les *majeurs* la capacité est la règle ; il n'y est fait exception que dans la mesure où leur incapacité aura été reconnue par une décision judiciaire constatant que l'altération de leurs facultés personnelles les met dans l'impossibilité de pourvoir seuls à leurs intérêts (C. civ., art. 425). Il est alors mis en place un système de protection. Suivant la gravité de l'état du majeur, il sera mis sous *habilitation familiale*, ou sous *sauvegarde de justice*, ou en *curatelle* (système d'assistance), ou en *tutelle* (système de représentation) ; les actes juridiques nécessaires seront alors passés suivant les règles prévues par le régime applicable au majeur incapable.

À côté de ces hypothèses relatives aux *incapacités d'exercice*, il existe un certain nombre *d'incapacités de jouissance* qui se caractérisent par l'interdiction pour telle personne d'accomplir tel ou tel type d'acte juridique. On citera à ce titre les incapacités de donner ou de recevoir à titre gratuit (C. civ., art. 901 et s.).

469. – Le consentement. La volonté n'engage que si elle est exempte de ces vices que sont l'erreur, le dol et la violence. Suivant l'article 1109 ancien du Code civil, « il n'y a pas de consentement valable, si le consentement n'a été donné que par erreur, ou s'il a été surpris par dol ou extorqué par violence ». Plus précis, l'article 1130 nouveau dispose que « l'erreur, le dol et la violence vicient le consentement lorsqu'ils sont de telle nature que, sans eux, l'une des parties n'aurait pas contracté ou aurait contracté à des conditions substantiellement différentes ».

L'erreur est une représentation fausse de la réalité.

Pour entraîner la nullité de l'acte juridique, l'erreur doit :

– avoir été *déterminante* du consentement ;

– avoir porté soit sur *les qualités essentielles de la prestation*, c'est-à-dire de la chose faisant l'objet de l'acte juridique (par ex., l'authenticité d'une œuvre d'art, la constructibilité d'un terrain), soit sur *les qualités essentielles du cocontractant* pour les actes conclus en considération de la personne (C. civ., art. 1133 et 1134).

Dans l'article 1132 du code, l'erreur – de droit ou de fait – qui doit bien évidemment être déterminante, est une cause de nullité si elle porte sur les qualités essentielles de la prestation due ou sur celles du cocontractant.

Le *dol* est une erreur provoquée. Il est une cause de nullité lorsque les conditions suivantes sont réunies :

– des *manœuvres* au sens de l'article 1137 du Code civil ont été accomplies, manœuvres auxquelles le texte assimile le mensonge et la dissimulation intentionnelle d'une information ;

– les manœuvres doivent avoir été *déterminantes* du consentement.

Et le dol peut émaner non seulement du contractant, mais aussi de son représentant, gérant d'affaires, préposé ou porte-fort, et même d'un tiers de connivence (art. 1138).

La *violence* est la contrainte exercée en vue d'amener à consentir à l'acte juridique. Peu importe qu'elle émane du partenaire ou d'un tiers. En revanche, elle n'est une cause de nullité que si elle est :

– *déterminante* du consentement, ce qui suppose une certaine gravité que définit l'article 1140 du Code civil ;

– *illégitime*, soit par les moyens employés, soit par le but poursuivi.

Dans l'article 1140, la violence, qui peut émaner d'une partie ou d'un tiers, est ainsi définie : « Il y a violence lorsqu'une partie s'engage sous la pression d'une contrainte qui lui inspire la crainte d'exposer sa personne, sa fortune ou celles de ses proches à un mal considérable ». Et il y a également violence « lorsqu'une partie, abusant de l'état de dépendance dans lequel se trouve son cocontractant à son égard, obtient de lui un engagement qu'il n'aurait pas souscrit en l'absence d'une telle contrainte et en tire un avantage manifestement excessif » (C. civ., art. 1143).

Cette protection du consentement a été renforcée pour les consommateurs par diverses lois qui sont aujourd'hui codifiées dans le Code de la consommation.

470. – **La forme.** Exprimé par l'article 1172 du Code civil, le principe du *consensualisme* fait considérer que la volonté suffit à engager, en dehors de toute forme. Ce principe apparaît en contradiction avec la multiplication des formalités que l'on constate dans la vie quotidienne. Aussi convient-il de s'expliquer sur ce qu'il faut entendre par « forme ». Il faut soigneusement distinguer la forme exigée à peine de nullité et les formes requises pour la preuve.

> **Art. 1172.** – Les contrats sont par principe consensuels.
> Par exception, la validité des contrats solennels est subordonnée à l'observation de formes déterminées par la loi à défaut de laquelle le contrat est nul sauf possible régularisation.
> En outre, la loi subordonne la formation de certains contrats à la remise d'une chose.
> **Art. 1173.** – Les formes exigées aux fins de preuve ou d'opposabilité sont sans effet sur la validité des contrats.

Au sens vrai du terme, la forme est celle qui est exigée *à peine de nullité* de l'acte. Faisant échec au principe du consensualisme, la loi impose parfois le respect de formes, en général dans un souci de protection de celui qui s'apprête à s'engager et qui est de ce fait invité à réfléchir.

La forme peut être une cérémonie, par exemple, le mariage devant l'officier de l'état civil ; mais le plus souvent c'est la rédaction d'un écrit, soit par un notaire (*acte authentique*), soit par les parties elles-mêmes (*acte sous seing privé*). À l'origine, les actes soumis à des formes pour leur validité étaient peu nombreux (par ex., contrat de mariage, hypothèque, donation, testament). De nos jours ils se sont multipliés, la loi exigeant souvent l'établissement d'un écrit sous seing privé ou, ce qui revient au même, imposant un certain nombre de mentions obligatoires dans un souci d'information du consommateur, du locataire, etc.

De ces formes véritables il faut distinguer les diverses formalités de caractère administratif ou fiscal (par ex., l'enregistrement), et surtout les règles de preuve, notamment le principe de la preuve écrite des actes juridiques, qui ne sont pas des conditions de validité de l'acte.

471. – **Le contenu du contrat. L'objet.** C'est le résultat juridique voulu par les parties. S'agissant d'un contrat, l'article 1126 ancien du Code civil déclarait que « tout contrat a pour objet une chose qu'une partie s'oblige à donner, ou qu'une partie s'oblige à faire ou à ne pas faire ». Ainsi l'objet peut être de transférer la propriété d'un bien, d'accomplir telle ou telle prestation, etc.

Pour la validité de l'acte juridique, l'objet devait répondre à plusieurs conditions :

– être *certain* (C. civ., art. 1108 ancien), déterminé ou déterminable, c'est-à-dire suffisamment déterminé dans l'acte pour que les parties puissent mesurer l'étendue de leurs engagements ; ainsi, dans la vente, la chose et le prix doivent en principe être déterminés, ou tout du moins déterminables (C. civ., art. 1591) ;

– être *possible*, ce qui est la traduction juridique de l'adage qu'« à l'impossible nul n'est tenu » ;

– être *licite*, c'est-à-dire conforme à l'ordre public ; cette même exigence se retrouve à propos de la cause (V. *infra*, n° 472).

La notion d'objet du contrat n'a pas été retenue en tant que condition de validité à part entière dans l'ordonnance de réforme du droit des contrats mais elle reste mentionnée incidemment à l'article 1163 ; elle est plus largement englobée dans celle de « contenu du contrat » (art. 1162 et s.), où sont reprises à peu près les mêmes conditions, exprimées différemment.

> **Art. 1162.** – Le contrat ne peut déroger à l'ordre public ni par ses stipulations, ni par son but, que ce dernier ait été connu ou non par toutes les parties.
>
> **Art. 1163.** – L'obligation a pour objet une prestation présente ou future.
>
> Celle-ci doit être possible et déterminée ou déterminable.
>
> La prestation est déterminable lorsqu'elle peut être déduite du contrat ou par référence aux usages ou aux relations antérieures des parties, sans qu'un nouvel accord des parties soit nécessaire.

472. – **La cause. L'intérêt ou le but.** La notion de cause était l'une des plus délicates du droit français. Le Code civil n'en donnait aucune définition. Quant à la jurisprudence, elle retenait deux sens différents suivant qu'il s'agissait d'apprécier l'existence de la cause, ou bien sa licéité.

Laissant de côté cette difficulté, on se limitera à dire que, pour sa validité, l'acte devait avoir une cause, et une cause licite, c'est-à-dire conforme à l'ordre public.

En revanche, la notion de cause n'a pas été reprise dans l'ordonnance portant réforme du droit des contrats ; mais les fonctions qu'elle joue en droit français sont conservées d'une autre manière(2), notamment dans certains aspects relatifs au contenu du contrat.

(2) G. Wicker, *De la survie des fonctions de la cause. Ébauche d'une théorie des motifs* : D. 2020, 1906.

473. – **La conformité à l'ordre public (et aux bonnes mœurs).** L'article 6 du Code civil proclame qu'« on ne peut déroger par des conventions particulières, aux lois qui intéressent l'ordre public et les bonnes mœurs », cependant que l'article 1162 décide que : « Le contrat ne peut déroger à l'ordre public ni par ses stipulations, ni par son but ».

Hormis le cas où la loi elle-même se déclare d'ordre public, c'est au juge qu'il appartient de dire, en cas de litige, si une règle est ou non d'ordre public (V. *supra*, n° 43).

Il est d'usage de distinguer deux aspects de l'ordre public. L'*ordre public politique* a toujours existé et représente la notion traditionnelle : c'est lui qui assure, contre d'intempestives initiatives individuelles, la défense de l'État, de la famille et de la morale. D'apparition plus récente, l'*ordre public économique* présente deux faces souvent opposées, l'une libérale, l'autre dirigiste, suivant que c'est la liberté économique ou au contraire la réglementation qui est érigée en ordre public. Depuis une trentaine d'années s'est en outre développé un *ordre public de protection* tendant à venir au secours de catégories considérées comme étant en position de faiblesse : les salariés, les locataires, les consommateurs, etc.

Tout acte non conforme à l'ordre public est affecté d'une nullité dont la mise en œuvre pourra être effectuée suivant diverses techniques, qui sont fonction des circonstances de fait et de droit :

– tantôt l'acte est objectivement contraire à l'ordre public ; on invoquera alors, au soutien de l'annulation, soit le texte impératif qui a été violé, soit l'article 6 du Code civil, soit encore l'illicéité de l'objet de l'acte ;

– tantôt l'acte, objectivement conforme à l'ordre public, lui est subjectivement contraire, en raison du but poursuivi ou des motifs qui ont inspiré les cocontractants ; on invoquera alors l'illicéité du « contenu » ou du « but » du contrat (C. civ., art. 1162).

SOUS-SECTION 2

SANCTION DES CONDITIONS DE VALIDITÉ : LA NULLITÉ

474. – **Définition.** La nullité, qui a été longtemps considérée comme un état de l'acte (il y aurait des actes nuls et des actes valables, au même titre, par exemple, qu'il y a des actes authentiques et des actes sous seing privé), est aujourd'hui analysée comme un *droit de critique* contre les effets d'un acte, conféré à une personne ou à un groupe de personnes. Cela explique qu'un acte annulable puisse néanmoins accomplir tous ses effets, ou certains d'entre eux, si les titulaires de l'action ne l'exercent pas, ou encore si ne sont critiquables que certains effets de l'acte.

Ainsi définie, la nullité sanctionne la violation des conditions de validité d'un acte, ainsi que le rappelle l'article 1178 du Code civil : « Un contrat qui ne remplit pas les conditions requises pour sa validité est nul ». Au plan procédural, il y a deux manières possibles de faire valoir la nullité d'un acte, et cela suivant la situation de fait. Si l'acte n'a encore reçu aucune exécution, le titulaire du droit de critique peut, sans limitation de délai, invoquer *l'exception de nullité* pour échapper à l'exécution. S'il a déjà été exécuté, la victime ne peut se faire restituer qu'en intentant *l'action en nullité* dans un certain délai ; cette action est soumise à certaines conditions d'exercice pour produire ses effets.

475. – **Conditions d'exercice de l'action en nullité : nullité relative et nullité absolue.** Le droit français connaît deux types de nullité : la nullité relative et la nullité absolue. En dépit de leur dénomination, elles ont identiquement les mêmes effets et elles diffèrent seulement quant à leurs conditions d'exercice.

L'article 1179 du Code civil les définit ainsi : « La nullité est absolue lorsque la règle violée a pour objet la sauvegarde de l'intérêt général. Elle est relative lorsque la règle violée a pour objet la sauvegarde d'un intérêt privé ».

La nullité relative est effectivement une nullité de protection de *l'intérêt privé*, qui suppose la violation d'une condition de protection : par exemple, vice du consentement, incapacité, etc. Il s'ensuit que l'exercice de l'action est réservé à la personne que la loi a entendu protéger : le mineur ou le majeur protégé, celui dont le consentement a été vicié, etc. Cette nullité peut être couverte par une *confirmation* expresse ou tacite émanant du titulaire de l'action ; cette action est soumise à une *prescription* de cinq ans.

La nullité absolue est une nullité de protection de *l'intérêt général* ; tel est le cas lorsque l'acte est contraire à l'ordre public, sauf s'il s'agit de l'ordre public de protection(3). L'action est alors ouverte à tout intéressé, sous réserve de justifier d'un intérêt précis, lequel peut être un intérêt seulement moral. Aucune confirmation n'est possible et la prescription est celle de droit commun, c'est-à-dire désormais, non plus trente ans comme par le passé, mais « cinq ans à compter du jour où le titulaire du droit a connu ou aurait dû connaître les faits lui permettant de l'exercer » (art. 2224).

On rappellera ici que la prescription s'applique seulement à l'action en nullité, cependant que l'exception de nullité est perpétuelle (art. 1185).

476. – **Effets de la nullité.** Qu'elle soit relative ou absolue, la nullité produit le même effet : *l'anéantissement* de l'acte vicié. Suivant la formule de l'article 1178, alinéa 2, « le contrat annulé est censé n'avoir jamais existé ».

L'anéantissement est en principe *total*. La solution doit cependant être nuancée lorsque le vice affecte non pas l'acte dans son entier, mais une clause seulement. En pareil cas, par interprétation des articles 900 et 1172 ancien du Code civil, la jurisprudence décidait que la nullité s'étendait à l'ensemble de l'acte lorsque la clause litigieuse en avait été la cause impulsive et déterminante ; dans le cas contraire, la nullité était limitée à la clause viciée qui était alors *réputée non écrite*, l'acte survivant pour le surplus. Cette solution a été reprise dans l'article 1184, alinéa 1er nouveau : « Lorsque la cause de nullité n'affecte qu'une ou plusieurs clauses du contrat, elle n'emporte nullité de l'acte tout entier que si cette ou ces clauses ont constitué un élément déterminant de l'engagement des parties ou de l'une d'elles ». On

(3) L. Aynès et a., *Les nullités absolues : quel avenir ?*, Colloque : *RDC* 2019, 3, 127. – J.-B. Seube, *Le critère de distinction entre les nullités absolue et relative* : *RDC* 2019, 3137.

parle de nullité *partielle*, à distinguer du *réputé non-écrit*[4] (art. 1184, al. 2) qui est imprescriptible[5] et en principe automatique[6].

L'anéantissement est en principe *rétroactif*, ce qui suppose le rétablissement de la situation antérieure à l'acte. En pratique, la rétroactivité ne joue à plein que dans la mesure où l'acte annulé n'a pas encore reçu d'exécution : il est alors facile de tout effacer puisque rien ne s'est passé. Mais bien souvent les restitutions réciproques sont impossibles si bien que l'acte n'est annulé que pour l'avenir. Il est ainsi fait échec au principe de la rétroactivité :

– dans les rapports entre les parties à l'acte, pour les contrats successifs (V. *supra*, n° 465) dans lesquels certaines prestations ne peuvent pas, par leur nature même, être rendues à l'autre partie (par ex., la jouissance d'un local, le temps de travail fourni, etc.) ;

– au profit des tiers qui ont contracté avec une personne dont le droit a été ensuite annulé : malgré la nullité du premier contrat, par exemple, d'une vente d'immeuble, la jurisprudence maintient les droits régulièrement acquis par des tiers (par ex., bail consenti, ou même aliénation).

La question des restitutions est désormais régie par les articles 1352 à 1359 du Code civil.

477. – **Conclusion : effets de l'acte valable.** L'acte valable est bien évidemment obligatoire pour les parties. L'article 1134 ancien, alinéa 1er du Code civil l'exprimait dans une formule particulièrement forte pour les conventions :

> Les conventions légalement formées tiennent lieu de loi à ceux qui les ont faites.
> Elles ne peuvent être révoquées que de leur consentement mutuel, ou pour les causes que la loi autorise.
> Elles doivent être exécutées de bonne foi.

Cette formule a été sortie de la subdivision du code relative aux effets proprement dits et « promue » au rang de disposition liminaire du droit des contrats : l'article 1103 énonce aujourd'hui que : « Les contrats légalement formés tiennent lieu de loi à ceux qui les ont faits ». L'article 1193 complète le dispositif et prévoit que : « Les contrats ne peuvent être modifiés ou révoqués que du consentement mutuel des parties, ou pour les causes que la loi autorise ». La bonne foi dans l'exécution a elle aussi été déplacée, et figure désormais à l'article 1104.

C'est ainsi que les contrats sont générateurs d'obligations pour le débiteur, et donc de droits subjectifs pour le créancier. Mais les actes juridiques ne sont pas les seuls événements générateurs de droits ; c'est également le cas des faits juridiques.

---

(4) S. Gaudemet, *La clause réputée non écrite*, Economica, 2006. L'action en réputé non-écrit n'est pas une action en nullité : Cass. 1re civ., 13 mars 2019, n° 17-23.169, *Bull.* : *D.* 2019, 1033, note A. Étienney de Sainte-Marie ; *RTD civ.* 2019, 334, obs. H. Barbier.
(5) Cass. 3e civ., 19 nov. 2020, n° 19-20.405, *Bull.*
(6) V. cep. Cass. 3e civ., 28 avr. 2011, n° 10-14.298, *Bull.* n° 61. – Cass. 3e civ., 9 juill. 2020, n° 19-12.599.

CHAPITRE 2

LES FAITS JURIDIQUES

478. – **Définition.** « Les faits juridiques sont des agissements ou des événements auxquels la loi attache des effets de droit » (C. civ., art. 1100-2, al. 1er), et ce indépendamment de la volonté des personnes qui bénéficieront ou souffriront de ces effets. Alors que, pour les actes juridiques, les effets de droit sont à la mesure de ce qui a été voulu par les parties, ici la volonté est impuissante à moduler des effets qui sont déterminés par la loi seule. Comme le précise l'article 1100-2, alinéa 2, « les obligations qui naissent d'un fait juridique sont régies, selon le cas, par le sous-titre relatif à la responsabilité extracontractuelle ou le sous-titre relatif aux autres sources d'obligations ».

> *Vocabulaire juridique* (Association Capitant, 12e éd., ss dir. G. Cornu)
> Fait juridique : Fait quelconque (agissement intentionnel ou non de l'homme, événement social, phénomène de la nature, fait matériel) auquel la loi attache une conséquence juridique (acquisition d'un droit, création d'une obligation, etc.) qui n'a pas été nécessairement recherchée par l'auteur du fait. Ex. : le délit oblige son auteur à réparer le dommage causé ; la possession d'un immeuble pendant trente ans fait acquérir la propriété ; une force majeure exonère le débiteur.

Sont des faits juridiques les événements les plus divers, si bien qu'il n'y a pas de théorie générale des faits juridiques, ni même de classifications autres que purement descriptives. Sans prétendre à l'exhaustivité, on présentera les principaux faits juridiques en les regroupant suivant qu'ils sont des faits de la nature ou des faits de l'homme.

SECTION 1

LES FAITS DE LA NATURE

479. – Certains faits juridiques se rattachent à la vie de l'homme. C'est le cas de la *naissance*, sinon même de la conception, qui marque le début de la personnalité juridique et entraîne l'acquisition de droits au sein de la famille ; de l'âge de la

majorité qui fait cesser l'incapacité ; de la *parenté* qui suscite des droits et devoirs chez ceux unis par le lien du sang ; du *décès* qui fait cesser la personnalité et ouvre la succession, etc.

À lui seul, l'écoulement du temps peut être un fait juridique dans la mesure où il emporte prescription extinctive des droits et actions, et prescription acquisitive lorsqu'il se joint à la possession (V. *supra*, n° 436).

De même la survenance d'un *événement* imprévisible, irrésistible et extérieur – qualifié de *force majeure*[1] – sera une cause d'exonération de la responsabilité : par exemple, un incendie, un ouragan, etc.

SECTION 2

LES FAITS DE L'HOMME

480. – **Le rôle de la volonté.** À la différence des faits de la nature, auxquels la volonté de l'homme est par définition même étrangère, les faits de l'homme supposent une volonté au moins sous-jacente de celui qui les accomplit. Souvent il aura voulu le fait, même s'il n'a pas voulu les conséquences juridiques que la loi lui attache.

Pour l'essentiel il s'agit des *délits* et *quasi-délits* et des *quasi-contrats*.

481. – **Les délits et quasi-délits.** Les délits et quasi-délits, c'est-à-dire le dommage injustement causé à autrui, sont source de responsabilité ; c'est l'événement générateur du droit à réparation de la victime. La matière est régie par les articles 1240 et suivants (1382 et suivants anciens) qui distinguent trois types de responsabilité suivant la nature du fait dommageable.

On est d'abord responsable de son *fait personnel*. L'article 1240 du Code civil (1382 ancien) pose le principe général que : « Tout fait quelconque de l'homme, qui cause à autrui un dommage, oblige celui par la faute duquel il est arrivé, à le réparer ». Cette formule traditionnelle n'a pas été retenue dans le projet de réforme de la responsabilité civile qui déclare plus sobrement qu'« on est responsable du dommage causé par sa faute » (C. civ., art. 1241)[2].

Cette responsabilité repose sur la *faute*, qui en est la condition spécifique, aux côtés du dommage et du lien de causalité entre la faute et le dommage.

La loi prévoit ensuite un certain nombre de cas de responsabilité du *fait d'autrui*. Ainsi les père et mère sont responsables du fait de leurs enfants mineurs, les artisans du fait de leurs apprentis, les maîtres et commettants du fait de leurs domestiques et préposés. Il s'agit d'une présomption de responsabilité qui est irréfragable (C. civ., art. 1384 ancien et 1242 nouveau). Après avoir longtemps considéré ces hypothèses comme étant limitatives, la jurisprudence s'est orientée vers la reconnaissance de nouveaux cas de responsabilité du fait « des personnes dont on doit répondre ».

(1) Précédemment on parlait de « cas fortuit ou de force majeure ».
(2) Pour des regrets sur la formulation de ce texte, J.-S. Borghetti, *L'ex-article 1382 du Code civil et le droit de la responsabilité civile. Requiem pour une disposition méconnue* : Rev. dr. Assas oct. 2020, n° 20, p. 151.

Art. 1242, al. 1er (1384, al. 1er ancien). – On est responsable non seulement du dommage que l'on cause par son propre fait, mais encore de celui qui est causé par le fait des personnes dont on doit répondre, ou des choses que l'on a sous sa garde.

Enfin, les articles 1242 et suivants (1384 ancien et s.) édictent une responsabilité du *fait des choses* dont on a la garde. Il s'agit là d'une présomption de responsabilité, qui tombe devant la preuve d'une cause étrangère (cas fortuit ou de force majeure, fait d'un tiers ou faute de la victime).

Dans toutes ces hypothèses, le fait de causer à autrui un dommage est un fait juridique qui déclenche l'application de la règle de droit et fait naître un droit subjectif en la personne de la victime.

482. – **Les quasi-contrats.** Le Code civil définit ainsi les quasi-contrats :

Art. 1300. – Les quasi-contrats sont les faits purement volontaires dont il résulte un engagement de celui qui en profite sans y avoir droit, et parfois un engagement de leur auteur envers autrui[(3)].

Il s'agit de la *gestion d'affaires* (C. civ., art. 1301 et s.) et du *paiement de l'indu* (C. civ., art. 1302 et s.) ; s'y ajoute l'*enrichissement injustifié* (C. civ., art. 1303 et s.), qui avait été découvert par la jurisprudence sous le nom d'*enrichissement sans cause* avant d'être consacré, mais renommé, par le législateur en 2016[(4)].

Ces trois hypothèses ont en commun le fait qu'un avantage injuste a été retiré d'autrui. Là encore, ce fait constitue un fait juridique qui, par la volonté de la loi, fait naître un droit subjectif – ici un droit à indemnité – au profit de la victime.

483. – **Conclusion.** Fort heureusement, dans la plupart des cas, les droits subjectifs s'exercent sans obstacle. Ainsi, le plus souvent les contrats s'exécutent spontanément, les auteurs de délits et quasi-délits – ou plutôt leurs assureurs – indemnisent les victimes sans trop de discussions.

Mais, d'autres fois il y a butoir, l'exercice du droit achoppant sur le mauvais vouloir du débiteur. Le titulaire du droit n'a plus alors d'autre issue que de s'adresser à la justice pour en faire assurer le respect : c'est la réalisation contentieuse des droits.

(3) L'article 1371 ancien du Code civil les définissait ainsi : « Les quasi-contrats sont les faits purement volontaires de l'homme, dont il résulte un engagement quelconque envers un tiers, et quelquefois un engagement réciproque des deux parties ».

(4) M. Combot, *Quasi-contrat et enrichissement injustifié*, thèse Paris II, 2020, dir. J.-S. Borghetti.

QUATRIÈME PARTIE

LA RÉALISATION DES DROITS EN JUSTICE

484. – La réalisation non contentieuse des droits. Le plus souvent, les personnes exercent leurs droits sans difficulté. Les propriétaires jouissent de leurs biens sans être perturbés par des tiers ; les contrats s'exécutent spontanément ; les débiteurs paient en temps utile, etc.

Mais il arrive aussi que les droits fassent l'objet de contestation : conflit sur les limites d'une propriété, sur le caractère mitoyen ou non d'un mur ; retard dans l'exécution d'un contrat dont les parties se renvoient la responsabilité, contestation sur la bonne exécution du contrat ; accident de la circulation dont la responsabilité est discutée, trouble allégué de voisinage, etc.

Parfois, ces contestations peuvent être réglées à l'amiable : qu'il s'agisse de voisins, de parties à un contrat ou de tiers victimes d'un accident, il est toujours loisible de trouver un terrain d'entente, de se concilier. À tout le moins, on peut rechercher cette conciliation. Suivant le dicton populaire, un mauvais accord vaut mieux qu'un bon procès ; *a fortiori* lorsque l'accord est équilibré.

L'époque privilégie la médiation, plus rapide et moins coûteuse que le recours au juge[(1)]. C'est ainsi que, depuis un décret du 22 juillet 1996, le juge saisi d'un litige peut, après avoir recueilli l'accord des parties, désigner une « tierce personne » « afin d'entendre les parties et de confronter leurs points de vue pour leur permettre de trouver une solution au conflit qui les oppose » (CPC, art. 131-1 et s.)[(2)].

De même, transposant la directive 2008/52/CE du Parlement européen et du Conseil du 21 mai 2008 sur certains aspects de la médiation en matière civile et commerciale, l'ordonnance n° 2011-1540 du 16 novembre 2011 et son décret d'application du 20 janvier 2012 ont mis en place diverses procédures de règlement

(1) L.-C. Lemmet, *Les MARD, vers un changement de paradigme ? De quelques réflexions autour de la médiation et de la conciliation : RTD com.* 2018, 889.

(2) G. Pluyette, *Principes et applications récentes des décrets des 22 juillet et 13 décembre 1996 sur la conciliation et la médiation judiciaires : Rev. arb.* 1997, p. 505. – G. Pluyette, *La médiation judiciaire : Mél. Drai*, Dalloz, 2000. – J. Joly-Hurard, *Conciliation et médiation judiciaires*, thèse, Paris II, 2002.

amiable des litiges qui figurent désormais aux articles 1528 et suivants du Code de procédure civile[3].

De même, en application de l'ordonnance n° 2015-1033 du 20 août 2015, le décret n° 2015-1382 organise la médiation des litiges de la consommation dans un titre inséré au Code de la consommation[4].

De même encore, la loi n° 2019-222 du 23 mars 2019 de programmation et de réforme pour la justice prévoit de généraliser l'obligation préalable de tentative de règlement amiable pour les litiges de faible incidence financière et pour les conflits de voisinage[5]. En application de cette loi, le décret n° 2019-1383 du 11 décembre 2019 portant réforme de la procédure civile précise les cas dans lesquels le demandeur devra justifier d'une tentative de conciliation, de médiation ou de convention de procédure participative.

Enfin, les parties insèrent parfois dans leurs contrats des clauses de médiation obligatoire, mais leur validité est limitée en droit de la consommation. La Cour de cassation a en effet décidé qu'une telle clause est présumée abusive dans les contrats conclus entre professionnels et consommateurs[6], cependant que l'article L. 612-4 du Code de la consommation la déclare interdite.

Ce n'est qu'à défaut d'accord que les parties à un litige seront amenées à recourir à la justice, à procéder à une réalisation *contentieuse* de leurs droits.

485. – **La réalisation contentieuse des droits. L'accès au droit : un droit fondamental**[7]**.** Tout droit est assorti d'une sanction qui est la condition même de son efficacité (réserve faite des obligations naturelles, V. *supra*, n° 455). En conséquence, tout titulaire d'un droit doit pouvoir le faire respecter et faire sanctionner les atteintes qui pourraient y être portées.

Mais *nul ne peut se faire justice à soi-même* et, corrélativement, *nul ne peut être juge et partie*[8] : la sanction du droit ne peut émaner que de l'autorité publique, de la justice. C'est la raison pour laquelle tout droit est muni d'une *action en justice* dont l'exercice donnera lieu à un *procès*. Cela dit, le procès n'est qu'un phénomène pathologique de la vie juridique puisque le plus souvent les droits réels et intellectuels seront respectés et les droits personnels accomplis de manière spontanée.

Ce recours à la justice sera en principe porté devant une juridiction de l'État. La justice étant un service public, elle est aussi gratuite. Mais, si les justiciables n'ont effectivement pas à payer le juge étatique, ils doivent en revanche assumer les autres frais de justice, spécialement régler les honoraires de leurs avocats. Afin de faciliter l'accès à la justice aux plus démunis, la loi a mis en place un système d'*aide judiciaire* (L. 3 janv. 1972), depuis remplacé par l'*aide juridique* (L. 10 juill. 1991) puis par l'*aide juridictionnelle*, elle-même réformée par une loi du 18 décembre 1998 relative

(3) Pour la procédure participative, V. S. Amrani-Mekki, *La convention de procédure participative* : D. 2011, 3007.

(4) A. Biard et C. Hodges, *Médiation de la consommation : un bilan, des défis, des pistes de réflexion pour l'avenir* : *Contrats, conc. consom.* 2019, étude 3.

(5) V. Lasserre, *Les graves lacunes de la réforme de la justice en matière de médiation* : D. 2019, 441. – C.-S. Pinat *Réforme de la justice : modes alternatifs de règlement des conflits* : D. 2019, obs. p. 708.

(6) Cass. 1re civ., 16 mai 2018 : *JCP* 2018, 710, note G. Paisant.

(7) R. Vandermeeren, *Permanence et actualité du droit au juge* : *AJDA* 2005, 1102. – J.-M. Baudel, *L'accès à la justice : la situation en France* : *RID comp.* 2006, p. 477.

(8) F. Bussy, *Nul ne peut être juge et partie* : D. 2004, chron. p. 1745.

à l'*accès au droit* et à la résolution amiable des conflits[9]. Plus généralement, la loi n° 2106-1547 du 18 novembre 2016 s'est efforcée, à de multiples égards, de favoriser l'accès au droit[10]. Ce dispositif, qui consiste à faire prendre en charge par l'État les frais d'avocat (pour un montant forfaitaire limité) des justiciables aux revenus modestes, tend à élargir les conditions de l'*accès au droit* qui est présenté comme un droit fondamental[11].

486. – La responsabilité de l'État pour fonctionnement défectueux du service public de la justice. Responsable de la justice, l'État est corrélativement « tenu de réparer le dommage causé par le fonctionnement défectueux du service public de la justice » (COJ, art. L. 141-1)[12].

Suivant cette même disposition, cette responsabilité « n'est engagée que par une faute lourde ou par un déni de justice ». Interprétant de manière libérale cette disposition, la Cour de cassation a décidé que constituait une faute lourde au sens de ce texte « toute déficience caractérisée par un fait ou une série de faits traduisant l'inaptitude du service public de la justice à remplir la mission dont il est investi »[13] ; mais il n'y a déficience que si le justiciable a exercé – en vain – les voies de recours ouvertes[14]. Quant au déni de justice, il s'entend non du manquement visé à l'article 4 du Code civil (V. *supra*, n° 224), mais plus largement de tout manquement de l'État à son devoir de protection juridique de l'individu, et notamment au droit de voir statuer sur les demandes dans un délai raisonnable, au terme d'un procès équitable[15].

Corrélativement, l'article 149 du Code de procédure pénale prévoit la réparation intégrale du préjudice matériel et moral subi par la personne qui a été détenue

(9) V. aussi L. n° 2005-750, 4 juill. 2005, ch. 1, transposant la directive 2003/8/CE du Conseil de l'Union européenne du 27 janvier 2003 visant à améliorer l'accès à la justice dans les affaires transfrontalières par l'établissement de règles minimales communes relatives à l'aide judiciaire accordée dans le cadre de telles affaires : *JO* 6 juill. 2005, p. 11136 ; *D.* 2005, législ. 1921. – V. aussi Cons. const., 26 et 30 juill. 2007, n° 2007-1142 et n° 2007-1151. – Ph. Waquet, *L'aide juridictionnelle et l'instance* : *D.* 2009, chron. p. 2178.

(10) F. G'Sell, *L'accès au droit et la poursuite de la modernisation des professions réglementées dans la loi de modernisation de la justice du XXI*e *siècle* : *JCP* 2016, 1406. – L. Cadiet, *L'accès à la justice. Réflexions sur la justice à l'épreuve des mutations contemporaines de l'accès à la justice* : *D.* 2017, 522.

(11) F. Rolin, *Considérations inactuelles sur le projet de loi relatif à la réforme de l'accès au droit et à la justice* : *D.* 2002, chron. p. 2890. – S. Guinchard, *Petit à petit, l'effectivité du droit à un juge s'effrite* : *Mél. J. Boré*, Dalloz, 2007, p. 275. – A. Coignac, *Réforme de l'aide juridictionnelle : quelles perspectives ?* : *JCP* 2010, 594. – V. aussi D. 15 mars 2011 : *JCP* 2011, 368, obs. F. G'Sell-Macrez.

(12) Y. Desdevises, *La réparation des erreurs de la justice* : *Droit et économie* mai 2003, n° 100, p. 12. – S. Leturcq, *Le fonctionnement défectueux du service public de la justice dans les jurisprudences administrative et judiciaire françaises* : *LPA* 9 août 2005, p. 5 ; *Dysfonctionnement du service de la justice et responsabilité de l'État*, colloque Univ. Nice, 30 mars 2007 : *LPA* 12 juill. 2007, p. 2. – Sur les difficultés tenant à la dualité des juridictions administratives et judiciaires, V. D. Cholet, *Responsabilité de l'État du fait de la fonction juridictionnelle : la réforme nécessaire* : *D.* 2005, point de vue p. 2540. – Cass. 1re civ., 22 mars 2005, *Bull.* n° 149, p. 126.

(13) Cass. ass. plén., 23 févr. 2001 : *D.* 2001, p. 1752, note Ch. Debbasch ; *JCP* 2001, IV, 1680 ; *JCP* 2001, I, 340, nos 26-28, obs. G. Viney (décision rendue à propos de l'assassinat du petit Gregory, dite encore « affaire *Villemin* »). – CA Paris, 28 juin 2004 : *D.* 2004, inf. rap. p. 2893. – Cass. 1re civ., 16 nov. 2004, *Bull.* n° 270, p. 225. – Cass. 1re civ., 14 déc. 2004, *Bull.* n° 318, p. 265. – Cass. 1re civ., 14 mars 2006, *Bull.* n° 156. – Cass. 1re civ., 4 juill. 2006, *Bull.* n° 347. – Cass. 1re civ., 13 mars 2007, *Bull.* n° 107 ; *D.* 2007, 1929 et note J. Pradel (inactivité d'un juge d'instruction pendant plus de quatre ans). – Cass. 1re civ., 20 févr. 2008 : *D.* 2008, act. jurispr. 791 (procédure de quatorze ans). – V. O. Renard-Payen et Y. Robineaux, *La responsabilité de l'État pour faute du fait du fonctionnement défectueux du service public de la justice judiciaire et administrative*, Rapp. C. cass. 2002, p. 59. – A. Marceau, *La responsabilité de l'État du fait du non-respect du principe du délai raisonnable* : *RRJ* 2003, 2129. – V. aussi *infra*, n° 531.

(14) Cass. 1re civ., 24 févr. 2016, n° 14-50074.

(15) Cass. crim., 26 juin 1991 : *Gaz. Pal.* 1992, jurispr. 16. – Cass. crim., 1er déc. 1999 : *Bull. crim.* 1999, n° 288 ; *D.* 2000, inf. rap. 51. – E. Negron, S.-C. Bories et J. Da Silva, *À la recherche d'une justice perdue ?* : *JCP* 2017, 726. – P. Malinvaud, *Le droit à un procès d'une durée raisonnable et le droit de la construction* : *RD imm.* 2017, 217.

au cours d'une procédure terminée à son égard par une décision de non-lieu, de relaxe ou d'acquittement[(16)]. Le droit à réparation s'étend également aux victimes par ricochet[(17)].

Sans pour autant se référer à l'article L. 141-1, le Conseil d'État retient également depuis l'arrêt *Darmont*[(18)] la responsabilité de l'État pour le dommage causé par le fonctionnement défectueux de la justice administrative, lequel peut notamment se manifester par le dépassement du délai raisonnable pour juger[(19)] (V. *infra*, n° 531). Là encore, la condition de faute lourde est appréciée de manière libérale[(20)].

Par ailleurs, de récents naufrages judiciaires, et notamment l'affaire d'Outreau, ont amené à se demander s'il n'y avait pas lieu d'instaurer une responsabilité personnelle des juges allant au-delà des règles actuelles[(21)]. Mais les dispositions en ce sens insérées à cet effet dans la loi organique relative au recrutement, à la formation et à la responsabilité des magistrats ont été censurées par le Conseil constitutionnel[(22)].

487. – **Justice étatique et justice arbitrale**[(23)]. L'ordre public ne s'oppose pas à ce que les particuliers conviennent de soumettre leurs litiges à des arbitres choisis par eux-mêmes. L'*arbitrage* est non seulement reconnu mais réglementé par la loi elle-même (C. civ., art. 2059 et s., et CPC, art. 1442 et s.).

En pratique, l'arbitrage – qui a été réformé par le décret du 13 janvier 2011 et tout récemment par la loi du 18 novembre 2016[(24)] – connaît de nos jours, surtout en matière commerciale, un développement remarquable. Cela tient à diverses causes : aux lenteurs de la procédure devant les juridictions traditionnelles, lenteurs aggravées par l'encombrement des tribunaux des grandes villes où toutes les sociétés ont leur siège, aux incertitudes sur la compétence juridictionnelle et sur la loi applicable (notamment pour les contrats internationaux), et surtout au souci de tenir secrètes certaines conventions et les différends auxquels elles donnent lieu.

(16) D. Karsenty, *La réparation des détentions* : *JCP* 2003, I, 108.

(17) Cass. 1re civ., 16 avr. 2008, 2 arrêts, n°s 07-16.286 et 07-16.504 : *D.* 2008, act. jurispr. p. 1354, obs. L. Dargent. – Cass. 1re civ., 12 oct. 2011, 2 arrêts, n°s 10-19.720 et 10-23.288.

(18) CE, ass., 29 déc. 1978, *Sieur Paul Darmont* : *Rec. CE* 1978, p. 542 ; *AJDA* 1979, 45 et note M. Lombard ; *RDP* 1979, 1742 et note J.-M. Auby ; *D.* 1979, 278 et note M. Vasseur.

(19) CE, 28 juin 2002, *Magiera* : *AJDA* 2002, 596, chron. F. Donnat et D. Casas. – F. Rolin, *Le coût du retard à juger devant les juridictions administratives* : *AJDA* 2004, 2145. – CE, 25 janv. 2006, *SARL Potchou et a.* : *AJDA* 2006, p. 589, obs. C. Landais et F. Lenica ; *RFDA* 2006, p. 299, concl. Y. Struillou. – CE, 22 janv. 2007 : *D.* 2007, 1123 et note S. Petit. – CE, 29 oct. 2007, *Becker*. – CE, 18 juin 2008, n° 295831, *Gestas* : *JCP* 2008, II, 10141 et note J. Moreau. – T. confl., 30 juin 2008, *Épx Bernardet* : *RFDA* 2008, 1165, concl. I. de Silva et note B. Seiller. – CE, 26 mai 2010, *Mafille* : *AJDA* 2010, 1784 et note S. Théron.

(20) J. Courtial, *La responsabilité du fait de l'activité des juridictions de l'ordre administratif : un droit sous influence européenne ?* : *AJDA* 2004, 423. – V., pour le cas de dépassement du délai raisonnable pour rendre une décision, CE, ass., 28 juin 2002 : *D.* 2003, 23 et note V. Holderbach-Martin.

(21) J.-Cl. Magendie, *La responsabilité des magistrats* : *D.* 2003, chron. p. 1177 ; *La responsabilité des magistrats : contribution à une réflexion apaisée* : *D.* 2005, chron. p. 2414. – J.-F. Kriegk, *La culture judiciaire : une contribution au débat démocratique* : *D.* 2005, chron. p. 1592. – J. Joly-Hurard, *La responsabilité civile, pénale et disciplinaire des magistrats* : *RID comp.* 2006, 439. – G. Canivet et J. Joly-Hurard, *La responsabilité des juges, ici et ailleurs* : *RID comp.* 2006, 1049. – F. Bottini, *La responsabilité personnelle des magistrats* : *RRJ* 2006, 2193. – G. Kerbaul, *La responsabilité des magistrats*, PUF, 2006. – V. aussi M. Le Pogam, *Le Conseil supérieur de la magistrature, au cœur du défi déontologique* : *D.* 2010, 1581.

(22) Cons. const., 1er mars 2007, n° 2007-551 DC : *D.* 2007, 1401, note D. Ludet et A. Martinel. – V. Rép. min. n° 66005 : *JOAN Q* 13 juill. 2010.

(23) *Les nouveaux marchés de l'arbitrage : vers une privatisation de la justice ?* : *JCP* 2020, suppl. n°s 7-8, 17 févr. 2020. Actes du colloque du 20 décembre 2019.

(24) T. Claye, *L'arbitrage, les modes alternatifs de règlement des différends et la transaction dans la loi « Justice du XXIe siècle »* : *JCP* 2016, 1295.

Le recours à l'arbitrage suppose donc un accord entre les parties, accord qui revêt la forme soit d'une *clause compromissoire* insérée dans un contrat (pour les *litiges à naître* de l'exécution de ce contrat), soit d'un *compromis* (pour les *litiges déjà nés*).

La *clause compromissoire* est « la convention par laquelle les parties à un ou plusieurs contrats s'engagent à soumettre à l'arbitrage les litiges qui pourraient naître relativement à ce ou à ces contrats » (CPC, art. 1442, al. 2). Permise jadis dans les seuls contrats commerciaux, puis dans tous les « contrats conclus à raison d'une activité professionnelle » (C. civ., art. 2061 ancien)(25), elle peut désormais être insérée dans tous les contrats, même entre particuliers(26) (C. civ., art. 2059 nouveau) ; il faut et il suffit que la clause ait « été acceptée par la partie à laquelle on l'oppose, à moins que celle-ci n'ait succédé aux droits et obligations de la partie qui l'a initialement acceptée » (C. civ., art. 2061, al. 1). Toutefois, l'alinéa 2 apporte une réserve en ce que la clause compromissoire ne peut pas être opposée par un professionnel à l'autre partie si cette dernière n'a pas agi dans le cadre de son activité professionnelle (C. civ., art. 2061 nouveau).

Même en l'absence de clause compromissoire, deux personnes en litige peuvent dresser un *compromis*, « convention par laquelle les parties à un litige né soumettent celui-ci à l'arbitrage » (CPC, art. 1442, al. 3). Le compromis(27) est possible en matière civile comme en matière commerciale, sauf pour les causes qui intéressent l'ordre public (divorce, filiation, etc.).

Par ailleurs, la pratique en matière commerciale connaît aujourd'hui un développement important des « modes alternatifs de règlement des litiges » (ADR), conciliation, médiation, etc.

488. – **Statuer en droit ou en équité ?** Quelle que soit la juridiction saisie(28), même arbitrale, les juges ont pour rôle de *dire le droit* dans un cas particulier, d'appliquer les règles de droit au litige. L'article 12 du Code de procédure civile pose la règle que « le juge tranche le litige conformément aux règles de droit qui lui sont applicables ». C'est pour cela que la décision judiciaire prend la forme d'un syllogisme où la majeure est la règle de droit, la mineure les faits de l'espèce, et la conclusion dictée par une logique naturelle (V. *supra*, n° 211). On dira donc que les décisions sont rendues *en droit*.

On oppose souvent le droit et l'équité (V. *supra*, nos 23 et s.) : *summum jus, summa injuria*. Il arrive en effet qu'une règle de droit, conçue dans l'abstrait, s'avère injuste, inéquitable, lorsqu'elle est appliquée de manière brutale à une hypothèse concrète. On souhaiterait alors que le juge puisse se prononcer en équité.

(25) B. Moreau et L. Degos, *La clause compromissoire réhabilitée. Chronique d'une réforme annoncée : Gaz. Pal.* 2001, 1, doctr. p. 963. – Ch. Jarrosson, *Le nouvel essor de la clause compromissoire après la loi du 15 mai 2001 : JCP* 2001, I, 333. – Ph. Marini et F. Fages, *La réforme de la clause compromissoire : D.* 2001, chron. p. 2658. – Ph. Fouchard, *La laborieuse réforme de la clause compromissoire par la loi du 15 mai 2001 : Rev. arb.* 2001, p. 397.

(26) T. Claye, *L'arbitrage, les modes alternatifs de règlement des différends et la transaction dans la loi « Justice du XXIe siècle » : JCP* 2016, 1295.

(27) Le terme de compromis est également utilisé en un autre sens pour désigner une sorte d'avant-contrat, en matière de vente, par exemple.

(28) Pour ce qui concerne les juridictions de l'ordre administratif, V. M. Fouletier, *Recherches sur l'équité en droit public français*, préf. B. Pacteau, LGDJ, 2003.

Les arbitres peuvent, et doivent même le faire lorsque les parties les y ont autorisés ; ils sont alors « amiables compositeurs ». Il en va de même du juge auquel les parties peuvent, en certaines matières, confier la « mission de statuer comme amiable compositeur » (CPC, art. 12, al. 4). Mais, à la différence des arbitres qui sont souvent désignés amiables compositeurs, les juges le sont très rarement(29) (V. *supra*, n° 25).

En dehors de l'hypothèse visée à l'article 12 du Code de procédure civile, les juges ne peuvent pas statuer en équité, sauf toutefois par application du principe de proportionnalité (V. *infra*, n° 509). Mais, ce qu'ils ne peuvent faire ouvertement, rien ne leur interdit de le réaliser d'une autre manière, notamment par le biais de l'interprétation. Les juges ne doivent pas apparaître comme des robots chargés d'une application machinale des textes. Souvent, au lieu de déployer le syllogisme judiciaire dans le sens indiqué jusqu'ici, ils le remontent à l'envers : partant d'une solution intuitive, équitable, ils la rattachent ensuite à la règle de droit applicable(30).

C'est ainsi qu'on dit parfois qu'une décision est une *décision d'espèce*, c'est-à-dire rendue en tenant compte des circonstances particulières des faits de l'espèce, donc plus en équité qu'en droit pur, et qui, par suite, ne doit pas tirer à conséquence sur le plan du droit.

On rappellera en outre ici que, en application de l'article 4 du Code civil, le juge ne peut, à peine de déni de justice, refuser de juger « sous prétexte du silence, de l'obscurité ou de l'insuffisance de la loi ». En pareille circonstance, le juge dispose d'évidence d'une grande liberté pour statuer, et notamment dans le sens que commande l'équité(31).

La justice apparaît comme un phénomène complexe mettant face à face une organisation judiciaire – des juridictions, un personnel, des principes de procédure civile – (Titre 1) et des plaideurs dont l'un devra rapporter la preuve de ses droits (Titre 2).

(29) P. Brouillaud, *Plaidoyer pour une renaissance de l'amiable composition judiciaire : D.* 1997, chron. p. 234.

(30) E. Agostini, *L'équité : D.* 1978, chron. p. 7. – P. Bellet, *Le juge et l'équité : Études Rodière*, Dalloz, 1981, p. 9. – Ch. Albiges, *De l'équité en droit privé*, préf. R. Cabrillac, LGDJ, 2000. – F. Lafay, *La modulation du droit par le juge. Étude de droit privé et de sciences criminelles*, thèse, Lyon, 2004. – J. Fischer, *Le pouvoir modérateur du juge en droit civil français*, préf. Ph. Le Tourneau, PUAM, 2004.

(31) Dans le projet initial de Code civil, Portalis avait retenu la formule suivante : « Lorsque la loi ne présente pas de disposition qu'on puisse appliquer, le juge devient un ministre d'équité ; il ne peut pas refuser de juger sous le prétexte du silence, de l'obscurité ou de l'insuffisance de la loi écrite : il applique alors la loi immuable et éternelle de la raison », ce qui était un renvoi au droit naturel et, par delà, à l'équité. V. sur ce point B. Beignier, *Portalis et le droit naturel dans le Code civil : Rev. hist. fac. dr.* 1988, n° 6, p. 77, V. spéc. p. 84.

TITRE 1

L'ORGANISATION JUDICIAIRE

489. – **Plan.** On présentera successivement les juridictions, le personnel de ces juridictions et les grands principes de procédure civile.

CHAPITRE 1

LES JURIDICTIONS

490. – Juridictions françaises, juridictions européennes et juridictions étrangères. Jusqu'ici, de manière inconsciente mais certaine, on est parti du principe que seules les *juridictions françaises* pouvaient être compétentes. Sans doute est-ce la règle générale pour les rapports entre nationaux d'un même pays ; mais dans les rapports entre nationaux d'États différents, et notamment entre un français et un étranger, il se peut que le tribunal compétent soit une *juridiction étrangère*.

Dans un même ordre d'idées, l'adhésion de la France à la Convention européenne des droits de l'homme et l'institution de la Communauté économique européenne – devenue aujourd'hui l'Union européenne – ont entraîné la création de juridictions qui ne sont pas à proprement parler étrangères, mais *européennes* et qui ont une compétence particulière (Cour de justice de l'Union européenne, Cour européenne des droits de l'homme) ; elle a également conduit à une coopération au plan judiciaire(1) qui devrait aller croissant(2). Il convenait de le rappeler, même si notre propos sera principalement centré sur la présentation des juridictions françaises(3).

491. – Juridictions de l'ordre administratif et juridictions de l'ordre judiciaire. Au sein des juridictions françaises, il convient de distinguer les *juridictions administratives* des *juridictions judiciaires*(4). Cette distinction est l'une des conséquences du principe de la séparation des pouvoirs exécutif et judiciaire. On a estimé que ce principe eût été violé si les actes de l'Administration – les plus modestes et les plus importants, les plus politiques et les plus apolitiques – avaient pu être

(1) L. Bellulo et B. Sturlese, *La Constitution européenne : une opportunité pour l'Europe de la justice* : JCP 2004, I, 156.

(2) A.-M. Leroyer et E. Jeuland (ss dir.), *Quelle cohérence pour l'espace judiciaire européen ?*, Dalloz, 2004. – J.-P. Jean et H. Pauliat, *L'administration de la justice en Europe et l'évaluation de sa qualité* : D. 2005, chron. p. 598.

(3) Sur les problèmes soulevés par la mondialisation, V. Y. Benhamou, *Brèves réflexions sur la place des juges face à la mondialisation (Contribution à l'intelligence critique de la globalisation)* : D. 2003, chron. p. 366. – R. Martin, *Les cheminements des pouvoirs judiciaires depuis 1789* : RTD civ. 2004, 251.

(4) A. Van Lang, *Le dualisme juridictionnel en France : une question toujours d'actualité* : AJDA 2005, 1760. – D. Truchet, *Plaidoyer pour une cause perdue : la fin du dualisme juridictionnel* : ADJA 2005, 1767. – D. Labetoulle, *L'avenir du dualisme juridictionnel. Point de vue d'un juge administratif* : AJDA 2005, 1770. – M.-F. Mazars, *Le dualisme juridictionnel en 2005, Point de vue d'un juge judiciaire* : AJDA 2005, 1777. – J. Caillosse, *Les justifications du maintien actuel du dualisme juridictionnel* : AJDA 2005, 1781. – B. Dobrenko, *De la pérennité du principe de la séparation des autorités administratives et judiciaires* : LPA 7 sept. 2006, p. 3. – Y. Aguila, *La justice administrative, un modèle majoritaire en Europe. Le mythe de l'exception française à l'épreuve des faits* : AJDA 2007, 290. – Ph. Léger, *Le dualisme juridictionnel a-t-il encore une raison d'être ?* : *Mél. J.-F. Burgelin*, Dalloz, 2008, p. 233. – Ph. Théry, *Cours suprêmes : essai manqué de typologie et de définition* : D. 2015, 1731.

soumis au pouvoir judiciaire. C'est ainsi qu'ont été créées des juridictions particulières, dites « de l'ordre administratif », qui ont une compétence exclusive pour connaître des litiges mettant en cause des personnes publiques.

À la vérité, le critère de compétence de la juridiction administrative est imprécis, si bien qu'il a fallu créer une juridiction spéciale, le *Tribunal des conflits*, pour trancher les conflits de compétence entre les deux ordres de juridiction, ce qui entraîne inéluctablement des retards. L'organisation et le fonctionnement de ce tribunal, très élevé dans la hiérarchie par sa fonction même, ont été profondément modifiés par la loi du 16 février 2015 (art. 13) relative à la modernisation et à la simplification du droit et des procédures dans le domaine de la justice et des affaires intérieures(5). Ce tribunal comprend huit membres : quatre conseillers d'État en service ordinaire et quatre magistrats du siège hors hiérarchie de la Cour de cassation, les uns et les autres élus par leurs pairs. Il est présidé, non plus par le garde des Sceaux comme précédemment, mais par l'un des membres ci-dessus élu pour trois ans par ses pairs(6) ; étant précisé que ce président élu sera alternativement un conseiller d'État ou un conseiller à la Cour de cassation.

Cette dualité de juridiction, défendue par le Conseil d'État, a été récemment contestée par le premier président de la Cour de cassation, et a suscité une résurgence d'un débat ancien(7).

492. – **Les juridictions de l'ordre administratif.** Les juridictions administratives sont les tribunaux administratifs, les cours administratives d'appel et le Conseil d'État, tous composés de magistrats de profession.

Les *tribunaux administratifs*, institués en 1953 en remplacement des conseils de préfecture, et dont le ressort peut s'étendre sur plusieurs départements, sont les juges du *premier degré*. On entend par là qu'en principe les litiges qui leur sont soumis pourront être portés en appel devant une juridiction du second degré, en l'espèce les cours administratives d'appel.

Les *cours administratives d'appel* ont été créées par une loi du 31 décembre 1987 pour décharger le Conseil d'État des appels des jugements des tribunaux administratifs. Au nombre de huit à ce jour (et neuf prochainement), les cours administratives d'appel sont donc désormais les juridictions de droit commun du second degré. Toutefois, au cas où la cour se trouve saisie d'une « question de droit nouvelle présentant une difficulté sérieuse et se posant dans de nombreux litiges », elle peut surseoir à statuer pour demander l'« avis » du Conseil d'État ; cette procédure de saisine pour avis a été par la suite transposée aux juridictions de l'ordre judiciaire (V. *supra*, n° 151).

Le *Conseil d'État*, qui est unique et siège à Paris, a des attributions consultatives et juridictionnelles(8). Comme organe consultatif il peut (et doit, dans certains cas,

(5) J.-L. Gallet, *Rapport sur la réforme du Tribunal des conflits* : AJDA 2013, 2130.

(6) D. Labetoulle et J.-H. Stahl, *Pour un Tribunal des conflits sans garde des Sceaux* : D. 2013, 98. – J. Arrighi de Casanova et J.-H. Stahl, *Tribunal des conflits : l'âge de la maturité* : AJDA 2015, 575. – B. Seiller, *Le Tribunal des conflits renforcé* : JCP 2015, 514.

(7) V. pour : C. Jamin, *Duel au sommet !* : D. 2017, 1649. – Et contre : D. Cohen, *La fonte du rôle protecteur des libertés individuelles du juge judiciaire* : JCP 2017, 950. *L'avenir du dualisme juridictionnel : continuité ou rupture ?* : Rev. dr. Assas. mai 2019, n° 18, dossier p. 28.

(8) V. Présentation du rapport public 2019 : D. 2019, 1392.

par exemple pour les projets de loi, les projets d'ordonnance, etc.) être consulté par le Gouvernement à l'intention duquel il émettra des avis[9] ou proposera des textes. En 2015, cette activité consultative a explosé avec l'examen de 1 245 projets de textes. En tant que juridiction, il est :

– juge de *première instance*, en premier et dernier ressort, pour certains domaines réservés (par ex., pour juger de la légalité des décrets et ordonnances et, plus généralement, des actes réglementaires applicables sur tout le territoire national) ;

– juge d'*appel* pour certaines décisions des tribunaux administratifs (par ex., pour les jugements statuant en appréciation de la légalité, ou sur les recours relatifs aux élections municipales et cantonales) ;

– juge de *cassation* sur les moyens de pur droit.

493. – **Les juridictions de l'ordre judiciaire. Le principe de la collégialité.** Aussi nombreuses et diverses soient-elles, les juridictions de l'ordre judiciaire présentent un certain nombre de caractéristiques communes.

Il en est ainsi de la *collégialité* qui, malgré des atteintes de plus en plus nombreuses, est toujours considérée en France comme une garantie de bonne justice. La collégialité est de principe pour le tribunal judiciaire (COJ, art. L. 212-1). Les exceptions, toutefois, se multiplient[10]. Avant la mise en place du tribunal judiciaire le 1er janvier 2020, statuaient à juge unique le juge du tribunal d'instance (COJ, art. L. 222-1 ancien), le juge des référés, dont la compétence est de plus en plus étendue, ou encore certains juges à compétence spécialisée.

Les nombreuses exceptions qui existaient avant la mise en place du tribunal judiciaire se retrouvent dans le nouveau régime (éventuellement sous des dénominations différentes), notamment pour des juges à compétence spécialisée tels que le juge des enfants, le juge aux affaires familiales (COJ, art. L. 213-4), le juge de l'expropriation, le juge en matière d'accidents de la circulation routière, le juge de l'exécution (COJ, art. L. 213-5), etc. La liste des matières concernées est longue et les exceptions, sans renverser le principe, le concurrencent fortement (V. COJ, art. R. 212-8).

Cette évolution, loin d'être idéale pour la justice, doit être pensée avec la nécessité de faire face à la pénurie du personnel judiciaire.

Une disposition prévoit que, devant les tribunaux judiciaires statuant à juge unique, le renvoi à la formation collégiale peut être décidé, d'office ou à la demande d'une partie (COJ, art. L. 212-2).

En principe collégiales dans leur composition, les juridictions sont sédentaires et permanentes, exception faite de la cour d'assises, qui siège en sessions.

494. – **Les juridictions de l'ordre judiciaire. Classifications. Plan.** Les juridictions de l'ordre judiciaire peuvent être classées suivant divers critères.

Quant à l'étendue de la compétence, on distingue les *juridictions de droit commun* qui ont une compétence générale pour tous les litiges qui ne leur sont pas spécialement enlevés (tribunal judiciaire, par exemple), et les *juridictions d'exception*

(9) H. Hoepffner, *Les avis du Conseil d'État* : *RFDA* 2009, 895. – A. Bouvier, *Vers la fin du secret des avis du Conseil d'État sur les projets de loi ?* : *AJDA* 2015, 558. – « L'Assemblée nationale et les avis du Conseil d'État », colloque du 25 novembre 2016 : *JCP* 2017, suppl. au n° 44-45, 30 oct 2017.

(10) J. Villacèque, *La collégialité menacée par les juges uniques* : *D.* 1995, 317.

dont la compétence est limitée aux litiges qui leur sont spécialement attribués (tribunal de commerce, par exemple).

Quant à leur rôle, on distingue les juridictions *civiles et commerciales* chargées de trancher les litiges entre particuliers et les *juridictions pénales ou répressives* chargées de poursuivre les auteurs d'infractions pénales (contraventions, délits, crimes) en vue de leur appliquer une peine (V. *supra*, n° 44). Cette distinction, qui est fondamentale, n'est cependant pas exempte d'interpénétrations. C'est ainsi que le plus souvent les infractions pénales entraînent un préjudice pour les particuliers (par ex. : vol, escroquerie, abus de confiance, blessures ou homicide involontaires, etc.) ; alors, l'*action civile* tendant à l'allocation de dommages et intérêts à la victime peut être intentée soit devant la juridiction civile, soit devant la juridiction répressive ; mais seule cette dernière peut connaître de l'*action publique* tendant à la constatation d'une infraction et au prononcé d'une peine (amende, peines privatives de liberté, etc.).

L'interpénétration est même organique. C'est ainsi que, jusqu'au 1er juillet 2017, le *tribunal d'instance* qui statuait en matière civile devenait le *tribunal de police* lorsqu'il jugeait au pénal ; de même le *tribunal de grande instance* était devenu *tribunal de police* et *tribunal correctionnel* au pénal ; de même encore la *cour d'appel* comprend une *chambre correctionnelle*.

Quant à la hiérarchie des juridictions (V. *supra*, n° 214), on distingue les *juridictions du premier degré*, qui doivent être saisies en premier de tout litige, la *cour d'appel* qui est la juridiction du second degré (règle du double degré de juridiction) et la *Cour de cassation*.

C'est dans cet ordre hiérarchique que seront présentées les diverses juridictions, sauf à préciser celles qui, au premier degré, statuent en matière répressive. On y ajoutera quelques développements sur les juridictions européennes, qui ne figurent pas dans la hiérarchie française mais dont les décisions s'imposent à la France, et donc aux juridictions françaises.

SECTION 1

LES JURIDICTIONS DU PREMIER DEGRÉ

SOUS-SECTION 1

LES JURIDICTIONS CIVILES ET COMMERCIALES

§ 1. – Le tribunal judiciaire, juridiction de droit commun

495. – **La fusion du tribunal d'instance et du tribunal de grande instance au sein du tribunal judiciaire.** La loi de programmation et de réforme de la justice du 23 mars 2019 a décidé de fusionner le tribunal d'instance et le tribunal de grande

instance au sein d'une juridiction nouvellement créée, le tribunal judiciaire(11). Cette disposition – qui supposait des décrets d'application – est entrée en vigueur au 1er janvier 2020(12).

Cinq décrets ont été pris, modifiant les dispositions du Code de l'organisation judiciaire relatives au tribunal d'instance et au tribunal de grande instance, trois du 30 août 2019, deux du 18 septembre 2019, ainsi qu'une ordonnance n° 2019-964 du 18 septembre 2019. Le tribunal judiciaire réunit désormais les domaines de compétence du tribunal d'instance et du tribunal de grande instance, c'est-à-dire la justice civile, par opposition aux litiges commerciaux et du travail qui continueront d'être jugés par les tribunaux de commerce et les conseils de prud'hommes. Le tribunal judiciaire est ainsi la juridiction de droit commun, qui a compétence de principe pour tous les litiges en matière civile (COJ, art. L. 211-3), par opposition aux juridictions d'exception que sont notamment les tribunaux de commerce et les conseils de prud'hommes.

Le tribunal judiciaire statue en dernier ressort pour les litiges dont l'intérêt n'excède pas 10 000 €, et à charge d'appel devant la cour d'appel de son ressort pour ceux dont la valeur excède ce montant. Mais, quel que soit l'intérêt du litige, toute décision judiciaire est susceptible d'un pourvoi en cassation.

Parallèlement au tribunal, son président exerce une juridiction qui revêt en pratique une très grande importance. Il est *juge des référés* et, à ce titre, il peut être saisi de tout différend en cas d'urgence ; dans certains cas, l'urgence n'est même pas nécessaire. Les décisions qu'il rend sont des *ordonnances*.

Le décret n° 2019-1419 du 20 décembre 2019 modifie cette procédure qui est renommée « procédure accélérée au fond » ; et il la distingue de la *procédure de référé*, sur requête ou au fond.

496. – **Tribunal judiciaire sans regroupement géographique.** Répondant à l'attente tant du public que des magistrats, le législateur a décidé de ne supprimer géographiquement aucune juridiction. Le tribunal judiciaire étant sis au lieu de son prédécesseur, le tribunal de grande instance, il va donc s'étendre à d'anciens tribunaux d'instance sis sur d'autres sites.

Le plus souvent les tribunaux d'instance étaient situés dans la même commune que le tribunal de grande instance. La fusion s'en trouve facilitée. Au plan du statut des magistrats, on relèvera que les magistrats en charge d'un tribunal d'instance sont nommés au tribunal de grande instance où ils exercent souvent une partie de leur service. Le fait qu'ils soient désormais « juges des contentieux de la protection » et dotés d'une compétence différente (L. n° 2019-222, 23 mars 2019, art. 95) ne modifiera pas fondamentalement leur statut.

Dans le cas où le tribunal de grande instance et le tribunal d'instance étaient situés dans deux communes différentes, le tribunal d'instance devient une chambre du tribunal judiciaire, chambre dénommée « tribunal de proximité ». Dans ce cas,

(11) V. D. 2019, 707, obs. C.-S. Pinat.
(12) S. Degouys, *1er janvier 2020 : disparition du tribunal d'instance, naissance du tribunal judiciaire* : JCP 2019, 1144. – J.-F. Beynel et J.-M. Etcheverry, *La spatialité de la justice ou la réforme de la justice à l'épreuve des territoires* : JCP 2019, 1003. – S. Amrani-Mekki, *Nouvelles réformes de procédure civile. Vous avez dit simplification ?* : JCP 2020, 75. – G. Joly-Coz, *Le Tribunal judiciaire : entre carte et territoire* : JCP 2020, 282.

le juge sera non seulement juge des contentieux de la protection, mais également des affaires relevant précédemment de la compétence du tribunal d'instance et transférées au tribunal judiciaire.

Enfin, dans l'hypothèse où il existe plusieurs tribunaux de grande instance dans le même département (ce qui est le cas de quarante-huit départements), ils seront tous transformés en tribunal judiciaire mais la loi prévoit la possibilité de conférer à certains de ces tribunaux judiciaires des contentieux techniques particuliers.

Il reste à vérifier à l'expérience si cette nouvelle répartition des compétences n'entraînera pas des dysfonctionnements et sera bien comprise par les justiciables.

§ 2. – Les juridictions d'exception

497. – **Présentation.** Sont des juridictions d'exception celles auxquelles la loi a attribué une compétence spécialisée. Les plus importantes sont les tribunaux de commerce et les conseils de prud'hommes ; on citera également pour mémoire les tribunaux des affaires de sécurité sociale qui ont été récemment supprimés.

498. – **Les tribunaux de commerce.** Les *tribunaux de commerce* (ou *juridictions consulaires*), qui sont des juridictions du premier degré, ont une compétence générale en matière commerciale pour trancher les litiges relatifs aux actes de commerce, les contestations entre associés à raison d'une société commerciale, pour connaître les actions relatives aux procédures collectives[13], etc. (C. com., art. L. 721-1 et s.). Leur compétence a été étendue aux litiges impliquant des artisans (L. n° 2016-1547, 18 nov. 2016). Ils connaissent en dernier ressort des demandes jusqu'à la valeur de 4 000 €[14].

Ces tribunaux présentent la particularité remarquable d'être composés non de magistrats de carrière mais de commerçants élus par leurs pairs[15]. Chaque tribunal comprend au moins un président, deux juges titulaires et deux juges suppléants, assistés d'un greffier ; il peut y avoir plusieurs chambres dans les tribunaux importants.

Bien qu'il n'y ait pas de *parquet* organisé, le ministère public peut toujours intervenir. Les parties peuvent se faire représenter par des avocats. La décision rendue est un *jugement*.

Le président du tribunal de commerce exerce, au même titre que celui du tribunal judiciaire, une juridiction des *référés* en matière commerciale. Il rend également des ordonnances sur requête.

S'il n'y a pas de tribunal de commerce instauré dans la circonscription territoriale, le tribunal judiciaire en tient lieu.

(13) Toutefois, la compétence pour connaître des procédures collectives a été réservée à certains grands tribunaux de commerce.

(14) D. n° 2002-1436, 3 déc. 2002 réparant un oubli commis lors de la codification (V. N. Molfessis, *Deux figures législatives en vogue : l'abrogation par mégarde et la résurrection fortuite* : *RTD civ.* 2001, 688).

(15) J. Dupichot, *De quelques observations sur la compétence « commerciale » au regard du concept de droit commercial (… ou de sa gestation comme de son avenir)* : *Mél. Y. Guyon*, Dalloz, 2003, p. 365.

Les tribunaux de commerce sont depuis quelques années au cœur d'une vive polémique et leur constitutionnalité avait même été mise en cause[16]. Divers projets de loi ont été présentés devant le Parlement qui, outre qu'ils ont entraîné une grève des magistrats consulaires, n'ont que partiellement abouti à ce jour[17]. Ces projets visaient trois objectifs :

– révision de la « carte judiciaire », c'est-à-dire suppression d'un certain nombre de petits tribunaux de commerce dont l'existence n'était aujourd'hui plus justifiée ; c'est ainsi que trente-six tribunaux ont été supprimés par le décret n° 99-659 du 30 juillet 1999, sept par le décret du 27 mai 2005, et de nombreux autres plus récemment ;

– mixité, c'est-à-dire introduction de magistrats professionnels au sein des tribunaux de commerce, mesure qui a déclenché l'ire des magistrats consulaires et qui a été abandonnée au profit d'une réforme plus large du droit des procédures collectives ;

– refonte du statut des administrateurs et des mandataires judiciaires auprès des tribunaux de commerce, laquelle a été opérée par la loi n° 2003-7 du 3 janvier 2003[18] (V. *infra*, n° 526).

Le statut, tant des magistrats consulaires que des administrateurs judiciaires, a été à nouveau revu par la loi du 18 novembre 2016 de modernisation de la justice du XXIe siècle[19].

499. – Les conseils de prud'hommes[20]**.** Les *conseils de prud'hommes* ont compétence pour juger les différends qui peuvent s'élever à l'occasion du contrat de travail ou d'apprentissage entre les patrons ou leurs représentants et les cadres, employés, ouvriers et apprentis. Il doit s'agir de conflits individuels.

Cette juridiction collégiale ne comprend ni magistrat de carrière, ni ministère public ; le conseil est formé de membres élus pour moitié parmi les employeurs et moitié parmi les salariés[21].

Toute affaire est d'abord soumise à un *bureau de conciliation* et, à défaut de conciliation, à un *bureau de jugement* (deux employeurs, deux salariés) ; en cas de partage des voix, un magistrat du tribunal judiciaire est appelé à statuer comme *juge départiteur*.

Les conseils de prud'hommes statuent en dernier ressort pour un certain nombre de litiges, et notamment dans le cas où le montant de la demande n'excède pas un chiffre, révisé chaque année.

500. – Les tribunaux paritaires des baux ruraux. Les *tribunaux paritaires des baux ruraux*, aujourd'hui disparus, connaissaient des différends relatifs aux baux

(16) Constitutionnalité reconnue à l'occasion d'une QPC : Cons. const., 4 mai 2012, n° 2012-239 QPC. – J.-L. Vallens, *L'honneur est sauf : les tribunaux de commerce ne sont pas contraires à la Constitution* : D. 2012, 1413. – N. Fricero, *Le tribunal de commerce : une juridiction conforme aux exigences constitutionnelles !* : D. 2012, 1626.

(17) *Les Tribunaux de commerce : genèse et enjeux d'une institution*, Doc. fr., 2007.

(18) *JO* 4 janv. 2003, p. 256 ; D. 2003, législ. 184.

(19) C. Boillot, *Conforter l'indépendance et l'impartialité des juridictions consulaires* : *JCP* 2016, 1304.

(20) T. Lahalle, *Réforme prud'homale : premier bilan. À propos du rapport Rostand du 28 avril 2017* : *JCP* 2017, 634.

(21) Sur le point de savoir si cette juridiction répond aux exigences d'impartialité exigées notamment par l'article 6, § 1, de la Convention européenne, V. P. Morvan, « *Partisane* » *mais paritaire donc impartiale : la juridiction prud'homale* : *JCP* 2004, act. 88, p. 269. V. D. n° 2016-1948, 28 déc. 2016, relatif à la déontologie et à la discipline des conseillers prud'hommes : *JO* 30 déc. 2016.

ruraux. Ils étaient composés du juge d'instance, président, et d'assesseurs élus séparément parmi les bailleurs et les preneurs.

Leur compétence a été transférée au tribunal judiciaire depuis le 1er janvier 2020.

501. – Les tribunaux des affaires de sécurité sociale. Les *tribunaux des affaires de sécurité sociale*, aujourd'hui disparus, connaissaient des litiges entre les organismes de sécurité sociale et leurs usagers. Ils étaient régis par les articles L 142-1 et suivants du Code de la sécurité sociale.

Ils statuaient en *dernier ressort* pour un certain nombre de litiges, et notamment dans le cas où le montant de la demande n'excédait pas 4 000 €. La compétence de ces tribunaux a été transférée depuis le 1er janvier 2019 aux « pôles sociaux » situés dans cent seize tribunaux de grande instance, aujourd'hui tribunaux judiciaires, qui statuent en première instance. L'appel est porté devant la cour d'appel (vingt-huit cours d'appel spécialisées à cet effet)[22].

SOUS-SECTION 2

LES JURIDICTIONS PÉNALES

502. – Les diverses infractions : contraventions, délits et crimes. Les juridictions répressives de droit commun et du premier degré sont traditionnellement au nombre de trois : le *tribunal de police*, le *tribunal correctionnel* et la *cour d'assises* (s'y ajoute aujourd'hui l'expérimentation de la *cour criminelle*, V. *infra*, n° 506). Ces juridictions pourront condamner les auteurs d'infractions à des peines.

L'*infraction* est une action ou une omission que la loi interdit sous la menace d'une peine. Il y aura infraction lorsque se trouveront réunis un *élément légal* (une loi interdisant un acte), un *élément matériel* (le comportement incriminé) et en principe un *élément moral* (la psychologie de l'auteur caractérisée par une faute). Toute la matière est soumise au grand principe de la *légalité des délits et des peines*, principe suivant lequel les tribunaux ne peuvent poursuivre que les infractions déterminées par la loi et ne prononcer que les peines prévues par les textes (C. pén., art. 111-3)[23].

Les infractions sont classées en fonction de la peine encourue : ce sont soit des *contraventions*, soit des *délits*, soit des *crimes* (C. pén., art. 111-1 ; on parle de *classification tripartite des infractions*). La qualification de l'infraction détermine la compétence des juridictions pénales.

503. – Le tribunal de police. Avant l'instauration de la juridiction de proximité par la loi du 9 septembre 2002, le *tribunal de police* avait seul compétence pour juger les *contraventions*. Il a ensuite partagé cette compétence avec le juge de proximité qui s'était vu attribuer compétence pour les contraventions des quatre premières classes et pour celles de cinquième classe relevant de l'amende forfaitaire.

(22) E. Négron, *La création des pôles sociaux* : *JCP* 2018, 1353.

(23) Pour une application, V. Cass. ass. plén., 24 oct. 2003 : *JCP* 2003, IV, 2936, cassant un arrêt qui avait condamné un prévenu coupable de publicité mensongère, à titre de peine complémentaire, à l'interdiction des droits civiques, civils et de famille, alors que cette interdiction n'était pas prévue par la loi pour cette incrimination.

Cette compétence revient désormais au seul tribunal de police (CPP, art. 521 ; COJ, art. L. 211-9-1).

Le tribunal de police est composé d'un juge unique : c'est en fait un juge du tribunal judiciaire statuant en matière répressive (COJ, art. L. 211-1). L'appel de la décision se fait devant une chambre spécialisée de la cour d'appel (chambre des appels correctionnels) ; toutefois la faculté de faire appel n'est ouverte que pour les contraventions les plus sévèrement réprimées (CPP, art. 546).

Comme toutes les décisions en matière pénale, les décisions en matière contraventionnelle doivent être motivées(24), au même titre que les jugements en matière correctionnelle et les arrêts d'assises. Cette solution a été reprise de manière générale, y compris pour la motivation de la peine, par la loi du 23 mars 2019 de programmation et de réforme de la justice.

504. – **Le tribunal correctionnel.** Le *tribunal correctionnel* connaît des *délits*, c'est-à-dire des infractions punissables soit d'une amende égale ou supérieure à 3 750 €, soit d'une peine d'emprisonnement (CPP, art. 381 ; COJ, art. L. 211-9). Dans ses décisions, désormais « toute peine doit être motivée au regard de la gravité des faits, de la personnalité de leur auteur et de sa situation personnelle »(25).

Le tribunal est en pratique une chambre du tribunal judiciaire, donc comprenant un président, deux juges, et le ministère public.

La réforme du 10 août 2011 sur la « participation des citoyens au fonctionnement de la justice pénale » avait, comme en matière de cour d'assises (V. *infra*, n° 505), prévu la présence de citoyens assesseurs dans les tribunaux correctionnels pour certaines affaires. Ce système a été mis en place à titre expérimental au sein des chambres correctionnelles de Dijon et de Toulouse(26). Le bilan qui en a été tiré était plus que mitigé(27), si bien qu'il a été mis fin à cette expérience par un arrêté du garde des Sceaux du 18 mars 2013(28).

Comme pour le tribunal de police, l'appel est porté devant la chambre des appels correctionnels de la cour d'appel.

505. – **La cour d'assises.** La *cour d'assises* juge les *crimes*, c'est-à-dire les infractions punissables des peines les plus élevées : réclusion criminelle à perpétuité ou à temps, très fortes amendes, etc.

Cette juridiction n'est pas permanente. Elle se réunit en sessions et comprend pour partie des magistrats nommés (le président et ses assesseurs), pour partie des *jurés* tirés au sort parmi les particuliers qui constituent le *jury*. Elle comprend en outre les magistrats du ministère public dont le rôle est ici particulièrement important.

Les jurés représentant en quelque sorte la voix du peuple, on en a longtemps tiré cette conséquence qu'il n'était pas possible de faire appel de l'*arrêt* rendu.

(24) Cass. crim., 30 mai 2018 : *JCP* 2018, 951, note E. Bonis.
(25) Cass. crim., 1er févr. 2017, nos 15-48.4511 et 15-85.199. – E. Dreyer, *La motivation des peines : quoi et comment ? : JCP* 2018, 330. – E. Dreyer, *Pourquoi motiver les peines ? : D.* 2018, 576.
(26) L. Neuer, *Citoyens assesseurs saison 1 : premier bilan : JCP* 2012, 536.
(27) *D.* 2013, 641, obs. C. Gayet.
(28) Sur le sens et la portée de cette abrogation, V. P. Cassia, *Les citoyens assesseurs en apesanteur juridique : D.* 2013, 2860.

Cette solution traditionnelle a été abandonnée par la loi du 15 juin 2000[29]. Désormais, les arrêts sont rendus par la cour d'assises en premier ressort ; ils peuvent faire l'objet d'un appel qui est porté, non devant la cour d'appel, mais devant une autre cour d'assises désignée par la chambre criminelle de la Cour de cassation (CPP, art. 380-1 et s.).

De tradition, les arrêts d'assises n'étaient pas motivés. Cette solution avait été condamnée par un arrêt de section de la Cour européenne des droits de l'homme dans une affaire concernant la Belgique[30], mais cet arrêt a été réformé en appel devant la Grande chambre[31]. Plus récemment la Cour s'est prononcée dans le même sens pour la France[32]. Cette décision précise toutefois que les questions posées au jury doivent être suffisamment précises afin que l'accusé comprenne les raisons de sa condamnation[33]. Par ailleurs, la Cour a validé la pratique de la « feuille de motivation »[34], étant précisé que la motivation[35] ne se substitue pas, mais s'ajoute aux réponses données aux questions[36].

Quant à la chambre criminelle de la Cour de cassation, après avoir jugé dans un arrêt du 27 octobre 2010 que la motivation des arrêts d'assises répondait aux exigences de la Convention européenne des droits de l'homme[37], elle s'est récemment alignée sur la position de la Cour européenne[38]. Le contrôle exercé par la Cour de cassation est toutefois un contrôle souple de la motivation dans la mesure où elle peut difficilement contrôler l'appréciation souveraine faite par le jury des faits et circonstances de la cause qui ont fondé l'intime conviction des membres du jury[39]. Selon la chambre criminelle, la motivation consiste dans l'énoncé des principaux éléments à charge qui ont convaincu la cour d'assises de la culpabilité de l'accusé, à l'exclusion de toute motivation du choix de la peine prononcée[40]. Mais sur ce dernier point, sa position a été remise en cause par le Conseil constitutionnel.

Dans un premier temps, la chambre criminelle avait renvoyé au Conseil constitutionnel une question prioritaire de constitutionnalité (QPC) portant sur la motivation sommaire des arrêts d'assises[41] ; et le Conseil a alors considéré qu'il n'y avait pas à cet égard d'inconstitutionnalité[42]. Mais plus récemment, le Conseil constitutionnel

(29) J. Pradel, *L'« appel » contre les arrêts d'assises : un apport heureux de la loi du 15 juin 2000* : *D.* 2001, chron. p. 1964.

(30) CEDH, 13 janv. 2009, *Taxquet c/ Belgique* : *D.* 2009, 1058 et note J.-F. Renucci. – M.-L. Rassat, *Encore et toujours la Cour européenne des droits de l'homme* : *JCP* 2009, act. 200.

(31) CEDH, Gde ch., 16 nov. 2010 : *D.* 2010, 2841, obs. O. Bachelet ; *D.* 2011, p. 47, note J.-F. Renucci et p. 48, note J. Pradel.

(32) CEDH, 10 janv. 2013, n° 61/198/08, *A. c/ France* et n° 53406/10, *L. c/ France* : *JCP* 2013, 247, note F. Lafaille ; *D.* 2013, 615, note J.-F. Renucci. – CEDH, 21 mai 2015, n° 23437/12, *Peduzzi* c/ France et n° 10485/13, *Hadalle* c/ *France*.

(33) H. Matsopoulou, *La motivation des arrêts de la cour d'assises et les exigences du procès équitable* : *JCP* 2010, 1228. – CEDH, 29 nov. 2016, n° 34238/09, *Lhermitte c/ Belgique*.

(34) CEDH, 6 oct. 2015, n° 43699/13, *Matis c/ France*.

(35) Pour une extension de l'obligation de motivation, V. M. Giacopelli, *Vers une généralisation de l'exigence de motivation en droit de la peine* : *D.* 2017, 931. – V. Cass. crim., 1er févr. 2017 : *D.* 2017, 961, note C. Saas.

(36) Circ. min. Justice, 15 déc. 2011.

(37) Cass. crim., 27 oct. 2010, n° 09-88.666. – V. aussi C. Guéry, *Peut-on motiver l'intime conviction ?* : *JCP* 2011, 28.

(38) Cass. crim., 9 janv. 2013 : *D.* 2013, 179. – Cass. crim., 17 sept. 2014, n° 13-85.196. – Cass. crim., 8 juill. 2015 : *JCP* 2015, 1064, note P.-J. Delage.

(39) Cass. crim., 3 nov. 2016, n° 15-87.038.

(40) Cass. crim., 8 févr. 2017, nos 15-86914, 16-80.389 et 16-80.391. – Cass. crim., 28 juin 2017, n° 16-85.904.

(41) Cass. crim., 19 janv. 2011 : *D.* 2011, p. 447, obs. S. Lavric, et p. 800, note J.-B. Perrier.

(42) Cons. const., 1er avr. 2011, n° 2011-113/115 QPC. – W. Pastor et B. de Lamy, *Cour d'assises. À propos de la motivation sur la non-motivation des arrêts d'assises : « je juge donc je motive »* : *D.* 2011, p. 1154. – J.-B. Perrier, *Cour d'assises. D'une motivation à l'autre (à propos de la décision 2011-113/115 QPC du Conseil constitutionnel du 1er avril 2011)* : *D.* 2011, p. 1156.

a été saisi d'une QPC portant sur l'absence de motivation de la peine que la jurisprudence tire de l'article 365-1, alinéa 2 du Code de procédure pénale. Il a alors décidé que le principe d'individualisation des peines, qui découle de l'article 8 de la Déclaration des droits de l'homme, implique qu'une sanction pénale ne puisse être appliquée que si le juge l'a expressément prononcée en tenant compte des circonstances propres à chaque espèce. Ces exigences constitutionnelles imposant la motivation des jugements et arrêts de condamnation pour la culpabilité comme pour la peine, le Conseil déclare donc contraire à la Constitution le deuxième alinéa de l'article 365-1 du Code de procédure pénale, lequel est ainsi abrogé. Toutefois, compte tenu des conséquences manifestement excessives qu'aurait eue l'application immédiate de cette décision, le Conseil a reporté au 1er mars 2019 la date de cette abrogation(43), étant précisé que, pour les procès ouverts après la date de sa décision (2 mars 2018), l'alinéa 2 de l'article 365-1 devait être interprété comme imposant à la cour d'assises d'énoncer, dans la feuille de motivation, les principaux éléments l'ayant convaincue dans le choix de la peine(44). Enfin, la loi du 23 mars 2019 de programmation et de réforme de la justice édicte de manière générale qu'en cas de condamnation, la motivation doit également porter sur le choix de la peine.

Par ailleurs et parallèlement, diverses réformes ont été menées relatives à la procédure devant la cour d'assises(45), tendant pour partie à répondre aux exigences de la Cour européenne. C'est ainsi qu'il est désormais prévu un enregistrement sonore des débats (L. 20 juin 2014, inscrite à l'article 308 du Code de procédure pénale), enregistrement dont l'absence devait, selon le Conseil constitutionnel, être sanctionnée par la nullité(46). Pour tenir compte de cette censure, l'article 308 du Code de procédure pénale a été modifié par la loi n° 2016-731 du 3 juin 2016 ; l'enregistrement, facultatif en premier ressort, n'est obligatoire qu'en appel. Et le défaut d'enregistrement, lorsqu'il est obligatoire, n'est plus désormais une cause de nullité mais de cassation s'il a eu pour effet de porter atteinte aux intérêts de la personne condamnée.

506. – **L'expérimentation de la cour criminelle départementale.** Face à l'encombrement des cours d'assises, à la lourdeur de la procédure et aux délais de jugement pouvant aller jusqu'à trois ans après la fin de l'instruction, la Chancellerie avait proposé la création à titre expérimental d'un tribunal criminel départemental(47). L'idée était celle d'un tribunal composé d'un président et de quatre magistrats professionnels, et habilité à juger les crimes avec une peine encourue inférieure ou égale à vingt ans d'emprisonnement, comme les viols, les violences volontaires ayant entraîné la mort sans intention de la donner, les vols à main armée, etc. (ce qui représente plus de la moitié des affaires soumises aux cours d'assises) ; les jurés ne réapparaîtraient qu'en appel et en cas de récidive.

(43) Pour une première application, V. Cass. crim., 27 mars 2019 : *JCP* 2019, 394, obs. M. Giacopelli.
(44) Cons. const., 2 mars 2018, n° 2017-694 QPC : *D.* 2018, 461 ; *JCP* 2018, 457, note H. Matsopoulou ; *D.* 2018, 1191, note A. Botton.
(45) L. n° 2011-939, 10 août 2011 prévoyant notamment une « feuille de motivation ». M. Huyette, *Comment motiver les décisions de cour d'assises ? : D.* 2011, p. 1158. – M. Huyette, *Les réformes de la cour d'assises : D.* 2011, 2293.
(46) Cons. const., 20 nov. 2015, n° 2015-4999 QPC : *D.* 2015, 2377 ; *D.* 2016, 51, note C. Courtin ; *JCP* 2016, 119, note A. Botton.
(47) J. Pradel, *Plaidoyer pour la création d'un tribunal criminel sans jurés : JCP* 2018, 377.

Cette proposition a suscité une levée de boucliers des avocats qui, attachés à la présence d'un jury de citoyens, considéraient que c'était là priver la justice de sa caution démocratique et de l'oralité du procès d'assises. En revanche, les magistrats y étaient en général favorables alors surtout qu'en raison de l'engorgement des cours d'assises, les auteurs de crimes, notamment de viols, voient parfois leurs faits disqualifiés en délit (pratique de la « correctionnalisation ») et n'encourent plus alors que des peines moindres que celles prévues pour les qualifications criminelles.

Finalement, la loi du 23 mars 2019 de programmation et de réforme de la justice a consacré ce projet, mais sous l'appellation plus valorisante de cour criminelle[48]. L'expérimentation est en cours depuis septembre 2019 ; elle a été étendue par plusieurs arrêtés et concernait quinze départements en juillet 2020.

SECTION 2

LES COURS D'APPEL

507. – L'existence de cours d'appel répond à l'idée que tout plaideur mécontent de la décision rendue par la juridiction saisie au premier degré doit pouvoir soumettre une seconde fois son affaire à une autre juridiction, hiérarchiquement supérieure. C'est là une garantie de bonne justice qu'exprime la règle du *double degré de juridiction* (V. *supra*, n° 110).

L'appel est admis, en principe, contre toutes les décisions rendues (*en premier ressort*, dit-on) par les juridictions, de droit commun ou d'exception, du premier degré. Il y est fait échec pour des raisons tenant en général à la modicité de l'intérêt en jeu, ou à un souci de rapidité ; on dit alors que la décision a été rendue *en premier et dernier ressort*.

L'appel, dont le régime a été régulièrement retouché ces dernières années[49], doit être formé dans un bref délai (un mois en principe en matière civile et commerciale : CPC, art. 538) à compter de la signification du jugement critiqué. L'appel suspend (*effet suspensif*) l'exécution de la décision attaquée, à moins que l'*exécution provisoire* n'ait été ordonnée par le premier juge. Mais l'effet principal (*effet dévolutif*) est de soumettre le litige dans son entier à la cour d'appel qui à la différence de la Cour de cassation, pourra reconsidérer les faits de l'espèce avant de déterminer la règle applicable.

L'appel est porté devant la cour dans le ressort de laquelle se trouve le tribunal qui a rendu la décision, sauf fixation en 2019, pour trois ans et à titre expérimental, de certaines cours spécialisées[50]. Au nombre de trente en métropole[51], les cours d'appel comprennent : un *Premier président* ; des *conseillers* répartis entre plusieurs

(48) J. Pradel, *La cour criminelle départementale* : D. 2021, 128.

(49) M. Barba, *Nouvelles retouches de l'appel civil ou le syndrome de la réforme permanente* : D. 2021, 39.

(50) L. n° 2019-222, 23 mars 2019, art. 106 et D. n° 2019-1339, 11 déc. 2019. – C. Laporte, *Spécialisation des cours d'appel en matière civile* : JCP 2019, 1359.

(51) On notera à cet égard que la Cour des comptes recommande de redéfinir les ressorts des cours d'appel au sein des limites régionales et d'en réduire globalement le nombre (*JCP* 2019, 853).

chambres dont le nombre varie selon l'importance de la cour (certaines sont spécialisées : chambre sociale, chambre des appels correctionnels), chacune ayant à sa tête un président de chambre ; les magistrats du ministère public (le procureur général, assisté d'avocats généraux et de substituts).

Le déroulement du procès requiert en principe l'intervention d'un avocat (CPC, art. 899).

La cour d'appel rend des *arrêts* par lesquels elle *confirme* ou *réforme* (on dit encore *infirme*) la décision des premiers juges. Juridiction collégiale, elle statue en principe en audience ordinaire (un président de chambre et deux conseillers), et parfois en audience solennelle (un président et quatre conseillers) notamment en cas de renvoi après cassation.

SECTION 3

LA COUR DE CASSATION

508. – **Rôle de la Cour de cassation.** La Cour de cassation (que l'on appelle parfois Haute juridiction, voire Cour suprême)[52] est une juridiction unique et collégiale ; suivant la superbe formule de l'article L. 411-1 du Code de l'organisation judiciaire, « Il y a, pour toute la République, une Cour de cassation ». Son rôle est de contrôler l'exacte application du droit par les juridictions du fond et d'assurer ainsi l'unité d'interprétation des règles de droit par les juridictions françaises, ce qui lui confère une autorité particulière[53] ; il n'est pas d'offrir aux plaideurs un troisième *degré de juridiction* (V. *supra*, n° 214).

La Cour de cassation peut être saisie de deux manières différentes, mais toujours à l'occasion d'un litige.

D'une part, depuis la loi n° 91-491 du 15 mai 1991, la cour peut être saisie *pour avis* lorsqu'est soulevée « une question de droit nouvelle, présentant une difficulté sérieuse et se posant dans de nombreux litiges » (COJ, actuel art. L. 441-1). Cette saisine n'est pas ouverte aux plaideurs eux-mêmes ; elle est réservée aux tribunaux judiciaires. C'est là un moyen pour les juges du fond de susciter une interprétation officielle de la Cour de cassation sur un point de droit dont dépend la solution du litige qui leur est soumis ; même si la loi précise que cet avis ne lie pas la juridiction qui l'a sollicité, il est permis de penser que celle-ci en tiendra compte (V. *supra*, n°s 151 et 217). Cela dit, cette procédure est relativement peu utilisée à ce jour, la cour rendant une dizaine d'avis par an.

D'autre part, et depuis toujours, les plaideurs ont le droit de saisir la Cour de cassation et de soumettre à son contrôle une décision judiciaire[54]. Telle est la voie la plus souvent utilisée. En pratique, la cour est saisie par un plaideur mécontent qui est souvent animé plus par le souci de gagner son procès que par celui de contribuer

(52) P. Martens, *Qu'est-ce qu'une Cour suprême ? : Cahiers de la justice* 2010/2, p. 15.
(53) F. Zenati, *La nature de la Cour de cassation : Bull. inf. C. cass.* 15 avr. 2003, p. 3. – V. aussi P. Hébraud, *Le juge et la jurisprudence : Mél. Couzinet*, Toulouse, 1974, p. 347.
(54) G. Canivet, *L'égalité d'accès à la Cour de cassation*, Rapp. C. cass. 2003, p. 45.

à l'unité d'interprétation du droit. Mais cette fonction originale n'en marque pas moins profondément cette voie de recours[55].

CPC, art. 604. – Le pourvoi en cassation tend à faire censurer par la Cour de cassation la non-conformité du jugement qu'il attaque aux règles de droit.

Un pourvoi ne peut être formé que contre les décisions rendues en dernier ressort, c'est-à-dire celles pour lesquelles les *voies de recours ordinaires* (opposition, appel surtout) ont été épuisées : en fait, les arrêts de la cour d'appel et les décisions sans appel possible (V. *supra*, n° 507).

En outre, le pourvoi en cassation, étant une *voie de recours extraordinaire*[56], doit être fondé non sur des motifs de fait mais sur une erreur de droit qu'aurait commise la juridiction inférieure[57]. Les cas d'ouverture à cassation sont : vice de forme, incompétence, excès de pouvoir, violation de la loi, défaut de motifs et manque de base légale[58], et le déni de justice[59].

La Cour de cassation n'est donc pas saisie de l'ensemble du litige : les éléments de fait ne peuvent plus être discutés et la cour se borne à contrôler si la décision a correctement interprété et appliqué la loi[60]. C'est cette différence que l'on veut exprimer lorsqu'on dit que la Cour de cassation juge les décisions de justice, et non pas les affaires qui en ont fait l'objet (V. toutefois *infra*, n° 509) ; cela se manifeste dans le résultat même de ses décisions[61].

En effet, la Cour de cassation, dans le dispositif de son *arrêt*, peut ou bien *rejeter le pourvoi*, auquel cas la décision attaquée devient définitive ou bien *casser* la décision et *renvoyer* le procès devant une juridiction du même ordre et du même degré que celle qui avait rendu la décision cassée. Il existe également quelques hypothèses de cassation sans renvoi (COJ, art. L. 411-3 et D. n° 2017-396, 24 mars 2017 : *JO* 26 mars 2017, texte n° 36)[62], auquel cas la cour statue sur le fond[63] ; à ces hypothèses la loi du 18 novembre 2016 a ajouté la faculté « en matière civile, [de] statuer au fond lorsque l'intérêt d'une bonne administration de la justice le justifie »[64].

(55) M.-N. Jobard-Bachellier, X. Bachellier et J. Buk Lament, *La technique de cassation*, Dalloz, 8e éd., 2013.

(56) L. Boré et J. De Salve De Bruneton, *Quelques idées sur le pourvoi en cassation : D.* 2005, chron. p. 180.

(57) *Droit et pratique de la cassation en matière civile*, LexisNexis, 2012.

(58) Ph. Blondel, *Le manque de base légale, son avenir : Mél. A. Ponsard*, Litec, 2003, p. 59.

(59) Cass. 3e civ., 6 févr. 2002 : *JCP* 2003, II, 10014 et note J.-M. Moulin.

(60) J.-L. Aubert, *La distinction du fait et du droit dans le pourvoi en cassation en matière civile : D.* 2005, chron. 115. La Cour de cassation peut néanmoins exercer son contrôle sur les éléments de preuve retenus par les juges du fond (V. Rebeyrol, *Le visa des éléments de preuve par les juges du fond et le contrôle de la Cour de cassation : JCP* 2008, I, 107).

(61) Y. Chartier, *De l'an II à l'an 2000 : remarques sur la rédaction des arrêts civils de la Cour de cassation : Mél. Drai*, Dalloz, 2000, p. 269. – D. Tricot, *L'élaboration d'un arrêt de la Cour de cassation : Mél. A. Ponsard*, Litec, 2003, p. 263 ; et *JCP* 2004, I, 108. – G. Canivet, *L'influence du droit comparé dans la technique du pourvoi en cassation.* Actes du colloque de Tours, 21 oct. 2005 : *LPA* 25 janv. 2007, p. 2 et s. – X. Henry, *La motivation des arrêts et la technique du moyen. Propositions de réforme : JCP* 2010, 1130.

(62) A. Perdriau, *Usage actuel des cassations sans renvoi : JCP* 2001, I, 334. – M. Fabre, *La cassation sans renvoi en matière civile : JCP* 2001, I, 347. – S.-L. Texier, *De la possibilité pour la Cour de cassation de mettre fin au procès civil : D.* 2011, 116.

(63) F. Luxembourg, *La Cour de cassation, juge du fond : D.* 2006, chron. p. 2358.

(64) S.-L. Texier, *Réflexions sur le règlement du litige au fond par la Cour de cassation : D.* 2017, 63.

On distingue parfois les cassations « disciplinaires » (qui sanctionnent un vice de procédure) des autres, davantage « normatives »[65], même si cela n'implique aucune hiérarchie[66], car toute violation de la règle de droit doit être identiquement sanctionnée.

En cas de cassation, la juridiction de renvoi est libre de s'incliner ou non devant la solution. Si elle s'incline, un nouveau pourvoi critiquant ce qu'a déjà jugé la Cour de cassation sera en principe irrecevable[67]. Sinon, un nouveau pourvoi pourra plus librement être formé ; s'il critique la décision par les mêmes moyens, il sera porté devant la cour réunie en *assemblée plénière*.

Il n'y a pas de recours possible à l'encontre des arrêts de la Cour de cassation ; même si, comme les autres juridictions, elle n'est pas à l'abri d'une erreur, il faut bien que les procès s'arrêtent un jour[68]. Il existe un tempérament (qui n'est pas pour autant une exception) : un recours demeure possible devant la Cour européenne des droits de l'homme pour le cas où, soit la loi française appliquée par la cour, soit la jurisprudence, irait à l'encontre des principes édictés par la Convention européenne des droits de l'homme ; mais un tel recours, s'il réussit, n'entraîne pas pour autant modification de la solution retenue par la juridiction nationale (V. *infra*, n° 512).

De même, mais sous certaines conditions posées par le Conseil constitutionnel et la Cour européenne des droits de l'homme (V. *supra*, n° 165), il est loisible au législateur de briser une jurisprudence de la Cour de cassation en édictant une loi retenant une solution différente ; tel a été le cas, par exemple, de la loi dite « anti-Perruche » du 4 mars 2002 limitant pour un enfant né handicapé la possibilité de rechercher la responsabilité du personnel médical.

509. – Évolution du rôle de la Cour de cassation[69] : vers un contrôle de la proportionnalité[70]. Cette perspective d'évolution s'inscrit dans le sillage de l'élargissement du champ de contrôle des autres cours, qu'il s'agisse du Conseil constitutionnel, de la Cour européenne des droits de l'homme[71] ou de la Cour de justice de l'Union européenne. Alors que la Cour de cassation s'en tenait à son rôle traditionnel de contrôle du respect de la loi au sens large, ces autres cours étendaient le leur au respect des droits fondamentaux. À cet égard, on a pu regretter que, lors de la réforme du droit des obligations, il n'ait pas été inséré une disposition prévoyant expressément que le juge puisse vérifier la conformité des contrats, non seulement au regard de l'ordre public, mais aussi à l'aune des droits fondamentaux[72].

(65) B. Munoz Perez et É. Serverin (ss dir.), *Les cassations disciplinaires devant les chambres civiles de la Cour de cassation 2010-2019*, C. cass., 2020. – Pour un regard critique, Th. Le Bars, *Proposition de lecture du rapport sur les « cassations disciplinaires » en matière civile. Les limites d'une étude statistique* : *JCP* 2020, 1199.

(66) Th. Le Bars, art. préc.

(67) Sauf changement de norme (ex. : un revirement de jurisprudence) en cours de procès : Cass. ass. plén. 2 avr. 2021, n° 19-18.814, *Bull.* – *Contra*, antérieurement : Cass. ch. mixte, 30 avr. 1971, n° 61-11.829, *Bull.* n° 9.

(68) S. Guinchard, *Le droit a-t-il encore un avenir devant la Cour de cassation ? (Qui cassera les arrêts de la Cour de cassation ?)* : *Mél. Terré*, PUF, 1999, p. 761.

(69) Sur l'évolution en général de la Cour de cassation, V. J. Bonnet, *La politique de rupture de la Cour de cassation* : *JCP* 2019, 903. – Ph. Malinvaud, *Le pouvoir judiciaire au XXIe siècle* : *Mél. Grimaldi*, Defrénois, 2020, p. 653.

(70) D. Lanzara, *Le pouvoir normatif de la Cour de cassation à l'heure actuelle*, LGDJ, coll. « Bibl. dr. privé », t. 579, 2017, préf. Y. Strickler.

(71) F. Sudre, *Le contrôle de proportionnalité de la Cour européenne des droits de l'homme. De quoi est-il question ?* : *JCP* 2017, 289. – De la juste place européenne de la proportionnalité, CEDH, 5e sect., 21 avr. 2016, n° 46577/15, *Ivanova et Cheskezov c/ Bulgarie* : *RTD civ.* 2016, 301, obs. J.-P. Marguénaud.

(72) F. Marchadier : *RDC* 2016, 518.

Quels sont ces droits fondamentaux ? Il s'agit au premier chef des droits de l'homme tels qu'ils ont été consacrés par la Convention européenne du 4 novembre 1950 et plus récemment par la Charte des droits fondamentaux de l'Union européenne (V. *supra*, n° 80). Pour une bonne part, il ne s'agit pas là de droits nouvellement découverts mais de droits que l'on connaissait jadis sous l'intitulé de « libertés publiques ». Suivant la formule d'un auteur, « aux libertés publiques, qui protégeaient la liberté par la loi, s'ajoutent les droits fondamentaux, qui protègent la liberté contre la loi »(73).

Le respect de ces droits s'impose au législateur et il appartient aux juges (V. *supra*, n° 79) – donc *in fine* à la Cour de cassation – d'écarter en tout ou en partie les dispositions nationales qui iraient à leur encontre, soit de manière générale, soit dans tel cas particulier. Il s'ensuit que, si la Cour de cassation ne procède pas à ce contrôle, il pourrait, à la demande d'un plaideur mécontent, être exercé par la Cour européenne. C'est dans le souci d'accomplir pleinement son rôle de Cour suprême que la Cour de cassation a entrepris d'adapter son fonctionnement à cette évolution(74), étant précisé que la Cour européenne laisse aux juridictions nationales une marge d'appréciation importante en fonction des considérations locales.

Mais comment apprécier l'existence et l'étendue de ces droits fondamentaux ? À quelle référence se fixer ? La Cour de cassation se propose sur ce point de faire comme la Cour européenne, qui se détermine non par rapport à sa propre conception de tel droit fondamental, mais par rapport à ce qu'il est convenu d'appeler un « consensus » au sein des quelque cinquante États du Conseil de l'Europe(75). Il appartiendrait dès lors à la Cour de cassation d'apprécier, par référence aux droits fondamentaux dégagés au sein de ce « consensus », dans quelle mesure la règle de droit nationale doit être écartée ou modulée pour tenir compte des circonstances de l'espèce. C'est ce que l'on appelle le contrôle de proportionnalité, qui a pour objet de réaliser un juste équilibre entre l'intérêt général qui postulerait l'application stricte de la loi, et l'intérêt particulier légitime qui conduirait à l'écarter dans telle ou telle circonstance(76). Mais cela revient à permettre au juge d'écarter la loi lorsqu'elle lui paraît inadaptée à la situation(77).

---

(73) P. Deumier, *Introduction générale au droit*, LGDJ, 3e éd., n° 53. – E. Jeuland, *Une approche non utilitariste du contrôle de proportionnalité : JCP* 11 janv. 2016, suppl. n° 1-2, p. 20. – D. de Béchillon, *Observations sur le contrôle de proportionnalité : ibid.*, p. 27.

(74) V. l'entretien de B. Louvel, Premier président de la Cour de cassation, *Pour exercer pleinement son office de Cour suprême, la Cour de cassation doit adapter ses modes de contrôle : JCP* 2015, 1122.

(75) Selon un auteur, ce consensus serait un faux semblant, un masque derrière lequel se dissimulerait la Cour EDH : F. Sudre, *La mystification du « consensus » européen : JCP* 2015, 1369.

(76) C. Fattaccini, *L'intensité du contrôle de cassation (le contrôle de proportionnalité par la Cour de cassation) : D.* 2015, 1734. – C. Jamin, Ph. Jestaz et J.-P. Marguénaud, *Révolution tranquille à la Cour de cassation : D.* 2014, 2061. – C. Jamin, *Juger et motiver. Introduction comparative à la question du contrôle de proportionnalité en matière de droits fondamentaux : RTD civ.* 2015, 263. – F. Chénedé, *Contre-révolution tranquille à la Cour de cassation : D.* 2016, 796. – P. Puig, obs. *RTD civ.* 2016, 70. – X. Dupré de Boulois, *Regard extérieur sur une jurisprudence en procès : JCP* 2016, 552. – H. Fulchiron, *Flexibilité de la règle, souplesse du droit, À propos du contrôle de proportionnalité : D.* 2016, 1376. – S. Le Gac-Pech, *Sauvons le contrôle de proportionnalité de la sanction : JCP* 2016, 991. – T. Marzal, *La Cour de cassation à « l'âge de la balance ». Analyse critique et comparative de la proportionnalité comme forme de raisonnement : RTD civ.* 2017, 789.

(77) Pour une critique du principe, V. Ph. Conte, *Le droit n'est plus le tennis. Un juge vous le dira : JCP* 2016, 1405. – A. Bénabent, *Un culte de la proportionnalité... un brin disproportionné ?, D.* 2016, 137. – Pour une défense : V. Vigneau, *Libres propos d'un juge sur le contrôle de proportionnalité : D.* 2017, 123.

Un tel contrôle conduira inéluctablement la Cour à se préoccuper du fond des affaires et des effets des décisions qu'elle rend, ce contrairement au principe exprimé par l'article L. 411-2 du Code de l'organisation judiciaire, suivant lequel « la Cour de cassation ne connaît pas du fond des affaires, sauf disposition législative contraire »(78) (V. *supra*, n° 508). Pour justifier ce contrôle de proportionnalité, on peut évidemment soutenir qu'il est autorisé par la Convention EDH(79), c'est-à-dire par un traité dont la valeur est supérieure à la loi(80).

En pratique la Cour de cassation a déjà mis en œuvre ce contrôle, par exemple en décidant qu'un revirement de jurisprudence n'aurait d'effet que pour l'avenir, non pour l'affaire qui lui est soumise (V. *supra*, n° 179), ou en arbitrant entre la liberté d'expression (Conv. EDH, art. 10) et le droit au respect de la vie privée (V. *supra*, n° 389), ou entre le droit de l'urbanisme et le respect de la vie privée(81), ou même en matière de filiation(82), en matière de référé-expulsion(83) ou encore en matière pénale(84). S'enhardissant encore plus, la première chambre civile de la Cour de cassation est allée jusqu'à écarter la prescription de dix ans de l'article 321 du Code civil sur le fondement du respect de la vie privée et familiale pour permettre une action en contestation de paternité intentée plus de vingt-huit ans après la majorité de l'enfant(85). Pour ne pas abandonner la question au pouvoir souverain des juges du fond, elle a entrepris de contrôler la mise en œuvre de la proportionnalité(86).

En revanche, lorsque la loi elle-même invite les parties à proportionner l'exécution forcée en nature d'un contrat (C. civ., art. 1221) on peut penser que le contrôle de cette proportionnalité relève des seuls juges du fond.

510. – Organisation et fonctionnement. Placée au sommet de la hiérarchie judiciaire, la Cour de cassation a à sa tête un *Premier président*(87) et compte six chambres (1re, 2e et 3e chambres civiles, la chambre commerciale, financière et économique, la chambre sociale, la chambre criminelle), chacune ayant compétence dans un domaine déterminé du droit. Le ministère public est représenté par un procureur général, un premier avocat général et des avocats généraux. La Cour comprend également un Service de la documentation, des études et du Rapport (SDER) qui joue un rôle très important.

(78) F. Zenati-Castaing, *La juridictionnalisation de la Cour de cassation* : *RTD civ.* 2016, 511. – V. cep. COJ, art. L. 411-3, al. 2.

(79) CEDH, 17 oct. 2013, n° 27013/07, *Winterstein c/ France* : *AJDA* 2014, 147.

(80) V. P. Ducoulombier, *Contrôle de conventionnalité et Cour de cassation, de la méthode avant toute chose* : *D.* 2017, 1778.

(81) Cass. 3e civ., 17 déc. 2015, n° 14-22095. – V. aussi Cass. 3e civ., 15 oct. 2015, n° 14-23.612 : *D.* 2015, 2423, note C. Dubois ; *RD imm.* 2016, 27, obs. D. Tomasin. – Cass. crim., 31 janv. 2017, n° 16-82.945.

(82) Cass. 1re civ., 10 juin 2015 : *RTD civ.* 2015, 596, obs. J. Hauser ; *RTD civ.* 2015, 825, obs. J.-P. Marguénaud. – Cass. 1re civ., 9 nov. 2016 : *JCP* 2017, 46, note V. Larribau-Terneyre (pour écarter la prescription de l'action en recherche de paternité). – H. Fulchiron, *Le contrôle de proportionnalité : questions de méthode* : *D.* 2017, 656.

(83) Cass. 3e civ., 22 oct. 2015 : *JCP* 2016, 187, concl. av. gén. B. Sturlèse et *JCP* 2016, 189, note P.-Y. Gautier. – Cass. 3e civ., 17 déc. 2015 : *JCP* 2016, 188, concl. av. gén. O. Bailly ; et *JCP* 2016, 189, note P.-Y. Gautier.

(84) J. Pradel, *Du principe de proportionnalité en droit pénal* : *D.* 2019, 490.

(85) Cass. 1re civ., 21 nov. 2018, n° 17-21.095 : *D.* 2019, 64, obs. P.-Y. Gautier ; *JCP* 2019, 41, note M. Douchy-Oudot. – L. Mauger-Vielpeau, *La filiation paternelle à l'épreuve du contrôle de proportionnalité* : *D.* 2019, 207.

(86) Cass. 1re civ., 14 oct. 2020, n° 19-15.783, *Bull.* : *D.* 2020, 2405, obs. crit. A. Étienney-de Sainte Marie, et 2437, note A. Zelcevic-Duhamel.

(87) J.-M. Sommer et S. Hortala, *Le Premier président de la Cour de cassation* : *JCP* 2014, 831.

Chaque chambre comprend un *président*, des *conseillers* à la Cour de cassation et des *conseillers référendaires*[88]. Toutefois, ces derniers n'ont voix délibérative que dans les affaires qu'ils rapportent, et lorsqu'ils sont appelés à compléter leur chambre.

Pour statuer, chaque chambre est en principe composée de cinq magistrats au moins ayant voix délibérative.

Le nombre des pourvois formés devant la Cour de cassation ayant globalement augmenté[89], le législateur a été amené à envisager les moyens de faire face à l'encombrement de cette institution. À cet effet, il a été tout d'abord mis en place une procédure de « non-admission » des pourvois (terme en lui-même réservé à la chambre criminelle, mais une procédure similaire existe devant les chambres civiles), qui confère à une formation juridictionnelle le pouvoir de rejeter par une décision non motivée[90] les pourvois qui apparaissent irrecevables ou dénués de moyens sérieux[91]. Il est en outre désormais prévu que, dans les affaires civiles, les pourvois seront jugés par une formation de trois magistrats, et non plus de cinq comme c'était antérieurement la règle[92]. Chaque chambre ainsi composée de trois magistrats peut statuer « lorsque la solution du pourvoi s'impose » (COJ, art. L. 431-1) ; dans le cas contraire, l'affaire doit être renvoyée à l'audience de la chambre composée de cinq magistrats.

Par exception, la Cour de cassation statue dans d'autres formations : *chambre mixte* (pour éviter une contrariété de solutions entre deux ou plusieurs chambres au sein même de la cour) (COJ, art. L. 431-5), et *assemblée plénière* (pour mettre fin à un conflit entre les juridictions du fond ou avec elles) (COJ, art. L. 431-6).

Le ministère d'un *avocat au Conseil d'État et à la Cour de cassation* est dans certains cas obligatoire pour les parties.

Pour faire face à l'afflux des pourvois (environ 20 000 par an), il était envisagé une réforme qui permettrait d'améliorer le fonctionnement de la cour[93]. Cette réforme a été pour partie réalisée par la loi n° 2016-1547 du 18 novembre 2016[94]

(88) J.-P. Gridel, *La Cour de cassation, au printemps 2009... La théorie, la pratique et l'activité usuelle d'un conseiller au civil* : *Gaz. Pal.* 8-9 et 10-11 avr. 2009.

(89) Le rapport annuel relevait en 2015, 28 232 affaires enregistrées, 25 523 affaires jugées dans un délai moyen de 402 jours en matière civile et 173 jours en matière pénale. Le taux de cassation était d'un pourvoi sur trois en matière civile, et un sur cinq en matière pénale. En 2019, le stock des affaires enregistrées était de 17 071 en matière civile, avec un délai moyen de jugement de 499 jours, et de 8 040 en matière pénale, avec un délai moyen de jugement de 202 jours. Le taux de cassation était de 29 % en matière civile et de 19 % en matière pénale.

(90) Pour une critique de ce défaut de motivation, V. C. Atias, *Une enquête nécessaire : les « arrêts » de non-admission du pourvoi en cassation : D.* 2010, 1374.

(91) V. Vigneau, *Le régime de non-admission des pourvois devant la Cour de cassation : D.* 2010, chron. 102. – A. Berdah, *Brèves réflexions sur l'article 1014 du Code de procédure civile : D.* 2010, 1426. – D. Garreau, *Du bon usage de la procédure d'admission des pourvois en cassation : D.* 2012, 1137.

(92) A. Perdriau, *Sur la loi n° 97-395 du 23 avril 1997 concernant la Cour de cassation : JCP* 1998, I, 136.

(93) V. Rebeyrol, *Une réforme pour la Cour de cassation : JCP* 2015, 954. – B. Haftel, *Libres propos sur l'avant-projet de réforme de la Cour de cassation et la fonction du juge : D.* 2015, 1378. – G. Drago, B. Fauvarque-Cosson et M. Goré (ss dir), *L'accès au juge de cassation*, SLC, coll. « Colloques », 2015, vol. 26. – P. Deumier, *Accès à la Cour de cassation et traitement des questions jurisprudentielles : D.* 2015, 1720 ; *Repenser la motivation des arrêts de la Cour de cassation. Raisons, identification, réalisation : D.* 2015, 2022. – B. Louvel, *Pour exercer pleinement son office de Cour suprême, la Cour de cassation doit adapter ses modes de contrôle : JCP* 2015, 1122. – B. Louvel et a., *Regards d'universitaires sur la réforme de la Cour de cassation : JCP* 11 janv. 2016, suppl. n° 1-2. – P. Sargos, *Il n'y a pour toute la République, qu'une seule justice : JCP* 2016, 697. – L. Leveneur et a., *Regards sur la réforme de la Cour de cassation : Rev. dr. Assas*, n° 16, mai 2018, p. 46.

(94) F. Ferrand, *La Cour de cassation dans la loi de modernisation de la justice du XXIe siècle : JCP* 2016, 1407.

et le décret n° 2017-396 du 24 mars 2017[95]. Depuis lors, en avril 2017, le rapport de la commission de réflexion sur la réforme de la Cour de cassation a été mis en ligne sur son site et a fait l'objet d'analyses[96]. Plus récemment encore, la Cour de cassation a transmis à la ministre de la Justice une proposition tendant à créer une procédure de filtrage des pourvois[97] qui a suscité une levée de boucliers en doctrine[98] au motif notamment que pour la protection des justiciables et de l'État de droit, toutes les violations du droit par les juges du fond doivent continuer d'être traitées à la même enseigne.

511. – **Les publications de la Cour de cassation.** La Cour de cassation diffuse des informations sous deux formes, l'une informatique, l'autre papier [99], cette dernière forme tendant à disparaître progressivement. D'une part, dans le cadre du service public de la diffusion du droit par l'Internet, la cour met à la disposition gratuite du public sur le site *Légifrance* les arrêts qu'elle rend. D'autre part, elle diffuse un certain nombre de publications dont les principales sont les Bulletins, le Rapport et les Lettres.

Deux bulletins mensuels sont établis par le service de la documentation, des études et du rapport de la Cour de cassation[100], l'un pour les chambres civiles, l'autre pour la chambre criminelle (COJ, art. R. 433-4). En principe, tous les arrêts rendus par l'assemblée plénière ou par une chambre mixte y sont publiés. En revanche, pour les autres, il est fait, sur proposition de chaque président de chambre, une sélection des arrêts présentant le plus d'intérêt[101]. Les avis y sont également publiés, sur décision du premier président. La publication du bulletin sur support papier a été progressivement restreinte et est appelée à cesser ; il subsiste en parallèle une publication sous forme numérique sur le site de la Cour de cassation (www.courdecassation.fr).

Corrélativement, la Cour de cassation publie chaque année son Rapport[102], conformément à l'obligation qui lui en est faite par l'article R. 431-9 du Code de l'organisation judiciaire. Ce rapport, qui initialement comportait pour l'essentiel les informations statistiques requises par la loi, s'est beaucoup étoffé. Il comprend actuellement cinq parties. La première porte sur les suggestions de modifications

(95) F. Ferrand, *Le décret du 24 mars 2017 portant diverses dispositions relatives à la Cour de cassation* : *JCP* 2017, 400.

(96) Réflexions sur la réforme de la Cour de cassation : F. Ferrand, *Des circuits différenciés ou filtrage des pourvois* : *D.* 2017, 1770. – P. Ducoulombier, *Contrôle de conventionnalité et Cour de cassation, de la méthode avant toute chose* : *D.* 2017, 1778. – P. Deumier, *Motivation enrichie : bilan et perspectives* : *D.* 2017, 1782. – J. Théron, *Sublimer l'essence de la Cour de cassation ? À propos de la Commission de réflexion sur la réforme de la Cour de cassation* : *JCP* 2017, 666.

(97) Projets de textes « Filtrage des pourvois » proposés par la Cour de cassation : *JCP* 2018, 381.

(98) A. Bénabent, *Cassation. « Sire, pourvoi ? »*, *D.* 2018, 731. – Tribune initiée par l'Association Henri Capitant. – D. Mazeaud, *Au nom du peuple, Tribune* : *JCP* 2018, n° 16, p. 749. – *Pour un accès démocratique à la Cour de cassation* : *D.* 2018, 1653. – P. Théry, *« Pour une réforme du pourvoi en cassation en matière civile », observations sur le rapport Nallet* : *JCP* 2019, 1285. – Y. Strickler, *Égalité devant la justice* : *Justice & cassation* 2020, 117. En faveur de la procédure : J.-J. Urvoas, *L'aggiornamento nécessaire de la Cour de cassation* : *D.* 2018, 1087.

(99) A. Perdriau, *Les publications de la Cour de cassation* : *Gaz. Pal.* 1-4 janv. 2003. – S. Bernheim-Desvaux, *La diffusion du droit par la Cour de cassation* : *Rev. Lamy dr. civ.* avr. 2008, p. 71.

(100) Y. Massart et A. Lacabarats, *Le service de documentation et d'études a 60 ans* : *Bull. inf. C. cass.* 15 juill. 2007, n° 665.

(101) La publication de ces décisions est parfois assortie de notes dont on a pu regretter qu'elles ne soient source de confusion dans l'interprétation (P. Deumier, *RTD civ.* 2007, 61). Lors même de la rédaction des arrêts, la Cour de cassation les hiérarchise et précise la diffusion qui leur sera donnée : V. O. Sabard, *La hiérarchisation de la jurisprudence* : *Rev. Lamy dr. civ.* nov. 2009, p. 61.

(102) V. par ex. Y. Chartier, *Le rapport de la Cour de cassation pour l'année 2001* : *JCP* 2002, I, 156. – C. Charbonneau, *Le rapport annuel de la Cour de cassation a 40 ans !* : *Rev. Lamy dr. civ.* mai 2008, p. 63.

législatives ou réglementaires susceptibles de remédier aux difficultés constatées par la cour (COJ, art. R. 431-10). La deuxième partie du Rapport, intitulée « Études et documents » comporte, outre les discours prononcés lors de l'audience solennelle de rentrée, différentes études émanant de membres de la cour. La troisième, intitulée « La jurisprudence de la Cour », est une présentation des arrêts majeurs rendus par la cour, assortie de commentaires exposant l'exacte portée de ces arrêts[103]. La quatrième partie reproduit les quelques avis sélectionnés, et la cinquième comporte les statistiques sur le nombre des pourvois reçus, traités ou en attente, et des décisions rendues.

Par ailleurs, la Cour de cassation a mis en place son propre site sur lequel elle publie notamment, outre des arrêts, des « communiqués » qui permettent d'en mesurer la portée[104].

Enfin, suivant un mouvement initié par la chambre sociale en 2019, les chambres de la cour publient des *lettres*, établies en collaboration avec le service de la documentation, des études et du rapport. Elles comportent une sélection commentée des arrêts rendus sur une période donnée[105]. Ces lettres entendent, « à l'heure de l'*open data* », guider la communauté des juristes « parmi les nombreux arrêts publiés et diffusés chaque année, en faisant ressortir [les] décisions les plus remarquables »[106].

SECTION 4

LES JURIDICTIONS EUROPÉENNES

512. – **La Cour européenne des droits de l'homme (CEDH).** La Convention européenne des droits de l'homme est applicable en France, et elle a prééminence sur le droit interne français (V. *supra*, n°s 86 et s.). Si le juge français doit s'assurer de la conformité de la loi française à la Convention, le principal organe de contrôle de la conventionnalité est la Cour européenne des droits de l'homme.

La Cour peut donc être amenée à décider qu'une règle de droit française, qu'il s'agisse d'une règle de fond, de procédure, d'organisation judiciaire, etc., ou que son application par la jurisprudence est contraire à la Convention européenne. Elle peut par exemple décider que telle règle appliquée par la Cour de cassation dans telle affaire déterminée constitue une violation de tel article de la Convention européenne.

La Cour apparaît ainsi comme une instance supérieure aux juridictions françaises puisqu'elle a compétence pour décider que telle décision de la Cour de cassation n'est pas conforme à la Convention européenne[107]. Ceci explique que nombre

(103) J.-P. Gridel, *Le rôle normatif de la Cour de cassation. À propos de l'étude annuelle 2018 : JCP* 2019, 214.

(104) P. Deumier, *Les communiqués de la Cour de cassation : d'une source d'information à une source d'interprétation : RTD civ.* 2006, 510.

(105) V. C. Soulard, éditorial, *Lettre de la chambre criminelle* juin 2020, n° 1 et A. Mouillard, éditorial, *Lettre de la chambre commerciale* sept. 2020, n° 1.

(106) A. Mouillard, préc.

(107) B. Edelman, *La Cour européenne des droits de l'homme : une juridiction tyrannique ? : D.* 2008, chron. 1946. – S. Hennette-Vauchez, *Droits de l'homme et tyrannie : de l'importance de la distinction entre esprit critique et esprit de critique : D.* 2009, chron. 238. – J.-P. Costa, *La Cour européenne des droits de l'homme. Des juges pour la liberté*, Dalloz, 2013.

de plaideurs, mécontents de la décision rendue par la Cour de cassation, saisissent la Cour européenne des droits de l'homme[(108)].

La Cour peut en effet être saisie, non seulement par un État contractant, mais « par toute personne physique, toute organisation non gouvernementale ou tout groupe de particuliers qui se prétend victime d'une violation... des droits reconnus dans la Convention ou ses protocoles ». En pratique, il s'agit le plus souvent du droit à la vie, à la liberté d'expression, au respect de la vie privée, et surtout du droit à un procès équitable.

Si la Cour décide qu'il y a eu violation de la Convention, cette décision n'emporte pas *ipso facto* modification de la solution retenue par la décision de justice nationale, qui est définitive[(109)], sauf si le droit interne le prévoit[(110)]. Elle n'est donc pas une super Cour de cassation[(111)] (V. *supra*, n° 91). Mais, si le droit interne ne permet pas d'effacer les conséquences de la violation, la Cour européenne pourra accorder à la partie lésée « une satisfaction équitable », c'est-à-dire en fait des dommages-intérêts auxquels l'État sera condamné pour indemniser le préjudice subi[(112)].

La multiplication des recours individuels a conduit à restructurer la Cour européenne, qui siège désormais de manière permanente. Elle comporte trois formations juridictionnelles :

– le Comité de trois juges, qui dispose du pouvoir de déclarer à l'unanimité irrecevable une requête individuelle ne nécessitant pas d'examen complémentaire ;

– des chambres de sept juges qui se prononcent sur la recevabilité des requêtes ;

– la Grande chambre de dix-sept juges qui peut être saisie soit par une chambre (qui se dessaisit à son profit), soit par l'une des parties qui demande le réexamen de son affaire traitée par une chambre.

La Cour se compose d'un nombre de juges égal à celui des membres du Conseil de l'Europe, soit un par État. Pour chaque État, les juges sont élus par l'Assemblée consultative sur une liste de trois candidats présentés par l'État considéré. Ils sont élus pour neuf ans, et ils sont rééligibles[(113)].

Cela dit, malgré la réforme intervenue, la Cour européenne des droits de l'homme s'est trouvée au bord de l'asphyxie, si bien que de nouvelles mesures ont été prises pour endiguer le flot des requêtes individuelles ; notamment la

(108) J.-P. Costa, *Le recours individuel devant la Cour européenne des droits de l'homme s'apparente-t-il à un pourvoi en cassation ? : Mél. J. Boré*, Dalloz, 2007, p. 97.

(109) Il s'ensuit que, dans le cas où une décision de justice a été sanctionnée par la Cour européenne des droits de l'homme, le requérant ne peut pas faire rejuger son affaire par le juge national : CE, 11 févr. 2004, n° 257682, *Mme Chevrol : AJDA* 2004, 439 ; *D.* 2004, 1414 et concl. R. Schwartz. – CE, 4 oct. 2012, req. n° 328502 : *D.* 2012, 2459.

(110) Le droit français en connaît au moins un exemple : la loi n° 2000-516 du 15 juin 2000 a mis en place une procédure de réexamen d'une décision pénale consécutif au prononcé d'un arrêt de la Cour européenne des droits de l'homme (CPP, art. 626-1 et s.). V. pour une application, Cass. ass. plén., 24 oct. 2003 : *D.* 2003, inf. rap. p. 2805. – V. aussi Rapp. C. cass. 2006, *Activité de la Commission de réexamen en 2006*, p. 544. – P.-Y. Gautier, *De l'obligation pour le juge civil de réexaminer le procès, après une condamnation par la CEDH : D.* 2005, chron. 2773.

(111) La Cour européenne a néanmoins directement sanctionné une décision prise par le Premier président de la Cour de cassation en matière de retrait des pourvois du rôle (V. Ch. Hugon, *Le contrôle par la Cour européenne des droits de l'homme du retrait des pourvois du rôle de la Cour de cassation : D.* 2001, chron. p. 3369).

(112) J.-F. Renucci, *Droit européen des droits de l'homme. Mesures générales et/ou individuelles : l'ingérence de la Cour européenne des droits de l'homme (année 2010) : D.* 2011, 193.

(113) V. une prospective pour une réforme de la CEDH : J.-F. Flauss, *Faut-il transformer la Cour européenne des droits de l'homme en juridiction constitutionnelle ? : D.* 2003, chron. p. 1638. V. le Protocole n° 15 à la Convention EDH adopté le 16 mai 2013.

recevabilité de ces requêtes a été subordonnée à la condition de « préjudice important » par le Protocole n° 14 qui est entré en vigueur le 1er juin 2010(114) (V. *supra*, n° 91). De nouvelles perspectives de réforme sont également envisagées(115). De même, depuis le 1er janvier 2014 et l'entrée en vigueur du nouvel article 47 du règlement de la Cour, les conditions de forme pour introduire une requête devant la Cour ont été accrues ; la sanction est que toute requête incomplète est rejetée, ce qui a entraîné un grand nombre de rejets et donc un allégement de la tâche de la Cour(116).

Quant à la mesure de cet engorgement, le volume des nouvelles requêtes avait augmenté de 7 % en 2010, cependant qu'au 31 décembre 2010, environ 136 650 affaires étaient pendantes devant une formation judiciaire. Grâce aux réformes apportées par le Protocole n° 14, le nombre des affaires pendantes avait diminué de 16 % en 2012(117) ; il n'était plus que de 99 900 fin 2013, de 69 900 fin 2014 et de 64 850 fin 2015. En revanche, il est remonté à 79 750 en 2016, ce à raison de requêtes venant de Turquie, de Hongrie et de Roumanie(118) et il s'est établi à 56 250 pour 2017(119).

Pour ce qui concerne la France, les chiffres sont les suivants :

– en 2012 vingt-neuf arrêts, dont dix-neuf constatant au moins une violation, parmi lesquels sept du droit à la liberté et à la sûreté, trois de la liberté d'expression et trois constatant des traitements inhumains et dégradants ;

– en 2013, trente-six arrêts, dont vingt-huit constatant au moins une violation de la Convention ;

– en 2014, dix-sept violations pour vingt-deux arrêts rendus ;

– en 2015, dix-sept violations (majoritairement relatives au droit à un procès équitable) pour vingt-sept arrêts rendus(120) ;

– en 2016, quatorze violations pour vingt-trois arrêts rendus.

Pour 2018 les violations les plus nombreuses émanent de la Russie (238 arrêts), de la Turquie (140 arrêts), de l'Ukraine (86 arrêts), de la Roumanie (71 arrêts) et de la Hongrie (35 arrêts).

Alors que jusqu'ici tous les arrêts et décisions de la Cour étaient publiés dans le *Recueil des arrêts et décisions*, depuis le 1er novembre 1998 seule une sélection d'arrêts et décisions y est publiée. En revanche, ils sont tous accessibles sur la base de données sur la jurisprudence de la Cour (HUDOC sur le site de la Cour).

Chaque année, un rapport est publié sur l'exécution des arrêts et décisions de la Cour. C'est ainsi que le rapport 2011 relève que le nombre d'arrêts « pleinement exécutés » a augmenté de 80 % par rapport à 2010(121), augmentation qui

(114) 84 % des 41 184 requêtes traitées par la Cour en 2010 ont été déclarées irrecevables, dont 60 % pour défaut manifeste de fondement.

(115) G. Gonzalez, *Rêveries aquatiques sur le devenir de la Cour européenne des droits de l'homme* : JCP 2012, 568.

(116) G. Gonzalez, *Jouissance comptable d'une « conscience » (un peu) malmenée. À propos du rapport 2014 de la Cour européenne des droits de l'homme* : JCP 2015, 209.

(117) G. Gonzalez, *Un « grand cru classé ». À propos du rapport 2012 de la Cour EDH* : JCP 2013, 197.

(118) G. Gonzalez, *Nouvelle descente dans le maelström en 2016. À propos du rapport 2016 de la CEDH* : JCP 2017, 491.

(119) V. H. Hurpy, *Pour une subsidiarité renforcée, encore et toujours* : JCP 2019, 192.

(120) G. Gonzalez, *Apologétique du juge européen des droits de l'homme en l'année 2015. À propos du rapport 2015 de la Cour EDH* : JCP 2016, 213.

(121) K. Blay-Grabarczyk, *Mention « assez bien » pour les États parties à la Convention EDH* : JCP 2012, 535.

s'est poursuivie en 2012[122] et en 2013[123]. Le bilan est un peu moins flatteur pour 2014[124], mais il s'est beaucoup amélioré pour 2017[125] (diminution de 24 % des affaires pendantes). Par ailleurs, le rapport 2017 met l'accent sur le rôle du principe de subsidiarité[126].

Outre ces recours contentieux, la Cour peut désormais être saisie par les plus hautes juridictions d'un État contractant, de demandes d'avis consultatif sur des questions de principe relatives à l'interprétation ou à l'application des droits et libertés définis par la Convention ou ses Protocoles (Protocole n° 16)[127]. Si cette procédure risque d'alourdir le travail de la Cour, on peut espérer qu'elle sera bénéfique à long terme et conduira à une réduction de la charge de travail.

513. - **La Cour de justice de l'Union européenne (CJUE).** La Cour de justice, qui siège à Luxembourg, est composée de vingt-sept juges[128] (un juge pour chacun des États membres) et de onze avocats généraux, assistés de référendaires. Elle est divisée en plusieurs chambres.

Par suite du développement du contentieux, il lui a été adjoint en 1988 un Tribunal de première instance des communautés européennes, aujourd'hui dénommé Tribunal de l'Union européenne, dont l'effectif est de deux juges par État membre.

La Cour de justice connaît de trois types de contentieux :

– le contentieux de pleine juridiction : il s'agit d'une part des dommages causés par l'Union européenne, d'autre part des manquements des divers pays membres, par exemple dans l'application des règles de l'Union ou dans la transposition de directives ;

– le contentieux de l'annulation : il s'agit du contrôle de la légalité des actes des organes de l'Union européenne, et des recours contre le silence ou l'abstention de l'Administration de l'Union européenne[129] ;

– le contentieux de l'interprétation afin d'assurer l'unité de l'interprétation des règles de l'Union. La Cour ne peut ici être saisie que par le juge étatique confronté à une difficulté d'interprétation du droit de l'Union applicable ; l'interprétation donnée par la Cour s'impose, non seulement au juge qui l'a saisie, mais à toutes les juridictions (V. *supra*, n° 153).

La violation du droit de l'Union européenne par un État membre ou par l'un de ses organes est sanctionnée par la responsabilité de l'État dont l'action ou l'omission

(122) K. Blay-Grabarczyk, *Bilan mitigé de l'exécution des arrêts et décisions de la Cour EDH* : *JCP* 2013, 491. – K. Blay-Grabarczyk, *Le bilan intermédiaire des résultats obtenus dans le domaine de l'exécution des arrêts de la CEDH. À propos du 10e rapport annuel du Comité des ministres du Conseil de l'Europe* : *JCP* 2017, 551.

(123) K. Blay-Grabarczyk, *Des progrès significatifs dans l'exécution des arrêts de la Cour EDH* : *JCP* 2014, 442.

(124) K. Blay-Grabarczyk, *Entre les résultats encourageants et les insuffisances* : *JCP* 2015, 392.

(125) K. Blaye-Grabarczyk, *Un nouveau bilan encourageant dans le domaine de l'exécution des arrêts de la Cour EDH* : *JCP* 2018, 598.

(126) G. Gonzalez, *Béni soit la subsidiarité ! À propos du rapport d'activité 2017 de la Cour EDH* : *JCP* 2018, 169.

(127) F. Sudre, *Ratification de la France et entrée en vigueur du Protocole n° 16. Une embellie pour la Convention EDH ?* : *JCP* 2018, 475. – J. Roux, *Conseil constitutionnel et CEDH ; premier non-usage, justifié, du Protocole n° 16* : *D.* 2019, 439. – T. Larrouturou, *Coup de projecteur sur les aspects procéduraux du premier avis rendu dans le cadre du Protocole 16 à la Convention EDH* : *D.* 2019, 1404.

(128) Vingt-huit avant le retrait du Royaume-Uni.

(129) Le recours en annulation peut être exercé par un particulier, mais dans le seul cas où l'acte en cause atteint une personne physique ou morale en raison de certaines qualités qui lui sont particulières ou d'une situation de fait qui la caractérise par rapport à toute autre personne et de ce fait l'individualise d'une manière analogue à celle d'un destinataire (CJCE, 25 juill. 2002 : *D.* 2002, 2825 et note P. Cassia).

est à l'origine du manquement. Ainsi, le particulier victime d'un tel manquement, s'il ne peut demander la révision de la décision dont il souffre, pourra rechercher la responsabilité de l'État devant une juridiction interne si se trouvent réunies les trois conditions posées par la Cour de justice de l'Union européenne, à savoir que la règle de droit violée ait pour objet de conférer des droits aux particuliers, que la violation soit suffisamment caractérisée et qu'il existe un lien de causalité direct entre la violation de l'obligation qui incombe à l'État et le dommage subi par les personnes lésées(130).

Dans son rapport annuel pour 2010, la Cour de justice de l'Union européenne évoquait une augmentation sans précédent du nombre d'affaires introduites : 631 affaires nouvelles en 2010, au lieu de 562 en 2009 ; cette augmentation a persisté en 2011, puis elle s'est ensuite stabilisée (622 en 2014, mais 713 en 2015). En revanche, la durée des procédures a diminué, allant en 2015 de quinze mois pour les renvois préjudiciels à dix-sept mois pour les recours directs(131).

Face à l'accroissement du contentieux et pour y répondre, le statut de la Cour et son règlement de procédure ont fait l'objet de modifications importantes(132).

(130) CJCE, 30 sept. 2003, aff. C-224/01, *Köbler* : *Gaz. Pal.* 3-4 mars 2004 ; doctr. en annexe de l'article de J. Pingel, *La responsabilité de l'État pour violation du droit communautaire par une juridiction suprême* : *Gaz. Pal.* 11-12 juin 2004, jurispr., note J.-G. Huglo. – CJUE, 24 nov. 2011, aff. C-379/10, *Commission c/ Italie*.

(131) Communiqué de presse de la Cour de justice, 18 mars 2016. V. aussi le 33e rapport annuel de la Commission sur le contrôle de l'application du droit dans l'Union en 2015 : Doc. COM (2016), 463 final, 15 juill. 2016.

(132) Règl. n° 741/2012, 11 août 2012. – Règl. proc. CJUE, 29 sept. 2012 : *JOUE* n° L 265, p. 1 ; *D.* 2012, 2310. – J. Rideau, *À la recherche d'une efficacité accrue. À propos du rapport 2012 de la CJUE* : *JCP* 2013, 631. J. Pertek, *Une nouvelle architecture du système juridictionnel. À propos du rapport 2016 de la CJUE* : *JCP* 2017, 633.

CHAPITRE 2

LE PERSONNEL DES JURIDICTIONS

514. – Plan. Le fonctionnement d'une juridiction nécessite des *magistrats* et des *auxiliaires de justice*. On en fera une brève présentation, limitée aux juridictions françaises.

SECTION 1

LES MAGISTRATS

515. – De l'indépendance des magistrats. On distingue les magistrats *du siège* qui ont pour fonction de juger, et les membres du *ministère public* qui sont les agents du pouvoir exécutif auprès des tribunaux(1).

Suivant la *Magna Carta* des juges (Principes fondamentaux) élaborée par le Conseil consultatif des juges européens, organe consultatif du Conseil de l'Europe(2), « l'indépendance du juge doit être statutaire, fonctionnelle et financière » et elle « doit être garantie dans le cadre de l'activité judiciaire, en particulier pour le recrutement, la nomination jusqu'à l'âge de la retraite, la promotion, l'inamovibilité, la formation, l'immunité judiciaire, la discipline, la rémunération et le financement du système judiciaire ».

Au regard de ces critères, on peut se demander si les magistrats du parquet méritent la qualification de juges. En ce sens, et à la suite de la Cour européenne des droits de l'homme(3), en 2010 la Cour de cassation a décidé que le ministère public n'est pas une autorité judiciaire compétente au sens de l'article 5, § 3, de la Convention européenne des droits de l'homme(4) (V. *infra*, n° 518).

Les magistrats du siège, spécialement ceux de la Cour de cassation sont très attachés à cette indépendance à l'égard du pouvoir exécutif. C'est ainsi qu'ils ont vivement réagi à la suite du décret n° 2016-1675 du 5 décembre 2016 portant création

(1) Sur la question de la séparation du siège et du parquet, V. D. Charvet, *Une ou deux magistratures* : *D.* 2007, chron. p. 459. – Sur la déontologie des magistrats, V. D. Charvet, *Les magistrats français et la déontologie* : *D.* 2008, chron. 1634.
(2) CCJE : Doc. COM (2010), 3 final.
(3) CEDH, 23 nov. 2010, n° 37104/06, *Moulin c/ France* : *D.* 2011, 277 et note J.-F. Renucci ; *D.* 2011, 338, 1re esp., note J. Pradel.
(4) Cass. crim., 15 déc. 2010 : *D.* 2011, 338, 2e esp., note J. Pradel ; *JCP* 2011, 214, note J. Leroy.

de l'Inspection générale de la justice. Cette institution, placée auprès du garde des Sceaux, devait exercer une mission permanente de contrôle sur les juridictions de l'ordre judiciaire, Cour de cassation incluse. Le premier président et le procureur général de la Cour de cassation se sont élevés contre cette mise sous la tutelle du pouvoir exécutif. S'il est normal qu'il y ait un contrôle des juridictions de l'ordre judiciaire, il pourrait être exercé sous l'égide du pouvoir judiciaire par le Conseil supérieur de la magistrature. Il y a eu une controverse entre le garde des Sceaux, la Cour de cassation et la doctrine sur le point de savoir si l'Inspection générale de la justice constituait ou non une atteinte au principe de l'autorité judiciaire et au principe de la séparation des pouvoirs. Sensible à cette argumentation, le Conseil d'État a annulé le décret, mais seulement en ce qu'il soumettait la Cour de cassation à ce contrôle(5). Il n'est pas impossible que la Cour européenne des droits de l'homme soit incidemment amenée à se prononcer sur le point de savoir si, compte tenu de ce contrôle par l'exécutif, les magistrats de l'ordre judiciaire ont une indépendance compatible avec la notion même de « magistrat » au sens de l'article 5, § 3 de la Convention EDH.

SOUS-SECTION 1

LES MAGISTRATS DU SIÈGE

516. – **Les magistrats de carrière.** Ce sont tous ceux qui composent les tribunaux judiciaires (et leurs formations pénales), les cours d'appel et la Cour de cassation, et dont la fonction est de juger.

Ils sont en principe recrutés par un concours national, au niveau de la maîtrise en droit, pour être formés à l'École nationale de la magistrature. Pour une autre part, le recrutement est aussi fait sur titres notamment parmi les membres des professions judiciaires, et sur concours national ouvert aux professionnels justifiant d'un certain nombre d'années d'ancienneté.

Ces magistrats sont nommés par décret du président de la République ; ils prêtent serment de juger impartialement, et ne peuvent exercer d'autres fonctions.

Bien que fonctionnaires, leur indépendance à l'égard du Gouvernement est assurée par un statut spécial et privilégié : ils bénéficient de l'*inamovibilité*, et le *Conseil supérieur de la magistrature* les protège de l'arbitraire en matière d'avancement, de nomination et de discipline(6). À la différence de leurs collègues du ministère public, ils n'ont d'ordres à recevoir de personne dans l'exercice de leurs fonctions.

Ainsi ces fonctionnaires ont vis-à-vis du pouvoir une indépendance à peu près égale à celle que peuvent avoir les juges du siège élus.

517. – **Les magistrats élus.** Il s'agit de personnes qui exercent de manière occasionnelle et bénévole la tâche de rendre la justice ; leur participation à ce service public se justifie pour les juridictions spécialisées qui bénéficieront de leurs

(5) CE, sect., 23 mars 2018, n° 406066, *Synd. FO et a.* : *AJDA* 2018, 966, note S. Roussel et C. Nicolas.
(6) Sur ce Conseil, V. J. Van Compernolle, *Synthèse des travaux de la Première conférence organisée par le Réseau francophone des Conseils supérieurs de la magistrature judiciaire* : *JCP* 2016, 595.

connaissances techniques et de leur formation professionnelle. C'est le cas des membres des tribunaux de commerce (on les appelle les *juges consulaires*) et des conseils de prud'hommes.

Élus par leurs pairs (à la différence des jurés, qui sont tirés au sort), ils ne sont pas fonctionnaires et n'ont donc ni garanties de carrière, ni avancement. Mais ils ne dépendent en principe que de leurs électeurs, ce qui leur assure une grande indépendance par rapport au Gouvernement.

SOUS-SECTION 2

LES MAGISTRATS DU MINISTÈRE PUBLIC

518. – **Statut.** Appelés encore magistrats du *parquet* (ou *magistrature debout* par opposition à la *magistrature assise* représentée par les juges du siège), les membres du ministère public sont des magistrats de carrière issus des mêmes concours que les magistrats du siège. En fait, tous ces magistrats de profession appartiennent à un même corps tout en pouvant être nommés à des postes différents, les uns au siège, les autres au parquet ; le passage de l'un à l'autre est d'ailleurs possible au cours de leur carrière.

En vertu de l'article 5 de l'ordonnance n° 58-1270 du 22 décembre 1958 portant loi organique relative au statut de la magistrature, « les magistrats du parquet sont placés sous la direction et le contrôle de leurs chefs hiérarchiques et sous l'autorité du garde des Sceaux, ministre de la Justice ». Saisi par l'Union syndicale des magistrats d'une question prioritaire de constitutionnalité sur cet article, le Conseil constitutionnel a néanmoins considéré que ses dispositions assurent une conciliation équilibrée entre le principe d'indépendance de l'autorité judiciaire et les prérogatives que le Gouvernement tient de l'article 20 de la Constitution, et qu'elles ne méconnaissent pas non plus la séparation des pouvoirs[(7)].

Fonctionnaires et agents du pouvoir exécutif auprès des tribunaux, les membres du ministère public représentent en justice les intérêts de l'État et de la collectivité tout entière. À ce titre, ils sont subordonnés au pouvoir politique. La Cour européenne des droits de l'homme en a déduit qu'un procureur de la République n'est pas une « autorité judiciaire »[(8)]. Allant plus loin encore, la Cour européenne considère que « du fait de leur statut, (...), les membres du ministère public, en France, ne remplissent pas l'exigence d'indépendance à l'égard de l'exécutif qui, selon une jurisprudence constante, compte, au même titre que l'impartialité, parmi les garanties inhérentes à la notion autonome de "magistrat", au sens de l'article 5, § 3 »[(9)].

(7) Cons. const., 8 déc. 2017, n° 2017-680 QPC : *D.* 2017, 2485 ; *JCP* 2018, 51, note H. Matsopoulou ; *AJDA* 2018, 509, note J. Roux. – T. Renoux, *Une nouvelle approche de l'indépendance des magistrats et de la séparation des pouvoirs. À propos de la décision du Conseil constitutionnel* n° 2017-680 du 8 déc. 2017 : *D.* 2018, 953.
(8) CEDH, 10 juill. 2008 : *D.* 2009, 600, note J.-F. Renucci. – CEDH, 27 juin 2013, n° 62736/09, *V. c/ France*.
(9) CEDH, 23 nov. 2010, n° 37104/06, *Moulin c/ France* : *D.* 2011, 277 et note J.-F. Renucci ; *D.* 2011, 338, 1re esp., note J. Pradel. – F. Fourment, *Après l'affaire Moulin, encore du grain à moudre* : *D.* 2011, 26. V. toutefois S. Guinchard, *L'instrumentalisation de la jurisprudence de la Cour EDH dans le débat français sur le statut du parquet* : *JCP* 2018, 760. – J. Pradel, *L'indépendance fonctionnelle du parquet face aux interprétations divergentes des deux cours européennes* : *D.* 2020, 442.

Cette condamnation par la Cour européenne des droits de l'homme a conduit le Gouvernement à envisager une réforme du parquet[10]. Cette réforme a été pour une très faible part abordée par la loi du 25 juillet 2013 relative aux attributions du garde des Sceaux et des magistrats du ministère public en matière de politique pénale et de mise en œuvre de l'action publique[11]. Mais il reste encore beaucoup à faire si on se réfère aux propositions formulées dans le rapport de la Commission de modernisation du ministère public (dite Commission Nadal, du nom de son président)[12]. Les réformes réalisées sont tout à fait insuffisantes aux yeux de la Cour européenne des droits de l'homme pour satisfaire à l'exigence d'indépendance dont doit disposer toute autorité judiciaire, et donc les magistrats du parquet. C'est dire qu'un jour il faudra modifier la Constitution sur ce point pour satisfaire aux exigences de la Cour européenne.

Les membres du ministère public sont organisés de manière hiérarchique dans le ressort de chaque cour d'appel sous l'autorité du procureur général, lequel dépend directement du ministre de la Justice, garde des Sceaux. Ils doivent obéir aux ordres qui leur sont donnés par leurs supérieurs et présenter dans le sens imposé leurs conclusions écrites ; mais ils sont libres dans leurs conclusions orales : « si la plume est serve, la parole est libre ».

Ils ne bénéficient pas de l'inamovibilité ; ils sont indépendants de la juridiction auprès de laquelle ils exercent. Toutefois, leur statut se rapproche de celui des magistrats du siège en ce que, depuis une réforme de 1993, le Conseil supérieur de la magistrature comporte une formation spéciale qui émet des avis pour les nominations concernant les magistrats du parquet[13].

Il y a un ministère public devant les juridictions de droit commun, ainsi que devant toutes les juridictions répressives.

519. – **Rôle.** Le ministère public joue un rôle en matière pénale surtout, mais également en matière civile.

Son rôle en matière pénale est essentiel : il déclenche ou non l'action publique (principe de l'*opportunité des poursuites*) et traduit les délinquants devant les juridictions compétentes ; il est partie principale au procès pénal.

En matière civile, il exerce des activités extrajudiciaires (surveillance des officiers ministériels, contrôle de l'état civil et de l'aide juridique) et des activités judiciaires. Rarement partie principale au procès civil, il intervient par voie de réquisitions ou comme partie jointe dans un certain nombre d'affaires relatives à la protection des personnes ou de l'ordre public. Son intervention est obligatoire dans certains domaines, notamment dans les affaires relatives à la filiation, à la tutelle des mineurs et des majeurs, et pour les procédures en matière de faillite.

(10) E. Bonis-Garçon et O. Décima, *Le parquet et les sirènes de l'indépendance. À propos du projet de loi du 27 mars 2013 et du projet de loi constitutionnelle du 14 mars 2013 : JCP* 2013, 460. – P. Lyon-Caen, *Vers un parquet indépendant ? : D.* 2013, 1359.

(11) E. Bonis-Garçon et O. Décima, *Grâce et disgrâce des instructions hiérarchiques : JCP* 2013, 955.

(12) Rapport 28 nov. 2013 : *D.* 2013, 2778. – S. Detraz, *Refonder le ministère public : JCP* 2013, 1326.

(13) B. Mathieu et M. Verpeaux (ss dir.), *Le statut constitutionnel du parquet*, Dalloz, coll. « Thèmes et commentaires », 2012.

SECTION 2

LES AUXILIAIRES DE LA JUSTICE

520. – **Diversité.** En faisant l'étude des diverses juridictions, on a eu l'occasion de relever au passage la participation de personnes autres que les magistrats. On les appelle des *auxiliaires de justice*.

C'est une catégorie tout à fait hétérogène dans la mesure où elle réunit des personnes qui n'ont ni le même statut (il y a des fonctionnaires, des officiers ministériels, des professions libérales), ni la même compétence d'attribution ou territoriale.

Il est classique de présenter ces auxiliaires de justice en fonction de leur statut ; mais sans doute est-il plus pratique de les replacer chacun dans le cadre du procès, les uns intervenant devant les juridictions de droit commun (tribunal judiciaire, cour d'appel, Cour de cassation), les autres étant spécialisés devant le tribunal de commerce.

Il convient d'ajouter que nombre d'entre eux, notamment les avocats, jouent aussi un rôle de conseil auprès de leurs clients, en dehors de tout litige.

Le statut de certains de ces professionnels a été revu et modifié par la loi n° 2004-130 du 11 février 2004[14]. Il s'agit principalement des avocats, des experts judiciaires, des experts en ventes aux enchères publiques, des huissiers de justice, des conseils en propriété industrielle et des greffiers des tribunaux de commerce.

De même le statut de certains de ces professionnels a été pour partie remis en cause par la loi Macron[15].

SOUS-SECTION 1

LES AUXILIAIRES DE JUSTICE DANS LE PROCÈS CIVIL

§ 1. – Les auxiliaires du juge

521. – **Les greffiers.** Tout tribunal, quel qu'il soit, comporte un greffier (ou un secrétaire).

Jusqu'en 1965, c'était un officier ministériel, c'est-à-dire le titulaire d'une charge confiée par le Gouvernement et comportant le droit de présenter son successeur. Ils sont désormais fonctionnarisés, à l'exception des greffiers au tribunal de commerce.

(14) *JO* 12 févr. 2004, p. 2847 ; *D.* 2004, législ. 542. – J.-J. Daigre, *Loi n° 2004-130 du 11 février 2004 dite loi « Professions ». Dispositions autres que celles visant les avocats* : *JCP* 2004, act. 230, p. 873. – H. Heugas-Darraspen, *Modernisation du régime des experts judiciaires ? Commentaire du titre VII de la loi n° 2004-130 du 11 février 2004* : *AJDI* 2004, 442.

(15) *Les professions juridiques. Service public et déréglementation, colloque Paris II, 14 janv. 2015* : *JCP* N 2015, n°s 1066 et s. – Y. Gaudemet, *Synthèse générale La réforme des professions juridiques réglementées et la Constitution* : *JCP* N 2015, n° 1071. – O. Sabard, *Observations « à mi-parcours parlementaire » sur le projet de loi Macron. Volet officiers publics et ministériels* : *JCP* N 2015, 1117. – *Quelles professions réglementées du droit pour demain ?, colloque Haut conseil des professions du droit, 7 nov. 2019*, Dalloz, coll. « Thèmes et commentaires », 2021.

Les greffiers ont pour rôle d'assister le juge dans tous ses actes : rédaction, signature et conservation des décisions de justice, délivrance de copies desdites décisions ; tenue de certains registres (état civil pour le greffier du tribunal judiciaire, registre du commerce et des sociétés pour celui du tribunal de commerce).

522. – **Les huissiers de justice.** Les *huissiers* sont des officiers ministériels[16]. Ils ont pour mission d'assurer la police de l'audience (huissiers audienciers), de dresser des constats à la demande du juge (ou des particuliers), de *signifier* aux parties les actes de procédure et les jugements, enfin de faire exécuter par la force les décisions de justice (saisies, expulsions, etc.).

À compter de juillet 2022, les métiers d'huissier de justice et de commissaire priseur fusionneront pour donner naissance à la profession unique de « commissaire de justice ».

523. – **Les experts**[17]. Les *experts* sont des auxiliaires occasionnels du juge, qui ont pour rôle de lui apporter, dans le cadre d'un litige, des informations purement techniques, par exemple, en matière médicale, comptable, en matière de construction et des diverses professions, etc. Leur statut et leur discipline ont été précisés par la loi du 11 février 2004[18], le décret du 23 décembre 2004[19] et la loi du 22 décembre 2010[20].

Ces experts sont inscrits sur une liste dressée par la cour d'appel. Toutefois, une juridiction peut recourir à un expert ne figurant pas sur cette liste[21], mais cela se rencontre peu en pratique.

On ajoutera que parfois, mais très rarement, le juge avant de statuer recueille l'avis d'un *amicus curiae* qui peut être un expert *ad hoc* ou plus simplement une entité publique ou privée susceptible d'éclairer le tribunal[22].

§ 2. – Les auxiliaires des parties

524. – **Les avocats.** La loi du 31 décembre 1971 portant réforme de certaines professions judiciaires et juridiques a fusionné les avocats, les avoués près les tribunaux de grande instance et les agréés près les tribunaux de commerce en une seule profession dont les membres portent le titre d'avocats.

Plus récemment, la loi du 31 décembre 1990 a étendu cette fusion aux conseils juridiques, qui exercent donc avec les précédents la nouvelle profession d'avocat.

(16) J.-D. Lachkar, *Huissiers de justice : une profession renouvelée aux missions renforcées : JCP* 2011, 948.

(17) O. Leclerc, *Le juge et l'expert (Contribution à l'étude des rapports entre le droit et la science)*, LGDJ, coll. « Droit privé », 2005 ; *Les experts : auxiliaires ou substituts du juge ?*, SLC, 2009. – J. Moury, *Les limites de la quête en matière de preuve : expertise et jurisdictio : RTD civ.* 2009, 665.

(18) Ch. Curtil, *Le droit des experts judiciaires tel qu'issu de la loi du 11 février 2004 : statut et discipline : LPA* 13 sept. 2004, p. 3. – V. Perruchot-Triboulet, *Le nouveau statut des experts judiciaires : D.* 2005, chron. p. 3045.

(19) H. Heugas-Darraspen, *Application du régime des experts judiciaires. À propos du décret n° 2004-1463 du 23 décembre 2004 relatif aux experts judiciaires : AJDI* 2005, 360.

(20) H. Heugas-Darraspen, *Amélioration du régime de l'expertise judiciaire. Incidence du chapitre XI de la loi n° 2010-1609 du 22 décembre 2010 : AJDA* 2011, 345.

(21) L. 29 janv. 1971, art. 1 (mod. par L. n° 2004-130, 11 févr. 2004, art. 46).

(22) R. Encinas De Munagorri, *L'ouverture de la Cour de cassation aux* amici curiae *: RTD civ.* 2005, 88. – G. Canivet, *L'*amicus curiae *en France et aux États-Unis : RJ com.* 2005, n° 2, p. 99.

Une loi du même jour a également réglementé l'exercice sous forme de société de cette profession. À côté des avocats subsistent certains officiers ministériels dont la profession n'a pas été touchée par les réformes, à l'exception des avoués à la Cour qui ont été supprimés et dont les attributions ont été transférées aux avocats[23].

Enfin, avec un retard qui a valu à la France une condamnation par la Cour de justice des Communautés européennes[24], la directive 98-5/CE du 16 février 1998 visant à faciliter l'exercice permanent de la profession d'avocat dans un État membre autre que celui où la qualification a été acquise a été transposée en droit français par la loi du 11 février 2004. Cette loi a par ailleurs apporté diverses modifications au statut de l'avocat[25][26].

Plus récemment, la loi du 28 mars 2011 a apporté des modifications importantes à l'exercice des professions libérales, et notamment de la profession d'avocat[27].

Les *avocats* exercent une profession libérale pour laquelle sont exigées certaines conditions d'aptitude et d'honorabilité. Inscrits à un barreau, ils constituent un *Ordre* ayant à sa tête un *bâtonnier* et administré par un *Conseil de l'Ordre* qui est, en outre, juridiction disciplinaire.

Les avocats :

– *postulent*, c'est-à-dire *représentent* les parties comme le faisaient jadis les avoués, mais, à ce titre, leur compétence est limitée territorialement comme l'était celle des avoués au tribunal ou à la Cour ;

– *assistent* les parties et *plaident* devant toutes juridictions, sans limitation territoriale (monopole de la plaidoirie)[28] ;

– *consultent* et rédigent pour autrui des actes juridiques, toujours sans limitation territoriale, avec un monopole qu'ils partagent avec les autres professionnels du droit.

Lié par le secret professionnel, l'avocat est libre de fixer le montant de ses honoraires de consultation ou de plaidoirie.

En marge de ce statut de l'avocat[29], on s'interroge de manière récurrente sur le point de savoir s'il y a lieu de conférer la qualité d'avocat aux juristes d'entreprise, comme c'est le cas dans certains pays[30].

525. – Les officiers ministériels. Les *officiers ministériels*, s'ils ont un droit patrimonial sur leur charge, ont en revanche des contraintes : leur compétence est limitée territorialement à la juridiction à laquelle ils sont attachés.

(23) D. n° 2012-634, 3 mai 2012.

(24) CJCE, 26 sept. 2002 : *D.* 2003, 725 et note J.-L. Clergerie.

(25) R. Martin, *Les modifications au statut de l'avocat par la loi n° 2004-130 du 11 février 2004* : *JCP* 2004, act. 123, p. 373. – R. Martin, *Le décret n° 2004-1123 du 14 octobre 2004 sur les avocats de la Communauté européenne* : *JCP* 2004, act. 615. – R. Martin, *Le décret du 25 mai 2005 relatif à la discipline des avocats* : *JCP* 2005, act. 343. – R. Martin, *À propos du décret du 12 juillet 2005 sur la déontologie de l'avocat* : *JCP* 2005, act. 502, p. 1729.

(26) Pour une présentation consolidée des textes relatifs à la profession d'avocat, c'est-à-dire à la loi du 31 décembre 1971 et à ses textes d'application, V. *JCP* 2005, III, 20017 et s.

(27) E. de Lamaze, *Un premier pas vers l'interprofessionnalité capitalistique des professions libérales. À propos de la loi du 28 mars 2011* : *JCP* 2011, 440.

(28) C. Delay, *L'art de la parole*, Dalloz, coll. « À savoir », 2018.

(29) S. Guinchard, *Quelle formation pour les avocats de demain ?* : *JCP* 2018, 1258.

(30) E. Jolain, *Avocat en entreprise : la profession divisée* : *JCP* 2010, 1078.

Les *avoués* près le tribunal de grande instance ayant été fusionnés avec les avocats en 1971, il ne subsistait plus que les avoués à la cour d'appel. Ceux-ci ont été supprimés en 2012, et leur mission a été transférée aux avocats.

Les *avocats au Conseil d'État et à la Cour de cassation* jouent devant ces deux juridictions le double rôle d'avoué et d'avocat pour lequel ils ont un monopole[31]. Toutefois, certaines affaires sont dispensées de leur ministère.

SOUS-SECTION 2

LES AUXILIAIRES SPÉCIALISÉS DEVANT LE TRIBUNAL DE COMMERCE

526. – Administrateurs judiciaires. Mandataires liquidateurs. Il n'existe pas de monopole de la représentation des parties devant le tribunal de commerce. Aussi les plaideurs peuvent-ils s'y faire représenter par un avocat, ou par toute personne munie d'un pouvoir spécial.

Certains tribunaux de commerce avaient jadis dressé une liste des mandataires « agréés » par eux ; d'où l'apparition des *agréés* qui étaient donc des mandataires spécialisés devant le tribunal de commerce. La profession d'agréé ayant été supprimée lors de la réforme des professions judiciaires du 31 décembre 1971, la plupart des agréés sont devenus avocats.

La juridiction consulaire possède aussi des auxiliaires qui lui sont propres.

Les *administrateurs judiciaires* peuvent être chargés par le juge d'administrer provisoirement les biens d'une personne – physique ou morale – empêchée de les gérer, notamment d'une entreprise en difficulté (C. com., art. L. 811-1 et s.). Il en existe aussi devant le tribunal judiciaire, pour remplir cette même fonction en matière civile.

Les *syndics*, qui jusqu'ici exerçaient une mission ambiguë (à la fois assister une entreprise en état de règlement judiciaire et représenter les intérêts de ses créanciers), ont été remplacés par les *mandataires judiciaires* qui sont chargés par décision de justice de représenter les créanciers et de procéder éventuellement à la liquidation de l'entreprise (C. com., art. L. 812-1 et s.).

Administrateurs et mandataires judiciaires ont fait l'objet de vives critiques qui ont conduit à une réforme de leur statut[32], lequel a été à nouveau modifié par la loi Macron du 6 août 2015.

---

(31) Les conditions d'accès à la profession ont été modifiées par deux décrets du 20 mai 2016 (n°s 2016-651 et 2016-652) et désormais la profession peut être exercée sous statut de salarié. C. Hauuy, *Réglementation, déréglementation des professions juridiques réglementées : le cas des avocats auprès du Conseil d'État et de la Cour de cassation* : *JCP* 2016, 905.

(32) L. n° 2003-7, 3 janv. 2003 et D. n° 2003-439, 16 mai 2003, mod. par L. 11 févr. 2004, art. 69, et par Ord. 18 déc. 2008. – C. com., art. L. 811-1 et s. et L. 812-1 et s. – D. n° 2004-518, 10 juin 2004 : *JO* 11 juin 2004, p. 10351 ; *D.* 2004, législ. 1774. – Y. Chaput, *La nouvelle gouvernance des administrateurs et des mandataires judiciaires au redressement et à la liquidation des entreprises* : *JCP* 2003, act. 121, p. 381.

CHAPITRE 3

LES GRANDS PRINCIPES DE PROCÉDURE CIVILE

527. – Plan. Pendant fort longtemps, les principes de procédure civile ont revêtu un caractère purement national. Tel n'est plus le cas aujourd'hui dans la mesure où la Convention européenne des droits de l'homme prévoit en son article 6 une disposition de caractère général qui impose le respect de certaines règles essentielles. Ces règles, émanant d'un traité, sont supérieures à la loi interne française (V. *supra*, n° 87) ; elles s'imposent non seulement au juge français, mais à la France qui a été condamnée à de multiples reprises pour violation de l'article 6, § 1 et qui a été amenée à modifier en conséquence certaines règles de procédure ou même d'organisation des juridictions(1).

On exposera brièvement d'abord les principes de droit européen, puis ceux de procédure française(2).

SECTION 1

LES PRINCIPES EUROPÉENS DE PROCÉDURE

528. – Le droit à un procès équitable(3). Le principe. Ce droit est proclamé par l'article 6 de la Convention européenne, dont le § 1 est de portée générale, cependant que les § 2 et 3 concernent le procès pénal.

(1) G. Canivet, *Influence croisée de la Common Law et du Droit civil : Louisiana Law Review*, vol. 63, Summer 2003, in *LouisianaBicentenary : A fusion of legal cultures*, 1803-2003. – I. Delicostopoulos, *Le procès civil à l'épreuve du droit processuel européen*, LGDJ, 2003, préf. S. Guinchard.

(2) C. Grimaldi, *Preuve et droits fondamentaux en France*, in *La preuve*, Trav. Assoc. H. Capitant, t. LXIII, 2013, p. 161.

(3) Sur l'ensemble de la question, V. G. Canivet, *Économie de la justice et procès équitable : JCP* 2001, I, 361. – G. Canivet, *La Cour de cassation et la Convention européenne des droits de l'homme*, in *Cinquantième anniversaire de la Convention européenne des droits de l'homme*, Bruylant, 2002, p. 257. – V. aussi, J.-P. Marguénaud, *Le droit à « l'expertise équitable » : D.* 2000, chron. p. 111. – D. Karsenty, *Le droit au procès équitable : Évolution récente de la jurisprudence de la chambre criminelle*, Rapp. C. cass. 2001, p. 111. – N. Fricero, *Procès civil équitable et juge judiciaire : Mél. P. Julien*, Edilaix, 2003. – Sur la différence d'approche des droits de *common law*, V. E. Zoller, *Procès équitable et* due process of law *: D.* 2007, chron. p. 517.

> **Art. 6, § 1.** – Toute personne a droit à ce que sa cause soit entendue équitablement, publiquement et dans un délai raisonnable, par un tribunal indépendant et impartial, établi par la loi, qui décidera, soit des contestations sur ses droits et obligations de caractère civil, soit du bien-fondé de toute accusation en matière pénale dirigée contre elle. Le jugement doit être rendu publiquement, mais l'accès de la salle d'audience peut être interdit à la presse et au public pendant la totalité ou une partie du procès dans l'intérêt de la moralité, de l'ordre public ou de la sécurité nationale dans une société démocratique, lorsque les intérêts des mineurs ou la protection de la vie privée des parties au procès l'exigent, ou dans la mesure jugée strictement nécessaire par le tribunal, lorsque dans des circonstances spéciales la publicité serait de nature à porter atteinte aux intérêts de la justice.

Cette disposition s'applique indifféremment aux personnes physiques et aux personnes morales, quelle que soit leur nationalité(4). La notion de procès équitable doit être comprise comme un procès loyal (*fair* en anglais) et respectant les règles de forme et de fond destinées à protéger les parties au litige. De ce droit à un procès équitable découle également le *principe de l'égalité des armes*(5), ce qui sous-entend la possibilité pour chacun d'exposer sa cause au tribunal dans des conditions qui ne la désavantagent pas d'une manière appréciable par rapport à la partie adverse ou au ministère public. Il s'ensuit que toute personne, non seulement physique mais morale, doit être entendue par un tribunal indépendant et impartial(6), l'impartialité devant être appréciée de manière objective suivant la Cour de cassation(7).

529. – **Le droit à un procès équitable. Application au droit français.** C'est en application du principe ci-dessus qu'ont été jugées incompatibles avec le droit du requérant à un procès équitable les règles du droit français qui prévoyaient :

– la non-communication aux parties du rapport du conseiller rapporteur et du projet d'arrêt établi par ce dernier alors qu'ils sont communiqués à l'avocat général ; ainsi que la non-communication des conclusions de l'avocat général à la Cour de cassation(8) lorsque le ministère public est partie jointe(9) ;

---

(4) V., pour une société de capitaux étrangère non admise par la loi française à agir en justice sans autorisation délivrée par décret : Cass. com., 8 juill. 2003 : *D.* 2004, 692 et note G. Khairallah : *JCP* 2004, II, 10111, note H. Kenfack et B. de Lamy.

(5) J.-P. Costa, *Le principe du contradictoire dans l'article 6, § 1 de la jurisprudence de la Cour européenne des droits de l'homme : RFDA* 2001, 30 ; *La contradiction en droit public français et l'article 6 § 1 de la Convention européenne des droits de l'homme : RFDA* 2001, 320. – M. Dintilhac, *L'égalité des armes dans les enceintes judiciaires*, Rapp. C. cass. 2003, p. 151.

(6) Ch. Goyet, *Remarques sur l'impartialité du tribunal : D.* 2001, chron. 328. – Cass. 2e civ., 14 sept. 2006, *Bull.* n° 222. – Sur l'impartialité du juge administratif, V. A. Cabanes et A. Robbes, *L'impartialité objective du juge en Europe : des apparences parfois trompeuses : AJDA* 2004, 2375. – Sur l'impartialité de la Cour de cassation, V. CEDH, 24 juin 2010, n° 22349/06, *Mancel et Branquart c/ France : D.* 2010, 1945, obs. S. Lavric.

(7) Cass. 2e civ., 11 mars 2010 : *D.* 2010, act. 771. – Cass. 2e civ., 1er oct. 2020, n° 19-17.922, *Bull.* (même juge en première instance et en appel).

(8) CEDH, 31 mars 1998, *Reinhardt et Slimane Kaïd : JCP* 1999, II, 10074, note S. Soler. – CEDH, 8 févr. 2000, *Voisine : D.* 2000, 651 et note J. Thierry. – CEDH, 26 juill. 2002, nos 32911/97 et 34595/97, *Meftah et a. c/ France : D.* 2002, inf. rap. 2655 et *D.* 2003, somm. 593, obs. N. Fricero. – CEDH, 23 janv. 2003, nos 31520/96 et 34359/97, *Richeu et Gaucher c/ France.* – CEDH, 26 juin 2003, *Pascolini c/ France : D.* 2003, inf. rap. p. 2340. – CEDH, 1er avr. 2004 : *JCP* 2004, II, 10126, note J.-J. Starck et Ph. Bernardet. – V. J. Sainte-Rose, *Le parquet général de la Cour de cassation « réformé » par la jurisprudence de la Cour européenne des droits de l'homme : mythe ou réalité ? : D.* 2003, chron. p. 1443. – C. Popineau-Dehaullon, *Les communications de pièces aux parties devant la Cour de cassation : JCP* 2008, I, 139.

(9) Cass. 3e civ., 8 oct. 2003, *Bull.* n° 174 ; *RTD civ.* 2004, 137, obs. R. Perrot. – Cass. 2e civ., 21 déc. 2006, *Bull.* n° 370. – Cass. 1re civ., 23 janv. 2008.

– l'interdiction de toute défense à l'audience devant la cour d'assises qui sanctionne la non-comparution du requérant qui est ainsi *condamné par contumace*[10] ;

– l'article 505 du Code de procédure pénale ouvrant au procureur général un délai d'appel plus long que celui accordé aux parties par l'article 498[11] ;

– le délai de cinq jours, tel qu'interprété par la Cour de cassation, pour former un pourvoi en cassation en matière criminelle[12] ;

– la présence dans la juridiction statuant dans un litige d'un magistrat ayant déjà connu de l'affaire en première instance[13] ou dans une chambre de l'instruction[14] ;

– la participation et même la simple présence du commissaire du gouvernement au délibéré devant le Conseil d'État (arrêt *Kress*)[15], et de l'avocat général au délibéré devant la chambre criminelle de la Cour de cassation[16] ;

– le formalisme, édicté par l'article 173 du Code de procédure pénale, imposant une déclaration formelle au greffe pour contester la régularité d'actes de procédure[17] ;

– l'obligation pour un accusé libre de se constituer prisonnier à peine de déchéance de son pourvoi en cassation[18] ;

– la simple lecture à l'audience du dispositif d'un jugement correctionnel de condamnation, sans que la partie ait pu avoir copie du jugement avant l'expiration du délai d'appel[19] ;

– les règles relatives au rôle tenu par le commissaire du gouvernement dans la procédure en fixation des indemnités d'expropriation[20] ;

---

(10) CEDH, 13 févr. 2001 : *D.* 2001, p. 3302, note J.-P. Marguénaud.

(11) Cass. crim., 17 sept. 2008 : *D.* 2008, act. jurispr. 2507, obs. C. Girault ; *JCP* 2008, II, 10195 et note J. Turot. – Cass. crim., 10 févr. 2009 : *D.* 2009, act. jurispr. 814, obs. C. Girault.

(12) CEDH, 10 juill. 2001 : *JCP* 2002, II, 10034, note L. Di Raimondo.

(13) Cass. 2e civ, 14 févr. 2008 : *D.* 2008, act. jurispr. p. 622.

(14) CEDH, 22 avr. 2010, n° 29808/06, *Chesne c/ France*.

(15) CEDH, 7 juin 2001, *Kress* : *JCP* 2001, II, 10578, note F. Sudre ; *D.* 2001, p. 2619, note R. Drago ; *RFDA* 2001, 1009, obs. B. Genevois. – CEDH, 5 juill. 2005, n° 55929/00, *Marie Louise Loyen et a. c/ France* : *JCP* 2006, II, 10016 et note L. Poulet. – D. Chauvaux et J.-H. Stahl, *Le Commissaire, le délibéré et l'équité du procès* : *AJDA* 2005, 2116. – CEDH, 12 avr. 2006, req. n° 58675/00, *Martiniec/ France* : *D.* 2006, inf. rap. p. 1129, obs. M.-C. de Monteclerc ; *RFDA* 2006, p. 305 ; *AJDA* 2006, p. 986 et note F. Rolin. – L. Sermet, *L'arrêt* Martinie c/ France *: un arrêt de Grande chambre ? Assurément. Un grand arrêt ? Non* : *RFDA* 2006, 577. – V. Bove-Eveno, *La CEDH, la France et le commissaire du gouvernement* : LPA 24 août 2006, p. 3. – G. Miller, *Les chambres régionales et territoriales des comptes depuis l'arrêt Martinie de la CEDH* : *AJDA* 2007, 467. – F. Lambert, *Faut-il maintenir le commissaire du gouvernement ?* : *AJDA* 2007, 778. – G. Gondouin, *Il faut sauver le commissaire du gouvernement... ou son successeur* : *AJDA* 2007, 2068. – Pour ce qui concerne la Cour des comptes, V. C. comptes, ch. réunies, 6 déc. 2006, *Cne de Propriano* : *AJDA* 2007, 1351.

(16) CEDH, 8 juill. 2003, *Fontaine* : *D.* 2003, inf. rap. 2123. – CEDH, 27 nov. 2003, *Slimane Kaïdc/ France* : *D.* 2004, inf. rap. 32. – CEDH, 1er avr. 2004, *Quesnec/ France*, préc. – J. Andriantsimbazovina, *Bien lus, bien compris, mais est-ce bien raisonnable ? Toujours à propos du droit à un procès équitable et du « ministère public »* : *D.* 2004, chron. p. 886. – I. Pingel et F. Sudre (ss dir.), *Le ministère public et les exigences du procès équitable*, Bruxelles, Bruylant, 2003. – J.-F. Burgelin, *La paille et la poutre* : *D.* 2004, chron. p. 1249.

(17) CEDH, 26 juill. 2007, *Walchli c/ France* : *D.* 2007, act. jurispr. p. 2304.

(18) CEDH, 25 juill. 2002, n° 54210/00, *Papon c/ France* : *D.* 2002, inf. rap. 2451.

(19) CEDH, 24 juill. 2007, *Baucher c/ France* : *D.* 2007, act. jurispr. p. 2305.

(20) CEDH, 24 avr. 2003, *Yvon c/ France* : *AJDI* 2003, 361. – Cass. 3e civ., 2 juill. 2003, *Bull.* n° 140, p. 125 ; *D.* 2003, inf. rap. 1879. – Cass. 3e civ., 9 juin 2004 : *D.* 2004, inf. rap. p. 2194. – Cass. 3e civ., 13 avr. 2005 : *D.* 2005, inf. rap. p. 1179. – Cass. 3e civ., 25 oct. 2005 : *AJDI* 2006, 293 et note C. Morel. – Cass. 3e civ., 29 mars 2006 : *D.* 2006, inf. rap. p. 1128. – CEDH, 25 avr. 2006, *Roux c/ France* : *AJDA* 2006, 1441 et note R. Hostiou. – D. Musso, *Présence du commissaire du gouvernement dans la procédure d'expropriation et respect du principe de l'égalité des armes* : *AJDI* 2003, 330. V. aussi, plus largement, R. Hostiou, *Le droit français de l'expropriation et la Convention européenne des droits de l'homme* : *AJDI* 2000, 290. – R. Hostiou, *La conventionnalité du Code de l'expropriation au regard du principe du droit à un procès équitable* : *RD imm.* 2002, 175. – J.-F. Struillou, *Le commissaire du gouvernement auprès de la juridiction de l'expropriation*

– certaines dispositions relatives à la garde à vue[21] (absence d'un avocat dès le début, information sur le droit de garder le silence) cependant que certaines autres avaient été déclarées inconstitutionnelles par le Conseil constitutionnel.

Dans le même esprit, on peut se demander si les règles relatives à l'instruction du procès pénal – notamment en ce qui concerne l'action civile – sont compatibles avec l'exigence européenne du « procès équitable »[22] ; et de même pour la procédure d'avis du Conseil d'État[23].

Certaines décisions de la Cour de Strasbourg ont été particulièrement critiquées en France[24]. Il en a été ainsi tout particulièrement de l'arrêt *Kress* dans la mesure où, tout en reconnaissant que la participation du commissaire du gouvernement au délibéré ne portait pas atteinte aux droits du requérant, la Cour européenne des droits de l'homme condamnait cette règle au motif qu'elle pouvait en donner l'apparence[25]. Mais, corrélativement, ce même arrêt décidait que la non-soumission des conclusions du commissaire du gouvernement au principe du contradictoire ne portait pas atteinte à l'égalité des armes.

De même encore, c'est en application de l'article 6, § 1, de la Convention que la Cour européenne oblige les tribunaux à motiver leurs décisions et condamne les États dont les tribunaux ont rendu des décisions insuffisamment motivées[26] (sur la motivation des arrêts de cour d'assises, V. *supra*, n° 505).

Et c'est toujours sur ce même fondement, et sur le droit au respect des biens (Protocole n° 1, art. 1) que la Cour européenne des droits de l'homme décide que la non-exécution d'une décision de justice par une collectivité territoriale engage la responsabilité internationale de l'État[27].

Ce ne sont là que des exemples récents, mais qui ont déjà eu un important retentissement en droit français[28] et qui ont amené à modifier les règles de la garde à vue[29]

et le droit à un procès équitable : RD imm. 2003, 425. – S. Papi, *Le droit français de l'expropriation à l'épreuve de la Cour européenne des droits de l'homme, Débats autour de la notion de procès équitable : AJDI* 2005, 12.

(21) CEDH, 14 oct. 2010 : *D.* 2010, 2950 et note J.-F. Renucci. – Cass. crim., 19 oct. 2010, 3 arrêts : *D.* 2010, 2809 et note E. Dreyer.

(22) D. Roets, *Le contentieux de l'action civile et l'article 6, § 1 de la Convention européenne des droits de l'homme : une tentative de clarification de la Cour de Strasbourg : D.* 2004, chron. p. 2943. – P.-F. Divier, *L'instruction pénale française à l'épreuve du « procès équitable » européen : D.* 2004, chron. 2949. – F. Bussy, *Nul ne peut être juge et partie : D.* 2004, chron. p. 1745.

(23) L. Calandri, *L'avis juridictionnel du Conseil d'État et le principe d'impartialité. Chronique d'une incompatibilité annoncée ? : JCP* 2007, I, 114.

(24) Ph. Malaurie, *Grands arrêts, petits arrêts et mauvais arrêts de la Cour européenne des droits de l'homme :* LPA 21 août 2006, p. 4 ; *Defrénois* 2007, 1, 348, art. 38550. – B. Edelman, *La Cour européenne des droits de l'homme : une juridiction tyrannique ? : D.* 2008, chron. 1946.

(25) V. Haïm, *Faut-il supprimer la Cour européenne des droits de l'homme ? : D.* 2001, p. 2988. – J. Andriantsimbazoniva, *« Savoir n'est rien, imaginer est tout ». Libre conversation autour de l'arrêt Kress de la CEDH : D.* 2001, chron. p. 2611. – V. S. Guinchard, *Dialogue imaginaire entre un justiciable moyen et un juriste désespéré par l'arrêt* Kress : *D.* 2003, chron. p. 152. – A. Bonnet, *La nouvelle partition (à écrire) du commissaire du gouvernement : AJDA* 2003, 323.

(26) L. Boré, *La motivation des décisions de justice et la Convention européenne des droits de l'homme : JCP* 2002, I, 104.

(27) CEDH, 2e sect., 26 sept. 2006, *Sté de gestion du port de Campoloro et Sté fermière de Campoloroc/ France : D.* 2007, 545 et note Ch. Hugon.

(28) D. Rebut, *L'arrêt Medvedyev et la réforme de la procédure pénale : D.* 2010, 970. – CEDH, Gde ch., 29 mars 2010 : *D.* 2010, p. 1386, note J.-F. Renucci, et p. 1390, note P. Hennion-Jacquet.

(29) L. 14 avr. 2011, qui ne devait entrer en vigueur que le 1er juin 2011, mais que la Cour de cassation a rendu de fait immédiatement applicable (Cass. ass. plén., 15 avr. 2011, 4 arrêts : *D.* 2011, 1080 ; *JCP* 2011, 483. – H. Matsopoulou, *Une réforme inachevée. À propos de la loi du 14 avril 2011 : JCP* 2011, 542. – J. Pradel, *Un regard perplexe sur la nouvelle garde à vue. À propos de la loi du 14 avril 2011 : JCP* 2011, 665.

ainsi que certaines règles de procédure[30], par exemple, dans diverses instances, la participation du rapporteur au délibéré[31] et, en matière d'expropriation, le libre accès de l'exproprié aux éléments d'information détenus par l'administration fiscale[32]. C'est ainsi que le décret n° 2008-225 du 6 mars 2008 relatif à l'organisation et au fonctionnement du Conseil d'État a été pris pour répondre aux exigences de la jurisprudence de la Cour européenne des droits de l'homme[33], et que corrélativement le commissaire du gouvernement est devenu le « rapporteur public »[34].

Dans le même esprit, on rappellera que, dans son arrêt du 23 novembre 2010, la Cour européenne des droits de l'homme a considéré que, à raison de sa dépendance à l'égard du ministère de la Justice, un magistrat du parquet n'était pas, au regard de l'article 5, § 3 de la Convention « un juge ou autre magistrat habilité par la loi à exercer des fonctions judiciaires » (V. *supra*, n° 518).

530. – Le droit à un procès public. On ne fera que citer cette exigence de l'article 6 dans la mesure où elle correspond à l'état du droit français.

En effet, l'article 22 du Code de procédure civile prévoit que « Les débats sont publics, sauf les cas où la loi exige ou permet qu'ils aient lieu en chambre du conseil ».

Il n'en allait autrement que devant les juridictions disciplinaires. Pour tenir compte de l'exigence européenne, la publicité y a été rétablie, soit par la jurisprudence[35], soit par les textes.

531. – Le droit à un procès d'une durée raisonnable[36]. La France a déjà fait l'objet de plusieurs condamnations à ce titre. Le délai pour rendre la décision se compte du jour de l'assignation devant les premiers juges jusqu'à celui du prononcé de l'arrêt de la Cour de cassation. Il faut en outre y inclure le délai de la procédure d'exécution de la décision.

Selon la Cour européenne des droits de l'homme, le respect du délai raisonnable est un moyen de garantir l'efficacité et la crédibilité de la justice[37], et le caractère raisonnable « s'apprécie suivant les circonstances de la cause et eu égard aux critères consacrés par la jurisprudence de la Cour, en particulier la complexité

(30) M. Lascombe et X. Vandendriessche, *Adapter la procédure devant les juridictions financières au XXIe siècle : AJDA* 2007, 668. – D. Karsenty, *L'apparition de nouveaux droits fondamentaux en matière de mise en état : JCP* 2007, I, 160. – J.-P. Dintilhac, *L'incidence du droit européen sur la procédure civile française : Mél. J. Boré*, Dalloz, 2007, p. 141. – F.-C. Bernard, *Le choc des cultures : le ministère public devant les Cours suprêmes françaises et la Cour EDH : Mél. Burgelin*, Dalloz, 2008. – G. Eveillard, *L'application de l'article 6 de la Convention EDH à la procédure administrative non contentieuse : AJDA* 2010, 531.

(31) Ainsi, à la suite de l'arrêt *Martinie* du 12 avril 2006, l'article R. 733-3 du Code de justice administrative prévoit désormais que « sauf demande contraire d'une partie le commissaire du gouvernement assiste au délibéré. Il n'y prend pas part » ; disposition avalisée par le Conseil d'État : CE, 25 mai 2007, *M. Courty : AJDA* 2007, 1424, concl. R. Keller. Et de même pour le commissaire du gouvernement (aujourd'hui le rapporteur public) en matière d'expropriation (CJA, art. R. 732-2).

(32) LPF, art. L. 135 B, al. 1.

(33) P. Gonod, *Le Conseil d'État à la croisée des chemins ? : AJDA* 2008, 680. – J. Andriantsimbazovina, *Du commissaire du gouvernement au juge orateur au sein des juridictions administratives : D.* 2008, chron. p. 1154.

(34) D. n° 2009-14, 7 janv. 2009 : *JO* 8 janv. 2009. – B. Pacteau, *Du commissaire au rapporteur, suite... et à suivre : RFDA* 2009, 67. – P. Idoux, *Vers un redéploiement de la contradiction en droit administratif français : AJDA* 2009, 637. – A. Barlerin, *Rapporteur public : chronique d'une controverse annoncée : AJDA* 2010, 1574. – D. Boulard, *La place du rapporteur public : AJDA* 2011, 601.

(35) Cass. 1re civ., 4 déc. 2001, *Bull.* n° 304, p. 193 : « les débats sont publics sauf demande de l'intéressé à ce qu'ils se déroulent en chambre du conseil ».

(36) D. Cholet, *La célérité de la procédure en droit processuel*, LGDJ, coll. « Droit privé », 2006, préf. G. Giudicelli-Delage. – G. Lucazeau, *Le délai raisonnable est-il bien raisonnable ? : JCP* 2008, I, 103. – R. Goma, *De la responsabilité de l'État pour inobservation du délai raisonnable par la justice : AJDA* 2013, 564.

(37) CEDH, 24 oct. 1989, *H. c/ France*, série A, n° 162, cité par F. Sudre et a., *Les Grands arrêts de la CEDH*, 5e éd., 2009, p. 354.

de l'affaire, le comportement du requérant et celui des autorités compétentes »[38]. Il se peut en fait qu'une série de délais qui, considérés isolément, ne sont pas déraisonnables, aboutissent en se cumulant à le devenir. Dans le même esprit, la Cour de cassation a décidé que l'appréciation du caractère raisonnable d'un procès devait se faire sur la globalité de la procédure, dans toutes ses instances[39].

La méconnaissance du droit à un délai raisonnable est sans incidence sur la validité de la décision juridictionnelle prise à l'issue de la procédure, mais les justiciables peuvent la faire sanctionner s'ils en subissent un préjudice.

En droit interne, le dépassement du délai raisonnable peut en effet constituer une faute lourde au sens de l'article L. 141-1 du Code de l'organisation judiciaire et justifier une condamnation de l'État pour dysfonctionnement du service public de la justice[40] (V. *supra*, n° 486).

Toutefois, avant de pouvoir saisir la Cour européenne des droits de l'homme, le plaideur mécontent doit avoir épuisé les recours ouverts par le droit interne, et donc avoir exercé celui tiré de l'article L. 141-1[41].

SECTION 2

LES PRINCIPES FRANÇAIS DE PROCÉDURE CIVILE

532. – Les chantiers de la justice. Le ministère de la Justice a mis en place les « chantiers de la justice » tendant à améliorer cette dernière, notamment dans ses aspects procéduraux[42]. Y ont été traités : la transformation numérique, l'amélioration et la simplification de la procédure pénale, l'amélioration et la simplification de la procédure civile, l'adaptation du réseau des juridictions, le sens et l'efficacité des peines. Ces chantiers ont débouché sur la loi n° 2019-222 du 23 mars 2019 de programmation 2018-2022 et de réforme pour la justice et sur plusieurs décrets.

SOUS-SECTION 1

LES PRINCIPES RELATIFS À LA COMPÉTENCE DES JURIDICTIONS

533. – La compétence d'attribution. L'application des règles de compétence est toujours, pour les usagers du service public de la justice, une question très irritante

(38) L. Nicolas-Vuillerme, *Le « délai raisonnable » ou la mesure du temps* : *LPA* 3 janv. 2005, p. 3.
(39) Cass. 1re civ., 25 mars 2009, 2 arrêts.
(40) En matière administrative, le Conseil d'État a décidé qu'il y a lieu à responsabilité de l'État sans qu'il soit nécessaire de rechercher si le dépassement du délai raisonnable est constitutif d'une faute lourde : CE, 28 juin 2002 : *D.* 2002, inf. rap. p. 2304 et note V. Holderbach-Martin ; *JCP* 2003, II, 10151 et note J.-J. Menuret ; et ceci même par référence aux « principes généraux qui gouvernent le fonctionnement des juridictions administratives » : CE, 17 juill. 2009, n° 295653, *Ville de Brest* : *AJDA* 2009, 1605, note S.-J. Liéber et D. Botteghl. – Andriantsimbazovina, *Délai raisonnable du procès, recours effectif ou déni de justice ?* : *RFDA* 2003, 85. – F. Rolin, *Le coût du retard à juger devant les juridictions administratives* : *AJDA* 2004, 2145.
(41) CEDH, 12 juin 2001, *Giummarac/ France* : *RTD civ.* 2002, 395, obs. J.-P. Marguénaud. – V. aussi CEDH, 21 oct. 2003 : *RTD civ.* 2004, 365, obs. J.-P. Marguénaud.
(42) C. Chainais et X. Lagarde (ss dir.), *Réformer la justice civile. Actes du colloque du 6 février 2018* : *JCP* 2018, suppl. au n° 13, 26 mars 2018.

dans la mesure où la moindre erreur peut entraîner une perte de temps considérable. Or, la complexité de la matière est telle qu'il y a souvent lieu à hésitation ; en pratique, il n'est pas rare qu'une affaire fasse l'objet d'un premier jugement sur la seule compétence de la juridiction saisie. C'est donc une source de lenteurs, parfois aggravée par les intentions dilatoires de l'une des parties.

Lorsqu'une personne entend exercer une action en justice, la détermination de la compétence doit s'opérer de deux points de vue : la *compétence d'attribution* et la *compétence territoriale.*

En premier lieu, il faut rechercher quel est, compte tenu de la nature du litige, le tribunal compétent parmi les diverses catégories de juridictions : tribunal administratif, tribunal correctionnel, tribunal judiciaire, tribunal de commerce, etc. C'est la question de la *compétence d'attribution* (ou encore *ratione materiae,* en raison de la matière de l'affaire).

Sans doute y a-t-il des règles qui attribuent compétence (de droit commun ou d'exception) à chaque juridiction ; elles ont été brièvement exposées à propos de chacune (V. *supra,* n°s 493 et s.). Mais, eu égard à la multiplicité des juridictions et à l'imbrication de leurs compétences, le choix du tribunal est loin d'être commode. Si la spécialisation des tribunaux peut être considérée comme le gage d'une justice meilleure parce que mieux adaptée à la diversité des situations, les problèmes de compétence d'attribution sont le revers de la médaille.

Une consécration éclatante en est l'existence du *Tribunal des conflits,* dont le seul rôle est de trancher les conflits de compétence entre les juridictions de l'ordre administratif et celles de l'ordre judiciaire (V. *supra,* n° 491). Mais la même question se pose au sein de chacun des ordres, entre les divers tribunaux qui en font partie.

Les règles de compétence d'attribution sont d'ordre public : c'est dire qu'elles ne peuvent être écartées par les parties au litige, sauf au profit d'un arbitre dans les cas où l'arbitrage est possible (V. *supra,* n° 487) ou du tribunal judiciaire (pour les affaires relevant du tribunal de commerce).

534. – **La compétence territoriale.** En déterminant la compétence d'attribution, on a simplement précisé la compétence d'une catégorie juridictionnelle (tribunaux de commerce, par exemple) qui comprend de nombreux tribunaux répartis sur tout le territoire ; pour introduire l'action en justice, il est nécessaire de savoir lequel est territorialement compétent.

C'est la question de la *compétence territoriale* (ou encore *ratione loci,* en raison du lieu). Il y a là une nouvelle complication, moins sérieuse toutefois que la précédente en ce qu'elle n'est pas toujours d'ordre public et qu'en conséquence les parties peuvent y déroger mais dans certains cas seulement, et sous certaines réserves. En effet, les clauses qui, directement ou indirectement, dérogent aux règles de compétence territoriale – et notamment les *clauses attributives de compétence* – ne sont valables qu'entre personnes ayant toutes contracté en qualité de commerçant, et à la condition de figurer de façon très apparente dans l'acte[43] (CPC, art. 48).

(43) J.-F. Sagaut, *L'élection de domicile : un suffrage à l'utilité mésestimée ! : JCP* N 2008, 1143. – E. Fohrer-Dedeurwaerder, *Les clauses attributives de juridiction dans les relations commerciales établies : RTD com.* 2018, 1083.

À défaut de dérogation conventionnelle, le choix de la juridiction sera dicté par des règles, variables suivant qu'il s'agit d'un tribunal judiciaire, ou de commerce, ou d'un conseil de prud'hommes.

La loi pose tout d'abord une règle générale : le principe de la compétence du tribunal du domicile du défendeur (CPC, art. 42), ce qui constitue l'intérêt principal de la notion de domicile (V. *supra*, n°s 345 et s.). L'idée est que le demandeur doit supporter l'inconvénient d'aller plaider au domicile du défendeur puisqu'il trouble ce dernier sans qu'on sache si son action est fondée.

Ce principe comporte de larges exceptions, notamment :

– en matière immobilière : tribunal du lieu où est situé l'immeuble (CPC, art. 44) ;

– en matière contractuelle : option entre la règle générale et le tribunal du lieu de la livraison de la chose ou de l'exécution de la prestation (CPC, art. 46) ;

– en matière délictuelle : option entre la règle générale et le tribunal du lieu du dommage ou du fait dommageable (CPC, art. 46).

En toute hypothèse, l'exception d'incompétence – qui tend à critiquer la compétence territoriale ou d'attribution du tribunal saisi du litige – doit être soulevée au début du procès, avant de conclure sur le fond de l'affaire ; dans certaines circonstances, le tribunal peut soulever d'office l'incompétence. La question de compétence donne alors lieu à un jugement dont il peut être fait appel, ce qui allonge d'autant la durée de la procédure.

SOUS-SECTION 2

LES PRINCIPES RELATIFS AU DÉROULEMENT DU PROCÈS

535. – Les principes directeurs[44]. Toute instance en justice est introduite à la requête d'un demandeur qui *assigne* le défendeur à *comparaître* devant le tribunal. La procédure varie suivant la juridiction devant laquelle se déroule le procès, mais il existe un certain nombre de principes communs : principe du « contradictoire », publicité de la procédure, oralité des débats, neutralité du juge et gratuité de la justice. Certains d'entre eux, qui sont les plus importants, sont qualifiés de *principes directeurs*.

536. – Le principe de la contradiction[45]. Le *principe de la contradiction (ou du contradictoire)* oblige le juge à entendre les deux parties, ce qui suppose qu'elles soient, suivant les cas, présentes ou représentées. Toutefois, pour ne pas offrir aux parties un moyen dilatoire trop facile, un jugement sera le plus souvent *réputé contradictoire* même si l'une des parties a fait *défaut* (par exception, celui qui a fait défaut pourra intenter une voie de recours particulière, l'*opposition*).

(44) G. Bolard, *Les principes directeurs du procès civil : le droit positif depuis Henri Motulsky : JCP* 1993, I, 3693.

(45) M.-A. Frison-Roche, *Généralités sur le principe du contradictoire*, thèse, Paris II, 1988. – A. Leborgne, *L'impact de la loyauté sur la manifestation de la vérité ou le double visage d'un grand principe : RTD civ.* 1996, p. 535. – L. Ascensi, *Du principe de la contradiction*, LGDJ, coll. « Droit privé », 2006. – L. Miniato, *Le principe du contradictoire en droit processuel*, LGDJ, coll. « Droit privé », 2008, préf. B. Beignier.

CPC, art. 14. – Nulle partie ne peut être jugée sans avoir été entendue ou appelée.

Art. 15. – Les parties doivent se faire connaître mutuellement en temps utile les moyens de fait sur lesquels elles fondent leurs prétentions, les éléments de preuve qu'elles produisent et les moyens de droit qu'elles invoquent, afin que chacun soit à même d'organiser sa défense.

Art. 16. – Le juge doit, en toutes circonstances, faire observer et observer lui-même le principe de la contradiction.

Il ne peut retenir, dans sa décision, les moyens, les explications et les documents invoqués ou produits par les parties que si celles-ci ont été à même d'en débattre contradictoirement.

Il ne peut fonder sa décision sur les moyens de droit qu'il a relevés d'office sans avoir au préalable invité les parties à présenter leurs observations.

Le caractère contradictoire oblige le juge à ne retenir que les arguments qui ont été échangés entre les parties et sur lesquels chacune a été à même de discuter et présenter ses observations ; d'où l'obligation de signifier tous les actes de procédure et de communiquer à l'autre partie toutes les pièces qui seront soumises au tribunal. De même, si le juge relève d'office un moyen de droit, il doit inviter les parties à présenter leurs observations(46). À cet égard, si en principe le juge n'a pas l'obligation de changer le fondement juridique des demandes, il en va parfois différemment ; ainsi « il est tenu, lorsque les faits dont il est saisi le justifient, de faire application des règles d'ordre public issues du droit de l'Union européenne, même si le demandeur ne les a pas invoquées »(47).

Le principe de la contradiction, qui figure également dans l'article 6 de la Convention européenne des droits de l'homme (V. *supra*, n° 528), est complété par celui de la *protection des droits de la défense* qui apparaît avec tout son éclat en matière pénale.

537. – **Le principe de la publicité.** Le principe de la *publicité*, qui figure aussi dans l'article 6 de la Convention européenne des droits de l'homme (V. *supra*, n° 530), s'applique à la fois aux audiences et aux jugements.

CPC, art. 433. – Les débats sont publics sauf les cas où la loi exige qu'ils aient lieu en chambre du conseil.

Art. 435. – Le juge peut décider que les débats auront lieu ou se poursuivront en chambre du conseil s'il doit résulter de leur publicité une atteinte à l'intimité de la vie privée, ou si toutes les parties le demandent, ou s'il survient des désordres de nature à troubler la sérénité de la justice.

(46) Cass. ch. mixte, 10 juill. 1981 : *D.* 1981, 637, concl. Cabannes. – Cass. 2e civ., 13 oct. 2016, n° 15-25.995. – Cass. 2e civ., 29 août 2019 : *JCP* 2019, 887.

(47) Cass. ch. mixte, 7 juill. 2017 : *JCP* 2017, 926, note C. Quézel-Ambrunaz ; *D.* 2017, 1800, note M. Bakache ; *RDC* 2017, 594, note J.-S. Borghetti ; *RTD civ.* 2017, 829, obs. L. Usunier ; *ibid.* 872, obs. P. Jourdain et 832, obs. P.-Y. Gautier.-

Le public est admis aux audiences sauf si, en raison de sa nature, l'affaire est jugée à *huis clos* (au pénal) ou en *chambre du conseil* (au civil). Cette publicité s'accompagne en principe de la libre reproduction des débats dans la presse mais en revanche l'interdiction de tout enregistrement sonore ou visuel dans les salles d'audience est de règle(48). Toutefois, depuis la loi du 11 juillet 1985, un tel enregistrement peut être autorisé sous certaines conditions lorsqu'il présente un intérêt pour la constitution d'archives historiques de la justice. De même, et pour répondre aux exigences de la Cour européenne des droits de l'homme, les débats devant la cour d'assises doivent faire l'objet d'un enregistrement sonore (L. 20 juin 2014).

538. – **Le principe de l'oralité des débats.** Le principe de l'*oralité*, qui est une forme de publicité, est relatif aux plaidoiries. Les avocats y sont très attachés ; mais le droit de plaider en matière civile n'est pas à ce jour un principe directeur(49).

Il est des juridictions devant lesquelles la procédure est presque entièrement écrite (*mémoires* devant les juridictions administratives et la Cour de cassation). Partout ailleurs, les plaidoiries sont toujours orales ; mais la procédure elle-même (par opposition aux débats) est écrite, et notamment les *conclusions* déposées par les avocats dans lesquelles figurent tous les arguments et moyens de défense des parties.

539. – **Le principe de la neutralité du juge (ou principe dispositif).** Le principe de la *neutralité* du juge correspond à une certaine conception de la procédure, de type *accusatoire* dans laquelle le rôle actif est tenu par les parties cependant que le juge n'y joue qu'un rôle passif.

En matière civile et commerciale, le système français demeure accusatoire, malgré une évolution certaine. Ce sont les plaideurs qui prennent l'initiative de la procédure et qui délimitent la portée exacte du procès soumis au juge. Toutefois des réformes récentes, notamment l'institution d'un juge de la *mise en état des causes*, ont assoupli le principe de neutralité et permis au juge d'intervenir dans la direction du procès au lieu d'en être un simple spectateur (V. aussi *infra*, n° 553).

CPC, art. 1. – Seules les parties introduisent l'instance, hors les cas où la loi en dispose autrement. Elles ont la liberté d'y mettre fin avant qu'elle ne s'éteigne par l'effet du jugement ou en vertu de la loi.

Art. 2. – Les parties conduisent l'instance sous les charges qui leur incombent. Il leur appartient d'accomplir les actes de la procédure dans les formes et délais requis.

Art. 3. – Le juge veille au bon déroulement de l'instance ; il a le pouvoir d'impartir les délais et d'ordonner les mesures nécessaires.

Art. 4. – L'objet du litige est déterminé par les prétentions respectives des parties.

(48) Saisi par la Cour de cassation d'une QPC relative à cette atteinte à la liberté de la presse, le Conseil constitutionnel a décidé que cette limitation était nécessaire, adaptée et proportionnée aux objectifs poursuivis : Cons const., 6 déc. 2019, n° 2019-817 QPC : *D.* 2019, 2355 ; *JCP* 2019, 1323.

(49) M. Attal, *Le droit de plaider en matière civile. Réponse à la proposition d'en faire un principe directeur du procès* : *JCP* 2015, 644.

Ces prétentions sont fixées par l'acte introductif d'instance et par les conclusions en défense. Toutefois l'objet du litige peut être modifié par des demandes incidentes lorsque celles-ci se rattachent aux prétentions originaires par un lien suffisant.

En matière répressive, au contraire, la procédure est de type *inquisitoire*. On entend par là que l'initiative de l'action et la conduite du procès relèvent du juge et non des parties, même si la victime peut se constituer partie civile. C'est le *juge d'instruction* qui remplit ce rôle.

La procédure, accusatoire ou inquisitoire, a des incidences sur le plan de la preuve. C'est ainsi qu'en matière civile et commerciale, la neutralité du juge aboutit à rejeter la charge de la preuve sur les plaideurs (V. *infra*, n° 555).

540. – **Le principe de la gratuité.** Le principe de la *gratuité* de la justice ne doit pas faire illusion. Il signifie seulement que les magistrats ne sont pas payés par les plaideurs (comme c'était jadis le cas, avec les *épices*) mais par l'État. Mais bien d'autres frais interviennent qui donnent à la justice la réputation de coûter cher.

Cette réputation est devenue pour partie injustifiée depuis que la loi du 30 décembre 1977 a supprimé le prélèvement fiscal sur les actes de procédure. Mais bien évidemment, c'est aux plaideurs qu'il incombe de régler les *émoluments* des officiers ministériels, les frais éventuels d'expertise ou d'enquête, et les *honoraires* des avocats.

Or, si les *émoluments* des officiers ministériels sont fixés par un tarif, les *honoraires* des avocats ne sont pas soumis à réglementation. C'est pour permettre aux plus démunis de faire face à ces honoraires qu'a été mis en place un système d'aide judiciaire ou aide juridique qui facilite ainsi l'accès à la justice (V. *supra*, n° 485).

Parmi les frais de justice, certains sont appelés les *dépens* et sont mis à la charge de la partie qui succombe, sauf décision contraire motivée du juge. Ainsi, une fraction des frais (rémunération des experts, émoluments des officiers ministériels) peut être récupérée par le gagnant.

Le juge peut même aller au-delà de la simple condamnation aux dépens lorsqu'il lui paraît inéquitable de laisser à la charge d'une partie les honoraires et autres frais non inclus dans les dépens (CPC, art. 700).

CPC, art. 696. – La partie perdante est condamnée aux dépens, à moins que le juge, par décision motivée, n'en mette la totalité ou une fraction à la charge d'une autre partie.

Art. 700. – Le juge condamne la partie tenue aux dépens ou qui perd son procès à payer :

1° À l'autre partie la somme qu'il détermine, au titre des frais exposés et non compris dans les dépens ;

2° Et, le cas échéant, à l'avocat du bénéficiaire de l'aide juridictionnelle partielle ou totale une somme au titre des honoraires et frais, non compris dans les dépens, que le bénéficiaire de l'aide aurait exposés s'il n'avait pas eu cette aide (...).

Dans tous les cas, le juge tient compte de l'équité ou de la situation économique de la partie condamnée. Il peut, même d'office, pour des raisons tirées des mêmes considérations, dire qu'il n'y a pas lieu à ces condamnations. (...).

SOUS-SECTION 3

LES PRINCIPES RELATIFS AU JUGEMENT

541. – **Présentation générale et terminologie.** La décision est rendue soit le jour même des plaidoiries, soit à une audience ultérieure. Suivant les cas, elle portera le nom *d'ordonnance* (président du tribunal), de *jugement* (tribunaux du premier degré) ou d'*arrêt* (cour d'appel, Cour de cassation). En la forme, c'est un acte authentique ; il devrait pouvoir être établi indifféremment sur papier ou sur un support électronique[(50)] même si un certain nombre d'obstacles techniques demeure.

Si elle est rendue dans le cadre d'un litige, ce sera une décision *contentieuse* (par opposition aux décisions *gracieuses* qui interviennent en dehors de tout procès : jugement d'adoption, par exemple) qui, ou bien reconnaîtra l'existence d'un droit contesté (jugement *déclaratif*), ou bien créera un état de droit nouveau (jugement *constitutif*).

Cette décision devra être *signifiée* à l'initiative de la partie la plus diligente, en fait, celui qui a gagné le procès, la signification par huissier ayant pour but de faire connaître officiellement la décision à l'adversaire et de faire courir les délais des voies de recours.

Outre l'*appel* (V. *supra*, n° 505) et le pourvoi en *cassation* (V. *supra*, n° 507) qui sont les voies de recours de loin les plus importantes, il faut rappeler la possibilité de faire *opposition* (V. *supra*, n° 536) qui est parfois ouverte et permet alors à la partie qui a fait défaut de venir devant le même juge pour présenter ses observations. D'autres voies de recours sont encore possibles parmi lesquelles il faut retenir la *tierce opposition* ouverte aux tiers qui souffrent d'une décision judiciaire rendue en dehors d'eux.

Toute décision contentieuse comporte deux effets : la force exécutoire, et l'autorité de la chose jugée.

542. – **La force exécutoire.** La *force exécutoire* entraîne la possibilité de faire exécuter la décision rendue, au besoin en recourant à la force publique ; c'est ce qu'exprime en toutes lettres la *formule exécutoire* qui figure en bas de la décision. Si nul ne peut recourir à la force privée pour se faire justice soi-même, le jugement qui est une décision de l'autorité publique, rendue au nom du peuple français, doit avoir l'appui de la force publique pour assurer son respect.

Celui qui a gagné le procès pourra ainsi faire procéder à l'*exécution forcée* de la décision : par exemple, faire procéder aux diverses saisies mobilières ou immobilières pour se payer de la condamnation pécuniaire prononcée à son profit.

Cette force exécutoire s'attache aux décisions qui ne sont pas (ou plus) susceptibles d'opposition ou d'appel ; mais le juge peut autoriser l'exécution par provision, chaque fois qu'il l'estime nécessaire et compatible avec la nature de l'affaire (CPC, art. 515).

(50) J.-L. Vallens, *La dématérialisation des décisions judiciaires : une évolution nécessaire* : *JCP* 2007, I, 119. – La signature électronique des décisions en matière civile est déjà possible (A. 18 oct. 2013 pour la Cour de cassation, abr. au 22 nov. 2020 ; A. 9 avr. 2019 pour les tribunaux de commerce : *JO* 11 avr. ; A. 20 nov. 2020 : *JO* 22 nov.) : V. *Dalloz actualité*, 2 déc. 2020, obs. T. Cassuto.

543. – **L'autorité de la chose jugée.** L'autorité de la chose jugée est une présomption irréfragable (V. *supra*, n° 54, et *infra*, n° 558) de vérité qui assortit ce qui a été jugé(51). Cette autorité ne peut être contestée que par l'exercice des voies de recours prévues par la loi. Lorsque sont épuisées les voies de recours, ou expirés les délais pour les exercer, nul n'est admis à intenter une nouvelle action qui puisse remettre en cause ce qui a été jugé ; sinon les litiges n'auraient jamais de fin. Il s'ensuit que l'action ne saurait être reprise sur le fondement d'une loi nouvelle postérieure qui, par définition même, n'était pas applicable au litige(52), ou d'une jurisprudence nouvelle condamnant l'ancienne(53).

Il s'agit là d'une fin de non-recevoir ; mais elle n'est pas d'ordre public si bien que le juge ne peut pas en principe la soulever d'office(54).

En pratique, l'exception de chose jugée sera soulevée pour couper court à un second procès qui, d'une manière quelconque, pourrait contredire le *dispositif* de la décision rendue dans le précédent procès. L'autorité ne s'attache en effet qu'au dispositif, non aux motifs, fussent-ils « décisifs » ou « décisoires »(55).

Toutefois, l'autorité de la chose jugée ne sera un obstacle au second litige que s'il existe, entre les deux actions en justice successives, une *triple identité* :

– d'*objet* de la demande (par ex., annulation d'un acte, condamnation à dommages et intérêts) ;

– de *cause* de la demande ; mais qu'est-ce que la cause au sens de l'article 1355 du Code civil (1351 ancien) relatif à l'autorité de la chose jugée ? Pendant très longtemps la jurisprudence a considéré que la cause devait s'entendre du fondement juridique de la demande, c'est-à-dire finalement de l'article du code invoqué au soutien de la demande. Mais un arrêt de l'assemblée plénière de la Cour de cassation du 7 juillet 2006 a décidé que l'article invoqué n'était qu'un *moyen* et non pas la *cause* de la demande, laquelle réside dans le but poursuivi par le demandeur(56). Et l'arrêt en déduit que, à peine de se heurter à l'autorité de la chose jugée, le litigant doit présenter, dès l'instance relative à la première demande, l'ensemble des moyens qu'il estime de nature à fonder sa demande ou sa défense. C'est le nouveau principe dit de la « concentration des moyens »(57) qui s'applique désormais – mais

(51) M. Dintilhac, *La vérité de la chose jugée*, Rapp. C. cass. 2004. – D. Tomasin, *Essai sur l'autorité de chose jugée en matière civile*, LGDJ, coll. « Droit privé », 1975. – C. Bouty, *L'irrévocabilité de la chose jugée en droit privé*, PUAM, 2008, préf. J.-L. Bergel. – V. Lasserre-Kiesow, *La vérité en droit civil : D.* 2010, chron. 907. – N. Fricero, *Le fabuleux destin de l'autorité de la chose jugée : Mél. J.-F. Burgelin*, Dalloz, 2008. – G. Wiederkehr, *De l'autorité de la chose jugée, in* Y. Strickler (ss dir.), *Variations juridiques et politiques*, L'Harmattan, 2013, p. 275.

(52) Cass. req., 20 janv. 1920 : *DP* 1921, 1, 129 et note A. Rouast.

(53) Cass. 2e civ., 5 févr. 2009 : *D.* 2009, 1060 et note Ch. Paul-Loubière. – Cass. 1re civ., 24 sept. 2009 : *JCP* 2009, 326 et 401, note C. Bléry.

(54) Cette solution est désormais classique, et commune à l'ensemble des chambres de la Cour de cassation (Cass. 1re civ., 16 déc. 1986, *Bull.* n° 300. – Cass. 2e civ., 4 déc. 2003 : *D.* 2004, inf. rap. 109. – Cass. 3e civ., 20 mai 1992, *Bull.* n° 159. – Cass. soc. et Cass. 2e civ., 10 avr. 1995 : *D.* 1996, somm. p. 135, obs. P. Julien). Il en va toutefois différemment en matière d'état des personnes (Cass. 1re civ., 19 mai 1976, *Bull.* n° 184 ; *RTD civ.* 1976, 820, obs. J. Normand).

(55) Cass. ass. plén., 13 mars 2009 : *JCP* 2009, II, 10077 et note Y.-M. Serinet. – Cass. 2e civ., 17 oct. 2013, n° 12-21.242.

(56) Cass. ass. plén., 7 juill. 2006, *Bull.* n° 8 ; *D.* 2006, 2135 et note L. Weiller ; *RD imm.* 2006, 500, obs. Ph. Malinvaud.

(57) Ph. Blondel, *La charge de la concentration et le respect d'un principe de complétude : JCP* 2012, 464. – D. Portolano, *Raisons et déraison du principe de concentration des moyens : RRJ* 2012, 2, p. 723. – A. Posez, *Le principe de concentration des moyens, ou l'autorité retrouvée de la chose jugée : RTD civ.* 2015, 283. – Cass. 1re civ., 16 janv. 2007, *Bull.* n° 18. – Cass. com., 20 févr. 2007, *Bull.* n° 49 ; *JCP* 2007, II, 10070 et note G. Wiederkehr. – Cass. 2e civ., 25 oct. 2007, *Bull.* n° 241 ; *D.* 2007, act. jurispr. 2955 ; *RD imm.* 2008, 48, obs. Ph. Malinvaud. – Cass. 3e civ., 13 févr. 2008 : *JCP* 2008, II, 10052 et note L. Weiller ; *RD imm.* 2008, p. 280, obs. Ph. Malinvaud. – Cass. 1re civ., 24 sept. 2009 : *D.* 2010, 528, obs. C. Creton. – Cass. 3e civ., 16 juin 2011, n° 10-18.925. – Cass. 2e civ., 12 juill. 2012 : *JCP* 2012, 1134, note F. Mevris.

au sein d'une même instance[58] – devant toute juridiction, civile, pénale ou même arbitrale[59] ; toutefois les première, deuxième et troisième chambres civiles limitent le principe de la concentration aux *moyens* et ne l'étendent pas aux *demandes*[60].

La Cour européenne des droits de l'homme a considéré que ce principe n'était pas contraire au droit à un tribunal garanti par l'article 6, § 1, de la Convention européenne des droits de l'homme[61].

Suivant certains auteurs cette évolution jurisprudentielle sur la notion de cause de la demande et sur le principe de la concentration des moyens ne présente que des inconvénients et suscite notamment un contentieux important. Ils en concluent qu'un retour à la solution antérieure serait souhaitable[62].

– et en principe de *parties* à l'action. À défaut d'identité de parties, l'autorité de la chose jugée s'attache aux *jugements constitutifs* et aux décisions en matière répressive et suffit à faire obstacle à une seconde demande ; la condition d'identité de parties n'est donc applicable qu'aux *jugements déclaratifs* à propos desquels on parle de l'autorité relative de la chose jugée.

Cette triple identité est imposée par l'article 1355 du Code civil (article 1351 ancien).

> **Art. 1355.** – L'autorité de la chose jugée n'a lieu qu'à l'égard de ce qui a fait l'objet du jugement. Il faut que la chose demandée soit la même ; que la demande soit fondée sur la même cause ; que la demande soit entre les mêmes parties, et formée par elles et contre elles en la même qualité.

Toutefois, l'autorité de la chose jugée, attachée au seul dispositif de la décision, ne peut être opposée lorsque des événements postérieurs sont venus modifier la situation antérieurement reconnue en justice[63].

(58) Cass. 2e civ., 11 avr. 2019 : *JCP* 2019, 594, note C. Bléry.
(59) Cass. 1re civ., 28 mai 2008 : *JCP* 2008, II, 10157, note G. Chabot ; et 10170, note G. Bolard. – Cass. 1re civ., 12 avr. 2012 : *D.* 2012, 1132 ; *RDC* 2012, 1278, obs. Y.-M. Serinet et X. Boucobza.
(60) Cass. 2e civ., 10 nov. 2010 : *D.* 2011, 632. – Cass. 2e civ., 26 mai 2011 : *D.* 2011, 1566, obs. V. Avena-Robardet ; *JCP* 2011, 861, note Y.-M. Serinet. – Cass. 3e civ., 11 janv. 2012 : *D.* 2012, 280 ; *JCP* 2012, 442, note J. Ghestin et Y.-M. Serinet. – Cass. 1re civ., 12 mai 2016, n° 15-16.743.
(61) CEDH, 9 avr. 2015, n° 12686/10, *Barras c/ France* : *JCP* 2015, 670, note C. Bléry.
(62) X. Lagarde, *Abandonner la jurisprudence Cesareo ?* : *D.* 2019, 1462.
(63) Cass. 1re civ., 16 avr. 2015, n° 14-13.280, *Bull.* n° 95.

TITRE 2

LA PREUVE DES DROITS

544. – Intérêt de la preuve. Ne pas pouvoir prouver son droit, en cas de contestation, équivaut, en fait, à n'avoir pas le droit contesté puisque l'obstacle de la preuve empêche son exercice(1). Pour reprendre la formule de Ihering, « la preuve est la rançon des droits ». Il s'ensuit qu'il y a un droit à la preuve, lequel doit toutefois tenir compte des secrets professionnels et du principe de la loyauté de la preuve (V. *infra*, n° 593)(2).

La question de la preuve se pose parfois en dehors de tout litige, en quelque sorte *a priori*. Ainsi, dans un certain nombre de circonstances non contentieuses, une personne peut être amenée à faire la preuve de son état civil, de sa capacité, de son mariage, de sa filiation, etc. De même, en cas de vente d'un bien immobilier, l'acte devra mentionner *l'origine de propriété*, ce qui permet, par là même, de faire la preuve du droit de propriété du vendeur.

Mais dans de très nombreuses hypothèses, spécialement en matière de contrats et de responsabilité, le juge sera saisi pour trancher un litige et les parties à l'instance devront faire la preuve des droits qu'elles prétendent avoir. L'issue du procès dépendra ici pour une large part de la preuve. C'est à ce problème de preuve en justice que sera consacré l'essentiel des développements qui suivent.

545. – Particularisme de la preuve juridique(3). La preuve juridique diffère à de nombreux égards de la preuve scientifique(4) et de la preuve historique.

En premier lieu, tous les moyens ne sont pas permis ; les moyens auxquels on pourra et devra recourir sont, en général, prévus et réglementés par la loi, et ils dépendent de l'objet de la preuve à rapporter. Par exemple, dans de nombreux cas, la loi exige une preuve écrite.

Ensuite, aussi curieux que cela puisse paraître, la vérité n'est pas toujours le but de la preuve(5). Certaines fois, rarement il est vrai, la loi interdit de troubler

(1) L'idée est exprimée par un adage en latin : *idem est non esse aut non probari.*

(2) G. Lardeux, *Le droit à la preuve : tentative de systématisation* : *RTD civ.* 2017, 1.

(3) A. Aynès et X. Vuitton, *Droit de la preuve*, LexisNexis, coll. « Droit & professionnels », 2e éd., 2017. – E. Vergès, G. Vial et O. Leclerc, PUF, coll. « Thémis Droit », oct. 2015.

(4) C. Puigelier, *Science et droit : réflexions sur un malentendu* : *JCP* N 2004, 1386. – G. Dalbignac-Deharo, *Vérité scientifique et vérité judiciaire en droit privé*, LGDJ, coll. « Bibl. A. Tunc », 2005, préf. L. Cadiet. – X. Lagarde, *Finalités et principes du droit de la preuve. Ce qui change* : *JCP* 2005, I, 133.

(5) Ph. Théry, *La finalité du droit de la preuve en droit privé* : *Droits* 1995, n° 23. – X. Lagarde, *Vérité et légitimité dans le droit de la preuve* : *ibid.* – M. Mekki, *Preuve et vérité en France*, in *La preuve*, Trav. Assoc. H. Capitant, t. LXIII, 2013, p. 815.

une situation stable et va faire prévaloir une *fiction* (V. *supra*, n° 55) sur la réalité (par ex., lorsque la filiation des enfants d'un couple marié est contestée). Mais surtout la vérité est souvent inaccessible, si bien que le droit doit se contenter d'une grande probabilité, faute d'accéder à la certitude(6).

Enfin, à la différence de l'historien ou du scientifique qui peuvent rester dans le doute, le juge doit toujours trancher le litige, même en cas de doute(7). Il doit donner satisfaction au demandeur, s'il s'estime convaincu, ou le débouter dans le cas contraire. Et le juge retient une *vérité judiciaire* qui est revêtue de l'autorité de la chose jugée et qui ne peut être remise en cause (V. *supra*, n° 543).

546. – **Diversité des règles de preuve.** Les règles de preuve diffèrent suivant le domaine dans lequel on se trouve.

Ainsi, en *matière pénale*, la loi prévoit des règles tout à fait particulières et charge un juge spécial – le juge d'instruction – de réunir les preuves à charge et à décharge.

En *matière civile*(8), il y a tout d'abord les règles posées dans le Code civil (art. 1353 à 1386, « De la preuve des obligations » – qui ont remplacé les art. 1315 à 1369 anciens, « De la preuve des obligations et du paiement »). Outre qu'elles s'appliquent à un domaine très vaste, ces règles sont considérées comme exprimant le droit commun de la preuve, c'est-à-dire les normes applicables à toutes matières dont la preuve n'est pas spécialement réglementée. Certains commentateurs ont pu regretter qu'à l'occasion de la réforme, la matière n'ait pas été entièrement revisitée(9).

À côté de ce droit commun qui sera seul traité ici, existent divers régimes spéciaux qui seront seulement abordés à l'occasion. Ainsi en est-il en matière d'*état des personnes* pour la preuve du mariage et de la filiation, et de même en matière de *propriété* où la preuve, soumise au droit commun dans les rapports entre les parties, connaît des règles particulières à l'égard des tiers.

547. – **La réforme du droit de la preuve par l'ordonnance du 10 février 2016.** Les dispositions relatives à la preuve font, comme précédemment, l'objet d'un chapitre ou titre spécial du Code civil, lequel diffère du précédent par son intitulé, son plan et plus modestement par son contenu.

L'intitulé initial « De la preuve des obligations et de celle du paiement » est amputé et a été réduit à « De la preuve des obligations » (Titre IV bis nouveau). De manière plus logique, la preuve du paiement a été traitée dans les règles relatives au paiement.

Dans les textes antérieurs, à la suite de l'article 1315 ancien qui posait le principe en matière de charge de la preuve, le code consacrait une section à chaque mode de preuve : la preuve littérale, la preuve testimoniale, les présomptions, l'aveu et le serment.

(6) F. Bussy, *L'erreur judiciaire : D.* 2005, chron. p. 2552. – V. Lasserre-Kiesow, *La vérité en droit civil : D.* 2010, chron. 907. – M. Mekki, *Le droit privé de la preuve… à l'épreuve du principe de précaution : D.* 2014, 1391.

(7) J.-D. Bredin, *Doute et intime conviction : Droits* 1995, n° 23.

(8) R. Legeais, *Les règles de preuve en droit civil : « permanences et transformations »*, 1955. – Carel, *Les modes de preuve au XXe siècle : Gaz. Pal.* 1957, 1, doctr. p. 32. – J.-B. Denis, *Quelques aspects de l'évolution récente du système des preuves en droit civil : RTD civ.* 1977, p. 671. – D. Ammar, *Preuve et vraisemblance. Contribution à l'étude de la preuve technologique : RTD civ.* 1993, p. 499. – X. Lagarde, *Réflexion critique sur le droit de la preuve*, LGDJ, 1994.

(9) E. Vergès, *La réforme du droit de la preuve civile : enjeux et écueils d'une occasion à ne pas manquer : D.* 2014, 617.

Le regroupement des matières est différent dans la réforme : après des « Dispositions générales » (art. 1353 à 1357 nouveaux), sont envisagés « L'admissibilité des modes de preuve » (art. 1358 à 1362 nouveaux), puis « Les différents modes de preuve » (art. 1363 à 1386 nouveaux).

Quant au fond, les dispositions générales du droit de la preuve ont, pour l'essentiel, été conservées(10). On y relève toutefois quelques modifications mineures, et une adjonction relative aux contrats sur la preuve. L'article 1357 nouveau rappelle aussi que le droit de la preuve relève également pour partie du Code de procédure civile : « L'administration judiciaire de la preuve et les contestations qui s'y rapportent sont régies par le Code de procédure civile ».

548. – **Les contrats sur la preuve.** C'est l'objet de l'article 1356 du Code civil :

> Les contrats sur la preuve sont valables lorsqu'ils portent sur des droits dont les parties ont la libre disposition.
>
> Néanmoins, ils ne peuvent contredire les présomptions irréfragables établies par la loi, ni modifier la foi attachée à l'aveu ou au serment. Ils ne peuvent davantage établir au profit de l'une des parties une présomption irréfragable.

À la vérité, il s'agit là plus d'une consécration de la jurisprudence que d'une véritable nouveauté. En effet, la première chambre civile de la Cour de cassation avait affirmé de manière générale que « pour les droits dont elles ont la libre disposition, ces conventions relatives à la preuve sont licites »(11). Et, dans la même ligne, l'article 1316-2 ancien consacrait également cette validité pour régler les conflits en matière de preuve littérale.

Tout en posant le principe de la validité des contrats sur la preuve, l'article 1356 du code en précise les limites : de telles conventions ne peuvent porter que sur les droits dont les parties ont la libre disposition et elles ne peuvent aller à l'encontre des présomptions irréfragables(12), de l'aveu ou du serment(13) ; elles ne peuvent non plus établir de présomptions irréfragables(14).

549. – **Plan.** Dans le cadre de cette étude du droit commun, on envisagera successivement l'objet de la preuve (Chapitre 1), la charge de la preuve (Chapitre 2), les modes de preuve (Chapitre 3) et leur admissibilité (Chapitre 4).

(10) G. Lardeux, *Commentaire du Titre IV bis nouveau du Livre III du Code civil intitulé « De la preuve des obligations » ou l'art de ne pas réformer* : *D.* 2016, 850. – E. Vergès, *Droit de la preuve : une réforme en trompe-l'œil* : *JCP* 2016, 486.

(11) Cass. 1re civ., 8 nov. 1989, 2 arrêts : *D.* 1990, 369, note C. Gavalda. – V. aussi, précédemment, Cass. soc., 24 mars 1964 : *JCP* 1964, II, 14415, note C. Lapp. – M. Mekki, *La gestion contractuelle du risque de la preuve* : *RDC* 2009, 453.

(12) Pour une application, V. Cass com., 6 déc. 2017 : *D.* 2017, 327, note G. Lardeux ; *D.* 2019, 159, obs. A. Aynès ; *Contrats, conc. consom.* 2018, comm. 40, obs. L. Leveneur ; *RTD civ.* 2018, 123, obs. H. Barbier.

(13) V. A. Aynès, *Panorama du droit de la preuve* : *D.* 2016, 2535.

(14) Cass. com., 6 déc. 2017 : *RDC* 2018, 2, note J. Klein.

CHAPITRE 1

L'OBJET DE LA PREUVE

550. – **Le fait à prouver.** Il convient tout d'abord de s'entendre sur ce qui devra être prouvé.

Ce n'est pas la règle de droit applicable à la cause car le juge la connaît. En pratique, les plaideurs ne manqueront pas de présenter au juge les arguments de droit favorables à leur thèse, mais ils n'ont pas à prouver l'existence ou la portée de la règle de droit ; c'est au juge qu'il appartient de dire le droit[(1)].

Le fait à prouver est le droit subjectif invoqué devant le juge au support de la demande, ou de la défense. Mais la preuve directe du droit subjectif, par exemple, du droit à indemnité, est impossible. Aussi la preuve portera-t-elle sur l'événement générateur du droit subjectif, c'est-à-dire soit l'*acte juridique*, soit le *fait juridique* qui lui a donné naissance. Il y a donc un *déplacement* de l'objet de la preuve du droit subjectif vers l'événement générateur qui, lui, est par sa nature même plus facile à prouver.

Ainsi, pour l'essentiel, il s'agira, dans chaque cas, de faire la preuve d'un acte juridique ou d'un fait juridique, et ce par les moyens prévus à cet effet par la loi.

551. – **Les limites du fait à prouver.** L'objet de la preuve connaît une double limite.

D'une part, la preuve de certains faits est *interdite*, soit parce que le droit subjectif correspondant n'existe pas (par ex., jadis l'adultérinité d'un enfant, puisqu'il n'avait pas de droits), soit parce que le fait ne serait pas pertinent (par ex., s'il est sans rapport avec le droit invoqué).

D'autre part, la preuve de certains faits est *impossible*, tout du moins en l'état actuel de la science. Ainsi en est-il, par exemple, de la date exacte de la conception d'un enfant (on ne peut retenir qu'une période). Pour de telles hypothèses, la loi prévoit souvent des présomptions : par exemple, « la loi présume que l'enfant a été conçu pendant la période qui s'étend du trois centième au cent quatre-vingtième jour, inclusivement, avant la date de la naissance » (C. civ., art. 311, al. 1er).

(1) J. Dupichot, *L'adage « Da mihi factum, dabo tibi jus »* : *Mél. J.-L. Aubert*, Dalloz, 2005, p. 425.

CHAPITRE 2

LA CHARGE DE LA PREUVE[1]

552. – **Intérêt de la question.** La charge de la preuve présente un intérêt considérable dans un système accusatoire, tel que celui qui s'applique en droit français en matière civile et commerciale.

En effet, si le plaideur sur lequel la loi fait peser la charge de la preuve ne parvient pas à la rapporter, il a perdu son procès. En pratique, la situation se présente en des termes moins rigides : d'une part, chacune des parties au litige s'efforce d'apporter au juge tous les éléments de preuve à sa disposition, sans trop se préoccuper de la charge de la preuve ; d'autre part, le juge dispose désormais d'un certain nombre de moyens pour faciliter la charge de la preuve. Il n'en demeure pas moins que, si le doute persiste sur l'existence ou le contenu du droit invoqué, le juge ne pourra que débouter celui sur qui pèse la charge de la preuve.

On rappellera d'abord brièvement les principes de procédure, avant d'exposer les principes de droit civil.

SECTION 1

LES PRINCIPES DE PROCÉDURE

553. – **Le principe de la neutralité du juge.** À la différence du droit pénal qui connaît une procédure inquisitoire, en matière civile et commerciale, la procédure demeure de type accusatoire (V. *supra*, n° 539), même si ce caractère est moins marqué que par le passé ; le juge apparaît ainsi comme l'arbitre d'un litige qui est la chose des parties.

Cette conception se traduit de diverses manières. D'une part, les parties fixent l'objet du litige par la demande et les conclusions, et le juge est tenu d'y répondre : il ne doit statuer ni *infra petita*, ni *ultra petita*. D'autre part, c'est aux parties

(1) H. Motulsky, *Principes d'une réalisation méthodique du droit privé (La théorie des éléments générateurs des droits subjectifs)*, thèse, Lyon, 1947. – F. Boulanger, *Réflexions sur le problème de la charge de la preuve : RTD civ.* 1966, p. 736. – J. Devèze, *Contribution à l'étude de la charge de la preuve en matière civile*, thèse, Toulouse, 1980. – N. Hoffschir, *La charge de la preuve en droit civil*, Dalloz, coll. « Bibl. de thèses », 2016.

qu'incombe la tâche de réunir les preuves à l'intention du juge, comme le rappelle l'article 9 du Code de procédure civile.

Cela dit, le système a progressivement évolué dans un sens inquisitoire, surtout depuis 1971. Ainsi, le juge peut ordonner d'office toute mesure d'instruction, par exemple, une enquête (qui est une audition de témoins), une expertise par un homme de l'art, une comparution personnelle des parties, une descente sur les lieux, etc. Il peut même imposer aux parties ou à des tiers la production des éléments de preuve qu'ils détiennent(2).

Art. 9. – Il incombe à chaque partie de prouver conformément à la loi les faits nécessaires au succès de sa prétention.

Art. 10. – Le juge a le pouvoir d'ordonner d'office toutes les mesures d'instruction légalement admissibles.

Art. 11. – Les parties sont tenues d'apporter leur concours aux mesures d'instruction sauf au juge à tirer toute conséquence d'une abstention ou d'un refus.

Si une partie détient un élément de preuve, le juge peut, à la requête de l'autre partie, lui enjoindre de le produire, au besoin à peine d'astreinte. Il peut, à la requête de l'une des parties, demander ou ordonner, au besoin sous la même peine, la production de tous documents détenus par des tiers s'il n'existe pas d'empêchement légitime.

Il lui est également loisible de soulever d'office un moyen de droit, sauf à respecter le principe du contradictoire et à inviter les parties à présenter leurs observations sur ce moyen(3).

554. - **Le principe de la contradiction.** C'est là un élément essentiel de la protection des droits de la défense (V. *supra*, n° 536).

On en déduit cette conséquence que les preuves doivent être soumises à un débat contradictoire, et non pas communiquées au juge à l'insu de l'autre partie(4). De là, découle aussi l'interdiction pour le juge de faire état de sa connaissance personnelle des faits de la cause(5).

(2) E. Le Gall, *Le devoir de collaboration des parties à la manifestation de la vérité dans les litiges privés ; remarques sur l'adage « Nemoteneturedere contra se »*, thèse, Paris, 1967. – C. Marraud, *Le droit à la preuve. La production forcée des preuves en justice : JCP* 1973, 1, 2572. – M. Boitard et A. Bocquet, *Réflexions sur la communication d'une pièce imposée par le juge dans le procès civil : Gaz. Pal.* 1976, 2, doctr. p. 639. – L. Ruet, *Quelques remarques sur l'office du juge et la preuve en droit commercial : RTD com.* 1991, p. 151.

(3) A. Bénabent, *Les moyens relevés en secret par le juge : JCP* 1977, I, 2849. – A. Bénabent, *L'article 16 du Nouveau Code de procédure civile, version 1981 : D.* 1982, chron. p. 55.

(4) Ainsi, un rapport d'expertise amiable, qui n'a pas été établi contradictoirement, peut néanmoins valoir à titre de preuve, dès lors qu'il est soumis à la libre discussion des parties (Cass. 1re civ., 13 avr. 1999, *Bull.* n° 134, p. 87. – Cass. 1re civ., 11 mars 2003, *Bull.* n° 70, p. 53).

(5) J. Chevallier, *Remarques sur l'utilisation par le juge de ses informations personnelles : RTD civ.* 1962, p. 1. – H. et G. Le Foyer de Costil, *Les connaissances personnelles du juge : RID comp.* 1986, p. 517.

SECTION 2

LES RÈGLES DE DROIT CIVIL

SOUS-SECTION 1

LE PRINCIPE : LA PREUVE INCOMBE AU DEMANDEUR

555. – **L'article 1353 du Code civil (1315 ancien)**[(6)]. La charge de la preuve pèse sur le demandeur. Tel est le principe, sous cette réserve importante que la notion de demandeur doit être comprise au sens large de celui qui présente une allégation, et non pas au sens procédural de demandeur à l'instance.

L'article 1353 du Code civil – qui reprend à l'identique l'article 1315 ancien – expose parfaitement ce principe, jadis exprimé dans un adage latin :

– « Celui qui réclame l'exécution d'une obligation doit la prouver » (*Actori incumbit probatio...*) ;

– « Réciproquement, celui qui se prétend libéré doit justifier le payement ou le fait qui a produit l'extinction de son obligation » (*... reus in excipiendo fit actor*).

Le fondement de ce principe relève de la logique, sinon même du bon sens : c'est à celui qui réclame quelque chose de faire la preuve qu'il y a droit ; ou encore, c'est à celui qui conteste une situation établie de démontrer qu'elle n'est pas conforme au droit (par ex., entre deux personnes qui se disputent la propriété d'un lopin de terre, la position de défendeur reviendra au possesseur : V. *supra*, n° 435).

En bref, celui qui avance une prétention doit la prouver. Par exemple, celui qui invoque un contrat devra démontrer son existence et son contenu ; l'adversaire qui prétend l'avoir exécuté devra, à son tour, rapporter la preuve de l'exécution ou du payement, etc. Sur le plan de la preuve, le procès s'apparente à une partie de ping-pong où chacun se renvoie la balle ; et, de même que le joueur qui rate la balle perd le point, de même le plaideur qui manque sa preuve perd le procès[(7)].

Cette règle s'applique sans difficulté dans le cas d'une action en exécution d'une obligation. Elle est en revanche d'application plus délicate dans le cas où l'action tend à faire prononcer la résolution du contrat, ou à engager la responsabilité du débiteur[(8)].

556. – **« Nul ne peut se constituer une preuve à soi-même »**[(9)]. Préconstituer la preuve ne signifie pas que chacun peut se fabriquer ses propres preuves. La preuve ne peut résulter que d'éléments extérieurs à celui qui la produit, non de ses propres documents ; sinon il s'agirait de simples affirmations qui ne sauraient avoir aucune valeur probante.

(6) M. Mekki, *Réflexions sur le risque de la preuve en droit des contrats* : *RDC* 2008, 681.
(7) X. Lagarde, *Finalités et principes du droit de la preuve. Ce qui change* : *JCP* 2005, I, 133, n°s 10 et s.
(8) M. Buchberger, *Le rôle de l'article 1315 du Code civil en cas d'inexécution d'un contrat* : *D.* 2011, 465.
(9) C. Mouly-Guillemaud, *La sentence « nul ne peut se constituer de preuve à soi-même » ou le droit de la preuve à l'épreuve de l'unilatéralisme* : *RTD civ.* 2007, 253. – D. Gutmann, *À propos du principe « Nul ne peut se constituer une preuve à soi-même »* : *LPA* 24 janv. 1997, n° 11. – C. Mouly-Guillemaud, Nul ne peut se constituer de titre à soi-même... *C'est-à-dire ?* : *RTD civ.* 2018, 45.

Se fondant sur l'article 1315 ancien du Code civil, la jurisprudence avait posé la règle que : « Nul ne peut se constituer une preuve à soi-même »[(10)] ; cette disposition a été reprise dans l'article 1363 nouveau, dans la section relative à la preuve par écrit, sous une formulation plus précise : « Nul ne peut se constituer un titre à soi-même »[(11)]. Par exemple, il ne suffit pas à un commerçant d'établir une facture pour prouver l'existence d'un contrat portant sur la chose ou la prestation facturée[(12)] ; la preuve d'un paiement ne peut résulter d'une inscription figurant sur le livre de dépenses du débiteur[(13)] ; le versement d'une commission n'est pas démontré par sa mention sur une déclaration fiscale de celui qui prétend l'avoir versée[(14)] ; le temps passé facturé par un avocat ne peut résulter de la seule affirmation de ce dernier[(15)], etc.

Toutefois cette règle n'est pas applicable à la preuve des faits juridiques[(16)].

Cela dit, pour des raisons pratiques évidentes, la jurisprudence considère que le relevé de communications téléphoniques établi par le fournisseur d'accès[(17)], ou le relevé de la consommation d'eau constatée au compteur[(18)], ou le listing informatique des opérations d'enregistrement sur un vol[(19)] constitue, non pas une preuve littérale, mais une présomption de l'existence et du montant de la créance, l'abonné pouvant apporter la preuve contraire par tous moyens.

SOUS-SECTION 2

L'EXCEPTION AU PRINCIPE : LES PRÉSOMPTIONS LÉGALES

557. - **Définition et rôle.** À la différence du droit nouveau issu de l'ordonnance du 10 février 2016, l'article 1349 ancien du Code civil donnait une définition générale des présomptions : il y voyait « des conséquences que la loi ou le magistrat tire d'un fait connu à un fait inconnu »[(20)]. Cette définition, qu'on retrouve également

(10) V. par ex. Cass. 1re civ., 2 avr. 1996, *Bull.* n° 170 ; *Contrats, conc. consom.* juill. 1996, comm. 119, obs. L. Leveneur. – Cass. 3e civ., 20 janv. 2001 : *Contrats, conc. consom.* 2001, comm. 155, obs. L. Leveneur. – X. Lagarde, art. préc. nos 4 et s.

(11) Sur la portée de cette règle V. A. Aynès : *D.* 2016, 2536.

(12) Cass. 1re civ., 28 janv. 1981, *Bull.* n° 34. – Cass. com., 18 juin 1991, *Bull.* n° 224. – Cass. 1re civ., 24 sept. 2002, *Bull.* n° 219, p. 168. – Cass. 1re civ., 14 janv. 2003, *Bull.* n° 9, p. 6. – Cass. 2e civ., 23 sept. 2004, *Bull.* n° 414, p. 351 ; *Contrats, conc. consom.* 2005, comm. 4, obs. L. Leveneur.

(13) Cass. 3e civ., 18 nov. 1997 : *Contrats, conc. consom.* 1998, comm. 21, obs. L. Leveneur.

(14) Cass. 1re civ., 23 juin 1998, *Bull.* n° 220 ; *Contrats, conc. consom.* 1998, comm. 141, obs. L. Leveneur ; *RTD civ.* 1999, 401, obs. J. Mestre.

(15) Cass. 2e civ., 4 janv. 2006 : *D.* 2006, act. jurispr. p. 303, obs. E. Chevrier. – Cass. 2e civ., 13 juill. 2006 : *D.* 2007, pan. p. 1903, obs. J.-D. Bretzner. – Cass. 1re civ., 10 sept. 2014 : *Contrats, conc. consom.* 2014, 267.

(16) Cass. 1re civ., 1er févr. 2005, n° 02-19.757. – Cass. 1re civ., 10 mai 2005, n° 02-12.302. – Cass. 1re civ., 13 févr. 2007, *Bull.* n° 60 ; *D.* 2008, 2820, obs. J.-D. Brezner ; *RTD com.* 2007, 540, obs. F. Pollaud-Dulian. – Cass. 1re civ., 14 juin 2007, n° 06-13.938. – Cass. 3e civ., 3 mars 2010, *Bull.* n° 52 ; *D.* 2010, 1019. – Cass. 2e civ., 6 mars 2014 : *JCP* 2014, 332, obs. J.-J. Barbièri. – Cass. soc., 19 mars 2014 : *JCP* 2014, 679, note P. Lemay. – Cass. 3e civ., 2 mars 2016 : *Constr.-Urb.* 2016, comm. 75, obs. C. Sizaire. – Rapp. C. cass. 2012, p. 222.

(17) Cass. 1re civ., 7 mars 2000, *Bull.* n° 81, p. 55 ; *RTD civ.* 2000, 333, obs. J. Mestre et B. Fages. – Cass. 1re civ., 28 janv. 2003, *Bull.* n° 26, p. 21, sous réserve toutefois que l'abonnement soit constaté par écrit : Cass. 1re civ., 12 juill. 2005, *Bull.* n° 328, p. 272 ; *Contrats, conc. consom.* 2006, comm. 3, obs. L. Leveneur ; *JCP* 2005, IV, 3065 ; *RDC* 2006, 319, obs. J.-M. Laithier. – Le-MyDuong, *Le monopole de fait de la preuve dans les télécommunications (à propos de la charge de la preuve du volume des communications facturées)* : *D.* 2005, chron. p. 496.

(18) Cass. 1re civ., 31 mars 1999 : *RTD civ.* 1999, 642, obs. P.-Y. Gautier.

(19) Cass. 1re civ., 13 juill. 2004, *Bull.* n° 207, p. 173 ; *D.* 2004, 2524 et note N. Léger. – F. Garron, *Quand le listing informatique vient éclairer le principe « Nul ne peut se constituer une preuve à soi-même »* : *Rev. Lamy dr. civ.* déc. 2004, p. 13.

(20) A.-B. Caire, *Les présomptions par-delà l'article 1349 du Code civil* : *RTD civ.* 2015, 311.

dans le *Vocabulaire* Capitant, demeure valable, bien qu'elle ne soit pas reprise dans les textes nouveaux.

Par exemple, d'une trace de freinage de cent mètres (fait connu), le juge tirera la vitesse d'un véhicule (fait inconnu) ayant causé un accident. En bref, la présomption se présente comme un mode de raisonnement reposant sur la logique, sur la déduction. On distingue deux types de présomptions suivant qu'elles sont imposées au juge par la loi (présomptions légales) ou proposées au juge par les plaideurs (présomptions de l'homme). Or, curieusement, elles jouent un rôle très différent (V. *supra*, n° 54).

Les *présomptions légales* sont imposées par la loi. L'article 1350 ancien en donnait une liste non limitative qui n'a pas été reprise dans le droit nouveau, ce qui ne signifie pas qu'elle soit devenue caduque[21].

Art. 1350 ancien. – La présomption légale est celle qui est attachée par une loi spéciale à certains actes ou à certains faits ; tels sont :

1° Les actes que la loi déclare nuls, comme présumés faits en fraude de ses dispositions, d'après leur seule qualité ;

2° Les cas dans lesquels la loi déclare la propriété ou la libération résulter de certaines circonstances déterminées ;

3° L'autorité que la loi attribue à la chose jugée ;

4° La force que la loi attache à l'aveu de la partie ou à son serment.

On peut en citer bien d'autres exemples. Ainsi l'article 312 du Code civil pose une présomption de paternité du mari : « L'enfant conçu ou né pendant le mariage a pour père le mari ». *Pater is est quem nuptiae demonstrant*, disait-on jadis. Ou encore, l'article 1242 du Code civil (1384 ancien) édicte une présomption de responsabilité des parents, une présomption de responsabilité des maîtres et commettants, etc. Par là même, la loi pose une règle relative à la charge de la preuve, règle qui est souvent contraire à celle de l'article 1353 (1315 ancien) et qui constitue alors un *renversement de la charge de la preuve* par rapport au droit commun. Ainsi, les présomptions – qui sont en général fondées sur la probabilité, ou sur le désir de protéger une victime – sont des règles particulières relatives à la charge de la preuve auxquelles le juge doit se conformer. Il restera à voir si et comment on peut, en pareil cas, faire la preuve contraire (V. *infra*, n° 558).

Les *présomptions de l'homme* sont proposées au juge par un plaideur comme un mode de raisonnement à l'appui de ses prétentions. Par exemple, la victime d'un accident de la circulation se fondera sur la longueur des traces de freinage pour démontrer au juge la vitesse excessive du véhicule. Ici, il ne s'agit plus de charge de la preuve, mais d'un *mode de preuve* que le juge est libre de considérer ou non comme probant.

Laissant de côté pour l'instant les présomptions de l'homme qui constituent un mode de preuve imparfait (V. *infra*, n° 580), on s'attachera à déterminer la force des présomptions légales.

(21) L. Pailler, *Les présomptions dans l'ordonnance du 10 février 2016 : JCP* 2016, 1030.

558. – **La force des présomptions légales.** L'article 1352, alinéa 1er ancien du Code civil déclarait que « la présomption légale dispense de toute preuve celui au profit duquel elle existe ». L'article 1354 nouveau est plus précis.

> **Art. 1354.** – La présomption que la loi attache à certains actes ou à certains faits en les tenant pour certains dispense celui au profit duquel elle existe d'en rapporter la preuve.
>
> Elle est dite simple, lorsque la loi réserve la preuve contraire, et peut alors être renversée par tout moyen de preuve ; elle est dite mixte, lorsque la loi limite les moyens par lesquels elle peut être renversée ou l'objet sur lequel elle peut être renversée ; elle est dite irréfragable lorsqu'elle ne peut être renversée.

Par exemple, le mari n'a pas à démontrer sa paternité. Mais qu'en est-il de la preuve contraire, ici de la preuve de la non-paternité ? Tout dépend de la force de la présomption : à cet égard, on distingue les présomptions simples, les présomptions irréfragables et les présomptions mixtes.

Les *présomptions simples* sont celles dont la preuve contraire peut être faite par tous moyens. C'est le cas de la plupart des présomptions légales : ainsi en est-il, par exemple, de la présomption de bonne foi de l'article 2274 du Code civil. La présomption simple a donc seulement pour effet un *déplacement* de la charge de la preuve.

Des présomptions simples on doit rapprocher les *présomptions mixtes* dont la preuve contraire est possible, mais pas librement. C'est le cas notamment de la présomption de paternité, ou encore de la présomption de responsabilité des constructeurs qui ne tombe que devant la preuve de la cause étrangère (C. civ., art. 1792). Ici, outre le déplacement de la charge de la preuve, la preuve contraire est rendue plus difficile, mais elle demeure possible.

Les *présomptions irréfragables* sont celles dont la preuve contraire est interdite. Il ne s'agit plus alors d'un simple déplacement de la charge de la preuve, mais d'une dispense de preuve pour celui qui en bénéficie et d'une interdiction de la preuve contraire pour toutes autres personnes. Le Code civil ne comporte pas de liste de ces présomptions. Toutefois, l'article 1352, alinéa 2 ancien en donnait indirectement une définition : « Nulle preuve n'est admise contre la présomption de la loi, lorsque, sur le fondement de cette présomption :

– elle annule certains actes (…) » (par ex., les présomptions d'interposition de personnes dans les libéralités de l'article 911 ancien[22] du Code civil) ;

– ou dénie l'action en justice (…) » (par ex., l'autorité de la chose jugée).

Avant la réforme du droit de la preuve, les présomptions irréfragables pouvaient elles-mêmes être renversées, mais seulement par ces procédés exceptionnels que sont l'aveu ou le serment décisoire. Cette solution figurait dans le projet d'ordonnance à l'article 1355, mais elle ne se retrouve plus dans l'article 1354 nouveau. On

(22) Il s'agit désormais d'une présomption simple, l'article 911 nouveau ayant réservé la possibilité de la preuve contraire.

expliquait cette règle par l'idée que ces présomptions sont formulées dans l'intérêt d'un bénéficiaire, qui peut y renoncer en reconnaissant la vérité dans un aveu ou un serment ; on comprend alors que la règle soit écartée en pareil cas. Mais l'explication ne vaut plus lorsque la présomption est fondée sur l'ordre public, ce qui est le cas de l'autorité de la chose jugée ; ici la présomption est totalement irréfragable.

Les autres présomptions, dites présomptions de l'homme, sont visées plus loin par l'article 1382 nouveau dans la liste des divers modes de preuve.

CHAPITRE 3

LES MODES DE PREUVE

559. – **Modes de preuve parfaits et modes de preuve imparfaits.** On établit classiquement une hiérarchie entre les modes de preuve en considération de la sécurité qui s'y attache. On distingue ainsi, tout du moins en doctrine :

– les modes de preuve parfaits, considérés comme offrant le plus de sécurité et qui sont seuls admis pour faire la preuve des actes juridiques (V. *infra*, n°s 582 et s.) ;

– les modes de preuve imparfaits, de valeur moindre car plus aléatoires, et qui sont admis lorsque la preuve peut être faite – ou complétée – par tous moyens.

On remarquera qu'en 1804 la liste des modes de preuve ne prenait évidemment pas en compte des procédés apparus par la suite comme les photocopies, microfilms, microfiches, etc. Il s'en est suivi un problème quant à la valeur probante de ces techniques nouvelles. La loi du 12 juillet 1980 n'y a répondu qu'imparfaitement(1) avant que n'intervienne la loi du 13 mars 2000 portant adaptation du droit de la preuve aux technologies de l'information et relative à la signature électronique ; cette dernière a fait l'objet d'un décret d'application du 30 mars 2001 relatif à la signature électronique.

Cette loi a été insérée dans le Code civil aux articles 1316-1 à 1316-4 et 1317 anciens(2), lesquels se retrouvent à peu près à l'identique dans les actuels articles 1366, 1367 et 1369 issus de l'ordonnance du 10 février 2016. Un « écrit » peut donc être sur un support électronique, et non plus seulement sur un support papier.

(1) P. Mimin, *La preuve par magnétophone* : *JCP* 1957, I, 1370. – T. Ivainer, *Le magnétophone, source ou preuve de rapports juridiques en droit privé* : *Gaz. Pal.* 1966, 2, doctr. p. 91. – F. Chamoux, *Le microfilm au regard du droit des affaires* : *JCP* 1975, I, 2725. – B. Amory et Y. Poullet, *Le droit de la preuve face à l'informatique et à la télématique* : *RID comp.* 1985, p. 329 ; *Les nouveaux moyens de reproduction*, in Trav. Assoc. H. Capitant, 1986. – J. Huet, *Formalisme et preuve en informatique et télématique : éléments de solution en matière de relations d'affaires continues ou de rapports contractuels occasionnels* : *JCP* 1989, I, 3406. – A. Bensoussan, *Contribution théorique au droit de la preuve dans le domaine informatique* : *Gaz. Pal.* 1991, 2, doctr. p. 361. – J. Huet, *La valeur juridique de la télécopie (ou fax), comparée au télex* : *D.* 1992, chron. p. 33. – I. de Lamberterie, *La valeur probatoire des documents informatiques dans les pays de la CEE* : *RID comp.* 1992, p. 641. – D. Ammar, *Preuve et vraisemblance. Contribution à l'étude de la preuve technologique* : *RTD civ.* 1993, p. 449. – Y. Bréban et I. Pottier, *Sécurité, authentification et dématérialisation de la preuve dans les transactions électroniques* : *Gaz. Pal.* 1996, 1, doctr. p. 276 – L. Lautrette, *Télex, télécopie, télégramme : valeur juridique et force probante* : *LPA* 10 mai 1996. – N. Mouligner, *La force probante des télécopies en droit civil* : *JCP N* 2003, 1096.

(2) A. Raynouard, *Droit de la preuve, nouvelles technologies et signature électronique* : *Defrénois* 2000, p. 1593, art. 37174. – F.-G. Trébulle, *La réforme du droit de la preuve et le formalisme* : *LPA* 20 avr. 2000. – E.-A. Capriou, *La loi française sur la preuve et la signature électroniques dans la perspective européenne* : *JCP* 2000, I, 224. – F. Schwerer, *Réflexions sur la preuve et la signature dans le commerce électronique* : *Contrats, conc. consom.* 2000, chron. 216.

560. – *Quid* de la *blockchain* ? Qu'en est-il de la *blockchain*[3] (V. *supra*, n° 278) ? De nombreuses voix s'élèvent depuis quelques années pour affirmer qu'elle serait en passe de devenir la nouvelle reine des preuves, réputée infalsifiable et inaltérable.

En l'état du droit positif pourtant, elle reste inclassable en tant que telle : il ne s'agit pas d'un *mode* de preuve en lui-même, *sui generis*, et la preuve par *blockchain* doit donc nécessairement s'insérer dans le cadre des modes de preuve listés par le Code civil.

Peut-on y voir un écrit électronique, et partant lui attacher la force d'un acte sous signature privée électronique ? Encore faut-il que la *blockchain* en réunisse les conditions[4], ce qui est incertain. À défaut, elle ne semble pouvoir être admise que comme un mode de preuve imparfait (une présomption judiciaire ?) et avoir une fonction d'horodatage, ce qui lui fait perdre beaucoup de ses potentialités. Il reste peut-être la possibilité que la clause d'un contrat permette la preuve par *blockchain*, les conventions sur la preuve étant par principe valables (V. *supra*, n° 548).

SECTION 1

LES MODES DE PREUVE PARFAITS

SOUS-SECTION 1

LA PREUVE LITTÉRALE OU PREUVE PAR ÉCRIT

561. – La notion d'écrit[5] : l'écrit papier et l'écrit électronique. L'écrit est celui qui est établi en vue de la preuve ; c'est l'*instrumentum* qui constate l'acte juridique, le *negotium*, et en est le mode de preuve normal. On parle alors de preuve par écrit, ou preuve littérale.

Dans la lecture qui était traditionnellement faite des dispositions sur la preuve dans le Code civil, l'écrit était confondu avec le support papier sur lequel il était apposé. Ainsi, jusqu'à la loi du 13 mars 2000 et à défaut de définition légale, l'écrit était classiquement conçu comme un document sur support papier signé par les parties, et en outre par le notaire dans le cas de l'acte authentique. Il s'ensuit qu'on ne concevait pas que l'écrit pût être autre chose qu'un papier signé, si bien qu'on déclinait toute valeur d'écrit à des documents d'une autre nature, et notamment aux documents informatiques.

Un arrêt de la chambre commerciale de la Cour de cassation avait cependant ébranlé cette conception en décidant, pour l'application de l'article 6 de la loi du 2 janvier 1981 (relatif à l'acte d'acceptation de la cession du nantissement d'une

(3) T. Douville, *Blockhchains et preuve* : *D.* 2018, 2193.
(4) M. Mekki, *Les mystères de la blockchain* : *D.* 2017, 2160, spéc. n° 27.
(5) J.-L. Navarro, *La preuve et l'écrit entre la tradition et la modernité* : *JCP* 2002, I, 187. – E. Joly-Passant, *L'écrit confronté aux nouvelles technologies*, LGDJ, coll. « Droit privé », 2006.

créance professionnelle), que l'écrit pouvait être établi et conservé sur tout support, y compris par télécopie, dès lors que son intégrité et l'imputabilité de son contenu à l'auteur désigné avaient été vérifiées ou n'étaient pas contestées(6).

Aujourd'hui, l'article 1365 du Code civil (qui reprend pour l'essentiel la substance de l'article 1316 ancien) va beaucoup plus loin ; définissant la preuve par écrit sans référence au papier, il permet de considérer comme un écrit un grand nombre de documents.

> **Art. 1365. –** L'écrit consiste en une suite de lettres, de caractères, de chiffres ou de tous autres signes ou symboles dotés d'une signification intelligible, quel que soit leur support.

C'est ainsi que l'écrit peut être un document sous forme électronique. Cet écrit électronique est admis en preuve au même titre que l'écrit papier, sous les réserves importantes prévues à l'article 1366 (qui reprend l'article 1316-1 ancien)(7). Le texte précise également qu'il a la même force probante que l'écrit sur support papier (reprenant en cela l'article 1316-3 ancien).

> **Art. 1366. –** L'écrit électronique a la même force probante que l'écrit sur support papier, sous réserve que puisse être dûment identifiée la personne dont il émane et qu'il soit établi et conservé dans des conditions de nature à en garantir l'intégrité.

S'agissant de l'écrit sur support papier, qui demeure à ce jour le plus utilisé, il est important de préciser que tout papier rédigé n'est pas nécessairement un écrit : par exemple, une facture, des lettres missives qui ne se répondent pas l'une à l'autre, etc., ne sont pas des écrits au sens du Code civil. Idéalement, l'écrit est *l'acte instrumentaire* qui aura été établi pour matérialiser un accord de volontés, pour servir de preuve du contrat. Mais, par extension ce sera tout écrit remplissant les conditions de validité d'un acte sous seing privé(8).

Tel n'est pas le cas des écrits non signés et ils n'ont donc pas valeur de preuve écrite. La signature des parties est essentielle dans la mesure où elle manifeste le consentement des parties à l'acte(9). Dans un acte authentique, la signature du

(6) Cass. com., 2 déc. 1997 : *JCP* 1998, II, 10097, note L. Grynbaum. Mais, en cas de contestation, les juges du fond disposaient d'un pouvoir souverain pour décider si la télécopie fait preuve : Cass. 1re civ., 28 mars 2000 : *D.* 2000, p. 276, obs. J. Faddoul.

(7) P.-Y. Gautier, *L'équivalence entre supports électroniques et papier, au regard du contrat*, in *Études Xavier Linant de Bellefonds*, Litec, 2007. En faveur de la liberté de la preuve, V. L. Grynbaum, *La querelle des images (pour la liberté de la preuve des contrats et… le renforcement du formalisme)* : *Mél. M. Gobert*, Economica, 2004, p. 427. – B. Barraud, *La preuve de l'acte juridique électronique* : *RRJ* 2012-4, p. 1791. – A. Debet, *Preuve et nouvelles technologies en France*, in *La preuve*, Trav. Assoc. H. Capitant, t. LXIII, 2013, p. 581.

(8) Si l'écrit est rédigé en langue étrangère, il incombe à la partie qui le produit d'en présenter une traduction en langue française (Cass. com., 27 nov. 2012 : *RDC* 2013, 495, obs. C. Pérès).

(9) Un arrêt a cependant admis qu'un paraphe apposé à l'endroit des signatures, dans un acte authentique, valait signature : Cass. 3e civ., 7 mars 2001, *Bull.* n° 31, p. 25.

notaire est même la condition de l'authenticité. Cette signature soulève des problèmes particuliers lorsqu'elle est apposée sur un support électronique.

562. – **Le problème de la signature électronique.** La signature joue un rôle fondamental, rappelé par l'article 1367 du Code civil (qui reprend l'essentiel de l'article 1316-4 ancien). Comme l'indique l'alinéa 1er, la signature des parties à un acte est la manifestation de leur consentement, qu'il s'agisse d'un acte sous signature privée ou d'un acte authentique(10). Quant à celle du notaire ou, plus généralement, de tout officier public, elle est indispensable pour conférer l'authenticité à un acte.

Lorsqu'elle est manuscrite, la signature soulève des problèmes tout à fait classiques qui ont été depuis longtemps résolus. Il n'en va pas de même de la signature électronique, ce qui explique la formule de l'alinéa 2, qui renvoie à un décret en Conseil d'État(11).

> **Art. 1367. –** La signature nécessaire à la perfection d'un acte juridique identifie son auteur. Elle manifeste son consentement aux obligations qui découlent de cet acte. Quand elle est apposée par un officier public, elle confère l'authenticité à l'acte.
>
> Lorsqu'elle est électronique, elle consiste en l'usage d'un procédé fiable d'identification garantissant son lien avec l'acte auquel elle s'attache. La fiabilité de ce procédé est présumée, jusqu'à preuve contraire, lorsque la signature électronique est créée, l'identité du signataire assurée et l'intégrité de l'acte garantie, dans des conditions fixées par décret en Conseil d'État.

Le décret n° 2001-272 du 30 mars 2001, qui avait été pris pour l'application de l'article 1316-4 ancien du Code civil et relatif à la signature électronique, prévoyait que la fiabilité d'un procédé de signature électronique était présumée lorsque ce procédé mettait en œuvre une signature électronique sécurisée, établie grâce à un dispositif sécurisé de création de signature et que la vérification de cette signature reposait sur un certificat électronique sécurisé(12)(13). Ce texte a été abrogé par le décret n° 2017-1416 du 28 septembre 2017 qui dispose que la présomption de fiabilité visée à l'article 1367, alinéa 2, résulte du cumul de trois éléments : « une

(10) J.-L. Navarro, art. préc.

(11) V. antérieurement à la réforme, P.-Y. Gautier et X. Linant de Bellefonds, *De l'écrit électronique et des signatures qui s'y rattachent* : *JCP* 2000, I, 236. – B. Reynis, *Cliquer, c'est signer...* : *JCP* N 2000, 1747. – F. Schwerer, *Réflexions sur la preuve et la signature dans le commerce électronique* : *Contrats, conc. consom.* 2000, chron. 16.

(12) L. Jacques, *Le décret n° 2001-272 du 30 mars 2001 relatif à la signature électronique* : *JCP* 2001, act. p. 1601. – J. Devèze, *Vive l'article 1322 ! Commentaire critique de l'article 1316-4 du Code civil* : *Mél. Catala*, Litec, 2001, p. 529. – B. Reynis, *Signature électronique et acte authentique : le devoir d'inventer...* : *JCP* N 2001, 1494. – Th. Piette-Coudol, *La signature électronique*, Litec, 2001. – Th. Piette-Coudol, *Les errances de la signature électronique ou comment résister à la convergence de la technique et du droit*, in *Études Xavier Linant de Bellefonds*, Litec, 2007. – T. Douville, *La signature électronique après le règlement européen 910/2014 du 23 juillet 2014* : *D.* 2016, 2124.

(13) *JO* 19 avr. 2002, p. 6944 ; V. D. 2002, 1496. – A. Penneau, *La certification des produits et systèmes permettant la réalisation des actes et signatures électroniques (à propos du décret n° 2002-535 du 18 avril 2002)* : *D.* 2002, chron. 2065. – X. Buffet-Delmas et B. Liard, *L'achèvement du cadre juridique de la signature électronique sécurisée (D. n° 2002-535 du 18 avril 2002 et arrêté du 31 mai 2002)* : *JCP* 2002, act. 519, p. 2153. – V. Bechini et B. Reynis, *La signature électronique transfrontalière des notaires : une réalité européenne* : *JCP* N 2004, 1447.

signature électronique avancée, conforme à l'article 26 du règlement susvisé[14] et créée à l'aide d'un dispositif de création de signature électronique qualifié répondant aux exigences de l'article 29 dudit règlement, qui repose sur un certificat qualifié de signature électronique répondant aux exigences de l'article 28 de ce règlement »[15].

563. – **La solution des conflits de preuve écrite.** Sur ce point, aux termes de l'article 1368 du Code civil (qui a repris, sous une formulation légèrement différente, la solution prévue par l'article 1316-2 ancien), lorsque la loi et le contrat n'ont pas fixé de directives autres, le juge règle les conflits de preuve écrite en déterminant par tout moyen le titre le plus vraisemblable, quel qu'en soit le support.

> **Art. 1368.** – À défaut de dispositions ou de conventions contraires, le juge règle les conflits de preuve par écrit en déterminant par tout moyen le titre le plus vraisemblable.

564. – **Actes authentiques et actes sous signature privée.** Pour valoir preuve écrite, un écrit doit satisfaire à un certain nombre de conditions, différentes suivant qu'il s'agit d'un *acte sous signature privée* ou d'un *acte authentique*.

Tout écrit, sur papier ou sur support électronique, entre dans l'une ou l'autre catégorie, l'acte sous signature privée (que la loi nommait jusqu'en 2016 acte *sous seing privé*) étant celui signé par les seules parties à l'acte, cependant que l'acte authentique est celui dressé et signé par un officier public, par exemple un notaire (acte notarié).

L'établissement d'un acte authentique est parfois exigé, à peine de nullité, pour certains actes solennels : par exemple, contrat de mariage, donation, hypothèque, vente d'immeuble à construire. Pour les contrats consensuels, qui sont conclus par le seul échange des consentements, cette formalité n'est pas nécessaire ; il est toutefois prudent de s'en réserver la preuve en établissant un acte qui sera alors sous seing privé, à moins que les parties ne préfèrent le faire établir par un notaire.

§ 1. – L'acte authentique[16]

565. – **Définition et intérêt.** L'acte authentique, qui peut être établi sur support papier ou sur support électronique[17], est défini par l'article 1369 du Code

(14) Règlement européen du 28 juillet 2014 sur l'identification électronique applicable depuis le 1er juillet 2016. V. L. Leveneur, *Le droit civil à l'heure des règlements européens : Contrats, conc. consom.* 2018, repère 3.

(15) E. Caprioli, *Caractéristiques du procédé permettant de présumer la fiabilité de la signature électronique : JCP* 2017, 1047.

(16) L. Aynès (ss dir), *L'authenticité*, Doc. fr., 2013. – M. Mekki, *Retour vers le futur de l'acte authentique. À propos du rapport de la Commission de réflexion sur l'Authenticité : JCP* 2013, 1064.

(17) X. Linant De Bellefonds, *Notaires et huissiers face à l'acte authentique électronique : JCP* N 2003, 1196. – M. Grimaldi et B. Reynis, *L'acte authentique électronique : Defrénois* 2003, 1, 1023, art. 37798. – R. Raynouard, *Sur une notion ancienne de l'authenticité : l'apport de l'électronique : Defrénois* 2003, 1, 1117, art. 37806 – D. Froger, *La réception d'un acte établi sur support électronique alors que les comparants sont physiquement éloignés : mythe ou réalité ? : LPA* 7 mai 2004, p. 64. – N. Nicolaïdes, *L'acte authentique électronique. Une nouvelle organisation au service d'une mission : JCP* N 2012, 1225. – D. Ponce, *L'efficacité de l'acte authentique électronique : JCP* N 2012, 1251.

civil, qui reprend pour l'essentiel la teneur des articles 1317 et 1317-1 anciens[18]. Sous réserve des questions de fiabilité et de sécurité, la faculté de recourir à un support électronique est précieuse pour assurer le stockage et la conservation des actes.

Art. 1369. – L'acte authentique est celui qui a été reçu, avec les solennités requises, par un officier public ayant compétence et qualité pour instrumenter.

Il peut être dressé sur support électronique s'il est établi et conservé dans des conditions fixées par décret en Conseil d'État.

Lorsqu'il est reçu par un notaire, il est dispensé de toute mention manuscrite exigée par la loi.

Parmi les actes authentiques, on s'attachera ici surtout à l'acte notarié[19] qui permet d'établir les contrats en la forme authentique. On rappellera à cette occasion que les notaires, officiers publics et ministériels, ne sont pas pour autant des agents publics, qu'ils exercent une profession libérale et que leur droit de présenter leur successeur n'est pas contraire à la Constitution[20].

En dehors des cas où la forme notariée est imposée par la loi comme condition de validité du contrat ou comme condition pour réaliser la publicité foncière (C. civ., art. 710-1), auquel cas elle remplit en même temps un rôle de preuve, le recours à un notaire n'est jamais nécessaire sur le plan de la preuve. En fait, il est souvent fait appel au ministère du notaire car son intervention, malgré son coût, présente de nombreux avantages au plan de la sécurité juridique[21].

C'est ainsi que la rédaction de l'acte sera sans doute mieux assurée en la forme comme au fond par un professionnel qui connaît les clauses d'usage et les pratiques courantes[22]. Ayant un devoir de conseil et une responsabilité correspondante, le notaire mettra en valeur les avantages et inconvénients des diverses formules possibles, et permettra souvent de lever certaines incertitudes. À cet égard, comme l'acte contresigné par avocat, l'acte reçu en la forme authentique par un notaire est en principe dispensé de toute mention manuscrite exigée par la loi (C. civ., art. 1317-1 ancien et 1369, al. 3 nouveau).

De même l'intervention du notaire prémunit contre les risques de perte de l'acte instrumentaire, du moins lorsqu'il est rédigé en *minute* : il en est ainsi lorsque

(18) C. Gijsbers, *La place de l'acte authentique dans la réforme du droit des obligations : JCP* 2017, 1163.

(19) G. Morin, *Les nouvelles règles de forme des actes notariés (D. n° 71-941, 26 nov. 1971) : Defrénois* 1972, 1, 65. – J. Flour, *Sur une notion nouvelle de l'authenticité : Defrénois* 1972, 1, 977. – H. Bosvieux, *Plaidoyer pour la rénovation de l'acte authentique : JCP* N 1981, p. 391. – L. Chaine, *L'authenticité et le notariat : JCP* N 1985, I, p. 125. – P.-E. Normand, *La loi, le contrat et l'acte authentique : JCP* N 1990, I, doctr. p. 359. – D. Grillet-Ponton, *L'acte notarié : un nouveau souffle consumériste et technologique : JCP* N 2001, p. 1258. – B. Reynis, *Signature électronique et acte authentique : le devoir d'inventer... : JCP* N 2001, 1494. – D. Froger, *Contribution notariale à la définition de la notion d'authenticité : Defrénois* 2004, 1, 173, art. 37873. – D. Froger, *Les contraintes du formalisme et de l'archivage de l'acte notarié établi sur support dématérialisé : JCP* N 2004, 1130.

(20) Cons. const., 21 nov. 2014, n° 2014-429 QPC : *JCP* 2015, 31, note M. Verpeaux ; *AJDA* 2015, 363, note C. Gauthier.

(21) L. Aynès et a., *Authenticité et sécurité juridique : Dr. et patrimoine* janv. 2010, dossier p. 54. – M. Latina, *Le notaire et la sécurité juridique : JCP* N 2010, 1325 et 1336. – Ph. Théry, *L'efficacité de l'acte notarié : forces et faiblesses : JCP* N 2012, 1249. – T. Gruel et C. Farenc, *L'acte authentique français, l'acte conventionnel le plus sûr qui soit : JCP* N 2015, 1087.

(22) J.-F. Pillebout, *Le style de l'acte notarié : JCP* N 2008, 1190. – M. Clermont (coll. J. d'Ormesson), *Transmission et littérature. Plaidoyer pour des contrats lisibles : JCP* N 2009, 1200.

l'original appelé minute, signé du notaire et des parties, est conservé par l'officier public (par opposition à la rédaction en *brevet*, où l'original est remis aux parties : pour les procurations, par exemple). L'original demeurant au rang des minutes du notaire[23], ce dernier délivre aux parties des copies qui, à la différence des copies d'actes sous signature privée, ont la même valeur que l'original. La première copie jadis dénommée *grosse* (car rédigée en écriture grossoyée) et désormais *copie exécutoire*, est revêtue de la *formule exécutoire*, comme les jugements (V. *supra*, n° 542). Les autres copies sont de simples *expéditions* ; leur force probante varie suivant certaines distinctions qui étaient précisées à l'article 1335 ancien du Code civil. Ces distinctions ne sont pas reprises dans l'article 1379 nouveau, qui décide de manière générale (c'est-à-dire également pour les actes sous signature privée, V. *infra*, n°s 575 et 594) que « la copie fiable a la même force probante que l'original », étant précisé qu'est « réputée fiable la copie exécutoire ou authentique d'un écrit authentique ».

La présence de la formule exécutoire permet au porteur de la *copie exécutoire* de procéder à des mesures d'exécution forcée, au cas d'inexécution du contrat[24], alors que le porteur d'un acte sous signature privée doit au préalable obtenir un jugement[25]. L'avantage est loin d'être négligeable ; et son intérêt a été accru dans la mesure où le règlement CE n° 805/2004 du 21 avril 2004 « portant création d'un titre exécutoire pour les créances incontestées » a étendu son domaine d'application à l'espace européen[26].

Lorsque l'acte notarié a été dressé sur support électronique, il peut également en être délivré copie, soit sur support papier, soit sur support électronique. Les règles applicables à la délivrance de ces copies sont fixées par le décret n° 2005-973 du 10 août 2005 modifiant le décret du 26 novembre 1971 (art. 32 et s.).

En contrepartie, l'authenticité suppose accomplies d'assez nombreuses formalités.

566. - **Conditions de l'authenticité.** Pour valoir acte authentique, l'acte doit satisfaire à trois séries de conditions.

Il doit être rédigé par un *officier public*, c'est-à-dire une personne officiellement investie de cette mission particulière. C'est le cas des notaires pour les actes privés[27], des officiers de l'état civil pour les actes de l'état civil, des huissiers pour les actes extrajudiciaires, des greffiers pour les actes judiciaires.

L'officier public doit être *compétent* quant au lieu où il intervient (compétence territoriale), et avoir qualité pour établir le type d'acte qu'on lui demande (compétence d'attribution). Par exemple, un notaire n'a, en principe, compétence et qualité que pour les actes privés, et dans le ressort de la cour d'appel dont il dépend.

(23) Sur les problèmes d'archivage des actes établis sur support électronique, V. D. Froger, art. préc.

(24) G. Rouzet, *Force exécutoire de l'acte notarié : un singulier pluriel* : *Defrénois* 2010, art. 39062 (à propos de Cass. 2e civ., 18 juin 2009, *Bull.* n° 165 ; *Defrénois* 2009, art. 39040, n° 7, p. 2344, obs. R. Libchaber. – M. Julienne, *Le caractère exécutoire de l'acte authentique. La force publique au service des contractants* : *JCP* N 2014, 1250. – P. Berlioz, *Limites et difficultés d'exécution de l'acte authentique* : *JCP* N 2014, 1252.

(25) Même si cet acte a été contresigné par un avocat, car ce dernier n'est pas dépositaire de l'autorité de l'État : V. *infra*, n° 570.

(26) J.-F. Sagaut et M. Cagniart, *Regard notarial sur le titre exécutoire européen* : *JCP* N 2005, 1441. – J.-F. Sagaut, *Délivrance du certificat de titre exécutoire européen* : *Defrénois* 2010, art. 39064.

(27) CJUE, 9 mars 2017, aff. C-342/15, *Piringer* : *JCP* 2017, 451, note Portek. – C. Nourissat, *Quand la Cour de justice reconnaît les activités réservées des notaires...* : *Defrénois* 2017, p. 647.

Enfin, l'acte doit être établi dans les *formes* prévues par la loi, formes édictées pour l'écrit papier. Certaines sont communes à tous les actes authentiques (signature de l'officier public et des parties, approbation des renvois et ratures, etc.). D'autres sont propres à chaque type d'acte ; par exemple, un acte notarié doit être rédigé en langue française, sur papier timbré, être lu aux parties, etc. ; comme on a déjà vu, il peut être rédigé en brevet ou en minute (V. *supra*, n° 565).

Consacrant la jurisprudence[28], l'article 1370 du code décide que « l'acte qui n'est pas authentique du fait de l'incompétence ou de l'incapacité de l'officier, ou par un défaut de forme[29], vaut comme écrit sous signature privée, s'il a été signé des parties ». En pratique, la sanction de l'irrégularité aura une portée différente suivant que l'acte constaté dans l'écrit était ou non un acte solennel : si l'acte était soumis à la forme authentique comme condition de validité (par ex., une donation), la nullité de l'*instrumentum* entraîne la nullité de l'acte juridique lui-même ; dans le cas contraire, c'est-à-dire si le recours à la forme authentique n'était pas obligé, l'acte notarié se trouve seulement disqualifié en acte sous signature privée, mais il perd alors son principal intérêt qui réside dans sa force probante.

Lorsque l'acte notarié est dressé sur support électronique, les formes requises, notamment en ce qui concerne la signature du notaire et des parties et les mentions marginales, sont précisées par le décret n° 2005-973 du 10 août 2005[30] modifiant le décret du 26 novembre 1971. On observera à cet égard que la signature électronique notariale est désormais reconnue sécurisée[31] (V. *supra*, n° 562).

567. – **L'acte authentique sans comparution physique.** L'acte notarié, même sur support électronique, supposait classiquement la comparution physique des parties devant le notaire instrumentaire. Dépassant cette exigence traditionnelle, le décret n° 2020-1422 du 20 novembre 2020 (modifiant le décret n° 71-941 du 26 novembre 1971) a permis l'établissement de procurations notariées à distance, c'est-à-dire sans la présence physique des parties, qui comparaissent devant le notaire électroniquement, par visioconférence sécurisée.

> « Le notaire instrumentaire peut établir une procuration sur support électronique, lorsqu'une ou les parties à cet acte ne sont pas présentes devant lui.
>
> L'échange des informations nécessaires à l'établissement de l'acte et le recueil, par le notaire instrumentaire, du consentement de la ou des parties à l'acte qui ne sont pas présentes s'effectuent au moyen d'un système de traitement, de communication et de transmission de l'information garantissant l'identification des parties, l'intégrité et la confidentialité du contenu et agréé par le Conseil supérieur du notariat.

(28) Cass. 1re civ., 28 sept. 2011 : *RDC* 2012, 43, obs. Y.-M. Laithier. À défaut, il vaut à tout le moins commencement de preuve par écrit : Cass. 1re civ., 28 oct. 2003 : *Defrénois* 2004, 1, 373, art. 37894, n° 23, obs. R. Libchaber.

(29) L'acte perd en revanche toute valeur probatoire s'il est affecté d'un vice de fond, tel qu'un faux ; Cass. 1re civ., 21 févr. 2006 : *D.* 2006, inf. rap. p. 675 ; *JCP* 2006, IV, 1589.

(30) B. Reynis, *À propos du décret du 10 août 2005 relatif aux actes établis par les notaires… (Déc. n° 2005, 973, 10 août 2005 : JO 11 août 2005)* : *JCP* N 2005, act. 436, p. 1429.

(31) B. Reynis, *La signature électronique notariale est reconnue sécurisée : une avancée majeure* : *Defrénois* 2007, 1, 1411, art. 38662. – T. Douville, *Signature électronique : enjeux et perspectives pour le notariat* : *Defrénois* 2017, n° 20, p. 25.

> Le notaire instrumentaire recueille, simultanément avec leur consentement, la signature électronique de cette ou ces parties au moyen d'un procédé de signature électronique qualifiée répondant aux exigences du décret du 28 septembre 2017 (...).
> L'acte est parfait lorsque le notaire instrumentaire y appose sa signature électronique qualifiée. » (D. 26 nov. 1971, art. 20-1 – créé par D. 20 nov. 2020).

Quant à son domaine, la mesure, d'abord expérimentée dans le contexte de la crise sanitaire de Covid-19 pour tous les actes notariés(32), a par la suite été pérennisée mais seulement pour la procuration notariée ; c'est dire que le mécanisme pourrait à l'avenir être étendu à d'autres actes notariés.

Quant à son inspiration, l'évolution, réfléchie de longue date, répond incontestablement à un besoin, mais elle confronte aussi les fondements classiques de l'authenticité au défi du numérique : le notaire dépend dans une certaine mesure de l'informaticien pour la vérification de l'identité des parties (ses constatations personnelles ne sont plus immédiates, mais *médiates*), si bien que le dispositif « introduit dans la chaîne de l'authenticité un corps étranger dont il faut se demander si l'intrusion n'est pas de nature à fragiliser l'acte »(33).

568. – **La force probante de l'acte authentique.** L'acte notarié, comme tout acte authentique, fait foi jusqu'à *inscription de faux*(34). Cela signifie que la preuve contraire doit être rapportée dans le cadre d'une procédure spéciale (CPC, art. 303 et s.) dont le succès suppose démontrée une affirmation mensongère du notaire. L'expérience prouve que l'inscription de faux aboutit rarement. Cette solution de l'article 1319 ancien est reprise pour l'essentiel(35) dans l'article 1371 nouveau telle qu'elle avait été précisée par la jurisprudence.

> **C. civ., art. 1371. –** L'acte authentique fait foi jusqu'à inscription de faux de ce que l'officier public dit avoir personnellement accompli ou constaté.
> En cas d'inscription de faux, le juge peut suspendre l'exécution de l'acte.

Cette force probante s'attache sans réserve à la date(36) et à la signature, c'est-à-dire à l'identité des signataires, à l'origine de l'acte.

Quant au contenu de l'acte, il faut distinguer entre les diverses énonciations. Celles qui émanent des parties ou des témoins et qui sont simplement reproduites par le notaire ne font foi que jusqu'à preuve contraire, comme pour un acte sous signature privée : leur fausseté peut en effet être démontrée sans qu'il soit porté

(32) D. n° 2020-395, 3 avr. 2020. – M. Grimaldi, C. Gijsbers et B. Reynis, *Le décret du 3 avril 2020 sur l'acte notarié à distance : Defrénois* 9 avr. 2020, p. 20. – J.-F. Humbert, *Acte par comparution à distance : Defrénois* 25 juin 2020, p. 13.

(33) M. Grimaldi, C. Gijsbers et B. Reynis, art. préc.

(34) M. Nicod, *La force probante de l'acte notarié : JCP* N 2013, 1014. La force probante s'attache non seulement à l'original mais également aux copies tirées par l'officier public sous certaines conditions précisées à l'article 1335 du Code civil.

(35) V. G. Rouzet, note ss Cass. 3e civ., 10 mars 2016 : *JCP* N 2016, 1129, qui regrette l'omission de la règle – figurant dans l'article 1319 ancien – suivant laquelle l'acte authentique fait pleine foi de son contenu.

(36) S. Cabrillac et C. Jaquet, *La preuve de la date de l'acte : JCP* N 2013, 1015.

atteinte à l'honneur de l'officier public[37]. Au contraire, font foi jusqu'à inscription de faux les constatations et affirmations faites par le notaire lui-même, et dans le cadre de sa compétence[38].

Par exemple, si le notaire déclare qu'une des parties a remis devant lui une somme de *x* euros à l'autre partie, c'est une constatation qui engage l'honnêteté de l'officier public et qui, par suite, fait foi jusqu'à inscription de faux. Mais, lorsqu'il précise que cette somme a été remise à titre de paiement d'un prix de vente, il ne fait que reproduire ce que les parties lui ont dit ; cette énonciation peut être inexacte, sans que pour autant le notaire ait menti, et elle ne fait foi que jusqu'à preuve contraire. Il en est de même lorsque le notaire affirme, par la formule consacrée, que les contractants étaient sains de corps et d'esprit, car cette constatation ne relève pas de sa compétence[39].

La force probante qui découle de l'authenticité, jointe aux garanties de compétence du notaire et à la force exécutoire, explique qu'il soit souvent recouru à la forme notariée, en dehors même des contrats solennels. Il est vrai que ce recours est parfois rendu nécessaire, de manière indirecte, pour l'accomplissement de formalités annexes, telles que la publicité foncière.

§ 2. – L'acte sous signature privée

569. – Conditions générales de validité. En pratique, l'acte sous seing privé, ou l'acte sous signature privée comme le qualifie désormais la loi, est le procédé de loin le plus usité. On appelle ainsi tout écrit tel que défini par l'article 1365 du Code civil (et par l'article 1316 ancien), quel que soit son support, constatant le contrat et signé par les parties ; s'agissant d'un écrit sur support papier, on admettra qu'un échange de lettres, qui est au moins un commencement de preuve par écrit (V. *infra*, n° 592), peut valoir acte sous seing privé s'il en remplit les conditions. En revanche il n'en va pas de même pour un échange d'e-mails[40].

Rompant avec la jurisprudence antérieure, un arrêt de la Cour de cassation du 2 décembre 1997 avait admis, à propos de la valeur probante d'une télécopie, que l'écrit « peut être établi et conservé sur tout support, y compris par télécopie, dès lors que son intégrité et l'imputabilité de son contenu à l'auteur désigné ont été vérifiées ou ne sont pas contestées »[41]. Allant plus loin encore, la loi du 13 mars 2000 conférait à l'acte la même valeur probante, qu'il ait été établi sur support papier ou sur support électronique (art. 1316-3 ancien).

(37) Cass. 1re civ., 11 sept. 2013 : *JCP* N 2013, 964.

(38) Jurisprudence constante : parmi de très nombreuses décisions, V. Cass. 3e civ., 19 avr. 1972 : *JCP* 1972, IV, 138. – Cass. 1re civ., 2 nov. 2005, *Bull.* n° 399, p. 332 ; *Defrénois* 2006, 1, 580, art. 38365, obs. R. Libchaber. Il s'ensuit qu'il est possible d'intenter une action en déclaration de simulation contre un acte notarié sans avoir à recourir à l'inscription de faux lorsque les énonciations mensongères n'émanent que des parties : Cass. 3e civ., 22 févr. 1972 : *JCP* 1972, IV, 90.

(39) Cass. 2e civ., 5 juill. 2006 : *D.* 2007, pan. p. 1904, obs. T. Vasseur.

(40) Cass. 3e civ., 17 janv. 2019, n° 17-26.162 : *RDC* 2019, 34, note A. Danis-Fatôme.

(41) Cass. com., 2 déc. 1997 : *D.* 1998, p. 192, note D.-R. Martin ; *JCP* 1998, II, 10097, note L. Grynbaum. – J. Huet, *La valeur juridique de la télécopie (ou fax), comparée au télex : D.* 1992, chron. p. 33. – L. Lautrette, *Télex, télécopie, télégramme : valeur juridique et force probante : LPA* 10 mai 1996. – N. Mouligner, *La force probante des télécopies en droit civil : JCP* N 2003, 1096.

Quant aux conditions de validité de l'acte sous seing privé, elles sont les mêmes dans l'un et l'autre cas.

La *signature* des cocontractants est la condition fondamentale. Suivant la formule de l'article 1367 du Code (qui reprend l'article 1316-4 ancien), « la signature *nécessaire à la perfection* d'un acte juridique » joue une double fonction :

– elle « *identifie son auteur* », c'est-à-dire celui qui l'appose ;

– et « elle *manifeste son consentement* aux obligations qui découlent de cet acte ».

L'alinéa 2 du même article précise que la signature électronique « consiste en l'usage d'un procédé fiable d'identification garantissant son lien avec l'acte auquel elle s'attache » ; et il renvoie à un décret en Conseil d'État pour déterminer les conditions de cette fiabilité[(42)].

Cela étant, peu importe que l'acte instrumentaire ait été rédigé par l'une ou l'autre des parties ou par un tiers, qu'il ait été manuscrit ou tapé et imprimé (on aura rempli les blancs) ou même écrit au crayon[(43)], qu'il ait été écrit sur papier libre ou sur papier timbré ; peu importe même que la signature ait été apposée une fois le texte rédigé ou avant la rédaction du texte puisque le *blanc-seing* est en soi valable. Peu importe enfin qu'il ait été établi sur support papier ou sur support électronique.

En fait, en dehors des exceptions prévues par la loi, l'acte sous seing privé n'est soumis à aucune autre condition de forme que la signature de ceux qui s'y obligent. C'est ainsi que la formule « lu et approuvé » souvent requise dans la pratique, n'est aucunement exigée[(44)].

La signature s'accompagne presque toujours d'une autre formalité, dont la nature dépend du contrat conclu : la formalité du double original pour les contrats synallagmatiques, celle du « bon pour » dans les contrats unilatéraux (V. *infra*, n°s 571 et 572).

570. – L'acte contresigné par avocat. Faisant suite à l'une des propositions du rapport Darrois[(45)], la Chancellerie a établi un projet de loi tendant à instituer l'*acte contresigné par avocat*. Ce projet a suscité un certain nombre de commentaires doctrinaux[(46)] et il a entraîné une vive irritation chez les notaires qui y ont vu une atteinte à leur mission d'authentification des actes privés[(47)].

---

(42) Ces conditions avaient été définies par deux décrets : D. n° 2001-272, 30 mars 2001 et D. n° 2002-535, 18 avr. 2002. V. *supra*, n° 562 et les références citées. – Th. Alballea, *Signature électronique, quelle force pour la présomption légale ?* : *D.* 2004, 2236. – B. Jaluzot, *Transposition de la directive « signature électronique » : comparaison franco-allemande* : *D.* 2004, chron. p. 2866. Elles le sont désormais par le décret n° 2017-1416 du 28 septembre 2017 : V. E. Caprioli, *Caractéristiques du procédé permettant de présumer la fiabilité de la signature électronique* : *JCP* 2017, 1047.

(43) Cass. com., 8 oct. 1996 : *D.* 1997, p. 504, note A. Fauchon.

(44) Cass. 1re civ., 27 janv. 1993 : *JCP* 1994, II, 22195, note I. Pétel-Teyssié. – Cass. 1re civ., 30 oct. 2008 : *Contrats, conc. consom.* 2009, comm. 1, obs. L. Leveneur. – C. Barillon, *« Lu et approuvé » : la nouvelle vie d'une mention tombée en désuétude* : *JCP* 2017, 754.

(45) Rapport sur les professions du droit, Commission Darrois, mars 2009, p. 35.

(46) M. Mekki, *De l'acte sous signature juridique à l'acte contresigné par l'avocat* : *JCP* 2009, 61. – V. Toussaint, *L'acte contresigné par avocat prend forme* : *JCP* N 2009, 835. – I. Dauriac, *L'acte contresigné par un avocat : un acte professionnel sous seing privé* : *RDC* 2009, 1061. – J. de Poulpiquet, *La responsabilité du rédacteur d'un acte « sous signature juridique ». Ébauche d'une étude prospective* : *JCP* N 2010, 1223. – V. aussi les Débats publiés *in RDC* 2010, 747, sous l'intitulé *Avocats : passage à l'acte !* et M. Bacache et A.-M. Leroyer, obs. *in RTD civ.* 2011, 403.

(47) J.-F. Humbert, *L'institution d'un acte d'avocat : une construction baroque et dangereuse* : *JCP* N 2008, 1321. – J.-F. Humbert, *Libres propos autour d'une « modernisation » des professions juridiques* : *JCP* N 2011, 1119.

L'acte contresigné par avocat est un acte sous signature privée[48] qui avait été inséré aux articles 66-3-1 et suivants de la loi du 31 décembre 1971[49], et qui a été remis à sa juste place, au sein de la sous-section relative à l'acte sous signature privée, à l'article 1374 du Code civil[50].

> **Art. 66-3-1.** – En contresignant un acte sous seing privé, l'avocat atteste avoir éclairé pleinement la ou les parties qu'il conseille sur les conséquences juridiques de cet acte.
>
> **Art. 1374.** – L'acte sous signature privée contresigné par les avocats de chacune des parties ou par l'avocat de toutes les parties fait foi de l'écriture et de la signature de celles-ci tant à leur égard qu'à celui de leurs héritiers ou ayants cause.
>
> La procédure de faux prévue par le Code de procédure civile lui est applicable.
>
> Cet acte est dispensé de toute mention manuscrite exigée par la loi.

Finalement, l'acte contresigné par avocat n'est qu'un acte sous signature privée, mais qui bénéficie de certains avantages du fait qu'il a été contresigné par un ou des avocats[51] :

– l'acte contresigné fait pleine foi de l'écriture et de la signature des parties, mais non pas de sa date à la différence de l'acte authentique ;

– l'acte contresigné est dispensé des mentions manuscrites qui sont parfois exigées par la loi afin d'attirer l'attention de la partie faible, généralement le consommateur, sur la portée de son engagement[52]. La même règle a été édictée pour les actes notariés (C. civ., art. 1317-1 ancien et 1369, al. 3 nouveau). On peut en effet penser que les parties auront suffisamment été instruites par l'avocat ou le notaire.

On remarquera que l'article 1374 du code ne reprend pas la formule que le contreseing atteste du fait que l'avocat a pleinement éclairé la ou les parties qu'il conseille, de la portée et des conséquences juridiques dudit acte : cette disposition est restée inscrite à l'article 66-3-1 de la loi de 1971.

En revanche, à la différence de l'acte authentique (V. *supra*, n° 565), l'acte contresigné par avocat n'a pas et ne peut pas avoir la force exécutoire, l'avocat n'étant pas dépositaire de l'autorité publique[53].

La loi de modernisation de la justice du XXIe siècle a étendu le champ d'application de cette formule en permettant le divorce par consentement mutuel sans juge au moyen d'un acte contresigné par avocat qui sera déposé au rang des minutes d'un notaire (C. civ., art. 229 et s.)[54].

(48) L. n° 2011-331, 28 mars 2011, art. 3.

(49) C. Jamin, *L'acte d'avocat : D.* 2011, p. 960. – D. Mazeaud, obs. *in RDC* 2011, 873. – V. aussi X. Labbée, *Le testament par acte d'avocat : D.* 2014, 1948.

(50) L'article 66-3-1 reste toutefois en vigueur, contrairement aux textes suivants, qui ont été déplacés dans le Code civil.

(51) V. obs. M. Latina, *RDC* 2013, 127.

(52) Sur la question de savoir si cette disposition s'applique également à la mention manuscrite de l'article 1326 du Code civil, V. L. Leveneur, *La loi du 28 mars 2011 et les mentions manuscrites : Contrats, conc. consom.* 2011, repère 5.

(53) Sur la question, suscitée par le rapport Perben du 27 août 2020 qui recommandait de « conférer la force exécutoire aux actes contresignés par avocats », V. B. Reynis, *Déshabiller Pierre pour habiller Paul : Defrénois* 1er oct. 2020, p. 1 : « est confondue la force obligatoire des contrats avec la force exécutoire réservée aux actes de l'autorité publique, principalement ceux des juges et des notaires, attribut régalien qui suppose que la force exécutoire ne puisse émaner que d'un professionnel soumis à l'autorité de l'État et donc à son contrôle ».

(54) H. Fulchiron, *Divorcer sans juge : JCP* 2016, 1267.

571. – **La formalité du double original pour les contrats synallagmatiques.** Pour les contrats *synallagmatiques*(55), catégorie qui comprend la quasi-totalité des contrats usuels, l'acte doit en principe être établi en autant d'*originaux* (par ex., exemplaires rédigés ou imprimés au même moment, ou photocopiés à partir de la rédaction initiale puis signés, aucun n'ayant été rédigé après coup ni copié sur un autre) que de parties ayant un intérêt distinct (C. civ., art. 1375, qui reprend à quelques nuances près les dispositions de l'art. 1325 ancien) ; ainsi chacune des parties pourra contraindre les autres à l'exécution du contrat, puisque chacune en aura entre les mains la preuve.

Des copies, même certifiées conformes, et des photocopies du texte original signé ne sont pas des originaux et ne dispensent pas de la présentation de l'original lorsqu'il subsiste (C. civ., art. 1379, al. 3), étant toutefois précisé qu'une copie fiable a la même force probante que l'original (art. 1379, al. 1er ; V. *infra*, nos 575 et 594).

Il faut prévoir en outre un exemplaire pour l'enregistrement, le cas échéant ; et sur chaque original doit être mentionné le nombre d'exemplaires rédigés.

Art. 1375. – L'acte sous signature privée qui constate un contrat synallagmatique ne fait preuve que s'il a été fait en autant d'originaux qu'il y a de parties ayant un intérêt distinct, à moins que les parties ne soient convenues de remettre à un tiers l'unique exemplaire dressé.

Chaque original doit mentionner le nombre des originaux qui en ont été faits.

Celui qui a exécuté le contrat, même partiellement, ne peut opposer le défaut de la pluralité d'originaux ou de la mention de leur nombre.

L'exigence d'une pluralité d'originaux est réputée satisfaite pour les contrats sous forme électronique lorsque l'acte est établi et conservé conformément aux articles 1366 et 1367, et que le procédé permet à chaque partie de disposer d'un exemplaire sur support durable ou d'y avoir accès.

S'il n'a pas été satisfait à cette formalité dite du *double original*, la validité du contrat n'est nullement affectée, mais l'écrit ne vaut plus que commencement de preuve par écrit. D'après la loi, il est fait exception à cette règle lorsque les parties ont remis à un tiers l'unique exemplaire dressé : nul besoin, alors, d'un double original pour faire preuve de l'acte. Cette disposition consacre (sans toutefois s'y limiter) la jurisprudence selon laquelle le défaut de double peut être rattrapé par le *dépôt* de l'original *au rang des minutes d'un notaire*(56) : le notaire conservant l'acte dans l'intérêt de tous, les cocontractants peuvent chacun en demander copie et se retrouvent alors sur un pied d'égalité quant à la preuve.

Adaptant cette exigence aux contrats conclus sous forme électronique, l'article 1375 prévoit qu'il est satisfait à la formalité du double original dès lors que le

(55) La formalité ne s'applique pas à un état des lieux dressé contradictoirement au départ du locataire car il ne s'agit pas d'un contrat, mais de la simple constatation d'une situation de fait : Cass. 3e civ., 23 mai 2002, *Bull.* n° 109, p. 97 ; *Contrats, conc. consom.* oct. 2002, comm. 137, obs. L. Leveneur ; *JCP* 2002, IV, 2154.

(56) M. Dagot, *Dépôt au rang des minutes d'un notaire* : *JCP* N 1994, I, prat. p. 2948. – Sur la nature juridique de l'acte sous signature privée déposé au rang des minutes d'un notaire, P. Callé : *JCP* N 2003, 1150.

procédé permet à chaque partie soit de disposer d'un exemplaire sur un support durable, soit d'y avoir accès.

572. – **Les formalités dans les contrats unilatéraux.** Pour les *contrats unilatéraux*, dans lesquels l'un est seulement créancier et l'autre seulement débiteur, il suffit d'un original, qui sera remis au créancier puisque lui seul aura besoin, le cas échéant, de faire la preuve de l'engagement. C'est le cas, par exemple, d'une reconnaissance de dette. Ces contrats sont dispensés de la formalité du double original.

En revanche, l'article 1326 ancien du Code civil les soumettait initialement à la formalité dite du « bon pour », mais seulement lorsqu'ils comportaient une promesse unilatérale de payer une somme d'argent ou de livrer un bien fongible, formalité jadis très décriée(57). Allégeant ce formalisme et modifiant l'article 1326 ancien, la loi du 12 juillet 1980 s'était contentée de prévoir que, pour les engagements portant sur des sommes d'argent ou sur des biens fongibles à livrer, le titre doive comporter – outre la signature du débiteur – « la mention, écrite de sa main, de la somme ou de la quantité(58) en toutes lettres et en chiffres(59) ». Pour rendre applicable cette disposition à un acte établi sur support électronique, la loi du 13 mars 2000 a substitué la formule « écrite par lui-même », à celle précédente « écrite de sa main »(60). Ces dispositions ont été reprises dans l'article 1376 nouveau.

Art. 1376. – L'acte sous signature privée par lequel une seule partie s'engage envers une autre à lui payer une somme d'argent ou à lui livrer un bien fongible ne fait preuve que s'il comporte la signature de celui qui souscrit cet engagement ainsi que la mention, écrite par lui-même, de la somme ou de la quantité en toutes lettres et en chiffres. En cas de différence, l'acte sous signature privée vaut pour la somme écrite en toutes lettres.

Cette formalité a pour but, d'une part d'attirer l'attention du débiteur sur la mesure de son engagement (elle participe de l'idée qu'écrire incite à réfléchir), d'autre part d'éviter les abus de blanc-seing et de faire échec aux retouches que le créancier pourrait être tenté d'opérer sur l'écrit que seul il détient. Il est tout à fait

(57) H. Lalou, *La « solennisation » des actes sous seing privé ou des exigences abusives du « bon pour »* : *DH* 1933, chron. p. 33. – Ph. Le Tourneau, *Contre le « bon pour »* : *D.* 1975, chron. p. 187.

(58) Pour un cautionnement, l'exigence de l'article 1326 ne porte que sur le montant de l'obligation principale, pas sur ses accessoires ou ses composantes : Cass. 1re civ., 29 oct. 2002, 3 arrêts : *D.* 2002, 3071 et note J. Djoudi ; *JCP* 2002, II, 10187 et note D. Legeais ; *Defrénois* 2003, 1, 229, art. 37675 et note S. Piedelièvre ; *Contrats, conc. consom.* 2003, comm. 67, obs. L. Leveneur. – Cass. 1re civ., 4 févr. 2003 : *D.* 2003, 1357 et note B. Roman.

(59) La mention en chiffres ou en lettres seulement est insuffisante pour un cautionnement (Cass. 1re civ., 13 nov. 1996 : *Contrats, conc. consom.* 1997, comm. 25. – Cass. 2e civ., 27 juin 2002 : *D.* 2002, somm. p. 3333, obs. L. Aynès. – Cass. 1re civ., 25 mai 2005, *Bull.* n° 228, p. 193 ; *D.* 2005, 1548 et note V. Avena-Robardet ; *JCP* 2005, II, 10169 et note S. Piedelièvre ; *Defrénois* 2005, 1, 1634, art. 38254, n° 78, obs. A. Bénabent ; *Contrats, conc. consom.* 2005, comm. 188, obs. L. Leveneur). Cependant que la mention en toutes lettres seulement suffit pour une reconnaissance de dette (Cass. 1re civ., 18 sept. 2002, *Bull.* n° 207, p. 159 ; *JCP* 2002, IV, 2667. – Cass. 1re civ., 19 nov. 2002, *Bull.* n° 278, p. 217 ; *Contrats, conc. consom.* 2003, comm. 54, obs. L. Leveneur).

(60) Il s'ensuit que la mention peut être simplement dactylographiée, sous réserve évidemment de s'assurer que le signataire de l'acte est bien le scripteur de la mention : Cass. 1re civ., 13 mars 2008 : *D.* 2008, act. jurispr., obs. I. Gallmeister ; *D.* 2008, 1956 et note I. Maria ; *JCP* 2008, II, 10081 et note E. Putman ; *Defrénois* 2008, 1, 1345, art. 38795, n° 2, obs. R. Libchaber ; *Contrats, conc. consom.* 2008, comm. 174, obs. L. Leveneur. – Cass. 1re civ., 28 oct. 2015 : *D.* 2015, 2249, obs. T. de Ravel d'Esclapon ; *JCP* 2016, 114, note N. Dissaux.

regrettable que l'acte contresigné par avocat soit dispensé de cette formalité car la présence de l'avocat lors de la signature n'écarte aucunement le risque de retouches ultérieures de l'acte par le créancier(61).

S'il n'a pas été satisfait à cette formalité lorsqu'elle est requise, la sanction est la même que pour le manquement à la formalité du double original. Sauf en matière de cautionnement, est seul affecté l'acte instrumentaire (l'*instrumentum*) qui n'a plus valeur probatoire, mais non le contrat qu'il constate (le *negotium*) qui demeure pleinement valable ; l'écrit ne vaudra plus alors que commencement de preuve par écrit, lequel devra être complété par des éléments de preuve extrinsèques(62).

Si le contrat a été dressé en la forme électronique, la mention de l'article 1376 (1326 ancien) doit pouvoir être apposée en la même forme (C. civ., art. 1174, al. 2).

Différente est la formalité édictée par l'article L. 331-1 du Code de la consommation (art. L. 341-2 ancien, issu de la loi du 1er août 2003 pour l'initiative économique) : dans le cas où une personne physique se porte caution au profit d'un créancier professionnel, elle doit faire précéder sa signature d'une mention manuscrite indiquant très précisément les limites de son engagement ; bien qu'inscrite dans le Code de la consommation, cette exigence n'est nullement réservée aux contrats de consommation(63). Il ne s'agit plus alors d'une simple règle de preuve, mais d'une règle de fond prescrite à peine de nullité (C. consom., art. L. 343-1), étant précisé qu'il s'agit d'une nullité relative(64).

573. – **La force probante de l'origine et du contenu de l'acte.** Pour les actes sous signature privée, la *force probante* s'attache à l'*original* respectant les formalités édictées par la loi, ainsi qu'à la *copie fiable* au sens de l'article 1379 du Code civil (V. *infra*, nos 575 et 594).

Cela dit, la *force probante* qui s'attache à un acte sous seing privé n'est pas la même pour chacun de ses éléments : signature, contenu, date. Elle est en toute hypothèse moindre que celle de l'acte authentique. Elle est en revanche identique, que l'acte ait été établi sur support électronique ou sur support papier (C. civ., art. 1316-3 ancien et 1366 nouveau).

La *signature* d'un acte sous seing privé ne constitue pas une présomption d'origine de l'acte. Le signataire supposé, c'est-à-dire celui dont le nom figure dans le texte, est libre de ne pas reconnaître son écriture ou sa signature (C. civ., art. 1323 ancien et 1373 nouveau).

> **Art. 1373.** – La partie à laquelle on l'oppose peut désavouer son écriture ou sa signature. Les héritiers ou ayants cause d'une partie peuvent pareillement désavouer l'écriture ou la signature de leur auteur, ou déclarer qu'ils ne les connaissent. Dans ces cas, il y a lieu à vérification d'écriture.

(61) L. Leveneur, *La loi du 28 mars 2011 et les mentions manuscrites : Contrats, conc. consom.* 2011, repère 5.
(62) Cass. 1re civ., 21 mars 2006 : *JCP* 2006, IV, 1879 ; *D.* 2006, inf. rap. p. 1001.
(63) V. Avena-Robardet, *Réforme inopinée du cautionnement : D.* 2003, chron. 2083. – D. Houtcieff, *Les dispositions applicables au cautionnement issues de la loi pour l'initiative économique : JCP* 2003, I, 161. – I. Tricot-Chamard, *Les vicissitudes de la mention manuscrite dans le cautionnement : suite ou fin ? : JCP* 2004, I, 112.
(64) Cass. com., 5 févr. 2013, n° 12-11.720.

Si l'un des cocontractants prétendus désavoue sa signature, il appartient au juge de vérifier l'écrit contesté et de procéder à la vérification d'écriture au vu des éléments dont il dispose après avoir, s'il y a lieu, enjoint aux parties de produire tous documents à lui comparer[(65)] (CPC, art. 287 et 288). En fait, en raison des progrès de l'expertise en écriture, il est devenu assez rare qu'un plaideur de mauvaise foi désavoue sa signature. La question se pose dans des termes voisins pour la signature électronique, dont la fiabilité est présumée jusqu'à preuve contraire (C. civ., art. 1316-4, al. 2 ancien et 1366 nouveau) ; il s'ensuit que le juge devra vérifier si les conditions mises par les textes à la validité de l'écrit et de la signature électroniques sont satisfaites[(66)] (CPC, art. 287, al. 2).

Le *contenu* de l'acte ne fait foi que jusqu'à preuve contraire. Cela signifie que les parties, comme les tiers, sont autorisées à prouver l'inverse de ce qui est écrit. On pourra, par exemple, démontrer que l'écrit est un faux-semblant, une *simulation* qui cache une autre opération, ou encore qu'il ne reflète pas fidèlement l'accord intervenu. Toutefois, s'agissant de prouver outre ou contre l'écrit, cette preuve ne pourra être administrée que par écrit par les parties, alors que les tiers pourront recourir à tous moyens (V. *infra*, n° 585).

574. – **La force probante de la date de l'acte**[(67)]. Quant à sa *date*, l'acte ne fait foi qu'entre les parties, leurs héritiers[(68)] ou leurs créanciers, et jusqu'à preuve contraire. Dans la mesure où il s'agit de prouver contre un écrit, la preuve contraire doit elle-même être faite par écrit (C. civ., art. 1341 ancien et 1359, al. 2 nouveau).

Cette date est en revanche inopposable aux tiers qui seront libres de la considérer comme inexacte, antidatée ou postdatée, si tel est leur intérêt, sans avoir à en rapporter la preuve : par exemple, l'acheteur d'un immeuble est en droit de considérer comme postérieur à son acquisition, et donc inopposable à lui, le bail sous seing privé portant une date antérieure.

Cette règle, posée par l'article 1377 du Code civil (qui reprend, en des termes plus simples et plus clairs, l'article 1328 ancien), est destinée à protéger les tiers, et notamment les tiers acquéreurs, contre des contrats antidatés dont ils pourraient être les victimes. Corrélativement les cocontractants ont à leur disposition un moyen bien simple de donner *date certaine* au contrat[(69)] : l'*enregistrement* de l'acte, dont la date fait alors foi à l'égard de tous.

Art. 1377. – L'acte sous signature privée n'acquiert date certaine à l'égard des tiers que du jour où il a été enregistré, du jour de la mort d'un signataire, ou du jour où la substance est constatée dans un acte authentique.

(65) Cass. 1re civ., 28 mars 2008, n° 06-18.226 : *D.* 2008, act. jurispr. p. 1151. – Cass. 3e civ., 9 mars 2005, *Bull.* n° 64. – Cass. 2e civ., 16 janv. 2007 : *JCP* 2007, IV, 1368. – Cass. 1re civ., 12 juin 2012 : *RDC* 2013, 127, obs. M. Latina.

(66) Th. Alballea, *Signature électronique, quelle force pour la présomption légale ?* : *D.* 2004, 2236. – Cass. 1re civ., 30 sept. 2010 : *Rev. Lamy dr. civ.* mars 2010, p. 7, note O. Cachard.

(67) S. Mercoli, *Incertitude sur la date des actes sous seing privé (de l'écrit sur support papier à l'écrit électronique)* : *JCP* N 2001, p. 44. – S. Cabrillac et C. Jaquet, *La preuve de la date de l'acte* : *JCP* N 2013, 1015. – S.-M. Ferrié, *La date des actes sous signature privée (après l'ordonnance du 10 février 2016)* : *D.* 2019, 652.

(68) À l'héritier doit être assimilé le légataire universel ; ainsi la date d'une promesse de vente sous seing privé est opposable à la Fondation de France, légataire universel du vendeur : Cass. 3e civ., 18 déc. 2002 : *D.* 2003, inf. rap. p. 179 ; *Defrénois* 2003, art. 37767, n° 55, obs. R. Libchaber.

(69) F. Favennec-Héry, *La date certaine des actes sous seing privé* : *RTD civ.* 1992, p. 1.

La règle de l'article 1377 n'est toutefois pas générale ; notamment la jurisprudence l'écarte dans le cas des contrats d'assurance et de leurs actes modificatifs[70].

La question de la force probante de la date se pose également pour les écrits électroniques[71]. Elle est aujourd'hui réglée par combinaison des articles 1366 et 1377 (V. art. 1369-7 et 1369-8 anciens).

575. – **La force probante des copies d'actes sous signature privée.** Reprenant pour partie un principe exprimé par l'article 1334 ancien, le nouvel article 1379, alinéa 3 du Code civil pose en règle que « si l'original subsiste, sa présentation peut toujours être exigée ».

S'agissant des copies, l'article 1379, alinéa 1er prévoit que lorsqu'elles sont *fiables*, elles ont « la même force probante que l'original »[72].

> **Art. 1379. –** La copie fiable a la même force probante que l'original. La fiabilité est laissée à l'appréciation du juge. Néanmoins est réputée fiable la copie exécutoire ou authentique d'un écrit authentique.
>
> Est présumée fiable jusqu'à preuve du contraire toute copie résultant d'une reproduction à l'identique de la forme et du contenu de l'acte, et dont l'intégrité est garantie dans le temps par un procédé conforme à des conditions fixées par décret en Conseil d'État.
>
> Si l'original subsiste, sa présentation peut toujours être exigée.

Après avoir posé en règle que « la fiabilité est laissée à l'appréciation du juge », l'article y apporte une première exception, qui concerne les seuls actes authentiques : « la copie exécutoire ou authentique d'un écrit authentique » est « *réputée fiable* ». Puis, dans un alinéa 2, le texte dispose qu'« est *présumée fiable jusqu'à preuve du contraire* toute copie résultant d'une reproduction à l'identique de la forme et du contenu de l'acte, et dont l'intégrité est garantie dans le temps par un procédé conforme à des conditions fixées par décret en Conseil d'État »[73]. On retrouvera cette question à propos des exceptions à la règle de la preuve écrite (V. *infra*, n° 594).

SOUS-SECTION 2

L'AVEU

576. – **L'aveu.** À la différence des textes antérieurs, l'article 1383 du Code civil, issu de l'ordonnance de 2016, donne une définition de l'aveu.

(70) Cass. 2e civ., 26 mars 2015, n° 14-11.206, *Bull.* n° 83. – V. aussi précédemment Cass. 1re civ., 28 oct. 1970, n° 69-10.314.

(71) V. sur ce point : S. Mercoli, *Incertitudes sur la date des actes sous seing privé (de l'écrit sur support papier à l'écrit électronique)* : *JCP* N 2001, 44.

(72) Avant la réforme de 2016, la question était traitée dans l'article 1348 ancien, sous l'angle des exceptions à la règle de la preuve écrite de l'article 1341 ancien. Il y était fait exception en cas de commencement de preuve par écrit (art. 1347 ancien), d'impossibilité de la preuve écrite (art. 1348, al. 1er ancien) et en cas de présentation d'une copie « fidèle » et « durable ». Cette dernière hypothèse était due à une loi du 12 juillet 1980.

(73) D. n° 2016-1673, 5 déc. 2016 : *D.* 2016, 2517, obs. T. Douville.

> **Art. 1383.** – L'aveu est la déclaration par laquelle une personne reconnaît pour vrai un fait de nature à produire contre elle des conséquences juridiques.
> Il peut être judiciaire ou extrajudiciaire.

L'aveu est la reconnaissance par une personne d'un fait ou d'un acte juridique invoqué contre elle. Il est traditionnellement considéré comme la reine des preuves, mais la pratique démontre qu'il n'est pas toujours conforme à la réalité. Sa force probante diffère suivant que l'aveu est judiciaire, ou extrajudiciaire.

577. – **L'aveu judiciaire.**

> **Art. 1383-2.** – L'aveu judiciaire est la déclaration que fait en justice la partie ou son représentant spécialement mandaté.
> Il fait foi contre celui qui l'a fait.
> Il ne peut être divisé contre son auteur.
> Il est irrévocable, sauf en cas d'erreur de fait.

L'*aveu judiciaire* doit avoir été fait au cours de l'instance dans le cadre de laquelle il est invoqué(74). L'aveu se trouvera donc soit dans les écritures (c'est-à-dire dans les conclusions prises devant le juge), soit dans les paroles prononcées à l'audience ou lors d'une éventuelle comparution personnelle des parties. Quant à sa force probante, « il fait (pleine) foi contre celui qui l'a fait » et, à ce titre, il s'impose au juge, qui ne peut l'écarter.

L'aveu judiciaire présente deux caractères.

D'une part, il est *irrévocable*, en ce sens que l'auteur de l'aveu ne peut se rétracter au motif qu'il a changé d'avis ou qu'il a commis une erreur de droit(75) ; mais il peut le faire s'il a commis une erreur de fait, par exemple, s'il s'est trompé en reconnaissant sa paternité à l'égard d'un enfant.

D'autre part, il est *indivisible* : il constitue un tout que l'on doit prendre comme tel, sans pouvoir en choisir ou en distraire tel ou tel élément ; toutefois, l'indivisibilité ne joue que s'il y a un rapport direct entre les diverses énonciations contenues dans l'aveu(76).

578. – **L'aveu extrajudiciaire.** L'*aveu extrajudiciaire* est celui qui est fait dans des conditions autres que celles définies ci-dessus, par exemple, l'aveu fait soit en dehors d'un procès, soit ailleurs que devant le juge, par exemple au cours d'opérations d'expertise(77).

---

(74) En revanche, l'aveu fait au cours d'une instance précédente et n'opposant pas les mêmes parties n'a pas le caractère d'un aveu judiciaire et n'en produit pas les effets : Cass. 1re civ., 9 mai 2001 : *D.* 2001, inf. rap. p. 1851.

(75) La solution n'est pas reprise explicitement par le texte (comp. art. 1356 ancien), mais elle n'en est pas moins claire au regard de sa formulation : aveu irrévocable (principe) *sauf erreur de fait* (seule exception). On en déduit cette conséquence que l'aveu contenu dans des conclusions devant la cour d'appel ne peut, sauf erreur de fait, être considéré comme rétracté du fait qu'il n'est pas repris mais contesté dans les conclusions récapitulatives (Cass. 1re civ., 20 mai 2003, *Bull.* n° 117, p. 91 ; *RTD civ.* 2004, 293, obs. J. Mestre et B. Fages).

(76) Pour le cas où un fait distinct du fait principal est démontré inexact, V. Cass. 1re civ., 17 juin 1968, *Bull.* n° 172. – Cass. 1re civ., 30 oct. 2006, *Bull.* n° 444 ; *Defrénois* 2007, 1, 436, art. 38562, n° 26, obs. R. Libchaber.

(77) CA Paris, 1re ch. A, 22 oct. 2001 : *D.* 2001, inf. rap. p. 3331.

Art. 1383-1. – L'aveu extrajudiciaire purement verbal n'est reçu que dans les cas où la loi permet la preuve par tout moyen.
Sa valeur probante est laissée à l'appréciation du juge.

La preuve de l'aveu devra être rapportée par celui qui l'invoque. Parfois il aura été consigné dans un écrit. D'autres fois, il sera seulement oral, auquel cas la preuve de cet aveu ne peut être rapportée que par témoins, ce qui suppose que ce mode de preuve soit admissible, ce qui est le cas lorsque la preuve est libre, comme le rappelle l'article ci-dessus.

Quant à sa force probante, l'article 1355 ancien ne la précisait pas ; dans le silence de la loi, la jurisprudence avait considéré que la valeur et la portée d'un aveu extrajudiciaire, même consigné par écrit, relevaient de l'appréciation souveraine des juges du fond[78]. Cette solution jurisprudentielle a été consacrée dans l'article 1383-1 nouveau (qui ne mentionne toutefois pas le caractère souverain pour les juges du fond). Le juge est donc libre de se déclarer ou non convaincu de la véracité des faits reconnus. La règle est impérative (C. civ., art. 1356, al. 2).

Corrélativement, l'aveu extrajudiciaire peut être divisé, si le juge l'estime utile[79] ; et il peut également être rétracté par son auteur, le juge restant libre d'en tirer les enseignements de son choix, compte tenu des circonstances de la cause[80].

SOUS-SECTION 3

LE SERMENT DÉCISOIRE

579. – Le droit français connaît deux grands types de serments : le *serment promissoire* par lequel on s'engage pour l'avenir (par ex., le serment prononcé par les témoins), et le *serment probatoire* qui concerne le passé, et qui seul nous intéresse ici. À l'opposé de l'aveu, c'est l'acte par lequel son auteur affirme solennellement la véracité d'un fait qui lui est *favorable*[81]. L'article 1384 du Code civil, qui reprend pour l'essentiel l'article 1357 ancien, en distingue deux sous-espèces : le *serment supplétoire* qui permet de compléter une preuve, et le *serment décisoire* (ou déféré d'office) que l'on utilisera en l'absence de tout autre élément de preuve.

Art 1384. – Le serment peut être déféré, à titre décisoire, par une partie à l'autre pour en faire dépendre le jugement de la cause. Il peut aussi être déféré d'office par le juge à l'une des parties.

(78) Cass. 1re civ., 11 juill. 2001, *Bull.* n° 213, p. 134.
(79) Cass. 3e civ., 16 nov. 1971, *Bull.* n° 394.
(80) Cass. civ., 9 mars 1954 : *Gaz. Pal.* 1954, 1, 320.
(81) F. Chénedé, *Le nouveau droit des obligations et des contrats*, Dalloz, 2e éd., 2018, n° 223.111.

Le Code civil se fonde sur cette distinction et réglemente le serment de manière détaillée dans ses articles 1384 et suivants. Les textes ne font pour l'essentiel que réagencer la présentation des textes antérieurs à l'ordonnance du 10 février 2016, à l'exception d'une légère modification relative au serment déféré d'office (V. *infra*, n° 582).

Seul le serment *décisoire* est une preuve parfaite. Il apparaît comme un ultime recours pour celui à qui incombe la charge de la preuve et qui n'a pas pu rapporter cette preuve par un autre mode admissible. On l'appelle décisoire parce qu'il va décider de la contestation. Son mécanisme s'opère en deux temps :

– celui sur qui pèse la charge de la preuve défère le serment au défendeur, sous le contrôle du juge(82) ;

– le défendeur a alors une option à trois branches : ou bien il prête serment et il gagne le procès (sans que l'autre partie soit admise à en prouver la fausseté, C. civ., art. 1385-3), ou bien il refuse et il perd le procès, ou bien il réfère (renvoie) le serment au demandeur.

En pratique, tant le serment décisoire que le serment supplétoire se rencontrent très rarement. C'est là un mode de preuve devenu totalement obsolète et largement tombé en désuétude dans un monde qui ne craint plus le parjure, si bien qu'on peut se demander s'il présente un quelconque intérêt et si, dans le cadre d'une réforme qui se voulait novatrice, il n'aurait pas été préférable de l'abandonner.

SECTION 2

LES MODES DE PREUVE IMPARFAITS

580. – Le témoignage. Parmi les modes de preuve imparfaits, dont le juge apprécie souverainement le caractère convaincant, la preuve testimoniale ou par témoins occupe une place importante.

Le témoignage est la déclaration faite au juge chargé de l'enquête, par une personne qui a perçu par ses propres sens le fait contesté. Les témoignages sont donc recueillis dans le cadre d'une enquête, qui est une procédure d'audition de témoins réglementée par les articles 199 et suivants du Code de procédure civile(83).

> **CPC, art. 199. –** Lorsque la preuve testimoniale est admissible, le juge peut recevoir des tiers les déclarations de nature à l'éclairer sur les faits litigieux dont ils ont personnellement connaissance. Ces déclarations sont faites par attestations ou recueillies par voie d'enquête selon qu'elles sont écrites ou orales.

(82) Si le serment décisoire peut être déféré sur quelque contestation que ce soit, il appartient aux juges du fond, à la seule condition de motiver leur décision sur ce point, d'apprécier si cette mesure est ou non nécessaire : Cass. 3e civ., 10 mars 1999 : *D.* 2001, p. 817, note B. Mallet-Bricout.

(83) D. Dekara, *La preuve testimoniale et son administration selon le Nouveau Code de procédure civile*, thèse, Paris II, 1979. – J.-P. Gridel, *La valeur du témoignage en droit civil : RID comp.* 1994, p. 437.

En principe, le témoignage doit porter sur des faits directement perçus par le témoin, et non pas par ouï-dire. Toutefois, la jurisprudence admet le témoignage indirect par lequel le témoin rapporte les propos d'un tiers. En revanche, la preuve par *commune renommée* (par laquelle le témoin se borne à rapporter des « on-dit ») est écartée, sauf dans un certain nombre de cas précis où elle est utilisée à titre de sanction.

Normalement, le témoignage est une déclaration orale, ce qui suppose la présence des témoins. Or, il arrive que des témoins ne veuillent pas se déplacer et adressent leur témoignage par lettre. La jurisprudence avait donné à ces lettres la valeur de présomptions. Désormais, le Code de procédure civile a légalisé ces *attestations écrites* et les met sur un pied d'égalité avec les témoignages en précisant dans l'article 199 que les *déclarations des tiers* « sont faites par attestations ou recueillies par voie d'enquête selon qu'elles sont écrites ou orales ».

Quant à l'article 1381 du Code civil issu de la réforme du droit des contrats, il confirme l'état du droit antérieur en déclarant que « la force probante des déclarations faites par un tiers dans les conditions du Code de procédure civile est laissée à l'appréciation du juge ». Que le témoignage ne soit pas une preuve parfaite est compréhensible : comme l'exprimait le jurisconsulte d'ancien droit Loysel, *qui mieux abreuve, mieux preuve*, ce qui signifie qu'il n'est pas difficile de s'attirer les faveurs d'une personne qui accepterait par la suite de témoigner favorablement (V. *infra*, n° 585).

581. – **Les présomptions judiciaires.** À la différence des présomptions légales que la loi impose au juge (V. *supra*, n°s 557 et s.), les présomptions judiciaires (dites aussi présomptions de l'homme) sont un mode de raisonnement proposé au juge par les plaideurs. Par exemple, de l'exécution d'une prestation par une personne, on voudra déduire l'existence d'un contrat.

> **Art. 1382. –** Les présomptions qui ne sont pas établies par la loi, sont laissées à l'appréciation du juge, qui ne doit les admettre que si elles sont graves, précises et concordantes, et dans les cas seulement où la loi admet la preuve par tout moyen.

L'admissibilité de ce mode de preuve est réduite aux hypothèses où il est possible de recourir à la preuve par témoins, ou par tout moyen comme le précise l'article 1382 du Code civil, qui a repris la substance de l'article 1353 ancien.

Quant à sa force probante, les deux articles s'en remettent à l'appréciation du juge, qui ne doit admettre que des *présomptions graves, précises et concordantes* »[84]. C'est dire qu'en fait le juge est libre de se déclarer ou non convaincu.

582. – **Le serment supplétoire.** Ce serment, réglementé par les articles 1386 et 1386-1 du Code civil (et les articles 1366 à 1369 anciens), n'est possible que pour compléter une preuve. On notera une seule différence entre les textes anciens et

(84) Par ex., le relevé de communications établi par France Télécom constitue une présomption à l'encontre de l'abonné : Cass. 1re civ., 7 mars 2000, *Bull.* n° 81, p. 55.

nouveaux : alors que l'article 1366 ancien précise que « le juge peut déférer à l'une des parties le serment, ou pour en faire dépendre la décision de la cause, ou seulement pour déterminer le montant de la condamnation », l'article 1386 nouveau se borne à dire que « le juge peut d'office déférer le serment à l'une des parties », ce qui laisse plus de latitude au juge.

Le serment supplétoire est à la disposition du juge qui peut le déférer d'office lorsque, les preuves produites ne lui paraissant pas suffisamment convaincantes, il souhaite en compenser les insuffisances. En pratique, le juge préférera toujours en pareil cas ordonner une expertise qui permettra de réunir les informations de fait qui lui manquent.

Très rarement utilisé, le serment supplétoire diffère du serment décisoire sur deux points :

– il ne peut être déféré que par le juge, non par une partie ; pratiquement, compte tenu de l'incertitude de ce mode de preuve, le juge préférera toujours décider au vu des autres éléments de preuve, notamment des témoignages et des présomptions ;

– s'agissant d'un mode de preuve imparfait, il ne lie pas le juge, qui est libre d'en tirer les conclusions qu'il lui plaira.

CHAPITRE 4

L'ADMISSIBILITÉ DES MODES DE PREUVE

583. – **Les différents systèmes de preuve.** En matière civile, peut-on faire la preuve par tous moyens, ou bien y a-t-il des restrictions ? La réponse dépend du système de preuve que l'on adopte.

Dans le système de la *preuve morale*, tous les moyens peuvent être utilisés et le juge a un libre pouvoir d'appréciation pour faire le tri et se déclarer convaincu ou non. C'est le système suivi en matière pénale. Dans le système de la *preuve légale*, la loi indique au juge tout à la fois les modes de preuve à retenir et leur force probante exacte.

Le droit positif français ne consacre tout à fait ni l'un, ni l'autre système. Il distingue suivant l'objet de la preuve. En tête du chapitre relatif à « L'admissibilité des modes de preuve », l'article 1358 du Code civil pose en règle que : « Hors les cas où la loi en dispose autrement, la preuve peut être apportée par tout moyen ». Mais la suite du chapitre est consacrée à la preuve des actes juridiques qui, précisément, est soumise à des règles différentes.

S'agissant de prouver les *actes juridiques*, le principe est aménagé par la règle de *la preuve écrite* (ou par tout autre mode de preuve parfait) lorsqu'ils dépassent une certaine somme, ce qui s'explique par le fait qu'il est possible et prudent de se réserver une telle preuve ; par suite, la Cour de cassation exercera son contrôle.

Pour les *faits juridiques*, au contraire, la preuve peut être faite *par tout moyen*, donc même par des modes de preuve imparfaits, et les juges du fond disposent d'un large pouvoir souverain d'appréciation. La solution est naturelle car, ici, une preuve écrite préconstituée est impossible pour un fait juridique qui, par définition même, survient inopinément.

SECTION 1

LA PREUVE DES ACTES JURIDIQUES

584. – **La distinction entre les contrats solennels et les contrats consensuels.** En vertu du principe du consensualisme, les contrats sont normalement conclus par le simple échange des consentements ; pour ces contrats, l'écrit n'est exigé qu'*en vue de la preuve*, non à peine de nullité.

À côté de ces contrats, qui sont l'immense majorité, il existe des contrats qui, à raison des risques qu'ils font courir aux parties, sont soumis à certaines formes, à une certaine solennité, et ce *à peine de nullité* : ce sont des *contrats solennels*.

Le plus souvent la solennité consiste à imposer l'intervention d'un notaire, par exemple pour le contrat de mariage, de donation, d'hypothèque, etc. ; en pareil cas, la forme notariée sera tout à la fois une condition de validité du contrat passé, et son instrument de preuve. D'autres fois, la loi exige seulement – toujours à peine de nullité – que l'acte soit établi par écrit et qu'il comporte un certain nombre de mentions obligatoires ; tel est le cas de nombreux contrats de consommation.

Depuis la loi du 13 mars 2000, l'écrit peut être indifféremment sur support papier ou sur support électronique (V. *supra*, n° 561) ; et il a la même force probante dans l'un et l'autre cas[1] (C. civ., art. 1316-3 ancien et art. 1366 nouveau). Mais, lorsque la loi impose, à peine de nullité, l'établissement d'un acte notarié ou d'un acte sous signature privée, la forme électronique satisfait-elle à la condition de solennité exigée par la loi ? La réponse n'a jamais fait aucun doute pour l'acte notarié ; en effet, l'article 1317 ancien déclarait expressément que l'acte authentique peut être établi sur support électronique. Cette solution a été étendue de manière générale à tous les actes, authentiques ou sous seing privé, par la loi n° 2004-575 du 21 juin 2004 pour la confiance dans l'économie numérique qui a introduit dans le Code civil les articles 1108-1 et 1108-2 anciens. Même lorsqu'il est exigé pour la validité d'un acte juridique, l'écrit « peut être établi et conservé sous forme électronique dans les conditions prévues aux articles 1316-1 et 1316-4 » (C. civ., art. 1108-1 ancien) ; et les mentions écrites de la main de celui qui s'oblige peuvent également être apposées sous forme électronique. Cette règle est aujourd'hui reprise de manière générale pour tout acte écrit par l'article 1364 nouveau.

L'article 1108-2 ancien faisait toutefois exception à la règle pour les actes sous seing privé relatifs au droit de la famille et des successions, et pour ceux relatifs à des sûretés personnelles ou réelles, de nature civile ou commerciale, sauf s'ils sont passés par une personne pour les besoins de sa profession. Cette exception n'a pas été reprise, du moins expressément, par la loi nouvelle.

SOUS-SECTION 1

LA RÈGLE DE LA PREUVE ÉCRITE

§ 1. – Fondement de la règle

585. – **Évolution de la règle.** Jadis, la règle était inverse : « Témoins passent lettres », disait-on pour manifester la supériorité du témoignage. Mais cela s'expliquait par le contexte de l'époque : outre que la preuve écrite ne pouvait être posée en règle compte tenu de l'analphabétisme, le témoignage paraissait très crédible dans un climat religieux où chacun avait la crainte du parjure.

(1) B. Barraud, *La preuve de l'acte juridique électronique* : *RRJ* 2012-4, p. 1791.

L'évolution s'opéra par suite d'un double phénomène. D'une part, alors que jusque-là les contrats étaient le plus souvent soumis à des solennités susceptibles d'être perçues par des témoins, ils devinrent peu à peu consensuels, donc généralement sans témoins. D'autre part, l'esprit religieux faiblissant, on se mit à craindre beaucoup plus la subornation des témoins, les pots de vin, comme cela se reflète dans les adages : « Qui mieux abreuve, mieux preuve », ou encore : *Testis unus, testis nullus*.

L'évolution se concrétisa dans l'Ordonnance de Moulins de 1566 qui posa la règle de la preuve écrite des actes juridiques. Cette règle se retrouve aujourd'hui dans l'article 1359 du Code civil (qui reprend la substance de l'article 1341 ancien)(2) et elle comporte deux aspects :

– d'une part, l'acte doit être constaté par écrit en vue de la preuve ;

– d'autre part, la preuve contraire à un écrit ne peut elle-même être faite que par écrit, dans un souci de correspondance des formes.

Ce second aspect de la règle montre l'intérêt qui s'attache à une parfaite rédaction de l'écrit. Si, en effet, l'écrit est incomplet ou ne correspond pas exactement à ce qui a été convenu entre les parties, la preuve « outre ou contre » ce qui a été écrit ne pourra être faite que par écrit. Toutefois, si l'acte est simplement obscur ou ambigu, il y aura lieu à interprétation, et il peut alors être recouru à des témoignages ou à des présomptions(3). En effet, interpréter un acte, ce n'est pas prouver outre ou contre cet acte.

Art. 1359. – L'acte juridique portant sur une somme ou une valeur excédant un montant fixé par décret(4) doit être prouvé par écrit sous signature privée ou authentique.

Il ne peut être prouvé outre ou contre un écrit établissant un acte juridique, même si la somme ou la valeur n'excède pas ce montant, que par un autre écrit sous signature privée ou authentique.

Ici, la rédaction d'un écrit n'est pas exigée à peine de nullité, comme pour les contrats solennels ; elle est une simple règle de preuve, sans influence sur la validité du contrat. Mais, en pratique, que le contrat soit nul ou qu'il ne puisse être prouvé, le résultat est le même pour le créancier qui en demande l'exécution et ne peut l'obtenir.

Aux raisons historiques, se joignent d'autres motifs qui constituent le fondement de la règle. Ainsi, elle s'explique, en partie, par une certaine méfiance à l'égard du juge et de son arbitraire : en effet, la règle n'écarte pas seulement le témoignage

(2) Ce texte disposait qu'« il doit être passé acte devant notaires ou sous signatures privées de toutes choses excédant une somme ou une valeur fixée par décret, même pour dépôts volontaires, et il n'est reçu aucune preuve par témoins contre et outre le contenu aux actes, ni sur ce qui serait allégué avoir été dit avant, lors ou depuis les actes, encore qu'il s'agisse d'une somme ou valeur moindre », et ajoutait « le tout sans préjudice de ce qui est prescrit dans les lois relatives au commerce ».

(3) Cass. 3e civ., 14 nov. 1973, *Bull.* n° 582. – Cass. 1re civ., 26 janv. 2012 : *Defrénois* 2012, art. 40426, note Y. Dagorne-Labbé ; *RDC* 2012, 819, obs. R. Libchaber.

(4) Le montant, qui était de 5 000 F, est aujourd'hui de 1 500 €.

– dont la crédibilité peut, à juste titre, être mise en cause – elle exclut aussi le recours aux présomptions et indices qui ne dépendent que du juge ; on se méfie donc non seulement des témoins, mais aussi du juge. Par ailleurs, dans un pays désormais alphabétisé, il paraît raisonnable d'imposer la préconstitution de la preuve là où elle est possible, car cela décourage l'esprit de chicane : c'est en ce sens qu'on parle parfois de « l'hygiène de la preuve écrite ».

La règle avait fait l'objet de vives critiques dans les années 1970[5]. On avait notamment fait observer que la loi ne tenait aucun compte des procédés modernes de reproduction – photocopies, microfilms, microfiches et autres modes liés à l'informatique et à la télématique – et que, par là même, elle aggravait les problèmes d'archivage auxquels se trouvaient confrontés de nombreux professionnels. Cette critique est devenue sans objet depuis la loi du 13 mars 2000 qui a assimilé l'écrit électronique à l'écrit papier (V. *supra*, n° 561).

§ 2. – Domaine d'application de la règle

586. – **La règle n'est pas d'ordre public.** On fera d'abord observer que la règle de l'article 1359 du Code civil (et 1341 ancien) n'est pas d'ordre public. Il s'ensuit que les parties peuvent y renoncer[6] et que le moyen tiré de l'absence d'écrit ne peut ni être relevé d'office par le juge, ni être invoqué pour la première fois devant la Cour de cassation ; plus encore, les parties peuvent déterminer leurs propres règles de preuve dans un contrat relatif à la preuve, tout du moins « pour les droits dont elles ont la libre disposition »[7], solution posée par l'article 1356. Ensuite, la règle n'est pas d'application absolument générale ; elle ne s'applique qu'à certains actes et à certaines personnes.

A. – Le domaine quant aux actes

587. – **Les actes juridiques, par opposition aux faits juridiques.** Ne sont soumis à la règle de la preuve écrite que les actes juridiques, non les faits juridiques. Sont en revanche soumis à la règle tous les actes juridiques, et non simplement les contrats. Encore faut-il préciser que seule la preuve de l'existence et du contenu de l'acte doit être faite par écrit ; en revanche, les circonstances qui ont pu entourer la conclusion de l'acte (par ex., erreur, dol ou violence) ou émailler son exécution sont des faits dont la preuve peut être rapportée par tout moyen.

588. – **Exclusion des actes d'une valeur égale ou inférieure à 1 500 €.** La règle est écartée pour les petites affaires, pour lesquelles il n'est pas d'usage de dresser un écrit. L'Ordonnance de Moulins le prévoyait déjà. La difficulté est de fixer le chiffre en deçà duquel l'acte juridique, échappant à la règle de la preuve écrite, pourra être prouvé par tous moyens. Pendant longtemps, ce chiffre a été fixé par l'article 1341

(5) Pour une critique plus récente, V. G. Cattalano-Cloarec : *RDC* 2017, 354.

(6) Cass. soc., 24 mars 1964 : *JCP* 1965, II, 14415, note Lapp. – Cass. soc., 9 avr. 1970 : *JCP* 1970, IV, 136.

(7) Cass. 1re civ., 8 nov. 1989 : *D.* 1990, 369 et note Ch. Gavalda. – V. D. Ferrier, *La preuve et le contrat : Mél. Cabrillac*, Litec, 1999, p. 105. – Y. Flour et A. Ghozi, *Les conventions sur la forme : Defrénois* 2000, 1, 911, art. 37211.

ancien lui-même – à 50 F –, et ne pouvait donc être modifié que par une autre loi, ce qui est une procédure très lourde.

Depuis la loi du 12 juillet 1980, la détermination de ce chiffre relève d'un simple décret. Avant le passage à l'euro, il était de 5 000 F, ce qui allégeait le poids de la règle pour les usagers. Lors du passage à l'euro, on s'est limité à le traduire dans la monnaie nouvelle (800 €). Depuis lors, il a été porté à 1 500 € (D. n° 2004-836, 20 août 2004).

Par exception, le contrat d'assurance doit toujours faire l'objet d'un écrit à titre de preuve entre les parties, quel que soit le montant sur lequel il porte(8).

589. – **Exception pour les actes en matière commerciale.** La règle de la preuve écrite ne s'applique pas non plus en matière commerciale ainsi que le rappelait l'article 1341, alinéa 2 ancien : « Le tout sans préjudice de ce qui est prescrit dans les lois relatives au commerce ». Sans doute avait-on pensé que ce formalisme, même limité à la preuve, était une contrainte insupportable dans les rapports commerciaux. L'exception n'a pas été reprise formellement dans les textes nouveaux relatifs à la preuve, mais elle n'en demeure pas moins, ce en vertu de l'article L. 110-3 du Code de commerce :

> À l'égard des commerçants, les actes de commerce peuvent se prouver par tous moyens à moins qu'il n'en soit autrement disposé par la loi.

Bien que le texte ne vise que les actes de commerce, la jurisprudence a généralisé la solution et affirmé le principe que la preuve est libre en matière commerciale(9).

On devrait donc dire que la rédaction d'un écrit est ici inutile. Cette affirmation doit être largement tempérée(10).

On peut d'abord remarquer que diverses règles imposent l'établissement d'un document, même s'il n'a pas valeur de preuve écrite : par exemple, l'obligation de dresser une facture, ou de donner quittance. De même, certains actes devront, pour leur validité et non pas pour leur preuve, être rédigés par écrit : constitution de gage, vente de fonds de commerce, etc.

Ensuite, il faut observer que la preuve par tout moyen ne joue qu'« à l'égard des commerçants ». Un problème apparaît lorsqu'on est en présence d'un *acte mixte*, c'est-à-dire commercial pour l'une des parties, et civil pour l'autre, ce qui est le cas de tous les contrats de consommation. En pareil cas, seul celui pour qui l'acte est civil peut prouver cet acte par tout moyen contre le commerçant ; ce dernier, en revanche, demeure soumis à la règle de l'article 1359 du Code civil.

Enfin, la préconstitution d'une preuve est un tel avantage que, spontanément, les commerçants rédigent par écrit leurs accords dès l'instant qu'ils sont de quelque importance. Cette pratique a le mérite d'éviter bien des litiges en enlevant à certains toute tentation de contester l'existence ou le contenu d'un contrat qu'ils ne veulent plus exécuter.

(8) C. assur., art. L. 112-3 et Cass. 1re civ., 14 nov. 1995, n° 93-14.546, *Bull.* n° 402.
(9) Cass. req., 13 déc. 1935 : *DH* 1936, 66. – Cass. civ., 2 juill. 1941 : *DA* 1941, 291.
(10) L. Godon, *La liberté de la preuve en droit commercial : une illusion ?* : D. 2015, 2580.

B. – Le domaine quant aux personnes

590. – **Distinction entre les parties et les tiers à l'acte.** Même pour les actes juridiques de nature civile, la règle de la preuve écrite ne s'applique qu'aux parties, non aux tiers qui voudraient prouver l'existence et le contenu de l'acte ou faire la preuve contraire. Cette limitation du champ d'application de la règle s'explique aisément : on ne saurait imposer la preuve écrite à des tiers qui, étant par définition même étrangers à l'acte, n'ont eu aucun moyen de se ménager cette preuve. Il est donc naturel qu'ils puissent en faire la preuve par tous moyens, le juge demeurant libre d'apprécier le caractère convaincant des preuves produites.

Le cas se présente, par exemple, en matière de *simulation* (C. civ., art. 1321 ancien et 1201 nouveau), lorsqu'un tiers veut démontrer que cet acte simulé n'est qu'un masque derrière lequel les parties ont dissimulé une réalité différente.

La règle de l'article 1359 du Code civil s'analyse en définitive comme une obligation faite aux parties d'établir, sur un support quelconque – papier ou électronique –, un écrit destiné à servir de preuve. La conséquence en est l'interdiction de recourir à la preuve par témoins, ou par présomptions ou indices, lesquels apparaissent comme des *modes imparfaits* par rapport à ce *mode parfait* qu'est l'écrit. Cette interdiction connaît cependant des exceptions.

SOUS-SECTION 2

LES EXCEPTIONS À LA RÈGLE DE LA PREUVE ÉCRITE

591. – **Plan.** L'exigence d'un écrit, le plus souvent normale dans le champ d'application qui vient d'être délimité, peut apparaître excessive dans certains cas. Dès l'origine, le Code civil prévoyait deux hypothèses : la preuve pouvait être rapportée par tous moyens s'il y avait déjà un *commencement de preuve par écrit*, ou si on se trouvait dans un cas d'*impossibilité de la preuve écrite*. La loi du 12 juillet 1980, tout en modifiant ce dernier cas pour tenir compte de la jurisprudence, a surtout ajouté une nouvelle hypothèse en permettant de faire la preuve par la présentation d'une « copie fidèle et durable » (le code dit aujourd'hui « fiable »), ce qui évite d'avoir à conserver un titre original encombrant.

592. – **Cas où il existe un commencement de preuve par écrit.** Les articles 1347, alinéa 1er ancien et 1361 nouveau du Code civil prévoient :

– le premier que la règle de la preuve écrite reçoit exception « lorsqu'il existe un commencement de preuve par écrit » ;

– le second qu'« il peut être suppléé à l'écrit par (...) un commencement de preuve par écrit corroboré par un autre moyen de preuve ».

> **Art. 1362.** – Constitue un commencement de preuve par écrit tout écrit qui, émanant de celui qui conteste un acte ou de celui qu'il représente, rend vraisemblable ce qui est allégué.

Peuvent être considérés par le juge comme équivalant à un commencement de preuve par écrit les déclarations faites par une partie lors de sa comparution personnelle, son refus de répondre ou son absence à la comparution.

La mention d'un écrit authentique ou sous signature privée sur un registre public vaut commencement de preuve par écrit[11].

La définition qui en est donnée par l'article 1362 du code constitue une reprise en termes presque identiques de l'article 1347 ancien et consacre l'interprétation assez libérale faite par la jurisprudence[12].

– « *Tout écrit* ». À s'en tenir au pied de la lettre, on ne devrait retenir à ce titre que des documents écrits n'ayant pas valeur de preuve écrite : par exemple, un acte sous signature privée nul en la forme (V. *supra*, n°s 569 et s.), des lettres missives non constitutives d'acte sous signature privée parce que ne se répondant pas l'une à l'autre, des notes, des brouillons non signés, etc.[13]

Mais la jurisprudence, confirmée ensuite par la loi du 9 juillet 1975 (C. civ., art. 1347, al. 3, ancien, solution reprise à l'art. 1362, al. 2 nouveau), y a assimilé les résultats de la comparution personnelle des parties, c'est-à-dire soit des déclarations faites devant le juge, soit le refus de répondre, soit même l'absence à la comparution. Ainsi, par ce biais, le juge peut aider la partie sur qui pèse la charge de la preuve, en ordonnant la comparution personnelle des parties[14].

Enfin, certaines décisions ont même admis comme valant commencement de preuve par écrit un enregistrement sur bande magnétique[15], une photocopie[16], l'endossement d'un chèque[17].

– « *Émanant de celui* » à qui on l'oppose. La condition ne vise plus la nature de l'acte, mais son origine. Seul sera retenu ici l'écrit qui permet de mettre le défendeur en contradiction avec lui-même[18]. Il faut donc que le défendeur soit ou l'*auteur matériel* du document[19], ou encore son auteur *intellectuel*, celui qui l'a inspiré[20].

– Qui « *rend vraisemblable ce qui est allégué* ». Il faut que le document exhibé présente une certaine pertinence, pour que la preuve puisse ensuite être complétée par tout moyen. Cela dit, cette condition n'est guère contraignante dans la mesure

(11) Il s'agit ici de la reprise de l'article 1336 ancien.

(12) H. Mazeaud, *La conception jurisprudentielle du commencement de preuve par écrit de l'article 1347 du Code civil*, thèse, Lyon, 1921.

(13) M. Zaki, *La preuve par le journal intime* : *RTD civ.* 1980, p. 2. – Cass. 1re civ., 27 mai 1986 : *JCP* 1987, II, 20873, obs. M. Uribarri (pour des copies carbone). – Cass. com., 10 janv. 1995 : *JCP* 1995, II, 22397 et note M. Billiau ; *D.* 1995, p. 201, note L. Aynès (pour un écrit ne répondant pas aux exigences de l'article 1326 du Code civil).

(14) En revanche, les réponses faites par une personne à une sommation interpellative présentée par huissier ne valent pas commencement de preuve par écrit (Cass. 3e civ., 10 avr. 1986 : *JCP* 1986, IV, 162. – Cass. 3e civ., 4 févr. 2004, n° 02-18.208. – Cass. 3e civ., 29 sept. 2016, n° 15-20.177).

(15) Dijon, 29 juin 1955 : *JCP* 1955, II, 8856, obs. Mimin ; *Gaz. Pal.* 1955, 2, 92. – Dijon, 26 juin 1957 : *Gaz. Pal.* 1957, 2, 283. – V. aussi Legeais : *JCP* 1955, II, 8550, obs. ss T. civ. Dijon, 16 nov. 1954. – P. Mimin, *La preuve par magnétophone* : *JCP* 1957, I, 1370.

(16) Cass. 1re civ., 14 févr. 1995 : *JCP* 1995, II, 22402, note Y. Chartier. – V. N. Mouligner, *La force probante des télécopies en droit civil* : *JCP* N 2003, 1097, n° 15-17.

(17) Cass. 1re civ., 11 avr. et 18 juill. 1995 : *JCP* 1995, II, 22554, note S. Piedelièvre.

(18) La jurisprudence admet toutefois que certains documents établis par le créancier puissent avoir une valeur probatoire (V. *supra*, n° 556 *in fine*).

(19) Au défendeur, on assimile son mandataire : Cass. 1re civ., 24 juin 1969 : *D.* 1970, p. 155.

(20) Cass. 1re civ., 7 juill. 1955 : *Gaz. Pal.* 1955, 2, 239.

où son appréciation relève évidemment du pouvoir souverain des juges du fond. C'est donc le juge qui décidera si la pertinence est suffisante.

Il y a ainsi eu un élargissement important de la notion de commencement de preuve par écrit. Toutefois, ce commencement de preuve ne suffit pas à lui seul pour faire preuve ; il n'est qu'un *commencement*, ce qui implique qu'il devra être complété par un autre moyen de preuve, suivant la formule de l'article 1361 du code, qu'il s'agisse de témoignages, présomptions ou indices[21], pour l'appréciation desquels les juges du fond disposent d'un pouvoir souverain d'appréciation, en dehors de tout contrôle de la Cour de cassation[22]. Cela dit, ces éléments susceptibles de compléter le commencement de preuve doivent être extrinsèques ; on entend par là qu'ils ne sauraient être pris dans les autres énonciations du document valant commencement de preuve par écrit[23].

593. – **Cas d'impossibilité de la preuve écrite**[24]. En cas d'impossibilité de la preuve écrite, la loi permet la preuve par tout moyen. La solution est prévue par l'article 1360 du Code civil (qui a repris en partie l'article 1348 ancien, tel qu'allégé et modifié par la loi du 12 juillet 1980).

> **Art. 1360.** – Les règles prévues à l'article précédent reçoivent exception en cas d'impossibilité matérielle ou morale de se procurer un écrit, s'il est d'usage de ne pas établir un écrit, ou lorsque l'écrit a été perdu par force majeure.

Tout d'abord, on écartera l'hypothèse – qui était explicitement visée à l'article 1348, alinéa 1er ancien – où l'obligation à prouver découle d'un quasi-contrat, d'un délit ou d'un quasi-délit. En effet, il ne s'agit pas là d'actes juridiques relevant de la règle de la preuve écrite, mais de faits juridiques dont la preuve est libre (V. *infra*, n° 595).

Trois hypothèses, relatives à des actes juridiques, sont prévues par le texte :

– *l'impossibilité de se procurer un écrit*. Sur ce point, la loi de 1980 avait fait la toilette du texte originaire en y codifiant l'importante jurisprudence à laquelle il avait donné lieu. L'impossibilité peut, tout d'abord, être *matérielle* et tenir aux circonstances dans lesquelles l'acte juridique est intervenu : par exemple, en cas de dépôt d'un vêtement à un vestiaire, d'un véhicule dans un parking, de vente d'un animal dans une foire, de contrat passé par téléphone, etc. Mais le texte admet aussi l'impossibilité *morale*, pour laquelle il convient de se référer à la jurisprudence qui l'avait admise, par exemple dans les relations de famille (entre époux, parents et enfants, cousins, beaux-frères, concubins), ou à raison d'un lien de subordination (entre patron et employés). En pareil cas, les juges doivent expliciter en quoi ces relations constituent ou non une impossibilité morale d'exiger un écrit[25]. Si

(21) Cass. com., 30 janv. 1980 : *D.* 1980, inf. rap. p. 458.
(22) Cass. 1re civ., 10 mai 2000, *Bull.* n° 138, p. 92. – Cass. com., 11 juin 2003, *Bull.* n° 97, p. 108 ; *Contrats, conc. consom.* 2003, comm. 151 et note L. Leveneur. – Cass. 1re civ., 4 oct. 2005, *Bull.* n° 361, p. 300.
(23) Cass. 1re civ., 5 mai 2004, *Bull.* n° 125, p. 103 ; *Contrats, conc. consom.* 2004, comm. 105 et note L. Leveneur.
(24) Ph. Malinvaud, *L'impossibilité de la preuve écrite* : *JCP* 1972, I, 2468.
(25) Cass. 3e civ., 14 janv. 2014 : *D.* 2014, 709, note E. Garaud.

l'impossibilité est reconnue, la preuve – qui incombe au demandeur(26) – peut être faite par tout moyen sans qu'il soit nécessaire de présenter un commencement de preuve par écrit(27) ;

– *s'il est d'usage de ne pas établir un écrit.* Cette hypothèse, qui figure dans l'article 1360, n'est que la consécration de la jurisprudence qui admettait, au titre de l'impossibilité morale, l'existence d'usages contraires(28), fondés sur des rapports de confiance (entre médecins, entre architectes, entre artistes, entre gens de cheval, entre passionnés de voitures anciennes(29), entre frères d'armes(30), etc.). En dissociant cette hypothèse de celle de l'impossibilité morale en général, le législateur reconnaît que la règle de la preuve écrite peut être écartée par un usage contraire. Il suffit alors de démontrer l'existence de l'usage invoqué pour pouvoir rapporter par tout moyen la preuve de l'acte invoqué ;

– *lorsque l'écrit a été perdu par force majeure.* Le texte vise ici une impossibilité de présenter l'écrit qui avait été établi, parce qu'il a été perdu. Mais, pour éviter la fraude facile qui eût consisté à prétendre qu'on avait perdu un titre en fait inexistant pour ensuite présenter des témoins complaisants, l'article 1348 ancien précisait que le titre devait avoir été perdu « par suite d'un cas fortuit ou d'une force majeure » ; plus exigeant, l'article 1360 nouveau ne vise que la perte « par force majeure ». Il faudra donc d'abord faire la preuve de la perte par suite d'un tel événement, ce qui permet de filtrer les fraudes éventuelles.

594. – **Cas de présentation d'une « copie fidèle et durable » ?** Même si le Code civil régit aujourd'hui la question comme un prolongement de la force probante de l'écrit (V. *supra*, n° 575), cette hypothèse était présentée par l'article 1348, alinéa 2 ancien comme une exception à la règle de la preuve écrite. Elle concernait les actes sous signature privée dont, jusqu'à la loi du 12 juillet 1980, l'original devait être présenté, puisque les copies n'avaient aucune valeur. Sans reconnaître pleine foi aux copies d'actes sous seing privé, la loi avait ajouté une nouvelle exception à la règle de la preuve écrite lorsque l'on pouvait présenter une *copie fidèle et durable* ; cela sous-entendait que ce premier élément de preuve pouvait ensuite être complété par tous moyens.

> **Art. 1348, al. 2 ancien. –** Elles reçoivent aussi exception lorsqu'une partie ou le dépositaire n'a pas conservé le titre original et présente une copie qui en est la reproduction non seulement fidèle mais aussi durable. Est réputée durable toute reproduction indélébile de l'original qui entraîne une modification irréversible du support.

Ici, peu importait que l'original ait été perdu ou volontairement détruit ; il suffisait qu'il n'ait pas été « conservé ». En revanche, le texte posait une double condition quant à la copie.

(26) Cass. 1re civ., 19 oct. 2016, n° 15-27.387 (preuve d'un prêt prétendument octroyé par un mari à son épouse).
(27) Cass. 3e civ., 29 janv. 2014 : *D.* 2014, 709, note E. Garaud ; *Contrats, conc. consom.* 2014, com. 87, obs. L. Leveneur.
(28) Cass. com., 22 mars 2011 : *D.* 2011, p. 1076, obs. X. Delpech ; *D.* 2011, 2687, obs. F. Arbellot ; *RTD civ.* 2011, 491, obs. P. Deumier ; *RDC* 2011, 867, obs. R. Libchaber.
(29) Cass. 1re civ., 11 févr. 2010, n° 09-11.527.
(30) CA Paris, pôle 5, ch. 6, 16 mai 2013 : *JCP* 2013, 947, obs. J.-C. Bonneau.

La copie devait être *fidèle*. Il fallait donc que les truquages soient ou impossibles ou aisément détectables afin que l'on ait la certitude de la conformité de la copie à l'original.

La copie devait être *durable*. L'article 1348 ancien *in fine* précisait qu'est « réputée durable toute reproduction indélébile de l'original qui entraîne une modification irréversible du support » ; à cette définition répondaient à la fois la photocopie et le microfilm.

Toutefois, même fidèle et durable, la copie ne saurait avoir plus de valeur que l'original ; si cet original est critiquable, il ne s'agira alors que d'un simple commencement de preuve par écrit(31).

Cette exception à la règle de la preuve écrite n'a pas été reprise par la réforme de 2016, tout simplement parce que, désormais, « la copie fiable a la même force probante que l'original », « la fiabilité [étant] laissée à l'appréciation du juge » (C. civ., art. 1379, al. 1er). La copie fiable ayant la même force probante que l'original, elle se suffit à elle-même et elle n'a pas besoin d'être complétée par quelque autre moyen de preuve(32).

S'agissant des actes sous signature privée, la fiabilité est définie par l'article 1379, alinéa 2 du Code civil.

> **Art. 1379, al. 2.** – Est présumée fiable jusqu'à preuve du contraire toute copie résultant d'une reproduction à l'identique de la forme et du contenu de l'acte, et dont l'intégrité est garantie dans le temps par un procédé conforme à des conditions fixées par décret en Conseil d'État(33).
>
> Si l'original subsiste, sa présentation peut toujours être exigée.

SECTION 2

LA PREUVE DES FAITS JURIDIQUES

595. – **Principe de la liberté de la preuve.** En principe, les faits juridiques peuvent être prouvés par tout moyen, sauf par la commune renommée qui n'est admise que dans certains cas précis, et à titre de sanction.

Seront donc prouvés par tous moyens(34) les délits et quasi-délits, les quasi-contrats (C. civ., art. 1348 ancien), les faits survenant lors de la conclusion ou de l'exécution d'un contrat et, plus généralement, tous les faits juridiques (V. *supra*, nos 478 et s.). Cette solution était expressément énoncée dans le projet d'ordonnance portant réforme du droit des contrats : « La preuve des faits est libre. Elle peut être apportée par tous moyens » (art. 1359). Elle n'a pas été reprise dans

(31) Cass. 1re civ., 19 févr. 2013 : *D.* 2013, 1041, note E. Garaud.
(32) V. A. Aynès : *D.* 2016, 2536.
(33) D. n° 2016-1673, 5 déc. 2016 : *D.* 2016, 2517, obs. T. Douville.
(34) Par ex., preuve par courrier électronique : Cass. soc., 25 sept. 2013 : *RTD civ.* 2014, 121, obs. H. Barbier. – Cass. 2e civ., 14 févr. 2014 : *RDC* 2015, 39, note J. Huet.

l'ordonnance, mais elle a été remplacée par une formule plus générale qui s'applique tout naturellement aux faits : « Hors les cas où la loi en dispose autrement, la preuve peut être apportée par tout moyen » (C. civ., art. 1358).

La loi y fait exception pour certains faits présentant une importance particulière. Ainsi en est-il de l'état des personnes, qui se prouve par les actes de l'état civil, et de la filiation dont la preuve est spécialement réglementée.

La question s'est posée en revanche de savoir si les parties à un contrat étaient libres de restreindre par convention cette liberté de la preuve des faits et de ne retenir que certains éléments de preuve[35]. Elle est désormais réglée par l'article 1356 du Code civil qui, consacrant la jurisprudence antérieure, admet la validité des contrats sur la preuve « lorsqu'ils portent sur des droits dont les parties ont la libre disposition » (V. *supra*, n° 548).

596. – **Principe de la loyauté de la preuve**[36]. Le principe de la liberté de la preuve ne saurait justifier le recours à des procédés déloyaux. Or, la technique permet par exemple aujourd'hui d'enregistrer des conversations à l'insu de l'une des parties, ou encore de percer le secret des ordinateurs, et donc de se procurer des éléments de preuve qu'il serait tentant d'utiliser en cas de litige. À cet égard, on peut admettre avec un arrêt que « les principes généraux du droit prohibent la recherche de la vérité par n'importe quel procédé et interdisent au juge d'admettre une preuve qui aurait été obtenue par un moyen frauduleux »[37]. Ce principe de loyauté est consacré aussi bien par le Conseil d'État que par la chambre criminelle et par la première chambre civile de la Cour de cassation[38], et plus récemment par un arrêt de l'assemblée plénière du 9 décembre 2019[39].

C'est particulièrement vrai en matière pénale où il a été jugé que « porte atteinte au principe de la loyauté des preuves et au droit à un procès équitable, la provocation à la commission d'une infraction par un agent de l'autorité publique ou par son intermédiaire » et que « la déloyauté d'un tel procédé rend irrecevables en justice les éléments de preuve ainsi obtenus »[40]. Et l'arrêt de l'assemblée plénière a précisé que « seul est proscrit le stratagème qui, par un contournement ou un détournement d'une règle de procédure, a pour objet ou pour effet de vicier la recherche de la preuve en portant atteinte à l'un des droits essentiels ou à l'une des garanties fondamentales de la personne suspectée ou poursuivie ».

De même « porte atteinte aux principes du procès équitable et de la loyauté de la preuve la participation de l'autorité publique à l'administration d'une preuve obtenue de façon illicite et déloyale par une personne privée » (enregistrement de

---

(35) Un arrêt a semblé s'y opposer à propos de la preuve d'un sinistre au regard du contrat d'assurance : Cass. 2e civ., 10 mars 2004 : *RDC* 2004, 938, obs. Ph. Stoffel-Munck ; et 1080, obs. A. Debet.

(36) M. Douchy-Oudot, *La loyauté procédurale en matière civile* : *Gaz. Pal.* 15-17 nov. 2009, p. 3. – C. Benoît-Renaudin, *La loyauté de la preuve* : *Rev. Lamy dr. civ.* oct. 2010, p. 18. – C. Grimaldi, *Preuve et droits fondamentaux*. Trav. Assoc. H. Capitant, Journées Pays-Bas/Belgique, 2013. – V. aussi *D.* 2014, 2478, nos 1 et 2. – J.-D. Bretzner et A. Aynès, *Principe de loyauté dans la recherche et l'exploitation de la preuve* : *D.* 2016, 167.

(37) CA Paris, 26 avr. 1990 : *JCP* 1991, II, 21704 et note J. Pannier.

(38) V. la note de M.-L. Guinamant ss CE, 16 juill. 2014, n° 355201. – Cass. crim., 7 janv. 2014, n° 13-85.246. – Cass. 1re civ., 5 févr. 2014, n° 12-20.206 : *JCP* 2014, 1058.

(39) Cass. ass. plén., 9 déc. 2019, n° 18-86.767 : *JCP* 2020, 129, note H. Matsopoulou.

(40) Cass. crim., 11 mai 2006 : *D.* 2006, inf. rap. p. 1772.

propos tenus à titre privé)[41]. De même également, la sonorisation des locaux de garde à vue constitue un procédé déloyal de recherche des preuves[42].

En revanche, les renseignements recueillis à l'occasion d'écoutes téléphoniques sont réguliers dès lors qu'ils ont été obtenus sans actes positifs de l'autorité publique susceptibles de caractériser un stratagème constituant un procédé déloyal[43]. Et la Cour européenne des droits de l'homme s'est prononcée dans le même sens pour l'enregistrement des conversations entre un avocat et ses clients[44].

Il en va de même en matière civile. C'est ainsi que la Cour de cassation a décidé, sous le visa des articles 9 du Code de procédure civile et 6 de la Convention européenne des droits de l'homme, que « l'enregistrement d'une conversation téléphonique privée, effectué et conservé à l'insu de l'auteur des propos invoqués, est un procédé déloyal rendant irrecevable en justice la preuve ainsi obtenue »[45], et de même en matière sociale[46] et devant l'Autorité de la concurrence[47].

Mais en revanche le destinataire d'un SMS est admis à s'en servir comme mode de preuve ; il n'y a pas ici déloyauté dans la mesure où l'auteur du message ne peut ignorer que celui-ci est enregistré par l'appareil récepteur[48].

La question se pose également pour la preuve par vidéosurveillance, qui a été admise dans le cas où la présence des caméras est annoncée par des panneaux[49].

597. – Les limites à la preuve tenant au respect de la vie privée. La jurisprudence a établi un équilibre entre le droit à la preuve et le nécessaire respect de la vie privée, deux exigences qui peuvent s'avérer contradictoires.

Si le droit à la preuve peut permettre une atteinte à la vie privée, encore faut-il qu'elle soit « justifiée par l'exigence de la protection d'autres intérêts, dont celle des droits de la défense » et qu'elle « reste proportionnée au regard des intérêts antinomiques en présence »[50].

La Cour européenne des droits de l'homme a ainsi décidé que la surveillance de l'utilisation d'Internet par un salarié sur le lieu et pendant les heures de travail met

(41) Cass. crim., 20 sept. 2016, n° 16-80.820.

(42) Cass. crim., 7 janv. 2014, n° 13-85.246. – Cass. ass. plén., 6 mars 2015 : *D.* 2015, 618 ; *D.* 2015, 711 et note J. Pradel ; *JCP* 2015, 558, note E. Bonis-Garçon.

(43) Cass. crim., 14 avr. 2015, 2 arrêts : *JCP* 2015, 789, note O. Décima. – Cass. crim., 20 sept. 2016 : *JCP* 2016, 1177, note A. Gallois. – Cass. ass. plén., 10 nov. 2017 : *JCP* 2017, 1376, note C. Ribeyre ; *D.* 2018, 103, note O. Décima. – A. Gallois, *Loyauté de la preuve pénale : le réel reporté à une date ultérieure* : *JCP* 2017, 1366.

(44) CEDH, 5e sect., 16 juin 2016 : *D.* 2016, 1852, note E. Raschel.

(45) Cass. 2e civ., 7 oct. 2004, *Bull.* n° 447, p. 380 ; *JCP* 2005, II, 10025 et note L. Léger ; *D.* 2005, 122 et note Ph. Bonfils ; *RDC* 2005, 472, obs. A. Debet. – Cass. com., 25 févr. 2003 : *RTD civ.* 2004, 92. – Cass. com., 3 juin 2008 : *D.* 2008, pan. p. 2822, obs. Ph. Delebecque. – Mme Credeville, *Vérité et loyauté des preuves*, Rapp. C. cass. 2004.

(46) Cass. soc., 23 mai 2012 : *D.* 2012, 1486. – Cass. soc., 4 juill. 2012 : *D.* 2012, 1894 ; *D.* 2012, 2827, obs. J.-D. Bretzner.

(47) Cass. ass. plén., 7 janv. 2011 : *D.* 2011, 157, obs. E. Chevrier ; *D.* 2011, 562, note F. Fourment ; *D.* 2011, 618, obs. V. Vigneau ; *JCP* 2011, 208 et note B. Ruy ; *RTD civ.* 2011, 127, obs. B. Fages. Mais la jurisprudence semble s'être infléchie : M. Mekki, *Le principe de loyauté probatoire a-t-il encore un avenir dans le contentieux de la concurrence ?* : *D.* 2016, 2355. – R. Amaro, « *La loyauté dans l'administration de la preuve* » *: un principe sur la sellette ?* : *Contrats, conc. consom.* 2017, Focus, 6.

(48) Cass. soc., 23 mai 2007 : *JCP* 2007, II, 10140 et note L. Weiller ; *D.* 2007, 2284 et note C. Castets-Renard. – Cass. 1re civ., 17 juin 2009 : *RD civ.* 2009, 514, obs. J. Hauser.

(49) Cass. 1re civ., 24 sept. 2009, n° 08-19.482.

(50) Cass. com., 15 mai 2007 : *D.* 2007, pan. 2775, obs. A. Lepage ; *RTD civ.* 2007, 637, obs. R. Perrot, et 753, obs. J. Hauser. – Cass. crim., 24 avr. 2007 : *AJP* 2007, 331, obs. Saas ; *Rev. sc. crim.* 2007, 815, obs. L. Mayaud, 838, obs. Finietz et 895, obs. Renucci. – Cass. 1re civ., 16 oct. 2008, n° 07-15.778. – Cass. 1re civ., 5 avr. 2012, *Bull.* n° 85 ; *D.* 2012, 1596, note G. Lardeux ; *RTD civ.* 2012, 506, obs. J. Hauser ; *D.* 2012, 2827, obs. J.-D. Bretzner. – Cass. 1re civ., 10 sept. 2014, n° 13-22.612. – Cass. 1re civ., 22 sept. 2016 : *JCP* 2016, 1136, note G. Lardeux.

en jeu le droit au respect de la vie privée et de la correspondance garanti par l'article 8 de la Convention européenne(51) ; mais, corrélativement, elle a considéré qu'il n'est pas déraisonnable de vouloir vérifier que les employés achèvent leurs tâches professionnelles(52) (V. *supra*, n° 381). De même, la Cour européenne a décidé que l'installation de caméras de surveillance dissimulées constitue une ingérence considérable dans la vie privée de caissières de supermarché(53).

De même la Cour de cassation a jugé que le droit à la preuve ne justifiait pas des investigations, filatures, etc., pendant une longue période(54), ou au domicile d'une personne(55) ; elle a en revanche estimé qu'il pouvait justifier la production par l'employeur d'éléments publiés par une salariée sur son compte privé Facebook, s'il s'agit là du seul moyen d'établir le comportement reproché(56), ou encore (de manière discutable car la preuve est alors illicite) la production d'une adresse IP collectée en violation des règles de traitement des données à caractère personnel(57).

(51) CEDH, Gde ch., 5 sept. 2017, n° 61496/08 : *D.* 2017, 1709.
(52) CEDH, 12 janv. 2016, n° 61496/08, *Barbulescu c/ Romania* : *JCP* 2016, 124, obs. D. Corrignan-Carsin.
(53) CEDH, 9 janv. 2018, n° 1874/13, *Lopez Ribalda et a. c/ Espagne* : *JCP* juin 2018, hors série n° 82, obs. F. Sudre.
(54) Cass. 1re civ., 25 févr. 2016 : *D.* 2016, 884, note J.-C. Saint-Pau ; *JCP* 2016, 583, note A. Aynès ; *D.* 2016, 2538, obs. J.-D. Bretzner.
(55) Cass. 1reciv., 22 sept. 2016 : *D.* 2016, 1928 ; *RTD civ.* 2016, 821, obs. J. Hauser ; *D.* 2017, 490, note B. Beignier et S. Ben Hadj Yahia.
(56) Cass. soc. 30 sept. 2020 : *D.* 2020, 2383, note C. Golhen ; *JCP* 2020, 1226, note G. Loiseau.
(57) Cass. soc., 25 nov. 2020, n° 17-19.523, *Bull.* (fichier d'adresses non déclaré à la CNIL sous le régime antérieur au RGPD) : *JCP* 2021, 159, note crit. B. Bossu ; *D.* 2021, 117, note G. Loiseau.

Index alphabétique

(Les chiffres renvoient aux numéros des alinéas)

A

B

C

D

P

Table des matières

Titre 2 : LES ÉVÉNEMENTS GÉNÉRATEURS DE DROITS

QUATRIÈME PARTIE

LA RÉALISATION DES DROITS EN JUSTICE

Titre 1 : L'ORGANISATION JUDICIAIRE

Titre 2 : LA PREUVE DES DROITS

Photocomposition Nord Compo Multimédia

59650 Villeneuve-d'Ascq

Cet ouvrage a été achevé d'imprimer en juin 2021
dans les ateliers de Normandie Roto Impresssion s.a.s.
61250 Lonrai (Orne)
N° d'impression : 2102917
Dépôt légal : juin 2021

Imprimé en France